江西近代重要历史文献丛编

上谕档

JIANGXI JINDAI
ZHONGYAO LISHIWENXIAN CONGBIAN
SHANGYUDANG

上册

《江西近代重要历史文献丛编·上谕档》编委会

顾　问

姜　玮　梁　勇

主　编

毛智勇　汤水清

成员（按姓氏笔画排名）

王　涛　冯　玮　刘芝华　刘佳佳

李建华　吴晓荣　张　超　庞振宇

易凤林　姜庆刚　徐　敏　樊　宾

江西人民出版社
Jiangxi People's Publishing House
全国百佳出版社

编辑说明

1.《江西近代重要历史文献丛编·上谕档》以广西师范大学出版社影印之上谕档为辑录底本,辑录资料的地理范围以清代江西的行政区划为准。凡有关江西者,均收录。通谕各省者,虽未及江西之名,亦酌情收入。

2. 本编按照编年顺序,保留影印本之编号,以便核查。如“180 道光二十年二月初九日,奉旨:大庾县知县李铭恩及伊家人柯贵、李升、魏荣俱著交刑部审讯。钦此。”此“180”即影印本原档案之编号。个别档案看似与江西无关,但实际与其他涉及江西的条目密切相关,整理时一并收入,其编号以“-”相连接,不同编号内容分段进行区别。上谕档影印时曾对个别档案顺序在考证基础上进行了调整,我们在辑录江西部分时仍发现有调整未尽者,如道光二十年 609、610 号,两者相关,但顺序颠倒,整理时以 610-609 标示;若两者不相关,但顺序颠倒,仅调整顺序,如咸丰元年 1098、1099 号。凡调整处,均以注释说明调整理由。

3. 原影印件为繁体竖排,无标点,整理时转化为简体,并予以标点。媿、�等异体字等均改为通行字,但涉及人名、地名者,如陆应穀、吴其濬等,均不改。有些避讳字,则回改,如“甯都”之“甯”,整理时改为“寧”,简化为“宁”。因避讳而在清代已统一更改之地名用字,如“章邱”“安邱”“邱梦旗”“邱维屏”之“邱”字,则不改。

4. 原档常有增、删、改之处,整理时以修改后文字为准,原档有误而未及改正者,误字以圆括号括住原字,以方括号括住改正后之字,如(讵)[距]、(涂)[途]。漏字则予以补入,以方括号将补入之字括起,如[该]部知道。个别档案人名部分原为空缺,整理时亦保留,并以小注说明之。

5. 原档中有“朱”、“御笔”、“御印”诸字,整理时以圆括号括住,根据具体情形,附于该处文字之前,特殊情形者,随文注释。

6. 档案原信息无法在整理中呈现,或整理中原档有问题而需更正者,均随文注释说明之。个别档案非放置于档案产生之年代,此次整理仍依据影印件放置,亦注释说明之。

7. 整理时尽量保留全文,以反映上下文信息,个别篇幅过长且与江西无关者则酌情删除,以省略号代替。

目　录

上　册

道光朝 ………………………… 1
道光二十年 ………………………… 1
道光二十一年………………………… 12
道光二十二年………………………… 22
道光二十三年………………………… 33
道光二十四年………………………… 41
道光二十五年………………………… 50
道光二十六年………………………… 58
道光二十七年………………………… 66
道光二十八年………………………… 73
道光二十九年………………………… 80
道光三十年………………………… 91

咸丰朝 ………………………… 103
咸丰元年 ………………………… 103
咸丰二年 ………………………… 113
咸丰三年 ………………………… 123
咸丰四年 ………………………… 127
咸丰五年 ………………………… 135
咸丰六年 ………………………… 140
咸丰七年 ………………………… 142
咸丰八年 ………………………… 144
咸丰九年 ………………………… 149
咸丰十年 ………………………… 155
咸丰十一年 ………………………… 167

同治朝 ………………………… 179
同治元年 ………………………… 179
同治二年 ………………………… 194
同治三年 ………………………… 222
同治四年 ………………………… 235
同治五年 ………………………… 244
同治六年 ………………………… 272
同治七年 ………………………… 292
同治八年 ………………………… 318
同治九年 ………………………… 329
同治十年 ………………………… 352
同治十一年 ………………………… 372
同治十二年 ………………………… 384
同治十三年 ………………………… 399

光绪朝 ………………………… 420
光绪元年 ………………………… 420
光绪二年 ………………………… 436

下 册

光绪三年 …………………… 457
光绪四年 …………………… 479
光绪五年 …………………… 498
光绪六年 …………………… 515
光绪七年 …………………… 536
光绪八年 …………………… 555
光绪九年 …………………… 568
光绪十年 …………………… 590
光绪十一年 ………………… 622
光绪十二年 ………………… 656
光绪十三年 ………………… 697
光绪十四年 ………………… 717
光绪十五年 ………………… 754
光绪十六年 ………………… 776
光绪十七年 ………………… 784
光绪十八年 ………………… 791
光绪十九年 ………………… 796
光绪二十年 ………………… 806
光绪二十一年 ……………… 827
光绪二十二年 ……………… 837
光绪二十三年 ……………… 847
光绪二十四年 ……………… 853
光绪二十五年 ……………… 867
光绪二十六年 ……………… 875
光绪二十七年 ……………… 880
光绪二十八年 ……………… 882
光绪二十九年 ……………… 888
光绪三十年 ………………… 895
光绪三十一年 ……………… 897
光绪三十二年 ……………… 899
光绪三十三年 ……………… 902
光绪三十四年 ……………… 905

宣统朝 ……………………… 908
宣统元年 …………………… 908
宣统二年 …………………… 912
宣统三年 …………………… 916

道光朝

道光二十年

18　道光二十年正月初六日,内阁奉上谕:上年江西省南昌等州县被水,业经降旨加恩,分别抚恤蠲缓,小民自可无虞失所。惟念今春青黄不接之时,民力未免拮据,著加恩将德化、德安、瑞昌、湖口、彭泽、鄱阳、余干、万年、星子、都昌等十县被水无力农民于今春酌借籽种,俾资耕作,俟秋成后照例免息征还。该抚即刊刻誊黄,遍行晓谕,务令实惠及民,毋任吏胥滋弊,以示朕新韶锡羡,惠洽黎民至意。该部即遵谕行。钦此。

45　道光二十年正月十一日,内阁奉上谕:钱宝琛奏,查明承办工程尤为出力各员,恳恩鼓励一折。江西丰城县修建堤闸石埽各工,均属坚固,在工各员奋勉出力,自应量予恩施。饶州府景德镇同知吴名凤,著以应升之缺升用。丰城县县丞姚敏德,著遇有应升缺出,照例升用。丰城县训导应奎,著以应升之教谕、学正、府经历、县丞,归部即选。候补县丞王晖吉,著以本班尽先补用。前任南昌府知府张寅,著于服阕后送部引见时声明请旨。署丰城县程灿策、梁之儒,均著交部议叙,以示奖励。[该]部知道。钦此。

46　道光二十年正月十一日,内阁奉上谕:吴其濬奏,生员闹漕滋事,教官不能约束,请旨分别休致褫革一折。江西临江府新喻县学生员胡思泮、欧阳濂、张亨、李恒春,俱著褫革衣顶;教谕王运恒、训导刘筠,均著勒令休致。所控各案,仍著饬令该地方官讯办。钦此。

158　道光二十年二月初七日,内阁奉上谕:朱树奏参办理京控迟延之知县委员一折。江西前署永新县知县王德润、现任知县赵嶲,于旗丁应缴造费一案,审办迟延,著交部照例议处,委员候补。知县杨宪琦、试用县丞余继坛,派委催提,逾限未解,著摘去顶带,仍勒限守催。倘届期不结,著即与现任知县一并严行参处。该部知道。钦此。

176　道光二十年二月初九日,内阁奉上谕:钱宝琛奏,请将知县、把总开复顶带等语。署会昌县知县徐燧、会昌汛把总毕开福,前因兵饷被劫,当经降旨摘去顶带,勒限缉拿。兹据该抚奏称，该员弁等于被参后先后拿获首从盗犯十名，获犯过半，兼获盗首，尚知愧奋。徐燧、毕开福著准其开复顶带，徐燧并免留缉。其未获各犯，仍饬严缉，务获归案究办。该部知道。钦此。

180　道光二十年二月初九日，奉旨：大庾县知县李铭恩及伊家人柯贵、李升、魏荣，俱著交刑部审讯。钦此。

241　道光二十年二月二十一日，内阁奉上谕：钱宝琛奏，帮丁应交初限余米，恳恩展缓一折。据称，江西上年安福等帮船浅阻，折耗米石，奏准缓交余米。本年应将初限米石带交，惟各船尚有应还十七年缓交三限余米，若将十九年缓交初限余米一并带交，丁力实有不逮。加恩著照所请，准将安福等七帮本年应交十九年初限余米展缓一年，俟起运二十年份漕粮为始，仍分三限带交，以纾丁力。该部知道。钦此。

245　道光二十年二月二十一日，内阁奉上谕：上年己亥科乡试，据各省监临陆续将年老诸生开单具奏，当交礼部查核。兹据礼部将江南等省年老诸生查明覆奏，该生等年臻耄耋，踊跃观光，榜发未经中式，宜沛恩施，以酬其皓首穷经之志。所有江苏省九十以上之附生张广志，安徽省九十以上之监生朱条，山西省九十以上之副贡生陈晚遇，河南省九十以上之副贡生常以辛，湖北省九十以上之副贡生胡先佑，浙江省八十以上之恩贡生张联奎，安徽省八十以上之岁贡生赵心楷，俱著加恩赏给举人，准其一体会试。江苏省八十以上之附生赵谨之、杨晓青、毛豫科、虞泽、王金声；安徽省八十以上之廪贡生崔兰，增生方运灼，附生胡梅、胡尧年，监生汪湘、朱玺、黄文斗、郑闻玉；浙江省八十以上之附生丁步瀛、谢皓、程桂林、叶范之；江西省八十以上之附生蔡日新、刘维、汤健、戴文灿、喻照、汤鼐、邹志梁，附贡生吴廷充，监生彭元益、陈维环、开泰；山西省八十以上之附生张大任；福建省八十以上之增生蓝长莹，附生陈声铨、杨寿春、梁缵、郑树馨、陈游，监生陈应聘；河南省八十以上之增生朱逢爵，附生罗朝阳、白云扬、张达三、傅应逵、边良坊、杨声和；湖北省八十以上之廪生杜光海，增生刘穆堂，附生袁登书、杜良栋、乔金铣、吴华封、熊时荣；陕西省八十以上之附生梁伯栋；并上次行查云南省八十以上之附生傅尔勳，俱著加恩赏给副榜，用示朕嘉惠耆儒至意。钦此。

402　道光二十年三月二十一日，内阁奉上谕：钱宝琛奏，知县人地未宜，拣员对调一折。江西新喻县知县准其以王兰调补，所遗靖安县知县员缺，即以佛尔国春对调。该部知道。钦此。

404　道光二十年三月二十一日，内阁奉上谕：钱宝琛奏请将获解人证迟延之知县撤任等语。江西署新喻县知县包世臣，前因京控要证，延不拘解，当经降旨摘去顶带，勒限拘解。今限满仍未解省，实属任意迟延，包世臣著即撤任，留于该处协缉，万帼彩等务获解审。如再迟延，即著严行参处。其已革生员胡思泮等闹漕滋事，所控各案，一并解省归案讯办。钦此。

502　道光二十年四月初七日，内阁奉上谕：朱树奏请将知县等官开复顶带等语。江西候补知县杨宪琦、试用县丞余继坛，前因奉差不力，摘去顶带。兹据该漕督查明，该委员等业已提集丁费解省，并将全案审结详报，尚知愧奋。杨宪琦、余继坛著准其开复顶带。该部知道。钦此。

503　道光二十年四月初七日，内阁奉上谕：朱树奏参同知、知县经征不力一折。江西吉安府莲花厅同知韩开景、金溪县知县陈述贤经征新旧漕屯等项钱粮，于新定章程比较勤惰，通饬遵办后，仍未能依限征足。比较十八年，竟各少解至三千数百两之多，实属经征不力。韩开景、陈述贤，均著摘去顶带，勒限一个月，催征完解。如逾限不完，即照例严参，以儆惰征而重漕务。该部知道。钦此。

585　道光二十年四月十八日，内阁奉上谕：钱宝琛奏，知县索借书吏银两，请旨革审一折。江西代理弋阳县事、试用知县郑世祺，著即革职，交该抚提集全案人证，研审确情，按律定拟具奏。钦此。

586　道光二十年四月十八日，内阁奉上谕：钱宝琛奏，捐修圩堤，工竣验收，开单呈览一折。江西丰城、进贤等县各堤工系属捐办，著免其造册报销。余著照所议办理。该部知道。单并发。钦此。

587　道光二十年四月十八日，内阁奉上谕：钱宝琛奏，请将玩视漕务、擅改旧章之知县革职审办一折。江西署新喻县知县包世臣于收漕时，邀请绅士公议帮贴钱文，殊干例禁，著即革职，交该抚提同全案人证，严审确情，按律定拟具奏。该部知道。钦此。

610－609[①]　道光二十年四月二十二日，戊戌科散馆庶吉士引见，奉旨授为翰林者四十一员，以部署用者二员，以笔贴士用者亦员，以知县用者二员。

…………

江西

O钟音鸿

O吴嘉宾

O李临驯

O李道生

、杜浣

…………

666　道光二十年四月二十九日，内阁奉上谕：吴其濬奏，遵饬讯办各案，请交臬

---

① 按：609、610所述当为一事，授职说明言授为翰林者41人，部署用2员，以笔帖士用1员，知县用2员，共47人，与名单总人数相合，且名单中钟音鸿等人均为道光戊戌科进士。影印件名单编为609号，授职说明编为610号，整理时把授职说明调整至前。

司严审一折。已革署新喻县知县包世臣休致，训导刘筠著交钱宝琛督同臬司刘体重亲提严讯，并严拿各犯务获，按律定拟具奏。钦此。

703　道光二十年五月初七日，内阁奉上谕：伊里布奏，道员例应回避一折。江西盐法道萨兴阿与该督系属儿女姻亲，自应照例回避。江西(朱)①盐法道著叶名琛调补，所遗员缺即以萨兴阿对调。该部知道。钦此。

764　道光二十年五月十六日，奉旨：这所参委运江西饶州帮重运江南、扬州二帮领运千总张荣鹰，于帮船在湖遭风，延不禀报，迨经该粮道面斥，既敢出言顶撞，又复纵身入水，实属藐玩逞刁。张荣鹰著即革职，以肃功令。至该弁申报迟延，有无逗留需索情弊及粮石有无亏短之处，并著该漕督查明核办。钦此。

844　道光二十年六月初一日，奉旨：礼部奏，酌议详补廪增章程，著照所议，纂入则例，通行至学政专司。学校如有办理未能画一之处，自应奏明咨部更正。江西学政吴其濬以准补拔贡，所遗廪缺办理两歧，实属不合，著交部议处。钦此。

945　军机大臣字寄协办大学士·两江总督伊、江西巡抚钱。道光二十年六月十九日，奉上谕：有人奏，福建漳、泉等府贩烟奸商，因该省查办严紧，勾结会匪、盗匪，闯入江西地方，执持器械冲突关津，由汀州、邵武等处入江西之宁都州及建昌府新城、南丰等县，经过抚州府金溪县之许湾、宜黄县之棠阴各地方。自棠阴分路，或走临川县直抵省城，或走临江府樟树镇并袁州、吉安等府分投售卖，经棠阴司巡检申报有案。又该县仙一都陈坊桥地方有匪党百余人，将叶姓庄房放火烧毁，打抢伤人，亦经报验有案等语。现当查办烟匪吃紧之时，如果所奏属实，必当严行惩办，著伊里布、钱宝琛确切查明，果有匪徒闯入扰害情事，即著认真堵拿，毋任讳饰纵庇，以除民患。将此谕令知之。钦此。遵旨寄信前来。

1002　道光二十年六月二十七日，奉旨：铁麟等奏，江西候补县丞王劼呈控吏部议驳不公一案，著派潘世恩、文蔚秉公查办，据实具奏。钦此。

1032　道光二十年七月初二日，奉旨：前据钱宝琛以江西捐修堤工之试用县丞黎长春题请议叙，当经部驳，以该抚并未专折保奏，与奏定章程不符，仅将该员加级。嗣据该抚奏称，该员捐数与分缺间用之例相符，仍请交部核议。兹据吏部奏称，该员所捐银数与例相符，既经该抚声明，可否准其更正等语。黎长春著准其仍照分缺间用之例，按班尽先补用。所有该员加级之案，著即注销。钦此。

1037　道光二十年七月初三日，内阁奉上谕：钱宝琛奏，援案筹借司款解还天津

---

①　原档"硃"字在"盐法道……以萨兴阿对"一行天头处，整理时简化为"朱"，并以圆括号括住，附于该处文字之前。他处出现"御笔"、"御印"诸字，亦作如是处理。

剥价一折。江西各帮重运漕船,借领天津道库剥价等银二万三千七百五十八两零,应于各丁新运钱粮内扣解还款。现据该抚查明,该帮丁等扣款过多,援案恳请借垫。加恩著照所请,准其将前借天津道库银两照数在于司库项下暂行借动解还,缓俟下年各帮应领新运钱粮内,按数核扣解司归款,以纾丁力。该部知道。钦此。

1048 道光二十年七月初四日,内阁奉上谕:朱树奏,粮船遭风漂失米石,请分限买补等语。赣州帮旗丁朱谢宋重船遭风,计实漂折交仓平米五百十七石零。著准其自道光二十年冬运起,分作三限买补交仓,以纾丁力。余依议。该部知道。钦此。

1081 道光二十年七月十一日,内阁奉上谕:朱树奏,粮船遭风冲淌米石,请分年买余抵补等语。江西饶州帮旗丁刘程李贺重船行抵邳州境河定闸下,陡遭暴风,船米漂淌。经该漕督查明,委无捏饰情弊。所有冲淌交仓平米一千三十七石零,加恩著照所请,准其自今冬新运起,分作三年买本帮余米抵补,以纾丁力。该部知道。钦此。

1160 臣等查本年现届更换学政之期,谨将已满三年之顺天、江西、福建、湖南、河南、山东、山西、四川、广西、云南、贵州、奉天十二省各学政及未满三年接办岁考之陕甘、广东二省各学政,并未办岁考之江苏、安徽、浙江、湖北四省各学政名单,分缮呈览,恭候钦定。俟发下后,臣等再拟写谕旨进呈颁发。谨奏。

1161 已满三年学政名单:

(朱)冯芝,顺天学政潘锡恩。

成观宣,江西学政吴其濬。

陶恩培,福建学政吴钟骏。

张鏏,湖南学政萧良城。

许乃钊,河南学政钱福昌。

李汝峤,山东学政刘绎。

焦友麟,山西学政张琴。

何裕承,四川学政何桂馨。

钮福保,广西学政丁善庆。

叶观仪,云南学政李品芳。

钟裕,贵州学政王庆云。

奉天府府丞兼学政保桐。

1186 道光二十年八月初二日,内阁奉上谕:本年值更换学政之期,除江苏学政毛式郇、安徽学政车克慎、浙江学政季芝昌、湖北学政朱凤标无庸更换外。顺天学政著冯芝去,江西学政著成观宣去,福建学政著陶恩培去,湖南学政著张鏏去,河南学政著许乃钊去,山东学政著李汝峤去,山西学政著焦友麟去,陕甘学政著沈兆霖去,四川学政著何裕承去,广东学政著单懋谦去,广西学政著钮福保去,云南学政著叶觐仪去,贵州学政著钟裕去，奉天府府丞兼学政著刘谊调补，所遗太常寺少卿即著侯桐调补。以上各员内有现出试差者，俱著各赴新任，不必来京请训。钦此。

1189　道光二十年八月初二日，内阁奉上谕：前因江西莲花厅同知韩开景、金溪县知县陈述贤经征漕屯钱粮不力，降旨摘去顶带。兹据朱树查明，该厅县等于奏参后，迄今逾限仍未完解。韩开景、陈述贤均著撤任，交该省藩司查明，照例核办。该部知道。钦此。

1284　道光二十年八月二十二日，内阁奉上谕：钱宝琛奏，请升补要缺同知一折。著照所请，江西广信府河口镇同知员缺，准其以顾麟趾升补，照例送部引见。该部知道。钦此。

1316　道光二十年八月二十八日，内阁奉上谕：德春等奏，帮船漂淌粮石，请分限带交一折。江西赣州帮旗丁冯集禧等军船装载易粮，在天津西沽湖口起剥失风，共漂淌亏折平米二千七百六十五石。著准其于今冬新运起，分作三限带运补交，以纾丁力。余依议。该部知道。钦此。

1330　道光二十年八月三十日，奉旨：此案江西新喻县监生胡尚友遣抱告李心正在都察院衙门控称，知府熊我因该县漕案于本年四月间会营带兵烧毁民房，炮毙七命，臬司目睹并未参奏等语。已革知县包世臣因办漕被参一案，业经该抚奏称拿获拒捕敛钱各犯查办，并称胡尚友与首犯万帼彩逃窜，现在饬拿。兹复据胡尚友遣抱京控虚实，均应彻底根究。著交钱宝琛亲提人证、卷宗，秉公严讯，按律定拟具奏。抱告李心正，该部照例解往备质。钦此。

1369　军机大臣字寄钦差侍郎吴。道光二十年九月初七日，奉上谕：昨据都察院奏，秋审册内官犯李嘉祥之妻他塔拉氏，遣抱在该衙门代夫鸣冤。据称，伊夫李嘉祥在湖北郧阳府知府任内督买仓谷，被民人江经林等以书差诈赃浮买勒折等情具控，业已解省，讯系诬告，复经该督覆讯，刑求逼令画供，问成死罪等语。本日已降旨派吴其濬、麟魁前往查办。吴其濬接奉此旨，如新任江西学政尚未到任，即将学政关防送交钱宝琛暂护，迅即驰赴湖北省城，俟麟魁驰抵该省后，将李嘉祥一案提集人证、卷宗，秉公研鞫，务得确情，以成信谳。至本年湖北省各州县被水民人纷纷逃往他省，现在该督抚若何安抚？被水究有若干州县？情形轻重若何？著该侍郎等详加察访，据实具奏。将此谕令知之。钦此。遵旨寄信前来。

1376　道光二十年九月初八日，内阁奉（朱）上谕：江西督粮道员缺，著潘铎补授。钦此。

1377　查：江西督粮道系冲繁难要缺。谨奏。

1389 道光二十年九月十四日，内阁奉（朱）上谕：江西吉安府知府员缺，著唐方煦补授。钦此。

1390 查：吉安府系冲繁疲难最要缺。谨奏。

1391 道光二十年九月十四日，内阁奉上谕：钱宝琛奏甄别知府、通判、知县，分别改简降补勒休一折。江西吉安府知府戈其迈，办事延缓，难膺繁剧，著以简缺改补，归部铨选，照例送部引见。饶州府通判秀彬，性情轻浮，办事粗率；署安义县知县、坐补泸溪县孟源明，审断颟顸，年力已衰，均著勒令休致。该部知道。钦此。

1392 道光二十年九月十四日，内阁奉上谕：钱宝琛奏请开复厅县顶带一折。江西莲花厅同知韩开景、金溪县知县陈述贤，前因经征不力，经漕督朱树奏参，已降旨摘去顶带，勒限完解。嗣又经该漕督以该二员逾限未完，奏请撤任严查。兹据该抚查明，该厅县等于奉参摘顶后，已将应完银两陆续征解，尚知愧奋。且未经续参以前，业由该司道出详。韩开景、陈述贤著毋庸撤任，所有原参摘去顶带之案，著一并准其开复。该部知道。钦此。

1411 道光二十年九月二十日，内阁奉上谕：前因大理寺卿连贵奏，秋审册内分别实缓，有未允协之处，当降旨派军机大臣敬征、恩桂会议具奏。兹据穆彰阿等奏称，查核秋审册内江西省缓决犯妇王氏擅杀朱文铭身死一案，叠经法司详细推求，复经历任巡抚反覆讯鞫定案，既拟擅杀，自应以缓决定拟。至吉林那斯洪阿擅杀万花身死一案，系属官犯，故以情实定拟。常犯与官犯不同，办理实为允协。该大理寺卿所奏著毋庸议。至所请嗣后明定限制之处，著刑部查核具奏。钦此。

1412 臣穆彰阿行等跪奏，为遵旨会议具奏事。道光二十年八月三十日，奉旨：大理寺卿连贵奏，秋审册内，分别实缓，核其情节，有未允协，派军机大臣敬征、恩桂会议具奏。钦此。臣等查看该大理寺卿原奏，据称秋审册内，缓决犯妇王氏情浮于法，拟援照官犯那斯洪阿之案，略为变通，核入情实等语。臣等当将两案卷宗由刑部调取，悉心详加比核。查江西省缓决犯妇王氏擅杀朱文铭身死一案，朱文铭图娶王氏为妻，因年齿未能相当，令伊侄朱慕膺冒名代为相看。及迎娶过门，王氏查知被骗情由，忿恨莫释，因此起意谋勒致毙。前据江西巡抚裕泰审，照擅杀罪人律，拟以绞候具题。经刑部以情罪，恐有未确。驳令覆审。嗣据该抚审，系一衅相因，并无别故，仍照原拟具题。复经大理寺以此案拟罪未协奏驳。奉旨：著刑部悉心核议。嗣据刑部覆奏，复奉旨：以案关罪名出入，不厌精详，交该抚钱宝琛督臬覆讯。旋据该抚等复行审讯详核，以骗娶律应断离，本无名分，冒妄，法应拟杖。即属罪人，请仍照原拟擅杀律绞候，经部议准。奉旨：依议。各在案。是此案叠经法司详细推求，复经历任巡抚反覆讯鞫，朱文铭之为罪人，王氏之为擅杀，本属毫无疑义定案，既拟擅杀，秋审自应入缓。该抚之以缓决具题，该部之以缓决定拟，均系照例办理，衡情实为允协，论法无可变通。至吉林省官犯那斯洪阿擅杀万花身死一案，擅杀例不入实，惟向来秋审官犯，无论情罪轻重，俱以情实定拟。已革骁骑校那斯洪阿系官犯，是以刑部将其由缓改实。王氏一起系常犯，常犯与官犯不同，不得援以为例，该大理寺卿所奏应毋庸议。再，该大理寺卿奏请嗣后死者仅犯拟杖轻罪杀者，有谋故凶(很)[狠]重情，不得援引擅杀之例等语。查擅杀案件向包谋故，此案冒妄为婚，死者虽罪止拟杖，然被骗失身，事关妇女名节，杀由忿激，并无起衅别故，是以准情定法，拟以擅杀，适得其平。若案情稍有未符例意，本不容轻引，该大理寺卿奏请申明例意之处，应由刑部确核办理。所有臣等会同核议缘由，理合恭折具奏，伏祈皇上圣鉴。

再，臣王鼎管理刑部，未经列衔，合并声明。谨奏。道光二十年九月日臣穆彰阿。

1447　道光二十年九月二十八日，内阁奉上谕：钱宝琛奏，缉拿烟匪，稽查僻路等语。闽、粤二省游民贩烟，窜入江西界内，业经该抚饬属拿获多名审办。抚州、建昌二府系通福建、广东要路，建昌府属广昌县白水寨设卡之处，尤为吃紧，恐该匪等风闻堵缉，绕越小路，著九江镇总兵李锜前往该府察看情形，拨兵扼要严拿，并著查明抚州一带乡僻小路，分饬各汛卡弁兵梭织巡查。此外与闽省连界之铅山一路，由闽绕浙以达江西之广信玉山一路，均关扼要，亦著该总兵亲往稽查。其上饶、广丰二县所辖之封禁山，与闽、浙连界，地方辽阔，最易藏奸，向例每岁秋冬之交，该总兵会同福建建宁镇总兵入山巡哨一次，著李锜于抚州等处稽查完竣后，进山周历巡察，毋令匪徒溷迹。至九江镇所辖地方，尚多通闽之路，即著钱宝琛于校阅营伍时，顺道稽查，以靖奸宄而肃禁令。钦此。

1448　道光二十年九月二十八日，内阁奉上谕：钱宝琛奏，拿获闽、广二省烟匪多名，究出纠众结会贩土售卖各情一折。此案闽、广匪徒林福茂等胆敢纠众结会，散给红旗红布，分带烟土，在江西地方售卖，现经拿获多起。所供闽、广交界广福亭地方，究系何县管辖？张阿五一犯，是否即张常秀所供起会之张罗，著该抚即提各犯严审确情，按律惩办。一面飞咨闽、广二省严拿李正昌等各犯，务获究办，并著福建、广东各督抚密委干员前赴广福亭地方访拿起意结会首犯，究明实在姓名、人数，按名缉拿，从严惩治，以肃法纪而靖地方。钦此。

1450　道光二十年九月二十八日，内阁奉上谕：钱宝琛奏，拿获闽、广二省烟匪，请酌定省份发配等语。此种匪类，断不宜令其聚集一处，致生事端。闽、广二省自未便互相发配，即沿海省份，亦不宜遣往，著钱宝琛于该犯等解省审讯后即酌定省份，均匀解发。仍严饬经过地方小心派役管解，毋稍疏纵。其应待质各犯，亦著速即讯办，并著湖南、湖北、安徽、浙江各督抚派员分路查探。如有此等匪徒偷越入境，务即严行截拿，以除奸慝。钦此。

1451　道光二十年九月二十八日，内阁奉上谕：这所参勘详错谬之署江西安义县事、坐补泸溪县、勒休知县孟源明及被控从中说事索赃之安义县县丞项寿春，著一并革职，交该抚提集全案人证，严审确情，按律定拟具奏。钦此。

1463　军机大臣字寄盛京将军、奉天府府尹，江苏、安徽、山东、山西、河南、甘肃、福建、江西、湖北、湖南、四川、贵州各督抚。道光二十年十月初三日奉上谕：本年奉天白旗堡等处被水歉收，江苏阜宁等二十二州县卫歉收被淹、被水，山东汶上等二十四州县卫被淹、被风、被旱，甘肃河州等五厅州县地震、被霜，湖北公安等三州县被淹。节经该省奏到，均已随时加恩，分别抚恤、缓征、散放口粮、给予修费，小民谅可不致失所。惟念来春青黄不接之时，民力未免拮据。著传谕该将军、府尹、督抚等体察情形，如有应行接济之处，即查明据实覆奏，务于封印前奏到，候朕于新正降旨加恩。再，安徽怀宁等四十二州县被水；山东沂水等二县被风，济南等府州属被水；山西河曲县被雹；河南汝州等二州县被雹；郑州等四州县被雨，淅川厅被冲，杞县等十州县被水；甘肃泾州等州县州判地方被雹、被霜、被旱，靖远等六州县州判地方被旱，皋兰等五州县被旱、被雹；福建龙溪等二县被水；江西南昌等七县被水；湖北当阳等二十四州县被淹；湖南沣州等七州县被水，龙阳县被淹；四川峨边等十一厅州县被淹，屏山县被雹，贵州桐梓县被水。已据该督抚等奏明，随时抚恤及委员查勘，亦著迅速办理。并将来春应否接济之处一并查明，于封印前奏到。将此谕令各该将军、府尹、督抚知之。钦此。遵旨寄信前来。

1464　查本年奉天、江苏、山东、甘肃、湖北等省间有灾歉地方，俱经随时加恩，分别抚恤、缓征，散放口粮，给予修费。其明春应否量为接济之处，臣等谨照向例拟写询问该将军等谕旨，俟覆奏到日，再行拟写新正加恩谕旨进呈。再，安徽、山东、山西、河南、甘肃、福建、江西、湖北、湖南、四川、贵州各省尚有被灾之区，该督抚等业经奏明，随时抚恤及委员查勘，其应否调剂，现俱未经奏到，应一并询问，令其迅速查奏汇办。谨奏。

1514　道光二十年十月十七日，内阁奉上谕：裕谦奏请将督销不力之知县摘去顶带，勒令回任补销一折。江西湖口县知县朱建溪，于应销淮盐缺销在九分以上，实属因循怠玩。该员现已调署庐陵县，卸事若听其置身事外，不足以示惩儆。朱建溪著摘去顶带，饬令仍回湖口本任补销。倘不知振作，仍复惰销，即著严行参办，以为玩视盐务者戒。该部知道。钦此。

1524　道光二十年十月十九日，内阁奉上谕：钱宝琛奏请调补要缺知县一折。江西湖口县知县朱建溪，昨经裕谦奏销盐不力，已降旨饬令仍回本任，并摘去顶带。所有庐陵县知县员缺，著钱宝琛另行拣员奏调。该部知道。钦此。

1527　道光二十年十月十九日，内阁奉上谕：钱宝琛奏请将被水积歉各县分别缓征、递缓一折。江西南昌等县本年五、六月间低洼田亩被淹，不能补种。新喻等县或收成歉薄，或连年积歉，民力未免拮据。加恩著照所请，所有南昌县五都五、八图，八都五图，九都下九图，十都二、六图，十四都四、七图，十五都四、七、八图，十一社二图，惠外二图，十六都一、二、三、四、五图，十八都一、三、五图，十九都三、四、五、七、八、九、十图，二十都五图，二十一都南一、二、三图，二十二都一、二、三、六、八图，二十三都二图，二十四都三图，二十五都二、三、四、六、七、八、十、十二、十四图，二十七都五图、十二图，六十三都一图，未成灾田五百九十六顷五十九亩零。新建县九、十两区各图，未成灾田二千五百六十五顷。进贤县下乡二十七八九暨三十、三十一二等都及上乡间有地势极低村庄，未成灾田七百八十六顷七十一亩。鄱阳县东隅及四、六、七、八都，十二崇、十三、十四、十七、五十二、五十九、六十五、六十六等都，未成灾田八百四十五顷四十亩零。余干县东北、西北两乡二、三都，三十五六都，未成灾田一千四百四十九顷八十二亩零。建昌县永丰、凝远、丰安三乡各圩湖，未成灾田地八百七十一顷八亩零。又建昌县代征安义县寄庄、永丰、凝远、丰安三都各圩湖，未成灾田二十四顷十一亩。德化县桑落、封一、封二、赤松四乡，未成灾民田地五百三十三顷八十五亩零，屯田地二百九十五顷八十亩零。瑞昌县安泰、今一、今二等乡未成灾民田地二百八十五顷十七亩零，屯田地六十六顷十八亩零。湖口县上乡十三四五六七等都、二十都，中乡一坊二图、二坊八都，十二、十三都；下乡三、四、五、六都，未成灾民田六百九十五顷六十四亩，屯田三顷四十二亩，芦洲地五百十五顷十七亩零。彭泽县一、二、三、四、五、六、七、八都，十五都，三十都，三十三都，及一、二坊，未成灾民田地七百四十一顷四十八亩零，屯田地六十七顷六十三亩零，芦州地一千二十五顷二十五亩零，各应征本年民屯、钱漕、余租、芦课，俱著缓至来年秋成后，分作两年带征。

南昌、余干、德化三县十九年被水，本年复被水各乡都；南昌县十八年被水十五年被旱，本年复被水各乡都；新建、清江、新淦、鄱阳、万年、都昌、建昌、德安、瑞昌、湖口、彭泽等县，建昌县代征安义县寄庄十九年被水；新建、余干、建昌、德化、德安、彭泽等县十八年被水；新建、建昌二县十七年被水；丰城县十六年被旱；清江县十四年被水，成灾六分及不成灾各乡；新淦、新喻、峡江三县十四年被水；万年、都昌、瑞昌、湖口四县十三年被水，缓征民屯、钱漕、余租及九江府同知、德化、湖口、彭泽三县未完十七、十八、十九等年芦课，俱著递缓至二十一、二十二两年带征。

又清江县十四年被水成灾八分各乡蠲剩、缓征钱漕，著递缓至二十一、二十二、二十三等年带征。又建昌县代征安义县寄庄十七年被水二限一半，余干、德化、德安、彭泽四县十五年被旱二限一半，万年、都昌、湖口三县十四年被水二限一半民屯、钱漕、余租，德化县未完十四年芦课，九江府同知并德化县未完十三年芦课，湖口、彭泽二县未完十年芦课，俱著递缓至二十一年带征。又进贤县十九年被水，建昌县十六年被旱，新建、丰城二县同建昌县代征安义县寄庄十五年被旱，余干、德化、彭泽等县十四年被水，清江、新淦、峡江三县十三年被水，都昌县十一年被水，缓征民屯、钱漕、余租，俱著递缓至二十二、二十三两年带征。又建昌县代征安义县寄庄十六年被旱，瑞昌、湖口二县十一年被水，未完缓征民屯、钱漕、余租，均著递缓至二十二年带征。又德化县十四年被水成灾各乡，本年复被水处所，十四年蠲剩、缓征民屯、钱漕，著递缓至二十二、二十三、二十四等年带征。又进贤、鄱阳二县十八年被水，建昌县十五年被旱，新建、丰城二县同建昌县代征安义县寄庄十四年被水，余干、德安、彭泽等县十三年被水，缓征民屯、钱漕、余租，俱著递缓至二十三、二十四两年带征。又德化县十三年被水成灾各乡，本年被水处所，十三年蠲剩、缓征民屯、钱漕,著递至二十三、二十四、二十五等年带征。又鄱阳县十五年被旱二限一半缓征钱漕,著递缓至二十三年带征。又进贤县十六年被旱,鄱阳建昌二县十四年被水,新建、丰城二县十三年被水缓征钱漕,均著递缓至二十四、二十五两年带征。又德化县十一年被水成灾各乡,本年复被水处所,十一年蠲剩、缓征钱漕,著递缓至二十四、二十五两年带征。又余干、德安、彭泽三县并建昌县代征安义县寄庄十一年被水,二限一半缓征钱漕,均著递缓至二十四年带征。又进贤县十五年被旱,鄱阳、建昌二县十三年被水,新建县十二年被水,并该县十二年未被水各都十一年被水缓征钱漕,均著递缓至二十五、二十六两年带征。又进贤县十四年被水,建昌县十一年被水缓征钱漕,均著递缓至二十六、二十七两年带征。又鄱阳县十一年被水,缓征二限一半钱漕,著递缓至二十六年带征。又进贤县十三年被水,新建县十二年被水各都,十一年被水缓征钱漕,均著递缓至二十七、二十八两年带征。又进贤县十二年被水,并该县十二年未被水各都十一年被水缓征钱漕,著递缓至二十八、二十九两年带征。又进贤县十二年被水各都十一年被水缓征钱漕,著递缓至二十九、三十两年带征。

又各县借给籽种、口粮项下,鄱阳、余干、都昌、彭泽四县出借十九年,新建、进贤二县出借十五年,德化县出借十九、十四两年被水各乡,南昌、德化二县出借十五年被水各乡,丰城、彭泽二县出借十四年,余干、万年、都昌、德安四县出借十三年,建昌、湖口二县出借十一年籽种、口粮、折色本色银谷,俱著递缓至二十一年征收。南昌、新建、进贤三县出借十四年,建昌县出借十三年,余干县十三年被水十四年出借,德化县出借十三年被水各乡,都昌县出借十二年,丰城、德安、彭泽三县出借十一年籽种、口粮、折色本色银谷,俱著递缓至二十二年征收。又彭泽县出借十三年,丰城县出借十二年,南昌、新建、进贤、都昌四县出借十一年,德化县出借十一年被水各乡籽种、口粮、折色本色银谷,俱著递缓至二十三年征收。又丰城县出借十三年,南昌、新建、进贤三县出借十二年籽种、折色本色银谷,俱著递缓至二十四年征收。南昌、新建、进贤三县出借十三年籽种、口粮、折色本色银谷,著递缓至二十五年征收。又南昌、新建、德化三县道光三年,南昌、新建、进贤三县道光十年,南昌、新建二县道光十二年,南昌、新建、进贤、鄱阳、建昌、德化、德安七县道光十一、十三、十四等年各原借修堤未还银两,俱著递缓至二十一年起,仍照各年各限按年展缓一年征收,以纾民力。

该抚即刊刻誊黄,遍行晓谕,务期实惠及民,毋任吏胥舞弊,用示朕轸念歉区至意。该部知道。钦此。

1563 军机大臣字寄钦差侍郎吴。道光二十年十月二十五日,奉上谕:有人奏,江西上饶县知县史孟和两目俱盲,两耳重听,终年未尝坐堂审案。偶遇审案时,奸胥蠹役,任意欺朦,该县毫无知觉,阖县人民称为土偶老爷等语。上饶为广信府首县,吴其濬前在江西学政任内,屡次按临考试,闻见自确,该员果否目盲耳聋、衰庸残废,该处胥役曾否风闻有欺朦舞弊等情,著吴其濬即将在学政任内闻见情形,据实具奏,毋稍徇隐。将此谕令知之。钦此。遵旨寄信前来。

1683　道光二十年十一月二十日,内阁奉上谕:德春等奏帮船亏欠粮石,请援案借款买补一折。江西赣州帮应交易州截拨米石,挽抵天津,被风漂淌,所有该帮尾欠米八百六十七石,著准其援照成案,于天津道库酌借银二千六百两发给具领,赶紧买米交纳,并著漕运总督、江西巡抚责成该粮道按各该丁名下照数追还,随同来年重运解津归款,毋任拖欠。所有该帮领运千总杨家骏、总运同知史麟善,不能及早筹补,均属办理迟延,著交部分别议处。该部知道。钦此。

1689　道光二十年十一月二十一日,内阁奉上谕:前据御史杜彦士奏,江西上饶县知县史孟和目盲耳聋,终年未尝坐堂审案,奸胥蠹役任意欺朦,当降旨令吴其濬将在江西学政任内闻见情形,据实具奏。兹据奏称,史孟和承办考试事宜,当堂询答,并无错误,又派令在考棚讯案听断,颇为明晰,惟目力短视,行走迟缓等语。所有该御史原奏,著毋庸议。钦此。

1707　道光二十年十一月二十三日,内阁奉上谕:梁章钜奏,拿获鸦片烟案人犯众多,请照现在广东、江西一体办理等语。嗣后审办鸦片烟案内,问拟遣军流人犯,著一面由臬司具详该抚核明咨部,一面将各州县监禁人犯先行请咨解配,以免拥挤。余著照所请行。钦此。

1832　道光二十年十二月十三日,内阁奉上谕:钱宝琛奏查阅营伍一折。江西署建昌营守备、世袭云骑尉、候补守备卫显琇,弓力软弱,营务不能振作,著革去守备,仍留世职。余依议。该部知道。钦此。

1898　道光二十年十二月二十三日,内阁奉(朱)上谕:江西按察使员缺,著存兴补授。钦此。

1938　臣等查明岁新正应行加恩各省内,河南、福建、江西、四川、贵州业据该督抚等具奏,无庸接济外。所有奉天、直隶、江苏暨两淮场灶,安徽、山东、山西、甘肃、湖北、湖南,节经该将军、督抚等奏到,臣等谨拟写谕旨十道进呈,恭候钦定批示日期,届时颁发。谨奏。

道光二十一年

24　道光二十一年正月初八日,内阁奉上谕:钱宝琛奏,拣员调补要缺知县一折,著照所请,江西庐陵县知县员缺,准其以董思诚调补。该部知道。钦此。

60　道光二十一年正月十九日,内阁奉上谕:祁𡎴著驰驿前往广东,督同江西布政使赵炳言、广东布政使梁宝常办理粮台事务。钦此。

104　道光二十一年正月二十八日,内阁奉上谕:前据鸿胪寺少卿张秉德奏,钱宝琛以朱建溪调补庐陵县知县,先经裕谦以该员惰销盐斤奏请摘去顶带,该抚奏调知县,自应与该署督札商。而属员惰销盐斤,又岂毫无见闻等语。当降旨著裕谦、钱宝琛各自具折,明白回奏。兹据裕谦、钱宝琛先后奏称,朱建溪缺销盐斤,先据该管盐法道详称缺销九分以上,是以该署督照例奏参。嗣据该司道等会详,因漏缴水程,以致销数不符,实止缺销六分以上,例免参处,详请奏明更正。其时,该署督赴宝山督办防堵事宜,往返札商,恐致稽迟时日,该抚因拣调止有一月限期,势难悬待,照例会衔具奏,一面备文咨会。是裕谦奏参在未经更正之先,钱宝琛奏调在续详更正之后,均无不合。张秉德所奏,著毋庸议。钦此。

113 道光二十一年二月初四日,内阁奉上谕:裕谦奏,江南江西应行引见武职,请暂缓给咨一折。著照所请,所有江南江西应行引见武职,俱著暂缓送部,统俟防堵事竣,再行考验给咨。内有升任他省之员,并著免开升缺。其已经赴部尚未南回者,著该部速饬回营,以资差遣。该部知道。钦此。

132 道光二十一年二月初七日,内阁奉(朱)上谕:江西广饶九南道员缺,著魏襄补授。钦此。所遗云南开化府知府员缺,著蒋霨远补授。

133 查:广饶九南道系冲繁中缺。谨奏。

163 道光二十一年二月十五日,内阁奉上谕:上年庚子科乡试,据各省监临陆续将年老诸生开单具奏,当交礼部查核。兹据礼部将江西等省年老诸生查明复奏,该生等年臻耄耋,踊跃观光,榜发未经中式,宜沛恩施,以酬其皓首穷经之志。所有江西省九十以上之附生况三寿,年届八十之岁贡生易观泉、李耀金;河南省年届九十之副贡生边良坊,九十以上之附生孙逢壬,八十以上之岁贡生董其成,年届八十之岁贡生秦铎;湖北省年届九十之恩赐副榜白宇;福建省年届九十之钦赐副榜林如玉,年届八十之副贡生黄乔荫;浙江省九十以上之钦赐副榜蒋明光;俱著加恩,赏给举人,准其一体会试。江西省年届八十及八十以上之增生方载,附生刘星澄、林和羹、蒋维新、周天衢;河南省年届八十及八十以上之附生李凫山、徐金云、秦光耀、纪湘云、张超、张煊,监生孙修德、赵凤台;湖北省年届八十及八十以上之附生涂坦、程光鼎、李上珍、刘炳秀、张世芳;江苏省年届八十及八十以上之增生戴镇,附生翁深秀、严升曜、黄长年;安徽省年届八十及八十以上之增生李书升,附生王学修、王卿、王大成、鞠春、荐伏辛,监生唐彪、张朗曜、卫道镗、朱灿亭、王国桢、章西周、曹士林、马光廷;福建省年届八十及八十以上之附生余梦霖、宋象贤、陈廷飏、曾贯、刘九斗、郑鸣高,增生郑南丰,捐贡生郑梦登,监生苏丕烈、苏望伊;陕西省八十以上之附生马艺、彭文炳、惠自修、王宝定;浙江省年届八十之附生王邦梁、汪云鹤;俱著加恩赏给副榜,用示朕嘉惠耆儒至意。钦此。

253 道光二十一年三月初四日,内阁奉上谕:钱宝琛奏,帮丁应赔米石,恳展缓、分限带运一折。江西赣、信、会三所旗丁冯集禧等应赔剥船漂淌米石,俱该抚查明,扣款较多,力难同时并缴。著照所请,准其展限一年。自道光二十一年冬运起,仍分三限买补带交,以纾丁力。该部知道。钦此。

256　道光二十一年三月初四日,内阁奉上谕:此案江西生员刘莑等流布传单,煽惑乡愚,勒派讼费,实属不安本分,著该抚饬属查拿,严究确情,按例定拟具奏。钦此。

273　道光二十一年三月初七日,内阁奉上谕:钱宝琛奏,请拣发参将、游击各一员,都司三员,前往江西,以资差委。著兵部于曾任实缺、候补、候选人员内,照例拣选,带领引见,候旨发往。钦此。

337　道光二十一年三月二十四日,内阁奉上谕:钱宝琛奏,江西道府乏员,请拣发道府各一员,以资差委。著吏部于候补、候选、曾任实缺人员内照例拣选,带领引见,候旨发往。钦此。

351　军机大臣字寄钦差侍郎麟。道光二十一年三月二十七日,奉上谕:据麟魁奏,查明江西省闹漕京控重案,巡抚、臬司意见不合情形,并访查钱宝琛才具。览奏俱悉。至新喻县革监万幗彩等闹漕京控一案,该抚审拟罪名是否允协,并有无不实不尽之处,著该侍郎亲提全案人证、卷宗,复加详核,确切研讯,务期水落石出,毋许稍有枉纵。将此谕令知之。钦此。遵旨寄信前来。

371　道光二十一年闰三月初二日,内阁奉(朱)上谕:法良著发往江西以道员用,刘炽昌著发往江西以知府用。钦此。

483　道光二十一年闰三月二十五日,内阁奉上谕:钱宝琛奏请将办理驿递不慎之知县交部议处一折。江西署德化县事、宜春县知县王嘉麟,接递广东紧要折件,因事关军务,令马夫冒风渡江,以致中流复溺。虽立时抢获奏折,尚无疏失,亦未迟误。其漂失兵部等处公文,据该抚片奏,续经寻获。惟办理驿递,究属不慎,王嘉麟著交部议处。钦此。

484　道光二十一年闰三月二十五日,内阁奉上谕:钱宝琛奏请将批解银数短少之知县摘顶勒征等语。江西署星子县知县朱懋勋,上年批解随漕、屯余等款银数比较十九年少解银三千五百余两,实属惰玩。著即摘去顶带,勒限两个月,责令按数征完。俟限满有无完解,分别核办。该部知道。钦此。

528　道光二十一年四月初七日,奉旨:姚敏德准其升补江西瑞金县知县,照例送部引见。所有该抚等应得处分①,著加恩宽免。钦此。

559　道光二十一年四月十五日,内阁奉上谕:钱宝琛奏,知府例应回避,请简员

① "该抚",疑为"该员"之误。

对调一折。江西吉安府知府唐方煦，籍隶湖南，(讵)[距]该府系在五百里以内，自应照例回避。著以李镕经调补吉安府知府，所遗建昌府知府员缺，即著唐方煦补授。该部知道。钦此。

560　道光二十一年四月十五日，内阁奉上谕：钱宝琛奏，知县交款未清，请分别革职，摘去顶带一折。江西前任峡江县丁忧知县马文波，应交银两屡催未交；泰和县知县郁鼎钟、前署泰和县事现任宜黄县知县杨振纲，交代纠缠，延未算结。马文波著暂行革职，郁鼎钟、杨振纲著一并摘去顶带，均勒限一个月，按数清交。如再延玩，即查明有无亏缺，严参办理。该部知道。钦此。

561　道光二十一年四月十五日，内阁奉上谕：钱宝琛奏，绅民捐修城工，恳请奖励一折。著吏部议奏。此项工程，免其造册报销。该部知道。钦此。

665　道光二十一年五月十一日，内阁奉上谕：江西吉南赣宁道员缺，著陈士枚调补，所遗湖北汉黄德道，著邓应台补授。钦此。① 所遗贵州贵阳府知府员缺，著该省督抚拣员调补。其所(朱)遗之员缺，著李百龄补授。(次日带上朱笔添改发下，另缮十二日日期发抄)。

666　查：江西吉南赣宁道系冲繁难要缺。谨奏。

700　道光二十一年五月二十一日，内阁奉上谕：裕谦奏请鼓励溢销引盐之知县一折。江西上高县额销淮盐二千九百五十三引，该县知县高载铭，连年溢销均在三百以上，自应量加鼓励。高载铭著赏加同知衔。该部知道。钦此。

723　道光二十一年五月二十九日，内阁奉上谕：吴文镕著调补江西巡抚，驰驿前赴新任。钱宝琛著调补湖北巡抚，俟吴文镕到任后再赴新任，毋庸来京请训。钦此。

738　道光二十一年六月初四日，内阁奉上谕：钱宝琛奏请对调知县一折。江西鄱阳县知县著准其以李世琦调补，所遗清江县知县员缺，即以国治对调。该部知道。钦此。

739　道光二十一年六月初四日，内阁奉上谕：钱宝琛奏，在籍知县被控聚赌一折。江西告养在籍知县罗焕奎，被生员邓惠控告在县丞衙门聚赌。迨经审讯，供情狡展。奉新县县丞曹莲升，据称公出，难保无徇纵讳饰情事。生员邓惠，籍端出入衙署，亦属不安本分。罗焕奎、曹莲升，俱著先行革职。邓惠，著革去衣顶，交该抚提同案内人证，研讯确情，按律定拟具奏。该部知道。钦此。

---

① “陈士枚调补，所遗湖北汉黄德道著”等字，原档补在“著”字之前，今据文意，补在“著”字之后。

844　道光二十一年七月初二日，内阁奉上谕：钱宝琛奏，帮丁借领剥价，请援案先行垫解一折。江西各帮重运漕船借领天津道库剥价等银，现据该抚查明，该帮丁因本年扣款过多，若令同时并扣，丁力倍形竭蹶，自系实在情形。加恩著照所请，所有道光二十年江西各帮借支天津道库银一万七千七十八两零，准其照数在于司库项下暂行借动解还，缓俟下年各帮新运钱粮内扣收解司归款，以纾丁力。该部知道。钦此。

845　道光二十一年七月初二日，内阁奉上谕：钱宝琛奏，肝病复发，请假调理等语。钱宝琛已调任湖北巡抚，著赏假一月，安心调理。俟假满交卸后，即赴新任。钦此。

846　道光二十一年七月初二日，内阁奉上谕：钱宝琛奏请将升任道员暂缓交卸等语。新授湖北按察使赵仁基，著准其暂留江西赣南道任，俟经手事件完竣，再行来京陛见。钦此。

847　道光二十一年七月初二日，内阁奉上谕：钱宝琛奏请动项兴修堤工一折。江西丰城县滨临大江，众水汇注，全赖堤身保障。兹据该抚查明，邹家脑、熊坊垱两处，石堤坍塌鼓裂，情形险要，自应赶紧兴修，以资捍卫。所有估需工料银一千九百六两零，准其在于道库提存盐规充公项下如数给领，勒限赶修。仍责成该管知府实力稽查，务使工坚料实，毋许草率偷减，工竣核实验收，造册报销。该部知道。钦此。

892　军机大臣字寄两江总督裕。道光二十一年七月十一日，奉上谕：据裕谦奏，本年五月中旬，江潮盛涨，江宁、扬州二府所属沿江滨河之区，多有被淹田亩、冲坍庐舍。又安徽省沿江之安庆、池州、庐州、太平、和州等府州及江西省之德化、湖口等县亦因江水陡长，堤破田淹，现在分别筹办抚恤等语。该省地方连年积歉，现在又罹此厄，情殊可悯，著裕谦即会同该管各巡抚，派员迅速查勘，分别情形轻重，妥为办理。其有急应抚恤之处，即妥筹抚恤，毋任流离失所。将此谕令知之。钦此。遵旨寄信前来。

937　道光二十一年七月二十日，内阁奉上谕：钱宝琛奏请将知县开复顶带等语。江西星子县知县朱勳于被参摘顶之后，已将少解漕项银三千余两陆续完解，尚知愧奋，朱懋勋著准其开复顶带。该部知道。钦此。

994　道光二十一年七月二十八日，内阁奉上谕：钱宝琛奏，病难速愈，吁请开缺一折。钱宝琛著准其开缺回籍调理。钦此。

1071　道光二十一年八月十五日，内阁奉上谕：朱树奏，回空军船遭风，请照成案办理一折。本年七月十四日，江西、湖南等帮回空军船猝遇风暴，或被吹折大桅，或致全行漂没。现据该漕督查明属实，自应量予恩施。所有遭风沉没之江西饶州帮黄南仲等十船、吉安帮康胡梁等七船、湖南头帮郑应时等二船，均著准其援照成案，官为给料成造。其淹毙人口，亦著加恩照例赏恤。该部知道。钦此。

1073　道光二十一年八月十五日，内阁奉上谕：户部奏请饬催各省开铸一折。各省鼓铸钱文，搭放兵饷，以便流通。现据该部查明，停炉省份，至十一省之多。且停铸多年，恐钱法渐至废弛，不足以资民用。著直隶、山西、陕西、江苏、江西、浙江、福建、湖南、湖北、广西、贵州各督抚务照每年应铸卯额，迅速开铸。如银价实有未平，著体察情形，将卯额奏明酌减。其有铅斤不敷之处，亦著赶紧购办，毋稍迟逾。钦此。

1101　道光二十一年八月十八日，内阁奉上谕：吴文镕奏，知县交款已清，请开复顶带一折。江西泰和县知县郁鼎钟、前署泰和县事宜黄县知县杨振纲，前因交代未结，降旨摘去顶带，勒限清交。兹据奏称，该二员于一月限内接收清楚，结报无亏，尚知愧奋。郁鼎钟、杨振纲，俱著准其开复顶带。该部知道。钦此。

1105　道光二十一年八月二十日，内阁奉上谕：江西布政使员缺著陈嘉树补授。所遗山西按（朱）察使员缺，著罗绕典补授。钦此。

1157　道光二十一年九月初四日，奉旨：此案著交吴文镕亲提人证、卷宗，秉公严讯，按律定拟具奏。原告刘昌柏，该部照例解往备质。钦此。

1184　道光二十一年九月初十日，内阁奉上谕：江西南赣镇总兵长春、四川川北镇总兵韩振先、绥宁协副将杨开云、贵州松桃协副将达腾超、甘肃中卫协副将哈拉吉那、湖北施南协副将岱昌，均著驰驿来京听候召见。钦此。

1191　道光二十一年九月十二日，内阁奉（朱）上谕：江西广信府知府员缺，著姚熊飞补授，所遗员缺著张迎煦补授。钦此。

1229　道光二十一年九月十九日，内阁奉上谕：吴文镕奏请将被水各县分别抚恤一折。江西省本年夏间江湖泛涨，各县低田多有被淹，秋收失望，小民觅食维艰，现经该抚查明实在情形，请照例抚恤一月口粮，俾资接济。加恩著照所请，所有原勘较重及稍次之德化等十县，准其在于司库先行酌发银二万七千四百余两，内发德化县银五千两，建昌县银四千二百两，新建县银四千两，进贤县银三千两，湖口县银二千五百两，都昌县银二千二百余两，星子、彭泽二县各银二千两，德安县银一千五百两，瑞昌县银一千两，分别解交九江、南康、南昌等府，督饬各该县印委各员，确查实在被水贫民户口，亲身散放，务期实惠及民，毋许吏胥侵蚀。仍将该十县被淹田地勘明，其补种复淹之南昌、鄱阳、余干、万年四县及原勘最轻之安义县，亦著一并确查，分别核办。至吉安府属之庐陵、吉水、泰和三县，晚禾杂粮既有损伤，其应如何之处，并即查明，据实具奏。该部知道。钦此。

1230　道光二十一年九月十九日，内阁奉上谕：吴文镕奏请将知县摘去顶带一折。江西庐陵县知县董思诚，于应行摊补银两，延不完解，著摘去顶带，勒限一个月全数赶解。倘逾限不完，即行从严参办。该部知道。钦此。

1231　道光二十一年九月十九日，内阁奉上谕：吴文镕奏请将才难胜任之知县改补教职一折。新选江西赣州府长宁县知县傅启，年近七旬，才欠开展，难胜民社之任，著准其以教职改补，归部铨选。该部知道。钦此。

1276　军机大臣字寄盛京将军，奉天府府尹，江苏、安徽、山东、山西、河南、陕西、甘肃、江西、浙江、湖北、湖南、四川、广东各督抚。道光二十一年十月初三日，奉上谕：本年奉天辽阳等处被淹，江苏上元等十八县被水，河南祥符等九州县被水，陕西大荔等九州县被水、被雹，江西德化等十县被水，节经该省奏到，均已随时加恩，分别抚恤、缓征，散放口粮，给予各费，小民谅可不致失所。惟念来春青黄不接之时，民力未免拮据，著传谕该将军、府尹、督抚等，体察情形，如有应行接济之处，即查明据实覆奏，务于封印前奏到，候朕于新正降旨加恩。再，奉天、锦县、宁远州等处被淹，江苏江宁、扬州、徐、淮等府各属被水、被淹，安徽怀宁等四十二州县卫及凤、颍①、泗等府州被水，山东安邱等二县被雹，山西朔州等九厅州县被淹，河南叶县等五州县被雹，荥泽等三十四州县被水，甘肃泾川等二十二州县被雹、被水，并宁夏宁朔等县被水，江西丰城等二县被淹，南昌等五县被水，庐陵等三县被旱，浙江富阳等三县被淹成灾，乌程等五县被淹，湖北天门等二十五州县被水、被淹，湖南武陵等八州县被淹，四川新津等十州县被淹，广东沿海府州被风，已据该将军等奏明，随时抚恤及委员查勘，亦著迅速办理。并将来春应否接济之处，一并查明，于封印前奏到。将此谕令各该将军府尹督抚知之。钦此。遵旨寄信前来。

1277　查：本年奉天、江苏、河南、陕西、江西等省间有灾歉地方，俱经随时加恩，分解抚恤、缓征，散放口粮，给予各费，其明春应否量为接济之处，臣等谨照向例拟写询问该将军等谕旨，俟复奏到日再行拟写新正加恩谕旨进呈。再，奉天、江苏、安徽、山东、山西、河南、甘肃、江西、浙江、湖北、湖南、四川、广东各省，尚有被灾之区，该督抚等业经奏明，随时抚恤及委员查勘。其应否调剂，现俱未经奏到，应一并询问，令其迅速查奏汇办。谨奏。

1372　道光二十一年十月二十二日，内阁奉上谕：吴文镕奏请被水各县分别抚恤、蠲缓一折。江西省本年夏雨过多，江湖泛涨，低田多被淹没，民力未免拮据。加恩著照所请，所有勘明成灾五分德化县之封一、封二、赤松、桑落四乡，同勘不成灾德化县之仙居、南昌、白鹤、仁贵、德化等五乡及德安、湖口、都昌、建昌、新建、进贤、星子、彭泽、瑞昌等九县被水各乡乏食穷黎，无论极次，均著照例抚恤一月折色口粮。其德化县封一、封二、赤松、桑落四乡成灾五分民屯田地本年应纳钱粮、芦课，均著照例蠲免十分之一，蠲剩九分民屯钱粮、芦课，均缓至来年秋成后分作两年带征。其勘不成灾南昌县之三洞、乐成、富盛、得收、大积、盛有、里山、安乐、丰盛、岁收、连丰、长丰、甘谷等圩极低各乡都图，新建县之九、十两区低处各图，进贤县之上、下两乡低处各都，鄱阳县之东南、西南

① 即“颍州”。

两乡各都图,余干县之东北、西北两乡各都,万年县之西、北二乡各都青塘等村,星子县之下二、上下三、上下四、五都、六都、上下七并南村等都、党都,都昌县之一、二、三、五、六、七、八、九及十四、三十六、四十一、四十二、四十三、四十五六七八等都,并湖汉四都,十三、十五、十八、二十三、二十六、二十九、三十、三十二、三十三、三十四、三十五、三十七、三十八、市一、市二、市三、市四、市五、柴图、左镇等都,建昌县之永、凝、丰、归、德、市等六乡各圩湖,建昌县代征安义县寄庄永丰、凝远、丰安三乡各圩湖,德化县之仙居、南昌、白鹤、仁贵、德化等五乡,德安县之黄湾、陈湾、固村、墩下、金鸡、附城、河东、后田、乌石、在市等十堡,瑞昌县之安泰、今一、今二等乡,湖口县除寄庄德化、宿松二县屯田地亩,俟各县会勘另办外,其坐落上乡十三、十四、十五、十六、十七、二十等都;中乡一坊二图,二坊八都、十二、十三都;下乡三、四、五、六都。彭泽县之一、二、三、四、五、六、七、八都,十五都、三十都、三十三都及一、二坊各未完二十一年民屯钱漕、芦课、余租及九江府同知未完压征二十年芦课,均著缓至二十二年秋成后,分作两年带征。以上各县同安义县被水田地及丰城、清江、新淦、新喻、峡江五县涸复补种重费工本地亩,并庐陵、吉水、泰和三县雨稀受伤田地,应行带完道光十年以后历年被水、被旱案内旧欠民屯寄庄地漕、余租、芦课以及出借籽种、口粮、折色本色银谷、借修圩堤银两,著各按原缓年限递缓一年,自道光二十二年起,分别一年、二年、三年带征,以纾民力。该抚即刊刻誊黄,遍行晓谕,务使实惠及民,毋任吏胥舞弊,用副朕轸念歉区至意。该部知道。钦此。

1454　道光二十一年十一月十四日,内阁奉上谕:吴文镕奏请给湖神联匾一折。江西鄱阳湖神助运护漕,久著显应。本年该粮道督运渡湖,叠遇大风,均得化险为平,自应特颁联匾,以答神庥。发去御书匾额一方,对联一副,著吴文镕祇领,敬谨悬挂。钦此。

1455　道光二十一年十一月十四日,内阁奉上谕:吴文镕奏请将知县开复顶带等语。江西庐陵县知县董思诚,前因未完应摊挪垫民欠银两,降旨摘去顶带。兹据该抚奏称,该员于被参后赶解全完,尚知愧奋。董思诚著准其开复顶带。该部知道。钦此。

1456　道光二十一年十一月十四日,内阁奉上谕:吴文镕奏请将同知勒休一折。江西瑞州府同知张兼山,身弱多病,行动维艰,著即勒令休致。该部知道。钦此。

1552　道光二十一年十二月初七日,内阁奉上谕:吴文镕奏,本年被水各县查办蠲缓案内,前次声叙遗漏,分晰查明,奏请加恩一折。前因江西省本年江湖泛涨,低田多被淹没。当经降旨分别抚恤、蠲缓。兹据该抚奏称,声叙尚有遗漏,复经分晰查明。加恩著照所请,所有南昌、新建、德化三县未完道光三年借修圩费原案带完年限,著按年展缓一年征收。南昌、新建、鄱阳、余干、建昌、德化、瑞昌、湖口、彭泽等县同建昌县带征安义县寄庄道光二十年被水、南昌县十九、十八两年被水、十五年被旱,除本年未被水各乡都仍照原限带征外,其本年又复被水各乡都,清江、新淦、余干、万年、都昌、建昌、德化、德安、湖口、彭泽等县并建昌县带征安义县寄庄十九年被水,星子、建昌、德化、德安、彭泽等县十八年被水，建昌县十七年被水，丰城县十六年被旱，清江县十四年被水成灾六分及不成灾各乡，新淦、新喻、峡江三县十四年被水，庐陵、吉水、湖口三县十三年被水缓征民屯、钱漕、余租及九江府同知、德化、彭泽二县未完十九、二十两年芦课，德化、湖口、彭泽三县未完十九、二十两年芦课，俱著递缓至道光二十二、二十三两年带征。

又清江县十四年被水成灾八分各乡，德化县十四年被水已未成灾各乡，二十年未被水各乡蠲剩、缓征民屯、钱漕、余租，著递缓至二十二、二十三、二十四等年带征。又泰和县十九年被水，建昌县带征安义县寄庄十七年被水，安义、德化、德安、彭泽四县十五年被旱，庐陵、吉水、湖口三县十四年被水二限一半民屯、钱漕、余租，九江府同知并德化县未完十三年芦课，德化县未完十四年芦课，彭泽县未完十年芦课，俱著递缓至二十二年带征。又进贤县二十年被水，鄱阳、瑞昌二县十九年被水，建昌县十六年被旱，丰城县及建昌县带征安义县寄庄十五年被旱，南昌县十四年被水，除本年未被水各乡都仍照原限带征外，其本年又复被水各乡都，德安、彭泽二县十四年被水，清江、新淦、峡山①三县十三年被水缓征民屯、钱漕、余租，九江府同知未完十九年芦课，均著递缓至二十三、二十四两年带征。又德化县十四年被水成灾各乡，二十年又复被水各乡，二十三年被水已未成灾各乡，二十年未被水各乡，蠲剩、缓征民屯、钱粮、余租，均著递缓至二十三、二十四、二十五等年带征。又建昌县带征安义县寄庄十六年被旱二限一半，星子县十五年被旱二限一半，湖口县十一年被水未完缓征民屯、钱漕、余租，著递缓至二十三年带征。新建、进贤二县十九年被水，新建、鄱阳、余干三县十八年被水，建昌县十五年被旱，丰城、余干、星子三县及建昌县带征安义县寄庄十四年被水，南昌、万年、都昌、德安、瑞昌、彭泽等县十三年被水、德化县十一年被水已未成灾各乡、二十年未被水各乡，未完缓征民屯、钱漕、余租，湖口县未完十七、十八两年芦课，均著递缓至二十四、二十五两年带征。又德化县十三年被水成灾各乡、二十年复又被水各乡蠲剩、缓征民屯、钱粮、余租，著递缓至二十四、二十五、二十六等年带征。又鄱阳、余干二县十五年被旱，万年、都昌二县十四年被水缓征二限一半钱漕，湖口县未完十年芦课，均著递缓至二十四年带征。又进贤县十八年被水，建昌县十四年被水，丰城、余干、星子三县十三年被水。南昌县十二年被水并该县十二年未被水各都十一年被水，都昌县十一年被水，德化县十一年被水成灾各乡，二十年复又被水各乡，未完缓征民屯、钱漕、余租，著递缓至二十五、二十六两年带征。又万年、德安、瑞昌、彭泽四县及建昌县带征安义县寄庄十一年被水二限一半缓征民屯、钱漕、余租，著递缓至二十五年带征。又新建县十七年被水，进贤县十六年被旱，新建县十五年被旱，鄱阳县十四年被水，建昌县十三年被水，南昌县十一年被水、十二年复被水各乡都，星子县十一年被水缓征民屯、钱漕、余租，著缓至二十六、二十七两年带征。又余干县十一年被水缓征二限一半钱漕，著递缓至二十六年带征。又进贤县十五年被旱，鄱阳县十三年被水，建昌县十一年被水缓征钱漕，著递缓至二十七、二十八两年带征。又新建、进贤二县十四年被水，新建县十三年被水缓征钱漕，著递缓至二十八、二

① 按：清代江西无峡山县，当为“峡江”之误。

十九两年带征。又鄱阳县十一年被水二限一半缓征钱漕,著递缓至二十八年带征。又进贤县十三年被水缓征钱漕,著递缓至二十九、三十两年带征。又新建县十二、十一两年被水,进贤县十二年被水,并该县十一年被水、十二年未被水各乡都缓征钱漕,著递缓至三十、三十一两年带征。又进贤县十一年被水,十二年复被水各乡都缓征钱漕,著递缓至三十一、三十二两年带征。又鄱阳、余干、星子、都昌、德化、瑞昌、彭泽等县出借十九年,南昌、新建、进贤、德化四县出借十五年,丰城、德化、彭泽三县出借十四年,万年、都昌、德安三县出借十三年,鄱阳、星子、建昌、湖口等县出借十一年籽种、口粮、折色本色银谷,著递缓至二十二年征收。又南昌、新建、进贤、瑞昌四县出借十四年,余干、建昌、德化三县出借十三年,星子、都昌二县出借十二年,丰城、德化、德安、彭泽四县出借十一年籽种、口粮、折色本色银谷,著递缓至二十三年征收。又余干县十三年被水出借,星子、瑞昌、彭泽三县出借十三年,丰城县出借十二年,南昌、新建、进贤、都昌四县出借十一年籽种、折色本色银谷,著递缓至二十四年征收。又丰城县出借十三年,南昌、新建、进贤三县出借十二年,瑞昌县出借十一年籽种、折色本色银谷,著递缓至二十五年征收。又南昌、新建、进贤三县出借十三年籽种、口粮、折色本色银谷,著递缓至二十六年征收。又南昌、新建、德化三县道光三年,南昌、新建、进贤三县道光十年,南昌、新建二县道光十二年,南昌、新建、进贤、鄱阳、星子、建昌、德化、德安八县道光十一、十三、十四等年各原借修圩堤未还银两,俱著递缓至二十二年起,仍照各年各限,按年展缓一年征收,以纾民力。

该抚即刊刻誊黄,遍行晓谕,务使实惠及民,毋任吏胥舞弊,用示朕轸念歉区至意。该部知道。钦此。

1553　道光二十一年十二月初七日,内阁奉上谕:各直省督抚等遵旨荐举人才,必应深知其贤,始登荐牍,如到任未久,不妨稍缓时日,详加察看。本日据吴文镕保举折内称,为到任未久,未能深悉底蕴,容再察看数月。又称,先将洁已爱民、诚心任事者出具考语呈览。该抚于属员之贤否,尚未深悉底蕴,何以遽行保奏?实属自相矛盾,有见好属员之心。所保各员,著毋庸议。钦此。

1566　道光二十一年十二月初十日,内阁奉上谕:江西布政使著李星沅补授,所遗江苏按察使(朱)员缺,著崇恩补授。钦此。

1632　道光二十一年十二月二十一日,内阁奉(朱)上谕:江西广饶九南道员缺,著普琳补授。钦此。

1633　查:广饶九南道系冲繁中缺。谨奏。

1639　道光二十一年十二月二十二日,内阁奉上谕:吴文镕奏,请暂缓鼓铸钱文,以平市价一折。据奏,钱价有减无增,未便遽议开铸。著照所请,准将江西省宝昌局额卯钱文暂停鼓铸,俟察看情形,如钱价渐平,即行开铸,不得延误。该部知道。钦此。

1640　道光二十一年十二月二十二日,内阁奉上谕:吴文镕奏,回空军船遭风漂没一折。江西省永建等帮回空军船遭风漂没,淹毙人口。据该抚查明,该丁船等猝遇暴风,人力难施,著准其查照成案,给料成造。淹毙人口,照例赏恤。余著照所议办理。该部知道。钦此。

1641　道光二十一年十二月二十二日,内阁奉上谕:吴文镕奏,拣员调补要缺知县一折。著照所请,江西上饶县知县员缺,准其以曹人杰调补。该部知道。钦此。

1665　道光二十一年十二月二十六日,内阁奉上谕:梁章钜奏,患病未能速痊,恳恩开缺一折。梁章钜著准其开缺调理,江苏巡抚著程矞采补授,江苏布政使著李星沅调补,所遗江西布政使,著费开绶补授。程矞采、李星沅均著无庸来京请训。钦此。

1685　臣等查明岁新正应行加恩各省内,甘肃、四川、广东业据该督抚等具奏,毋庸接济,江苏、河南于奏到日已钦奉谕旨加恩,及浙江未经奏到外,所有奉天、直隶、安徽、山东、山西、陕西、江西、湖北、湖南九省,节经该将军等奏到,臣等谨拟写谕旨九道进呈,恭候钦定批示日期,届时颁发。谨奏。

道光二十二年

2　军机大臣字寄江西巡抚吴、湖南巡抚吴。道光二十二年正月初一日,奉上谕:据裕泰奏,湖北崇阳县匪徒钟人杰等聚众滋事,业经该督带兵剿捕,自不难即时扑灭,惟该逆等党羽既多,一经官兵征剿,恐窜入邻境,更有滋蔓之虞。著吴文镕、吴其濬各派妥员,带兵前往交界处所,严密防堵。如有匪徒窜入,协力捕拿,毋使漏网。将此由五百里各谕令知之。钦此。遵旨寄信前来。

17　道光二十二年正月初六日,内阁奉上谕:上年江西德化等县被水、被淹、被旱,业经降旨分别抚恤、缓征,小民自可无虞失所,惟念今春青黄不接之时,民力不无拮据。加恩著将被水较重之德化、德安、瑞昌、湖口、彭泽、星子、都昌等七县被水无力农民酌借籽种,藉资耕作,俟秋成后,照例免息征还。该抚即刊刻誊黄,遍行晓谕,务使实惠及民,毋任吏胥舞弊,用示朕履端布惠、普锡春祺至意。该部即遵谕行。钦此。

24　道光二十二年正月初七日,内阁奉(朱)上谕:江西按察使著文俊补授。钦此。

26　道光二十二年正月初七日,内阁奉上谕:新授江西布政使费开绶,著驰驿即赴新任,毋庸来京请训。钦此。

28　军机大臣字寄江西巡抚吴。道光二十二年正月初八日,奉上谕:前因湖北崇阳县匪徒滋事,当[经]降旨著吴文镕派员带兵防堵。兹据该抚奏称,崇阳地方与江西义宁州连界,业经派委文武各员,会同该州相机堵捕,并饬附近之武宁等县营一体防缉等语。该匪徒等人数众多,难保不此拿彼窜。现在该州已团练义勇各乡村列卡分守,并移营分段巡防,尚属严密。该抚所调袁州、吉安及省标精兵,先行预备。仍饬带兵各员确探,该匪徒等如有窜入江西之势,立即驰往会剿,勿令蔓延。将此谕令知之。钦此。遵旨寄信前来。

33　道光二十二年正月初八日,内阁奉上谕:新授江西按察使文俊著即赴新任,毋庸来京请训。钦此。

48　军机大臣字寄江西巡抚吴。道光二十二年正月十一日,奉上谕:吴文镕奏,添兵堵拿湖北匪徒,并委署臬司亲往督办一折。览奏均悉。江西省义宁州与湖北崇阳县壤地毗连,所有三畈尖等处各隘,均关紧要。现在该省匪徒已据裕泰等密咨台涌刘允孝带兵分途前往,相机夹击,难保不此拿彼窜,亟宜严密防堵,断其后路。既据该抚添兵前往堵拿,并令署臬司叶名琛亲往督办,即著照议,饬令带兵各员严守各隘,并确探该匪徒等如有窜入之势,即行并力扑捕,断不准其阑越入境,致有蔓延。将此谕令知之。钦此。遵旨寄信前来。

86　道光二十二年正月二十三日,奉旨:本年轮应查阅山东、河南、江苏、安徽、江西等省营伍之期。山东著即派托浑布,河南著即派鄂顺安,江苏、安徽、江西著即派牛鉴,逐一查阅,认真简校。如查有训练不精、军实不齐者,即将废弛之将弁据实参劾,毋得视为具文。其上年暂停查阅之广东、广西、浙江、福建等省,仍著俟军务完竣,再行派员查阅。钦此。

89　道光二十二年正月二十三日,内阁奉上谕:牛鉴奏请开复知县顶带一折。江西湖口县知县朱建溪,前因于应销淮盐缺销在九分以上,降旨摘去顶带,饬令补销。兹据该督查明,该县缺销止六分以上,因漏缴水程,致干参处。且能于两三月内将缺销之引补销全完,尚知愧奋。朱建溪著准其开复顶带。该部知道。钦此。

105　道光二十二年正月二十六日,内阁奉(朱)上谕:江西盐法道员缺著积喇明阿补授。钦此。

142　道光二十二年二月初五日,内阁奉上谕:吴文镕奏,拣员升补要缺知县一折。著照所请,江西湖口县知县员缺,准其以程元瑞升补。照例送部引见。该部知道。钦此。

187　道光二十二年二月十四日,内阁奉上谕:刑部奏,各省办理火器杀人案件,多涉迁就。请饬另行审拟一折。所奏甚是①,向来因争斗施放鸟枪杀人者,以故杀论

① 原档第二行、第三行之间,天头处有"朱"字。"所奏甚是"为后来所加,当为朱笔。

斩,定例綦严。从前旧案间有因本犯正欲捕打鸟兽,适与人口角争斗,被殴失跌,以致震动火机,铳毙人命,酌拟绞候。原以其事出无心,量从宽典。近来外省问刑衙门惑于救生不救死之说,每遇火器伤人案件,动辄援照,定拟案情之真伪既杂,则罪名之出入易淆。若各直省俱似此办理,或听凶犯狡供,或任书吏朦蔽①,何以饬法纪而重民命?嗣后著各该督、抚、将军、都统、府尹,遇有火器伤人之案,督同问刑各员,详细推鞫,务得确情,不得概以震动火机为辞,稍涉迁就。所有湖南省傅四发枪伤傅贱陇身死一案,江西省温仪丰铳伤甘景安身死一案,著该抚等另行审讯实情,定拟具奏。钦此。

204　道光二十二年二月十八日,内阁奉上谕:吴文镕奏请升要缺同知一折。著照所请,江西瑞州府铜鼓营同知员缺,准其以杨咏豳升补,照例送部引见。该部知道。钦此。

354　军机大臣字寄两江总督牛、湖广总督裕、江苏巡抚程、安徽巡抚程、江西巡抚吴、署河南巡抚鄂、湖北巡抚赵。道光二十二年三月二十四日,奉上谕:上年河南祥符漫口,下游各处间被淹浸,又兼江水盛涨,江宁、安徽、江西、湖北等省均有被灾地方。现在大工合龙,在工佣趁穷民自已陆续遣散,其各该处饥民流离载道,均应分别安辑,量为抚恤。著牛鉴、程矞采、程楙采、吴文镕、裕泰、赵炳言、鄂顺安严饬地方官留心察查,妥为安抚。俾穷黎不至失所,别滋事端,是为至要。将此各谕令知之。钦此。遵旨寄信前来。

375　道光二十二年三月二十七日,内阁奉上谕:吴文镕奏请将原审命案情节未确之知县解任研审一折。江西吉水县知县谢丕绩于县民刘正仔身死一案,初详情节未协,复于取供后禀府委审,现经犯供翻异,难保无刑求逼供情弊。谢丕绩著先行解任,交该抚提同全案人证,确切研审,按律定拟具奏。该部知道。钦此。

383　道光二十二年三月二十八日,内阁奉(朱)上谕:江西南赣镇总兵员缺,著善禄补授。钦此。

495　道光二十二年四月二十一日,内阁奉上谕:吴文镕奏请调补省会要缺知县一折。著照所请,江西新建县员缺,准其以蔡以修调补。该部知道。钦此。

497　道光二十二年四月二十一日,奉旨:这所参佥差不慎、疏脱重犯之江西南康县知县王驯,著先行交部议处,仍勒限缉拿逃犯邱大眼婁务获。俟限满有无获犯再行分别办理。钦此。

498　道光二十二年四月二十一日,奉旨:这所参疏防监犯致被越狱脱逃之江西署乐平县典史缪莲,著先行革去顶带,乐平县知县陈桐,著先行交部议处,仍勒限饬拿逃

① 原档第九行天头处有"朱"字,"或"字由"任"改,"或任书吏朦蔽"为后加,均当为朱笔。

犯徐瑞务获。限满有无弋获,再行分别办理。钦此。

555 道光二十二年四月三十日,内阁奉上谕:江西督粮道员缺,著法良补授。钦此。

556 查:江西督粮道系冲繁难要缺。谨奏。

566 道光二十二年五月初一日,内阁奉上谕:朱树奏,粮道催趱漕船出力,恳请奖励等语。本年江西省漕船受兑开行,较往岁早至二十余日赶符限期,一律抵淮,不但在湖北之前,并且越浙江之首,实属催趱出力。江西粮道现升广东盐运使潘铎,著交部议叙。钦此。

727 道光二十二年六月初五日,内阁奉(朱)上谕:江西抚州府知府员缺,著朱炜补授。钦此。所遗员缺,著马秀儒补授。钦此。

748 道光二十二年六月十一日,内阁奉上谕:吴文镕奏,淮商捐铸炮位,恳请鼓励一折。著吏部议奏,单并发,此项银两免其造册报销。该部知道。钦此。

749 道光二十二年六月十一日,奉旨:这所参催征钱粮不力,致欠数较多之江西庐陵县知县董思诚、署崇仁县事德安县知县吉凯、彭泽县知县郭友筠,均著摘去顶带,勒限一月内,各将应完钱粮赶紧征解。倘仍不知振作,即行严参。钦此。

751 道光二十二年六月十一日,内阁奉上谕:吴文镕奏,知县呈请改教一折。江西试用知县向自蔚,著准其改就教职,回籍候选。该部知道。钦此。

845 道光二十二年七月初六日,内阁奉上谕:吴文镕奏,帮丁借领剥价,请援案先行垫解一折。江西各帮重运漕船,借领天津道库剥价等银,现据该抚查明,该帮丁因本年扣款过多,若令同时并扣,丁力实有未逮。加恩著照所请,所有道光二十一年江西各帮借支天津道库银一万八千三百五十七两零,准其照数在于司库项下暂行借动解还,缓俟下年各帮新运钱粮内扣收解司归款,以纾丁力。该部知道。钦此。

881 道光二十二年七月十六日,内阁奉上谕:江西九江府知府员缺,著刘炽昌补授。钦此。

882 查:九江府系冲繁难要缺。谨奏。

886 道光二十二年七月十六日,奉旨:前据吴文镕奏,淮商捐输海防经费,恳请奖励一折。当交吏部议奏。兹据该部查照章程具奏请旨,自系照例办理。惟现当筹备军需之际,该商等踊跃输将,自宜破格施恩,以昭激劝。捐纳盐运使司运副包国泰,著以本班尽先补用,仍加五级;即选知县徐芝起,著尽先选用,仍加五级;报捐内阁中书钟淮,著以本班尽先补用;候补通判赵衷,著尽先选用;盐运司运同职衔支效林,著赏加道衔;

监生虞登甲,著给予员外郎职衔;捐职布政司理问朱鉴,著给予同知职衔,仍加一级;议叙盐运司知事戴凤森,著给予盐课司提举职衔;即用郎中赵克宽,著给予运同职衔;俊秀包国瓒,著给予光禄寺署正职衔;议叙八品顶带虞庠,著给予司务职衔;议叙盐知事支昭然,著给予国子监典薄职衔;俊秀张启业、附生张溱、俊秀王明瑞、俊秀王明琤、监生支昭恩,均著给予国子监典籍职衔;俊秀吴奕,著给予盐知事职衔;俊秀丁立德,著给予八品顶带;候补卫千总冯槐,著尽先补用,仍加五级。该部知道。钦此。

905　道光二十二年七月二十一日,内阁奉上谕:吴文镕奏,知县回避留省另补一折。江西湖口县知县程元瑞,任所距原籍在五百里以内,例应回避。程元瑞著准其留省,俟有相当缺出,另行酌量请补,仍令赴部引见。该部知道。钦此。

906　道光二十二年七月二十一日,内阁奉上谕:吴文镕奏请将征解钱粮短绌之知县分别革职勒休一折。前任弋阳县丁忧知县王之曙,短解已征银四千余两;前任德兴县丁忧知县冯文灿,奏销欠数在五分以上,著一并革职。现任瑞昌县知县黄景福,少解银三千余两,又年力渐衰,办事竭蹶,著勒令休致。仍著该抚严查。该员等如有侵挪别情,再行按例惩办。该部知道。钦此。

929　道光二十二年七月二十四日,内阁奉上谕:德春等奏,江西各帮应交余米恳请分限、搭解一折。本年江西各帮军船开行较早,中途停泊守候,耗费孔多,丁力实形拮据,著照所请,所有江西省本年漕粮内应交三升八合余米一万八千五百余石,著准其暂缓交仓。自本年冬运起,匀分三限搭解还款,以纾丁力。该部知道。钦此。

1014　道光二十二年八月十七日,内阁奉上谕:牛鉴奏请将回避道员对调一折。江西盐法道积喇明阿与臬司文俊儿女姻亲,例应回避,著调补江宁盐巡道。其所遗之缺即以朱成烈对调。该部知道。钦此。

1019　道光二十二年八月十七日,内阁奉上谕:吴文镕奏请开复知县顶带一折。江西庐陵县知县董思诚、署崇仁县事德安县知县吉凯、彭泽县知县郭友筠,前因催征钱粮欠数较多,降旨摘去顶带。兹据该抚奏称,该员等或参后全完,或赶紧征解,尚知愧奋。董思诚、吉凯、郭友筠均著准其开复顶带。所有崇仁、彭泽二县未完银两,仍著该抚严饬,赶紧完解,应议职名归入奏销案内,照例开参。该部知道。钦此。

1020　道光二十二年八月十七日,内阁奉上谕:吴文镕奏,查明京按案件提解迟延职名,请交部议处一折。江西吉水县知县谢丕绩、署吉水县事候补知县王嵩年、弋阳县知县张大有,著交部分别议处。钦此。

1025　道光二十二年八月十八日,内阁奉上谕:吴文镕奏,知府劝捐出力,复首先倡捐,恳请鼓励等语。江西饶州府知府麟桂率属劝捐,为通省各府之最,复首先倡捐经费,自应酌予鼓励。该员前护九江道任内,有应赔短收关税盈余银五万三千两零,著加恩豁免银一万两。该部知道。钦此。

1026　麟桂赔项:护九江道任内应赔道光二十一年份短收关税盈余银九千七百二十二两零,道光二十二年份短收关税盈余银四万三千二百九十九两零,共应赔银五万三千二十二两零。

1276　军机大臣字寄江西巡抚吴。道光二十二年九月二十四日,奉上谕:御史黄赞汤奏,江西南赣会匪沿河抢劫,终岁皆然,冬令尤甚。有撑驾船只假充船户者,其船名"摸牌船",又名"白米船",见外来客商,招诱雇载。登船后,投以迷药,进以闷烟,乘机搬运行囊,甚至戕其躯命等语。匪徒抢劫客商,诱害行旅,实为地方之患,著该抚严饬沿河地方文武各员实力查拿,严行惩办,以除积匪而安商旅。将此谕令知之。钦此。遵旨寄信前来。

1347　军机大臣字寄直隶、江苏、安徽、山东、河南、甘肃、福建、浙江、湖北、湖南、江西、广东、云南各督抚。道光二十二年十月初三日,奉上谕:本年直隶武清等十八州县被水、被旱、被雹,江苏高淳等十九县被旱、被淹,山东朝城县被风,章邱等三十六州县被旱、被雹,甘肃宜禾县被震。节经该省奏到,均已随时加恩,分别抚恤、缓征,散放口粮,给予各费,小民谅可不致失所。惟念来春青黄不接之时,民力未免拮据。著传谕,该督抚等体察情形,如有应行接济之处,即查明据实覆奏,务于封印前奏到,候朕于新正降旨加恩。再,江苏江宁、镇江、淮安、徐州、海州等处被旱,桃源等三县被水,淮安、徐州等处被淹,安徽宿州灵璧及安庆等府沿江所属州县被淹,河南襄城等十一县被雹、被淹,甘肃崇信等十八州县被雹、被水,福建长汀等七州县被水,浙江桐乡、淳安等县被淹,富阳县被旱,江西雩都等二十一县被淹,湖北江陵等二十八县被淹,湖南阮江等六县被淹,广东海阳等四州县被水,云南宜良县被淹。已据该督抚等奏明,随时抚恤及委员查勘,亦著迅速办理,并将来春应否接济之处,一并查明,于封印前奏到。将此谕令各该督抚知之。钦此。遵旨寄信前来。

1348　查:本年直隶、江苏、山东、甘肃等省间有灾歉地方,俱经随时加恩,分别抚恤、缓征,散放口粮,给予各费。其明春应否量为接济之处,臣等谨照向例拟写询问该督抚等谕旨,俟覆奏到日再行拟写新正加恩谕旨进呈。再,江苏、安徽、河南、甘肃、福建、浙江、江西、湖北、湖南、广东、云南各省尚有被灾之区,该督抚等业经奏明,随时抚恤及委员查勘。其应否调剂,现俱未经奏到,应一并询问,令其迅速查奏汇办。谨奏。

1369　道光二十二年十月初五日,内阁奉上谕:吴文镕奏,知县捐资修筑圩堤,恳请奖励等语。著吏部议奏,此项工程,免其造册报销。该部知道。钦此。

1428　道光二十二年十月十五日,内阁奉上谕:耆英奏,军政举劾各案,恳请展限一折。江苏、安徽、江西三省各营员弁甫经撤防,调考有稽时日,未能赶赴例限。所有该三省本年军政及上届举劾各案，俱著准其展至来年十月内一并举行。该部知道。钦此。

1442　道光二十二年十月十七日，内阁奉上谕：朕阅看江西省服制情实招册内蓝长仔殴死胞兄蓝木老仔一案、唐五古殴死小功兄唐辉鹏一案、邹锡昭殴死大功兄邹钧一一案，均系死者用刀柄向殴。各该犯接住刀柄求饶，死者用力拉夺，不期夺回，势猛致刀尖自戳殒命。因思期功卑幼殴死尊长，罪干斩决，念其尚非有心干犯，改为监候，原属法外之仁，断不容因有此例，竟将一切服制重案率听案犯狡供移情就例，辗转效尤，如出一辙。试思死者既经用刀向殴，岂有授人以柄，反使刀尖内向，以致自行戳伤？且手握刀刃，自不如持柄者之得力，何以彼此相夺，持柄者转致松手？殊非情理。设使偶有一案，朕尚不能断其必无，何以一省三案不谋而合？显有装点情节。著吴文镕将蓝长仔、唐五古、邹锡昭三案亲提全案人证，复加审讯，务得确情，按例定拟具奏。本年勾到，著刑部将此三起暂行扣除。钦此。

1482　军机大臣字寄两广总督祁、广东巡抚梁、江西巡抚吴。道光二十二年十月二十一日，奉上谕：御史黄赞汤奏，英夷就抚，港口新开，江西、广东船户挑夫，宜严加弹压一折。据称江苏、闽、浙港口分开，一切客商势必舍远就近，往福州、上海、宁波等处，江、广两省穷民无所藉以谋生，必将聚而为盗，请饬设法防范等语。江西、广东一带船户、挑夫向以挑运客货为生，若一旦失业，难保不流为盗贼，著祁𡎴、梁宝常、吴文镕将该御史折内所称各情节悉心体察，是否确有其事，据实具奏。原折著抄给阅看。将此各谕令知之。钦此。遵旨寄信前来。

1519　道光二十二年十月二十五日，内阁奉上谕：前据吴文镕奏，绅民捐输海疆经费，恳请鼓励，当交吏部议奏。兹据该部查照章程具奏请旨。该绅民等踊跃输将，自应分别奖励，以昭激劝。鄱阳县知县李世琦，著俟题补知州后，遇有直隶州知州缺出，尽先升用；浮梁县知县岳桂，著遇有知州同知缺出，尽先升用，先换顶带；万年县知县钟峻，著给予六品升衔；候补知县彭申锡，著给予加一级；乐平县知县陈桐、南城县知县时式敷、新昌县知县陈官乂，均著赏加知州升衔；瑞州府知府唐业谦，著给予加二级；布政司理问王家谟，著以知州升用，先换项带；南城县新丰司巡检陶沛德，著给予纪录二次；试用县丞石昌猷，著不论班次，尽先补用；在籍山东候补同知周世求，俟到省后，遇有同知缺出，不论繁简，即行补用；候选从九品高树誉，著遇有本班缺出，归部即选；捐纳训导万启台，著以训导归于捐班本班，尽先选用；廪生捐纳教谕余体仁、廪生捐纳训导曹锡龄，均著以本班尽先选用；候选教谕萧厚均，著以教谕不论班次，遇缺即送；监生萧厚垲，著以县丞选用；廪生欧阳贯，著以训导遇缺即选；捐职布政司经历程培诚，著以盐运司运判分发江苏补用；军功六品顶带周厚基，著以通判归部选用；监生王大铎，著给予盐课司提举职衔；民人李锡福，著给予光禄寺署正职衔，并给予加一级、记录二次；附贡生程树滋，著给予中书科中书职衔；童生朱锡注，著给予州判职衔；监生江世树、童生程元恩、民人萧仲仁，均著给予县丞职衔，并各给予记录二次；附贡生汪丰玉，著给予六品顶带；候选训导范航溟,著给予州判职衔;童生张莲芳,著给予县丞职衔;监生吴绍修、林志文,童生吴廷章,民人胡学诚,均著给予国子监典薄职衔;童生李承恩,著给予盐知事职衔,并给予加一级;候选县丞毛上翔,著给予加三级、记录二次;童生王纶椿,著给予盐知事职衔,并给予记录二次;议叙八品顶带龚煊,著给予盐知事职衔,并给予记录一次;贡生詹元照,监生李克副、查维祺、孙启熊,附生胡秉璜,童生廉焜,均著给予盐知事职衔,并各给予记录一次;童生刘襄,著给予国子监典籍职衔,并给予记录一次;附生支昭训、陈兆信、金畴,监生林若渊、姚廷杰,候选从九品曹廷恺,均著给予国子监典薄职衔;捐纳知州林有梓,著给予加一级;监生李焕庭、童生吴守焕,均著给予盐知事职衔;候补训导毛佐轮,著给予记录二次;监生汪东文、陈丹球、魏鸣岐、彭元标、张志炜,童生李舍芳、林志行、林志忠、黄桂毓,民人杨文锦、萧澍、俞照麟、俞肖峋、章圣荣,均著给予八品顶带;监生吴世俊、饶士尊、饶士铨、姚克谐、刘风淳,童生吴锴、吴庭枝、孙景煦、程思诚、林世栋、余承泽、余元杰、余国悦、俞焜盛、詹成勋、汪承恩、余炳文、程士英、郭景熙、汪长龄、黄美裕、吴廷召、许康荣、于祖庆、李观成、刘嵩桂、柴荣福、刘毓芳、曹鸣皋、曹鸣乔、程凤翔、吴含芬、柴仙培、陈尚义、胡树滋、江灿澜、董佑祥、熊斯盛、万学汉,民人程元茂、萧淳选、胡景年、胡朝瑞、胡朝第、周乾元、胡懋昭、聂清和、罗玉堂、龚恩培、罗魁梧、余镇南、罗松、李昆、邱光胜、李寿亨、谭志、谭勋、谭惠、黄锟、胡嵩、胡达、胡行恭、胡盛、胡龄,均著给予九品顶带;武生章鸣珂,著以守御所千总归部选用;武举徐步高,著给予营千总职衔;武生柴中林,著给予县丞职衔,并给予记录二次;捐职同知俞念曾,著给予加二级、记录二次;捐职布政司理问方麟录,著给予记录三次;捐职从九品黄继祖,著给予八品职衔;在籍御史曹履泰,著给予加二级、记录四次;已故附贡生宋湘,著追给知府职衔,其妻宋萧氏给予四品封典。该部知道。钦此。

1577 道光二十二年十一月初四日,奉旨:这所参审办命案草率延搁之江西署兴国县事、题署建昌县知县杨在青,著暂行革职,交该抚提同犯证,秉公研审确情,按律定拟具奏,毋稍徇纵。钦此。

1585 道光二十二年十一月初五日,内阁奉上谕:吴文镕奏请将勘不成灾之被水各县分别缓征、递缓钱漕等项一折。本年江西省南昌等县间多被水,或得雨较迟,晚稻、杂粮稍有损伤。若将新旧钱漕同时并征,民力实有未逮。加恩著照所请,所有南昌县被水未成灾民田九百七十二顷七十六亩零,新建县被水未成灾官民田二千五百二十四顷四十九亩零,进贤县被水未成灾民田七百八十五顷三十五亩,建昌县被水未成灾民田地一千七百九十五顷八十八亩零,又建昌县代征安义县寄庄被水未成灾民田二十五顷九十一亩零,德化县被水未成灾民田地五百三十三顷八十五亩零、屯田地二百九十五顷八十亩零、芦洲地一千二百顷五十五亩零,又九江府同知经管南、九二卫被水未成灾芦洲地五百八十九顷六十亩零,瑞昌县被水未成灾民田地二百二十九顷三十二亩零、屯田地六十四顷十二亩零,湖口县被水未成灾民田六百七十六顷三十二亩、屯田三顷五十七亩零、芦洲地五百十五顷十七亩零,彭泽县被水未成灾民田地七百五十四顷四十八亩零、屯田地一百二顷十一亩零、芦洲地一千十二顷九十六亩零，雩都县被水未成灾民田五百二十顷七十八亩零、屯田一顷二十六亩零。未完本年民屯、钱漕、余租，九江府同知经管南、九二卫及德化县未完本年压征二十一年芦课，湖口、彭泽二县未完本年芦课，均著缓至来年秋成后分作两年带征。

新建、鄱阳、万年、星子、都昌、建昌、德化、德安、瑞昌、湖口、彭泽等县同建昌县带征安义县寄庄道光二十一年被水，南昌县二十一年及十九年被水、十五年被旱，并余干县二十一年及二十年被水，除本年未被水各乡都仍照原限带征外，其本年又复被水各乡都，南昌、新建、鄱阳、建昌、德化、湖口、彭泽等县同建昌县带征安义县寄庄二十年被水，清江、新淦、余干、万年、都昌、建昌、德化、德安、湖口、彭泽等县同建昌县带征安义县寄庄十九年被水，南昌、德化、德安、彭泽等县十八年被水，丰城县十六年被旱，清江县十四年被水成灾六分及不成灾各乡，新淦、新喻、峡江等县十四年被水，庐陵、吉水、湖口三县十三年被水，缓征民屯、钱漕、余租，湖口、彭泽二县未完二十一年芦课，九江府同知、德化、湖口、彭泽三县未完二十年芦课，德化、彭泽二县未完十七、十八、十九等年芦课，俱著递缓至二十三年、二十四两年带征。

又清江县十四年被水成灾八分各乡，德化县十四年被水已未成灾、二十年未被水各乡蠲剩、缓征民屯、钱漕、余租，著再缓至道光二十三、二十四、二十五等年带征。又泰和县十九年被水、建昌县带征安义县寄庄十七年被水、安义、德化、德安、彭泽四县十五年被旱，庐陵、吉水、湖口三县十四年被水、泰和县十三年被水二限一半民屯、钱粮、余租，德化县未完十三、十四两年芦课，彭泽县未完十年芦课，俱著再递缓至二十三年带征。又进贤县二十一年被水，瑞昌县二十年被水，鄱阳、瑞昌二县十九年被水，星子县十八年被水，建昌县十八、十七两年被水，丰城县及建昌县带征安义县寄庄十五年被旱，南昌县十四年被水，除本年未被水各乡都仍照原限带征外，其本年复又被水各乡都，德安、彭泽二县十四年被水，清江、新淦、峡江三县十三年被水，缓征民屯、钱漕、余租，九江府同知未完十七、十八、十九等年芦课，均著在递缓至二十四、二十五两年带征。

又德化县十四年被水成灾、二十年又复被水各乡，十三年被水已未成灾，二十年未被水各乡蠲剩、缓征民屯、钱粮、余租，均著再递缓至二十四、二十五、二十六等年带征。又建昌县带征安义县寄庄十六年被旱二限一半、星子县十五年被旱二限一半、湖口县十一年被水未完缓征民屯、钱粮、余租，九江府同知未完十三年芦课，均著再递缓至二十四年带征。又进贤县二十年被水、新建县十九年被水、新建、鄱阳、余干三县十八年被水、建昌县十六年被旱、丰城、余干、星子三县及建昌县带征安义县寄庄十四年被水、南昌、万年、都昌、德安、瑞昌、彭泽等县十三年被水、德化县十一年被水已未成灾二十年未被水各乡未完缓征民屯、钱粮、余租，湖口县未完十七、十八、十九等年芦课，均著再递缓至二十五、二十六两年带征。又德化县十三年被水成灾、二十年又复被水各乡蠲剩缓征民屯、钱粮、余租，著再递缓至二十五、二十六、二十七等年带征。又鄱阳、余干二县十五年被旱，万年、都昌二县十四年被水缓征二限一半钱漕，湖口县未完十年芦课，均著再递缓至二十五年带征。又进贤县十九年被水，建昌县十五年被旱，丰城、余干、星子三县十三年被水，南昌县十二年被水并该县十二年未被水各乡都十一年被水，都昌县十一年被水，德化县十一年被水成灾二十年复又被水各乡，未完缓征民屯、钱粮、余租，德化县十年被水未完余租，均著再递缓至二十六、二十七两年带征。又万年、德安、瑞昌、彭泽四县及建昌县带征安义县寄庄十一年被水二限一半缓征民屯、钱粮、余租，著再递缓至二十六年带征。又进贤县十八年被水，新建县十七年被水，进贤县十六年被旱，新建县十五年被旱，鄱阳、建昌二县十四年被水，南昌县十一年被水十二年复被水各乡都，星子县十一年被水缓征民屯、钱粮、余租，著再递缓至二十七、二十八两年带征。又余干县十一年被水缓征二限一半钱漕，著再递缓至二十七年带征。又进贤县十五年被旱。鄱阳、建昌二县十三年被水缓征钱漕，著再递缓至二十八、二十九两年带征。又新建、进贤二县十四年被水，新建县十三年被水，建昌县十一年被水缓征钱漕，著再递缓至二十九、三十两年带征。又鄱阳县十一年被水缓征二限一半钱漕，著再递缓至二十九年带征。又进贤县十三年被水缓征钱漕，著再递缓至三十、三十一两年带征。又新建县十二、十一两年被水，进贤县十二年被水并该县十一年被水十二年未被水各乡都缓征钱漕，著再递缓至三十一、三十二两年带征。又进贤县十一年被水、十二年复被水各乡都缓征钱漕，著再递缓至三十二、三十三两年带征。

德化县出借二十一年籽种、谷石，除本年未被水各乡仍行启征外，其本年复又被水各乡及星子、瑞昌、彭泽三县出借二十一年，鄱阳、余干、星子、德化、彭泽等县出借十九年，南昌、新建、进贤、德化四县出借十五年，丰城、德化、彭泽三县出借十四年，万年、德安二县出借十三年，鄱阳、星子、建昌、湖口等县出借十一年籽种、口粮、折色本色银谷，俱著递缓至二十三年征收。瑞昌县出借十九年，南昌、新建、进贤、瑞昌四县出借十四年，余干、建昌、德化三县出借十三年，星子县出借十二年，丰城、德化、德安、彭泽四县出借十一年籽种、口粮、折色本色银谷，著再递缓至二十四年征收。又余干县十三年被水出借，星子、瑞昌、彭泽三县出借十三年，丰城县出借十二年，南昌、新建、进贤三县出借十一年籽种、折色本色银谷，著再递缓至二十五年带征。丰城县出借十三年，南昌、新建、进贤三县出借十二年、瑞昌县出借十一年籽种、折色本色银谷，著再递缓至二十六年带征，南昌、新建、进贤三县出借十三年籽种、口粮、折色本色银谷，著再递缓至二十七年带征。又南昌、新建、德化三县道光三年，南昌、新建、进贤三县道光十年，南昌、新建二县道光十二年，南昌、新建、进贤、鄱阳、星子、建昌、德化、德安八县道光十一年、三十四等年各原借修圩堤未还银两，著再递缓至二十三年起，仍照各年各限，按年展缓一年征收，以纾民力。该抚即刊刻誊黄，遍行晓谕，务使实惠及民，毋任吏胥舞弊，用副朕轸念歉区至意。该部知道。钦此。

1614　道光二十二年十一月初九日，内阁奉（朱）上谕：江西广饶九南道员缺，著蒋方正补授。钦此。

1633　道光二十二年十一月十一日，奉旨：此案著交吴文镕亲提人卷宗，秉公研讯，按律定拟具奏。抱告黄发，该部照例解往备质。钦此。

1644　道光二十二年十一月十二日,内阁奉上谕:耆英奏请将掣升外省武职人员先行考验给咨,并请饬令掣升江南、江西人员迅赴新任一折。江南、江西二省应行赴部守备以上官,积至二十五员之多。所有由部掣升他省之参将,至凤翔等九员及由江西都司掣升江南游击刘观美一员,均著该督先行调考给咨。其由他省掣升江南、江西各员,著兵部查明,行文各该省,将该员等迅速给咨,赴部引见,领札赴任,以专责成。其余应行引见武职,著准其俟善后事宜办有头绪及升任各员到省后,接替有人,再行陆续给咨送部。钦此。

1646　道光二十二年十一月十二日,奉旨:前曾降旨将浙江定海、镇海、宁波、余姚各府县失事员弁兵丁交刑部核议治罪。兹据该部按律定拟具奏,已革前署定海县事石浦同知舒恭受、鄞县知县王鼎勋、署余姚县事试用知县彭崧年、已革镇海营参将周维藩、宁波城守营都司李宗白,系有守土专城之责,均著照部议斩监候,秋后处决。已革宁波府知府邓廷彩、已革定海镇右营游击胡得耀、衢州镇总兵李廷扬、黄岩镇标中营游击林亮光、拣发游击丰升阿、金华协右营守备张光宗、署黄岩镇标左营守备吴邦海、升补昌石营守备罗建业、江西广信营参将国勒明阿、九江镇标前营游击罗廷芳、候补都司苏苏勒通阿、浮梁营都司詹华山、绍兴协都司邵景扬、署提标中营参将周三友、署提标前营游击德昆、右营游击吴金标,或系同城知府,或系协同防剿,均著照部议,从重发往新疆充当苦差。余依议。钦此。

1711　道光二十二年十一月二十三日,奉旨:前据吴文镕奏,绅士捐输海防经费,恳请鼓励一折。当交吏部议奏。兹据该部查照章程具奏,自系照例办理。惟该绅士等踊跃输将,自应分别优加奖励,以昭激劝。现任布政司库大使张书麟,著赏加盐提举衔;现任南昌府同知鹿传先,著给予加二级、记录二次;候选郎中万启琛,著以郎中遇缺尽先选用;举人段茹连,著以内阁中书归部,不论双单月选用;捐纳训导徐树春,著不论班次,遇有训导、复设训导缺出,即行选用;监生钟仁综,著给予盐提举职衔;监生萧名夔,著给予通判职衔;监生余荣清,著给予中书科中书职衔;监生萧崧云,著给予县丞职衔;童生萧长溥,著给予盐知事职衔;监生张乐,童生程学海、陈联芳、余濬、王锡福、萧长瀛,均著给予国子监典籍职衔;童生方藻、陈崇厚,民人吴大学、吴锡范、刘玉书、金祖錞,均著给予八品顶带;童生余达四、曹杰、王绍徽、邓衔恩、刘于浚、袁辉荣、刘兆祥、余其相、江茂谦、余金垣、徐大展、余镜成、陈灿章、刘瑞恩,民人吴金豫、吴希渠、吴希恩、吴希儒、吴希椿、吴希梁、吴有声,均著给予九品顶带;捐职州同萧名熙,著给予通判职衔,并给予加二级;捐职州同萧承绪,著给予加二级、记录二次;前任上饶县告病知县史孟和,著俟病痊后,以知府归于捐班前选用。钦此。

1779　道光二十二年十二月初七日,内阁奉上谕:吴文镕奏,才具平庸及年力渐衰难胜民社之知县,请旨分别革职改教一折。江西崇义县知县李烈文,听断未能勤明,又不能约束家丁,著即革职。大挑知县王籥、候补知县刘名义,均年力渐衰,难胜民社。

惟该员等系举人拔贡出身,文理尚优,均著以教职改补,归部选用。该部知道。钦此。

1780 道光二十二年十二月初七日,内阁奉上谕:吴文镕奏,查阅营伍,甄别员弁一折。江西吉安营参将玉文,于该抚巡阅时,求免考校,营务亦不能晓畅,著以原品休致。赣镇左营守备李登荣,才具平常,营务难资整顿,著革去守备,仍留世职,饬令回籍。余依议。该部知道。钦此。

1892 道光二十二年十二月十八日,内阁奉上谕:吴文镕奏,知县交款未清,藉词延宕,请革职、勒交一折。江西前署星子县事准补长宁县知县朱懋勋,于交代银两,抗不清交,辄藉词狡展延宕,著暂行革职。该抚即委员督同复算,勒限严追。倘再延宕不交,或查有侵亏情弊,著即严参办理。该部知道。钦此。

1983 臣等查:明岁新正应行加恩各省内,安徽、河南、甘肃、浙江、福建、江西、湖南、广东、云南业据该督抚等具奏,无庸接济。所有直隶、江苏、山东、湖北四省,节经该督抚等奏到。臣等谨拟写谕旨四道进呈,恭候钦定批示日期,届时颁发。谨奏。

道光二十三年

15 道光二十三年正月初七日,内阁奉上谕:江西学政著孙瑞珍去。钦此。

45 军机大臣字寄江西巡抚吴。道光二十三年正月十三日,奉上谕:据吴文镕奏,江西省添铸炮位工竣,并督办道员捐输经费一折。已有旨准其捐办矣。此项新铸炮位,虽经委员亲往江干,逐加演放;现在分拨何处?如何安置?原奏未经声叙,著该抚详晰查明具奏。至炮位久贮,一经风雨剥蚀,恐多损坏。倘不演放,日久必有锈涩之虞。嗣后应如何轮流出演数尊?俾不至日久生锈,且令炮手演习娴熟,庶可施放有准,足资武备。并著该抚妥议章程,奏明办理。将此谕令知之。钦此。遵旨寄信前来。

51 道光二十三年正月十三日,内阁奉上谕:吴文镕奏,帮船应交初限余米,展缓带交一折。江西安福等七帮有应还十九年缓交三限余米四千余石。若将上年初限余米一并带交,丁力实有未逮。加恩著照所请,所有安福等七帮应交二十二年初限余米,准其展缓一年。俟起运二十三年份漕粮为始,仍分三限带交,以纾丁力。该部知道。钦此。

56 道光二十三年正月十三日,内阁奉上谕:吴文镕奏,添铸炮位工竣,并督办道员捐输经费一折。江西省存贮炮位不敷拨用,经该抚委员,召匠添铸。现经工竣,所有用过经费银五千一百两零,著准其由督办之候补道观瑞捐办。该员督率办理,并报捐经费,尚属急公,著遇有该省应补道员缺出,奏明请旨。此项添铸炮位,免其造册报销。该部知道。钦此。

57　道光二十三年正月十三日，内阁奉上谕：吴文镕奏，查阅营伍，甄别衰庸员弁一折。江西饶州营参将常禄，精力已衰，弓马庸弱，著以原品休致。余俱照所议办理。该部知道。钦此。

191　道光二十三年二月十一日，奉旨：此案著交吴文镕，亲提人证、卷宗，秉公研讯，按律定拟具奏。原告洪万洲，该部照例解往备质。钦此。

289　军机大臣字寄江西巡抚吴。道光二十三年三月初二日，奉上谕：吴文镕奏，遵查广信、南安二府所属挑夫、船户情形一折，览奏均悉。各处船户设有船行保家，层层防范，且皆出本谋生之人。如果商旅运载，营趁有资，自不至失业为匪。其各处挑夫人等现据查明各安生理，并无失业滋事之处，亦未便先事张皇，转滋纷扰。惟此项人等为数既多，倘将来港口分开，客货稀少，难保不别生事端。仍著该抚督饬地方官随时稽查，设法安顿，有犯必惩。务使良民有以资生，匪徒不致滋事，是为至要。将此谕令知之。钦此。遵旨寄信前来。

295　道光二十三年三月初四日，内阁奉上谕：前经吴文镕奏，江西各属官绅士民续捐海疆经费，恳请鼓励。当交吏部议奏。兹据该部查照章程具奏，自系照例办理。惟念该绅民等踊跃输将，自应分别优奖。江西吉安府莲花厅同知韩开景，著先行开缺，以知府不论双单月归部选用；布政司经历丁逢吉，著准其投效广东，以知州补用；广丰县知县罗洪赓，著赏加知州衔；候选知县刘远泉，著以知县本班尽先选用，仍加二级、记录二次；捐纳知县王觉，著以知县不论双单月尽先选用，仍加五级；捐纳按察司知事雷树敬，著俟分发到省后，免补本班，以按察司经历归捐班前先用；候选中书科中书刘焯，著以中书科中书尽先选用；廪生李同绥、李同缙，俱著以复设教谕尽先选用；增生李同经，著以复设训导尽先选用；候选从九品宋斯年，著以县丞归捐班前先用；候选从九品邓祖政，著以从九品尽先选用；候选训导汪元祥，著以训导不论双单月尽先选用；候选郎中万启琛，著赏加四品衔；议叙八品顶带刘葆真，著给予盐提举职衔；议叙光禄寺署正胡履亨，著给予员外郎职衔；监生丁嘉亨、项家修，均著给予县丞职衔，仍纪录二次；布政司经历衔俞茂桐，著赏加二级、纪录二次；监生曹肇照，著给予国子监典薄职衔，仍加一级；监生王体仁，童生汪茹英，贡生舒瑞滔、舒瑞清，著给予国子监典薄职衔；监生章尔馩，著给予盐知事职衔，仍纪录一次；童生王文瑾、章近勇、俞绍修、俞绍均，均著给予盐知事职衔；童生章受祉、章锡纯，均著给予国子监典薄职衔，仍各纪录一次；生员骆植耿，童生钱维纪、吴天骏、李穆感、李白感、程炳，监生程德荫，附生方兰森，监生汪林泰、汪纪南、柴凤翔、王恒吉，童生张九成，监生华宗淮，童生胡文波、胡光鼎，监生汪兆桄，附生徐丙南，监生石佩芳、吴永泰，童生王希胜，监生程必达，民人萧元章、聂崇德，监生张奏功，贡生余茂槐、余茂椅、傅上録，监生徐耀都，童生徐集元、俞绍谦、俞绍琦、徐之集、徐宗元、罗膺琛，均著给予国子监典薄职衔；童生南道多、华玉田、徐经天，监生徐江泮，童生徐学谟、程鹏万、王如伦、张国安，监生汪泰怡，童生汪尔梅、戴恩荣，民人萧良壁，童生张志奎、江克俊,民人江荼仍、侯义松、饶兴伯,童生杨立泰、周指南、洪锡予、阮向华,监生刘纯福,童生俞绍升、徐应麒、徐应芬、刘玉相、顾萼生,民人罗奠邦,童生杨德澜、俞镇衡,民人铁新桂,童生王邦贵,民人徐应墀,傅起澍、叶腾高、纪学荣,均著给予八品顶带;童生李逢恩、徐世璋、徐达飏、张作宾、程禄、李时芳、李文实、李文茂、李桂芳、胡定邦、陶光升、周荫堂,监生张世楫、张世梅、李逢源,童生汪逢恩、徐云芝,民人吴礼源、吴应枢,监生彭瑞,童生王道义、王维垣、王宝裕、朱起焱、齐修升、戴承香、戴尧廷、董思忠、董元善、张长谱、张长庚、张一帆、张良芳、汪步銮、方养贤,监生王元树、朱仲书,童生徐功行、方逢祉、周振福、赵光炳、叶泽、陈立言、饶兴仓,民人饶兴律,监生倪大容,童生方凤凌、饶兴遗、饶兴桢、苏镐扬、程熙洋,民人饶兴,廪监生潘阶第,童生毛起鹍、万映阳、胡垂经、夏欲仁、鲁鸾哕,民人李经德,童生姚荣裕、姚长龄、方祖机、余慕京、张定邦、张学海、舒大仁、舒大义、洪忠良、杨苏白、余定忠,民人余继诚、余继详、叶名良,童生叶觐辰,民人邓国宾,童生徐拱寿,民人周大启、徐步松、吴绍楷、罗文奎、蒋殿杰、徐志荣、刘中规,童生叶树桢、叶名球、潘绍甫,均著给予九品顶带;捐职州同邱添䆴,著赏加三级;捐职州同余茂梧、捐职同知萧名撰,均著赏加二级、纪录二次。该部知道。钦此。

363 军机大臣字寄江西巡抚吴。道光二十三年三月十七日,奉上谕:吴文镕奏,新铸炮位妥为收贮,并拟每年轮演章程等语。览奏均悉。此项新铸炮位,据该抚奏称,每年分出一半演试,著改为三年一周,于每年冬间,将省贮炮位拨出三分之一,派委司道,会同营员认真演试。其九江府留贮炮位及省城旧存铁炮,均著照此办理。如此轮流操演,周而复始,炮位既无锈涩之虞,而兵丁亦资演习,庶可施放有准,不至日久生疏。至另片奏称每年演试大炮及抬炮、鸟枪需用火药、铅子等项,著准其另行筹备,毋须制炼精工,收贮得法,方足以收实效。余著照所议办理。将此谕令知之。钦此。遵旨寄信前来。

364 道光二十三年三月十七日,内阁奉上谕:吴文镕奏,请拣员升补要缺同知一折。著照所请,江西吉安府莲花厅同知员缺,准其以岳桂升补,照例送部引见。该部知道。钦此。

461 道光二十三年四月初一日,内阁奉(朱)上谕:江西按察使员缺,著温予巽补授。钦此。

539 道光二十三年四月初八日,内阁奉上谕:前据吴文镕奏,官员捐办米石,请分别议叙。当交该部议奏。兹据户部奏称,该员等共捐米九千六百七十石,均经验明发帮收兑,搭运京仓,自应量予鼓励。江西南昌县知县加知州衔程灿策,著给予随带加四级;署定南厅同知事赣县知县斌椿,著给予知州衔加一级,并随带加一级;署永新县知县沈秉镠,著赏加知州衔,并加二级;龙泉县知县林懋勋、进贤县知县阮克峻、署德兴县事试用知县曾猷沛、署庐陵县事峡江县知县蒋予检、题署会昌县事候补知县方运筹、临川县知县王嘉麟、高安县知县张湘、署莲花厅同知事永新县知县赵嶲,著赏加知州衔;新建县知县蔡以修、广丰县知县罗洪赓,均著给予随带加一级;都昌县知县王兰、署金溪县事试用知县丛占鳌,均著给予加二级;署南安府事定南厅同知郎昀,著给予加一级。该部知道。钦此。

562　道光二十三年四月十二日,内阁奉上谕:吴文镕奏,酌情减半开铸钱文并搭放成法,量为变通一折。江西省宝昌局鼓铸钱文,据该抚奏称,现在钱价过贱,若照旧开铸,每年搭放必致入浮于出,虚悬成本。著照所请,准其于原设六炉暂减三炉,先开三炉,按卯鼓铸,遇闰加增两卯。仍著随时察看,如果钱价渐平,即行照旧增铸。余均著照所议办理。该部知道。钦此。

684　道光二十三年五月初二日,奉旨:孙瑞珍著仍留江西学政之任。钦此。

710　道光二十三年五月初七日,内阁奉上谕:吴文镕奏,官民捐修城垣,请分别奖励一折。著吏部议奏。此项工程,免其造册报销。钦此。

711　道光二十三年五月初七日,内阁奉上谕:吴文镕奏,知县相当缺出,酌量请补一折。江西星子县知县员缺,著准其以程元瑞补授,照例送部引见。该部知道。钦此。

730　道光二十三年五月初十日,内阁奉(朱)上谕:李锜著来京另候简用,江西九江镇总兵员缺,著徐捷补授。钦此。

770　道光二十三年五月十九日,内阁奉上谕:吴文镕奏,捐银一万两,以助南河大工经费等语。著准其陆续解交南河河库,由潘锡恩汇入大工合龙案内奏请议叙。钦此。

771　道光二十三年五月十九日,内阁奉上谕:吴文镕奏,遴员请补要缺知县一折。著照所请,江西赣州府信丰县知县员缺,准其以张廷杰补授。该部知道。钦此。

821　道光二十三年五月二十九日,内阁奉(朱)上谕:江西吉南赣宁道员缺,著李本仁补授。钦此。

822　查:江西吉南赣宁道系冲繁难要缺。谨奏。

834　军机大臣字寄江苏、安徽、江西、浙江、福建、湖北、湖南、广东、广西各督抚、将军、副都统、提镇。道光二十三年六月初二日,奉上谕:据户、兵二部会议外省马乾章程,请令江苏、安徽、江西、浙江、福建、湖北、湖南、广东、广西等九省各按各省于现需数目遵减半章程,暂行裁减一半,将乾银存贮藩库,按季造报听拨,仍请饬下各督抚、将军、都统各就所管绿营、旗营,分别形势险易,酌量留裁,将减半数目均匀分配。又据许乃普奏,历次裁减马匹、乾银,仍行支领。南省地不产马,去口较远,一遇短绌,猝难买补,民户无可通融,营弁有所藉口,请饬将军、督抚、提镇体察情形,详议具奏各等语。著江苏、安徽、江西、浙江、福建、湖北、湖南、广东、广西各督抚会同将军、副都统、提镇,各就地方情形,细心筹议,据实具奏,可减则减,可留则留,不必拘定减半数目,务须实力撙节而于操防亦无贻误,是为至要。原折二件抄给阅看,将此各谕令知之。钦此。遵旨寄信前来。

882 道光二十三年六月十二日,内阁奉上谕:吴文镕奏,知县交款未清,请革职勒限清算一折。前任江西玉山县丁忧知县姚继绪,应交正杂各款银两,屡催未交,实属延玩,姚继绪著暂行革职,勒限一个月,按数清交。如再延不交算,或查有侵亏情弊,即著严参惩办。该部知道。钦此。

886 道光二十三年六月十二日,内阁奉上谕:吴文镕奏,帮丁借领剥价,请援案展缓,仍由司库先行垫解一折。江西省各帮军丁,本年领款内应扣各款过多,若将上运天津借款同时并扣,丁力实有未逮,自应量加体恤,著准其援照成案,将道光二十二年借支天津道库剥价油艌等银一万七千五百二十两零照数在于司库项下暂行借动解还,缓俟下年各帮新运钱粮内扣收解司归款,以纾丁力。该部知道。钦此。

978 道光二十三年七月初七日,内阁奉上谕:吴文镕奏请将征解钱粮短绌及连年全完之知县分别劝征一折。江西上高县知县孙树兰、鄱阳县知县李世琦、南丰县知县朱锡均,于应征丁耗银两未能如数解交,均属催科不力,著一并摘去顶带,勒限两个月,赶紧征解。如限内解足,再行奏请开复。倘仍不知振作,或查有侵亏情弊,即行严参。铅山县知县吴林光,于额征丁耗接连五年全完;新城县知县邱梦旟,统共五年全完;萍乡县知县叶仲元,接连四年全完,均在奏销。以前其各年杂款,亦无蒂欠,催科尚属得力,俱著交部从优议叙,以示鼓励。该部知道。钦此。

979 道光二十三年七月初七日,内阁奉上谕:吴文镕奏,知县人地不宜,请撤回另补一折。江西万安县知县窦煦,于繁要之缺经理未能裕如。著撤任留省,遇有相当简缺,酌量补用。仍照例送部引见。该部知道。钦此。

980 道光二十三年七月初七日,内阁奉上谕:吴文镕奏,江西布政使费开绶捐银五千两协济南河工需等语。著准其解交南河河库,由潘锡恩汇入大工合龙案内。奏请议叙。钦此。

1006 道光二十三年七月十二日,内阁奉上谕:李湘棻奏,重运漕船遭风漂没,请分别豁补一折。除江西南昌后帮旗丁张均昭,前帮旗丁孙继皋、吴受仔,永建帮旗丁单正六,吉安帮旗丁萧刘余,广信帮旗丁刘均保,安福帮旗丁余俊生、徐士奇、严大九等漕船均于渡黄时遭风被溜冲淌,船米无存、应由该漕督讯取供结、题请豁免外,其金衢所帮旗丁裴叙兴船在闸漂淌,交仓平米一千七十一石零;江淮七帮旗丁胡正海,船在黄河沙淤,交仓平米六百二十一石零;湖北三帮旗丁冯真三,船在黄河沉溺,交仓平米六百三十七石零。并著加恩,准其援照分限买补之案,自道光二十三年冬运起分作三限,买补交仓,以恤丁力。该部知道。钦此。

1047　道光二十三年七月十九日,内阁奉上谕:吴文镕奏,拣员请调要缺知县一折。著照所请,江西庐陵县知县员缺,准其以蒋予检调署。该部知道。钦此。

1048　道光二十三年七月十九日,内阁奉上谕:德建之子荣昌,著准其随任。钦此。

1053　道光二十三年七月十九日,内阁奉(朱)上谕:江西广饶九南道员缺,著图壁署理补授。钦此。

1054　查:广饶九南道系冲繁中缺。谨奏。

1182　道光二十三年闰七月十五日,内阁奉上谕:李湘棻等奏,匪徒抢劫运弁坐船,请将疏防各员摘顶勒缉一折。江西抚州帮船在山东清平县停泊,被匪徒多人持械明火将运弁坐船抢劫,并拒捕伤官,杀死丁役。该地方文武各员既不能先事预防,又不能立时获犯缉捕,实属懈弛。清平县知县林上砥、兼辖清平汛千总赛镜,俱著先行摘去顶带,勒限一个月,严拿逸犯,务获究办。逾限不获,即著该抚严参办理。该部知道。钦此。

1222　道光二十三年闰七月二十二日,奉旨:此案著交吴文镕亲提人证、卷宗,秉公研讯,按律定拟具奏。抱告周敏文,该部照例解往备质。钦此。

1250　臣等查,本年届更换学政之期,谨将已满三年之顺天、江苏、浙江、湖北、湖南、河南、山东、山西、陕甘、四川、广西、云南、贵州十三省各学政,未满三年接办岁考之安徽、福建、广东三省各学政及未办岁考之江西、奉天二省各学政名单分缮呈览,恭候钦定。俟发下后,臣等再拟写谕旨进呈颁发。谨奏。

1253　未办岁考各学政名单:

江西学政孙瑞珍道光二十三年正月补放;

奉天府府丞兼学政李莼道光二十三年四月补放;

(朱)俱毋庸更换。

1290　道光二十三年八月初二日,内阁奉上谕:本年值更换学政之期。除江西学政孙瑞珍、福建学政李嘉端、广东学政李棠阶、奉天府府丞兼学政李莼俱毋庸更换外,顺天学政著王广荫去,江苏学政著王植去,安徽学政著张芾去,浙江学政著吴钟骏去,湖北学政著王履谦去,湖南学政著陈坛去,河南学政著刘定裕去,山东学政著殷寿彭去,山西学政著沈祖懋去,陕甘学政著金国均去,四川学政著蔡振武去,广西学政著李承霖去,云南学政著吴存义去,贵州学政著胡家玉去。以上各员,内有现出试差者,俱著各赴新任,不必来京请训。钦此。

1346 道光二十三年八月十九日,内阁奉(朱)上谕:江西九江镇总兵,著站住补授。钦此。

1495 道光二十三年九月十八日,内阁奉上谕:吴文镕奏请开复知县顶带,并请将人地未宜之员撤任另补一折。江西上高县知县孙树兰、南丰县知县朱锡均、鄱阳县知县李世琦,前因应征丁耗银两未能如数解交,降旨摘去顶带。兹据该抚查明,孙树兰、朱锡均俱于限内照额全完,李世琦完及八分以上,尚知愧奋,孙树兰、朱锡均、李世琦俱著准其开复顶带。李世琦于鄱阳一缺,人地不甚相宜,著即撤任,留省另补。余依议。该部知道。钦此。

1608 道光二十三年十月十五日,内阁奉(朱)上谕:江西抚州府知府员缺,著吴清皋补授。钦此。

1609 查:抚州府系繁疲难要缺。谨奏。

1610 道光二十三年十月十五日,内阁奉上谕:吴文镕奏,拣员升补要缺同知一折。著照所请,江西莲花厅同知员缺,准其以程灿策升补。该部知道。钦此。

1631 查:军机章京、内阁侍读吴清皋昨蒙简放江西抚州府知府,所遗章京一缺,应请以额外行走之刑部候补郎中方铭彝充补。谨奏。

1729 军机大臣字寄两江总督耆、江西巡抚吴。道光二十三年十一月初七日奉上谕:据御史江鸿升奏,上年江西兵调到浙江,遇敌先溃,领兵大臣束手无策,总由该镇将等平时操练废弛,纪律不严等语。江西营伍废弛,兵力软弱,遇有征调,不能得力,此皆平日不加整顿、认真操防所致,著耆英会同吴文镕严饬各镇将等,实力讲求,尽心训练,选其骁锐,汰其老弱,务使兵将相习,以收实用。现在南赣、九江两镇总兵如不称职并将弁中有庸懦无能及操练不勤者,务当随时严参,毋稍姑息。吴文镕职兼提督,有统辖全省军务之责,平时讲求操练,尤宜悉心督率,竭力整饬,无得视为具文。耆英遇值巡阅之年,尤须严行考核,认真训诫,务令悉成劲旅,以备干城而振颓废。将此各谕令知之。钦此。遵旨寄信前来。

1762 道光二十三年十一月十四日,内阁奉上谕:吴文镕奏请将积歉之区带征钱粮量予减缓一折。江西南昌等县本年收成虽称中稔,惟均系积歉之区。若将历年缓征、递缓旧赋按限带征,民力恐有未逮。除本年应征新赋照常征收并分别带征外,加恩著照所请,所有原缓至二十三年带征之南昌县二十一年低乡初限十九、十八、十五等年钱漕;新建县二十二年下乡初限二十一年、二十年钱漕;庐陵县十三年,吉水县十四年,泰和县十九年钱漕；鄱阳县二十一年、二十年、十一年高乡二限钱漕，二十年出借籽种；建昌县二十二年、二十年各初限钱漕，未完十分之五并二十一、十九年钱漕，十二年出借籽种折色、十一年借修圩堤银两并代征安义县二十二、二十一、二十、十九、十七年钱漕，安义县十五年未完二限钱漕十分之五，星子县二十二年、二十年、十二年出借籽种、口粮，十一年借修圩堤银两，德化县二十二年，桑落乡二十一年、二十年、十九年、十八年、十五年二限，十四年已未成灾，二十年未被水各乡民屯、钱粮、余租，十三、十四、十七、十八、十九、二十等年芦课，二十、十六、十五等年出借籽种、口粮、本色、折色银谷，道光三年借修圩堤银两，德安县十九、十八两年民屯、钱粮、余租，瑞昌县二十一年民屯、钱粮、余租、二十二年出借籽种，湖口县二十一年、二十年、十九年、十四年、十三年民屯、钱粮、余租、十二年出借籽种折色、二十、二十一两年芦课，彭泽县二十二年三十三都，二十一年、二十年、十九年、十八年、十五年民屯、钱粮、余租，二十年、十五年出借籽种、本年折色银谷、二十二年、二十年、十九年、十八年、十七年、十年芦课，九江府同知二十年芦课，均著展缓至二十四年秋后带征。其原议缓至道光二十四年以后各年带征各款，仍照各年各限按年递展一年征收，以纾民力。该抚即刊刻誊黄，遍行晓谕，务使实惠及民，毋任吏胥舞弊，用示朕轸念民艰之意。该部知道。钦此。

1872　道光二十三年十二月初七日，内阁奉上谕：吴文镕奏，动项拆修丰城县石堤一折。江西丰城县土石各堤为该县田庐保障，兹据该抚查勘倒塌鼓裂，自应赶紧拆修，以资捍卫。所有熊坊垱石堤倒决鼓裂二十四丈九尺、甘家湖石堤坍决十七丈五尺，估需工料银一千四百六十三两零，准其在于道库提存盐规充公项下动支给领，勒限赶修。该抚即饬该管知府实力稽查，务使工坚料实，不许草率偷减，工竣后核实验收。该部知道。单并发。钦此。

1906　道光二十三年十二月十五日，内阁奉上谕：户部奏，江西省历年未给各款久逾例限，请旨饬催。开单呈览。据奏，江西省历年未结各案，积至七十余件之多。有应提归款入册报拨者，计银三万九千五百余两；有动支银款并未按年解部及未经报部核销者，计银十四万四千余两；有行查未经登覆者，计银五十四万五千余两、谷三万七千二百余石。经该部节次行催，延不登覆，似此积压悬宕，难保无侵蚀情弊，著两江总督、江西巡抚于奉文之日起将该部单开各案立即饬限，分别题咨，逐款清厘，毋得仍前延搁，并将承办迟延各职名先行查取送部，照例议处。倘再视为具文，任催罔应，该部即将该管之督抚司道一并奏参。单并发。钦此。

1955　军机大臣字寄江西巡抚吴。道光二十三年十二月二十一日，奉上谕：吴文镕奏，查明用过兵差等项银两，请摊捐归款一折。江西省各属应付兵差各款，据该抚核计，统共用过银十九万九千八百二十三两零，著准其由外摊捐归款。此次摊补银两，同嘉庆四年清查案内未完亏项及道光七年承造直隶剥船案内应捐核减运费，统俟挪垫民欠摊款全完后，再分作八年一并接续摊捐归补。每年摊补银三万六千六百余两，先尽归还司库垫款,次归各县应找之项,仍按年将每年摊补银数具奏一次。另片奏上年筹办防堵事宜,用过银二万四千一百九十二两零、钱一万一千七十六串零,著准其于捐输经费项下照数动支。(摘文起)所有江西省各属用过兵差等项及筹办防堵支用各银,均著免其造册报销(摘文止)。将此谕令知之。钦此。遵旨寄信前来。

道光二十四年

40 道光二十四年正月十四日,奉旨:这所参疏脱监犯日久不获之江西署峡江县知县谢方润、峡江县典史张文政,著一并先行摘去顶带,勒令严缉。倘限满无获,即著从严参处。钦此。

155 道光二十四年二月初十日,内阁奉上谕:吴文镕奏,要缺知县拣选、调补一折。著照所请,江西鄱阳县知县员缺,准其以王兰调补。该部知道。钦此。

176 道光二十四年二月十五日,内阁奉上谕:季芝昌、孙瑞珍,均著仍留学政之任。吏部左侍郎著朱嶟兼署,兵部右侍郎著周祖培兼署。钦此。

188 道光二十四年二月十六日,奉旨:此案著交吴文镕亲提人证、卷宗,秉公严讯,按律定拟具奏。原告李人干子,该部照例解往备质。钦此。

282 道光二十四年三月初五日,内阁奉上谕:吴文镕奏,棍徒聚众抗漕,拒捕伤官等语。江西安仁县棍徒高嫩伖等胆敢于该县开仓收漕时倚众滋扰,该府营前往拿办,辄掷石拒伤官员、兵役,实属目无法纪。现在拒捕之犯虽经陆续报获,该县漕粮亦已照数完纳,惟案关重大,必应严行惩办。著该抚亲提犯证彻究确情,按律惩治。其在逃各犯,并著迅速查拿,毋使一名漏网。该县知县林汉乔,著即撤任查明,如系办理不善,即行据实参办,无许稍有掩饰。钦此。

404 道光二十四年四月初二日,内阁奉上谕:吴文镕奏请将征解钱粮短绌之知县撤任查办一折。江西崇仁县知县沈棠,经征地丁钱粮除完解外,尚欠银二万五千四百余两,著先行撤任,彻底盘查。如有征多解少亏挪情弊,著即严参办理。该部知道。钦此。

405 道光二十四年四月初二日,奉旨:这所参相验草率之江西德安县知县吉凯,于逆伦重案初验不行详细验视,几致凌迟重犯倖逃法网,虽经自行查出,覆验明确,究非寻常疏忽可比。吉凯著即革职,以为验视命案不知详慎者戒。余依议。钦此。

513 道光二十四年四月二十一日,奉旨:这所参审报命案迟延之署江西安福县事九江府经历张以贞,著先行革职,交该抚确切查讯。如有婪贿别情,或任内经手仓库钱粮查有亏短,再行从严惩办。钦此。

536　道光二十四年四月二十六日，奉旨：管理三库大臣奏参解官交库银两延不补交，请旨交部议处。江西委员长宁县新坪司巡检杨鼎，著交部照例议处。余依议。钦此。

569　臣穆彰阿等跪奏：为遵旨会议具奏事。内阁抄出江西巡抚吴文镕奏设法贵钱贱银，以裕财用等因一折。道光二十四年四月初二日，奉朱批：军机大臣会同户部议奏。钦此钦遵。于本月初五日抄出到部。查原奏内称，上年户部奏催各省开炉鼓铸案内有云：银之为物，既非若铜铅锡铁随时矿采，而耗银之事又百出不穷。银之贵，非由钱之多，祇以日趋于少，即日形其贵。此时正宜设法用钱，以济银之不足。又称用银之款，可代以用钱，财用因以少裕等因，诚方今不易之论。顾所设法用钱者，当求所以善其法，然后可以通其用。伏思各省设炉鼓铸，原以财为日用所需，藉钱以便民之用，非藉钱以济银之绌也。至今日则情形有不同者。国家承平日久，合计有炉十四省，每岁额卯得钱一百十四万串有奇。流行百数十年以来，钱固已日见多矣。然使钱日多而银并未少，亦不致畸重畸轻之甚。无如耗银之端百出，银且日趋于少。以日多之钱代日少之银，似属用之至便，不知用也者。通上下兼出入言之也，只计出而不计入，则银之势偏于重而价仍昂，钱之势偏于轻而价仍低。欲求其通，必出与入均能以钱代银，则上下相通而钱始得行。钱得行，则银不偏重矣。顾所入钱，未可浮于所处也。祇以额用之银约计征之以钱，正不必全以钱代也。查各省应行解部及协解邻省者，长途拨运，脚价浩繁，应仍行征银解银。至本省兵饷、文武官廉俸、书工役食、祭祀、驿站一切坐支之款，统计各省岁不下二千余万两，应全行改折收钱放钱。以此二千余万串之钱委输官库，钱之势必见少，少则价贵；以此二千余万两之银留布民间，银之势必见多，多则价贱。此理势之自然者。然以此平银钱之价固矣，恐其效非旦夕可几。其未平之先，若照钱一千准银一两之例支放，必致兵哗役怨，事格不行。故改折钱文，必按时价改折。地方官按时价折解，藩库按时价散放，各款征解相应支领胥安，可以行所无事也。且救弊期以兴利，而利中之弊当先筹及，约有五端，均可无窒碍焉。

一曰民情宜体察也。定制正赋皆征银解银，一照时价改折钱文，恐乱旧章而骇物听。不知零星小户例原许以钱代银，而农田所出谷粟麻枲蔬薪之类，亦多系粜卖钱文，故现在各直省百姓以钱完赋者，无虑十之八九。民以输钱为便，官不得不俯顺舆情。今折解藩库，在官虽名曰改折，而在民则实守故常，闾阎无耳目之惊，有司少易银之累。因利乘便，法莫有良于此者矣。

一曰钱价宜画一也。一省之大，市廛情形不能一律。或有平色高低不同，或有串头虚实不等，若照各州县市价合银解钱，难免参差。查银钱聚会，多在省垣，外府之价，恒视之以为准，应令各省藩司按库平足陌，据省垣之价为定，于二月、八月开征半月之前，通饬各州县遵照批解。倘银价得平，随时核减，则藩库收数可归画一也。

一曰解钱宜画数也。司库出纳兼用银钱，则州县亦须银钱兼解。其应如何解钱之处，必当截清数目，以昭限制。查各省存留坐支之款，岁有常经，除耗羡内有解部饭银及搭放局钱作抵之数应划出，仍令解银，其余应即全行折钱外，其动用地丁者，由藩司核明岁用银数，按照各州县钱粮多寡，均匀指派解钱。则批解数目各有定额，不致赢缩混淆矣。

一曰扣平宜循旧也。查坐支各款，现在有应按二两平扣给者。今既照库平银价改折钱文，是所领之项即与库平纹银无异，平余银两仍须照扣，应将所发钱文按照银价扣钱。其扣平银两，仍令州县解银报拨，庶几变通之中不改已定之例。

一曰局钱宜疏通也。赋入之钱，可按时价以为收放；局铸之钱，按时价支放则工本大亏，按定例支放则偏枯难免。查各省鼓铸额卯，至多不过数万，应令于各官养廉按成搭放，现在钱价虽轻而所搭尚不至过多，况俟银价一平，仍无所损。文武官员丝粒皆戴国恩，自不应计及锱铢；而兵饷得免配搭，于兵丁目前生计，亦可不致艰窘矣。

似此一转移间，法不必更新，民不必易习，兵丁无所苦，物价渐就平，制用之宜，彰明较著也。至南北各省情形，或小有异同。因地制宜，随时变通，似可酌量办理。倘行之久，而银钱相埒，出入咸宜，则各省鼓铸可加卯增额，推广流通，以孳生不竭之钱济消耗日绌之银。操纵有方，利源在上矣。是否可采，伏乞勅下部臣疆臣通筹核议，奏请钦定施行等语。

臣等伏查，鼓铸钱文原期裕国用而便民生，前于道光二十二年十二月经臣部以银价之贵非由钱之多，实因银之日趋于少奏催各省开炉鼓铸，设法用钱，以济银之不足在案。今据江西巡抚奏请用钱以平银价，将各省应行征解一切坐支之款藩库按照时价改折，全行收钱放钱，并筹及征解画数、疏通、局钱各事宜，谓各省坐支之款统计不下二千余万，以此二千余万之钱委输官库，银之势必见少，少则价贵；以此二千余万之银留布民间，银之势必见多，多则价贱。意在贵钱贱银，未尝不善。惟是各省坐支之款，出纳总在一年之内，向来收银放银，其银本非久贮官库，今改收钱放钱，其钱亦即留布民间，恐于见多见少之意未必有效。且钱之出纳，其滋弊较银为甚，而各省州县近山近水，其起解难易亦多不同。今该抚既筹及利中之弊五端，均无窒碍，并称南北各省或小有异同，因地制宜，随时变通，均可酌量办理。臣等再四筹商，若即请通行，各督抚核议恐有意见不同，转难试办。应请勅下江西巡抚即照所议试行，并严禁书役弊端，务期便民利用。如果试办得宜，并无窒碍，再行奏明。由臣等覆奏，行文各直省酌核办理。谨将臣等核议缘由缮折具奏。是否有当，伏乞皇上训示遵行。再，此折系户部主稿，合并声明。谨奏请旨。道光二十四年五月 日。臣穆彰阿、臣潘世恩、臣祁寯藻、臣赛尚阿、臣何汝霖、臣宗室敬征、臣宗室端华、臣祝庆蕃、臣宗室成刚。

620　道光二十四年五月十四日，内阁奉上谕：吴文镕奏，绅士捐修城垣，恳恩鼓励一折，著吏部议奏，此项工程免其造册报销。钦此。

719　道光二十四年六月十二日，内阁奉上谕：吴文镕奏，帮丁借领剥价，请援案展缓，仍由司库先行垫解一折。江西省各帮军丁，本年领款内应扣各款过多，若将上运天津借款同时并扣，丁力实有未逮，自应量加体恤。著准其援照成案，将道光二十三年借欠天津道库银一万六千一百八十六两零照数在于司库闲款内暂行借动解还,缓俟下年各帮新运钱粮内扣收解司归款,以纾丁力。该部知道。钦此。

720　道光二十四年六月十二日,内阁奉上谕:前据吴文镕奏,知县、典史疏脱监犯,日久未获,当经降旨将该知县、典史摘去顶带,勒限严缉。兹据查明,疏防限满,犯无一获。所有前署峡江县事即用知县谢方润、峡江县典史张文政,著开复顶带,交部严加议处,临江府知府史麟善、盐法兼瑞袁临道朱成烈,著交部议处,仍著严饬勒拿各逃犯,务获究办。钦此。

783　道光二十四年六月二十七日,内阁奉上谕:吴文镕奏,丰城县土石堤埽倒塌坍卸,请循例动项修建一折。江西丰城县土石各堤,为该县田庐保障。据该抚查明,角公嘴倒塌、臌裂石堤石埽共二十五丈。又坍卸土堤应改建石堤三十五丈,实系险要工程,自应赶紧修固,以资保护。著准其查照成案,在于道库提存二十二、二十三两年盐规充公项下动给银三千两,饬令赶修。其余不敷银九百七十两零,著即照所议办理。仍责成该管知府实力稽查,务使工坚料实,不准草率偷减。工竣核实验收。该部知道。钦此。

851　道光二十四年七月十四日,内阁奉上谕:吴文镕奏请升补要缺同知一折。著照所请,江西莲花厅同知员缺,准其以蔡以修升补,照例送部引见。该部知道。钦此。

852　道光二十四年七月十四日,内阁奉上谕:吴文镕奏,知县人地不宜,请撤任留省,酌量另补一折。江西南丰县知县朱锡均,措置未能裕如,于该县人地不甚相宜,著即撤任,留于江西,遇有相当缺出,酌量补用。该部知道。钦此。

947　道光二十四年八月初三日,内阁奉上谕:吴文镕奏,查明京控案件提解延迟各员,请交部议处一折。前代理江西长宁县事试用县丞陈奇、署长宁县事鄱阳县县丞徐希纶、宁都直隶州知州陈云章,均著交部分别议处。钦此。

1109　道光二十四年九月初五日,内阁奉上谕:都察院奏,江西监生吴缉如,遣抱告吴庭选呈控谋杀二命,脱罪埋冤等语。案关现任职官与部民伙开铺面、捕役受贿杀人、承审官袒护不办,虚实均应彻底根究。著吴文镕亲提人证、卷宗,秉公严讯,务得确情,按律定拟具奏。抱告吴庭选,该部照例解往备质。钦此。

1165　道光二十四九月十九日,内阁奉上谕:壁昌等奏请将督销引盐不力之知县摘去顶带,勒限趱销一折。江西庐陵县知县蒋予检、万安县知县李淳、泰和县知县沈衍庆、吉水县知县谢丕绩、鄱阳县知县盛元,督销引盐未能如额,实属惰玩,不知振作。蒋予检、李淳、沈衍庆、谢丕绩、盛元,均著摘去顶带,勒限秋冬二季,将本季应销及春夏短绌销数赶紧趱销。如始终不知振作,即著严参示惩。余著照所议办理。钦此。

1166　道光二十四年九月十九日，内阁奉上谕：璧昌等奏，都司缉私不力，请摘去顶带等语。江西永新营都司雷调元，驻卡缉私数月，报获寥寥，实属懈驰。著即摘去顶带，责令留卡督缉，以观后效。余著照所议办理。钦此。

1167　道光二十四年九月十九日，内阁奉上谕：吴文镕奏请将知县撤任降补一折。江西瑞金县知县姚敏德，办事迟钝，才力竭蹶，不胜民社之任，著即撤任，留于江西，以府经历、县丞降补。该部知道。钦此。

1168　军机大臣字寄江苏、安徽、江西、浙江、湖北、湖南、河南、山东各督抚。道光二十四年九月二十日，奉上谕：御史陈岱霖奏请严革征漕积弊一折。据奏，清弊之源，其要有三：一、州县辄向管漕书吏称贷银钱，迨征漕之日任听书吏包揽，高下其手。一、胥役于乡居窎远之户先期垫完，截其串粟，遂执串刁难，加倍勒措。一、刁生劣监出入衙门收漕，届期或收受漕规，或代各花户包揽完纳，一切帮费任其入已各等语。此等弊窦，若不认真整饬，必致因漕起衅，动成巨案。著有漕各省督抚于所指弊端严加惩办，毋得稍存瞻徇。原折抄给阅看。将此各谕令知之。钦此。遵旨寄信前来。

1219　军机大臣字寄直隶、江苏、安徽、江西、浙江、河南、山东、山西、陕西、甘肃、湖北、湖南、福建、广东各督抚。道光二十四年十月初三日，奉上谕：本年直隶霸州等三十四州县厅被水、被雹，江苏阳湖等十县被淹，河南中牟等十六州县被淹，山东馆陶等二十三州县被旱、被风、被雹、被淹，山西汾阳等三县被水，陕西府谷县被雹。节经该省奏到，均已随时加恩，分别蠲免、缓征，散给口粮，小民谅可不致失所，惟念来春青黄不接之时，民力未免拮据，著传谕该督抚等体察情形，如有应行接济之处，即查明据实覆奏，务于封印前奏到，候朕于新正降旨加恩。再，江苏江宁、淮安等属被水、被旱，安徽凤阳、颍州、泗州、安庆、池州、太平、庐州、滁州、和州等府州属被淹，浙江富阳等九县被淹、被风、被水，江西南昌等二十四县被淹，河南祥符等十四州县被雹、被淹，山西阳曲县被雹，陕西葭州被雹，甘肃陇西等二十四州县被雹、被水、被旱，宁夏等州县被水，湖北江夏等十七州县被淹、被旱、被水，湖南武陵等十一州县被水、被淹，福建侯官等三县被水，广东南海等十七州县被淹。已据该督抚等奏明，随时抚恤及委员查勘，亦著迅速办理。并将来春应否接济之处，一并查明，于封印前奏到。将此谕令各该督抚知之。钦此。遵旨寄信前来。

1220　查：本年直隶、江苏、河南、山东、山西、陕西间有灾歉地方，俱经随时加恩，分别蠲免、缓征，散给口粮。其明春应否量为接济之处，臣等谨照向例缮写询问该督抚等谕旨，俟覆奏到日再行拟写新正加恩谕旨进呈。再，江苏、安徽、浙江、江西、河南、山西、陕西、甘肃、湖北、湖南、福建、广东，尚有被灾之区，该督抚等业经奏明，随时抚恤及委员查勘。其应否调剂，现俱未经奏到，应一并询问，令其迅速查奏汇办。谨奏。

1265　道光二十四年十月十六日，内阁奉上谕：吴文镕奏请将含糊出示之知县议处一折。江西玉山县知县汪道森因夫行吴景诚搀越为茶商雇船，经河口同知据船行具禀，札饬查禁，该县不将案由明晰声叙，含糊出示。虽查无情弊，究属不合，汪道森著交部议处。该部知道。钦此。

1266　道光二十四年十月十六日，内阁奉上谕：吴文镕奏请将参撤知县饬令回任一折。江西崇仁县知县沈棠，前因经征短绌，撤任查办。兹据奏称，该县于未撤任之先续经报解，后复协同署任设法赶征补解，尚知愧奋。沈棠著准其回任，仍饬将未完银两赶紧催征，全完报解，以专责成。该部知道。钦此。

1269　道光二十四年十月十六日，内阁奉上谕：吴文镕奏请将被水各县分别缓征、递缓一折。江西南昌等县本年雨多水涨，地亩被淹，且多连年被水之区，若将新旧钱漕并征，民力实有未逮。加恩著照所请，所有本年钱漕等款，应予缓征之南昌县被水未成灾民田三千二百九十六顷三十二亩四分，新建县被水未成灾官民田三千四十六顷五十四亩一分八厘，丰城县被水未成灾民田地二千七百八十九顷五十三亩一分二厘，进贤县被水未成灾民田二千二百五十九顷二十四亩，清江县被水未成灾民田二千三百五十八顷二十五亩四分二厘，新淦县被水未成灾民田一千二百五十二顷三十八亩五分九厘，新喻县被水未成灾民田二千四百四十三顷六十三亩六分，峡江县被水未成灾民田二百八十八顷六十七亩五厘，庐陵县被水未成灾民田地二千三百二顷二十七亩五分，吉水县被水未成灾官民田一百七十八顷十七亩七分四厘五毫四丝，泰和县被水未成灾民田地三百三十六顷八十七亩六分八厘，万安县被水未成灾民田地四百六十四顷五十四亩七分二厘，鄱阳县被水未成灾民田地四千一百十六顷五十三亩八分六厘，余干县被水未成灾官民田二千八百五十四顷十五亩五分，万年县被水未成灾民田地五百五十二顷七亩九分二厘六毫，星子县被水未成灾民田二百四十七顷二十四亩六分、屯田五十顷二十四亩三分，建昌县被水未成灾民田地塘二千五百六十一顷十三亩四厘，又建昌县带征安义县寄庄被水未成灾民田四十顷四十一亩七分四厘，德化县被水未成灾民田地五百三十三顷八十五亩七分一厘、屯田地二百九十五顷八十亩四分三厘二毫、芦洲地一千二百顷五十五亩二厘，又九江府同知经管南、九二卫被水未成灾芦洲地五百八十九顷六十亩六分一厘五毫，德安县被水未成灾民田二百五十顷六十二亩二分五厘、屯田六十四顷三十二亩七分五厘，瑞昌县被水未成灾民田地二百七十一顷三十亩二分、屯田地七十三顷四十五亩八分，湖口县除寄庄德化、宿松二县屯田地亩俟勘明另办外，其坐落本县被水未成灾民田六百七十六顷五十五亩、屯田三顷五十八亩四分、芦洲地五百十五顷十七亩八分三厘，彭泽县被水未成灾民田地六百四十顷八十八亩七分四厘六毫、屯田地九十顷七十一亩五厘、芦洲地九百九十三顷七十三亩七分五厘未完本年民屯、钱漕、余租，九江府同知经管南、九二卫及德化县未完本年压征二十三年芦课，湖口、彭泽二县本完二十四年芦课，均著缓至来年秋成后分作两年带征，并著将带征历年钱漕应予递缓之新建、建昌、德化三县同建昌县代征安义县寄庄道光二十二年被水，彭泽县三十三都二十二年被水，南昌、新建、鄱阳、德化、瑞昌、湖口、彭泽等县二十一年被水，新建、德化、彭泽三县二十年被水，南昌、德化、德安、彭泽等县十九、十八两年被水，南昌县十五年被旱，丰城县十五年被旱，除本年未被水高乡仍照原递限带征外，其本年又被水淹低乡各都，新淦、峡江二县十三年被水缓征民屯、钱漕、余租，湖口、彭泽二县未完二十三年芦课，彭泽县未完二十二年芦课，九江府同知、德化县未完二十一、二十两年芦课，彭泽县三十三都未完二十一年芦课，德化、彭泽二县未完十七、十八、十九等年芦课，彭泽县未完二十年芦课，俱递缓至二十五、二十六两年带征。

又南昌县十四年被水、二十二年已未被水，德化县十四年被水已未成灾各乡、二十年未被水各乡蠲剩、缓征民屯、钱粮、余租，再递缓至二十五、二十六、二十七等年带征。又南昌、瑞昌、湖口三县二十二年被水二限，彭泽县一、二等都二十二年被水二限，余干、万年、星子、都昌、德安等县二十一年被水二限，南昌、余干二县二十年被水二限，清江、新淦、泰和、万年、都昌等县十九年被水二限，丰城县十六年被旱低乡二限，德化、彭泽二限十五年被旱二限，新淦、峡江、吉水三县十四年被水二限，吉水县十三年被水二限，鄱阳县十一年被水高乡二限民屯、钱漕、余租，彭泽县一、二等都未完二十一年芦课，德化县未完十四、十三两年芦课，彭泽县未完十年芦课，俱再递缓至二十五年带征。又鄱阳、瑞昌、湖口三县二十年被水，瑞昌县十九年被水，余干、星子二县十八年被水，丰城、余干、德安、彭泽等县十四年被水，清江县十四年被水成灾八分各乡，庐陵、万年、都昌三县十三年被水民屯、钱漕、余租，湖口县未完二十、二十一两年芦课，九江府同知未完十七年芦课，俱再递缓至道光二十六、二十七两年带征。又进贤县二十二年被水二限、余干县十九年被水二限，余干、星子二限十五年被旱二限，清江县十四年被水成灾六分及不成灾各乡，万年、都昌二限十四年被水二限钱漕，湖口县未完二十二年二限芦课，九江府同知未完十三年芦课，均再递缓至二十六年带征。又德化县十四年被水已成灾各乡、二十年又复被水各乡，十三年被水已未成灾各乡，二十年未被水各乡民屯、钱粮、余租，再递缓至二十六、二十七、二十八等年带征。又进贤县二十一年被水，建昌县并该县代征安义县寄庄二十一、二十两年被水，新建、鄱阳、湖口三县十九年被水，新建县十八年被水，星子县十四年被水，南昌、丰城、清江、余干、德安、彭泽等县十三年被水，都昌县十一年被水，德化县十一年被水已未成灾各乡、二十年未被水各乡民屯、钱漕、余租，九江府同知及湖口县未完十九年芦课、九江府同知未完十八年芦课，俱再递缓至二十七、二十八两年带征。又新喻县十四年被水二限，万年县十一年被水二限钱漕，再递缓至二十七年带征。又德化县十三年被水已成灾各乡，二十年复又被水各乡民屯、钱漕、余租，再递缓至二十七、二十八、二十九等年带征。又进贤县二十年被水，鄱阳县十八年被水，星子、瑞昌、湖口三县十三年被水，南昌县十二年被水并该县十二年未被水各乡都十一年被水，德化县十一年被水成灾各乡，二十年复又被水各乡并该县十年被水未完缓征民屯、钱漕、余租，湖口县未完十八年芦课，均再递缓至二十八、二十九两年带征。又鄱阳县十五年被旱二限，湖口县十四年被水二限，余干、德安、瑞昌、彭泽等县十一年被水未完缓征民屯、钱漕、余租，均再递缓至二十八年带征。又进贤、建昌二县并建昌县代征安义县寄庄十九年被水，建昌县十八年被水，新建县十七年被水十五年被旱，鄱阳县十四年被水，南昌县十一年被水十二年复被水各乡都，星子县十一年被水未完缓征钱漕，湖口县未完十七年芦课，均再递缓至二十九、三十两年带征。又建昌县代征安义县寄庄十七年被水二限，湖口县十一年被水未完民屯、钱漕、余租，再递缓至二十九年带征。又进贤县十八年被水、鄱阳县十三年被水低乡未完缓征钱漕，均再递缓至三十、三十一两年带征。又建昌县代征安义县寄庄十六年被旱二限钱漕，再递缓至三十年带征。又建昌县十七年被水，进贤、建昌二县十六年被旱，建昌县代征安义县寄庄十五年被旱、十四年被水，除二十四年未被水高田仍照原递限带征外，其二十四年被水低田，新建县十四、十三两年被水未完缓征钱漕，均再递缓至三十一、三十二两年带征。又鄱阳县十一年被水低乡未完缓征二限钱漕，湖口县未完十年芦课，均再递缓至三十一年带征。又进贤县十五年被旱缓征钱漕，再递缓至三十二、三十三两年带征。又建昌县十五年被旱、十四年被水，除二十四年未被水高乡仍照原递限带征外，其二十四年被水低乡；进贤县十四年被水，新建县十二、十一两年被水缓征钱漕，均再递缓至三十三、三十四两年带征。又建昌县代征安义县寄庄十一年被水二限，除二十四年未被水高田仍照原递限带征外，其二十四年被水低田未完钱漕，再递缓至三十三年带征。又进贤县十三年被水缓征钱漕，再递缓至三十四、三十五两年带征。又建昌县十三年被水，进贤县十二年被水并该县十一年被水、十二年未被水各都，建昌县十一年被水，除二十四年未被水高乡仍照原递限带征外，其二十四年被水低乡未完缓征钱漕，均再递缓至三十五、三十六两年带征。又进贤县十一年被水、十二年复被水各都缓征钱漕，再递缓至三十六、三十七两年带征。

至各县历年出借籽谷等款，亦应量予展缓。所有彭泽县三十三都出借二十一年籽种谷石，递缓至二十五、二十六两年带征。又星子、德化、瑞昌三县出借二十一年，彭泽县一、二等都出借二十一年二限，鄱阳、星子、德化、彭泽四县出借十九年，南昌、新建二县未完出借十五年，德化县出借十五年，南昌、新建、进贤、德化、彭泽等县出借十四年，余干县出借十三年，丰城、星子、都昌、建昌、湖口等县出借十一年籽种、口粮、折色本色银谷，俱递缓至二十五年征收。

又瑞昌县出借十九、十四两年，建昌、德化二县出借十三年，余干县十三年被水出借，丰城、星子二县出借十二年，南昌、新建、进贤、德化、彭泽等县出借十一年籽种、口粮、折色本色银谷，均再递缓至二十六年征收。又丰城、星子、瑞昌、彭泽等县出借十三年，南昌、新建、进贤三县出借十二年籽种、折色本色银谷，再递缓至二十七年征收。又南昌、新建、进贤三县出借十三年、瑞昌县出借十一年籽种、口粮、折色本色银谷，再递缓至二十八年征收。又南昌、新建二县道光三年未完，德化县道光三年、南昌、新建、进贤三县道光十年，南昌、新建二县道光十二年，南昌、新建、星子、建昌、德化五县道光十一、十三、十四等年，鄱阳县十一、十三、十四等年未完，进贤县道光十四年未完及道光十一、十三两年各原借修圩堤银两，俱再递缓至道光二十五年起，仍照各年各限按年展缓一年征收，以纾民力。所有各该县本年熟田应征之项，仍令按款征收。

该抚即刊刻誊黄，遍行晓谕，务使实惠及民，毋任吏胥舞弊，用副朕轸念民依至意。该部知道。钦此。

1315　道光二十四年十月二十六日，奉旨：此案著交吴文镕亲提人证、卷宗，秉公严审，按律定拟具奏。抱告宋书魁，该部照例解往备质。案关纠众持械、杀毙三命，何以在府控告九次，臬司衙门控告二次，不为确究正凶？该民妇宋李氏曾赴巡抚衙门禀究，何以该抚掷词不收？致三命重案半载羁延。著吴文镕明白回奏，毋得稍有欺饰。钦此。

1376　道光二十四年十一月初六日，内阁奉上谕：前据吴文镕奏，江西官绅捐输经费，恳请奖励。当交该部议奏。兹据礼部查照章程，开单呈览。该官绅等踊跃输将，自应分别加恩，以昭激劝。即选知县刘印星，著以道员不论双单月选用；江西试用县丞薛凤书，著留于江西，以知县补用；候选从九品张煜，著留于江西，以按察司司狱、道库大使尽先补用；候选从九品寿庆龄，著遇缺即选；童生王思棠，著以从九品不论双单月尽先选用；候选府经历臧葆锟，著分发江西，归豫工二卯补用；候选从九品徐钺，著分发福建，归捐班前先用；候选县丞杜宝善，著分发江西补用，仍加一级、记录一次；童生姚敬周，著以从九品不论双单月选用；候选从九品许楷，著分发贵州补用；江西试用县丞吴邦彦，试用从九品吴秉衡、宋餐，均著归捐班前先用；捐职从九品陈廷钺，著以从九品遇缺即选。该部知道。钦此。

1406　道光二十四年十一月十三日，内阁奉上谕：吴文镕奏，帮丁应赔粮米请宽年限一折。江西吉安帮康萧杨等六船旗丁自遭火延烧、赔造船只，又复连年买米赔补，本年江水陡涨，该帮丁等田庐多被淹浸，收成歉薄，若将应赔届限米石如数买补，丁力恐有未逮。加恩著照所请，所有该帮丁康萧杨等六船应赔十限被毁米石，除前五限按年买补搭运赴通交纳外，其应赔六、七、八、九、十等限米三千八百五十三石零，准其再宽限三年，自道光二十五年起运，二十四年新漕起限至三十二年止，分作八限赔补带交，以纾丁力。该部知道。钦此。

1409　道光二十四年十一月十三日，内阁奉上谕：吴文镕奏参驻卡员弁得规纵放私盐一折。江西候补县丞李有基、试用从九品苏泉馨，著即斥革，交该抚提同革弁陈占鳌严行审讯，勿任狡展。逸犯王凤彩，仍著严缉归案审办。该部知道。钦此。

1529　道光二十四年十二月初八日，内阁奉上谕：吴文镕奏，拣调省会首邑知县一折。著照所请，江西新建县知县员缺，准其以斌椿调补。该部知道。钦此。

1530　道光二十四年十二月初八日，奉旨：这所参亏短库项之前任江西信丰县丁忧知县张宗裕，著革职拿问，交该抚提同经手丁胥人等研讯，按律办理。该员寓所及任所资材并原籍家产，著一并查封备抵。钦此。

1596　道光二十四年十二月十九日，奉旨：这所参疏脱监犯之江西署德安县典史李于岍著革去顶带，署德安县知县赵嶲著交部议处，仍著勒限缉拿逃犯，务获究办，俟限满有无获犯再行分别办理，并著饬九江府亲提刑禁人等，严讯有无贿纵情弊，据实查办。

钦此。

1597　道光二十四年十二月十九日，内阁奉上谕：吴文镕奏，遴员请补要缺同知一折。著照所请，江西南昌府同知员缺，准其以蒋启勷补授。该部知道。钦此。

1598　道光二十四年十二月十九日，内阁奉上谕：吴文镕奏，遵旨明白回奏一折。此案宋书魁以监生邹皋才挟嫌主使杀死宋必应等三命，在巡抚衙门呈告，该抚即批司饬令迅速详办，并以案关三命，县详供词与所控两歧，复饬再审，并无掷词不收之事。惟该民妇曾在府控告九次、臬司衙门控告三次，似此三命重案，何以并未亲提？著该抚确切查明，于定案时，一并声叙，毋稍瞻徇。钦此。

1601　军机大臣字寄两江总督壁、江西巡抚吴。道光二十四年十二月二十日，奉上谕：本日召见江西宁都营参将谭恩，精力尚好，但年已六十有六，办理营务一切是否尚能周妥？著壁昌、吴文镕俟该员回任后随时留心察看，倘将来精力稍衰，即著据实具奏，毋稍徇隐，将此谕令知之。钦此。遵旨寄信前来。

道光二十五年

10　道光二十五年正月初四日，内阁奉上谕：上年江西南昌等县被淹，业经降旨分别缓征、递缓，小民自可无虞失所。惟念今春青黄不接之时，民力不无拮据。加恩著将连年被水之德化、德安、瑞昌、湖口、彭泽等五县实在无力农民，于今春酌借籽种，以资耕作，俟秋成后照例免息征还。该抚即刊刻誊黄，遍行晓谕，务使实惠及民，毋任吏胥舞弊，用副朕始和布泽、轸念民依至意。该部即遵谕行。钦此。

87　道光二十五年正月二十一日，内阁奉上谕：潘锡恩奏请将捐输萧工经费之籍隶本省各官汇案奏恳议叙等语。江西巡抚吴文镕、湖北布政使朱士达、江西布政使费开绶、湖南布政使万贡珍、四川按察使潘铎，均著交部从优议叙。钦此。

103　道光二十五年正月二十四日，内阁奉上谕：江西南昌府知府员缺紧要，著该督抚于通省知府内拣员调补，所遗员缺著何维墀补授。钦此。

166　道光二十五年二月十二日，内阁奉上谕：吴文镕奏参疏防盗案之文武员弁，请摘顶勒缉一折。江西铅山县属黄鼎源典铺被劫，该管文武先既失于防范，事后复未能上紧严拿缉捕，实属懈弛。铅山县知县吴林光、署铅山县典史王光杰、铅山营河口镇专汛把总吴朝相，均著先行摘去顶带，勒限三个月，严缉首伙各犯，限满能否弋获，再行分别办理。该部知道。钦此。

196　道光二十五年二月十六日，内阁奉上谕：吴文镕著赏加五级，准其随带；朱士达、费开绶、万贡珍、潘铎，著各赏加五级，纪录三次。钦此。

202　道光二十五年二月十八日，内阁奉上谕：前据吴文镕奏，江西官绅捐输经费，恳请奖励。当交该部议奏。兹据该部查照章程，开单呈览。该官绅等踊跃输将，自应分别加恩，以昭激劝。知州衔江西武宁县知县王师道，著以道员分发四川补用；捐职布政司理问刘鸿勋，著以知县遇缺即选；俊秀李霖沛、附生李振钦，均著以盐运司知事分发两淮补用；俊秀徐达昌，著以未入流分发江西，归豫工二卯捐班前先用；候选未入流邱维屏、候选从九品金鹏年，均著遇缺即选；试用府经历王学海，著尽先补用；俊秀沈岳龄、童生范镇枢、俊秀汤恩钊、童生吴椿龄、俊秀茹永春，均著以从九品分发江西补用；俊秀费兆钧，著以从九品分发湖南补用；俊秀冯尧章，著以从九品，不论双、单月，尽先选用；监生熊播芴，著以从九品，不论双、单月，分发广东补用；上饶县知县曹人杰、石城县知县陈逢年，均著给予加二级。丁忧服满，应赴原掣山东省份，候补之从九品吴膜，著免赴山东，仍留安徽候补试用；从九品袁其仁，著归捐班前先用；岁贡生、就职训导李文彬，著尽先选用；监生万鈉，著给予州同职衔；八品顶带戴开泰，著给予布政司经历职衔；双月候选未入流孙鸿钧，著不论双单月选用；南昌城守营中军都司王子顺，著以游击归于双月补用。该部知道。单并发。钦此。

302　道光二十五年三月初七日，内阁奉上谕：吴文镕奏，拣员升补要缺同知一折。著照所请，江西吉安府莲花厅同知员缺，准其以国治升补。照例送部引见。该部知道。钦此。

303　道光二十五年三月初七日，内阁奉上谕：吴文镕奏请将京控案件提解迟延之知州议处一折。江西宁都州知州陈云章，著交部照例议处。钦此。

304　道光二十五年三月初七日，内阁奉上谕：吴文镕奏，拣员调补省会要缺知县一折。著照所请，江西南昌县知县员缺，准其以庆云调补。该部知道。钦此。

413　道光二十五年四月初五日，内阁奉上谕：吴文镕奏，江西粮道应解通州轻赍银两援案请由司库正项借动凑解等语。此项银两既因各属未能先期解到，著准其在于司库正项内暂借银五万两，俾资凑解。该抚即严催各属赶紧征完，勒限解还司库归款，毋任稍有悬宕。向来各省正项银两不准率请借用，前因湖北、山西请借用地丁银两，曾降谕旨概不准动。嗣后该省应解轻赍一款，著该抚于新漕起运以前通盘核计，如遇不敷，著另筹他款应用，不准擅借司库正项，以昭慎重。钦此。

492　道光二十五年四月十八日，内阁奉上谕：前据吴文镕奏，官绅捐输经费，恳请奖励。当交该部议奏。兹据该部查照章程，开单呈览。该官绅等踊跃输将，自应分别加恩，以昭激劝。候选知州刘葆真，著遇缺即选；附生倪人垌，著以监大使分发两淮补用；童生郑言统，著以县丞分发江西，尽先补用；南昌县典史刘德焱，留①以县丞留于江

① “留”，疑为“著”之误。

西，尽先补用，仍在任候补；监生欧阳宾，著以县丞分发湖南补用；候选通判盛朝济，著分发广东补用；议叙县丞孙厚均，著即分发河南，遇缺即补；靖安县教谕欧阳笃，著以内阁中书双月选用，仍在任候选；举人梁溥龙，著以教谕尽先选用；候选从九品曹敬熙，著分发江西，归二卯尽先补用；附生曹智昭，著以复设训导，不论双单月选用；俊秀胡鼎元，著以从九品分发江西补用；俊秀王秉钤，著以未入流分发江西补用；俊秀王秉鋕，著以从九品分发福建补用；俊秀王思祥，著以未入流，不论双单月，尽先选用；候选布政司照磨秦宗武，著分发浙江补用；监生孟国观，著以未入流分发江西补用；八品顶带朱上达、七品顶带黄元善，均著以未入流，不论双单月，尽先选用；附生陈湘兰，著以刑部司狱尽先补用；大桃二等举人李正荣，著以教职本班尽先选用；候选从九品阮传福，著插班间选；候选从九品李祥，著分发江西补用；江西试用县丞朱渊，著归捐班前先用；尽先训导朱炳宸，著仍以前次保送，尽先选用；试用未入流崔国珍，著归捐班前先用；试用未入流寿而康、余宗瀚，均著归二卯捐班前先用；试用从九品何正祥，著归捐班前先用；已满吏甘克之，著以从九品双月选用；监生黎蔼春，著给予州同衔，并加二级；就职训导聂节亨，著以本班尽先选用；监生胡志豫、许世杰，均著给予州同职衔；监生胡志泰，著给予布政司经历职衔；捐贡生邱绍堂，著给予布政司理问职衔；南昌城守营候补守备、世袭云骑尉余步青，著以都司双月选用，仍留标当差；云骑尉、候补守备马春华，著以营守备双月选用。该部知道。单并发。钦此。

540　道光二十五年四月二十六日，内阁奉上谕：吴文镕奏，拣员请调要缺知县一折。著照所请，江西赣县知县员缺，准其以王训调补。该部知道。钦此。

552　道光二十五年四月二十七日，内阁奉上谕：孙瑞珍著转补兵部左侍郎，仍留江西学政之任，兵部右侍郎著赵光补授。钦此。

578　本案革职曾任银库司员赔项全完人员：

(朱)(九品笔帖式)已革江西广信府知府拖克西图在库十一个月，赔银一万三千二百两，限内全完。

本案革职前任查库御史，赔项全完人员在库十二个月，赔银一万三千二百两，限内全完。

(朱)(仍著革职)已革御史德福查库一年，赔银一万四千四百两银，限内全完。

另案降调、本案革职前任查库御史，赔项全完人员。

(朱)(仍著革职)已革降调给事中钱仪吉因在户部郎中任内失察假照，降一级，以员外郎注册。查库一年，赔银一万四千四百两，限内全完。

601－602　道光二十五年五月初四日，引见新进士，除一甲三名外，朱笔圆圈庶吉士五十一人，尖圈部属用四十四人，双点即用知县一百十二人，单点归班七人。

鼎甲

…………

江西:
○钟启峋
○蒋志淳
○李联琇
:黄文奎
△王锡龄
○章光斗
○萧玉铨
○徐德周
:高会嘉
:华廷杰
:程培礼
:钟荣光
:赵润芳
:吴冠庠
:陈汝峰

727 道光二十五年六月初七日,内阁奉上谕:吴文镕奏,遴补要缺知县一折。著照所请,江西瑞金县知县员缺,准其以李世琦补授。该部知道。钦此。

728 道光二十五年六月初七日,内阁奉上谕:前据吴文镕奏,文武员弁疏防盗案未能上紧缉拿,当经降旨将该员弁等摘去顶带,勒限严缉。兹据奏称,三月限满,贼盗仍未弋获,殊属懈玩。铅山县知县吴林光、铅山营河口镇专汛把总吴朝相,均著即行撤任,交部严加议处,以示惩儆。前署铅山县典史王光杰,承缉未久,著给还顶带,仍交部照例议处。余照所议办理。该部知道。钦此。

729 道光二十五年六月初七日,奉旨:这所参疏脱监犯越狱之江西永宁县典史泰澧,著先行摘去顶带,勒限缉拿。限满有无弋获,再行照例办理。并著该抚饬提禁卒人等,严讯有无贿纵情弊,据实核办。前永宁县知县杨晓昀于逃犯之日是否实系公出,著一并确切查明办理。钦此。

842 道光二十五年七月初五日,内阁奉上谕:前据吴文镕奏,官绅捐输经费,恳请奖励,当交该部议奏。兹据该部查照章程,开单呈览。该官绅等踊跃输将,自应分别加恩,以昭激劝。候补知府熊我,著开复革职留任处分,以道员留于江西补用;廪生国英,著以知县分发四川,归豫工二卯补用;监生恭安,著以盐运司运判分发两淮补用;增生周恩庆,著以布政司理问分发江西,遇缺即补;捐职州同卞森,著以通判分发江西补用;候选通判刘鼎元、候选布政司经历陈抟衢,均著遇缺即选;俊秀蔡恩培,著以县丞分发江西,归捐班前先用;都昌县知县王兰,著赏加同知衔;俊秀常廉臣,著以从九品分发江西,归豫工二卯尽先补用;试用县丞赖卿文,著遇缺即补;附生童毓贤,著以训导不论双单月尽先选用;试用从九品武绍文,著遇缺即补;候选教谕黄爵枢,著插班间选;俊秀张旭蕃,著以从九品分发湖南补用;俊秀孙溥、吴铭文,均著以从九品分发江西补用;俊秀范潮,著以未入流分发江西,归豫工二卯补用;俊秀程嘉焘、蒋嵩龄、李鸿,均著以未入流分发江西补用;俊秀范镇墀,著以从九品不论双单月尽先选用;尽先训导张大瑗,著遇缺即选;捐职从九品何圣梁,著以从九品分发江西补用;增生夏廷杨,著以复设训导不论双单月选用;监生谢周麟,著以从九品不论双单月尽先选用;监生龚葵阳,著以未入流不论双单月尽先选用;就职教谕欧阳树藩,著俟服阕后归本班尽先选用;候选从九品汪厚泽,著分发江西,归捐班前先用;候选未入流王谦,著分发江西,归豫工二卯补用;俊秀王英任、沈益,均著以从九品不论双单月选用;试用训导廖培基,著尽先选用;俊秀蔡森,著以从九品不论双单月选用;俊秀何大昌、樊炽,均著以未入流不论双单月选用;生员孙时龙,著以从九品不论双单月选用;捐班前先用县丞宋斯年,著分发湖北,仍归捐班前先用;未满吏许成宪,著以从九品不论双单月选用;浙江试用县丞蔡浚,著归二卯捐班前补用;候选县丞王立绅,著分发南河补用;监生郑汉猷、郑汉勋,均著以未入流不论双单月选用;监生刘凤山,著以从九品不论双单月选用;经书魏邦达,著俟服阕后以从九品双月选用;俊秀刘凤文,著以从九品双月选用;试用从九品谢时霖,著归捐班前补用;试用未入流余宗瀚,著归二卯分缺间用;吉安府知府李镕经,著赏加二级,并给予其祖父母、父母从三品封典,其本身妻室封典,貤封曾祖父母;捐职从九品易锡荣,著给予布政司理问职衔;监生易锡纯、吴廷球,均著给予州同职衔;俊秀赖光奎、舒亮采,著赏给未入流职衔,并给予貤封父母封典;饶州营守备薛思齐、南康营都司胡安邦,均著以游击双月选用,仍在任候选;俊秀沈超,著以卫千总分发漕标,归豫工二卯补用;俊秀詹秉彝,著以卫千总不论双单月选用;武生陈炳荣,著以把总分发本省拔补;候选卫千总蔡长清,著分发漕标试用;八品衔生员吴斌,著以复设训导插班间选;州同衔胡志豫,著给予其庶母封典。该部知道。单并发。钦此。

870　道光二十五年七月初十日,内阁奉上谕:吴文镕奏,遴员请补要缺知县一折。著照所请,江西信丰县知县员缺,准其以张赋林补授。该部知道。钦此。

871　道光二十五年七月初十日,内阁奉上谕:江西饶州府知府员缺,著胡正仁补授。钦此。

872　查:饶州府系冲繁难要缺。谨奏。

967　道光二十五年七月二十九日,内阁奉上谕:吴文镕奏,知县人地不宜,请撤任另补一折。江西新淦县知县朱鼐,著即撤任留省,遇有相当缺出,另行补用。该部知道。钦此。

1057　道光二十五年八月二十三日,内阁奉上谕:吴文镕奏,甄劾知县一折。江西石城县知县陈逢年，于地方控告案件，不能剖决定谳，实属听断无能，著即勒令休致。该部知道。钦此。

1076 道光二十五年八月二十七日，内阁奉上谕：前据吴文镕奏，官绅捐输经费，恳请奖励。当交该部议奏。兹据该部查照章程，开单呈览。该官绅等踊跃输将，自应分别加恩，以昭激劝。江西金溪县知县方恒隶，著以直隶州知州，不论双单月选用，仍在任候选；江西试用知县张文诰，著尽先补用；俊秀王思佑，著以布政司库大使，分发江西补用；光禄寺署正职衔李锡福，著以光禄寺署正，不论双单月选用；俊秀温慧、监生费兆钺，均著以通判双月归豫工二卯选用；俊秀吴樑，著以布政司理问，分发江苏补用；监生熊英，著以布政司经历，分发江西补用；候选笔帖式临敬，著以按察司经历，分发江西补用；俊秀黄秩普，著以盐运司知事，分发两淮补用；附生杨克敬，著以训导遇缺即选；江西试用布政司经历方联晋，著尽先补用；分发浙江；县丞胡惠畴，著注销分发，以县丞遇缺即选；俊秀胡晫，著以未入流分发江西，分缺间用；候选县丞唐若馨，著分发江苏，尽先补用；试用教谕杨学烈，著俟服阕后遇缺即选；附生吴溥、吴漣，均著以复设训导不论双单月尽先选用；廪生戴来凤，著以复设训导本班尽先选用，并分发试用；监生胡传麻，著以从九品遇缺即选；俊秀曹桢业，著以未入流分发江西，归捐班前先用；俊秀冯诒盛，著以从九品分发江西，归捐班前先用；广东试用从九品唐朝栋，著俟服阕后仍留广东，遇缺即补；江西试用通判黄元澍，著赏加盐课司提举衔；试用训导邓维城，著遇缺即选；试用教谕陈观燡，著插班间选；候选复设训导夏廷扬，著遇缺即选；俊秀范继垣、范继堃，均著以从九品分发江西补用；俊秀邱文炯，著以从九品分发浙江补用；俊秀刘秉忠、附生高凤翰，均著以从九品分发江西补用；俊秀朱荣溥，著以未入流分发江西，归豫工二卯补用；候选从九品孙茂林，著分发江西，归议叙班补用；大挑二等举人杜鸿章，著俟服阕后以教职尽先选用；前任鄱阳县训导徐树春，著俟服阕后不论双单月插班间选；江西新建县县丞金照，著以布政司理问，双月选用，仍在任候选；试用训导邹徧德，著尽先选用；八品顶带朱德馨，著以未入流，不论双单月选用；俊秀江宝善，著以从九品不论双单月选用；就职训导黄秩淇，著以训导本班尽先选用；候选未入流冯湘，著分发南河补用候选；从九品沈益，著分发福建补用；候选训导黄瑞梧，著不论双单月选用，并分发试用；候选布政司照磨徐恩诏，著分发江西补用；候选从九品倪之经，著不论双单月归豫工二卯本班尽先选用；俊秀刘瀛，著以从九品双月选用；候补县丞周秉忠，著分发江西补用；监生刘庆远，著以从九品双月选用；捐职州同张烜，著给予其父母应得封典；监生余士超，著给予布政司理问职衔；监生龙骧云，著给予州同职衔；经书李维琮，著给予未入流职衔，并貤封其父母封典；八品顶带王芝、包国恩，均著给予布政司经历职衔；候补刑部司狱陈湘兰，著貤封其父母从九品封典；俊秀裘宝玉，著给予未入流职衔，并貤封其父母封典；经书雷佐廷，著给予未入流职衔，并貤封其胞伯父母封典；江西南赣镇标中营守备刘开泰，著免其坐补，以都司双月选用，仍在任候选；八品职衔严谦，著给予布政司经历职衔。该部知道。单并发。钦此。

1114　道光二十五年九月初八日,内阁奉上谕:程矞采奏请将江西帮船应交余米暂缓交仓等语。本年江西在后各帮因浅阻剥运,用费繁多,丁力倍形困乏,著准其援照成案,将江西后六帮本年漕粮内应交余米八千一百六十九石零暂缓交仓,俾资回空食用。仍自道光二十五年冬运起,分作三限搭运还款,以纾丁力。该部知道。钦此。

1173　道光二十五年九月二十四日,内阁奉上谕:吴文镕奏请补知县一折。著照所请,江西新城县知县员缺,准其朱锡均补授。该部知道。钦此。

1174　道光二十五年九月二十四日,内阁奉上谕:吴文镕奏请降调知县具禀辩屈,请送部引见一折。江西瑞金县知县姚敏德,于被参降调后辄敢投递禀帖,辩诉屈抑,著壁昌查明具奏。钦此。

1288　道光二十五年十月二十二日,内阁奉上谕:吴文镕奏,拣员调补要缺知县一折。著照所请,江西鄱阳县知县员缺,准其以沈衍庆调补。该部知道。钦此。

1363　道光二十五年十一月初八日,奉旨:昨日兵部带领引见之江西期满恩骑尉苏达,箭射无准,著再令学习三年送部引见。所有原保之江西巡抚吴文镕,著交部照例议处。钦此。

1386　道光二十五年十一月十五日,内阁奉上谕:程矞采奏参押空千总船行散漫,请摘去顶带等语。所参甚是。江西永建帮押空千总王洪绶、九后帮押空千总程佩珩、吉安帮押空千总万清、抚州帮押空千总杨殿魁,著一并摘去顶带。倘仍不知愧奋,即著严参惩办。该部知道。钦此。

1394　道光二十五年十一月十七日,内阁奉上谕:吴文镕奏,南昌等县带征钱漕因秋收稍歉,恳请分别递缓一折。本年江西南昌、新建等县或因雨泽稀少,晚禾受伤,或因秋汛水旺,高田被淹,收成稍形歉薄。据该抚查明,本年新赋仍可照旧征收,惟系积歉之区带征各款,若令同时并纳,小民力有未逮。加恩著照所请,新建、新淦、新喻、峡江、都阳①、建昌等县同建昌县代征安义县寄庄、丰城、清江、德化、彭泽四县低洼乡都道光二十四年被水,新建、建昌二县及建昌县代征安义县寄庄、德化县桑落乡、彭泽县三十三都道光二十二年被水,南昌、新建、鄱阳、德化、瑞昌、湖口、彭泽等县二十一年被水,原缓民屯、钱漕、余租,彭泽县三十三都二十四年芦课,湖口、彭泽二县,九江府同知,德化县桑落乡二十三年芦课,彭泽县二十二年芦课,德化县、彭泽县三十三都、九江府同知二十一年芦课,德化、彭泽二县,九江府同知二十年芦课,德化、彭泽二县二十年余租,德化、德安、彭泽三县十八、十九两年余租,彭泽县三十三都出借二十一年籽种谷石,均著递缓至道光二十六、二十七两年带征。

---

① "都阳",清代江西无"都阳",疑为"都昌"之误。

又南昌、瑞昌、湖口三县,德化县封一、封二、赤松三乡,彭泽县一、二等都二十二年被水二限,德安县二十一年被水二限,缓征民屯、钱漕、余租;彭泽县一、二等都二十一年二限芦课,德化、瑞昌二县,彭泽县一、二等都出借二十一年籽种谷石,德化、彭泽二县十五年二限余租,均著再递缓至二十六年带征。又瑞昌、湖口二县二十年余租,瑞昌县十九年余租,德安县十四年余租,彭泽县十四年余租,湖口县二十及二十一年芦课,均著再递缓至二十七、二十八两年带征。德化县十四年已未成灾、二十年未被水各乡余租,著再递缓至二十六、二十七、二十八等三年带征。湖口县二十二年芦课,亦著再递缓至二十七年带征。又建昌县本县及代征安义县寄庄二十一年被水原缓钱漕,德安、彭泽二县十三年余租、德化县十一年被水、二十年未被水各乡余租、湖口县十九年余租,均著再递缓至二十八、二十九两年带征。德化县十四年被水已未成灾二十年复又被水各乡余租,又十三年被水已未成灾二十年未被水各乡余租,均著递缓至二十七八九等三年带征。又瑞昌、湖口二县十三年余租,德化县十一年被水二十年复又被水各乡余租,又德化县十年余租,著再递缓至二十九、三十两年带征。湖口县未完十四年余租,德安、瑞昌、彭泽三县十一年二限余租,著再递缓至二十九年带征。又湖口县未完十一年余租,著再递缓至三十年带征。德化县十三年被水已未成灾二十年复又被水各乡余租,著再递缓至二十八、二十九、三十等三年带征。南昌、新建二县道光三年未完,德化县道光三年,南昌、新建二县道光十年、十二年,南昌、新建、建昌、德化四县道光十一、十三、十四等年,鄱阳、德安二县道光十一、十三、十四等年未完各原借修圩堤银两,俱著再递缓至道光二十六年起,仍照各年各限,按年展缓一年征收,以纾民力。

该抚即刊刻誊黄,遍行晓谕,务使实惠均沾,毋任吏胥舞弊。用副朕轸念歉区至意。该部知道。钦此。

1426　道光二十五年十一月二十四日,内阁奉上谕:江西吉安府知府员缺,著陈源究补授。钦此。

1427　查:江西吉安府系冲繁疲难最要缺。谨奏。

1440　道光二十五年十一月二十九日,内阁奉上谕:江西督粮道员缺,著朱腰补授。钦此。

1441　查:江西督粮道系冲繁难要缺。谨奏。

1451　道光二十五年十二月初二日,奉旨:这所参疏脱监犯之江西浮梁县典史李涵芳,著先行革去顶带;浮梁县知县冯询,著先行交部议处。勒限四个月缉拿逃犯。限满有无弋获,再行照例办理。钦此。

1500　…………

江西邪教姓名：

范依果湖南声明已死；

葛一原即郭建汶，又名葛依沅，四川未获。

道光二十六年

231　道光二十六年三月初六日，奉旨：这所参亏短仓库之江西崇仁县知县沈棠，著革职拿问，交该抚提同经手丁胥人等查明实亏确数，严审定拟具奏。所有该员任所资财及原籍家产，一并查封备抵。钦此。

273　道光二十六年三月二十二日，内阁奉上谕：程矞采奏请给还帮弁顶带一折。江西永建帮押空千总王洪绶、九后帮押空千总程佩珩、吉安帮押空千总万清、抚州帮押空千总杨殿魁，前因行船散漫，降旨摘去顶带。兹据奏称，该帮弁押空归次，无误新漕，尚知愧奋。王洪绶、程佩珩、万清、杨殿魁，均著准其给还顶带。该部知道。钦此。

330　道光二十六年四月初一日，内阁奉上谕：吴文镕奏，遴员升补要缺知州一折。著照所请，江西义宁州知州员缺，准其以叶济英升补。照例送部引见。该部知道。钦此。

331　道光二十六年四月初一日，内阁奉上谕：吴文镕奏，知县人地未宜，请遴员对调一折。著照所请，江西东乡县知县准以张炳堃调补，所遗雩都县知县员缺即以徐燧对调。该部知道。钦此。

378　道光二十六年四月十四日，内阁奉上谕：吴文镕奏请补知县一折。著照所请，江西铅山县知县员缺，准其以李淳补授。该部知道。钦此。

379　道光二十六年四月十四日，内阁奉上谕：吴文镕奏，漕船未能迅速渡湖，请将总运同知摘去顶带一折。江西前帮总运官九江府同知颜贻曾，后帮总运官吉安府莲花厅同知国治，均著摘去顶带，仍责令督率各帮弁丁，妥速前进，俾得跟帮渡黄，无误重运。钦此。

428　道光二十六年四月二十五日，内阁奉上谕：前因吴文镕奏，降调江西瑞金县知县姚敏德具禀辨屈。当交壁昌查明具奏。兹据该督奏称，该员在知县任内详报各案，多有迟延，以办事迟钝，被参降调，本无屈抑，乃不知自省，辄敢具禀申辩，自未便因别无劣迹稍事姑容。姚敏德著即行革职，饬令回籍。该部知道。钦此。

448　道光二十六年五月初二日，内阁奉上谕：吴文镕奏，甄别才难胜任之知县，请分别改简、降补一折。江西庐陵县知县蒋子检，于繁难要缺，办理未能裕如，著撤任留省，俟有中简缺出，另行酌量补用，仍照例送部引见。龙南县知县杨师立，才识迂缓，难胜民社之任，著以县丞府经历降补，归部候选。该部知道。钦此。

451　道光二十六年五月初二日，奉旨：这所参擅受酿命之江西南丰县罗坊司巡检张尧，著即革职，交该抚提同全案人证，研审确情，按例究办。钦此。

572　道光二十六年闰五月十三日，内阁奉上谕：赛尚阿等奏，阅毕安徽、江西两省营伍，分别奖劾一折。江西横冈营都司滕万清，步射平常，著以守备降补。署江西临江营都司赣标左营守备德全，弓马软弱，惟年力尚强，著降为把总，以观后效。余著照所议办理。该部知道。钦此。

597　道光二十六年闰五月二十一日，内阁奉上谕：吴文镕奏请开复总运同知顶带一折。江西前帮总运九江府同知颜贻曾、后帮总运吉安府莲花厅同知国治，前因押运漕船未能迅速渡湖，以致风雨阻滞。降旨摘去顶带，责令督催前进。兹据该抚奏称，该员等于被参后上紧催趱，业已跟接湖北尾船抵淮盘验，不致脱空贻误，尚知愧奋。颜贻曾、国治，俱著准其开复顶带。该部知道。钦此。

652　道光二十六年六月十三日，内阁奉上谕：吴文镕奏，知府回避，拣员对调一折。江西吉安府知府陈源兖，距原籍在五百里以内，著准其调补广信府知府。所遗吉安府知府员缺，即著以陈阡对调。该部知道。钦此。

653　道光二十六年六月十三日，奉旨：这所参已征钱粮未解之江西前任靖安县知县佛尔国春、前署玉山县事彭泽县知县郭友筠，著一并革职，勒令将已征未解银两刻日解兑。如查有侵挪别情，即行照例究办。其征解短绌之前任龙泉县知县林懋勋、前任宜黄县知县杨振纲、现署宜黄县事即用知县李廷楷、本任乐安县现署临川县知县史致祥、现署乐安县事试用知县窦绍曾、署广昌县事试用知县李铦，均著摘去顶带，勒限两个月，分别征解。如有以完作欠、侵挪别情，另行严参办理。钦此。

662　军机大臣密寄：协办大学士、两广总督耆，直隶总督讷，两江总督壁，湖广总督裕，闽江总督刘，山东巡抚崇，江苏巡抚李，江西巡抚吴，安徽巡抚王，湖北巡抚赵，湖南巡抚陆费，福建巡抚郑，广东巡抚黄，广西巡抚周。道光二十六年六月十六日，奉上谕：御史苏学健奏，访闻不法匪徒术诓幼孩，传布浸广一折。据称，此等匪徒起于浙江，沿及江苏等处，于路上抛置食物，并于果饼铺内售卖食物时，暗中更换，小儿食之即毙，毙后潜取脑肾心肝。有经拿送及访获到官者，熬审受刑，并无畏惧，总未审有端倪，以致流传渐广等语。果如该御史所奏，邪匪为害地方，关系匪浅。著耆英等各按折内所指情形选派员弁，严密访查，务期有犯必获，并讯明此术起自何人？意欲何为？按律惩办，以除邪慝而卫民生，是为至要。原折抄给阅看。将此各谕令知之。钦此。遵旨寄信前来。

727　道光二十六年七月初七日，内阁奉上谕：吴文镕奏，截取举人难膺民社一折。江西截取举人王敷训、王观冕，俱精力就衰，难膺民社之任。著照例以教职注册，在籍候选。该部知道。钦此。

777　军机大臣字寄协办大学士、两广总督耆，直隶总督讷，两江总督壁，闽浙总督刘，湖广总督裕，江苏巡抚李，安徽巡抚王，山东巡抚崇，浙江巡抚梁，福建巡抚郑，江西巡抚吴，湖北巡抚赵，湖南巡抚陆费，广东巡抚黄，广西巡抚周。道光二十六年七月二十四日，奉上谕：前有人奏称近日多有匪徒迷毒幼孩之案，起自浙江，沿及各省各等语。当有旨令各该督抚饬属严拿究办矣。朕思此等匪徒行踪诡秘，若如所奏，访获到官，熬审受刑，并无畏惧，又何肯供吐实情？倘承审各官畏难迁就，且为规避处分起见，势将使匪徒等倖逃法网，残害民生，关系匪浅，著各该督抚接奉此旨务即督饬所属，于拿获到案之犯，悉心研鞫，不可稍有成见，畸重畸轻，尤不得意存消弭、化大为小。总期水落石出，按律严行惩办，以祛邪慝而靖地方，是为至要。将此各谕令知之。钦此。遵旨寄信前来。

781　道光二十六年七月二十六日，内阁奉上谕：程矞采奏，漕船遭风，漂淌米石，请分限赔补一折。江西吉安帮旗丁岳蒋刘运船陡遭风暴，人力难施。漂淌交仓平米一千一百三石零。著加恩准其援照分限买补之案，自今冬新运起，分作三年买本帮余米抵补，以纾丁力。其漂没船只并著援照成案，发给料价银二百八两，饬令该丁领造接运。淹毙人口，照例赏恤。该部知道。钦此。

785　道光二十六年七月二十六日，内阁奉上谕：程矞采奏请将阻滞漕行之运弁革职等语。浙江处州后帮行走闸河，屡次脱空多日，到处逗留。又江西袁州、永建两帮行走亦极散漫，以致后帮被压不前，均属玩视漕务。所有处州后帮领运候补千总周锡玉、江西袁州卫督运守备马玉衡、永建所领运千总徐殿魁，著一并革职，以示惩儆。该部知道。钦此。

787　道光二十六年七月二十六日，奉旨：这所参滥差酿命之江西南城县典史孙熙，著即革职，交该抚提同全案人证，研审确情，按律究办。钦此。

788　臣等查：本年届更换学政之期，谨将已满三年之顺天、浙江、福建、江西、湖南、湖北、河南、山东、山西、陕甘、四川、广西、云南、贵州十四省各学政未满三年接办岁考之江苏、安徽、广东三省各学政及未办岁考之奉天学政名单分缮呈览，恭候钦定，俟发下后臣等再拟写谕旨进呈颁发。谨奏。

789　已满三年各学政名单：

（朱）徐士棻，顺天学政王广荫；

赵光，浙江学政吴钟骏；

彭蕴章，福建学政李嘉端；

孙葆元，江西学政孙瑞珍；

江国霖,湖南学政陈坛;
梁同新,湖北学政王履谦;
葛景莱,河南学政刘定裕;
何桂清,山东学政殷寿彭;
龙元僖,山西学政沈祖懋;
王祖培,陕甘学政金国均;
徐士谷,四川学政蔡振武;
周学濬,广西学政李承霖;
王恩祥,云南学政吴存义;
何桂珍,贵州学政胡家玉。

831　道光二十六年八月初四日,内阁奉上谕:本年值更换学政之期。除奉天府府丞兼学政龚文龄毋庸更换外,顺天学政著徐士芬去①,江苏学政著李煌去,安徽学政著罗惇衍去,江西学政著孙葆元去,浙江学政著赵光去,福建学政著彭蕴章去,湖北学政著梁同新去,湖南学政著江国霖去,河南学政著葛景莱去,山东学政著何桂清去,山西学政著龙元僖去,陕甘学政著王祖培去,四川学政著徐士縠去,广东学政著全庆去,广西学政著周学濬去,云南学政著王恩祥去,贵州学政著何桂珍去。以上各员内有现出试差者,俱著各赴新任,不必来京请训。钦此。

854　道光二十六年八月十二日,内阁奉上谕:江西赣州府知府员缺,著邱建猷补授。钦此。

855　查:赣州府系冲繁疲难最要缺。谨奏。

861　道光二十六年八月十七日,内阁奉上谕:程矞采奏,重运漕船遭风失火,毁亏米石请分限买余抵补一折。江西南昌前帮旗丁邹环仔船遭风烧毁,交仓平米一千一百二石零,著加恩准其照分年买补之案,自今冬新运起,分作三年买余抵补,以纾丁力。余著照所议办理。该部知道。钦此。

988　道光二十六年九月十二日,内阁奉上谕:江西南昌府知府员缺紧要,著该督抚于通省(朱)知府内捡员调补,所遗员缺著仓景恬补授。钦此。

1063　查:徐广缙前于道光十六年升授安徽宁池太广道,因回避原籍,调补江西督粮道;叶名琛于二十三年调补江宁布政使,因回避祖籍,奏调甘肃布政使。所有安徽巡抚一缺,徐广缙例应回避。是以臣等拟写空名谕旨,伏候钦简。谨奏。

1102　道光二十六年十月初一日,内阁奉上谕:程矞采奏,江西帮船兑漕,应照旧

① 按:本年789号徐士芬作"徐士棻"。

挨次轮推,并伍丁分派仓廒,请配签掣定一折。著户部议奏。钦此。

1160　道光二十六年十月十五日,内阁奉上谕:吴文镕奏,知县呈请改教一折。江西大挑知县赵□,著准其改就教职,回籍候选。该部知道。钦此。

1161　道光二十六年十月十五日,奉旨:这所参亏短仓库之前任江西大庾县丁优知县张瑞沄,著革职拿问,交该抚提同经手丁胥人等严审确情,按律究办。其任所及原籍家产,一并查封备抵。钦此。

1163　道光二十六年十月十六日,内阁奉上谕:吴文镕奏请将歉收州县分别缓征、递缓一折。本年江西奉新等州县雨泽愆期,收成均形歉薄,若复照常征收,民力恐有未逮。加恩著照所请,所有被旱较重之奉新、上高、新昌、建昌、安义等五县未完本年钱漕及建昌县代征安义县寄庄钱漕,均著缓至来年秋成后分作两年带征。其南昌、新建、丰城、进贤、靖安、清江、新淦、新喻、峡江、鄱阳、余干、星子、德化、德安等十四县,除未被旱田地仍行征收外,其被旱田地未完本年民屯钱漕、余租,均著缓至来年秋成后分作两年带征。又南昌、庐陵、吉水、万安、星子、德安、瑞昌、湖口等县并彭泽县一、二等都道光二十四年被水缓征二限民屯、钱漕、余租,又南昌县并德化县封一、封二、赤松三乡同瑞昌、湖口二县二十二年被水,德安县二十一年被水缓征二限民屯、钱漕、余租,星子县十五年被旱缓征二限余租,德化县二十五年出借二十四年籽种,德化、瑞昌二县二十二年出借二十一年籽种,彭泽县一二等都二十二年出借二十一年籽种,德化、彭泽二县十五被旱二限余租,均著递缓至道光二十七年带征。又新建、清江、鄱阳、建昌、德化等县并彭泽县三十三都二十四年被水,建昌县代征安义县寄庄二十四、二十二两年被水,德化县二十二年被水桑落乡,南昌、鄱阳、德化、瑞昌、湖口、彭泽等六县二十一年被水,彭泽县二十二年被水,三十三都未完民屯钱漕、余租,彭泽县三十三都二十二年出借二十一年籽种,德化、彭泽二县二十年被水,德化、德安、彭泽三县十九、十八两年被水,星子县十八年被水缓征余租,均著再递缓至二十七、二十八两年带征。又进贤县二十四年被水缓征二限钱漕,著再递缓至二十八年带征。又瑞昌、湖口二县二十年被水,瑞昌县十九年被水,星子、德安、彭泽三县十四年被水缓征余租,均著再递缓至二十八、二十九两年带征。又进贤县二十二年被水缓征二限钱漕,著再递缓至二十九年带征。又德化县十四年被水已未成灾缓征余租,著再递缓至二十七、二十八、二十九等年带征。又德化县十三年被水已未成灾缓征余租,著再递缓至二十八、二十九、三十等年带征。又丰城、新淦、新喻、峡江等县二十四年被水,新建、建昌二县二十二年被水,新建、进贤、建昌三县并建昌县代征安义县寄庄二十一年被水未完缓征民屯钱漕、余租,湖口县十九年被水,星子、德安、彭泽三县十三年被水缓征余租,均著递缓至二十九、三十两年带征。又瑞昌、湖口二县十三年被水,星子、德化二县十一年被水已未成灾并德化县十年被水缓征余租,均著再递缓至三十、三十一两年带征。又湖口县十四年被水,德安、瑞昌、彭泽三县十一年被水缓征二限余租,均著再递缓至三十年带征。湖口县十一年被水缓征二限余租,著再递缓至三十一年带征,以纾民力。该抚即刊刻誊黄,遍行晓谕,务使实惠及民,勿任吏胥舞弊,用副朕轸念歉区至意。该部知道。钦此。

1168 道光二十六年十月十六日,内阁奉上谕:吴文镕奏请将应摊民欠银两延不完解之知县先行摘去顶带一折。江西弋阳县知县张大有、万年县知县弓嵩保,于应摊挪垫民欠银两,玩违不解,均著先行摘去顶带,勒限一个月,赶解全完。倘逾限不完,即行严参惩办。该部知道。钦此。

1181 道光二十六年十月十八日,奏旨:都察院奏,江西附监生前钦天监肄业生余大田,擅递封章,尚无违悖字句,著即递解回籍,交该地方官严加管束,毋许出外滋事。钦此。

1239 道光二十六年十一月初一日,内阁奉上谕:为政首在爱民安良,即所以弭盗,朕轸念民依,凡各省遇有水旱偏灾,无不恩膏立沛,蠲赈兼施,该地方官果能认真办理,实惠均沾,何致有失所流民结队成群转徙他省?致令不法匪徒有所藉口。本日据穆彰阿等会议讷尔经额奏请稽察匪徒影射流民一折,览奏均悉。匪徒影射,辗转需索,扰累闾阎,自应稽察截留,以免别酿事端。著江苏、江西、湖北、山东、河南、安徽、山西各督抚一体严饬所属,各就该地方情形土俗所宜,认真酌定办理章程,咨部立案,以期行之久远,不滋弊窦。其有一二实在灾黎转徙他方并非匪类者,仍当加意抚恤,随时资送,毋令失所。总不准匪徒影射,恃众滋扰。倘该地方官办理不善,一经查出,著即指名严参,以为玩视民瘼者戒,用副朕轸恤民困、除莠安良之至意。余依议。钦此。

1240 臣穆彰阿等谨奏:为遵旨会同妥议具奏事。内阁抄出道光二十六年九月十七日,奉上谕:讷尔经额奏,匪徒影射流民,分别惩办一折。各省流民应如何责成该督抚等认真稽察之处,著军机大臣会同该部,妥议具奏。钦此。

据原奏内称,窃照江、广等省向有流民,藉称本境歉收,结党成群,北来游食,所到之处,恃众需索。乡民铺户,时多扰累。直隶为畿辅重地,理宜肃清。节经臣通饬截留,酌定章程。遇有流民,将呼为灾头,为首引领之人解省,查讯递籍。其随行之男妇由地方官量为资送,无如该流民习以为常,旋解旋来,无所底止,于道光二十三年间经臣奏,奉上谕:著江苏、湖北、河南、山东、山西各巡抚一体饬属严密稽察,如有流民出境、过境,即行截回,妥为安置,庶免仳离而省滋扰等因。钦此。当经钦遵移咨,遵照在案。嗣查:二十四年各州县接递各省流民尚有二十七起,计七百四十四名口;二十五年各州县接递各省流民,复有三十九起,计一千一百三十三名口。内有乘机行窃之案,如上年七月内冀州拿获江西湖口县流民李新年等至民人罗延益钱铺内求助,随闪入柜房,窃得宝银二百两逸出,被获审明,按律拟徒,递籍发配。余人分别拟以杖笞。先后咨明湖北、江西各抚臣知照。迨本年八月初一日,又有湖北黄梅县流民何清惠、何万喜、何十珍等至完县地方,商同行窃铺户银钱,在客民梁慎修铺内以借钱为名,令同行之徐白米、吴氏等向铺伙围绕讨钱,何清惠、何万喜、何十珍即潜入室内柜房,用铁丝撕开柜锁,窃出宝银共三百五十余两，携赃逃逸。经该县闻报，即行追获人赃，禀饬保定府提讯，供晰各情。并据何清惠等十一人供，在湖北、河南地方窃取银两、布疋及药铺参枝共计四次，在直隶地方窃取银钱、布疋共计四次。现照赃逾满贯律，分别问拟绞候、流徒，另行办理。其讯不知情之男女共六十六名口，俱分别递回原籍。此外各属禀报截留江苏、江西、湖北三省流民，自二月间至今，已有二十起，共计男妇八百余人，均经各地方官捐给口粮，随时资送。臣细加查访，率多无赖匪类，非尽失所灾黎。现在究出姓名，多属假捏，其为匪类影射流民，足可概见。且人数愈集愈多，白昼群游，乘机攫物，与强窃何异？现在商同两司，行令各地方官剀切出示，如有此项流民到境，迅即报官拿获，严行查讯。如在地方讹索富户、铺家，即行惩处。余人分别递解回籍，不使聚集一处，恃众籍端抢窃滋事。惟其来路不绝，纵使有犯即办，终非正本清源之道。该流民等自江苏、江西、湖北到直，及经由之山东、河南、安徽、山西等省，百十成群。地方官断无尽不觉察之理，必须本境及邻省随地稽查截留，一体严行查办，方免纷纷北来，四处滋扰。相应再行请旨，饬下江苏、江西、湖北、山东、河南、安徽、山西各抚臣一体严饬所属，周密稽查，实力截留，分别惩办等语。

臣等伏查，先于道光二十一年九月初六日，内阁抄出奉上谕：御史松年奏请饬各省办灾人员，认真安集流民一折。各直省偶遇遍灾，朕不惜帑金，谕令地方官随时抚恤，无如不肖州县视办灾为利薮，朘削脂膏，自肥囊橐，遂至灾黎失所，荡析离居，弱者转于沟壑，强者流为盗贼，因此酿成事端，不可不严加整顿。著责成各直省督抚，饬令属员于办理灾务，核实稽查，认真散放，勿致遗漏。遇有流民过境，尤当加意安恤，随时资送，勿令转徙流离。倘查有侵渔浮冒等弊，立即指名严参，毋许稍有瞻徇。该督抚务当实力奉行，勿视为诰诫之具文也。将此通谕知之。钦此。通行各省，一体遵照在案，是安集流民，全在办灾地方官经理得法，即可不至流为盗贼，酿成事端。今直隶总督奏称，江、广流民藉称歉收，结党成群，北来游食，恃众需索，乡民铺户，时多扰累。道光二十三年曾经奏奉谕旨：著江苏、湖北、河南、山东、山西各巡抚稽察截回，安置在案。嗣查，二十四、五两年，仍有二三十起。本年自二月至今，已有二十起。内有乘机行窃之案，如江西湖口县流民李新年、湖北黄梅县流民何清惠等，业已另行办理，并究出各犯姓名多属假捏。其为匪类影射流民，足可概见。现在商同两司，行令地方官剀切出示。如有此项流民到境，即报官拿获，查讯惩处递解，不使聚集滋事。惟其来路不绝，终非正本清源之道。必须本境及邻省随地稽查截留，一体严行查办，方免纷纷北来滋扰等语。臣等查：近年各省岁收丰稔，偶有偏灾，不过一隅。但经奏报，我皇上无不恩膏立沛，蠲赈兼施。闿泽所周，穷黎自可均沾实惠，不至四散流离，乃畿辅地面仍复有江、广等省结伙游食之人，数目则逐渐加增，姓名则多属假捏，并有叠次行窃之案，则该督所奏系属无赖匪徒藉名影射，自系实在情形。臣等伏思，国家设抚恤资送之例，原为灾黎起见，若并非灾黎，而成群结党，辗转需索，在官则不免虚糜，在民则徒滋扰害。且恐聚集日久，别酿事端。自应由各该原籍及经由各省稽察截留，以杜来源。相应请旨，饬下江苏、江西、湖北、山东、河南、安徽、山西各抚臣，一体严饬所属，周密稽察，实力截留，妥为安置，毋令流转邻境。所有稽察截留章程，应由各该督抚臣各就各地情形土俗所宜，自行认真酌定，咨部立案，以期行之久远，不滋弊窦。庶穷民藉免流离，而畿辅地面亦可渐就清肃。至所奏分别惩办，刑部查稽。查，流民应由各督抚妥为办理，如有无赖匪徒藉名影射，乘机行窃等情，即饬各该地方官严拿惩办。

至该督原奏内称上年七月内冀州拿获江西湖口县流民李新年等乘机行窃罗延益钱铺宝银二百两，本年八月又有湖北黄梅县流民何清惠等至完县地方商同行窃客民梁慎修铺内宝银三百五十两，并据何清惠等供出在湖北、河南地方窃取银物四次，在直隶地方窃取银钱、布疋四次，均经分别问拟，另行办理等语。应令该督速饬审明，按律定拟，分别题咨报部，再行核办。至既定章程，以后全在各地方官实力奉行，始不至有名无实。倘地方官办理不善，致仍有影射滋扰之案，吏部查应令该督抚将地方官指名参处，仍俟各督抚等各就各地情形土俗所宜自行酌定截留章程，咨部立案时吏部再行分别定例办理。抑臣等更有请者，匪徒假捏，固应惩办，而实在灾黎，则仍以抚恤为要务。此次各该省既经立定章程，不能互相影射，则匪徒自无从复施其计。设或偶有偏灾，地方官仍当恪遵二十一年九月谕旨，严加整顿，核实稽查，认真蠲赈，自可不致复有流民名目，为匪徒所藉口。其有一二转徙他方，实非匪类者，仍当照例加意安抚，随时资送，勿令一夫失所。庶以仰副我皇上除莠安良之至意。所有臣等遵旨会同妥议缘由，是否有当，谨缮折具奏，伏乞皇上圣鉴，训示遵行。再，此折系户部主稿，合并声明。谨奏。道光二十六年十一月初一日。臣穆彰阿、臣潘世恩、臣赛尚阿、臣祁寯藻、臣何汝霖、臣柏葰、臣贾桢（感冒）、臣花沙纳（差）、臣惠丰（留署）、臣徐士芬（差）、臣朱凤标、臣宗室恩桂、臣陈官俊、臣季芝昌、臣福济、臣侯桐、臣阿勒清阿、臣李振祜、臣赓福、臣周祖培（差）、臣斌良、臣张澧中。道光二十六年十一月初一日，奉旨：依议。钦此。

1283　道光二十六年十一月十三日，内阁奉上谕：吴文镕奏，遴员调补要缺知县一折。著照所请，江西彭泽县知县员缺，准其以孙家铎调补。该部知道。钦此。

1392　道光二十六年十二月十三日，内阁奉（朱）上谕：江西九江镇总兵著清保补授。钦此。（朱）安徽寿春镇总兵岱昌著来京，交兵部带领引见，所遗之缺，著哈丰阿补授。

1443　道光二十六年十二月二十一日，内阁奉上谕：吴文镕奏请将原参征解短绌之知县给还项带等语。江西前任宜黄县知县杨振纲、前署宜黄县事即用知县李廷楷、本任乐安县现署临川县知县史致祥、现署乐安县事试用知县窦绍曾、署广昌县事试用知县李铦，于被参后将欠解银款各于限内扫数解兑全完，尚知愧奋。前任龙泉县知县林懋勋，原参欠解银两除续解外，未完仅止二分有零，查明实欠在民，尚无以完作欠侵挪情事。所有各该员，前经降旨摘去项带之处，俱著加恩，一并给还。林懋勋仍按未完分数交部，照例议处，未完银两责成现署之员赶紧征解。其前任靖安县知县佛尔国春、前署玉山县知县郭友筠，欠解本款，虽据于参后全完，惟交代尚有未清，著俟饬查明确，另行分别办理。该部知道。钦此。

1444　道光二十六年十二月二十一日，内阁奉上谕：吴文镕奏，截取举人难膺民社，请仍留教职一折。江西奉新县训导宋惟驹，既据该抚查看，年已七旬，难膺民社，著无庸截取，仍留教职之任。该部知道。钦此。

道光二十七年

36　道光二十七年正月十一日，内阁奉上谕：吴文镕奏请将摊垫民欠依限完解之知县给还顶带一折。江西弋阳县知县张大有、万年县知县弓嵩保，前因应摊挪垫民欠银两，玩违不解，降旨摘去顶带。兹据奏称，该员等被参后，于一月限内赶解全完，尚知愧奋。张大有、弓嵩保，均著准其给还顶带。该部知道。钦此。

157　道光二十七年二月十七日，内阁奉上谕：上年丙午科乡试，据各省监临将年老诸生开单具奏，均交礼部查核。兹据礼部将江苏等省年老诸生查明覆奏，该生等年臻耄耋，踊跃观光，榜发未经中式，宜沛恩施，以酬其皓首穷经之志。除江西廪生王在衔、福建附生朱鹏抟、王益龄应俟该省覆到由部核奏外，所有年届九十以上之江苏副贡生王金声、附生苏怀白；安徽副贡生朱玺、章西周；浙江附生杨见青；江西附生尹昌期、监生刘鸣岐；福建副贡生蓝恒春、王高山、陈应聘，附生陈源长、王纯椵、林良玉、庄郁文、李瑞升、林锡龄、江鹤年；四川副贡生吴皓然；湖北副贡生吴尔强、刘铭；山东副贡生冯维坊、马禄旺、王懋千，监生杨深源、附生刘玮、王荣先；河南副贡生陈家觃，附生韩碧玉；陕西附生刘恒业、马锡纯、徐震东、孙汝璋；云南副贡生赵侣鼎。八十以上之江苏岁贡生王承矩、汪际昌；江西岁贡生熊绍先、吕进、方克昭；福建岁贡生陈应魁、邱洪攀，山东岁贡生王选青；俱著加恩赏给举人，准其一体会试。

其年届八十以上之江苏附生王璞、柳舒、莫廷勋、施宥，增生沈钧，附生王光第、梁永清、胡雉汾，监生陆大照，廪贡生董岱龄，附生钱维翰；安徽附生严灼、沈元理，增生刘日华、潘兆榜，附生罗灿廷、程兆久、甯廷璋、刘兆岩、阎静涵；浙江廪贡生郑金镛，增生王启俊，附生赖善崧、何尚忠、王文治、储璠、方仁健；江西增生钟其英、黄吉原、何辉，附生萧光弼、李光宸、罗梦祥、傅士元、黄元勋、林华、胡炳、聂庭椿，监生陈泮香、周文、邓杰、钟登士；福建附生潘鸿恩、陈松年、郑大衡、李兆林、薛冠英、陈行健、邱金波、陈得时、林绍勋、康良、陈寿嵩、洪尚年、吴希灏、曾彭年、傅大田，增生尤秉钧，附生陈升墀、尤赓歌、张庆同、陈黛菁、何松茂、张温如，监生程秉珪，附生宋恩来、陈殿春、汪乔椿、杨若谷、吴庆禧、郑光华、林姜、陈复、许传曾、王道学、方时可、黄芳芝、何在田、曾焕章、傅步其、吴磻、罗恕、李廷奎、项燮周、何枚九、李廷培、邱佩之、刘民章、李朝征、练以锋、钟道林、周炳谟、游瀛海、苏占三、林登榜、林德三、颜国佐、陈恕行、颜金铭、翁钿、陈兆魁；四川附生唐鉴；湖北增生熊梁起、程鸣凤，附生冯国和、董逢科、洪光大；山东附生高圣传、郭士一、杜维纲、杨祥泰，增生尹连镳、廪生邵士显，附生成道洽、张象棐、纪晓源、李景陶、仲耀东、崔丹华；河南附生董海洋、尹允若、张步衢、尚耕耘、周岱云、张润浈、韩振清，增生田春兴;陕西附生杨廷铎、焦赓飏、刘荣春、李兰惠;云南附生李继铭、郑瀜。均著加恩,赏给副榜,用示朕嘉惠耆儒至意。钦此。

215　道光二十七年二月二十六日,内阁奉上谕:吴文镕奏,知县人地未宜,请遴员对调,并撤回留省另补一折。江西吉水县知县,准其以杨升调补,所遗靖安县知县员缺,即以祁启蕚对调;贵溪县知县吴绍彬,著撤任留省,遇有相当简缺,酌量补用。吴绍彬应否送部引见之处,著吏部照例办理。钦此。

217　道光二十七年二月二十六日,内阁奉上谕:吴文镕奏请补知县一折。著照所请,江西兴安县知县员缺,准其以朱藺补授。该部知道。钦此。

337　道光二十七年三月二十六日,内阁奉上谕:吴文镕奏参规避不职之知县一折。江西安福县知县王嵩年,平日办公尚无贻误,近来渐形废弛,以致舆情不洽,又复取巧规避,实属不职。王嵩年著即行革职,永不叙用。钦此。

338　道光二十七年三月二十六日,内阁奉上谕:吴文镕奏请将原参革职知县分别办理一折。前任江西靖安县丁忧知县佛尔国春短解丁耗,先于参后照数完解。兹复据查明,交代业已全清,著准其开复,饬令回旗守制。前署玉山县事已革彭泽县知县郭友筠,欠解本款,虽于参后全完,惟前在彭泽县任内,经管仓库,胆敢亏短银至一万九千五百余两之多,延不清交,实属藐法。著即拿问,交该抚提同经手丁胥人等研讯确情,按律惩办。该员省寓及任所资财、原籍家产,著一并查封备抵。钦此。

339　道光二十七年三月二十六日,内阁奉上谕:吴文镕奏参委员任意延误,并亏短公项,请革职严审一折。江西试用通判史毖委办解京颜料,中途任意耽延,并挪用搭解运费等银一千七百余两之多,复敢托病推诿,捏称原委员移交短欠,自应彻底根究。史毖著即行革职,交吴文镕严审究追,照例拟办。余依议。该部知道。钦此。

340　道光二十七年三月二十六日,内阁奉上谕:吴文镕奏,遴员升补要缺同知一折。著照所请,江西南昌府吴城镇同知员缺,准其以王嘉麟升补。该部知道。钦此。

470　道光二十七年四月二十七日,奉旨:孙葆元著仍留江西学政之任。钦此。

513　道光二十七年五月初四日,内阁奉上谕:前据林则徐奏,官绅捐输经费,恳请奖励。当交该部议奏。兹据该部查照章程,开单呈览,该官绅等踊跃输将,自应分别加恩,以昭激劝……江西金溪县知县候选直隶州知州方恒禄,著以直隶州知州分发山西补用……江西瑞金县知县获盗以知州用李世琦,著开缺,以知州留于江西,归候补班,无论题调选缺补用……江西试用县丞王顺曾,著以知县仍留江西补用……江西试用县丞宋棻,广东试用县丞胡全恩、吴梯淳,东河试用县丞龚国琨,东河尽先县丞顾泰,均著遇缺即补……俊秀朱宗珰,著以道库大使分发江西,遇缺即补……江西试用从九品姚绍翰、孙溥，安徽试用从九品丁士荣，直隶试用从九品汤岑名，均著尽先补用……河南试用从九品张绍烈，著分发江西补用……候选从九品舒其芹，著分发江西补用……江西试用未入流萧庭俊，山东试用未入流胡维翰、席愫，湖南试用未入流赵森，均著尽先补用。俊秀姚世南，著以未入流分发江西，尽先补用……江西试用未入流程嘉焘，著归捐班前先用……江西乐安县知县史致祥、山东巨野县知县袁传袭、江苏沭阳县知县方传书、湖北孝感县县丞胡大鏊、前任浙江丽水县县丞汪大煐、前任湖南武冈州巡检汪大煌、江苏盐城县上冈司巡检张震，均著赏加一级……

519－520　道光二十七年五月初四、初五日引见新进士，除一甲三名外，朱笔圆圈庶吉士五十三人，尖圈部署三十六人，中四人，双点即用知县一百二十二人，单点归班十三人。

鼎甲

…………

江西：

△谢　煌

○胡寿椿

○华祝三

△叶士焕

:彭嘉炯

、张青筒

△李友梅

:周　劼

:李明墉

:王宏谟

:李　森

:谢佳玉

△杨仪韶

:黄淳熙

○万　良

△阮寿松

:郑奎龄

:刘熙敬

中郑培槐。

540　道光二十七年五月十一日，内阁奉上谕：吴文镕奏，遵旨覆奏漕务情形一折。据查，江西省有漕各州县历经奏明将旗丁所得陋规分别裁革饬禁，永远遵行。现在旗丁尚无多索，自无庸明定费用章程，致滋例外影射之弊。著即遵照旧章认真办理，旗丁则责成粮道严行约束,不准格外索费,地方官则责成司道暨各该知府随时查察,不准格外浮收。即地方偶遇偏灾,尤当委员确勘,加意慎重。倘有捏报请缓等弊,立即从严参办,毋稍宽贷。钦此。

541　道光二十七年五月十一日,奉旨:这所参押解绞犯中途疏脱之江西永新县上坪司巡检李攀桂解任,交该抚提同批差、家丁人等,严审确情,按例拟办。佥差不慎之署永宁县知县戴文岚,著交部先行议处,仍勒限将逸犯谢长淙上紧严缉,限满有无弋获,另行照例办理。钦此。

564　道光二十七年五月十九日,内阁奉上谕:前据李星沅奏,官绅捐输经费,恳请奖励,当交该部议奏。兹据该部查照章程,开单呈览。该官绅等踊跃输将,自应从优奖叙,以昭激劝。加恩著照所请……江西粮道朱臒,著给予随带加一级……该部知道。单并发。钦此。

574　军机大臣字寄两江总督李。道光二十七年五月二十二日,奉上谕:江西九江、南赣二镇地方扼要,一切训练操防,必当认真讲求,方期有备无患。现任总兵清保、德坤二员,平日能否申明纪律,俾技艺悉臻,精熟操防,果否留心?设遇调遣,能否得力可靠?著李星沅于到任后随时留心察看,据实具奏,毋稍瞻徇。将此谕令知之。钦此。遵旨寄信前来。

625　道光二十七年六月十一日,内阁奉上谕:吴文镕奏,重运漕船失风漂没米石,请分限购买余米赔补一折。江西饶州帮徐延第重运船只在小姑矶地方遇风失事,漂没米石一千十七石零,著准其自道光二十七年冬新运为始,分作六年,按限购买本帮余米,赔补交仓,以纾丁力。余著照所议办理。钦此。

698　道光二十七年七月初三日,内阁奉上谕:江西广信府知府员缺,著耆龄补授。钦此。

699　查:广信府系冲繁疲难最要缺。谨奏。

703　道光二十七年七月初四日,内阁奉上谕:杨殿邦奏参领运帮弁,请分别革职、休致等语。赣州帮领运千总刘定国,于漕船阻压后帮,捏词掩饰,实属刁诈;抚州帮领运千总樊梓,性既强横,行复卑鄙;委饶州帮领运候补卫千总朱奎,帮船已开,逗留在省,致漕船有失;淮安二帮领运新调严州所千总和升额,据报到帮查传,杳无踪迹。著一并革职。济左帮千总姚宝燕,年近七旬,精力就衰,候补卫千总陈昆裕,两耳重听,难供差遣,均著勒令休致。余著照所拟办理。该部知道。钦此。

735　道光二十七年七月十二日,内阁奉上谕:前据林则徐奏,官绅捐输经费,恳请奖励,当交该部议奏。兹据该部查明章程,开单呈览。该官绅等踊跃输将,自应分别加恩,以昭激劝。……江西袁州府知府沈兆溶、吏部郎中刘成万、兵部学习员外郎麦赓芸,均著以道员不论双单月选用,仍在任候选。……候选县丞刘维勋,著分发江西补用。……分发江西从九品胡承风,改发南河,尽先补用,并加一级,纪录一次。……湖北试用从九品吴秉忠、江西试用从九品程烜、陕西试用从九品林筠、江西试用从九品路秉忠,均著分缺间用。湖南试用从九品陈耀源,陕西试用从九品刘溥霖,江西试用从九品夏宗鍫、汤恩钊,湖北试用从九品王晋卿,安徽试用从九品王树槐,均著归捐班前补用。……俊秀张子谦、王驪,均著以从九品分发江西补用。……安徽候补未入流叶克新、林昌鋐,湖北试用未入流叶德涣、余士仁,江西试用未入流沈子栖、钱钧,均著归捐班前补用。……

868　道光二十七年八月十七日,内阁奉上谕:直隶布政使著温子巽补授,所遗江西按察使员缺,著陆元烺补授。钦此。

924　道光二十七年八月二十四日,内阁奉上谕:吴文镕奏,拣员调补要缺知县一折。著照所请,江西临川县知县员缺,准其以张炳堃调补。该部知道。钦此。

925　军机大臣字寄江西巡抚吴。道光二十七年八月二十四日,奉上谕:吴文镕奏,拿获教犯、会匪,提省审办一折。所办好。江西南安、赣州两处地方,界连湖南、广东、福建,每有匪徒习教、拜会、传徒等事,甚或纠众图劫,为害地方,更难保无另有不轨重情,必应严密擒拿,彻底根究,以期净绝根株,方无贻患。著该抚督同臬司,先将现获各犯严行讯办。该犯楚潮四等供,止吃斋敛钱,断难凭信。所供拜湖南人王成金为师习教,并谢词华等结盟拜会,胆敢聚众,希图夺犯,尤属不法已极。务即飞咨湖南,一体饬属严拿,研究确情,核实惩办。至已获案人犯,必应多方详鞫,毋令任意狡饰,至有不实不尽。在逃各逸犯,著即通饬各属,并咨会邻封,毋分畛域,一体严密搜拿,务期悉数就获,不留余孽,是为至要。将此谕令知之。钦此。遵旨寄信前来。

1011　道光二十七年九月十一日,内阁奉上谕:吴文镕奏,知县人地不宜,请撤回另补一折。江西长宁县知县刘植,才具未能肆应,人地不甚相宜。著撤任留省,遇有相当简缺,另行酌量补用。余著照所拟办理。该部知道。钦此。

1013　道光二十七年九月十一日,内阁奉上谕:吴文镕奏,衿棍藉端闹考,拒毙差役,请将知县暂行革职一折。江西贵溪县文童考试,该童生等胆敢聚议罢考,以致棍徒纠众滋事,伤毙差役。并将看管生童一并抢逃,不法已极。此次闹考何以又牵涉闹漕之事?种种藉端挟制,或因该署县滥刑,激众酿成事端,抑生童等预为包漕地步?必应彻底分别究办,以肃庠序而警刁顽。署贵溪县事候补知县阎彤,著暂行革职,交该抚提同案犯、人证,确切讯究,按律定拟具奏。余著照所拟办理。该部知道。钦此。

1022　道光二十七年九月十四日,内阁奉上谕:户部奏,运弁坐船跨带木植。据江西九江关申报,请饬查禁等语。本年湖北三帮漕船例外多带木植,已属违例,乃该省押运千总坐船两旁,亦各跨带木植,何以禁帮丁包揽之弊?著该督抚即向九江关查明,该帮千总何员违例,据实严惩。嗣后并著各该省督抚及漕运总督于漕船出运经过之时实力稽查,严行禁革。如仍有漕船及帮弁坐船违例,私带货木者,即著从严参办,以肃漕政。该督等若不肯实力办公,何以表率属员?天良安在耶?钦此。①

1095 军机大臣字寄直隶、安徽、山东、山西、河南、陕西、甘肃、浙江、江西、湖北、湖南、广东、云南各督抚。道光二十七年十月初三日,奉上谕:本年直隶盐山等三十六州县被水、被旱、被雹,山东临清等三十二州县被旱、被淹、被风、被丹、被沙,乐安等七县被潮成灾,山西临汾等二十六州县麦禾被旱,河南祥符等六十四州县被旱,修武等十七州县二麦歉收,陕西蒲城等二十三州县二麦被旱,神木、府谷二县被旱歉收,咸宁等十五州县夏收歉薄,江西上高、新昌二县被旱,节经该省奏到,均已随时加恩,分别蠲缓、抚恤口粮。……

1096 查:本年直隶、山东、山西、河南、陕西、江西间有灾歉,地方俱经随时加恩,分别蠲缓、赈抚。其明春应否量为接济之处,臣等谨照向例缮写询问该督抚等谕旨,俟覆奏到日再行拟写新正加恩谕旨进呈。再,甘肃、江西、安徽、河南、山西、浙江、湖北、湖南、广东、云南各省尚有被灾之区,该督抚等业经奏明随时抚恤及委员查勘,其应否调剂,现俱未经奏到,应一并询问,令其迅速查奏汇办。谨奏。

1145 道光二十七年十月十八日,内阁奉上谕:前据陆建瀛奏,官绅捐输米石,恳请奖励。当交该部议奏。兹据该部查照章程,开单呈览。该官绅等踊跃输将,自应分别加恩,以昭激劝。前任江西鄱阳县知县盛元,著俟服阕后以知府不论双单月选用。……

1147 道光二十七年十月十九日,内阁奉上谕:吴文镕奏,查明各属被旱、被水情形,请分别缓征、展缓一折。本年江西省进贤等雨水较多,低田被淹,省西各县得雨未能透足,晚禾受伤收成均属歉薄,若复照常征收,民力恐有未逮。加恩著照所请,所有被水较重之进贤县二十七、二十八、二十九、三十、三十一、三十二等都,本年被旱较重之新喻县一、二、三、四、五、六、七、十、六十、七十、八十九等都之一、二、三图,八都一、二图,十二、二十两都一图,十五都三图,正、附功屯军图,公图,共四十一图,本年安义县卜邻、依仁、安义、控鹤、南昌等五乡本年地丁漕米,均著缓至来年秋成后分作两年带征。其南昌、新建、丰城、上高、新昌、清江、新淦、峡江、安义、德安等县并建昌县受钧等八乡被旱及永乡北改兴等圩道光二十六年被旱,又新建、建昌二县并彭泽县三十三都,建昌县代征安义县寄庄二十四年被水,建昌县代征安义县寄庄,德化县桑港乡,彭泽县三十三都二十二年被水,南昌、鄱阳、德化、湖口、彭泽等县二十一年被水原缓民屯、钱漕、余租,湖

① 原档“九江关……据实严惩”一行,天头处有“朱”字,系因用朱笔改“参惩”为“严惩”;“该督等……天良安在耶”一行,天头处有“朱”字,系因用朱笔添加于“漕政”二字之后。

口县未完二十、二十一两年芦课,德化、彭泽二县二十年被水,德化、德安、彭泽三县十九、十八两年被水,星子县下七都十八年被水缓征余租,彭泽县三十三都出借二十一年籽种,俱著递缓至二十八、二十九两年带征。

又进贤县道光二十六年被旱原缓初限一半钱漕内,本年带征五分,其余五分南昌、庐陵、吉水、万安、德安等县并星子县下七都二十四年被水,德化县封一、封二、赤松三乡同南昌、湖口二县二十二年被水,德安县二十一年被水二限缓征民屯、钱漕、余租,上高、新昌二县出借二十六年被旱,德化县出借二十四年被水,德化县并彭泽县一、二等都出借二十一年被水籽种、口粮、谷石,星子县下七都并德化、鼓泽二县十五年被旱缓征余租,德化、彭泽二县,九江府同知未完二十、二十一两年二限芦课,彭泽县未完二十三、二十四两年二限芦课,湖口、彭泽二县二十二年被水缓征二限芦课,均著再递缓至二十八年带征。

又德化县十四年被水已未成灾缓微余租,著再分别递缓至二十八、二十九、三十等年带征。又进贤县二十四年被水缓征二限钱漕,著再递缓至二十九年带征。又新喻县二十六年被旱原缓钱漕,湖口县二十年被水,星子县下七都并德安、彭泽二县十四年被水缓征余租,著再递缓至二十九、三十两年带征。又德化县十三年被水已未成灾缓征余租,著再分别递缓至二十九、三十、三十一等年带征。又进贤县道光二十六年被旱原缓二限一半钱漕,又丰城、清江、新淦、新喻、峡江等县二十四年被水,新建、建昌二县二十二年被水,新建、进贤、建昌三县及建昌县代征安义县寄庄二十一年被水原缓钱漕,湖口县十九年被水星子县下七都并德安、彭泽二县十三年被水缓征余租,均著再递缓至三十、三十一两带征。又进贤县二十二年被水缓征二县钱漕,著再递缓至三十年带征。又湖口县十三年被水,星子县下七都并德化县十一年被水,德化县十年被水缓征余租,均著再递缓至三十一、三十二两年带征。又湖口县十四年被水,德安、彭泽二县十一年被水缓征余租,著再递缓至三十一年带征。又湖口县十一年被水缓征余租,著再递缓至三十二年带征,以纾民力。所有新赋俱仍照常征收,该抚即刊刻誊黄,遍行晓谕,务使实惠及民,毋任吏胥舞弊,用副轸念灾区至意。该部知道。钦此。

1148　道光二十七年十月十九日,内阁奉上谕:前据吴文镕奏,江西省民欠借修圩堤银款援案仍请豁免一折。当交户部再行议奏。兹据该部奏称,此项未完修圩银两递缓虽在道光二十年豁免限外,而原借系在道光十四年以前,查与安徽省准豁成案尚属相符。加恩著照该抚原请,所有江西前项未豁借修圩堤工费、民欠银二十四万四千九百七十二两零,准其全行豁免。该抚即刊刻誊黄,遍行晓谕,务使实惠及民,毋任吏胥舞弊,以副朕沛泽穷黎至意。钦此。

1150　道光二十七年十月十九日,内阁奉上谕:吴文镕奏,知县与该管巡道系属至戚,请撤省另补一折。江西雩都县知县徐燧,系赣南道李本仁胞妹夫之父,虽例无回避明文,惟赣州府属军流以下人犯均归该道审转核办,恐于公事有碍。徐燧著即撤回,俟有相当缺出,另行补用。余著照所拟办理。该部知道。钦此。

1406　道光二十七年十二月初十日,内阁奉上谕:吴文镕奏,缉匪出力员弁,恳请酌保等语。江西长宁、崇义两县匪犯滋事,经该管道、府、县督同委员等获犯一百余名。所有此次派委之佐杂、千总、把总,不辞劳瘁,分路搜捕,得以获犯究办,不致延蔓另滋事端,尚属著有微劳。著择其尤为出力者酌保数员,候朕施恩,毋许冒滥。钦此。

1408　道光二十七年十二月初十日,内阁奉上谕:吴文镕奏请拣发游击一员、都司三员,以资差委。著兵部于在部候补、候选曾任实缺人员内照例拣选,带领引见,候旨发往。钦此。

1478　道光二十七年十二月二十二日,内阁奉上谕:前据陆建瀛奏官绅捐输米石,恳请奖叙一折。当交该部议奏。兹据该部查照章程,开单呈览。该官绅等踊跃输将,自应分别奖励,以昭激劝。……县丞王文玮,著以知县留于江西补用。……监生张慰祖,著以县丞分发江西,归捐班前先用。……广东候补从九品沈持衡,著改发江西,归捐班前先用。……监生将蒋康锡,著以未入流分发江西补用。……未入流汤庆珍,著分发江西,归捐班前先用。……

1513　道光二十七年十二月二十七日,内阁奉上谕:李星沅奏请将衰庸武职分别勒休、革职一折。江西抚州营都司张得功,年老多病,难期振作,著即勒令休致;抚州营千总林时和,遇事畏葸,缉匪不力,著即革职。该部知道。钦此。

1522　臣等查明岁新正应行加恩各省内,除陕西、浙江、江西、湖北、广东、云南业据该督抚等具奏毋庸接济外,其河南一省,于奏到日已钦奉谕旨加恩。所有直隶、安徽、山东、山西、甘肃、湖南六省,节经该督抚等奏到。臣等谨拟写谕旨六道,进呈恭候钦定,批示日期,届时颁发。谨奏。

道光二十八年

35　道光二十八年正月初十日,内阁奉上谕:吴文镕奏请将都司勒令休致等语。江西九江镇抚州营都司张得功,年谕六旬,难期振作,著即勒令休致。该部知道。钦此。

36　道光二十八年正月初十日,内阁奉上谕:吴文镕奏请升补要缺知州一折,著照所请,江西宁都直隶州知州员缺,准其以庆云升补,仍照例送部引见。该部知道。钦此。

186　道光二十八年二月十八日,内阁奉上谕:李星沅等奏请对调知府一折。江西广信府知府耆龄,既据该督等奏称人地不甚相宜,著留于江西,遇有相当中简缺出,酌量请补。所遗广信府(朱)知府员缺,著史致谔补授。该部知道。钦此。

187　查:广信府系冲繁疲难最要缺。谨奏。

389　军机大臣字寄署两广总督徐、护理广东巡抚叶、江西巡抚吴湖、湖南巡抚陆费。道光二十八年四月十二日，奉上谕：耆英等奏拿获传教结拜匪犯，查讯大概情形一折。览奏均悉。据称，前因湖南、江西拿获教会各匪，移咨到粤。该督等密饬访拿，当经拿获董言台及任振坤、谢文灼三名，并起出经牌、图章等件。旋据吴荣基等悔首到案，又续获来省探信之何亚柏及匪伙陈希胜等多名，先后解省讯。据供认，先在江西地方听从入金丹教，礼敬无生老母，并邀诱多人，结拜天地会，改名关爷会，起意抢劫。嗣逃至广东，复煽诱李紫荣等多人入教。并于民夷互殴之时起意乘机煽惑，希图滋扰。此等奸徒，皆系从前白莲教余党，搜拿未尽，以致蔓延。既属憝不畏法，且难保日久无悖逆重情。恐此外尚有伙党匿不供出，必应彻底根追，以期根株净尽。著徐广缙等遴委干员，研究匪踪，密饬躧缉，断不准一名漏网。其籍隶江西、湖南各犯，已由耆英等咨会查拿。即著吴文镕、陆费瑔查照原咨犯名，迅饬跟踪访拿。务令按名弋获，尽法惩办，毋任此拿彼窜，稍留余孽，是为至要。将此各谕令知之。钦此。遵旨寄信前来。

433　道光二十八年四月二十四日，内阁奉上谕：吴文镕奏，拣员调署要缺知县一折。著照所请，江西广陵县知县员缺，准其以陈偶调署。该部知道。钦此。

509　道光二十八年五月十三日，内阁奉上谕：吴文镕奏，拣员调补省会要缺首县一折。著照所请，江西南昌县知县员缺，准其以张赋林调补。该部知道。钦此。

510　道光二十八年五月十三日，内阁奉上谕：吴文镕奏，参验讯命案不实之知县一折。江西前任庐陵县丁忧知县富兴，于彭腾章溺水身死一案，相验既不确实，讯供有复颟顸，非寻常疏忽可比，且恐有故入人罪情弊。富兴著先行革职，交该抚提同刑仵、尸亲人等，研审确情，分别定拟具奏。该部知道。钦此。

688　道光二十八年六月二十八日，内阁奉上谕：吴文镕著调补浙江巡抚，即赴新任，江西巡抚著傅绳勋调补，均暂行无庸来京请训。傅绳勋未到任以前，江西巡抚著费开绶署理。钦此。

734　道光二十八年七月十一日，内阁奉上谕：吴文镕奏，请将督销引盐不力之州县摘去顶带，勒销一折。江西鄱县知县沈衍庆、新淦县知县靳丹书、义宁州知州叶济英，均著摘去顶带，勒限趱销。倘仍不知振作，即著另行严参。惟官引滞销，总由私盐侵灌，并著该抚严饬各属认真查拿枭贩，实力疏销，务期私盐净尽，官引畅行，以肃鹾政而裕课饷。该部知道。钦此。

997　道光二十八年九月十二日，内阁奉上谕：江西督粮道员缺，著邹鸣鹤补授。钦此。

998　查：江西督粮道系冲繁难要缺。谨奏。

1058 道光二十八年九月二十七日,内阁奉(朱)上谕:江西吉南赣宁道员缺,著陈阡补授。钦此。

1059 查:江西吉南赣宁道系冲繁难要缺。谨奏。

1071 道光二十八年九月二十八日,内阁奉(朱)上谕:江西吉安府知府员缺,著裕铎补授。钦此。

1072 查:吉安府系冲繁疲难最要缺。谨奏。

1099 军机大臣字寄直隶、江苏、安徽、山东、山西、河南、甘肃、福建、浙江、江西、湖北、湖南、贵州各督抚。道光二十八年十月初三日,奉上谕:本年直隶通州等四十八州县厅被水、被雹,山东惠民等三十八州县卫被风、被丹、被旱、被雹、被淹,湖南武陵等四县被水,节经该省奏到,均已随时加恩,分别展缓抚恤暨江苏江宁等二十六州县、安徽怀宁等三十九州县、湖北沔阳等三十一州县,被水漫淹,成灾较重,业经分别拨帑留银,筹给赈济,并节次降旨,谆饬妥办,小民谅可不至失所。惟念来春青黄不接之时,民力未免拮据,著传谕各该督抚等体察情形,如有应行接济之处,即查明据实覆奏,务于封印前奏到,候朕于新正降旨加恩。再,直隶沿河各州县被淹,江苏淮南各场灶被淹、被潮,山东各属低洼处所被淹,山西洪洞等州县被旱、被雹、被淹,河南祥符等州县被淹,甘肃皋兰等州县被旱、被水、被雹、被霜,福建同安等县厅被风,浙江仁和等州县被淹、被风,江西南昌等州县被淹,湖南桃源等州县被淹,贵州镇远地方被水,已据该督抚等奏明随时抚恤及委员查勘,均著迅速办理。并将来春应否接济之处,一并查明,于封印前奏到。将此谕令各该督抚知之。钦此。遵旨寄信前来。

1248 道光二十八年十一月初九日,内阁奉上谕:傅绳勋奏,查明被水各县,请分别抚赈蠲缓一折。本年江西丰城等县田亩被淹,收成歉薄,若不量予抚赈蠲缓,民力实有未逮。加恩著照所请,所有德化、德安、瑞昌、湖口、彭泽、南昌、新建、进贤、鄱阳、余干、星子、都昌、建昌等十三县被水乏食贫民,无论极次,抚恤一月折色口粮,每石折银六钱。各该县被水冲坍房屋,实在赤贫无力者,俟水涸查明间数,照例给予修费,以资栖止。其成灾十分之德化县封一、封二、赤松、桑落四乡,极贫照例加赈四个月,次贫加赈三个月。成灾十分民田地九百二十四顷二十五亩零,共未完地粮银三千六百一十二两零;屯田地三百六十九顷七十八亩零,未完屯粮丁银二百二两零,余租银二千九两零;芦洲地三百四十顷四十七亩零,未完芦课银七百一十九两零,均照例蠲免十分之七,蠲剩三分地粮银一千八十三两零,屯粮丁银六十两零,余租银六百二两零,芦课银二百一十五两零。又瑞昌县坐落德化县赤松乡成灾十分屯田地二十九顷九亩零,未完屯粮丁银三十两零,余租银二百八十六两零,均照例蠲免十分之七,蠲剩三分屯粮丁银九两零,余租银八十五两零。九江府同知经管成灾十分军洲芦地五百七十七顷七十四亩零,未完芦课银一千二百一十三两零,照例蠲免十分之七,蠲剩三分银三百六十三两零,例不蠲免芦苇银七十六两零；瑞昌县安泰、今一、今二等三乡，成灾八分，极贫照例加赈两个月，次贫加赈一个月，成灾八分民田地四百六十二顷五十六亩零，未完地粮银一千三百八十八两零，屯田地三十顷四十六亩零，未完屯粮丁银三十一两零，余租银三百三十一两零，均照例蠲免十分之四，蠲剩六分地粮银八百三十二两零，屯粮丁银一十九两零，余租银一百九十九两零；湖口县坐落江南宿松县孟家洲成灾八分屯田三顷四十七亩零，未完屯丁银七钱零，余租银六十八两零，均照例蠲免十分之四，蠲剩六分屯丁银四钱零，余租银四十两零，均著缓至来年秋成后，分作三年带征。又湖口县上乡皂湖口、白洋湖、江家桥、西沧渡、杨树嘴、关家嘴、李七嘴、向孟嘴、石家汊、杨文嘴、少南嘴、阳缸嘴、蔴家嘴、姚家嘴、朱家嘴、罗溪堰、西平堰、峰蓬港、高澄堰、游水潭、破龙口、萧家嘴、河路嘴、穆家塆、曹家桥、刘家市、阳家渡、劳家汊、洪廷塆、王锦嘴、彭家桥、江家堰、汪家套，中乡之白浒塘、涝家渡、苏官渡、马影桥、沙塆、蛮忘嘴、法云桥、牛渚洲、下石潭、下石嘴、宁家汊，下乡之黄茅潭、流澌桥、四官桥、西山料、洪家塆、虾蟇桥、白龙湾、南四湾、喻家嘴、刘元堰、胡元嘴，成灾七分，极贫加赈两个月，次贫加赈一个月。成灾七分民田九百顷八十亩，未完地粮银五千六百七十五两零，屯田四顷九十四亩，未完屯丁银一两零，余租银一百一两零；梅家、大塆、牛湖、兴福、永和、谢张、秦张等处被淹芦洲五百七顷七十四亩零，未完芦课银六百六十五两零，均照例蠲免十分之二，蠲剩八分地粮银四千五百四十两零，屯丁银八钱零，余租银八十一两零，芦课银五百三十二两零；进贤县上下两乡成灾六分，极贫加赈一个月，成灾六分民田二千六百八十顷九十六亩，未完地粮银五千九百四十两零，照例蠲免十分之一，蠲剩九分银五千三百四十六两零，漕米一万四百十四石九斗零；余干县东、西、南、北四隅各村庄成灾五分田地一万一千一百七十八顷十六亩零，合邑未完地粮银二万六千九百四十五两零，漕米一万八千八百十三石二斗零；建昌县永丰、凝远、丰安、德政、市镇、归义、新城、甘泉、升仙、受安、修智、钧台等乡成灾五分民田地六千五百五十顷六十亩零，合邑未完地粮银二万四千四百四十二两零，漕米一万四千八百五十六石七斗零；德化县仙居、南昌、白鹤、仁贵、德化等五乡勘不成灾民田二百五十七顷六十五亩零，应征地粮银九百四十一两零，又勘不成灾屯田一百四十三顷二十八亩零，应征屯粮丁银二百四十七两零，余租银二千七十一两零；湖口县坐落德化县任贵乡勘不成灾屯田十五顷六亩零，未完屯丁银三两零，余租银三百六两零；瑞昌县坐落德化县南昌、仙居二乡勘不成灾屯田地三十一顷三十七亩零，未完屯粮丁银三十六两零，余租银四百十八两零，同勘不成灾南昌县之二都六图，三都六图，四都六图，五都二、三、五、六、七、八、九图，七都一、二、五、六图，六都三、六、七、八图，八都四、五、六、七图，九都六、七、八、九、十、十一、十六图，十都二、四、六、七、八、十图，十一都一、二、三图，十二都二、三、四、五、六、七图，十三都一、二、三、四、五图，十四都一、二、三、四、五、六、七图，十五都一、二、三、四、五、六、七、八图，军都一、二、三、四、五图，十六都一、二、三、四、五图，十七都全图，十八都一、二、三、四、五图，十九都一、二、三、四、五、六、七、八、九、十图，二十都一、二、三、四、五图，二十一都南一、二、三图，归一、二图，二十二都一、二、三、四、五、六、七、八、九、十图，二十三都全图，二十四都全图，二十五都一、二、三、四、五、

六、七、八、十图，二十六都一、二、三、四、五、六图，二十七都一、二、三、四、五、六、七、八、九、十、十一、十二图，二十八都四、九、十、十一、十四图，二十九都五、六、七、八、九、十二图，三十都七图，三十一都十图，三十二都三图，三十三都四图，三十四都二图，三十五都三图、六、七、八、十、十一、十三图，四十都十图，四十五都长一、二、三、四、五、六图，南一、二、三图、北一图，四十六都二、三、四、五、六、七、九、十二、十三、十四、十五图，四十七都一、二、三、四图，下四、五图与五、六、八、九图，四十八都南一、二、三、四图，北一、二、三图，长一、二图，四十九都一、二、三、四、五、六图，五十都一、三、五图，五十一都一、三图，五十二都四、五、七、八图，六十三都一图，共被淹民田四千六顷四十二亩零，未完地粮银五千六百七十一两零，漕米二万二千六百四十四石四斗零。新建县之上乡一都一、二、三图，二都一图，四都一、二图，五都一、二、三、五、七图，八都三图，二十都四图，二十一都二、四、五图，二十二都一、二、三、四、五、六图，二十三都三、四、五图，二十四都一、二、三图，二十五都二、三、五图及下乡东河五十五都一、二、三、四、五图，五十六都一、二图，中河五十三都一、二、三、四图，五十四都一、二、三、四、五图，西河十二都四、五图，十三都三图，二十七都七图，三十都五图，三十二都五、六图，三十三都三图，三十四都二、三图，三十六都一、二、三、四、五图，三十七都一、三图，三十八都四图，三十九都一图，四十都一、二图，四十一都一、二、三、四、五图，四十二都一、二、三图，四十三都一、二图，四十四都一、二、三、四图，四十五都一、二、三、四图，四十六都一、二、三、四图，四十七都一、二、三图，四十八都一、二、三、四图，四十九都一、二图，五十都一、二图，五十一都一、二图，五十二都一、二图，军都六图高王李等姓，头、五、六、七、八、九、十等坊，共被淹民田四千二十一顷七十六亩零，未完地粮银六千八百三十二两零，漕米八千三百九十九石六斗零。丰城县之一坊一都一、二、三图，二都一图，五都七图，六都三、四、五图，八都一、二、三图，三坊二十九都一、二图，三十都一、二、三、四图，三十一都一、二、三图，三十二都一、二、三、四图，三十六都二图，四坊四十七都二图，五十六都一、二、三、四图，五坊五十七都一、二、三图，五十九都一、二、三图，六十一都二、三图，六十二都一图，六十五都一、二、三图，六十六都一、四图，六坊六十七都一、二、三、四图，六十八都二、三、四、五、六图，六十九都一、二、三、四图，七十一都一、二、四图，七十三都七图，七坊七十五都四、五、六、九、十二图，七十六一、二、三图，七十八都三、四、五图，八坊七十九都二、三、五、六、七、八图，八十都一、二、三、四图，八十一都四、八图，九坊八十六都二图，八十七都六图，八十八都一、二、三、四、六、七图，八十半都一图，一坊下一甲、二另甲、十另甲，二坊下一甲、九甲、十甲，三坊下一甲、二甲、三甲，四坊下二甲，五坊下一甲、七甲，六坊下另四甲，外四、五甲、六甲、八另甲，七坊下三甲、八甲，八坊下一甲，九坊下四甲，共被淹民田地二千九百三十三顷七十四亩零，未完地粮银三千二百四十三两零，漕米八千五十五石三斗零。鄱阳县之洋埠、坡洲村、施家坊、横玲河口、土湖里、儒塘里、常丰塘、画湖、南港、泗溪、玲吉潭、君子里、倪坊洲、下埠桥、西湾渡、头白、溪里、瓦屑林、高溪方、义仓前、青湾里、童子渡、黄金塘、乐亭里、大磊湖、石嘴上、虎山下、桂湖玲、南湖玲、洪家滩、白马滩、马湖、问龙湾、道汉玲、小渡、和风岸、高沙湾、朱家桥、磨刀石、沙汉、乌玲湖、史家村、范田、苦竹前、珠湖里、丁池、陈家村、竹林里、桃溪渡、永滩、横垮溪、石灰洲、河塘里、朗埠、小港滩、荻浒滩、绵洲、寺前、大港滩头、上社村、油水塘、西湖、龙尾、塘名山、青田坂、漳田渡、白水塘、黄土湖、花桥垮、万家湖、寺背村、吴家村、张家垮、枫树沟、招子桥、故县渡、桥头、翅里村、白果树、塘下村、湾里、钟家岸、酒坊前、朗上村、马墩下、董家坪、濠湖、大渡、父子山、畹子湖、雷村、松树下、李叶滩、韩坡、严家渡、天池坂、林港桥、马埠洲、韩湾、南港、相思垮、樟杨新垮、章潭、乔木湾、大垮、头顷洲、河口、吴家坊、师古前、乐安、蔡家湾、曹家嘴、鹰乐满、三庙前、布袋湾、细港里、莲河、慕里村、团转、下岸、张塔、下村、表思、鄱湖口等处,共被淹民田地四千四百三顷六十一亩零,未完地粮银九千二百六十六两零,漕米五千五百七十五石三斗零。万年县之青塘、石头二村,山背村,塘东、均湖二村,白马、雷华二村,变蓝村,道港、隔港二村,隔塘村,余栢村,陶领、永丰二村,燃湖村等处,共被淹民田地五百二十三顷十五亩零,未完地粮银一千一百十八两零,漕米七百五十四石六斗零。星子县之下七都,六都、党下二都,下四都、五都,党下三都,上四都黄洋党、河村党、青风党,上三都南村党、栖杨党、南卫、九卫北村党、西村党,上七都五里党、南门党、吴障党、西门党等处,共被淹民田三百九十七顷七十九亩零,未完地粮银二千六十九两零,屯田七十七顷八十一亩零,未完屯丁银十一两零,余租银一千二十七两零。都昌县之一、二、三都,上三都,下四都,上四都,下五都、六都,上六都、下七都、八、九、十都、下十三都、下十四都、上十四都、下十五都、十六、十、十八、十九、二十三、二十六都、下二十九都、三十、三十一、三十二、三十三、三十四、三十五、三十六、三十七、三十八、四十一、四十二、四十三、四十五八、四十六七都,市一、二、三、四、五都,柴图、左镇等处,共被淹民田一千四百顷九十二亩零,未完地粮银四千二十四两零,漕米三千八十九石八斗零。安义县之安义、卜邻、南昌、控鹤、依仁五乡,共被淹田地二千七百八十二顷五十亩零,未完地粮银六千五百九十两零,漕米三千七十三石三斗零,又寄庄建昌县代征未完地粮银六百九十一两零,漕米三百十五石八斗零。德安县之黄湾、固村、陈湾、墩下、附城、金鸡、河东、后田、乌石、在市、十堡,被淹民田共二百九十八顷六十二亩零,未完地粮银二千三百八十七两零,屯田九十六顷四十九亩零,未完屯粮丁银三百四两零,余租银八百六十四两零。彭泽县之一坊、二坊一、二、三、四、五、六、七、八、十五、三十、三十三都,共被淹民田一千三百二顷七十八亩零,未完地粮银五千九百九十两零,屯田二百三十七顷五亩零,未完屯丁银一千十二两零,余租银三千三百二两零,芦洲九百九十三顷七十三亩零,未完芦课银二千一百八十二两零。德化县暨彭泽县、九府同知二十八年压征二十七年芦课,著缓至来年秋成后,分作两年带征。

又新喻、安义二县二十七年被旱,南昌、新建、新淦、建昌、安义、德安等县及建昌县代征安义县寄庄二十六年被旱,新建、建昌二县,彭泽县三十三都,建昌县代征安义县寄庄二十四年被水,建昌县代征安义县寄庄、德化县桑落乡、彭泽县三十三都二十二年被水,南昌、鄱阳、瑞昌、湖口、彭泽等县二十一年被水原缓民屯钱漕、余租,湖口县未完二十二、十一两年芦课,瑞昌、彭泽二县二十、十九两年被水,星子县下七都并彭泽县十八年被水,星子县十四年被水,二十七年未被水缓征余租,彭泽县三十三都出借二十一年籽种，俱著递缓至二十九、三十两年带征。又余干、星子、德化三县二十六年被旱，南昌、鄱阳二县，星子县下七都，德化县桑落乡二十四年被水二限缓征民屯钱漕、余租；上高、新昌二县出借二十六年被旱，德化县出借二十四年被水，彭泽县一二等都出借二十一年被水籽种、口粮谷石；南昌、湖口二县二十二年被水二限民屯钱漕、余租、芦课；星子县下七都、彭泽县十五年被旱缓征余租；彭泽县未完二十、二十一、二十二、二十三、二十四等年二限芦课，均著递缓至道光二十九年带征。又进贤县二十七年被水、新喻县二十六年被旱并德化县二十一年被水原缓民屯钱漕、余租；德化、湖口二县二十年被水，星子县下七都并彭泽县十四年被水，星子县十三年被水、二十七年未被水缓征余租，再递缓至三十、三十一两年带征。又德安县二十四年被水二限，德化县封一、封二、赤松三乡二十二年被水二限缓征民屯钱粮、余租，德化县出借二十一年被水籽种、口粮谷石，德化县并九江府同知未完二十、二十一两年二限芦课，再递缓至三十年带征。又丰城县二十六年被旱，新淦、新喻二县二十四年被水，新建、建昌二县二十一、二十二两年被水及建昌县代征安义县寄庄，二十一年被水原缓钱漕，德化县十八、十九两年被水，德安、湖口二县十九年被水，星子县下七都，瑞昌、彭泽二县十三年被水，星子县十一年被水，二十七年未被水缓征余租，均再递缓至三十一、三十二两年带征。又进贤县二十六年被旱未完初限一半钱漕，德安县二十一年被水二限缓征民屯钱粮、余租，瑞昌县十一年被水缓征余租，著再递缓至三十一年带征；德化县十四年被水已未成灾缓征余租，分别再行递缓至三十二、三十三、三十四等年带征。又进贤县二十六年被旱原缓二限一半钱漕，德安县十八年被水、湖口县十三年被水、星子县下七都十一年被水缓征余租，著再递缓至三十二、三十三两年带征。又德化县十五年被旱、湖口县十四年被水、彭泽县十一年被水缓征余租，均著再递缓至三十二年带征。又德化县十三年被水已未成灾缓征余租，分别再行递缓至三十三、三十四、三十五等年带征。又丰城县二十四年被水原缓钱漕、德安县十四年被水缓征余租，著再递缓至三十三、三十四两年带征。又湖口县十一年被水缓征余租，著再递缓至三十三年带征。又进贤县二十四年被水缓征二限钱漕，著再递缓至三十四年带征。又德安县十三年被水缓征余租，著再递缓至三十四、三十五两年带征。又进贤县二十二年被水缓征二限钱漕、德安县十一年被水缓征余租，著再递缓至三十五年带征。又进贤县二十一年被水原缓钱漕、德化县十年及十一年被水缓征余租，著再递缓至三十五、三十六两年带征，以纾民力。

该抚即刊刻誊黄，遍行晓谕，务使实惠均沾，毋任吏胥舞弊，用副朕轸念歉区至意。余著照所拟办理。该部知道。钦此。

1366 道光二十八年十二月初二日，奉旨：刑部奏，核覆江西省致毙多命案件，请饬另行审拟等语。此案王鼎从等与袁东幅因争山涉讼有嫌，一衅相因，互殴致毙多命，该前抚分别题咨，作为三案办理，难保不受该地方官朦混，故意挪改月日，预为分案地步。江西省纠众共殴之案，例有专条，若以多命重案遽行分起完结，何以持刑罚之平？新任巡抚傅绳勋甫经到任，无所用其回护，著亲提犯证，悉心复审。所有案内已经拟徒发配之犯,一并提集质讯,务得实情,按律定拟具奏。钦此。

1413 军机大臣字寄江西巡抚傅。道光二十八年十二月十一日,奉上谕:傅绳勋奏,演放铜铁各炮,试演有准等语。此项铸存铜炮及旧存铁炮,自应认真演放。惟据称系抬赴对江空地。此地距江远近若干?以何为准?向何处试放?该抚既亲往查看,著将致远有准之处详细覆奏,毋稍含混。将此谕令知之。钦此。遵旨寄信前来。

1414 道光二十八年十二月十一日,内阁奉上谕:傅绳勋奏,知县交代迟延,请摘去顶带,勒限赶办一折。江西前任贵溪县撤回另补知县吴绍彬、前署铅山县事石城县知县周兆熊、前任石城县勒休知县陈逢年,于任内交代银两,限期已满,均各未清,且延不赴算清交,实属胆玩。吴邵彬、周兆熊、陈逢年,著一并摘去顶带,勒限一个月,赶紧算交清楚。如再逾限不结,或查有亏挪情事,即著从严参办。余著照所拟办理。该部知道。钦此。

1478 道光二十八年十二月二十日,内阁奉上谕:傅绳勋奏请将玩视捕务之知县、同知革职议处等语。江西临川县知县张炳堃,于周祥彩结伙设局,籍词勒派花户钱文,未能即时查拿,逮各犯敛财至一万余千之多,始据查出禀报,又不密速掩捕,以致该犯等纠众抗拒,酿成巨案,实属因循玩误。张炳堃著即革职。前任吴城镇告养同知王嘉麟,奉委会拿,不知设法侦捕,致被拒伤兵役,犯无一获,亦属办理不善。王嘉麟著交部议处,以示惩儆。该部知道。钦此。

道光二十九年

4 道光二十九年正月初四日,内阁奉上谕:上年江西南昌等州县被淹,业经分别展缓抚赈,小民谅可不至失所。惟念今春青黄不接之时,民力未免拮据。加恩著将南昌、新建、进贤、鄱阳、万年、星子、都昌、建昌、德化、德安、瑞昌、彭泽等十二县被水无力农民酌行借给籽种,用资耕作,俟秋成后照例免息征还。该抚即刊刻誊黄,遍行晓谕,务使实惠及民,毋任吏舞弊,用副朕阳春布德,嘉惠群黎之至意。该部即遵谕行。钦此。

33 道光二十九年正月十一日,内阁奉上谕:傅绳勋奏,拣员升补要缺同知一折。著照所请,江西南昌府吴城镇同知员缺,准其以冯询升补。该部知道。钦此。

34 道光二十九年正月十一日,内阁奉上谕:傅绳勋奏,拣员升补要缺同知一折。著照所请,江西赣州府定南厅同知员缺,准其以阮克峻升补,照例送部引见。该部知道。钦此。

58 道光二十九年正月二十一日,内阁奉(朱)上谕:江西抚州府知府员缺,著丁苣诒补授。钦此。

59 查:抚州府系繁疲难要缺。谨奏。

152 道光二十九年二月十六日,内阁奉上谕:傅绳勋奏请升补要缺同知一折。著照所请,江西南昌府同知员缺,准其以崔登鳌升补,照例送部引见。该部知道。钦此。

299 道光二十九年四月初五日,内阁奉上谕:江西巡抚著费开绶补授。钦此。

309 道光二十九年四月初六日,内阁奉上谕:纳尔经额奏请饬催剥价油舱银两一折。各省应解天津道库剥价油舱银两,共欠解银有十九万五千三百余两之多,转瞬南漕北上,需用银两无可动支,岂可再事迟延。著两江、湖广、安徽、江苏、浙江、江西各省督抚严饬各属,将欠解剥价油舱等项银两迅即扫数筹款,派员解交直隶,以供支放。钦此。

315 道光二十九年四月初六日,内阁奉(朱)上谕:江西布政使著陶樑补授,所遗山西按察使,著春熙补授。钦此。

373 道光二十九年四月十九日,内阁奉上谕:傅绳勋奏,查阅营伍一折。江西赣州城守营都司侯元龙,年力就衰,著以原品休致。余著照所拟办理。该部知道。钦此。

374 道光二十九年四月十九日,内阁奉上谕:傅绳勋奏,遴员请补知县一折。著照所请,江西广丰县知县员缺,准其以徐燧补授。该部知道。钦此。

484 道光二十九年闰四月二十一日,内阁奉上谕:傅绳勋奏,江西省士民捐赈,请照顺天章程议叙一折。著户部议奏。钦此。

504 道光二十九年闰四月二十八日奉旨:德诚、吴钟骏奏,江西帮呈出浮费款目,请旨严禁等语。各省漕粮拨船临砖向系天津、通永二道经管,惟江西帮路远时迟,每年军船不能到坝拨运,浮费较他省为尤甚。著讷尔经额严饬该道等认真查禁,永远革除。倘有徇隐,即行严参,毋稍姑容。至经纪起卸漕粮,除每袋例给个儿钱文外,原不准分毫多取。今既查有浮费,恐不独江西一省为然。并著德诚等督同坐粮厅随时查访,务期有犯必惩,以肃漕政。余著照所拟办理。钦此。

536 道光二十九年五月初十日,内阁奉上谕:费开绶奏,请调补要缺知县一折。著照所请,江西清江县知县员缺,准其以陈纪麟调补。该部知道。钦此。

537 道光二十九年五月初十日,内阁奉上谕:费开绶奏请调补要缺知县一折。著照所请,江西浮梁县知县员缺,准其以谢方润调补。该部知道,钦此。

672 道光二十九年六月二十五日,内阁奉上谕:江西布政使著陆元烺补授,春熙著调补江西按察使,所遗山西按察使员缺,著孔庆翔补授。钦此。

704　道光二十九年七月初一日，内阁奉上谕：费开绶奏，被水较重各属，应行抚恤一折。本年雨水过多，饶州、南康、九江各府圩田淹浸，居民房屋亦有倒坍，其情形较重之德化、德安、瑞昌、湖口、彭泽五县乏食，穷黎荡析离居，情尤可悯，亟应量予抚恤。所有被水较重之五县，著加恩赏给一月折色口粮，俾资接济。仍著派委员分别查勘各属情形，加意抚恤。该抚即刊刻誊黄，遍行晓谕。务使实惠及民，无令吏胥舞弊，以副朕轸念灾区至意。该部知道。钦此。

752　军机大臣字寄浙江巡抚吴、江西巡抚费。道光二十九年七月十一日，奉上谕：有人奏江西会匪众多，道光二十五年巡抚吴文镕委员查拿教匪，寄首县狱中监禁不下数十人，忽有不知姓名穿白布衫之人口称由广东来，上巡抚衙门有要事面说，吴文镕即委首府倪良耀、候补知府董斯福、同知文海、南昌同知韩开景，并引此人往首府署内见面，比即将狱中监禁之犯尽行释放等语。果否实有其事？所称穿白布衫之人究竟来自何处？系何姓名？该首府倪良耀等与之接见有何要求？何以遽将监禁多犯尽行释放？著吴文镕明白回奏，并著费开绶查明二十五年如有此事，即将委办各员所具亲供据实覆奏，毋稍徇隐。将此各谕令知之。钦此。遵旨寄信前来。

785　道光二十九年七月十八日，内阁奉上谕：费开绶奏请拣员调补要缺知县一折。著照所请，江西南丰县知县员缺，准其以黄之晋调补。该部知道。钦此。

786　道光二十九年七月十八日，内阁奉上谕：费开绶奏请拣员调补省会要缺知县一折。著照所请，江西新建县知县员缺，准其以彭宗岱调补。该部知道。钦此。

830　已满三年各学政名单：

奉天府府丞兼学政龚文龄；

（朱）李嘉端，安徽学政罗谆衍；

张芾，江西学政孙葆元；

吴钟骏，浙江学政赵光；

黄赞汤，福建学政彭蕴章；

车顺轨，湖南学政梁同新；

胡瑞澜，山西学政龙元僖；

吴福年，陕甘学政王祖培；

许乃钊，广东学政全庆；

孙锵鸣，广西学政周学濬。

954　道光二十九年八月二十四日，内阁奉上谕：现交穆彰阿等会审案内被控之户部郎中现任江西抚州府知府丁芑诒，著该抚饬令迅即来京候讯，其自京随往之家人李姓即饬带同北上，并著沿途督抚催令赶紧趋行，毋任耽延。所有抚州府知府篆务，著该抚派员署理。钦此。①

967　道光二十九年八月二十六日，内阁奉上谕：费开绶奏，查明被水各县，酌给抚恤银两一折。江西省被水较重之德化等五县，前经降旨准给一月口粮，并令委员分别查勘各属，加意抚恤。兹据续查鄱阳、星子、建昌、余干、万年、南昌、新建、进贤等九县地处低洼，积水未退，灾黎口食维艰，自应酌给一月折色口粮，以资接济。所有两次抚恤，均著加恩，准其在于九江关库借拨银八千三百四十八两零，司库筹放银十万一千八十九两零，照折内所拟分别解交。各该县责成该管道府督饬印委各员，查明实在被水乏食贫民户口确数，亲身散放。该抚即刊刻誊黄，遍行晓谕，务使灾黎均沾实惠，毋任胥吏人等从中捏冒克扣滋弊，以副朕轸念灾区至意。余著照所拟办理。该部知道。钦此。

1139　道光二十九年九月二十八日，内阁奉上谕：费开绶奏，署理知县交款已清，并交代迟延各县依限算结，请给还顶带一折。江西前署瑞昌县事永丰县县丞顾尔康，因交代案内欠解银五千余两，屡催未交。又前任贵溪县撤回留省另补知县吴绍彬，前署铅山县事石城县知县周兆熊，前任石城县勒休知县陈边年，均因交代银两延不赴算交清，降旨将该员等一并摘去顶带，勒限算交。兹据抚奏称，该员等于被参后或如数措解，或依限算结，并无亏挪情事，尚知愧奋。顾尔康、吴绍彬、周兆熊、陈逢年各原参摘去顶带，均著一并给还。余著照所拟办理。该部知道。钦此。

1154　军机大臣字寄盛京将军，奉天府府尹，直隶、江苏、安徽、山东、山西、河南、陕西、甘肃、浙江、江西、湖北、湖南、四川、广东、云南、贵州各督抚。道光二十九年十月初三日，奉上谕：……江西南昌等十九州县……均已随时加恩，分别缓征粜谷、抚恤口粮，并灾重各省份发帑赈济，谆饬认真妥办，小民谅可不至失所。惟念来春青黄不接之时，民力未免拮据。著传谕该将军、府尹、各督抚等体察情形，如有应行接济之处，即查明据实覆奏，务于封印前奏道，候朕于新正降旨加恩。……

1155　查：本年江苏、安徽、浙江、江西、湖北、湖南被水成灾及奉天、直隶、山东、贵州间有灾歉地方，俱经随时加恩，分别展缓抚恤赈济。其明春应否量为接济之处，臣等谨照向例缮写询问该将军、府尹、督抚等谕旨，俟覆到日再行拟写新正加恩谕旨进呈。再，江苏、山西、河南、陕西、甘肃、浙江、四川、广东、云南各省尚有被灾之区，该督抚等业经奏明随时抚恤及委员查勘，其应否调剂，现俱未经奏到，应一并询问，令其迅速查奏汇办。谨奏。

1263　军机大臣字寄两江总督陆、湖广总督裕、江苏巡抚傅、浙江巡抚吴、安徽巡抚王、江西巡抚费、湖北巡抚罗、湖南巡抚冯、河南巡抚潘、山东巡抚陈、署山东巡抚刘。道光二十九年十月二十八日，奉上谕：本年江浙、安徽、湖北等省被灾之区均极宽广，江

① 954号第三行、第四行之间上方天头处有“硃”字，下方两行之间有“不准托故隐匿”六字。

西、湖南各地方亦多偏灾,现经各该督抚纷纷奏请蠲缓钱漕,分别赈赏,朕无不悉照所请,立沛恩施。因思来岁漕额减缓既多,若不预为筹裕京仓,则三十一年北地数十万人口食从何而出?现在各省被灾固多较重之区,其并未成灾者尚复不少。仅恃蠲缓所剩之漕兑运北上,尚济何事?为此剀切谕知有漕各督抚各就地方情形,或妥筹采买,或劝令捐输,或由河运,或办海运,就积贮之多寡,酌米价之低昂,总期源源运京,补漕粮之不敷,裕仓储于不匮。中外同享乐利之休,方慰朕意。断不可心存畛域,或推诿于帮费,或藉口于歉年,竟置京仓短绌于不问。该督抚经朕特简封圻,受恩深重,当此灾重漕亏之时,既应以本省筹画为急,尤当以神京拱卫为先。清夜扪心,其能恬然自安乎?勉之!勉之!朕将拭目俟之矣。将此各谕令知之。钦此。遵旨寄信前来。

1314　道光二十九年十一月初八日,内阁奉(朱)上谕:江西南昌府知府员缺紧要,著该督抚于通省知府内拣员调补,所遗员缺著汪报闰补授。钦此。

1345　道光二十九年十一月十六日,内阁奉上谕:费开绶奏筹议劝捐赈济经费,请仍照顺天府捐输章程请奖一折。著该部速议具奏。钦此。

1346　道光二十九年十一月十六日,内阁奉上谕:费开绶奏捐银五千两并藩司陆元烺捐银三千两各备赈济等语,著准其分别解交江苏、浙江藩库支用。费开绶、陆元烺情殷桑梓,踊跃输将,均著交部从优议叙。钦此。

1349　道光二十九年十一月十七日,内阁奉上谕:费开绶查明被水各县,请分别抚赈蠲缓一折。本年江西德化等县被水歉收,业经随时抚恤。惟灾区交广,若不量予加赈,分别蠲缓,民力仍恐拮据。加恩著照所请,所有德化、德安、瑞昌、湖口、彭泽、南昌、新建、进贤、鄱阳、余干、万年、星子、都昌、建昌等十四县被水乏食贫民,著无论极次,抚恤一月折色口粮,每谷一石折银六钱。各该县被水冲坍房屋及沙淤石压田亩,实在赤贫无力者,著俟水涸查明照例给予修费工本。其成灾十分之德化县封一、封二、赤松、桑落四乡,著极贫加赈四个月,次贫加赈三个月,成灾十分民田地九百二十六顷七十六亩零,应征地粮银三千七百八十三两零,屯田地三百六十九顷七十八亩零,应征屯粮丁银二百二两零,余租银二千九两零,芦洲地三百四十顷四十七亩零,应征芦课银七百一十九两零,均著照例蠲免十分之七,蠲剩三分,地粮银一千一百三十四两零,屯粮丁银六十两零,余租银六百二两零,芦课银二百一十五两零。又瑞昌县坐落德化县赤松乡成灾十分屯田地三十顷五十二亩零,应征屯粮丁银三十一两零,余租银三百两零,均著照例蠲剩三分,屯粮丁银九两零,余租银九十两零。九江府同知经管成灾十分军洲芦地五百七十六顷一十五亩零,应征芦课银一千二百一十两零,著照例蠲免十分之七,蠲剩三分,银三百六十三两零,例不蠲免芦苇银七十八两零。

鄱阳县东南乡东隅二图施家坊、圩波洲、倪村、江家江村、江凝江村、童子渡、倪村、白马渡、周村、前屋倪村、凤凰倪村、点鱼苏村、铜陵苏村、刘家嘴刘村、渡口刘村、表恩徐魏村、下埠桥张村、双港桥下李村、桃村、湖半港、黄溪渡、君子里村、万家村、李家村、小湾村、大湾村、磨下村、黄家村、胡家村、张清村、榨下村、新屋村、五房村、碧梧村、老屋村、叶家村、坑底村、马墩村、上社村、汀池村、义兴村、计家村、李王村、北湾村、港头村、梅田村、陈家村、上湾村、楼下村、湖下村、下港村、草埠村、劳田村、大平坂、汪家桥、龙潭村、白水塘、汊深坑、余家岗、江家洲、花桥岭、银峰村、洋埠汊、花桥汊、童家坳、余家村、漆屋村、苏田村、束港村、墩上村、叶家村、青山村、沙汊村、三房村、嘴上村、国宏村、小木村、铺前村、烟火墩、黄花村、后屋村、袁公村、福涟村、宗印村、金瑶村、福六村、世述村、浩堂村、淑书村、良莫村、良楷村、茭塘村、拱塘村、挺新村、廷堂村、竹林村、烈堂村、茭唝村、轩堂村、庆元村、尚六村、坂上村、星八村、喤里村、塘下村、塘里村、寺背村、龙船村、段家村、义里村、西湾村、盛家村、章田村、三合村、都景村、合兴村、狄溪村、线洲村、坦头村、项洲村、童津村、黄风塘、梅塘湖、孙家嘴、开泰坂、许家嘴、曹家嘴、渡头村、鹰落沟、青泥村、北湖村、布袋村、胡家村、角山、前华村、细港、君子里、白溪口、白溪村、北峰村、河南村、塘里村、箭岭村、吴家坊、黄泥潭、严家墩、南锡墩、蔡家村、汤湾村、泾头村、松间村、乐安村、王家村、蔡家湾、乔木湾、南港村、新岭外、新岭村、高沙村、傍岸村、塘头村、章杨村、严家渡、贯塘村、南港村、大岭头、恩古前、井头村、流溪头唐家村、盘岸村、阻风村、老屋下、鱼塘里、圩头上、南岭湾、天宝岭、澜溪岭、樟树村、胡家村、相向岭、中断村、岭口村、李公滩、濠胡村、三庙前、东塘村、河口村、黄家墩、清湾里、王家咀、林口村、枫源村、贯塘湖、乌泥村、白溪圩、程村、儒堂里、青岭湖、珠湖、山下、上窑、下窑、茅塘村、英家坂、牛车头、饶万春等处成灾八分,著照例极贫加赈两个月,次贫加赈一个月,成灾八分民田地二千顷三十四亩零,应征地粮银三千五百八十一两零,著照例蠲免十分之四,蠲剩六分地粮除上忙已完外,余银二千一百六两零,漕米一千七百六十五石一斗零。湖口县上乡之皂湖口、白洋湖、江家桥、西沧渡、杨树嘴、关家嘴、李七嘴、向孟嘴、石家汊、杨文嘴、少南嘴、杨缸嘴、蔴家嘴、姚家嘴、朱家嘴、罗溪堰、西平堰、峰篷港、高澄堰、游水潭、破龙口、萧家嘴、河路嘴、穆家湾、曹家桥、刘家市、阳家渡、劳家汊、洪廷湾、王锦嘴、彭家桥、江家堰、汪家套;中乡之白浒塘、涝家渡、苏官渡、马影桥、沙湾蛮、忘嘴法、云桥、牛渚洲、下石潭、下石嘴、宁家汊;下乡之黄茅潭、流澌桥、四官桥、西山料、洪家塆、虾蟆桥、白龙塆、南四湾、喻家嘴、刘元堰、胡元嘴等处成灾八分,著极贫加赈两个月,次贫加赈一个月,成灾八分民田一千一百九十六顷四十四亩,应征地粮银八千一百五十两零,屯田五顷五十六亩零,应征屯粮丁银一两零,余租银一百一十四两零;梅家、大塆、牛湖、兴福、永和、谢张、秦张等处被淹芦洲地四百七十一顷六十亩零,应征芦课银六百四十九两零,均著照例蠲免十分之四,蠲剩六分,地粮除上忙已完外,余银四千三百七十两零,屯粮丁银七钱零,余租银六十八两零,芦课银三百八十九两零。又坐落江南宿松县孟家洲成灾八分屯田三顷四十七亩零,应征屯丁银七钱零,余租银六十八两零。均著照例蠲免十分之四,蠲剩六分,屯丁银四钱零,余租银四十两零,均著缓至来年秋后分作三年带征。

又鄱阳县东乡、西北乡东隅一图濠湖、洋埠圩、万家洲、彭村、龙口、山余村、竹园墩、詹村、园墩、东詹村、窑头汊、程村、大龙穴徐村、竹泉东詹村、竹泉詹村、洪家洲洪村、黄头嘴张村、朗埠卢村、朗埠卢下村、溢龙口卢村、鹭落黄村、水府庙朱村、扯渡胡村、桃花池洪村、童子渡金村、童子渡苏村、童子渡王村、祝家湖程村、昌公桥王村、三汲桥熊村、波洲程村、余宽景余村、桥头段村、复兴汪村、复兴吴村、庙前徐村、拾会洲刘村、湾里段村、暮里张村、燕湖徐村、拾会洲程村、塘北程村、横龙溪张村、黄泥塘吴村、白土毛村、下岸刘村、暮里邵村、美林杨村、高桥吴村、张家张村、山咀徐村、金山岸张村、张家咀张村、南培胡村、塔下李村、李家汉李村、长汀程村、黄土徐村、后宝王村、樟树杨村、杨家田杨村、石家石村、王家王村、蒋坊蒋村、蒋坊张村、棠荫段村、叶家村、團转叶村、團转李村、强山杨村、刘家村、河彭戴村、團转刘村、龙口蔡村、龙口汪村、莲湖朱村、龙口杨村、小鸣湖金村、菱溪兀村、菱溪施村、菱溪李村、莲河张村、箬潭朱村、菱溪孔村、三汲坊高村、邹坊郭村、瓦硎玲朱村、瓦硎玲何村、芳恩社彭村、恩坊社朱村、乌石汉乔村、双港杨村、双港赵村、双港桥下王村、瓦硎玲胡村、双港桥下余村、泥方洲王余村、杨玟桥、青山湖、土湖、博士湖、荔枝湖、三汲坊村、荷塘竹君玲、项洲村、余家村、老屋村、新宇村、常丰村、操家村、青林村、夏家咀村、复兴村、横溪村、波洲村、永滩村、石桥湖、程家塘、富山村、白水塘、栗树下、葛家村、前朗村、后朗村、八墩埂、圩头村、湖下村、车马湖、柘玲村、横玲村、江家桥、吉潭村、马墩村、曹勇村、大渡村、栢树下、滩口村、曹家村、酒坊前、三间村、洪家滩、吴司里、雉口村、程家咀、下湾村、董家坪、翁港村、陈德垣村、上港李后村、雷前村、雷钟家、岸枫树、下潘家村、徐家村、方家村、赵家村、泥湾里、马家玲、源村、麒麟岸、旗倒岸、翅里村、小港湖、江家村、桥头村、大坞村、燕窝村、寺前村、吴家桥、塘下村、杜家村、坑口、白菓树、先字巷、刘家村、南湖玲、墩上村、风树湾、詹家滩、青石里、桂湖桥、中杨湾里、孙家村、张家村、马湖村、楼下村、白马滩、算簿村、玲口村、问龙湾、道汉玲、邓圩村、小渡圩、牌楼村、桂湖村、阳湾村、江溪村、宗理、三角塘、唐家村、石咀村、龙里村、道碧村、水泊冲村、太平湖、庙背村、邹家咀、砍冲里、陈家村、桃家村、新玲口、石龙滩、邵家圩、桂湖滩、泗溪玲、方培嘴、庙下村、彭家村、马埠洲、玲西村、庙湾村、萝卜湾、玲港塘、张家巷、舒家铺、沿塘村、畲部洲、韩湾村、三汉玲、李叶湖、寺前村、破圩村、湖洲村、里湖洲、天池塘、关外村、桥南村、石泉渡、墨塘村、六房村、墩上村、五房村、邻舍门、袁家边、前头门、石门楼、花屋村、圩下村、坂上村、龙前窝、芦了树、长江村、西湖村、龙泉滩、塔下李村、架口村等处成灾七分，著极贫加赈两个月，次贫加赈一个月，成灾七分民田地二千七百七十顷一十四亩零，应征地粮银四千七百九十两零，著照例蠲免十分之二，蠲剩八分地粮除上忙已完外，余银三千六百二十两零，漕米二千三百六石零。又瑞昌县安泰、今一、今二等乡成灾七分，著极贫加赈两个月，次贫加赈一个月，成灾七分民田地四百八十五顷六十九亩零，应征地粮银二千九百五十两零，屯田地三十一顷九十五亩零，应征屯丁银三十三两零，余租银三百四十八两零，著照例蠲免十分之二，蠲剩八分地粮除上忙已完外，余银七百五十四两零，屯粮丁银二十六两零，余租银二百七十八两零。

进贤县上、下两乡成灾六分，著极贫加赈一个月，成灾六分民田二千九百四十二顷一亩，应征地粮银九千一十两零，著照例蠲免十分之一，蠲剩九分地粮，除上忙已完外，余银五千七百四十六两零，漕米一万一千六百五石零。鄱阳县西乡南隅二图大磊湖、乐亭里、利池湖、王村、马鞍山、胡村、大坂徐村、明启王村、栢堑王村、李家王村、孙家垅王村、店前王村、乐亭王村、古义王村、讵九、乐田王村、乐亭高村、黄家山黄村、竹林下王村、黄荆塘胡村、黄荆塘胡东村、黄荆塘范西村、官田石村、官田樟树刘村、朱湖蒋村、黄花刘村、茭溪高村、小港方、荞麦湖、史家村、义仓前、拜墀桥、朱家桥、磨刀石、枫树沟、港南村、剑溪村、桥头村、和风圩、下家滩、大河口、裴村、雷溪村、畹子湖、栗里村、官桥村、鸦鹊塘、故县渡、星塘村、高坊村、松树下、湖心村、张家坽、磨溪村、石砥村、华山里、程家波、头陀湖、鸳鸯坽、滥泥滩、河村坂等处成灾六分,极贫著加赈一个月,成灾六分民田地八百二十七顷十九亩零,应征地粮银一千四百五十七两零,著照例蠲免十分之一,蠲剩九分地粮除上忙已完外,余银一千一百二十六两零,漕米六百九十一石零。余干县东、西、南、北四隅二、三、四、五、六、七、八、九、十八、十九、二十、二十一、二十二、二十三、二十四、二十五、二十六、二十七、二十八、二十九、三十、三十一、三十二、三十三、三十四、三十五、三十六等都成灾六分,著极贫加赈一个月,成灾六分民田四千二十五顷八十三亩零,应征地粮银一万六千六百九十一两零,著照例蠲免十分之一,蠲剩九分,银一万五千二十二两零。彭泽县一、二、三、四、五、六、七、十五、三十、三十三等都及一、二坊成灾六分,著极贫加赈一个月,成灾六分民田地二千八百四十八顷一十三亩零,应征地粮银一万四千七百一十三两零,屯田地二百四十二顷五十六亩零,应征屯粮丁银一千一十四两零,余租银二千六百三十一两零,芦洲地四百五十三顷三十九亩零,应征芦课银一千一百八十九两零,均著照例蠲免十分之一,蠲剩九分地粮除上忙已完外,余银八千六百六十五两零,屯粮丁银九百一十三两零,余租银二千三百六十八两零,芦课银一千七十两零。

德化县仙居、南昌、白鹤、仁贵、德化等五乡勘不成灾民田二百六十三顷二十二亩零,应征地粮银九百七十一两零,又勘不成灾屯田地三百八顷八十六亩零,应征屯粮丁银五百七两零,余租银四千四百六十九两零。鄱阳县之各乡南隅六图,西隅一、二等图勘不成灾民田地三千一百一十一顷八十三亩零,应征地粮银五千八百三十两零,漕米三千一百四十九石零。余干县十八、二十一、二十三、二十四、二十五等都堪不成灾民田地七千一百五十二顷三十二亩零,应征地粮银一万七百一十五两零,合邑漕米一万八千八百一十三石二斗零。湖口县坐落德化县仁贵乡勘不成灾屯田一十五顷六亩零,应征屯粮丁银三两零,余租银三百六两零。瑞昌县之洪一、洪二、洪下等乡勘不成灾民田地四百七十八顷九十一亩零,应征地粮银一千四百三十八两零。又坐落德化县之仙居、南昌二乡勘不成灾屯田地三十二顷八十九亩零,应征屯粮丁银三十八两零,租银四百三十九两零。彭泽县之八都、十二、十三都勘不成灾民田地四百六十五顷六十五亩,应征地粮银一千五百八十六两零,屯田一十四顷四十一亩零,应征屯粮、丁银五两零,余租银一百五十八两零,同勘不成灾之南昌县二都六图,三都六图,四都六图,五都二、三、五、六、七、八、九图,六都三、六、七、八图,七都一、二、五、六图,八都四、五、六、七图,九都六、七、八、九、十、十六图,十都二、四、六、七、八、十图,十一都一、二、三图,十二都二、四、五、六、七图,十三都一、二、三、四、五图,十四都一、二、三、四、六、七图,十五都一、二、

三、四、五、六、七、八图，军都一、三、五图，十六都一、二、三、四、五图，十七都一、二、三、四、五、六图，十八都一、二、三、四、五图，十九都一、二、三、四、五、六、七、八、九、十图，二十都一、二、三、四、五图，二十一都南一、二、三图，归一、二图，二十二都一、二、三、四、五、六、七、八图，二十三都一、二、三、四、五、六、七、八、九、十、十一、十二、十三、十四、十五、十六、十八、十九、二十、二十一、二十二图，二十四都一、二、三、四、五、六、七、八、九、十、十二、十三、十五、十六图，二十五都一、二、三、四、五、六、七、八、十、十一、十二、十三、十四图，二十六都一、二、三、四、五、六图，二十七都一、二、三、四、五、六、七、八、九、十、十一、十二图，二十八都一、二、三、四、五、六、七、八、九、十、十一、十二、十三、十四图，二十九都一、二、三、四、五、六、七、八、九、十一、十二图，三十都一、二、三、四、五、六、八、九、十、十一图，三十一都一、三、四、五、七、八、九、十、二十四图，三十二都一、二、三、四图，三十三都一、二、三、四、五、六图，三十四都二、三、四、五、六、七、八、九、十、十一图，三十五都一、二、三、五、六、七、八、十、十一、十三图，三十六都一图，三十九都六图，四十都八图，四十一都一图，四十二都九图，四十五都长一、二、三、四、五、六图，南一、二、三图，北一图，四十六都二，三，四，五，六，七，九，十二、十三、十四、十五图，四十七都一、二、三、四图，下四、五图，兴五、六、八、九图，四十八都南一、二、三、四图，北一、二、三图，长一、二图，四十九都一、二、三、四、五、六图，五十都一、三、五图，五十一都一、三图，五十二都四、五、七、八图，六十三都一图等处，被淹民田四千四十三顷七十七亩零，应征地粮银五千七百二十七两零，漕米二万二千八百六十七石二斗零。新建县之东河五十五都一、二、三、四、五图，五十六都一、二图；中河之五十三都一、二、三、四图，五十四都一、二、三、四、五图；西河之十二都四、五图，十三都三图，二十七都二、四、五、七、八图，二十八都一、二、三、四、五图，二十九都一、二、四图，三十都五图，三十一都六、七、八图，三十二都一、五、六图，三十三都一、三、四图，三十四都一、二、三图，三十六都一、二、三、四、五图，三十七都一、三图，三十八都一、三、四图，三十九都一图，四十都一、二图，四十一都一、二、三、四、五图，四十二都一、二、三图，四十三都一、二图，四十四都一、二、三、四图，四十五都一、二、三、四图，四十六都一、二、三、四图，四十七都一、二、三图，四十八都一、二、三、四图，四十九都一、二图，五十都一、二图，五十一都一、二图，五十二都一、二图，军都六图，头、三、五、六、七、八、九、十等坊，共被淹民田四千二百四十三顷五十七亩零，应征地粮银七千九百四十一两零，漕米八千七百六十八石九斗零。万年县之青塘、石头二村，山背村，塘东、均湖二村，白马、雷华二村，双蓝村，道港、隔港二村，隔塘村，余栢村，陶玲、永丰二村，燃湖村，沈坊、均塘、山港、船田、下阳五村，共被淹田地一千二百一十五顷八十三亩零，应征地粮银二千五百八两零，漕米一千四百八十六石九斗零。星子县之下二、上三、下三、上四、下四、五都、六都、下七都并南村、青枫河村、栖杨等都党共被淹民田四百六十七顷七十九亩零，应征地粮银二千四百四十一两零，屯田地九十九顷三亩零，应征地粮丁银一十四两零，余租银一千二百九十九两零。都昌县之一、二都、三都、上三都、下四都、上四都、下五都、六都、上六都、下七都、八、九都、十都、下十一都、十三都、下十四都、上十四都、下十五都、十六、十八、十九、二十三都、二十六都、下二十九都、三十、三十一、三十二、三十三、三十四、三十五、三十六、三十七、三十八、四十一、四十二、四十三、四十五六七八都、市一、二、三、四、五都、柴图、左镇等处，共被淹民田地一千八百一十二顷九十三亩零，应征地粮银五千六百六十九两零，漕米四千二百一十九石五斗零。建昌县之永丰、凝远、丰安、德政、市镇、归义、钧台等乡共被淹民田地二千七百八十顷四十六亩零，应征地粮银一万二千三十一两零，漕米七千三十三石八斗零。建昌县代征安义县寄庄被淹民田四十六顷八亩零，应征地粮银三百一十八两零，漕米一百四十五石二斗零。德安县之黄湾固村、陈湾、墩下、附城、金鸡、河东、后田、乌石、在市、墩上、神于等十二堡共被淹民田三百五十八顷一十四亩零，应征地粮银二千八百六十四两零，屯田一百一十五顷七十八亩零，应征屯粮丁银三百六十五两零，应征余租银一千三十七两零，著缓至来年秋后分作两年带征。

又南昌、新建、丰城、鄱阳、万年、星子、都昌、建昌、安义并建昌县代征安义县寄庄、德安、湖口、彭泽等县道光二十八年被水，新喻、安义二县二十七年被旱，南昌、新淦、建昌、安义、德安等县及建昌县代征安义县寄庄二十六年被旱，新建、建昌二县、彭泽县三十三都、建昌县代征安义县寄庄二十四年被水，建昌县代征安义县寄庄，德化县桑落乡，彭泽县三十三都二十二年被水，南昌、鄱阳、瑞昌、湖口、彭泽等县二十一年被水，彭泽县十九、二十两年被水原缓民屯钱漕、余租，湖口、彭泽二县未完二十八年芦课，德化、彭泽二县并九江府同知未完二十七年芦课，湖口县未完二十、二十一两年芦课，星子县下七都并彭泽十八年被水，星子县十四年被水，二十七年未被水缓征余租，鄱阳县出借二十八年籽种谷石，彭泽县三十三都出借二十一年籽种，俱著递缓至三十、三十一两年带征。清江、峡江、星子、德化等县二十六年被旱二限，南昌、鄱阳二县，星子县下七都，德化县桑落乡二十四年被水二限缓征民屯钱漕、余租；南昌、新建、进贤、万年、星子、都昌、建昌、德化、德安、瑞昌、彭泽等县出借二十八年被水，新昌县出借二十六年被旱，德化县出借二十四年被水，彭泽县一二等都出借二十一年被水籽种、口粮、谷石，南昌、湖口二县二十二年被水二限民屯钱漕、余租、芦课，星子县下七都，彭泽县十五年被旱缓征余租，德化县未完二十三年芦课二限，彭泽县未完二十、二十一、二十二、二十三、二十四等年二限芦课，均著递缓至三十年带征。又进贤县二十八年被水，新喻县二十六年被旱，清江、峡江二县二十四年被水，并德化县二十一年被水，原缓民屯钱漕、余租；德化、湖口二县二十年被水，瑞昌县十九、二十两年被水，星子县下七都并彭泽十四年被水，星子县十三年被水，二十七年未被水缓征余租，著再递缓三十一、三十二两年带征。又德安县二十四年被水二限，德化县封一、封二、赤松三乡二十二年被水二限缓征民屯钱粮、余租。德化县出借二十一年被水籽种、口粮、谷石，德化县二十一年二限芦课，九江府同知二十、二十一两年二限芦课，著再递缓至三十一年带征。又余干县二十八年被水，进贤县二十七年被水，丰城县二十六年被旱，新淦、新喻二县二十四年被水，新建、建昌二县二十一、二十二两年被水，及建昌县代征安义县寄庄二十一年被水原缓钱漕；德化县十八、十九两年被水，湖口县十九年被水，星子县下七都，彭泽县十三年被水，星子县十一年被水二十七年未被水缓征余租，均著再缓至三十二、三十三两年带征。又德安县二十一年被水二限缓征民屯钱粮，德化县未完二十年二限芦课，著再递缓至三十二年带征。又德化、瑞昌二县二十八年被水已未成灾，湖口县寄庄江南宿松县二十八年被水成灾民屯钱粮、余租，德化县暨九江府同知未完二十八年芦课，著递缓至三十、三十一、三十二等年带征。又瑞昌、湖口二县十三年被水，星子县下七都十一年被水缓征余租，著再递缓至三十三、三十四两年带征。又进贤县二十六年被旱，原缓初限一半钱漕，德化县十五年被旱，湖口县十四年被水，瑞昌、彭泽二县十一年被水缓征余租，著再递缓至三十三年带征。德化县十四年被水已未成灾缓征余租，著再递缓至三十三、三十四、三十五等年带征。德化县十三年被水已未成灾缓征余租，著再递缓至三十四、三十五、三十六等年带征。又余干县二十六年被旱二限钱漕，湖口县十一年被水缓征余租，著再递缓至三十四年带征。又进贤县二十六年被旱二限一半，丰城县二十四年被水原缓钱漕，著再递缓至三十四、三十五两年带征。德化县十年及十一年被水缓征余租，著再递缓至三十六、三十七两年带征。又进贤县二十四年被水，缓征二限钱漕，著再递缓至三十六年带征。又进贤县二十二年被水缓征二限钱漕，著再递缓至三十七年带征。又进贤县二十一年被水原缓钱漕，著再递缓至三十七、三十八两年带征。又南昌、新建、进贤、星子、建昌、德化、德安七县二十八年借修圩隄银两，著递缓至三十年起仍照原限展缓一年征收，以纾民力。该抚即刊刻誊黄，遍行晓谕，务使实惠均沾，毋任胥吏舞弊，用副朕轸念歉区至意。余著照所拟办理。该部知道。钦此。

1351　道光二十九年十一月十七日，内阁奉上谕：费开绶奏请升补要缺同知一折。著照所请，江西饶州府景德镇同知员缺，准其以曹夑坤升补，照例送部引见。该部知道。钦此。

1352　道光二十九年十一月十七日，内阁奉上谕：费开绶奏请开复知县顶带一折。江西广昌县知县陈子懿、乐平县知县汤濬川前因经征地丁钱粮完数短绌，降旨将该员等摘去顶带。兹据奏称，该二员于被参后，广昌县已据征解全完，乐平县续完二十八年丁耗银两亦比较上三届完数加赠，其未完仅止二分以上，尚知愧奋。所有陈子懿、汤濬川原参摘去顶带之案，均著准其开复。汤濬川著仍照奏请销案内未完分数，交部照例议处，未完照例勒令赶紧征解，毋任宕延。该部知道。钦此。

1380　军机大臣字寄江西学政张。道光二十九年十一月二十四日，奉上谕：有人奏，副将废弛营务，狎优纵子，并知府侵蚀公项，玩视人命各一折。又片奏，该府克扣赈项，滥责灾民等语。据称，江西袁州协副将达崇阿，性好演戏，不知操练，以幼童食粮充兵，又纵伊子于城市驰马踹伤乡民，并强娶王姓业经受聘之女为妾，控告有案。又九江府知府刘炽昌藉端侵蚀义仓银两，又讳盗勒令事主改呈，复于办灾时勒删丁册，克扣赈银，并因驱逐灾民，滥行杖责各等语。若如所奏，文武官员种种骫法营私，均属贪鄙谬妄，岂革职所能蔽辜，必应确查究办。著张芾接奉此旨，各按所奏情节，逐层明察暗访。务得确情，据实密奏。原折片俱著钞给阅看，将此谕令知之。钦此。遵旨寄信前来。

1417 道光二十九年十二月初五日,内阁奉上谕:江西按察使著恽光宸补授,钦此。

1476 道光二十九年二月十六日,内阁奉上谕:费开绶奏,遴员补知县一折。著照所请,江西奉新县知县员缺,准其以窦煦补授。该部知道,钦此。

1482 道光二十九年十二月十七日,奉旨:这所参失察差役伙窃饷鞘,又未能究出实情之江西建昌县知县张玉堂,著先行解任,交该抚提同人证,确讯实情,按律定拟具奏。钦此。

道光三十年

1 道光三十年正月初二日,内阁奉上谕:上年江西南昌等州县被水,业经降旨分别赈抚、缓征,小民自可不至失所。惟念今春青黄不接之时,民力未免拮据,加恩著将南昌、新建、进贤、潘阳、余干、万年、星子、都昌、建昌、德化、德安、瑞昌、湖口、彭泽等十四县被水无力农民于今春酌借籽种,用资耕作,俟秋成后,照例免息征还。如至青黄不接之时,各县粮价未能平减,或平粜仓谷,或出陈易新,著察看情形,随时酌办。该抚即刊刻誊黄,遍行晓谕,务使实惠均沾,毋任吏胥舞弊,以副朕乘时布德、普惠闾阎之至意。该部即遵谕行。钦此。

126 道光三十年正月三十日,奉旨:本年轮应查阅山东、河南、江苏、安徽、江西等省营伍之期,山东著即派陈庆偕,河南著即派潘铎,江苏、安徽、江西著即派陆建瀛,逐一查阅,认真简校。如查有训练不精、军实不齐者,即将废弛之将弁据实劾参,毋得视为具文。钦此。

129 道光三十年正月三十日,内阁奉(御笔)上谕:江西九江府知府员缺,著崔光笏补授。钦此。

130 查:九江府系冲繁难要缺。谨奏。

182 臣载铨等跪奏:为遵旨议奏事。道光三十年正月二十三日,内阁抄出江西巡抚费开绶奏,江西省清查案内垫解民欠银两,先经勒限征完,征不足数,著落赔补一折。道光三十年正月二十日,奉御批:该部议奏。钦此钦遵,抄出到部。

据原奏内称,江西省清查仓库征存挪缺实数,并筹议弥补章程内有各属垫解民欠银八十七万四千五百三十一两零,因为数较多,催科匪易,请分作八年征完。经王大臣会同户部核议,以挪垫钱粮久干例禁,该省向有官垫民欠名目,送经奏明,严行禁革,何以此次复有垫解银八十余万之多?况各属违例挪缺,咎有应得。该抚既为属员开脱处分,即当著落赔补,勒限严追,何得声请分年征完,预图展缓地步?且恐不肖州县藉此向民加赋,朘削闾阎,流弊匪浅。所奏殊难准行,应令该抚再行细心熟筹。应如何著落各员照数赔补,并如何勒限追交严定处分,均另议确切章程,于年前奏明办理等因。奏奉谕旨:依议,钦此。移咨到臣,当经转行遵照。兹据藩司陆元烺会同候补道蒋启勋详称,遵查州县征解钱粮,原不容违例挪垫,实缘江西钱漕重大,花户半属贫疲,每届奏销,往往征不足数,官为挪款垫解,冀免严参。至漕粮冬兑冬开,例限甚迫,淳良之户尚知踊跃输将,刁玩之徒无不延挨观望。州县深恐误运,不能不垫款买米交帮。遇有交代,即将未完漕尾作价,抵交后任接追,日久相沿,实出于万不得已。递年积压,以致愈垫愈多,是以前议分年征完,以冀库款早归有著。兹奉部议,著落各员照数赔补,并令勒限追交,严定处分,固属咎所应得。第查江省尚有应补兵差剥船,例价不敷,并嘉庆四年清查未完等项及道光二十五年豁免案内挪缺共银一百二十余万两,应分作二十年归补清款。若再将此次民欠银八十七万余两责令同时补苴,实属势难兼顾。况民欠一经官赔,花户转得置身事外,刁民将以抗欠为得计,纷纷效尤,于催科大有关系。至于花户应完银米,业经督饬局员吊齐各属征簿流水、交代案据,详细勾稽,并无丝毫隐混,均有确数,仅能按数催征,无从加赋。伏思此项垫完民欠,江苏省历次清查,均系分年征还,限满征不足数,始令分赔。江西省前请分年追补,办理情形大略相同。惟原议八年,未免稍缓,今拟以欠数之多寡定追征之年份,统限五年,勒令征解归款。如限满征不足数,即行著落分赔等情呈请覆奏前来。臣查江西省州县每年应解捐摊银两,为数已属不少,若将此项民欠统令同时赔补,体察情形,窃恐力有不逮。该司道等议请先征后赔,系援照江苏章程参酌办理。合无仰恳天恩,准将江西垫完民欠银八十七万四千五百三十一两零,自道光三十年起,按各州县银数多寡,分年催征。五千两以上者,限一年;一万两以上者,限二年;二万两以上者,限三年;三万两以上者,限四年;四万两以上者,限五年。勒令扫数完解,不准再有延欠。一面责成各该府州认真督催,随时稽查。倘州县任意惰征,甚至侵亏挪用,分别撤任参追;或花户有心抗欠,甚至包揽把持,分别比追治罪。如至限满,尚有尾欠未清,即著落经垫与接征之员各半分赔。其接征之员,无分正署,按日匀摊。赔不足数,亦即参革严追。未完银两,照上届豁免案内查出垫完无著民欠筹补章程,归于通省摊补,总期库款全归有著,不使轇轕耽延,以重帑金而昭核实。除饬司将已奉议(唯)[准]各款另行分别办理外,谨会同两江总督臣陆建瀛合词恭折覆奏等语。

臣等伏查江西省办理清查,前据江西巡抚费开绶奏,查明仓库征存挪缺实数,并筹议弥补章程。经臣等公同核议,分别准驳。准驳奏奉谕旨:依议。钦此。行令遵照在案。兹据该抚奏称,清查案内垫解民欠银两,先请勒限征完,征不足数,著落赔补等因。臣等检查该省送到清查散、总各册,所有前项银八十七万四千五百三十一两零,确系各属征存挪缺,并非实欠在民。是以前次议令著落赔补,勒限追交,不准借口征完,预图展缓地步。兹该抚仍复固执前说,声请勒限征完,并援引江苏章程办理。溯查江苏清查原案,系分民欠、官欠,各为一款。其欠在民者,议令勒限征完,其欠在官者,议令勒限严追,办理甚为明晰。今江西以八十余万征存之款,任听属员挪缺,明系侵亏在官,岂果实欠在民。与江苏办理情形各不相同。且查江西册造征存各数,确有可稽。既不容以已征为未征，即不容以官欠为民欠。若如所请，先征后赔，不特官项悬宕，尤恐扰累闾阎，所关匪细。且此次办理清查，均按各省实在情形分别办理，何得援他省以为例？所请断不准行。惟所称自道光三十年起按各州县银数多寡，五千两以上者限一年，一万两以上者限二年，二万两以上者限三年，三万两以上者限四年，四万以上者限五年，勒令扫数完解，限期尚为不远。应请旨饬下该抚，即将征存挪缺银八十七万四千五百三十一两零，著落各州县按年按限追缴，不准再敛于民。如每年缴不足数，即行参撤勒追。限满无完，照挪移仓库例惩办。其追缴银两，每于年终奏报一次，以凭稽核。且查此项挪缺银两，多系该抚前在藩司任内之款，银粮是其专责，何以在任八年之久，毫无觉察，实属责有难卸。至此次清查之后，各应征解钱粮，遵例随征随解，不准再有垫解名目，倘有违例挪垫，即行从严参办。嗣后凡遇交代，务令于印结内声明并无垫解民欠字样，以凭核办。至该省尚有上次清查案内应完银七万五百余两，此次清查案内应提银二十九万余两，均系上年即当扫数清完之款，应令该抚转饬，赶紧造报户部，克期拨用。所有臣等公同核议缘由，理合恭折具奏，伏乞皇上圣鉴。再，此折系户部主稿，合并声明。谨奏，请旨。道光三十年二月十三日，奉旨，依议。钦此。臣载铨、臣仁寿、臣春山（假）、臣绵岫、臣绵勋、臣穆彰阿、臣潘世恩（假）臣宗室耆英、臣卓秉恬（赴库）、臣琦善（陕甘总督）、臣何汝霖、臣陈孚恩、臣赛尚阿、臣祁寯藻、臣阿灵阿、臣季芝昌、臣福济、臣朱凤标（留署）。

403　军机大臣字寄直隶、江苏、安徽、山东、山西、河南、陕西、江西、湖北、湖南、四川、广东、广西、贵州各督抚，顺天府府尹。道光三十年四月初四日，奉上谕：内阁侍读学士董瀛山奏弭盗诘奸一折。据称，邪教盗贼，在在皆有，而避藏之巧，蔓延之多，惟交界处所为最。历举从前查办教匪会匪各案，以漏网余匪支流曼衍，近又结党成群。如江苏盛行吃俸名目，而淮安一带尤甚；直隶盛行在里名目，而天津静海等处尤甚。在官人役，亦多习教之人，妄言祸福，煽惑乡愚，于世道人心大有关系。又如直隶沧州一带回匪，往往与山东滕县、峄县、兰山县等处教匪以盗犯为生业，竟至父子习传，师徒授受。近来广西、贵州均有大伙劫抢拒捕之案，直隶、山东均有劫夺公车赍本折差之案，叠经降旨，严饬密拿，而地方文武视为具文，已可概见。其直隶之与山东，河南之与直隶、山西、安徽、湖北，陕西之与湖北、四川，江西之与广东，湖南之与广西，各水陆交界之区，盗贼公行，此拿彼窜，地方官吏每以界址轇轕，巧为推诿之门。行旅商民，因人地生疏，苦无控诉之路。固由处分例案不严，该管官得以取所巧规避，遂置缉捕于不问。而各督抚养尊处优，纵有严参勒缉之文，并无扫除盗薮、肃清地面之实效。著各直省督抚、顺天府府尹等于各教会名目，严密察访，将各匪犯余党遗孽掩捕净尽，从重惩办，以彰国法而正人心。并随时严饬各道府督率该管州县，会同营汛员弁于交界处所加意侦缉。两地均任责成，严查兵役贿纵包庇，使匪徒无托足之所。邻境盗犯，认真堵截擒拿，不得稍分畛域，庶盗风戢而民生安矣。原折著抄给阅看。（摘抄起）该侍读学士所请严定交界协缉章程，斟酌允当，不致两歧之处，著吏部妥议具奏（摘抄止）。将此各谕令知之。钦此。

遵旨寄信前来。

461　道光三十年四月十三日，内阁奉上谕：顺天府丞陈宝禾奏，东南频遭水患，由长江下流积沙涨溢，请及时疏治一折。著两江、湖广总督，安徽、江苏、浙江、江西巡抚悉心体察，妥筹会议具奏。折并发。钦此。

551　道光三十年四月二十七日，内阁奉上谕：陆建瀛奏，访闻湖北、江西两岸现办盐务情形，请敕严查一折。淮南新办盐务章程，前经降旨，永禁整轮裁减岸费，并令陆建瀛查有掣肘阻挠之员，即行参办。兹据该督奏称，访闻湖北盐道邹之玉仍谕各商扳提售价，不遵永禁整轮办法，以致存盐滞销，民食增贵；江西署盐道庆云需索月费，争竞不已，并有应照廉俸文缴谬论等语。现当整顿盐务之时，似此不遵札饬，甚至需索陋规，于鹾政实大有害。著湖广总督、江西巡抚，秉公严查，据实参办，毋稍姑容。钦此。

627　道光三十年五月十一日，内阁奉上谕：费开绶奏请将催征钱粮不力之知县摘去顶带，勒限征解一折。江西丰城县知县陈继思，欠解丁耗银三万五千五百余两；新城县知县朱锡均，欠解丁耗银一万一千三百余两；万年县知县弓嵩保，欠解丁耗银一万四千一百余两，实属催科不力。陈继思、朱锡均、弓嵩保，具著摘去顶带，勒限征解。倘逾限不完，或查有亏挪情弊，即著从严参办。该部知道。钦此。

732　道光三十年六月初六日，内阁奉(朱)上谕：江西九江府知府员缺，著蒋琦淳补授。钦此。

733　查：九江府系冲繁难要缺。谨奏。

832　…………

江西

一等五名：

吕敦愈

苏云辂

蒋芳

杨郑白

万本淳

二等八名：

夏献云

程家骏

黄敬熙

戴霖祥

刘开煌

钟启巘
王颂三
程鼎芬
…………

871 覆试取入一、二等拔贡生引见排单

…………

江西
一等五名：
○吕敦愈
○苏云辂
、蒋　芳
△杨郑白
、万本淳
二等八名：
○夏献云
△程家骏
、黄敬熙
○戴霖祥
○刘开煌
、钟启巘
△王颂三
○程鼎芬①
…………

997 道光三十年八月初四日，内阁奉（朱）上谕：江西吉安府知府员缺，著孙毓溎补授。钦此。

998 查：吉安府系冲繁疲难最要缺。谨奏。

1012 道光三十年八月初六日，内阁奉上谕：张芾奏请将开单错误之委员议处，并自请察议一折。江西委员署瑞州府铜鼓营同知事新淦县知县靳丹书，将散赈户口清单内开写数目错误，著交部照例议处，张芾著交部察议。钦此。

1021 道光三十年八月初十日，内阁奉（朱）上谕：江西广饶九南道员缺，著德新

① 原档"王颂三、程鼎芬"上部有小字"小十七△知二十二、教二十二"，小字上方又有"朱"字。

补授。钦此。

1022　查:广饶九南道系冲繁中缺。谨奏。

1079　文职四品以下外官至知县止各废员清单:

…………

前任江西广饶九南道福泰①;

…………

前任江西临江府知府于公槐;

…………

前任江西吉安府通判王醇;

…………

前江西试用通判署吴城镇同知马瓒;

…………

前任江西吉水县知县周树槐;
前任江西乐安县知县闫棨;
前任江西新淦县知县李尧;
前任江西临川县知县张炳堃;
前任江西庐陵县丁尤知县富兴。

…………

1090　道光三十年八月二十三日,内阁奉上谕:江西巡抚著陈阡补授,武棠著补授江苏布政使,所遗贵州按察使著孔庆鉌调补。钦此。

1127　道光三十年八月二十七日,内阁奉上谕:新授江西巡抚陈阡未到任以前,著陆元烺署理巡抚印务。钦此。

1131　道光三十年八月二十八日,内阁奉上谕:费开绶奏请将完解钱粮之知县开复顶带一折。江西丰城县知县陈继思、新城县知县朱锡均、万年县知县弓嵩保,前因经征地丁钱粮完数短绌,奏参摘去顶带。兹据奏称,该员等于被参后新城县已据征解全完,丰城县比较上三届完数加增;万年县核计未完不及一分,征解已有起色,尚知愧奋。陈继思、朱锡均、弓嵩保,均著给还顶带。陈继思、弓嵩保未完银两,仍著勒令赶紧征解全完。如再玩延,即行严参。该部知道。钦此。

1133　道光三十年八月二十九日内阁奉上谕:杨殿邦奏请饬在京引见之知府接办总运事务一折。江西瑞州府知府文海,著俟预备召见后迅即前往山东东昌、临清一

① 原档"前任江西广饶九南道福泰"前有"○"及"硃"字。

带，接办该省后六帮总运事务。钦此。

1154　军机大臣字寄江西巡抚陈。道光三十年九月初六日，奉上谕：有人奏，江西袁州府属山矿，上年曾经原任巡抚费开绶奏请禁止，近来各处流民开挖偷采，聚而不散，并有差役分肥，地方官驱逐不力情事。著陈阡到任后，速派干员前往履勘，是否该处矿苗丰旺，致有流民聚集私采。该抚务须酌量情形，认真查办，毋令滋生事端。原折著抄给阅看。将此谕令知之。钦此。遵旨寄信前来。

1211　军机大臣密寄江西学政张。道光三十年九月十六日，奉上谕：有人奏，新授江西巡抚陈阡刚愎自是，荒淫无度。前在江西吉安府任内勒增落地税，几至罢市，又因收漕毙命，并与参将、通判结拜兄弟，挟优演戏种种，不守官箴等语。著张芾严密查访明确，据实具奏，毋许瞻徇含混，致有不实不尽。懔之慎之。原片著抄给阅看。将此密谕知之。钦此。遵旨寄信前来。

1271　道光三十年九月三十日，内阁奉上谕：杨殿邦奏，江西军船应交余米，请援案暂缓交仓一折。又另片奏，湖南军船与江西情形无异，请一体分限交纳等语。本年江西、湖南各帮军船，或因渡黄守候，或因沿途浅滞，又复在临清等处拨运北上，需费倍增，丁力未免拮据。所有江西广信等十三帮应交余米一万六千五十二石零，湖南头、二、三帮应交余米三千二百九十六石零，俱准其援照成案，暂缓交仓，俾资食用。其缓交余米，著自道光三十年冬运起，分作三限，搭解还款，以纾丁力。至江西各帮应交道光二十七、八、九等年及本年失风亏折分限买余抵补之二、三等限米石，并原缓二十九年初限余米、湖南各帮应交二十九年原缓初限余米，仍俱著照数交纳。该部知道。钦此。

1311　查：本年山东、安徽、浙江、四川间有灾歉地方，俱经随时加恩，分别缓征、抚恤。其明春应否量为接济之处，臣等谨照向例缮写询问该督抚等谕旨，俟复奏到日，再行拟写新正加恩谕旨进呈。再，直隶、安徽、山西、河南、甘肃、浙江、江西、湖北、湖南各省尚有被灾之区，该督抚等业经奏明，分别蠲缓，并随时抚恤、查勘。其应否调剂，现俱未经奏到，应一并询问，令其迅速查奏汇办。谨奏。

1327　道光三十年十月初九日，内阁奉上谕：杨殿邦奏，江西后六帮、湖南三帮漕船均已起剥北上，无须卸囤德仓等语。著该漕督飞催沿途，赶紧提挽，迅达通仓。一面严饬江西、湖南等帮迅押回空归次，毋再延误。该部知道。钦此。

1347　道光三十年十月十二日，内阁奉（朱）上谕：江西吉安府知府员缺，著周起滨补授。钦此。

1348　查：吉安府系冲繁疲难最要缺。谨奏。

1473　道光三十年十一月初六日，内阁奉（朱）上谕：陕西汉中府知府员缺，著蒋琦淳调补授。钦此。所遗九江府知府员缺,著陈景曾补授。

1481　道光三十年十一月初七日,内阁奉上谕:陆元烺奏,察看试用知府,堪胜繁缺一折。江西试用期满知府恭安,准其留于该省,以繁缺知府补用。所请遇有应归部选三项缺出题补之处,著吏部议奏。钦此。

1534　军机大臣字寄两江总督陆、江苏巡抚傅、安徽巡抚王、山东巡抚陈、山西巡抚兆、河南巡抚潘、陕西巡抚张、江西巡抚陈、四川总督徐。道光三十年十一月十七日,奉上谕:前因两粤用兵及常年支放各项,需费浩繁,户部请开筹饷事例。朕以十数年来,水旱河工,业经屡次捐输,思与吾民休息,御极之初,即停止各项捐例,以冀培养闾阎元气,而度支告绌,又不能不先事预筹。宵旰萦怀,时深焦灼。因思各省藩库报拨之款,除部臣随时筹拨外,其留支待用及杂款各项银两中,有可酌量暂缓及应裁、应减者,若使各就本省情形认真通盘筹画,亦可移缓济急,挹彼注兹。部库、藩库均为一体,部臣筹之于内,疆臣筹之于外,协力同心,庶克有济。该督抚等身受重恩,当国家经费短绌之时,定亦同深忧虑。著督饬藩运两司及关道,迅速筹核,于例拨诸款外,每省或四五十万,或二三十万,酌定数目,一面奏闻,一面委员起解。近京各省于封印前奏到,远省于明年开印前奏到,如此则部库可资周转,亦何必遽议开捐。朕之本怀,谅中外诸臣必能共喻也。其有历年积欠现已催缴在库与清查案内追缴赔摊届限应完之项,一并详查,开单呈览,并饬迅速委解,毋稍迟延。将此各谕令知之。钦此。遵旨寄信前来。

1634　道光三十年十二月初五日,内阁奉上谕:陆元烺奏,查明被灾各县恳请缓征、展缓一折。本年江西省南昌等县或因湖河泛涨田亩被淹,或因雨泽愆期秋收歉薄,若令照常输纳,民力未免拮据。加恩著照所请,所有南昌县之八都四、五、七图,下六图,九都下九图,十都六图,十四都下四图、七图,十五都一、二、三图,南四图,北四图,下四图,五、六、七、八图,十六都二、三、四、五图,十七都二、三、四、五、六,十九都三、四、五、七、八、九、十图,二十一都南一、三图,二十二都二、四、六、七、八图,二十三都十一图、二十一图,二十四都一图、南八图、北八图,二十五都三、七、八图,二十七都七图、十一图被淹民田二千一百七十七顷九十二亩零,未完地粮银三千一百七十八两零,漕米一万一千九百五十四石零;新建县之三十都五图,三十二都六图,三十六都一、二、三图,三十七都一图,三十八都四图,四十都一、二图,四十一都一、二、三、四、五图,四十二都一、二、三图,四十三都一、二图,四十四都一、二、三、四图,四十五都一、二、三、四图,四十六都一、二、三、四图,四十七都一、二、三图,四十八都一、二、三、四图,四十九都一、二图、五十都一、二图,五十一都一、二图,五十二都一、二图,五十三都一、二、三、四图,五十四都一、二、三、四、五图,五十五都一、二、三、四、五图,五十六都一、二图,被淹民田二千五百九十七顷九十一亩零,未完地粮银六千一百六十八两零,漕米六千六百八十六石零;进贤县之上乡并下乡二十七都至三十一、二都被淹民田七百八十七顷七十三亩,未完地粮银一千四百六十九两零,漕米一千八百九十二石零;清江县之茂材乡十六、七都,业学乡十

三、四、五都，建安、恩贤二乡六、七、八、九、十、十一、十二都，修德乡一、二、三、四、五都，县城五坊，县镇一坊，被旱民田一千八百四十五顷五十九亩零，未完地粮银九千一百七十二两零，未完漕米五千七百七十六石零；硖江县之城六坊，西一、二、三、四、五、六、七、八、九、十、十一、十二、十三及东一、二、三、四、五、六、七、八、九、十、十一等都被旱民田八百三十七顷六十三亩零，未完地粮银五千五百九十三两零，未完漕米三千一百十一石零；鄱阳县之东南乡东隅一图刘家嘴村、东隅二图吴家坊村、北隅二图永六图、四都一图、六十七都一图白溪村、北隅五图、六十六都四图史家村、三四都二图清泥村、三四都九图问龙湾村、五十六都四图荞麦湾村、五十九都四图乔木村、五十九都八图王家村、六十四都四图东塘村、六十五都一图南港村、六十五都二图陈家村、六十五都三图塘里村、六十六都二图青湾村、六十六都三图角山前村，西南乡南隅五图常家村、西隅一图下南港村、四都二图沙汊村、四都九图胡家村、六都一图史家村、七都二图童子渡村、八都十图汀池村、八都十一图程家村、十都三图复兴村、十一都二图波洲村、十二都一图线州村、崇一图马墩梅田村、崇二图都景南庄村、辛一辛二图江家村、十四都一图陈家叶家村、十四都二图漳田西湾村、十七都一图万家村、五十都四图桃花池村、五十二都三图项洲高家村等处，被淹民田地一千五百四十五顷四十七亩零，未完地粮银三千一百二十二两零，漕米一千六百八十三石零；余干县之东北、西北两乡二都之茶林、李子、上兴、陈湾、舍头、穴砍掉、枫灵等村，三都之赞岭、石头口、枫湾、塘尾、后扬、港背、吴塘、甘崇、常山、下岸等村，四都之候朗、上畲穴、湾里、干港、沙湖、汤村、下畲穴、小路、彩潭、枫坑等村，三十四都之塘西、石埁，横岗坪、上冷、井西、懋曹坊、陈埠、围湖、下岸等村，三十五都之松山、大塘、土坊、神口、曹嘴、东源、西岗、蛇塘、仓前、下西源、梅溪等村，三十六都之新塘、金毛、神树、赤前等村，被淹民田一千八百三十顷三十八亩零，未完地粮银四千一百二十八两零，漕米二千四百四十七石零；建昌县之永丰、凝远、丰安、德政、市镇、归义等乡被淹民田地一千四十七顷三亩零，未完地粮银四千一百二十四两零，漕米二千五百四十一石零；安义县寄庄、建昌县永、凝、丰、德、市等乡被淹民田十五顷七十六亩零，未完地粮银一百二十四两零，漕米五十六石零；德化县之封一、封二、赤松、桑落四乡被淹民田地五百三十三顷八十五亩零，未完地粮银八百五十六两零，屯田地二百九十五顷八十亩零，未完屯粮丁银一百五十五两零，余租银一千五百三十二两零；湖口县上乡之皂湖口、白羊湖、江家桥、西沧渡，中乡之白浒、苏关渡、劳家渡、马影桥，下乡之黄茅潭、流澌桥、四官桥等处被淹民田六百二十八顷六十亩，未完地粮银三千七百三十八两零，屯田五顷十二亩零，未完屯粮丁银一两零，余租银一百三两零；梅家、大塆、牛湖、兴福、永和、谢张、秦张等处被淹洲地四百七十一顷六十田零，未完芦课银六百四十九两零；彭泽县之一、二、三、四、五、六、七、八等都，十二、十三、十五都，三十都，三十三都，一坊、二坊被淹民田地七百十二顷十二亩零，未完地粮银三千五百四十四两零，屯田地一百顷五十一亩零，未完屯粮丁银三百八十两零，余租银一千三百十四两零；三十三都被淹洲地九百五十二顷八十四亩零，未完芦课银二千十九两零；均著缓至来年秋后，分作两年带征。

又南昌、新建、万年、星子、建昌并建昌县代征安义县寄庄、德安、瑞昌、彭泽等县道光二十九年被水，南昌、新建、丰城、鄱阳、万年、星子、都昌、建昌、安义并建昌县代征安义县寄庄、湖口、彭泽等县道光二十八年被水，新喻、安义县二县道光二十七年被旱，南昌、新建、新淦、建昌、安义等县及建昌县代征安义县寄庄道光二十六年被旱，新建、建昌二县，彭泽县三十三都、建昌县代征安义县寄庄二十四年被水，建昌县代征安义县寄庄、德化县桑落乡、彭泽县三十三都二十二年被水，南昌、鄱阳、瑞昌、湖口、彭泽等县二十一年被水民屯钱漕、余租，彭泽县十九、二十两年被水原缓余租，彭泽县未完二十九年芦课，湖口、彭泽二县未完二十八年芦课，德化、彭泽二县并九江府同知未完二十七年芦课，湖口县未完二十二十一两年芦课，星子县下七都十八年被水、星子县十四年被水二十七年未被水缓征余租，南昌、新建、进贤、鄱阳、余干、万年、星子、都昌、德化、德安、瑞昌、湖口、彭泽等县出借二十九年被水，鄱阳、彭泽二县出借二十八年被水，彭泽县三十三都出借二十一年被水籽种、谷石，均著递缓至咸丰元、二两年带征。余干县四隅等处二十九年被水初限、峡江、星子、德化等县二十六年被旱二限、南昌、鄱阳二县，星子县下七都、德化县桑落乡二十四年被水二限缓征民屯钱漕、余租，进贤、余干、德化、瑞昌四县出借二十九年被水，南昌、新建、万年、星子、都昌、建昌、德化、德安、瑞昌等县出借二十八年被水，新昌县出借二十六年被旱，德化县出借二十四年被水，彭泽县一、二等都出借二十一年被水籽种、口粮、谷石，南昌、湖口二县二十二年被水二限民屯钱漕、余租芦课，星子县下七都、彭泽县十五年被旱二限余租，德化县未完二十三年芦课二限，彭泽县未完二十、二十一、二十二、二十三、二十四等年二限芦课，均著递缓至咸丰元年带征。又进贤县二十九年被水，德安县二十八年被水，新喻县二十六年被旱，峡江县二十四年被水，德化县二十一年被水原缓民屯钱漕、余租，德化、湖口二县二十年被水，瑞昌县十九二十两年被水，星子县下七都并彭泽县十四年被水，星子县十三年被水二十七年未被水缓征余租，均著递缓至咸丰二、三两年带征。又余干县二十九年被水二限、德化县封一、封二、赤松三乡二十二年被水二限缓征民屯钱漕、余租，进贤县出借二十八年被水，德化县出借二十一年被水籽种、口粮、谷石，德化县二十一年二限芦课，九江府同知二十、二十一两年二县芦课，均著递缓至咸丰二年带征。又进贤、余干二县二十八年被水，丰城、德安二县二十六年被旱，新淦、新喻二县二十四年被水，新建、建昌二县二十一、二十二两年被水及建昌县代征安义县寄庄二十一年被水原缓钱漕，德化县十八、十九两年被水，湖口县十九年被水，星子县下七都，彭泽县十三年被水，星子县十一年被水，二十二年未被水缓征余租，均著再递缓至咸丰三、四两年带征。又清江县二十六年被旱钱漕，德化县未完二十年二限芦课，均著递缓至咸丰三年带征。又鄱阳、德化、湖口三县并瑞昌县寄庄德化县赤松乡二十九年被水已未成灾，德化、瑞昌二县二十八年被水已未成灾民屯钱粮、余租，德化县暨九江府同知未完二十八、二十九两年芦课，湖口县未完二十九年芦课，著再递缓至咸丰元、二、三等年带征。又进贤县二十七年被水，清江县二十四年被水原缓钱漕，瑞昌、湖口二县十三年被水，星子县下七都十一年被水缓征余租，著递缓至咸丰四、五两年带征。又德安县二十四年被水二限钱粮，德化县十五年被旱，湖口县十四年被水，瑞昌、彭泽二县十一年被水缓征余租，均著递缓至咸丰四年带征。德化县十四年被水已未成灾余租，著递缓至咸丰四、五、六等年带征。德化县十三年被水已未成灾缓征余租，著递缓至咸丰五、六、七等年带征。又丰城县二十四年被水原缓钱漕，著递缓至咸丰五、六两年带征。又进贤县二十六年被旱原缓初限一半钱漕，余干县二十六年被旱二限，德安县二十一年被水二限缓征民屯钱粮、余租，湖口县十一年被水缓征余租，著递缓至咸丰五年带征。又进贤县二十六年被旱二限一半钱漕，著递缓至咸丰六、七两年带征。德化县十年及十一年被水缓征余租，著递缓至咸丰七、八两年带征。又进贤县二十四年被水缓征二限钱漕，著递缓至咸丰八年带征。又进贤县二十二年被水缓征二限钱漕，著缓至咸丰九年带征。又进贤县二十一年被水原缓钱漕，著递缓至咸丰九、十两年带征。又南昌、新建、进贤、鄱阳、星子、建昌、德化、德安等县道光二十九年，南昌、新建、进贤、星子、建昌、德化、德安七县道光二十八年各原借修圩堤银两，均著递缓至咸丰元年起、仍照原限展缓一年征收，以纾民力。

该抚即刊刻誊黄，遍行晓谕，务使实惠及民，毋任吏胥舞弊。以副朕轸念歉区至意。余著照所拟办理。该部知道。钦此。

1685　道光三十年十二月十四日，内阁奉上谕：江西巡抚著陆应穀补授，未到任以前著陆元烺暂行署理。钦此。

1686　臣等查：新授江西巡抚陆应穀到任尚需时日，巡抚篆务应先有人署理，是以臣等承缮谕旨内拟写陆元烺暂行署理，是否有当。谨奏。本日奉朱批：是。钦此。

1687　道光三十年十二月十四日，内阁奉上谕：前因江西巡抚陈阡有被参款迹，谕学政张芾密查。兹据覆奏，查明陈阡在吉安府任内并无勒增布税之事，其因闹漕枪毙匪徒一案，亦尚无消弭情事。惟与升任参将穆齐贤、通判古连魁、庐陵县知县陈儁曾唤女优进署演唱，非寻常燕会可比，实属有玷官箴。陈阡著即革职，听候查办，穆齐贤、古连魁、陈儁著一并解任，交新任巡抚陆应穀据实查究。此外尚有何项劣迹，从严参办，毋稍瞻徇。钦此。

1701　道光三十年十二月十五日，内阁奉（朱）上谕：江西督粮道员缺，著杨培补授。钦此。

1702　查：江西督粮道系冲繁难要缺。谨奏。

1708　军机大臣字寄江西巡抚陆、湖北巡抚龚。道光三十年十二月十六日，奉上谕：有人奏，江西德化、湖北黄梅二县有游民结伴通往临境庄村，横索钱米，攘窃财物。经过村庄时被扰累，游民倚为生计，其中实在乡愚依附同行，转不免中道流离等语。各省偶遇偏灾，朕无不立加赈恤，该地方官果能妥为经理，小民自不至失所，何肯轻去其乡，转致借端生事。著陆应穀、龚裕按照所奏各情，确切查访，并饬地方官遇有此等灾民，必须分别良莠，弹压抚绥，俾令及早复业，毋致转徒道路，别滋事端，是为至要。原片著抄给阅看。将此各谕令知之。钦此。遵旨寄信前来。

1725 道光三十年十二月十七日,内阁奉上谕:陈阡奏请将获犯未能迅速之员弁摘顶勒缉一折。江西南丰县知县黄之晋、典史敬承伦、南丰汛把总万泰,于城内被劫重案两月有余,犯无一获,缉捕实属懈弛。黄之晋、敬承伦、万泰著一并摘去顶带,勒限两个月,严缉赃盗务获。倘限满仍无弋获,即著陆应穀从严参办。该部知道。钦此。

1811 臣等查:明岁新正应行加恩各省内,除江苏、山西、河南、甘肃、浙江、湖北、四川业据该督抚等具奏无庸接济外,其直隶一省,现已钦奉谕旨,先行加恩。所有安徽、山东、江西、湖南四省,节经该督抚等奏到。臣等谨拟写谕旨四道,并开列日期清单进呈,恭候钦定,于单内批示日期,或分二日,或分三日。届时臣等遵照颁发。谨奏。

咸丰朝

咸丰元年

19　咸丰元年正月初五日，内阁奉上谕：上年江西南昌等州县被水被旱，业经降旨，分别缓征，小民谅可不至失所。惟念今春青黄不接之时，民力未免拮据。加恩著将德化、湖口二县被水无力农民，于春间酌借籽种，俾资耕作，俟秋成后照例免息征还。其余各县如粮价未能平减，或平粜仓谷，或出陈易新，著察看情形，随时酌办。该抚即刊刻誊黄，遍行晓谕，务使实惠及民，毋任吏胥舞弊，用副朕乘春布闿、泽沛闾阎至意。该部即遵谕行。钦此。

59　军机大臣字寄两江总督陆、江西巡抚陆。咸丰元年正月十六日，奉上谕：陈阡奏请裁陋规以杜流摊一折，据称，江西学政按临考试，每次每府需用棚规供应等银约计二三千两、四五千两不等，前任学政孙葆元收受规项不一而足，现任学政张芾亦复踵而加厉，以致各县流摊日积，遂成巨亏等语。此项规费何以每府有数千两之多？该省历任学政是否循照旧章相沿收受？孙葆元所受何以不一而足？张芾何以踵而加厉？著陆建瀛、陆应穀按照折内所指各情秉公确查，据实具奏。原折著钞给阅看。将此各谕令知之。钦此。遵旨寄信前来。

60　咸丰元年正月十六日，内阁奉上谕：陈阡奏，原参疏失饷鞘之县令限满无获，请给还顶戴交部议处一折。著吏部查议具奏。钦此。

61　(朱)张芾奏折一封留中。

92　咸丰元年正月二十五日，内阁奉上谕：陆建瀛奏被参知县具禀伸诉，请归案查办一折，前任江西庐陵县知县陈僑，前经学政张芾遵旨查奏陈阡案内降旨解任，交陆应穀查办。兹据该员具禀伸诉，虚实均应根究。著陆建瀛会同陆应穀将此案前后各情节秉公确查，据实具奏，毋稍含混。钦此。

152　军机大臣字寄山东巡抚陈。咸丰元年二月初八日，奉上谕：有人奏山东滕县有著名贼匪窝聚，急应严拿惩办等语。上年春间江西举人王言尧在滕县沙河地方被劫一案，前经降旨严饬查拿。嗣据陈庆偕奏参，该县黄良楷所获各犯并非此案正盗，当将该员交部严加议处，仍饬迅缉赃贼，至今尚未弋获。又上年十月间，湖南守备俞胜被劫受伤一案，亦未获贼。据称，皆由该县捕头梁继先即梁留得赃包庇，并有地保分肥，以致盗匪肆行无忌。著陈庆偕督同臬司福济，速即遴委员弁驰赴该处，将折内所指各犯按名查拿，务获究办，并查该县捕头、地保等窝贼各情，即行按律严办。原折著钞给阅看。将此谕令知之。钦此。遵旨寄信前来。

191　咸丰元年二月十五日，内阁奉上谕：陆元烺奏请将京控案件提解迟延各员议处一折，江西南丰县知县黄之晋、武宁县知县周汝筠，均著交部照例议处，仍饬催提人证，赶紧解省审结，毋任延宕。钦此。

325　咸丰元年三月二十日，内阁奉上谕：陆应縠奏知县捐修堤工出力，吁请鼓励一折，著照所请，江西丰城县知县陈继思，准其以同知补用，先换顶带，余著照所拟办理。该部知道。钦此。

390　咸丰元年四月十四日，内阁奉上谕：讷尔经额奏，江浙等省积欠剥价油艌等银，请饬催解一折，江安、江苏、浙江、湖北、江西、湖南各粮道借支天津道库剥价油艌等银，延不解还，新旧积欠至十八万八千余两之多，著两江、湖广、安徽、江苏、浙江、江西各督抚即饬各该粮道，将所欠银两，迅速照数解津，毋稍迟误。钦此。

395　咸丰元年四月十五日，内阁奉上谕：赛尚阿奏称，伊母病甫痊愈，请将伊胞弟开缺来京省侍等语，赛尚阿之弟江西广信府通判巴克唐阿，著准其开缺来京，由吏部带领引见，所有经手运务，著陆建瀛派员接办。钦此。

399　咸丰元年四月十六日，内阁奉上谕：陆应縠奏甄别知县，请分别降革改简一折，江西建昌县知县张玉堂，办事迟钝，听断颟顸，难胜民社之任，著以府经历、县丞降补，归部铨选；因案解任之庐陵县知县陈儁，性情躁妄，不协舆情，著先行革职；署瑞州府铜鼓营同知新淦县知县靳丹书，才识未能开展，于冲繁缺分不宜，著撤回，以无字简缺酌量补用。余著照所拟办理。该部知道。钦此。

483　咸丰元年五月十二日，内阁奉上谕：陆建瀛奏已革道员禀讦司道，请饬查办一折，前署江西盐法道庆云，前因需索盐务月费被参议处，复经陆建瀛以该员性情贪鄙、舆论不孚奏参革职，乃于已革数月之后，仍用盐法道印封邮递禀函，牵涉司道各员，意图挟制，妄冀投效军营，殊属狡诈。庆云著交陆应縠就近提讯，并确查禀讦各情，如属虚诬，即行严参惩办。该革员何以擅用印封公文，一并查明究办。该部知道。钦此。

486　（朱）咸丰元年五月十二日，内阁奉上谕：江西南赣镇总兵著阿隆阿补授。钦此。

538 军机大臣字寄浙江巡抚常、江西巡抚陆。咸丰元年五月二十三日,奉上谕,乔用迁奏请饬催协拨兵饷银两一折,贵州省岁需各营官兵俸饷等银,历由外省协拨,以供支放。兹据奏称,上年部拨咸丰元年夏、秋、冬三季兵饷,系浙江盐课银三十八万余两,江西庚戌年地丁银八万两;预拨咸丰二年春季兵饷,系江西辛亥年地丁银三十万两,均未据咨会委解起程,因需用孔亟,业经借款垫发等语。各营兵饷按季支放,不容稍有迟逾,黔兵现在派赴广西协剿,兼之办理防堵事宜,俸饷尤关紧要。著常大淳、陆应榖分饬藩运两司,将协拨黔省本年兵饷银两迅速委员起解,俾得及时支放。其豫拨咸丰二年春季兵饷,亦务于本年九月以前解到,并将前后起解日期迅即覆奏,毋得藉词延宕,致误要需。将此由四百里谕令知之。钦此。遵旨寄信前来。

617 咸丰元年六月十七日,内阁奉上谕:陆应榖奏请将解任之副将、通判暂革审讯一折,解任贵州松桃协副将穆齐贤、江西吉安府通判古连魁,均著革职交该抚严审,务期水落石出,以成信谳。该部知道。钦此。

656 军机大臣字寄钦差侍郎王。咸丰元年六月二十五日,奉上谕:步军统领衙门奏,江西南丰县耆民联名控案,已明降谕旨,交王植驰驿前往审办矣。此案南丰县耆民谢恒周等联名五十余人,遣抱告呈控绅棍邹希孟等包漕需索,纠众逼官,并生员鲁宗显等缴还衣顶,意图挟制。前曾赴都察院控诉,咨回本省,将抱告夏富希押县一年有余,不为究办,及巡抚、臬司偏袒各款,案关纠众包漕,牵涉大吏,虚实亟应彻底根究。是否该知县办理不善?抚臬大吏有无袒护实据?绅棍如何侵渔?控词有无捏饰?著王植秉公查办,悉心研究,以期水落石出,毋稍含混。原折呈均著抄给阅看。将此谕令知之。钦此。遵旨寄信前来。

657 咸丰元年六月二十五日,奉旨:此案著派王植即由安徽驰驿前赴江西,提同人证、卷宗,秉公严审,按律定拟具奏,并著酌带随员,一并驰驿前往。抱告刘明财,该部照例解往备质。钦此。

728 咸丰元年七月十三日,内阁奉上谕:陆应榖奏帮丁疲困,请借款解还剥价等项银两一折,著户部查议具奏。钦此。

729 咸丰元年七月十三日,内阁奉上谕:陆应榖奏请将供情狡展、藏匿要证之职官革职审办一折,江西南丰县在籍勒休知县刘彬具报劫案,经该地方官获犯起赃,内有烟土、烟具等件,讯据该员坚称系贼犯等栽赃反噬,并不将家人饶兴等交案质对,显系恃符狡展。刘彬著即革职,交该抚严行讯究,并勒令将要证交案质讯,以成信谳。钦此。

743 咸丰元年七月十九日,内阁奉上谕:前派王植驰赴江西审办南丰县控案,兹据奏称,该侍郎与布政使陆元烺、知府李藩均系同年,应请回避等语。王植著毋庸回避,此案著添派江宁副都统惠密驰驿前赴江西,会同王植秉公审办。惠密应带随员并著酌量带往,准其一并驰驿。钦此。

823　咸丰元年八月初九日,内阁奉上谕:兴业奏回空漕船挂欠淮宿关税开单,请旨饬催等语。所有各帮欠解正耗银九千五百四十五两零,屡经该关监督催缴,延不解交,实属任意延宕,著漕运总督,两江总督,江苏、安徽、江西、湖南各巡抚查照各帮欠解银数,转饬粮道严督各该帮弁,勒限两个月扫数追缴,倘再逾延,即著查明参办。单并发。钦此。

827　咸丰元年八月初十日,内阁奉上谕:前因已革江西巡抚陈阡有被参款迹,分别谕令江西学政、闽浙总督密查。旋据张芾查明,陈阡与升任参将穆齐贤等有传唤女优演唱情事,降旨将陈阡革职听候查办。复据陈阡奏参,前任学政孙葆元、现任学政张芾,收受陋规,致成钜亏,当交陆建瀛、陆应穀秉公确查。又据陆建瀛奏,被参庐陵县知县陈儁具禀申诉,复令一并查讯,并降旨将升任参将穆齐贤、吉安府通判古连魁革职严审。兹据陆建瀛等分别查明覆奏,陈阡、古连魁各唤女优至署演唱,陈儁在省寓所亦曾唤唱一次,实属有玷官箴,并先据裕泰覆查,陈阡前在侯官县任内,有与卖珠翠民妇同赌之事,更属不自检束。陈阡、古连魁、陈儁业经革职,姑免置议。穆齐贤讯无听过女戏,惟系地方武职大员,并不照例驱逐,亦有应得之咎,所有革职之案,著准其开复,仍交部议处。至陈阡奏参学政收受规费一节,现据查明,孙葆元、张芾考试各府,均系循照旧章办理,并无格外需索情事,著毋庸议。此案陈阡被参各款,朕特命学政查办,乃陈阡奏参学政陋规即在张芾查参之后,并因前充提调时与学政孙葆元结有嫌隙,一并牵砌具奏,名为因公起见,实则有心挟制。陈儁又复具禀申诉,牵涉陋规,与陈阡所奏如出一辙,难保非受其指使,巧为诋讦,似此特交查办案件,被参各员藉端挟制,欲使查案大臣先存避谤之心,相率为伪,扶同隐饰,致朕耳目壅蔽,于政体大有关系,此风断不可长。至各省学政,经朕特简,为士子表率,亦各宜砥励廉隅,恪守清操,虽延请幕友出棚按试,费用较繁,向资棚规津帖,但各省均有旧章,岂容踵而加厉?嗣后各学政如有不知自爱、任意需索者,著督抚随时查察,据实参奏,毋稍徇隐。钦此。

858　咸丰元年八月十四日,内阁奉上谕:杨殿邦奏参领运漕粮玩误之千总请旨革职一折,江西安福守御所领运千总尹肇善,押运漕粮并不实力催趱,以致帮船失风沉溺,又不督押丁舵设法抢捞,实属玩误。尹肇善著即革职,仍责令将该帮运务及抵坝、交粮各事一手经理,如有挂欠,即行据实严参,以肃漕政。该部知道。钦此。

876　咸丰元年八月二十日,奉旨:这所参征粮滋事、延未获犯之江西星子县知县王金铭、署德安县知县沈秉镠,均著先行撤任,饬令严拿滋事首从各犯,务获研讯,是否该员等格外科敛,抑或刁徒藉端挟制,著陆应穀彻底根究,分别核办具奏。该部知道。钦此。

896　外官四品以下至知县止,文职废员清单:

…………

前任江西广饶九南道费履升；

…………

前江西九江府知府宣麟；

…………

前江西赣县知县杜宏泰；

前江西吉水县知县周植；

前江西瑞金县知县陈增印；

前江西彭泽县知县黄濬；

前江西新城县知县席伊炳；

前江西奉新县知县曹兆亨；

前江西庐陵县知县梅大鹤；

前江西建昌县知县张绍良；

前江西龙南县知县吴赐麟；

前江西南城县知县黄宗宪；

前江西清江县知县孙慧焯；

前江西清江县知县黄步堂；

前江西上犹县知县江岷；

前江西鄱阳县知县施宗鲁；

前任江西兴国县知县陆以济；

前江西试用知县郑世祺；

前江西试用知县包世臣；

前江西试用知县张家栻；

…………

974　咸丰元年闰八月十二日，内阁奉上谕：杨殿邦奏请鼓励押运人员等语，江西前七帮押运九江府同知颜贻曾，催趱漕船，较各帮尤为迅速，押运三次，均属妥协，著交部议叙，以示鼓励。钦此。

999　军机大臣字寄两江总督陆、江西巡抚陆。咸丰元年闰八月十五日奉上谕，有人奏，湖南同知俞舜钦前在江西铅山县任内贪贿庇差，以练保兼催漕米，各都未完之米，勒令练保赔垫，以致该县五十余都胥受其累。又私设班馆，滥押无辜，非刑拷打，致毙练保余添福等数十人之多，或捏称病故，或抑勒家属出结，俱在该府衙门控告有案。又嘱令书吏朱象贤等藉端诈赃，及蠹书张朱周杨等姓说事过钱各等语。州县为亲民之官，保甲为弭盗之法。若如所奏种种，扰累贪酷，大干法纪。著陆建瀛、陆应榖按照折内各款，逐一访查，其有案可据者，提省秉公讯办，据实参奏，毋得稍有不实不尽。原片著钞给阅看。将此谕令知之。钦此。遵旨寄信前来。

1026　(朱)咸丰元年闰八月十九日,内阁奉上谕:江西抚州知府员缺,著阿世善补授。钦此。

1027　查:抚州府系繁疲难要缺。谨奏。

1028　军机大臣字寄江西巡抚陆。咸丰元年闰八月二十日,奉上谕,本日召见新放江西抚州府知府阿世善,察其才具平庸,著陆应穀于该员到任后留心察看,能否胜任,据实具奏。将此谕令知之。钦此。遵旨寄信前来。

1041　咸丰元年闰八月二十四日,内阁奉上谕:户部奏,遵议江西请豁民欠银米,分别应准应查开单呈览。江西省未完道光二十一年起至二十九年止实在熟田民欠,及道光三十年因灾缓征带征地丁正杂并漕项等款,共银一百三十七万三千三百五十两零,民欠缓征正副漕米三十五万五千八百二十三石零。经该部查核相符,均著加恩先行豁免。其余应行饬查各款,著该抚赶紧查明分晰,造册覆奏。此次豁免各款,该抚即刊刻誊黄,遍行晓谕,务使实惠及民,毋任吏胥舞弊,以副朕闿泽覃敷之至意。余依议。单并发。钦此。

1048　军机大臣字寄钦差侍郎王、副都统惠。咸丰元年闰八月二十六日,奉上谕:前有旨谕令王植、惠密查办已革道员庆云禀讦司道一案,兹据陆应穀将庆云讯明定拟具奏。著王植等仍遵前旨,将此案先后情节覆核定拟,据实具奏。原折著钞给阅看。将此谕令知之。钦此。遵旨寄信前来。

1099　咸丰元年九月初四日,内阁奉上谕:陆应穀著来京陛见,江西巡抚著王植署理。钦此。①

1098　军机大臣字寄江西巡抚陆。咸丰元年九月初四日,奉上谕:昨面谕定郡王载铨、工部右侍郎彭蕴章、内务府大臣基溥,相度万年吉地,闻陆应穀于地理之学素所讲求,本日已明降谕旨,令该抚来京陛见,江西巡抚著王植署理矣。陆应穀接奉此旨,交卸后即行来京,协同载铨等详细相度,并著延访江西绅民中精晓堪舆者一二人带同进京,以资商酌。将此谕令知之。钦此。遵旨寄信前来。

1111　咸丰元年九月初六日,内阁奉上谕:陆应穀奏,参员赴署咆哮,请发往军台一折,已革江西吉安府通判古连魁,唤唱女优,有玷官箴。据该抚陆应穀查讯确凿,会同陆建瀛具奏,降旨业经革职,姑免置议,乃该革员并不自知愧悔,胆敢赴该抚衙署咆哮毁辱,似此逞刁挟制,若不严行惩办,何以肃法纪而儆官方?古连魁著即发往军台效力赎罪,以为任性妄为者戒。钦此。

---

① 按:根据文意,第1099号当在1098号之前。

1158　咸丰元年九月十八日,内阁奉上谕:前据步军统领衙门奏,江西南丰县民联名呈控一案,先后降旨令王植、惠密驰往会同审办。兹据逐款讯明,按律定拟具奏,已革浙江温州府知府刘煜,于遣戍释回之后,不知安分,辄敢设局包漕,勒诈索费,并假冒学政衔名制造石匾,种种妄为,复迭次砌词呈控,捏诬重情,又编写供词,教令案证串供,嘱勿吐露真情,实属积惯讼棍,怙恶不悛。刘煜著即发往新疆充当苦差,其在温州府任内应赔银两,尚未完缴,伊子候选知州刘圻彦,被控有案,著该部扣选,押令回籍讯办,并责令完缴赔项。前署南丰县知县丛占鳌、现任南丰县知县黄之晋,于棍徒滋闹、设局包漕各重情,未经通详惩办;建昌府知府李藩,失于觉察,均著交部分别照例议处。臬司恽光宸,查无庇护偏袒情事,著无庸议。余著刑部议奏。钦此。

1214　咸丰元年九月二十八日,内阁奉上谕:杨殿邦奏,上年江西帮船欠交亏折米石,请缓俟今冬全数买补搭运一折。江西饶州、吉安两帮上年截卸北仓欠交亏折米石,既据查明因起剥、寄拨、抛撒、渗漏,致有折耗霉变,迨奉文买补,已在新漕兑开之后,赶办不及,系属实在情形,尚非无故挂欠。所有饶州帮上年欠交洪斛米三千三百五十一石零,吉安帮欠交并亏折二项洪斛米二千六百十八石零,著准其缓俟今冬回南全数买补,带交还款,以纾丁力。该部知道。钦此。

1230　咸丰元年十月初二日,内阁奉上谕:前因已革道员庆云禀讦司道一案,当交陆应穀查讯,旋据该抚讯明定拟,复谕令王植、惠密覆核具奏。兹据奏称,讯明前后情节与陆应穀所奏均属相符,其禀讦亦非由陈阡指使等语。此案已革道庆云于被参数月后擅用印封递禀呈诉,牵涉司道,虽据查明系病后精神恍惚,尚非有心讦告,但以参革人员妄行禀渎,究属不安本分,庆云业经革职,著即押令回旗,永不叙用,以示惩儆。余著照所议办理。该部知道。钦此。

1231　(朱)咸丰元年十月初二日,内阁奉上谕:江西吉安府知府员缺,著王本梧补授。钦此。

1232　查:吉安府系冲繁疲难最要缺。谨奏。

1233　军机大臣字寄直隶、江苏、安徽、山东、山西、河南、陕西、甘肃、福建、浙江、江西、湖北、湖南、云南各督抚。咸丰元年十月初三日,奉上谕:本年直隶任邱等州县被水被雹,山东曹州等属,济宁、临清二卫被风被雹,山西长治、长子二县被水,河南临漳、内黄等县被雹,福建台湾澎湖厅属被风,业经降旨,分别缓征抚恤,小民谅可不至失所。惟念来春青黄不接之时,民力未免拮据,著传谕该督抚等体察情形,如有应行接济之处,即查明据实覆奏,务于封印前奏到,候朕于新正降旨加恩。又江苏丰县、沛县被淹;江淮苏松各属被水,通州、海州等场被潮、被水;安徽歙县、婺源等县被风、被雹,合肥、凤阳等县被淹,山东历城等县低田被淹、被虫,济宁等州县被水;山西平阳、汾州等处被旱,河南永城等县低田被淹、安阳等县被水,内黄等县低田被淹;陕西长安县属被水,甘肃皋兰、狄道、西宁等州县被旱被雹、被水；浙江仁和县属被淹，富阳、嘉兴、乌程等县被风、被雨，临安、兰溪、西安等县被旱；江西都昌县被雹，德化、南昌等县低田被淹，丰城等县低田被水；湖北汉川、黄陂、广济等县被淹，湖南澧州、安乡等州县被水，湘阴等县低田被淹；云南建水、石屏二州县歉收，已据该督抚等奏明随时抚恤及委员查勘，均著迅速办理，并将来春应否接济之处一并查明，于封印前奏到。将此谕令各该督抚知之。钦此。遵旨寄信前来。

1234　查：本年直隶、山东、山西、河南、福建间有灾歉地方，俱经随时加恩，分别缓征抚恤。其来春应否量为接济之处，臣等谨照向例，拟写询问该督抚等谕旨。俟覆到时再行拟写新正加恩谕旨进呈。再，江苏、安徽、陕西、甘肃、浙江、江西、湖北、湖南、云南尚有被灾之区，该督抚等业经奏明委员查勘，并随时抚恤，其应否调剂，现俱未经奏到，应一并询问，令其迅速查奏汇办。谨奏。

1340　咸丰元年十月二十二日，内阁奉上谕：陆建瀛、杨以增奏请饬催各省拨款一折，此次南河兴办大工，业经户部指款在于山东、山西、陕西、甘肃、江西、安徽、浙江等省先后按数拨给，现在挑挖引河、采办料物需用紧急。除业经解到及奏报起解并抵拨各款外，著各该督抚查照部拨银数迅即委员赶解工次，以济要需。毋得稍有迟延，致滋贻误。该部知道。钦此。

1414　咸丰元年十一月十五日，内阁奉上谕：王植奏请将经征钱粮历年全完之知县恳恩鼓励一折，江西万载县知县刘恒泰，经征地丁正耗银两四年全完；在任候选直隶州知州、高安县知县王楙，知州衔乐安县知县史致祥，经征地丁正耗银两三年全完，史致祥并将历任积欠钱粮征完解兑，自应量予鼓励。刘恒泰著以知州归部尽先选用，先换顶带；王楙著以直隶州知州尽先选用；史致祥著以知州遇缺升用。该部知道。钦此。

1479　咸丰元年十二月初二日，内阁奉上谕：王植奏，查明被水情形，请分别缓征展缓一折，本年江西省南昌等县被水淹浸，收成歉薄，若复照常征收，民力恐有未逮。加恩著照所请，所有南昌县之八都五图、下六图，十都六图，十四都三、六图，十五都南四图、北四图、下四图、七八图，十六都二、三、四、五图，十七都二、三图，五、六图，十九都三、四、五、七、八、九、十图，二十一都南一图、南三图，二十二都二、六、七、八图，二十三都十一图、二十一图，二十四都一图，二十五都三、八图，二十七都七图、十一图，共被淹民田一千七百六十一顷六十八亩零，未完地粮银二千四百九十七两零、漕米九千三百九十二石零；新建县之三十二都六图，三十三都三图，三十六都一、二、三、四图，三十七都三图，三十八都一、二、三、四图，四十都一、二图，四十一都一、四、五图，四十二都一、二、三图，四十三都一、二图，四十四都一、二、三、四图，四十五都一、二、三、四图，四十六都一、二、三、四图，四十七都一、二、三图，四十八都一、二、三、四图，四十九都一、二图，五十都一、二图，五十一都一、二图，五十二都一、二图，五十三都一、二、三、四图，五十四都一、二、三、四、五图，五十五都一、二、三、四、五图，五十六都一、二图，军都六图，共被淹民田二千三百五十六顷三十九亩零,未完地粮银五千二百十七两零、漕米五千二百三十八石零;丰城县之一坊一都二图,六都三图,三坊二十九都一、二图,三十都一、二、三、四图,三十一都一、二、三图、三十二都一、二、三、四图,三十六都二图,四坊五十六都一、二、三、四图,五坊五十七都一、二、三图,五十九都一、二、三图,六十一都二、三图,六十五都一、二、三、四图,六十六一四图,六坊六十七都一、二、三、四图,六十九都一、三、四图,七十一都一、四图,七十三都五图,七坊七十五都八图,七十八都五图,八坊七十九都七图,一坊下五甲、十另甲、二坊下一、八、九甲,三坊下一甲、二另甲、三四甲,四坊下二甲、二另甲,五坊下一、三、七甲,六坊下四甲、外四甲、四另甲、五六甲、八另甲,七坊下八甲,八坊下一甲,九坊下四、五、七甲,共被淹民田二千三百三十五顷七十三亩零,未完地粮银二千十一两零、漕米四千九百六十一石零;进贤县之下乡二十七都至三十一二都,共被淹民田七百八十九顷十八亩,未完地粮银一千四百七十四两零、漕米一千八百九十九石零;余干县之东北、西北两乡二、三、四都,三十四五都各村共被淹民田七百七十八顷六十四亩零,未完地粮银一千七百四十两零、漕米八百九十一石零;星子县之下七都被淹民田十九顷三十七亩零,未完地粮银一百三两零;建昌县之永丰、丰安、凝远三乡共被淹民田七百一顷四十八亩零,未完地粮银二千八百四十一两零、漕米一千六百五十石零;安义县寄庄建昌县永丰、丰安、凝远三乡,共被淹民田四十三顷六十亩零,未完地粮银一百十九两零、漕米五十石零;德化县之封一、封二、赤松、桑落四乡共被淹民田七百四十四顷九十一亩零,未完地粮银一千九百五十七两零、屯田地三百二十四顷八十四亩零,未完屯粮丁银一百六十九两零、余租银一千六百五十五两零;德安县之黄湾、墩下、金鸡、附城、在市、河东等六堡,共被淹民田一百三十八顷十四亩零,未完地粮银一千四十二两零,屯田六十九顷四十七亩零,未完屯粮、丁银二百十九两零,余租银六百二十二两零;瑞昌县之安泰、今一、今二等三乡,共被淹民田二百一顷一亩零,未完地粮银五百九十七两零,屯田地五十三顷六十四亩零,未完屯粮丁银二十四两零,余租银四百三十九两零;湖口县之上乡十三四五六七都、二十都之皂湖口、白洋湖、江家硚、西沧渡,中乡二坊十二都、十三都,八都之白浒塘、苏鬬渡、涝家渡、马影硚,下乡三都、五都、四六都之黄茅潭、流澌硚、四官硚等处,共被淹民田五百二十六顷八十七亩、未完地粮银三千三百二十两零,屯田二顷八十九亩,未完屯粮、丁银六钱零,余租银六十两零,梅家、大湾、牛湖、兴福、永和、秦张、谢张等七洲被淹洲地四百七十一顷六十亩零,未完芦课银六百四十九两二钱零,又坐落江南宿松县被淹屯田一顷十五亩零,未完屯粮、丁银二钱零,余租银二十一两零;彭泽县之一、二、三、四、五、六、七、八都,十五都,三十都,三十三都,一、二坊,共被淹民田六百四十顷八十八亩零,未完地粮银二千九百五两零,屯田地九十顷七十一亩零,未完屯粮、丁银三百五十两零,余租银一千三百八两零,三十三都被淹洲地九百三十一顷三十三亩零,未完芦课银二千十九两零;九江府同知坐落德化县桑落乡本年被淹洲地五百九顷四十三亩零,未完咸丰元年压征道光三十年芦课银八百二十八两零;德化县封一、封二、赤松、桑落四乡本年被淹洲地一千三百十七顷八十六亩零,未完咸丰元年压征道光三十年芦课银一千五百六十一两零,俱著缓至来年秋后分作两年带征；又德化、湖口、彭泽三县道光三十年被水，德化、德安、瑞昌、湖口、彭泽等县二十九年被水，德化、瑞昌、湖口、彭泽等县二十八年被水，彭泽县三十三都二十四年被水，德化县桑落乡、彭泽县三十三都二十二年被水，瑞昌、湖口、彭泽三县二十一年被水，彭泽县十九、二十两年被水原缓余租，德化县出借三十年被水籽种、谷石，俱著递缓至咸丰二、三两年带征；德化县道光二十六年被旱二限、德化县桑落乡二十四年被水二限、湖口县二十二年被水二限、彭泽县十五被旱二限余租，著递缓至咸丰二年带征；德安县道光二十八年被水，德化县二十一年被水，德化、湖口二限二十年被水，瑞昌县十九、二十两年被水，并彭泽县十四年被水缓征余租，俱著递缓至咸丰三、四两年带征；德安县道光二十六年被旱，德化县十八、十九两年被水，湖口县十九年被水，并彭泽县十三年被水缓征余租，俱著递缓至咸丰四、五两年带征；瑞昌、湖口二县道光十三年被水原缓余租，著再递缓至咸丰五、六两年带征；又德化县道光十五年被旱，湖口县十四年被水，瑞昌、彭泽二县十一年被水缓征余租，著再递缓至咸丰五年带征；德化县道光十四年被水原缓余租，著再递缓至咸丰五、六、七等年带征；德化县道光十三年被水缓征余租，著再递缓至咸丰六、七、八等年带征；德安县道光二十一年被水二限及湖口县十一年被水缓征余租，著再递缓至咸丰六年带征；德化县道光十年及十一年被水缓征余租，著再递缓至咸丰八、九两年带征，以纾民力。该抚即刊刻誊黄，遍行晓谕，务使实惠及民，毋任吏胥舞弊，用副朕轸念灾区至意。该部知道。钦此。

1480　咸丰元年十二月初二日，内阁奉上谕：王植奏请将被参同知暂行解任提讯一折。湖南乾州直隶厅同知俞舜钦，著暂行解任，由骆秉章派员解往江西，交王植提同案内人证，研讯确情，据实具奏。钦此。

1571　咸丰元年十二月二十日，内阁奉上谕：陆建瀛奏，民贩纠抢商局、打毁衙署，现将案犯提省审办一折。江西新建县吴城镇地方，本年十一月间有江西帮盐贩因售盐与镇扬帮商人构衅，辄赴主簿衙署打毁门壁，乘机殴抢公局盐栈，经署盐道蒋启勷督饬委员，先后拿获易传清、胡启敏等犯四十七名，解省审办。现当整顿盐务之时，该犯等胆敢恃众滋闹，毁抢衙署盐栈，实属刁顽，必应严惩治。著陆建瀛督饬江西臬司、盐道等，提集现犯，严切讯究，并将余犯悉数缉获，归案审办。如镇扬帮商伙把持盐务，不洽众情，亦即分别惩办，以昭平允。官运委员安树森有无激变情事？主簿姚镶擅受拘押，以致酿成重案，均著提省研讯，按律定拟具奏。另片奏，蒋启勷深明盐法等语，著俟此案审结后，该督即饬该员赴两淮帮同运司办理盐务。钦此。

1619　臣等查：明岁新正应行加恩各省内，除江苏、山西、河南、陕西、甘肃、福建、浙江、云南、两淮业据该督抚等具奏，无庸接济外，其山东一省现已钦奉谕旨，先行加恩。所有直隶、安徽、江西、湖北、湖南五省节经该督抚等奏到，臣等谨拟写谕旨五道，并开列日期清单进呈，恭候钦定，于单内批示日期，或分二日，或分三日，届时臣等遵照颁发。谨奏。

1620 咸丰二年正月初二日，直隶；
咸丰二年正月初二日，安徽；
咸丰二年正月初四日，江西；
咸丰二年正月初四日，湖北；
咸丰二年正月初四日，湖南。

咸丰二年

16 咸丰二年正月初四日，内阁奉上谕：上年江西德化等县被淹、被雹、被水，业经降旨分别缓征、递缓，小民谅可无虞失所。惟念今春青黄不接之时，民力未免拮据。加恩著将德化县被水无力农民酌借籽种，俟秋成后照例免息征还。至被灾各县粮价，或未能平减，应否平粜仓谷及出陈易新，著随时察看办理。该抚即刊刻誊黄，遍行晓谕，务使实惠均沾，毋任吏胥舞弊，用副朕春膏普被、惠爱黎元至意。该部即遵谕行。钦此。

58 军机大臣字寄署江西巡抚王。咸丰二年正月十六日，奉上谕：据步军统领衙门奏，江西已革廪生陈泰来呈控宜春县山场出有矿苗，现有匪人聚众偷挖等情，已明降谕旨，交王植查讯办理矣。据呈称，江西宜春县所属登布里等处山场，出有铜铅矿苗，极为丰旺，该革生父子屡次呈请开采，地方官朦蔽不肯办理，奏请封禁。现在盗贼聚众偷挖，船装车运，络绎不绝，恐酿重案，今拟开采章程三条，请饬查办。该省登布里等处山场，所出矿苗是否丰旺？历任各官何以不为查核办理，并将该生斥革，是否畏难卸责，徒以封禁了事，抑或实有窒碍之处？至所称匪人偷挖及大伙械斗凶伤多人，是否实有其事？王植署任未久，无所用其回护，著即按照所控各情及所拟章程，认真查讯，悉心体察。如果实有苗旺山场可以开采，即不妨酌量奏办，与其资为盗薮，何如用以利民？至该革生希图承商领办，其中有无假公济私别情，一并查明具奏。陈泰来原呈钞给阅看。将此谕令知之。钦此。遵旨寄信前来。

63 咸丰二年正月十六日，内阁奉上谕：步军统领衙门奏，江西已革廪生陈泰来呈控该省宜春县匪徒偷挖铜铅，并有大伙械斗，凶伤多人，官吏不敢过问，现拟开采章程三条，请交地方官查办等情，著交王植查讯办理，革生陈泰来该部照例解往备质。钦此。

92 咸丰二年正月二十四日，内阁奉上谕：张芾著仍留江西学政之任，吏部左侍郎著曾国藩兼署，其所署刑部左侍郎著吕贤基兼署。钦此。

103 咸丰二年正月二十七日。内阁奉上谕：王植奏原请缓征都图舛错，查明更正一折，江西新建县三十八都一、二图，四十六都一、二、三、四图，四十七都一、二、三图，前请缓征之处，既据查明实系舛错，著即删除。其未经请缓之六、七、八、九、十坊，十二都四、五图，十三都三图，三十都五图，三十四都三图，三十七都一图，三十九都一图，伍谏乡四十二都一、二、三图，均著补予缓征。该部即行更正，该署抚迅即饬属出示晓谕，毋任吏胥牵混滋弊。王植及前署布政使恽光宸均著交部察议。钦此。

134　咸丰二年二月初四日。内阁奉上谕：兴业奏回空漕船挂欠关税，请饬催解一折，上年回空各帮军船经过淮、宿两关，共未完正耗税银一万六千三百九十两零，著漕运总督并两江、湖广、江苏、安徽、浙江、江西、湖北、湖南各督抚转饬各该粮道，按照每帮欠税银数，先于道库筹垫解交该关，仍勒限催追各帮丁缴还道库，以免悬宕而重国课。该部知道。单并发。钦此。

224　咸丰二年二月十九日，内阁奉上谕：王植奏请将押运捐米之厅员从优奖叙一折，江西总运厅员、瑞州府铜鼓营同知国治，历年带运捐办米石，并无挂欠，其带运道光二十八九两年捐米，均在二万石以上，自应量予恩施。国治著赏加知府升衔，仍归入即升班升用。该部知道。钦此。

225　咸丰二年二月十九日，内阁奉上谕：王植奏请筹款拨补道库银两一折，江西省道库永存银两一项，原为垫放造运等项之需，兹因查办豁免，历年垫款无可归补，现届新漕起运，必需赶紧筹拨备用。著照所请，所有未经归补道库永存银六万九千七百三十五两零，准其在于司库收捐监饷银内，照数拨解道库备用，以济要需。仍著户部查明此项永存银两向来如何垫放，致有亏欠？此次拨用司库监饷又应如何归补？并应行豁免各款银数，详晰查议具奏。钦此。

297　咸丰二年三月初七日，内阁奉上谕：王植奏参催征钱粮欠数较多之知县，请摘去顶带勒限征解一折，江西庐陵县知县杨晓昀、永丰县知县林燕典、万年县知县弓嵩保，于应征丁耗银两，或完止一分，或不及分数，实属催科不力。杨晓昀、林燕典、弓嵩保，均著摘去顶带，勒限于奏销期内赶紧征解，倘仍不知振作，及查有亏挪情弊，即著从严参办。该部知道。钦此。

329　咸丰二年三月十八日，内阁奉上谕：刑部等衙门具题，江西彭泽县民周琼洸捆缚杨许氏身死一案，即照该抚原拟，依威力制缚人因而致死者律，问拟绞监，候秋后处决。此案周琼洸因杨许氏吵闹气忿，既用绳捆缚其两手，复用布幅缠绕其颈项，拴系窗档，以致杨许氏站久力乏，身往下坠，勒住咽喉，气闭身死。且有周广才等帮同捆缚及装溺掩饰等情，谓非有心欲杀，情节支离，殊难凭信，难保无避重就轻，故为开脱情弊。著王植再将此案人犯亲提，细心研鞫，务得确情，定拟具奏，毋枉毋纵。钦此。

364　咸丰二年三月二十五日，内阁奉上谕：户部议覆江西省道光二十五年豁免案内行查各款银米，请予豁免一折。江西省道光二十五年豁免案内民欠缓征各款银米，前因数目不符，经户部奏令查覆。兹据该部查明，该署抚覆奏各款，均属相符，所有江西省道光十一年起至二十年止民欠缓征漕米五十一万五千八百五十五石零，随漕、兵折等项银十五万六百九十九两零,均著加恩全行豁免。该署抚即刊刻誊黄,遍行晓谕,务使实惠及民,毋任吏胥舞弊,用示朕覃敷闿泽至意。至此案造报迟延各员,著即查取职名,咨部核议。余依议。钦此。

375 咸丰二年三月二十八日,内阁奉上谕:杨殿邦奏,江广各帮陆续兑开,请饬各关查验放行,不准羁留等语。向来江广帮船经过九江、芜湖、龙江等关查验纳税,关书人等往往藉端刁难,致稽时日,该漕督所奏自系实在情形,著九江、芜湖、龙江各关监督,一俟江广帮船到关,立即查验放行,不准羁留。如各帮船于例带土宜外,尚有应缴税银,即酌留伍丁,令其照数完纳,俾帮船迅速前行,毋致贻误。至各帮丁舵人等,沿途售货,任意逗留,该漕督亦应严饬各粮道,督率运弁,随时实力稽查,催趱遄行,毋任藉词延宕,并著沿途各督抚派员一律严催,以速漕运。钦此。

376 咸丰二年三月二十八日,内阁奉上谕:杨殿邦奏,查明上年催儹空运出力人员,据实酌保一折,上年回空漕船,因丰北漫口,黄水灌入运河,改由湖坡行走。经该漕督等督饬各该员实力催儹,帮船得全数渡黄南下,自应量予奖励。江西九江府同知颜贻曾,著交部从优议叙……

378 咸丰二年三月二十八日,内阁奉上谕:王植奏因病恳请开缺一折,王植,著准其开缺回籍调理。江西巡抚著陆元烺署理。钦此。

379 咸丰二年三月二十八日,内阁奉上谕:刑部左侍郎著张芾调补,仍留江西学政之任;邵燦著转补吏部左侍郎,吏部右侍郎著沈兆霖补授。张芾未到任以前,刑部左侍郎仍著吕贤基兼署。钦此。

416 咸丰二年四月初五日,内阁奉上谕:朱嶟奏请饬催河运漕粮一折,本年江苏苏松等四府一州粮米,业经由海运抵津,其余江安、浙江、江西、湖南湖北各省漕粮,均仍由运河挽运北上。现在南河丰北漫工尚未据报合龙,各省粮船已次第兑开前进,南北运道设有阻隔,必致节节耽延,于漕务大有妨碍。著陆建瀛、杨以增、颜以燠、杨殿邦,体察情形,赶紧筹办,总期漕船及早催挽,如限抵通,毋致临事周章,倘有贻误,惟该督等是问。钦此。

464 咸丰二年四月十七日,内阁奉上谕:江西九江镇总兵清保奏请留伊子随任一折,清保之子溥庆,著准其暂留任所帮办家务。钦此。

475 军机大臣字寄直隶、两江、江苏、安徽、山东、山西、河南、陕西、甘肃、福建、浙江、江西、湖北、湖南、四川、广东、广西、云南、贵州各督抚。咸丰二年四月十九日,奉上谕:前据户部奏请,复绿营兵制旧额,以节糜费并侍郎曾国藩条陈裁兵事宜,本日复据户部尚书孙瑞珍奏豫筹库饷,请照前议施行等语。乾隆四十六年,添给武职养廉一案,增兵六万六千余名,嘉庆、道光年间节次裁改,尚余四万八千余名。此项增添兵数,原因旧设空名钱粮，挑补足额。而自增兵以后，空粮之弊仍复不免。朕访闻各省皆然，是国家未收增兵之益而徒受增饷之害，无论现在帑项未充，亟应裁节，即以整饬营务而论，亦必严汰虚伍，而后养一兵可得一兵之用。著通谕各直省督抚，会同各该提镇，查明某营某汛原额兵若干，续增若干，先行据实具奏。一面确查所属空名钱粮，宽其既往失察之罪，即由该督抚总核裁汰。如裁汰后尚浮于乾隆年间旧额，以后遇有缺出，毋庸挑补，并随时斥退老弱残废。约计三年，必可裁复旧额，仍将所裁兵数与节省饷银每届年终汇奏一次，以备稽核，嗣后武职官员，如再有隐匿空粮等弊，即著该管大吏严参重处，以儆贪婪而肃戎政。至各该地方，今昔情形，或有不同，不妨于裁汰之中寓变通之法，即有裒多益寡之处，统全省绿营而计，总不至逾旧额。各该督抚受恩深重，谅能各矢公忠，妥为办理也。将此通行谕令知之。原奏并户部、曾国藩各折件，均著钞给阅看。钦此。遵旨寄信前来。

九月二十二日，祁堂谕同各折件抄交户部。

508　各省总兵人员名单：

…………

江西省

南赣镇总兵阿隆何；

九江镇总兵清保；

…………

561　咸丰二年五月初三日，内阁奉上谕：讷尔经额奏请饬催江、广帮船借用海税银两一折，江西、湖北、湖南并凤阳常等帮漕船，于道光二十八、二十九、三十等年历次办理迎剥，借动天津海税银两，除解还外，尚欠银三万二百五十九两零，未经报解。著杨殿邦严饬各该粮道即将此项银两赶紧照数解还归款，俾得迅解部库，毋任再有迟延，致滋贻误。该部知道。钦此。

596　（朱）咸丰二年五月十一日，内阁奉上谕：江西吉南赣宁道员缺，著周玉衡补授。钦此。

597　查：吉南赣宁道系冲繁难要缺。谨奏。

599　（朱）咸丰二年五月十二日，内阁奉上谕：江西赣州府知府员缺紧要，著该督抚于通省知府内拣员调补，所遗员缺著蒋元溥补授。钦此。

765　咸丰二年七月初六日，内阁奉上谕：蒋霨远奏请饬催协拨兵饷银两一折。贵州各营官兵俸饷银两，向由外省协拨，以资支放。兹据奏称，部拨本年夏秋冬三季兵饷，系江西地丁银十万两，广东盐课银八万两，浙江盐课银除留抵外尚应解银三十五万五千余两。又豫拨咸丰三年春季兵饷，系江西壬子年地丁银三十万两，均未据咨起解。

兵饷要需,岂容日久延玩。著浙江、广东、江西各巡抚即饬各该藩司、运司,将协拨贵州省本年兵饷银两迅速起解。其豫拨次年春季兵饷,务于本年九月以前解到,并先将起解日期咨部查核。至广西未经解还贵州兵饷银三万四千两,著户部查明办理。钦此。

768 咸丰二年七月初七日,内阁奉上谕:陆建瀛奏请截留江、广尾帮漕米备赈并催趱帮船北上等语。本年湖南省起运漕米十二万六千四百余石,尚未行抵江宁,著即照数截留,作为江南赈需。其不敷之数,著于江西尾帮内截留。山东赈米,著于江西最后各帮内照数截留。应在何处交卸,著该督抚转饬各该藩司酌定,交该粮道等遵办。现在江西省帮船已经渡黄者六百九十九只,其在前各帮并著严催跟接。首进之江安、湖北各帮,连樯北上,毋得藉口截留米石及运道艰滞任意耽延,致干重咎。至已经渡黄之铜铅船只,亦即催令插档随漕北上,以免起卸之烦。余著照所议办理。该部知道。钦此。

792 咸丰二年七月十四日,内阁奉上谕:前据陆建瀛奏请,截留湖南及江西尾帮等漕米作为江南、山东赈需,当经降旨准行,并饬严催渡黄各帮跟接北上。兹据李僡奏称,山东湖河盛涨,漕船难以趱运,若俟秋后水落再行纤挽北上,必误回空。请将已入东境之漕船概行截留,以备东省赈米之用;其在后渡黄各帮,行至江南,就近截卸,除留备两省赈米外,余米均在沿河散囤,俟丰工合龙,雇船起剥运通等语。截漕备赈,事关紧要,岂容稍有延缓?著户部查核该督抚等前后陈奏各情形,究应截留何帮漕米以济急需?迅速定议,奏请遵行,毋任两省各执己见,致有贻误。至沿河散囤及雇船起剥各事宜,有无窒碍之处,著该部一并速议具奏。钦此。

796 咸丰二年七月十五日,内阁奉上谕:陆建瀛奏,湖北督运道员等,耽延阻滞,请饬漕运总督速催趱行等语。本年丰工未合,运道未能疏畅,自与往年情形不同。然漕船果能依限开行,该漕督及粮道等于盛涨以前实力督催,设法挽运,何难跟接北上?乃自有截漕变价之议,朕观诸臣会奏,即有藉词观望之意,是以叠降谕旨,令该督抚等赶紧催趱,不得以截留漕米、运道艰滞藉口迁延。兹据陆建瀛奏称,湖北粮道龚绶及押运同知诚意,自四月行抵瓜口,沿途耽延两月,经该督严饬,始肯渡河,犹复节节逗留,以致江西全帮阻压。似此任意延玩,不知是何居心?岂视天庾正供竟可虚掷河干、诿过他人耶?龚绶、诚意均著先行交部严加议处,仍著杨殿邦饬令该员等,督押帮船,飞挽前进。如再延误,惟该漕督及该粮道等是问。钦此。

800 (朱)咸丰二年七月十六日。内阁奉上谕:江西广饶九南道员缺著义泰补授。钦此。

801 查:广饶九南道系冲繁中缺。谨奏。

827 咸丰二年七月二十一日,内阁奉上谕:前因李僡奏称,山东湖河盛涨,漕船难行,请将各帮分别截留散囤,雇船拨运一折,当交户部迅速定议。兹据该部查核议奏,天庾正供关系甚重，本年又有截漕备赈米石，京仓支放更恐不敷，岂可因运道艰滞，藉词逗留，致有贻误？况各帮或经由鄱阳湖，或长行大江，冲风破浪，皆所习惯，即使微山等湖河水盛涨，纤道淹没，亦当设法挽运，岂有因河工未合，坐视漕粮不抵京仓之理？现在渡黄漕船统计一千二百十只，在后之湖南三帮现亦提近江口，可见漕运地方各官如果竭力督催，自不难衔尾北上，岂得以一二只偶尔失事，遂任听全帮藉口？且将在前各帮先行截留，则后帮皆被阻压，办理亦未妥协。著仍遵前旨，江南赈米在于湖南及江西尾帮截留，山东赈米在于江西最后各帮截留。至沿河散囤、折耗、偷漏以及雇船拨价种种，窒碍难行，所有在后各帮，仍著该漕督严催，跟接北上。京仓紧要，该漕督所司何事，岂得畏难苟安，任令帮丁及地方官各为私计，竟置京仓于不顾耶？其已入东境各船，并著李僡严饬文武员弁迅速催趱，该抚甫经到任，无所用其回护。如该管道厅及催漕将弁查有延玩等情，即著据实参奏。至运京铜铅各船，亦著一并饬催，随漕北上，毋稍迟误。余依议。钦此。

855　臣等查：本年届更换学政之期，谨将已满三年之奉天、顺天、江苏、安徽、江西、浙江、福建、河南、山东、山西、陕甘、四川、广东、广西、贵州十五省各学政及未满三年、未办岁考并未到任之湖北、湖南、云南三省各学政名单分缮呈览。恭候钦定。俟发下后，臣等再拟写谕旨进呈颁发。谨奏。

891　军机大臣字寄两江总督陆。咸丰二年八月初六日，奉上谕：陆建瀛奏，江西防堵紧要，拟即亲赴会商办理；又奏浙漕迟缓情形各一折；另片奏，堵筑丰工请派大员督办等语。逆匪窜踞湖南郴州，东与江西接界，前已饬令陆元烺派兵防堵，本日又降旨令罗绕典署理江西巡抚，就近由湖南驰往办理防堵事宜。该督所请驰赴扬州赶办盐务奏销，即回省清厘积案后，以阅兵为名，亲赴江西商办防堵，自系为军务紧要起见。惟现在江南省河工、漕务、盐务，皆属刻不可缓，且皆该督经手专责之事，岂可暂离，更易生手？所请亲往江西察看防堵，著毋庸议。有应行咨会罗绕典之处，随时酌办，亦尚不至鞭长莫及。其安徽备调官兵一千名，本日已寄谕蒋文庆，仍即调赴湖北。倘江西兵力不敷，著该督酌量另筹调遣。至丰工缺口，陆建瀛、杨以增原系失事之人，自请戴罪于秋间堵筑。朕以使功不如使过，且该督办事素能任劳任怨，仍令与杨以增一手办理，以期于事有济。节降训谕甚明，何以此时忽请另派大臣临工督办？若因原派委员有被人指摘者，姑为此请，无论委员人数众多，断不能保其尽能核实无弊，且既无瑕可指，亦何恤乎人言？而该督现在办工即尽用原派委员，但期善补过以赎前愆，亦不难再邀恩奖。所有筹借江海关税银及海运节省项下银两，如有不敷，在藩关各库及应解南河工需款内催提凑用，后俟捐项收齐归款，均照所议办理。该督即会同杨以增悉心筹办，无恤其他。至本年浙江漕粮开兑过迟，前此海运变价等议，众论纷纭，几于茫无头绪，今江安等帮业已催出东境，可知各省藉词观望逗留，深为可恨。现在节逾白露，浙船渡江仅百余只，所论恐误回空，种种窒碍，亦属实在情形，事已延缓至此，即交部速议，尚恐辗转贻误。所有浙江重运帮船，无论行抵何处，著陆建瀛体察情形，或尚可催趱北上，或应如何变通办理，该督即行酌定办法，一面奏闻，一面知照漕河地方各督抚，赶紧照办，总期有益于公，一切不为遥制，毋得再有异议，更致贻误。其江南赈务，该督抚等仍督饬藩司祁宿藻认真经理，以专责成。总之，该督平素办事才具，朕所深悉，两江地大事殷，且河漕诸多棘手，朕亦深谅其难，惟当黾勉报称，一以国事为重，想该督必能力任艰剧，不负朕倚任成全之苦心也。又片奏高堰工程情形，已有旨谕令怡良于查办事竣，就近前诣查勘矣。将此谕令知之。钦此。遵旨寄信前来。

893　咸丰二年八月初六日，内阁奉上谕：本年值更换学政之期，除湖北学政冯培元、湖南学政刘崐、云南学政杨式穀毋庸更换外，顺天学政著龚文龄去，江苏学政著何桂清去，安徽学政著锡龄去，江西学政著沈兆霖去……以上各员，有现任学政及现出试差者，俱著各赴新任，不必来京请训。钦此。

898　咸丰二年八月初六日，内阁奉上谕：陆建瀛奏，江安等帮船已抵山东，派往催提各员，应饬各回本任等语。现在江安帮船全数由韩庄渡湖，湖北、江西各船亦已连樯北上，该督业经折回清江，所有前次派往催提之道、将各员，均著各回本任，其在后漕铜各船催提事宜，著即责成山东巡抚派委妥员，迅速催趱前进，毋得迟延推诿，致有贻误。钦此。

921　咸丰二年八月初十日，内阁奉上谕：陆建瀛、陆元烺奏，拣员调补要缺知府一折。江西赣州府知府，著准其以陈景曾调补，所遗九江府知府员缺即著蒋元溥补授。钦此。

963　咸丰二年八月二十三日，内阁奉上谕：陆元烺奏请将交款未清之知县摘去顶带一折。江西前署金谿县事现任瑞昌县知县周鸣鹿，于交代银两短解六千余两之多，屡催未交，实属胆玩。周鸣鹿著即摘去顶带，勒限一个月，饬令覆算交清。如逾限不完及查有亏挪情事，即行从严参办。该部知道。钦此。

998　咸丰二年九月初三日，内阁奉上谕：昨日兵部带领引见之选补江西文英营都司王琴堂，箭射无准，著以守备降补。该部知道。钦此。

1034　军机大臣字寄两江总督陆。咸丰二年九月十四日奉上谕：杨文定奏，遵旨筹议浙江漕运等语。本年浙江漕行迟滞。前经降旨令陆建瀛体察情形，酌定办法，毋再异议。其江南、山东赈米业经陆建瀛奏截留，湖南及江西最后各帮亦经降旨饬令转行遵办。现届九月放赈之期，截留米石自应如该督前奏，断无再行议改之理。惟浙船在前八帮截至八月下旬仅止陆续出江，在后各帮尚有在浙未入苏境者，海运既经费无出，粜变又折耗堪虞。若从空言催趱，傥始终不能度黄北上。究应如何办法，著陆建瀛仍遵前旨，酌量妥筹变通办法，即由该督议定一面迅速奏闻，一面知照漕运河道总督，江苏、浙江巡抚一体照办。若再彼此推诿，致令天庾正供阻滞河干，朕惟陆建瀛等是问，恐不能当此重咎也。原片钞给阅看。将此谕令知之。钦此。遵旨寄信前来。

1052　咸丰二年九月二十三日，内阁奉上谕：李僡奏请豫筹剥运一折。据称，现在卫水日消，重运漕船未出临清闸者，尚有江西各帮并甫经入境之杭严各帮，自应及早筹剥，庶可以速补迟。著仓场侍郎、直隶总督即饬将杨村剥船调集一千五百只，迅赴临清闸，与东省额设官剥，并例添二雇民剥，各船挨次剥运，毋得稍有稽延。至所称仿照道光三十年剥运章程，并查照成案给发剥船经费之处，著会同直隶总督酌量办理。该部知道。钦此。

1058　咸丰二年九月二十四日，内阁奉上谕：杨殿邦奏请将截留备赈各帮应交余米并搭运各项余米及吉安、饶州两帮搭运霉变亏折米石暂缓交纳，其各船余剩米石并请就地变粜一折，著户部速议具奏。钦此。

1077　军机大臣字寄直隶、江苏、安徽、山东、山西、河南、陕西、甘肃、福建、浙江、江西、湖北、湖南、广东、广西、云南各督抚。咸丰二年十月初三日，奉上谕：本年直隶保定等州县被水、被雹、被风；江苏清河等州县二麦歉收；山东濮州等州县被旱、被雹，永阜场被淹；山西托克托城被旱；陕西兴安府城猝被水淹；甘肃中卫县地震成灾；福建福州等府属溪潮涨发；浙江近省各州县被旱；湖北公安、大冶、沔阳等州县被淹，江夏等县被旱；广东佛冈等十五厅州县被匪滋扰，节经该省奏到，均已随时加恩，分别赈济、蠲缓，查勘抚恤。并山东、江南附近丰工地方被淹，特派大员前往截漕放赈，谆饬认真妥办，小民谅可不至失所。惟念来春青黄不接之时，民力未免拮据。著传谕督抚等体察情形，如有应行接济之处，即查明据实覆奏，务于封印前奏到，候朕于新正降旨加恩。再，直隶各属低洼地方被淹；安徽沿淮各属被淹，高田受旱，婺源县山水涨发；山东济宁、郓城等州县被淹；河南内黄等州县被旱、被淹，睢州、封邱二州县被雹；甘肃皋兰等州县县丞地方被旱、被雹、被水、被霜、被雪；浙江金华等县被旱，富阳、桐庐等县先被旱伤，续被水淹；江西玉山县被旱，南昌等县被淹；湖北黄梅县被淹；湖南常宁等州县被淹，华容县被旱；广东南海等县潦水涨发；云南省南及迤东各属被淹，已据该督抚等奏明，随时抚恤及委员查勘，并特降谕旨饬查。湖南被贼各地方及广东肇庆等府州属，准令查请缓征。又广西曾被贼扰各地方，应查明分别调剂，均著迅速办理，并将来春应否接济之处，一并查明，于封印前奏到。将此谕令各该督抚知之。钦此。遵旨寄信前来。

1167　咸丰二年十一月初三日，内阁奉上谕：户部奏运送拨船迟延，请将承运之员议处一折。直隶杨村拨船，经该部按照定限奏交江、广等省，赶紧成造解赴直隶备用。兹据奏称，尚有江西省未解到船四百只、湖南省未解到船三百五十只，节次飞催，仍未运到，现在剥运漕粮不敷轮转之用，明春办理海运，尤关紧要，若再迁延，必致贻误。且拨船工竣开行日期早经各该省先后奏报，何以此时尚未解到？著江西、湖南各巡抚及沿途各督抚饬查，江西三、四两限及湖南初、二两限委解拨船，现抵何处？一体严催，务令迅速北上，毋再延误，其承运之员并著查取职名，交部照例议处。钦此。

1254　咸丰二年十一月二十四日，内阁奉上谕：李僡奏请将袒庇水手、滥刑酿命之运弁革职讯办等语。江西袁州帮押空千总依萨布，于该帮水手殴打聊城县民人余大力等，并不详察启衅根由，辄将余大力杖责，致令冻毙。迨该县据控移提，又不将滋事水手按名拿解，实属有心袒庇，滥刑酿命。依萨布著即革职，并著杨殿邦勒令该运弁交出滋事各水手，同该弁一并押解山东，交李僡严讯确情，按律究办。该部知道。钦此。

1262　咸丰二年十一月二十八日，内阁奉上谕：张芾奏，查明南昌等县被水、被旱，请分别缓征、递缓一折。江西省南昌等县本年六月至八月内受旱、被淹，收成歉薄，民力未免拮据，自应分别缓征，以示体恤。加恩著照所请，所有南昌县之六都七图，八都五图、下六图，十都六图，十四都三图、六图，十五都南四图、北四图、下四图、七图、八图，十六都二图、三图、四图、五图，十七都二图、三图、五图、六图，十九都三图、四图、五图、七图、八图、九图、十图，二十一都南一图、南三图，二十二都一图、二图、六图、七图、八图，二十三都十一图、二十一图，二十四都一图，二十五都三图、八图、十图、十四图，二十七都五图、十二图，四十都十图，四十六都四图，共被淹民田一千六百四十八顷三十四亩零，未完地粮银二千一百九十七两零，漕米八千七百七十四石零；新建县东河之五十五都一、二、三、四、五图，五十六都一、二图及六、七、八、九、十等坊，中河之五十三都一、二、三、四图，五十四都一、二、三、四、五图，西河之十二都四、五图，十三都三图，三十二都六图，三十三都三图，三十四都三图，三十六都二、三、四图，三十七都三图，三十八都一、二、三、四图，四十都一、二图，四十一都一图，四十三都一、二图，四十四都一图，四十五都一图，四十六都一、二、三、四图，四十八都一、三图，四十九都一、二图，五十都一、二图，五十一都一、二图，五十二都一、二图并军都六图，共被淹民田二千一百三十七顷八十三亩零，未完地粮银五千二十一两零、漕米四千八百四十五石零；进贤县之二十七都至三十一二都各下乡，共被淹民田七百八十六顷一十四亩，未完地粮银一千四百六十八两零、漕米一千八百九十二石零，又十一都、十二都上下、十三四都上下各乡并十六都、十七都上下、十八都、二十二都上等处共被旱民田四百一十四顷二十一亩，未完地粮银一千三百四十九两零、漕米一千七百三十八石零；玉山县东南乡之七、八、九、十、十一二三四五六等都，共被旱民田九百八十三顷二亩零，未完地粮银四千三百五十两零、漕米二千一百三十四石零；余干县东南、西南各都，共被旱民田八百四十三顷六十四亩零，未完地粮银一千二百五十三两零、漕米一千二十三石零，俱著缓至来年秋后分作两年带征。又南昌、新建、丰城、建昌并建昌县代征安义县寄庄，德化、德安、瑞昌、湖口、彭泽等县咸丰元年被水原缓民屯钱漕、余租，并湖口、彭泽二县未完元年芦课，德化县暨九江府同知未完道光三十年芦课，德化、湖口、彭泽三县三十年被水，德安、瑞昌、湖口、彭泽四县二十九年被水，瑞昌、湖口、彭泽三县二十八年被水，彭泽县三十三都二十四、二十二两年被水，瑞昌、湖口、彭泽三县二十一年被水，彭泽县十九、二十两年被水原缓余租，俱著递缓至咸丰三、四两年带征。湖口县道光二十二年被水二限，彭泽县十五年被旱二限余租，德化县咸丰元年出借道光三十年被水籽种、谷石，著递缓至咸丰三年带征；进贤县咸丰元年被水原缓钱漕，德化县道光二十八、二十九两年被水，德安县二十八年被水，瑞昌县十九、二十两年被水并彭泽县十四年被水缓征余租，俱著递缓至咸丰四、五两年带征。德安县道光二十六年被旱，彭泽县十三年被水缓征余租，俱著递缓至咸丰五、六两年带征。德化县道光二十六年被旱二限及德化县桑落乡二十四年被水二限余租，著再递缓至咸丰五年带征。德化县道光二十二年被水及德化县二十一年被水，瑞昌县十三年被水原缓余租，著再递缓至咸丰六、七两年带征。瑞昌、彭泽二县道光十一年被水缓征余租，著再递缓至咸丰六年带征。德化县道光十九、二十两年被水缓征余租，著再递缓至咸丰七、八两年带征。德安县道光二十一年被水二限余租，著再递缓至咸丰七年带征。德化县道光十八年被水缓征余租，著再递缓至咸丰八、九两年带征。德化县道光十五年被旱缓征余租，著再递缓至咸丰八年带征。德化县道光十四年被水原缓余租，著再递缓至咸丰八、九、十等年带征。德化县道光十三年被水缓征余租，著再递缓至咸丰九、十、十一等年带征。德化县道光十年及十一年被水缓征余租，著再递缓至咸丰十一、十二两年带征，以纾民力。该署抚即刊刻誊黄，遍行晓谕，务使实惠均沾，毋任吏胥舞弊，用示朕轸念歉区至意。该部知道。钦此。

1263　咸丰二年十一月二十八日，内阁奉上谕：张芾奏，闹漕要犯未获，请将署事知县撤任协缉一折。江西署贵溪县事、余干县知县常山凤，开仓收漕，棍徒刘城漳等纠众滋闹，并敢开枪拒捕，焚烧民房，实属愍不畏法，自应悉数拿获，尽法惩办。乃该署县自滋事以后，首要各犯日久未获缉捕，实属懈弛，且恐办理不善，以致激成事端。常山凤著先行撤任，留于该地方协同现任文武各员严密查拿在逃各犯，按名弋获，并提同已获之钱培洸等，严审确情，按律惩办。倘日久无获，或查系该署县办理不善，著即严参。余著照所议办理。该部知道。钦此。

1356　咸丰二年十二月二十一日，内阁奉上谕：张芾奏棍徒聚闹漕，请将署任知县撤任留缉一折。江西泰和县棍徒于该县开征漕粮时，胆敢聚众滋事，拒捕夺犯，若不严拿惩办，何以肃漕政而儆凶顽？江西署泰和县事、赣州府通判王宇英，自该犯等滋事以来，已逾半月，未获一犯，缉捕实属懈弛。王宇英著先行撤任，饬令协同接署知县上紧缉拿，务将此案首徒要犯按名弋获，从重究办。并著该署抚查明起衅根由，如系该署县办理不善，以致激成事端，即行严参惩处。钦此。

1412　臣等查：明岁新正应行加恩各省内，除江苏、河南、陕西、甘肃、福建、江西、广东、广西、云南、两淮业据该督抚等具奏无庸接济外，湖北一省尚未奏到，其浙江、湖南二省于奏到日已钦奉谕旨先行加恩。所有直隶、安徽、山东、山西四省节经该督抚等奏到。臣等谨拟写谕旨四道，并开列日期清单进呈，恭候钦定，于单内批示日期，或分二日，或分三日，届时臣等遵照颁发。谨奏。

咸丰三年

140 (朱)咸丰三年二月初四日,内阁奉上谕:江西赣州府知府员缺紧要,著该督抚于通省知府内拣员调补,所遗员缺著绍德补授。钦此。

141 (朱)咸丰三年二月初四日,内阁奉上谕:江西九江镇总兵员缺,著马济美补授。钦此。

142 咸丰三年二月初四日,内阁奉上谕:军兴以来,已越两年,逆匪自粤而楚,攻陷州郡,蹂躏地方,吾民颠沛流离,深堪悯恻。业经先后降旨,令将广西、湖南、湖北被扰地方应征地丁钱粮,分别蠲缓,以苏民困。现在贼自九江东窜,安庆失守,民间迁徙仓皇。遭罹兵燹,春耕将及,力作未遑,眷念南邦,实深廑系。所有江西、安徽沿江一带被贼扰害各州县应征新旧钱粮,著各该督抚确切查明,迅速奏请蠲缓,其附近地方,虽与被兵处所稍有不同,而警报频闻,民难安业,著一并查明分别奏请恩施,用示朕轸念穷黎至意。该部即遵谕行。钦此。

265 咸丰三年二月二十六日,内阁奉上谕:给事中雷维翰奏,闽、浙、江西交界处所请饬查缉一折。福建、浙江、江西等省交界地方有铜塘山,久经封禁,并设立塘汛,拨兵巡查防守,立法本极周密,第恐奉行日久,地方官视为具文,春秋巡缉,辄以一报了事。该处界连三省,地多险阻,奸匪易滋,著福建、浙江、江西各督抚严饬各地方文武员弁认真巡查会缉,倘有匪徒窜匿,务须不分畛域,随时严拿惩办,以清盗源。钦此。

328 咸丰三年三月初五日,内阁奉上谕:李德奏请留升任都司等语。山东兖州镇标中营中军守备、升授江西文英营都司闪福,著准其留于山东,遇有都司缺出,即行补用。所有江西文英营都司员缺,著兵部照例拣补。余著照所议办理。钦此。

439 (朱)咸丰三年三月二十六日,内阁奉上谕:江西广饶九南道员缺,著恩龄补授。钦此。

456 军机大臣字寄江西巡抚张。咸丰三年三月二十八日,奉上谕:彭蕴章奏,江西高安县古楼冈邓姓荒山五岭产有金矿,道光元年经前护理巡抚邱树棠查奏入官封禁,现值军需紧急,不必因封禁在前,仍事拘泥等语。著张芾按照折内所陈,遴委贤员即行查勘开采,毋得畏难苟安,听信吏胥饰词欺隐,一奏了事。至于商办民办,应如何稽查、弹压,妥议章程,俾无流弊。并著该巡抚悉心筹办,据实奏闻。原折著钞给阅看。将此谕令知之。钦此。遵旨寄信前来。

514 咸丰三年四月初十日,内阁奉上谕:张芾奏请将亏短库项之知县革职拿问一折。江西前任德兴县知县、丁忧知县彭申锡,于应交仓库钱粮,延不结报,经该抚饬接任知县沈凤台查明，该县任内亏短库项银至七千余两之多。其余常平仓谷各款，尚多轇轕未清，胆玩已极。彭申锡著革职拿问，交该抚提同经手丁胥人等，严行讯究，按律惩办。该革员任所寓所资财及原籍家产，一并抄封备抵。该部知道。钦此。

670 军机大臣字寄浙江巡抚黄，江西巡抚张。咸丰三年五月十二日，奉上谕：前据王懿德奏，会匪叠陷厦门同安、安溪，本日又据奏收复同安、安溪，查探漳州府城被扰，镇道闻俱被戕。延平府属之永安、沙县，先后失守，请调江西、浙江官兵各二千名会剿各折。浙江现在筹防江南贼匪吃紧之际，江西严防贼艅回窜，并湖南、广东各土匪亦关紧要，兵力自难多分。惟闽省与江西、浙江地界毗连，专守本境，不如协剿邻疆，庶期早净贼氛，则本省之藩篱自固。著黄宗汉、张芾酌度情形，迅调官兵，派委镇将大员，相机赴援。仍严密防守，毋任贼匪窜入。将此由五百里各谕令知之。钦此。遵旨寄信前来。

712 咸丰三年五月二十一日，内阁奉上谕：张芾奏请补要缺知府一折。江西九江府知府员缺，将其以广西泗城府知府李孟群调补。该部知道。钦此。

714 咸丰三年五月二十一日，内阁奉上谕：张芾奏请调要缺知府一折。江西赣州府知府员缺，准其以觉罗耆龄调补，所遗袁州府知府员缺，即著绍德补授。钦此。

904 咸丰三年七月十三日，内阁奉上谕：江西九江镇总兵，著佛隆补授。钦此。

906 咸丰三年七月十四日，内阁奉上谕：新授九江镇总兵佛隆，著即驰驿速赴新任。钦此。

1087 （朱）咸丰三年八月二十九日，内阁奉上谕：江西吉安府知府员缺，著陈宗元补授。钦此。

1088 查：吉安府系冲繁疲难最要缺。谨奏。

1089 （朱）咸丰三年八月二十九日，内阁奉上谕：江西饶州府知府员缺，著多瑞补授。钦此。

1090 查：饶州府系冲繁难要缺。谨奏。

1094 军机大臣字寄两江、湖广、江苏、安徽、江西、浙江、湖北、湖南各督抚。咸丰三年九月初二日，奉上谕：给事中雷翰奏，州县浮收激变，多以抗粮滋事为词，请旨饬各督抚妥办一折。国家征收赋税，各有定额，岂容不肖贪吏于正供之外任意勒折浮收，以致民力告匮，民欠日多，中饱在于吏胥而亏损在于国课。若如该给事中所奏，州县收漕，竟有应交一石浮收至二石之多，并有运米不收勒折交银，以至民怨沸腾，激成事变，遂有聚众戕官之案，不得不发兵剿捕。而各州县反藉词于抗粮滋事，以掩其浮勒之咎。究其起衅根由，皆此不肖官吏贪婪所致。现在东南财赋之区，半遭蹂躏，业经屡沛恩施，分别蠲缓。其未经被兵州县,仍当照旧输将,以充国课。若再任贪吏朘削,以致民不聊生,逋欠累累,强者抗拒,弱者流亡,其何以苏民困而裕仓储?著有漕各督抚于州县征漕之际,留心察访。如有浮收勒折激成事变,反借抗粮为名,希图蒙蔽者,即将该员严参治罪。并即遴选贤员接办,妥为安抚,绥靖地方。务当实力奉行,勿负谆谆诰诫之意。原折钞给阅看,将此各谕令知之。钦此。遵旨寄信前来。

1170 军机大臣字寄直隶、江苏、安徽、江西、福建、浙江、湖北、湖南、山东、山西、河南、陕西、甘肃、四川、广东、广西、云南、贵州各督抚。咸丰三年九月份十八日,奉上谕:各省地丁征银,乃国家维正之供,岂容任意拖欠,以致帑藏日亏。现在逆匪滋扰,凡被兵各州县以及被灾各区,业经叠沛恩施,分别蠲缓。其未经被兵灾地方,自应照旧输将,以充国课。乃自加恩,豁免积欠之后,至今各省复有民欠钱粮。即如山东省,昨据户部奏,应征未解之款尚有一百五十六万两之多。此外如河南等省及江浙财赋之区未完积欠,均复不少。推原其故,总由不肖州县任意浮加,不恤民瘼,以致催科虽迫,裹足不前。又或胥吏隐匿侵吞,以完作欠,州县官但以所收份数核计,得免处分即为了事。求其厘奸剔弊,为国为民者,或难其人。是以每逢恩诏,豁免之数动以千万计,而每遇清查,无着摊赔之款又以千万计。国家经费有常,何堪此层层虚耗,日积月累,几成习惯。嗣后著各督抚等严饬所属,除应行蠲缓之区均已刊刻誊黄,遍行晓谕,此外各州县征收钱粮,毋许仍前浮滥,并严惩吏胥侵渔积弊。小民具有天良,苛政蠲除,自必输将踊跃。当此军需孔亟,惟赖各省完善之区所纳钱粮,以资供亿。若地方官仍前玩泄,不思洁己奉公,敛怨于民,致亏正赋,著该督抚即行从严参办,并著将现在征收积欠及上下忙如何实力督征,积有成数,随时奏明,一面咨部备拨,毋稍延误。将此各谕令知之。钦此。遵旨寄信前来。

1214 (朱)咸丰三年九月二十九日,内阁奉上谕:江西南赣镇总兵,著李寿春补授。钦此。

1219 军机大臣字寄直隶、江苏、安徽、山东、山西、河南、甘肃、福建、浙江、江西、湖北、湖南、广东、广西、贵州各督抚。咸丰三年十月初三日,奉上谕:本年浙江台州、温州二府属被水;福建福州等七府属被水;山东长清等十州县并德州卫被风、被雹、被丹,济宁等八州县被水;甘肃皋兰等二十七厅州县县丞被旱、被雹、被淹;①广东广州等五府属被水;贵州镇远等三府厅属被水,节经该省奏到,已加恩分别蠲缓、截漕赈济、查勘抚恤。广西、湖北、湖南、江苏、安徽、江西被扰地方,亦已分别缓征,并拨漕放赈,小民谅可不至失所。惟念来春青黄不接之时,民力未免拮据。著传谕该督抚等体察情形,如有应行接济之处,即查明据实覆奏,务于封印以前奏到,候朕于新正降旨加恩。再,江苏徐州府属上年积水未消,本年丰工复决;安徽庐州府属猝被蛟水,舒城等州县圩田淹没;江西

① 此处"县丞"二字,原档如此,疑衍。

南昌各属湖水陡涨，余干县低田被淹，安远县田房被冲，莲花等六厅州县被水，玉山县被雨伤禾，进贤、庐陵、永丰、安福、新淦、建昌、德安、瑞昌、彭泽等县低洼田亩洲地间有被淹，清江、新喻二县早收歉簿，南昌、新建、丰城等县低洼田地被水；浙江钱塘等三十二县低田被淹，德清等二十三县被水，仁和等十五县被淹、被虫，临海县续被水灾，山东临清等十州县被风、被雹，滕县湖边村庄被淹；湖北汉川、京山二县二麦被淹，钟祥等七州县被水，江夏等十二县低田被淹，石首等四县被水，武昌等四州县被淹，房县、均州、保康三处骤被水冲；湖南安乡县低垸湖田被淹，茶陵等七州县并岳州卫被淹，醴陵等十二州县滨临湖河，田亩被淹；广西浔州等府属被蝗；广东南海等三县围基被水，东莞等七县田禾被淹；河南兰仪等十七县河渠涨发，虞城、项城二县被水；直隶各属被灾，均据该督抚等奏明，随时抚恤及委员查勘、捐办赈济。即著迅速办理，并将来春应否接济之处，一并查明，于封印前奏到。至河南被贼各属，已有旨饬令查明，奏请蠲缓，复经特降谕旨饬查。湖南、湖北、江西、安徽、江苏被兵州县；丰工附近地方无粮可缓贫民加意抚绥，亦著迅即查明奏办。此外被贼扰害省份，有应行调剂抚恤之处，均著一并查奏，候朕加恩。将此各谕令知之。钦此。遵旨寄信前来。

1311　(朱)陕西、江西两省服制情实，俱未勾；陕西省情实二十三起，惟刺养活一起未勾，余二十二起，俱勾决；江西省情实十一起，俱勾决。著军机大臣、大学士、刑部堂官，详细覆看，仍著卓秉恬勾本。

1409　咸丰三年十一月二十三日，内阁奉上谕：骆秉章奏遵保剿办江西土匪出力人员一折。江西上犹等县匪徒窜扰湖南桂东等县，经湖南文武员弁、士绅带领兵勇剿办，著有微劳，自应量予恩施，以昭激劝。所有单开各员，除张丞实业经简放湖南永州府知府外，其余出力各员弁绅士，均著交该部速行核议具奏。单并发。钦此。

1490　(朱)咸丰三年十二月十二日，内阁奉上谕：江西学政著吴准去。钦此。

1495　(朱)咸丰三年十二月十三日，内阁奉上谕：江西抚州府知府员缺，著汪润补授。钦此。

1496　查：抚州府系繁疲难要缺，谨奏。

1499　(朱)咸丰三年十二月十四日，内阁奉上谕：江西南赣镇总兵，著刘开泰补授。钦此。

1513　咸丰三年十二月十六日，内阁奉上谕：全庆、朱嶟奏请留厅员以资熟手一折，著照所请，新授江西抚州府知府汪润，准其暂留两月，限满后即饬速赴新任，不准藉词逗留。钦此。

1558　军机大臣字寄江西巡抚张。咸丰三年十二月二十六日奉上谕：张芾奏请刊刻邸钞发交各省等语。识见错谬,不知政体,可笑之至。国家设官分职,各有专司。逐日所降明发谕旨及应行发钞内外臣工折件,例由内阁传知各衙门通钞。即由各该管衙门行知各直省,或由驿站,或交提塘分递。该衙门自能斟酌缓急轻重,遵例妥办。岂有各省大吏无从闻知之理。所有刊刻邸钞,乃民间私设报房,转相递送,与内阁衙门无涉。内阁为丝纶重地,办事之侍读中书,从无封交兵部发递事件。若令其擅发钞报,与各督抚纷纷交涉,不但无此体制,且恐别滋弊端。近日被兵省份,间有道途阻隔者,然如邻近江西之福建、湖南、广东等省,照例陈奏事件,依旧专弁赍京,并无稽滞。即江苏、浙江折差,亦俱绕越行走。江西省城,久已解围,道路已通。而张芾奏事,无论有无紧要事件,动用驿报。乾隆、嘉庆年间,叠奉谕旨申禁定例,擅动驿马,处分綦严。若吝惜小费,辄因一二件关涉军饷、补查请恤各事,率由驿递,不特有违定例,亦令闻者诧异。张芾于陈奏事件,屡经严旨斥责,仍不知儆畏,复逞臆见,率行渎请,实属谬妄。著传旨严行申饬。将此由四百里谕令知之。钦此。遵旨寄信前来。

1564 咸丰三年十二月二十七日,内阁奉上谕:前据张芾奏请留滇黔铜铅银两,朕因其不知缓急,任意截留,保举守城各员,太觉冗滥。是以于批折内严旨切责,正望其激励有为,兼筹全局,庶不负朕谆谆训诲之意。乃本日据奏筹拨军饷折内不知感愧,仍复哓哓置辩。张芾系内廷翰林,曾司部务,由学政特简巡抚,值此军务方殷、筹饷孔亟之际,应如何酌度缓急,详慎举劾,于奉到谕旨时虚心体会,为朕分忧。乃据所奏,但以庸愚引咎,转视训谕为多事,实属负气妄言,有负委任。张芾著交部议处。钦此。

1576 臣等查:明岁新正应行加恩各省内除江苏、河南、甘肃、浙江、湖南、广西、贵州业经该督抚等具奏,毋庸接济外。安徽、山西、福建、河北、广东五省尚未奏到。所有直隶、山东、江西三省,节经该督抚等奏到,臣等谨拟写谕旨三道,并开列日期清单进呈,恭候钦定。于单内指示日期,或分二日,或分三日。届时臣等遵照颁发。谨奏。

咸丰四年

11 咸丰四年正月初五日,内阁奉上谕:上年江西被扰地方,业经降旨,分别缓征并拨漕放赈,小民谅可不致失所。惟念今春青黄不接之时,民力求免拮据。加恩著将建昌、德化、瑞昌、兴国四县被淹、被扰之区,酌借籽种,俾资耕作,秋成后照例免息征还。其都昌、德化、湖口、彭泽四县,并酌予接济,以资餬口。该抚即刊刻誊黄,遍行晓谕,务使实惠均沾,毋任吏胥舞弊,用副朕眷膏普被,轸念民依至意。该部即遵谕行。钦此。

37 咸丰四年正月十二日,内阁奉上谕:吏部奏遵旨议处一折,江西巡抚张芾陈奏,截留银两,滥保员弁,率多任意妄行。其守城兵饷,亦多冒滥。朕于折内批示,加之训诲,原系成全造就之意,乃张芾负气逞词,哓哓置辩。并于另片奏称,疑尚书陈孚恩有不合朕心之处,力陈该尚书小心谦谨,守城时积劳成疾,忽奉严旨,若非言官纠弹,即系大臣挟嫌攻讦等语,尤属可笑。赏罚之权,操之自上,朕奖功黜罪,一秉大公,无论言官纠劾,总须察有实据,方能分别示惩。从未尝以风闻影响之词,遽加罪戾。即左右大臣如有挟嫌攻讦之事,亦岂能逃朕洞鉴。陈孚恩守城出力,业经赏戴花翎,伊子陈景谟亦赏戴蓝翎,并未没其微劳,何至绅士等群情涣散,如张芾所云耶?张芾身任封圻,敢以私意揣测朕衷,实属胆大糊涂,不堪造就。著照部议,即行革职。钦此。

38　咸丰四年正月十二日,内阁奉上谕:江西巡抚著陈启迈补授,江苏布政使著麟桂补授。钦此。

62　咸丰四年正月二十二日,奉旨:本年轮应查阅山东、河南、江苏、安徽、江西等省营伍之期,山东著即派张亮基,河南著即派英桂,江苏著即派怡良,安徽著即派福济,江西著即派陈启迈,逐一查阅,认真简校。如查有训练不精,军实不齐,即将废弛之将弁据实劾参,毋得视为具文。钦此。

80　(朱)咸丰四年正月二十六日,内阁奉上谕:江西九江府知府员缺,著李莼补授。钦此。

81　查:九江府系冲繁难要缺。谨奏。

182　咸丰四年三月初四日,内阁奉上谕:江西九江镇总兵佛隆,著来京交兵部带领引见,九江镇总兵,著居隆阿补授。钦此。

183　咸丰四年三月初四日,内阁奉上谕:张芾奏请将玩视米价要款之知县摘顶勒解一折,此项漕米变价银两,各该县欠解均至一万余两之多,实属玩误,仅予摘顶不足示惩。所有江西前署安仁县·现署鄱阳县事试用知县夏燮、德兴县知县沈风台、建昌县知县景瑞、万年县知县弓嵩保、署新淦县事即用知县姚体备、金谿县知县张振三、前署峡江县事试用知县苏霈芬、前署永丰县现署万安县事候补知县仇治文,均著摘去顶戴,暂行革职,勒限两个月将米价银两如数完解,倘逾限不完及查有侵挪情弊,即著从严参办,余著照所议办理。该部知道。钦此。

224　咸丰四年三月十六日,内阁奉上谕:有凤、王懿德奏,请将升任副将援例赐恤一折,升任江西南赣镇总兵,原署福建延平协副将李寿春,于上年贼匪攻扑延平,竭力守御,旋因积劳身故,殊堪悯惜。所请从优议恤之处,著该部议奏。钦此。

299　咸丰四年四月十六日,内阁奉上谕:文彩、李菡奏请暂留升任厅员一折,前任坐粮厅监督、简放江西抚州府知府汪润,著开缺,作为江西候补知府,仍暂留通州,会同现任厅员严追经纪赔项,并帮办坐粮厅事务。钦此。

300　(朱)咸丰四年四月十六日,内阁奉上谕:江西抚州府知府员缺,著曹联桂补授。钦此。

301　江西抚州府知府员缺，奉旨简放曹联桂。查该员系江西进士，例应回避本籍，臣等谨另缮空名谕旨，并将各项应用人员名单进呈，伏候简放。谨奏。

302　(朱)咸丰四年四月十六日，内阁奉上谕：江西抚州府知府员缺，著明绪补授。钦此。

303　查：抚州府系繁疲难要缺。谨奏。

315　咸丰四年四月十九日，内阁奉上谕：新授江西抚州府知府明绪，著调补直隶永平府知府。所遗抚州府知府员缺，著洪观调补。钦此。

436　咸丰四年五月二十九日，内阁奉上谕：陈启迈奏，查明江西各属歉收情形，请分别缓征钱漕一折，江西南昌等属上年被旱、被水，秋成歉薄，若仍照常征收，民力恐有未逮。加恩著照所请，所有南昌县属之二都六图，三都六图，五都二、三、五、六、七、八图，六都三、八图，七都一、二、五、六图，八都四、五、七图，九都八、九、十、十一、十六图，十一都一、二图，十二都二、六图，十五都一、二、三、四、五、六、七、八图，军都一图，十六都一、二、三、四、五图，十八都一、二、三、四、五图，二十都一、二、三、四、五图，二十一都南一、二、三图，归一、二图，二十二都一、二、三、四、六、七、八图，二十三都一、二、三、四、五、六、七、八、九、十、十一、十二、十三、十四、十五、十六、十八、十九、二十、二十一、二十二图，二十四都一、二、三、四、五、六、七、八、九、十、十二、十三、十五、十六图，二十五都一、二、三、四、五、六、七、八、十、十一、十二、十三、十四图，二十六都一、二、三、四、五、六图，二十七都一、二、三、四、五、六、七、八、九、十、十一、十二图，二十八都四、九、十、十一、十四图，二十九都五、六、七、八、九、十二图，三十都七图，三十一都十图，三十二都三图，三十三都四图，三十四都二图，三十五都三、六、七、八、十、十一、十三图，军都三图，四十五都长二图，四十六都一、二、三、十一图，四十七都下四图，军都伍图，五十都一、三、五图，五十一都一、二、三、四图，五十二都四、五、七、八图，六十三都一图，共被淹民田二千六百四十顷八十九亩零，未完地粮银六千四百四两零、漕米一万四千九百二十石零。新建县之一都三图，五都二、七图，十二都四、五图，十三都三图，二十都四图，二十一都二、三、四、五图，二十二都一、二、三、五、六图，二十四都一、二、三图，二十五都二、三、五图，二十七都八图，三十都五图，三十二都六图，三十三都一、二、三、四图，三十四都一、二、三、四图，桃花乡三十六都一、二图，伍谏乡三十六都一、二、三、四、五图，三十七都一、三图，三十八都一、三、四图，三十九都一图，四十都一、二、三图，四十一都二、三图，仪凤乡四十二都二图，伍谏乡四十二都一图，四十三都一、二图，四十四都一、二、三、四图，四十五都二图，四十六都一、二、三、四图，四十七都一、二、三图，四十八都二、三、四图，四十九都一、二图，五十一都二图，五十二都二图，军都高王李，五十三都一、二、三、四图，五十四都一、二、三、四、五图，五十五都一、二、三、四、五图，五十六都一、二图，头、三、五、六、七、八、九、十坊，共被淹民田三千八十六顷二十七亩零，未完地粮银六千七百七十三两零、漕米七千一百三十四石零。丰城县之壹坊二都一、二、三、四图，三坊三十都一、二、三、图，三十二都一、二、三、四图，四坊五十六都一、二、三、四图，五坊五十七都一、二、三图，六坊六十七都一、二、三、四图，六十八都六图，六十九都一、三图，七十一都二、四图，八坊八十一都八图，九坊八十六都二图，八十七都五、六、七、八图，八十半都一、二图，一坊一都一、二、三图，三都一、二、三、四、五、六图，四都一、二、四图，五都一、三、四、五、六、七、八图，六都一、二、三、四、五图，七都一、二、三图，八都一、二、三图，九都一、二、三图，二坊十都一、二图，十一都一、二图，十二都一、二、三图，十三都一、三、四、五图，十四都一、二图，十五都二图，十六都一图，十七都一图，二十五都一、二、三、四图，三坊二十六都一图，二十七都一、二图，二十八都一、二、三图，二十九都一、二、三、四、五图，三十一都一、二、三、四图，三十三都一图，三十四都一、二图，三十五都一、二图，三十六都一、二图，三十七都一图，三十八都一、二图，三十九都一图，四十都一、二图，四坊四十一都一、二图，四十二都一图，四十七都二图，五十都一、二图，五十一都一、二、三、四图，五十二都一、二图，五十三都二、三图，五十四都一、二图，五十五都一、二、三、四图，五坊五十八都一、二图，五十九都一、二、三图，六十都一、二图，六十一都二、三图，六十二都一、二、三图，六十三都一、二、三、四、五、六、七、八、九图，六十四都一、二、三、四、五图，六十五都一、二、三图，六十六都一、二、三、四、五图，六坊六十八都一、二图，七十都一、二、三、四、五、六图，七十一都一、三图，七十二都一、二、三、四、五、六、七图，七十三都一、二、三、四、五、六、八图，七坊七十五都三、四、五、七、八、九图及十二图，七十七都一、二、三、四、五、六图，七十八都一、三、四、五、六、七图，八坊七十九都二、三、五、六图，八十都四图，八十一都一、二、三、四、五、六、七图，八十二都一、二、四、五、六、七、八图，八十三都一、二、三、四、五、六、七、八、九、十图，九坊八十四都一、二、三、四、六、七、八、九、十图，八十五都一、三、五、六图，八十六都一、三、四、五、六、七、八、九图，八十七都一、二、三、四图，并一坊下一、二、三、四、五、七、九、十甲，又十另甲，二坊下一、二、六、八、九、十甲，又三、二甲，三坊下一、二、三、四、五、六甲，又另二甲，四坊下二、四、九、十甲，又外十甲，十另甲，十义甲，五坊下一、二、三、四甲，又三下七甲，六坊下一、二、三、四、五、六、七、八、九甲，并外四甲，另四甲，五等甲、八另甲，七坊下三、四、五、八、九甲，八坊下一、二、三、四、六、八、九、十甲，九坊下四、五、六、七、九、十甲等处[被]兵、被淹民田地八千五百五十九顷五十亩零，未完地粮银一万一千九百八十二两零、漕米三万一千九百三十四石零。进贤县之一都、五都、六都、七都、上八都、下八都、九都、十都、十一都、十三四都、十五都、十六都、十七都，二十二都、二十三都、二十四五都、二十六都、二十七都、二十八都、二十九都、三十都、三十一二都、三十三都、三十四都、三十五都、六隅，共被淹民田三千五百九十九顷七十五亩，未完地粮银一万一千一百二十五两零、漕米一万四千五百十二石零。清江县之茂才乡十六都、十七都，崇学乡十三都、十四都、十五都，建安乡、忠贤乡六都、七都、八都、九都、十都、十一都、十二都，修德乡一都、二都、三都、四都、五都，城五坊、镇一坊，被淹民田地未完地粮银一万七千四十六两零、漕米一万五百三十二石零，新淦县之一都一、三、四、五、六、七图，三都六、十图，五都七、八、十、

十一、十二、十三图，六都一、二、三、四、五、六、七、八、九、十图，七都一、二、三、四图，被淹民田地未完地粮银一万三千九百二十两零、漕米八千四百八十九石零。新喻县之一坊、二坊、三坊、四坊、五坊，一都一、二、三图，二都一、二、三图，三都一、二、三图，四都一、二、三图，五都一、二、三图，六都一、二、三图，七都一、二、三图，八都一、二、三图，九都一、二、三图，十都一、二图，十一都一、二、三图，十二都一、二图，十三都一、二、三图，十四都一、二、三图，十五都一、二、三图，十六都一、二、三图，十七都一、二、三图，十八都一、二、三图，十九都一、二、三图，二十都一图、军图、公图、功屯被淹民田地未完地粮银二万五千九百六十四两零、漕米一万六千九百六十五石零。峡江县之城陆坊西一都、西二都、西三都、西四都、西五都、西六都、西七都、西八都、西九都、西十都、西十一都、西十二都、西十三都，东一都、东二都、东三都、东四都、东五都、东六都、东七都、东八都、东九都、东十都、东十一都，被淹民田地未完地粮银一万五千五百六两零，漕米八千二百五十三石零。莲花厅之上砻西乡被旱、被淹民田地一千九百七十二顷五十六亩零，未完地粮银一万三千二百十两零、漕米五千五十一石零。又坐编安、永二所被旱、被淹屯田地七十九顷九十三亩零，未完屯粮丁银二十八两零，存留屯粮银一百三两零，余租银二千六十四两零。庐陵县之各乡都被旱、被淹民田地未完地粮银三万六百十七两零、漕米三万一千二百四十石零。吉水县之伍乡各都被淹民田地未完地粮银三万二千二百三十七两零，漕米二万三千三百五十六石零。永丰县之伍乡各都被旱、被淹民田地未完成地粮银一万五千四百六十四两零、漕米六十石。泰和县之各乡被淹、被旱民田地未完地粮银二万四百九十七两零、漕米二万一千一百四十九石零。安福县之各乡被淹、被旱民田地未完地粮二万一百八十五两零，漕米二万二百二石零，又坐编安福所被旱、被淹屯田未完屯粮丁银十四两零，余租银一千十一两零。鄱阳县之南隅三图清湾圩、儒堂村、沣潭坂，五图荻溪滩、乌龙湖尾、白溪、圩永，六图高沙圩，一都六图乐亭村，二都五图利池湖，七图马鞍山村，八图珠湖、官田村，四都二图沙汉圩，三图鄱汀港、程家渡、砍冲湖，九图胡家圩，八都四、六图珠湖，十图乌龙湖尾、巷州圩，十一图程家圩、陈家圩，十一都二、三图麻园河、乌龙湖尾，五图汀池湖，汉连雪湖，珠湖，项州圩，十二都一图乌龙湖尾，义礼村、槐树村、飞星村、大湾圩、线洲圩，二图下风岸、河风岸，崇一图计南圩、计北圩、都景圩、程家圩、义兴圩、花汉圩、计东圩、沙汉圩、东南圩、龙潭圩、新兴圩、北东圩、合兴圩、章田圩，二图北湾村、李王圩、汀池、董家村、章田圩、花汉圩、都景圩、龙潭圩，辛一二图乌玲湖尾，十四都一、二图陈家圩、盛家圩、花车圩、黄士湖、余家圩、叶家圩、西湾(汙)[圩]、咀工圩、官桥汉、大平汉、花桥玲、白水塘、新玲汉、汪家桥、九龙汉、童子均、桃花夹、龙潭汉、洋埠汉、沙汉圩，十七都一图乌龙湖尾、万家圩，二图坂上村、龙船厂，五十二都三图项洲、高家圩，六十四都二图乌龙湖尾、项洲圩，共被淹民田九百十四顷六十一亩零，未完地粮银三千二百十五两零、漕米二千一百六十九石零。余干县之东北、西北两乡之二、三、四、八、九及二十九、三十、三十一、三十三四五六等都并四隅，共被淹民田三千八百九十二顷十三亩零，未完地粮银一万二千六百六十两零，漕米七千一百石零。万年县之西北乡十三都一、二、三图，青塘、石头、双蓝、道港、隔港、塘东、均湖、余柏，十四都一、

二、三图陶岭、永丰、燃湖、山背，二都一、二图白马、雷华、隔塘，共被淹民田一千一百五十一顷八十二亩零，未完地粮银二千三百二十两零、漕米一千三百三十八石零。建昌县之永丰乡一图顾家圩、毛家圩、乾兴圩、白京圩，二图永收圩、邹家圩，三图茭茅圩、燕家圩、合兴圩，四图，永兴圩、曲鸥、邹家圩，五图义兴圩，六图北改兴圩、和安圩、六德圩、沙港圩、嘴上圩、史家圩、丰稔圩、石州圩，七图北长滩圩，八图山泉圩、小泉圩，九图江上圩、江前圩，十图大岸圩、大岸小圩，十一图大岸下圩、沐塘圩，十二图永兴圩，十三图古特圩、龚家圩，十四图忠厚圩、丰厚圩、南改兴圩，十五六图李婆圩、柘湖圩、东兴圩，芦镇乡义城圩、马屎圩、马颈圩、猪头圩，岂安乡三图桐波湖，四图南津湖，五图白水湖、白莲湖、新塘湖，六图下洋湖，十图江下湖，凝远乡一图鸦雀湖，三图车溪湖，四图雀湖、五湖、朗湖，六图鸭塘湖、湾头湖，七图下村湖，八图杨泗圩，德政乡三图南堡湖，五图高桥湖，四、六图堰头湖，归义乡四图南汉湖，钧台乡四、五、九图长垅圩，市镇乡二图渡头湖，三图漫头湖，四图马湾，修智乡四图陈桥，新城乡三、八图鄱阳坂，共被淹民田二千六百九十八顷六十三亩零，未完地粮银一万一千一百十六两零、漕米六千二百九十九石零。安义寄庄建昌县之永丰、丰安、凝远三乡，共被淹民田四十顷五十四亩零，未完成地粮银三百二十一两零、漕米一百四十五石零。以上各该厅县被淹、被旱歉收田地未完咸丰三年份银米，俱著缓至咸丰四年秋后，分作两年带征。其玉山县咸丰二年被旱原缓钱漕，著递缓至咸丰四、五两年带征。南昌、新建二县二年被水，进贤县二年被水、被旱，建昌县并建昌县代征安义县寄庄元年被水原缓钱漕，俱著递缓至咸丰五、六两年带征。南昌、新建、丰城、进贤四县元年被水，余干县二年被旱，原缓钱漕，俱著递缓至咸丰六、七两年带征。余干县元年被水，二限缓征钱漕，著递缓至咸丰八年带征，以纾民力。该抚即刊刻誊黄，遍行晓谕，务使实惠及民，毋任吏胥舞弊，用副朕轸念歉区至意。余著照所拟办理，该部知道。钦此。

438　咸丰四年五月二十九日，内阁奉上谕：怡良、陈启迈奏，知府人地未宜，请送部引见一折，江西饶州府知府多瑞，著来京交吏部带领引。钦此。

439　（朱）咸丰四年五月二十九日，内阁奉上谕：江西饶州府知府员缺，著张沣翰补授。钦此。

440　查：饶州府系冲繁难要缺。谨奏。

485　咸丰四年六月二十四日，内阁奉上谕：陈启迈奏，知府例应回避等语，新授江西九江府知府李莼，与现任建昌府知府李藩系同胞兄弟，例应回避。所有九江府知府员缺，著怡良于江苏、安徽两省知府内拣员对调。该部知道。钦此。

486　咸丰四年六月二十四日，内阁奉上谕：陈启迈奏，酌委副将署理镇篆，并请饬新授总兵赴任等语。江西九江镇总兵印务，著准其以南昌城守协副将罗玉斌暂行署理，仍著黄宗汉饬令新授九江镇总兵居隆阿速赴新任，毋得逗留。钦此。

642 咸丰四年八月初四日,内阁奉上谕:江西学政著廉兆纶去。钦此。

655 咸丰四年八月初八日,内阁奉上谕:陈启迈奏,查明广昌县被水较重,应行抚恤一折,本年江西省五月间,阴雨连旬,上游忽发蛟水,广昌县沿河房屋田亩多被淹浸,穷黎荡析离居,情殊可悯,亟应设法抚恤加恩。著照所请,所有广昌县被灾较重之一图、二图,揭坊、文会、监南、金砂、土屯、文夏、麟角、寺川、新兴等十一里,先行赏给一月口粮,以资接济。该抚即刊刻誊黄,遍行晓谕,务使实惠及民,毋任吏胥舞弊,用副朕轸念黎元至意。余著照所议办理。该部知道。钦此。

824 军机大臣字寄署四川总督、成都将军乐,两广总督叶,广东巡抚柏,山西巡抚崇,江西巡抚陈。咸丰四年十月份初三日,奉上谕:罗绕典奏,黔省军饷无款可筹,请饬催应解协饷各省,迅速拨解一折,贵州桐梓、仁怀等处,现办剿匪事宜,前后调兵万余,需饷甚巨。该省库款万分支绌,若协拨各省不能依期解到,必至贻误军储。据称本年四川省欠解黔省饷银十四万五千六百两零,又欠解上年协拨饷银二万七千两。本年六月间又经奏拨空白监照捐输项下银十万两,均系刻不可缓之项。著乐斌即将应解各款设法措解,至江西省应解协饷银二十五万两,并豫拨银三十万两,广东省应解十万两,又粤海关五万两,山东省应解八万两。何以均未解到?并著叶名琛、柏贵、崇恩、陈启迈按款迅速筹拨,即日委员解赴黔省。该督抚等务当赶紧筹画,俾得源源接济,毋再迟延。将此由六百里各谕令知之。钦此。遵旨寄信前来。

826 军机大臣字寄直隶、江苏、安徽、山东、山西、河南、甘肃、福建、浙江、江西、湖北、河南、广西各省抚。咸丰四年十月初三日,奉上谕:本年山东历城等十六州县并德州等卫被旱、被风、被丹,河南光州等三州县被水、被雹,江西广昌县被水,节经该省奏到,已分别缓征展缓,给予口粮,查勘抚恤。直隶、安徽、山东、山西、江西、广西曾被贼扰地方亦已分别蠲缓,散放银米赈济,小民谅可不至失所。惟念来春青黄不接之时,民力未勉拮据。著传谕该督抚等体察情形,如有应行接济之处,即查明据实覆奏,务于封印以前奏到,候朕于新正降旨加恩。再,直隶各属低地被淹,江苏淮徐各属上年丰工漫水未消,苏松、江淮各属春寒较重,二麦受伤,丰利、富安等场收成歉薄,板浦等场黄水未涸,山东各属低田被淹间被风霾。河南光州等三州县汲县等十四县、汤阳等九州县并临漳县被水、被雹,及低田被淹,甘肃灵州等州县被旱,灵台等州县被雹,皋兰等州县被水、被雹,靖远等州县及沙泥州判被旱、被雹。浙江各属低地被淹,寿昌、江山、诸暨、建德、桐庐五县被水,黄岩县被淹。江西莲花厅、丰城县被水,萍乡、安福、建昌、兴国四县被淹,宁都、广昌二州县蛟水陡发,民房被冲。湖南醴陵等六州县、龙阳等三县被淹。广西武缘等五县、平南等五州县及土田州、白山各土司被蝗,均据该督抚等奏明,随时抚恤及委员查勘,酌予赈济。即著迅速办理,并将来春应否接济之处,一并查明,于封印前奏到。此外被贼扰害省份,有应行调剂抚恤之处,均著一并查奏,候朕加恩。将此各谕令知之。钦此。遵旨寄信前来。

827　查本年直隶、安徽、山东、山西、河南、江西、广西间有灾歉及被匪滋扰地方，俱经随时加恩，分别蠲免缓征，散给口粮，其明春应否量为接济之处，臣等谨照向例缮写询问该督抚等谕旨，俟覆奏到日，再行拟写新正加恩谕旨进呈。再，直隶、江苏、山东、河南、甘肃、浙江、江西、湖南、广西各省尚有被灾之区，该督抚等业经奏明，随时抚恤及委员查勘。其应否接济，现俱未经奏到。并此外被扰省份有无应行调剂抚恤之处，均应一并讯问，令其迅速查奏汇办。谨奏。

842　咸丰四年十月初八日，内阁奉上谕：陈启迈奏，查明剿捕会匪出力官绅，开单请奖一折，江西崇仁县会匪李运红等纠结滋事，经该官绅等协力剿捕拿获首要各犯，旬日之内，立即扑灭，办理尚属妥速。自应量予恩施，以昭激劝。开复准升饶州府景德镇同知张赋林，著以同知留于江西，不论繁简，遇缺即补。候补从九品章承文，著以本班遇缺即补。前署崇仁县事、东乡县知县薛凤书，著赏加同知升衔。崇仁县凤冈司巡检孔继赓，著以府经历、县丞，遇缺即补，并赏给六品翎顶。典史金淦，著以县主簿补用。候补从九品杜绍祖，著以从九品遇缺即补。候选布政司经历黄秩榘，著免选本班，以通判归部选用。候选同知谢兰馩，著赏加运同衔。候选兵马司副指挥谢希瑗，著赏加正指挥衔。贡生谢希榛，著赏加翰林院待诏衔。生员陈棣华、何鲤登，著赏加训导衔。监生杨树森、陈森槐，著赏加府经历衔。从九品职衔王德保，著以从九品归部选用。廪生黄钟振，著以训导即选。武生李廷道，著赏加营千总职衔。该部知道单并发。钦此。

973　咸丰四年十一月十九日，内阁奉上谕：陈启迈奏，官员捐输开单请奖一折，江西巡抚陈启迈、布政使陆元烺，均著交部从优议叙，按察使恽光宸以下一百二十七员，均著该部核议具奏。余著照所议办理。单并发。钦此。

1066　咸丰四年十二月十一日，内阁奉上谕：刑部题，驳窃犯拒捕，致事主失跌落河一案，此案江西广丰县贼犯俞庭学，因行窃族叔俞宝之家，经俞宝之惊觉起捕，追至村内河边，将该犯扭获。俞庭学情急用力挣脱，俞宝之松手跌落溪河，尸身漂淌无踪，时逾半载。如果遇救得生，断无不归之理。该抚拟以斩监候，自系照例办理。惟俞宝之尸身未获，是否实係溺毙，必应确切查明，以成信谳。俞庭学，著照该抚所拟斩监候，秋后处决，仍著陈启迈督饬司道及该地方官等查明俞宝之尸身下落，详晰报部，毋稍含混。钦此。

1112　咸丰四年十二月二十一日，内阁奉上谕：怡良、福济奏，遵旨拣员对调知府一折，江西九江府知府，准其以林廷选调补，所遗安徽徽州府知府员缺，即以李莼对调。钦此。

1153　臣等查：明岁新正应行加恩各省内，除江苏、安徽、河南、甘肃、浙江、湖北、湖南、广西业经该督抚等具奏，无庸接济外，福建一省尚未奏到。所有直隶、山东、山西、江西四省节经该督抚等奏到，臣等谨拟写谕旨四道，并开列日期清单进呈，恭候钦定于单内批示日期,或分二日,或分三日,届时臣等遵照颁发。谨奏。

咸丰五年

2　军机大臣字寄江西巡抚陈。咸丰五年正月初六日,奉上谕:陈启迈奏,南康、湖口、九江剿匪获胜情形一折,此股窜匪,自曾国藩等进攻浔郡以后,尽将贼船逼入湖口,该逆下游之路已断,势必由南康一带上窜,阻我江西协剿之兵,兼以牵制九江军营后路,虽经吴锡光等四战四胜,其奔扰潴溪之贼,亦经击退。姑塘等处船排并被胡林翼等焚烧殆尽,办理尚属得手。但湖口贼党尚众,南康未可弛防。吴锡光所带兵勇虽单,而楚省派来都司萧捷三战船已抵南康城下,亟须水陆并集,以剿为防。江西所剩小船,既难得力,务即严饬邓仁堃赶紧仿照湖南船式,克期添造,以助攻剿。其都昌通达饶州路径,现已派游击马福寿带勇往扎,是否足资堵御,尚应随时防范。曾国藩、塔齐布虽屡挫贼锋,而该逆尚于九江门外加筑土城,挖濠注水,为负嵎抗拒之计。若吴锡光等能一面设防,一面沿流剿洗,则江省保障益坚,即九江贼势益孤。陈启迈身任地方,即不得以剿贼委之曾国藩等,致令该逆往来肆窜。曾国藩等军营所需炮位药铅,亦著设法运送出江,并著该抚饬令居隆阿、恽光宸等会合楚省兵勇,悉力围攻,尽歼群丑,毋再迁延干咎。将此由六百里谕令知之。钦此。遵旨寄信前来。

23　军机大臣字寄两广总督叶、广东巡抚柏、江西巡抚陈。咸丰五年正月十五日奉上谕:兵部奏,江西巡抚陈启迈咨递广东南雄州知州孙福谦请拨兵饷禀函,据情代奏一折,并将该州原禀抄录呈览。广东韶州贼匪前经南康练勇击退,嗣遽陈启迈奏,该匪于十月初十日复窜韶州,当经谕令该抚仍派练勇会同广东兵勇联络攻剿,未据将办理情形覆奏。兹阅孙福谦原禀,称贼匪自窜韶州后,官兵虽屡次获胜,未能痛剿。湖南兵勇复于十一月间接仗失利,情形危急,省城消息不通,请饬江西派勇援救并筹解饷银,藉资支放等情。江西九江郡城围攻未下,兵力饷需恐难兼顾。惟广东现在道路梗阻,韶州、南雄等处待援恐亟,能否于南康酌拨练勇并酌济军饷之处,著陈启迈妥筹办理。至昆寿驻兵韶州,与广东省城如果消息不通,恐致贻误,著叶名琛等设法绕道接济兵饷并将现在情形详细具奏。将此由五百里各谕令知之。钦此。遵旨寄信前来。

50　军机大臣字寄兵部侍郎衔曾、湖南提督塔、江西巡抚陈。咸丰五年正月二十二日,奉上谕:曾国藩等奏,十二月初十日以后,水陆剿贼情形并内河水师三获胜仗各一折。此次我军进剿梅家洲贼卡,未能攻入小池口,复先胜后挫,是陆路尚未得手而水师锐气过盛。由湖口驶至姑塘以上,长龙、三板各船与外江师船隔绝,虽四十里之内,贼艅肃清,但江舰板重,小船不能相辅,以致逆氛顿炽,两次被贼袭营,办理未为得手。曾国藩自出岳州以后,均能与塔齐布等协力同心,扫除群丑,此时偶有小挫,尚与大局无损,曾国藩自请严议之处,著加恩宽免。惟此时百余轻捷之船,二千精健之卒,均在鄱湖内河中阻贼卡,虽胡林翼、罗泽南二军业经调回九江,亟应赶添民划,以便运掉轻灵。即萧捷三等搜剿都昌之船，亦须设法冲出，俾内外会剿，力破湖口一关，攻剿方有把握。陈启迈前此派往协剿之布克慎、恩龄等兵勇，本为接应楚军，即恽光宸、吴锡光等亦应内防腹地，外筹协剿，岂能坐听萧捷三等悬军深入，不为援应之理。著陈启迈严饬该带兵官会合攻击，毋令稍有疏失，曾国藩、塔齐布并须步步为营，层层相顾，不得任令兵勇轻率偾事。不但外江与内河声势必须联络，即陆军与水营亦须互相依辅，免生他变，方为妥善。前据陶恩培奏，贼扰汉口、汉阳，曾国藩已派李孟群等带领炮船前往救援，未知近日楚北情形究竟如何。并著随时奏闻，以慰悬系。将此由六百里加紧各谕令知之。钦此。遵旨寄信前来。

74　(朱)咸丰五年二月初二日，内阁奉上谕：江西九江府知府员缺，著沈葆桢补授。钦此。

75　查：九江府系冲繁难要缺。谨奏。

147　咸丰五年二月二十四日，内阁奉上谕：江西建昌府知府员缺，著何栻补授。钦此。

148　查：建昌府系繁疲难要缺。谨奏。

308　咸丰五年四月十九日，内阁奉上谕：直隶霸昌道员缺，著恩龄调补；江西广饶九南道员缺，著明新调补。钦此。

309　(朱)直隶霸昌道员缺，著恩龄调补。江西广饶九南道员缺，著明新调。

508　咸丰五年六月三十日，内阁奉上谕：陈启迈奏，查明上年被水田地，请将应征新旧钱漕分别缓征、递缓一折。江西南昌等府所属地方，于上年五月间连朝阴雨，上游蛟水陡发，又值连年灾祲，元气未复，若将应征新旧钱漕照常征收，民力实有未逮。加恩著照所请，所有进贤县六、七、八、九都，十五、二十二都，二十六七八九都，三十都，三十一二三都，共被淹民田二千四百五十四顷七十七亩，未完地粮银七千七十八两零，漕米九千一百十六石零。莲花厅砻西乡一都一、二图，二都三、四、五图，三都一、三，四图，四都一、二、三图，五都一、二图，七都四、五图，八都三、四、五图，九都一图，十一都二、三、四图，十二都二、三图，十三都二、三图，十四都一、四、五图，十五都三、四图，十六都一、二、三图，共被淹民田三百六十八顷七十一亩零，未完地粮银一千九百七十五两零，漕米一千四百四十九石零。坐编安永二所共被淹屯田四十九顷八十一亩零，未完屯粮丁银二十九两零，存留屯粮银一百三两零，余租银七百六十七两零。广昌县一图等十一里共被水、被淤民田一千六十六顷九十九亩零，除被淹较重应行蠲免外，实未完地粮银四千一百十两零。余干县东北、西北等乡，共被淹湖瀵田六百四十三顷六十七亩零，未完地粮银一千八百三十六两零，漕米八百五十七石零。兴国县四隅坝南堡，儒林乡方塘湾、登水堡、北隅堡，宝城乡黄口村、集瑞坝，清德乡澄塘堡、小春堡、上石堡、杨乐村、塘石堡、石埠村、文溪堡、新村堡、口塘堡、上宅堡、上鼇堡、涧口堡,大平乡新田堡、上廒堡、鼇源堡、黄田堡、富竹堡、大平墟、黄田下堡,长龙坊山坑村,衣锦乡杜背村,大足乡何家坝、石富村,共被沙石堆压民田五十九顷六十三亩零,未完地粮银四百十六两零。清德乡仁田村、老墟、石富、文溪、上观、高滩脑、吾溪堡、新村、上鼇,大平乡黄田堡、富竹堡等处,共被水冲、沙石堆压屯田十二顷二十四亩,未完余租银五百九十四两零,均著缓至咸丰五年秋后分两年带征,并将南昌、丰城、进贤、清江、新淦、新喻、峡江、莲花、庐陵、吉水、永丰、泰和、万安、安福、鄱阳、余干、万年等厅县咸丰三年被水、被旱原缓钱漕并莲花、安福二厅县原缓屯粮丁、余租,均著递缓至五、六两年带征。南昌、新建、进贤等县咸丰二年被水原缓钱漕,均著递缓至六、七两年带征。又南昌、新建、丰城、进贤等县咸丰元年被水,余干县二年被水各原缓钱漕,均著递缓至七、八两年带征。余干县元年被水二限原缓钱漕,著递缓至九年带征,以纾民力。其广昌县被水较重田地应征地粮银二千七百三十三两零,同漂失霉烂仓谷三千二百四十六石零,并著加恩豁免。该抚即刊刻誊黄,遍行晓谕,务使实惠均沾,毋任吏胥舞弊,用副朕轸念灾区至意。余著照所议办理。该部知道。钦此。

513 咸丰五年七月初二日,内阁奉上谕:江西巡抚著文俊补授,未到任以前,著陆元烺署理。钦此。

514 咸丰五年七月初二日,内阁奉上谕:江西按察使著周玉衡补授,所遗吉南赣宁道员缺,著耆龄补授。钦此。

519 (朱)咸丰五年七月初三日,内阁奉上谕:江西赣州府知府员缺紧要,著该督抚于通省知府内拣员调补。所遗员缺,著广勇补授。钦此。

602 未满三年,现据礼部咨称,学册未到各学政名单:

(御笔)沈炳垣广西学政吴福年咸丰三年三月补放;

吴保泰调福建学政李联琇咸丰三年七月补放;

湖北学政冯誉骥咸丰四年二月补放;

安徽学政沈祖懋咸丰四年三月补放;

江苏学政奎章咸丰四年四月补放;

江西学政廉兆纶咸丰四年八月补放;

浙江学政吴式芬咸丰四年十八月补放。

618 咸丰五年八月初二日,内阁奉上谕:本年值更换学政之期,除顺天学政张祥河、江苏学政奎章、安徽学政沈祖懋、江西学政廉兆纶、浙江学政吴式芬、湖北学政冯誉骥、四川学政郑琼诏、贵州学政鲍源深毋庸换外,吴保泰著调任福建学政,山东学政著吕序程去,山西学政著岳世仁去,河南学政著俞樾去,陕甘学政著孙如仅去,湖南学政著张金镛去,广东学政著龚宝连去,广西学政著沈炳垣去,云南学政著吴存义去,奉天府府丞兼学政著张炜调补。所遗太常寺少卿,即著张鑅调补。以上各员有现任学政及现出试差者,俱住各赴新任,不必来京请训。钦此。

623　咸丰五年八月初三日,内阁奉上谕:陈启迈奏请将安仁县钱漕缓征等语。江西安仁县地方当贼攻弋阳等处时,寇氛逼境,乡民闻警迁移,迨剿退贼匪,农民甫经复业,拮据异常,力难输赋,自系实在情形。加恩著照所请,所有安仁县十五都及二十一二等都图应征咸丰四年地丁等银八千五十一两零,漕米二千九百七十五石零,均著缓至咸丰五、六两年秋后分限带征,以纾民力。该抚刊刻誊黄,遍行晓谕,务使实惠均沾,毋任吏胥舞弊,用副朕轸念灾黎至意。该部知道。钦此。

802　军机大臣字寄直隶、江苏、安徽、江西、浙江、福建、湖南、河南、山东、山西、陕西、甘肃、广西各督抚。咸丰五年十月初三日,奉上谕:本年直隶开州等三州县,河南兰仪等四县,封邱等二县被水,山东曹、兖、武定、济南等府所属各州县被水,东平等十四州县被淹,馆陶等二县被旱、被风,山西潞城县被雹,节经该省奏到,已分别缓征、展缓,给予口粮,查勘抚恤,并经降旨截留漕粮,颁发帑项赈济。直隶、安徽、江西、福建、湖南、河南、山东、山西、广西曾被贼扰地方,亦已分别蠲缓抚恤,小民谅可不至失所。惟念来春青黄不接之时,民力未免拮据,著传谕该督抚等体察情形,如有应行接济之处,即查明据实覆奏,务于封印以前奏到,候朕于新正降旨加恩。再,直隶低洼之地被淹、被雹,江苏淮、徐各属上年丰工积水未消,苏松、江淮各属风雨过多,麦收歉薄,富安、板浦等场被旱、被风、被水,六合、江浦二县被淹,江西莲花厅及崇义等六县被淹,德化县被旱,浙江杭嘉湖等府属、海宁等四十厅州县及缙云等各厅州县被旱,定海厅海潮浸灌,秋收不丰,福建霞浦、福鼎二县田亩被水,湖南华容等三县被水,澧州、龙阳二州县低田被淹,湘阴县被淹,河南杞县等十五州县低田被水,河内、涉县等四县被水、被雹,光州大雨麦苗淹损,山东登莱各属得雨稀少,鱼台县黄水积淹,麦收歉薄,陕西洋县被雹,甘肃各属间有被水、被雹、被旱之处,秦州等十六厅州县被水、被雹,崇信、灵台、洮州等厅县被旱,均据该督抚等奏明,随时抚恤及委员查勘,酌予赈济,即著迅速办理,并将来春应否接济之处,一并查明,于封印前奏到。此外被贼扰害地方,有应行调剂、抚恤之处,均著一并查奏,候朕加恩。将此各谕令知之。钦此。遵旨守信前来。

803　查:本年直隶、安徽、江西、福建、湖南、河南、山东、山西、广西间有灾歉及被水、被匪地方,俱经随时加恩分别蠲免、缓征、散给口粮并截漕拨帑以资赈济。其明春应否量为接济之处,臣等谨照向例缮写询问该督抚等谕旨。俟覆奏到日再行拟写新正加恩谕旨进呈。

再,直隶、江苏、江西、浙江、福建、湖南、河南、山东、陕西、甘肃各省尚有被灾之区。该督抚等业经奏明,随时抚恤及委员查勘。其应否接济,现俱未经奏到。并此外被扰地方有无应行调剂抚恤之处,均应一并询问,令其迅速查奏汇办。谨奏。

830　咸丰五年十月十一日,内阁奉上谕:蒋霨远奏,黔省需饷甚急,请饬迅速拨给等语。现在贵州苗匪未靖,上下游兵练需饷甚巨。所有广东、江西、山东、粤海关等处欠解该省饷银,前经降旨饬催,著各该督抚监督等迅将应解各款如数拨解贵州,以资应用。毋得再有迟延,致误要需。钦此。

846 委任官员名单各江西人一条。

866 军机大臣字寄:协办大学士两广总督叶、广东巡抚柏、四川总督黄、江西巡抚文,传谕江西布政使陆元烺、粤海关督恒祺。咸丰五年十月二十四日,奉上谕:前因贵州需饷急迫,谕令叶名琛等速筹银二十万两,黄宗汉再筹银十万两,迅即解黔,以济急需。本日又据蒋霨远奏,兵饷愈急,鼓噪有萌,请严饬应解黔饷各督抚速筹起解等语。现在黔省剿办上下游苗匪,指拨军需,急难应手,实属万分支绌。各省应解黔饷,岂容拨解迟延,致误事机。据称广东省共欠积年部拨协黔饷银二十万两,粤海关欠税银五万两,屡催罔应。著叶名琛等即遵前旨,先行筹银二十万两,赶紧解黔,并著黄宗汉将前谕酌拨银十万两迅即筹解。川省距黔尚近,当可速到。至江西一省欠解协黔饷银至一百十二万九千余两之多,虽因该省办理军务,以致历年积欠一时未能清还,亦当随时抽拨,陆续分解,何得心存漠视,置若罔闻。黔省地瘠民贫,且僻处一隅,缓急无从筹措,各该督抚等务即设法接济,毋得稍存畛域之见,致有贻误。将此由六百里谕知叶名琛、柏贵、黄宗汉、文俊,并传谕江西布政使陆元烺、粤海关监督恒祺知之。钦此。遵旨寄信前来。

1001 (朱)咸丰五年十二月初八日,内阁奉上谕:江西广饶九南道员缺,著廷曙补授。钦此。

1002 查:广饶九南道系冲繁中缺。谨奏。

1071 军机大臣字寄:大学士·两广总督叶、广东巡抚柏、福州将军有、闽浙总督王、署江西巡抚陆。咸丰五年十二月十九日,奉上谕:(摘交二字)户部奏,遵筹贵州兵饷等语。贵州苗匪滋扰,需饷紧迫,所有部拨(摘交起)江西省饷银,一时未能解往,自应亟为改拨,著有凤、王懿德于闽海关征存夷税项下拨银十万两,克日解交广东省城,即著叶名琛、柏贵派委妥员迅速解交贵州。沿途如有阻滞,务须绕道遄行,毋稍迟误,以应急需。至江西省节年欠解贵州兵饷,至一百余万两,内甲寅年夏、秋、冬并乙卯年春饷拨江西三、四两年地丁银五十五万两,系该省常年协解之款,未容藉词推诿,仍著陆元烺赶紧催征,陆续起解。其乙卯年夏、秋、冬饷原拨江西四、五两年地丁银二十七万两,除现改拨银十万两外,尚有未解银十七万余两及丙辰年春饷。原拨江西五年地丁银三十万两,并著陆元烺俟该省军务办有头绪,即行设法解黔,以资接济(摘交止)。将此由五百里各谕令知之。钦此。遵旨寄信前来。(摘交户部)

1096 臣等查:明岁新正应行加恩各省内,除江苏、安徽、浙江、福建、湖南、陕西、甘肃、广西业经该督抚等具奏,毋庸接济外,江西一省尚未奏到,所有直隶、河南、山东、山西四省节经该督抚等奏到,臣等谨拟写谕旨四道,并开列日期清单进呈,恭候钦定,于单内批示日期,或分二日,或分三日,届时臣等遵照颁发。谨奏。

咸丰六年

67　咸丰六年二月初一日,内阁奉上谕:陆元烺等奏请将劝捐出力之候选道员奖励等语,候选道、江西前署抚州府知府林福祥,劝捐出力,又首先倡捐,尚属奋勉急公,著交军机处记名,遇有道员缺出,请旨简放。钦此。

92　咸丰六年二月十五日,内阁奉上谕:文俊奏潘司患病,恳请开缺一折,江西布政使陆元烺,著准其开缺,晏端书著补授江西布政使,所遗浙江按察使,著庆廉补授。钦此。

155　咸丰六年三月初五日,内阁奉上谕:江西按察使著邓仁堃补授。钦此。

156　(朱)咸丰六年三月初五日,内阁奉上谕:江西督粮道员缺著李桓补授。钦此。

157　查:江西督粮道系冲繁难要缺。谨奏。

158　(朱)咸丰六年三月初五日,内阁奉上谕:江西吉安府知府员缺,著双明补授。钦此。

159　查:江西吉安府失守知府员缺系请旨简放之缺,臣等谨缮空名谕旨,并进呈应用人员名单,伏候简放。谨奏。

160　查:吉安府系冲繁疲难[最]要缺①。谨奏。

175　(朱)咸丰六年三月初九日,内阁奉上谕,江西吉安府知府员缺,著双麟补授。钦此。

299　(朱)咸丰六年四月二十日,内阁奉上谕:晏端书著调补山东布政使,江西布政使著耆龄补授,所遗江西吉南赣宁道员缺,著林福祥补授。钦此。

300　查:吉南赣宁道系冲繁难要缺。谨奏。

403　(朱)咸丰六年五月二十一日,内阁奉上谕:江西吉安府知府员缺,著黄冕补授。钦此。

---

① 上谕档在提到吉安府缺分时道光二十五年、道光二十八年、咸丰元年、咸丰三年及咸丰六年(第404号)均言"吉安府系冲繁疲难最要缺。"疑此处"难"字后夺"最"字。

404 查:吉安府系冲繁疲难最要缺。谨奏。

415 (朱)咸丰六年五月二十五日,内阁奉上谕:江西抚州府知府员缺,著李瑞章补授。钦此。

416 查:抚州府系繁疲难要缺。谨奏。

429 (朱)咸丰六年五月二十七日,内阁奉上谕:江西广信府知府员缺,著王嘉麟补授。钦此。

430 查:广信府系冲繁疲难最要缺。谨奏。

522 (朱)咸丰六年七月初五日,内阁奉上谕:江西南昌府知府员缺紧要,著该督抚于通省知府内拣员调补,所遗员缺,著叶球补授。钦此。

523 咸丰六年七月初五日,内阁奉上谕:文俊奏请饬催道员及新选知县迅速来省等语。江西省防剿吃紧,实任人员均有地方之责,岂容沿途逗留,任意延宕。所有新授广饶九南道廷曙、部选高安县知县刘奎光、永丰县知县张建基、安福县知县庆保、永新县知县周祖庇、东乡县知县周溯贤、广昌县知县徐仲霖、星子县知县黄应黼、安义县知县铭彝,著吏部一体严催,饬令依限迅赴江西。如查有无故迁延者,即著严行参办。钦此。

641 咸丰六年八月二十三日,内阁奉上谕:恒春奏请奖带领团练得力人员等语。六品军功团长刘文魁,历次打仗奋勇,现在带领团练驻守罗坳,为清平一带应援,甚属得力,著赏戴蓝翎,以示鼓励。钦此。

666 (朱)咸丰六年九月初七日,内阁奉上谕:江西九江府知府员缺,著景惠补授。钦此。

667 查:九江府系冲繁难要缺。谨奏。

687 咸丰六年九月十四日,内阁奉上谕:文俊奏,查明江西各属上年被灾田地收成歉薄,请将新旧钱漕分别缓征、递缓一折。江西南昌等厅县上年被水、被旱,业经降旨蠲缓钱漕。惟民间元气未复,收成歉薄,若将应征新旧钱漕照常征收,民力未免拮据。加恩著照所请,所有南昌县之三都一、二、六、七图,四都六、七图,五都一、二、三、五、六、七、八、九图,六都六、七图,七都一、二、五、六图,八都二、四、五、六、七图,九都一、六、七、八、九、十、十一、十五、十六图,十都一、二、三、四、五、六、七、八、九、十、十一、十二图,十一都一、二图,十三都一、二、三、四、五图,十四都一、二、三、四、五、六、七图,十五都一、二、三、四、五、六、七、八图,军都一图,十六都一、二、三、四、五图,十七都二、三、五、六图,十八都一、二、三、四、五图,十九都一、二、三、四、五、六、七、八、九、十图,二十都一、二、三、四、五图,二十一都南一、二、三图,二十二都一、二、三、四、五、六、七、八图,二十三都一、二、三、四、五、六、七、八、九、十、十一、十二、十三、十四、十五、十六、十八、十九、二十、二十一、二十二图，二十四都一、二、三、四、五、六、七、八、九、十、十一、十二、十三、十四、十五、十六图，二十五都一、二、三、四、五、六、七、八、十、十一、十二、十三、十四图，二十六都一、二、三、四、五、六图，二十七都一、二、三、四、五、六、七、八、九、十、十一、十二图，二十九都二、四、五、六、七、八、九、十一、十二图，三十都一、二、五、六、七、八、九、十图，三十一都一、七、十图，三十二都一、二、三图，三十三都二图，三十四都二、三、四、五、六、七图，三十五都三、五、六、七、八、十、十二、十三图，三十六都一图，三十九都六、十图，四十都八、十一图，四十一都一、二、四、五图，四十二都九图，四十五都南一二、北一图，四十七都一、二、三、五、六、八、九图，四十九都一、二、三、四、五、六图，被淹民田未完地粮六千八百二十四两零，漕米一万二千六百九十二石零；新建县之十二都四、五图，五十四都一、二、三、四、五图，五十五都一、二、三、四、五图，五十六都一、二图，七、八、九、十坊，被淹民田未完地粮银五千四百十七两零，漕米五千六百四十七石零；进贤县之六都三、四、五、六图，七都一、二、三、六、七图，上下八都一、二、三、四、五、六、七图，二十七都一、二、三、四、五图，二十八都一、二、三、四图，二十九都一、二、三、四图，三十都一、二、三、四、五图，三十一二都一、二、三、四图被淹民田未完地粮银三千三百三两零，漕米四千二百五十四石零，俱著缓至咸丰六年秋后分作两年带征。又南昌、丰城、进贤、清江、新淦、新喻、峡江、莲花、庐陵、吉水、永丰、泰和、安福、鄱阳、餘干、万年等厅县咸丰三年被水原缓钱漕、屯粮、余租，进贤、莲花、餘干、兴国等厅县咸丰四年被水，原缓钱漕并屯粮、余租，均著递缓至六、七两年带征。又南昌、新建、进贤三县咸丰二年被水原缓钱漕，著递缓至七、八两年带征。又南昌、新建、丰城、进贤四县咸丰元年被水，餘干县二年被旱原缓钱漕，均著递缓至八、九两年带征。又餘干县元年被水二限钱漕，著递缓至咸丰十年带征，以纾民力。该抚即刊刻誊黄，遍行晓谕，务使实惠均沾，毋任吏胥舞弊，用副朕轸念民依至意。该部知道。钦此。

咸丰七年

30　咸丰七年正月十四日，内阁奉上谕：文俊奏江西已革知县潘尊贤指控臬司邓仁堃各款，著派曾国藩、文俊、龙启瑞会同逐款确查，据实具奏。钦此。

80　咸丰七年正月二十六日奉旨：江西按察使邓仁堃，著照部议降四级调用，不准抵销。钦此。

81　咸丰七年正月二十六日，内阁奉上谕：江西按察使，著恽光宸补授。钦此。

249　咸丰七年三月十五日内阁奉上谕：文俊著来京候旨，江西巡抚著耆龄补授，龙启瑞著补授江西布政使。钦此。

250　(朱)咸丰七年三月十五日,内阁奉上谕:江西学政著单懋谦去。钦此。

251　咸丰七年三月十六日,内阁奉上谕:前据文俊奏,江西已革知县潘尊贤指控臬司邓仁堃各款,当经降旨交曾国藩、文俊、龙启瑞会同查办,现在曾国藩已赏假回籍,所有潘尊贤控案,著文俊逐款讯明具奏后再行来京候旨,龙启瑞著毋庸会同查办。钦此。

287　咸丰七年三月二十八日,内阁奉上谕:叶名琛奏请将盐课奏销展限一折。广东省河各埠引课应照趱限于咸丰六年九月奏销。兹据该督奏称,各该埠引地多与江西、广西等省毗连,连年被扰,商贩不前,配运较少,恳请展限等语。著照所请,所有省河各商咸丰六年应完咸丰四年份课饷及带征银两,准其展限八个月,至本年五月底奏销,以纾商力,此后仍著递年提早一月,以复原限。该部知道。钦此。

330　军机大臣字寄二品顶戴・署两江总督何。咸丰七年四月十二日,奉上谕:本日据怡良奏病难速痊一折。已降旨准其开缺,回旗调理,并令何桂清以二品顶戴署理两江总督。何桂清交卸浙江抚篆已久,此时计已起程。两江总督责任綦重,现当贼氛未靖之时,兼有筹防、筹饷各事宜,急切需人经理。何桂清接奉此旨,无论行抵何处,著即速赴任,毋稍迟延。将此由四百里谕令知之。钦此。遵旨寄信前来。

335　咸丰七年四月十二日,内阁奉上谕:何桂清,著以二品顶戴署理两江总督,即赴新任,毋庸来京请训。其未到任以前,两江总督印务,著赵德辙暂行兼署。钦此。

483　咸丰七年闰五月初一日,内阁奉上谕:江西广饶九南道员缺,著沈葆桢补授。钦此。

939　咸丰七年九月十四日,内阁奉上谕:恒福奏,职员呈请入籍据情请旨一折。已故江西九江镇总兵马济美,籍隶云南,伊子候选主事兼袭骑都尉马映奎等,无力扶柩回籍,即在寄居之山西永济县安葬,呈请入籍守墓。提镇等官照例不准现任地方置产入籍。马济美曾任山西蒲州协副将,业经身故,又系升任后剿贼阵亡,忠烈尤著。马映奎等著准其入籍山西,以示矜恤。钦此。

971　(朱)咸丰七年九月二十三日,内阁奉上谕:江西九江府知府员缺,著潘安国补授。钦此。

972　查:九江府系冲繁难要缺。谨奏。

987　军机大臣字寄盛京将军,奉天府府尹,直隶、江苏、安徽、江西、浙江、福建、湖南、河南、山东、山西、陕西、甘肃、广东、广西各督抚。咸丰七年十月初三日,奉上谕:本年……江西南昌等县被水、被旱并飞蝗入境,鄱阳等县被扰,武宁等县被扰、被旱……均据该将军督抚等奏明,委员查勘并酌予赈济抚恤,即著迅速办理,并将来春应否接济之处一并查明,于封印前奏到。此外被贼扰害地方,有应行调济抚恤之处,均著一并查奏,候朕加恩。将此各谕令知之。钦此。遵旨寄信前来。

1027　谨将道光二十三年六月办理裁减各案起至咸丰七年九月止,户部奏明暂停及裁减改折搭放各省款项,摘叙案由、银数,缮具清单参呈预览。计开:

…………

一　道光二十三四等年奏定安徽省停支共四款,每年约节省银三百五十余两;陕西省裁汰三款,每年约节省银一百五十余两;江西省停支一款,每年应支银无定数;福建省停支二十五款,每年约节省银二、三千两不等;广东省裁汰四款,每年约节省银三千八百余两;广西省停支二款、裁汰四款,每年约共节省银一千三百余两。以上六省每年通计约节省银八九千两。

…………

一　咸丰七年奏请将江西、江安、湖北、湖南漕粮由官折银解部,并请将各省军船应领苫盖、月粮一律停给,报部候拨。

以上裁停改折各款,除年无定额暨年有年无并各该省尚未照议覆奏之款剔除不计外,比较道光二十三年以前,通计每年约可节省银三百余万两。

1045　咸丰三年十一月初二日,奉朱笔:陕西、江西两省服制情实俱未勾,陕西省情实二十三起,惟剌养活一起未勾,余二十二起俱勾决。江西省情实十一起,俱勾决。著军机大臣、大学士、刑部堂官详细覆看,仍著卓秉恬勾本。①

1186　咸丰七年十二月初五日,内阁奉上谕:耆龄奏,知县藉假擅自离省一折。江西候补知县唐虞会,因感冒请假,至一载有余,未经销假当差,经该抚饬查,业已私自离省,实属胆玩。唐虞会著即革职,以示惩儆。钦此。

(朱)咸丰八年正月初二日,直隶;

(朱)咸丰八年正月初二日,江西;

(朱)咸丰八年正月初四日,山东;

(朱)咸丰八年正月初五日,山西;

(朱)咸丰八年正月初五日,陕西。

咸丰八年

6　咸丰八年正月初二日,内阁奉上谕:上年江西南昌等县被水并飞蝗入境及被扰、被旱地方,业经该抚委员查勘并酌予赈济,小民谅可不至失所。惟念今春青黄不接之时,民力未免拮据。加恩著将南昌、新建、奉城、进贤、鄱阳、餘干、乐平、浮梁、安仁、万

---

① 原档即为咸丰三年,放置于咸丰七年,疑错放。

年、星子、都昌、建昌、安义等十四县被灾较重之区,察看情形,平粜仓谷,藉资民食。该抚即刊刻誊黄,遍行晓谕,务使实惠均沾,毋任吏胥舞弊,用副朕始和布惠、泽洽黎元至意。该部即遵谕行。钦此。

34　咸丰八年正月初九日。内阁奉上谕:耆龄奏查明各属被水、被旱田地,请将钱漕分别缓征一折。江西南昌等县因雨水过多,河湖陡涨,低田间有被淹,复以雨泽愆期,晚禾亦多黄萎,若将新旧钱粮仍令照常完纳,民力实有未逮。加恩著照所请,所有南昌县之二都三、四、五、七、八图,三都三、四、六、八图,四都三、四、六图,五都六、七图,六都七图,七都一、二、五、六图,八都二、四、五、六、七图,九都一、六、八、九、十、十一、十五、十六图,十都一、二、三、四、五、六、七、八、九、十、十一、十二图,十一都一、二图,十二都二、三、五、七图,十三都一、二、三、四、五图,十四都一、二、三、四、五、六、七图,十五都一、二、三、四、五、六、七、八图、军都一图,十六都二、三、四、五图,十七都二、三、五、六图,十八都一、三、五图,十九都三、四、五、九、十图,二十都一、二、三、四、五图,二十一都南一、二、三图,二十二都一、二、三、六、七、八图,二十三都一、二、三、四、五、六、七、八、十、十一、十二、十九、二十一、二十二图,二十四都二、三、四、七、九、十图,二十五都一、二、三、四、五、六、七、八、十、十一、十二图,二十六都一、二、三、四、五、六图,二十七都一、二、三、四、五、六、七、八图,二十八都一、五、六、七图,二十九都四、六、七图,三十都二、五、七图,三十一都七、十图,三十二都一、三图,三十三都一、三、四、五、六图,三十四都二、四、五图,三十六都二、三、八、十二图,三十七都三、四图,三十八都五图,三十九都一、五、七、十一图,四十都十、十一图,四十一都一图,四十二都九图,四十五都长一、二、三、四、五、六图,南二、三,北一图,四十六都二、三、四、五、七、九、十三、十四、十五图,四十七都一、二、三、四、五、六、八、九图,四十八都北一、二、三,长一、二图,四十九都一、二、三、四、五、六图,被水、被旱各则田亩未完地粮银三千五十六两零,漕米五千二百九十九石零;新建县五都二、三、五图,六都二、三、四、五、六、七图,十二都一、二、三、四、五图,十三都一、二、三、五图,十四都一图,三十九都一、二、三图,四十都一、二、三图,二、三、四、八、九坊,被旱民田未完地粮银五千三百六十六两零,漕米五千五百八十四石;进贤县之一都、四都、五都、十都、十一都、十二都、十三四都、十五都、十六都、十七都、十八都、二十二都、二十七都、二十八都、二十九都、三十都、三十一二都被旱民田未完地粮银三千五百十两零,漕米四千五百二十一石零,均著缓至咸丰七年秋后,分作两年带征。又南昌、新建、进贤三县咸丰五年被水原缓银米;进贤、餘干两县四年被水原缓银米;南昌、丰城、进贤、万年四县三年被水原缓银米,均著递缓至咸丰七、八两年带征。又南昌、新建两县咸丰二年被水原缓银米;进贤县二年被水、被旱原缓银米;餘干县三年被水原缓银米,均著递缓至八、九两年带征。又南昌、新建、奉城、进贤四县咸丰元年被水原缓银米;餘干县二年被旱原缓银米,均著递缓至九、十两年带征。又鄱阳县三年被水原缓银米,著递缓至十一、十二两年带征;餘干县元年被水原缓二限银米,著递缓至咸丰十一年带征,以纾民力。该抚即刊刻誊黄,遍行晓谕,务使实惠及民,毋任吏胥舞弊,用副朕轸念民依至意。该部知道。钦此。

78　咸丰八年正月二十五日，奉旨：本年轮应查阅山东、河南、江苏、安徽、江西五省营伍之期，山东著即派崇恩、河南即派英桂、江苏即派何桂清、安徽即派福济、江西即派耆龄，逐一查阅，认真简校。如查有训练不精，军实不齐者，即将废弛之将弁据实参奏，毋得视为具文。钦此。

460　咸丰八年五月初四日，内阁奉上谕：吏部奏，保举人员查明案情请旨一折。已革江西通判古连魁、前任江苏荆溪县知县景其淦，均系军营得有劳绩保奏之员。古连魁仍著开复原官，赏给五品顶戴；景其淦仍著开复降调处分，以知县留于江苏，归候补班补用。均按部定章程补缴捐项，俟军务完竣，给咨赴部引见。钦此。

585　咸丰八年五月二十一日，内阁奉上谕：江西饶州营参将海绶，著发往直隶，遇有参将缺出，即行补用。钦此。

586　咸丰八年五月二十一日，内阁奉上谕：耆龄奏参通判规避差使一折。江西开复通判王宇英，前署武宁县事交卸后，并不赴省，辄以候算龙南县任内交代为词，旋即呈请告病，不候委验，擅赴广东，实属任性自由，藉词规避。王宇英著即革职，以示惩儆，仍著广东督抚将该员押解江西，清理历任交代，如有亏挪，从严参办。该部知道。钦此。

623　（朱）咸丰八年五月三十日，内阁奉上谕：江西建昌府知府员缺，著张兴仁补授。钦此。

624　查：建昌府系繁疲难要缺。谨奏。

756　咸丰八年六月二十三日，内阁奉上谕：耆龄奏参挖捕蝗蝻不力之知县一折。江西代理都昌县事 · 候补府经历胡承湖，于挖捕蝗蝻要务，仅委佐杂等官办理，并不亲历各乡，以致该县地方蝻孽尚多，实属玩视民瘼，仅予革职，不足蔽辜。胡承湖著革职拿问，交耆龄审明定拟具奏。署进贤县事 · 委用知县巴光诰，挖掘蝻子不能得法，虽经该抚等严饬，即亲历各乡捕挖收买，尚知愧奋，而遗孽仍未尽除，仅请摘去顶戴，亦未足以示惩。巴光诰著即革职，仍留于该地方勒限搜捕，倘敢仍前怠玩，再行严参惩办。钦此。

869　咸丰八年七月二十一日，内阁奉上谕：耆龄奏参捕蝻不力之知县，请旨摘顶一折。江西安福县知县庆保，于所属地方蝻子萌生，并不上紧捕挖，以致该县境内尚有余孽，实属玩泄，仅予摘顶，不足示惩。庆保著即革职，留于该地方勒限搜捕，倘敢仍前怠玩，再行严参惩办。钦此。

870　咸丰八年七月二十一日，内阁奉上谕：都察院奏，江西职妇余闫氏以知县受贿匿咨等词，赴该衙门呈控。该职妇寄居河南，其原控霸产毙命各情，著交瑛棨亲提人证、卷宗，秉公严讯，按律定拟具奏。原告职妇余闫氏、副贡生闫光甸，该部照例解往备质。至该职妇同胞兄闫光甸，前次赴京呈控，经兵部咨解起程，路由山东肥城县境，该县杨延俊何以匿咨不发，且任听丁差索诈留难，如果属实，大干法纪，著崇恩查明据实参奏。钦此。

875 （朱）咸丰八年七月二十三日，内阁奉上谕：江西赣州府知府员缺紧要，著该抚于通省知府内拣员调补。所遗员缺，著单兴诗补授。钦此。

892 未满三年，现据礼部咨称学册未到各学政名单：
奉天府府丞兼学政梁敬事，七年六月二十日补放；
江西学政单懋谦，七年三月十五日补放；
广东学政殷寿彭，六年五月十九日补放；
广西学政李载熙，七年十一月十一日补放。

933 军机大臣字寄两江总督何。咸丰八年八月初二日，奉上谕：江西教谕彭定澜，通晓堪舆，前曾随同陆应榖相度吉地。兹据彭蕴章面奏，该员现系安徽候补知县，在张芾军营效力。著何桂清即行咨照张芾，饬令彭定澜迅速来京。将此谕令知之。钦此。遵旨寄信前来。

939 （朱）咸丰八年八月初二日，内阁奉上谕：江西南赣镇总兵员缺，著饶廷选补授。钦此。

943 咸丰八年八月初三日，内阁奉上谕：本年值更换学政之期，除浙江学政张锡庚、福建学政徐树铭甫经简放，江西学政单懋谦、河南学政李鸿藻、湖南学政胡瑞澜、广东学政殷寿彭、广西学政李载熙、奉天府府丞兼学政梁敬事毋庸更换外，顺天学政著万青藜去，江苏学政著孙葆元去，安徽学政著邵亨豫去，湖北学政著俞奎垣去，山东学政著郑敦谨去，山西学政著彭瑞毓去，陕甘学政著翁同龢去，四川学政著李德仪去，云南学政著陈亮畴去，贵州学政著黄图南去。以上各员有现出试差者，俱各赴新任，不必来京请训。钦此。

1024 咸丰八年八月二十七日，内阁奉上谕：耆龄奏请将催征不力之知县摘顶勒解一折。江西署武宁县事、补用知县杨恒春，于本年应征上忙丁耗银两并不实力催征，现在久逾完半之期，分厘未解，实属延玩。杨恒春著摘去顶戴，勒限三个月，赶征完解，倘仍不知振作，或查有亏挪情弊，即著从严参办。钦此。

1158 咸丰八年九月二十二日，内阁奉上谕：江西九江府知府员缺，著福绵补授。钦此。

1159 查：九江府系冲繁难要缺。谨奏。

1185 咸丰八年九月二十八日，内阁奉上谕：耆龄奏请将延不赴任之知县革职一折。拣发江西委用知县沈廷琳，于咸丰六年委署广昌县印务，在途逗留，延不赴任。迨另行委员代理，该员始行来省，实属有心规避。沈廷琳著即革职，以示惩儆。该部知道。钦此。

1199　军机大臣字寄江苏、安徽、江西、浙江、福建、湖北、湖南、河南、山东、陕西、甘肃、广西、贵州各巡抚。咸丰八年十月初三日，奉上谕，本年江苏宿迁县骆马湖滩地被旱；安徽宿州等州县被灾、被扰，霍邱、亳州、蒙城、南陵、泾县五州县被扰、被灾；江西南昌等州县被水、被旱，收成歉薄，义宁等州县被扰及逼近贼氛；浙江定海厅塘碶坍损，咸潮内灌，横浦等场被扰；福建浦城等县被匪攻陷，建阳、崇安等厅县被扰，龙溪等县猝被水患、冲坍民房；湖北武昌、咸丰等州县被扰、被旱；陕西吴堡县被雹；广西马平等州县被扰；贵州都匀等府厅州县被扰。节经各该省奏到，已分别豁免、蠲缓、展缓、带征，散放口粮，给予修费，量为抚恤。又安徽颍、亳等府州，寿州、六安、霍邱三州县，河南固始县地方被旱、被蝗、被扰，并经降旨拨给漕米、由该地方官分途散放。江西各属兵燹后，民困未苏，复降旨令该抚查明奏请蠲免钱粮，小民谅可不至失所。惟念来春青黄不接之时，民力未免拮据。著传谕该督抚等体察情形，如有应行接济之处，即查明据实覆奏，务于封印以前奏到，候朕于新正降旨加恩。再，江苏武进等县蝻子萌生，各属低洼之处积水较深，淮、徐等禾稻杂粮黄萎，低洼积水未涸；江西南昌等属河水增涨，义宁等州县低田被淹，武宁等县蛟水涨发，低田被淹，庐舍冲塌，乐安等县禾苗黄萎，瑞昌县低田间被水冲沙压，乐安县被旱歉收，德化县低田被淹；浙江富阳等县、武康等州县田禾被淹，慈谿等县低洼田禾被淹，仁和等县禾棉被淹、被风，於潜等县被旱，临安等县被风、被旱；湖北汉川、天门二县大雨滂沱、江水涨发，武昌等府属高阜间有蝗蝻；湖南武陵等县低田被淹，湘阴、益阳等州县被水；河南、河北三府亢旱，麦收歉薄，安阳等县二麦被旱，睢州被雨，内黄县秋禾被淹，光州等州县秋禾被旱；山东濮州等州县黄水漫溢，各属间被水旱；甘肃渭源等县被雹，宁州等州县被霜，河州等州县卫被雹、被水、被旱；广西修仁等十一州县被扰，收成稍歉，均据该督抚等奏明，委员查勘并酌予赡济抚恤，即著迅速办理，并将来春应否接济之处，一并查明，于封印前奏到。此外，被贼扰害地方有应行调剂抚恤之处，均著一并查奏，候朕加恩。将此各谕令知之。钦此。

1200　查：本年江苏、安徽、江西、浙江、福建、湖北、陕西、广西、贵州间有灾歉及被旱、被扰、被水、被雹、被蝗各地方，俱经随时加恩，分别豁免、蠲缓、展缓、带征，散放口粮，给予修费，量为抚恤，并拨漕米赈放。其明春应否量为接济之处，臣等谨照向例缮写询问该督抚等谕旨，俟覆奏到日再行拟写新正加恩谕旨进呈。再，江苏、江西、浙江、湖北、湖南、河南、山东、甘肃、广西各省尚有被灾之区，该督抚等业经奏明，随时抚恤及委员查勘应否接济，现据未经奏到。并此外被扰地方有无应行调剂抚恤之处，均应一并询问，令其迅速查奏汇办。谨奏。

1250　咸丰八年十月十三日，内阁奉上谕：恽光宸著补授江西布政使，江西按察使著翟诰补授。钦此。

1297 咸丰八年十月二十四日,内阁奉上谕:耆龄奏请开复知县处分一折。江西署进贤县事、委用知县巴光诰,前因捕蝗不力,革职勒限搜捕,兹据该抚奏称,该员于被参后即将境内蝻孽搜捕净尽,早晚二稻俱无伤损,尚知愧奋。巴光诰著催其开复革职处分,余著照所议办理。钦此。

1357 咸丰八年十一月初八日,内阁奉上谕:蒋霨远奏请饬催新任总兵迅速赴任一折。贵州威宁镇总兵已简放遮克敦布。该员现在江西军营,正资得力,未能即赴本任。所有威宁镇总兵员缺,著吴振棫在于云贵两省副将内拣员署理,以重职守。钦此。

1358 (朱)著查新放之遮克敦布是否来京陛见?抑系奏留江西军营。

1412 咸丰八年十一月二十日,内阁奉上谕:江西饶州府知府员缺,著张衍重补授。钦此。

1413 查:饶州府系冲繁难要缺。谨奏。

1480 咸丰八年十二月初四日,内阁奉上谕:江西南昌府知府员缺紧要,著该抚于通省知府内拣员调补,所遗员缺,著龚翔云补授。钦此。

1518 咸丰八年十二月十一日,内阁奉上谕:骆秉章奏请留升任臬司等语。湖南暂留辰沅永靖道、升任江西按察使翟诰,久任湖南,熟悉地方情形,现当用兵之际,未便更易生手。翟诰著调补湖南按察使,所遗江西按察使即以毓科对调。钦此。

1529 军机大臣密寄江西巡抚耆,咸丰八年十二月十二日奉上谕:本日据官文奏,夷船湾泊九江,请饬江西派员弹压,设法护送出江等语。暎咭唎大小轮船四只,前赴汉口,旋即折回,于上月十五日行出楚境,至八里江地方搁浅,将大船二只退回九江湾泊,欲俟来春发水再行前进,其小船二只已开行下驶。夷船停泊九江是否实因水浅阻搁?抑系有意逗留,藉此销售货物?恐羁留日久,与本地民人交涉,致生事端。著耆龄迅即遴派干员,详细查明,妥为弹压,并察看水势,将该夷船设法运行护送出江,毋令久延,是为至要。将此由六百里密谕知之。钦此。遵旨寄信前来。

1661 臣等查:明岁新正应行加恩各省,除江苏、浙江、湖南、河南、陕西、湖北、甘肃、广西业经该督抚等具奏毋庸接济外,福建一省尚未奏到,所有安徽、山东、江西、贵州四省节经该抚等奏到,臣等谨拟写谕旨四道,并开列日期清单进呈,恭候钦定,于单内批示日期,或分二日,或分三日。届时臣等遵照颁发。谨奏。

咸丰九年

9 咸丰九年正月初四日,内阁奉上谕:上年江西南昌、义宁等州县河水增涨,低田被淹，又乐安县被旱歉收，业经降旨酌予赈济抚恤，分别缓征，小民谅可不致失所。惟念今春青黄不接之时，民力未免拮据。加恩著该抚察看情形，平粜仓谷，藉资民食。其被扰地方应否抚恤，仍著分别确查，另行办理。该抚即刊刻誊黄，遍行晓谕，务使实惠及民，毋任吏胥舞弊，用副朕春祺普锡，泽洽黎元至意。该部即遵谕行。钦此。

72　咸丰九年正月二十一日，内阁奉上谕：耆龄奏，查明被灾歉收各属，恳请分别缓征钱漕一折。江西南昌等县于上年六、七月间大雨连朝，河湖陡涨，低田被水淹浸，收成歉薄，若将新旧钱漕照常征收，民力实有未逮。加恩著照所请，所有南昌县之二都二、三、四、五、六、七、八图，三都六图，四都六图，五都五、九图，六都一、二、三、四、七、八、十五图，七都一、二、五、八图，八都五、六图，九都六、九、十、十二、十五、十六图，十都二、六、七、九、十、十二图，十一都一图，十二都三、六、七、八、九图，十三都一、二、四、五图，十四都三、六、七图，十五都二、三、四、七、八图，十六都一、二、三、四、五图，十七都一、四图，十八都一、三、四、五、八图，十九都一、二、三、五、六、七、八、九、十，南四、北四图，二十都二、四、五图，二十一都南一、二、三图，二十二都一、二、三、四、五、六、七、八图，二十三都一、三、四、五、六、七、八、十一、十二、十三、十五、十六、十八、十九、二十、二十一、二十二图，军都二图，二十四都一、三、八、九、十、十二图，二十五都二、三、四、五、六、七、八、十、十二、十四图，二十六都一、二、三、四、五、六图，二十七都二、三、五、七、八、九、十、十二图，二十九都八图，三十三都五、六图，三十七都一图，四十都十图，四十一都一图，四十四都四图，四十五都长一、二、三、四、五、六，南一、二、三，北一图，四十六都一、二、三、四、五、六、七、九、十、十一、十二、十三、十四、十五图，四十七都一、二、三、四、五、六、七、八、九图，四十八都长一、二、三，南一、二、三、四，北一、二、三图，军都五图，四十九都一、二、三、四、五、六图，五十都一、二、三、四、五图，五十一都一、三图，五十二都三、四、五、七、八图，五十三都二、三图，五十七都四图，六十一都二、三图，六十二都三图，六十三都一、三、五、六、七、八、十图，六十五都二图，七十三都一、三、五、六、九、十图，七十四都一、二、三图，军都六图，被淹各则民田二千一百七十三顷七十九亩零，未完地粮银五千二百五十一两零，漕米一万二百二十五石零；新建县之东河五十五都一、二、三、四、五图，五十六都一、二图，头、五、六、七、八、九、十等坊，中河之五十三都一、二、三、四图，五十四都一、二、三、四、五图，西河之一都一、二、三图，二都一图，四都一、二图，五都一、二、三、五、七图，六都二、三、四、五、六图，十二都五图，十三都三图，二十一都二、三、四、五图，二十二都一、二、三、五、六图，二十二都前四图，二十三都三、四、五图，二十四都一、二、三图，二十五都二、三、五图，二十八都一、二、五图，二十九都二图，三十一都六、八图，三十二都六图，三十三都三图，三十四都二三图，三十六都三、四图，三十七都三图，三十九都一图，四十都二图，仪凤乡四十二都一、二、三图，伍谏乡四十二都一图，四十三都一、二图，四十四图一、二、三、四图，四十四都大三图，四十五都一、二、三、四图，四十六都一、二、三、四图，四十七都一、二、三图，四十八都一、二、三、四图，四十八都又一图、四十九都一、二图，五十都一、二图，五十一都一、二图，五十二都一、二图，军都六图，被淹各则民田三千九百顷九十亩零，未完地粮银九千四百三十九两零，漕米九千八百六十七石零；丰城县之一坊一都一图一十甲、二、三图，二都一、二、三、四图，三都一、二图，六都三、四、五、图，八都一、二、三图，三坊，三十二都一、二、三、四图，五坊六十五都一、二图、三图、上区八甲，下区四图，六坊七十一都一、二、三、四图，七十三都五、六、七图，八坊八十一都八图，九坊八十八都一、六、七图被水较重，未完地粮银一千三百二十三两零，漕米三千二百五十八石零，汇同一坊三都三、四、五、六图，四都一、二、四图，五都一、三、七图，六都一图，七都一、二、三图，九都一、二、三图，三坊二十八都三图，三十四都二图，四坊五十一都二图，五坊五十九都一图，六十二都一图，六十三都一、二、三、四、五、六、七、八、九图，六十四都三图、四图二、三、六、七、十外甲，六十六都一、四图，六坊六十七都一、二、三、四图，六十八都一、二、三、四、五、六图、六十九都一、二、三、四图，七十都一、二、三、五、六图，七十二都九图，七十三都三图，七坊七十四都一、二、五、六、八、九图，七十五都一、三、四、五图八甲，七、八、九、十二图，七十六都一图、二图八甲，三图，七十八都三图一、九甲，四图二、四、七、九、十甲，五图四、八、十甲，六图七、八甲，八坊七十九都二图、三图一、三、六、七、九、十甲，五图二、三、九甲，六、七、八图，八十都一、二、三、四图，八十一都四图，八十三都八、九、十图，九坊八十六都二图五甲，八十七都六图、七图二、三、四、五、六、七、九甲，八图一、三、四、五、六、七、九甲，八十八都二图二、四、五、八甲，三图一、三、七、九甲，四图，八十半都一图一、三、五、七、九甲被水较轻，未完地粮银二千四百四十八九两零，漕米六千二十八石零；进贤县之下五坂二十七、八、九，三十，三十一二都被淹各则民田七百八十七顷七十三亩，未完地粮银一千四百六十九两零，漕米一千八百九十二石零；建昌县被水、被风普缓十分之四地粮银一万二千一百九十七两零，漕米五千八百八十二石零；安义县寄庄建昌县之永、凝等乡被淹各则田缓征十分之四地粮银二百五十九两零，漕米一百二十一石零，均著缓至咸丰八年，秋后分作两年带征。其南昌县六年被水、被旱，新建县六年被旱原缓银米；南昌、新建二县五年被水原缓漕米，除带征外，其余未完未并原缓地丁；南昌县三年被水原缓漕米，除带征外，其余未完米并原缓地丁；丰城、万年二县三年被水原缓银米，俱著缓至咸丰八、九两年带征。南昌、新建二县二年被水原缓银米；进贤县六年被旱原缓银米，俱著递缓至咸丰九、十两年带征。南昌、新建、丰城三县元年被水原缓银米；进贤县五年被水原缓银米，俱著递缓至咸丰十年、十一年带征；进贤县四年被水原缓地丁，除带征外，其余未完银两并原缓漕米，著递缓至咸丰十一、十二两年带征。进贤、鄱阳二县三年被水原缓银米，俱著递缓至咸丰十二、十三两年带征。进贤县二年被水原缓银米，著递缓至咸丰十三、十四两年带征；元年被水原缓银米，著递缓至咸丰十四、十五两年带征，以纾民力。

该抚即刊刻誊黄，遍行晓谕，务使实惠均沾，毋任吏胥舞弊，以副朕轸念灾区至意。该部知道。钦此。

73 咸丰九年正月二十一日，内阁奉上谕：耆龄奏，护理道员征收关税详报颟顸，现在查办一折。江西赣关应征税银，据护理吉南赣宁道汪报闫于两年期满后以并未开关禀报，迨耆龄批饬详查，复据禀称，收过税银一万六千余两，实属详报颟顸。并该抚查有丁书人等私加税银、收多报少情弊，必应彻底查究。汪报闫著即撤任交耆龄提同，该关丁书人等，悉心研鞫，据实参办，毋稍含混。钦此。

75　(朱)咸丰九年正月二十二日，内阁奉上谕：江西广信府知府员缺，著光泰补授。钦此。

76　查：广信府系冲繁疲难最要缺。谨奏。

109　(朱)咸丰九年正月二十六日，内阁奉上谕：江西南安府知府员缺，著董似穀补授。钦此。

111　查：南安府系冲繁中缺。镇远府系冲繁难要缺。谨奏。

605 -606　咸丰九年四月二十七日丙辰科散馆暨癸丑科补行散馆庶吉士引见，奉旨授为翰林者二十二员，以部属用者十七员，以内阁中枢用者二员，以知县用者十员，归原班铨选者二员。

…………

江西：

○夏献馨；

○蓝拨奇；

、黄文璧；

(归)任廷槐。

…………

627 -628　咸丰九年五月初二、初三日引见新进士，除一甲三名外，朱笔圆圈庶吉士三十九人，尖圈部署七十八人、中书三人，单点即用知县四十七人，归班十一人。

一甲

…………

江西：

△余九穀；

、朱之杰；

○关燿南；

○饶佩劲；

、张燮；

△祝炳章；

(归)黎金钜；

△江庭杰；

(归)勒箴言。

…………

880　咸丰九年六月二十四日，内阁奉上谕：江西建昌府知府员缺，著隋藏珠补授。钦此。

881　查：建昌府系繁疲难要缺。谨奏。

976　(朱)咸丰九年七月十四日，内阁奉上谕：江西吉安府知府员缺，著曾咏补授。钦此。

977　查：吉安府系冲繁疲难最要缺。谨奏。

1118　咸丰九年八月初十日，内阁奉上谕：前因王庆云奏江西商民在川捐输，请添设商学一折，当谕令礼部妥议具奏。兹据礼部等部奏称，该督所请添设江西商学暨在川省一体乡试之处，与例未符，且恐易滋弊窦，实属窒碍难行，著毋庸议。惟该商人等踊跃输将，自应酌给奖叙。著该督查明该绅商等原藉分隶何处，按照所捐银数加广江西各厅州县文武，永远定额及一次学额，或总计银数加广江西乡试一次中额，如有所捐银数不敷加广学额者，准其归入该商原籍续捐银两，并计核算，即由该督妥议具奏再降谕旨。至前次单开劝捐出力之监生傅益，著赏给詹事府主簿衔；从九品张先昭，著赏给州同衔。钦此。

1184　咸丰九年八月二十二日，内阁奉上谕：礼部奏，江西官卷拟请比照江南加倍取中一折。本年江西乡试系两科归并举行，该省官卷著即照江南官卷加倍取中，以归画一。其捐输推广之额，均归民卷取中，不得加入官卷。嗣后两科并举省份，均照此次办理。另片奏，驻防、翻译乡试两科归并，可否援照官卷加倍取中等语，嗣后凡两科并举省份，翻译中额准其援照官卷加倍取中。钦此。

1212　(朱)咸丰九年八月二十八日，内阁奉上谕：江西广饶九南道员缺，著文恒补授。钦此。

1213　查：广饶九南道系冲繁中缺。谨奏。

1278　咸丰九年九月十二日，内阁奉上谕：江西巡抚著恽光宸补授，毓科著补授江西布政使，江西按察使著张敬修补授。钦此。

1402　军机大臣字寄盛京将军、奉天府府尹、直隶、江苏、安徽、江西、浙江、福建、湖北、湖南、河南、山东、陕西、甘肃、广东、广西各督抚。咸丰九年十月初三日，奉上谕：……江西南昌等县被淹，高安等县被扰；……节经各该省奏到，已分别豁免、蠲缓、缓征、减免、赈济并赏给口粮量为抚恤，小民谅可不致失所。惟念来春青黄不接之时，民力未免拮据。著传谕该督抚等体察情形，如有应行接济之处，即查明据实复奏，务于封印以前奏到，候朕于新正降旨加恩。……特此各谕令知之，钦此。遵旨寄信前来。

1403　查本年江苏、安徽、江西、浙江、福建、湖北、河南、山东、广东、广西间有灾歉及被扰、被旱、被淹、被风、被雹各地方，俱经随时加恩，分别豁免、蠲缓、缓征、减免、赈济并赏给口粮，量为抚恤。其明春应否量为接济之处，臣等谨照向例缮写询问该督抚等谕旨，俟覆奏到日，再行拟写新正加恩谕旨进呈。再，奉天、直隶、江苏、江西、浙江、湖北、湖南、河南、山东、陕西、甘肃、广东、广西各省尚有被灾之区，该督抚等业经奏明，随时抚恤及委员查勘，应否接济现俱未经奏到，并此外被扰地方有无应行调剂抚恤之处，均应一并询问，令其迅速查奏汇办。谨奏。

1423　咸丰九年十月初六日，内阁奉上谕：耆龄奏参前护关道于被参案内应讯家丁延不交案一折。前据耆龄奏参，护吉南赣宁道汪报闰，征收关税详报颟顸，并查有丁书人等私加税银、收多报少等情，当经降旨将汪报闰撤任，交耆龄提讯。兹据奏称，汪报闰被查后，任听案内紧要家丁李恩远飏，并据禀称，七年份征税报单全行遗失，以致案悬莫结。前护江西吉南赣宁道事、福建延建邵遗缺道汪报闰，著即行革职，交恽光宸，勒令将家丁李恩并税单等件交出归案严讯，如再宕延及审出浮收侵匿各情，即行从严惩办。钦此。

1614　咸丰九年十一月初九日，内阁奉上谕：耆龄奏，访闻关署幕友私分公项银两一折。江西已故升任吉南赣宁道周玉衡，于咸丰六年正月在吉安殉难。兹据耆龄奏，访闻该故员署内幕友张焯娗等，有搬取赣关公项银两私自瓜分情事。现在传集人证，讯有端倪，并据供称，张焯娗已往湖北荆门州找寻周玉衡之子周瀚等语。捐纳府经历张焯娗，著官文、胡林翼等派员查传押解，并传四川候补知县周瀚一并前赴江西备质。周瀚如已赴四川，即著四川总督饬令该员前往候讯，以重帑项而惩贪蠹。钦此。

1615　咸丰九年十一月初九日，内阁奉上谕：耆龄奏请将玩视命案、延不获犯之知县革职勒缉一折。江西前任万载县知县李恩长，于已革举人辛学乾擅派练勇，致酿多命重案，事前既漫无觉察，事后又不将正凶拿获，实属玩泄。江西前任万载县知县、调任彭泽知县李恩长，著暂行革职，勒限两个月，协同现任知县严拿要犯邱世兴等，按名务获，解省审办。倘限满无获，即行严参惩办。钦此。

1617　咸丰九年十一月初九日，内阁奉上谕：耆龄奏，乡团误击湘勇，请将缉犯不力之知县惩处一折。江西新淦县乡勇，于上年八月堵御吉安窜匪之时，当湘勇追贼路经该处，并不查问明确，辄以传闻贼冒官兵，擅行截杀至一百余名之多，情节惨忍，难保无另有衅端及故杀情弊，必应悉获凶犯，彻底根究，从重惩办，以服军心。前代理新淦县事、金溪县县丞蒋诚，撤任新淦县知县张鸣岐，事前既不能弹压，事后又获犯寥寥，并不上紧缉拿,实属玩泄,著一并暂行革职,勒限两个月,责令协同代理知县陈本淳严拿行凶团勇,按名务获,归案审办。如逾限不获,再行严参,以示惩儆。钦此。

1682 咸丰九年十一月二十一日,内阁奉上谕:都察院奏,据顺天府通州署外委杜良呈称,伊父江西兴武卫千总杜阶平,于咸丰三年二月在金陵城内巷战杀贼阵亡,母、妻同时在寓殉难,迄今数年未蒙议恤等语。经该衙门查明,曾经漕运总督咨部,惟未将年月日及殉难情形声明由部咨查,未据申复。著署漕运总督联英迅即查明请恤,毋再迟延。钦此。①

1768 咸丰九年十二月初一日,内阁奉上谕:恽光宸奏,武闱乡试请改期举行一折。江西己未恩科并补行乙卯科武乡试,著准其改于明年三月内举行。该部知道。钦此。

1770 咸丰九年十二月初一日,内阁奉上谕:晏端书奏请赏假省亲一折。江西正考官晏端书著赏假一月,顺道往苏州省亲。钦此。

1995 臣等查:明岁新正应行加恩各省除盛京、江苏、浙江、湖北、湖南、河南、陕西、甘肃、广东、广西业经该将军、督抚等具奏毋庸接济外,福建一省尚未奏到,安徽一省经该抚奏明,体察大概情形,似可无庸接济。奉朱批:俟续查有应需接济之处,再行奏明办理。钦此。所有直隶、山东、江西三省,节经该督抚等奏到,臣等拟写谕旨三道,并开列日期清单进呈,恭候钦定。于单内批示日期,或分二日,或分三日,届时臣等遵照颁发。谨奏。

1996 (朱)咸丰十年正月初二日,直隶。
(朱)咸丰十年正月初四日,山东。
(朱)咸丰十年正月初四日,江西。

咸丰十年

10 咸丰十年正月初二日,内阁奉上谕:上年江西都昌等县被水,业经该抚委员查勘并酌予赈济抚恤,小民谅可不致失所,惟念今春青黄不接之时,民力未免拮据。加恩著将南昌、新建、丰城、进贤、金溪、鄱阳、余干、万年、建昌、德化、德安、湖口等十二县被灾较重之区察看情形,平粜仓谷,藉资民食。该抚即刊刻誊黄,遍行晓谕,务使实惠均沾,毋任吏胥舞弊,用副朕始和布惠,泽洽黎元至意。该部即遵谕行。钦此。

110 咸丰十年正月二十五日,内阁奉上谕:恽光宸奏查明督修城垣出力官绅,恳

① 按:兴武卫在南京,疑"江西"为"江南"之误。

请奖励一折。江西萍乡县城垣久未修葺，坍塌甚多，经该官绅等筹款督修，一律完固，藉资保障，所有在事出力各官绅，自应量予奖励。举人陈棨崙，著赏加国子监博士衔；县丞衔童有彬，著赏加州同衔；生员吴家杰等三名，均著赏给县丞衔；教谕彭际曦、即选训导刘文燮，均著赏加国子监学正衔；军功八品顶戴袁宝芳，著赏给县丞衔；候选直隶州州判谭丞坚，著赏加六品顶戴；生员颜心葵，著赏给八品顶戴；职员萧大梅等二名，均著交部从优议叙；萍乡县典史、升用府经历孟奎英，著以府经历补用；教谕周秉礼、知县马九功、万清、徐道昌、哈尔噶、尚阿，均著交部从优议叙。该部知道。钦此。

443　咸丰十年三月二十七日。内阁奉上谕：礼部奏新中举人到京逾限，恳请补行覆试等语。所有江西举人欧阳衔等及广西举人梁嵘椿，到京已逾覆试之期，实以道路梗阻，事出有因，著准其补行覆试，以示体恤，嗣后不得援以为例。钦此。

586　咸丰十年闰三月二十一日，内阁奉上谕：江西巡抚著毓科补授，张集馨仍著以三品顶戴调署江西布政使，福建布政使著裕铎补授，庄受祺著补授福建按察使。钦此。

619　本日江西等省举人补行覆试，应请简派阅卷大臣，谨缮名单进呈，伏候钦点二、三员，于二十六日清晨发下。谨奏。

623　咸丰十年闰三月二十六日，内阁奉上谕：倭仁等奏，京控应讯人员，久未到案，请饬催提一折。前因驿丞陈五福呈控克扣马乾银两案内，究出前任科布多帮办大臣富呢雅、杭阿等有收受谢仪等情，当降旨将富呢雅、杭阿等分别解任，归案备质。兹据奏称，日久均未前往，案悬莫结，著兵部饬催富呢雅、杭阿带同门丁郑二，迅赴奉天听候质审，并催提江西庐陵县解任县丞刘方亨一并归案审办。钦此。

630－632　臣赵光、文祥、杨式榖、毕道远跪奏，蒙发下江西等省举人补覆试卷九本，臣等公同阅看，拟列为三等九名，分别名次，于卷面粘签，恭呈御览，伏候钦定，再行折阅弥封，另缮名单进呈。谨奏。臣等查得此次覆试卷与墨卷笔迹均属相符。谨奏。三等九名：欧阳衔、姚步瀛、梁嵘椿、彭樾、彭程万、张经畬、欧阳耀泰、黄祖瀚、欧阳涛。

722　咸丰十年四月十五日，内阁奉上谕：毓科奏请将征解迟延之知县摘顶勒追一折。江西前署南城县知县王延长、现任南城县知县张鹏翰，于该县额解漕折银两，积欠至一万二千三百余两之多，经该抚屡次严催，久未完解，实属任意玩延。王延长、张鹏翰均著摘去顶戴，勒限两个月赶紧完解。倘限满未完，或查有亏挪情弊，即著从严参办。余著照所议办理。该部知道。钦此。

723　咸丰十年四月十五日，内阁奉上谕：毓科奏请将征解钱粮短绌之知县摘顶勒解一折。江西永丰县知县王承翼、前署新城县知县谢铨，于应征咸丰九年丁耗银两，欠解甚多，叠经严催，未据征解，实属惰玩。王承翼、谢铨均著摘去顶戴，勒限两个月赶紧报解。如再稍有蒂欠,即行严参惩办。谢铨业已卸署县事,著留于该地方会同现任知县陈崑实力催解,倘后任亦催征不力,即著一并严参。钦此。

793 咸丰十年四月二十七日,内阁奉上谕:毓科奏,查明江西各属被扰及逼近贼氛地方应征钱漕,恳恩分别蠲缓、递缓一折。江西省于咸丰八年被扰及以前各年被贼窜扰占踞地方,虽经官军次第剿除,收复郡县,而民间元气未复,间有水旱偏灾,若将应征钱漕照常征收,民力实有未逮。加恩著照所请,所有江西奉新县咸丰六年被扰原缓五年漕米,除带征外,其余未完民欠漕米、漕粮、脚耗、随漕、兵加;吉安府未完五、六、七、八等年商税、正脚;宜黄县六、七两年应征钱粮,除坐支经费外,未完民欠地丁、本折、物料、脚耗、随漕、牙税、藉谷,五年民欠地丁、本折、物料、脚耗、牙税、耤谷,三、四两年民欠地丁、本折、物料、脚耗,二年民欠地丁、折色、物料、脚耗,道光三十年并咸丰元年民欠脚耗、折色、物料;星子县五、六两年应征钱粮,除坐支经费外,未完民欠地丁、本折、物料、脚耗、随漕、兵折、兵加、府款、课钞、牙税、茶课、纸价、耤谷地租、救生田租、坐给兵米并节省回疆、天津等米屯粮丁、存留屯粮、漕运屯粮、余租,四年原缓余租除带征外,军欠余租同原缓兵加;建昌县三年兵加;九江府八年商税、水脚并盈余;德化县八年苗税、正脚、牙税、当税、耤谷,均著蠲免。新喻县被扰最重之崇仁区四都一、二、三图,正早区五都一、二、三图,六都三图,正安区七都三图,八都一二图,仁孝区十六都三图,擢秀区十七都三图,十八都一、二、三图,清亿区十九都一、二、三图,二十都一图等处,未完七年地粮银五千四百三十五两零,漕米二千九百三十五石零,著即蠲免。被扰次重之登丰区一都三图,二都二、三图,崇仁区三都二、三图,正早区六都一、二图,正安区七都一图,上乐区十三都二、三图,仁孝区十六都二图,擢秀区十七都一、二图等处,未完七年民欠地粮银七千七百五十五两零,漕米四千三百四十八石零,均著缓至八年秋后分作两年带征。又四、五、六年民欠地丁、漕米、本折物料、脚耗、随漕、兵折、兵加,二、三两年民欠地丁、漕米、折色、物料、脚耗、随漕兵折,三年本色物料同被水原缓地丁、漕米,元、二两年被扰各原缓地丁,道光三十年及咸丰元年民欠地丁、折色物料、脚耗,均著蠲免。永宁县六年应征钱粮,除坐支经费外,未完民欠地丁、本折、脚耗,均著蠲免一半,其余一半同浅船料价,均著缓至十年秋后分作两年带征;又民欠五年地丁并脚耗、四年地丁,均著蠲免。乐安县之东、西、南、北四隅并二、三、四、五、七、八、九都,十一、十二、十三都,二十四、二十五、二十九、三十都,三十六都等处,未完八年地粮银一万二千四百四十五两零,著缓至九年秋后分作两年带征。鄱阳县被扰最重之西北乡之十、八、九、二十、二十一都洋塘村、石门、芦林坂、大嵓山、田铺里、车陂庙,十二都一、二图,辛一、二图,崇一、二图,十四、五、六、七都等图线洲村、寺前村、飞星墩、荻浒滩、东山村、鸣山村、鉴玉里、章田渡、铁炉铺、草埠头、长山里、响水滩、童家滩、泥湾里、谢家滩及东北路之三十八九,四十,四十一、二、三、四都等图苦连坑、山下、凰冈、利阳镇、徐坊、鲫鱼山、马家建、白沙坞、界牌铺等处,未完八年地粮银一万二千五百九十五两零,漕米六千三百二十石零,均著蠲免;又被扰次重之西北乡五、六、七、八、九、十、十一都等图油城、花桥、小港、方土塘、橙子岭、童子渡、陶溪渡、永滩里、壁山黄、王家坂、马尾港、时山、柘港村、横玲溪、朗埠、荷塘里、便民桥、连山景，二十二，二十三四五六七八九，三十，三十一二都千一、松一图，三十四五六七都等图陈家岭、高沙坂、花门楼、梅源桥、黄泥坝、斜溪岭、垱里、港口、南塘山、许家坞、枧田街 、沙朗里、梅家咀、黎家岭、新桥村、汪家桥、余家桥、高家坂、新义操及东北乡之四十五六七九等都，五十、五十五都等图大里湖、驿前铺、冰田塔、冰桥、陈玲段、青塘、坑下、太阳埠等处，未完八年地粮银二万三千七百三十五两零，漕米一万三千三百三十九石零，并屯田坐落西、北两乡被扰应征八年屯粮丁、存留屯粮、漕运屯粮、余租，均著蠲免十分之四，蠲剩六分银米，著缓至九年秋后分作两年带征。余干县之东南、西南两乡六、七、八、九都，十八、十九、二十，二十一二三四五六七九都等处被扰荒芜各则民田，未完八年地粮银七千四百八十二两零，漕米四千五百二十八石零，均著缓至九年秋后分作两年带征。又东、南、西、北四隅及六、七、八、九都，十八、十九、二十，二十一二三四五六七九都，三十四五六都等处，未完七年地粮银一万四千一百九十六两零，漕米九千九石零，著缓至十年秋后分作两年带征。安仁县之一都一、二、三图，二都一、二图，三都一、二、三图，四都一、二、三图，五都一、二、三、四图，六都一、二、三图，七都一、二、三图，八都一、二、三、四图，十都一、二、三图，十五都一、二、三图，十七都一、二、四、五图，十八都一、二、三、四图，二十一都一、二、三、四图，二十二都一、二图等处被扰各则田地山塘，未完八年地粮银一万九百七十五两零，漕米二千七百二十三石零，同七年民欠地丁漕米，均著缓至十年、十一年秋后带征。又六年民欠地丁等银漕米，著缓至十一、十二两年带征；五年民欠地丁等银，著缓至十二、十三两年带征。德兴县八年应征钱粮，除坐支经费外，未完民欠地丁等银及随漕、兵折并酌缓六成漕米，同民欠七年地丁等银随漕、兵折、漕米，六年民欠地丁、随漕兵折，五年民欠随漕，三年随漕、兵折，均著缓至九、十两年带征。又二年民欠、随漕、兵折，著缓至十年、十一年带征。元年民欠、随漕、兵折，著缓至十一、十二两年带征。都昌县六年应征钱粮，除坐支经费外，未完地丁等银，著蠲免十分之六，蠲剩十分之四同应征漕兵米，著缓至十年、十一年带征。又民欠五年地丁银两，著蠲免；七年民欠漕兵米，著缓至九年秋后分作两年带征；五年漕兵米，著缓至十一、十二两年带征。德安县七年民欠本色兵米及额征余租、兵折、兵加，均著征收一半，其余一半著缓至九年秋后分作两年带征。又未完民欠七年地丁并额征屯丁存留屯粮、漕运屯粮，著征收一半，其余一半同额征湖租及五、六两年民欠地丁、本折物料、脚耗、随漕、兵折、兵加、节省、湖租、河课、地租、本色兵米、耤谷、屯丁存留、屯粮、漕运屯粮、余租，四年民欠、兵加、地租、湖租、余租、耤谷，二、三两年民欠、随漕、湖租、耤谷、漕运屯粮、余租，二年民欠、折色物料、脚耗，三年民欠、兵折、兵加，道光三十年及咸丰元年民欠、折色物料、脚耗、耤谷、漕运屯粮、余租，元年湖租，道光三十年地丁并二十六、二十八、二十九等年军欠及原缓余租，又道光三十年地丁并二十七年军欠余租、二十一年同咸丰元年原缓余租，均著蠲免。彭泽县之四、九、十二、二十都等处被扰未完八年地粮银三千八百八十六两零，同南卫下隅坂、三百户、杨梓桥民佃建德户、九都九卫古楼坂等处未完八年屯粮丁银六百二十四两零，存留屯粮银七百四十六两零，漕运屯粮银一千五百三两，余租银四千二百七十八两零,均著缓至九年秋后分作两年带征。又五、六、七年民欠地丁、本折物料、脚耗、随漕、兵折、兵加,节省米价、天津、回疆等银,当、牙二税,茶课、纸价、地租、耤谷、本色兵米、屯丁、存留屯粮、漕运屯粮、余租,压征四、五、六年芦课,四年地租、余租、兵加,均著蠲免。赣县六、七两年应征钱粮,除坐支经费并已完外,未完地丁、本折物料、脚耗、随漕、兵折、兵加、屯粮丁、存留屯粮、漕运屯粮、余租,均著蠲免十分之四,蠲剩六分银两,俱著缓至九年秋后分作两年带征。五年民欠、地丁、本折物料、脚耗、随漕、兵折、兵加、屯粮丁、存留屯粮、漕运屯粮、余租,均著缓至九年秋后带征。四年民欠地丁、本折物料、脚耗、随漕、兵折、兵加、屯粮丁、存留屯粮、漕运屯粮、余租,均著缓至十年秋后带征。三年民欠地丁并脚耗、随漕、兵折、兵加、屯粮丁、存留屯粮、漕运屯粮、余租同二年民欠地丁并脚耗、随漕、兵折、兵加、屯粮丁、存留屯粮、漕运屯粮,均著缓至十一年秋后带征。元年民欠地丁、脚耗、兵折,均著缓至十二年秋后带征。于都县八年应征钱粮,除坐支经费外,未完地丁、本折物料、脚耗、屯粮丁、漕运屯粮、余租,均著缓至九年秋后分作两年带征;又五、六、七年民欠地丁并脚耗、落地税盈余、当牙牛税、茶课、纸价、屯粮丁、漕运屯粮、余租,六、七两年地租、耤谷,五、六两年折色物料,道光三十年及咸丰元、二、三、四年民欠地丁、落地税,二、三、四年脚耗、折色物料、军欠漕运屯粮、余租,道光三十年地丁、脚耗,均著蠲免。又清查案内二、三、四、五、六、七、八等限应征余租,著展缓至九年正月再行起限、分年带征。信丰县八年应征钱粮,除已完及坐支经费并商税外,其余未完地丁等银同额征屯粮丁、余租,均著蠲免一半,其余一半照常征收。七年应征钱粮,除坐支经费并商税外,未完地丁等银、屯粮丁、余租,均著缓至十年秋后分作两年带征。又六年地丁等银、屯粮丁、漕运屯粮、余租,元、二、三、四、五等年民欠地丁、军欠屯粮丁,著概行蠲免。兴国县七年应征钱粮,除坐支经费及随漕商税、正脚外,其余未完地丁、本折脚耗,均著蠲免十分之四,蠲剩六分银两,著缓至八年秋后分作两年带征。六年应征钱粮,除坐支经费并已完及随漕商税、正脚外,其余未完地丁等银、屯粮丁、漕运屯粮、余租,均著蠲免三分之一,蠲剩三分之二著缓至九、十两年带征。又六年落地税、当牛牙税、商税、铁税、盐规、地租,三、四、五年漕运屯粮,元、二、三、四、五等年原缓余租,四年民欠地丁、军欠余租及原缓地丁,元、二、四年商欠落地税、盐规,二、三、四年商欠铁税,著概行蠲免。又清查案内四、五、六三限应征余租,著缓至十一年二、三两限全完,再行起限征收。会昌县五、六、七年地丁、屯粮丁、余租,元、二、三、四年屯粮丁、余租,道光二十九、三十年军欠余租,著概行蠲免。又清查案内应征各年余租,著缓至九年另行起限,分年带征。石城县民欠七年地丁,著缓至十年秋后分作两年带征;六年地丁,著缓至十一、十二两年带征;五年地丁,著缓至十二、十三两年带征;四年地丁,著缓至十三、十四两年带征;三年地丁,著缓至十四、十五两年带征。又万载县六年被扰原缓地丁等银、随漕兵折、兵加、屯粮丁、存留屯粮、漕运加增余租,著递缓至八九两年带征。南昌、新建、万年三县四年被扰,新建、丰城二县五年被扰,丰城、德兴、万年三县六年被扰,丰城、进贤、万年三县七年被扰各原缓钱漕;丰城县七年被扰原加缓六年地丁,除完纳外,其余地丁并原加缓漕米;分宜县六年被扰原缓地丁等银;德兴县五年被扰原缓地丁等银、漕米、兵折及四年被扰原缓漕米，三年被扰原缓钱漕；安义县六年被扰原缓漕米，均著递缓至九、十两年带征。宜春县六年被扰原缓地丁等银、屯丁、存留屯粮、漕运屯粮、余租，著递缓至九、十、十一等三年带征。南昌、新建、丰城三县三年被扰原缓银米；进贤县六年被扰原缓银米；鄱阳县七年被扰原缓地丁等银、漕米、存留屯粮、漕运屯粮、余租；德兴县三年被扰原缓二年丁耗；建昌县并安义县寄庄，建昌县六年被扰各原缓漕米；建昌县兵米，均著递缓至十年、十一年带征。南昌、新建二县三年被扰原缓二年地丁，进贤县五年被扰原缓银米，分宜县六年被扰原缓五年地丁等银，鄱阳县六年被扰原缓地丁等银、漕米、屯丁、存留屯粮、漕运屯粮、余租，余干县六年被扰原缓银米，德兴县三年被扰原缓元年丁耗，均著递缓至十一、十二两年带征。丰城县三年被扰原缓二年银米，著递缓至十一年带征；原缓元年地丁，著递缓至十二年带征；原缓三十年地丁，著递缓至十三年带征。鄱阳县五年被扰原缓银米，德兴县三年被扰原缓道光三十年丁耗，都昌县三、四两年各被扰原缓漕兵米，建昌县并安义县寄庄，建昌县五年被扰各原缓漕米，均著递缓至十二、十三两年带征。鄱阳四年被扰原缓漕米并本色兵米、余租，余干县四年被扰、安仁县四年闻警各原缓银米，均著递缓至十三、十四两年带征。鄱阳县三年被扰原缓漕米并漕运屯粮、余租、兵加，建昌县并安义县寄庄，建昌县四年被扰原缓漕米，建昌县原缓兵米，均著递缓至十四、十五两年带征；安义县寄庄建昌县三年被水原缓漕米，著递缓至十五年带征；建昌县三年被水、被扰原缓漕米、安义县寄庄，建昌县元年被水原缓漕米，均著递缓至十六年带征；建昌县元年被水原缓漕米，著递缓至十七年带征，以纾民力。

该抚即刊刻誊黄，遍行晓谕，务使实惠均沾，毋任吏胥舞弊，用副朕轸念民依至意。余著照所议办理。该部知道。钦此。

794　咸丰十年四月二十七日，内阁奉上谕：毓科奏，查明被水、被旱田地收成歉薄、请将应征新旧钱漕分别缓征、递缓一折。江西省各属八年被水、被旱田地收成歉薄，若将应征新旧钱漕照常征收，民力实有未逮。加恩著照所请，所有南昌县之二都三、四、五、七、八图，三都六图，四都六图，六都三、六、七图，八都五、下六图、十都二、六、十、十二图，十二都下七图，十四都三、六图，十五都南四、北四、下四、七、八图，十六都二、三、四、五图，十七都二、三、五、六图，十八都一、三、五图，十九都三、四、五、七、八、九、十图，二十一都南一、二、三图，二十二都二、六、七图，二十三都一、二、三、四、五、十一、十四、二十一图，二十四都一、三、八、九、十图，二十五都三、四、六、七、八、十、十四图，二十六都一、三、六图，二十七都二、五、十、十二图，四十五都长一、二、三、四、五、六图，四十六都一、二、三、四、五、六、七、九、十、十三、十四图，四十八都长一、二、三，南一、二、三、四，北一、二、三图，军都五图，被淹各则民田二千二十七顷九十六亩零，未完地粮银五千三百六两零，漕米九千五百三十二石三斗零；新建县之东河五十五都一、二、三、四、五图，五十六都一、二图，中河之五十三都一、二、三、四图，五十四都一、二、三、四、五图，西河之十二都五图，十三都三图，三十二都六图，三十三都三图，三十六都三、四图，三十七都三图，三十九都一图，四十都二图，四十一都三图，仪凤乡四十二都一、二、三图，五谏乡四十二都一、三图，四十三都一、二图，四十四都一、二、三、大三、四图，四十五都一、二、三、四图，四十六都一、二、三、四图，四十七都一、二、三图，四十八都一、二、三、四图，四十九都一、二图，五十都一、二图，五十一都一、二图，五十二都一、二图，军都六图并六、七、八、九、十等坊，被淹各则民田三千三百四十六顷六十九亩零，未完地粮银七千二百九十五两零，漕米七千二百六十五石二斗零；丰城县之九坊八十六都二图，八十七都五、六、七、八图，八十八都一、二、三、四、五、六、七图，八十半都一图，被淹各则民田三百一顷七十七亩零，未完地粮银四百八十两零，漕米一千一百九十一石三斗零；进贤县之七都一、二、三、四、五、六、七军图上，八都一、二、三、四、五、六、七、八、九、十图，十七都一、二、三、四、五、六、七、八、九图，二十都一、二、三、四、五、六、七、八、九、十、十一、十二图，三十三都一、二、三、四、五、六、七图、下五坂，二十七都一、二、三、四、五图，二十八都一、二、三、四图，二十九都一、二、三、四图，三十都一、二、三、四、五图，三十一二都一、二、三、四图，被淹各则民田二千六顷十六亩零，未完地粮银五千七百二十四两零，漕米七千三百七十二石四斗零。高安县之东南厢一、三、四图，西南厢一、二、三图，北东厢一、二图，北西厢一图，十六都一、二图，十八都一、二图，十九都二、三图，四十五都一图，二十二都一、三图，四十六都二图，二十五都一、二、三图，二十六都二图，二十七都三图，四十二都二图，四十三都一图等处被扰之后复被水淹，未完咸丰七年地粮一千七十九两零；鄱阳县之东、南、西、北四隅及三、四都，五十一二都，五十八九都，六十四五六七都等图之河风圩、南湖圩、河口圩、东塘、英子圩、汤湾圩、朗上圩、东朗圩、乔木湾南北圩、樟潭圩、白溪圩、角山圩、小渡圩、青泥圩、濠湖圩、畹子圩、高沙圩、新玲圩、问龙圩、南港圩、渡头圩、郭溪圩、北湖圩、塘头圩、箭玲圩、永兴圩、承潭圩、吉潭圩、蔡家圩、王家圩，被淹各则民田一千七百六十七顷十二亩零，未完地粮四千三百二十三两零，漕米二千五百二十二石八斗零。余干县之东、南、西、北四隅及二、三、四、五、六、七、八都，十八、十九、二十、二十七、二十八、二十九、三十都，三十一二三四五、六都，被淹各则民田二千三百四十六顷九十八亩零，未完地粮银五千四百二十七两零，漕米四千九百六十二石一斗零；万年县之青塘村，十三都一图石头村，十三都三、四图山背村，十四都三图双蓝村，十四都四图塘东村，十二都三图均湖村，十二都四图、十三都三图白马村，二都一、二图雷华村，二都三图道港村，十三都二图隔港村，十三都四图、南隅一图余柏村，十四都一、二图燃湖村，十一都四图隔塘村，一都一、二、三、四图陶岭村，东隅一、二图永丰村，西隅一图，被淹三则田地一千二百二十七顷六十三亩零，未完地粮银二千五百六十九两零，漕米一千四百五十八石七斗零；建昌县之永丰乡一图、二图潭川圩、小河，三图永收圩，四图永兴圩、沙港圩，五图陆德圩、和安圩、北改兴圩，六图嘴上圩、史家圩、丰稔圩、石州圩，七图北长滩圩，八图山泉圩、小泉圩，九图江上圩、江前圩，十图大岸圩、大岸小圩，十一图大岸下圩、木塘圩，十二图永兴圩，十三图古牯圩、龚家圩，十四图忠厚圩、丰厚圩、南改兴圩，十五六图李婆圩、柘湖圩、东兴圩，凝远乡一图鸦雀湖，三图车溪湖，四图雀湖，五图朗湖，六图鸭塘湖、湾头湖，七图下村湖、八图杨泗圩，丰安乡三图桐陂湖，四图南津湖，五图白水湖，十图江夏湖，十一、十二图山角下圩，又丰一、丰二图，德政乡一、二图、三图南堡湖，五图高桥湖，四、六图堰头湖，归义乡一图下堡郑家坂，四图南湖汊，三、五图，新城乡三、八图，鄱阳坂东西两边，钓台乡四、五图、七图长垅圩，九图，市镇乡二图渡头湖，三图墁头湖，四图马家湾、芦镇，修智乡一图、二、三图陈桥坂，四图藕潭，被淹各则田地二千九百六十五顷七十二亩零，未完地粮银一万一千九百九十三两零，漕米五千八百八十二石六斗零；安义县寄庄建昌县各乡被淹各则田三十五顷七十八亩零，未完地粮银二百七十六两零，漕米一百二十六石三斗零；德化县之桑落、封一、封二、赤松、德化、仁贵、白鹤、仙居、南昌、甘泉、楚城、泰临、通津、新民等乡，被水冲沙压各则民田地一千三百二顷六十三亩零，未完地粮银二千十八两零；又被水冲沙压各则屯田及芦洲田地并密稀芦等被水未完漕运屯粮银二千七百四十三两零，余租银四千五百九两零，芦课银三百五十一两零；德安县之黄湾堡、陈湾堡、固村堡、墩下堡被淹各则民田一万一千五十八亩零，未完地粮银八百三十二两零。又南、九二卫坐落陈湾堡被淹各则屯田未完屯丁银七十两零，漕运屯粮银二百二十九两零；瑞昌县之甘露乡北巢堡、南阳堡、秦城堡、双城堡、洪二乡、界首堡，今一乡禁坪堡、黄桥堡、封门堡、牛山堡，今二乡北亭堡、吴塘堡、马头堡、连山堡、西垅堡、河塘堡，安泰乡金冈堡，洪一乡罗城堡被淹各则田地二百十九顷零，未完地粮银七百九十九两零；湖口县被水、被旱普缓十分之三地粮银四千五百四十六两零，漕运屯粮银四十五两零，余租银一百二十八两零，俱著缓至咸丰九年秋后分作两年带征。又德安县之金鸡堡、附城堡、后田堡、河东堡、在市堡、乌石堡等处被淹十分之三各则民田田地，未完地粮银九十八零，屯丁银一百五两零，漕运屯粮银三百四十四两零，俱著缓至咸丰九年秋后一并带征。又德化县之桑落、封二、赤松、仁贵、德化等乡被扰后复因芦洲屯田被淹，未完咸丰七年芦课银二百二十四两零，漕运屯粮银一千八百两零，余租银四千十两零，均著缓至咸丰十一、十二年秋后带征。其南昌、新建、丰城、进贤四县咸丰七年被水，建昌县七年被水、被风，并安义县寄庄，建昌县七年被水各原缓银米；南昌县咸丰六年被水、被旱，新建县六年被旱原缓银米；南昌、新建二县五年被水原缓地丁并原缓完剩漕米；南昌县三年被水原缓地丁并原缓完剩漕米；丰城、万年二县三年被水原缓银米，俱著递缓至咸丰九、十两年带征。又南昌、新建二县咸丰二年被水原缓银米，进贤县六年被旱并余干县四年被水各原缓银米，俱著递缓之咸丰十年、十一年带征。又南昌、新建、丰城三县咸丰元年被水原缓银米，进贤县五年被水并余干县三年被水各原缓银米，俱著递缓至咸丰十一、十二两年带征。又进贤县咸丰四年被水原缓漕米并原缓完剩地丁，余干县二年被旱原缓银米，俱著递缓至咸丰十二、十三两年带征。又余干县咸丰元年被水各缓二限银米，著递缓至咸丰十三年带征。又进贤县咸丰三年被水原缓银米，著递缓至咸丰十三、十四两年带征。又进贤县咸丰二年被水、被旱并鄱阳县咸丰三年被水各原缓银米，俱著递缓至咸丰十四、十五两年带征。又进贤县咸丰元年被水原缓银米，著递缓至咸丰十五、十六两年带征，以纾民力。

该抚即刊刻誊黄，遍行晓谕，务使实惠均沾，毋任吏胥舞弊，用副朕轸念民依至意。该部知道。钦此。

880
…………
江西：
（归）高心变；
△彭泽春；
○彭世昌；
○胡昌铭；
△傅大章；
△刘宗岱；
、王廷鉴；
○苏铬；
、刘绪；
△彭克仪；
△李宝铭；
、蔡振玉；
、焦友森；
△郑培基；
○许廷桂；
、余瓒馨。
…………

965　咸丰十年五月二十六日，内阁奉上谕：毓科奏请将玩视秋谳、延不造报之知县撤任议处一折。江西署瑞金县知县解仲翱，于该上司叠次催令确查秋审要犯雷泳生仔，迄未详覆，以致无凭造报，实属玩误。解仲翱著即行撤任，交部照例议处，以示惩儆。钦此。

992　查：军机章京、刑部郎中蒋超伯昨日奉旨补授江西道监察御史，所遗章京一缺，应请以署缺行走之工部候补主事蒋继洙充补，所署户部郎中康锡龄简放坐粮厅监督之缺，应即以额外行走之户部候补主事蔡兆槐接署，并添传记名之内阁候补中书王思炳在额外行走。谨奏。咸丰十年五月二十九日。奉旨：知道了。钦此。

1001　咸丰十年六月初一日，内阁奉（朱）上谕：江西南赣镇总兵员缺，著陈金鳌补授。钦此。

1024　咸丰十年六月初四日，内阁奉上谕：江西吉南赣宁道员缺，著沈葆桢补授。钦此。

1254　咸丰十年七月初七日,内阁奉上谕:庆端等奏,告养在籍道员仍恳终养一折。新授江西吉南赣宁道沈葆桢,著仍准其在籍终养,所遗员缺著李瀚章补授。钦此。

1255　查:吉南赣宁道系冲繁难要缺。谨奏。

1385　咸丰十年七月二十一日,内阁奉(朱)上谕:江西饶州府知府员缺,著钟世桢补授。钦此。

1386　咸丰十年七月二十一日,内阁奉(朱)上谕:江西饶州府知府员缺,著钟世桢补授。钦此。

1387　查:饶州府系冲繁难要缺。谨奏。

1507　军机大臣字寄钦差大臣、协办大学士、湖广总督官,头品顶戴、署湖北巡抚胡,署湖南巡抚、布政使文,盛京将军玉,山东巡抚文,江西巡抚毓。咸丰十年八月初五日奉上谕:(摘抄起)户部奏,酌提各省漕折银两,采买粮石,以实仓储一折(摘抄止)。京仓为根本至计,兵民口食攸关,亟应广为筹画,现在江西、湖南、湖北军务肃清,闾阎安业,所有应征各款自可照旧征收。(摘抄起)著官文、胡林翼、文格、毓科将江西漕折银提四十万两,湖南、湖北漕折银各提十万两,务于年内一律解京,并将起解银数、日期先行奏报;奉天、山东二省前经谕令筹办推广捐收粮米,如何章程,著玉明、文煜迅速妥议具奏(摘抄止),毋稍延缓。将此由六百里各谕令知之。钦此。遵旨寄信前来。

1673　咸丰十年九月十一日,内阁奉上谕:毓科奏,倡捐军饷并道员捐输,恳恩奖叙等语。江西巡抚毓科率同督粮道李桓、广饶九南道文恒,倡捐银两以助军需,实属急公。毓科,著该部查明该抚子弟,给予奖叙;李桓著赏加按察使衔;文恒著交部从优议叙。钦此。

1773　军机大臣密寄盛京户部侍郎兼管奉天府府尹倭、府尹景、直隶总督恒、传谕直隶布政使文谦、钦差大臣两江总督曾、署两江总督江苏巡抚薛、闽浙总督庆、福建巡抚瑞、浙江巡抚王、两广总督劳、广东总督耆、山东巡抚文。咸丰十年九月三十日,奉上谕:据恭亲王奕䜣等奏,夷人送到刊刻条约通行各省,请密谕沿海各督抚酌办等语。英、弗两夷业经换约退兵,该夷酋送到刊刻通行各省条约告示,请钤用钦差关防,由该酋等自行带往各省,交府尹、督、抚宣布。恭亲王等以事既通行,若不钤印恐为藉口,业已照办。此次该夷称兵犯顺,扰及京师,虽经互换和约,其条约中所载多有滞碍难行之处,朕恐荼毒生灵,不得不保全大局,俯从所请。既经通行各省,势难再有变更,全在各省封疆大吏设法羁縻,于条约外不得任令另生枝节。如该酋等在各省请议详细章程,仍可于权宜之中寓限制之意,总期不得贻患无穷,庶可相安永久。著倭仁、景霖、恒福、文谦、曾国藩、薛焕、庆端、瑞瑸、王有龄、劳崇光、耆龄、文煜等于该酋到后妥为驾驭,悉心筹办。其奉天、天津、山东等处,系新设埠口,尤关紧要,并著酌核妥议办理,是为至要。将此由六百里密谕倭仁等并传谕文谦知之。钦此。遵旨寄信前来。

1865　军机大臣字寄钦差大臣、和硕恭亲王奕，大学士桂，户部左侍郎文。咸丰十年十月十四日，奉上谕：倭仁等奏请将通商条约先行封寄等语。前据恭亲王奕䜣等奏，英、弗两国条约交夷酋带往各省，兹据倭仁等奏称，夷人刊刻条约，自行宣布，恐真伪莫辨，转多藉口。奉天、海口新设埠口尤关紧要，所有英、弗等国八年及本年所议条约，著奕䜣等抄录一份，先行密封寄交倭仁等斟酌办理。其余闽、浙、两广、山东、江苏、浙江等省，均著一体抄寄，以免歧误。将此密谕知之。钦此。遵旨寄信前来。

1882　军机大臣字寄盛京将军、奉天府府尹、直隶、江苏、安徽、山东、山西、河南、陕西、甘肃、四川、浙江、福建、江西、湖北、湖南、广东、广西、云南、贵州各督抚。咸丰十年十月十八日，奉上谕：向年各直省偶遇偏灾，除随时降旨加恩赈济、蠲缓钱粮及由各该将军、督抚折内声明被灾处所业经赈恤外，每于十月初间寄谕各省将军、督、抚，令其查明应否接济之处，于封印前奏到，候朕于新正降旨加恩。本年八月，朕巡幸木兰，一切档册及抄存折件未及携赴行在，因思各该省或遇灾歉，或遭兵革，小民困苦流离，每多失所。朕恫瘝在抱，无日不念切民依。所有各直省本年被灾、被扰各州县，如有应行接济赈恤之处，著各该将军、督、抚详细查明，仍于封印以前奏到，候朕于新正降旨加恩，以副朕普锡春祺之至意。将此由五百里各谕令知之。钦此。遵旨寄信前来。

1892　军机大臣密寄钦差大臣、协办大学士、湖广总督官，头品顶戴、署湖北巡抚胡，暂署两江总督、江苏巡抚薛，江西巡抚毓，署江宁将军、京口副都统巴，福建陆路提督李。咸丰十年十月二十日，奉上谕：恭亲王奕䜣等奏，英国欲于长江通商，业经给予照覆允准一折。长江通商一节，八年原定和约内载明除镇江一年后立口通商外，其余自汉口溯流至海，各地选择不逾三口，准为夷船出进货物通商之区。今该国以抚局已成，欲先赴汉口、九江两处开商，应纳税饷，或在上海、镇江各关按照新章交纳。并据该酋照会内称，先向海关报明护船兵器、火药、铅弹等物，请给照单。该关口查明所报军器数目，如在情理之中，即注明给发，倘有额外军器，或并无照单、私行售卖者，即将该船所载货物全行入官，并驱逐该船出口，不准在江面贸易各等语。该夷此次严定章程，无非虑中国防其勾结贼匪、售卖军火等物，有意存见好之心，业经恭亲王等允其咨照湖北、江西各督抚矣。惟汉口、九江两处系属通商创始，所有一切章程必须按照条约与之妥为商定，毋令别生枝节，以期永远相安。其进口、出口应纳税饷，恭亲王已令其与上海关公同商酌，亦须明定章程，免致税课亏短。至该洋船所带兵器、火药等，已据该酋声明在海关呈报，均须严密稽查，照章办理。其经行江面地方，所有防守弁兵，俱应饬令一体知悉，毋得滋生疑虑，以致别启衅端。著官文、胡林翼、薛焕、毓科、巴栋阿、李若珠等悉心妥办，总期杜渐防微而又不至有伤和好，方为至要。将此由六百里密谕倭仁等、并传输文谦知之。钦此。遵旨寄信前来。

1921　咸丰十年十月二十六日，内阁奉上谕：毓科奏请将擅受酿命之巡检革职审办一折。江西南康县相安司巡检张以爵，于民人钟勋林控告罗云松一案，并不送县办理，辄行票差查拘，以致罗云松被逼自缢，实属擅受酿命且难保无授意婪索情事。张以爵著即革职，交毓科提同全案人证、卷宗研讯确情，从严究办。钦此。

1922　咸丰十年十月二十六日，内阁奉上谕：毓科奏，升任道员捐资助饷等语。前任江西吉南赣宁道升任福建按察使林福祥，著赏加布政使衔，以示奖励。钦此。

1998　咸丰十年十一月十四日，内阁奉上谕：倭仁等奏，应讯人员延未到案，请饬催提一折。江西庐陵县丞刘芳亨，前因驿丞陈五福等呈控于国宝克扣马乾一案，经倭仁等奏参解任，归案审办，业由江西委员押解起程，日久尚未到案，著沿途各督抚查明该员现在行抵何处，严催委员押解迅赴奉天归案质讯，毋许逗遛。钦此。

2093　军机大臣字寄钦差大臣、和硕恭亲王奕，大学士桂，户部左侍郎文。咸丰十年十二月初六日，奉上谕：薛焕奏请饬奕䜣等发给英人李泰国劄，谕令其帮办各口通商事务等语。新定通商税则既有外国人帮办税务一条，该英人李泰国系总司税务，所有新设通商各口，自可令其一体经理。著奕䜣等即行发给执照，交李泰国收执，责令帮同各口管理通商官员筹办，并著恭亲王等咨行通商各省将军、督、抚、府尹等，一体查照，其置买巡船等件及辛工经费，亦著一并咨饬各口与李泰国会议妥办，毋任冒滥。原片著抄给阅看。将此由五百里各谕令知之。钦此。遵旨寄信前来。

2096　咸丰十年十二月初六日，内阁奉上谕：曾国藩、毓科奏请将知府对调一折。江西广信府知府著钟世桢调补，所遗饶州府知府即以光泰对调。钦此。

2163　咸丰十年十二月十七日，内阁奉(朱)上谕：江西九江镇总兵员缺，著黄开榜补授。钦此。

2169　胡林翼折十年五月初三日

前江西广饶九南道沈葆桢。识略冠时，才堪济变，其在广信府城，贼众数万飙忽乌集，军民震骇，巷无居人，沈葆桢登陴设守，效死不去，遂以集援兵而完境土，咸丰九年与长官不谐，乞假归养，至今广信士民望如慈父母。

按察使衔浙江记名道李元度。血诚果毅，志节清严，咸丰五、六、七、八年在江西劝捐练勇，转战建昌、广信二府，完守贵溪等四县危城，以数千饥疲之卒当数十万贼，军无半菽，手无寸柄，惟以激励忠义，保全城池。江西、浙江军民至今争之。

以上二员可胜封疆藩臬之任。

…………

2257　臣等查明岁新正应行加恩各省，除奉天、河南、陕西、湖北、湖南、广西业经该将军、督抚等奏毋庸接济外，江苏、江西、甘肃、四川、浙江、福建、广东、云南、贵州九省尚未奏到，安徽一省经该抚奏明被灾、被扰各州县来春应否接济、查明再行具奏。奉朱

批:知道了。钦此。所有直隶、山东、山西三省节经该督抚等奏到。臣等拟写谕旨三道,并开列日期清单进呈,恭候钦定。于单内

批示日期,或分二日,或分三日,届时臣等遵照颁发。谨奏。

咸丰十一年

13 咸丰十一年正月初三日,内阁奉上谕:江西赣州府知府员缺紧要,著该督抚于通省知(朱)府内拣员,调补所遗员缺,著陈濬补授。钦此。

14 咸丰十一年正月初三日,内阁奉上谕:毓科奏请将惰征新赋之州县各员摘顶勒解一折。江西署宁都州知州、候补同知潘毓瑞,署信丰县、南康县知县钱坦,于应征咸丰十年份丁耗银两,历经该抚严催,毫无完解,实属催征不力。潘毓瑞、钱坦,均著摘去顶戴,勒限两个月,饬令赶紧完解。潘毓瑞业经撤任,仍著留于该地方,会同代理知州郭毓龙实力催解。该员等倘仍不知愧奋,即行从严参办。钦此。

15 咸丰十一年正月初三日,内阁奉上谕:毓科奏,甄别才不称职之守令,请分别改简、休致、降革一折。江西赣州府知府胡天墀、南昌县知县屈怀珠,才欠开展,不胜繁剧,均著以简缺酌量补用;准升定南厅同知浮梁县知县刘道衡、玉山县知县袁翼,年力就衰,难期振作,均著原品休致。万年县知县邢肇霈、准补新昌县知县汪壬,才具平庸,办事竭蹶,均著以府经历县丞降补,归部铨选;南城县知县张鹏翰,糊涂躁妄,不协舆情;广丰县知县刘钟洛,沉湎于酒,任性妄为,均著即行革职,以示惩儆。该部知道。钦此。

120 军机大臣密寄钦命总理各国事务和硕恭亲王奕、大学士桂、户部左侍郎文。咸丰十一年正月二十六日,奉上谕:本日据薛焕奏,英国兵船驶赴长江,前往汉口等处,路过金陵,欲见发逆。并据巴栋阿奏,英国商船现抵镇江,有轮船一只前往金陵上游查看江面,欲使粤匪知其来往通商,毋得拦阻各折片。览奏均悉。英夷于九江、汉口两处开商,现与发逆交结。该夷甫与中国换约,虽不助我剿贼,亦未必遂勾通粤逆,再启兵端。惟此后该国商船往来江西,恐金陵逆匪借伊船只装载贼匪驶入天津海口,其患不可不防。此事若由中国稽查,恐该夷心生疑忌,不如向该酋告以现在汉口、九江通商,各国船只往来甚多,恐粤匪假充商贾,混迹其中,窜入天津海口,中国无从稽查,应由贵国派人将出口、进口人数严密查察。如有贼匪潜赴天津,务即代为拿获,以见彼此和好之道。著恭亲王奕䜣等悉心筹议,或行文照会,或与威妥玛等当面言定之处,即行酌量办理。至由海关查验护船兵器,该夷前已照会恭亲王,自必遵照办理矣。薛焕、巴栋阿各折片,均著抄给阅看。将此密谕知之。钦此。遵旨寄信前来。

312 咸丰六年二月初九日,内阁奉上谕:现在江苏、安徽、江西、湖北、湖南、广西、贵州各省正当办理军务之际,著该督抚于所属各员中秉公察看,如有官声才具堪胜道府之任者,著各酌保数员,以备简放。钦此。

314　咸丰十一年三月初五日，内阁奉上谕：毓科奏请将才不胜任之知府改简一折。江西抚州府知府李瑞章，才具未能开展，办事每形迂缓。著开缺，以简缺知府归部选用。照例送部引见。钦此。

315　咸丰十一年三月初五日，内阁奉(朱)上谕：江西抚州府知府员缺，著吴祖昌补授。钦此。

316　咸丰十一年三月初五日，内阁奉(朱)上谕：江西九江府知府员缺，著景惠补授。钦此。

317　查：抚州府系繁疲难要缺，九江府系冲繁难要缺。谨奏。

525　咸丰十一年四月十二日，内阁奉上谕：毓科奏，藩司捐输饷银等语。署江西布政使张集馨捐输饷银，尚属急公，著交部从优议叙。钦此。

584　咸丰十一年四月二十四日，内阁奉上谕：户部奏，江西省地屯粮历年蠲缓，延不造报，请将巡抚议处一折。江西省咸丰六、七、八、九等年征收上下忙地屯等款钱粮，经户部节次奏催，未经造报。上年十二月，复经该部奏参勒限两个月，分晰补造，乃该省并不实力督催。仅于历次届限时以军务藉词请展，为搪塞之计。至十年份上忙钱粮，该抚复以应蠲、应缓未能勘定咨部展限，并未专折具奏。似此辗转推卸，任意因循，实属疲玩。江西巡抚毓科，著先行交部议处，并著查取办理迟延各职名，送部核议。所有该省自六年下忙起至十年下忙止地屯等款钱粮，著该督抚饬藩司分别蠲缓应征各数，赶紧造册奏咨，毋再迟延；其蠲免各款，倘查有不肖州县朦混催征，即著该抚从严参办。钦此。

600　咸丰十一年四月二十六日，内阁奉上谕：江西吉安府知府员缺，著高延绶补授。钦此。

601　查：吉安府系繁疲难最要缺。谨奏。

659　咸丰十一年五月初十日，内阁奉(朱)上谕：江西广饶九南道员缺，著廷曙补授。钦此。

660　查：广饶九南道系冲繁中缺。谨奏。

751　咸丰十一年六月十三日，内阁奉上谕：毓科奏，藩司因病请假并恳开署缺一折。署江西布政使张集馨，著赏假一个月调理，毋庸开署缺。钦此。

802　瑞昌王有龄奏，贼踞金华、兰豁、寿昌三城，复扰淳安，请催湖南、湖北、福建、江西解饷。又请饬米兴朝回杭折。查米兴朝已据瑞昌等奏，现抵东阳，毋庸饬催。

谨拟由六百里寄谕湖南、湖北、福建、江西各督抚,迅解浙饷。……

823 ……曾国藩奏,遵查署江西布政使张集馨在九江守候法、米公使,因闻警报,潜往庐山,旋即回省,为外国人轻视,实属畏葸,请即革职,并声明臬司张敬修体弱多病片。谨拟明发谕旨,将张集馨革职,其江西布政使员缺,另缮空名谕旨,恭候简放。张敬修应否勒令休致,员缺另请简放?伏候批示。

曾国藩奏,彭玉麟现带水师在江西、湖北攻剿吃紧,请饬两广督抚,按察使一缺,遴员署理,并行知彭玉麟暂缓陛见片。谨拟明发谕旨:彭玉麟现在军营,广东按察使著该督抚派员署理。彭玉麟俟军务稍平,再请陛见。

彭玉麟奏,谢授广东按察使恩折。谨拟,知道了。

…………

825 咸丰十一年七月初四日,内阁奉上谕:江西布政使著 补授。① 钦此。

826 咸丰十一年七月初四日,内阁奉上谕:江西按察使著 补授。② 钦此。

830 ……曾国藩奏请以开复总兵唐义训署皖南镇总兵,并请江西候补知府姚体备以道员归安徽补用,即令署徽宁池太广道,并请另铸皖南镇道关防折。谨拟明发谕旨:皖南镇总兵,准以唐义训升署,姚体备以道员归安徽补用,署徽宁池太广道。余著照所拟办理。

…………

曾国藩奏,饬江西南赣镇总兵陈金鳌赴任片。谨拟:知道了。

…………

毛鸿宾奏,江西匪窜通城、蒲圻;粤西匪窜灌阳,逼近江永;贵州匪扑铜仁府城。现筹防剿折。谨拟:览奏俱悉。

…………

844 咸丰十一年七月初八日,内阁奉上谕:江西布政使著庆廉补授。钦此。

845 咸丰十一年七月初八日,内阁奉上谕:江西按察使著文辉补授,即赴新任,毋庸来京请训;其所署湖北按察使,著阎敬铭署理。钦此。

866 官文等奏,克复通城等城,南岸肃清,请将失守池城随同克复之知县傅诗、王筠节革职,自行收复之署咸宁县知县金东昀、署蒲圻县知县孙宝田革职暂留本任,署武昌县知县龙云、代理兴国州知州徐芝、代理大冶县知县王镛、署通山县知县王绍薪补缺后革职留任出力请保折。谨拟明发谕旨写:胜仗知县傅诗等,均照所请办理。

---

① 按:原档"著"字后即空名。

② 按:原档"著"字后即空名。

官文等奏，克复义宁州城，请将已革皖南道李元度赏还按察使衔，该员皖南道失守一案，仍由曾国藩办理片。谨拟明发谕旨写：胜仗李元度，照所请奖励。

官文等奏请将丁尤直隶州知州李元嘉仍留李元度营差委片。谨拟：依议。

曾国藩奏遵复华祝三奏贼扰江西，历次援剿及副将李金旸陷贼逃出正法折。谨拟：览奏俱悉。

曾国藩奏，将率勇闹饷复弃营逃溃之千总黄胜林按军法处决片。谨拟：知道了。

曾国藩奏，皖南、江西、湖北近日军情片。谨拟：知道了。

…………

倭仁、和润奏，解任江西庐陵县县丞刘方亨，恃符狡展，请革职严审折。谨拟明发谕旨：将县丞刘方亨革职严审。

庆昀、廉至奏，审明反狱案犯精累即仲谷呼正法折。谨拟：知道了。

…………

914　咸丰十一年七月二十日，内阁奉上谕：倭仁、和润奏请将恃符狡展之解任人员革审一折。解任江西庐陵县县丞、前任盛京首驿驿丞刘方亨，被控截扣马乾银两一案，经倭仁等饬令承审各员研鞫，刘方亨抗不服审，辄以承审官回护、瞻徇、逼供等词呈控。所指承审官候补知县陈晋吉改抹驿丞范庆云未定供词一节，与该员并无干涉，显系意存挟制，并欲将呈词发还，起灭自由，居心尤属险诈。刘方亨著即革职，交倭仁、和润严行审讯，务得确情，按律惩办。钦此。

982　咸丰十一年八月初三日，内阁奉上谕：本年值更换学政之期，除顺天学政杨式谷、安徽学政马恩溥、河南学政景其濬、四川学政黄倬、广西学政张正椿、云南学政张锡嵘毋庸更换外，江苏学政著梁瀚去，江西学政著冯誉骥去，浙江学政著吴保泰去，福建学政著厉恩官去，湖北学政著贾瑚去，湖南学政著白恩佑去；山东学政著尚庆潮去，山西学政著洗斌去，陕甘学政著毕应辰去，广东学政著王浵去，贵州学政著陆仁恬去，奉天府府丞兼学政著程祖诰调补，所遗鸿胪寺卿，即著汪元方调补。钦此。

983　查：应行更换之江苏、福建、浙江、江西四省学政礼部比较单内，系侍郎及四品以上京堂翰詹，是以臣等谨将侍郎以下已考试差并未经考差各员，开列清单并名签，一并进呈，恭候简放四员。发下后，臣等再掣省份。谨奏。（清单同递。发下后，单由堂上封存）。

984　查：应行更换各省学政，除奉天、浙江、江苏、江西、福建五省学政业经由臣等进单恭请简放。其湖北、湖南、山东、山西、陕甘、广东、贵州七省学政，臣等谨将已考、未考人员缮单并名签进呈，恭候简放七员。俟发下后，臣等再行公掣省份。谨奏。（清单由堂上缮出同递，发下后，单由堂上封存）

1059　咸丰十一年八月十九日，内阁奉上谕：毓科奏请将废弛不职之知县革职一折。江西宜春县知县何同文,在任两年,于团练催征,迄无成效,实属不知振作,何同文著即行革职,以示惩儆。钦此。

1070　咸丰十一年八月二十二日,内阁奉旨:此次东河、河南、江西各督抚保举人员,东河知府用上南河同知德钧、候补道祥河同知陈兆观、河南光州直隶州知州祝垲、南阳府同知高偓、直隶州知州用息县知县周仁寿、差委湖北候补知县杨维翰、道员用开封府知府王宪、河北道王荣第、江西督粮道李桓、即补道瑞州府知府钟峻、即补知府黄鸣珂、候补道广信府知府钟世桢、候补知府蔡应嵩、南安府知府王德固、安徽补用道员署徽宁池太广道姚体备、即补道员周汝筠、候选知府南昌府同知高梦龄、升用直隶州知州清江县知县陈乔荣、候选同知安义县知县钟泰、候选知府鄱阳县知县熙恬,俱著吏部调取引见。单并发。钦此。

1128　咸丰十一年九月初六日,内阁奉上谕:曾国藩奏,江西应拨之款,除京饷外,浙江及各省协饷,一概停解等语。著户部速议具奏。钦此。

1143　各省保举奉旨调取引见人员名单:
道员用河南开封府知府王宪,甘肃拔贡;
候补道祥河同知陈兆观,江苏监生;
即补道江西瑞州府知府钟峻,浙江监生;
道衔即补知府黄鸣珂,贵州举人;
候补道江西广信府知府钟世桢,湖南增生;
江西候补知府蔡应嵩,广东进士;
江西南安府知府王德固,河南进士。

1168　各省保举奉旨调取引见人员名单:
河南光州直隶州知州祝垲,陕西进士,祖籍湖北;
知府衔河南南阳府同知高偓,湖南举人,祖籍贵州;
知府用上南河同知德钧,正黄旗举人;
道衔即补知府黄鸣珂,贵州举人;
江西候补知府蔡应嵩,广东进士;
江西南昌府同知高梦龄,山东举人;
候选知府江西鄱阳县知县熙恬,正蓝旗汉军进士。

1183　各省保举奉旨调取引见人员名单:
河南光州直隶州知州祝垲,陕西进士,祖籍湖北;
知府衔河南南阳府同知高偓,湖南举人,祖籍贵州;
知府用上南河同知德钧,正黄旗举人;
道衔即补知府黄鸣珂,贵州举人;

江西候补知府蔡应嵩，广东进士；

江西南昌府同知高梦龄，山东举人；

候选知府江西鄱阳县知县熙恬，正蓝旗汉军进士。

1189　咸丰十一年九月十七日，内阁奉上谕：湖北巡抚胡林翼，秉性忠直，操守廉洁，由翰林历官府道，仰荷皇考大行皇帝特达之知，于咸丰三年调赴河北军营，晋擢巡抚，赏给头品顶戴、太子少保衔。在军营九年，赏罚严明，知人善任，克复武昌及沿江郡县，肃清楚境。并调遣官军，攻复江西九江，军威丕振，所向克捷，本年八月克复安庆省城。朕念其公忠体国，懋著勋劳，赏加太子太保衔，并赏给骑都尉世职，方冀长资倚畀，克奏肤功，乃以积劳成疾，甫经赏假，遂闻溘逝。披览遗章，实深悼惜。胡林翼著追赠总督，即照总督例赐恤，任内一切处分，悉予开复，应得恤典，该衙门察例具奏，并加恩予谥、入祀贤良祠，并于湖北省及湖南原籍建立专祠。伊子胡子勋，俟及岁时，由吏部带领引见，以示朕笃念荩臣至意。钦此。

1216　咸丰十一年九月二十日，内阁奉上谕：户部奏请催各省漕粮奏销，并请饬仓场衙门将行查各案迅速造送等语。各省漕项钱粮，向例定于隔年三月奏销，乃云南等省地丁奏销及商税等项报销，又奏销案内欠送考成册揭者，该部叠次严催，迄未据题到部，实属任意迟延。著云贵直隶总督，漕运总督，云南、山东、河南、浙江、江苏、湖南、湖北、江西各巡抚、淮关监督按照户部单开件数，严饬所属，赶紧造报，并著吏部查取各该省历任迟延各职名，分别议处。至浙江省漕白粮奏销各案及坐粮厅应造漕白粮销算清册，前经户部分别行查咨催，乃至今未据咨报，亦属迟误，著仓场侍郎将户部奏催各案分别迅速造送。其迟延各职名，著吏部一并查取，照例议处。钦此。

1218　咸丰十一年九月二十日，奉旨：刑部奏，各省秋审外拟情实缓决，间与部拟不符，请旨更正办理一折。本年正月内，皇考大行皇帝特降恩旨，查办减等。所有各省本年秋审人犯，经刑部会同大学士等分别酌拟，将应行减等及不应减等者，节次开单具奏，业已核其情节，次第施行，各省自应钦遵办理。除云南、贵州、广西、福建、奉天、甘肃、湖南、浙江、江苏、江西、山东、直隶、热河等省所拟情实缓决，无庸置议外，其广东、黑龙江、四川、陕西、湖北、河南等六省所拟情实缓决，间与部拟不符。惟念该省具题之日在未接部咨之先，著加恩免其议处，仍著刑部将各省不符之处一体更正。钦此。

1237　各省保举奉旨调取引见人员名单：

道员用河南开封府知府王宪，甘肃拔贡；

候补道祥河同知陈兆观，江苏监生；

（御印）即补道江西瑞州府知府钟峻，浙江监生；

道衔即补知府黄鸣珂，贵州举人；

候补道江西广信府知府钟世桢，湖南增生；

江西南安府知府王德固，河南进士。

1248 各省保举奉旨调取引见人员名单：
道员用河南开封府知府王宪，甘肃拔贡；
候补道祥河同知陈兆观，江苏监生；
道衔即补知府黄鸣珂，贵州举人；
候补道江西广信府知府钟世桢，湖南增生；
江西南安府知府王德固，河南进士。

1296 议政王军机大臣字寄盛京将军，奉天府府尹，吉林、黑龙江将军，直隶、江苏、安徽、江西、浙江、福建、湖北、湖南、河南、甘肃、山东、山西、四川、广东、广西、云南、贵州各督抚……再……江西南昌等县被淹，广昌等县被淹，清江等县被淹……均据该将军、督抚等奏明，委员查勘，酌予赈济抚恤。即著迅速办理，并将来春应否接济之处，一并查明，于封印前奏到。此外，被贼扰害地方，有应行调剂抚恤之处，著一并查奏，候朕加恩。将此各谕令知之。钦此。遵旨寄信前来。

1297 查：本年奉天、黑龙江、直隶、江苏、浙江、福建、湖南、河南、甘肃、山东、山西、广东、贵州，间有灾歉及被扰、被淹、被旱、沙压、河占各地方，俱经随时加恩，分别豁免、蠲缓、缓征、减免、减徭，量予抚恤。其明春应否量为接济之处，臣等谨照向例缮写询问该将军、督抚、府尹等谕旨，俟覆奏到日，再行拟写新正加恩谕旨进呈。再，吉林、直隶、山东、山西、河南、浙江、福建、江西、湖北、湖南、广东、甘肃、四川各省尚有被灾之区，该将军、督抚等业经奏明，随时抚恤及委员查勘，应否接济，现据未经奏到。并此外被扰之安徽、广西、云南地方，有无应行调剂之处，一并询问，令其迅速查奏汇办。谨奏。

1384 各省按察使名单：
直隶按察使吴廷栋；
江苏按察使汤云松；
安徽按察使张学醇；
山东按察使贡璜；
山西按察使瑞昌；
(御印)河南按察使郑元善；
陕西按察使王承基；
甘肃按察使恩麟；
浙江按察使宁曾纶；
福建按察使张运兰；
江西按察使文辉；
湖北按察使阎敬铭；
湖南按察使仓景恬；
广东按察使刘坤一；

广西按察使蒋益澧；
四川按察使毛震寿；
云南按察使花咏春；
贵州按察使龚自闳。

1394 各省遵保人员：

…………

候补道江西广信府知府钟世桢湖南增生，据毓科奏称，练明达通，才优识敏，历练戎务，卓著勤劳。广信两次被匪扑城，实力守御，洵属奋发有为，不可多觏之员。

候补知府蔡应嵩广东进士。据毓科奏称，心思缜密，才识明通。历办厘盐等局，力除弊窦。署赣州府知府，民情爱戴，边境肃然，洵属才大心细，不可多得之员。咸丰十一年九月十五日，奉旨补授山东登州府知府。

1430 咸丰十一年十月十八日，内阁奉上谕：户部奏，请采买米石，以裕仓储一折。京仓为天庾正供，自应预筹采买，以供支放，江苏上海为商船会集之所，扬州所属之仙女庙，向系米粮荟萃，采买较易为力。著江苏巡抚会同漕运总督，采办干洁秔米二十万石，于明年二、三月运赴天津，其买米价值，先由该处按照市价核实酌定，有商人认办，即行专折奏报，并预饬该管各官，将应办事宜先行部署，以期迅速兑收。所有验米、给价、开兑事宜，上海由江苏巡抚督率上海道经理，江北由漕运总督派司道大员经理。该督抚等务当详细商榷，实力筹办，不得互相推诿，致有贻误。直隶、天津海口，米船云集，并著直隶总督转饬天津道，于天津设局收买。一有商人认办，即由该道具文报部。至买米经费，前经该部奏明，酌提漕折等银备用。并著江西、湖北、河南、山东各省督抚，将欠解银两迅速解齐，务于年内扫数全清，毋许再有延宕。至福建捐购米石，仅据奏报起运二万余石，未据将续运之米奏报。广东买米经费，先捐缴银十二万，应将续行捐收之款即行分批报解，并天津、遵化等属应行采办米石。著各该省督抚、府尹查照该部前奏，认真办理，以裨仓储。余著照所议办理。钦此。

1490 咸丰十一年十月二十五日，内阁奉上谕：前江西吉南赣宁道沈葆桢，经皇考大行皇帝特旨简用，续因吁恳终养回籍。在署广信府知府任内，规画有方，舆情爱戴。兹当需才孔亟，该员亦当移孝作忠，艰难共济。著庆端、瑞瑸传谕，沈葆桢迅赴曾国藩军营，听候该大臣酌量奏请简用。钦此。

1494 各省遵保人员：

…………

候补道江西广信府知府钟世桢湖南增生。据毓科奏称，练明达通，才优识敏，历练戎务，卓著勤劳。广信两次被匪扑城，实力守御，洵属奋发有为，不可多觏之员。

候补知府蔡应嵩广东进士。据毓科奏称，心思缜密，才识明通。历办厘盐等局，力除弊窦。署赣州府知府，民情爱戴，边境肃然。洵属才大心细，不可多得之员。咸丰十一年九月十五日，奉旨补授山东登州府知府。

江西南安府知府王德固河南进士。据毓科奏称,廉能笃实,通达安详,熟悉刑名,尽心政事。逆匪屡窥郡垣,多方守御,卒保危城。洵属才长守洁,不愧方面之员。

1572 咸丰十一年十一月初九日,内阁奉上谕:前因修理热河围庭殿宇工程,奉旨令内务府殷实各员呈交银两,现在该处业已停工,据总管内务大臣查明,已交、未交各员,分别开单具奏……前任江西九江道士魁,应交银两并未完交,既经停工,均著免其呈缴……

1575 咸丰十一年十一月初十日,内阁奉上谕:曾国藩、李续宜奏,请拣员调补省会要缺知府一折。安徽安庆府知府员缺,著准其以陈濬调补。所遗江西南安府知府员缺,即著曾国藩等拣员请补。钦此。

1678 各省遵保人员:

…………

按察使衔江西督粮道李桓湖南廪生。据毓科奏称,识卓才优,心精力果,通达治体,晓畅军谋。筹画饷需,任劳任怨。统带防勇,纪律严明。洵属体用兼备,堪期达到之员。

盐运使衔即补道江西瑞州府知府钟峻浙江监生。据毓科奏称,老成练达,办事实心。现署抚州府事,筹饷办团,百废俱兴。逆匪来扑,昼夜登陴无懈。贼解围去,办理善后,力求整顿。洵属为守兼优,结实可靠之员。咸丰十一年九月二十三日,奉旨补授四川成绵龙茂道。

道衔即补知府黄鸣珂贵州举人。据毓科奏称,勤明果敢,胆识兼优。追莅建昌,逆匪两次围城,矢志固守,却敌全城,厥功甚伟,实为缓急可恃之才。

候补道江西广信府知府钟世桢湖南增生。据毓科奏称,练达明通,才优识敏,历练戎务,卓著勤劳。广信两次被匪扑城,实力守御,洵属奋发有为,不可多觏之员。

候补知府蔡应嵩广东进士。据毓科奏称,心思缜密,才识明通。历办厘盐等局,力除弊窦。署赣州府知府,民情爱戴,边境肃然。洵属才大心细,不可多得之员。咸丰十一年九月十五日,奉旨补授山东登州府知府。

江西南安府知府王德固河南进士。据毓科奏称,廉能笃实,通达安详。熟悉刑名,尽心政事。逆匪屡窥郡垣,多方守御,卒保危城,洵属才长守洁,不愧方面之员。

即补道周汝筠河南举人。据毓科奏称,沉毅果敢,熟谙韬钤。武宁任内,决狱平允,催科认真;剿办上犹土匪,歼除净尽;救援韶州,两解城围,战功卓著;久任南康知县,已逾十载,历次贼窜南赣,调防调剿,无不亲冒矢石。子侄宾傣亦皆讲求武备。上年赴粤援剿,克复仁化县城。洵属才兼文武、不可多得之员。咸丰十一年四月十五日,奉旨以道员仍留江西,遇缺即补。

…………

丁忧江西饶州府知府郑廷枬据耆龄奏称,操守清廉,宅心醇正,才具明敏,办事精详。历委勘估工程,审理案件,均能认真,绝无瞻顾周延习气。委赴广饶九南道,地方甫经克复,抚绥得宜,兵民安辑,为近来不可多得之员。

…………

1719　咸丰十一年十二月十一日，内阁奉上谕：户部奏请将京饷报解迟延之各该督抚、盐政、藩司、运司、监督分别严议议处一折。河南等省应解京饷银两，均未如数报解，四川及九江、闽、粤各关丝毫未解，实属迟延玩泄。两广总督，河南、湖南、山东各巡抚、藩司、运司及河东盐道，均著交部查取职名，分别议处。其前署四川总督、藩司，九江、粤海、闽海关监督，均著严加议处。仍著该督抚、藩司、运司、监督等将未解京饷迅速报解，不准迟延。至各该省欠解另项银两，并著一并赶紧筹解。倘敢仍前玩误，即著该部指名参奏。钦此。

1770　咸丰十一年十二月十八日，内阁奉上谕：单懋谦奏，遵查抚藩参款一折。前因御史朱梦元、胡寿椿、华祝三奏参江西巡抚毓科，于江西贼窜数十州县，一筹莫展，平时性贪曲蘖，遇事颟顸，信任门丁书吏，舞弊营私，擅作威福；布政使庆廉，前在浙江运司及藩司任内，加课肥己，卖缺纳贿，任河南巡抚时，办事糊涂，听从伊子把持公事，及移师归德、陈州地方防剿，縻饷无功，致与藩司互相参讦等款。当经降旨，令前任江西学政单懋谦详查具奏。兹据奏称，上年贼扰南赣宁都、建昌、瑞州等处，该抚调兵援剿，缓不济急，以致贼匪窜陷吉安，旋踞瑞郡，日久未克。其平时饮酒废事，于军务未能措理裕如。布政司庆廉被参各款，并据单懋谦奏，查无实据。惟前在浙江藩司任内，经前抚臣晏端书列款纠参；在河南巡抚任内，与藩司贾臻互相参讦，声名甚为狼藉，断难望其整躬率属。江西巡抚毓科，著即革去巡抚，来京以四品京堂候补。布政司庆廉，著即休致，以示惩儆。钦此。

1773　咸丰十一年十二月十八日，内阁奉上谕：江西巡抚著沈葆桢补授，即行驰赴新任，毋庸来京请训。江西布政使著李桓补授，并著毋庸来京。沈葆桢未到任以前，江西巡抚著李桓暂行署理。钦此。

1783　咸丰十一年十二月十九日，内阁奉上谕：江西督粮道员缺，著周汝筠补授。钦此。

1791　咸丰十一年十二月二十日，内阁奉上谕：毓科奏请将疏脱官犯之知府分别革职议处一折。江西前署南昌府知府杨咏幽，于已革拟遣官犯潘尊贤，患病率听取保医治，致该犯乘间脱逃。署盐法道、南昌府知府许本墉，在任年余，未经查出，虽据称移交后任查办，亦难辞咎。杨咏幽本应革职，惟该员现已病故，著勿庸议。许本墉著交部照例议处，仍著该抚饬属将潘尊贤勒限严缉，务获究办。余著照所议办理。钦此。

1808　各省按察使人员名单：
直隶按察使吴廷栋；
江苏按察使汤云松；
安徽按察使张学醇；
山东按察使孙治；

山西按察使瑞昌；
河南按察使王荣第；
陕西按察使王承基；
(御印)甘肃按察使恩麟；
浙江按察使宁曾纶；
福建按察使张运兰；
江西按察使文辉；
湖北按察使阎敬铭；
湖南按察使仓景恬；
广东按察使刘坤一；
广西按察使蒋益澧；
四川按察使毛震寿；
云南按察使花咏春；
贵州按察使龚自闳。

1812 各省遵保人员名单：

…………

江西督粮道周汝筠据毓科奏，沉毅果敢，熟谙韬钤。武宁任内，决狱平允，催科认真；剿办上犹，救援韶州，久任南康知县，历著战功，洵属才兼文武，不可多得之员。

…………

1817 各省遵旨保举人员名单：

…………

山东登州府知府蔡应嵩广东进士。据毓科奏称，心思缜密，才识明通，历办厘盐等局，力除弊窦。署赣州府知府，民情爱戴，边境肃然。洵属才大心细，不可多得之员。

赣州府知府王德固河南进士。据毓科奏称，廉能笃实，通达安详，熟悉刑名，尽心政事。逆匪屡窥郡垣，多方守御，卒保危城，洵属才长守洁，不愧方面之员。

…………

1831 咸丰十一年十二月二十六日，内阁奉上谕：毓科奏请将玩视丁漕之府县分别革职留任一折。江西署南昌县知县周成民，于该县应征漕折逾额浮征，以致花户无从完纳；署庐陵县知县胡心庠，经该抚酌定丁漕章程，颁发告示，辄敢藏匿不贴，致绅民怨声沸腾，实属庸劣不职。周成民、胡心庠，均著革职，以示惩儆。该管知府署南昌府知府王必达、署吉安府知府何栻，于该属员浮收不解等情，并未即时揭参，著一并革职留任。余依议。钦此。

1841 咸丰十一年十二月二十六日，内阁奉上谕：江西饶州府知府员缺，著高梦麟补授。钦此。

1842 查:饶州府系冲繁难要缺。谨奏。

1848 各省遵旨保举人员名单:

…………

候补道、广信府知府钟世桢湖南增生。据毓科奏称,练达明通,才优识敏,历练戎务,卓著勤劳。广信两次被匪扑城,实力守御,洵属奋发有为,不可多觏之员。

山东登州府知府蔡应嵩广东进士。据毓科奏称,心思缜密,才识明通。历办厘盐等局,力除弊窦。署赣州府知府,民情爱戴,边境肃然,洵属才大心细、不可多得之员。

赣州府知府王德固河南进士。据毓科奏称,廉能笃实,通达安详。熟悉刑名,尽心政事。逆匪窥伺郡垣,多方守御,卒保危城,洵属才长守洁,不愧方面之员。

江西饶州府知府高梦龄山东举人。据毓科奏称,稳练勤明,老成持重。久任繁剧,利弊周知。现委管理军需,不辞劳瘁,洵属治繁理剧、奋勉可靠之员。

…………

1861 臣等查:明岁新正应行加恩各省,除盛京、江苏、江西、湖北、湖南、河南、甘肃、山西、四川业经该将军督抚等具奏毋庸接济外,安徽、浙江、福建、广东、广西、云南六省尚未奏到。贵州一省,经该署抚奏称,曾被贼扰及未经收复地方应行减免,声明请俟详查每处应减、应免若干,再行奏明办理。所有直隶、山东、吉林、黑龙江四省,节经该督抚等奏到,臣等拟写谕旨四道,并拟定日期颁发。谨奏。

同治朝

同治元年

22　各省遵旨保举人员名单：

…………

候补道、广信府知府钟世桢湖南增生。据毓科奏称，练达明通，才优识敏，历练戎务，卓著勤劳。广信两次被匪扑城，实力守御，洵属奋发有为，不可多觏之员。

山东登州府知府蔡应嵩广东进士。据毓科奏称，心思缜密，才识明通。历办厘盐等局，力除弊窦。署赣州府知府，民情爱戴，边境肃然，洵属才大心细、不可多得之员。

赣州府知府王德固河南进士。据毓科奏称，廉能笃实，通达安详。熟悉刑名，尽心政事。逆匪窥伺郡垣，多方守御，卒保危城，洵属才长守洁，不愧方面之员。

江西饶州府知府高梦龄山东举人。据毓科奏称，稳练勤明，老成持重。久任繁剧，利弊周知。现委管理军需，不辞劳瘁，洵属治繁理剧、奋勉可靠之员。

84　各省遵保人员名单：

…………

直隶州知州升用、江西清江县知县陈乔荣福建进士。据毓科奏称，朴诚稳练，办理实心。署安远县任内，粤匪围城五十余日，协力守御，贼不能逞。洵属勤慎奉公，才堪御侮之员。

候选同知、江西安义县知县钟泰内务府正黄旗汉军举人。据毓科奏称，老成谨慎，悃愊无华，洁己奉公，民情爱戴。逆匪窜踞奉、靖，激励团练防剿，孤城得保无虞。洵属深得民心，不愧守土之员。

候选知府江西鄱阳县知县熙恬正蓝旗汉军进士。据毓科奏称，精强老干，办事勤明，长于治剧。所到之处，士民爱戴。洵属吏才卓越之员。

候补知府陈谦恩江西监生。据庆瑞、瑞宝奏，该员筹济军饷，办理团练，均能不遗余力，研鞫要案，悉臻平允。

…………

114　同治元年正月二十七日，内阁奉上谕：本年轮应查阅江苏、安徽、江西、山东、河南五省营伍之期。江苏著即派曾国藩，安徽即派李续宜，江西即派沈葆桢，山东即派谭廷襄，河南即派郑元善，逐一查阅，认真简校。如查有训练不精，军实不齐，即将废弛之将弁，据实参奏。现在该五省均有军务，尤须随时加意整顿，毋得视为具文。钦此。

180 同治元年二月初九日，内阁奉上谕：毓科奏，道员延不到任，请旨严催等语。江西广饶九道廷曙，自上年五月间简放后，迄今半载有余，尚未到省，殊属延玩。著吏部严催该员迅速前赴江西，倘再迟逾，即著照例参处。各省实缺人员到任日期，历经吏部奏定章程，立以程限，现在各该员等仍未能按限赴任，实属不成事体。著吏部申明成例，随时详查，如有仍前玩泄，日久不报到省者，即著指名严参，以重职守。钦此。

181 同治元年二月初九日，内阁奉上谕：毓科奏请将疏失饷银之委员革职，勒令赔缴一折。江西补用主簿王朝采，经吉南赣宁道李瀚章委令管解牙厘税银一万八千八百两赴曾国藩军营，该员于领解后，违例由水路行走，并未知照沿途接护，迨在中途闻警又不设法绕道，慎重运送，以致行至临江口地方，遇贼拦抢，所解饷银，全数被劫，实非寻常疏忽可比。补用主簿世袭云骑尉王朝采著即革职，勒令将劫失银两照数赔偿完缴，以示惩警。并著李桓将失事地方文武员弁及护解不力之炮船弁勇，分别查明参办。钦此。

228 同治元年二月二十日，内阁奉上谕，江西饶州府知府员缺，著王必达补授。钦此。

229 查：江西饶州府系冲繁难要缺。谨奏。

413 议政王军机大臣密寄江西巡抚沈。同治元年三月二十七日，奉上谕：沈葆桢奏，法国天主教堂均被拆毁，现饬查拿首要各犯惩办一折。据称，本年二月，忽有湖南合省公檄，痛诋该教，遍贴街市，适值开考，生童哗然，订期齐集，于十七日二更时分，突有多人拥至筷子巷及袁家井教堂，立时拆去，并将习教之义和酒店等器皿货物打毁，该教士坐船一只及五里庙巷地方教堂同时被毁。事起仓卒，禁遏无从。及进贤县习教之徐敏山等房屋器物，亦被拆毁。徐、陈二姓指控樊学仁为首，现在查拿等语。外国天主教，原属异端，无如自咸丰八年以前，早已弛禁。况此时既与该国换约，而上海等处复藉其力以制逆匪，不能不暂示羁縻。所赖各地方官仰体朝廷不得已之苦衷，妥为驾驭，弗令滋生事端。此事前据总理各国事务衙门奏明，接据该抚来文，当即照会法国驻京公使，以免将来饶舌。嗣经该公使照覆，有赔偿教堂之语，亦经该衙门备文知照，并与该抚函商办法。即著该抚察度地方情形，按照该衙门咨商各节，妥筹办理。既不可使洋人有所藉口，亦不可稍失士民之心。务令中外相安，不生他变，方为妥善。该教士既有不日兵船来浔之语，虽系虚词恫喝，亦不可不加意防范，亟应设法开导，俾释微嫌，不至再生枝节。此事衅端，究竟从何而起，并著该抚确切查明，据实具奏。仍将为首滋事之人，严密查拿究办。再，近来各省习教者甚多，虽左右之人，亦不可不防。该抚于关涉外国事件，所有谕旨折奏，总宜自行经理，万不可假手他人，致有泄漏，是为至要。该抚另片奏，请饬曾国荃一军移缓就急，为左宗棠后路援应，已谕令曾国藩酌量调派矣。将此由五百里密谕知之。钦此。遵旨寄信前来。

453　同治元年四月初七日,内阁奉上谕:沈葆桢奏请留知府差委等语。山东登州府知府蔡应嵩,著准其开缺,留于江西以道员尽先补用。钦此。

458　同治元年四月初八日,内阁奉上谕:耆龄奏请将服阕知府留省差委等语。前任江西饶州府知府邓廷枏,现已服阕,著准其留于广东差委补用。钦此。

490　同治元年四月十四日,内阁奉上饬:庆昀奏,军台废员在逃,请饬查拿一折。废员张舒翰,前在山西五台县知县任内获咎,发往军台效力赎罪。到台后,叠次邀恩减免年份。乃自本年三月间逃匿无踪,实属胆玩。除邻近之直隶、山西等省业由庆昀等飞咨查拿外,张舒翰籍隶江西,并著江西巡抚沈葆桢严饬查拿,务获解部,从重究办。钦此。

532　同治元年四月二十三日,内阁奉上谕:沈葆桢奏,绅民捐修城垣,开单加恩恳请奖叙一折。另片奏,修城出力人员,援案请奖等语。江西德安县城被水冲坍,经该官绅劝捐督修工程,一律稳固,所有在事尤为出力各员,自应给予奖励。候选复设教谕程景周,著以教谕尽先选用。候选县丞夏锡銮、李道亨,均著以县丞,不论双单月尽先选用。生员黎绳熙,著赏给国子监典簿衔。俊秀管书云,著以未入流选用。候补把总萧定元,著分发抚标,遇缺即补。贡生吴凤诏,生员万宗邑、郛国恩、张青筹,均著赏给训导衔。童生李华青、桂茂秋,均著以从九品选用。德安县教谕刘凤翔,著赏加中书科中书衔。九江府经历崔矩,著以知县补用。浙江候补县丞潘廷荣,著俟补缺后以知县补用。德安县典史王炳寅,著以县主簿尽先补用,以示鼓励。其余捐输绅民,应行给奖之处,著该部按照单开员名银数,覈议具奏。单片并发。钦此。

550　同治元年五月初一日,奉旨:本日殿试搜出怀挟之江西贡士陈倬、福建贡士程光溥、广西贡士卢龙光,均著即行斥革,交刑部审办。钦此。

572　同治元年五月初八日,内阁奉上谕:沈葆桢奏,药局被灾,自请议处,并恳恩将弁兵照例议恤等语。江西南镇火药局于三月初二日为雷火引发轰毁,附近贡院、考棚、民房及城上垛口兵棚均被震塌,驻宿看守之弁兵朱镇邦、刘云亮亦被轰毙。药局存储火药,理宜慎密防守,此次突遭焚毁,虽因天灾,防范究属疏忽。沈葆桢著交部议处,南昌城守营学习云骑尉朱振邦、兵丁刘云亮,均著加恩交部照例议恤。余著照所议办理,钦此。

646　议政王军机大臣字寄江西巡抚沈。同治元年五月二十七日,奉上谕:(摘抄起)沈葆桢奏,查明教堂被毁,自请严议一折。据称,法国传教人初到江省,形踪叵测,绅民不能无疑,时值生童云集,众情汹汹,遂将教堂拆毁。绅士夏姓等哄传各节,经署南昌府知府王必达验无左证,业经咨请总理各国事务衙门办理。现在滋事之犯远飏,即为首为从实系何人，无从访问，自请交部严加议处等语。此事现经总理各国事务衙门与法国使臣商办，俟该衙门如何定议，再咨行该抚办理。沈葆桢所请交部严议之处，身任其咎，自系为权顾大局起见，著俟总理各国事务衙门与之剖辨如何办法，再行酌定。至天主教弛禁，原一时权宜之计，此时内患未平，岂容另生枝节，且该国在上海助剿逆匪，不得不暂示牢笼。所赖各地方大吏曲体朝廷不得已之苦心，当于羁縻之中默寓防范之意，断不可操之过急，别构衅端，是为至要（摘抄止）。另片所保道员段起等，已交军机处分别存记，候旨录用；徐文藻等，均照所请，分别勒休革职矣。将此由四百里谕令知之。钦此。遵旨寄信前来。（摘抄交总理衙门）

648　同治元年五月二十七日，内阁奉上谕：沈葆桢奏请将庸劣之道府州县等官分别勒休、革职一折。江西试用道徐文藻，办事颟顸；署吉安府知府何栻，疏放自喜，不协舆情；上高县知县金思度，阘茸无能；弋阳县知县宋学濂，精力颓惰，难期振作；前署崇仁县知县沈曦，庸劣不职，均著勒令休致。候补直隶州知州黄际昌，性情巧滑，操守不谨；前署星子县知县李溥，一味浮滑，毫无实济，均著即行革职，以儆官邪而重吏治。钦此。

669　同治元年五月三十日，内阁奉上谕：曾国藩奏请将抽厘含混之同知暂行革职等语。署江西河口同知向绍先，经该督委办厘务，于过水各货续加一分，既不具禀请示于前，又不开折报明于后，擅用小戳、小票，任意抽收，难保无侵蚀隐匿情弊。向绍先著暂行革职，交曾国藩严行查办，以儆官邪。钦此。

730　同治元年六月十八日，内阁奉上谕：曾国藩等奏皖省吏治需人，恳请留调各员差委等语。已革江西安义县知县钟泰，上年由江西解饷前赴安徽。据称，其人朴诚真挚，平日官声尚好；已革湖北黄冈县知县薛元启，经李续宜带赴安徽，据称人尚朴干，历著循声。钟泰、薛元启均著准其以知县改留安徽补用，俟著有成效，再行奏请开复。原保升阶奉天知县李文森，据称吏治精严，留心军务，著盛京将军、奉天府府尹饬令前赴安徽，交留曾国藩等差遣委用，以资得力。余著照所议办理。该部知道。钦此。

744　咸丰十年庚申科进士引见单：

鼎甲三人

均○

宗室二人

一○一△

满洲六人

一○四△一、

蒙古一人

○用

汉军二人

一〇一△
直隶十六人
四〇七△五、
奉天三人
一△一、一归班
江苏十一人
三〇六△二、
安徽五人
一〇二△一、一归班
江西十六人
四〇六△五二归班
…………

763 同治元年六月二十日，翰林院带领引见一甲进士
…………

江西进士：
（御印）刘瑞祺年二十五岁，二甲五名。覆试一等七名，朝考三等六名。
（御印）黄彬年二十四岁，二甲四十四名。覆试三等一百五十名，朝考一等二十五名。
（御印）童毓英年三十六岁，二甲四十八名。覆试二等五名，朝考一等十七名。
涂修政（御印）年四十岁，二甲五十四名。覆试一等十八名，朝考二等二十二名。
揭裕文（御印）年三十岁，二甲六十名。覆试三等十八名，朝考二等五十三名。
（御印）段福昌年三十岁。二甲八名。覆试三等一百七名，朝考二等十九名。
陈楠年四十岁，二甲二十八名。（御印）覆试二等三十名，朝考一等三十一名。
盛一朝年二十八岁，二甲三十五名。（御印）覆试二等六十名，朝考三等二十五名。
刘朝昇年四十二岁，三甲三十八名。（御印）覆试三等四十四名，朝考二等五十五名。
黄文棠年三十八岁，三甲五十一名。（御印）覆试三等八十名，朝考二等四十四名。
石学阶年三十七岁，三甲五十三名。（御印）覆试二等十六名，朝考三等十九名。
顾菊生（御印）年三十八岁，二甲五十八名。覆试二等二十八名，朝考三等五十名。
熊镇湘年三十岁，三甲九十名。户部候补员外郎□□补缺□以知府补用。（御印）覆试□等七十二名，朝考三等八十七名。
…………

789 道光三十年各直省拔贡引见单：
八旗一等三名
一〇二△
二等二名
一〇一△

奉天一等一名
○用
二等一名
△用
直隶一等五名
三○一△一、
二等十二名
二○六△四、
江西一等五名
二○一△二、
二等八名
四○二△二、
…………

792
…………
江西
（御印）宋肇伊，一等一名。
（御印）王倬汉，一等二名。
王倬韩，（御印）一等三名。
贺璠，（御印）二等一名。
郭承绅，（御印）二等二名。
方宗冕，（御印）二等三名。
…………

811　同治元年七月二十八日，内阁奉上谕：黄赞汤奏，本籍富绅捐饷，拟加学额尚未具奏，请饬查案奖叙一折。咸丰四年，江西吉安府办理防堵，该河督在籍劝捐，庐陵县职员刘锡绶、萧魁涯各捐银一万两，拟请永远加广庐陵县文武学额各一名。嗣因此项银两为本地军需挪用，迄今延未请奖。著沈葆桢饬令藩司查明原案，仍照永远加广文武学额之例，迅速奏明办理。其已故捐生刘锡绶等所捐银两，应如何酌给奖叙之处，著一并查明具奏。钦此。

909　同治元年七月二十八日，内阁奉上谕：曾国藩奏，江西省民困未苏，请将州县摊补银两恳恩豁免等语。江西省自军兴以来，迭遭蹂躏，现虽全境肃清，而民力凋残，元气未复。该省各州县自道光二十五年以来，豁免清查各案内应行摊补各项银两，节经前任督抚奏定分限章程，责令各该州县按限完交。而州县筹补之法，仍不免借资民力，甚或借奏摊名目，科敛百姓，朘削民膏，殊非朝廷体恤黎元、勤求吏治之意。所有江西省道光二十五年豁免案内查出官垫民欠及摊补兵差经费等银,除已完外,其未完银九十六万一千余两;道光二十八年清查案内查出因公挪缺银,除已完并巡抚司道府州应捐不计外,各州县未完银十八万一千余两;咸丰元年豁免案内查出清查以前官垫民欠银六十六万七千余两,清查以后,续垫民欠银三十四万三千余两。加恩均著全行豁免。经此次豁免以后,各该州县既无赔累之苦,惟当激发天良,整饬吏治,年清年款,源源征解。如有藉口民欠,以致额征短缺者,即著该督抚查明,严参治罪。各该督抚亦当廉隅自励,于州县无所滥取,于民生自无所朘削,大法小廉,实有厚望。所有江西省钱漕,如何定立章程,著曾国藩、沈葆桢会同迅速妥议具奏。钦此。

957　一品至三品废员清单,计十员:

…………

(御印)张集馨,前江西布政使,因办理通商事宜,闻警避回省城,奏参革职。

…………

邓仁堃,前江西按察使,因捐办城濠等工并未照例勘估,致各委员开报用项浮冒参差,且引用同乡亲族,又不能约束家丁,致滋物议,降四级调用。

960　外官四品以下至知县废员清单计壹百柒拾玖员:

…………

(御印)卢琳,江西已革瑞州府知府,因郡城被扰,旋即自行克复,查无先期逃避情事,奏奉谕旨,业经革职,免其另议。

耿曰恂,江西署广信府知府,因接任知府,延不接印,无从交卸,遂将府印径交藩库,降二级调用。

…………

曾泳,江西吉安府知府,因失守城池,奏参革职。

(御印)伍葆恒,新选江西南康府知府,因领凭并未到任,逾限革职。

…………

杨正祥,前任江西南安府同知,因逆匪窜扰,派察城门街道,闭城后屡传不到,显系先期远避,奏参革职。

…………

陆澄,江西署瑞州府事,九江府同知,因失守城池,奏参革职。

…………

陶庆纯,前江西候补知州,因身居乡里,随办团练,倚势作威,藉端舞弊,恣横不法,革职永不叙用。

…………

范寿椿,江西抚州府通判,因闻警先避,奏参革职,嗣因当差勤奋,奏请开复。奉上谕:著降一级调用。

王煊宇,前任江西饶州府通判,因逆匪窜扰,派察城门街道,闭城后屡传不到,显系先期远避，奏参革职。

…………

仲鹍，前署江西长宁县知县，因贼匪窜扰安远时，该员并未前往援应，辄饰词冒功，奏参革职。

…………

魏席珍，江西进贤县知县，因接递军务公文迟延，降五级调用。

谌士俊，江西余干县知县，因接递军务公文迟延，降五级调用。

（御印）雷嘉澍，江西德兴县知县，因被匪窜陷县城，虽随同克复，究属防御不力。奏参革职。

丁日昌，江西署庐陵县事，万安县知县，因失守城池，奏参革职。

李辅，代理新淦县事、弋阳县知县，因失守城池，奏参革职。

张国英，江西署奉新县事试用知县，因失守城池，奏参革职。

赵有悌，江西德兴县知县，因失守城池，奏参革职。

…………

李新幹，江西署景德镇同知、进贤县知县，因分防地面被贼窜扰，又因失守城池革职。

祁启萼，江西候补知县，因闻警先避，奏参革职，嗣因当差勤奋，奏请开复。奉上谕：著降一级调用。

王兰，江西署弋阳县知县，因被匪攻破县城革职。

…………

章遇鸿，江西德兴县知县，因到任迟延，以致四乡被贼蹂躏，奏参革职。

窦煦，江西奉新县知县，因匪踪阑入奉新，防堵不力革职。

…………

张镕，江西石城县知县，因失守城池革职。

…………

1017　议政王军机大臣字寄钦差大臣 · 协办大学士 · 两江总督曾、江西巡抚沈。同治元年八月二十四日，奉上谕：前因曾国藩奏查明江西咸丰十一年被害、被水之南城等州县，恳请蠲免钱粮一折。当经降旨著照所请分别蠲免。兹据御史刘庆奏称，查该督原奏系上年九月江西各州县详请查办灾区，曾经批准，如果批准饬行何以迟至今年七月始行入奏？又闻当司道详请查办时，该督并未批准，迨奉饬令查勘谕旨，始于十二月札行司道查覆。江西九月至十二月正当征收钱粮吃紧之际，各州县既未奉文勘办，自必照常征收，且查原单内惟南城一县全行蠲免，其余被灾各区，均系含混开载，小民仍未实惠均沾请饬覆加查覈等语。著曾国藩、沈葆桢严饬各州县将被灾、被扰较重、次重之区，分晰都图村社，详细奏报，以昭覈实。如有溢征钱漕，即留抵次年正赋，并将因何勘办迟延之故，确切查明据实具奏。原片著抄给阅看，将此各谕令知之。钦此。遵旨寄信前来。

1047 同治元年八月二十九日,内阁奉上谕:江西督粮道员缺,著段起补授。钦此。

1048 查:江西督粮道系冲繁难要缺。谨奏。

1111 同治元年闰八月十四日,内阁奉上谕:御史裘德俊奏,牧令宜加体察等语。所奏甚是。州县为亲民之官,地方利弊,民生疾苦,全赖州县为之区画,方足以苏民困而清吏治。该州县等均朝廷命官,岂竟不知自爱,甘犯贪污。乃朝廷时加访察,而循良廉洁之吏仍少概见。岂该州县竟无天良,不知愧奋?总由宿弊未除,欲勉为廉洁而无由,甚可悯念。裘德俊所称州县命盗钱粮之解费,差使节寿之应酬,需用浩繁,养廉既已摊扣,耗羡又复归公,势必取诸民间,均系实在情形,自应悉行裁革,俾州县得以从容展布,不至扰累小民。从前湖北巡抚胡林翼裁革州县一切浮费,故吏治烝烝日上。近日两江总督曾国藩、江西巡抚沈葆桢请裁革江西摊扣各款,以清弊源,洵能仰体朝廷澄清吏治之意,实心办理。各直省自宜仿照举行。嗣后州县解费酬应等项,均著永远裁革。除钦差、兵差照例供应外,其余过往差使以及本省上司,一概不准应酬,违者以违制论。其摊扣各款,应如何酌量裁减,并著妥筹具奏。各直省大吏受恩优渥,正可藉此自励廉隅。而州县中稍知自爱者,亦可勉为循良,以备朝廷任使。倘仍敢肆行贪污,必当按赃从严治罪。经此次训谕之后,各直省大吏,务当实力举行,勒限一年,妥为办理。倘别经发觉,或经访闻,仍有收受节寿需索解费等弊,必将该上司从重惩处,毋谓言之不豫也。将此通谕各直省督抚知之。钦此。

1135 同治元年闰八月十五日,内阁奉上谕:罗惇衍奏,请饬各省督抚将欠解库款,凑定数目,立限解京一折。各直省应解库款,例应年清年款,况当此经费浩繁之际,该督抚等尤应按限筹解,以裕库储。查山西、广东、山东、河南、四川、福建、湖南、湖北、江西等省短解库款,为数甚巨。即使用兵省份需费浩繁,而完善之区岂容漠视库款、相率疲玩?所有应行先提之山西八十万两,广东六十万两,江西新旧漕折四十万两,九江关税三万两,四川、山东、河南各二十万两,福建十五万两,直隶旗租十二万两,均著照数先行提解。湖北现欠漕折银十万两,湖南现欠漕折银六万两,著照数迅解外,无论何项,均各再行酌提五万两解部。其河东加课欠解十万两,长芦盐课欠解五万两,山海关征税欠解十万两,张家口征税欠解一万五千两,均著各照欠数解足,统限年前将各该省欠解之项赶紧解京,毋得再事推诿。并著该部明定处分,以为玩视京饷者戒。钦此。

1172 议政王军机大臣字寄江西巡抚沈、湖南巡抚毛。同治元年闰八月二十四日奉上谕:(摘抄起)总理各国事务衙门奏,江西、湖南烧毁教堂之案,久悬未结,请饬该督抚妥速持平,设法办理,并将照会等件照录呈览一折。江西、湖南烧毁教堂之案,层见叠出,前据毛鸿宾奏请将湘潭等知县摘顶勒限赔修,沈葆桢奏自请严议,均经分别批谕。

兹据总理各国事务衙门奏称，江西、湖南烧毁教堂之案，迄今数月，所有该教士被毁之屋宇、资财、书籍、衣服等项，总未完结，以致各教士纷纷来京，向法国驻京公馆朝夕声诉，经该衙门与该国哥公使叠次剖辨，并照会往还，始能稍有端绪。据该公使照会内所拟各条，事多隔阂，惟究应如何结局，仍应酌度外省情形办理等语。习教之民，犹是朝廷赤子，苟无悖乱不法之事，即不得意存歧视，稍涉欺凌。江西、湖南两省教堂被毁，该教士等屋宇、赀财等件，数月未能归结，岂肯甘心？滇、陕汉回互斗，即因回教与地方百姓肇衅之初，该地方官吏不能持平办理所致。此事倘不善为调处，难免激成事端，自应速为完结，以弭间隙。著沈葆桢、毛鸿宾即将该两省烧毁教堂一事，妥速办理。其照会并条款告示拟稿各件，务各悉心酌覈，何者可以准行，何者碍难允准，持平商确，一秉大公。固不可因袒护教民，办理偏重，致失人心，尤须熟思审处，知挑衅之不难，收局之匪易。饬各该地方官图终慎始，万勿逞一时之忿，置大局于不顾。如或其中条款等件均属窒碍难行，究应如何设法安妥，俾无异议，不致成不了之局。即著该抚等飞速覆奏，该衙门及法国照会等共三件，均著抄给阅看（摘抄止）。将此由五百里各谕令知之。钦此。遵旨寄信前来。（次日摘抄交总理衙门）

1198　议政王军机大臣字寄两广总督刘、广西巡抚张、湖南巡抚毛、江西巡抚沈、福建巡抚徐、署贵州巡抚韩。同治元年闰八月二十八日，奉上谕：（摘抄起）户部奏遵议通政司参议彭祖贤奏，疏通粤盐，以济京饷一折。据称该参议因粤盐疲敝日甚，援引两淮、河东改行票盐成案，请令粤省仿照办理。其所拟章程八条：如所称广东电茂、博茂等场，得缺到省，按缺分交银，方准到任。前系陋规，近则归公一条，应令该省查覆外，其余如请裁纲商径归运商纳课，以杜把持；省河潮桥一律改票，覈定课额，以节浮费；停抽盐厘，以广招徕，均为疏通行票起见。其遴选人才一条，亦系为初行票盐，必需佐理有人。至矜恤灾商，以补旧欠；清厘官项，分别追完两条，亦以商困，仍宜轸恤。所拟各条，颇为周币，惟粤省盐务情形与两淮河东不同，究竟改引用票，有无实效，请饬各该督抚酌覈奏明办理等语。粤省盐务因贼匪滋扰，日形疲敝。现在地方已臻安谧，而疲玩如故，收课日行短少，奏销屡请展限。叠经户部奏参，亦复置若罔闻，实堪痛恨。此次彭祖贤所奏，自系为力图整顿、筹画饷需起见，著刘长佑查照该参议所奏，体察情形，会同张凯嵩、毛鸿宾、沈葆桢、徐宗幹、韩超，悉心酌覈，奏明办理。至彭祖贤条陈电茂、博茂等场，得缺到省，交银一万两。其余缺分较次者，减至数千两不等，方准到任。前系陋规，近则归公等语。此项归公银两，作何动用，从未据该省报部，著刘长佑详细查明具奏。刘长佑新授两广总督，于广东盐务从前积弊，无所用其回护，务当振刷精神，认真厘剔，以期有利无弊，方为妥善。又据称粤省自道光三十年起至咸丰七年止，省河等处欠完正课等项不下数十万两。至今并未完报。省河潮桥各商积欠帑本息银等项，共银一百二十六万余两，究竟如何征还，亦未据报部覈办。咸丰八、九等年引课奏销，尚未据造报等语。似此因循玩误，鹾政废弛已极。若不速加整顿，尚复成何事体。著刘长佑严饬该运使将前项未完各款，实力催完，并将八、九等年引课催完，赶办奏销。倘敢仍前玩泄，定当从重惩处,决不宽贷。懔之!(摘抄止)。原折均著抄给阅看,将此由五百里各谕令知之。钦此。遵旨寄信前来。(次日钞交户部)。

1220　同治元年九月初三日,内阁奉上谕:前因曾国藩等奏,皖省吏治需人,请将已革知县钟泰、薛元启以知县改留安徽补用。当经降旨允准。兹据吏部奏称,已革江西安义县知县钟泰,系因县城被匪窜入,旋即收复,革职免其查办之员;已革湖北黄冈县知县薛元启,系因城池被贼踞扰,革职免罪,留营效力之员,必须三次著有劳绩,方准开复。今请以知县改省留补,实与开复原官无异,与奏定章程不符,请比照二次劳绩保奏章程办理等语。钟泰、薛元启著照该部所请,均给予知县虚衔顶戴,改留安徽差委,俟续有劳绩,再行奏请开复。曾国藩等前请以知县改留安徽补用之处,著即撤销。钦此。

1252　同治元年九月初九日,内阁奉上谕:沈葆桢奏请将措留捐照、希图串诈之绅士革职严讯一折。江西抚州府绅民报捐贡监游骥等应领执照,经该抚备文,发交抚州府转给,乃该抚号吏江洪垲胆敢将公文私给临川县举人、候选员外郎双元音接领,转交四品衔候选郎中戴暄,延搁两月,并未投递。经该抚将江洪垲革役审办,传讯双元音、戴暄则均以在省沿途患病等词,支吾搪塞,显系有意措留,影射渔利。双元音、戴暄,均著一并革职,交该抚严讯确情,从重惩办。钦此。

1279　同治元年九月十四日,内阁奉上谕:户部奏,各省报解京饷延玩,请严饬速解一折,各省欠解京饷,叠经户部奏催,饬令按照定限,赶早解部。迄今限期已满,而报解者仍属寥寥。京饷要需,岂容颟顸延误。除山西长庐、粤海关报解银数或已及原拨之半,或已逾十分之七,以及陕西军务紧要,欠解尚属有因,均暂予免议外,其余各省解到银数,山东不及十分之一,河南、山海关不及十分之三,湖北不及十分之四,著将该巡抚藩司监督交部议处。至户部原拨山东盐课银十四万两,福建坵折等银七十八万两,闽海关税银二十万两,均未报解丝毫。又广东应解银六十万两,两次逾限,叠经该部奏催,迄无一字登覆,尤属延玩已极。著将山东、福建、广东各该督抚、盐政、潘司、运司、闽海关监督,一并交部严加议处,以示征儆。另片奏,江西九江关税项银两,久不报解等语。九江关应征税银,叠经该部严催,随时筹解,乃时阅两年之久,仍敢辗转支吾,任意延宕,实出情理之外,著将历任巡抚及该监督先行交部严加议处,嗣后各该督抚、盐政、潘司、运司、监督等务各激发天良,实力筹画,迅将本年未解京饷,按照部拨全数,于封篆前扫数解齐,不准稍有蒂欠。倘敢迟逾,定行严处,以为玩视京饷者戒,毋谓言之不早也。余依议。钦此。

1285　壬戌科会试武举取中数目:
(御印)八旗满洲蒙古,取中二名。
(御印)八旗汉军,取中三名。
(御印)奉天,取中一名。
(御印)直隶,取中十三名。

(御印)陕甘,取中二名。

(御印)广东,取中五名。

(御印)河南,取中三名。

(御印)山东,取中三名。

(御印)山西,取中四名。

(御印)湖北,取中一名。

(御印)湖南,取中一名。

(御印)四川,取中一名。

(御印)广西,取中一名。

(御印)福建,取中一名。

(御印)浙江,取中一名。

(御印)江西,取中一名。

1312　议政王军机大臣字寄江西巡抚沈。同治元年九月二十二日,奉上谕:(摘抄起)前因沈葆桢奏,江省边防万紧,请暂留漕折银两,以济军需。京协各饷,暂停拨解。当以所请情形紧要,暂允所请,仍交户部速议具奏。兹据该部奏称,江西漕折一项,专备京师采买米石之用,本年奏提江西等省银两数目,覈之一年应放米折,不敷尚巨。现在仓储万分支绌,若再准令缓解,于库款大有关碍,请仍饬江西将户部本年奏提漕折四十万两照常筹解等语。京饷关系紧要,别无巨款可筹,著沈葆桢悉心筹画,按照户部所拟,妥速办理,源源运解。是为至要。(摘抄止)原折著抄给阅看。将此由五百里谕令知之。钦此(摘抄二字)遵旨寄信前来。(摘抄交户部)

1374　议政王军机大臣字寄直隶、江苏、安徽、江西、浙江、福建、湖北、湖南、河南、陕西、甘肃、山东、山西、四川、广东、广西、云南、贵州各督抚。同治元年十月初三日,奉上谕:本年直隶开州等州县被灾、被扰,安州等州县收成歉薄,江苏淮扬等属秋禾被旱,苏松等属被兵,徐州府属被扰,江西各州县被扰、被水,浙江台州府属被扰,福建福鼎等县被扰,湖北沔阳等州县被淹、被扰,河南各州县被扰,山东临清等州县场卫被扰,峄县等州县被扰,兖州等府被扰,二麦被灾,山西徐沟等县、榆次等县连年歉收,广东乐昌等县被扰,贵州都匀等府州厅被扰,节经各该省奏到,已分别加恩豁免、减免、蠲缓、缓征、展缓、分年带征。其直隶平山等县蝻孽萌生,藁城等县飞蝗过境,谕令该督严饬扑捕。江苏里下河等处民田因启放车逻坝,恐被淹没,谕令该署漕督奏明赈恤。直隶大名、山东东昌等府被扰,二麦薄收,复形亢旱,降旨令该督抚查明奏请蠲缓,酌量抚恤。小民谅可不致失所。惟念来春青黄不接之时,民力未免拮据。著传谕该督抚等体察情形,如有应行接济之处,即查明据实覆奏,务于封印以前奏到,候朕于新正降旨加恩。再,直隶各属秋禾间有被旱、被水、被雹之处,江西省城及各属地方被旱,南昌等县被淹,圩隄冲塌;宜春等县山水陡涨,沿河田禾被冲;建昌等县被淹……均据该督抚等奏明委员查勘,并酌予赈济抚恤。即著迅速办理,并将来春应否接济之处,一并查明,于封印前奏到。此外被贼扰害地方,有应行调剂之处,著一并查奏,候朕加恩。将此各谕令知之。钦此。

1375 查:本年直隶、江苏、江西、福建、湖北、山东、山西、广东、贵州间有灾歉及被扰、被旱、被风各地方,俱经随时加恩,分别豁免、蠲缓、缓征、展缓、赈恤。其明春应否量为接济之处,臣等谨照向例缮写询问该督抚等谕旨,俟覆奏到日再行拟写新正加恩谕旨进呈。再,直隶、江西、湖北、湖南、河南、陕西、山东、山西、广东、广西、贵州各省尚有被灾之区,该督抚等业经奏明,委员查勘,并酌予赈恤,应否接济,现俱未经奏到。此外被扰地方有无应行调剂、抚恤之处,均应一并讯问,令其迅速查奏汇办。谨奏。①

1427 同治元年十月十四日,内阁奉上谕:沈葆桢奏,总兵病难速痊,请旨开缺回籍调理一折。江西赣州镇总兵陈金鳌,著准其开缺回籍调理。钦此。

1428 同治元年十月十四日,内阁奉上谕:沈葆桢奏,江西副考官御史薛春黎病故,援案请给路费等语。薛春黎奉差入闱,患病身故,系属殁于公事。所有应行找领藩库路费银两,著加恩仍行赏给。该部知道,钦此。

1429 同治元年十月十四日,内阁奉上谕:江西建昌府知府员缺,著达春补授。钦此。

1430 同治元年十月十四日,内阁奉上谕:江西南赣镇总兵员缺,著程学启补授。钦此。

1467 同治元年十月二十一日,内阁奉上谕:御史华祝三奏,请饬查捐输给奖一折。据称,原籍江西,叠经贼扰,阖省绅民捐输防剿等费,先后不下数百万两,中多未经请奖。河口茶饷系照上海奏定章程给奖办理,数年款逾巨万,亦未奏请奖叙等语。沈葆桢分派妥员,按查各属,将历年已捐未奖之绅民,勒限造册汇奏请奖。如有州县侵吞、胥吏勒索等弊,即行从严参办。另片奏,广丰县属例应请广学额,升任巡抚耆龄迟久未办理等语。并著沈葆桢查明捐数,援照定章,奏请办理。钦此。

1551 外官四品以下至知县废员清单共肆拾肆员:

…………

士魁,前江西广饶九南道,丁忧回旗,在内务府郎中上行走,因在钦差大臣赛尚阿军营,经御史指参狡诈贪鄙,大煽威炳,任性妄为,以致物议沸腾革职。又前在江西九江关监督任内,应赔盈余银两,限满未完,奏参监追。兹恭逢恩诏豁免。

…………

① "东贵州……地方俱"及"奏"所在行天头处皆有"御印"二字。

1582 议政王军机大臣密寄成都将军崇、四川总督骆、署云贵总督潘、前任两广总督劳、湖南巡抚毛、江西巡抚沈。同治元年十一月十五日奉上谕:(摘抄起)总理各国事务衙门奏,江西等省教民事件,请饬迅速完结,并钞录法国照会呈览一折。据称,驻京公使哥士耆于该衙门呈递照会,有提督若勒思带领别项兵船,于明年二月来京,听候面议,其如何办理,均在湖南、江西、贵州、四川各督抚把握之中。如各该省办结所事允协,若提督即在上海助剿,请饬四川等省妥速办结,免致藉口等语。法国派兵在上海等处助剿,已非一次。此次照会内所称各情,显因教民案件未能尽遂所请,作此恫喝之词,岂能遽为所慑!第天主教自弛禁以后,教民案件即系地方大吏应办之事,况外国人性情卞急,值此多事之秋,不能不稍顺其意,免致掣肘。中外交涉事件,如果中国理长,固可与之力争,然尚有多方狡执之事,若贵州等省教民一案,难保非滥杀无辜。若再迁延不结,难免外国人藉口,有意延搁。总理衙门王大臣仅能以口舌争论,自不足以折服其心。劳崇光现在行抵何处,即著兼程驰赴黔省。潘铎早已抵黔,著即会同崇实先行妥商筹办。骆秉章前有旨令无庸办理教民事件,惟该督久任封圻,见识周到,或崇实有呼应不灵,以致办理或有未能得力之处,该督仍应暗中商酌。至江西、湖南教民案件,沈葆桢、毛鸿宾亦当克期妥办完结,毋任日久迁延,致生意外。要求该将军等于中外情形,谅亦知之有素,倘再延缓不结,致滋事端,恐该将军、督抚等不能当此重咎也(摘抄止)。法国原照会著钞给阅看,将此由六百里各密谕知之。钦此。遵旨寄信前来。(次日摘钞交总理衙门)。

1614 同治元年十一月二十日,内阁奉上谕:江西建昌府知府员缺,著董敬宣补授。钦此。

1615 查:建昌府系繁疲难要缺。谨奏。

1623 议政王军机大臣密寄成都将军崇、署云贵总督潘、头品顶戴·前任两广总督劳。同治元年十一月二十三日,奉上谕:(摘抄起)前因总理各国事务衙门奏,江西等省教民事件,请饬迅速完结。当经谕知崇实等将贵州教民案件,克期查办。现在法国公使哥士耆在京呈递条款,语多卞急。已由总理衙门行知该将军等查阅。值此多事之秋,岂可另生枝节(摘抄止)。该公使所呈固属一面之词,难以尽行照办,有乖国体。但教民一案,如果迅速办结,亦何至滋多口舌。(摘抄起)崇实于五月间谕令办理此案,潘铎亦于前月谕令赴黔查办。谅已早抵黔省。何以该将军等竟无一字覆奏,迁延迟误,殊非勤慎办公之道。著于接奉此旨后迅速会商,秉公办理。将教民案件即行奏结,不得迟至明春,致办理更形棘手。劳崇光以获咎之员弃瑕录用。现在行抵何处,即著兼程前进,毋得以道路难行,任意延宕,(摘抄止)是为至要。将此由六百里各谕令知之。钦此。遵旨寄信前来。(摘交总理衙门)。

1631 同治元年十一月二十五日,内阁奉上谕:御史华祝三奏请将江西、湖北、湖南等省折漕银两解交漕运总督,饬令就近采买米石,由海道运解京仓等语。著户部议奏。钦此。

1648 同治元年十一月二十九日,内阁奉上谕:沈葆桢奏,请将昏庸不职之知县革职一折。江西开复补用知县管纪勋、候补知县陈本濂派在广信府属当差。该员等日事游嬉,不知检束,以致物议沸腾,实属昏庸不职。管纪勋、陈本濂,均著即行革职,以示惩儆。该部知道,钦此。

1668 议政王军机大臣字寄直隶、山东、河南、山西、四川、湖南、湖北、福建、广东、闽海关,传谕山海关、粤海关各督抚、监督。同治元年十二月初六日,奉上谕:户部奏,请饬催各省关经征洋药税厘银两,开单呈览各折片。洋药税银自咸丰九年征收以来,各省关每多蒂欠,解款寥寥。本年正月间,经户部奏请展限一年征收归补,原冀经征各吏得以从容随时征解,乃自本年正月迄今,将及一年,除湖北、山西、湖南、江西赣关均尚有报解外,其余各省关不独以前积欠毫未归补,本年新收报解亦属无几。皆由不肖官吏展转挪移,意存侵渔,以致将此项巨款寖归无著,殊属不顾大局。著各省关督抚、监督迅即查明本年洋药纳税、抽厘共收银若干万两,一面奏报数目,一面于奉到谕旨之日起,限一月内将征收税银飞速解部。倘再迟延玩误,或零星起解,藉图塞责,著户部查照吏部新章,严参惩办。至上三届奏拨案内欠解银一百六十二万余两,仍著陆续归补,不准丝毫拖欠。其临清关等处借动提解等银十万七千余两,著户部行文严催,各该处归于洋药税厘项下弥补,不准抵消正项钱粮,以杜影射而免牵混。来年洋药税银尤应力图整顿,涓滴归公。天津等海关征收税银,著户部查明应扣应解数目,饬令分限如数报解,如敢任意亏短捏报短征,即著随时奏参。所有同治二年各省抽收洋药厘金,著即按照户部单开数目,自同治二年正月起,直隶每年提银五万两,山东提银五万两,河南提银五万两,山西提银十万两,四川提银五万两,湖南提银五万两,湖北提银十万两,福建提银五万两,广东提银十万两,著各省关督抚监督等按三个月报解一次,一年分四次解清,务须年清年款,不准稍有亏短,亦不准以别款抵解常年京饷,更不得牵混减抵。其办理厘卡各员职名,仍著开明报部,以凭查覈。将此由五百里谕知各该将军、督抚,并传谕各关监督等知之。钦此。遵旨寄信前来。

1721 议政王军机大臣字寄江西巡抚沈。同治元年十二月十五日奉上谕:有人奏,访闻贪劣不职各员,请饬查参一折。据称,本年三月江西硝磺局失火,系由总管硝局候补知府姚镶侵渔克扣积怨所致。火发时轰毙及受伤死者一百五十二人,善后局给棺敛制钱五百串,姚镶又克扣过半,道路侧目。数年间由杂职保升知府,经管局务,浮冒价银。厘金局委员万永熙,钻营把持,居心险诈,在广信府抽厘,假公肥私,曾被商民殴打辱骂,恬不知耻,上年四月管理吴城厘金局,偶闻发逆将犯吴城,挟带炮船护送女眷先行逃避。选授广东连平州知州,因延不赴任,开缺乃求保留江西,复经吏部奏驳,仍贪恋不肯离省。升用知府程元瑞,品行卑污,性情贪鄙,署理九江府时,令其子程幼农在府城外开设吉泰丰茶栈,恃势强租民房,夷商租地盖屋,程元瑞故抑商民价值,几乎激变,潜逃回省,始经撤任。以上三员,并在江西省城托家丁姓名,置买产业多处,请饬查参等语。守牧为亲民之官,责任綦重,岂容此等贪劣不职之员营谋得缺,贻害地方,亟应严行惩办,著沈葆桢按照所参各款,查明据实参奏,按律严惩,毋稍徇纵。原折著抄给阅看。将此谕令知之。钦此。遵旨寄信前来。

1765 议政王军机大臣密寄钦差大臣、大学士、湖广总督官,江西巡抚沈,湖南巡抚毛。同治元年十二月二十三日,奉上谕:总理各国事务衙门奏,法国传教士由京前往湖南、江西省城,派弁护送一折。前因江西、湖南有烧毁教堂之案,该教士罗、方二姓来京呈诉,以致法国公使哥士耆日向总理衙门饶舌。经该衙门再三理谕,原拟事平再令前往,无如该公使执意令其南旋,万难阻止。然民情未定,该教士急欲赴省,此后若再有焚害等情,办理更形棘手。著沈葆桢、毛鸿宾于该教士等未到以前,即将前此未结之案,设法办理,并晓谕绅民,务使相安无事,以期顾全大局。该公使所拟八款,其中有万不能行者,亦有可以俯允者,总理各国事务衙门并未悉行允许,尚须外间斟酌而行。然毛鸿宾前奏内议覆各条款,恐亦未肯遵依。仍著俟该教士到后,悉心覈议。总期上不失国体,下不失民心,方为妥善。沈葆桢前奏酌覈教堂一案,谨拟办法并密片一件,抄单三件,均经览悉。江西匿名揭帖,到处张贴,万众一心,寻衅未已。湘南民俗强悍,近复习于战争,该教士等贸然前往,断难保其无事。据总理各国事务衙门奏,已拟密函咨商官文,属其于该教士等到武昌时,接以礼貌,喻以利害,设法阻其前进等语。武昌为道路所必经,该教士等本有到楚面见官文商办之说,著官文于该教士等到武昌时,以礼接见,开诚劝导,令其暂住湖北,从缓前进,以免别滋事端。仍飞咨沈葆桢、毛鸿宾会商妥办。沈葆桢前奏有该教民到省,暂缓谒见巡抚之语,该教民等到省以谒见巡抚为荣,若拒而不见,则必大拂其意,仍向驻京公使饶舌,隔膜之中,不免又生变故。该抚仍当斟酌,权宜办理此事。总理各国事务王大臣业经反复辩论,不啻舌敝唇焦,该督抚等务当体朝廷不得已之苦衷,暂予羁縻,勿令再生枝节,是为至要。将此由五百里各密谕知之。钦此。遵旨寄信前来。(次日抄交总理衙门)

1819 臣等查:明岁新正应行加恩各省,除安徽、湖北、湖南、四川、广西业经该督抚等具奏,毋庸接济外,直隶、江苏、江西、浙江、福建、陕西、甘肃、广东、云南九省尚未奏到,山西一省经该抚奏称,被蝗、被水之各府州厅县,来春如须借粜仓谷,届时酌量办理。贵州一省,经该署抚奏称,被扰及未经收复地方,应行减免,声明请俟详查每处应减免若干,再行奏明办理。所有河南、山东二省,节经该抚等奏到。臣等拟写谕旨二道,拟定日期颁发。谨奏。

同治二年

29 同治二年正月初八日,内阁奉上谕:沈葆桢奏,请将藉办捐输、影射朦混之知县惩处一折。江西代理贵溪县事、补用知县陆长庆,藉米捐为名,辄敢将邵姓捐项侵蚀二千两之多,并任听幕友、粮书串通舞弊,迨经该管道府及捐局委员举发,详请撤任。陆长庆见事已败露,复以邵姓等所捐银两系捐济浙江布政使蒋益澧军饷,禀请蒋益澧委员守催,藉端朦混,实属狡诈已极。若不严行惩办,何以肃功令而儆贪婪?陆长庆著即行革职,永不叙用。并勒令该革员将前项捐银自行措解,以济军需,不准稍有延宕。余著照所议办理。钦此。

30 同治二年正月初九日,内阁奉上谕:江西学政著何廷谦去,福建学政著章鋆去,湖南学政著钱宝廉去,山西学政著黄钰去。厉恩官、冯誉骥、白恩佑、冼斌,均著回京供职。钦此。

32 同治二年正月初九日,内阁奉上谕:沈葆桢奏,请将不谙文理之同知等官勒休一折。各省佐贰州县等官,均有地方公事,若文理不能通晓,必致文移讼牒,为胥吏蒙蔽,贻误实非浅鲜。江西九江府同知博恩、南安府同知唐廷铨、瑞金县知县胡长芝、试用知县袁树柄、陈大文、吴光业,均属不通文理,著即一并勒令休致。钦此。

105 议政王、军机大臣字寄钦差大臣、大学士、湖广总督官,湖北巡抚严,湖南巡抚毛,江西巡抚沈,江苏巡抚李,暂署安徽巡抚、湖北布政使唐。同治二年二月初二日,奉上谕……李鸿章另片奏请饬湖广、江西采办米石,从漕折内开支等语,漕粮改征本色及采买米石运京,前经户部奏咨、湖广等省遵办,旋据官文等以事多窒碍奏请停止。兹据李鸿章奏请饬湖广等省酌提漕折,采办米石,解至安庆、大通一带,由曾国藩添委妥员,督同照料,仿拖带盐船之法,附轮船拖过金陵,驶至上海,比照海运章程,劝令沙卫各船陆续运津。其由沪接运放洋时,由李鸿章妥筹办理。湖广、江西等省,距安庆尚不甚远,既不若解沪、解京长途阻隔,而以轮船护送,亦非冒险挽运,事属可行。所有湖北之武昌、汉阳、荆州、襄阳、黄州等府,湖南之长沙、衡州、澧州、岳州等府州,江西之南昌、瑞州、临江、吉安、抚州、建昌等府,均堪采办。著官文、严树森、毛鸿宾、沈葆桢饬令该藩司、粮道等,体察情形,责成各该州县动用漕折,采办米石。各视漕折旧额,或二、三成酌加运费折耗,派员按照前法办理。如此沿江转运,联为一气,于京仓必当大有裨益,不至支绌为患。将此由六百里各谕令知之。钦此。遵旨寄信前来。(次日抄交户部)

258 同治二年三月初八日,内阁奉上谕:沈葆桢奏,差遣需员,请饬京员来江等语。礼部主事、候选知府黎兆棠,著发往江西,以知府交沈葆桢差遣委用。钦此。

268 同治二年三月十二日,内阁奉上谕:前因沈葆桢奏请将吉安府知府高延绶与南康府知府曾省三对调。经部议,以吉安府系请旨要缺,对调与例未符。兹据该抚奏称,吉安府为江省第一繁难之区,非熟悉情形、恩威并济之才,不足以资整顿。曾省三在江年久,且朴直廉明,到任数月,已著成效,以之调补吉安府,实属人地相宜。高延绶明白谨慎,尚非弃材,宜暂予以中简之缺,俾资历练等语。著照所请,曾省三准其调补吉安府知府，所遗南康府知府员缺，准其以高延绶对调。此系因人地相需，从权办理。嗣后不得援以为例。钦此。

315　(御印)满洲九十三卷，拟取中七名。
(御印)蒙古十四卷，拟取中二名。
(御印)汉军六十八卷，拟取中五名。
(御印)直隶六百卷，拟取中二十名。
(御印)奉天二十四卷，拟取中三名。
(御印)山东三百二十一卷，拟取中十八名。
(御印)山西一百六十五卷，拟取中七名。
(御印)河南二百六十四卷，拟取中十九名。
(御印)陕甘四十三卷，拟取中六名。
(御印)江苏一百六十四卷，拟取中十四名。
(御印)安徽五十九卷，拟取中七名。
(御印)浙江一百三十五卷，拟取中十一名。
(御印)江西二百六十五卷，拟取中十七名。
(御印)湖北二百八卷，拟取中十一名。
(御印)湖南一百三十一卷，拟取中八名。
(御印)福建一百六十三卷，拟取中八名。
(御印)广东三百二卷，拟取中十二名。
(御印)广西一百三十三卷，拟取中十一名。
(御印)四川六十五卷，拟取中五名。
(御印)云南二十五卷，拟取中三名。
(御印)贵州二十七卷，拟取中三名。

330　同治二年三月二十八日，内阁奉上谕：耆龄奏请将约束勇丁不严之营弁，暂行革职等语。江西南康勇卫营勇丁前在义乌县私自捉夫，与乡民争闹，追移扎兰溪，复有副中营勇丁抢夺衣物，并将赴营控诉之妇人挟仇杀害，实属藐法妄为，目无军纪。所有约束不严之管带、南康副中营游击萧耀煌、管带卫营守备刘浔，均著暂行革职，勒令将滋事各犯交出，按律惩办，以昭炯戒。余著照所议办理。钦此。

362　同治二年四月初四日，内阁奉上谕：江西广饶九南道员缺，著景福补授。钦此。

363　查：广饶九南道系冲繁中缺。谨奏。

392　议政王、军机大臣字寄钦差大臣、协办大学士、两江总督曾，江苏巡抚李，江西巡抚沈。同治二年四月十六日，奉上谕：(摘抄交户部、总理衙门起)沈葆桢奏请将江海关代征九江洋税抵解京饷等语。据称,江海关代征汉口、九江洋税,自咸丰十一年二月起至同治元年六月底止,代征正半各税,除扣还英法两国赔款并倾镕折耗外,实收银五十三万六千四百六十七两五钱三分六万厘。应以一半解交江西。该省前奉部咨提拨地丁银三十万两,委解充饷,现在边境戒严,防军客军均有悬釜待炊之虑,请将江海关应行解江一半银二十六万八千零,迳行由沪全数解京,抵作江省应解地丁等语(抄交总理衙门止)。京饷为目前要需。现在度支告匮,各该督抚自宜竭力筹拨,以济急需。此项洋税,本系应行解江之款,以之抵解江省京饷,诚为两便。(抄交总理衙门起)著曾国藩、李鸿章,迅饬江海关,速将前项税银,匀月分批解京充饷,抵作江省应解奉提地丁之项(抄交总理衙门止),毋稍宕延。其尾欠银数,仍著沈葆桢于地丁项下,征存搭解,以清款目而裕度支(摘抄交户部止)。将此由四百里各谕令知之。钦此。遵旨寄信前来。(摘抄交户部、总理衙门)。

432 …………

江西二员:

庶吉士刘瑞祺(御印)江西人。国史馆协修,年三十六岁,同治元年二甲进士,散馆一等六名。

童毓英江西人(御印)年三十七岁,同治元年二甲进士,散馆二等三十名。

…………

439 同治二年四月二十五日,内阁奉上谕:都察院奏,举人刘乔松遣抱以伊父殉难,久未查恤等词赴该衙门呈诉。据称,江西举人刘乔松之父、前署江西南昌府学教授刘焜元,于咸丰十年九月间,在籍督勇拒贼,于邻境南堂县蔡家山地方被执,不屈殉难。经该省绅士前山东知府李熙麟,于同治元年在都察院呈报,奏奉谕旨查恤,迨今年余,未蒙查奏,恳请饬催等语。著沈葆桢遵照前旨,将刘焜元殉难情形并其余交查人等,一并迅速查明,奏请议恤。钦此。

478 同治二年五月初七日,内阁奉上谕:沈葆桢奏,访举贤士,以备采择一折。江西广丰县进士郑维驹、金谿县举人徐仗祖、庐陵县廪生王其淦、上饶县候选训导报捐双月知府曾守诚,据该抚奏称,或才具练达,或操守坚定。均著饬令来京,交吏部带领引见。钦此。

491 同治二年五月初七日,翰林院带领引见。

…………

江西进士:

罗振云(御印)年二十四岁,二甲十一名进士。覆试二等十五名,朝考二等十四名。

许振祎(御印)年二十八岁,二甲十六名进士。覆试二等二十二名,朝考二等十一名。

王椿荫年三十二岁(御印),二甲二十四名进士。覆试二等十四名,朝考三等五十五名。

梅启熙(御印)年三十一岁,二甲三十一名进士。覆试一等七名,朝考二等四十一名。

高梧年三十岁(御印),二甲四十七名进士。覆试二等七十二名,朝考二等三十名。

伍锡钊年二十六岁(御印),二甲五十八名进士。覆试三等二十二名,朝考三等六十一名。

郑梦锦(御印)年三十岁,二甲十一名进士。覆试三等六十一名,朝考二等二十七名。

黄绍薪(御印)年三十岁,三甲二十一名进士。覆试一等二十八名,朝考二等十名。

饶世贞年三十一岁,三甲三十二名进士(御印)。壬戌覆试二等五十三名,朝考三等一百六名。

汤肇熙年三十岁(御印),三甲三十三名进士。覆试二等二十一名,朝考三等十名。

宋家蒸年二十九岁,三甲三十六名进士。覆试二等八十名,朝考三等八十一名。

盛一林年三十岁,三甲四十六名进士。覆试二等三十名,朝考三等十二名。

胡景辰年三十四岁,三甲五十四名进士。覆试二等十九名,朝考二等五十一名。

周友檀年三十六岁,三甲六十六名进士(御印)。覆试三等三十七名,朝考三等二十二名。

欧阳焘年五十岁,三甲七十四名进士。覆试三等八十五名,朝考二等八十名。

蔡钟年四十六岁,三甲九十一名进士。覆试三等三十二名,朝考三等七十五名。

朱昌言年三十岁,三甲一百七名进士。覆试三等六十五名,朝考三等二十名。

章光斗年三十三岁,三甲一百十名进士。覆试三等八十四名,朝考三等一百名。

…………

526　同治二年五月十八日,内阁奉上谕:沈葆桢奏,特参玩视地方之知县,请革职,永不叙用一折。江西龙泉县知县狄已礽,于该县所辖之大、小五井山等处土匪约期滋事,该员并不亲往查拿,设法解散,已属玩视地方;并于国制期内,在署演剧,辄以"胥役酬神,未便禁止"为词。迨经该府知府揭参,委员前往摘印,该员竟致带印晋省,置地方公事于不顾,尤属肆意妄为。狄已礽即著革职,永不叙用。余著照所议办理。钦此。

527　同治二年五月十八日,内阁奉上谕:前因沈葆桢奏称,绅士措留捐照,希图串诈,当经降旨将绅士双元音等革职,交该抚审办。兹据该抚讯明确情,定拟具奏。此案已革候选员外郎举人双元音、已革四品衔候选郎中戴暄,在抚州府地方劝捐军饷。因各捐生向该革员等索取给奖执照,双元音赴省探听。辄将发驿投递之执照公文等件向号吏取出,意欲带回,自行分给。双元音因病未能起程。适戴暄抵省,遂将文照转交带投。戴暄回籍,沿途亦因患病耽延。迨事发查办,始将文照等件赴府投送。虽讯无措留串诈情事,惟于奉发驿递公文执照私向号吏接取,复又辗转耽延,究属任意妄为。双元音、戴暄业经革职,著永不叙用,以示惩儆。余著照所议办理。钦此。

540　议政王、军机大臣字寄各直省督抚府尹。同治二年五月二十一日,奉上谕:给事中郭祥瑞奏,近日捐班流品太杂,自捐铜事例一开,竟有市井驵侩及劣幕蠹书、土痞无赖、舆台仆隶之徒,亦皆张罗杂凑,混入仕途。而得缺后,即为利薮,侵吞公帑,鱼肉百姓,以致激成事端,耗费军需。计其所捐之数,不值九牛一毛,种种弊窦,贻害无穷。请饬各直省督抚,遇有捐纳到省人员,认真考察,严加甄覈,以清吏治等语。所奏亦系实在情形军兴以来,需费浩繁,国帑支绌,捐铜事例之设,实朝廷出于不得已。现既难于停止,即不得不思所以补救之方。如所奏此辈人等滥竽宦途,贻害百姓,迨至激成事端,仍复耗费军需。则是捐铜之设,非徒无益,而反有害。近来,外省大吏如左宗棠、沈葆桢屡经甄覈,州县捐纳出身者居多,均经降旨,分别准行。可见各该省疆吏果能留意人才,于此辈人等到省接见时,早有一番考察。如果才具品概不能称职,非惟不可令其到任,且必当从严甄覈,为朝廷惜名器,为仕途清流品,为地方弭祸乱,各直省大吏实操其权。嗣后著各直省督抚府尹遇有捐纳人员到省,务必认真察看,或考其行谊,或访其声名,或令作牧令之论,或令读吏治之书,随时分别举劾。如有恶劣不堪造就者,即行严参,毋稍姑息,庶吏治可望肃清,流品不至混淆,而于军需亦仍无妨碍。原折著抄给阅看。将此谕令各直省督抚府尹知之。钦此。遵旨寄信前来。

590　议政王、军机大臣字寄各直省督抚。同治二年六月初一日,奉上谕:前因侍郎薛焕奏请筹饷练兵。当令户部议奏。兹据奏称,薛焕奏请于直隶设立四镇,每镇练兵一万。并将神机营兵丁酌添二万名,亦分四处教练,以振兵威而固根本,洵属目前急务。惟欲练兵,必先筹饷。此项固本京饷,应即照该侍郎所奏,责成十八省督抚藩司通力合筹等语。京师为根本重地,亟应振作兵威,以资捍卫。现在各该省筹济军饷,需用亦属浩繁。惟权衡于本末轻重之间,尤当先其所急。此事该督抚等责无旁贷,务当于无可设法之中,竭力筹措,俾军食可以常充,不至缺乏。著各省督抚速行筹画,就各该省现有之款,如厘捐等项,酌定数目,先行迅速复奏。仍不得藉添设饷项为名,额外征求,致有扰累;亦不准于应解京协各饷内划抵,致多轇轕。是为至要。原折著抄给阅看。将此各谕令知之。钦此。遵旨寄信前来。

598　同治二年六月初五日,内阁奉上谕:曾国藩奏,请将办理厘务各员分别惩劝等语。江西省厘务疲乏,卡员亦优劣不等,亟须严明举劾,以示劝惩。江西候补县丞黄锐昌串通行户,私收盐厘。著即行革职,永不叙用。试用县丞汪昆金舞弊营私,候补县丞索文录品行卑污,候补县丞郑重性耽安逸,候补道库大使李万青性情卑鄙,候补从九品潘良梓声名狼藉,以上五员均著即行革职。升用知州·委用知县俞潘,耄年昏聩,难期振作,著即勒令休致。知州衔·候选知县吴沄,整理厘务,百废俱兴,著免选本班,以知州留于安徽补用。候选府经历·县丞邓嘉续,实心办事,任劳任怨,著免选本班,以知县不论双单月即选。江西吴城主簿周汝霖,洁己奉公,始终不误,著以县丞仍留江西,尽先补用。知州衔候选知县王祥储朴诚精实,办事详慎,著以知县留于江西,尽先补用。余著照所议办理。该部知道。钦此。

609　同治二年六月初八日,内阁奉上谕:前因御史刘庆奏,江西省查办咸丰十一年灾区含混开载,请饬复加查覈,当经谕令曾因藩、沈葆桢确切查明,分析具奏。兹据沈葆桢奏,遵查江西各属被扰被灾,请蠲免年款银米细数及村社都图,开单呈览一折。著照所请,所有单开被扰极重之南城县额征咸丰十一年起存地丁钱粮、本折物料、脚耗、马尾、皮价、随漕兵折等款正耗,共银三万九百四十两零,著概行蠲免。

义宁州之西隅一都一、二图,二都,三、四都一、二图,六都一、二图,七、八军都,九、

十、十一二都各一、二图，十三都，三十四五六七八都，五十七八九、六十、六十一二三四等都带杨、船头滩、岩下、杨武、里溪、清江、舍被、车前、找桥、梁口、桥头、清水岩，四都塘彭姑、桥头、梅岭、安坪坑、横安、吴都、岩前、杉树坳、大路山、口征村、赤江角、溪山、龙峰殿、下黄、源港洲、源排、上坰溪、大源坑、白沙岭、东坑、南门桥、长茅、安居、大源山、彭桥、艾村、大坪里村、洲武角、蓝田、薰衣港墩、七里山、坑口、白土、高城源、双鄄、唐下、长泥岭、新车、上杭、郑港、柴墩、黄沙源、老庄里、山下上杭、里墩、章源、黄坊、沙塘沟、东渡港、西源、东源、上源、下源、上杉、戴源洞、沙洲墩、里头坑、汤源岭、下墩、大桥、米陂、上古墩、放牛坪、马爷殿等村，又十四五六都各一二图，十七都、十八九、二十一二三四五六七八九等都各一、二图，林家坳、长坑、老鸦山、花家墩、高里、内石碑、何家嘴、水碧源、大里、东岭、丁源、郭城、冷水墩、南岭、南墩、排埠、大埕桥、丰田、赤范塘，下三都榨里、港下、温汤、西向、八甲、六甲、东浒、墨滩、浒口、巴椒、金鸡桥、小坳岭、大丘塴、晏公殿、古家桥、青洞、桃坪、松岭、北村、古家源、分水坳、来苏、晏公殿、罗公岩、梅坑、正村、上艾、王家洲、潭家埠、坪上等村共未完咸丰十一年地丁盐漕兵折等款银一万四千四十两零，漕米一万二千一百二十石零，兵加银二百六十两零，均著蠲免十分之三。

奉新县额征十一年地丁随漕兵折等款银二万二千七百三十两零，漕米二万五千三百六十石零，并未完兵加漕银、脚耗银一千一百二十两零，均著蠲免十分之三。

靖安县额征十一年地丁、随漕、兵折等款银八千一百四十两零，漕米八千八百九十石零，兵加银十八两零，均著蠲免十分之三。

武宁县之安乐乡一、二、三、四、五、六、七、八等都，升仁乡之十、十一、十三、十五、十六、十七、十八、二十等都，北乡之二十三、二十五、二十六、二十七、三十八①、三十、三十一、三十二、三十三等都，顺义乡之三十四、三十八等都，上南乡之四十都二图、下南乡之四十二、四十三、四十四等都，江阴乡之四十五、四十六、四十七、四十八等都，长乐乡之四十九、五十、五十一、五十二、五十三、五十四等都，并城市之一图、二图、三图，共未完十一年地丁、随漕、兵折等款银一万七千二百九两零，漕米一万二千二百六十石零，兵加银二百七十两零，均著蠲免十分之三。

高安县额征咸丰十一年地丁、随漕等款银三万二千一百二十两零，漕米三万二千一百二十两零，漕米三万二百八十石零，均著蠲免十分之三。

新昌县额征咸丰十一年地丁、随漕、兵折、兵扣等款银三万一千三百八十两零，漕米二万七百石零，漕粮脚耗银一千五百九十两零，又未完咸丰十年地丁银一万六十两零，漕米一千五百石零，均著蠲免十分之三。

安义县额征咸丰十一年地丁随漕、兵折、兵加等款、银一万七千八百十两零，漕米八千七十石零，又未完咸丰十年地丁随漕、兵折、兵加等款银七千一百三十两零，漕米一千四百四十石零，均著蠲免十分之三。

铅山县未完十一年地丁、随漕、兵折、兵加等款银八千一百二十两零，漕米三千八十

① “三十八”，原文如此，当为“二十八”之误。

石零，屯粮丁存留屯粮漕运屯粮共银一千二百三十两零，余租银二千三百五十两零，又未完咸丰十年地丁银二千七百六十两零，屯粮丁、存留屯粮、漕运屯粮共银八百五十两零，余租银一千六百四十两零，均著蠲免十分之三。

被扰次重之上高县额征咸丰十一年地丁随漕兵折兵扣等款、银二万一千九百五十两零，漕米一万五千三百一十石零，又未完咸丰十年地丁随漕兵折兵加等款、银五千四百三十两零，漕米九百七十石零，均著蠲免十分之二。

永丰县之四、五、六、七、八、九、十二、十二[1]、十三、十四、十六、十八、二十一、二十二、二十六、二十七、二十九、三十六、四十一等都，未完咸丰十一年地丁银一万一千二十两零，漕米五千六百七十石零，同四五七九十二十四十八二十一二十二二十六二十八二十九三十六四十一等都，未完咸丰十年地丁银五千三百九十两零，漕米二千八百五十石，均著蠲免十分之二。

吉水县未完咸丰十年地丁银五千二百一十两零，漕米三千一百三十石零，均著概行蠲免。

金溪县未完咸丰十一年地丁、随漕、兵折等款银二万二百四十两零，漕米八千八十石零，兵加银二百四十两零，均著蠲免十分之二。

东乡县之一都一、二、三、四图二十六村，二都一、二、三、四图十一村，三都一、三、四图十七村，四都一、二、三图五村，五都一、二、三、四、五、六、七、八图三十一村，六都一、二、三图十七村，七都一、二、三图十一村，八都一、二、三、四、五、图六村，九都一、二、三、四图五村，十都一、二、三、四图九村，十二都一、二、三图五村，十三都一、二、三图五村，十四都一、二、三、四图二十一村，十五都一、二、三、四、五、六图二十四村，十六都一、二、三、四图二十二村，十七都一、二、三、四、五图十七村，十八都各图十二村，十九都一、二、三、四图十三村，二十都一、二、三、四图九村，二十一都一、二、三图六村，二十二都二图鲤鱼塘等村，二十三都下一图西湖村，二十四都二、三图二村，二十五都一、二、七图四村，二十六都一、二、三、四图十村，二十七都一、二图五村，二十八都三、四、七图十七村，二十九都一、二、三图七村，三十都一图二村，三十一都一、二、三、四、五图十六村，三十二都一、二图二村，三十三都一、二、尾图二十九村，共未完咸丰十一年地丁、随漕、兵折、兵加等款银一万一千五十两零，漕米四千八百八十石零，又未完咸丰十年地丁、随漕、兵折、兵加等款银七千三百两零，漕米一千九百三十石零，均著蠲免十分之二。

南丰县北乡八、九、十、十一、十二、十三、十四、十五、十六、十七、十八、十九、二十等都，东乡二十一、二十二、二十三、二十四、二十五、二十六、二十七、二十八、二十九、三十等都，南乡三十三、三十四、三十五、四十一、四十二、四十三、五十四等都各村堡，共未完咸丰十一年地丁银七千一百四十两零，漕米四千十石零，均著蠲免十分之二。

新城县十九都李原村、焦原村、北门渡、西洲村、澄潭村、黄原村、涂田村、杨塘村、宁家段、下炉村、钟贤镇，二十都涂山村、火炉村、横塘村、彭池村、上原村，二十一都横港

---

① 原档即有两个"十二"，疑衍。

桥、粟塘村、蔡坊村，二十二都莲村、板桥村、烁林村、杨原村、缵舍村、龙江村、莱坊村，二十三都杜冈村、松溪村、官屯村、清塘村、蓝上村、周安保、洛湖村、周安市、冯佳村、蓝下村、山坊村、安桥村，二十四都大罗冈、里浔村、塘坑村、烧羊堡、北坑原、赤冈排、东边挑、米家源、燕湖村、西林排、杨家湾、吕家陂，四十二都卓源村、白石湾、迂周村、上原堡、岭原村、马鞍山、畴溪渡，四十三都龙安镇、莎溪村、蝘蝣冈，四十四都弋阳村、中堡下村、上广村、严溪村，五十二都西山桥、宏村、宏村市，三都赤岸堡、沙村湾、寒村、马村、石城村、墟上村、广严寺前，二十七都水口村、河塘村，八都竹篙陂、象岸村、渔溪村、潢溪村，九都周家墟、连家源、九源村，十都公口村、九冈村、东溪村、鹤原村、罗洲村、西坪村、查林村、左家陂、围岭前、黄泥塘，十二都湖头村、黄冈村、杜原村、介竹村、不田村、安峰村、塘坑，十三都岭下保、城头村、牛市街、豪湖村、蓝游村、陶家边，十七都公村营、郑家段、上营、下营、鼓楼凹，十八都邓坊村、上堡、中堡、下堡，十四都竹畲村、泉水岭、王家庄、中桥村、廖家源、熊坊堡、新兴岭、长兴原，四十都五福镇、石峡镇、奖源村、何家庄、稠原村、黄源村，四十一都苏原村、麻坑村、资福桥、黄家村、麻阳村、梅峰街等处，共未完咸丰十一年地丁、随漕、兵折、兵加等款银一万四百两零，漕米五千三百七十石零，又未完咸丰十年地丁、随漕、兵折、兵加等款银五千八百八十两零，漕米三千三百四十石零，均著蠲免十分之二。

泸溪县被扰最重之东都长塘、沙苑、金斗窠、上坪田、大坵，南都之朱崖、枧溪、南源、长坑、张家村，西都之百步演、贯溪、刘家山、何家山、里长境、姜坑庵前、方家山、石马洲、上大塘、磨石坳、长公岭、赖望岭，北都之椒溪、黄策源、炭山村、严坡、墩上、傅家窠、徐家窠、里源、司前，一都之高阜、满坑、洪门、水东、枫坑、湾头、南源，二都之雾浓库前、象山下、西排、五里山、桥边村、孔坑、小源、坪山、石舍坑、坡头、葫芦关、中港、饶家山、磕石村、南源、坳上、龚家源、箬岭背、东坑，十一都之藻坪、贻方、江下村、都溪、禾坪、下募，十六都之三江、初居渡、庵笛、中山、庄上、烟坊、黄泥坑、脚坂坑、庄下等处，共未完咸丰十一年地丁、随漕、兵折等款银二千六百八十两零，漕米一千八十石零，均著蠲免十分之三。被扰次重之三都港口、白果村、河洋、法水、张家坊、横源、石坡、莒州、蒋家湾、佛塔岭、张家山、西源、当郎坑、黄源、北源、泉源、隔水原、源溪、南岭、甘家源，九都之云衢、茂林、横山学堂、排上莹村、上山、黄募架上，十都之桐埠州、上厚坑、马头上、马头下、塘下、王坊、山坊、于家边、密潭湾、枧湾、关刀山、萧坪、茶山、大坪、青凉山、窠头，十二都之陈坊、坑源、杨公桥、大畲演坪、黄家庵，十五都之上莒州、梅林、上楻、葛坪桥、李家湾、中湾、长源、中山，杉溪桥、丁家际、双畲等处，共未完咸丰十一年地丁、随漕、兵折等款银一千九百九十两零，漕米八百四十石零，著各蠲免十分之二。被扰稍轻之四都营前、嵩市、三源、品溪、鹅窠、南源、汤家村、杜篮，五都之盘石、龙荫、上山、槐坪、陈畲、龚坊，六都之凤林、白泥岭，七都之翁源、水尾、黄家村、麾下，八都之枥木州上、欧家桥、大港、下湾，十三都之石陕、茶圆山、张家山、圆眉山、河泽、馒头墩、彭田、大源、小源、宝乡、金竹、猪湾、花桥，十四都之黄家坊、许坊等处，共未完咸丰十一年地丁随漕兵折等款银二千六百八十两零，漕米一千八十石零，均著蠲免十分之一。又通县额征漕粮脚耗、协济等款银二百四十两零,并未完兵加银七十两零,均著蠲免十分之二。又被扰最重之东都长塘、沙苑、金斗窠、上坪田、大坵,南部之朱崖、枧溪、南源、长坑、张家村,西都之百步演、贯溪、刘家山、何家山、里长境、姜坑巷前、方家山、石马洲、上大塘、磨石坳、长公岭、赖望岭,北都之椒溪、黄策源、炭山村、严坡、墩上、傅家窠、徐家窠、里源、司前,一都之高阜、满坑、洪门、水东、枫坑、湾头,南源,二都之雾浓库前、象山下、西排、五里山、桥边村、孔坑、小源、坪山、石舍坑、坡头、葫芦关、中港、饶家山、磕石村、南源、坳上、龚家源、箬岭、背东坑,十一都之藻坪、贻坊、胡源、全宅、斩源、礤下、乌石、江下村、都溪、禾坪、下募,十六都之三江、初居渡、菴笛、中山、庄上烟坊、黄泥坑、庄下等处,共未完咸丰十一年地丁、随漕、兵折等款银一千七百八十两零,漕米八百石零,均著蠲免十分之三。被扰次重之三都港口、白果村、法水、张家坊、横源、石陂、莒州、蒋家湾、佛塔岭、河洋、张家山、西源、当郎坑、叶源、北源、泉源、隔水河、源溪、南岭、甘家源,九都之云衢、茂林、横山学堂、排上坌村、上山、黄募架上,十都之桐埠、州上、河坑、马头上、马头下、塘下、王坊、山坊、于家边、密潭湾、枧湾、关刀山、萧坪、茶山、大坪、青凉山、窠头,十二都之陈坊、坑源、杨公桥、大畲、滨坪、黄家庵,十五都之上莒州、梅林、上楻、葛坪桥、李家湾、中湾、长源、中山移、溪桥、丁家礤、双畲等处,共未完咸丰十年地丁、随漕、兵折等款银一千三百七十两零,漕米六百石零,均著蠲免十分之二。被扰稍轻之四都营前、嵩市、三源、品溪、南源、汤家村、杜篮、鹅窠,五都之盘石、龙荫、上山、槐坪、陈畲、龚坊,六都之凤林、白泥岭,七都之翁源、水尾、黄家村、麾下,八都之枥木州上、欧家桥、大港、下湾,十三都之石硖、茶圆山、张家山、圆眉山、河泽、镘头墩、彭田、大源、小源、宝乡、金竹、猪湾、花桥,十四都之黄家坊、许坊等处,共未完咸丰十年地丁随漕兵折等款银一千七百八十两零,漕米八百十石零,均著蠲免十分之一。又通县未完咸丰十年兵加银四十两零,均著蠲免十分之二。

玉山县之一都杨宅、洲住、凤凰山、板头、鱼塘,二都之沙公、沙公岭、华山脚、螺蛳山、乌鹰墈,二都之黄金校椅、新明亭、黄泥塘、潭头,五都之车顶、乌沙岭、下濂溪、双路口、清水塘、麻家坞、殿口、湖埂、阳家坊、陆家、篷毛村,八都之王毛坞、破车口、上新屋、毛家墈、上宅、生姜墈、祝清塘、后陈、祝家山,九都之牙山底、大湾底、放生塘、藉塘墩、大科里村、外村、缓塘坂,十都之社山、底山、昏头、柴头、凹里、荷店、洋村、姜坞、师公坳、大塘边、后陈、朱家坳,十一都之东坞、西山底、扒洋坵、东仓埂、麻车、绿村尾、灞里、竹马溪、刘公坞、簷坂、石扒头,十二都之东津桥、白桥、草铺、八股山、连底、篷塘、顶白石、壊头淤,十三都之王家坡、姜家坂、岩瑞周、焦家排、后郑、姜上、东港、郑塘底,十四都之洲田、麻车边、黄土山、水门、大片地、平洋桥、钟塘底、前杨,十五都之大箬、后洋、董坛、抱古嘴、水口山、太平桥、葫芦塘,十六都之重杨坂、张家坑、谷山、厚杨、古城、花亭、墈里,十七都之淤里湖、山县、后山、草鞋街、郑宅、包溪、湖口、郑家庄、姜宅,十八都之新田边、大塘边、东山头墈底、毛坂,十九都之下坞亭、麻塘铺、朱村、下徐、连塘、边北山底、王七坞、尤坞、道古山、小徐村、塘头、庵亭底,二十都之大洋口、王村街、步故礤、祝村,二十一都之窑山、舒家山、大徐村、桥村、由店,二十二都之茅坂洞、塘藤头、下喻、祝枧、圆坂,二十三都之张家坑、角公舒、西坑、贡口、楼底、洞口,二十六都之上东坑、三官庙、外王坞、东坳、八礤、枫林街、柴门，二十七都之江口淤、东淤、大角、小角、王家坊、西村、洲中村、湖村、茅坞、董坛坑，二十八都之周家塀、童家坊、后叶、花大门，二十九都之西村、进士、江漳村街、金竹坑、樟树底、埂里、西山底、周公源、洋塘，三十都之双溪口、火烧碓、营盘洲、里能坞，三十一都之五成桥、小溪坑、小石园庵、临江湖、扫溪、叶宅桥，三十二都之占普岭、湖里园山门、肆脚亭、虎山大坞、坊头、苏村、雪岭，三十三都之横村、妼姆山、横塘、东坑、西坑，三十四都之里家坂、新塘淤、均正、老马塀祠堂、郑下坛、花园，三十五都之上湖田、和尚淤、江湖山，三十六都之白石桥、江王口、夹口、后车边、姜家保、清溪、大坞、场塘村、杜清塘、麻达，三十七都之腮坞、伍家田、姜坞、口淤底、周村街、黄村，三十八都之郑村坞、陆村、洋家坞、横村坂、张村、杨梅埂、山头陈村坞、姜家山、思坞山、底吕，三十九都之仑溪塘、底碓头、朱墩，四十都之金山头、七里街塘坑口、浡兰淤、十里山等处，共未完咸丰十一年地丁、随漕、兵折等款银二万四百五十两零，漕米六千六百二十石零，兵加银一百十两零，屯丁漕运屯粮二百八十两零，余租银六百六十两零，又未完咸丰十年地丁、随漕、兵折等款银一万四千七百二十两零，漕米五千五十石零，屯丁漕运屯粮银二百五十两零，余租银五百八十两零，均著蠲免十分之二。

弋阳县之上下一都二、四、十一、十三、二十、二十一、二十三、二十四、二十五、二十六、二十七上下、二十八上下、二十九、三十、三十一、三十二上下、三十三、三十四、三十五、三十六、三十七、三十八、四十九、五十、五十一上下、五十二、五十三、五十四、五十五、五十六上下、五十七等都，共未完咸丰十一年地丁、随漕、兵折等款银一万五百八十两零，漕米六千二百九十石零，兵加银九十两零，漕运屯粮银二百八十两零，余租银五百五十两零，又未完咸丰十年地丁银一千七百二十两零，漕运屯粮银二百一十两零，余租银二百五十两零，均著蠲免十分之二。

被扰稍轻之清江县未完咸丰十一年地丁、随漕、兵折、兵加等款银四万七千九百三十两零，漕米二万八千八百三十石零，又未完咸丰十年地丁、随漕、兵银二万六千两零，漕米七千四百四十石零，均著蠲免十分之一。

新淦县未完咸丰十一年地丁、随漕银三万三千一百三十两零，漕米二万二千四百三十石零，又未完咸丰十年地丁、随漕银一万六千八百五十两零，漕米八千一百六十石零，均著蠲免十分之一。

峡江县未完咸丰十一年地丁、随漕、兵折、兵加等款银二万三千八百三十两零，漕米一万四千二百五十石零，又未完咸丰十年地丁、随漕、兵折、兵加等款银三千四百十两零，均著蠲免十分之一。

临川县之东乡一、二、三、五、六、七、八、五十八、七十四五等十都并东隅外、东厢港、东厢三处，南乡之九都八十一二四五六七九十、九十一二三四六八九、一百、一百一、一百三、一百四、一百五、一百六、一百七、一百九共二十三都，西乡之十、十三四五六七、一十二三四五六七八九、四十、四十一共十六都并西隅外、西厢两处，北乡之四都、四十二三四五六七八九、五十一二三四五共十三都并北隅外、北厢两处，共未完咸丰十一年地丁、随漕、兵折、兵加等款银四万八百三十两零，漕米一万八千二百二十石零，又未完咸丰十年地丁随银八千六百二十两零,均著蠲免十分之一。

其被水之建昌县水乡一图至十六图等处,未完咸丰十一年地丁银四千七百二十两零,漕米二千一百九十石零,又未完咸丰十年地丁银四千七百三十两零,漕米二千三百二十石零,并安义县寄庄未完咸丰十一年地丁银一百两零,漕米四十石零,又未完咸丰十年地丁银一百两零,漕米四十石零,均著蠲免十分之一。

德化县桑落、封一、封二、赤松、泰临、通津、新民、德化、仁一、仁二、仙一、仙二、南昌、白鹤等乡张家洲、杨家洲、罗家渡、七百户营,沙池寨、横港寨、杨家津、小池寨、套口寨、洗心桥、官湖港、沙河、西窑、黄门堰、杨家汊、新港、谭家坂、和尚分、管家铺、鸡公岭、夏家铺、周家岭、杜家湖等村,共未完咸丰十一年地丁银二千三百三十两零,南九二卫屯粮丁存留屯粮、漕运屯粮共银二千一百四十两零,余租银三千九百四十两零,咸丰十一年压征十年芦课银一千二百三十两零;并桑落、封一、封二、赤松、泰临、通津、新民、德化、仁一、仁二、仙一、仙二、南昌、白鹤等乡张家洲、杨家洲、罗家渡、七百户营,沙池寨、横家寨、杨家津、小池寨、套口寨、洗心桥、官湖港、西窑、黄门堰、杨家汊、谭家坂、和尚分、沙河、夏家铺、鸡公岭、新港、周家岭、杜家湖等村被水,楚城甘一、甘二等乡,金陵街、马回岭等村被旱,共未完咸丰十年地丁银二千六百五十两零,南九二卫屯粮丁存留屯粮、漕运屯粮共银二千六百九十两零,余租银三千六百五十两零,咸丰十年压征咸丰九年芦课银五百五十五两零,著各蠲免十分之一。

德安县之黄湾堡、陈湾堡、固村堡、墩下堡、金鸡堡、附城堡、河东堡、后田堡、在市堡、乌石堡等处未完咸丰十一年地丁、随漕银二千七百二十两零,咸丰十年地丁、随漕银二千七十两零,并陈湾、金鸡、附城、河东、后田、乌石、在市等堡未完咸丰十一年南、九二卫屯粮丁漕运屯粮银一千八百两零,咸丰十年屯粮丁漕运屯粮银一千一百四十两零,著各蠲免十分之一。

瑞昌县之安泰乡、周滩堡、九屯堡、青龙堡、安城堡、营桂堡、暗林堡、芭山堡、回龙堡、罗湖堡、板林堡、东关外、金岗堡,今一乡马头堡、接泥堡、高伍堡、吴塘堡、金蛇堡,今二乡封门堡、黄硚堡、何塘堡、牛山堡、连山堡、武茭堡、长流堡、大林堡、北亭堡、西垅堡、甘露乡、叶坪堡、北巢堡等处,未完咸丰十一年地丁银一千九百五十两零,咸丰十年地丁银九百两零;并坐落安泰、赤松、南昌、仙居等四乡未完咸丰十一年九卫屯丁存留屯粮、漕运屯粮银一千二百五十两零,余租银二千四百七十两零,咸丰十年九卫漕运屯粮银九百八十两零,余租银一千九百五十两零,著各蠲免十分之一。

湖口县之上乡十三都、十四五都、十六都、十七都、二十都,中乡之一坊、二坊,八都、九都、十二都一图二图,下乡之三都、五都、四六都、七都、十一都各村庄未完咸丰十一年地丁银一万四千三百七十两零,咸丰十年地丁银七千四百四十两零;同寄庄德化县之仁贵乡、宿松县之盖家洲暨本邑之十三都、十二都、八都、五都等处,未完咸丰十一年屯丁存留屯粮、漕运屯粮银三百四十两零,余租银八百六十两零,咸丰十年漕运屯粮银二百一十两零,余租银七百三十两零;并梅家、大湾、永和、兴福、牛湖、奉张、谕张共七洲等处,未完咸丰十一年压征十年芦课银六百二十两零,均著蠲免十分之一。

九江府同知所辖桑落、封一、封二、赤松等乡芦洲，除未被淹各洲外，其实在被水各乡，未完咸丰十一年压征十年芦课银一千一百七十两零，咸丰十年压征九年芦课银六百两零，均著各蠲免十分之一。

该抚即刊刻誊黄，遍行晓谕。并督饬所属覈实办理，毋得稍有含混。该部知道。单并发。钦此。

734　同治二年七月十八日，内阁奉上谕：前因御史梅启照奏，访闻江西省之总管硝局候补知府姚镶、厘金局委员万永熙、升用知府程元瑞贪劣不职各款，请饬查办。当经谕令沈葆桢确切查明，据实参奏。兹据沈葆桢奏称，江西南镇火药库失火，查询附近居民，佥称初闻雷声自下而上，旋即烟焰飞腾，非由姚镶侵渔克扣积怨所致。佑清寺硝局火失，伤毙碓夫二百五十余名，由牙厘局筹给恤养钱文，并未经姚镶之手。其局中一切工价银两，提讯工匠及调查报销局册，均系照章给发，尚无浮冒克扣情事。万永熙前委赴玉山县设局抽厘，被商民扭捆高台，殴打辱骂，实因刁徒王米细等谣言蛊众，希图抢夺银钱，业经讯明，就地正法。万永熙办理尚无不合。吴城厘局原非万永熙管理，并非眷属在吴城居住，所参挟带炮船，护送女眷，访查实无其事。万永熙于推升广东连平州知州后，告病开缺，病痊起用，经耆龄奏，留江省差遣，复经曾国藩于克复黟县等城案内奏请免其坐选原缺，以直隶州知州留江补用。嗣经吏部驳斥，该员请咨，赴部引见。复经曾国藩等留局当差，批令暂缓赴部，尚非该员贪恋，不肯离省。程元瑞委署九江府篆时，办理浔郡租地一案，系与该司道定议，所参故抑商民价值，激变潜逃各情，访查尚无确据。程元瑞之侄程之琦在九江府城外租赁房屋，开设茶栈。程元瑞之子程培莹即程幼农，因患目疾，赴浔就医，寄居栈内，并非程幼农强租。该员等均无在江西省城置买产业之事各等语，此案姚镶、万永熙、程元瑞等被参各款，虽经沈葆桢分别确查，或事属有因，或查无实据，惟姚镶系督办硝局之员，平日并不认真率属小心防范，以致轰毙轰伤碓夫二百五十余名之多，实非寻常疏忽可比。万永熙既经在江服官差遣，乃于伊弟万永辉等在省典置房屋，不行阻止，复向借居，殊属不知检束。程元瑞曾署九江府知府，率听伊侄程之琦赴浔开设茶栈，并任其子程幼农赴栈寄居，致滋物议。虽在该员卸事之后，究难辞咎。候补知府姚镶、广东补用直隶州知州万永熙、升用知府候补同知直隶州知州程元瑞，均著一并交部议处，以示惩儆。钦此。

735　同治二年七月十八日，内阁奉上谕：沈葆桢奏，查明被水被旱各属，请将应征新旧钱粮分别蠲缓一折。上年江西南昌等府属各州县，于五六七八等月叠被水灾，低田淹浸，莲花、安福等厅县夏秋亢旱，禾苗尽枯，或秋成歉薄，或颗粒无收。若将新旧钱粮照常征收，民力资有未逮。加恩著照所请，所有南昌县之二都三、四、五、六、七、八等图，三都一、二、六、七等图，四都六、七等图，五都二图，六都三、七、八等图，七都一、二、三、五、六等图，八都二、四、五、六、下六、七等图，九都六图，惠外一、二等图，军都下一图、一图一社一图三社、二图，十都六图，十一社二图，十一都一、三、五等图，十二都三下七等图，十三都一、二、三、五等图，十四都一、下一、二、三、四、五、六、七等图，十五都二、

三、下三、四、下四、五、下五、六、七、八等图，十六都一、二、三、四、五等图，十七都二、三、五、六等图，十八都一、二、三、五等图，十九都二、三、北四、五、七、北九、十等图，二十都四、五等图，二十一都南一、南二、南三、东三、归三等图，二十二都一上、一下、一、二、南二、上三、西三、东三、四、七、八等图，二十三都上一、下一、又一图、一、二、三、四、五、十、十一、十五、十六、十八、十九、二十、二十一、二十二等图，二十四都一、二、三、四、五、七、八、南八、北八、九、十、十二、十三、十五、十六等图，二十五都一九图、二、三、四、五、六、七、八、十一、十二、十三等图，二十六都一、二、三、四、五、六等图，二十七都一、三、四、五、七、八、九、十、十一、十二等图，二十八都二、三、九、十、十一等图，二十九都三、四、五、六、七、八、十、十二等图，三十都三、四、六、七、八、九等图，三十一都二下、二、七、十四等图，三十二都三图，军都三图，二十四都二图，三十五都三、五、六、七、八、十三等图，四十都十图，四十一都二图，四十二都七图，四十三都一、三、四、六等图，四十四都四图，四十五都一图、南一、长一、北一、二、长二、南二、三、长三、南三、长四、长五、长六等图，四十六都一、二、三、四、五、六、七、九、十一、十二、十三、十四、十五等图，四十七都一、二、三、四、五、六、八、九等图，四十八都南一、北一、长一、南二、北二、长二、南三、北三、长三、南四、四、六等，四十九都一、二、三、四、五、六等图，军都五图，五十都一、三图，五十一都一、二、三、四等图，五十二都一、二、三、四、五、六、七、八全图，五十三都一、二、三、四、五、六全图，五十五都一图，五十六都一、二、三、四、五、六等图，五十七都，六十都一上、二下、南二、三、四、五、六、七等图，六十一都一、二、三等图，六十二都一、三、四、五、七等图，六十三都五、六、七、九、十等图，六十四都一、二、三、十等图，六十五都一、二、三、四、五、六、七、八等图七甲，六十六都一、二、三、四、五、六、七、八、九、十等图，七十三都三、五、六、九与九、十等图，七十四都一、二、又二、三等图，一、六都七图，二、三都三、四、五、七、八等图，军都六图被淹，各则民田四千五十五顷七十一亩零，未完同治元年份地粮银一万一千五百五十一两零，漕米二万二千一百七十四石零，又未完民欠咸丰十一年份地粮五千七百七十两零，漕米一万一千六百九十六石零，均著缓至同治二、三两年秋后带征。

新建县一都一、二、三图，二都一图，四都一、二图，五都一、二、三、五、七图，六都二、三、四、五、六图，七都六、七图，十二都五图，十三都三图，二十一都二、三、四、五图，二十二都一、二、三、四、五图，二十三都三、四、五图，二十四都一、二、三图，二十五都二、三、五图，三十二都，六都，三十三都三图，三十六都一、二、三、四、五图，三十七都三图，三十八都三图，三十九都一图，四十都一、二图，四十一都一、二、三、四、五图，五谏乡四十二都一、二、三图，仪凤乡四十二都一、二、三图，四十三都一、二图，四十四都一、二、三、四图，四十五都一、二、三、四图，四十六都一、二、三、四图，四十七都一、二、三图，四十八都一、二、三、四图，四十九都一、二图，五十都一、二图，五十一都一、二图，军都六图，五十二都一、二图，五十三都一、二、三、四图，五十四都一、二、三、四、五图，五十五都一、二、三、四、五图，五十六都一、二图，头、六、七、八、九、十等坊，被淹各则民田四千六百一十顷五十一亩零，未完同治元年份地粮银一万一百八两零，漕米一万三百八十九石零，又未完民欠咸丰十一年份地粮银六千九百十六两零，漕米七百六百七十七石零①，均著缓至同治二、三两年秋后带征。

丰城县之一坊一都一图、二图、三图，二都一图、二图、三图、四图，三都一图、二图、三图、四图、五图、六图，四都一图、二图、四图，五都一图、三图、四图、五图、六图、七图、八图，六都一图、三图、四图、五图，七都一图、二图、三图，八都一图、二图、三图，二坊十都一图、二图，三坊二十九都一图、二图、三图、四图，三十都一图、二图、三图、四图，三十一都一图、二图、三图、四图，三十二都一图、二图、三图、四图，三十六都二图外五甲，四十都二图，四坊四十七都二图十甲，五十五都四图，五十六都一图、二图、三图、四图，五坊五十七都一图、二图、三图，五十九都一图、二图、三图，六十一都二图、三图，六十二都一图，六十三都一图、二图、三图、四图、五图、六图、七图、八图、九图，六十四都一图、三图、四图、五图，六十五都一图、二图、三图、四图，六十六都一图、二图、三图、四图、五图，六坊六十七都一图、二图、三图、四图，六十八都一图、二图、三图、四图、五图、六图，六十九都一图、二图、三图、四图，七十都一图、二图、三图、四图，七十一都一图、二图、三图、四图，七十二都三图三六甲、九图，七十三都四图、五图、六图、七图、八图，七坊七十四都一图、二图、五图、六图、八图、九图，七十五都一图、三图、四图、五图、六图、七图、八图、九图、十二图，七十六都一图、二图、三图，七十七都六图七十甲，七十八都三图、四图、五图、六图，八坊七十九都二图另军甲军九甲、三图一三六七九十甲、五图二三九甲、六图、七图、八图，八十都一图、二图、三图、四图，八十一都四图、八图，八十三都八图、九图、十图，九坊八十七都五图、六图、七图、八图，八十八都一图、二图、三图、四图、五图、六图、七图，八十半都一三五七八九甲，一坊下一甲、二甲、另三甲、五甲、七甲、九甲、十甲、十另甲，二坊下一甲、八甲、下九甲、十甲，三坊下一甲、二另甲、四甲，四坊下二甲、九甲、十甲、外十甲、另十甲、十义甲、五甲、三甲、四甲、七甲、八另甲、六坊下三甲、四甲、外四甲、五军甲、外五甲、六甲，七坊下二甲、三甲、维大维中四甲、八甲，八坊下一甲、六甲、九甲，九坊下四甲、五甲、七甲、十甲，被淹各则民湖田地四千六百七十一顷四十六亩零，未完同治元年份下忙地粮银四千二十三两零，漕米九千九百二十二石零，均著缓至同治二三两年秋后带征。

进贤县之下五坂二十七都一、二、三、四、五等图，二十八都一、二、三、四等图，二十九都一、二、三、四等图，三十都一、二、三、四、五等图，三十一二都一、二、三、四等图，又上乡五都一、二、三、四、五等图，六都一二、三、四、五、六、七等图，七都一、二、三、四、五、六、七军等图，上八都一、二、三、四、五、六、七、八、九、十等图，下八都一、二、三、四、五、六、七、八、九等图，十三四都一军、二、三、四、五、六、七、九、十等图，十五都一、二、三、四、五、六、七、八、九等图，十六都一、二、三、四、五、六、七、八、九、十、十一二等图，十七都一、二、三、四、五、六、七、八、九等图，二十二都一、二、三、四、五、六、七、八、九、十、十一二等图，二十三都一、二、三、四、五、六、七、八、九、十、十一二等图，二十四、五都一、

① 原档作“七百六百七十七石零”，第一个“百”字疑当作“千”

二、三、四等图，二十六都一、二、三、四、五等图，三十三都一、二、三、四、五、六、七等图，三十四都一、二、三、四等图，三十五都一、二、三、四、五、六、七等图，三十六都一、二、三、四、五等图，三十五都①一、二、三、四、五、六、七等图，三十六都②一、二、三、四、五等图，三十七都一、二、三、四、五、六等图，三十八都一、二、三、四等图，六隅东、西、南、北、中、正等隅被淹，各则民田二千六百四十二顷二十七亩，未完同治元年份地粮银七千九百七十六两零，漕米一万二百七十三石零，又未完民欠咸丰十一年份地粮九千七百七十两零，漕米一万一百八石零，均著缓至同治二三两年秋后带征。

清江县之十七都三图，十五都一、二、三、四、五图，三都一、二、三、四五图，四都一、二、三、四、五图，十一都一、二、三、四、五图，十二都一、二、三、四、五图，十三都一、二、三、四、五图，十四都一、二、三、四、五图，城一、二、三、四坊，镇一坊，八都三、四、五图，九都一、二、三、四、五图，十都一、二、三、四、五图，均被淹浸，应征同治元年份丁漕，除随兵银米外、尚应征银一万四千一百四十四两零，米一万五百五十一石零，著各缓十分之四，至同治二年秋后，分作两年带征。

新淦县之一都三、四、五等图，五都十二、十三等图，六都一、二、三、四等图被淹，各则民田八百三十五顷零、未完同治元年份地粮银三千五十一两零，漕米一千九百九十六石零，均著缓至同治二三两年秋后带征。

新喻县之登丰区一坊、二坊、三坊、四坊、五坊一都一二三图、二都一二三图，崇仁区三都一、二、三图，四都一、二、三图，正皂区五都一、二、三图，六都一、二、三图，正安区七都一、二、三图，八都一、二图，上乐区十四都三图，仁孝区十五都二三图、十六都一二三图，擢秀区十七都一二三图、十八都一二三图，清化区十九都一二三图、二十都一图，被淹各则民田地五千二百八十顷三十一亩零，应征同治元年份丁漕，除已完并随兵银米外，尚应征银二万二千六百七十两零，米一万七百五十三石零，著缓十分之三；应征未完咸丰十一年份地粮银二万八百二两零，漕米一万一千五百九十四石零，著缓十分之二。统俟同治二年秋后分作两年带征。

永丰县之东坊车田，南坊欧溪，西坊龙上、田心、枫树下，北坊庙前、庙背，一都花园、滁西、湖头，二都黄鱼垅，三都双溪、垣源、枫江，四都麻田、江内、龙州、江下，五都坪窑、上郭、富麻江，六都舍溪、蹄州、将军村、陌田，七都遇源山、溪头、江口、车头，八都松江、洋州、坝口、南坝、枫溪、坪头，九都青山，十都吟溪，十一都鹿岗，十二都村前，十三都湖塘，十四都水东，十四都古塘，十九都上罗，十七都阆田，十八都大吴、古湖塘，十九都戴家脑、罗浒铺、沙墓背，二十都塘选、水南、背皂、鹭溪，二十一都营前，二十二都萤下，二十三都华田、桐毕，二十四都梅南、江浍，二十五都墓源，二十六都磨刀坑，二十七都古寺，二十八都水西，二十九都滕田，被淹各则民田、地塘共一千四百九十二顷零，未完同治元年份地粮银六千二百六两零，漕米一千一百七十九石零，均著缓至同治二、三两年

① 原档即作“三十五都”，与下文重复。

② 原档即作“三十六都”，与上文重复。

秋后带征。

万安县之龙泉乡二十一都一图、二十三都一图、二十四都一图、二十五都一图、二十九都一图、三十都一图、三十一都一图、三十三都一图、三十四都一图，永河乡一都一图、十二都一图、二十二都一图、二十八都左右图，诚信乡八都二图、九都三图、十都一二三四五图被水，未完同治元年份地粮银四千七百五十二两零、漕米二千四百三十石零，均著缓至同治二、三两年秋后带征。

临川县之二都、五都、八都、十三都、十四都、十六都、四十一都、四十二都、四十三都、四十四都、四十五都、四十六都、五十都、五十一都、五十二都、五十四都，外东乡等都，被淹各则民田九百七十二顷三十三亩零，未完同治元年份地粮银四千四百五十九两零，漕米二千一百五十二石零，均著缓至同治二、三两年秋后带征。

南丰县之八都、九都、十七都、十八都、十九都、二十都、二十一都、二十五都、三十二三四等都被水，田地二百四十三顷八十亩零，未完同治元年份地粮银一千一百二十七两零，漕米五百三十九石零，均著缓至同治二、三两年秋后带征。

新城县之北乡十五都饶家岭、大田渡、河塝一带、廖家排、北都、十六都、曾坊等处，吉坑等处；西乡十九都岳家排、小港、桥背、席家塅，河西上下、又中十九都北门渡等处，澄潭、里坊等处；西乡二十三都石窠、安福、寺门首一带，安福湾、河塝一带，南山、桥头、河塝一带，西乡四十二都株树窠等处，白石湾、榼桥洲等处，杨家塅等处，河东水尾；西乡四十三都娄源对面河塝上龙安镇河西一带，蔡角、窑下、梗背等处坪上、樟湾一带；河东八角亭下、狮子冈、口前等处，西乡四十四都栖灵庙前等处、上首河塝一带、下首一带、下村墟上河塝，西乡四十五都牛栏坑、礤上、庐坑、心前坑、山下、埠下、梅源等处，潘坊二边河塝，西乡四十六都石头墩等处、大礤等上坊等处、下铺河西等处、拓图，西乡四十八都西城桥中墟等处、漕源轩贤源，西乡四十九都披树坪、熊轩、孔广、小港、塝上下、范上，西乡五十一都高山下等处、曹家洲等处、王家洲等处，虹桥头、崇仁宫、小港、塝上，西乡五十二都河东、孔源等处，麻沙头、游家塅、五里桥一带河西等处，西乡五十三都罗山下一带、八蛮桥、童家洲一带、窑下童家埠等处、孔家洲又孔家洲水口外一带、西塅杨梅岭脚下，西乡五十四都黄连段一带、冰湖、河西上桥头等处、河东余家皂等处、石头架等处、邓家湾等处水冲沙淤，各则民田山塘共一百九十八顷二十七亩零，未完同治元年份地粮银一千七十七两零，漕米四百九十八石零，均著缓至同治二、三两年秋后带征。

建昌县被水较重之永丰乡，未完同治元年份地粮银四千八百七十二两零、漕米一千九百八十九石零，又未完咸丰十一年份地粮银四千七百二十七两零、漕米二千一百九十九石零，并未完咸丰十年份地粮银四千七百三十一两、糟米二千三百二十五石零；汇同安义县寄庄、建昌县之永丰乡，未完同治元年份地粮银七十九两零，漕米三十二石零，又未完咸丰十一年份地丁银八十九两零，漕米四十五石零，又未完咸丰十年份地丁银八十九两零，漕米四十五石零，著各缓十分之三；又被水次重之凝远、德政、归义、新城、钓台、市镇、修智、丰安、甘泉、升仙、受安等十一乡，共未完同治元年份地粮银二万二千七百七十三两零、漕米八千五百四十二石零，著各缓十分之二；未完咸丰十一年份地粮银二万一千三十六两零，漕米九千四百十三石零，同未完咸丰十年份地粮银一万二千八百七十八两零，漕米六千七百八十一石零，著各缓十分之三；又安义县寄庄、建昌县之丰凝等十一乡，未完同治元年份地粮银四百十二两零，漕米二百十二石零，著各缓十分之二；又未完咸丰十一年份地丁银五百三十七两零，漕米二百四十一石零，同未完咸丰十年份地丁银三百六十九两零，漕米一百六十一石零，著各缓十分之三。统俟同治二年秋后分作两年带征。

德化县之桑落、赤松、封一、封二、南昌、仙居、白鹤、仁贵、德化等乡，被水各则民田地六百五十二顷二十亩零，未完同治元年份下忙地粮银一千五百七十六两零；又南、九二卫屯田及芦洲田地并密稀芦等处，未完下忙漕运屯粮银一千九百三十二两零，余租银三千八百九两零，同治元年压征咸丰十一年芦课银四百十三两零。均著缓至同治二、三两年秋后带征。

德安县之黄湾堡、陈湾堡、固村堡、墩下堡、金鸡堡、附城堡、后田堡、河东堡、乌石堡、在市堡等处被水，民田未完民欠咸丰十年份地粮银一千八百七十两零；又南、九二卫坐落陈湾、金鸡、附城、河东、后田、乌石、在市等堡被水，屯田未完军欠咸丰十年份屯丁、存留屯粮、漕运屯粮，共银一千二十六两零，均著缓至同治两、三两年秋后带征。又黄湾、墩下两堡被水，民田未完咸丰十一年份地粮银五百十一两零，著缓至同治三、四两年秋后带征。

湖口县之上乡十六乡十七都、二十都，中乡之二坊八都、十二都等处被水，下乡之三都、五都、四六都等处被旱，共计各则民田七百七十五顷三十九亩零、未完同治元年份地丁银三千七百六十三两零；又十三都、十二都五都并德化县之仁贵乡、宿松县孟家洲及芦洲等处被水，未完漕运屯粮银一百二十两零、余租银三百两零、同治元年压征咸丰十一年份芦课银一百八十七两零，均著缓至同治二、三两年秋后带征。

九江府同知所辖封一、封二、赤松、桑落四乡芦洲并密稀芦等处，除未经被淹外，其实在被淹各洲，未完同治元年压征咸丰十一年芦课银五百四十五两零，著缓至同治二、三两年秋后带征；又未完咸丰十一年压征咸丰十年份芦课银二百八十四两零，著缓至同治三、四两年秋后带征。

余干县之东西南北四隅、二都、三都、四都、五都、六都、七都、八都、九都、二十七都、二十八都、二十九都、三十都、三十一都、三十二都、三十三都、三十四都、三十五都、三十六都等处被淹，各则民田四千一百六十一顷五十亩零，未完同治元年份地粮银一万六千四十二两零，漕米一万四十九石零，均著蠲免十分之三；其蠲剩同随兵粮米，仍令照常征解。又未完咸丰十一年份地丁银九千二百二十四两零，漕米七千七十四石零，均著缓至同治二三两年秋后带征；又未完咸丰十年份地丁银六千八百五两零、漕米四千五百十二石零，均著缓至同治四五两年秋后带征。

莲花厅之上西乡二十二、三、四、五、六、七、八、九及三十三、三十一二等都，砻西乡五、六、七、八、九、十及十三、四、五、六、七、八、九、二十等都被旱，未完同治元年份民欠地粮银六千四十三两零，漕米三千六十九石零，又未完军欠屯丁存粮共银一百三十二两零,漕运屯粮银八百九十两,余租银一千九百九十一两零,又未完咸丰十一年份民欠地粮银七千七百五两零,漕米三千九百六十六石零,军欠屯丁存留屯粮银一百三十二两零,漕运屯粮银九百五两零,余租银二千十七两零,均著缓至同治二三两年秋后带征。又未完咸丰十年份民欠地丁银三千一百十六两零,漕米二千一百三十六石零,军欠漕运屯粮银九百三十二两零,余租银一千六百五十八两零,均著缓至同治三年秋后,一并带征。

安福县之东乡三都并五十三、四、六、七、九及六十一、三等都,南乡一都并三十五、七、九及四十二、四、七、九等乡,西乡四、六、七、八、九并十一、三、四、六及二十、二十二等都,北乡二都并六十四、六、七、九等都被旱,各则民田一千五百三十九顷五十九亩零,未完同治元年份地粮银一万四十九两零,漕米五千八百八十五石零,均著缓至同治二三两年秋后带征。又东乡三都并五十四、六、六①、八、九及六十二、三等都,南乡一都并三十六、七、八及四十三、七、八、九等都,西乡四、五、六、七、八、九、十并十二、四、五、七及二十、二十二等都,北乡二都并六十四、五、六、七、八、九等都,未完咸丰十一年份地粮银一万一百三十两零,漕米五千九百二十五石零,均著缓至同治二三两年秋后带征。又东乡三都并五十二、三、六、七、八、九,六十、六十一等都;南乡一都并三十五、九,四十、四十一、二、四、五、六及五十、五十一等都;北乡四、五、六、七、八、十、十一、三、六、七及二十一等都,北乡二都并六十五、六、七、八、九等都,未完咸丰十年份地粮银九千二百八十九两零,漕米五千四百十一石零,均著缓至同治四五两年秋后带征,以纾民力。

该抚即刊刻誊黄,遍行晓谕,务使实惠均沾,毋任吏胥舞弊,用副轸念歉区至意。余著照所拟办理。该部知道。单并发。钦此。

736　同治二年七月十八日,内阁奉上谕:沈葆桢奏,道员禀讦知县袒匪杀良,请简派大臣审办一折。此案于同治元年三月间南康县监生张起凤呈控职员许高鸿诬逆抄抢,内有牵涉升任江西督粮道·前署南康县知县周汝筠袒纵等情。当经沈葆桢饬属讯办。嗣据南康县知县石昌猷详称,许高鸿倚势害命,藉局吞财,复来省面称其图财害命,确有案据,并所禀多有牵涉周汝筠之处,当即饬令分别办理。闰八月间,又据石昌猷禀称,许高鸿之父许观国呈送忤逆,结求速予正法。当即就地处决。迨石昌猷禀称周汝筠幕友索诈扰民,周汝筠亦禀揭石昌猷杀良袒逆,互相禀讦。正在饬属提讯。本年二月间,许观国同其四子许高深以"贪赃害命、擅杀无辜"具控,并供称,当初结求正法,系熬刑不过所致。且伊子许高深来省呈控,行至中途被县役拿获,又经该县家丁放走。是以事逾半年,始行出控。周汝筠则欲将石昌猷立置重典,并疑该抚袒护各等语。案关诬赃枉杀虚实,亟应彻底根究,著曾国藩亲提前后人证、卷宗,秉公严讯确情,据实具奏。沈葆桢自请议处,及请将李桓一并议处之处,著俟定案时声明请旨。钦此。

794　同治二年八月初四日,内阁奉上谕:恽世临奏,藩司患病回籍,调理未痊,恳

---

① 原档即作"六、六"。

请开缺一折。李恒著准其开缺,在籍调理。江西布政使著孙长绂补授。钦此。

796　同治二年八月初四日,内阁奉上谕:沈葆桢奏,请将办理挖堤案犯姑息贻患之守令议处一折。江西撤任临江府知府单兴诗,于棍徒挖毁晏公堤一案,前经沈葆桢饬令查拿重惩,该员一味因循,致本年三月间匪徒复敢聚众挖堤,不能禁止,酿成巨案。撤任代理清江县知县张兴言,听信已获要犯傅景藻等诡托之词,放令前往阻止挖堤,致该匪等乘间脱逃,均属姑息贻患,仅予议处,不足蔽辜。单兴诗、张兴言均著交部严加议处,并著沈葆桢通饬所属,将傅景藻等各犯一体缉拿务获,严行究办,毋任漏网。钦此。

837　…………

江西:

(御印)徐石麟,一等一名;

(御印)曾长治,一等二名;

(御印)邹舒宇,一等三名;

(御印)甘森,一等四名。

(御印)许增绶,二等一名;

(御印)祝维城,二等二名;

许达善,(御印)二等三名;

薛星辉,(御印)二等四名;

(御印)周煦春,二等五名;

(御印)陈世瓛,二等六名。

…………

852　议政王、军机大臣字寄福州将军,直隶、湖北、四川、广东、江苏、湖南、山西、江西、河南、福建、山东各督抚,通商大臣,传谕粤海、山海关监督。同治二年八月十六日,奉上谕:户部奏,专提年内应用京饷,请饬各督抚等迅筹报解一折。据称,就部库年内用项,通盘覈计,非解到实银二百五十万两难敷开放。查山西地丁尚欠九十万两、湖南尚欠十万两、湖北尚欠七万五千两、广东盐课尚欠二十二万两、粤海关税尚欠十五万两、山海关常税盈余尚欠六万两、天津关常税洋税尚欠四万两、镇江关尚欠五千两、赣关尚欠二万两。以上各款,均请尽数提解。山东地丁除解到外,请提十一万两;河南地丁除解到外,请提十一万两;江西地丁除抵拨外,内提三万两;河东加课并正额羡余,除解到停减外,内提七万两;山东盐课除解到外,内提四万两;湖北盐厘除起程外,内提七万两;闽海关洋税除起程外,内提十万两;太平关税除解到起程外,内提二万两;广东司库拟抵运库杂款,除解到外,内提二万两;又四川等省盐厘各项,均未据报起解,请提四川盐厘盐税银五万两;广东运库息银四万两、福建盐课银三万两、茶税银八万两、河南驿站银六万两、湖南无论何款银二万两、江海关代征九江洋税银八万两,以上总共提银二百五十万两,均限于年内一律到齐等语。著耆龄、刘长佑、官文、骆秉章、毛鸿宾、李鸿章、严树森、恽世临、英桂、沈葆桢、张之万、徐宗幹、阎敬铭、郭嵩焘、崇厚、毓清、英元等，各按应解数目，督饬藩司、运司，赶紧筹解。此次，户部所提银两均系就各省关力能筹解情形酌量匀提，并非强以所不能，且系部库年内万不可少之需。该将军、督抚、通商大臣暨监督等，务于奉到谕旨后，迅即起解，均限年内一律到齐。倘再有延误，即由户部按照上年新定处分从严奏参，决不宽贷。

另片奏，前次奏提同治二年份洋药税厘，直隶、山东、河南、四川、湖南、福建各五万两，山西、湖北、广东各十万两，除山东、河南奏明尽征尽解并据山东解到银二千两外，仅据湖北解到银三万两，其余各省均未奏报起程，实属玩误。著刘长佑等遵照前奉谕旨，派委妥员，赶即解京；并将起程日期先行报部查覈，以济要需，毋再迟延干咎。将此由五百里谕知福州将军，直隶、湖北、四川、广东、江苏、湖南、山西、江西、河南、福建、山东各督抚，通商大臣，并传谕各海关监督知之。钦此。遵旨寄信前来。（次日抄交户部。）

919　同治二年九月初三日，内阁奉上谕：沈葆桢奏，假期已满，病势增剧，恳恩开缺，回籍调理一折。沈葆桢自简任江西巡抚以来，察吏安民，事事均臻妥协，本年发逆大股窜入江境，复能督饬在事员弁兵勇，力挫凶锋，现虽贼氛远遁，而一切防守布置均须该抚力为经画，朝廷正资倚任，岂可遽请退休？沈葆桢著无庸开缺，赏假四个月，在任安心调理，江西巡抚即著孙长绂护理。钦此。

930　同治二年九月初五日，奉旨：此案著交孙长绂督同臬司亲提人证、卷宗，秉公严讯确情，按律定拟具奏。原告民人辛和珍，该部照例解往备质。钦此。

945　同治二年九月初八日，内阁奉上谕：沈葆桢奏参，副将畏罪潜逃，请旨革职严拿审办一折。投效浙江副将罗亮华，于委署严州协任内，虚冒勇粮，经左宗棠查明，撤委责惩，勒令回籍，路过江西铅山县河口镇地方，失去银物，并不报县差缉，辄疑同寓庙内之程廷钰所窃，喝令亲兵殴打，致令伤毙。迨沈葆桢批饬提讯，又不静候审办，竟敢乘间潜逃，实属任性妄为，目无法纪。升用副将罗亮华著即革职，严拿究办。该副将籍隶湖南，并著咨行恽世临，饬属一体协缉务获，解至江西，归案审讯。钦此。

984　癸亥科会试，武举取中数目：

八旗满洲蒙古，取中二名（御印）；

八旗汉军，取中二名（御印）；

奉天，取中一名（御印）；

直隶，取中十名（御印）；

陕甘，取中一名（御印）；

广东，取中十一名（御印）；

河南，取中四名（御印）；

山东，取中七名（御印）；

山西，取中五名（御印）；

湖北,取中二名(御印);
湖南,取中二名(御印);
四川,取中一名(御印);
广西,取中一名(御印);
福建,取中一名(御印);
江西,取中二名(御印)。

990 同治二年九月十七日,奉旨:均著照所拟。钦此。(山东、江西勾到黄册)。

993 同治二年,江西省秋审,新事服制情实,李令生等共二起,人犯二名,谨将勾到时所奉谕旨恭录于后。一起斩犯李令生,与小功叔李春礼无嫌,该犯邻人邓旦官与刘黑巴同场摊晒禾秆,邓旦官误收刘黑巴禾秆,经伊父李春仁处,令还秆寝事,嗣李春仁向李春礼提及前事,李春礼斥责李春仁不应多管,致相争闹。李春礼扭住李春仁胸衣欲殴,该犯拢劝,李春礼斥护脚踢,该犯用耙搪抵,致划伤其右臁肕,该犯弃耙拉劝,李春礼仍不放手,将李春仁用力推搡。李春仁站立不稳,仰跌倒地,连李春礼一并带跌。李春礼骑坐李春仁身上,用手叉住李春仁咽喉。该犯见李春仁气闭色变,恐父受伤,情急救护,拾耙用柄吓殴,适伤其左胁倒地,移时殒命。死者逞凶犯尊,殴由救父情切,尚非无故逞凶。干犯稍有可原,是以未勾。

一起斩犯陈在中,与大功兄陈芒塔无嫌,该犯先将地亩契卖与陈芒塔之父亲陈宽衍,弟兄公共管业,该犯得受钱文。嗣该犯因贫向陈芒塔求找田价,陈芒塔允与商议。后该犯与陈芒塔路遇,复向央恳。陈芒塔斥逼,该犯分辨,陈芒塔用刀向戳,该犯夺刀跑走。陈芒塔赶上,扭伊胸衣用力推搡。该犯站立不稳,仰跌倒地,连陈芒塔带跌,扑压身上。该犯手内刀尖向上,致戳伤其左腿。陈芒塔滚转,被刀尖划伤肚腹。越二日,殒命。伤由带跌误戳,死出不虞,尚非有心。干犯稍有可原,是以未勾。

1045 查本年正月初五日,曾国藩奏请以詹鸿宝补授江西南昌城守营都司一折。奉旨:兵部议奏。钦此。由军机处抄发,内阁传抄该部。兹由该章京等查出,是日抄折内,将“兵部议奏”误抄“兵部知道”字样。于对折时,未经看出,以致兵部迟延,未即议奏,呈请更正,并自行检举。臣等查该章京等于抄折内误写字样,未经看出,虽据查明自行检举,究属疏忽。相应请旨将该章京等查取职名,交部议处,并即饬将抄折更正,知照兵部,遵即议奏。谨奏。同治二年十月初二日,奉旨依议。钦此。

1046 议政王、军机大臣字寄盛京、吉林、直隶、江苏、安徽、江西、浙江、福建、湖北、湖南、河南、陕西、甘肃、山东、山西、四川、广东、广西、云南、贵州,各将军、督抚。同治二年十月初三日,奉上谕:本年直隶东安县二麦被水、江苏新复之太仓等州县历年被兵、福建顺昌等州县土匪窜扰、河南临漳等州县被扰、山东堂邑等州县被扰二麦被灾、山西太原县被水、贵州都匀等府州厅被扰,节经各该省奏到,已分别加恩豁免、蠲免、缓征、酌减差徭。其盛京所属之牛庄失火、吉林所属之三姓田庐被淹，谕令该将军查明抚恤。直隶、关东一带，山东菏泽等处，河南考城等处，均因伏前黄水盛涨，地方恐有被淹，令该督抚等妥筹捍御。安徽蒙亳等处久遭捻患，浙江浙东新复各地方人民凋敝，先后特降谕旨，蠲免二年钱漕。山东邹滕等县田畴荒芜，曹州府属数年黄水漫溢，谕令该抚移民，认垦免租二年。小民谅不致失所。惟念来春青黄不接之时，民力未免拮据。著传谕该将军督抚等体察情形，如有应行接济之处，即查明据实复奏。务于封印以前奏到，候朕于新正降旨加恩。再，江苏浦东西各厅县连年被贼、安徽皖南各属被扰、江西南昌等州县被水被旱、德安等县低田被淹、建昌安义蛟水长发、广信等府厅县被旱、浙江浙东衢州一带五月以后雨泽愆期、福建台湾府属被扰、湖南澧州等州县被淹、沅靖各属被旱兼被匪扰、河南固始等县被旱被水被雹、陕西各属回匪粤逆滋扰、扶风麟游间被兵雹、甘肃平凉等府被扰、山东兰费等县黄流盛涨各处被淹、广东三水县围基满溢禾稻被淹，均经该督抚等奏明，委员查勘，并酌予赈济抚恤。即著迅速办理，并将来春应否接济之处一并查明，于封印前奏到。此外，各省有被贼扰害地方，应行调剂抚恤之处，著一并查奏，候朕加恩。将此各谕令知之。钦此。遵旨寄信前来。

1047　……再，盛京、吉林、江苏、安徽、江西、浙江、福建、湖南、河南、陕西、甘肃、广东各省，尚有被灾被扰之区，该将军督抚等业经奏明，委员查勘，并酌予赈恤。应否接济，现俱未经奏到。此外被扰地方有无应行调剂抚恤之处，均应一并询问，令其迅速查奏汇办。谨奏。

1103　同治二年十月十六日，内阁奉上谕：都察院奏，户部主事欧阳云遣抱告以家属殉难等词，赴该衙门呈诉。本年六月间，安徽窜匪扰及江西彭泽县境，欧阳云之胞伯、监生欧阳薰和因围溃被执，骂贼不屈，被害甚惨；伊堂兄欧阳烜与妾艾氏，同时骂贼被戕；又前任云南大姚县知县凌鹤鸣之妻曾氏及媳杨氏亦同时被戕，遇害尤烈，均堪悯恻。著沈葆桢、孙长绂查明，奏请旌恤。其余死难绅团人等，著一并查明办理。钦此。

1111　议政王、军机大臣字寄钦差大臣、协办大学士、两江总督曾，江西巡抚沈。同治二年十月十八日，奉上谕：御史华祝三奏，抚臣引疾，假期将满，请令照旧供职一折。据称，沈葆桢年甫四十有余，其病非难速痊，所以力求引退者，特以协饷、用人两端，与曾国藩意见不合，而营员乘间伺隙，饰非乱是，是以沈葆桢知难而退。现在该抚假期将满，谕令毋容固辞，并令该二员遇事熟商，即意见偶歧，不妨各据一是，请旨施行等语。沈葆桢与曾国藩意见不合，朝廷早有所闻，此奏不为无因，曾国藩办理东南军务，需饷孔亟，而沈葆桢值地方凋敝之余，心存抚字，或致蠲缓多而协饷未能如数。至用人一项，沈葆桢为地方大吏，甄劾不得不严，而曾国藩因军营需才，葑菲无弃，亦恐有耳目难周之弊。该御史所称，此辈一经得志，颠倒是非，任意播弄，亦所不免。在该大臣等，事属有因，初非自便其私；惟天下事，往往以小嫌而误大局，不可不思。曾国藩、沈葆桢，皆贤能卓著、公忠体国之臣，如果尚有畛域未化，各怀意见，东南民生何日可奠？朝廷尚安望二臣之共济艰难。即经此次训谕之后，沈葆桢于曾国藩军营协饷，苟可设法，即当尽力筹措。并著该抚于假满后即行销假任事，毋稍耽延。曾国藩于沈葆桢曾经甄劾、前来投效之员，亦当留意屏斥裁汰，毋开小人倖进之门。彼此函商，共归一是。以古人廉颇、蔺相如，寇恂、贾复为法，同心共事，无贻朝廷南顾之忧，以全终始而保令名，于二臣有厚望焉。原折均著抄给阅看。将此各谕令知之。钦此。遵旨寄信前来。

1115 议政王、军机大臣字寄钦差大臣、大学士、湖广总督官，钦差大臣、协办大学士、两江总督曾，四川总督骆，闽浙总督左，两广总督毛，江苏巡抚李，江西巡抚沈，福建巡抚徐，湖北巡抚严，湖南巡抚恽，署山东巡抚阎，山西巡抚英，河南巡抚张，署广东巡抚郭。同治二年十月十九日，奉上谕：前因侍郎薛焕奏请饬直隶练兵四万，各直省分筹固本军饷，酌量数目，奏明办理。当经寄谕该督抚等，酌筹拨济。嗣据毛鸿宾奏，直隶添兵筹饷窒碍情形，复经谕知刘长佑就地方情形，妥筹定议。兹据刘长佑奏，遵筹全局，拟请抽练营兵，酌募勇丁，以重畿辅。惟以此项军饷责成十八省，不独疮痍省份，自顾不遑，即完善之区，亦各日形支绌。与其多派而徒有其名，不如少派以期覈实。拟于广东厘捐项下，每月提银一万两，江苏、江西、福建、两湖、山东、山西、四川、河南各省，每月提银各五千两，其余各省应免筹济，并将该督到任时指拨各省协饷，一概停止等语。所筹尚属妥协。直隶屏卫京畿，现在宋景诗全股歼除，正宜乘此休暇，整顿营伍，以重畿辅藩篱。所有添设营镇，增补新军，需饷尤为紧要。著各该督抚等，按照所奏，按月如数筹拨；即与京饷搭解部库，以便由部拨解直隶省，以应要需，而资拱卫。如有迟延，即照贻误京饷律议处。该督抚等务当迅速筹拨，毋稍迟误，自干罪戾。将此由五百里各谕令知之。钦此。遵旨寄信前来。（二十五日抄交户部）。

1197 同治二年十一月十一日，奉旨：这所参疏脱监犯之管狱官·江西崇义县典史沈家泳，著即革职拿问，交沈葆桢提同刑禁人等，严讯有无松刑贿纵情弊，按律定拟。有狱官兼理崇义县事试用知县景运泰，著先行交部议处，仍勒限将逸犯黄振伦严缉务获。倘限满无获，即行从严参办。钦此。

1206 同治二年十一月十三日，内阁奉上谕：御史刘庆奏，续查南丰等县殉难绅民妇女，恳请旌恤等语。咸丰六七年间，逆匪窜扰江西南丰、泸溪、余干等县。各该绅士妇女或力战捐躯，或骂贼遇害，均堪悯恻。该御史籍隶江西，见闻较确。所有南丰等县生员黄凤翔等九名口，著该部查明，除业经给予恤典外，余俱照例分别旌恤，并准其附祀各该籍所建总祠，以彰忠节。该部知道。钦此。

1223 议政王、军机大臣字寄福州将军，办理三口通商大臣，直隶、山东、山西、河南、湖北、江西、福建、广东各督抚，传谕山海、粤海各关监督。同治二年十一月十八日，奉上谕：户部奏，酌拨来年京饷，开单呈览一折。历年京饷，向系预拨各省地丁、盐课、关税、杂款，以备次年开放之用。咸丰十一年以后，每年均拨七百万两，责令分限解齐。惟山西年清年款，他省多不能依限报解，且有逾限不解者。虽因防剿吃紧，奏请留支，或改解军营，径行划拨，而藉词诿卸，亦所不免。京饷关系紧要，岂容任意拖延？现经户部奏请，豫拨同治三年京饷。拟在地丁、盐课、关税等项内，共拨银五百万两。限于明年五月前解到一半，十二月初间全数解清，系斟酌各省缓急情形办理，且均系应解正项。其近年琐屑之款，悉予删除，原为各该省易于遵解起见，并非部库现有赢余，可以从缓筹拨。朝廷俯念各省情形，准如该部所请，撙节动拨。各该省将军、通商大臣、督抚、盐政、监督并藩运各司等，受恩深重，具有天良，自应查照户部指拨银数清单，按限如数解齐，不得稍有贻误，以重要需。且该部指拨各款，为数亦视历年较少，并非强以所难。倘再任意截留改拨，藉词宕延，定将该将军等从重惩处，决不宽贷。至部库，每届年终，放项较多，前经户部于八月间奏提本年京饷，复经奏咨叠催，各该省报解仍属寥寥，实属任意延误。著即迅速解到，以供支放；不得仍前延缓，致干重咎。懔之慎之。原折并豫拨银数单各一件，均著抄给阅看。

另片奏，江西省兵饷，除赣关税银留抵外，共需银十八万五千余两，系由该部在该省地丁银两内拨给。该省上年春秋两拨，并本年春拨册报地丁银内，开除留支饷数，递有加增，统计元年兵饷，多至八万九千余两。经该部将二年份四季兵饷，在于该省地丁项下拨给前册多开银两内作抵；该省本年秋拨册内，仅就二年份应需饷数覈计，复多开除银一万二千九百余两，连前统计，多至十万二千余两；如此逐年递增，有加无已，终无划抵之日。该省于应拨滇、黔、甘、闽等省协饷，藉口本省军需，丝毫未解；而于本省兵饷，又复开除溢额，含混不清，实属有意冒销。著沈葆桢严饬该藩司按照该部所查情节，限两个月，详细具报，由该抚查明复奏。其应拨滇、黔、甘、闽等省协饷，仍著分别筹解，毋再迟延。原片著抄给阅看。将此由五百里谕知福州将军，办理三口通商大臣，各该省督抚、盐政，并传谕各该关监督知之。钦此。遵旨寄信前来。（抄交户部）。

1226　同治二年十一月十八日，内阁奉上谕：户部奏，酌拨来年京饷，开单呈览一折。京饷关系紧要。来年饷需若不早为筹拨，必致临时贻误。兹据户部将酌拨同治三年份京饷数目开单请拨，综计此次预拨银数，均系正款。较之历届，已酌减十分之三，系因军务未竣，各路需饷孔殷，若京饷拨款较多，恐各省势难兼顾，是以该部此次所拨京饷，将近年一切琐屑之款，悉行减除，为数既少，各该省自不难依限解京。即著各该省督抚监督等，按照户部单开各银数，一体遵照，分为两限，五月以前解到一半，十二月以前扫数解清，不准藉词截留改拨，稍有延宕。并著于来年开印后，陆续分批起解；不得届限始行筹解，致误要需。如有逾限不到者，即著户部按照上年奏定处分章程，分别严参。至该部八月内奏提本年京饷，各省尚多未解；并著各该督抚等迅速筹解，毋再玩延。单并发。钦此。

1250　同治二年十一月二十五日，内阁奉上谕：前因李鸿章奏请饬部拣发州县二十员，前赴江苏差委。业经批示准行，因思内外臣工所保各员，内有贵州举人郑珍、莫友芝、前奉天知县 · 安徽进士张保衡、浙江附生朱棨、前广西候补知县陈劢、前浙江桐庐县教谕王引孙、籍隶湖南之候选训导向师棣、候选知县邓瑶、候选同知朱宗程、籍隶江西之广丰县进士郑维驹、金溪县举人徐仗祖、庐陵县廪生王其淦、江苏候补县丞赵烈文、即用知县·常宁县教谕成果道十四员,均著发往江苏,以知县用。并著吏部查明各该员原籍地方,行令各该督抚,饬令迅即前赴江苏差委。仍著该部照该抚所请,于科甲出身州县内,拣发十员前往。钦此。

1251 …………

江西巡抚沈葆桢保:

广丰县进士郑维驹,文品清粹,内行敦笃;金溪县举人徐仗祖,敦尚风节,殚心实学;广陵县廪生王其淦,品粹学优,通达经济。

…………

1298 同治二年十二月初五日,内阁奉上谕:前署广西提督江忠义由文员带兵剿贼,随其堂兄原任安徽巡抚江忠源转战湖北、江西、安徽等省,屡复名城,战功叠著,以道员擢署贵州巡抚,复历署贵州、广西提督,援黔援粤,懋著勋勤。本年夏间,督兵赴援江西,败贼于湖口、青阳,江境肃清,皖南渐次底定,厥功尤伟。方冀干城之选,御侮长资。兹据沈葆桢驰奏,该员以积劳伤疾举发,竟于新建县属之吴城病故,中道殒折,未竟其才,披览遗章,殊深悼惜。江忠义著加恩照总督例赐恤予谥,其生平战绩著宣付史馆立传,并于江西省城、安徽青阳及本籍地方建立专祠,准其入城治丧,任内一切处分,悉予开复。应得恤典,该衙门察例具奏。伊子江孝诒,著俟及岁时,由吏部带领引见,候旨加恩,以示笃念荩臣至意。钦此。

1349 同治二年十二月十四日,内阁奉上谕:沈葆桢奏请将贪庸不职之知县分别革职勒休一折。江西安远县知县徐德仪居心贪鄙,声名狼藉;万安县知县蔡迪康嗜好昏迷,丁胥横恣;前署武宁县试用知县庄祖基纵容胥役,物议沸腾;前署金溪县试用知县郭庆熙举动躁妄,不协舆情,均著一并革职;进贤县知县星联才识昏庸,公事废弛。著勒令休致,以肃官方。余著照所议办理。该部知道。钦此。

1409 议政王、军机大臣字寄两江、闽浙、陕甘、湖广、两广、四川、云贵、山东、河南、陕西、江苏、安徽、江西、浙江、福建、湖北、湖南、广东、广西、贵州各督抚。同治二年十二月二十一日,奉上谕:光禄寺少卿郑锡瀛奏,请设屯田养兵以节经费一折。据称,各直省及东三省等处驻防绿营满汉兵丁七十一万九千余名,岁需饷银一千六七百万余两,京城各旗营满汉额兵十五万一千余名,需饷五百余万两,尚不在此数内。国家岁入之款约计四千数百万两,兵饷一项已用其半,请将被扰省份,于城邑克复后,查明业户已绝荒田,圈为官地,募民屯种,佥以为兵,并酌给驻防满兵田亩,令其收取田租,抵作兵饷。计江、浙、皖、陕、甘等省兵饷,每岁可节省数百万两。并请将俸薪等项及马乾银两,一并酌给荒田,令其认垦招佃,抵作领款等语。国家岁出各款,以兵饷为最巨。现在江、皖、苏、浙、陕、甘各省被扰较重各区,户口稀少,多有无主闲田,果能开设屯田,所节兵饷为数甚巨,于经费不无裨益。著两江、闽浙、陕甘各总督,并江苏、安徽、浙江、陕西各巡抚,各就地方情形，分别酌拟章程，妥议具奏。并将业经克复地方，先行办理。如实系无主荒田，即可募民屯种。并须选派廉明委员认真清查，毋任蒙混骚扰。至折内所陈山东、河南、湖北、湖南、江西及川、黔、两广等省各属被扰地方，有无闲田可以开屯之处，均著各该省督抚确切查明，各就地方情形，分别酌度办理。不得以创始为难，藉词推诿。尤不可假手吏胥强夺民间有主之田，致令纷纷扰害。

另片奏，请饬将山东等省查出叛产给予兵丁屯田，著山东、陕西各巡抚妥为经理，并著皖、豫、黔、粤各督抚将捻匪、土匪各叛产一律查办。甘肃回匪叛产，俟军务完竣后由该督查明办理。至台湾营制，向由内地营兵换班戍守，将来地方肃清所有查出叛产应如何变通营制、开设屯田之处，著闽省督抚体察情形办理。原折片各一件，均著抄给阅看。将此各谕令知之。钦此。遵旨寄信前来。

1432　同治二年十二月二十五日，内阁奉上谕：江西广饶九南道员缺，著蔡应嵩补授。钦此。

1433　查：江西广饶九南道系冲繁中缺。谨奏。

1441　同治二年十二月二十六日，内阁奉上谕：江西吉安府知府员缺，著范泰亨补授。钦此。

1442　查：江西吉安府系冲繁疲难最要缺。谨奏。

1459　臣奕䜣等谨奏：为遵旨会同妥议具奏，仰祈圣鉴事。同治二年十月初二日，内阁奉上谕：曾国藩奏，遵照部议，筹运京仓米石情形，并抄录江苏粮储道郭嵩焘详请裁汰卫兵各折单，著议政王、军机大臣，会同该部妥议具奏。钦此。

臣等遵将该督原奏公同查阅，大致以东南之漕米能起解本色，盖为时势所迫，成例所拘，目下额运江楚之米入京，即数百年之成宪与近数年之事例，均不能不大为变通等因。臣等督饬司员悉心酌覈，如所称漕船全废，运道久淤，揆之天时、人事，自须全废河运，概行海运一节。查东南各省之漕，向由长江入运河，转运京仓，自军兴以来，河道中梗，江苏、浙江相继改由海运。江安、江广一律折价解京。自是各省漕船全行停废，迄今日久，无一存者。将欲另行修造，实无巨款可筹。又兼运道久淤，疏通匪易。是河运之旧制，一时万难规复。为今转漕之计，诚非海运不可。惟查海运事宜，江浙均有成案可循。将来自应酌办，无容另议更张。至江安、江广，向无办过海运成案。计程既远，筹办较难。其间由内河而出江，应于何处汇总？由江而达海，应于何处受兑？臣等碍难悬拟。应由各该督抚等体察情形，妥议章程，奏明办理。

又该督所称，目下南省米价每石需银三两，加以船价、耗米等费，共需银四两九钱。而漕折部价仅算一两三钱，所纳之数断不能购米一石。请准将米价、运脚据实报销，不拘原定一两三钱之数一节。查，现今南省米价昂贵，筹办采买，固难拘守成例，但当经费支绌之时，必须通盘筹画，力求撙节。查本年天津买米之案，每石连运通水脚仅合银三两二三钱不等。今该督筹运南米，每石需要银四两九钱。是同一采买，而南北价值多寡悬殊，且以漕折之银为买米之用，漕折例价每石只算一两三钱，覈计四石之漕折仅能办米一石有零；辗转折耗，漕额暗亏。部库现放兵米折色，每月约需银十三万两，尚赖各省解到漕折，藉资应用。今若以此项折价买米起运，本色既不敷支放，折色又无可另筹。顾此失彼，诸多窒碍。

该督又称，米石不必征诸民间，米色不必拘守成例，数不必其如额，价不必其尽同，但求有米到京，一切不为束缚等语，皆为试行采买起见，而非办漕之正法。臣等再四熟商，欲运南米入京，非办正漕、征本色不可。以目下江楚情形而论，南漕之旧章势难骤复，但当征收折色之时，仍须处处为征解本色地步。庶将来军务大定，带办正漕，亦不致无从措手。查咸丰八年，湖北巡抚胡林翼奏准折漕章程折内，除每石照例价折银一两三钱解部外，其随漕等款及节省兑费，仍按数提存司库，原为留其有余，以便后来解运本色，立法颇为周密。所有江西、湖南之漕事同，一律亦应从长计议，不得谓一折之后，遂难解运本色。应请旨饬下，两江、两湖各总督，江西、湖北、湖南各巡抚，随时体察情形，如能酌征本色，即行设法筹办，以冀渐复旧规。如一二年内仍只能折价征收，即将所折之银尽数解部，以备就近采办及部库折放之需。

至该督所称，与郭嵩焘重立盐务新章，先办江西一岸，现在规模粗定，稍迟再行专案具奏。又称，湖南抚臣恽世临拟解米十万石进京，除新旧漕折外，另筹巨款，以供运费；并奏派池东道黄冕察看长江剥运事宜。黄冕因创为米盐互市之议等因，查该督等所拟办法于银米两项，定能并计兼筹，统应俟专案奏报到日，再由臣等悉心覈复。

除郭嵩焘请裁汰卫兵一事应由臣等另片奏复外，所有遵旨会同妥筹缘由，理合恭折复奏，伏乞皇上圣鉴。谨奏。同治二年十二月二十七日，奉旨依议。钦此。

1460 再，郭嵩焘请裁卫兵一单。钦奉谕旨，交臣等会同妥议。臣等查，屯卫之制专为河运而设，历年既久，弁惰丁骄，名实尽乖，官民并困。近年黄河改道，江、浙两省之米由海运京，既省挽运之劳，复减转输之费。较之河运，为利甚多。且自东南用兵之后，漕船又已誃朽，帮丁久已流亡；屯籍共悬，卫官亏设，若不变通成法，则积弊何以尽除？查卫守备一项，向司征收屯粮；卫千总一项，向司各帮领运。现在，漕船既费，则卫弁必须议裁。臣等悉心商酌，除河南、山东现照旧章兑运、帮弁不能议裁外，拟将江苏、浙江两省各帮信运之卫守备、卫千总两项，先行议裁，改隶绿营，与绿营人员一体挨补。该弁等由卫升营，既已稍予优秩，且各归镇将统领，庶不致以有用之兵置之无用之地。惟此项人员为数甚多，分隶各营，于员缺不无壅滞。且向司督运，未习操防，于营务能否得力，应请饬下各该督抚查看地方情形，分营派拨，其技艺如何考覈？班次如何轮补？均应妥议章程，以期经久无弊。至湖广、江西、安徽等省，所有卫官应否一体裁撤？请旨令该督抚等远计熟筹，详议具奏。俟奏报到日，兵部再行覈办。

至漕标各兵，臣等查，本年三月，内阁抄出漕运总督吴棠议复严树森奏请停补兵额折片，内称该抚所奏，被陷地方兵籍无存，与其饷项虚靡，莫若听其缺额，系为覈实兵额起见。漕标所辖,虽间被贼扰,而各营汛堡如常,不容稍有旷缺。请毋庸议等语,奉旨:该部知道。钦此。当经抄录原奏,恭录谕旨,咨行在案。现在河运已停,卫兵无所用,自应变通办理,一体议裁。惟该兵等,籍名粮为生计,一朝失业,难保不别滋事端。亟应豫为筹计,或拨归附近绿营,一体操防。其缺额应如何充补之处,臣等碍难悬揣。应请饬下各该督抚体察情形,一并妥为酌定章程,安插得所,勿滋流弊。

再查,各省屯田津租,有归卫所征收者,有归州县征收者。现在,江浙卫官既已议裁,则此项屯租应统改归屯坐之各州县管理,仍按照正项钱粮之例,年清年款,题报覈销。其各卫旗丁亦即改隶州县,仍存屯籍之名,以便他日河运贡之供役。至此项屯租银两,向系给丁济运,目下河运暂停,应令各该粮道另款存储报拨。其江广等省屯租,应俟卫官应否裁撤奏报到日,再由户部覈办。又所称仓场收粮章程豫行厘定各等语,查斗级、仓书、经纪人等,均系在官人役。原不准包揽把持,藉端需索,惟此等情弊,亦难保其必无。应请饬下仓场侍郎督饬坐粮厅监督等严行禁止,并将从前仓收规费一概革除,以肃漕政。至此项斗级经纪人等,仓场衙门本有例支役食;所请"按照运粮石数,于漕折项下,酌提若干,以资办公"之处,应毋庸议。所有臣等会议缘由,理合附片陈明请旨。同治二年十二月二十七日,奉旨:依议。钦此。臣奕䜣、臣文祥、臣宝鋆、臣李棠阶、臣曹毓瑛、臣倭仁、臣罗惇衍、臣卓保、臣沈桂芬(差)、臣吴廷栋、臣崇纶、臣董恂、臣贾桢、臣宗室载龄、臣万青藜、臣崇厚(差)、臣毓禄、臣伊精阿、臣彭毓麟(差)、臣桑春荣。

同治三年

65 同治三年二月初四日,内阁奉上谕:沈葆桢奏请将捐升同知应行开缺之训导留任办理团练等语。江西上饶县学训导吴廷英,业经报捐同知,例应开缺,赴部投供。惟据该抚奏称,该员在任年久,深得士心,历年办团,亦甚出力。吴廷英著毋庸开缺,仍留上饶县训导之任,责令办理团练,藉收成效。余著照所议办理。该部知道。钦此。

67 议政王军机大臣字寄两广总督毛、署广东巡抚郭、河南巡抚张、江西巡抚沈、传谕山海关监督宝章。同治三年二月初五日,奉上谕:户部奏,年内专提京饷,期限已满,请分别劝惩一折。本日业经明降谕旨,将全数报解之山西、湖北抚藩、天津关监督分别奖叙。解不足数之河南、广东巡抚等各员,山海关监督并丝毫未解之广东、江西督抚等各员,分别惩处。迟解有因及已报委解并欠解二年份京饷尚能全解专提款项各员免其议处矣。京饷关系紧要,岂容稍形膜视,河南抚藩、广东运司并山海、赣关各监督于年前专提京饷款项,限期已满,报解均不足数,实数玩延。其丝毫未经报解之广东巡抚、藩司、太平关监督,尤属任意延误。所有专提案内之河南省地丁驿站、山海关常税盈余、广东省盐课及运库息银、赣关税课各款银两,除业经报解外,其余欠解银两著毛鸿宾、郭嵩焘、张之万、沈葆桢督饬各该省藩运两司、赣关监督迅速完解,并著宝章将欠解银两速行解济。其丝毫未解之广东司库拟抵运库杂款、太平关税、江西地丁各款银两,著毛鸿宾、郭嵩焘、沈葆桢严督该藩司并太平关监督迅速完解。以上各款均限于本年四月初旬扫数解清，毋得再事迟延。经此次催解之后，倘竟一味玩忽，有意延宕，定将该督抚监督及藩运各司重惩不贷。将此由四百里谕知毛鸿宾、郭嵩焘、张之万、沈葆桢，并传谕宝章知之。钦此。遵旨寄信前来。

69　同治三年二月初五日，内阁奉上谕：户部奏，年内专提京饷期限已满，请分别劝惩一折……至江海关代征九江关洋税银八万两，前经奏准缓解，粤海关税银十五万两，仅解到五万两，亦经该督奏明，系因收项较少，未能依限报解……所有各该省将军、督抚、监督等著一并免其议处。此外……赣关欠解税银九千两，于该部专提之款，均未能如数完解。河南巡抚布政使、广东盐运使并山海关、赣关各监督均著查取职名，交部议处。又广东司库拟抵运库杂款银二万两，太平关税银二万两，江西省地丁银三万两，限内丝毫未解，实属玩延。姑念为数无多，所有两广总督、广东巡抚布政使、江西巡抚布政使及太平关监督，著从宽免其降革，仍交部严加议处。并著户部将各该省欠解饷项飞催该督抚等迅于本年四月初旬一律依限解清。倘敢仍前玩泄，限满仍不解交，即著该部按照奏定处分章程，从严参办。钦此。

88　同治三年二月十二日，内阁奉上谕：沈葆桢奏甄劾衰劣营员，请分别勒休革职一折。江西文英营都司常安年老体弱著勒令休致。南安营守备胡功成，南昌城守营候补守备黄得禄，利心甚重，均著即行革职，以肃营伍。该部知道。钦此。

90　同治三年二月十二日，内阁奉上谕：何廷谦奏，遵保勤学敦品之贡生，请量予录用等语。江西庐陵县岁贡生胡友梅，据该学政奏称，品端学粹，年力正强。著即饬令来京，交吏部带领引见。钦此。

153　同治三年三月初七日，内阁奉上谕：太常寺卿署都察院左副都御使王拯奏，敬举所知以供器使一折。其单内所开之江西举人尹继美，陕西举人张树荧，均著交吏部行文各该省调取带领引见。余著军机处存记。钦此。

155　议政王、军机大臣字寄钦差大臣、大学士、湖广总督官，直隶总督刘，两广总督毛，湖北巡抚严，湖南巡抚恽，江西巡抚沈，山东巡抚阎，福建巡抚徐，署广东巡抚郭，署山西巡抚沈。同治三年三月初八日奉上谕：户部奏，遵议刘长佑奏总兵李明惠募勇来直行资，请仍由湖南广东筹给拨还一折。前因刘长佑奏，调湖南总兵李明惠募勇来直，所需口粮，降旨由湖南广东筹给，原期以利遄行。湖南本有应协直饷，恽世临请将前项垫给行资银二万一千余两。即于协济直饷内划扣，业经降旨允其所请。刘长佑所请分拨筹还之处，著毋庸议。惟湖南、广东奉拨直隶协饷，自上年四月起至九月止，广东每月拨银一万两迄今未据报解；湖南每月拨银七千两，除抵拨直隶募勇行资银二万一千余两外尚欠解银二万有奇。现在直省派援宁夏，并本省留防兵饷，需用至为紧要。著官文、恽世临、毛鸿宾、郭嵩焘迅将欠解协直月饷，照数陆续补解，以资接济而重畿辅，毋少迟延。又自上年四月起至九月止,江西奉拨月协直隶饷银一万两,未据报解。湖北月拨七千两,尚欠解银三万五千两。福建月拨六千两,尚欠解银二万四千两。山西月拨六千两,尚欠解银二万两。并著官文、严树森、沈葆桢、徐宗幹、沈桂芬各将该省欠解饷数,迅速委解直隶,以应急需,毋再迁延。刘长佑另片奏,讷钦定安两军月饷,请以山东、山西应协直饷,就近抵拨等语。前因畿辅练兵募勇,山东、山西每月各应提银五千两,解交直隶藩库。该督所请就近抵拨讷钦定安月饷之处,实为领解胥归简易起见。即著依议行。其该两军月饷不敷之数。仍著刘长佑随时筹解,以济军需。将此各谕令知之。钦此。遵旨寄信前来。(次日抄交户部)

179　同治三年三月十一日,内阁奉上谕:江西吉安府知府员缺,著周溯贤补授。钦此。

225　同治三年三月二十九日,内阁奉上谕:沈葆桢奏,勒休知县可否仍留世职一折。前任江西进贤县知县星联,因任内公事废弛,经沈葆桢奏参,勒令休致。兹据奏称该员被劾因公,年力尚强,可否仍留世职,援例请旨等语。星联著准其仍留云骑尉世职,即饬令回旗当差。钦此。

228　同治三年三月二十九日,内阁奉上谕:江西南赣镇总兵员缺,著王永胜补授。钦此。

275　同治三年四月十二日,内阁奉上谕:贵州布政使龚自闳,湖北粮储道吴倬,福建延建邵道夏家泰,兴泉永道曾宪德,江西九江府知府景惠,升用道四川宁远府知府李祐,贵州安顺府知府沈丙莹,均著开缺,送部引见。钦此。

279　同治三年四月十三日,内阁奉上谕:江西九江府知府员缺,著福绵补授。钦此。

280　查:江西九江府系冲繁难要缺。谨奏。

291　同治三年四月十五日,内阁奉上谕:前因沈葆桢奏,道员王德榜系由浙江候补道续保尽先补用,奉旨允准。吏部以候选道不准指省议驳,恐系错误。当经降旨,将王德榜仍以道员留于浙江尽先补用,并令吏部将议驳错误之处,查明具奏。兹据奏称王德榜一员,系因当月司员钞录谕旨时,误作候选道,管股司员亦未将前次留浙补用之案查出,率照候选人员办理。请将该司员等分别惩处等语。所有传抄错误之当月司员,未能校对详明,实属疏忽。著查取职名,交都察院严加议处。管股司员,于传抄错误之件,未能详查更正,亦属草率,著一并交都察院议处。另片奏,王德榜先因恇怯无能,经沈葆桢奏参革职,嗣因攻克汤溪等城出力,经左宗棠保奏开复革职,留于浙江补用。按照章程,应令补缴加倍捐复等项银两,送部引见,承办司员。迟至一年之久,未经汇奏,并请将该司员议处等语。王德榜前于浙江克复汤溪等城,江西攻克陶家渡贼垒等案内,叠次出力。且据沈葆桢奏称，该员冒暑遄征，扫荡江境，厥功甚伟，所有该员应缴捐复银两，即著加恩宽免。并免其送部引见。吏部办理迟延之司员，著查取职名，交都察院议处。钦此。

368　同治三年五月初六日，内阁奉上谕：陕甘总督著杨岳斌补授。该督现在督办皖南、江西军务。未到任以前，著都兴阿署理。都兴阿现亦带兵，一时未能抵省。所有甘肃省城应奏应行事宜，仍著护理总督甘肃布政使恩麟暂行代办。钦此。

417　议政王、军机大臣字寄山西、山东、河南、湖北、湖南、江西、广东、福建、长芦、闽海、天津各将军、督抚、通商大臣、盐政，传谕粤海、山海关监督，各省藩司运司等。同治三年五月二十日奉上谕：（摘抄交户部起）上年十一月间，户部奏各省军务未平，将本年京饷，照历届酌减十分之三，共拨银五百万两，限五月前解到一半，十二月初间全数解清。当经谕令各该督抚、监督等分限解部，不准改拨截留。兹据户部奏称，原拨山西地丁银一百八十万两，已据奏请截留二十万两，原拨江汉关税二十万两，已据奏请缓解。原拨粤海关税三十万两。亦据请缓，当经分别准驳。至原拨湖北地丁、盐厘三十万两，内除已解三万两外，其余银两又据奏请俟军务稍松，再行筹解。业经委解之漕折京捐关税盐课，或称半途折回，或称不敢轻进，指拨京饷省份，军务居多，若纷纷请缓请留，部库支放从何措手，请旨饬催各等语。京饷为部库要需，征解万不容缓，叠经谕令各该省关按期报解，不准少延。且本年拨款，照历届成案，已酌减十分之三，体恤不为不至。乃各该督抚监督等仍纷纷请留，或藉口道路梗阻，任意迟延。当此库储匮乏，设或放款无著，贻误匪轻。著各该将军、督抚、通商大臣、盐政、藩司、运司、监督等，恪遵上年十一月谕旨，按限解齐，毋再请缓请留，致误开放。并著官文、唐训方将本年应解地丁盐厘等项，照江汉关税，限八月前解到一半，统于年终解清。倘再意存膜视，逾限不完，即由户部查照新章参办。另片奏，福建委员丁承禧解盐课归入坵折一万五千两。据该抚咨称，系李庆霖管解，而元年京饷原拨坵折十三万两，除解到一万五千两外，下余十一万五千两，仍复延欠，顾其仁领解坵折银二万两，年余未到。另筹银二万两解部，如顾其仁一款解到即抵作续解各年京饷等语。著徐宗幹按照户部所奏各情，核实办理。至顾其仁以专解京饷委员，年余尚无确耗，殊出情理之外，著该抚严行访拿，勒限两个月查明报部。如限满仍无下落，即著将此项银两作何归补之处指明声覆，以清款项而免轇轕。户部片著抄给徐宗幹阅看，将此由五百里谕知福州将军、办理三口通商大臣、各该省督抚盐政，并传谕各该关监督各省藩司运司知之。钦此。遵旨寄信前来。

643　同治三年七月二十六日，内阁奉上谕：江西吉安府知府员缺，著定祥补授。钦此。

644　查：江西吉安府系冲繁疲难最要缺。谨奏。

658　臣等查：本年届更换学政之期，除云南学政前经抚臣贾洪诏奏明暂缓简放外，谨将已满三年已办岁考之河南、山东、陕甘、四川、广东、贵州六省学政及未满三年办过岁考之顺天、安徽、江西、福建、山西、广西六省学政，未满三年未办岁考尚未到任之江苏、浙江、湖北、湖南四省学政分缮名单呈览，恭候钦定，俟发下后，臣等再拟写谕旨进呈。谨奏。

670　同治三年八月初一日，内阁奉上谕：本年值更换学政之期，除江苏学政宜振甫精简放，奉天府府丞兼学政王映斗，安徽学政朱兰，江西学政何廷谦，浙江学政吴存义，福建学政章鋆，湖北学政孙家鼐，湖南学政吕朝瑞，山西学政黄钰，毋庸更换外，顺天学政著庞钟璐去，河南学政著欧阳保极去，山东学政著趟佑宸去，陕甘学政著钟宝华去，四川学政著杨秉璋去，广东学政著刘熙载去，广西学政著孙钦昂去，贵州学政著黎培敬去。钦此。

674　同治三年八月初三日，内阁奉上谕：沈葆桢奏，查明上年被扰、被水、被旱各属，应征新旧钱漕等款，恳请分别蠲缓一折。江西南昌等厅县或被水、被旱，收成荒歉，或被匪窜扰，农业全荒。若将新旧钱粮各款照常征收，民力实有未逮。加恩著照所请，所有湖口县未完同治二年份地丁银一万六千五百九十六两零，并额征同治二年份漕运、屯粮屯丁、存留屯粮、余租、牛牙二税、茶课、纸价、湖课、地租、耤谷、书院田租、学租及压征同治元年份芦课等款，均著全行蠲免。又同治元年被水、被旱案内，原缓同治元年份地丁、屯余、芦课，著递缓至同治三、四两年带征。彭泽县之一、二、三、四、五、六、七、八、九并十二、十三、十五、二十、二十五、三十各都及一坊、二坊等处，未完同治二年份地丁银一万五千二百八十九两零，并四都之下隅坂七都之太平坂八都之鸟沙坂十二都之古楼坂建德户，二十都之三百户杨梓桥、民佃，二十五都之上潦洪，三十都之定山二百户及九都等处，未完同治二年份屯粮、丁银一千八十一两零，存留屯粮一千一百六十七两零，漕运屯粮银二千六百二十四两零，余租银七千三百二十一两零，及四都、六都、八都、九都、十二都、二十都、二十五都等处未完同治二年份节省天津等米三百四十三石零，均著全行蠲免。

鄱阳县之西北乡六都一图小港村、崇林村、鹿顶村、斛田村、云峰村、紫村，七都三图陶溪村、马尾港，十都一、二图时山磨前村、牌下村、长安坂、崇口村、徐家坞、得胜山，十四都一图章田渡、铁铺里、乌菱湖尾，十五都一图响水滩，十六都一、二图合港咀、萧家岭、寺山村、乔村，十七都一、二图万家湖、□峰尖、童家滩、大坂上、大湾村、寺背村，十八都一、二、三图炉村坂、乌石村、西上坂、蛋子笼、谢家滩、雷家衕，十九都一、二图大眼门、坂桥村、义门、陈村、冲岭，二十都一、二、三图石门、洋塘村、彭家塘、溪渡村、百汊村，二十一都一、二图洋塘村、田铺里、车平铺，二十二都一图大服陈村、小服蔡村、古田桥，二十三都一图陈家桥、永济砑，二十四都一、二图寺前村、龙头山、当头坂、塘西村、梅溪村，二十五都一图梅源桥，二十六七都一、三图崇光渡、小岭、韩村、陈家墩、全坑、白杨村，二十八都一、二、三、四图横湧灞、胭脂城、中断村、从马桥、西宝村、合眉尖户、天程村，二十九都一、二图黎坞村、城墩村、黄树坞、九流湖，三十都一、二图枧田街、凤田村、大涌、黎湖村,三十一都一、二图沙朗村、丹桂坞、杨家坂、儒塘村、茅屋岭、郑田村,三十二都一、二、三图黎家岭、小港桥、梅家咀、杨家坂、白果树、坞口村、船鱼喷、土竹东,三十四都一二图冯冲村、甲天村、何家坞、邵田村、余家桥、新桥,三十五都一图跑马岗、张家滩、牛盈滩,四十三都一图汪家硚、大洲村、凉伞树,卒一、二图鸣山金村、青天坂,千一图郑田、赵村、桂花树,松一图庙湾村、寿山村等处,未完同治二年份地丁银一万四千六百三十三两零,漕米七千四百八十八石零,屯粮丁银二十六两零,存留屯粮银一百四十六两零,漕运屯粮银八百十五两零,余租银九百九十九两零。又未完咸丰十年份地丁银一万二千三百九十六两零,漕米七千一百二十九石零,屯粮丁银二十六两零,存留屯粮银一百四十六两零,漕运屯粮银八百十五两零,余租银九百九十九两零。咸丰十一年份地丁银一万一千七百五十八两零,漕米三千五百八十一石,屯粮丁银二十六两零,存留屯粮银一百四十六两零,漕运屯粮银八百十五两零,余租银九百九十九两零。同治元年份地丁银七千八百一两零,漕米二千一百二十五石两零,屯粮丁银二十六两零,存留屯粮银一百四十六两零,漕运屯粮银八百九两零,余租银九百九十八两零,均著一并蠲免。东北乡六都二三都正子岭、土塘村、塘西村、乔麦村、湖村,九都一图马滩村、崇德村,十都三、四图壁山村、桂家坊、永塘村、王家坂,十一都一、二、三、四、五图柘港村、横玲溪、张家集、会洲、河塘村、朗埠村、天平桥,十二都一、二图小港村、洲衬村、高天村、连山村、浩村,十四都二图盛村,二十六七都二图港咀村,三十六都一图新义操村、南山操村,四十五都一、二、三图驿前铺、大黎村,四十六都一、二、三图塌水桥、杨梅山、冠山村、彬田村,十七都一、二图屯田村、鸟洲村、九分村、冯家墩、南源村等处,未完同治二年份地丁银七千五百四十二两零,漕米三千七百八十四石零,均著蠲免。又未完咸丰十年份地丁银六千二百三十九两零,漕米三千五百七十五石零,咸丰十一年份地丁银五千八百四十八两零,漕米二千一百九十八石零,同治元年份地丁银四千四百六十八两零,漕米一千二百五十七石零,均著缓至同治三年秋后分作两年带征。南昌县被水、被旱各乡同治元年被水案内,原缓同治元年份及咸丰十一年份银米,均著递缓至同治三四年带征。

新建县之二十九、三十都及三十五、六、七、八等都图,又吴源港、小岭梅、港下村、长潭村、沙溪村、溪霞街、熊家湾村、樵沙港、华严村、江家桥村、东源村、上保村、贤圃、禹港村、塘头埂等处村庄。又九、十两区之十二都五图,三十四都三图,三十六都三图,三十七都三图,三十九都一图,四十二都一、三图,四十四都一、二、三、大三、四图,四十五都二图,四十八都一、二、三图,四十九都一、二图,五十都一、二图,五十一都一、二图,五十二都一、二图,五十三都一、二、三、四图,五十四都一、二、三、四、五图,五十五都一、二、三、四、五图,五十六都一、二图,军都六图及八、九、十坊被淹各则民田二千三百二十二顷四十三亩零,未完同治二年份地丁银五千十二两零,漕米五千一百四十四石零,均著缓至同治三年秋后分作两年带征。又同治元年被水案内原缓同治元年份及咸丰十一年份银米,著递缓至同治三四年带征。

丰城县被水各乡,同治元年被水案内,原缓同治元年份银米,均递缓至同治三四两年带征。进贤县之下五坂二十七都一、二、三、四、五等图,二十八都一、二、三、四等图,二十九都一、二、三、四等图，三十都一、二、三、四、五等图，三十一二都一、二、三、四等图；又上乡五都一、二、三、四、五等图，六都一、二、三、四、五、六、七等图，七都一、二、三、四、五、六、七军等图，上八都一、二、三、四、五、六、七、八、九、十等图，下八都十一、二、三、四、五、六、七、八、九等图，九都二、三、四、五、六、七、八、九等图，二十三都一、二、三、四、五、六、七、八、九、十、十一二等图，二十四五都一、二、三、四等图，二十六都一、二、三、四、五等图，三十五都一、二、三、四、五、六、七、八等图，三十六都一、二、三、四等图，三十七都一、二、三、四、五等图，三十八都前后一二三四等图；又上乡之一都一、二、三、四、五、六、七等图，二都一二三四五六七等图，三都一二三四五六七等图，四都一二三四五六七等图，三都一、二、三、四、五、六、七等图，四都一、二、三、四、五、六等图，十都一、二、三、四、五、六、七、八、九、十等图，十一都一、二、三、四、五等图，十二都一、二、三、四、五六、七、八、九、十等图，十三四都一军、上下二三四五六七八九等图，十七都一、二、三、四、五、六、七、八、九、十等图，十八都一、二、三、四、五、六等图，被水被旱各则民田二千一百九顷五十八亩，未完同治二年份地丁银六千七十三两零，漕米七千八百二十三石零，均著缓至同治三年秋后分作两年带征。又同治元年被水案内原缓同治元年份银米，著递缓至同治五六两年带征。原缓咸丰十一年份银米，著缓至同治五六年带征。新淦县之一都一图、三图、四图、五图、七图，三都五图、十图，五都七图、十二图、十三图，六都一图、三图、四图、五图、六图、七图、八图、九图、十图，七都一图、二图、三图等处被水、被旱，未完同治二年份地丁银五千七百二十四两零，漕米三千三百七十七石零，均著缓至同治三年秋后分作两年带征，又同治元年被水案内，原缓同治元年份银米，著递缓至同治三四两年带征。清江县之十五都一、二、三、四、五图，三都一、二、三、四、五图，四都一、二、三、四、五图，十一都一、二、三、四、五图，十二都一、二、三、四、五图，十三都一、二、三、四、五图，十四都一、二、三、四、五图，八都三、四、五图，九都一、二、三、四、五图，十都一、二、三、四、五图，一都一、二、三、四、五图，二都一、二、三、四、五图，六都一、二、三、四、五图，七都一、二、三、四、五图等处被水、被旱各则民田一千二百五十六顷三十五亩零，未完同治二年份地丁银五千八百五十五两零，漕米四千三十四石零，均著缓至同治三四两年带征。又未完咸丰十一年份银米内著酌缓地丁银四千五百两，漕米三千二百石至同治三、四两年秋后带征，未完咸丰十年份地丁，著酌缓银七千两至同治四、五两年秋后带征。又同治元年被水案内，原缓同治元年份银米，著递至同治四五两年带征。新喻县之登丰区一、二、三、四、五坊，一都一、二、三图，二都一、二、三图；崇仁区三都一、二、三图，四都一、二图；正早区五都一、三图，六都一、二、三图；正安区七都一、三图，八都一图；仁孝区十六都一、二、三图；擢秀区十七都一、二、三图，十八都一、二图；清化区十九都一、二、三图，二十都一图；崇仁区四都三图；正早区五都二图；正安区七都二图，八都二、三图；升恒区九都一、二、三图，十都一、二图；升平区十一都一、二、三图，十二都一、二图；上乐区十三都一、二、三图，十四都一、二、三图；仁孝区十五都一、二、三图，正附功屯公图、军图等处，被水、被旱各则民田地七千一百十顷九十四亩零，未完同治二年份地丁银二万一千一百七十九两零，漕米五千三百八十五石零，内著缓征十分之三，银六千三百五十三两零,漕米一千六百十五石零。均著俟同治三年秋后分作两年带征。又同治元年被水案内原缓同治元年份及咸丰十一年份银米,著递缓至同治三四两年带征。莲花厅之袭西乡四、五、六、十四五六、十八九、二十等都;上西乡二十一、二、三、四、五、六、七、八、九,三十并三十一二等都被水被旱,民屯田九百十八顷三十亩,未完同治二年份地丁银五千二百六十三两零,漕米一千九百七十九石零,屯丁、存留屯粮银一百三十二两零,漕运屯粮银八百九十三两零,余租银一千九百九十三两零,均著缓至同治三年秋后分作两年带征。又同治元年被旱案内原缓同治元年份及咸丰十一年份地丁、漕米、屯粮余租,著缓至同治三四两年带征,原缓咸丰十年份地丁、漕米、屯粮余租著递缓至同治四年秋后一并带征。万安县之永和乡一都一图,十三都一、二、三、四、五图,十六都一、二图,十七都一、二、三图,十八都一图,十九都一、二图,二十二都一图;诚信乡三都一图,四都一图,五都一图,六都一图;龙泉乡二十一都一、二图,二十三都一图,二十六都一图,二十七都一图、福兴图被旱各则民田地塘一千三百六十六顷九十九亩零,未完同治二年份地丁银三千七百二十八两零,漕米一千八百五十一石零,均著缓至同治三年秋后分作两年带征。又同治元年被水案内,原缓同治元年份银米,著递缓至同治三四两年带征。安福县之东乡三都并五十三、四、六、七、八及六十、六十一等都,南乡一都并三十五、六、七、八及四十、四十一三五、五十一等都,西乡四、五、七、八、十、十一及二十、二十一等都,北乡二都并六十四、五、六、七、八等都,被旱各则民田地一千五百八十二顷九十五亩零,未完同治二年份地丁银一万二百六十五两零,漕米五千九百九十九石零。又东乡三都并四十八、六十一等都,南乡一都并五十等都,西乡六、九、十、十一、二并二十、二十一等都,北乡六十四、五等都被旱屯田二十一顷三十二亩零,未完同治二年份漕运屯粮银三百七两零,屯丁银八两零,余租银五百七十七两零,均著缓至同治三年秋后分作两年带征。又同治元年被旱案内原缓同治元年份银米,著递缓至同治四五年两年带征,原缓咸丰十一年份银米,著递缓至同治五六两年带征。原缓咸丰十年份银米,著递缓至同治六七年两年带征。永新县之东乡六十三都并六十四、五、六、七、八、九,七十一二等都,南乡五十三都并六十四、五、六、七、八、九等都,西乡十一都并十二、三、四、五、六、七、八、九及四十、四十一、二、三、四、六十一等都,北乡一都并二、三、四、五、六、七、八、九、十及七十一、七十三等都,未完同治二年份地丁银八千五百九十三两零,漕米二千二百二十四石零,存留屯粮银五十八两零,漕运屯粮银四百二十一两,余租银一千五百四十六两零,均著缓至同治三年秋后分作两年带征。又未完同治元年份地丁银一万三百四十八两零,漕米二千八百二石零,屯丁存留屯粮银一百十二两零,漕运屯粮银六百四十三两零,余租银二千七百七两零,均著缓至同治四年秋后分作两年带征。未完咸丰十一年份地丁银八千七十三两零,漕米二千四百五石零,存留屯粮银一百一两零,漕运屯粮银六百二两零,余租银二千八百六两零,均著缓至同治五年秋后分作两年带征。未完咸丰十年份地丁银八千十三两零,漕米二千三百八十二石零,存留屯粮银九十六两零,漕运屯粮银六百三两零,余租银二千七百十五两,均著缓至同治六年秋后分作两年带征。余干县之一、二、三、四、五、六,十八、九都,二十七、二十八、二十九、三十都，三十一、二、三、四、五、六都等处，被淹各则民田二千一百十顷三十一亩，未完同治二年份地丁银六千七百五十九两零，漕米三千七百六十八石零，著缓至同治三四两年秋后带征。又同治元年被水案内原缓咸丰十一年份银米，著递缓至同治四五两年带征。原缓咸丰十年份银米，著递缓至同治六七年两年带征。乐平县被旱各乡未完咸丰十年份地丁银三万九八十五两零，漕米九千三百九十三石零，著缓至同治四年秋后带征，未完咸丰十一年份地丁银三万八千八百九十两零，漕米一万四千三百九十八石零，著缓至同治五年秋后带征，未完同治元年份十分之五地丁银一万一千七两零，漕米三千七百九十一石零，著缓至同治三年秋后带征，建昌县永丰、凝远、德远、德政、市政等乡未完同治二年份地丁银一万一千三百五十一两零，漕米三千一百九十石零，内著缓征十分之四，银四千五百四十两零，米一千二百七十六石零，并安义县寄庄建昌县永丰等五乡未完同治二年份地丁银三百二十五两零，漕米一百五十六石零，内著缓征十分之四，银一百三十两内零，漕米六十二石零，内著缓征十分之四，银一百三十两零，漕米六十二石零，均著缓至同治三、四两年秋后带征。又建昌县并安义县案内原缓同治元年及咸丰十年、十一年份银米，均著递缓至同治三、四两年带征。德化县之楚城、甘泉、南昌、仙居、白鹤、德化、泰临、通津、新民、仁贵、赤松、桑落、封一、封二等乡被水、被旱民田地六百六十倾十亩零，未完同治二年份地丁银一千七百七十六两零，又南、九二卫屯田及芦洲田地并密稀芦等处未完漕运屯粮银二千一百三十五两，余租银四千五百九两零，同治二年压征同治元年份芦课银六百十三两，均著缓至同治三年秋后作两年带征。又未完咸丰十年份地丁银一千六百六两零，屯丁、存留屯粮一千一百八十二两零，漕运屯粮一千三四三两零，余租银二千八百九两零，压征咸丰九年份芦课银四百九十九两零，均著缓至同治五年秋后带征，未完咸丰十一年份屯丁、存留屯粮银一千九百四十五两零，压征咸丰十年芦课银一千十一两零，均著缓至同治六年秋后带征，又同治元年被水案内原缓同治元年份丁屯余芦课，著缓至同治四、五两年带征，德安县被水各乡同治元年被水案内原缓咸丰十年份地丁、屯粮丁，著递缓至同治三四两年带征，原缓咸丰十一年分地丁著递缓至同治四、五两年带征，以纾民力。该抚即刊刻誊黄，遍行晓谕，务使实惠均沾，毋任吏胥舞弊用副轸念灾区至意。余著照所议办理。该部知道。单并发。钦此。

704　同治三年八月初七日，内阁奉上谕：前据沈葆桢奏，道员周汝筠禀讦知县石昌猷祖匪杀良，请派大员审办。当经降旨交曾国藩提审。兹据曾国藩审明定拟具奏，此案江西前署南康县知县·升任督粮道周汝筠，因在署县任内，奉文办理防剿事务，借捐助饷，任用许高鸿、杨韶九等，遂令倚势勒捐罚产，逼毙多命，并有证人为匪各情。屡次经人控告，周汝筠皆为曲庇，致招物议。该员卸任后，经前任江西布政使李桓嘱令后任南康县知县石昌猷将周汝筠劣迹详查，而石昌猷刻意搜求，诬列多款，以重其罪。于拿办许高鸿、杨韶九时，并将许高鸿之父许观国获案，逼令呈送忤逆，将许高鸿正法枭示，任听勇丁残毁尸骸。又不释放其父，复查拿其母，捕其家属，追取田产充公，直以叛逆治之。至张书学、杨韶九寻仇互控，两相抢夺，与此案本不相涉。因许高鸿被杀后，杨韶九往愬周汝筠,该员遂并为一案,指张书学为匪,即以石昌猷袒匪杀良具禀。现经审明,许高鸿平日倚势害命,藉局吞财,业经正法,著无庸议。石昌猷于此案并不悉心研鞫,按律惩办,乃逼令许高鸿之父呈送忤逆,加以极刑,又复株连籍没致有罪之诛,转同枉杀,意存倾陷,审办矫诬,业经革职,著发往新疆充当苦差,遇赦永远不准援免。周汝筠虽无擅杀人犯、受赃侵饷情事,而偏信小人,勒捐滥罚,殃及无辜,罪有应得。惟念该员前此办团剿贼,保障江西南路,曾著功绩,著从宽拔去花翎,革去历保道员、知府等官,以知县降补。革生杨韶九,因与张书学积有嫌隙,屡行陷害抢扰并禀请查拿张书学父子,株累张姓多人,实属非常倾险,著发极边足四千里充军,到配折责安置。张书学于查拿杨韶九之际,意存报复,乘便抢夺杨姓多家,亦属有干法律,业已身死,著无庸议。沈葆桢办理此案,虽意在急于除恶,惟因石昌猷呈首忤逆一言,率令回县速办,致石昌猷得将许高鸿一犯专杀,非寻常疏忽可比。李桓因闻周汝筠苛政病民,密令石昌猷详查禀复,固是正办,惟于石昌猷覆禀周汝筠得受典商赃银等款,概置不问,辄将不应立决之忤逆一款,草率定案,并函令石昌猷于请将许高鸿正法之禀删去奉某札谕等字句,不必具禀总督等语,措置未能正大,实属不合。沈葆桢、李桓著交部分别议处。余著所拟办理。该部知道。钦此。

715　同治三年八月初九日,内阁奉上谕:江西正考官,著许彭寿去,副考官著蒋彬蔚去。钦此。

761　同治三年八月二十三日奉旨:沈葆桢著照部议降二级留任,准其抵消,李桓著照部议降三级调用,不准抵消。钦此。

824　议政王军机大臣字寄江西巡抚沈。同治三年九月十三日,奉上谕:有人奏,江西督销盐引委员·广西候补道程桓生,把持盐务,藉督销之势,使其父程颖芝于安徽省城开设合和盐行,其弟江西候补知县程朴生,于饶州开设泰和盐行,程姓招牌栈房遍于各处,名为督销盐引,实则利归于己,以致物议沸腾,商民裹足。以官民并准试办之引地,几为一人独办之引地。并闻该道之父在枞阳开栈之日,护勇号褂,私用钦差大臣字样,尤属妄诞,恳请饬查严办等语。两淮引地前经重定章程,派委监司大员分驻督销,原以裕课便民,承办之员理应洁己奉公,实力整顿,方于盐务有裨。若如所奏各情,以督销盐引之员一味倚势招摇,营私牟利。如果属实,殊属可恶。著沈葆桢按照所参各节,确切查明,据实具奏。毋稍徇隐。原折著钞给阅看。将此谕令知之。钦此。遵旨寄信前来。

828　同治三年九月十三日,内阁奉上谕:沈葆桢奏请将捐修城工之官绅奖励一折。江西广信府城垣损坏,经该处官绅于咸丰十一年闻捐资兴修,现已一律完竣,工料甚属坚固。所有监修出力之广信府知府钟世桢,著交部从优议叙;捐升知府前上饶县知县庄钺,著赏加一级;知县谭宗仪,著赏加运同衔;照磨曾祖蔭,著以应升之缺升用;都司蔡癸发,著赏加游击衔;布政司库大使王政元,著俟补缺后,以知县补用;府经历郑志昀,著赏加五品衔;县丞英瑞,著赏加布政司理问衔。其捐资修城之生员童树滋等应得奖叙,著该部核议具奏。余著照所议办理。单片并发。钦此。

830 议政王军机大臣字寄钦差大臣 · 大学士 · 湖广总督 · 一等伯官、福州将军英、直隶总督刘、两广总督毛、山东巡抚阎、山西巡抚沈、河南巡抚张、福建巡抚徐、江西巡抚沈、湖北巡抚吴、湖南巡抚恽、署广东巡抚郭、办理三口通商大臣 · 兵部左侍郎崇,传谕山海关监督宝章、前任粤海关监督毓清、粤海关监督师曾。同治三年九月十五日,奉上谕:户部奏本年京饷,请严饬各省赶解,以供开放一折。近年京饷均于八九月间统核年内用项,在原拨未解银内酌量专提。本年京饷原拨银五百万两,为数较少,现计截至八月底止,除解到划拨并已报委解外,尚有山西欠解地丁银七十五万两,山东欠解地丁银十三万两,河南欠解地丁银十四万两,湖北欠解地丁银十五万两,湖南欠解地丁银十万两,广东欠解地丁银二万五千两,江西欠解地丁银十六万两;长芦欠解复价银五万两,补垫积欠银五万两;广东欠解盐课银八万两,新旧息银八万两;河东欠解加课银十万两,羡余银五万两;山东欠解盐课银四万两,湖北欠解盐厘银五万两;粤海关欠解税银二十五万两,闽海关欠解税银十万两江汉关欠解税银十万两,山海关欠解税银五万两,天津关欠解税银五万两;福建欠解茶税银二万两。以上共银二百五十二万五千两。该将军督抚等具有天良,应念京师为根本重地。饷项至关紧要。本年业经酌量减提,若再行酌减,诚恐年内不敷应用。著该将军、督抚、通商大臣、监督等于接奉此旨后,各将未解银两务于十二月内尽数解齐。倘仍饰词宕延,致误要需,即由该部查照奏定章程,指名严参,毋得视为具文,自取咎戾。广东应解下半年京饷,昨据毛鸿宾等奏,请截留为本省防剿之需,虽经饬部速议具奏,惟不得以奏请截留在先,一味诿卸,竟置京饷于不问。著毛鸿宾等仍即饬司筹款赶紧报解,毋许仍前玩延致滋贻误。将此由五百里谕知官文、英桂、刘长佑、毛鸿宾、阎敬铭、沈桂芬、张之万、徐宗幹、沈葆桢、吴昌寿、恽世临、郭嵩焘、崇厚,并传谕宝章、毓清、师曾知之。钦此。遵旨寄信前来。(抄交户部)

858 同治三年九月二十一日,内阁奉上谕:沈葆桢奏请将知府之母优加旌奖等语。本年八月间,江西贼匪窜扰南安府城,署知府黎兆棠登陴固守,伊母冯氏力拒出城之请,申明大义,誓死勿去,并出簪珥犒士,俾阖郡人心固结,地方赖以保全,实属教子有方,深堪嘉尚。冯氏著赏给二品封典,并著南书房翰林缮写匾额一方,交沈葆桢转给黎兆棠祗领,以彰奇节。钦此。

897 议政王军机大臣字寄盛京、直隶、江苏、安徽、江西、浙江、福建、湖北、湖南、河南、陕西、甘肃、山东、四川、广东、广西、云南、贵州各将军、督抚。同治三年十月初三日奉上谕:……再,奉天所属牛庄等处低田被淹;江西南昌等县低田被淹,德化等县雨泽稀少;福建建宁等县被扰;湖南湘阴等厅县田禾被水;陕西平原一带六月内雨水缺乏;山东运河盛涨,各属间有被淹;四川成都等府属叠据该督奏报,米价增昂;广东惠州等属江潦盛涨,嘉应等州县被水,南海等县围基冲缺;广西容县等州县被扰,收成稍歉,均经该督抚等奏明委员查勘堵筑,并酌予赈济抚恤,即著迅速办理,并将来春应否接济之处,一并查明,于封印前奏到。此外各省被贼扰害地方,应行调剂抚恤之处。著一并查奏,候朕施恩。将此各谕令知之。钦此。遵旨寄信前来。

898 (御印)查:本年奉天、直隶、浙江、山东、陕西、甘肃间有被灾、被扰地方,俱经随时加恩,分别豁免、蠲免、缓征。其明春应否量为接济之处,臣等谨照向例缮写询问。该将军、督抚等谕旨俟覆奏到日,再行拟写新正加恩谕旨进呈。再,奉天、江西、福建、湖南、陕西、山东、四川、广西各省尚有被灾、被扰之区,该督抚等业经奏明,委员查勘,酌予赈恤。应否接济现俱未经奏到。此外被扰地方,有无应行调剂抚恤之处,均应一并询问,令其迅速查奏汇办。谨奏。(御印)

907 议政王、军机大臣字寄钦差大臣·协办大学士·两江总督·一等候曾、四川总督骆、两广总督毛、江苏巡抚·一等候李、江西巡抚沈、湖南巡抚恽、福建巡抚徐、山东巡抚阎、山西巡抚沈、署广东巡抚郭。同治三年十月初五日,奉上谕:(摘抄起)刘长佑奏请饬催广东等省欠解固本军饷一折,直隶练兵募勇,需饷孔殷,自上年十月经刘长佑奏拨广东省每月协拨银一万两,江苏等省每月各协拨银五千两,迄今已届一年,内山东省除解过及抵拨定安军饷外,尚欠上年十一月至本年三月饷银二万五千两,山西省除解遏及抵拨讷钦军饷外,尚欠上年十月份饷银五千两。此外,惟四川省解到银一万两,其余广东、江苏、江西、湖南、福建五省分厘未经报解。著曾因藩、骆秉章、毛鸿宝、李鸿章、沈葆桢、恽世临、徐宗幹、闫敬铭、沈桂芬、郭嵩焘督饬藩司迅将欠解直隶饷银如数筹划拨,克期报解,以济要需,(抄交止)毋得再有稽延。将此由四百里各谕令知之。钦此。遵旨寄信前来。(摘抄交户部)

935 同治三年十月十五日,内阁奉上谕:江西广饶九南道员缺,著俊达补授。钦此。

936 查:江西广饶九南道系冲繁中缺。谨奏。

948 二品至三品外官文职废员共三员。

陈启迈,前江西巡抚。因劣绩较多,恐误大局。革职。……①

949 四品以下外官至知县文职废员共二十八员。黄之晋,前江西南丰县知县,准补景德镇同知,因防守不力,以致居民被屠,革职拿问。同治元年奉上谕:著免其治罪。

…………

① 此为引见之废员名单,同治三年第947号上谕档:"同治三年十月十七日奉旨:此次续行查办文职、废员钤出之杨能格,并四品以下各员,著吏部查明在京各员,先行带领引见。其在籍各员即由该部咨行。各该员原籍督抚饬令来京,分别带领引见。钦此。"

李应咸，江西前署莲花厅同知，丁忧试用通判，因防剿吃紧之时，托词请兵擅离职守，革职拿问。同治元年奉上谕：著免其治罪。

…………

乔家槐，江西前署宁都州，准补新建县知县，因失守城池，将先期逃遁贼首指称杀毙，实属谎报，革职拿问。同治二年奉上谕：著免其治罪。

…………

967　同治三年十月二十二日，内阁奉上谕：沈葆桢奏，沥陈下忱，恳恩归养一折。江西巡抚沈葆桢，自简任以来，于军务吏治，事事讲求，殚尽心力。本年江宁逸贼，窜扰江西，该抚督军防剿，渐就肃清，功绩昭著，朝廷正资倚畀。兹据奏称，伊父母年逾七旬，且多衰病，恳请开缺回籍侍养，情词极为肫挚。本当俯如所请，俾遂孝思。惟江西现在军务虽已告竣，而一切善后事宜，正须妥为经理，该抚久任江西，士民同深爱戴，未便遽易生手。沈葆桢著无庸开缺，并赏给伊父母人参六两，交该抚祗领，用资调摄。该抚其仰体朝廷孜孜求治之心，力图报称，毋再固请。钦此。

1017　同治三年十一月初五六日，内阁奉上谕：沈葆桢奏遵查节年民欠，及因灾缓征带征银米等项数目，开单恳请豁免一折。江西省节年民欠及军欠、商欠各项银两。既据该抚查明，均系实欠在民，并无丝毫隐混，自应悉予豁免，以清库款而裕民生。加恩著照所请，所有单开之民欠地屯丁耗、入官田租、商税盈余、驿站节省等银五百三十二万七千八百七十两零，本色物料银二万二千三百十八两零，地丁脚耗银七万五千三百九十二两零，折色物料银二十三万三千五十一两零，牛牙当税银三万六千六百三十七两零，芦课正耗银六千六百五十三两零，濠租银三千四百九十五两零，地租银三千四百六十四两零，铁税银一万九千三百四十二两零，官山、田地、湖洲等租藕息银四千一百九十一两零，救生田租银二千三百七十二两零，入官田亩租谷二千九十七石零，正耗漕米二百三十三万三千八百十三石零，兵米五万四千三十六石零。随漕屯粮米折正耗银五十一万二千五百六十七两零，兵折正耗节省米价，回疆、天津改折回疆天津等银二十一万二千七百四十五两零，漕粮脚耗银十七万四千一百九两零，兵加银五万一千四百七十三两零，暨军欠之余租银二十二万二千二百四十两零，商欠之茶课纸价银四千六百四十九两零，均著一并豁免，以纾民力。该抚即刊刻誊黄，遍行晓谕，务使实惠均沾，毋任吏胥舞弊，用副朝廷轸念民依至意。该部知道，单并发。钦此。

1097　议政王军机大臣字寄福州将军，办理三口通商大臣，直隶、山东、山西、河南、湖北、湖南、两江、江苏、福建、广东各督抚，传谕山海、粤海各关监督。同治三年十二月初五日，奉上谕：户部奏预拨来年京饷，开单呈览一折。历届京饷向系年前预拨，上年户部以各省军务稍平，尚须筹办善后，将应拨本年京饷照历届酌减十分之三，仅拨银五百万两，而各该省关报解仍复拖延。京饷关系要需，该部放款累累，实已无可再减。现在户部奏请预拨同治四年京饷，拟于地丁、盐课、关税等项银两，仍照本年酌减数目，拨银五百万两。限于明年五月以前解到一半，十二月初间全数解清，均系斟酌各省缓急情形，撙节动拨，以期易于遵解，并非强以所难。各该省将军、通商大臣、督抚、盐政、监督及藩运各司等，具有天良，自当按照户部指拨银数清单，依限解齐，以济要需。倘以为数视历年较少之款，仍复任意截留，藉词划扣。即著户部按照奏定章程，指名参奏。定将该将军等从重惩处，决不宽贷。至本年未解京饷，曾于九月间降旨严催。现届年终，放款较巨。各该省关岂容再事宕延。著即迅速解到，以供支放。毋得仍前玩泄，致干重咎，懔之慎之。原折单均著钞给阅看。将此由五百里谕知福州将军，办理三口通商大臣，直隶、山东、山西、河南、湖北、湖南、两江、江苏、福建、广东各督抚，并传谕山海、粤海各关监督知之。钦此。遵旨寄信前来。（另抄交户部）

同治四年

35　同治四年正月十四日，内阁奉上谕：沈葆桢奏请将不职之知县革职一折。江西武宁县知县霍介舒，听断乖谬，署浮梁县知县潘跃新声名平常，均著即行革职，以肃官方。余著照所议办理。该部知道。钦此。

114　同治四年二月初九日，内阁奉上谕：骆秉章奏，已故知县亏短正杂各款银两，请旨查抄备抵一折。四川已故知县郭京桓，于前署合州知州任内，亏短正杂各款银九千六百余两之多，屡经严催，该家属延不清交，实属胆玩已极。所有已故知县郭京桓家属寓所资财，即著该督派员严密查抄，并提同经手丁胥人等，确审所亏银两是侵是挪，按律惩办。其原籍家产，并著福建巡抚饬属一并查封备抵。钦此。

115　同治四年二月初九日，内阁奉上谕：沈葆桢奏，遵旨查明循吏政绩，请宣付史馆立传一折。前任湖北布政使刘体重，据该抚奏称，该员持躬端谨，率属严明。所历各任，爱民培士，除暴戢奸。在江西抚州任内，遗泽在人，循良卓著。据该绅士等开呈政绩，自宜纂辑事实，昭示来兹。所有刘体重政绩即著宣付国史馆，编入循吏列传，以资观感。单并发。钦此。

131　议政王军机大臣字寄江西巡抚沈。同治四年二月十四日，奉上谕：沈葆桢奏请赏假归省一折。沈葆桢因复接家书，知伊母病势加剧，望子之心日切，请给假三个月，驰归省视。情词悱恻，出于至诚，岂忍重违其请。沈葆桢著赏假三个月，回籍省亲，以遂孝思。江西巡抚关防，即著交孙长绂暂行护理。惟福建寇氛仍炽，被扰地方，多与江境毗连。左宗棠督兵在闽，自可次第得手。该匪不能得志于闽，恐将回窜江境。是江西本省之防，万分吃紧。沈葆桢必须妥为布置，以期万全无失，方可启行。此系朝廷曲体该抚之心，不得已而俯如所请。如果驰回省视，厥疾渐瘳，著不必俟假满以后，即行驰回江省视事以重地方。所请假满陛见一节，俟福建军务平定，再行具奏，候旨遵行。求忠臣者，必于孝子之门。该抚当念朝廷为地择人，倚畀至重，不可稍存诿卸，用副厚望。

将此谕令知之。钦此。遵旨寄信前来。

132　同治四年二月十四日,内阁奉上谕:沈葆桢奏请赏假归省一折。沈葆桢因伊母病势加剧,请给假归省。情词悱恻,出于至诚,岂忍重违其请,沈葆桢著赏假三个月,回籍省亲。一俟假满,即行驰归江西省城任事。江西巡抚关防,著交孙长绂暂行护理。钦此。

151　交吏部准:贵部片称,据江西巡抚沈葆桢咨,查同治三年三月十一日所奉江西扫除陶家渡贼垒,肃清都湖出力人员奖励谕旨一道,部咨内有与原保班次名数不符并脱落名字,咨行本处查复,等因前来。查,该抚咨查郑香祖、袁星建、赵开源、乔廷槐各员所保班次及周大璋等员名数目,原册所开均与原奉谕旨相符,并无更改,亦无脱落。自系贵部咨文错误,或由内阁抄出时,未经细核,以致互有参差。其文童朱连城一名,原保单内即系"请以从九品,不论双单月,尽先选用。奉旨照准。"并无"即选"字样。相应再行将所奉谕旨照单摘录,咨复贵部,查照办理可也。此交计抄粘摘录上谕一道。(二月十九日)

322　同治四年三月二十四日,内阁奉上谕:前因沈葆桢奏请赏假回籍省亲,当经降旨,给假三月。嗣据沈保桢奏,业于三月初一日起程回籍,复经谕令该抚不必拘定假期,早行回任。兹据徐宗幹奏称,沈葆桢之母林氏已于二月二十七日在籍病故。沈葆桢天性醇笃,谅必吁请终制。惟江西地方虽就廓清,而福建漳州等逆未平,防务甚关紧要。沈葆桢自简任江西巡抚以来,筹办剿抚,整饬地方,办理悉合机宜,民情素称爱戴。当此边防吃重之时,势难遽令离任。沈葆桢著赏假百日,在籍穿孝。加恩赏银五百两,由福建藩库给发,经理其母丧事。俟假期满后,改为署理江西巡抚,即行驰赴署任。该抚当仰体朝廷破格夺情之意,移孝作忠,墨经从事以副委任,毋许固辞。钦此。

325　同治四年,乙丑科会试:
满洲一百六卷,取中六名,七名(御印)。
蒙古十八卷,取中一名,二名(御印)。
汉军七十三卷,取中四名,五名(御印)。
直隶七百六十二卷,取中二十二名,二十四名(御印)。
奉天二十六卷,取中二名,三名(御印)。
山东四百三卷,取中十九名,二十一名(御印)。
山西二百四十六卷,取中十名,十一名(御印)。
河南三百二十七卷,取中十八名,十九名(御印)。
陕甘六十五卷,取中七名,二八名(御印)。
江苏三百十八卷,取中二十名,二十二名(御印)。
安徽一百二十七卷,取中十名,十二名(御印)。
浙江一百五十八卷,取中十一名,十三名(御印)。

江西三百六十九卷,取中二十名,二十三名(御印)。
湖北一百九十四卷,取中十一名,十二名(御印)。
湖南一百七十七卷,取中十名,十二名(御印)。
福建一百九十七卷,取中九名,十名(御印)。
广东二百九十六卷,取中十一名,十三名(御印)。
广西一百四十一卷,取中十一名,十二名(御印)。
四川二百三十二卷,取中十三名,十四名(御印)。
云南三十二卷,取中五名,六名(御印)。
贵州二十一卷,取中二名,三名(御印)。

367 同治四年四月初九日,内阁奉上谕:御史贾铎奏请申明讲约旧例,以正人心一折。我朝雍正年间颁发圣谕广训,通饬各直省地方官,于每月朔望剀切宣讲,务使乡曲愚民咸知向善。列圣相承,谆谆诰诫,不啻再三。朕御极之初,亦经宣谕中外,实力奉行,毋得虚应故事。乃如该御史所奏,近来州县官藐视旧章,实不知讲约为何事,以致人心风俗败坏滋深。不但乡里小民日趋邪僻,竟有身列胶庠、忝然四民之秀亦竟离经畔道而肆无忌惮者。世道人心,所关匪细。亟应申明旧例,以示率从。著顺天府五城及各省督抚大吏,严饬所属地方官,选择乡约,于每月朔望齐赴公所,敬将《圣谕广训》各条剀切宣示。其距城较远各乡,即著该地方官,选择品行端正绅耆,设立公所,按期宣讲。仍由该地方官随时考察,无得日久玩生。教谕训导等官,课士而外,唯当与诸生讲论孔孟之道,以砥励其身心。其各省学政按临处所,亦当督同学官,随时阐扬正教,认真开导,俾士民各端趋向,有所遵循。倘有地方州县及各学教官虚应故事、奉行不力者,即由该管督抚学政据实参处,以维风化而振愚矇。钦此。

370 同治四年四月初九日,奉旨:此案著交孙长绂督同臬司亲提人证、卷宗,秉公严讯确情,按律定拟具奏。原告监生刘倬,该部照例解往备质。钦此。

415 同治四年四月二十日,内阁奉上谕:前因御史贾铎奏请申明讲约旧例,以正人心。降旨令顺天府五城及各省督抚饬属,选择乡约,于每月朔望,敬将《圣谕广训》各条剀切宣示。兹据御史张盛藻奏称,前在湖北本籍时,常闻城乡士民多以讲约为名,敛钱聚众,烧香结盟,请饬严禁等语。朝廷申明讲约旧例,原期阐明正学,藉以维风化而振愚蒙。若如该御史所奏各情,是不肖匪徒转得藉讲约以售其离经畔道、肆无忌惮之术,于风俗人心大有关系。且此等流弊,恐尚不止湖北一省为然。著顺天府五城及各省督抚,于申明讲约旧例时,严密稽查。如有异端邪说及一切敛钱聚众烧香结盟等事,即著严行惩办,以示杜渐防微至意。钦此。

448 同治四年四月二十八日,内阁奉上谕:此次散馆之修撰翁曾源,编修龚承钧、张之洞,业经授职;二甲庶吉士许振祎、吴鸿恩、梅启熙、郭怀仁、边宝泉、陈振瀛、蒋维垣、朱逌然、张鹏翼、曹炜、夏子鍚、李端棻、李嘉乐、陈翼、陆尔熙、崔志道、鄂芳、冯尔昌、吕式榳、周兰、宗室奎润、黄体芳、王绪曾、高学瀛、刘燡、解煜、周声澍、铁祺、刘曾，俱著授为编修；三甲庶吉士郑梦锦、文澂、段福昌、吴镇、许廷桂、孙凤翔、徐尔麐、张道渊、张观准，俱著授为检讨；萧世本、刘子镜、光炘、罗振云、黄彬、陈锦、王縡、景善、黄桂丹，俱著以部属用；沈宝楠、任传纶、邹振岳、姚清祺、黄绍薪、胡昌铭、彭君谷、谢辅墀、汤献祥、周为翰、饶佩勋，俱著以知县即用。钦此。

449　…………

江西五员：

庶吉士许振祎（御印）江西奉新人。年三十岁，同治二年二甲进士。散馆一等二名。

梅启熙（御印）江西南昌人。年三十五岁，同治二年二甲进士，散馆一等四名。

郑梦锦（御印）江西德化人。年三十二岁，同治二年三甲进士，散馆一等五名。

段福昌（御印）江西都昌人。年三十三岁，同治元年三甲进士，散馆一等十八名。

许廷桂（御印）江西金溪人。年三十岁，咸丰十年三甲进士，散馆二等一名。

江西五员：

庶吉士罗振云江西庐陵人（御印）。国史馆协修，年二十六岁，同治二年二甲进士，散馆二等二十三名。

黄绍薪江西萍乡人。年三十二岁，同治二年三甲进士（御印），散馆三等二十四名。

黄彬江西南昌人（御印）。年二十七岁，同治元年二甲进士，散馆二等二十五名。

胡昌铭江西南丰人。国使馆协修，年四十五岁，咸丰十年二甲进士（御印），散馆二等二十八名。

饶佩勋江西铅山人。年四十四岁，咸丰九年三甲进士（御印），散馆三等二名。

…………

507　同治四年五月十八日，内阁奉上谕：徐宗幹奏，丁忧抚臣请在籍终制，据情代奏一折。前任江西巡抚沈葆桢在江省数年，士民爱戴，吏治军务均能整饬。前因丁母忧回籍，谕令该抚于百日后驰赴署任视事。兹由徐宗幹代为陈奏，恳请终制养亲，情词恳挚，览奏恻然，不得不勉如所请。沈葆桢著准其在籍终制，以遂孝思。钦此。

515　同治四年五月二十二日，内阁奉上谕：御史胡毓筠奏，吏治渐流废弛。请申谕中外臣工，力求实践一折。近因军务未竣，时事多艰，屡经谕令中外臣工，于应行应革诸政，实力奉行，以期渐臻上理。数年之中，实心仕事著有成效者，固不乏人，而积弊仍未尽除，措施仍未尽善，总缘狃于积习，因循不振，致良法美意，皆隔阂不行。行者亦多虚应故事，玩愒日深，弊将胡底？亟应力加整顿，以肃纪纲。著再申谕中外臣工，嗣后于特旨通谕之件并诸臣奏准应行、应革各事宜，务当督饬所属认真兴办，期于国计民生实有裨益，毋再稍涉因循，致滋流弊。以副朝廷勤求治理至意。将此通谕知之。钦此。

517　同治四年五月二十六日，内阁奉上谕：御史夏献馨奏请饬各省整顿保甲、以清治源一折。安良弭暴之方，莫善于保甲。地方官果能恪遵成法，实力奉行，奸宄何由匿迹？若如该御史所奏，近来州县等官往往履任逾年，未曾编查乡甲。或仅于城厢造册,虚应故事。甚至以无赖游民充当甲长,非但不能戢暴,而且多事扰民。以致良法美意,渐成具文。殊非实事求是之道。著各直省督抚府尹,严饬所属,讲求旧章,认真办理,不准吏胥等藉端需索。并于考核牧令之时,明示劝惩,随时举劾。倘敢阳奉阴违,仍蹈从前种种积弊,即著该督抚等从严参奏。将此通谕知之。钦此。

590　同治四年闰五月二十五日,奉旨:此案著交孙长绂督同臬司,亲提人证卷宗,秉公严讯确情,按律定拟具奏。抱告民人张义亮,该部照例解往备质。钦此。

639　同治四年六月初六日,内阁奉上谕:御史丁浩奏请饬各省督抚甄别牧令,以苏民困而肃官方一折。州县为亲民之官,全在任用得人,方能整顿地方,体恤民隐。俾闾阎均安乐利,乱源亦无自而萌。矧各省被兵地方,甫经收复,民力凋残。尤须勤能廉洁之员,实心经理,庶能培养元气,惠及黎元。近来各省州县中,循良素著者固不乏人,而庸恶贪劣、滥膺民社者,仍复不少。如该御史所称,恣意诛求,玩视民瘼。于民间词讼案件听断不公,甚至借敲扑以作威福,借苛敛以偿私债。种种情形,实堪痛恨。各省督抚大吏,经朝廷特简,自当以整饬官方为要务。乃往往于到任之始,参劾数员,聊以塞责。久之情面渐熟,即复意存回护。以致不肖之员,无所畏惧。于吏治民生,大有关系。嗣后各直省督抚于州县各官,务须破除情面,严加甄别。如有贪劣不职之员,即著随时参劾,从严惩处,不得稍有瞻徇。用副朝廷澄叙官方至意。将此通谕知之。钦此。

719　同治四年六月二十九日,内阁奉上谕:前据载龄等奏请将满料剥船加价修整,当交该部妥议具奏。兹据户部奏称,剥船缺额既多,一时排造不及,自宜将满料各船援案修理等语。著照该部所议,所欲甫经满料之原额船五百五十只,著直隶总督转饬天津道及杨村通判,责成管船各州县承修。其上届拆修又经限满之续增船五百六十余只,亦著一律修整,毋庸挑裁变价。每船应需修费若干,著直隶总督饬令天津道核实估计,报部筹款动用,务于明年正月以前一律修竣,以期无误转运。至此项续增船一千只,早经满限,虽加修整,仍恐难于经久,自应照例排造。

山东省发商生息一款,本专备续增剥船修造工食之用,该省历年积欠已至九十余万两之多,以致修造船只,碍难举行,于运务大有关系。著山东巡抚严饬运司,即将前项积欠银两先行酌提银三十万两,分作三年专解部库,作为此次排造制船之费。其该省每年应解生息银两,仍令照例分解部库及天津道库。务须年清年款,不得再有蒂欠。经此次催提后,该运司如敢再有玩误,即著据实参奏。并著江西、湖南、湖北各督抚先行筹款,将应行排造续增剥船一千只,赶紧照案均匀分造,委员解赴直隶听用,其船只式样及保固年限等事宜,均著查照成案办理,并将办理大概情形及分造数目先行报部,以凭查核。三省所垫造船银两,即著户部于山东省报解酌提积欠生息银两内,随时划抵归款。其直隶岁修缺额船二百九十余只,时阅五年,该承管各州县仍未成造归补,实属任意延玩。著直隶总督查明历任承管州县各职名,交部分别议处。仍将前项缺额船只立定限期,勒令各该州县补造归额。倘再迟延,即行从严参办。余依议。钦此。

722　同治四年七月初二日，内阁奉上谕：孙长绂奏保在省会办军务筹备饷需司道局员，开单请奖一折。上年匪窜江省，经前任巡抚沈葆桢调度，各军协力御侮，得以转危为安。其打仗出力各员，一经奏请奖叙，无不立沛恩施。至在省司道各局员，筹饷劝捐，系属分所应为。该护抚辄铺张劳绩，滥保多员，实属有意见好，所请著不准行。钦此。

734　礼部尚书、臣倭什珲布等，带领引见。

朝考一、二等优生，共四十八名：

…………

第四排

南卷

朱仁栋（御印），一等三名，安徽优生，年三十一岁。

张守中（御印），一等五名，安徽优生，年三十二岁。

程履丰（御印），一等六名，安徽优生，年四十岁。

胡增辉，一等十名，湖南优生，年二十五岁。

唐煦春（御印），一等十一名，江西优生，年三十七岁。

石梁，一等十三名，江苏优生，年二十九岁。

胡兆麟（御印），一等十五名，安徽优生，年三十一岁。

第五排

南卷

雷为震，一等十九名，江西优生，年二十三岁。

齐云翼，二等一名，湖南优生，年二十四岁。

黄文树，二等二名，湖北优生，年二十三岁。

胡大爚（御印），二等三名，安徽优生，年三十三岁。

熊鎣，二等六名，江西优生，年二十三岁。

夏子猷（御印），二等十名，江苏优生，年三十四岁。

…………

第七排

南卷

吴兆骏（御印），二等十八名，江苏优生，年四十二岁。

董韫璋（御印），二等二十三名，安徽优生，年三十七岁。

郭功叙（御印），二等二十四名，江西优生，年四十二岁。

彭元照（御印），二等二十五名，安徽优生，年三十七岁。

刘廷爵（御印），二等二十七名，江苏优生，年四十二岁。

潘之骥（御印），二等二十八名，安徽优生，年四十三岁。

…………

750　同治四年七月初九日,内阁奉上谕:御史汪朝棨奏,常年例贡请饬各直省督抚酌请停缓等语。自军兴以来,各直省地方多遭蹂躏。所有例应呈进贡品,如福建、浙江等省之橘柑等贡,一经该督抚随时奏请缓进,无不降旨允准。原为百姓元气未复,故不忍以供亿之烦,重累吾民。今据汪朝棨所奏各节,与朝廷周恤民隐之意,亦尚吻合。嗣后凡被兵省份,常年例贡力难筹办者,仍著各该省督抚等随时奏请停缓,以示体恤。钦此。

822　同治四年,办理三年江西省秋审常犯情实:杨泮鲲等共十起,人犯十三名。谨将勾到时所奉谕旨,恭录于后。

一起斩犯杨泮鲲。

逞忿故杀总麻尊属。是以勾决。

一起斩犯陈科丁。

逞忿故杀幼孩。是以勾决。

一起绞犯谢愊科、傅春寅、邹世□、谢来腾。

听纠聚众共殴,致毙一家八命。该犯等各下手致毙一命。是以均勾决。

一起斩犯杨东生。

奸匪拒捕,致毙本夫。是以勾决。

一起斩犯彭万发。

逞忿故杀。是以勾决。

一起斩犯邵冬仔。

逞忿故杀。是以勾决。

一起斩犯刘品殄。

逞忿故杀。是以勾决。

一起斩犯雷广发。

窃匪逞忿故杀。是以勾决。

一起斩犯严幅葛。

火器杀人。是以勾决。

一起斩犯曹来保。

奸匪因奸听从奸妇,谋杀纵奸本夫。是以勾决。

858　同治四年八月初八日,内阁奉上谕:御史朱学笃奏,各省京控案件,延玩未能迅结,请饬部严定逾限处分,以清积狱一折。江南、山东等省京控案件,叠经发交各该督抚将军提讯究办,乃有重大案情,虚悬数载,并未讯结,实属玩泄。嗣后著直省督抚将军等,于交审案件督饬各员勒限完结,毋得任意延宕。其有逾限不结等情,应如何严定章程从重议处之处,著该部妥议具奏。钦此。

879　同治四年八月十三日,内阁奉上谕:孙长绂奏,请将庸劣不职之知县分别革职勒休一折。江西奉新县知县保龄心地糊涂、丁役用事；瑞昌县知县杨林盛公事废弛，均著即行革职。庐陵县知县吴朝宗年力衰颓、难期振作；建昌县知县叶旭昌阘茸无能；崇义县知县郭宸肆意钻营；试用知县冯桂焱性情贪鄙，均著勒令休致。余著照所议办理。该部知道。钦此。

910　军机大臣字寄暂署两江总督、江苏巡抚 · 一等毅伯李，江西巡抚刘，传谕暂护江西巡抚、布政使孙长绂。同治四年八月二十三日，奉上谕：据总理各国事务衙门奏，江西赣州羁押英人，请按约核办一折。英人瞒四辉里被江西省指为通贼之人，在赣州府羁押。历经九江道行文查询，而赣南道复称并无其事。惟据英国照会内，实指英人之名，并瞒四辉里亲笔书信为凭，其非捏造可知。英人游历各处，本属条约所有。即使有通贼情事，亦当按照条约办理，何得率行羁禁？迨至九江道查询，又恐该国不服，含糊掩饰，希图消灭，殊失诚信相待之道。著李鸿章、刘坤一、孙长绂，迅派道府大员，确切查明。英人如尚在赣州府监禁，即行按照条约，解交该省领事官讯办。不得再事隐瞒，致生枝节。如或终始掩饰，不肯实陈，别经查出，必将该地方官从重治罪，勿谓言之不豫也。总理衙门折一件、照会四件，均著抄给阅看。将此由六百里密谕李鸿章、刘坤一，并传谕孙长绂知之。钦此。遵旨寄信前来。（抄交总理衙门）

997　同治四年，江西省秋审常犯情实：黄大昆等共八起，人犯九名口。谨将勾到时所奉谕旨，恭录于后。

一起斩犯黄大昆。

奸匪逞忿故杀。是以勾决。

一起绞犯萧兆嵘。

共殴致毙被造四命。该犯下手致毙一命，刃伤要害，奇重。是以勾决。

一起斩犯刘木生孜。

挟嫌迁怒，谋毙七龄缌麻卑幼。是以勾决。

一起斩犯李长篙、绞犯周幅生。

挟恨谋命。李长篙造意，周幅生下手加功。是以俱勾决。

一起斩妇万氏。

逞忿故杀。是以勾决。

一起斩犯胡岐发。

逞忿故杀幼孩。是以勾决。

一起绞犯吴美材。

致毙被造三命。该犯致毙一命，金刀伤重。是以勾决。

一起绞犯丁培兰。

与族祖母通奸。复因借贷不遂，刃毙其命，情伤均重。是以勾决。

1021　同治四年九月十六日，奉旨：此案著交刘坤一督同臬司亲提人证、卷宗，秉公严讯确情,按律定拟具奏。抱告民人孔书堂,该部照例解往备质。钦此。

1033
湖北,取中三名(御印)。
湖南,取中六名(御印)。
四川,取中八名(御印)。
广西,取中二名(御印)。
福建,取中二名(御印)。
浙江,取中一名(御印)。
江西,取中三名(御印)。
云南,取中一名(御印)。

1099 字寄盛京、直隶、江苏、安徽、江西、浙江、福建、湖北、湖南、河南、陕西、甘肃、山东、山西、广东、广西、云南、贵州,各将军督抚。同治四年十月初三日,奉上谕:本年河南尉氏等县被扰,山东嘉祥等县被扰被灾,江苏金坛等县、浙江临安、长兴等县历年被兵较重。节经各该省奏到,已分别加恩豁免、蠲免、缓征。其江苏苏松太等府州属、浙江杭嘉湖严绍等府属,均被大水,淹没田禾。谕令该督抚等,派员履勘抚恤。湖北沔阳天门等州县襄水盛涨,堤塍冲决,民田被淹。谕令该督等确查被灾情形,奏明办理。山西丰镇等厅州县酌借仓谷,准缓至本年秋后,买补还仓。小民谅不至失所。惟念来春青黄不接之时,民力未免拮据。著传谕该督抚等体察情形,如有应行接济之处,即查明据实复奏。务于封印以前奏到,候朕于新正降旨加恩。再,安徽各属低田被淹,浙江遂安县二麦被雹,宁波处州各属雨多伤稼,嘉兴等县青虫食禾,永康县被水被旱,江西南昌、九江、莲花等府厅县低田被淹,湖南临湘、武陵等州县被水,河南沈邱等县洼地被淹,陕西平原各属二麦被旱,甘肃各属田禾间有被雹被霜,山东附近运河州县间有被淹,广东南海等县风雨爆发、禾稻损伤,均经该督抚奏明,委员查勘,酌量赈济。即著迅速办理,并将来春应否接济之处,一并查明,于封印前奏到。此外,各省被贼扰害地方,应行调剂抚恤之处,著该将军督抚等一并查奏,候旨施恩。将此各谕令知之。钦此。

1136 同治四年十月十五日,奉旨:此案著交刘坤一,督同臬司亲提人证、卷宗,秉公严讯确情,按律定拟具奏。原告职员陈万芳,该部照例解往备质。钦此。

1166 同治四年十月二十日,内阁奉旨:此案著交刘坤一,督同臬司,亲提人证、卷宗,秉公严讯确情,按律定拟具奏。抱告民人钟良佐,该部照例解往备质。钦此。

1223 本年秋审,各省由缓改实起数单:
四川省,五起。
奉天省,五起。
河南省,九起。

山东省,八起。

直隶省,四起。

山西省,三起。

江西省,二起。

湖广省,一起。

福建省,一起。

陕西省,一起。

热河,一起。

同治五年

53 同治五年二月初一日,内阁奉上谕:本年轮应查阅山东、河南、江苏、安徽、江西五省营伍之期。山东著即派阎敬铭、河南即派李鹤年、江苏即派李鸿章、安徽即派乔松年、江西即派刘坤一,逐一查阅,认真简校。如查有训练不精、军实不齐,即将废弛之将弁据实参奏。该督抚等务当加意整顿,毋得视为具文。钦此。

74 同治五年二月初十日,内阁奉上谕:御史林式恭奏,民间溺女积习未除,请严行楚止一折。民间溺女,乾隆年间部议照故杀子孙律治罪,例禁綦严。乃据该御史奏,近来广东、福建、浙江、山西等省,仍有溺女之风。恐他省亦所不免。实属伤天地之和。若不严行禁止,何以挽全民命?著各直省督抚董饬所属地方官出示晓禁,并责令各州县劝谕富绅广设育婴处所,妥为收养,俾无力贫民不至因生计艰难再蹈恶习。倘仍不知悛改,即治以应得之罪,毋稍姑贷。钦此。

86 同治五年二月十四日,内阁奉上谕:刘坤一奏,甄别庸劣不职各员,请分别革职降补改简一折。江西建昌府知府董敬宣,任意需索,公事糊涂;前署饶州府知府吴秉衡,行迹贪污,心术狡险;新淦县知县程乃文,操守不谨,听断失平;前署崇义县知县吴鸿庆,自便私图,不协舆论;新昌县知县姚近维,大节有亏。均著即行革职。南康府知府高延绶,性情迂缓、难以有为,著降为同知,归部铨选。前署宁都直隶州知州刘晋卿,气质粗率、有乖政体,著降为通判,归部铨选。临川县知县锡荣,才具平常,著以简缺改调,以肃官方。该部知道。钦此。

88 同治五年二月十五日,内阁奉上谕:江西建昌府知府员缺,著魏瀛补授。钦此。

95 军机大臣密寄钦差大臣 · 大学士 · 湖广总督 · 一等果威伯官、钦差大臣 · 协办大学士 · 两江总督 · 一等毅勇侯曾、闽浙总督 · 一等恪靖伯左 · 广州将军曾署两广总督瑞、暂署两江总督 · 江苏巡抚 · 一等肃毅伯李、江西巡抚刘、浙江巡抚马、户部右侍郎·前任湖北巡抚郑、署广东巡抚郭、三口通商大臣·兵部左侍郎崇。同治五年二月二十日,奉上谕:总理各国事务衙门奏,据总税务司呈递《局外旁观论》、英国使臣呈递《新议论略》,于中外情形,深有关系。请饬交沿海沿江通商口岸地方各督抚大臣妥议一折。并将总税司及英国使臣所递论议照会各件,一并进呈。披览之余,有不能不豫为筹画者。中国军务未平,帑项未裕。洋人即因此以生觊觎。详阅总税司赫德所陈局外旁观论,大旨有二:曰内情,曰外情。英国使臣威妥玛所陈《新议论略》,大旨有二:曰借法自强,曰缓不济急。其词与《局外旁观论》大意相同,而措词更加激切。其所以挟制中国者,则以地方多故,不能保护洋商为兢兢。现据总理各国事务衙门奏称,窥洋人之立意,似目前无可寻衅,特先发此议论,为日后藉端生事地步。若不先事通筹,恐将来设有决裂,仓卒更难措置等语。因思外国之生事与否,总视中国之能否自强为定准。该使臣等所论,如中国文治、武备、财用等事之利弊,并借用外国铸钱造船军火兵法各条,亦间有谈言微中之事。总在地方大吏实力讲求,随时整顿,日有起色,俾不至为外国人所轻视。方可消患未萌,杜其窥伺之渐。

至所论外交各情,如中国遣使分驻各国,亦系应办之事。此外,所论各节反复申明,总以将来中国不能守信为疑。所陈轮车、电机等事,虽多窒碍难行,然有为各国处心积虑所必欲力争之事,尤恐将来以保护洋商为词,即由通商口岸而起。江苏、江西、浙江、湖广、闽、粤各省及三口通商地方,均系沿江沿海,与该洋人日相交涉,该督抚等俱应熟悉中外情形,应如何设法自强,使中国日后有备无患。并如何设法豫防,俾各国目前不致生疑之处,著官文、曾国藩、左宗棠、瑞麟、李鸿章、刘坤一、马新贻、郑敦谨、郭嵩焘、崇厚,各就该处情形,亟早筹维。仍合通盘大局,或目前即可设施,或陆续斟酌办理,或各处均属阻滞断不可行,务条分缕晰,悉心妥议。专折速行密奏。此事关系中外情形甚重。该督抚大臣等务当共体时艰,勿泥成见,知己知彼,保国保民,详慎筹画,不可稍涉疏略,是为至要。外国论议及说帖照会四件,均著抄给官文等阅看。将此由五百里各密谕知之。钦此。遵旨寄信前来。

96 军机大臣字寄盛京、顺天、直隶、江苏、安徽、山东、山西、河南、陕西、甘肃、浙江、福建、江西、湖北、湖南、广东、广西、四川、云南、贵州,各将军、督抚、府尹、三口通商大臣。同治五年二月二十日,奉上谕:总理各国事务衙门奏请饬各省督抚将中外交涉事件迅速了结等语。洋人性多坚执,遇有交涉事件,必求悉如所愿。惟在临事揆度机宜,办理迅速,方不至因迟生疑,因疑生愤。乃近来各省办理交涉事件,不论事之难易,相率悬宕,甚至有数年不结者。即如广东潮州入城一事,不立教堂、不设关卡、不开行栈三条,言之已久。阿礼国断非近日始知,乃先则不言、而近忽言并无其事。可见因循延误,于和好大局关系匪轻。著各该将军、督抚、府尹等,严饬各地方官。嗣后于中外交涉事件,务须迅速办理。其易于了结者,固应随时妥办;即有为难之事,亦当折之以理、谕之以情,与之反复辩论,万不可一味迟延,致彼族有所藉口,激成他变。是为至要。原片均著抄给阅看。将此各谕令知之。钦此。遵旨寄信前来。(另抄封交总理衙门)

213 同治五年四月初三日，内阁奉上谕：给事中刘毓楠奏，穷民失业，请饬妥为抚恤等语。各直省府厅州县向设有养济院、栖流所等名目，俾无告穷民不致流离失所。近来地方官未能实力奉行，以致穷黎困苦颠连，情殊可悯。著各直省督抚严饬所属，将养济院、栖流所、留养局旧址随时修葺。遇有老弱失业穷民，给予口粮安置。该地方官务当督同公正绅董，妥为经理，不得假手吏胥，致滋弊窦，用示朝廷矜恤困穷至意。钦此。

233 同治五年四月十一日，内阁奉上谕：刘坤一奏，查明被扰被旱地方，应征钱漕恳请分别蠲缓一折。江西抚、建等郡于同治三年被苏浙大股发逆由广、饶窜至分扰，各邑地方惨遭蹂躏，田土荒芜，二稻耕种失时。其南昌等县，于是年五七两月，因吉赣河水长发，鄱湖盛涨，低田被淹。安福等县雨泽稀少，高阜田禾受伤。若将新旧钱漕照常征收，民力实有未逮。

加恩著照请，所有金溪县之东路四十八、四十四、三十九、三十八、三十七、三十六等都，又二十、二十二、二十三、二十四、二十八、二十九、三十等都，又东路四十九、四十七、四十六、三十五、三十四等都，西路六、七、九、十三、十五、十六、十九等都，又许湾南路二十六、三十二、三十三等都，又东北各村庄、又东路永和乡之三十四、五、六、七、八、九及四十二、三、四、五、六、七、八、九等都，西南路归德、顺德各乡之二十、二十一二三四五六七八九、三十、三十一二三等都，并毗连归政乡之二、三、四、九、十等都，北路归政乡之一、二、三、四、五、六、七、八、九、十等都，及归德乡之十一、十二、十三、十四、十五、十六、十七、十八、十九等都，又南路顺德乡之二十一、六、七，又东路永和乡之三十四五六七八九、四十二三四五六七八九等都，未完三年地随兵折等款银三万二千七百八十一两零，兵加银三百六十三两零，漕米一万二千五百六十九石零，均著蠲免十分之五。又未完咸丰十年地丁银七千三百两零，地丁脚耗银二百三十八两零，折色物料银一千九十五两零，本色物料银一百五十七两零，兵加银一百八十七两零，随漕银五百四十八两零，漕米二千五百六十九石零，同未完十一年地丁银一千九百五十两零，折色物料银六百九十五两零，本色物料银一百五十七两零，兵加银一百五十五两零，随漕银一千两，兵折银四百两，漕米一千六百八石零，均著缓至同治四年秋带征。未完同治元年地丁银三千七百九零，脚耗银二百三十八两零，折色物料银五百九十五两零，本色物料银一百五十七两零，兵加银二百三十七两零，随漕银一千二百四十八两零，兵折银四百两，漕米一千九百十四石零，并未完二年地丁银九千八百四十三两零，脚耗银二百三十八两零，折色物料银五百九十五两零，本色物料银一百五十七两零，兵加银二百三十九两零，随漕银一千四百四十八两零，兵折银五百二十九两零，漕米二千六百二十一石零，均著缓至同治五年秋后带征。

崇仁县之一、二、三、四、五、九、十、十二、十三、十四、十八、二十三、二十四、二十五、二十六、四十八等都，未完三年地丁脚耗折色物料共银一万二千七百五十四两零，随漕银一千一百十两零，兵折银六百八十两零，兵加银二百十八两零，漕米八千三百六十一石零,均著全行蠲免。又六、七、八、十一、十五、十七、十九、二十、二十一、二十七、二十八、二十九、三十、三十二、三十四、三十五、三十九、四十、四十四、四十五、四十七、四十九、五十五等都,未完三年地随兵折、兵加等款银一万五千五百七十九两零,漕米八千八百三十五石零,均著蠲免十分之四。又十六、二十二、三十一、三十三、三十六、三十七、三十八、四十一、四十二、四十三、四十六、五十、五十一、五十二、五十三、五十四、五十六等都,并未完三年地随兵折、兵加等款银一万三百八两零,漕米五千八百十二石零,均著蠲免十分之二。又未完二年民欠地丁银一万四千八百五十一两零,漕米八千七百九十三石零,均著缓至同治三四年秋后带征。其未完元年地丁银八千六百二十七两零,漕米四千八百八十五石零,均著缓至同治五年秋后带征。未完十一年地丁银七千八百四十三两零,漕米五千三百六十二石零,均著缓至同治六年秋后带征;未完十年地丁银一万四千三百五十两零,漕米六千七百五十六石零,均著缓至七年秋后带征。

宜黄县通县额征三年地丁钱粮正银三万八千三百四十二两零,著蠲免十分之三。

东乡县之一都一、二、三、四等图,二都一、二、三、四等图,三都一、三、四等图,四都一、二、三等图,共五十九村;五都一、二、三、四、五、六、七、八等图,六都一、二、三等图,七都一、二、三等图共五十九村;八都一、二、三、四、五等图;九都一、二、三等图,十都一、二、三、四等图,共二十村;十一都二图,十二都一、二、三等图,十三都一、二、三等图,十四都一、二、三、四等图,共三十二村;十五都一、二、三、四、五、六等图,十六都一、二、三、四等图共四十六村;十七都一、二、三、四、五等图,十八都一、二、三等图,十九都一、二、三、四等图,二十都一、二、三、四等图,共五十一村;二十一都一、二、三等图,二十二都一、二等图,二十三都一图,二十四都一、二、三等图,共十村;二十五都一、二、三、四、五、六、七等图,二十六都一、二、三、四等图,二十七都一、二等图,共二十四村;二十八都三、四、七、八、九等图,二十九都一、二、三、四等图,三十都一图,共二十八村;三十一都一、二、三、四、五等图;三十二都一、二、三等图,三十三都一、二等图,共四十九村等处,未完三年地随兵折、兵加等款银二万六千三百二两零,漕米四千一百六十四石零,并未完二年地随兵折、兵加等款银一万一千六百一十两零,漕米二千七百六十九石零,未完元年地随兵折、兵加等款银九千八百八十七两零,漕米三千一百六十六石零,均著蠲免十分之三。

南城县二十四、二十五、二十六、二十七、二十八、二十九、三十、三十一、三十二、四十一、四十二、四十三、四十四等都,未完三年地丁正脚、随兵本折物料等款银八千一百六十六两零,著蠲免十分之五。又一、二、三、四、五、六、七、八、九、十、十一、十二、十三、十四、十五、十六、十七、十八、十九、二十、二十一、二十二、二十三、三十三、三十四、三十五、三十六、三十七、三十八、三十九、四十、四十五、四十六、四十七、四十八、四十九、五十、五十一、五十二、五十三、五十四、五十五等都,未完三年地丁正脚、随兵本折物料等款银一万九千六百五十六两零,著蠲免十分之四。又未完十年民欠地丁、商税等银二千七百一两零,本色物料银八十八两零,折色物料银三百三十七两零,地丁脚耗银一百六十一两零,均著缓至同治四年秋后带征。

南丰县东乡十五、十六、十七、十八、十九、二十、二十一、二十二、二十三、二十四、二十五、二十六、二十七、二十八，东都三里、西都一里、南乡二十九、三十、三十一、三十二、三十三、三十四、三十五、三十六、三十七、三十八、三十九、四十，东都一里，东都五里，西乡五十四、五十五，北乡一、二、六、七、八、九、十、十一、十二、十三、十四等都各村堡等处未完元年地随兵折等款银一万七千五百九十二两零，商税课钞濠租绝军租共银五十二两零，兵加银二百十六两零，漕兵米八千四百六十九石零，均著蠲免十分之六。又西乡四十一、四十二、四十三、四十四、四十五、四十六、四十七、四十八、四十九、五十、五十一、五十二、五十三，东都四里，西都三里，西都四里，北乡三、四、五等都内各村堡未完同治三年地随兵折等款银五千八百三十八两零，商税、课钞、濠租、绝军租共银十七两零，兵加银七十一两零，漕兵米二千八百十石零，均著蠲免十分之四。又未完十年地丁等银六千七百九十八两零，漕米五千一百四十石零，商税鱼课银七十两零，兵加银一百六十九两零，均著缓至同治四年秋后带征。未完咸丰十一年地丁等银三千三十两零，漕米二千八百三十三石零，商税鱼课银七十两零，兵加银一百四十六两零，均著缓至同治五年秋后带征，未完元年地丁等银三千九百二十七两零，漕米三千二百五十一石零，商税鱼课共银七十两零，兵加银一百四十六两零，均著缓至同治六年秋后带征。未完二年地丁等银一万四百十五两零，漕米三千八百五十六零，商税、鱼课共银七十两零，兵加银二百四两零，均著缓至同治七年秋后带征。

新城县二都卷壅桥、殿口东、海花石、沙岭、云田洲、上下豫窠，三都墟上、大段、团村、山潭、南源、曹家山、谭家坑，五都五都围、牛牳潭、埠下、垌头、黎家墩、上六都德胜关、官川、小岭、杨竹山、里外横、马嘴、半岭、大坪，七都东山、冯家湾、前山坪、上段山、长丰源、桃溪广、胡家庄，八都墟上、横溪源、头南源、饶源、坳头，九都连源、里韶源、白石头、百顺、九源、石前、殿曹，十都洋墩、西坪、下陈、围岭、下公口，十一都营前、裘坊、井头梅林、上下裘梗、上千邱段，十二都杜源、店前、刘家窠、卢家埠、孔方、余方、松塘，十三都珊霞堡、牛屎衕、陶家衕、朱沙湾、杨家围、石峡岭、陶司边、瞰头堡、上下竹畬，十四都饶家庄、水尾虎、罗冈、上门楼、何家山、牛头嵊、檀树前、张司岭，十五都下洋渡、鱼潭、饶家岭、廖家埠，十六都学源、曾坊、吉坑，十七都分村营、潘坊、黄源圳、石牛，十八都港口、互竺坳、大源门、家窠、江河湾，十九都种贤、椒溪、社坑、上下阳、下山、北门渡、澄潭、里坊，二十都东坑、陶家埠、彭池、上源、抽塘、粟港桥、鸢山、横店，二十一都栗塘、蔡家湖、刘家卮、余家衕、塘源、喻家埠、乾井、竹山下、墩上、垌上，二十二都板桥、杨源尾、埠上、前坑、永新桥、横店、栎林，二十三都社平岗、安福湾、周安落、鸟篮、上下石窠，二十四都上下大坪、白竹薮、里源、扶竹坪、福山、童子峰、礤上、里浔、杨家湾、塘坑、大罗冈，二十六都大云墩、杨桑洲、彭头塘、下长、云寨、东源，二十八都熊村、青口山，三十一都湖坊、河源、严阳、丁坊、前坊、危家坊、杨家山、新评源、前岭、宁家洲、里潘，三十六都麻坑、上下渠源、檀峰、紫家湾、大源，三十八都白沙、枫树亭、黄茅畬、虎头州、饶陂、汪家源、上下寨、寿昌寺、番炉山、郭府上下村、五福，三十九都蛇源、鸡冠岭、上下泸游、上下胆源、下往、马鞍山、武家洲，四十都何家庄、源头、黄竹源、五福、茶前埠，四十一都资溪、苏源、小源、白叶坑、刘家寮、南城、界口、司下，四十二都檀树前、礼隆、宋家洲、白石湾、杨家塅，四十三都塘源漳、龙安镇、娄源、狮子岗，四十四都下村、五通坳、院前、新林，四十五都牛栏坑、卢坑、嵊上、心前坑、梅源、潘坊，四十六都大嵊、上方、下铺、柘围、石头墩，四十七都杨梅岭、下彭、黄麻畲、河桥、老山、常兰山，四十八都西城桥、漕源、轩贤源，四十九都被树坪、熊轩、孔广、范上，五十一都樟树、苦槠岩前、曹家洲、王家州，五十二都孔塅田、关公坳、员山板、埠中港、仰坪、南坣，五十三都横村、孔加圳、熊家庄、团源、葛源，五十四都水湖里外、前岭、礼范、白石湾、大庄前、破下、源头、余家皂等处，未完三年地随、兵折、兵加等款银一万九千五百三十三两零，著蠲免十分之五，未完漕兵米八千五百二十五石零，著蠲免十分之四；未完十年地丁银四千二十六两零，漕米三千七百二十三石零，均著缓至同治四年秋后带征；未完十一年地丁银八百四十九两零，漕米九百十石零，均著缓至同治五年秋后带征；未完元年地丁银二千一百四十八两零，漕米一千一百二石零，均著缓至同治六年秋后带征。

广昌县通县额征三年地随兵折等款银一万七千四百四十二两零，屯粮、屯丁银一千一百二十九两零，余租银三千二百七十二两零，兵加银一百五十二两零，兵米六百五十一石零，著蠲免十分之三；又未完十年地丁等银四千四百六十二两零，屯粮、屯丁银三百七十二两零，余租银一千八十两零，兵加银三十七两，兵米一百十六石零，均著缓至同治四年秋后带征；未完十一年地丁等银三千六百九两零，屯粮、屯丁银二百五十四两零，余租银七百二十二两零，兵加银三十两零、兵米一百三十三石零，均著缓至同治五年秋后带征。

泸溪县之三、四、五、六、七、八都及十四都应征三年地随兵折等款银三千三百五十一两零，漕米一千二百四十石零，兵加银三十二两零，同未完二年地随兵折等款银一千八百六十四两零，漕米一千二百二十石零，兵加银十八两零，未完元年地随兵折等款银一千七百四十七两零，漕米五百八十五石零，兵加银十六两零，均著蠲免十分之五；又一、二、九都及十、十一、十二、十三都应征三年地随兵折等款银三千三百八十七两零，漕米一千二百五十三石零，兵加银三十三两零，同未完二年地随兵折等款银一千五百三十三两零，漕米一千一百六十七石零，兵加银十四两零，未完元年地随兵折等款银一千三百五十八两零，漕米四百二十三石零，兵加银十三两零，均著蠲免十分之三；东、南、西、北都及十五、十六都应征三年地随兵折等款银一千三百八十八两零，漕米五百十三石零；兵加银十三两零；同未完二年地随兵折等款银三百二十两零、漕米三百九十七石零；兵加银二两零，未完元年地随兵折等款银四百八两零，漕米九十六石零；兵加银三两零，均著蠲免十分之二；又民欠三年漕粮脚耗银九十两零，二年漕粮脚耗银八十四两零，元年漕粮脚耗银三十六两零，均著全行蠲免；又未完咸丰十一年地丁银二千二十八两零，漕米八百三十八石零，兵加银二十五两零，漕粮脚耗银六十九两零，均著缓至同治六年秋后带征；未完十年地丁银二千七百八十四两零漕，米一千一百四十二石零，兵加银三十二两零，漕粮脚耗银九十四两零，均著缓至同治六年秋后带征。

临川县之东乡五、六、七、八都及七十四都，南乡之八十二都、八十四都、八十五都、八十六都、八十八都、八十九都、九十三都、九十五都、九十七都、百二都、百四都、百五都、百七都、百八都、百九都，西乡之三十三都、外西厢等处，又北乡之四十一都、四十二都、四十三都、四十四都、四十五都、四十六都、五十都、五十一都、五十二都、五十三都、五十四都等处，共各则民田一千四百四十一顷九十八亩，未完地粮银六千二百七十两零，漕米三千一百九十五石零；同南昌县之惠外二图，三都六图，四都六图，六都三、七、八图，八都二、四、五、六、下六、七等图，十一都下二图，十一社二图，十三都一、二、三、五等图，十四都一、二、三、下四、七等图，十五都一、二、三、下三、四、下四、下北四、南四、五、下五、六、七、八等图，十六都二、三、四、五等图，十八都一、三、五等图，十九都下三、四、北四、五、七、九、十等图，二十一都南一、南二、南三、归三等图，二十二都一、二、六、八等图，二十三都一、二、五、十一、十六、十八、十九、二十一等图，二十四都一、四、南八、北八、九、十等图，二十五都一、九、二、三、四、五、六、七、八、十、十一、十二、十三、十四等图，二十六都二、三、四、六等图，二十七都一、一、九、三、四、北五、七、八、九、十、十一、十二等图，军都三图，二十九都四、下五、八等图，三十都三、四等图，三十二都三图，四十六都二图，四十都十图，四十七都四、五、兴五、六、九等图，四十八都一、长二、南二三、南四五等图，四十九都一、三、四、五、六等图，军都五图，五十一都一、二、三、四等图，五十三都一、二、三、四、五、六等图，五十八都二图，五十九都西一图，六十都二、三、四、七等图，六十一都一、二、三等图，六十二都一、六、七等图，六十三都一、四、六、九等图，六十四都五、六、七等图，六十五都二、三、四、五、六、七等图，六十六都一、二、三、五、六、七、八、九、十等图，七十四都二图等处，各则民田二千三百四十五顷七十一亩，未完地粮银六千四百八十八两零，漕米一万二千四百四十一石零；新建县之东河五十五都一、二、三、四、五图，五十六都一、二图，中河之五十三都一、二、三、四图，五十四都一、二、三、四、五图，西河之十二都五图，十三都三图，二十七都五图，三十二都六图，三十四都三图，三十六都一、二、三、四、五图，三十七都三图，三十八都三图，三十九都一图，四十都二图，四十一都一、二、三、四、五图，伍谏乡四十二都一、二、三图，仪凤乡四十二都一、二、三图，四十三都一、二图，四十四都一、二、三、大三、四图，四十五都一、二、三、四图，四十六都一、二、三、四图，四十七都一、二、三图，四十八都一、二、三、四图，四十九都一、二图，五十一都一、二图，五十二都一、二图，军都六图及六、七、八、九、十坊等处，各则官民田三千三百四十六顷六十九亩四分，未完地粮银七千二百九十五两零，漕米七千二百六十五石零；进贤县之上乡十都一、二、三、四、五、六、七、八、九、十等图，十一都一、二、三、四、五等图，十二都一、二、三、四、五、六、七、八、九、十等图，十三、四都一、二、三、四、五、六、七、八、九、十等图，十五都一、二、三、四、五、六、七、八等图，十七都一、二、三、四、五、六、七、八、九、十等图，十八都一、二、三、四、五、六等图，二十二都一、二、三、四、五、六、七、八、九、十、十一、十二等图等处被扰，又上乡之一都一、二、三、四、五、六、七等图，二都一、二、三、四、五、六、七等图，三都一、二、三、四、五、六、七等图，四都一、二、三、四、五、六等图，五都一、二、三、四、五等图，六都一、二、三、四、五、六、七等图，七都一、二、三、四、五、六、七军等图，上八都一、二、三、四、五、六、七、八、九、十等图，下八都一、二、三、

四、五、六、七、八、九等图，九都二、三、四、五、六、七、八、九等图，十六都一、二、三、四、五、六、七、八、九、十、十一、十二等图，二十三都一、二、三、四、五、六、七、八、九、十、十一、十二等图，二十四、五都一、二、三、四等图，二十六都一、二、三、四、五等图，三十三都一、二、三、四、五等图，三十四都一、二、三、四等图，三十五都一、二、三、四、五、六、七、八等图，三十六都一、二、三、四等图，三十七都一、二、三、四、五等图，三十八都一、二、三、四等图等处被旱，又下五坂之二十七都一、二、三、四、五等图，二十八都一、二、三、四等图，二十九都一、二、三、四等图，三十都一、二、三、四、五等图，三十一二都一、二、三、四等图等处被淹，共各则民田二千七百五顷六十七亩，未完地粮银六千九百三十八两零，漕米八千九百三十七石零；清江县三十五都一、二、三、四、五图，十七都一、二、三等图，三都三、四、五图，四都一、二、三、四、五图，十三都一、二、三、四、五图，十四都一、二、三、四、五图，五都二、三图，八都三、四、五图，九都一、二、三、四、五图，十都一、二、三、四图被水，又一都一、二、三、四、五图，二都一、二、三、四、五图，六都一、二、三、四、五图，七都一、二、三、四、五图被旱，共各则民田一千一百三十八顷八十一亩七分七厘，未完地粮银五千二百六十九两零，漕米三千九百一石零；新淦县之七都一、二、三等图，五都七、八、九、十、十一、十二、十三等图，三都十图，一都一、二、三、四、五、六、七等图，六都一、二、三、四、五、六、七、八、九、十等图等处，被水未完地粮银六千三百二十九两零，漕米四千五百七十八石零；莲花厅之砻西乡四、五、六、十四、十五、十六、十八、十九、二十等都，上西乡之二十一、二、三、四、五、六、七、八、九、三十、三十一二等都被淹，各则民田八百四十三顷六十七亩，未完地粮银五千二百六十三两零，漕米一千九百三石零；并被淹屯田七十九顷九十三亩四分三厘，未完屯丁银二十八两零，存留屯粮银一百三两零，漕运屯粮银九百四十五两零，余租银一千九百九十九两零；安福县之东乡三都并五十三、四、五、六、七、九及六十二、六十三等都，南乡一都并三十五、六、七、九及四十、四十一二五、五十一等都，西乡四五六八十一及二十二十一等都，北乡二都并六十四、五、六、七、八等都被旱，各则民田地一千五百五十五顷十五亩六分五厘，未完地粮银一万一百三十两零，漕米五千九百二十五石零；又东乡三都并五十七六十一等都，南乡一都并五十一等都，西乡六、九、十、十一二并二十、二十二等，北乡六十四、五、六等都等处屯田，未完屯丁银八两零，漕运屯粮银三百二十两零，余租银六百三两零；鄱阳县西北乡六都一图，七都三图，十都一、二图，十四都一图，十五都一图，十六都一、二图，十七都一、二图，十八都一、二、三图，十九都一、二图，二十都一、二、三图，二十一都一、二图，二十二都一图，二十三都一图，二十四都一、二图，二十五都一图，二十六七都一、二图，二十八都一、二、三、四图，二十九都一、二图，三十都一、二图，三十一都一、二图，三十二都一、二、三图，三十四都一、二图，三十五都一图，四十三都一图、辛一二图、十一图、松一图等处，被旱各则民田地共五千九百三十三顷五十四亩零，共未完地粮银一万三千九百七十九两零，漕米七千七百四十六石零，又屯田坐落西北乡未完屯粮丁银二十六两零，存留屯粮银一百四十六两零，漕运屯粮银八百十五两零，余租银九百九十九两零；余干县二都、三都、四都、五都、六都、七都、八都、九都、二十七都、二十九都、三十都、三十一都、三十二都、三十三都、三十四都、三十五都、三十六都等处，被淹各则官民旱湖滥田共一千八百三十四顷千一亩六分九厘，未完地粮银六千六百八十两零，漕米四千一百三十一石零；建昌县之永丰、凝远、德政、丰安、市镇、钓台、新城、修智等八乡，被淹田地四千七百二十一顷三十一亩三分一厘，未完地粮银八千八百八十七两零，漕米四千三百八十四石零；德化县之楚城、甘泉、南昌、仙居、白鹤、德化、泰临、通津、新民、仁贵、赤松、桑落、封一、封二等乡，被旱民田地六百六十顷十亩零、未完下忙地粮银一千九百七十六两零；又坐偏南、九二卫屯田被旱，未完下忙漕运屯两银二千一百三十二两零，余租银四千五百九两零，又芦洲田地被旱，未完三年压征二年芦课银四百十一两零；湖口县之上乡十六都、十七都、二十都，中乡之二坊、八都、十二都等被水，又下乡之三都、五都、四六都等处被旱，共各则民田七百七十五顷五十五亩，未完地粮银四千二百五十七两零；又十三都、十二都、五都并德化县之仁贵乡、宿松县之孟家洲等处屯田未完漕运屯粮银一百十七两，余租银二百九十二两零，同梅家、大湾、牛湖、兴福、永和、秦张、谢张等七洲应征三年压征二年芦课银六百二十四两零，请缓十分之三银一百八十七两零，均著缓至同治四年秋后，分作两年带征。

峡江县之附城六坊，西一都二图，西二都一、二图，西三都二、三图，西四都四、九甲，西十三都二图，东一都一、二图，东二都一、二、三图等处，被淹七则田九万四千八百九亩零，未完三年地粮银六千八百三十三两，漕米三千九百六十四石零，均著缓征十分之二所缓银米同乐平县东乡之十都内十二图，每图十甲，十二都内十二图，每图十甲，十四都内十图，每图十甲，十五都内八图，每图十甲，十六都内八图，每图十甲，十七都内八图，每图十甲；南乡之十八都内两图，共十二甲；十九都内四图，每图十甲；二十都内八图，每图十甲；二十一都内十图，每图十甲；二十二都内九图，每图十甲等处，未完二年地丁银八千六百四十四两零，漕米二千一百二十三石零，均著缓至同治四年秋后一并带征。

又永新县之东乡六十三都并六十四、五、六、七、八、九、七十一二等都，南乡五十三都并五十四、五、六、七、八、九等都，西乡十一都并十二、三、四、五、六、七、八、九及四十一、二、三、四、六、十一等都，北乡一都并二、三、四、五、六、七、八、九、十及七十一、七十三等都，未完民欠地丁银八千五百四十六两零，漕米二千二百一石零，军欠屯粮丁银二十七两零，存留屯粮银六十八两零，漕运屯粮银六百八十三两零，余租银一千七百八十一两零，均著缓至同治五年秋后，分作两年带征。

彭泽县之四、六、九都及十二、二十、二十五都等处，未完地丁银五千三百二十三两零，浔仓兵米三十九石零，节省等款兵米一百六十二石，并四都之下隅坂、十二都之古楼坂、建德户，二十都之三百户、杨梓桥民佃，二十五都之上潦洪及九都等处屯田，未完屯丁银八百十一两零，存留屯粮银八百九十五两零，漕运屯粮银一千四百七十两零，余租银五千九十七两零，均著缓至同治四年秋后，一并带征。一、二、三、五、七、八都，十三、十五、三十、三十三都及一、二坊等处，未完地丁银一万七百四十二两零，同七都之太平坂、八都之乌沙坂、三十都之定山二百户等处，未完屯丁银一百八十四两零、存留屯粮银三百十八两零，漕运屯粮银九百六十六两零，余租银二千三百八十八两零，均著缓征十分之四，缓至同治四年秋后一并带征。所有各县蠲剩、缓剩各款银米照常征解。

又南昌、新建二县，原缓元年及十一年地丁漕米；新淦二县，原缓元年地丁漕米；新建、新喻、建昌三县，原缓二年地丁漕米；新淦县二年原缓地丁，除带征完纳外，其余同原缓漕米；莲花厅原缓元二两年地丁、漕米、屯粮、余租；德安县原缓十年地丁、屯丁、漕运屯粮，俱著递缓至同治四、五两年带征。

又进贤、清江二县，原缓二年地丁漕米，同清江县十一年地丁漕米、莲花厅原缓十、十一两年地丁、漕米、屯粮、余租；安福县、永新县各原缓二年地丁、漕米、屯粮、余租；鄱阳、建昌二县各原缓元年及十、十一等年地丁漕米；德化县原缓二年屯粮、余租、芦课，除带征完纳外，其余各款银两同原缓地丁，并德安县原缓十一年地丁，俱著递缓至同治五、六两年带征。

进贤、清江、新喻、安福四县原缓元年地丁、漕米，清江县原缓十年地丁，永新县原缓元年地丁、漕米、屯粮、余租，余干县原缓二年地丁、漕米，德化县原缓元年屯粮、余租、芦课，除带征完纳外，其余各款同原缓地丁，俱著递缓至同治六七两年带征。进贤、安福二县各原缓十一年地丁、漕米，永新县原缓十一年地丁、漕米、屯粮、余租，俱著递缓至同治七、八两年带征。

新喻、余干二县各原缓十一年地丁、漕米，安福县原缓十年地丁、漕米，永兴县原缓十年地丁、漕米、屯粮、余租，俱著递缓至同治八、九两年带征；余干县原缓十年地丁、漕米，著递缓至同治十、十一两年带征。

又临川县未完二限一半地丁、漕米，同乐平县二年原缓元年地丁漕米，著递缓至同治四年秋后，一并带征。

又乐平县二年原缓十年地丁、漕米，著递缓至同治五年秋后，一并带征；原缓十一年地丁、漕米，著递缓至同治六年秋后，一并带征。

新城县元年原缓元年地丁、漕米，德化县二年原缓十年地丁、屯粮、余租、芦课，俱著递缓至同治七年秋后一并带征。德化县二年原缓十一年屯粮、余租、芦课，著递缓至同治八年秋后一并带征，以纾民力。

该抚即刊刻誊黄，遍行晓谕，务使实惠均沾，毋任吏胥舞弊，用副朝廷轸念灾区至意。余著照所议办理。该部知道。钦此。

251　军机大臣字寄江西巡抚刘。同治五年四月十六日，奉上谕：江西吉南赣宁道王文瑞、广信府知府钟世桢、饶州府知府王必达，均著刘坤一悉心察看，如竟不能胜任，即行据实参奏，毋稍迁就。将此谕令知之。钦此。遵旨寄信前来。

252　同治五年四月十六日，内阁奉上谕：安徽安庐道陈濬、江西盐法道吴集禧、陕西陕安道何丙勋、湖北郧阳府知府陈寿图、贵州思南府知府曹琅、四川叙州府知府周德祚，均著开缺，送部引见。钦此。

368　同治五年五月二十二日，内阁奉上谕：御史汪朝棨奏，被兵新复地方亟宜招徕垦荒一折。东南数省,半遭兵燹,农民类多失业。各地方官于收复后,勒限催科,而于劝民垦荒事宜,往往虚应故事,殊非重农足食之道,亟宜认真劝谕,加意招徕。惟各直省情形不同,办理自难一致。著各该督抚因地制宜,妥议章程,广为招垦。按荒熟之成数,定属员之举劾,务使实力奉行,以拯民困而尽地利。钦此。

384　同治五年五月二十七日,内阁奉上谕:罗惇衍奏请饬各直省督抚保举循吏,以惠闾阎一折。直省道府州县,历经各督抚遵旨将循声卓著之员随时保奏,特予擢用者,颇不乏人,第恐悃愊无华之吏,尚未能尽登荐剡。著各直省督抚府尹,于所属府州县内,留心查访,如有尽心民事、政绩可纪、为绅民所爱戴者,即胪列事实,具奏候旨,调取引见,以备简用。该督抚等务当秉公保奏,不得徒采虚声,或瞻徇情面。倘所保各员内,将来或犯有贪劣各迹,惟原保之督抚府尹是问。钦此。

385　同治五年五月二十七日,内阁奉上谕:罗惇衍奏,请饬士民速葬亲柩等语。子孙久淹亲柩不葬,本干例禁。近来,习俗相沿,或因拘泥风水,或因贫窭乏资。遂将亲柩停留,久不安葬,问心其何以安?著各该省督抚,饬令所属各州县,广为劝谕。务使士民咸知速葬之义,不得藉故淹留,致干罪戾。至军务被扰地方,尸骸暴露,尤堪悯恻。前曾谕令各省随时掩埋,仍著实力奉行,并饬令各地方官与该处绅民,将丛冢义庄酌量兴办。钦此。

394　同治五年六月初二日,内阁奉上谕:御史书文奏,各省特交案件,请饬严定章程,迅速讯断一折。各直省于奉旨交审之案,自应遵照定章,速行审讯。近来积习相沿,竟有拖至数年、十数年案悬不办者。小民负屈含冤,不能及早申雪。即两造待质人证,亦因此淹滞,大受拖累,何以清讼狱而恤民生?嗣后,各直省督抚、将军、都统、府尹遇有京控发交案件,务须迅即亲提,悉心研鞫,不得任听承审各员捏称人证未齐,辗转延搁,致滋弊端。经此次通谕之后,倘仍蹈从前积习,任意迟逾,不能依限讯结,必将该督抚等从重惩处。将此通谕知之。钦此。

396　同治五年六月初三日,内阁奉上谕:御史夏献馨奏,各省书役舞弊,地方官有明知受其朦弊反代为掩饰回护者,并有恃为腹心爪牙者,该书役人等或舞文鬻法,或私拷示威,或豢庇奸匪,或科敛民钱,弊端百出,请严剔衙蠹,以除民害等语。著各直省督抚府尹,严饬所属,认真稽察。如查有前项各弊,即著将该书役从重惩办。倘该州县等官纵容徇庇,即著该督抚府尹等查明,从严参处。所有各州县书吏衙役,除额增贴写及帮役外,不准任意增添。并将挂名替身书役名目,一并严查禁革,以清弊源而肃吏治。钦此。

397　同治五年六月初三日,内阁奉上谕:御史夏献馨奏,江西建昌县监生龚辉煌、淦子元、皮依之等三名均系皂役,子孙违例朦捐,请查明斥革等语。著刘坤一查明,如果确实,即行斥革,追照缴销,以重名器。钦此。

420 同治五年六月十四日,内阁奉上谕:向来各省提镇等官,凡经简放实缺者,皆应陈请来京陛见。近因军兴以来,各省实缺提镇或在军营带队,效力前驱;或因本省办防,堵剿吃紧。故于该员奏请陛见时,每令其毋庸来京,原以重军事而专责成,期于早殄逆氛,不至因入都往返之烦,致剿贼或延时日。然近来由军营保举荐升提镇各员,往往有简放实缺多年,而从未经陛见,甚且习以为常,竟有不复陈请入觐者。提镇系专阃大员,为通省各营表率,其操防之能否、方略之短长,朝廷尚未周知,何以备干城而明黜陟。嗣后军务稍松及无军务各省所有实缺提督、总兵大员,均著奏请来京陛见,候旨遵行。至各路军营打仗出力,由兵勇保至记名提镇者,如现未在营带队及业经凯撤回籍各员,并著各路原保统兵大臣督抚出具切实考语,分起送部引见。其副将以下等官,由该部照例办理,以副朝廷慎重营伍至意。钦此。

424 谨将会议长江水师事宜三十条,分别核议,缮具清单,恭呈御览。

第一条提督驻扎太平府

一、原奏长江水师提督驻扎原议在于芜湖建立衙署。查芜湖内河甚小,冬令水涸,不能安泊战舰。若泊大江之中,则洪涛巨浸,其患莫测。查江南太平府河,外通江内通湖,可扎战船数十营。右达皖南、宁国府,南漪固城诸湖,左达江苏高淳、溧水两县石臼、丹阳诸湖,兼可扼东坝之要隘,拟以提督驻扎太平府,设立衙署等语。兵部查,太平府为水路适中之地,较之芜湖尤为扼要,应准其以长江提督驻扎太平府,以资控制。工部查,建立提督衙署,应令该督遴委妥员,据实查勘。一俟勘明后,即将所估银数专案报部查核。

第二条提督立行署于岳州

一、原奏长江水师提督管辖之地,上自荆州岳州,下至江苏崇明,两岸支河内湖均归统辖,计程近五千余里,分列五省。若仅驻扎太平府,恐其照料难周,拟于岳州府设立行署,该提督分月轮驻,以半年驻下江太平府,以半年驻上江岳州府,每年周历巡察,驻上江则巡阅至洞庭湖荆州止;驻下江,则巡阅至狼山止等语。兵部查,长江提督管辖辽远,若专驻太平府,恐巡历未周。上江各处水师不无废弛之弊,应准其于岳州建立行署,分月轮驻,以重江防,仍将巡历各处,按季造册送部,以凭查核。工部查,设立提督衙署,应令该督一俟委员查勘,即行专案报部查核。

第三条提督单衔奏事

一、原奏长江水师提督统辖较远,责任甚重,拟请单衔奏事,以专责成。如遇有与各省地方公事及陆营交涉之件,则会商该省督抚,分别奏咨办理。如地方公事及陆营有与水师交涉之件,该省督抚亦会商长江提督,分别奏咨办理。提督之官,其初本系文职。明末李如松始以武臣而为提督,初尚文武兼用,后乃专用武职。惟九门提督一缺尚是文臣兼领。江皖晋豫等省提督之缺,尚以巡抚兼领,略存旧制。今长江提督一缺拟请文武兼用。盖缘长江通商,处处与外国交涉,朝夕相见,必须提督平日稍有威权,乃足以资弹压。该提督仍归两江总督、湖广总督节制等语。兵部查,长江提督统辖辽阔,责任甚重。

遇有紧要事件,自应准其单衔具奏。如遇有公事及交涉之件,即会商该管督抚,分别奏咨办理;如陆营有与水师交涉之处,该管督抚亦会同长江提督,分别奏咨办理。至提督拟文武兼用,仍归两江总督、两湖总督节制之处,吏部查,长江提督一缺,既据该督等奏称,因有外国交涉事件,拟请文武兼用,系为因时制宜起见,应如所请,准其文武兼用,仍归两江总督、湖广总督节制。总理各国事务衙门查,长江提督统辖江面,遇有交涉外国事件,应随时会商上海通商大臣及沿江各该督抚奏咨办理。

第四条长江共立六标

一、原奏长江水师共立六标,提督驻扎太平府,所辖提标五营;岳州设一总兵,所辖镇标四营;汉阳设一总兵,所辖镇标四营;湖口设一总兵,所辖镇标五营;瓜州设一总兵,所辖镇标四营;狼山镇总兵兼隶长江,所辖镇标二营,通共二十四营等语。兵部查,长江水师添设各标,共立二十四营,布置尚属周妥,应如所奏,并将狼山镇总兵兼隶长江。

第五条长江水面分界

一、原奏长江水师与各省河湖交界之处,湖北除江面千余里全归长江提督外,其自荆州以上,溯江至宜昌、巴东、汉阳以上,泝汉至襄阳、郧阳及各支河湖汊,应由湖北设防,归湖广总督、湖北提督统辖;湖南除江面及洞庭湖归长江提督外,其湘沅二水,应由湖南设防,归湖南巡抚、湖南提督统辖;江西除江面及鄱阳湖归长江提督外,其吴城以上及东西支河,应由江西设防,归江西巡抚统辖;安徽除江面与傍江之湖归长江提督外,其淮河自正阳关以下至洪泽湖止并接连苏属支河湖荡,应另设淮阳水师,归淮阳镇总兵统带,两江总督、漕运总督、安徽巡抚兼辖;江苏除江面归长江提督外,其自镇江以东,凡江南之支河湖荡,应另设太湖水师,归两江总督、江苏巡抚、江南提督统辖。其旧设海口之狼山、福山、苏松三镇,除福山、苏松二镇悉仍其旧外,拟以狼山镇兼隶长江提督标下,仍听两江总督、江南提督节制等语。兵部查,长江地面辽远,必须与各省水师分清疆界,方足以专责成而免推诿。应准其各按汛地分界,统辖,各归节制,其应另行设防之处,俟具奏到日,再行核办。

第六条副参游沿江建衙

一、原奏副将、参将、游击各有专营,自应设立衙署。惟长江水师营汛,其责任专重在水面,并无防守城池,弹压市镇之责。其立汛建署,须择有港汊内河,可收泊战舰者,庶免风涛覆溺之患。虽孤洲野岸亦可修造衙署,宜距城市稍远,乃为妥善等语。兵部查,遇有失事案件,即行按照汛地分别开参,以重职守。工部查,设立副将、参将、游击衙署,应令该督委员查勘,据实专案报部查核。

第七条都司以下不立衙署

一、原奏水师官兵皆以船为家,不准登岸居住。如违例住岸上者,官即革职,兵即革粮。自都司以下皆系哨官,即以哨船为办公之所,不准建衙陆居。至长江提镇除例给坐船外,各给督阵舢板二号,每船额设守备哨官一员,兵二十名,内柁兵一名,头兵一名,炮兵二名,桨兵十六名。凡提镇衙门巡补、跟丁、执事人等,皆轮流派此船之人值班听差,下班仍以船为家,不准在岸居住。副参游督阵舢板各一号,悉如之等语。兵部查,以船为家之水师官兵,如有违例住岸者,应照所拟惩办;该管上司照失察私离汛守之例议处,以肃营伍。工部查,船只内应配旗帜、炮位等项,应令该督查明各船应配何项炮位、旗帜、军械若干,即将名目、件数造册,送部查核。

第八条营制船数

一、原奏副将营制,战船四十三号,内长龙船二号,舢板船四十号,督阵大舢板船一号。参将营制,战船三十三号,内长龙船二号,舢板船三十号,督阵大舢板船一号。游击营制,战船二十三号,内长龙船二号,舢板船二十号,督阵大舢板船一号。其虽系游击营制,而用船三十三号者,惟岳州、汉阳二营。凡专立之营皆以都司二员管驾长龙,为领哨;其各散哨员弁,均受约束。左领哨专管本营钱粮,右领哨专管本营船炮、军装及一切差遣巡查诸务。其舢板之以守备充哨官者,为副领哨,每守备率领船十号等语。户部查,长江水师新立二十四营。营制大者,兵弁六七百名;最小者,亦三百数十名。人数既多,出入钱粮最为紧要,自应责令营员专司其事。该督等请各营以都司二员管驾长江龙战船为领哨。左领哨专管本营钱粮,原以重粮饷而专责成,应如所议办理,仍令该督等明定章程,勾稽出入,以杜侵扣浮冒等弊。至右领哨专管本营炮船、军装,工部查右领哨专管本营炮船、军装,应如所议办理,仍令该督责令营员随时稽察。倘有应修应制,即行呈明修制,以重防务而资利用。

第九条战船人数

一、原奏长江水师额兵副将营,督阵舢板船一号,兵二十名;长龙船二号,每船二十五人,共兵五十名;舢板船四十号,每船十四人,共兵五百六十名;稿书、书识十四名,共额兵六百三十名,共哨官四十三员。参将营,督阵舢板船一号,兵二十名;长龙船二号,每船二十五人,共兵五十名;舢板船三十号,每船十四人,共兵四百二十名,共额兵四百九十名,共哨官三十三员。游击营,督阵舢板船一号,兵二十名;长龙船二号,每船二十五人,共兵五十名;舢板船二十号,每船十四人,共兵二百八十名,共额兵三百五十名,共哨官二十三员。其游击营亦有三十三船者,全仿参将营之例,稿书、书识均不在内等语。兵部查,长江水师副将、参将、游击各营船只应添额,均准其照数安设,以资巡防。吏部查,长江水师战船内应用稿书、书识,该督等原奏内,只称用稿书、书识十四名,并未将此项稿书、书识各若干名分晰叙明,应令仿照绿营之例,亦应拟定额数,造册送部,以免参差。工部查,水师营设立督阵舢板、长龙战船,应令该督抚将大小修拆造年限报部查核。

第十条都司于本船之外另有打仗舢板

一、原奏领哨都司除长龙战船一号有兵外,另给无兵之舢板船一号,如遇出兵入小河港汊,恐长龙迟滞,则由长龙拨兵归此船板乘坐,领哨出队,以期便捷等语。工部查,领哨都司如遇出兵入小河港汊,另给舢板船一号,以期便捷而免迟滞,应如所议办理。

第十一条设立书吏

一、原奏长江水师提督用稿书四名,书识八名;总兵用稿书二名,书识六名;副参游皆用稿书二名,书识四名;都司用稿书一名,书识二名;守备用书识二名,千把各用书识一名等语。吏部查,长江水师各标并营哨等官设立稿书、书识,既据该督等拟定额数,应如所奏办理，仍令该提督即将各该稿书、书识姓名、年貌、籍贯、三代姓氏存殁，并著役日期，分浙造具清册，先行送部，以备查核。其余一切事宜应仿照两江、湖广之例办理，以归画一。至该稿书等如五年役满，仍令照例考职送部，以便给发执照。

第十二条兵丁粮额

一、原奏咸丰四年初立水师之时，较陆军勇粮稍减。桨手每月三两六钱，柁工四两五钱，头工四两二钱不等。厥后，因银价日贱，米价日贵，桨手加为三两九钱。今将水勇改为额兵，而各处陆营纷纷招勇，若遽将水兵口粮太减，则人皆去为陆勇，谁复肯当水兵？自应酌量，暂从其优。长龙战船额设兵二十五名，内柁工兵一名，每月给银三两六钱，每日一钱二分；管舱兵一名，头工兵一名，炮手兵四名，每月给银三两，每日一钱；桨手兵十八名，每月给银二两七钱，每日九分。舢板战船额设兵十四名，内柁工兵一名，头工兵一名，炮手兵二名，桨手兵十名；督阵大舢板额设兵二十名，内柁工兵一名，头工兵一名，炮手兵二名，桨手兵十六名，月饷均与长龙战船同。稿书与柁粮同，月支三两六钱；书识与桨粮同，月支二两七钱。俟军务大定，各路并无招勇之事，再由长江提督、江楚总督专案具奏，议将口粮酌减，乃为定额，亦须优于陆兵，庶不致似今日绿营之废弛等语。户部查，例载直省绿营兵丁月饷，每名月支银二两至一两不等。其柁工、水手月粮，江广水师章程每名月支一两五钱至五钱不等，系于兵丁之外，另设柁工、副工名目，是以另册报销。此次新设长江水师，船工即以兵丁为之，自应一并议给口粮。查自军兴以来，银价日贱，粮价日贵，各路勇粮逐渐加增。现在，江南虽已大定，而兖豫等省军务未平，招集陆勇纷纷未已。今将水勇改为额兵，若口粮仍照陆营例支给，则粮数骤减，人皆去为路勇，水师恐难足额，应请如该督等所议，优给口粮。将柁工兵每名月给银三两六钱，管舱兵、头工兵、炮手兵每名月给银三两，桨手兵每名月给银二两七钱，并将各营稿书比照柁粮，书识比照桨粮，均分别两江、两湖所辖之境，按季在于江宁、武昌两盐道库支领给发，年终核实报销。至此次酌给口粮，系因营制初立，各省军务多未蒇事，不得不暂从其优。将来军务大定，应由长江提督会同江楚总督，酌拟奏减，署为定额，仍令比照陆营稍示优异，使兵丁不致苦累，庶可以勤操演而垂久远。

第十三条哨官额缺

一、原奏长江水师副将营协哨官额缺，应设都司二缺、守备三缺、千总十缺、把总十二缺、外委十六缺；参将营哨官额缺，应设都司二缺、守备二缺、千总八缺、把总九缺、外委十二缺；游击营哨官额缺，应设都司二缺、守备一缺、千总四缺、把总六缺、外委十缺。以上各营哨官皆以各员所管之船为缺，不设衙署等语。兵部查，长江水师副将、参将、游击各标下，添设都司、守备、千总、把总、外委各缺，均属妥协，应俱照原拟办理。水师关系紧要，所设各缺应均作为题补之缺。

第十四条另给座帖

一、原奏长江水师提督，给座船四号；总兵，给座船三号；副参游，给座船二号；各营哨官、都司、守备以下，直至外委，皆无衙署，每哨各给座船一号，以抵陆营衙署马匹之费。提督每座船，月支价银十六两；总兵、副参游每座船，月支价银十四两；都司以下每座船，月支价银十二两等语。户部查陆营章程，营讯官弁均立衙署，即各有衙署费用，例给马匹、草干等项，经费尤多。此次设立长江水师提督，以下所省马匹之费甚巨。都司备弁以船为家，并无衙署费用。所有各官弁座船，自应酌量月支船价，以抵陆营衙署马匹之费，仍分别两江、两湖所辖之境，按江于江宁、武昌两盐道库厘金项下支领给发，年终核实报销。至所定船价数目，工部查，水师将弁各给座船，既按官阶之大小以分船只之多寡，应如所奏分给，以便按月支领价银。

第十五条出缺遴补

一、原奏长江水师哨官缺出，都守千把外委五项，应全归长江提督主政，即就长江水师中遴员题补；其营官缺出，副参游三项，拟以七成归长江水师中题补，以三成由兵部就各省水师中推补；至总兵缺出，由长江提督、两江总督、湖广总督三人各保堪胜人员，平日开单保奏，届时恭候特旨简放等语。兵部查，长江提督既仍归总督节制，除千总、把总、外委应由提督主政外，守备以上自应由提督主稿，会同总督办理，以符体制；至副参游三项，请以七成归外题补，三成归部推补之处，查各省内河间有推缺，外海俱系题缺，诚以水师人材难得，非实在出色人员不足以期得力。所有副参游三项，应均照外海之例，作为题缺，无庸分成补用。其长江水师缺出，亦不得搀用别项水师人员，以昭画一。至总兵缺出，应由长江提督、两江总督、两湖总督平日各保堪胜人员，照例送部引见，俟奉旨记名后，仍回原营恭候简放。其军营保举记名人员，不照此例。

第十六条饷项出入报销

一、原奏长江水师上下五千里，分防五省。若向五处藩库领饷，分归五省报销，殊觉散漫无纪。户部难于稽考，而各省入款出款俱有常额，若添此项兵饷，殊觉别筹维艰。查沿江厘卡皆系水师恢复之地。水军历年口粮，多取诸此。今长江既立经制水师，酌定永远章程，凡俸廉、粮饷、船炮、子药一切费用应酌留厘卡数处，在两江境内者，属江宁盐道经收；在两湖境内，归武昌盐道经收。每年届发饷之时，其在楚境各营，造册呈明湖广总督、长江提督，赴武昌盐道库支领；其在江境各营，造册呈明两江总督、长江提督，赴江宁盐道库支领。江楚两总督每年各自具本题销，不汇入各省藩库奏销案内，以免牵混等语。兵部查，长江水师营每年制造药铅需用银两，应如所奏，分别题销，仍按年将制造药铅数目先期造册，送部查核。户部查，长江既立经制水师，须定永远章程。凡俸廉、粮饷、船炮、子药一切费用，别筹维艰。该督等所请在两江、两湖境内，酌留厘卡数处，分归各该盐道征收，及由江楚两总督每年各自具本题销之处，应如所奏办理。惟查厘卡分设各处，其土产之丰歉，商货之畅滞，时地各有不同，即经收数目碍难悬定，甚至征多则徒供中饱，征少则贻误饷需，不可不预杜其弊，应如何酌盈剂虚，俾垂久远，均宜由各该督抚妥筹章程，奏明办理，仍将设卡地方数目，先行报部查核。

第十七条三处设药弹局

一、原奏长江水师炮位大者千余斤，次者亦数百斤，所需子药最多，须常设子药局，以资操演而备不虞。查湖北省城、安徽省城造药，均有牛碾，最为稳便。该二省应各设火药局，常川制造。江苏、江西应办硝斤，协济安徽药局；湖南应办硝斤，协济湖北药局。

至生铁产于南湖，应在长沙设立子弹局，常川制造。封门大子、熟铁群子，分解湖北、安徽两省。所有楚境各营，均赴武昌请领子药；江境各营，均赴安庆请领。至三局造办子药之费，由江宁两盐道库于厘金项下拨给等语。兵部查，长江水师营操演炮位需用药铅，应如所奏办理，仍将每年操演次数、出数起止日期，并应需药铅数目，按年分晰造册，送部查核。户部查，长江水师一切经费，既据该督等奏请，于两江、两湖境内，酌留厘卡数处，归江宁、武昌两盐道经收，分别开放；所有安徽、湖北、长沙三局造办子药之费，自应准其由江宁、武昌两盐道库厘金项下拨给应用。工部查，长江水师炮位，所需子药最多，须常设子药局，以资操演，应在安徽、湖北、长沙三处设局造办，应如该督所议办理。至应需工料银两，应令该督转饬，按年造册，送部核销。

第十八条三处设立船厂

一、原奏长江战船大炮震惊，最易朽坏，议定每届三年修理一次，十二年即行更换，应于湖北之汉阳、江西之吴城、江南之草鞋夹三处，各设船厂，排定子丑寅卯等年，某年应修整某营某哨之船，某年应更换某营某哨之船，轮流兴工。江境两厂，由两江总督暨长江提督委员监修；楚境一厂，由湖广总督暨长江提督委员监修。所有船厂经费亦由江宁盐道、武昌盐道两库拨给。其风蓬一件，三年即须更换一次；杆索、缆纤等物，每届修整之年，亦须酌量添换，均准在于船厂请领等语。户部查，此次新设长江水师，战船最关紧要。修造战船经费，亦最为巨款。该督等请三年修理一次，十二年更换一次；并请于汉阳、吴城、草鞋夹三处设立船厂，排定子丑寅卯等年，将各营各哨船只轮流兴工；江境两厂由两江总督会同长江提督委员监修，楚境一厂由两湖总督会同长江提督委员监修。是有一定年限，且又挨次轮造，既无积久废坏之虞，亦无搀越不均之弊，章程最为妥洽，自应准如所请办理。所需船厂经费，即由江宁、武昌盐道库厘金项下拨放。其添换风蓬、杆索、缆纤等物银两，亦即在船厂经费内支给，以资应用。至修造船只，价值数目，工部查，长江战船大炮震动，最易损坏，议请每届三年修理一次，十二年更换，在于江楚两境内设立船厂，排定子丑寅卯等年，某年应修应换某营某哨之船，以及风蓬、杆索、缆纤等物所需经费，即在于江宁、武昌二道库内拨给，应令将某年应修应换某项船只应需工料若干，先期派员勘验，咨报工部。俟工竣后，即将用过钱粮总散细数分晰造具清册，专案造册，报部核销。

第十九条雨蓬旗帜等费

一、原奏长江战船并无竹蓬、木膀，帷以布蓬遮避雨露霜雪，名曰雨棚，最易朽腐。又如锚本、脑索、炮绳、旗帜、红油、白油等项，均须时常修换，不能待三年之期，亦不能赴船厂请领。此五者名曰杂费。酌定长龙战船每年发银六十两，舢板战船每年发银四十两，交该哨官采办修饰，以装军容。江境之船，由江宁盐道发给；楚境之船，由武昌盐道发给等语。兵部查，长江水师营配船旗帜随时修换，应如所奏办理。至每船应设旗帜若干面，即行查明报部。其遇有损坏报修时，委员查验。如果属实，出具查验无饰印结，并将应修旗帜数目，一并造册，送部查核，以杜浮冒。户部查，长江战船所需雨蓬一项及锚本、脑索、炮绳、旗帜、红油、白油等物，既须时常修换，其应领各费不能待三年之期，亦不能赴船厂请领,自应将各费核计,每年酌给总数,以便零星支取。该督等请,分别长龙舢板船只,核给杂费银两,交哨官采办修饰;江境之船,由江宁盐道发给;楚境之船,由武昌盐道发给,应即准如所请办理。其酌给雨蓬等费数目,工部查,长江战船所需雨蓬、锚本等项,长龙船每年给银六十两,舢板船每年给银四十两,随时修换,应令该督将每年修换某船某项各细数随案咨报工部,以便稽核办理。

第二十条廉俸兵米

一、原奏长江水师提督现拟文武兼用,其养廉应即加重,每年支银八千两,其余俸薪、蔬菜、烛炭、心红、纸张等项均照陆营提督之例支给。自总兵以下,直至千把,凡养廉、俸薪、蔬菜、烛炭、心红、纸张等项,均照陆营提督之例支给;自总兵以下直至千把凡养廉、俸薪、蔬菜、烛炭、心红、纸张等项,均照陆营之例发给。外委准食柁粮双份,仍每年支养廉银十八两,惟陆营之例马改为水师之座船。其水师官兵应领之米,照各省陆营陆兵定例,每人日支八合,亦由江宁盐道、武昌盐道两衙门于厘卡项下购米按季支发。以上子药局、船厂杂费、廉俸、兵米四条,均汇入正项案内题销等语。户部查,定例提督养廉岁给银二千两。此次新设长江水师提督,系文职兼用,且统辖江面数千里,责任非轻。养廉一项自应从重加给,以示优异。该督等请每年支养廉银八千两,其余俸薪、蔬菜、烛炭、心红、纸张等项,均照陆营提督之例支给,应即准如所请。自总兵以下,直至千把,凡养廉、俸薪等项,仍令照陆营之例办理。惟外委无俸薪可支,所请食柁粮双份,仍给予养廉银十八两之处,亦应照准。至陆营兵米定例,每名日给八合,水师官兵自应照陆营例支领,应令江宁盐道、武昌盐道两衙门即在厘金项下动款购米,按季拨放。以上子药局、船厂杂费、廉俸、兵米四条,均令该督等每年查造详细册籍,分晰报销,以凭稽核。

第二十一条禁约三事

一、原奏长江水师旧日营规甚严,近来日就松懈。今立为经制水师,应申明定规三条,决不可犯者:一曰,不可登岸居住;二曰,不许吸食洋烟;三曰,不许赌博。如有登岸居住、吸食洋烟者,官则革职,兵则革粮。有犯赌者,由该管将领察核情节,禀明严办等语。兵部查,水师官兵如有登岸居住、吸食洋烟及犯赌者,均有所拟惩办。失察之该管上司,照例分别核议,以肃营伍。

第二十二条疏防处分

一、原奏现在发逆肃清,长江水师各分汛地专以驱逐游匪,严防劫盗为重。倘有水盗划船劫抢巨案,逾限不获,由长江提督专案参办,不得以陆营尚未开参、文员尚未开参稍涉推诿迟延,以重江防而绝盗风等语。兵部查,遇有失事即行开参。

第二十三条已保官阶大者借补小缺

一、原奏长江水师设立营汛,待部议复准后,即须补放实缺。查军兴十余载,水师员弁所保官阶,提镇居多,副参游亦不少。所设营缺有限,应以保举较大之阶,借补较小之缺。由臣等会同长江提督,开单奏补。其现在勇丁营制,俟部议复准后,应即陆续遣撤。一俟勇营撤毕,即照新定兵丁饷章发给等语。兵部查,大衔借补小缺,例无专条。自军兴以来，打仗出力人员保举官阶较大，补缺无期。经领兵大臣等声明奏补，历经允准在案。今长江水师员弁所保官阶提镇、副参游各项，均属不少。该员弁等均系打仗出力之员，自应准其借补，以示鼓励。惟保举各项官职较大、尚未补授实缺者，准其量功借补较小之缺。其已补有实缺者，概不准其借补。并将来此项人员用竣，亦不准再行借补，以示限制。再查，各省军营人员往往保至提镇、副参，其履历尚未到部，以致补缺时无从查核。此次，归隶长江人员均须饬取履历并将记名提镇若干员、尽先副参游都守若干员，造具简明年岁、籍贯清册，迅速送部，以凭核办。户部查，江南军务虽已大定，而各营勇粮尚未按额支领。现在既核定章程，所有各营勇丁自当陆续遣撤，酌留水勇改为经制水师，即可照新定饷章发给，应令该督等将遣撤勇丁数目及勇丁何时撤尽、粮额何时起支，一并专案奏报，毋稍含混。

第二十四条不准私借战船

一、原奏长江水师各有汛池，不得私离。且长龙舢板均系官物，非同私物可以借用。凡各省文武出差人员，虽有紧急公务，非奉有长江提督及五省督抚专札派坐战船者，不得私借战船乘坐，以图便易。违者照不应驰驿妄行驰驿例议处。各营哨官非奉有专札，而以战船私借客官及朋友乘坐者，照私离汛池例论处等语。兵部查，私借战船，本官及该营上司均照所拟，分别参处，以肃营伍。工部查，长江水师战船不得私离汛地。凡各省出差人员，虽公务紧急，非奉该省督抚专札派坐，不得私借乘坐，违者照例议处。

第二十五条船式炮数

一、原奏长江水师修造战船式样，长龙底长四丈一尺，底中宽五尺四寸；舢板底长二丈九尺，底中宽三尺二寸；督阵舢板略加长大。长龙设大炮，前后左右六位；舢板设大炮，前后两位，左右设车转小炮两位；小枪、短刀、长矛、喷筒，随宜配用等语。兵部查，长江水师营配船应需枪炮、刀矛等项，应令酌定每船应配数目，分晰造册，送部查核。工部查，修造长龙等船丈尺，务须因地制宜，坚固合式，利于驾驶。俟工竣后，即将船只、钱粮各细数，专案造报工部核销。至各船应设炮位、军械等项，务须制造坚实，以资利用。俟制造完，即将用过工料、银两，照例造册，送部核销。

第二十六条海口添造大船

一、原奏，狼山镇总兵现改归长江提督管辖。该处江宽百余里，洪涛浩汗，海风不测。长龙舢板船身太小，有风即不能出港。狼镇所辖均系洋面。近来，宁钩沙船带有炮位、枪械，每以捕盗为名，趁风行劫。拟每营造大舢板二十号，并造大船数号，如红单拖罟式样，多安炮位，巡缉内洋，以壮声威。又拟造轮船数号，分布狼山、崇明等处，于江海防务更资得力等语。兵部查，添造大船安设炮位，应令将每船应配炮若干位，分晰造册，送部查核。工部查，江面宽阔，风涛不测。每营造大舢板船二十号，并造红单拖罟式样大船数号、轮船数号，以资巡缉，应如所议办理。俟工竣后，即将船只数目、工料细数，随案造报工部核销。

第二十七条不准私设炮船 亦不许水师干预盐务

一、原奏炮船为江中利器，然可以御暴，亦可以为暴。如准商民私造炮船，则强盗亦可造炮船以行劫,盐枭亦可造炮船以护私。假名伪旗,万难稽查。此后,既立长江经制水师,应将民间私造炮船一概禁革。虽文武官员亦不准私设炮船,以杜奸民影射,难于查察。如有私立炮船不立时禀报者,惟该汛之水师是问。至巡缉私盐,本以炮船为最便,然亦只准于瓜州、汉阳两镇标下奏派战船若干号巡缉某处,其未经奏派之战船,概不准干预盐务,尤不准包庇私盐。如有包庇者,由两江总督、湖广总督严行参办等语。兵部查,如有包庇私盐官弁,照故纵私枭例核议。户部查,炮船为长江利器,以之巡缉私盐,固最便利;以之包庇私盐,实难稽察。若不严定章程,将来弊窦丛生。鹾政因此而坏,即营制因此而弛,所关实非浅鲜。应令该提督会同江楚总督,公同遴选师船,奏派若干只,另立旗帜字号,准其巡缉私盐,仍令两淮盐运使及湖北盐道会同该营官严密查防,其未经奏派之船,概不准干预盐务。如有藉端包庇私盐者,官则严行参办,兵则比照寻常私枭,加等治罪。其如何明定官兵处分罪名之处,应令该督等悉心酌拟,奏明立案。

第二十八条建衙经费

一、原奏长江水师提镇暨副参游驻扎之处,均须设立衙署、军装局,其经费即取诸酌留厘卡。一俟部议复准,即由臣等会同江楚总督、长江提督,派员勘估,次第建造,事竣核实报销等语。户部查,此次新设长江水师,规模特创。提督及副参游驻扎之处,所有衙署、军装局均须择地营造,需费孔多。自应如该督等所请,即由酌留厘卡内动款应用,毋庸另筹经费,仍令该督等会同长江提督,将各处工程派员确估,应须银两若干,先行专案报部。俟次第营造完竣,造具清册,核实报销,毋得稍有浮冒。至应如何核估之处,工部查,建修提督等官衙署、军装局各工,应俟委员勘明基址,估定银数,即行专案报部查核。工竣,随时照例造具工料、做法分晰清册,送部核销。

第二十九条沿江旧日水师改隶长江提督

一、原奏江南之京口、狼山等营,江西之湖口营,湖北之汉阳营,湖南之岳州等营,凡向有水师之名,而无炮船之实者,令各该处均立标营,改从新章,应悉归长江水师提督节制,以昭画一。其向无水师名目者,不必更改等语。兵部查,京口、狼山、湖口、汉阳、岳州等营,既各立标营,改从新章,自应悉归长江提督节制。其无水师名目者,仍照旧章办理。

第三十条考粮考缺操演章程

一、原奏水师以使船为第一义,善放炮次之。凡考桨粮,须令一人驾一小划,渡江一两次;凡考炮粮,须令连放五炮,无走火迟钝等弊;凡考应升应补之缺,须令数船于无风之日,荡桨逆行三十里,验其迟速。其哨官仍考试技艺,以定等差。至校各镇之优劣,每年春季,长江提督会同两湖总督,调集岳州、汉阳二标,在于武昌、江西或武汉各湖,简阅一次;秋季,会同两江总督,调集湖口、太平、瓜州、狼山四标,在于黄天荡等处,简阅一次。阅毕,会折具奏。优者酌量保奖,劣者分别参办等语。兵部查,该督等所请,凡考应升应补之缺,暨荡船验其迟速,复考试以定等差,系为慎重水师起见,应如所奏办理,仍令随时认真校阅,以收实效。如考验技艺优者,存记奖拔;劣者,即行参办,以重考勠。同治五年六月十四日具奏,奉旨:依议。钦此。臣奕䜣、臣文祥、臣宝鋆、臣李鸿藻、臣胡家玉、臣董恂、臣谭廷襄、臣崇纶、臣恒祺、臣徐继畬、臣贾桢、臣载龄、臣崇厚(差)、臣载鸾、臣毕道远、臣伊精阿、臣彭玉麟、臣黄倬、臣朱凤标、臣基溥、臣毛昶熙、臣载崇、臣殷兆镛、臣倭仁、臣罗惇衍、臣皂保、臣察杭阿、臣瑞常、臣单懋谦、臣齐承彦、臣毓禄、臣王发桂。

453 同治五年六月二十三日,奉旨:此案著交刘坤一督同臬司亲提人证卷宗,秉公严讯确情,按律定拟具奏。原告民人连冬孙,该部照例解往备质。钦此。

458 军机大臣字寄福州将军,直隶、两江、江苏、四川、福建、浙江、江西、山东、山西、河南、湖北、湖南、广东各督抚,传谕粤海、淮安关各监督。同治五年六月二十五日,奉上谕:户部奏请严催各省赶解京饷一折。上年,户部奏拨本年京饷银六百万两,限五月以前解到一半,年终解齐。现在初限已过,各该省尚未一律照解。此后,放款更繁,断不可再有迟误。除业经报解及划拨外,山西尚应解地丁银七十五万两,山东地丁银二十五万两,河南地丁银二十万两,湖北地丁银二十一万两,湖南地丁银十三万两,直隶旗租银十万两,长芦盐课银二十万两,河东加课羡余银五万两,山东盐课加价银八万两,两淮盐课银二十万两,两浙盐课银十五万两,广东盐课银十九万两,运库应缴息银四万两,湖北、湖南盐厘银各五万两,福建茶税银十五万两,粤海关税银十万两,闽海关常洋两税银三十万两,江汉关洋税银二十四万两,江海关税银二十九万两,浙海宁波口常洋税银十九万两,淮安关税银五万两。著各该将军、督抚、监督等,即将前项应解银两统于年内扫数解齐,毋得延宕干咎。

另片奏,本年垫解奉天军饷,遵旨于各省指拨归款等语。著照所请,再添拨浙江地丁银十二万两,江西地丁银十万两,两淮盐课银六万两,河南驿站存剩银六万两,四川厂灶盐厘银十万两、正余盐厘银十万两、按粮津贴银五万两,福建盐课银六万两,九江关常洋两税银二十五万两,闽海关洋税银十万两,以上共添拨银一百万两。著各该将军、督抚等,按照该部指拨数目,务于年内如数解到,毋得饰词延欠,致误要需。将此由五百里谕知福州将军,直隶、两江、江苏、四川、福建、浙江、江西、山东、山西、河南、湖北、湖南、广东各督抚,并传谕粤海、淮安关各监督知之。钦此。遵旨寄信前来。(抄交户部)

537 同治五年八月初一日,内阁奉上谕:刘坤一奏,查明被水被旱地方应征新旧钱漕等款,恳请分别缓征递缓一折。江西南昌等郡于同治四年自夏徂秋,雨水过多,低田概被淹浸。迨七月以后,雨泽又复愆期,高阜田禾亦多黄萎。若将新旧钱漕照常征收,民力实有未逮,加恩著照所请,所有南昌县之礼班二都三、四、五、七、八图猪屎湖、吴章、甘、阮、涂、宗、杜、邹、赵、熊、董、林等姓,十一社一图龙姓,三都六图辜、熊、程姓,四都六图胡姓,六都六、七图杨、程、邹、吴姓,十都六图曾、戴、万、李姓,十一都三图王姓,十三都三、四图刘、黄姓,五图,十四都一图黄、魏姓,四、五、六、七等图,十五都一、二、三、四、五、六、七、八等图,军都下一图,一社董姓,十二社万、罗姓;八都四、七图李、熊、罗、闵姓,下六图杨、胡、米、万等姓;乐班十六都二、三、四、五图胡、刘、徐等姓,十七都

一、二、三图，五、六等图滁槎一带地方，十八都一图、三图谢姓，安溪熊姓，四、五图萧、李、龚、余等姓，十九都运一图、二图黄姓，三图楼前、北岸四、五、七、九、十等都钱港六、八图刘姓，二十都五图，二十一都南一、南二、南三图，近麻垢市归二图，罗归三图喻姓，二十二都一、二、三、四、五、六、七、八等图地方近麻垢市，三十三都一、二、三、四、五、六、七、八、九、十、十一、十二、十四、十五、十六、十八、十九等图、二十一等图地方近麻垢市，二十四都一、二、三、四、五、六、七、八、九、十、十二、十三、十五、十六等图地方属东北乡，军都二图；射班二十五都一、九图，二、三、四、五、六、七、八及十、十一、十二、十三、十四等图，二十六都一、三图胡姓，军都三图罗姓，二十七都一、二、三、四、五、六、七、八、九、十、十一、十二等图，二十八都九、十图章、刘姓，二十九都五图、八图朱姓，三十都四、七图，三十五都六图万姓，八图、十三图龚、杨、万姓，四十都十图杨、万姓，六十三都一图，移居十五都辜廷献等户下中、两安、乐圩各图，共六十九都五百七十九图十四社并广外、惠外、永外、顺外、蓼洲等处，被淹各则民田二千七百三顷七十二亩零，未完地粮银七千四百五十三两零，漕米一万四千一百九十石零。新建县之东河五十五都一、二、三、四、五图，五十六都一、二图；中河之五十三都一、二、三、四图，五十四都一、二、三、四、五图；西河之十二都五图，十三都三图，二十七都五图，三十二都五、六图，三十三都一图，三十四都二、三图，三十六都一、二、三、四、五图，三十七都三图，三十八都三图，三十九都一图，四十都一、二图，四十一都一、三①、三、四、五图；伍谏乡四十二都一、二、三图；仪凤乡四十二都一、二、三图，四十三都一、二图，四十四都一、二、三、大三、四图，四十五都一、二、三、四图，四十六都一、二、三、四图，四十七都一、二、三图，四十八都一、二、三四图，四十九都一、二图，五十都一、二图，五十一都一、二图，五十二都二图，军都六图及六、七、八、九、十等坊各处，被淹各则官民田三千六百五十六顷九亩零，未完地粮银八千二百九两零，漕米七千九百七十七石零。进贤县之下伍坂二十七都一、二、三、四、五等图，二十八都一、二、三、四等图，二十九都一、二、三、四等图，三十都一、二、三、四、五等图，三十一二都一、二、三、四等图；又上乡之五都一、二、三、四、五等图，六都一、二、三、四、五、六、七等图，七都一、二、三、四、五、六、七、军等图，上八都一、二、三、四、五、六、七、八、九、十等图，下八都一、二、三、四、五、六、七、八、九等图，十三四都一、军上下、二、三、四、五、六、七、八、九等图，十五都一、二、三、四、五、六、七、八、九等图，十六都一、二、三、四、五、六、七、八、九、十、十一、十二等图，十七都一、二、三、四、五、六、七、八、九等图，二十二都一、二、三、四、五、六、七、八、九、十、十一、十二等图，二十三都一、二、三、四、五、六、七、八、九、十、十一、十二等图，二十四五都一、二、三、四等图，二十六都一、二、三、四、五等图，三十三都一、二、三、四、五等图，三十五都一、二、三、四、五、六、七、八等图，三十六都一、二、三、四等图，三十七都一、二、三、四、五等图，三十八都一、二、三、四等图，六隅东、西、南、北、中正等隅等处，被淹各则民田二千二百六顷八十六亩，未完地粮银六千二百七十五两零，漕米八千八十二石零。新淦县之一、二、三、四、五都等处，

---

① 原档作“三”，疑为“二”字之误。

被旱各则民田六百八十一顷十九亩零,未完地粮银五千一百九十四两零,漕米三千七百五十六石零。莲花厅之砻西乡二、四、五、六、七、十五、十八九、二十等都,上西乡之二十一二三七八九、三十等都,被水被旱各则民田七百七十八顷六亩零,未完地粮银四千八百一十八两零,漕米一千六百二十五石零;并坐编、安永二所,被淹屯田六十三顷八十八亩,未完屯丁银二十四两零,漕运屯粮银八百三十四两零,余租银一千六百七十八两零。安福县之东乡三都并五十四五六八及六十一二等都,南乡一都并三十五六七八及四十一四、五十二等都,西乡四、六、七、九、十、十三、十五及二十一二等都,北乡二都并六十四六七九等都,被旱各则田地一千五百四十三顷五亩零,未完地粮银一万一百三两零,漕米五十九百一十四石零;又东乡三都并五十八、六十二等都,南乡一都并五十、五十一等都,西乡四、六、九、十一、十三并二十一二等都,北乡六十六七八等都,被旱屯田二十顷八十八亩零,未完屯丁银八两零,漕运屯粮银三百两零,余租银五百六十六两零。永新县之东乡六十三四五六七八九、七十一二等都,南乡之五十三四五六七八九等都,西乡之十一二三四五六七八九及四十一二三四、六十一等都,北乡之一、二、三、四、五、六、七、八、九、十及七十一、七十三等都,被旱田地一千四百三十二顷五十九亩零,未完地粮银九千三百二十八两零,漕米二千一百六十一石零,屯丁银二十七两零,存留屯粮银八十五两零,漕运屯粮银六百七十二两零,余租银一千八百八十七两零;东乡之四都三图、十八都下左一图、十八都下又二图、二十六都下一图、二十六都上二图、二十六都下左二图、二十六都上三图、二十七都下左一图、二十八都上三图、二十八都下三图、二十八都军三图、二十八都四图,被淹各则民田四百二顷八十三亩零,未完地粮银一千四百二十六两零,漕米六百四石零。余干县之二、三、四、五、六、七、八、九都及二十七、二十八、二十九、三十都、三十一、三十二、三十三、三十四、三十五、三十六都等处,被淹各则官民旱湖瀵田二千七百七顷三十八亩零,未完地粮银九千六百三十三两零,漕米五千五百八十六石零。建昌县之永丰、凝远、德政、丰安、市镇、钓台、修智、新城、归义、甘泉、受安、升仙等乡,被淹各则田地三千四百二十顷九十二亩零,未完地粮银九千四百七十三两零,漕米五千四十石零;同安义县之寄庄、建昌县永丰等乡,田地被淹未完地粮银一百九十六两零,漕米一百十石零,及三年民欠地丁银一百八十两零,漕米一百二石零。德化县之桑落、封一、封二、赤松、南昌、仙居、白鹤、仁贵、德化、泰临、通津、新民等乡,被淹民田地六百三十二顷十一亩零,未完下忙地粮银一千七百三十八两零及坐编南九二卫屯田被淹未完下忙漕运屯粮银一千八百五十七两零,余租三千六百九十九两零,并芦洲田地及密稀芦等项被淹未完四年压征三年芦课银七百十二两零。德安县之黄湾堡、陈湾堡、固村堡、墩下堡、金鸡堡、附城堡、何东堡、后田堡、乌石堡、在市堡等处,被淹各则民田三百八十四顷七十八亩零,未完地粮银三千六十三两零;并南九二卫坐落陈湾、金鸡、附城、河东、后田、乌石、在市等堡屯田被淹,未完屯丁银六十五两零,存留屯粮银五十两零,漕运屯粮银一千六百三十六两零。瑞昌县之安泰乡之周滩堡、九屯堡、青龙堡、安城堡、营桂堡、暗林堡、芭山堡、回龙堡、罗湖堡、板林堡;东关外金冈堡;今一乡之马头堡、接泥堡、高五堡、英塘堡、今蛇堡;今二乡之封门堡、黄槁堡、河塘堡、牛山堡、连山堡、武茭堡、长流堡、大林堡、西龙堡、北亭堡等处，被淹各则民田地四百二十九顷七十六亩零，未完地粮银一千七百二千七两零；并九江卫坐落安泰乡暨德化县之赤松、南昌、仙居等乡屯田被淹，未完漕运屯粮银一千七十四两零，余租银二千一百四十一两零。湖口县之上乡之十三都、十六都、十七都、二十都，中乡之一二坊、八都、十二都，下乡之三都、五都、四六都，被淹各则民田五百九十五顷四十六亩零，未完地粮银二千七百八十八两零；及十三都、十二都、五都，并德化县之仁贵乡、宿松紧之孟家州等处，被淹屯田十四顷二十亩，未完漕运屯粮银一百十七两零，余租银二百九十二两零，四年压征三年芦课银一百七十一两零，均著缓至同治五年秋后分作两年带征。

彭泽县被淹较重之四都、六都、九都、十二都、二十都、二十五都等处未完地丁银五千二百四两零；又四都之下隅坂、十二都之古楼坂建德户、二十都之三百户杨梓桥民田、二十五都之上潦洪及九都等处，未完屯丁银七百七十五两零，存留屯粮银八百三十五两零，漕运屯粮银一千八百八十二两零，余租银五千九十一两零，均著缓征十分之四。被淹稍轻之一、二、三、五、七、八都十三、十五、三十都、三十三都及一、二坊等处，未完地丁银一万一千五十八两零；并七都之太平坂、八都之乌沙坂、三十都之定山二百户等处，未完屯丁银三百五十一两零，存留屯粮银三百七十九两零，漕运屯粮银八百五十四两零，余租银二千五百三十四两零，均著缓征十分之三。所缓各款银两，均著缓至同治五年秋收后一并带征。缓剩银两仍令如数征解。又同治二年民欠地丁银五百六十七两，元年民欠地丁银一千八百五十七两零，军欠屯丁银一千一百二十七两零，存留屯粮银一千二百十四两零，漕运屯粮银二百四十九两零，余租银三千八百五十四两零，咸丰十一年民欠地丁银二千二百八十四两零，军欠屯丁银一百二十四两零，存留屯粮银一千二百十四两零，漕运屯粮银一千一百八十四两零，余租银三千八百两零，咸丰十年民欠地丁银四百十五两零，军欠屯丁银五百五十五两零，存留屯粮银六百八十六两零，漕运屯粮银二千五十一两零，余租银四千九百三十二两零，并民欠同治四年压征三年芦课银一千九百四两零，均著缓至同治五六两年秋后带征。

永新县咸丰十一年民欠地丁银六千一百五十六两零，著缓至七八两年秋后带征；咸丰十年民欠地丁银四千六十六两零，著缓至八九两年秋后带征。

九江府同知所豁封一、封二、赤松、桑落四乡芦洲田地并密稀芦等项，除并未被水及被水较轻各洲课银照常征收外，其实在被淹较重各州，未完四年压征三年芦课银六百三十七两零，著缓至五年秋后分作两年带征。又未完三年压征二年芦课银四百八十八两零，著缓至六年秋后分作两年带征。又未完二年压征元年芦课银四百八十八两零，著缓至七年秋后分作两年带征。

南昌、新建、清江、建昌四县，原缓同治三年地丁、漕米，莲花、鄱阳二厅县原缓三年地丁、漕米、屯粮、余租，湖口县原缓三年地丁，除带完纳外，其余同原缓屯粮、余租、芦课，彭泽县原缓三年地丁、屯粮、余租，南昌、新建二县原缓元年及十一年地丁、漕米，丰城县原缓元年地丁、漕米，新建、新喻、建昌三县并安义县之寄庄建昌县原缓二年地丁、漕米，莲花厅原缓元二两年地丁、漕米、屯粮、余租，德安县原缓十年地丁、屯粮丁，湖口县原缓元年地丁、芦课，除带完纳外，其余同原缓屯粮、余租，俱著递缓至同治五六两年带征。

进贤县原缓三年地丁、漕米，清江县原缓三年及十一年地丁、漕米，新淦县原缓元二三年地丁、漕米，莲花厅原缓十十一两年地丁、漕米、屯粮、余租，安福县原缓三年地丁、漕米、屯粮、余租，鄱阳县原缓元年及十十一等年地丁、漕米，建昌县并安义县之寄庄建昌县原缓元年地丁、漕米，德化县原缓元三年地丁、屯粮、余租、芦课，德安县原缓十一年地丁，均著递缓至六七两年带征。

进贤县原缓二年地丁、漕米，清江、新喻原缓元年地丁、漕米，清江县原缓十年地丁，安福县原缓二年地丁、漕米、屯粮、余租，余干县原缓三年地丁、漕米，建昌县并安义县之寄庄、建昌县各原缓十一年地丁、漕米，德化县原缓二年地丁、屯粮、余租、芦课，均著递缓至七八两年带征。

进贤县、安福县各原缓元年地丁、漕米，建昌县并安义县之寄庄建昌县各原缓地丁、漕米，德化县原缓元年地丁、屯粮、余租、芦课，九江府同知原缓元年压征十一年，均著递缓至八九两年带征。

进贤、新喻、安福各原缓十一年地丁、漕米，余干县原缓二年地丁、漕米，九江府同知原缓十一年压征十年芦课，均著递缓至九十两年带征。

安福县原缓咸丰十年地丁、漕米，著递缓至同治十、十一两年带征。

余干县原缓咸丰十一年地丁、漕米，著递缓至同治十一、十二两年带征。又原缓咸丰十年地丁漕米，著递缓至同治十三、十四两年带征。

德化县原缓咸丰十年地丁、屯粮、余租、芦课，著递缓至同治九年秋后，一并带征。又原缓咸丰十一年屯粮、余租、芦课，著递缓至同治十年秋后，一并带征，以纾民力。

该抚即刊刻誊黄，遍行晓谕，务使实惠均沾，毋任吏胥舞弊，用副朝廷轸念灾区至意。余著照所议办理。该部知道。惟上年被灾州县，至本年五月，始据奏请蠲缓办理，未免过迟。嗣后，该抚务当督饬所属，随时勘办，毋得仍前玩泄。钦此。

617　军机大臣字寄直隶、广东、四川、福建、江苏、江西、湖广、河南、山东、山西各督抚。同治五年八月二十八日，奉上谕：户部奏，请将各省应解固本兵饷改解部库一折。直隶固本饷项，前经谕令广东按月解银一万两，四川、福建、江苏、江西、湖广、河南、山东、山西九省按月各解银五千两，径解直隶藩库，以供支放。乃各该省奉文以后，均未能按年清款，或全未报解。现在总理各国事务衙门奏请变通练兵章程，所拟六军马步口分并文武员弁薪水等费，每月已需银五万二千余两；续添应支之款，多寡尚未能预定，均应于原定饷内供支。若各该省仍复报解参差，或短欠划扣，必至临时贻误，关系匪轻。著照户部所请，所有各该省应解固本饷项，仍照原定数目改解部库交纳。自奉文日起，或一月一解，或两三月一解，总须按期赶到，不准稍有拖延。如该督抚等任意迟逾三月不解，即由户部指名严参，照贻误京饷例议处。从前欠解之款并著免其补解，以示体恤。其直隶藩库已收银两，著直隶总督转解部库，由部支放，并将已支各款核实造报。此次练兵应需军火、杂支等项，及一切经始章程，该督即妥筹具奏。至此项各省饷银，到部经委员交兑清楚，著由管库大臣当堂发给批回，毋庸领取回省限照，亦无庸另备科道衙门验批，以省周折。将此由五百里各谕令知之。钦此。遵旨寄信前来。（抄交户部）

647　同治五年九月初七日，内阁奉上谕：江西吉南赣宁道员缺，著文翼补授。钦此。

723　同治五年，江西省秋审常犯情实，李滗坎等共七起，人犯十一名，谨将勾到时所奉谕旨，恭录于后。

一起斩犯李滗坎。

奸匪，因奸谋命，淫凶难宽，是以勾决。

一起绞犯洪名杨、洪势淋。

致毙彼造四命。该犯等各下手致毙一命，法无可宽，是以俱勾决。

一起斩犯刘搭七。

火器杀人。法无可宽，是以勾决。

一起斩犯熊佐泷。

调奸弟妻未成，致毙其命。法无可宽，是以勾决。

一起斩犯汪开发。

逞忿故杀缌麻尊长。法无可宽，是以勾决。

一起斩犯许岸额仔、绞犯许武沾、斩犯胡衍賛、斩犯胡岐滐。

两造互殴，致毙多命。许岸额仔连毙二命，一故一斗；许武沾致毙一命；胡衍賛、胡岐滐各故杀一命；均法无可宽，是以俱勾决。

741　军机大臣字寄盛京、吉林、直隶、江苏、安徽、江西、浙江、福建、湖北、湖南、河南、陕西、甘肃、山东、山西、四川、广东、广西、云南、贵州各将军、督抚。同治五年十月初三日，奉上谕：本年，奉天新民等处、江苏铜山等处被扰，山西汾阳、临汾等县处歉收，山东兖州等处被扰被旱，广东嘉应等处、贵州都匀等处、湖北黄陂等处、福建严龙等处被扰，节经各该省奏到，已分别加恩蠲免缓征。其直隶被水州县，业经该督拨银抚恤。吉林伯都讷等处被扰、山东濮州城圩被水，谕令该将军、巡抚等清查抚恤。湖北黄陂难民，亦经该督抚等捐资赈济。湖南安乡等县被水，经该抚酌拨银两，分别抚恤。甘肃省城兵民饥困，谕令陕西巡抚拨运粮石接济。河南杞县等处被雹，经该抚查明调剂。安徽歙县起蛟，沿江州县被水，经该抚饬令，随时疏消。江南邳宿一带河湖异涨，经该漕督随时抢护，并谕令该督抚等勘灾赈济；高实等处被淹较重，已准令该督动款办理冬赈及来春接济，小民谅可不至失所。惟念来春青黄不接之时，民力未免拮据。著传谕该督抚等体察情形，如有应行接济之处，即查明据实复奏，务于封印以前奏到，候朕于新正降旨加恩。

再江苏苏松等属低田被淹，江西义宁等处被旱被淹，河南武陟等县被旱被淹，湖北荆州府属山水涨发，湖南武陵等州县被淹，广东南海等县被水，甘肃皋兰等县被水被雹被旱被霜，浙江杭州等属田禾淹浸，均经该督抚奏明，委员查勘，酌量赈济。即著迅速办理，并将来春应否接济之处，一并查明，于封印前奏到。此外，各省被贼扰害地方，应行调剂抚恤之处，著该将军、督抚等一并查奏，候旨施恩。将此各谕令知之。钦此。遵旨寄信前来。

742　查：本年奉天、江苏、山西、山东、广东、贵州、湖北、福建间有被扰被灾地方，俱经随时加恩，分别蠲免缓征。其明春应否量为接济之处，臣等谨照向例，缮写询问该将军、督抚等。谕旨：俟复奏到日，再行拟写新正加恩谕旨呈进。再直隶、吉林、山东、湖北、湖南、甘肃、河南、安徽、江苏、江西、广东、浙江等省被扰被灾之区，该将军、督抚等业经奏明查勘，酌予赈恤。应否接济，现俱未经奏明。此外，各省被扰地方，有无应行调剂抚恤之处，均应一并询问，令该将军、督抚等，迅速查奏汇办。谨奏。

775　同治五年十月十五日，内阁奉上谕：都察院奏，江西职员萧绍棻等遣抱以援案请旌等词赴该衙门呈递一折。据称，前署崇仁县训导萧鹤龄之子文童萧明瑶，于同治二年春间病故，伊妻刘氏吞金殉节。所有该职员等呈请旌表，并自行捐资建坊之处，著该部议奏。嗣后，各省赴该衙门呈请旌恤，如有似此情节及割臂疗疾等情，即著该衙门行知礼部，照例分别准驳汇案具题。钦此。

779　军机大臣字寄江西巡抚刘。同治五年十月初三日，奉上谕：昨已有旨，将广饶九南道俊达调补新设之奉天锦州山海兵备道员缺。该道改设之初，诸事创始，亟宜得人整理。著刘坤一催令俊达，迅速赴任。其广饶九南道，本日业经简放景福。著该抚先行遴派妥员接署，以便俊达启程。将来景福到任后，于地方吏治、洋务办理，一切能否胜任，并著刘坤一随时察看奏闻。将此谕令知之。钦此。遵旨寄信前来。

783　同治五年十月十六日，内阁奉上谕：江西广饶九南道员缺，著景福补授。钦此。

795　同治五年十月十八日，内阁奉上谕：江西赣州府知府员缺紧要，著该抚于通省知府内拣员调补。所遗员缺，著达春布补授。钦此。

864　军机大臣字寄钦差大臣 · 大学士 · 湖广总督 · 一等果威伯官，协办大学士 · 两江总督 · 一等毅勇侯曾，成都将军兼署四川总督崇，四川总督骆，陕甘总督 · 前闽浙总督左，湖南巡抚李，山西巡抚赵，山东巡抚阎，浙江巡抚马，河南巡抚李，帮办湖北军务 · 湖北巡抚 · 一等威毅伯曾，江西巡抚刘，陕西巡抚乔，传谕护理江苏巡抚 · 江苏布政使郭柏荫。同治五年十一月初五日，奉上谕：刘蓉奏请，严催各省欠解协甘饷银，分别开单呈览一折。杨岳斌所部各军饷项，前谕由湖北、湖南、江西、江苏、江海关、浙江、江宁各省按月拨解。乃自上年闰五月至今，各省欠解竟至一百六十余万之多。又庆阳粮台，由四川、河南、山东、山西各协银三十万两，本年以来，解者寥寥。河东盐课项下，岁拨之数,丙寅纲全未解到。甘省粮缺饷匮,势成坐困。即使各省源源接济,已觉分润无多。若再不克如期,大局何堪设想。著官文、曾国藩、崇实、骆秉章、李瀚章、赵长龄、阎敬铭、马新贻、曾国荃、刘坤一、郭柏荫按照单开,各将各省欠解数目即速筹拨,派员迅解,以济饥军,毋得再分畛域,致误大局。并著左宗棠委员分投迎提,以期迅捷。原单二件,著分别抄给阅看。刘蓉另片奏,陕西汉南军饷,自同治二年七月起至三年十月止,河南应解十六万两,仅解银六千两;山东尚短银五万两。著阎敬铭、李鹤年速将此项欠饷尽数筹解。乔松年取道河南,并著与李鹤年竭力筹画,先行凑拨四五万两,以济急需。又据杨岳斌奏,派委臬司英奎,在汉中设局采办米粮,请饬四川划拨饷银,并令湖北督臣饬令藩司兼司陕甘后路粮台各折片。川省采米入甘,转运维艰。著崇实、骆秉章,除川省每月应解成禄军营饷银一万两外,即将该省按月协甘饷银二万两,派员径解汉中,交英奎采办,以省縻费。并著官文,即将湖北设立之陕甘后路粮台附入湖北军需总局,仍令藩司何璟兼司其事,俾专责成。将此由五百里谕知官文、曾国藩、崇实、骆秉章、左宗棠、李瀚章、赵长龄、阎敬铭、马新贻、李鹤年、曾国荃、刘坤一、乔松年,并传谕郭柏荫知之。钦此。遵旨寄信前来。(抄交户部)

868　军机大臣字寄钦差大臣·大学士·湖广总督·一等果威伯官,帮办湖北军务·湖北巡抚·一等威毅伯曾,河南巡抚李,江西巡抚刘,湖南巡抚李。同治五年十一月初六日,奉上谕:张之万奏,军需支绌,请饬拨河南等省漕项一折。清淮各营军情艰苦,积欠甚多。近来水潦为灾,厘捐不旺。张之万请于河南、江西、湖南、湖北四省征存漕项银两内各提拨银二万两,以资接济。即著官文、曾国荃、李鹤年、刘坤一、李瀚章各饬司道,照数提拨,委员迅解,务于年内一律到淮,不得稍存膜视。另片奏,河南省折漕银内提作公费一款,每年除支用外,余剩尚多,请饬该省于本年折漕公费项下,再提银二万两,克日解浦等语。并著李鹤年照数赶紧先行拨解。将此各谕令知之。钦此。遵旨寄信前来。(抄交户部)

879　同治五年十一月初八日,奉旨:此案著交刘坤一督同臬司亲提人证卷宗,秉公研讯确情,按律定拟具奏。原告民人李明盛,该部照例解往备质。钦此。

948　军机大臣字寄福州将军,办理三口通商大臣,直隶、两江、四川、江苏、福建、浙江、安徽、江西、山东、山西、河南、湖北、湖南、广东各督抚,传谕粤海关监督。同治五年十一月初一日,奉上谕:(摘抄起)户部奏,预拨来年京饷。据称历届京饷均系年前预拨。现届应拨同治六年京饷,拟在各省地丁、盐课、关税等项银内拨银七百万两,请饬各该省于来年分批起解等语(摘抄止)。京饷关系最为紧要。现经该部就各省缓急情形斟酌动拨,自应遵照奏定银数,源源报解,以济要需。(摘抄起)著各该将军、通商大臣、督抚、盐政、监督等务于来年开印后,分批起解,限五月前解到一半,十二月初间全数解清,不准截留改拨,藉词延误。倘届限不到,即著奏定章程,指名严参。至本年未解京饷,前经该部节次奏咨飞催。现届年终,仍未能如数解清。著各该督抚等迅速筹款报解，毋再迟延干咎。（摘抄止）原单均著抄给阅看。将此由五百里谕知福州将军，三口通商大臣，直隶、两江、四川、江苏、福建、浙江、安徽、江西、山东、山西、河南、湖北、湖南、广东各督抚，并传谕粤海关监督知之。钦此。遵旨寄信前来。（摘抄交户部）

1042　同治五年十二月十七日，内阁奉上谕：刘坤一奏，铅山刁民聚众滋事，业经办结一折。江西铅山县湖坊司所辖之茅排地方游民黄幅仔等，因巡检范培平日讯断不公，监生王添发随事干预偏袒，均为众怨所归，起意聚众报复。经该府县禀请，将范培撤参，另委从九品郑承先前往代理。乃该犯等胆敢纠同首伙六十余人，于九月十八夜间齐赴湖坊，将范培家丁并王添发之子杀毙。郑承先带兵弹压，亦被戕害，并将寓所焚毁。次日，退往西山，图添党与，抢劫河口镇。该府县派兵兜剿。复敢恃众迎敌，拒伤兵团，实属藐法横行，形同叛逆。旋经官军将首犯黄幅仔等三十余名拿获正法，其余协从分别释放，办理尚为迅速。仍著刘坤一严饬该府县将茅排地方认真编查保甲，无使宵小匿迹，以靖乱源。湖坊司巡检范培徇情纵放贼犯，平日又复违例擅受，听断不公，以致酿成事端，咎无可辞，著即行革职，永不叙用。监生王添发遇事干预，致激众怒，亦有应得之咎，著即革去监生，以示惩儆。铅山县知县祥安、广信府知府钟世桢于巡检不协舆情，先经禀请撤参。迨黄幅仔纠众戕官，随派兵团剿捕，悉就歼除，著免其置议。代理巡检·候补从九品郑承先因公被害，情殊可悯，著交部议恤。此外各属有无匪徒潜匿，并著随时严密查缉，防患未萌，不得稍涉大意。余著照所议办理。该部知道。钦此。

1128　臣等查：明岁新正应行加恩，各省除盛京、江苏、安徽、江西、浙江、福建、湖北、湖南、河南、陕西、山西、四川、广西，经该将军、督抚等具奏毋庸接济外，吉林、甘肃、广东、云南、贵州五省尚未奏到，所有直隶、山东二省，业经该督抚奏到。臣等拟写谕旨二道，并拟定日期颁发。谨奏。

同治六年

113　同治六年二月十三日，内阁奉上谕：刘坤一奏，查明江西各属被水、被旱，请将应征新旧钱漕等款分别缓征递缓一折。上年江西南昌等府属，四五等月雨水过多，河湖递涨，低洼田亩早晚禾稻均皆被淹。六月以后，天气亢旱，高阜田禾多有枯槁。重则颗粒无收，轻则收成歉薄。若将应征新旧钱漕照常征收，民力未免拮据。加恩著照所请。所有义宁州之泰乡一都一、二图，二都，三都一、二图，四都，六都一、二图等处，被旱各则田地山塘五百四十二顷十六亩零，未完地粮银六百七十两零，漕米一千五十四石零。同南昌县之十都六图，十三都四、五图，十四都下一图、四、五、六、七图，军都下一图，十五都一、二、三、四、五、六、七、八图，八都四、七图、下六图，十一社一、二图，十二社一图，十三社一图，一社一图，十六都二、三、四、五图，十七都一、二、三、五、六图，十八都一、三图海安溪熊、四图、五图萧李，十九都运一图、二、三、北四、北五、六、七、八、北九、北十图，二十都五图，二十一都南一、南二、南三、归二、归三图，二十二都一、二、三、四、

五、六、七、八图，二十三都一、二、四、五、六、七、八、九及十、十一、十五、十六、十八、十九、二十一图，二十四都一、二、三、四、六、七、八、九、十、十二、十三图，二十五都一、九图、二、三、四、五、六、七、八及十、十一、十二、十三、十四图，二十六都一、三图，军都三图，二十七都一、二、三、四、五、六、七、八、九、十、十一、十二图，二十八都九、十图，二十九都下五、八图，三十都四、七图，三十五都六、八、十三图，六十三都一图等处，被淹各则民田二千四百九十二顷八亩零，未完地粮银六千七百六十两零，漕米一万二千九百四十八石零。

新建县之五都一、二、三、五、七图，六都二、三、四、五、六图，十二都五图，十三都三图，二十一都二、四、五图，二十二都三图，三十一都六图，三十二都一、五、六图，三十三都一图，三十四都一、二、三图，三十六都一、二、三、四、五图，三十七都三图，三十八都三图，三十九都一图，四十都一、二图，四十一都一、二、三、四、五图；伍谏乡四十二都一、二、三图；仪凤乡四十二都一、一①、三图，四十三都一、二图，四十四都一、二、三、四图，四十五都一、二、三、四图，四十六都一、二、三、四图，四十七都一、二、三图，四十八都一、二、三、四图，四十九都一、二图，五十都一、二图，五十一都一、二图，五十二都一、二图，五十三都一、二、三、四图，五十四都一、二、三、四、五图，五十五都一、二、三、四、五图，五十六都一、二图，军都六图，六、七、八、九、十坊等处，被淹各则官民田四千三百七十顷八十九亩三分五厘，未完地粮银九千二百八十六两零，漕米九千一百三十一石零。

进贤县之下王坂二十七都一、二、三、四、五等图，二十八都一、二、三、四等图，二十九都一、二、三、四等图，三十都一、二、三、四、五等图，三十一二都一、二、三、四等图，又上乡五都一、二、三、四、五等图，六都一、二、三、四、五、六、七、八等图，七都一、二、三、四、五、六、七、军等图，上八都一、二、三、四、五、六、七、八、九、十等图，下八都一、二、三、四、五、六、七、八、九等图，九都二、三、四、五、六、七、八、九等图，十三四都一、军、二、三、四、五、六、七、八、九、十等图，十五都一、二、三、四、五、六、七、八、九等图，十六都一、二、三、四、五、六、七、八、九、十、十一二等图，十七都一、二、三、四、五、六、七、八、九等图，二十三都一、二、三、四、五、六、七、八、九、十、十一二等图，二十四五都一、二、三、四等图，二十六都一、二、三、四、五等图，二②十三都一、二、三、四、五等图，三十四都一、二、三、四、五、六等图，三十六都一、二、三、四、五、六等图，三十七都一、二、三、四、五等图，三十八都一、二、三、四等图，六隅东、西、南、北、中、正等隅等处，被淹各则民田二千二百五十四顷五十五亩零，未完地粮银六千六百二十两零，漕米八千五百二十六石零。

奉新县之南北两乡被旱，应征地粮银三千六百七十一两零，漕米四千六百四十八石零，著缓征十分之四，银一千四百六十八两零，漕米一千八百五十九石零。又建康、同安、奉新三乡被旱，应征地粮银四千四十六两零，漕米五千一百八十八石零，并著缓十分之三，银一千二百十四两零，漕米一千五百五十六石零。

---

① 疑为“二”。
② 疑为“三”。

清江县之东乡十都四、五图，十一都一、二、三、四、五图，十二都一、二、三、四、五图，十三都一、二、三、四、五图，十四都一、二、三、四、五图，十五都一、二、三、四、五图，十六都一、二、三、四、五图，十七都一、二、三图；南乡之三都三、四、五图，四都一、二、三、四、五图，五都一、二、三、四图；西乡之五都五图，六都一、二、三、四、五图，七都一、二、三、四、五图，一都一、二、三、四、五图，二都一、二、三、四、五图，三都一、二图；北乡之八都一、二、三、四、五图，九都一、二、三、四、五图，十都一、二、三图等处，被旱各则田二千一百四十四顷九十五亩零，未完地粮银九千八百六十九两零，漕米七千二百八十石零。

新淦县之二都一、二、三、四、五图，四都三、四、五、六、七、九等图，七都一、二等图，五都四、五、六、七、八、十三等图，三都一、二、三、四、五、六、七、八、九、十等图，一都三、六、七等图，六都三、七、八、九、十等图等处，被旱各则田九百六十七顷九十五亩零，未完地粮银六千九百二十三两零，漕米四千七百五十九石零。

新喻县之城内一、二、三、四、五坊，东南乡一都一图，东乡一都三图，二都一、二、三图，四都一、二、三图，五都一、二、三图，六都一、二、三图，七都一、二、三图，八都一、二图，十六都二、三图，十七都一、二、三图，十八都一、二、三图，十九都一、二、三图，二十都一图，南乡一都二图，三都一、二、三图，上十都、五都一、二、三图，十六都一图等处，被旱各则田地山塘五千九百六十四顷六十三亩零，应征地粮银二万七千三百八十四两零，漕米二万九百五十六石零，著缓征十分之三，银八千二百十五两零，缓征十分之二，米四千一百九十一石零。

峡江县之附城一坊一、五甲，东乡一都一图十甲、二图三、六、八甲，二都一、二、三图，三都一、二、四图、三图二、四、六、七、八、九、十、尾甲，四都一、二、四图、三图一、二、三、四、七、八、九、十、尾甲，五都一、二图，六都一、二、三图，七都、八都、九都、十都、十一都；西乡一都二图，二都一图、二图七、八、九、十甲，三都一、二、三图，四都，五都一、二图，六都六、七、十甲，七都一图，八都，九都一、二图，十都，十一都五、九甲，十二都一图，十三都二图等处，被旱各则民田三千一百九十顷五十六亩零，应征地丁、漕米内著缓征十分之二，银四千七百四十六两零，漕米二千六百二十一石零。莲花厅砻西乡之四、五、六、七、八、十三四、十六、十八等都，上西乡之二十一二三五六七八九等都，被旱各则民田八百十二顷四亩，屯田六十六顷十二亩，未完地粮银五千一百八十九两零，漕米一千九百七十八石零，漕运屯粮八百八十六两零，余租银一千七百三十一两零。

安福县之东乡三都并五十六七及六十一二等都，南乡一都并三十五六七及四十、四十一二、五十、五十一等都，西乡四、五、七、八并十、十一二及二十一二等都，北乡二都并六十四五六七八九等都等处，被旱各则民田地一千五百七十九顷四十八亩零，未完地粮银一万二百三十六两零，漕米五千九百六十七石零。并东乡三都并五十七、六十一等都，南乡一都并五十、五十一等都，西乡五、七都并十、十一及二十一等都，北乡六十五六七等都，被旱屯田二十二顷二十三亩零，未完屯丁银八两零，漕运屯粮银三百二十一两零，余租银六百二两零。

永新县之东乡六十三都并六十四五六七八九、七十一二等都，南乡五十三都并五十四五六七八九等都,西乡十一都并十二三四五六七八九及四十一二三四、六十一等都,北乡一都并二、三、四、五、六、七、八、九、十及七十一、七十三等都等处,被水、被旱各则田地一千八百十顷九十八亩零,未完地丁银一万一千二百四十九两零,漕米二千三百八十二石零,漕运屯粮银六百八十三两零,余租银一千九百八十四两零。

鄱阳县之东北乡被淹三则民田地三千四百四顷八十一亩零,未完地粮银五千三百四十两零,漕米一千八百八十七石零;并西北乡被旱各则民田地二千九百二十三顷五十四亩零,未完地粮银四千六百八十七两零,漕米一千六百九十一石零。同屯田坐落西北乡全行被旱,未完屯丁银二十六两零,存留屯粮银一百四十六两零,漕运屯粮银八百十五两零,余租银九百九十九两零。

余干县之东、西、南、北四隅及二、三、四、五、六、七、八、九、二十七八九、三十、三十一二三四五六等都等处,被淹各则民湖官渼田三千九十顷八十五亩零,未完地粮银一万四百十两零,漕米六千三百二十八石零。并十八、十九、二十、二十一二三四五六等都等处,被旱各则田九百十七顷六十四亩零,未完地粮银一千六百四十四两零,漕米一千三百二十石零。

建昌县之新城、修智、归义、升仙、甘泉、受安等六乡被旱,永丰、凝远、丰安、德政、市镇、钓台等六乡被水,共各则民田地三千六百二十一顷二十八亩零,未完地粮银一万三千三百六两营[零],漕米六千五百四十八石零。同安义县之寄庄建昌县各乡被水、被旱,未完地粮银三百四十五两零,漕米一百五十七石零。

德化县楚城、甘泉、南昌、仙居、白鹤、仁贵、德化、泰临、通津、新民、封一、封二、赤松、桑落等乡,被水、被旱民田地六百四十三顷二十二亩零,未完地粮银一千九百七十六两零。并坐编南九二卫屯田被水、被旱,未完屯丁、存留屯粮共银九百四十六两零,漕运屯银二千一百五十七两零,余租银四千五十七两零,及芦洲田地并密稀芦等项被水,未完五年压征四年芦课银八百二十二两零。

德安县之黄湾堡、陈湾堡、固村堡、墩下堡、金鸡堡、附城堡、河东堡、后田堡、乌石堡、在市堡等处,被淹各则民田三百八十四顷七十八亩零,未完地粮银二千六百八十四两零。并南九二卫坐落陈湾、金鸡、附城、河东、后田、乌石、在市等堡屯田被淹,未完屯丁银六十五两零,存留屯粮银五十两零,漕运屯粮银一千六百三十九两零。

瑞昌县之安泰乡、周滩堡、九屯堡、青龙堡、安城堡、营桂堡、暗林堡、芭山堡、回龙堡、罗湖堡、板林堡、东关外、金岗堡,今一乡之马头堡、接泥堡、高五堡、吴塘堡、金蛇堡,今二乡之封门堡、黄桥堡、河塘堡、牛山堡、连山堡、武茭堡、长流堡、大林堡、西龙堡、北亭堡,甘露乡之禁坪堡、北巢堡等处,被淹各则民田地五百三十四顷五亩零,未完地粮银一千四百三十三两零。及九江卫坐落安泰乡,并德化县之赤松、南昌、仙居等乡屯田被淹,未完漕运屯粮银一千一百三十九两零,余租银二千二百六十五两零。

湖口县之上乡十三都、十六都、十七都、二十都,中乡之一、二坊、八都、十二都等处被水,下乡之三都、五都、四六都等处被旱,共各则民田七百七十五顷之十九亩五分,未完地丁银四千一百六十三两零。及十三都、十二都、五都并德化县之仁贵乡,宿松县之孟家洲等处，被淹屯田十四顷五十八亩，未完漕运屯粮银一百二十两零，余租银三百两零，五年压征四年芦课银一百八十七两零，均著缓至同治六年秋后分作两年带征。

彭泽县被水、被旱较重之四都、六都、七都、九都、十二都、二十都、二十五都、三十都、三十三都等处，未完地丁银五千八百二十两零。及三十都之定山二百户，二十都之杨梓桥三百户民佃，二十五都之上潦洪，十二都古楼坂建德户，四都之下隅坂，七都之太平坂及九都等处，未完漕运屯粮银一千九百七十八两零，屯丁银一千一百二十两零，存留屯粮银一千二百十两零，余租银六千四百二十八两零，均著缓征十分之五。又被水、被旱较轻之一、二、三、五、八都，十三、十五都及一、二坊等处，未完地丁银五千五百二十一两零，及八都之乌沙坂，未完漕运屯粮银一百五十八两零，屯丁银四两四钱零，存留屯粮银三两五钱零，余租银二百九十七两零，均著缓征十分之三，所缓各款银两一并缓至同治六年秋后分作两年带征。又三十三都未完五年压征四年芦课银一千九百四两零，著缓征十分之五。

同安义县之安义、南昌、桂鹤、卜邻、依仁等五乡，被旱各则民田六百四十五顷九亩零，未完五年地粮银三千二百七十九两零，漕米二千四百二十二石零。并奉新县民欠同治四年地丁银二千四百三十六两零，三年地丁银二千二百五十五两零，二年地丁银一千一百六十五两零，元年地丁银二千九十四两零，咸丰十一年漕米四百五十二石零，十年漕米一千一百七十八石零，均著缓至同治六年秋后一并带征。

金溪县民欠同治三年地丁银三千九百六两零，地丁脚耗银二百三十八两零，折色物料银七百九十五两零，本色物料银一百五十七两零，漕米二千六十九石零，兵加银一百二十八两零，随漕银六百二十四两零，兵折银二百六十四两零，均著缓至七年秋后一并带征。

广昌县民欠同治元年地丁等银二千五百三十三两零，兵加银二十一两零，兵米八十七石零，军欠漕运屯粮银一百八十两零，余租银五百六两零，均著缓至九年秋后一并带征；民欠二年地丁等银二千六百九十六两零，兵加银二十二两零，兵米九十九石零，军欠漕运屯粮银二百三十二两零，余租银六百七十六两零，均著缓至十年秋后一并带征。

进贤县民欠咸丰十年地丁银七千一百七十七两零，漕米九千二百四十三石零，著缓至同治十二、十三两年带征。

南昌、新建二县同治三、四两年被水，原缓至三、四两年地丁、漕米及元年被水，原缓元年并咸丰十一年地丁、漕米；丰城县元年被水，原缓元年地丁、漕米；新建、新喻二县二年被水，原缓二年地丁、漕米；莲花厅三、四两年被水、被旱，原缓三、四两年地丁、漕米、屯粮、余租及元、二两年被旱，原缓元、二两年地丁、漕米、屯粮、余租；永新县三年被旱及二年被水、被旱，原缓二、三两年地丁、漕米、屯粮、余租；崇仁县三年被扰，原缓元年漕米，除带征完纳外，其余同原缓地丁；东乡县四年被水，原缓四年地丁、漕米；鄱阳县三年被旱，原缓三年地丁、漕米、屯粮、余租；湖口县三、四两年被水，原缓三、四两年地丁、屯粮、余租，均除带征完纳外，其余同原缓芦课并元年被水、被旱，原缓元年地丁、屯粮、余租、芦课，均除带征完纳外，其余未完各款银两；彭泽县四年被水，原缓四年地丁、屯粮、余租、芦课,并三年被水、被旱,原缓三年屯丁,除带征完纳外,其余同原缓地丁、存留屯粮、漕运屯粮、余租,均著递缓至同治六、七两年带征。

又进贤县四年被水,原缓四年地丁、漕米;清江县三年被水、被旱,原缓三年地丁、漕米;莲花厅元年被旱,原缓咸丰十年地丁,除挪垫外,其余同原缓漕米、屯粮、余租并原缓十一年地丁、漕米、屯粮、余租;安福县四年被旱,原缓四年地丁、漕米、屯粮、余租;永新县二年被水、被旱,原缓元年地丁、漕米、屯粮、余租;鄱阳县二年被扰,原缓同治元年及咸丰十、十一等年地丁、漕米;建昌县并安义县之寄庄建昌县二、三、四等年被水,各原缓二、三、四等年地丁、漕米;德化县四年被水,原缓四年余租、芦课,均除带征完纳外,其余同原缓地丁、漕运屯粮;德安县四年被水,原缓四年地丁,除带征完纳外,其余同原缓屯粮丁;瑞昌县四年被水,原缓四年地丁、屯粮、余租,均著递缓至七、八两年带征。

又进贤县三年被水、被旱,原缓三年地丁、漕米;新淦县四年被旱,余干县四年被水,各原缓四年地丁、漕米;清江县二年被水、被旱,原缓二年及咸丰十一年地丁、漕米;新喻、建昌二县并安义县之寄庄建昌县元年被水,各原缓元年地丁、漕米;安福县三年被旱,原缓三年地丁、漕米、屯粮、余租;德化县三年被旱,原缓三年余租、芦课,均除带征完纳外,其余同原缓地丁、漕运屯粮;德安县元年被水,原缓咸丰十一年地丁,除带征完纳外,其余同原缓十年地丁、屯粮丁;彭泽县四年被水,原缓元年及咸丰十、十一等年地丁、屯粮丁、余租,均著递缓至同治八、九两年带征。

进贤县二年被水、被旱,原缓二年地丁、漕米;清江县元年被水,原缓元年地丁、漕米,并二年被水、被旱,原缓十年地丁;安福县二年被旱,原缓二年地丁、漕米、屯粮、余租;建昌县并安义县之寄庄建昌县元年被水,各原缓十一年地丁、漕米;德化县二年被水、被旱,原缓二年地丁、屯粮、余租、芦课,均著递缓至同治九、十两年带征。

进贤县元年被水,安福县元年被旱,各缓原元年地丁、漕米;新淦、余干二县三年被水,各原缓三年地丁、漕米;新淦县元年被水,原缓十一年地丁、漕米;建昌县并安义县之寄庄建昌县元年被水,各原缓十年地丁、漕米;德化县元年被水,原缓元年地丁、屯粮、余租、芦课,均著递缓至同治十、十一两年带征。

进贤县元年被水,原缓咸丰十一年地丁,除带征完纳外,其余同原缓漕米;安福县元年被旱,原缓十一年地丁、漕米;德化县二年被水、被旱,原缓咸丰十年地丁、屯粮丁、余租、芦课,均著缓至同治十一、十二两年带征。

新淦、余干二县二年被水,各原缓二年地丁、漕米;安福县元年被旱,原缓咸丰十年地丁、漕米;德化县二年被水、被旱,原缓咸丰十一年屯粮丁、余租、芦课,均著递缓至同治十二、十三两年带征。又新淦乡元年被水,原缓元年地丁、漕米;余干县元年被水,原缓咸丰十一年地丁、漕米,均著递缓至同治十四、十五两年带征。又余干县元年被水,原缓咸丰十年地丁、漕米,著递缓至同治十六、十七两年带征。

又金溪县三年被扰,原缓咸丰十年地丁、漕米、本折物料、兵折、兵加、随漕,十一年地丁、漕米、本折物料、兵折、兵加、随漕;南丰县三年被扰,原缓咸丰十年地丁等银、漕米、商税、渔课、兵加,均著递缓至同治六年秋后一并带征。又金溪县三年被扰,原缓元、二两年地丁、漕米、地丁脚耗、本折物料、兵折、兵加、随漕；南丰县三年被扰，原缓咸丰十一年地丁等银、漕米、商税、渔课、兵加；广昌县三年被扰，原缓咸丰十年地丁等银、屯粮、余租、兵米、兵加，均著递缓至同治七年秋后一并带征。又南丰县三年被扰，原缓元年地丁等银、漕米、商税、渔课、兵加；广昌县三年被扰，原缓咸丰十一年地丁等银、屯粮、余租、兵米、兵加，均著递缓至同治八年秋后一并带征。又南丰县三年被扰，原缓二年地丁等银、漕米、商税、渔课、兵加，著递缓至同治九年秋后一并带征，以纾民力。余著照所议办理。

该督抚即刊刻誊黄，遍行晓谕，务使小民实惠均沾，毋任吏胥舞弊，用副轸念民依至意。该部知道。钦此。

122　同治六年二月十五日，内阁奉上谕：刘坤一奏，甄别不职各员一折。江西南昌府同知庆麟，才具疏庸，不知振作。著勒令休致。署余干县知县·候补知县孙灏，性情狡猾，难任地方。著即行革职。该部知道。钦此。

134　同治六年二月二十日，内阁奉上谕：江西南昌府知府员缺紧要，著该抚于通省知府内拣员调补。所遗员缺，著许应鑅补授。钦此。

172　同治六年三月初二日，内阁奉上谕：御史汪朝棨奏，官员营求夺情，请明定限制一折。据称近来，外省道府州县及随营人员，一经闻讣，往往百计营求，为夺情之举，请饬严禁等语。军兴以来，需才孔亟。各省带兵大员及各督抚间有闻讣丁忧，特旨夺情，谕令移孝作忠者。虽各该员恳词再四，而朝廷倚畀正殷，不得不温谕慰留，为一时权宜之计。其军务省份带兵人员，防剿吃紧。经各督抚奏请夺情，亦每俯如所请。俟军务告竣，再行守制。事非得已，礼本从权。至如该御史所奏，随营粮台文案各员及非军务省份之道府以下各官，岂得概从一律。嗣后除带兵人员，实系防剿，防剿吃紧，仍准由各省督抚奏请夺情外，其余随营粮台文案各员及并非军务省份之道府以下各官，该督抚不得概行奏留，以示限制。钦此。

195　同治六年三月十四日，内阁奉上谕：孙长绂，著留京另候简用。文辉，著补授江西布政使。江西按察使，著王德固补授。钦此。

199　同治六年三月十七日，内阁奉上谕：军兴以来，逆匪到处裹胁，小民畏死勉从，情本可悯。迨自拔来归，一经官吏访拿或被仇人告发，即加以从逆之罪，是被胁之人非死于贼，即死于法，奚以为反正者劝。著各直省督抚转饬臬司及各府州县，遇有此等案件，除著名首要各犯甘心从逆，仍当尽法惩治外，如讯明寔系被胁，人犯悔罪复业，别无不法情事，即行释放，毋得任意株累。并著各统兵大臣出示晓谕，凡身陷贼中者既经投械，概免治罪。即派员解交本籍地方官，妥为抚恤，毋令失所，以示国家轸念民生法外施仁之至意。将此通谕知之。钦此。

218 军机大臣字寄协办大学士·两江总督·一等毅勇侯曾,两广总督瑞,钦差大臣·湖广总督·一等肃毅伯李,闽浙总督吴,广西巡抚·署江苏巡抚郭,江西巡抚刘,署湖广总督·江苏巡抚李,湖南巡抚刘,帮办湖北军务·湖北巡抚·一等威毅伯曾,福建巡抚李,浙江巡抚马,河南巡抚李,山东巡抚丁,山西巡抚赵,广东巡抚蒋,传谕护理福建巡抚·署布政使周开锡。同治六年三月二十七日,奉上谕:户部三库奏请,饬催各省欠解物料等项,以供要需一折。据称黄白蜡斤系恭备各项祭祀暨内廷等处一年之用,向不按照例价折放。颜料纸张等项,用款繁多,每年动用钱粮,约计四五万两。数年来广东等省于应解物料并不按限批解。部库设法购办,既难周转,而各项要需尤多窒碍,请旨饬催迅解等语。蜡斤纸张等项,需用甚繁。京师采办非易。各该省何以于久经领价之款,延不解交,是否各该藩司勒不发价,抑承办各员侵蚀挪移。著曾国藩、瑞麟、李鸿章、吴棠、郭柏荫、刘坤一、李瀚章、刘琨、曾国荃、李福泰、马新贻、李鹤年、丁宝桢、赵长龄、蒋益澧、周开锡迅速查明,按照此次单开额解物料,及已销未解之款,严饬各该藩司按数备齐,立限两个月,派委妥员分批解部。并著将历年带欠各款按年带解,仍将分年筹解之处,先行报部查核。经此次严催之后,如各该省仍前玩延,即著户部三库专案查参,勿谓言之不预也。原单著分别抄给阅看。另片奏,山西历年欠解铁斤,停运不解,并请饬催等语。著赵长龄即饬藩司将所欠历年好铁赶紧如数分解,不得藉词搪塞,致误要需。其从前因何迟解之处,并著据实查明具奏。原片著抄给赵长龄阅看。将此谕知曾国藩、瑞麟、李鸿章、吴棠、郭柏荫、刘坤一、李瀚章、刘琨、曾国荃、李福泰、马新贻、李鹤年、丁宝桢、赵长龄、蒋益澧并传谕周开锡知之。钦此。遵旨寄信前来。(抄交户部三库)

221 军机大臣字寄江西巡抚刘。同治六年三月二十七日,奉上谕:江西督粮道段起、饶州府知府王必达,均著刘坤一悉心察看,如竟不能胜任,即行据实参奏,毋稍迁就。将此谕令知之。钦此。遵旨寄信前来。

223 同治六年三月二十七日,内阁奉上谕:贵州安义镇总兵赵德昌、江苏常镇通海道英喜、浙江金衢严道和龄、广东高廉道陆心源、贵州粮储道金钧、江西临江府知府单兴诗、安徽池州府知府李翰华、湖南沅州府知府张樾、贵州兴义府知府马应镗,均著开缺,送部引见。钦此。

371 同治六年五月初九日,内阁奉上谕:前据刘坤一奏,江西南昌府同知庆麟才具疏庸,不知振作,当经降旨勒令休致。兹据吏部奏,据庆麟呈称,该员于上年九月经刘坤一将其前在通判任内保荐卓异,并十年俸满题升同知、保升知府并案给咨送部引见,且出具心地明白,办事谨慎考语。现在正当赴部验到,忽又以才具疏庸,不知振作奏参勒休,无所适从,不甘废弃等语。刘坤一于庆麟一员何以保劾考语前后两岐?著曾国藩、刘坤一将该员所呈各情详细查明,据实覆奏,不得稍涉回护。钦此。

387 同治六年五月十五日,内阁奉上谕:江西督粮道员缺,著平步青补授。钦此。

389 查:江西督粮道、甘肃宁夏道均系冲繁难要缺。谨奏。

392 同治六年五月十五日,奉旨:这所参疏防监犯越狱之管狱官·江西星子县典史李联陛,著革职拿问,交刘坤一提集刑禁人等,严审有无松刑贿从情弊,按律定拟具奏。有狱官署星子县知县松连,据报公出是否属实,仍著该抚查明办理,并勒限严缉逸犯熊祥懋等务获,倘限满无获,即行从严参办。余著照所议办理。该部知道。钦此。

486 查:军机章京鸿胪寺少卿朱学勤,现蒙简放江西正考官,所遗章京一缺,应以额外行走之礼部郎中徐景轼署缺,行走并添传记名在前之宗人府主事金曰修在额外行走。谨奏。同治六年六月十三日奉旨:知道了。钦此。

507 军机大臣字寄福州将军,三口通商大臣,直隶、两江、四川、江苏、安徽、江西、福建、浙江、湖北、湖南、山东、山西、广东各督抚,并传谕粤海关监督。同治六年六月二十日,奉上谕:户部奏请,饬催各省应解京饷一折。上年十二月间,经户部奏拨本年京饷银七百万两,限五月前解到一半,年终解清。兹据该部查明,截至五月底止,除福建盐课报解过半,河南地丁暂准停免,安徽、湖北地丁,江汉关税,长芦盐课,湖北盐厘,均经奏咨展缓外,其余山西等省地丁,两淮等处盐课,粤海等关税有报解未及一半者,有丝毫未解者。京饷关系紧要,岂得任意延宕。除业经划拨解到及报解外,尚有山西地丁银九十五万两,山东地丁银二十二万两,湖北地丁银二十六万两,湖南地丁银二十三万两,浙江地丁银十五万两,安徽地丁银二十万两,江西地丁银二十万两,长芦盐课银十八万七千余两,两淮盐课银二十五万两,浙江盐课银十六万两,河东加课羡余银十万两,广东盐课银十八万两,运库应缴息银四万两,山东盐课加价银十三万两,福建盐课银七万两,湖北盐厘银七万两,湖南盐厘银五万两,四川盐厘银六万五千两,按粮津贴银六万五千两,福建茶税银十万两,粤海关税银十万两,闽海关常洋两税银三十万两,江海关税银二十九万两,江汉关税银二十六万两,天津关常洋两税银十万二千两,东海关税银五万两,临清关税银五万两。著各该将军、督抚、监督等即将前项应解银两统于年内扫数解齐,毋得迟延干咎。另片奏,本年畿内亢旱,被灾甚重,发帑赈济,需款较多,请添拨银两等语。著照所请,除江苏厘金二十万两,浙江厘金十万两业经提拨外,再添拨广东厘捐银十万两,福建厘捐银十五万两,江苏厘捐银十万两,浙海关洋税银二十万两,闽海关洋税银十五万两,著各该将军、督抚等按照添拨数目一并于年内解到,毋得饰词延宕,致误要需。将此由五百里谕知福州将军,三口通商大臣,直隶、两江、四川、江苏、安徽、江西、福建、浙江、湖北、湖南、山东、山西、广东各督抚,并传谕粤海关监督知之。钦此。遵旨寄信前来。(抄交户部)

582 军机大臣字寄福州将军·兼署闽浙总督英,闽浙总督吴,福建巡抚李,前江西巡抚沈。同治六年七月初十日,奉上谕:前因左宗棠奉命西征,特令沈葆桢总理船政。兹据沈葆桢奏报任事日期并沥陈各情,览奏具见诚悃。船政事宜,本非旦夕所能奏效。左宗棠以事当创始,专折请派,其知该前抚者实深。该前抚清慎之怀,中外共见;朝廷因事择人,亦期任事者以朝廷之心为心,并非浮言可夺。该前抚现已任事,惟当勉为其难。即著督饬周开锡等实力讲求,并将日意格等加意笼络,庶观成有日,用以自强,毋得瞻前顾后,有误巨工。沈葆桢以本地绅士督办船政事,必须地方大吏联为一气,呼应始灵;英桂、吴棠、李福泰务当和衷商办,俾该前抚永无掣肘之虞。其应需经费,并著英桂等随时经理,以竟全功。将此由五百里各谕令知之。钦此。遵旨寄信前来。(抄交总理衙门)

601 同治六年七月十九日,内阁奏上谕:刘坤一奏,知府要缺需员,请仍准调补一折。江西赣州府知府员缺,前经该抚以建昌府知府魏瀛调补,嗣经吏部以该员未经捐免历俸奏驳。兹据该抚奏称,魏瀛为守兼优,在江西襄办军务多年,于赣州情形极为熟悉。现署赣州府知府深资整饬,既据奏称,人地相宜。所有赣州府知府员缺,即著魏瀛调补。其所遗建昌府知府员缺,即著达春布补授。至该员调补赣州府与从前王德固调补赣州府时均系未经捐免历俸之员,何以先后准驳互异。其因何不符之处,著吏部查明具奏。钦此。

628 臣等查:本年届更换学政之期,谨将已满三年已办岁考之顺天、安徽、江西、浙江、福建、湖北、湖南、河南、山东、陕甘、四川、广西、贵州十三省学政,及未满三年办过岁考之江苏、山西、广东、云南四省学政,分缮名单呈览,恭候钦定。俟发下后,臣等再拟写谕旨进呈。谨奏。

629 已满三年已办岁考各学政名单:
顺天学政庞钟璐;
安徽学政朱兰;
江西学政何廷谦;
浙江学政吴存义;
福建学政曹秉濬;
湖北学政孙家鼐;
湖南学政吕朝瑞;
河南学政欧阳保极;
山东学政赵佑宸;
陕甘学政钟宝华;
四川学政杨秉璋;
广西学政孙钦昂;
贵州学政黎培敬。

641 同治六年八月初一日,内阁奉上谕:本年值更换学政之期,除云南学政梁肇煌、贵州学政黎培敬毋庸更换外，顺天学政著贺寿慈去，江苏学政著夏同善去，安徽学政著殷兆镛去，山东学政著张家骧去，山西学政著于建章去，河南学政著杨庆麟去，陕甘学政著周兰去，福建学政著邵亨豫去，浙江学政著徐树铭去，江西学政著徐都去，湖北学政著张之洞去，湖南学政著温忠翰去，四川学政著钟骏声去，广东学政著胡瑞澜去，广西学政著杨霁去，奉天府府丞兼学政著任兆坚调补，所遗太常寺少卿即著王映斗调补。钦此。

695　军机大臣字寄协办大学士・四川总督骆、两广总督瑞、广东巡抚蒋、浙江巡抚马、江西巡抚刘、湖南巡抚刘、河南巡抚李。同治六年八月十七日，奉上谕：宋延春奏，滇省官军停兵待饷，请饬催各省协解一折。滇省马如龙等军进剿迤西，正形得手。因贼援大至，官军饷绌兵单，复行退守。该省入款不敷，而马如龙筹垫饷项，为数亦巨。各省协拨之款，仅据浙江咨拨银五万两，广东咨拨银二万两尚未到滇外，此更无拨解。现在停兵待饷，万分紧迫。若不迅筹接济，势必饥军坐困迤西，贼势益张，滇事将何所底止。著骆秉章、瑞麟、蒋益澧、马新贻、刘坤一、刘琨、李鹤年各将奉拨滇饷赶紧如数源源起解，以济要需，毋再延缓。将此由五百里各谕令知之。钦此。遵旨寄信前来。

707　军机大臣字寄协办大学士・四川总督骆、两广总督瑞、云贵总督张、江西巡抚刘、浙江巡抚马、河南巡抚李、广东巡抚蒋、湖南巡抚刘、云南巡抚刘、传谕护理云贵总督・云南按察使宋延春、粤海关监督师曾。同治六年八月二十日，奉上谕：前因张凯嵩奏请，饬湖南、四川宽筹援滇军饷。当经谕令户部议奏。兹据户部奏称，滇省军需，曾经该部于各省欠解饷银五百八万余两内，奏提银三十万两。除浙江自上年五月起，每月提存银八千两交滇省委员领解外，其广东之六万两，太平关之四万两，仅据报解银二万两；四川之四万两，并同治二年指拨之五万两，仅据报解银七万两；江西之三万两，仅据报解银一万两；河南之一万两，并未报解；湖南之二万两，前据李瀚章奏请改拨，经该部驳令依限解交，现亦未据报解。刻下湖南、四川拨款颇多，若再令专办滇饷，转恐力有未逮，仍应就未经报解各款，先筹协济。著骆秉章、瑞麟、蒋益澧、刘坤一、李鹤年、刘琨迅将欠解酌提之款，一律筹解，毋得再事迁延，致干咎戾。马新贻亦当查明前项已否交齐，即行报部查核。至滇饷万分支绌，除浙江等省已解之数，欠解尚多，殊难敷用。该部现拟在浙江续提银六万两，广东续提银四万两，四川续提银四万两，江西续提银一万两，湖南续提银二万两，河南续提银一万两，太平关续提银一万两，自系均匀酌提。并著骆秉章、瑞麟、蒋益澧、马新贻、刘坤一、刘琨、李鹤年严饬各该藩司及太平关监督如数赶解。粤海关前欠解银十六万九千余两，该部拟令此次该关提银一万两，合四川等省酌提之数，以足二十万。著师曾即遵拨迅筹，以应急需。该督抚、监督等素顾大局，谅不至藉词推诿，致滇事益形竭蹶也。所有各该省历年欠解滇省常年兵饷及指拨军饷，著张凯嵩、刘岳昭、宋延春遵照该部上年奏案，随时详细开单报部，以凭核办。将此由五百里谕知骆秉章、瑞麟、张凯嵩、刘坤一、马新贻、李鹤年、蒋益澧、刘琨、刘岳昭并传谕宋延春、师曾知之。钦此。遵旨寄信前来。（抄交户部）

743 军机大臣字寄大学士·两江总督·一等毅勇侯曾,钦差大臣·陕甘总督·一等恪靖伯左,两广总督瑞,宁夏将军·署陕甘总督穆,署湖广总督·江苏巡抚李,浙江巡抚马,帮办湖北军务·湖北巡抚·一等威毅伯曾,湖南巡抚刘,江西巡抚刘,广东巡抚蒋,广西巡抚·署江苏巡抚郭,传谕陕西布政使林寿图。同治六年九月初七日,奉上谕:前据杨岳斌奏定江宁、江苏、江海关、浙江、湖北、湖南、江西、广东每月共协甘饷十五万五千两,由湖北径解汉中转运。嗣因林寿图奏陈,庆泾营饷无措,复谕令左宗棠等于应解汉中饷银酌提若干交西安粮台分赡各军。兹据穆图善奏称,此项协饷留陕愈多,济甘愈少。嗣后请无庸酌提解陕庆泾各营饷需,当由秦安粮台匀拨,毋庸林寿图兼顾,以免轇轕等语。即著曾国藩等各将每月应协甘饷解到湖北粮台后,即饬转交。穆图善委员史敬铭守领,径运汉中分局解甘,不必拨解陕省庆泾各军。既统由甘省匀拨,穆图善务当均匀协济,勿使匮乏。西安粮台应否裁撤并著左宗棠等酌度奏闻办理。将此由五百里谕知曾国藩、左宗棠、瑞麟、穆图善、李瀚章、马新贻、曾国荃、刘崐、刘坤一、蒋益澧、郭柏荫并传谕林寿图知之。钦此。遵旨寄信前来。(抄交户部)

756 同治六年九月十四日,内阁奉上谕:前据吏部奏,前任江西南昌府同知庆麟,以参劾不明等词,在该部呈递。当经降旨,令曾国藩、刘坤一详查覆奏。兹据刘坤一奏称,庆麟前在江西通判同知任内,大计卓异,军务保举,均系该抚未到任以前之事。上年九月庆麟以俸满并案给咨送部引见。其时该抚已先期出省阅伍,照例由藩司代填考语。该抚旋因庆麟于地方公事皆属茫然,督办钱局,一任炉匠人等舞弊,不知整顿,物议沸腾,据实参劾等语。是刘坤一于庆麟并无保劾两岐之处。庆麟在省请咨,岂不知抚臣出省系由藩司代行,辄敢藉词呈诉,希图牵混,居心尤属狡诈。刘坤一原参该员才具疏庸,不知振作,尚未尽其劣迹也。庆麟前已有旨勒令休致,不足蔽辜,著即行革职,永不叙用,以为巧诈干进者戒。钦此。

759 军机大臣密寄大学士·两江总督·一等毅勇侯曾,钦差大臣·湖广总督·一等肃毅伯李,钦差大臣·陕甘总督·一等恪靖伯左,盛京将军都,福州将军·署闽浙总督英,直隶总督刘,闽浙总督吴,两广总督瑞,署湖广总督·江苏巡抚李,三口通商大臣·兵部左侍郎崇,广西巡抚·署江苏巡抚郭,江西巡抚刘,福建巡抚李,浙江巡抚马,山东巡抚丁,帮办湖北军务·湖北巡抚·一等威毅伯曾,广东巡抚蒋,前江西巡抚沈。同治六年九月十五日,奉上谕:总理各国事务衙门奏,预筹修约事宜,请饬滨海沿江通商口岸地方将军、督抚、大臣各抒所见一折。前因原议十年修约,为期已近。据该衙门奏请,饬南北洋通商大臣于熟悉洋务各员中每处选派二员,于十月咨送来京。当经降旨允准。惟前奏只欲于选派各员内收群策群力之效,而于通盘大局尚待筹商。咸丰十年换约后,原因中国财力不足,不得不勉事羁縻。而各国诡谋谲计,百出尝试,尤属防不胜防。转瞬换约届期,彼必互相要约,群起交争,或多方胁制,以求畅遂所欲,均属意中之事。值此时势,惟仅恃笔舌以争之,此外别无可恃。各该将军、督抚、大臣受国厚恩,当此外患方殷,亟应合力齐心,先事图维,为未雨绸缪之计,著曾国藩、李鸿章、都兴阿、英桂、刘长佑、吴棠、瑞麟、李瀚章、崇厚、郭柏荫、刘坤一、李福泰、马新贻、丁宝桢、曾国荃、蒋益澧通盘筹画。左宗棠、沈葆桢筹办船政事宜，于洋务尤有关系，并著悉心酌核，妥筹速奏。本年十二月即英约前期六个月先行酌改之期。各该将军、督抚、大臣务于十一月内奏到，毋稍延缓。俟总理衙门密函条说寄到时，诸臣其审时度势，妥筹万全，以济时艰而副委任，详细覆奏，毋得徒托空言。原折著抄给阅看。将此由六百里各密谕知之。钦此。遵旨寄信前来。(抄交总理衙门)

809　军机大臣字寄盛京、吉林、直隶、江苏、安徽、江西、浙江、福建、湖北、湖南、河南、陕西、甘肃、山东、山西、四川、广东、广西、云南、贵州各将军、督抚。同治六年十月初三日，奉上谕：本年浙江杭州等府属农田荒种，山西萨拉齐厅连年被水，陕西西安、同州、凤翔、汉中、兴安、商、邠、乾等府州属被匪滋扰，广东新兴等州县被扰、被水，湖南晃州厅属迭被黔匪窜扰。经各该省奏到，加恩将应征新旧钱粮等项分别蠲免缓征。近畿各州县夏间被旱，降旨谕令直隶总督查明被灾地方，奏请蠲缓钱粮，并饬户部发银二十万两，截留漕米二十万石，分别赈济。并派员添设粥厂，接济民食。其直隶永定河水漫溢，已由该督饬属将被淹村庄先行抚恤。广东嘉应被扰地方，业经该督抚拨银赈抚。湖北黄梅、广济被扰，难民逃至九江，并经江西巡抚饬属劝捐抚恤。河南永城、夏邑两县频年被匪、被水，亦经该抚筹拨银两，以工代赈。直隶承德府街市被水，四川巫山等县，湖北襄阳等府属被淹，已谕该都统、督抚饬属妥为抚恤。陕西兴安、汉中等属，江河盛涨，并谕该抚筹办安抚，小民谅可不至失所。惟念来春青黄不接之时，民力未免拮据，著传谕该督抚等体察情形，如有应行接济之处，即查明据实覆奏，务于封印以前奏到，候朕于新正降旨加恩。再江西南昌等属雨泽稀少，永新县被旱，河南祥符等处低田被水，及山东海潮漫溢并被扰地方，均由各该抚奏明分别查勘。湖南浏阳被水，安乡等州县低田被淹，亦经该抚委员查勘，酌量赈恤。即著迅速办理，并将来春应否接济之处一并查明，于封印前奏到。此外各省被灾被扰地方应行调剂抚恤之处，著该将军、督抚等一并查奏，候旨施恩。将此各谕令知之。钦此。遵旨寄信前来。

810　查：本年浙江、山西、陕西、广东、湖南间有被扰、被灾地方，俱经随时加恩分别蠲免缓征，其明春应否量为接济之处，臣等谨照向例，缮写询问该督抚等谕旨。俟覆奏到日，再行拟写新正加恩谕旨呈进。再直隶、广东、湖北、湖南、河南、山东、四川、陕西、江西被扰、被灾之区，该督抚等或已筹办赈济，或奏明查勘，酌予抚恤，应否接济，现俱未经奏到。此外各省被灾、被扰地方有无应行调剂抚恤之处，均应一并询问，令该将军、督抚等迅速查奏汇办。谨奏。

844　奉旨来京另候简用人员名单：

前任山东布政使贡璜，现派稽查粥厂。

前任直隶布政使唐训方，现交刘长佑差委。

前任安徽布政使张光第，现派稽查粥厂。

前任江西布政使孙长绂,现派稽查粥厂。

前任山西布政使王榕吉,现派稽查粥厂。

893　同治六年,江西省秋审新事服制情实,胡得胜一起,人犯一名,谨将勾到时所奉谕旨恭录于后。

一起斩犯胡得胜

与大功兄胡得庸无嫌。胡得庸向不务正,其兄胡得耀屡训不悛,嗣因胡得庸窃人牛只,胡得耀查知,邀同该犯并其弟胡得刚将胡得庸捉住,询认独窃牛只,卖钱花用。胡得耀训斥,胡得庸混骂,胡得耀气忿,喝令该犯及胡得刚用绳将其两手反缚看守,自行投族送究。胡得庸争脱逃走。该犯追至河边,胡得庸举拳向殴,该犯闪避,往赶胡得耀同捉,胡得庸赶殴,不期失足落河,被溺殒命。被殴逃避,死由自行跌溺,尚非有心。干犯稍有可原,是以未勾。

894　同治六年江西省秋审常犯情实,罗记俄等共七起,人犯共十五名,谨将勾到时所奉谕旨恭录于后。

一起绞犯罗记和、罗达滛、万烧明、罗运行。

致毙彼造五命。该犯等各下手致毙一命,均法无可宽,是以俱勾决。

一起斩犯袁怔发、绞犯袁得涺、绞犯袁得桀。

致毙彼造四命。该犯袁怔发以奴仆戳毙良人一命,该犯袁得涺、袁得桀各下手致毙一命,均法无可宽,是以俱勾决。

一起绞犯徐松柏、徐欢保、徐税叛、徐旺俚。

致毙彼造四命。该犯等各下手致毙一命,均法无可宽,是以俱勾决。

一起斩犯黎源挥。

奸通小功兄妻,复谋毙其命,法无可宽,是以勾决。

一起绞犯吴从方。

纠伙抢夺逾贯,为害行旅,法无可宽,是以勾决。

一起斩犯万亦才。

火器杀人,法无可宽,是以勾决。

一起斩犯陈润庭。

挟嫌迁怒,故杀年甫四龄缌麻卑幼,法无可宽,是以勾决。

905　军机大臣字寄各路统兵大臣,各直省将军、督抚。同治六年十一月初二日,奉上谕:前因提镇员缺,关系紧要。特经寄谕各统兵大臣并各疆臣,令将所保记名提镇各员另片密注堪以胜任字样,其实在不能胜任者,亦即随时具奏。迄今遵行者,仍属寥寥。军兴以来,各路兵勇有打仗出力历保佐领、参副等官者,续有劳绩,无可再加,往往奏请以副都统、提镇记名简放,朝廷破格施恩,无不立允所请。而其人之材具识略如何,究未能概行深悉。现在军务未竣,需才孔亟。(摘抄起)各营带队将领并曾经记名副都统、提镇(摘抄止)中如有材具出众,谋勇兼优并战功久著,堪膺专阃之任者,仍著各路统兵大臣及各督抚等遵奉前谕,详细出具考语,随时具奏,以备任使。或未能骤膺专阃而材堪造就,将来阅历较深,尚堪胜任者,亦著分别具奏。(摘抄起)各该员现在军营所司何职,统带兵勇若干,或因事撤去差委,或缘事离营回籍者,均著按季造册,送报军机处以备查核。其籍贯、年岁、履历并著随时详细造册,咨送兵部,勿得延宕。(摘抄止)本日据乔松年奏,新授贵州安义镇总兵曾桂四查无下落等语。该员向隶湘果营,在川陕带队剿贼。是否现回湖南原籍,著刘崐查明具奏。将此各谕令知之。钦此。遵旨寄信前来。(摘抄交兵部)

914　军机大臣密寄大学士·两江总督·一等毅勇侯曾,福州将军·署闽浙总督英,两广总督瑞,署湖广总督·江苏巡抚李,浙江巡抚马,署江苏巡抚·湖北巡抚郭,江西巡抚刘,广东巡抚蒋,三口通商大臣·兵部左侍郎崇,传谕护理湖北巡抚·布政使何璟。同治六年十一月初五日,奉上谕:户部奏请,饬滨临江海各省解钱筹铜一折。前因铜斤缺乏,鼓铸当十大钱原为一时权宜之计。行之日久,不无流弊。近来市廛行使暗中折减,于国用民生均有未便。惟欲规复圜法,必须筹备制钱。京师自通行大钱以来,所有制钱大都运往外省。若欲鼓铸新钱,又非一二年所能骤复。户部议令滨临江海各省筹解制钱,实为便捷之法。前经谭廷襄函商湖北督抚,拟于盐厘项下酌提制钱,由轮船运津,据称事属可行。此外如江西、江苏、浙江、广东四省均有海船可通。各该省厘金较旺,自可一律提解。著曾国藩、郭柏荫、英桂、马新贻、瑞麟、蒋益澧、李瀚章、何璟、刘坤一各于盐卡厘卡收款内,每年酌提制钱三十万串,由轮船装运天津,交崇厚择地严密收存,听候提用。酌提钱文准照银价划抵应解京饷,其制钱一千合银若干及运脚若干,即著各该督抚迅速议定具奏。所提之钱务须年清年款,以两年为止,不准稍有短解。此项钱文即名为天津练饷,以昭慎密,不可稍有宣露,致令外来商民传播都城,有碍钱法,是为至要。其湖北施宜等处向多铜矿,著该督抚饬属招商试办,酌抽矿税,试行有效即筹款收买商铜,以裕鼓铸,并著妥议章程具奏。至滨海商贾向有贩运红铜条铜等项,应如何招商收买之处,并著各该督抚、三口通商大臣妥速议奏,将此密谕曾国藩、英桂、瑞麟、李瀚章、马新贻、郭柏荫、刘坤一、蒋益澧、崇厚,并传谕何璟知之。钦此。遵旨寄信前来。(另抄封交户部)

941　同治六年十一月十四日,奉旨:这所参疏脱斩绞重犯越狱之管狱官·江西南昌县典史张逊,著革职拿问,交刘坤一提集刑禁人等,严讯有无松刑贿从情弊,按律惩办。有狱官·南昌县知县黄恩浩,著先行交部议处。其因公出署是否属实,著查明办理。仍著将逃犯许有才、江南海子严缉务获。倘限满无获,即著从严参办。该部知道。钦此。

952　同治六年十一月十五日,内阁奉上谕:本年各直省办理秋审人犯,经刑部由缓决改情实者,河南省有九起之多。该抚并臬司于秋谳重犯未能详审核议,著交部查明，分别议处。嗣后各将军、府尹、督抚等务当督同所属，遵照定例酌核案情，悉心究拟，固不可失之刻核，亦不可惑于救生不救死之说，故从轻减，总期执法持平，无枉无纵，用副明慎用刑至意。将此通谕知之。钦此。

963 同治六年十一月十七日，内阁奉上谕：内务府奏请，将各省关汇兑银两，严定限制等语。粤海关解交公用及各省关应交课税银两大半因道路梗阻，委员汇兑，往往有奏报起程后，迟至数月始行到京者。而汇兑银号又复迁延时日，影射不交，实于库款大有关碍。著各该督抚等嗣后委解银两，务将起程日期随折奏明，并将汇兑各商详细声叙，仍令该委员于到京时先行报到，以便饬传交纳。此后如有藉词支吾情事，即著照贻误京饷例将该委员等严行参处。余依议。钦此。

965 军机大臣密寄大学士·署直隶总督·一等果威伯官、大学士·两江总督·一等毅勇侯曾、钦差大臣·湖广总督·一等肃毅伯李、福州将军·署闽浙总督英、闽浙总督吴、署湖广总督·江苏巡抚李、三口通商大臣·兵部左侍郎崇、湖北巡抚·署江苏巡抚郭、江西巡抚刘、福建巡抚李、浙江巡抚马、山东巡抚丁、前江西巡抚沈。同治六年十一月十八日，奉上谕：总理各国事务衙门奏请，饬催各直省将军、督抚、大臣将预筹修约事宜迅速覆奏一折。前因各国换约期近，密谕该将军、督抚、大臣悉心筹画，于十一月内覆奏。迄今已届两月，仅据左宗棠、瑞麟、都兴阿先后奏到，并将该衙门前寄咨函逐条登答，此外均未覆奏，实属延缓。此事关系极重，必须集思广益，先事图维。该将军等务当懔遵前旨，各抒所见，详悉妥筹，迅速覆奏，以凭核办，不得以空言塞责。官文甫经到任，即著密饬刘长佑将前寄谕旨并总理各国事务衙门咨函移交，由该署督妥筹速奏。将此由六百里各密谕知之。钦此。遵旨寄信前来。（抄交总理衙门）

1001 军机大臣字寄福州将军，三口通商大臣，直隶、两江、江苏、安徽、江西、福建、浙江、湖北、湖南、河南、山东、山西、四川、广东各督抚，传谕粤海关监督。同治六年十一月二十九日，奉上谕：户部奏，预拨来年京饷一折。据称历届京饷均系年前预拨。现届应拨同治七年京饷，拟在各省地丁、盐课、关税等款内指拨银七百万两，请饬各该省于来年分批起解等语。京饷关系最为紧要。现在该部就各省缓急情形，斟酌动拨，自应遵照奏定数目源源报解，以济要需。著各该将军、通商大臣、督抚、盐政、监督等务于来年开印后分批起解，限五月前解到一半，十二月初间全数解清，不准截留改发，藉词延误。倘届期不到，即照奏定章程指名严参。原单均著抄给阅看。至本年未解京饷，前经该部节次奏咨飞催。现届年终仍未如数解清。著各该督抚等迅速筹款报解，毋再迟延干咎。将此由五百里谕知福州将军，三口通商大臣，直隶、两江、江苏、安徽、江西、福建、浙江、湖北、湖南、河南、山东、山西、四川、广东各督抚，并传谕粤海关监督知之。钦此。遵旨寄信前来。（另抄交户部）

1003 军机大臣字寄署湖广总督·江苏巡抚李、湖南巡抚刘、江西巡抚刘、传谕护理湖北巡抚·布政使何璟。同治六年十一月二十九日，奉上谕：据御史阮寿松奏，军兴以来,沿湖滨湖官隄民圩渐就倾圮。每逢盛涨,膏腴尽为泽国,亟应一律兴修,捍卫农田。并另片奏,江西饶州府安仁县城于咸丰五年修竣,至今未邀奖叙等语。著李瀚章、何璟、刘崐、刘坤一查明各该省地方原有官堤民圩,派员分别估修,认真经理,务令工归实用,以重农务。其兴修安仁县城各官绅,并著刘坤一查明奏请奖励。原折片著分别抄给阅看。将此谕知李瀚章、刘崐、刘坤一并传谕何璟知之。钦此。遵旨寄信前来。

1080　同治六年十二月十九日,内阁奉上谕:刘坤一奏,查明江西各属被水、被旱,请缓征钱漕一折。本年五六月间,江省雨水过多,立秋以后雨泽又复愆期,以致收成歉薄。若将新旧钱漕照常征收,民力实有未逮。加恩著照所请。所有南昌县之二都三、四、五、七、八等图,十一社一图,惠外二图,八都五图、下六图,九都下九图,十都六图,十一社二图,十四都下一图、七图,十五都四图、下四、南四、北四、七、八等图,十六都三、四、五图,十七都一图,十八都一、五图,十九都下三、四、五、七、九、十等图,二十都下四、五图,二十一都南一、南三图,二十九都七、八图,二十三都一、十一、十八、二十一等图,二十四都一、南八、北八、九、十等图,二十五都三、四、六、七、八、十、十四等图,二十六都二、三图,三十四都二、三图,六十三都一图,被淹各则民田一千九百八十七顷七亩零,未完地粮银五千一百八十五两零,漕米九千九百十二石零。

新建县十二都五图,三十三都一图,三十四都二、三图,三十六都一、二、三、四、五图,三十七都三图,三十九都一图,四十都二图,四十一都四、五图;伍谏四十二都一、二、三图;仪凤四十二都一、二、三图,四十三都一、二图,四十四都一、二、三、大三、四图,四十五都一、二、三、四图,四十六都一、二、三、四图,四十七都一、二、三图,四十八都一、二、三、四图,四十九都一、二图,五十都一、二图,五十一都一、二图,五十二都一、二图,五十三都一、二、三、四图,五十四都一、二、三、四、五图,五十五都一、二、三、四、五图,五十六都一、二图,军都六图,八、九、十等坊,被淹各则官民田三千一百二十五顷六十九亩零,未完地粮银六千七百五十两零,漕米六千六百五十二石零。

进贤县之下五坂二十七都一、二、三、四、五等图,二十八都一、二、三、四等图,二十九都一、二、三、四等图,三十都一、二、三、四、五等图,三十一二都一、二、三、四等图;各乡滨临各湖五都一、二、三、四、五、六等图,六都一、二、三、四、五、六、七等图,七都一、二、三、四、五、军等图,上八都一、二、三、四、五、六、七、八、九等图,下八都一、二、三、四、五、六、七、八、九等图,十三四都一、军、上下二、三、四、五、六、七、八、九、十等图,十五都一、二、三、四、五、六、七、八等图,十六都一、二、三、四、五、六、七、八、九、十等图,十七都一、二、三、四、五、六、七、八、九、十等图,二十二都一、二、三、四、五、六、七、八、九、十等图,二十三都一、二、三、四、五、六、七、八、九、十等图,二十四五都一、二、三、四、五、六等图,二十六都一、二、三、四、五等图,三十三都一、二、三、四、五等图,三十五都一、二、三、四、五、六、七、八等图,三十六都一、二、三、四等图,三十七都一、二、三、四、五、六等图,三十八都一、二、三、四、五等图,六隅东、西、南、北、中、正等隅,被淹各则田二千四百四十四顷五十三亩,未完地粮银七千二百四十两零,漕米九千四百二十石零。

清江县东乡十都四、五图，十一都一、二、三、四、五图，十二都一、二、三、四、五图，十三都一、二、三、四、五图，十四都一、二、三、四、五图，十五都一、二、三、四、五图，十六都一、二、三、四、五图，十七都一、二、三图；南乡三都三、四、五图，四都一、二、三、四、五图，五都一、二、三、四、五图；西乡五都五图，六都一、二、三、四、五图，七都一、二、三、四、五图，一都一、二、三、四、五图，二都一、二、三、四、五图，三都一、二图；北乡八都一、二、三、四、五图，九都一、二、三、四、五图，十都一、二、三图，被水、被旱各则田一千五百八十二顷四十三亩零，未完地粮银七千一百五十四两零，漕米五千三百六石零。

新淦县二都一、二、三、四、五、六图，四都三、四、五、六、七、八图，七都二、三图，五都七、八、十一图，三都一、二、四、五、六、七、十图，一都三、四、五、七图，六都一、三、四、六、七、八、九、十图，被旱各则田一千四十三顷五十四亩零，未完地粮银六千九百二十三两零，漕米五千六石零。

新喻县附城一、二、三、四、五坊，暨一都一、二、三图，二都一、二、三图，三都一、二、三图，四都一、二、三图，五都一、二、三图，六都一、二、三图，七都一、二、三图，八都一、二、三图，十三都一、二、三图，十四都一、二、三图，十五都二、三图，十六都一、二、三图，十七都一、二、三图，十八都一、二、三图，十九都一、二、三图，二十都一图，正附功屯，公图、军图，被旱各则田地山塘七千四百六十六顷二十亩零，应征地粮银三万七千三百五十九两零，漕米二万二千七百六十八石零，内著缓征十分之二，银七千四百七十两零，米四千五百五十石零。

峡江县东乡一都一、二图并二、三、四、五、六、七、八、九、十、十一等都各图及尾甲；西乡一都二图并二、三、四、五、六、七、八、九、十、十一、十二、十三等都各图甲，附城一坊一、五甲，被旱各则田三千三十一顷三十四亩零，未完地粮银四千五百九两零，漕米三千四百九十石零。

莲花厅砻西乡二、三、四、五、六、七、十四五、十八九等都，上西乡二十二三五六七八九、三十等都，被水、被旱民田八百十六顷八亩零，屯田六十六顷二十亩，未完地粮银五千二百四两零，漕米一千九百八十六石零，屯丁银二十三两零，存留屯粮银八十六两零，漕运屯粮银七百七十七两零，余租粮一千七百三十三两零。

安福县东乡三都并五十五六七及六十一二等都，南乡一都并三十六七八及四十一二、五十、五十一二等都，北乡二、六、七、八并十、十一三及二十一二等都，北乡二都并六十四七八九等都，被旱各则田地一千六百四十八顷六亩零，未完地粮银一万六百八十两零，漕米六千二百三十七石零；并东乡三都并五十七、六十二等都，南乡一都并五十、五十一等都，西乡四、五、六、九并十一三、二十一等都，北乡六十五六七等都，被旱屯田二十二顷七十六亩零，未完屯丁银八两零，漕运屯粮银三百二十七两零，余租银六百十六两零。

永新县东乡六十三都并六十四五六七八九、七十一二等都，南乡五十三都并五十四五六七八九等都，西乡十一都并十二三四五六七八九及四十一二三四、六十一等都，北乡一都并二、三、四、五、六、七、八、九、十及七十一、七十三等都，被水、被旱各则民屯田地共一千五百六十二顷九十八亩零,未完地丁银九千七百九两零,漕米二千五十六石零,漕运屯粮银五百八十九两零,余租银一千七百十二两零。

余干县东、西、南、北四隅及二都、三都、四都、五都、六都、七都、八都、九都、二十七都、二十八都、二十九都、三十都、三十一都、三十二都、三十三都、三十四都、三十五都、三十六都被淹各则民湖官蒌田一千八十八顷十八两零,未完地丁银三千六百六十八两零,漕米二千五百三十三石零;并十八都、十九都、二十都、二十一都、二十二都、二十三都、二十四都、二十五都、二十六都被旱各则民田二千五百五十二顷八亩零,未完地丁银七千二百二十四两零,漕米四千一石零。

建昌县之永丰、凝远、丰安、德政、市镇、钓台等六乡被水,应征地丁、漕米内著缓征十分之四,银七千七十八两零,漕米三千七百十七石零。同安义县之寄庄建昌县各乡被水应征地丁、漕米内著缓征十分之四,银一百八十两零,漕米一百二石零。

瑞昌县王仙乡新义堡、小园堡、大湖堡、青陂堡,清二乡之滑石堡、清溢堡、峨眉堡、石壁堡、大桥堡、横港堡、沙圳堡,洪二乡之八门堡、水磨堡、圳下堡,洪下乡之箬坑堡、崇正堡、高路堡,被水各则民田一百九十八顷六十七亩零,未完地粮银九百六十两零。并南卫新义堡及内外甲地方坐落王仙、清二等乡,被水各则屯田地六十五顷五十九亩零,未完漕运屯粮银四百六十一两零,余租银六百五十六两零。

湖口县之上乡十三都、十六都,中乡八都、十二都,下乡三都、五都、四六都,被旱各则民田四百五十五顷六十七亩,未完地丁银二千九百七十六两零;并十三都、十二都、五都被旱及编入德化县之仁贵乡、宿松县之孟家洲被水屯田十四顷七十六亩,未完漕运屯粮银一百二十二两零,余租银三百十八两零,六年压征五年芦课银二百九十九两零,均著缓至同治七年秋后分作两年带征。

彭泽县被旱较重之四都、六都、七都、九都、十二都、二十都、二十五都、三十都、二十三都,未完地丁银四千五百二十二两零;及三十都之定山二百户,二十都之杨梓桥三百户民佃,二十五都之上潦洪,十二都之古楼坂建德户,四都之下隅坂,七都之太平坂及九都等处,未完漕运屯粮银一千九百七十两零,屯丁银八百二十两零,存留屯粮银九百十两零,余租粮五千七百二十八两零,均著缓征十分之五。又被水被旱稍轻之一都、二都、三都、五都、八都、十三都、十五都及一、二坊等处,未完地丁银四千五百十五两零;及八都之乌沙坂未完漕运屯粮银一百五十八两零,屯丁银四两零,存留屯粮银三两零,余租银二百九十七两零,仍著缓征十分之三,所缓各款均缓至同治七年秋后分作两年带征。又三十三都未完六年厘征、五年芦课银一千九百四两零,著缓征十分之五,缓至同治七年秋后一并带征。

南昌县同治二年民欠地丁银五千二百六十九两零,漕米一万一百十五石零,咸丰十年民欠地丁银三千八百九十一两,漕米七千一百五十三石零,均著缓至同治七、八两年秋后带征。南昌、新建二县同治三、四、五等年被水,各原缓三、四、五年地丁、漕米,及元年被水,原缓元年并咸丰十一年地丁、漕米;新建县二年被水,原缓元年地丁、漕米;丰城县元年被水,原缓元年地丁、漕米;莲花厅五年被旱及三、四两年被水、被旱,各原缓三、

四、五等年地丁、漕米、屯粮、余租，元、二两年被旱，原缓二年存留屯粮，除带征完纳外，其余未完同原缓元、二两年地丁、漕米、屯粮丁、余租；崇仁县三年被扰，原缓元年地丁、漕米；东乡县四年被水，原缓四年地丁、漕米；鄱阳县五年被水、被旱，及三年被旱，原缓三、五两年地丁、漕米、屯粮丁、余租；德化县五年被水、被旱，原缓五年地丁、屯粮丁、余租、芦课；德安县五年被水，原缓五年地丁、屯粮丁；湖口县元、三、五等年被水、被旱，及四年被水，原缓元、三、四、五等年地丁，除带征完纳外，其余原缓各该年屯粮、余租、芦课；彭泽县五年被水、被旱，并四年被水，原缓四、五两年地丁、屯粮、余租、芦课，及三年被水、被旱，原缓三年地丁、屯粮、余租，均著递缓至同治七、八两年带征。

又进贤县五年被水，及清江、新喻、峡江三县五年被旱，各原缓五年地丁、漕米；莲花厅元年被旱，原缓咸丰十、十一两年地丁、漕米、屯粮丁、余租；安福县五年被旱，原缓五年地丁、漕米、屯粮丁、余租；永新县二年被水、被旱，原缓二年地丁、漕米、屯粮、余租；鄱阳县二年被扰，原缓元年及咸丰十、十一等年地丁、漕米；建昌县并安义县之寄庄建昌县五年被水、被旱，各原缓五年地丁、漕米；德化县四年被水，原缓四年地丁、屯粮、余租、芦课，并德安县四年被水，原缓四年漕运屯粮，除带征完纳外，其余同原缓四年地丁、屯粮丁；瑞昌县被水原缓五年地丁、屯粮、余租，俱著递缓至同治八、九两年带征。

进贤县四年被水，原缓四年地丁、漕米；清江县三年被水、被旱，峡江县三年被水，各原缓三年地丁、漕米；新淦县五年被旱，原缓五年地丁、漕米；新喻县二年被水、被旱，原缓二年地丁、漕米；安福县四年被旱，原缓四年地丁、漕米、屯粮、余租；永新县三、四两年被旱，原缓三、四两年地丁、漕米、屯粮丁、余租；崇仁县三年被扰，原缓咸丰十一年漕米，除带征完纳外，其余同原缓地丁；余干县五年被水、被旱，原缓五年地丁、漕米；建昌县并安义县之寄庄建昌县同治二、三、四年被水，各原缓二、三、四等年地丁、漕米；德化县三年被旱，原缓三年地丁、屯粮、余租、芦课；德安县元年被水，原缓咸丰十一年地丁及十年地丁、屯粮丁；彭泽县四年被水，原缓元年及咸丰十、十一等年地丁、屯粮丁、余租，俱著递缓至同治九、十两年带征。

又进贤县三年被扰、被水、被旱，原缓三年地丁、漕米；清江县二年被水、被旱，原缓二年及咸丰十一年地丁、漕米；新喻、建昌二县并安义县寄庄建昌县元年被水，各原缓元年地丁、漕米；安福县三年被旱，原缓三年地丁、漕米、屯粮、余租；德化县二年被水、被旱，原缓二年地丁、屯粮、余租、芦课，均著递缓至同治十、十一两年带征。

进贤县二年被水、被旱，原缓二年地丁、漕米；清江县元年被水，原缓元年地丁、漕米，并二年被水、被旱，原缓咸丰十年地丁；新淦县四年被旱，余干县四年被水，各原缓四年地丁、漕米；新喻、建昌二县并安义县之寄庄建昌县元年被水，各原缓咸丰十一年地丁、漕米；安福县二年被旱，原缓二年地丁、漕米、屯粮、余租；崇仁县三年被扰，原缓咸丰十年地丁、漕米；德化县元年被水，原缓元年地丁、屯粮、余租、芦课，均著递缓至同治十一、十二两年带征。

进贤县元年被水，安福县元年被旱，各原缓元年地丁、漕米；建昌县并安义县之寄庄建昌县元年被水，各原缓咸丰十年地丁、漕米；德化县二年被水、被旱，原缓咸丰十年地丁、屯粮丁、余租、芦课，均著递缓至同治十二、十三两年带征。

进贤县元年被水，安福县元年被旱，各原缓咸丰十一年地丁、漕米；新淦、余干二县三年被水，各原缓三年地丁、漕米；德化县二年被水，原缓咸丰十一年屯粮丁、余租、芦课，均著递缓至同治十三、十四两年带征。进贤县五年被水，安福县元年被旱，各原缓咸丰十年地丁、漕米，均著递缓至同治十四、十五两年带征。

又新淦、余干二县二年被水，各原缓二年地丁、漕米，著递缓至同治十五、十六两年带征。又新淦县元年被水，原缓元年地丁、漕米；余干县元年被水，原缓咸丰十一年地丁、漕米，均著递缓至同治十七、十八两年带征。又余干县元年被水，原缓咸丰十年地丁、漕米，著递缓至同治十九、二十两年带征。

又金溪县二年被扰，原缓咸丰十年地丁、漕米、地丁脚耗、本折物料、随漕、兵加，十一年地丁、漕米、本折物料、随漕、足①折、兵加；乐平县二年闻警被旱，原缓咸丰十年地丁、漕米，均著递缓至同治七年秋后一并带征。又金溪县三年被扰，原缓元、二两年地丁、漕米、地丁脚耗、本折物料、随漕、兵折、兵加，五年被旱原缓三年地丁、漕米、地丁脚耗、本折物料、随漕、兵折、兵加；乐平县二年闻警被旱，原缓咸丰十一年地丁、漕米，均著递缓至同治八年秋后带征，以纾民力。该抚即刊刻誊黄，遍行晓谕，务使实惠均沾，毋任吏胥舞弊，用副朝廷轸念歉区至意。余著照所议办理。该部知道。钦此。

1129　臣等查：明新正应行加恩各省，除盛京、江苏、安徽、江西、浙江、福建、湖北、湖南、河南、陕西、广东、广西经该将军、督抚等具奏，毋庸接济，山西经该抚具奏，俟来春察看办理外，吉林、甘肃、四川、云南、贵州五省尚未奏到。所有直隶、山东二省业经该督抚奏到。臣等拟写谕旨二道并拟定日期颁发。谨奏。

同治七年

135　军机大臣字寄江西巡抚刘、湖南巡抚刘。同治七年三月初一日，奉上谕：（摘十字交吏部）刘坤一奏，拿办奉新教匪并湖南会匪滋事，派兵防堵等语（摘二字）。江西奉新匪犯张继生等习教吃斋，聚众劫杀，经该处文武督团将张继生等七名捕获解省讯供，分别办理。逸犯曾幗才、杨万盛本系义宁州教匪滋事案内漏网要犯，此次复敢传习邪教，煽惑众心，必须拿获惩办，以绝根株。著刘坤一严饬该地方官上紧缉捕，毋任远飏，并将伙党各犯一律访拿究治。（摘抄交吏部起）奉新县知县徐廷琛疏防境内匪徒聚掳，事后仅获犯七名，其余首伙各犯迄未续获，实属不知振作。著摘去顶戴，勒缉逸犯以赎前愆。（摘抄止）湖南浏阳、醴陵会匪图扰江境，经浏阳团勇拿获数十名，余均逃散。此股匪徒于何时啸聚，为首要犯是否就擒，著刘崐迅速查明具奏，并酌派兵勇前往搜捕，以遏乱萌，不得敷衍了事。并著刘坤一饬令派往萍乡、万载之副将贺抡元等与湘省官弁

① “足”，疑为兵。

协力兜拿,毋令窜越。万载县匪徒张大吉欲纠党赴浏阳入伙,现经拿获正法。逸犯黄发香仍著刘坤一严饬躧缉,其已获之张更生等三名,并著确讯究办。将此由五百里各谕令知之。钦此。遵旨寄信前来。(摘抄交吏部)

195　军机大臣字寄两广总督瑞、成都将军·兼署四川总督崇、浙江巡抚李、江西巡抚刘、湖南巡抚刘、河南巡抚李。同治七年三月二十日,奉上谕:宋延春奏请,饬催四川等省迅解历次奉拨滇饷等语。滇省饷需久绌,现在迤西等处,逆匪披猖,军情万分紧急。各该省历有奉拨之饷,自应星速筹解。著瑞麟、崇实、李瀚章、刘坤一、刘崐、李鹤年各查照历次奉拨滇饷,如数筹拨,以应急需,毋稍延缓。将此由五百里各谕令知之。钦此。遵旨寄信前来。

207　同治七年戊辰科会试:
满洲一百六卷,(御印)取中七名。
蒙古十九卷,(御印)取中二名。
汉军七十五卷,(御印)取中五名。
直隶五百四十五卷,(御印)取中二十名。
奉天二十七卷,(御印)取中三名。
山东二百二十五卷,(御印)取中十六名。
山西一百五十卷,(御印)取中七名。
河南一百四十六卷,(御印)取中十七名。
陕甘三十二卷,(御印)取中五名。
江苏三百六十九卷,(御印)取中二十四名。
安徽一百五十八卷,(御印)取中十五名。
浙江四百九十一卷,(御印)取中二十五名。
江西三百四十卷,(御印)取中二十二名。
湖北一百六十四卷,(御印)取中十一名。
湖南二百四卷,(御印)取中十四名。
福建四百十三卷,(御印)取中二十名。
台湾二十二卷,(御印)取中二名。
广东三百五十九卷,(御印)取中十五名。
广西一百五十三卷,(御印)取中十二名。
四川二百三十七卷,(御印)取中十六名。
云南一十九卷,(御印)取中四名。
贵州一百九卷,(御印)取中十名。

239　军机大臣字寄大学士·署直隶总督·一等果威伯官、大学士·两江总督·一等毅勇侯曾、福州将军·兼署闽浙总督英、署湖广总督·湖北巡抚郭、江苏巡抚丁、福建巡抚·调任广东巡抚李、三口通商大臣·兵部左侍郎崇、前江西巡抚沈、传谕护理湖北巡抚·布政使何璟。同治七年四月初一日,奉上谕:英桂等奏,筹米运津一折。英桂等以畿辅大兵云集,需粮孔亟,拟拨款购米十万石,由轮船运赴天津听候提拨,实能力顾大局。即著饬令周开锡等赶紧采办,陆续运津。并著崇厚督饬天津道府先期雇备剥船,俟此项米石到津,即饬天津道会同道员夏献纶验收。并由崇厚妥速运赴京仓。所有前项米船经过地方,著官文、曾国藩、郭柏荫、丁日昌、何璟饬令各关口概免征收厘税,即予查验放行。将此由五百里谕知官文、曾国藩、英桂、郭柏荫、丁日昌、李福泰、崇厚、沈葆桢,并传谕何璟知之。钦此。遵旨寄信前来。(抄交户部)

253　军机大臣字寄大学士·两江总督·一等毅勇侯曾、两广总督瑞、福州将军·兼署闽浙总督英、成都将军·兼署四川总督崇、署湖广总督·湖北巡抚郭、钦差工部尚书·署山西巡抚郑、江苏巡抚丁、前江西巡抚沈、传谕护理湖北巡抚·布政使何璟、粤海关监督师曾。同治七年四月初七日,奉上谕:(摘抄交总理衙门起)刘典奏,新拨三关洋税银两拟分别派员领解,(摘抄止)请催原拨广东、江苏协饷及请饬湖广等省将奉拨陕省赈银迅解各折片(摘一字)。(摘抄起)陕省军务方殷,待饷孔亟,前经谕令闽海、粤海、江汉等关于四成洋税内各按月拨解银一万两(摘抄止)。又原拨广东、江苏两省协饷,按月一万两,乃广东等省拨解寥寥,设因饷需不继,兵勇哗溃,于大局甚有关系。(摘抄起)所有闽海关洋税,著英桂知会沈葆桢代为经理,即由沈葆桢派员按月催领起运。粤海关洋税(摘抄止)暨广东省协饷(摘抄起)著瑞麟饬令前经奏派办理陕省米捐分局之臬司梅启照等照奏定章程,妥为经理,交知县洪霈按期运解(摘抄止)。江苏月协陕饷,著丁日昌就近派委道员胡光墉按月催领起运。以上饷需均由各该省运至湖北交陕甘后路粮台道员王加敏经收。(摘抄起)至江汉关每月洋税即由王加敏就近催领,并将洋协各饷一并转运陕省交收(摘抄止)。并著曾国藩、瑞麟、丁日昌将前欠陕省协饷迅即筹款,如数分起补解,仍按月源源筹解,以资接济。其上年由部奏拨山西省银六万两,四川、湖北各银七万两为陕省办赈之用。除湖北筹解银一万两外,山西等省并无分厘报解。著崇实、郭柏荫、郑敦谨、何璟无论何款迅速拨解,以应急需,(交户部止)毋许再有延缓。将此由五百里谕知曾国藩、瑞麟、英桂、崇实、郭柏荫、郑敦谨、丁日昌、沈葆桢,并传谕何璟、师曾知之。钦此。遵旨寄信前来。(抄交户部、摘抄交总理衙门)

317　…………

第一排

江西进士六名:

(御印)谭承祖江西人,年三十三岁,二甲十三名进士,覆试一等四十四名,朝考一等三十一名。

(御印)鲁琪光江西人,年三十六岁,二甲三十五名进士,覆试一等二十三名,朝考二等四十一名。

(御印)顾树屏江西人,年二十八岁,二甲三十六名进士,覆试二等七十七名,朝考一等十七名。

周芳杏(御印)江西人,年三十三岁,二甲七十二名进士,覆试二等五十四名,朝考二等三十名。

(御印)徐兆澜江西人,年三十五岁,二甲八十四名进士,覆试三等十名,朝考一等十九名。

张赓飏江西人,年二十一岁,刑部学习员外郎,二甲八十七名进士,覆试二等五十一名,朝考二等五十五名。

第二排

江西进士六名:

(御印)许振祥江西人,年二十五岁,二甲九十二名进士,覆试二等十四名,朝考一等三十名。

严必大(御印)江西人,年二十四岁,二甲一百十三名进士,覆试二等六十一名,朝考二等二十八名。

欧阳衔江西人,年二十九岁,候选主事,二甲一百十四名进士,覆试二等十名,朝考二等六十二名。

程志和(御印)江西人,年二十三岁,二甲一百二十七名进士,覆试二等三十八名,朝考三等三十八名。

汪文枢(御印)江西人,年二十六岁,三甲二名进士,覆试三等六十八名,朝考二等六十七名。

章淡如江西人,年四十一岁,三甲四十二名进士,(御印)覆试三等十五名,朝考三等一百二十二名。

第三排

江西进士六名:

陈作霖(御印)江西人,年二十六岁,三甲四十三名进士,覆试三等十二名,朝考三等六十四名。

赵从佐江西人,年三十四岁,三甲七十三名进士,(御印)覆试二等六十六名,朝考三等九十四名。

吴联奎江西人,年四十四岁,三甲七十五名进士,(御印)覆试二等六十名,朝考二等三十五名。

黄兆槐江西人,年三十九岁,三甲七十九名进士,(御印)覆试三等三十九名,朝考三等六十名。

辛孚德(御印)江西人,年二十六岁,三甲九十一名进士,覆试二等八名,朝考二等六十一名。

(御印)陈瑜江西人,年四十六岁,三甲一百六名进士,覆试二等六十二名,朝考一等三十五名。

第四排

江西进士五名:

黄长森江西人,年四十五岁,三甲一百二十三名进士,(御印)覆试三等一百九名,朝考三等一百三十二名。

彭辉昇江西人,年四十四岁,三甲一百二十四名进士,(御印)覆试三等五十五名,朝考三等一百八名。

华煜(御印)江西人,年二十三岁,三甲一百二十九名进士,覆试二等四十名,朝考三等三十五名。

罗德绣江西人,年二十九岁,(御印)三甲一百三十名进士,覆试三等七十一名,朝考三等一百十二名。

曾福善江西人,年三十七岁,三甲一百三十九名进士,覆试三等五十四名,朝考三等一百二十六名。

…………

御印钤在第一层者，改为庶吉士。钤在第二层者，分部学习。钤在第三层者以内阁中书用。钤在第四层者，以知县即用。未经钤用御印者，除郑训承、叶荫昉、李昶、方汝绍、陈钦铭、孙永治、张赓飏、林生泽、廖鹤年各以本班即补外，欧阳卫、陈以成分部学习，余均归班铨选。

343　同治七年闰四月十六日，内阁奉上谕：曾国藩奏，霆营勇夫闹饷，应行查办各官审明定拟一折。上年十月间，霆字正左等营在湖北襄阳府属东津湾因饷滋闹。经李瀚章参奏降旨，将营官史宗兴等先行革职讯明后，再行从严惩办。兹据曾国藩督同省局司道讯明，霆营闹饷实因上年七八两月，江西省未能筹解饷银，各营筹款垫放。至十月放饷，该营官等扣还前款。适值米价昂贵，又因关差黄安勇丁需用无资，相率滋闹，藉端抢掠。营哨各官虽讯无扣饷重情，究属办理乖谬，咎实难辞。已革总兵史宗兴、杨谦万、邹连升任意扣款，本有应得之咎。业经革职，均毋庸议。约束不严之哨官参将刘明高、游击罗朝魁、副将莫志友、总兵李仁寿均著革职，永不叙用。副将陈敬德、彭在中、杨友胜均著以游击降补，参将殷昌南著以都司降补，游击冯文质著以守备降补，以示惩儆。已革总兵陈由立当勇丁滋事之时，首先抢其座船，其平时不协军心，发饷含糊，已可概见。被参后，又延不到案，畏罪玩法，厥咎甚重，著发往新疆效力赎罪。未获之守备徐正元等五名，仍著该督查拿惩办，以肃军律。该部知道。钦此。

355　军机大臣字寄江西巡抚刘、浙江巡抚李、湖南巡抚刘、传谕护理湖北巡抚·布政使何璟。同治七年闰四月二十四日，奉上谕：张之万奏，清淮饷绌，请饬催解一折。清淮军需本极支绌，加以派兵远征，尤须各省协助，方足以资接济。著李瀚章迅将上年欠解协饷一万五千两即行补解，并著刘坤一、刘崐、何璟将本年协饷提前筹解，以济饷需。将此由五百里谕知刘坤一、李瀚章、刘崐，并传谕何璟知之。钦此。遵旨寄信前来。（抄交户部）

379　同治七年五月初三日，内阁奉上谕：前据曾国藩等奏，拟补长江水师各缺，续陈未尽事宜，并请以大衔借补小缺各折片。当令军机大臣会同该衙门速议具奏。兹据奏称，总兵系专阃大员，例应特简。所有岳州镇总兵等缺，应否仍由军机处开单请旨简放，抑或援照广西右江镇、云南普洱镇之例，令该督等另拟正陪，请旨简放等语。长江水师事属创始，该督等请补各缺自为因地择人起见，所有岳州镇总兵员缺，著准其以彭昌禧借补。汉阳镇总兵员缺，著准其以许朝琳补授。湖口镇总兵员缺，著准其以丁义方补授。瓜州镇总兵员缺，著准其以吴家榜借补。嗣后遇有该四镇缺出，即由该省督抚保举堪胜总兵人员，拟定正陪，请旨简放。其请补副将以下新设各缺，著照所议，准以周国兴等暂行借补。至未尽事宜十条及大衔借补小缺章程，均著照所议办理。长江水师所辖江面延袤五千余里，职任所关甚重。该督抚等务当会同该水师提督随时实力整顿，期于经久无弊，毋任渐形懈弛，以重营务而固江防。单并发。钦此。

380　军机大臣·和硕恭亲王臣奕䜣等谨奏，为遵旨会议具奏，仰祈圣鉴事。内阁抄出大学士·两江总督曾等奏,补长江水师各缺并续陈未尽事宜各折件,于同治七年三月十二日军机大臣奉旨:军机大臣会同该衙门速议具奏。片一件,单四件并发。钦此。臣等查,长江水师均系新设之缺,所有该督等拟补员弁亦系照奏定章程,以大衔借补小缺,事属创始,原不必拘以定例。惟查各省总兵缺出,无论水师陆路向由军机处开单请旨简放。惟广西右江镇、云南普洱镇总兵缺出,例由该督抚等保举堪胜总兵人员,拟定正陪恭候简放。今岳州、汉阳、湖口、瓜州四镇总兵四缺,该督等径将记名提督彭昌禧等拟定四员请旨简放。总兵系专阃大员,例应特简。若由该督等指定一员一缺,似不足以崇体制而昭慎重。所有岳州、汉阳、湖口、瓜州四镇总兵应否查照向章,由军机处开单请旨简放,抑或照广西右江镇、云南普洱镇之例饬令另拟正陪请旨简放之处,恭候钦定。至副参以下各官,凡军营及军务省份向章虽准借补,亦从无以提镇之衔借补千把之缺者。今该督等奏称副参以下七百九十余缺,请以记名提督周国兴等借补衔缺,未免悬殊。臣等详加酌核,除将借补章程另行片奏外,所有此次长江水师副参以下新设各缺,拟请旨准以周国兴等暂行借补,无庸核计参罚。其借补守备以上各员履历到部者,即行给予署札。履历未到部者,由兵部开单知照该督等即按名咨送履历再给署札。统俟立营停妥,各归本汛后,由该督等分年分起给咨送部,仍遵外海之例按照二五八冬各月考验枪炮,带领引见,换给实授札付。至嗣后借补千把以下各官仍照例咨部核办,毋庸开单具奏,以符旧制。其请铸关防,由兵部撰拟清汉字样,知照礼部照例办理,请裁各缺亦由兵部照例办理。其续陈未尽事宜十条,臣等谨逐条详核,另开清单恭呈御览。再,查长江险号天堑,水师事属肇端,提督所辖江面延袤五千余里,利弊关系甚重。虽立法周详,可期经久不敝。而时殊势异,斟酌损益,诚如该督等所奏,仍须以后滨江督抚、提镇极力主持。所有未尽各事及此后有应行变通之处,仍由各督抚会同水师提督随时相机分别办理。所有臣等遵旨会议缘由,是否有当,伏乞训示遵行。再此折系兵部主稿,合并声明,为此谨奏。请旨。同治七年五月初三日。军机大臣·和硕恭亲王臣奕䜣、军机大臣·吏部尚书臣文祥、军机大臣·户部尚书臣宝鋆、军机大臣·户部左侍郎臣沈桂芬、兵部尚书臣宗室载龄、兵部尚书·兼署户部尚书臣董恂、兵部左侍郎臣崇厚(差)、署兵部左侍郎臣宗室载鹭、兵部左侍郎·署刑部左侍郎臣胡家玉、兵部右侍郎臣伊精阿、兵部右侍郎臣彭玉麟(差)、署兵部右侍郎·工部左侍郎臣黄倬、户部尚书臣罗惇衍、户部左侍郎臣崇纶、户部左侍郎·署刑部右侍郎臣宗室延煦、户部右侍郎臣潘祖荫、礼部尚书臣全庆、礼部尚书臣万青藜、礼部左侍郎臣察杭阿、礼部左侍郎臣庞钟璐、礼部右侍郎臣绵宜、礼部右侍郎臣殷兆镛(差)、刑部尚书臣宗室绵森(假)、刑部尚书臣谭廷襄、刑部左侍郎·承恩侯臣恩龄、刑部左侍郎臣贺寿慈(学差)、刑部右侍郎·署工部右侍郎臣宗室英元(差)、刑部右侍郎臣桑春荣、协办大学士·工部尚书臣瑞常、工部尚书臣郑敦谨(未到任)、署工部尚书臣毛昶熙、工部左侍郎臣魁龄、工部右侍郎臣恩承(差)、署工部右侍郎臣阜保、工部右侍郎·署礼部右侍郎臣鲍源深。

381 臣等再查此次设立长江水师各缺,事属创始,制贵因时。前经奏明准其以大衔借补小缺，至所请绿营各缺，暂于二十年内亦准以大衔借补小缺，截至同治二十七年为止，并称议准后，或每年借补六七成，序补三四成等语。该督久任督师，深虑军营保举人数太多，额缺不敷拟补，且官职愈大，补缺愈难，不得已而为此通融调剂之方，所奏不为无见。惟是救弊不宜偏重立法，不厌详求。查自军兴以来，凡有军务省份武职各员保至三品以上者，固不下数万人。而三品以下之员，更不可胜计。若各省绿营额缺均准以大衔借补，竟至十分之六七，则是同一军营立功人员衔大者可无失职之虞，衔小者不免向隅之憾。畸轻畸重，似亦未得其平。原奏谓将来军事大定，各路撤兵。此项有衔无缺之员，难保不滋生事端，固属防患未萌。若大衔借补小缺迟之二十年之久，必致各营千把微员永无升补之期，亦恐不无流弊。且武职各官品秩稍殊，即有统辖之责，设小缺多以大衔借补，则将领之衔与备弁无殊，甚至受辖之备弁，其本衔反大于所统之将领，不惟有碍于体制，更恐滋弊于戎行，似亦非经久之制。臣等详加酌核各省保举军功人员多寡不同，未便拘以一格，拟请嗣后曾经军务省份绿营各缺，由各该督抚酌量，除照例序补并无窒碍者，毋庸借补外，其有必须借补者，暂准其专折奏请通融借补。提镇准借至副参，副将准借至游击，以次递借，不得借至三级以下。其已经借补实缺之员即以本衔在任候补，不得照借缺品级再行升借他缺。至武职缺出已经借补一缺者，每项不准接续借补两员。如系一折数员借补仍不得过半，并于年终汇总，开单奏明借补各缺成数，以备稽核。无论何缺统计至多不准过五成。如逾此数，臣部查明，行文该督抚仍于次年将序补人员照数补还。至长江水师各缺，现因营制初定，暂照所请拟补。嗣后亦应按照此次所定章程，以三级为限，准其借补，不得漫无限制。所有陆路水师，统俟十年后，再由各督抚体察情形，应否仍复旧例奏明酌核办理。是否有当，伏乞训示遵行。为此附片谨奏请旨。

382 谨将会议长江水师事宜十条分别核议，缮具清单，恭呈御览。

第一条颁发关防条记。

一原奏请铸关防于官衔上均冠长江水师字样。如四镇总兵岳州镇曰长江水师岳州镇总兵官关防，汉阳镇曰长江水师汉阳镇总兵官关防，湖口镇曰长江水师湖口镇总兵官关防，瓜州镇曰长江水师瓜州镇总兵官关防，狼山镇仍循其旧。副参游都守等官请铸关防，条记字样另开详细清单进呈御览。各营均用本汛地之名如荆州则曰荆州营，陆溪口则曰陆溪营，皆就府县口岸之名以为营名。其草鞋夹地名太俗，改名曰金陵营。惟提标中营不刻汛地之名。至原奏所拟之绥通营、绥海营兹亦改名曰通州营、海门营，使人易晓等语。兵部查，长江水师界连五省，请颁各镇关防上既统冠以长江水师，仍兼归各省督抚节制，拟请于长江水师之下仍系省份如岳州镇则曰长江水师湖南岳州镇总兵官关防，汉阳镇则曰长江水师湖北汉阳镇总兵官关防，湖口镇则曰长江水师江西湖口镇总兵官关防，瓜州镇则曰长江水师江南瓜州镇总兵官关防，狼山仅二营分隶，则仍其旧。至所拟汛地更改营名之处，均属周妥，应如所请，准其更改，以归雅饬而便通晓。其千把、外委等官即由外刊刻钤记，以昭信守。礼部查，新设长江水师各缺，除千把以下官由外刊给钤记外，其总兵关防四颗、副将关防六颗、参将关防七颗、游击关防十一颗、都司关防四十八颗、守备条记四十七颗，应照例由兵部撰拟字样，送部铸造颁发。

第二条酌留厘卡充饷。

一原奏长江水师兼辖五省，所需饷项，合之则见多，分之则见少，应于五省各留厘卡一处，湖南即留岳州一卡，湖北即留汉口一卡，江西即留湖口一卡，安徽即留大通一卡，江苏即留瓜洲一卡。岳州、汉口两卡所收之厘，每年每卡各提十余万两解交湖北盐道衙门供支水师之用，其余入款仍归两湖藩司收用；湖口、大通、瓜洲三卡所收之厘，每年每卡各提十余万两解交江宁盐道衙门供支水师之用，其余入款仍归三江藩司收用。归水师用者由江楚总督报销，归藩司用者由该省巡抚报销。俟水勇裁撤完毕，经制水师立定之后，此五处卡员即由江鄂两盐道会同该省藩司委员经收。自此五卡之外，各省厘卡，俟军务大定本应全行裁撤，倘有愿留一二卡添补永远经费者，由各督抚体察，专案奏办等语。户部查，收厘充饷，本一时权宜之计。惟各省经久之费出入均有定额，今添此经制水师，一切经费碍难别筹。该督等请于湖南、湖北、江西、安徽、江苏等五省各留厘卡一处，每年每卡提银十余万两，以供水师之用，岳州、汉口两卡提款解交湖北盐道衙门收支，湖口、大通、瓜洲三卡提款解交江盐道衙门收支，其余入款仍归各本省藩司收支等语，系为筹备饷需起见，应如所奏办理。其经收委员应令随时报部，收支各款，并令江楚各总督按年另行具本题销。至水师既为经制之兵，卡厘即为经久之费。原奏内仅称每卡提银十余万两，并未拟定划一数目，难免参差不齐之弊，应令该督将五省厘卡每年每卡额提水师经费若干两，拟定确数奏明立案。再查岳州等处厘卡究系何年开设，何员经理，历年收支款项若干，均未据各该省奏咨在案，应由各该督抚补行报部。至此酌留之后，应令各该督抚督饬藩司、盐道及经征委员将厘卡收支各款按季册报，毋稍迟延。此五卡之外，各省厘卡应留、应撤，应由各督抚随时体察情形，奏明办理。

第三条裁撤水勇日期。

一原奏长江水勇向分内江、外江两军，除补缺额外，所有内江一军水军已经臣彭玉麟陆续遣撤，其数目业经咨报兵部在案。其外江水勇，此次奏定补缺一案，即将勇目次第裁撤，俟撤尽再行咨报等语。兵部查，长江内外两军水勇，除内江水勇业已遣撤，其外江水勇亦即次第遣撤，应如所奏办理，仍俟裁竣后即行咨报兵部，以备查核。户部查，原奏内称所有内江一军水勇已经彭玉麟陆续遣撤，咨报兵部，应令该督等补行咨报户部，其外江水勇裁撤数目、日期应令一并分咨户部，以凭核对勇粮数目。此外尚有淮扬水勇一军，太湖水勇一军，原议第五条内另设淮扬经制水师、太湖经制水师，现已将大概规模议定。臣国藩拟于一两月内会奏定案，俟经制水师之案奏定后，即将淮扬水勇、太湖水勇遣撤陆续具报等语。兵部查，另设淮扬、太湖经制水师，应俟该督等会奏到日再行核办。

第四条派船巡查私盐。

一原奏汉阳、瓜洲两镇标派船巡缉私盐，兹定瓜洲镇派巡盐船三号，一年一换，归运使暨瓜栈委员稽查，其饷即由瓜栈支发；汉阳镇派巡盐船三号，一年一换，归湖北盐道暨督销局稽查，其饷即由督销局支发。所巡不过上下四十里，不准太远以防流弊。此外战船一概不准干预盐务。户部查，炮船最易包庇私盐。前经户部议令奏派师船若干只巡缉私枭，另立旗帜字号以便稽查。其未派之船一概不准干预盐务等因在案。兹据拟定汉阳、瓜洲两镇各派巡盐师船三号，一年一换，归两淮运使、湖北盐道及各局员等稽查，所巡地面不得过四十里。此外战船一概不准干预盐务等因。所拟尚属详明，惟原奏内称所巡地面不得过四十里，不准太远，以防流弊，并未立定巡盐地方界限。窃恐江面辽阔，里数难以分明，仍属无凭稽查，应令将各该镇巡缉地方界限酌定报明立案，以免影射，而便遵守。其巡盐之船各就各处领饷一节，应照所拟办理。至弁兵包庇私盐，或失察或知情或受贿或通同兴贩，各有本例，将来应按照情节问拟，毋庸另立处分罪名，转启迁避之渐。兵部查，陆路官弁故纵私枭及失察私盐等案，各有本例。嗣后长江水师如有故纵私枭及失察私盐等案，应照陆路各例分别核议，哨官照专管官例议处，营官照兼辖官例议处，其应议罪者，由刑部核议。刑部查，汉阳、瓜洲两镇派船巡缉私盐，如有弁兵包庇知情并受贿、通同兴贩，例应与犯人同罪及计赃以枉法从重论，其止失察分别笞杖，定例各有治罪专条，已极严明。既据该督等奏称将来遇有此等案件，应按照所犯情节问拟，毋庸另立罪名，转启迁避之渐，应如所奏办理。

第五条酌定炮械旗帜。

一原奏长龙战船头炮二位，系洋庄，各重八百斤、一千斤不等；边炮四位，洋庄，各重七百斤；梢炮一位，洋庄，重七百斤；舢板战船头炮一位，洋庄，重七百斤、八百斤不等；梢炮一位，洋庄，重六百斤、七百斤不等；两边转珠小炮二位，重四五十斤不等。此外洋枪、鸟枪、刀矛之类，随宜分配。至战船旗帜悉以桅旗并梢旗为主。凡桅上用方旗，长龙船桅旗长一丈二尺，宽七尺；舢板战船桅旗长九尺，宽六尺，上半节俱用红色，下半节俱用白色或画北斗·或画太极图或画如意之类。提镇各标各画一样，以示区别。船梢用尖角旗，长龙梢旗长一丈一尺，宽九尺；舢板梢旗长九尺，宽七尺，均写明某标某营某哨字样。此外各标各营哨或桅上添一小旗，或船头设一立旗，或写姓号为记，颜色、制度各听其便。兵部查，长江水师营战船应需枪炮器帜等项，系操防必须之件，应如所奏办理。应由该督将每船应配军器若干，或由何处拨用，或须另行添制，分晰造具名目、件数清册，专案送部核办。工部查，各船应配炮位、器械、洋枪、刀矛、军火等项数目，应如所奏办理，仍令该督将各项军械名目件数，先行报部，并将采买制造各军械应需工料价值银两随时照例分晰造册，送部核办。

第六条更换缺额官阶。

一原奏岳州、汉阳、湖口、瓜洲四镇中军游击营制，惟岳州、汉阳两镇用船三十三号，其湖口、瓜洲两镇中军仅用船二十三号。该两营地当冲要，不敷分布。瓜洲又有应派巡盐之船，尤嫌其少。查，长江提镇例给坐船外，各给督阵舢板二号。工部查，原奏内称岳州、汉阳两镇用船三十三号，湖口、瓜洲两镇用船二十三号。该营地当冲要，不敷分布。查长江提镇例给坐船外，各给督阵舢板二号。而四镇中军之船数，亦不致多寡悬殊，自系因地制宜之意。惟长江波涛汹涌，工料均宜十分坚实，方足以壮军威而利远涉，应令饬承办各员认真督办,务令钱粮均归实在,不得稍有草率。至船支丈尺做法,应令归入同治五年会议长江水师营制事宜案内一体造报,以昭画一。至督阵舢板以守备为哨官,本应设立守备十二缺,兹将此十二缺裁去,拨六缺归湖口中军营,拨六缺归瓜洲中军营,改为守备各一缺,千总各二缺,把总各三缺,共成十二缺之数,与原奏七百七十四哨总数相符。所有提镇督阵舢板之兵丁,由中军派员管辖等语。兵部查,该督等所拟改拨各缺,系因地当冲要,不敷分布起见。且虽以守备额缺,间有改为千总,而仍与原奏总数相符,应俱照原拟办理,以重江防而资分布。其提镇督阵舢板之兵丁,既不设立哨官,自应派员专管,俾资弹压,应令拣选差操勤慎,材技俱优之员管辖,以昭慎重。

第七条议裁旧日缺额。

一原奏原议滨江旧设之水师仍不裁革,不过改归长江提督节制。近来细加讲求,旧营断不能与新营相合。旧制虽名水师而无船无炮,官员各有衙署,新章则水师专以船炮为主,自都司以下即无衙署,以船只为办公之所。旧制水兵口粮不过月支一两至二两为止,新章则水兵口粮月支二两七钱。而官员之俸薪、养廉、船价亦与旧制迥别。旧营水兵不习使船放炮等事,新章则专重使船放炮。若将旧营与新营并存,则规制悬殊,必生觖望。若令旧官补新营之缺,则舟居不惯,必难得力。再四筹思,迄无善策。惟有将滨江旧日水师酌量裁去,如湖北原设之荆参将营、汉阳副将营,湖南原设之洞庭水师营、岳州水师营,江西原设之鄱湖、南湖、九江水师营,均各裁去。所裁之缺副将、参将、游击、都司等,均请兵部另行调补。陆营实缺守备、千把、外委等均由该省督抚另行调补。陆营实缺兹将应裁各缺开单等语。兵部查,定例参将、游击、都司、守备各官有因裁缺赴部候补者,人文到部后,无论双单月,遇有部推缺出,不入班次即补等语。又奏定章程内开裁缺改补人员,未经奏留,例应归部铨选。除业经奏明留省补用者,准归本省补用外,其余各员既无标营可归,应令赴部候选等因。同治六年六月十四日,奉旨:依议。钦此。钦遵在案。此次所裁湖南洞庭营游击一员,江西鄱湖营、南湖营都司各一员,应令该督等给咨赴部候选。湖北荆州营,湖南洞庭营、岳州营,江西九江营守备各一员,按照定例亦应赴部候选。惟该督汇同千把,请由该省督抚另行调补。其中有无舛错,并是否专将守备四缺径留该省另补,亦未详细声明,应令该督等查明咨覆,再行核办。其湖北荆州营、汉阳营,湖南洞庭营、岳州营,江西鄱湖营、南湖营、九江营千总共六员,把总共十三员,外委共十一员,额外外委共九员,并无选班,应由各该省督抚遇有陆路缺出,即行改补。至所称湖北原设之荆州参将营,汉阳副将营均各裁去,而单开应裁各缺内湖北荆州仅有水师营守备一缺,千总一缺,把总二缺,外委一缺,额外外委一缺;汉阳仅有水师营千总、把总各一缺,并未将湖北荆州营之参将,汉阳营之副将叙入。查,湖北荆州营本系城守参将,汉阳营原系城守游击,嗣于同治四年四月经前湖广总督官文等奏请游击改为副将,均系驻扎府城陆路之缺,并非滨江水师。是否在毋庸议裁之列,及留后仍隶河标并归何处节制,均应议及。原单未经叙入,应令该督等详细查明因何前后不符,具奏到日另行核办。其所裁之缺未经调补以前,仍在原省支食本缺廉俸。户部查,例载现任武职奉特旨简发别省,或奏请带往别省,或水陆改调候补,或裁缺留标另补者,均照原任职衔支给俸薪等因。今旧设水师因不能与新营相合，经该督等奏明裁撤，另行调补。查，裁撤各缺本系有职有任之员，其既裁之后未补以前，自应查照水陆改调及留标另补之例，仍给予本缺俸薪以示体恤。其养廉一款，已裁之员究与现任实缺不同，应请毋庸支给。所有各该员弁裁撤，节省廉银及各该员弁另补之后节省俸薪各款，均应令各该督抚等报部候拨，毋稍含混遗漏。礼部查，湖南洞庭营游击、守备，岳州营守备，江西鄱湖营都司、南湖营都司、九江营守备，湖北荆州水师营守备，既经裁去，所有原颁关防条记应由各该督抚饬取镌刻缴字，送部销毁。至兵丁则竟行裁去，兵部查，滨江旧日水兵，既据该督等奏称，以该水兵不习使船放炮等事，请竟行裁去，自系实在情形，应如所奏办理，仍俟裁竣后造入年终汇题册内，以便查核。

第八条各省督抚节制。

一原奏长江水师虽以提督为主，而在五省境内应各归五省督抚节制调遣。副参游以下归本境巡抚节制，总兵并归总督节制。即以湖南而论，去太平府提督衙门甚远，若该省有土匪窃发，须用战船剿办者，即用湖南巡抚檄调境内水师往剿，岳州镇总兵接到咨檄立即发兵，不可等候长江提督回文，致误军机。湖北、江西、苏、皖四省巡抚皆然。至总督调度辖境水营，尤属通行之旧例。平日无事之际，督抚偶调水营操演，一接檄文立即前往应操，不可藉口等候长江提督回文，致误操期。自调兵、调操两事而外，凡水营政务各督抚仍商之长江提督，听候主持等语。兵部查，长江水师提督统辖五省，上自湖广荆州、岳州，下至江南崇明，水陆延袤五千余里，地方既已过远，稽查势所难周。原议所以有兼归各省督抚节制，并提督按年轮往分巡条目。惟是经画伊始，固宜隆重事权而日久相沿，尤恐潜滋流弊。调兵、调操两事关系军政军机，各镇自应径遵该省督抚调度。此外如将弁内有玩抗各情及关系地方重大事体，各督抚闻见较近，仍应一面咨行水师提督，一面径行参办，以免贻误推诿。其水营寻常照例政务，各督抚仍商之长江提督，听候主持，总须遇事和衷，经久不懈，庶江防可期永固矣。

第九条核定疏防处分。

一原奏武职疏防抢劫案件，向例查明离汛里数分别参处，有五里以内，五里以外之分，又有专汛协防兼辖、统辖之别。今长江水师分布江面，自都司、守备以下即以坐船为衙署，本应随时上下梭巡，不能指定汛地五里之起讫确在何处，拟以哨官为专汛之官，营官为本辖之官，遇有抢劫案件，专汛哨官系何职名，应由该营官指出，初参仍照定例四月限满，题参疏防专汛官住俸，本辖官罚俸六个月；二三四等参，向例一年限满者，酌量加重，改为各予限八个月，二参限满，专汛官降一级留任，本辖官罚俸一年；三参限满，专汛官加重降二级留任；四参限满，专汛官加重降二级调用，不准抵销。如汛守内有一夜连劫数次情事，仍照旧例。俟三个月限满，犯无弋获即将专汛官降二级调用，本辖官降二级留任，毋庸立协防、外委名目，亦毋庸议统辖官之处分。倘能于限内获犯过半，兼获盗首，均准免其参处。遵照原奏由提督查明，随时专案参办。如提督迟不开参，即由督抚参奏，以示江面劫案较陆路尤为慎重等语。兵部查，该督等以江面抢劫案件较陆路尤重，请将处分酌量加重，系为慎重江防，严儆废弛起见，应如该督等所请并参酌陆路失事与海洋失事各例，从重定拟，应请遇有江面抢劫之案四个月限满，题参疏防都守以下五项哨官俱照海洋失事专汛兼辖分巡各官例住俸，副参游三项营官俱照海洋统辖总巡统巡各官例，罚俸一年，二三四参均如该督等所拟，各予限八个月，二参限满，不获，哨官降一级留任。再限八个月缉拿，营官照海洋例降一级留任，贼犯照案缉拿。三参限满不获，哨官加重降二级留任。再限八个月缉拿，四参限满不获，哨官加重降二级调用，不准抵销，贼犯令接任官照案缉拿。如有一夜连劫及会勘迟延隐讳不报，协捕不力，讳劫为窃等案，亦照巡洋例办理。其江面获盗之案，亦照海洋例议叙。至营官、哨官遇有降革等项事故离任，应照例拣派效力候补员弁署理。惟不得越级护理，亦不得以兵丁、额外外委署理，千把、经制外委如有误行委派者，即照陆路越级委署例议处。再长江水师既分布江面，都守以下随时上下梭巡，仍应由该督等预为拟定某处江面为某汛地方，遇有失事，即可确指为某营某汛，不至临时推诿矣。嗣后渔税仍归州县征收。户部查，例载渔税，江苏、安徽、江西、湖北、湖南等五省均有例定银数，现在长江渔船虽归水师编查，其税课仍令所属各州县征收完纳，以重考成而裕税课。该州县等不得藉词诿卸，该水师官兵亦不得藉端需索包庇，违者即行指名参处。渔船则归水师编查，以清盗源而一事权。兵部查，渔船归水师稽查管辖，如有窝藏盗贼情事，应照陆营兵窝盗例变通定拟，如水兵通同渔船窝隐盗贼及豢盗受赃漏信脱逃者，营官、哨官明知徇纵，不行查究，均照该管官例革职治罪。如营哨各官并不知情，止失于觉察者，哨官俱照专管官例革职，营官俱照不同城兼辖官例降一级调用。如渔船窝隐盗贼，水兵并不知情，仅止失于查拿者，照盗贼潜匿地方该管官失于稽查例，哨官降二级调用，营官降一级留任。

第十条各营轮流更调。

一原奏水师所重者以船为家，不准登岸居住。若永远驻扎一处，则经年累月，战船全不移动，必至废弛朽坏，相率私造屋宇，弃舟楫而住室庐，不可不防其渐。若兹定江楚各营每逢半年更调一次，副将与副将之营互调，参将与参将之营互调，游击与游击之营互调，每营调居客汛二次，驻扎一年，又准调回本汛一次，驻扎半年。其互调之或远或近，听提督随时斟酌，总不令其废弛安逸，依恋陆居等语。兵部查，该督等所请江楚副参游各营官互调驻扎客汛，原防其藉有衙署名目依恋陆居，废弛水务。原奏水师官兵以船为家，不准登岸。如违例住岸上者，官革职，兵革粮，定例綦严。前议第六条内，副参游各有专营，准其于就近港汊内可收泊战舰处所立汛建署，亦不过为营汛办公起见。前议第十四条内，营官既各给有座船二号，计已足供居住。所立之署应请作为营中办事公所，仍不准在彼常川居住，致都守以下哨官相率效尤，备室庐而弃舟楫，巡缉势必废弛。禁止陆居即所以防其渐。其互调客汛时，仍按时咨报以备稽核。惟查承督缉官员限内案犯未获，例不准升调离任。今长江水师营官、哨官各有承督缉之责，如遇有勒限承督缉盗案未获，均不准升调离任。营官即不准其更调，应俟获盗后，或展参限满开报后，再行更调，以专责成而杜规避。如该提督总兵将已经失事勒限缉拿之营官、哨官错拟保送升迁更调者，除将本员撤回本任仍行限缉外，应将该提督总兵照陆路违例保送之该管上司降一级留任例议处。如哨官有因另案降革等项事故离任者，其接缉盗犯限期及议处议叙,均照陆路接缉盗犯议处议叙例办理。

434　军机大臣字寄钦差工部尚书·署山西巡抚郑、署湖广总督·湖北巡抚郭、江西巡抚刘、湖南巡抚刘、山东巡抚丁、河南巡抚李、传谕护理湖北巡抚·布政使何璟、陕西布政使林寿图。同治七年五月二十八日,奉上谕:穆图善奏,军粮缺乏日甚,大局万难支撑,请饬催各省协饷一折。据称狄道各军后路毫无接济,四十余营断爨四五日或六七日不等。该军纷纷泣恳移营就食,退扎后路,万难再为驾驭。巩昌粮台委员胡世彦以粮缺恐误大局,有情急服毒,幸同人解救得苏情事,请饬催协饷等语。览该署督所奏,情殊可悯。前据户部遵议分拨甘饷,当谕令郑敦谨等迅速筹解山西、山东、河南等省应解月饷,著郑敦谨、丁宝桢、李鹤年查照穆图善原奏分给一半径解甘省。湖南、江西两省饷银,著刘崐、刘坤一分给一半解由穆图善新设粮台转解。河东道所欠六年兰州常饷,著郑敦谨饬令如数径解兰州。该抚等务当竭力筹措,赶紧解甘,以济眉急。其已经起解之款,即著懔遵四月十六日寄谕解交。至续解饷银,著照穆善所请,迅解湖北粮台,交王文韶等转拨,道员玮武、史敬铭等收运到甘,以归迅速。前据左宗棠奏,以洋款半给甘肃,现饬王文韶、王加敏于洋款过鄂时先提银二十万,交甘肃委员解甘。下存之银仍统解陕西,交林寿图,将甘肃饷项核算,酌留若干,就近匀拨,一面将长存之项陆续解甘等语。著郭柏荫、何璟督饬王文韶等如数提拨,速交甘肃委员解甘。林寿图务于洋款解陕时,照左宗棠所拟迅速匀拨,毋得稍涉迟误。将此由六百里谕知郑敦谨、郭柏荫、刘崐、刘坤一、丁宝桢、李鹤年,并传谕何璟、林寿图知之。钦此。遵旨寄信前来。(抄交户部)

439　军机大臣字寄大学士·两江总督·一等毅勇侯曾,江西巡抚刘。同治七年六月初一日,奉上谕:署江西按察使盐法道吴兆麟、江西南赣道文翼、署江西盐法道候补道联福,著曾国藩、刘坤一悉心察看,如竟不能胜任,即行据实参奏,毋稍迁就,将此各谕令知之。钦此。遵旨寄信前来。

473　丁忧回旗,百日服满,江西建昌府同知安福,(御印)旨:著照例用。

502　同治七年六月二十六日,内阁奉上谕:给事中夏献馨奏请,申明稽查词讼旧例一折。各省州县自理词讼,限以二十日完结,仍将已结、未结各案开立号簿,由该管府州按月查核。立法本极周详。近来州县官奉行故事者多积案累累,各该管上司亦未能认真稽核,遂致百弊丛集,狱讼滋丰。览该给事中所奏均系实在情形,著各直省督抚、府尹严饬所属该地方各官,将例定章程实力奉行。并责成各该道府就近稽查,如有州县自理词讼迟延不结及开报朦混遗漏者,即从严参处。倘该管道府从中徇隐,不行查揭,并著该督抚等一并查明奏请议处。经此次申谕后,各该督抚、府尹务当破除情面,随时纠参,以清讼源而臻上理。将此通谕知之。钦此。

528　同治七年七月初四日,内阁奉上谕:此次考试各省之优生杨际清、张文翰、郝钊、李廷一、杨鸿元、胡钟元、六汝猷、彭飞熊、陈兆熙、周维堃、胡炯祖、李宗庚、万瑞洓、吴庆咸、俞斯琮、易文灏、彭鹤龄、丁鳣澜、黄金模著以知县用；何官尹、李维城、刘笃敬、江兆熊、孟滢、黄昭瑜、甘元焕、刘传祁、汤绳和、杨泰煐、万立同、谭鑫振、姚櫆、赵树禾、王沂、戴穗孙、姚筠著以教职用。钦此。

565 同治七年七月十六日，内阁奉上谕：毛昶熙奏，军务渐平，宜益思寅畏一折。所请勤圣学，崇节俭，饬吏治，固根本诸条，皆能剀切敷陈，有裨治道。朕以冲龄践阼，又值时事艰难，何敢稍涉戏豫，自忘敬戒。惟有恪遵皇太后训谕，亲师讲学，仰慰慈怀。至于服御允宜，崇朴黜华，力求节俭，内廷一切用度具有常经，前已叠谕总管、内务府大臣循照旧章大加樽节。该大臣等务当严饬司员，力除浮冒，不得稍事虚縻，以慎度支。厘金一项，屡经谕令各该督抚酌量减裁，惟因贼匪未靖，迫于时势，不能概予裁撤。眷念民生，良深廑系，今幸军务渐平，饷需稍可节省。著各该督抚体察情形，如不能一时尽裁，务当酌留大宗，撤去分局，遇有零星杂贩，概免抽厘，庶不至小民益形拮据，仍当慎选妥实可靠人员管理局务，随时认真稽查，以期涓滴归公，毋任中饱。州县为亲民之官，尤须慎选循良，与民休息，不得任用贪酷不肖官吏，扰累闾阎。畿辅根本重地，务当预筹防范，以备缓急。应如何设立重兵，扼要驻扎暨及时训练之处，著各路统兵大臣及直隶总督妥议具奏。钦此。

584 军机大臣字寄浙江巡抚李。同治七年七月二十三日，奉上谕：张之万奏请，饬浙省拨解欠饷等语，前因清淮饷需支绌，谕令江西、浙江、湖南、湖北将本年协饷各二万两提前解济。浙江省尚有欠解上年协饷一万五千两一并补解，江西、湖南、湖北三省业将应协清淮饷银各二万两先后报解，浙江省仅祗解银五千两，共计尚欠银三万两。现在清淮裁汰，凯撤各营，补发欠饷，赀遣勇丁并筹办善后事宜，需用甚巨。著李瀚章即将欠解清淮六七两年协饷共三万两，饬令粮道在于库存项下如数凑拨，解交张之万应用，不准藉词推诿。将此由五百里谕令知之。钦此。遵旨寄信前来。

589 军机大臣字寄大学士·两江总督·调任直隶总督·一等毅勇侯曾、成都将军·兼署四川总督崇、两广总督瑞、闽浙总督英、云贵总督刘、署湖广总督·湖北巡抚郭、钦差工部尚书·署山西巡抚郑、浙江巡抚李、江西巡抚刘、湖南巡抚刘、河南巡抚李、云南巡抚岑、传谕粤海关监督师曾。同治七年七月二十五日，奉上谕：（摘抄起）前据刘岳昭奏请，运粤盐以抵滇饷，当经谕令户部速议具奏。又据翰林院侍读学士马恩溥奏请，筹济滇饷，一并交部查明核议具奏。兹据该部奏称，查同治六年冬拨以前广东省欠解滇省协饷约共四十余万两，内由盐课项下指拨协解者有丙辰、丁巳、乙丑三年，共指拨银二十一万两。又太平关欠解三十余万两，粤海关欠解二十余万两，经该部三次奏催，仅据粤东将初次奏提银六万两陆续解往，其余多未报解。刘岳昭所请运盐抵饷一节，从前云南、广东本有铜盐互易之案，章程载在则例。今滇铜虽不能运粤，仍须取给粤盐，即以划抵欠饷，视铜盐互易旧章办法虽殊而情理则一。且广东产盐不虑不敷，若运至云南广南府督销，更无沿途洒卖，侵灌粤东引地之虑。著瑞麟严饬广东运司赶紧酌提盐斤飞咨滇省委员接收,售充军需,按每盐一包合银一两二钱有零之数,抵算欠饷,不准藉词推诿。其广东藩盐两库及太平关、粤海关截至现在实欠滇饷各若干,并如何酌提盐斤均匀划抵,及滇省如何委员设局督销转运之处,著瑞麟、刘岳昭、岑毓英各赶紧会商,妥拟章程具奏。浙江等省应解滇省协饷报解寥寥,现在滇省需饷孔亟,除广东一省现议提拨盐斤售抵欠饷外,著曾国藩、崇实、英桂、郭柏荫、郑敦谨、李瀚章、刘坤一、刘崐、李鹤年迅饬各该藩司、监督,按照户部叠次奏明提拨各数目,赶紧如数起解,毋稍延宕。并著刘岳昭、岑毓英遵照该部历次奏案,将各省奉拨滇饷已解未解各数目,分晰开单专案飞咨该部,以凭查核。(摘抄止)至马恩溥所奏请简派良将一二员统带劲旅一二万人入滇助剿等语,云南距直东较远,移师往剿,情形未必相宜。如该省亟须筹添兵勇,著刘岳昭等即就近添募,以资得力。将此由五百里谕知曾国藩、崇实、瑞麟、英桂、刘岳昭、郭柏荫、郑敦谨、李瀚章、刘坤一、刘崐、李鹤年、岑毓英,并传谕师曾知之。钦此。遵旨寄信前来。(摘抄交户部)

633　军机大臣字寄闽浙总督英、福建巡抚卞、浙江巡抚李、江西巡抚刘、湖南巡抚刘、传谕署安徽巡抚·布政使吴坤修。同治七年八月初五日,奉上谕:吴坤修奏请,饬江西等省停解皖军协饷,仍饬湖南迅速筹解等语。前谕江西、闽浙三省每月协济皖军饷银各一万两。现在该军陆续凯撤,所有该三省协饷除已经报解,俟兑收清楚,由吴坤修截数具奏外,嗣后该三省即将协饷停解,俾免转运之烦。惟皖军未能尽撤,尚需支发口粮,湖南省自奉停皖捐,部定每月由湘拨银五千两,至今分厘未解。著刘崐仍按月如数筹拨,以资接济。俟该军全数遣撤,再行奏请停止。将此由五百里谕知英桂、卞宝第、李瀚章、刘坤一、刘崐并传谕吴坤修知之。钦此。遵旨寄信前来。

647　军机大臣字寄大学士·两江总督·调任直隶总督·一等毅勇侯曾、署湖广总督·湖北巡抚郭、浙江巡抚李、江西巡抚刘、传谕护理湖北巡抚·布政使何璟。同治七年八月十一日,奉上谕:曾国藩奏,预筹撤勇经费一折。据称捻股荡平,李鸿章所部各军亟应赶紧裁撤。苏省历年供支该营军饷,业已不遗余力。目前撤勇经费需款较巨,一时无从筹画,请借拨浙江、江西、湖北三省银两以应急用等语。刻下捻匪既平,裁撤勇丁一事最关紧要,自应宽筹经费,妥速办理。江苏用款繁多,库储支绌系属实在情形。著李瀚章、刘坤一于浙江、江西各借拨银二十万两,郭柏荫、何璟于湖北借拨银十万两,解交曾国藩,为遣撤湘淮各军之用。并照所议仍由苏省于四个月后陆续归款,浙江之款由松沪厘局解还,江西之款由西盐督销局解还,湖北之款由鄂盐督销局解还,以清款项。其本年闰四月所借浙江银十万两,既据曾国藩奏称无力筹还,即著作为协苏之款,由浙江归入军需报销,以清轇轕。将此由五百里谕知曾国藩、郭柏荫、李瀚章、刘坤一,并传谕何璟知之。钦此。遵旨寄信前来。(抄交户部)

666　军机大臣字寄各直省将军、督抚、三口通商大臣等。同治七年八月十八日,奉上谕:总理各国事务衙门奏,办理中外交涉事件,关系重大,请饬格外慎密一折。西洋各国自入内地以来,办理诸多棘手。凡遇中外交涉事件,有关系大局者,自宜慎密,将事不得稍有泄漏。乃曾国藩于密陈筹议修约事宜折件不能慎密,致被人传抄,业经交部议处。此事若再追究,诚恐欲盖弥彰,转于大局无益。第思各直省将军、督抚、三口通商大臣等均有中外交涉事件,遇有奉到密寄谕旨及总理衙门密行文件并该将军、督抚等密奏折件,若复稍涉大意,致有泄漏,则机事不密,咎有攸归。嗣后务当格外慎密,以维大局。如有在事各员不能体会此意,一经察出,定当从重惩处,决不宽贷。原折均著抄给阅看,将此各密谕知之。钦此。遵旨寄信前来。(抄交总理衙门)

722 江西候补知府·现任南昌县知县黄恩浩,(御印)旨:著以知府留于江西尽先补用。

736 戊辰科会试武举取中数目:

八旗满洲蒙古,(御印)取中三名。

八旗汉军,(御印)取中二名。

奉天,(御印)取中一名。

直隶,(御印)取中十四名。

陕甘,(御印)取中一名。

广东,(御印)取中九名。

河南,(御印)取中五名。

山东,(御印)取中四名。

江苏,(御印)取中三名。

安徽,(御印)取中二名。

山西,(御印)取中五名。

湖北,(御印)取中三名。

湖南,(御印)取中三名。

四川,(御印)取中七名。

广西,(御印)取中一名。

福建,(御印)取中四名。

浙江,(御印)取中七名。

江西,(御印)取中六名。

767 军机大臣密寄直隶、四川、安徽、江西、浙江、湖北、湖南、山东、山西、陕西、甘肃、广东、广西、云南、贵州各将军、督抚。同治七年九月二十四日,奉上谕:本日据总理各国事务衙门奏,现办传教各案,中外未能相安,请饬迅速完案,并通饬各省按约办理一折。河南南阳因还堂聚众,江苏扬州殴辱教士,福建台湾壮勇杀教民,该国使臣屡请拿办正凶,情词迫切,必须迅速完案,方免事机决裂。已谕令江苏、福建、河南各督抚迅速办理矣。惟思传教一案载在条约,自难显为禁止。惟在修明正学,自端趋向,乃能崇正黜邪,潜消隐患。遇有交涉事件,尤当持平办理。当行者就案完结,当拒者按约办明,庶可关其口而夺之气。嗣后各该地方如有传教之洋人,务令士民各守本业,不得听信浮言,无端寻隙。倘有不安本分教士滋扰地方,即知会领事官按约惩办,必使民教相安,不致酿成巨案。著各直省将军、督抚等通饬各该地方官,妥慎办理,毋稍偏徇,致滋流弊。原折著各抄给阅看。将此各谕令知之。钦此。遵旨寄信前来。(抄交总理衙门)

776　同治七年江西省服制情实四起,人犯四名,内除旧事胡得胜一起一名业于上年免勾时开列榜示外,谨将新事服制辜峪简等三起三名勾到时所奉谕旨,恭录于后。

一起斩犯辜峪简。

因大功兄辜峪幅闻知伊为族人作中卖田得有谢钱,往向索分,适该犯携刀赴田割菜,彼此路遇。辜峪幅斥伊不应为族人作中卖田,必须分给谢钱,方可无事。该犯分辩。辜峪幅扭伊胸衣推送。该犯仰跌倒地,辜峪幅带跌扑压身上。该犯手内尖刀向上,不及丢弃,致戳伤辜峪幅左腿,移时殒命。伤由带跌致戳死,出不虞,尚非有心。干犯情稍可原,是以未勾。

一起斩犯詹洸溃。

与期亲叔母周氏家有公共柏树栽种田塍。嗣该犯见柏子成熟,往邀周氏摘分。周氏雇族人詹得明帮摘分,携刀担偕抵树下。詹得明坐歇,该犯向催不理,致相骂詈。詹得明拾刀用柄向殴,该犯将刀夺获。詹得明拳殴,该犯用刀抵戳。詹得明闪避。适周氏走至瞥见,从詹得明身后爬上田塍劝解。该犯收手不及,戳伤周氏偏右,移时殒命。伤由误中死,出不虞,尚非有心。干犯情稍可原,是以未勾。

一起斩犯黄躲。

与小功兄黄连桃无嫌。该犯与族人黄地苟有公共粪窖,议明不准私取。嗣该犯私向窖内取粪,黄地苟瞥见向斥,被骂回詈,黄地苟闪避。适黄连桃从黄地苟身后拢劝。该犯收手不及,误戳伤黄连桃右乳倒地,移时殒命。伤由误中死,出不虞,并非有心。干犯情稍可原,是以未勾。

777　同治七年江西省常犯情实刘汤扬等十四起,人犯十四名,谨将勾到时所奉谕旨恭录于后。

一起斩犯刘汤扬。

火器杀人,法无可宽,是以勾决。

一起绞犯余汶唤。

纠伙抢夺逾贯,为害行旅,法无可宽,是以勾决。

一起斩犯戴耕。

窃盗护伙,拒毙事主,法无可宽,是以勾决。

一起斩犯郭庚寅仔。

赌匪逞忿故杀,法无可宽,是以勾决。

一起斩犯梅棕帮。

火器杀人,法无可宽,是以勾决。

一起斩犯黄金桦。

图财害命,虽未得财,业已杀人,法无可宽,是以勾决。

一起斩犯邝汶著。

火器杀人,法无可宽,是以勾决。

一起斩犯叶绍迪。

细故逞凶,致毙外姻小功尊属,法无可宽,是以勾决。

一起斩犯陈受淋。

奸匪因奸起意,谋杀纵奸本夫,淫凶难宽,是以勾决。

一起斩犯李细教仔。

致毙彼造三命,该犯火器致毙一命,法无可宽,是以勾决。

一起斩犯李菖发。

奸匪逞忿故杀,法无可宽,是以勾决。

一起斩犯张歪头。

奸匪拒捕,刀毙本夫,法无可宽,是以勾决。

一起斩犯王槐鹤。

逞忿故杀,法无可宽,是以勾决。

一起绞犯甘长青。

致毙兄弟一家二命。该犯刀毙一命,情伤俱重,法无可宽,是以勾决。

789　军机大臣字寄大学士·两江总督·调任直隶总督·一等毅勇侯曾、协办大学士·湖广总督·一等肃毅伯李、漕运总督张。同治七年九月二十七日,奉上谕:(摘交户、兵部起)张之万奏,筹办江北善后,敬陈管见四条并请饬各统兵大臣查明军营携带民妇子女递回原籍各折片。(摘一字)江北一带为东南管钥要地,年来征兵筹饷,小民生计日艰。现在捻患已平,土匪亦叠经歼灭,亟宜休养斯民,冀培元气。尤必妥筹善后,以备不虞。(摘抄起)该漕督以降众散勇弹压需人,勇队未可全撤。而因于留饷练兵,安插将弁各事宜,悉心规画,拟在清淮各军内挑留水陆勇丁数千人,自邳州以下分段驻扎。(摘交兵部止)将内河各厘卡酌量裁并,酌减粮厘,停止两江月协饷银四千两,其余厘金、桶捐、盐厘、协饷各款,请饬两江、江西、浙江、湖南、湖北照旧拨解,清淮捐输照旧办理。(摘抄止)(摘交兵部起)并抽调漕标、淮扬镇标各营更番训练,清淮出力将领与漕标人员挨次轮补。(摘交兵部止)以上各条均属因时制宜。(摘抄起)即著该漕督实心经理,(摘九字交兵部)以为经久之图,不得徒托空言,有名无实。其两江、江西、浙江、湖南、湖北应解厘金、桶捐、盐厘、协饷等项,并著张之万咨行各该督抚照旧源源接济,毋稍膜视。(摘抄止)团练圩寨等事仍著饬令各地方官认真整饬。军营留养妇女人口本干例禁,该漕督所称贼中被掠妇女,官军获捷后,辄以为贼眷,挟之而归,自系实情。著曾国藩、李鸿章严饬各路统领确查营中如有携带妇女及幼年子女者,立时分别递回原籍,交地方官传知该家属领回,俾无失所。倘有隐匿抗不交出者,即著从严参办。将此各谕令知之。钦此。遵旨寄信前来。(摘抄交户、兵部)

812　军机大臣字寄吉林、直隶、江苏、安徽、江西、浙江、湖北、湖南、河南、山东、山西、陕西、甘肃、广东、广西、云南、贵州各将军、督抚。同治七年十月初三日,奉上谕:本年直隶霸州等处被水,湖南晃州厅属被扰,山东东阿等处被扰、被灾,山西蒲县等处被扰,广东长乐、镇平等处被扰,节经各该省奏到,已加恩将新旧钱粮分别蠲免缓征,并特降谕旨将被扰最重之安徽凤阳等属,江苏徐州等属,山东曹州等属,河南开封等属,湖北黄州等属积欠钱粮豁免。其直隶、山东、河南被扰地方,并令该督抚查明奏请蠲缓钱粮。直隶之沧州、东光等处被扰、被淹,已令三口通商大臣将备赈米石散放。山东之武定、济南各属亦经李鸿章奏明将余剩军米就近赈恤,郓城等处被水并经该抚拨银抚恤。至直隶永定河凌汛、秋汛两次漫口,已谕令该督查明抚恤。河南黄沁两河相继漫溢,谕令该抚妥筹赈抚,并准将漕折银两截留备赈,小民谅可不至失所。惟念来春青黄不接之时,民力未免拮据。著传谕该督抚等体察情形,如有应行接济之处,即查明据实覆奏,务于封印以前奏到,候朕于新正降旨加恩。再吉林珲春、双城堡被水,江苏大江南北低田被淹,安徽徽宁等属蛟水徒发,颍州府属黄水下注被淹,江西建昌等处被淹,南昌等处被旱、被水,浙江杭州等属被水,湖南浏阳、武陵等处被淹,河南商邱等处及东南各州县大雨积水,均经该将军等奏明委员查勘,酌量抚恤。即著迅速办理并将来春应否接济之处一并查明,于封印前奏到。此外各省被贼扰害地方,应行调剂抚恤之处,著该督抚等一并查奏,候旨施恩。将此各谕令知之。钦此。遵旨寄信前来。

813　查:本年直隶、湖南、山东、山西、广东、安徽、江苏、河南、湖北间有被扰、被灾地方,俱经随时加恩分别蠲免缓征。其明春应否量为接济之处,臣等谨照向例缮写询问该将军、督抚等谕旨。俟覆奏到日,再行拟写新正加恩谕旨呈进。再直隶、山东、河南、吉林、江苏、安徽、江西、浙江、湖南被扰、被灾之区,该督抚等或已筹办赈济,或奏明查勘,酌予抚恤,应否接济,现俱未经奏到。此外各省被扰地方有无应行调剂抚恤之处,均应一并询问,令该督抚等迅速查奏汇办。谨奏。

832　同治七年十月初六日,内阁奉上谕:御史周恒祺奏,军务渐平,亟需整饬吏治,敬陈管见一折。所奏不为无见。朝廷政令务在必行,乃如清积案,行保甲,屡经谆谆训谕而各省实力奉行者甚少。嗣后著各该督抚遇有通谕事件,务饬各属实力奉行,不得视为具文。如有仍前延玩者,即行严参。其保举人才,近来每以空言列诸剡章,殊非核实之道。嗣后中外大臣有保举人才者,著即胪列事迹,登诸荐牍。如有所行与所举不符者,即治举者以应得之咎。河南、直隶、山东等省差徭最重。兵兴以来,民间协济车辆尤多苦累。而各州县亲友、子弟、幕友、家丁无不擅用差车,实堪痛恨。著各该督抚严行禁革。如查有前项情弊,即将滥发滥应之员严参治罪。其正项应用车辆,亦不准丁役藉端讹索,以省扰累。至该御史所称惜名器,减捐纳,综厘局各条,著各该部妥议具奏。

钦此。

868　同治七年十月二十二日，内阁奉上谕：御史袁方城奏请，将阵亡之生员、弁兵予恤，并附祀本籍昭忠祠等语。四川副贡生耿光宣、重庆中营外委袁正贵、营兵王锡光于咸丰五、六年间，先后在江西及江南地方打仗阵亡。著吴棠查明奏请议恤，并附祀本籍昭忠祠。钦此。

899　本年秋审各省由缓改实起数单：

广东省一起；
四川省三起；
福建省一起；
奉天省一起；
陕西省五起；
浙江省二起；
江西省一起；
江苏省二起；
山西省四起；
直隶省四起（内六年份二起）。

960　同治七年十一月十九日，内阁奉上谕：御史游百川奏请，除吏胥积弊一折。京外各衙门额设吏胥，不过用以执簿书供奔走。乃近来各衙门胥吏或舞弊营私，甚至盘踞把持，缘引为奸，坏法乱纪，殊堪痛恨。嗣后内外大臣务当严饬所属，振刷精神，破除积弊，将一切文案立限清理。吏数过多者，核实裁汰。其有舞文弄法之吏，随时察访痛惩，不准稍涉徇庇。至家丁串通书役、绅衿包揽词讼，亦著一并严禁，以儆贪蠹而杜弊端。将此通谕京外各衙门知之。钦此。

961　同治七年十一月十九日，内阁奉上谕：兵部代奏，候补主事李扬华敬陈管见一折。据称近来地方各吏但讲虚文，全无实政。因而巨奸大猾横暴闾里，绝无创惩，良民受屈赴愬，往往押候延搁。甚至发交命案，避重就轻，曲为凶犯开脱，姑息徒以养痈等语。刻下发捻荡平，各省大吏亟宜澄叙官方，勤求民瘼。如该主事所陈实为近今恶习，著各省督抚力为整饬，董率所属，于自理词讼迅速清结，命案认真办理。至京控各案统由各该督抚亲提审讯，不得转委首府各官，以重民生而祛积弊。钦此。

966　同治七年十一月二十一日，内阁奉上谕：前因毛昶熙奏，军务渐平，请饬裁减厘金。当经降旨谕令各该督抚体察情形，酌留大宗，撤去分局。零星杂贩概免抽厘，以纾民力。兹据郭柏荫、何璟奏称，湖北现存各营需饷尚多，并有积欠旧饷及筹办善后各事宜，现在酌留局卡八十六处，拟裁分局分卡五十四处，其余偏僻集场各局卡，概行裁撤等语。即著照所拟，将暂留局卡慎选妥实可靠人员，认真经理，以归核实。其裁撤各局卡,如有私收等弊,即行从严参办,毋稍徇隐。该部知道。此外抽厘省份,各该督抚等务当懔遵前旨,体察情形,分别裁留,迅速具奏。钦此。

989　军机大臣字寄福州将军,三口通商大臣,直隶、两江、湖广、闽浙、两广、四川、江苏、安徽、江西、福建、浙江、湖北、湖南、山东、山西、广东各督抚,传谕粤海、淮安各关监督。同治七年十二月初三日,奉上谕:户部奏,预拨来年京饷一折。据称历届京饷均系年前预拨。现届应拨同治八年京饷,拟在各省地丁、盐课、关税等款内指拨银七百万两,请饬各该省于来年分批起解等语。京饷关系最为紧要。现经该部就各省缓急情形斟酌动拨,自应遵照奏定数目源源报解,以济要需。著各该将军、通商大臣、督抚、盐政、监督等务于来年开印后分批起解,限五月前解到一半,十二月初间全数解清,不准截留改拨,藉词延误。倘届限不到,即照奏定章程,指名严参。原单均著抄给阅看。至本年未解京饷,前经该部节次奏咨飞催。现届年终仍未如数解清,著各该督抚等迅速筹解,毋再迟延干咎。另片奏,内务府同治八年份应需经费,拟拨两淮盐课银六万两,两浙盐课银六万两,福建茶税银六万两,江汉关洋税银五万两,江海关洋税银五万两,闽海关常税银五万两,浙海关常税银五万两,九江关常税银五万两,湖北盐厘银五万两,广东盐课银四万两,四川按粮津贴银四万两,太平关常税银三万两,淮安关常税银一万两,共银六十万两,请饬勒限完解等语。著该将军、督抚、盐政、监督等各按拨定数目,务于来年开印后陆续径解内务府收纳,并将起程日期报部,限六月前解到一半,十二月初间扫数解清,毋稍延缓。其九江等处参价等项,应由该部催令按限报解。将此由五百里谕知福州将军,三口通商大臣,直隶、两江、湖广、闽浙、两广、四川、江苏、安徽、江西、福建、浙江、湖北、湖南、山东、山西、广东各督抚,并传谕粤海、淮安各关监督知之。钦此。遵旨寄信前来。(抄交户部)

1037　同治七年十二月十七日,内阁奉上谕:御史游百川奏请,饬严禁栽种罂粟,以济民生一折。栽种罂粟之害有妨民食,始于甘肃,延及陕西、山西,近复江苏、河南、山东等省亦有渐行栽种者。小民贪利忘害,仅顾目前,势必至膏腴之产尽种无用之物,于百姓生计大有关碍。前曾严行申禁,著各该督抚迅饬各地方官再行剀切晓谕,一体禁止。倘有不法匪徒故意抗违,即治以应得之罪。各州县官如不能认真办理,任令吏胥饰词朦蔽。并著各该管上司从严参办,毋稍徇隐。将此通谕知之。钦此。

1064　同治七年十二月二十六日,内阁奉上谕:刘坤一奏,查明各属被灾,应征新旧钱漕等款恳请分别缓征递缓一折。江西义宁等州县连岁荒歉,本年雨旸不时,叠被水旱、虫灾,收成尤属歉薄。若将新旧钱漕照常开征,民力实有未逮。加恩著照所请。所有义宁州之崇乡五十一二三四五等都及武乡二十二都一、二图,二十四都一、二图,二十五都一、二图等处被水田地山四百二顷一十一亩零,未完地粮银五百三十二两零,漕米八百一十三石零。

同南昌县之惠、外二图,一社一图,二社五图,三社二图,十一社二图,军都下一图,二都六图，三都六图，四都六图，六都七图，八都五图、下六图，九都下九图，十都六图，十三都三图，十四都下一、六、七图，十五都南四、北四、下四、七、八图，十、十六都三、四、五图，十七都一、二、三、四、五、六图，十八都一、三、五图，十九都二、下三、北下四、南四、五、七、九、十图，二十都上下四、五图，十九都运一、六、八图，二十一都南一、南二、又二、南三图，二十二都一、六、七、八图，二十三都一、二、三、四、五、十、十一、十三、十五、十六、十八、十九、二十一图，二十四都一、二、三、四、五、七、南八、北八、九、十二、十三、十五图，军都二图，二十五都一、九图，二、三、四、五、六、七、八、十、十一、十二、十三、十四图，二十六都一、二、三、四、五、六图，二十七都一、三、四、五、北五、六、七、八、九、十、十一、十二图，二十八都二、三、六、九、十、十一图，二十九都二、四、下五、六、七、八、十二图，三十都四、六、七、八、九、十图，三十一都五、七、北十、下十四图，三十二都三图，三十三都二、五、六图，三十五都三、六、七、十一、十三图，军都三图，四十都十图，四十五都北一、长一、长二、长三、南二、南三、长四、长五、六图，四十六都一、二、三、四、五、六、七、九、十一、十二、十三、十四、十五图，四十七都一二、三、上下四图、五、六、八、九图，四十八都南一、南三、长一、长二、长三、北二、北一、三、南二、南四图，四十九都一、二、三、四、五、六图，军都五图，五十一都一、二、三、四图，五十三都二图，六十三都三、四、五、六、七、九、十图，六十五都二八图等处各则民田二千七百三十五顷七十六亩零，未完地粮银七千五百五十一两零，漕米一万四千三百八十石零。

新建县之十二都五图，十三都三图，三十二都六图，三十三都一图，三十四都二、三图，三十六都一、二、三、四、五图，三十七都三图，三十八都三图，三十九都一图，四十都二图，四十一都一、二、三、四、五图，伍谏四十二都一、二、三图，仪凤四十二都一、二、三图，四十三都一、二图，四十四都一、二、三、大三、四图，四十五都一、二、三、四图，四十六都一、二、三、四图，四十七都一、二、三图，四十八都一、二、三、四图，四十九都一、二图，五十都一、二图，五十一都一、二图，五十二都一、二图，军都六图，五十三都一、二、三、四图，五十四都二、三、四、五图，五十五都一、二、三、四、五图，五十六都一、二图，六、七、八、九、十等坊等处，各则官民田三千五百三十八顷六十九亩零，未完地粮银七千六百七十六两零，漕米七千四百二十九石零。

进贤县之下五坂二十七都一、二、三、四、五图，二十八都一、二、三、四图，二十九都一、二、三、四图，三十都一、二、三、四、五图，三十一二都一、二、三、四图；又各乡滨临各湖五都一、二、三、四、五图，六都一、二、三、四、五、六图，七都一、二、三、四、五、六、七、军等图，上八都一、二、三、四、五、六、七、八、九、十图，下八都一、二、三、四、五、六、七、八、九图，九都二、三、四、五、六、七、八、九图，十三四都一、军、上下二、三、四、五、六、七、八、九图，十五都一、二、三、四、五、六、七、八、九图，十六都一、二、三、四、五、六、七、八、九、十图，十七都一、二、三、四、五、六、七、八、九、十图，二十二都一、二、三、四、五、六、七、八、九、十图，二十三都一、二、三、四、五、六、七、八、九、十、十一、十二图，二十四五都一、二、三、四、五、六图，三十三都一、二、三、四、五图，三十五都一、二、三、四、五、六、七、八图，三十六都一、二、三、四图，三十七都一、二、三、四、五、六、七①，三十八都一、二、三、四、五图，六隅东、西、南、北、中、正等隅等处，各则田二千四百七十八顷三十五亩，未完地粮银七千三百二十九两零，漕米九千四百四十石零。

清江县之东乡十都四、五图，十一都一、二、三、四、五图，十二都一、二、三、四、五图，十三都一、二、三、四、五图，十四都一、二、三、四、五图，十五都一、二、三、四、五图，十六都一、二、三、四、五图，十七都一、二、三图；南乡之三都三、四、五图，四都一、二、三、四、五图，五都一、二、三、四图；西乡之五都五图，六都一、二、三、四、五图，七都一、二、三、四、五图，一都一、二、三、四、五图，二都一、二、三、四、五图，三都一、二图；北乡之八都一、二、三、四、五图，九都一、二、三、四、五图，十都一、二、三图等处，各则田一千三百四十五顷七亩零，未完地粮银六千八十一两零，漕米四千五百一十石零。

新淦县之二都一、二、三、四、五、六、六②图，四都一、二、三、四、五、六、七、八、九、十图，七都一、二图，五都二、三、七、八、十、十一图，三都一、二、三、四、五、六、七、八、九、十图，一都二、三、四、五、六、七图，六都一、二、三、四、五、六、七、八、九、十图等处，各则田一千四十五顷九十七亩零，未完地粮银六千九百八十六两零，漕米五千五十二石零。

新喻县之附城一、二、三、四、五坊，暨一都一、二、三图，二都一、二、三图，三都一、二、三图，四都一、二、三图，五都一、二、三图，六都一、二、三图，七都一、二、三图，八都一、二图，十三都三图，十四都一、二图，十五都一、二、三图，十六都一、二、三图，十七都一、二、三图，十八都一、二、三图，十九都一、二、三图，二十都一图，正附功屯，公图，军图等处，各则田地山塘七千三百四十五顷六十六亩零，应征地粮银三万二千九百四十三两零，漕米二万一千五百五十二石零，内著缓征十分之二，银六千五百八十八两零，漕米四千三百一十石零。

峡江县之附城一、二、三、四、五、六坊，东乡一都一、二图，二都一、二、三图，三都一、二、三、四图，四都一、二图二、四、五、七甲，三、四图二、三、五、六、七、八、九、十甲，五都一、二图，六都一、二、三图一、二、三、七甲，七、八都一、四、五、六、七、十甲，九、十、十一都；西乡一都一、二图，二都一、二图十甲，三都二、三图，四都一图九甲，五都一、二图，六都一图，七都一、二图，八、九都一、二图，十、十一、十二、十三都一图三、五甲，二图等处，各则田三千一百九十顷五十亩零，未完地粮银四千七百四十六两零，漕米二千六百二十一石零。

莲花厅砻西乡二、四、五、六、七、十五六、十八九等都；上西乡二十二三六七八九、三十等都等处被旱民田七百八十四顷五亩零，屯田五十六顷十四亩，未完地粮银五千一百二十四两零，漕米一千四百二十五石零，漕运屯粮银七百十六两零，余租银一千二百四十两零。安福县东乡三都并五十四六七，六十、六十二等都；南乡一都并三十五六八九，四十一二三，五十一二等都；西乡四、五、七、八、九并十二四，二十一二等都；北乡二都并

① 疑缺“图”字。

② “六”疑衍。

六十五六八九等都等处，被旱各则田一千五百九十八顷五十四亩零，未完地粮银一万三百六十五两零，漕米六千五十六石零。并东乡三都，五十五、六十等都；南乡一都，四十九、五十等都，西乡四、六都，十二、二十一二等都；北乡六十四五七等都，被旱屯田二十二顷五十二亩零，未完屯丁银八两零，漕运屯粮银三百二十四两零，余租银六百十两零。

永新县东乡六十三都并六十四五六七八九，七十一二等都；南乡五十三都并五十四五六七八九等都；西乡十一都并十二三四五六七八九，四十一二三四，六十一等都；北乡一都并二、三、四、五、六、七、八、九、十、七十一、七十三等都等处，被淹、被旱各则民屯田地一千四百九十九顷七十九亩零，未完地粮银九千二百八十九两零，漕米一千九百七十一石零，屯丁银二十七两零，漕运屯粮银五百六十六两零，余租银一千六百四十三两零。

（翻）［鄱］阳县西北、东南两乡被水三则下田地五千六百五十八顷九十五亩零，未完地粮银六千八百六十六两零，漕米二千三十六石零；并屯田坐落西北乡全行被水，未完屯丁银二十六两零，存留屯粮银一百四十六两零，漕运屯粮银八百十五两零，余租银九百九十九两零。

余干县之东、西、南、北四隅及二、三、四、五、六、七、八、九都，二十七八九、三十都，三十一二三四五六都等处被淹各则民湖官溇田三千九十一顷五十一亩零，未完地粮银一万八百五十五两零，漕米六千四百十石零。

乐平县三、五、六、九、十都，十二、十四、十七、二十都，二十一二、三十都，三十一二三五都等处被淹各则民田一千一百二十八顷十二亩零，未完地粮银七百一十三两零，漕米三千八百七十六石零。建昌县永丰、凝远、丰安、德政、市镇、钧台等六乡被水各则田地三千九百九十九顷五十三亩零，应征地丁、漕米内著缓征十分之五，银八千九百九十八两零，漕米五千六百三十六石零。同安义县寄庄建昌县各乡被水应征地丁、漕米，著缓征十分之五，银二百二十八两零，漕米一百二十八石零。

德化县之楚城、甘泉、南昌、仙居、白鹤、仁贵、德化、泰临、通津、新民、封一、封二、赤松、桑落等乡被水、被旱民田六百三十二顷十一亩零，未完地粮银一千七百三十八两零；并坐落南九二卫屯田被旱未完屯粮丁银五百四十二两零，漕运屯粮银一千八百五十七两零，余租银三千六百九十九两零，并芦洲田地并密稀芦等项未完七年压征六年芦课银七百一十二两零。

德安县黄湾、陈湾、固村、墩下、金鸡、附城、河东、后田、乌石、在市等堡等处被水各则民田三百八十四顷七十八亩零，未完地粮银二千四百八十一两零，并南九二卫坐落陈湾、金鸡、附城、河东、后田、乌石、在市等堡屯田被水未完屯丁银六十五两零，存留屯粮银五十两零，漕运屯粮银一千四百七十五两零。

湖口县上乡十三、十六都，中乡之八都、十三都，下乡之三、五都等处被旱；上乡之十七、二十都，中乡之二坊，下乡之四、六都等处被水，各则民田七百七十五顷三十九亩零，未完地粮银三千八百一十三两零，并十三、十二五都被旱及编入德化县之仁贵乡、宿松县之孟家洲等处被水屯田一十七顷七十六亩，未完漕运屯粮银一百四十六两零，余租银三百五十七两零，七年压征六年芦课银三百六两零。

彭泽县被水、被旱之四、六、七、九都，十二、二十都，二十五、三十都，三十三都等处未完地粮银五千六百三十三两零及三十都定山二百户、二十都杨梓桥三百户民佃、二十五都上潦洪、十二都古楼坂建德户、四都下隅坂、七都太平坂及九都等处未完漕运屯粮银一千八百八十八两零，屯丁银八百二十二两零，存留屯粮银一千二百一十两零，余租银六千二百二十八两零，均著缓征十分之四；又一、二、三、五、八都，十三、十五都及一、二坊等处，未完地粮银四千六百三十两零，及八都乌沙坂未完漕运屯粮银一百四十八两零，屯丁银四两零，存留屯粮银三两零，余租银二百九十七两零，均著缓征十分之二；又三十三都未完七年压征六年芦课银一千九百四两零，著缓征十分之四。九江府同知所辖之封一、封二、赤松、桑落四乡被水，芦洲并密稀芦等项，除并未被水及被水较轻各洲课银照常征收外，其实在被水最重各洲未完七年压征六年芦课银七百六十一两零，所缓各款银两，均著缓至同治八年秋后分作两年带征，缓剩银米仍令如数照常征解。

又南昌、新建同治三、四、五、六等年各原缓地丁、漕米及元年原缓元年并咸丰十一年地丁、漕米；南昌县六年原缓二年及咸丰十年地丁、漕米；新建县二年原缓地丁、漕米；丰城县元年原缓地丁、漕米；峡江县六年原缓地丁、漕米；莲花厅三、四、五、六等年各原缓三、四、五等地丁、漕米、屯粮、余租，并六年地丁、漕米、屯粮丁、余租，又二年原缓地丁，除完纳外，其余同原缓漕米、屯粮、余租，又元年原缓地丁，除完纳外，其余同原缓漕米、屯粮丁、余租；东乡县四年原缓地丁、漕米；鄱阳县五年及三年被旱各原缓三、五两年地丁、漕米、屯粮、余租；余干县六年原缓地丁、漕米；德化县五年原缓地丁、屯粮丁、余租、芦课；瑞昌县四、六两年各原缓地丁、屯粮、余租；湖口县元、三、五、六等年及四年各原缓地丁、屯粮、余租、芦课；彭泽县六年原缓地丁、屯粮丁、余租、芦课，又五年及四年各原缓地丁，除完纳外，其余同原缓屯粮丁、余租、芦课，又三年原缓地丁，除完纳外，其余同原缓屯粮丁、余租；俱著递缓至同治八、九两年秋后带征。

进贤县六年原缓地丁、漕米；清江县六年原缓地丁、漕米；峡江县五年原缓地丁、漕米；莲花厅元年原缓咸丰十、十一两年地丁，除完纳外，其余同原缓漕米、屯粮丁、余租；安福县六年原缓地丁、漕米、屯粮丁、余租；永新县五年原缓地丁、漕米、屯粮、余租；鄱阳县二年原缓咸丰十、十一及同治元年地丁、漕米；建昌县并安义县之寄庄建昌县六年原缓地丁、漕米；德化县四年原缓地丁、漕米；德化县四年原缓地丁、屯粮、余租、芦课；德安县四、五两年各原缓地丁、屯粮丁；瑞昌县五年原缓地丁、屯粮、余租；俱著递缓至同治九、十两年秋后带征。

又进贤县五年、清江县五年、新喻六年、峡江县三年各原缓三、五、六年地丁、漕米，安福县五年原缓地丁、漕米、屯粮丁、余租，永新县三、四两年各原缓地丁、漕米、屯粮丁、余租，余干、建昌并安义县之寄庄建昌县五年原缓地丁、漕米，德化县三年原缓地丁、屯粮、余租、芦课，德安县原缓咸丰十年地丁、屯粮丁及十一年地丁，彭泽县四年原缓咸丰十年屯丁，除带征完纳外，其余同原缓咸丰十、十一及同治元年地丁、屯粮丁、余租，俱著递缓至同治十、十一两年秋后带征。

又进贤县四年、清江县三年各原缓三、四两年地丁、漕米，安福县四年原缓地丁、漕米、屯粮、余租，建昌县及安义县之寄庄建昌县二、三、四年各原缓地丁、漕米，德化县二年原缓地丁、屯粮、余租、芦课，九江府同知原缓四年压征三年芦课，俱著递缓至同治十一、十二两年秋后带征。

又进贤县三年原缓地丁、漕米，清江县二年原缓二年及咸丰十一年地丁、漕米，新淦、新喻五年各原缓地丁、漕米，安福县三年原缓地丁、漕米、屯粮、余租，建昌县并安义县之寄庄建昌县元年原缓地丁、漕米，德化县元年原缓地丁、屯粮、余租、芦课，九江府同治四年原缓三年压征二年芦课，俱著递缓至同治十二、十三两年秋后带征。

又进贤县二年原缓地丁、漕米，清江县元年并二年各原缓元年地丁、漕米及咸丰十年地丁，安福县二年原缓地丁、漕米、屯粮、余租，建昌县元年原缓咸丰十一年地丁、漕米，安义县寄庄建昌县元年原缓咸丰十一年地丁，除完纳外，尚欠原缓漕米，德化县二年原缓咸丰十年地丁、屯粮丁、余租、芦课，九江府同知四年原缓二年压征元年芦课，俱著递缓至同治十三、十四两年秋后带征。

又进贤县元年、新淦县四年、新喻县二年、安福县元年、余干县四年各原缓元、二、四年地丁、漕米，建昌县并安义县寄庄建昌县元年各原缓元年及咸丰十年地丁、漕米，德化县二年原缓咸丰十一年屯粮丁、余租、芦课，九江府同知元年原缓压征咸丰十一年芦课，俱著递缓至同治十四、十五两年秋后带征。

又进贤县元年原缓咸丰十一年地丁、漕米，安福县元年原缓咸丰十一年地丁，除完纳外，其余同原缓漕米，九江府同知元年原缓咸丰十一年压征十年芦课，俱著递缓至同治十五、十六两年秋后带征。

又进贤县五年原缓咸丰十年地丁，除完纳外，其余同原缓漕米，新淦县三年、新喻县元年各原缓元、三两年地丁、漕米，安福县元年原缓咸丰十年地丁、漕米，余干县三年原缓地丁、漕米，俱著递缓同治十六七两年秋后带征。又新淦县二年原缓地丁、漕米，新喻县元年原缓咸丰十一年地丁、漕米，余干县二年原缓地丁、漕米，俱著递缓至同治十八、十九两年秋后带征。又新淦县元年原缓地丁、漕米，余干县元年原缓咸丰十一年地丁、漕米，俱著递缓至同治二十、二十一两年秋后带征。又余干县元年原缓咸丰十年地丁、漕米，著递缓至同治二十二、二十三两年秋后带征。

又金溪县三年原缓咸丰十年地丁，除完纳外，其余同原缓漕米、地丁脚耗、本折物料、随漕、兵加，及咸丰十一年地丁、漕米、本折物料、随漕、兵折、兵加；乐平县二年原缓咸丰十年地丁，除完纳外，其余同原缓漕米，均著递缓至同治八年秋后一并带征。又金溪县三年原缓元、二两年地丁、漕米、地丁脚耗、本折物料、随漕、兵折、兵加并五年原缓三年地丁、漕米、地丁脚耗、本折物料、随漕、兵折、兵加；乐平县二年原缓咸丰十一年地丁，除完纳外，其余同原缓漕米；广昌县三年原缓咸丰十年地丁、屯粮、余租、兵加、兵米；俱著递缓至同治九年秋后一并带征。又广昌县三年原缓咸丰十一年地丁，除完纳外，其余同原缓屯粮、余租、兵加、兵米，俱著递缓至同治十年秋后一并带征。又广昌县五年原缓元年地丁、屯粮、余租、兵加、兵米，俱著递缓至同治十一年秋后一并带征。又广昌县五年原缓二年地丁、屯粮、余租、兵加、兵米，俱著递缓至同治十二年秋后一并带征，以纾民力。该抚即刊刻誊黄,遍行晓谕,务使实惠均沾,毋任吏胥舞弊,用副轸念民依至意。余著照所议办理。该部知道。钦此。

1080 臣等查明新正应行加恩,各省除江苏、安徽、江西、浙江、湖北、湖南、广东、广西经该督抚等具奏毋庸接济,山西、陕西二省经该抚具奏,俟来春察看办理外,吉林、河南、甘肃、云南、贵州五省尚未奏到。所有直隶、山东二省业经该督抚奏到。臣等拟写谕旨二道,并拟定日期颁发。谨奏。

同治八年

58 同治八年二月初二日,内阁奉上谕:江西广信府知府员缺,著蒋继洙补授。饶州府知府员缺,著锡德补授。钦此。

64 查军机章京蒋继洙现蒙恩补授江西广信府知府,徐景轼蒙恩补授湖广道御史。所遗章京二缺,应以额外行走之兵部候补主事吴国杰、兵部候补员外郎金曰修充补,并添传记名在前之刑部候补主事陆奭棠、张岳年在额外行走。谨奏。同治八年二月初四日,奉旨:知道了。钦此。

65 军机大臣字寄各直省督抚。同治八年二月初五日,奉上谕:户部奏请,饬各省整顿丁漕,按限奏报等语。国家维正之供以地丁、漕粮为大宗,各直省自被兵以后,疮痍甫起,田地未尽开垦,征收钱漕势难骤复定额,自系实情。然理财之道不外尽地力而务农功,果能设法招垦,次第推广,赋额自日见起色。本届江浙新漕较之上年数目,仍不相上下。各直省地丁所入缺额仍多,若不力图整顿,恐年复一年,止供半归亏欠。国用所关岂容膜视。著各直省督抚严饬该地方官,将招垦开征诸事宜实力讲求,以期渐复旧额。并著自同治八年为始督饬藩司将全省一年上下两忙征收丁漕各实数及上届征收总数开具比较清单,详明专案奏报,统限各该年年底出奏,以备稽考,毋得迟逾。将此各谕令知之。钦此。遵旨寄信前来。

71 同治八年二月初八日,内阁奉上谕:前因翰林院代奏,编修吴鸿恩呈称表扬节孝请归学政主稿一折。当经降旨交礼部议奏。兹据奏称,学政衙门主稿,不若督抚办理妥速,请仍照旧章,毋庸议改等语。表扬节孝,风化攸关,自应及时办理,以免积压稽迟。嗣后各直省督抚务当督饬各州县于应行旌表节孝取有供结限一月内径详督抚、学政会同具题。如有逾限,即著将失察之员随本附参,交部议处。余依议。钦此。

86 同治八年二月十四日,内阁奉上谕:刘坤一奏请,将交代案内亏短各员分别革拿勒追,并将历任结算迟延处分援案恳免开单呈览一折。江西省各厅州县交代历十余年未据结报。兹据刘坤一查明以同治三年以前作为旧案,一律督算清楚。各该员等叠次严催,均未完解,以致库款久悬,实属咎无可辞,自应分别办理。所有亏短一万两以上之休致知县胡长芝，亏短五千两以上之私自回籍丁忧知县张裕康，休致知县金思度均著即行革职拿问。私自回籍已革知县马世良并著拿问，提同丁书人等备质。各该员任所寓所资财一并查明抄封，并一面飞咨各该员本省督抚，将原籍财产严密抄封备抵。其亏短五千两以下一千两以上之候补知县柯荣，丁忧知县刘恒泰，均著先行革职。并已革通判王宇英等均照该抚所请，分别勒限严追。倘逾限不完，即行查抄变抵。以上亏短各员在省者照限追完，回籍者即由各该旗籍饬传本员及家属按限勒追，毋任延宕。该省交代，经此次查办后，自同治四年起所有各厅州县应解钱粮不准丝毫蒂欠，以重库款。如有逾限延不算结者，即行严参。该省历年办理交代迟延，该抚奏称实因军务殷繁所致。所有同治三年以前各案迟延逾限处分，均著加恩宽免。余著照所议办理。该部知道。单二件并发。钦此。

104　同治八年二月二十一日，内阁奉上谕：御史袁方城奏请，整饬吏治一折。近年参革人员，往往以军营为捷径，夤缘保举。开复之后，难免故态复萌，不可不严加甄核。著各直省督抚于此项人员，留心察看。倘有劣迹，即行从严参劾。统兵大臣亦不得将参革之员滥行留营，以杜倖进。州县为亲民之官，凡实缺人员必当久于其任，方能洞悉民情，藉资整顿。各该督抚毋得存调剂之见，率行更换。至文员蒙捐本籍，果有此弊，实属不成事体。著各直省督抚晓谕所属，如有此等人员，准其自行检举，改归他省。倘始终蒙混，一经发觉即行从重惩办。司道与属员拜认师生，向干例禁。惟陋习相沿，难保必无此弊。著各该督抚随时访察，严行禁止，毋稍徇庇。前因军务方殷，各该地方官拿获匪徒，即行就地正法，原属一时权宜之计。除现有军务地方仍准照办外，其业经肃清省份，遇有获案要犯，著仍照旧章，详由该管上司覆核办理，以重人命。从前各州县设有防堵公局，本以保卫闾阎。现在军务已平省份，原设防堵之局，未尽裁撤。地方官与局绅假公济私，在所不免。著该督抚即行查明，概行裁撤，以省扰累。至所陈道府大员不宜用捐纳人员，军营出力不准保举文员等语。著该部议奏。钦此。

109　军机大臣字寄协办大学士·湖广总督·一等肃毅伯李、前兵部右侍郎彭、两江总督马、江苏巡抚丁、江西巡抚刘、湖南巡抚刘、长江水师提督黄、传谕署安徽巡抚·布政使吴坤修、护理江西巡抚·布政使文辉。同治八年二月二十三日，奉上谕：彭玉麟奏，遵筹水师分汛事宜，布置周妥，再行回籍一折。览奏均悉。长江水师关系东南大局。彭玉麟于交代后不即回籍，拟赴江浙就医，仍回长江周历，劝勉具见悃忱，深堪嘉尚。该侍郎在江上十余年，气体日衰。朝廷不忍遽拂其意，准其回籍。第无重臣督率，易就废弛。仍著彭玉麟于假满后懔遵前旨，前赴江皖择地驻扎，以资控制。黄翼升接任后，当念创始艰难。新旧交代之际，尤为勤惰之所乘，除务须振作精神，力图报称，不可稍涉疏懈。其有应行补救更张之处，并著李鸿章、马新贻、丁日昌、刘崐、刘坤一、吴坤修、文辉随时会商黄翼升悉心酌度，请旨办理，以期日久不至废坠。将此由四百里谕知李鸿章、彭玉麟、马新贻、丁日昌、刘坤一、刘崐、黄翼升并传谕吴坤修、文辉知之。钦此。遵旨寄信前来。

158　同治八年三月十三日，内阁奉上谕：御史宋邦僡奏请，整顿吏治，并请举办社仓、社学、普济、育婴各折片。州县为亲民之官，苟不得人，则百姓休戚漠不相关，而民生日蹙。故化民善政，莫如责成州县，以求吏治。该御史所陈兴教化、杜浮收、清案牍、省徭役、禁官价、除盗贼、修城池、禁赌博、治衙蠹、减仆从各条，均为州县官应行之事。著各直省督抚严饬各该州县实心讲求。并饬藩臬各司及本管道府随时查察，如有廉勤素著者，即著列名保奏。其因循不职之员，并著破除情面，从严参处，以肃吏治而裕民生。至社仓、社学、普济堂、育婴堂皆有裨于吾民。惟日久弊生，各州县不无废弛。现除用兵省份外，即著各该督抚转饬所属地方官，查照旧章，一律兴复，第设立社仓等项，每资民力，奉行不善，适以扰民。其瘠苦地方，应否酌提公项以均贫富之处，并著各直省督抚妥议章程，奏明办理。钦此。

159　同治八年三月十三日，内阁奉上谕：御史宋邦僡奏，京控案件牵连人证，请饬加意矜恤并审办各案亟宜申理等语。各直省京控案件自应及早清厘，庶不至拖累无辜，久淹囹圄。近来各省往往将案内人证任意羁禁，瘦毙甚多，情殊可悯。著各直省督抚严饬所属，于此项人等给与衣食，妥为照料，毋任吏胥克扣陵虐。倘该管官不能实力奉行，以致瘦毙较多，即著分别参处。至办理京控案件不宜积压稽延，尤不得弥缝回护，并著各该督抚饬属认真申理，如案内牵涉原问官丁胥蒙弊等情，慨不准巧为开脱，以期曲直分明，无枉无纵。将此通谕知之。钦此。

160　同治八年三月十三日，内阁奉上谕：御史徐景轼奏请，饬用兵省份安集流民，务农兴利一折。军兴以来，人民流徙，田地荒芜。其现经克复地方，小民亟宜复业。乃田畴或占于豪强，猝难认领。旧赋或亏于官长，恐迫追呼。种种困苦情形，殊堪矜悯。著各直省督抚于从前被兵现经收复地方，慎选贤良牧令，责令加意拊循，流亡有归业者为之清选田产，缓其逋租，假以籽种之资，俾有归農之乐，务使兵燹余生各安旧业，以恤民艰而固根本。钦此。

171　江西尽先补用知府 · 贵溪县知县杨长杰，（御印）旨：著以知府留于江西尽先补用。

193　军机大臣字寄福州将军、三口通商大臣、直隶、两江、湖广、闽浙、两广、四川、江苏、安徽、江西、福建、浙江、湖北、湖南、山东、山西、广东各督抚、传谕粤海、淮安各关监督。同治八年三月二十七日，奉上谕：户部奏请，饬催各省关应解本年京饷并四成洋税银两一折。据称部库支放八旗兵饷等款，每年不下千余万两，其王公官员廉俸、各衙门领项并内务府借拨银两尚不在内。各省解到京饷及铜局捐数所入已不敷支放。现在内务府恭办大婚事宜，需款尤巨。本年奏拨京饷等款已届三月，各省关应解京饷及四成洋税报解均属寥寥，请旨饬催等语。部库支放各款均紧要，若因报解迟延，不敷周转，贻误匪轻。著各该将军、通商大臣、督抚、盐政、监督等遵照奏案，各将八年份京饷于五月前解到一半。并各海关四成洋税按结报解,不准稍有蒂欠。倘敢诿卸拖延,逾限不解,或解不足数。即著户部照贻误京饷成案指名严参,以示惩儆。将此由五百里谕知福州将军、三口通商大臣、直隶、两江、湖广、闽浙、两广、四川、江苏、安徽、江西、福建、浙江、湖北、湖南、山东、山西、广东各督抚并传谕粤海、淮安各关监督知之。钦此。遵旨寄信前来。抄交户部。

201 同治八年三月二十九日,内阁奉上谕:御史宋邦僡奏,天时亢旱,敬陈管见一折。番役捕快,原准随时躧缉。若如该御史所奏,该役等竟敢私立下处,拷迅逼供,实属有违定例。著步军统领、顺天府五城及各直省督抚严饬该役等缉获案犯,即日送官审讯,不准私立下处,逼供诬陷。倘有前项情事,即行从严究办。禁卒陵虐囚犯,定例本严,近来渐就废弛,并著内外有狱各衙门严加查察。如禁卒有需索陵虐等弊,即行按例严办。每届年终将瘦毙囚犯若干名申报该管官,以凭考核。至各直省地方官滥刑毙命,本有定例。近因军务初平,往往有借除暴为名草菅人命者,实非钦恤用刑之道。著各直省将军、督抚、府尹等转饬所属,严行禁止。五城义冢原拨地亩,日久多无间空。著五城御史妥为办理。其大宛两县有无义冢官地,应否添置,并著顺天府饬属查办。钦此。

247 同治八年四月十八日,内阁奉上谕:御史袁方城奏,忠义恤典,请归地方官举办,不必言官渎奏一折。近来被兵各省份殉难绅民妇女,由科道陈奏请恤。原因该言官等事关本籍,见闻较确。是以一经奏请,朝廷立沛恩施。惟表扬忠节系地方官应办之事。著各直省督抚查明贼扰地方,如有临危授命大节无亏者,即随时汇案奏请旌恤,不得任听属员延搁不办,致有书吏需索情事。至言官果有采访确实,仍准随时奏请,但不得稍涉冒滥。将此通谕知之。钦此。

255 保举江西候补道钟世桢,(御印)旨:钟世桢著仍留江西以道员遇缺尽先补用。

294 军机大臣字寄协办大学士·湖广总督·一等肃毅伯李、两江总督马、闽浙总督英、两广总督瑞、湖北巡抚郭、湖南巡抚刘、江西巡抚刘、江苏巡抚丁、浙江巡抚李、广东巡抚李、三口通商大臣·兵部左侍郎崇、传谕护理江苏巡抚·布政使张兆栋、护理江西巡抚·布政使文辉。同治八年五月初十日,奉上谕:前因户部奏请,饬滨临江海各省解钱筹铜,叠经湖广等省将钱文解存天津,听候拨用。兹据该部奏称,库款不敷周转,请停止天津练饷钱文,毋庸在京饷内划抵,仍将所拨银两解京等语。现在库款支绌,自应斟酌缓急,妥筹办理。所有湖广等省未经报解钱文即著照该部所议,一律停止。各该省应解八年份京饷,著李鸿章、马新贻、英桂、瑞麟、郭柏荫、刘崐、刘坤一、丁日昌、李瀚章、李福泰、张兆栋、文辉按照该部原拨数目批解银两。其七年份欠解钱二十万串,并著李鸿章、马新贻、丁日昌、刘崐、张兆栋各按以钱合银数目,赶筹银两,委员解部,不准藉词迁延。至各该省已解未到钱文,著崇厚于解到时认真验收。同上年已收钱文,截清数目,照旧存储。该大臣即将练饷局委员薪水等项归并裁减,咨部核办。原折均著抄给阅看。将此由五百里谕知李鸿章、马新贻、英桂、瑞麟、郭柏荫、刘岷、刘坤一、丁日昌、李瀚章、李福泰、崇厚并传谕张兆栋、文辉知之。钦此。遵旨寄信前来。(抄交户部)

295　军机大臣字寄两江总督马、闽浙总督英、四川总督吴、山东巡抚丁、河南巡抚李、福建巡抚卞、浙江巡抚李、江西巡抚刘、传谕护理江西巡抚·布政使文辉。同治八年五月初十日,奉上谕:户部奏,援案请饬各省续拨京饷一折。据称各省解款除截留抵拨不计外,截至四月底止连已解未到并计仅止一百余万两。而部库实存无多,每月放款甚巨,现复库款支绌,必须预为筹备。著照该部所请,添拨山东地丁银十万两,河南地丁银十万两,驿站存剩银六万两,两浙盐课盐厘银五万两,福建厘捐银五万两,浙江茶课银五万两,两淮盐厘银二十万两,四川盐厘银五万两,按粮津贴银十万两,九江关常洋两税银二十万两,赣关税银四万两,共凑拨银一百万两。即著马新贻、英桂、吴棠、丁宝桢、李鹤年、卞宝第、李瀚章、刘坤一、文辉督饬各该藩司等,将续拨京饷赶紧设法筹措。即原指款项无存,亦应另行筹款,源源报解,以济要需。倘敢藉词推诿,即由该部指名严参。原折均著抄给阅看。将此由五百里谕知马新贻、英桂、吴棠、丁宝桢、李鹤年、卞宝第、李瀚章、刘坤一并传谕文辉知之。钦此。遵旨寄信前来。(抄交户部)

328　花翎道衔·江西南昌府知府吴祖昌,(御印)旨:著以道员回任候升。

369　同治八年六月初五日,内阁奉上谕:前因吏治亟须讲求,叠经降旨令各直省督抚择其循声素著者,胪列政迹,酌保数员送部引见,候旨录用。嗣据各该督抚随时奏保,虽经量材拔擢,特恐贤能之员,尚未尽登荐剡,仍著各直省督抚随时留心察访,据实具奏,候旨调取引见,以备简用。其司道大员中如有体用兼备者,亦著一并据实保奏,用备任使。倘有衰庸不职,并著随时参劾,以肃官方。该督抚等务当秉公举劾,不得徇一己之爱憎,致举错未得其平,以副朝廷整饬吏治康保小民之至意。将此通谕知之。钦此。

386　臣奕䜣等跪奏,为遵旨会议具奏事。内阁抄出两江总督马新贻等奏长江水师续议事宜,请将江西省九江、南湖、鄱湖水师三营,湖南省洞庭、岳州水师二营,湖北省汉阳、荆州水师二营一并裁撤等因在案。查,初次奏请议裁系为新旧各营未能会同。兹各就地方情形分别定议,势难全行裁撤,拟请或酌改陆路而减去冗员,或仍留水师而各归专汛,既可节省饷需,兼可互资巡缉,实于新旧制两不相妨,谨将分别议改议留议裁各员弁兵丁汇缮清单,恭呈御览。又附片奏称,湖北省荆州、汉阳两营前定裁缺单内因有应裁之守备等缺列入该二营名目,并非裁去参将、副将本缺,该二缺系陆路之缺,本非滨江水师,应请仍循其旧各等因。于同治八年五月初二日,军机大臣奉旨:军机大臣会同该部速议具奏。单片并发。钦此。臣等查,前于同治七年五月会同议覆两江总督曾国藩等续陈长江水师未尽事宜案内,声称滨江旧设水师不能与长江新营相合,拟将湖北原设之荆州参将营、汉阳副将营,湖南原设之洞庭水师营、岳州水师营,江西原设之鄱湖、南湖、九江水师营均各裁去等因。当经臣等分别议覆,准其裁撤。至所称湖北原设之荆州参将营、汉阳副将营均各裁去，而单开应裁各缺内并未将荆州营之参将、汉阳营之副将叙入。查，该二营均系驻扎府城陆路之缺，并非滨江水师。是否在毋庸议裁之列，应令查明具奏，到日另行核办。奉旨：允准。当经行文各该督抚去后，今据该督等会同查覆除湖北汉阳营副将、荆州营参将本非滨江水师，请仍循旧，拟即照准外，至所请将前次奏准裁撤之江西、湖南、湖北旧制水师七营，现拟改设营汛，酌留员弁各节，既经该督抚等各就地方情形，悉心酌核，自系因地制宜变通办理起见，应如所请，准其分别改设营汛，酌留员弁，俾资分布而专责成。其裁留兵丁自系审度形势，量为变通，亦应如该督等所请办理。至增补马粮及官兵俸饷，户部查，该督等原奏内声称俟定案后，分别咨部办理。所有江西、湖南、湖北省旧制水师七营，现拟改设营汛，所需官兵俸饷自应照例支给。至增补马粮即令各该督抚核实酌议，每营汛应设马兵若干名，咨部另行核办。其添建营署，工部查，添建改设营汛等官衙署等项，自系因地制宜，变通办理起见，应如该督所请，即行转饬委员核实勘估，将需用工料银两分别题咨报部办理。至各员关防，礼部查，定例武职官员印信，由兵部议准，撰拟字样送部铸造等语。今两江总督马新贻等奏江西等省改设营汛，酌留员弁。既经兵部议准，自应颁发印信以昭信守。恭俟命下，由兵部撰拟字样送部铸造颁发。所有臣等遵议缘由，谨查照原拟各条，分别核议。另缮清单，恭呈御览。其一切未尽事宜，仍令该督等分别题咨办理。谨恭折具奏，伏乞训示遵行。再此折系兵部主稿合并声明。谨奏请旨。同治八年六月初十日奉旨：依议。钦此。

臣奕䜣、臣文祥、臣宝鋆、臣沈桂芬、臣李鸿藻、臣罗惇衍、臣魁龄（差）、臣绵宜、臣庞钟璐、臣宗室延煦（差）、臣桂清、臣潘祖荫、臣全庆、臣万青藜、臣察杭阿、臣殷兆镛、臣温葆深、臣宗室载龄、臣董恂、臣崇厚、臣载鸾、臣胡家玉（差）、臣伊精阿、臣黄倬、臣宗室存诚、臣郑敦谨（差）、臣单懋谦、臣恩承（南苑）、臣鲍源深、臣明善、臣石赞清

387　谨将议覆长江水师续议案内裁撤之江西、湖南、湖北各水师营，现拟分别改留裁汰各员弁兵丁缮具清单，恭呈御览。

计开：

一原奏江西省九江水师营额设守备一员，把总一员，外委一员，额外一员，战守兵二百三十四名。南湖营额设都司一员，千总一员，把总二员，外委三员，额外一员，战守兵三百二十七名。鄱湖营额设都司一员，把总一员，外委一员，战守兵一百六十四名。查浔阳系属通商马头，华洋聚处。若城内防兵太少，不足以资弹压，拟请改设九江城守营，移扎城内，额外一员，兵丁一百名；大孤山汛设外委一员，兵丁二十名，兼守关库；湖口县汛设专城把总一员，协防额外一员，兵丁四十名；彭泽县汛设专城把总一员，兵丁三十名；萧家岭汛设外委一员，兵丁一十名，归九江城守营守备专辖，九江后营游击兼辖。其鄱湖一营，查康山、瑞洪二处地处湖心，五方杂处。若不设兵巡查，深恐藏垢纳污，为盗贼渊薮，拟将康山改设陆汛把总一员，兵丁二十四名，瑞洪亦改设陆汛外委一员，兵十六名，归饶州营管辖，其余官兵全数裁撤。至所裁南湖营都司谢得胜一员，已调补湖口营左哨都司。又鄱湖营都司赵廷棟应请留省另补，免其赴选，以示体恤。其余应行增补马

粮,添建营署一切未尽事宜,定案后查议另行办理等语。兵部查,江西九江水师营旧制守备、把总、外委、额外各一员,今请改设九江城守营,移扎城内,留守备、把总、额外各一员,其余外委一员改设大孤山汛。南湖营旧制都司、千总各一员,把总二员,外委三员,额外一员,今请于湖口县汛设专城把总一员,协防额外一员,彭泽县汛设专城把总一员,萧家岭汛设外委一员,归九江城守营守备专辖,九江后营游击兼辖。鄱湖营旧制都司、把总、外委各一员,今请于康山改设陆汛把总一员,瑞洪改设陆汛外委一员,归饶州营管辖。应如所请,除九江水师一营改为陆路员弁各缺,毋庸议裁外,其南湖营计仍裁都司、千总各一员,外委二员;鄱湖营仍裁都司一员。至裁缺之南湖营都司谢得胜业经准调长江水师湖口营左哨都司,自应毋庸置议。裁缺之鄱湖营都司赵廷楝,既据该督等奏请留省另补,尚与裁缺改补人员准其奏留本省补用章程相符,应准其俟有江西陆路都司缺出请补。再九江水师营守备旧制系内河水师部推之缺,今该督等请改设九江城守营守备,系因地方紧要起见,应改为陆路题补之缺。由该督抚拣选材技优长,谙练地方之员请补,到日再行核办。查各省员缺,如有因地方紧要,将推缺改为题缺者,仍应于事简题缺内改还。江西省守备并无题缺,应请免其改还。其裁缺之九江水师营守备一员,前于议覆续陈长江水师未尽事宜案内行查,是否专将守备径留该省另补,应令查覆再行核办在案。今仍未据声覆,应由该督抚查照前咨,迅即咨覆,以凭核办。至江西九江水师营额设战守兵二百三十四名,南湖营额设战守兵三百二十七名,鄱湖营额设战守兵一百六十四名。查浔阳系属通商马头,华洋聚处,城内防兵太少不足弹压,请改九江城守营,移扎城内,留兵丁一百名,大孤山汛设兵丁二十名兼守关库,湖口县汛设兵丁四十名,彭泽县汛设兵丁三十名,萧家岭汛设兵丁十名。其鄱湖一营,查康山、瑞洪地处湖心,五方杂处,若不设兵巡查,深恐藏垢纳污,为盗贼渊薮,拟将康山改设陆汛兵丁二十四名,瑞洪亦改设陆汛兵十六名,其余兵丁全数裁撤。查江西水师三营额设兵丁七百二十五名,共留兵二百四十名,其余全数裁撤。该督系为减兵节饷因时制宜起见,应如所拟办理,仍令该抚按年造入年终汇题册内报部查核。至各省设立营汛向以千把为专汛,外委为协防,副将以下守备以上等官为统辖、兼辖。今九江城守营守备为专辖,九江后营游击为兼辖,遇有盗劫案件应如何分别开参之处,应由该督等先行酌定报部,以凭核办。

…………

432　同治八年六月二十六日,内阁奉上谕:御史徐景轼奏,兴利宜重农桑及请力兴教化各折片。农桑为衣食之原,最关紧要。惟小民耕种未免勤惰不齐。是在地方官随时督率,予以劝惩。著各省督抚责成各该地方官认真考课,实力奉行,不得藉端滋扰。并著会同各省学政严饬州县教职等官训迪士林,劝置义塾,以资观感。钦此。

455　同治八年七月初三日,内阁奉上谕:御史宋邦僡奏请,饬各省筹补常平仓谷等语。常平仓为积储良策,自军兴以来,各省仓谷率多空虚,亟应及早筹补,以备灾歉。著各直省督抚督饬该管道府按属查报,应如何筹款,分年买补并严杜州县侵挪之处,即行妥筹办理。钦此。

484　军机大臣字寄福州将军、两江、湖广、闽浙、两广、四川、江苏、安徽、江西、福建、浙江、湖北、湖南、山东、山西、河南、广东各督抚、传谕粤海关监督。同治八年七月二十日，奉上谕：户部奏请，饬催各省应解京饷一折。上年十二月间经户部奏拨本年京饷银七百万两，限五月前解到一半，年终解清。本年五月间续拨银一百万两，限年内解齐。兹据该部查明截至七月十八日止，除天津关十五万两准其留用，长芦盐课二十五万两内划拨造船经费等款外，余银并福建盐课均已解清。湖北、安徽地丁，浙江厘金，两浙盐课盐厘，河东加课羡余，四川盐厘津贴，福建茶税，九江关常洋两税报解过半，山东、浙江地丁，广东盐课帑息，山东盐课加价，湖北盐厘，闽海关常洋两税，江汉关洋税亦据报解及半。其余山西等省地丁，两淮等处盐课，粤海等处关税，或解不及半，或丝毫未解。京饷关系紧要，岂得任意延宕。除业经划拨截留解到及报解外，尚有山西地丁银六十万两，山东地丁银十五万两，浙江地丁银十五万两，湖北地丁银十四万九千五百两，湖南地丁银十九万两，安徽地丁银五万两，江西地丁银二十万两，两淮盐课盐厘银四十万两，两浙盐课盐厘银十四万两，河东加课羡余银五万两，广东盐课帑息银十万两，山东盐课加价银十万五千两，湖北盐厘银五万两，湖南盐厘银四万两，四川盐厘津贴银十七万两，福建茶税银二万两，粤海关税银十万两，闽海关常洋两税银十万两，九江关常洋两税银十六万二千五百四十八两零，浙海关洋税银十五万两，江海关洋税银二十一万一千四百八十八两零，江汉关洋税银十五万两，江西厘金银五万两，江苏厘金银五万两，浙江厘金银四万八千六百四十七两零，广东厘金银十万两，湖北厘金银三万两。又续拨京饷一百(余)[万]两内，除山东起解银三万两，四川划解西藏银五万两外，尚有山东地丁银七万两，河南地丁驿站银十六万两，两浙盐课盐厘银五万两，福建厘捐银五万两，浙江茶课银五万两，两淮盐厘银二十万两，四川盐厘津贴银十万两，九江关常洋两税银二十万两，赣关税银四万两。著各该将军、督抚、监督等即将前项应解银两统于年内扫数解齐，毋得迟延干咎。将此由五百里谕知福州将军、两江、湖广、闽浙、两广、四川、江苏、安徽、江西、福建、浙江、湖北、湖南、山东、山西、河南、广东各督抚并传谕粤海关监督知之。钦此。遵旨寄信前来。(抄交户部)

518　同治八年八月初二日，内阁奉上谕：给事中夏献馨奏，访查在籍殉难绅民妇女，恳恩旌恤建祠一折。江西吉安府属泰和县之冠朝村于咸丰七年四月间被匪窜扰，该处绅民妇女或御贼捐躯，或见危授命，均属深明大义，洵堪悯恻。该给事中籍隶江西，见闻较确。所有单开之生员郭如镜等二百九十名口，著该部查明。除业经得有恤典外，余俱照例分别旌恤。并准其自行捐资建祠，以彰忠节。另片奏请，将御贼阵亡之举人袁炳勋等恳恩旌恤等语。举人袁炳勋、武生张泰应、民人段思立、余会畴、余会演、余荐得、张志瀛、余会泮、余会益、余尚元、余伏生、余乔麦、江旺保暨民人余得许之妻干氏、江六寿之妻冯氏均著交部照例分别旌恤。单片并发。钦此。

527　军机大臣字寄两江总督马。同治八年八月初四日，奉上谕：马新贻奏，酌调额设官兵添给津贴，立营操演一折。江苏额兵自军兴以来，营伍久未整顿。现当军务肃清，亟应妥速筹办。该督现拟于额定之兵酌挑精壮，再于额定之饷酌加津贴，并将现办章程二条分晰缕陈，所奏尚属妥协。即著马新贻督饬营汛等官将新立各营认真操练，实力举行，不得有名无实。其安徽、江西两省系该督兼辖省份，并著俟江苏办有成效后即行咨商各该巡抚妥议章程，奏明办理。将此谕令知之。钦此。遵旨寄信前来。（抄交户、兵部）

649　同治八年九月十二日，内阁奉上谕：本年江浙、两湖、安徽、江西等省雨水过多，江湖盛涨，田庐被淹不少。业经李鸿章等先后奏请筹款抚恤，以资赈济。谕令妥为区画，毋使一夫失所。第恐小民被此灾祲，荡析离居，实堪悯念。兹据御史宋邦僡奏陈救荒事宜六条，详加披览，尚属可行。所有各省被灾流民，著该管地方官妥为安插，并筹款施粥散钱，或量给薪米以资糊口。其殷富之家并著地方官量为劝谕捐助，俾得接济，即选派公正绅耆经理，不得假手胥吏，致有抑勒中饱等弊。至官设平粜，为荒政之常经。著各该督抚等筹款采买，分厂平粜，以平粮价。其被灾地方并著该督抚迅速查明，分别轻重，奏请蠲缓，以免追呼之累。被灾各州县，有城垣、桥梁、河道、堤工应行修理者，即著以工代赈。倘水涸之后，应酌给耕种资本者，即著该督抚筹款酌给，并饬属出示劝谕民间有无相通，毋得稍有吝惜，以副朝廷轸念灾黎广为绥辑之至意。钦此。

676　军机大臣字寄两江总督马、江苏巡抚丁、江西巡抚刘。同治八年九月二十一日，奉上谕：刘坤一奏请，饬江苏巡抚转饬江海关，将代征赣关丝税银两解部，以抵该关奉拨京饷等语。据称赣关征税短绌，全赖江海关代征丝税，以资补苴。近因江海关需用经费浩繁，由苏省两次奏准，免其补解，以致赣关应放虔标兵饷，不敷支发，应解内务府参价银两，亦无款可筹。现当续拨京饷紧要，该关税项支绌，自是实情。著马新贻、丁日昌转饬江海关，将同治七年代征丝税银三万六千余两，即由江苏省就近委员解部，以抵赣关应行拨解京饷。其尚欠银三千余两，著刘坤一于提到八年续征丝税，即行找解足数。以后逐年代征丝税，并著马新贻、丁日昌饬江海关遵照部议，照数拨还，俾得凑放兵饷及委解参价，以济要需。将此各谕令知之。钦此。遵旨寄信前来。（抄交户部）

685　同治八年江西省秋审常犯情实，陈志篙等九起，人犯共十四名，谨将勾到时所奉谕旨恭录于后。

一起绞犯陈志篙。

图产谋毙期亲卑幼，残忍难宽，是以勾决。

一起斩犯叶自洸。

奸匪逞忿故杀，法无可宽，是以勾决。

一起斩犯张牙伣。

窃匪拒捕，致毙捕人，法无可宽，是以勾决。

一起绞犯涂茂淋。

纠伙抢夺客资逾贯，为害行旅，法无可宽，是以勾决。

一起斩犯徐六妹居。

窃盗拒捕,致毙事主,法无可宽,是以勾决。

一起绞犯周回生、萧夏倌、贺蒲俚、尹细冬、尹红苟、吴旺惮。

互殴致毙六命,该犯等各下手致毙一命,均法无可宽,是以俱勾决。

一起斩犯徐幅才。

奸匪拒捕,刃毙捕人,法无可宽,是以勾决。

一起绞犯冯黑保。

纠伙抢夺,赃逾五百两,为害行旅,法无可宽,是以勾决。

一起绞犯黄照书。

逞忿故杀年甫十三大功弟,残忍难宽,是以勾决。

717 军机大臣字寄协办大学士·湖广总督·一等肃毅伯李、成都将军崇、两江总督马、两广总督瑞、四川总督吴、察哈尔都统文、江苏巡抚丁、湖北巡抚郭、江西巡抚刘、河南巡抚李、广东巡抚李、山西巡抚李、贵州巡抚曾。同治八年十月初三日,奉上谕:前因四川酉阳州民教仇杀,贵州遵义县民教互争两案,叠谕李鸿章等迅速查办,谅该督等业已分别办理。兹据总理各国事务衙门奏称,法国使臣以酉阳、遵义两案未结,胪列湖北、山西、河南、广东未结各案,藉词要挟。并声称会同该国提督携带兵船前赴江西等处,急求各案了结等语。中外定约以来,各督抚于民教争讼案件,每以正凶未获,人证未齐为词,累月经年,案悬莫结,以致该使臣从而生心,砌词寻衅。朝廷抚驭中外,原以诚信相孚,岂得授人以隙,转遂其虚声恫喝之谋。所有酉阳、遵义两案,著李鸿章、崇实、吴棠、曾璧光懔遵前旨将酉阳案内刘幅、张佩超等究系何人正凶,按律惩办。遵义案内教士身死,是否该县保护,因伤殒命,抑系另有别情,赶紧查明审结,不可稍涉含糊,亦不得再事迟延,致生枝节。其天门县、丰镇厅、南阳府、九龙司未结各案,即著瑞麟、文盛、郭柏荫、李鹤年、李福泰、李宗羲分别迅结。江南、江西两省交涉事件,亦著马新贻、丁日昌、刘坤一随时妥办,毋稍稽延。李鸿章等身膺疆寄,皆为国家倚任之人。嗣后遇有中外交涉事宜,务须持平办理,不可预存歧视之心,尤不可尽诿之总理各国事务衙门,而令该使臣等哓哓置办迄无了期也。至罗淑亚会同该水师提督随带兵船,前赴江西、湖北、四川等处,虽不至即肆鸱张,而此次胪列各词,不无愤恨。该使臣业称于本月十八日带船前行,将来沿途所过地方,著各该省督抚严饬各地方官,按约妥办,遇事开解,不得互相推卸,别滋事端。总理各国事务衙门原折一件,片一件,及罗淑亚照会一件,均著抄给阅看。将此由六百里各谕令知之。钦此。遵旨寄信前来。(抄交总理衙门)

762 军机大臣字寄协办大学士·湖广总督·一等肃毅伯李、两广总督瑞、漕运总督张、山东巡抚丁、浙江巡抚李、江西巡抚刘、湖北巡抚郭、湖南巡抚刘、广东巡抚李。同治八年十月二十一日,奉上谕:张之万奏请,饬各省拨解协饷,兴修堤工一折。堰盱长堤为淮扬保障。军兴以来,失修年久,溃塌日增,亟须次第修复。据该督奏称各省额解河银尚多悬欠,一时无款兴办。现清淮防务已松,请饬浙江等省将岁协清淮军饷按年拨解，为举办堤工之用。约四五年后堤工完固，再行停止。并请饬催欠解河银等语。著李鸿章、李瀚章、刘坤一、郭柏荫、刘琨将浙江、江西、湖北、湖南岁协清淮饷银各二万两自同治九年为始，照旧按年拨解，张之万即将应修各工以次兴办。浙江积欠清淮协饷尚多，亦著如数补解。至山东、浙江、广东欠解河银，并著瑞麟、丁宝桢、李瀚章、李福泰迅速拨解，以济要需。将此各谕令知之。钦此。遵旨寄信前来。（抄交工、户部）。

779　同治八年十月二十五日，奉旨：此案著交刘坤一督同臬司亲提人证、卷宗，秉公严讯确情，按律定拟具奏。抱告民人张吉元，该部照例解往备质。钦此。

806　同治八年十一月初一日，内阁奉上谕：刘坤一奏，分别举劾守令各员以资治理一折。所保之江西赣州府知府魏瀛、署信丰县事 · 试用知县周之墉、前署德兴县事 · 候补知县任玉琛均著送部引见。瑞州府知府柳渊不自检束，难资表率，著开缺，以同知仍留江西补用。义宁州知州窦鸿甄才欠开展，人地不宜，著开缺，以知县中简缺改补。建昌县知县崔慕澜识见稍拘，著开缺，以简缺知县另补。前署星子县事 · 即用知县蓝向葵听断平常，难胜民社，惟文理尚优，著以教职候选。万安县知县丁蔼士居心巧滑，办事乖张，著即行革职。该部知道。余著照所议办理。钦此。

856　本年秋审各省由缓改实起数单：

广东省三起；

四川省三起；

奉天省四起；

陕西省二起；

湖南省二起；

湖北省二起；

浙江省三起；

江西省一起；

江苏省一起；

河南省六起；

山东省八起；

山西省一起；

直隶省二起；

热河一起。

964　同治八年十二月十九日，奉旨：这所参疏防越狱之管狱官 · 江西彭泽县典史李延康，著即革职拿问，交刘坤一提同刑禁人等严讯有无松刑贿纵情弊，按律定拟具奏。有狱官署彭泽县事 · 拣发委用知县邱培苍虽据称先期赴乡勘办水灾，究属未能先事预防，著先行交部议处，仍勒限将逸犯何导周严缉务获。倘限满无获，即行从严参办。余著照所议办理。钦此。

1006　臣等查明新正应行加恩，各省除盛京、江苏、安徽、江西、浙江、湖北、湖南、河南、四川、广西、贵州经该督抚具奏毋庸接济，福建、山西、陕西三省经该督抚具奏俟来春察看办理外，甘肃、广东、云南三省尚未奏到，所有直隶、山东二省业经该督抚奏到。臣等拟写谕旨二道，并拟定日期颁发。谨奏。

同治九年

18　同治九年正月十六日，内阁奉上谕：刘坤一奏，查明被灾地方，应征新旧钱漕等款请分别蠲缓、递缓一折。江西义宁等州县上年被水、被旱，田禾受伤，闾阎情形困苦。若将新旧钱漕等项照常征收，民力实有未逮。加恩著照所请。所有义宁州之武乡二十一二三四五六七八九、三十、三十一、三十二、三十三等都，及崇乡五十四五都等处，被水田地山共五百三十三顷六十七亩零，未完地粮银六百五十二两零，漕米一千七十九石零。

同南昌县之一都五图，二都三图、四图、五图、六图、七图、八图，三都西二图、六图、七图，四都六图，五都二图、东三图、西三图、五图、六图、七图、上九图、下九图，六都一图、三图、北四图、西六图、七图、八图，七都一图、二图、三图、五图、六图，八都二图、六图、四图、五图、下六图、七图，九都五图、六图、七图、八图、九图、十图、十六图，十都一图、二图、下三图、四图、五图、六图、七图、八图、九图、十图、十一图、十二图，十一都上一图、中一图、东下一图、西下一图、上二图，又二图、上三图、中三图、下三图，十二都二图、三图、四图、五图、六图、七图、下七图、八图、九图，十三都一图、二图、三图、四图、五图，十四都一图，又一图、二图、上三图、应三图、上四图、中四图、下四图、五图、六图、七图，十五都一图、二图、三图、上三图、中三图、下三图、南四图、北四图、下四图、上五图、中五图、下五图、六图、七图、八图，一社一图、五图、九图、十图、十二图，二社一图、三图、五图，三社二图，六社四图，十社二图，十一社一图，十二社一图，十三社一图、三图，十四社一图，惠外二图，进外三图，军都下一图，十六都一图、二图、三图、四图、五图，十七都一图、二图、三图、四图、五图、六图，十八都一图、二图、三图、四图、五图，十九都二图、三图、下三图，又三图、南四图、北四图、北下四图、五图、七图、八图、九图、十图、正一图、副一图、运一图、六图、八图，二十都一图、二图、三图、上四图、下四图、五图，二十一都南一图、南二图、南三图、归一图、归二图、归三图、归又一图，二十一都又二图，二十二都上一图、下一图、二图、上三图、东三图、西三图、四图、五图、六图、七图、八图，二十三都上一图、下一图、又一图、二图、三图、四图、五图、六图、七图、八图、九图、十二图、十三图、十五图、十六图、十八图、十九图、二十图、二十二图、十四图、十图、十一图、二十一图，二十四都一图、二图、三图、四图、五图、六图、七图、南八图、北八图、九图、十图、十二图、十三图、十五图、十六图，军都二图，二十五都一九图、二图、三图、四图、五图、六图、七图、八图、十图、十一图、十二图、十三图、十四图，二十六都一图、二图、三图、四图、五图、六图，二十七都一图、二图、三图、正四图、又四图、南五图、北五图、六图、七图、东八图、西八图、九图、十图、十一图、十二图，二十八都一图、二图、三图、四图、六图、七图、八图、九图、十图、十一图、十二图、十三图，二十九都一图、二图、四图、五图、六图、七图、八图、九图、十二图、十一图、三十图，三十都一图、三图、四图、六图、七图、十一图、二图、五图、八图、九图、十图，三十一都二图、七图、八图、九图、十二图、正五图、十四图，三十二都一图、三图、四图，三十三都二图、四图、七图、十一图，三十四都二图、三图、八图、九图，三十五都三图、五图、六图、七图、八图、十一图、十三图、十图，军都三图，三十六都四图、五图、八图，四十都十图，四十五都长二图、长三图、长四图、长五图、长六图、南一图、南二图、长一图，四十六都七图、九图、十四图、十五图，四十八都北一图、北二图、北三图、长一图、长二图、南二图、南四图，四十七都一图、五图、九图，军都五图，六十三都一图、四图，六十四都一图、四图，六十五都四图、五图等处，被淹各则民田四千十三顷五亩零，未完地粮银一万一千四百两零，漕米二万一千八百二十石零。

新建县之上乡五都四、六图，六都七图，七都五、六、七图，八都二图，十二都五图，十三都三图，二十一都二、三、四、五图，二十二都一、二、三、四图，二十四都一、三图，二十五都五图；下乡二十八都一、二、五图，二十九都一、二图，三十一都六、八图，三十二都一、五图，三十三都一、三、四图，三十四都一、二、三图；桃花乡三十六都一、二图；伍谏乡三十六都一、二、三、四、五图，三十七都三图，三十八都三图，三十九都一图，四十都一、二图，四十一都一、二、三、四、五图，四十二都一、二、三图；仪凤乡四十二都一、二、三图，四十三都一、二图，四十四都一、二、三、大三、四图，四十五都一、二、三、四图，四十六都一、二、三、四图，四十七都一、二、三图，四十八都一、二、三、四图，四十九都一、二图，五十都一、二图，五十一都一、二图，五十二都一、二图，五十三都一、二、三、四图，五十四都一、二、三、四、五图，五十五都一、二、三、四、五图，五十六都一、二图，军都六图及头、二、六、七、八、九、十坊等处，被淹各则官民田五千四百二十五顷八十五亩零，未完地粮银一万二千一百四十九两零，漕米一万一千三百七十石零。

进贤县之下五坂二十七都一、二、三、四、五等图，二十八都一、二、三、四等图，二十九都一、二、三、四等图，三十都一、二、三、四、五等图，三十一二都一、二、三、四等图；又各都滨临各湖一都一、二、三、四、五等图，五都一、二、三、四、五等图，六都一、二、三、四、五、六、七等图，七都一、二、三、四、五、六、七、军等图，上八都一、二、三、四、五、六、七、八、九、十等图，下八都一、二、三、四、五、六、七、八、九等图，九都二、三、四、五、六、七、八、九、十等图，十三四都六、七、八、九、十等图，十五都一、二、三、四、五、六、七、八、九等图，十六都一、二、三、四、五、六、七、八、九、十、十一、十二等图，十七都一、二、三、四、五、六、七、八、九等图，二十二都一、二、三、四、五、六、七、八、九、十、十一、十二等图，二十三都一、二、三、四、五、六、七、八、九、十、十一、十二等图，二十四五都一、二、三、四等图，二十六都一、二、三、四、五等图，三十三都一、二、三、四、五、六、七等图，三十四都一、二、三、四等图，三十五都一、二、三、四、五、六等图，三十六都一、二、三、四、五、六等图，三十七都一、二、三、四、五、六等图，三十八都一、二、三、四、五等图，六隅东、南、西、北、正、中等隅等处，共被淹各则田三千三百十一顷六十五亩，未完地粮银一万一百六十六两零，漕米一万三千九十三石零。

上高县之崇本团、河西团、忠城团、广乐团、修仁团、河南团、河东团、黄村团、深村团、仁里团、广安团、尉界团、宁泰团、景行团、葛步团、乐城团、举子团、辛义中团、辛义下团、劳松团、下京陂团、钦仁团、河北团、寄居崇本等团、正西团、寄居举子等团等处，被淹田二百九十五顷九十三亩零，未完地丁银二千三百三十三两零，漕米一千八百九十石零。

新昌县之太和乡一都一图、二图，二都一图、二图、三图，三都一图、二图、三图，四都一图、二图、三图、四图，五都一图；宣风乡六都一图、二图、三图，七都一图、二图、三图，八都一图、二图、三图，九都一图、二图，十都一图、二图、三图、四图，十一都一图、二图、三图、四图、五图、六图；义钧乡十二都一图、二图、三图、四图、五图，十三都一图、二图，十四都一图，十五都一图、二图、三图，十六都一图、二图、三图，十七都一图、二图、三图；新安乡十八都一图、二图、三图、四图，十九都一图、二图、三图，二十都一图、二图、三图、四图、五图，二十一都一图二图，二十二都一图、二图、三图；天德乡二十三都一图、二图、三图、四图，二十四都一图、二图、三图、四图，二十五都一图；太平乡二十六都一图，二十七都一图、二图、三图，二十八都一图、二图、三图、四图，二十九都一图，三十都一图、二图、三图、四图；天宝乡三十一都一图、二图、三图，三十二都一图、二图、三图，三十三都一图、二图、三图、四图、五图、六图，三十四都一图、二图、三图，三十五都一图，三十六都一图、二图、三图；广贤乡三十七都一图、二图、三图，三十八都一图、二图，三十九都一图、二图，四十都一图，四十一都一图、二图；宁远都永兴图等处，被水各则田四千五百三十二顷十七亩零，应征地丁银二万三千五百四十两零，漕米二万一石零，内著缓征十分之二，银四千七百八两零，米四千石零。

清江县之东乡十都四、五图，十一都一、二、三、四、五图，十二都一、二、三、四、五图，十三都一、二、三、四、五图，十四都一、二、三、四、五图，十五都一、二、三、四、五图，十六都一、二、三、四、五图，十七都一、二、三图；南乡三都三、四、五图，四都一、二、三、四、五图，五都一、二、三、四图；西乡之五都五图，六都一、二、三、四、五图，七都一、二、三、四、五图，一都一、二、三、四、五图，二都一、二、三、四、五图，三都一、二图；北乡之八都一、二、三、四、五图，九都一、二、三、四、五图，十都一、二、三图等处被水，各则田一千九百二顷八十一亩零，未完地丁银八千八百四十八两零，漕米六千五百二十五石零。

新淦县之七都一、二、三图，五都七、八、十、十一、十二、十三图，三都六、七、八、九、十图，一都二、三、四、五、六、七图，六都一、二、三、四、五、六、七、八、九、十图等处被水，各则田一千三百八十四顷七十五亩零，未完地丁银八千六百五十四两零，漕米六千二百五十八石零。

新喻县之附城一、二、三、四、五坊，暨一都一、二、三图，二都一、二、三图，三都一、二、三图，四都一、二、三图，五都一、二、三图，六都一、二、三图，七都一、二、三图，八都一、二图，十三都三图，十四都一、二、三图，十五都二、三图，十六都一、二、三图，十七都一、二、三图，十八都一、二、三图，十九都一、二、三图，二十都一图，正附功屯，公图，军图等处，被水各则田地山塘共七千一百二十六顷七十一亩零，应征地粮银三万二千六百四十五两零，漕米二万三千一百九十石零，内著缓征十分之二，银六千五百二十九两零，漕米四千六百三十八石零。

莲花厅之砻西乡二、四、五、六、十四八九等都，上西乡二十二三四五七八等都等处被旱，受伤民田六百十六顷七亩零，屯田四十八顷五十三亩，未完地丁银三千五百十八两零，漕米一千二百十二石零，漕运屯粮银五百二十四两零，余租银一千二百十一两零。

安福县之东乡三都、并五十五七八及六十、六十二三等都；南乡一都并三十五六七九及四十一三四五、五十二三等都；西乡四、五、六、七、九并十一三四及二十一二等都；北乡二都并六十四五七九等都等处被旱，各则田地一千五百九十顷五十五亩零，未完地丁银一万三百十四两零，漕米六千二十六石零。并东乡三都及五十五并六十等都；南乡一都并四十一及五十二等都；西乡五、七、九都并十一四及二十二等都；北乡六十四五七九等都被旱，屯田二十二顷四十一亩零，未完屯丁银八两零，漕运屯粮银三百二十二两零，余租银六百七两零。

永新县之东乡六十三都并六十四五六七八九、七十一二等都；西乡十一都并十二三四五六七八九及四十一二三四、六十一等都；南乡五十三都并五十四五六七八九等都；北乡一都并二、三、四、五、六、七、八、九、十及七十一、七十三等都等处被淹、被旱，各则民屯田地共一千六百十三顷七十七亩零，未完地丁银九千八百八十九两零，漕米二千九十六石零，屯丁银二十七两零，存留屯粮银八十一两零，漕运屯粮银五百八十九两零，余租银一千八百二十四两零。

临川县之北乡四十一都、四十二都、四十三都、四十四都、四十五都、四十六都、五十都、五十一都、五十二都、五十三都、五十四都等处被水，各则民田一千一百八十四顷六十二亩，未完地粮银五千四百五十九两零，漕米二千四百十二石零。

东乡县之二十八都上三图、下三图、军三图、缺三图、四图、七图，十八都上二图，四都三图，三十三都尾图之润溪等处，被水各则田三百八十顷六十一亩零，未完地丁银九百八十九两零，漕米四百七十七石零。

新城县之西乡十五都下洋渡、鱼潭、饶家岭、廖家排，十九都钟贤桥、大街、岳家排、席家堠、河西上下、小港桥、背中，十九都澄潭里坊、北门渡，十九都毗连北乡之十六都吉坑、曾坊，二十一都栗塘、蔡家湖、刘家扈、喻家排、竺山、下墩上，二十三都社平岗、杨家湾、安福湾、周安、落鸟、岚上、岚下，四十二都杨家堠、白石湾、榼桥洲、河东、水尾、珠树窠、檀树前、宋家洲，四十三都龙安镇河西一带、娄源对面河傍上、狮子岗、口前、河东、八角亭、下蔡、角窑、下一迺而下梗背坪、上樟湾一带社坑，四十四都下村及墟上河傍新林、黄沙坑、栖灵庙、前院、前窑、前中堡、弋阳隘等堡，四十五都西城桥、牛栏坑、卢坑、心前坑、一迺、随小港而下至山下排、下梅源、潘方、一迺而下贰边河塝磜上，四十六都大磜、上方、下铺、河西、柘园、石头墩，四十七都河桥、樟源，四十八都上下都、西成桥、上街、中墟、漕源、轩贤源，四十九都熊轩、孔广、小港塝上下范、上椴、树坪，五十一都樟村、高山下、曹家洲、王家洲、崇仁宫、小港塝上、虹桥头，五十二都河东、孔段田、中港、麻河头、河西、游家堰五里桥一带，五十三都横村、西山下一带、八蛮桥、童家洲一带、窑下童家坣、孔家洲、水口外、葛源，五十四都黄连堰一带、河东余家阜冰湖、河西、上桥头、邓家湾、礼范；南乡之二都卷蘧桥、新店、殿口、河岭、云田洲、□埲塘，三都墟上大段团村山潭、南源，五都乌石、水漪、古楼洲、泥港口，七都东山、冯家湾、前山、段山、长丰源、桃溪广，二十六都大云堰、杨桑洲、长灵寨、彭头塘，下二十七都芙蓉洲、长陂、何家洲、河塘、叶坊、水口、司前，二十八都青口山、熊村、墟上，二十九都株溪、妙法磜下、大田，三十都妙法及东乡十四都饶家庄、何家山、张司岭，三十九都蛇源、上下泸游、上下胆源、武家洲，四十都稠源、何家庄、五福街，四十一都资溪、苏源、白叶坑并北乡八都墟上，九都连源、白石头，十都洋墩、西坪下、陈围岭、下公口，十三都珊霞堡、陶司、边上下、竹畲，十七都公村、营潘坊等处被水，田地山塘共六百七十六顷七亩零，未完地丁银三千六百八十两零，漕米一千七百一石零。

广昌县之文上里、文夏里、麟角里、揭坊里等处被水，各则民田三百二十九顷七十四亩零，未完地丁银二千四两零。

鄱阳县之西北、东南、西南三乡，被水各则田地共七千一百五十三顷三十六亩零，未完地丁银一万八百八十八两零，漕米四千九百九十九石零，并屯田坐落西北乡被水，未完屯丁银二十六两零，存留屯粮银一百四十六两零，漕运屯粮银八百十五两零，余租银九百九十九两零。

余干县之东、西、南、北四隅，及二都、三都、四都、五都、六都、七都、八都、九都、二十七都、二十八都、二十九都、三十都、三十一都、三十二都、三十三都、三十四都、三十五都、三十六都等处被淹，各则民湖官蒌田四千一百六十八顷十二亩零，未完地粮银一万五千四百十两零，漕米九千三百八十五石零。

乐平县之二都、五都、六都、九都、十都、十一都、十二都、十四都、十七都、十八都、二十都、二十一都、二十二都、三十都、三十一都、三十二都、三十三都、三十四都、三十五都等处，被水、被旱各则田地共二千六十三顷三十七亩零，未完地粮银七千二百四十五两零，漕米四千二百三十八石零。

万年县之西北乡青塘村十三都一图，隔塘村一都一图、二图、三图、四图，陶岭村东隅一图，雷华村二都三图，双蓝村十四都四图，石头村十三都三图、四图，白马村二都一图、二图，塘东村十二都三图，道港隔港村十三都二图，南隅二图，余柏村十四都一图、二图，均湖村十二都四图、十三都三图，永丰村西隅一图、北隅一图、东隅二图、西隅二图，山背村十四都三图，燃湖村十一都四图等处被淹，三则田地九百七十四顷三十三亩零，未完地粮银二千三百五十两零，漕米一千四百八十石零。

星子县之下七、上四、下四、下二、上三、下三、五、六等都党被水，各则民田四百二十九顷十亩零，未完地丁银二千二百三十七两零，并南九二卫各则屯田被水，未完屯粮丁银十一两零，余租银一千一百四两零。

都昌县之一都、二都、三上都、三下都、四上都、四下都、五都、六上都、六下都、七都、八都、九都、十上都、十中都、十下都、十一都、十三上都、十三下都、十四上都、十四下都、十五都、十六都、十八都、十九都、二十三都、二十六上都、二十六下都、二十九都、三十都、三十一都、三十二都、三十三都、三十四都、三十五都、三十六都、三十七都、三十八都、四十一都、四十二都、四十三都、四十五八都、四十六七都、市一图、市二图、市三图、市四图、市五图、柴图、左镇等处，被水各则田一千七百二十一顷九十九亩零，未完地丁银五千三百二十二两零，漕米三千九百七十五石零。

建昌县之永丰、凝远、暨安、德政、钓台、市镇等六乡，被水各则田地共四千四十九顷六十三亩零，未完地丁银一万四千八十八两零，漕米六千九百十一石零，同安义县寄庄建昌县各乡被水，未完地丁银三百三十八两零，漕米一百五十四石零。

德安县之黄湾堡、陈湾堡、固村堡、墩下堡、金鸡堡、附城堡、河东堡、后田堡、在市堡、乌石堡等处，被水各则民田三百八十四顷七十八亩零，未完地丁银二千九百二十四两零；并南九二卫坐落陈湾、金鸡、附城、河东、后田、乌石、在市等堡屯田被水，未完屯丁银六十五两零，存留屯粮银五十两零，漕运屯粮银一千六百四十五两零。

瑞昌县之安泰乡周滩堡、九屯堡、青龙堡、安城堡、营桂堡、暗林堡、巴山堡、回龙堡、罗湖堡、板林堡、东关堡、金岗堡，今一乡马头堡、接泥堡、高武堡、乌塘堡、今蛇堡，今二乡封门堡、黄桥堡、河塘堡、牛山堡、莲山堡、武庆堡、长流堡、大林堡、西隆堡、北亭堡，甘露乡禁平堡、北巢等处，被水各则民田地共五百八十七顷八十二亩零，未完地丁银二千六百一两零；并九江卫坐落安泰、德化、赤松、南昌、仙居等乡屯田被水，未完漕运屯粮银一千一百五十七两零，余租银二千二百九十九两零。

湖口县之上乡九都、十一都、十三都、十四五都、十六都、十七都、二十都二图，中乡之八都、十二都、一坊、二坊一图，下乡之三都、五都、四六都、七都等处，被水上中下民田共一千九十六顷五十九亩零，未完地丁银四千九百四十七两零，汇并十三都、十二都、五都及德化县之仁贵乡、宿松县之孟家洲等处被水，屯田二十一顷五十一亩，未完漕运屯粮银一百七十七两零，余租银四百三十两零。

彭泽县之三十三都、三十都、七都、四都、六都、一都、三都等处被水较重，应征地丁内著缓征十分之五，银二千三百七十二两零；并三十都之定山二百户、七都之太平坂、四都之下隅坂等处屯田被水较重，应征屯丁、存留屯粮、漕运屯粮、余租内著缓征十分之五，屯丁银二百四十二两零，存留屯粮银二百六十一两零，漕运屯粮银四百两零，余租银一千三百七十六两零；又二都、五都、八都、十三都、十五都、一二坊、并九都、十二都、二十都、二十五都等处被水稍轻，应征地丁内著缓征十分之三，银一千四百二十六两零；并八都之乌沙坂，十二都之建德户古楼坂，二十都之三百户杨梓桥民佃，二十五都之上僚洪及九都等处屯田被水稍轻，应征屯丁、存留屯粮、漕运屯粮、余租内著缓征十分之三，屯丁银一两零，存留屯粮银一两零，漕运屯粮银四十一两零，余租银七十四两零；及三十三都民欠同治八年压征七年芦课银一千九百四两零。

雩都县之西南乡西一坊龙门前、麻油坑、木口、禾田、南关里、水南、黎村、角村、新陂、水迳堡、雩化里、禾丰、三堡、唐村里、三门滩、罗家渡、小溪、负垱堡；东乡二坊固院、梓山、大宁堡；北乡崇贤里、苦竹坝；黄金乡坳背坊、朱溪、桃坑、潮泥湾、池田坊、车头、龙颈坝、寒信峡、石箕坝、水头里、金溪、黄金峡、白沙坝、留村、瑶蓝湖坝、上庙图；下中村吕埠坝、鱼树；下中村坊、长滩坊、长布坊、长乐里、桥头、马鞍石、长兴里、平头寨、田屋堡、大田石、龟葛坳、尾图、长安里、东塘、水西等处，被水、被旱官民田共七百七顷二十四亩零，屯田十九顷二十一亩，未完地丁银二千九百二十二两零，漕运屯粮银一百八十六两零，余租银五百四十七两零，所缓未完各款，均著缓至同治九年秋后分作两年带征，缓剩银米照常征解。

又德化县之桑落、封一、封二、赤松等四乡民屯田地、芦洲并密稀芦等项被水成灾十分，应征八年下忙地丁银一千九百六十一两零，南九二卫屯丁、存留屯粮等银二百九十四两零，漕运屯粮银九百两零，余租银一千八百七十三两零，八年压征七年芦课银一千三百八十两零；并九江同知所辖南九二卫之桑落等乡芦洲被水成灾，应征八年压征七年芦课，银一千一百九十八两零，均著蠲免十分之七。

又湖口县之秦张、大湾、永和、兴福、谢张、梅家、牛湖等处芦洲被水成灾八分，应征八年压征七年芦课银六百十三两零；又同治七年原缓七年压征六年芦课银三百六两零；六年原缓六年压征五年芦课，除完纳外，欠银一百三两零；五年原缓五年压征四年芦课银一百八十七两零；四年原缓四年压征三年芦课，除完纳外，欠银一百二十五两零；三年原缓三年压征二年芦课银一百八十七两零；元年原缓元年压征咸丰十一年芦课银八十两零，均著蠲免十分之四，其蠲剩六分，八年压征七年芦课银三百六十七两零，六年芦课银一百八十三两零，五年芦课银六十二两零，四年芦课银一百十二两零，三年芦课银七十五两零，二年芦课银一百十二两零，十一年芦课银四十八两零；汇同德化县桑落等乡蠲剩三分之八年地丁银五百八十八两零，屯丁、存留屯粮等银八十八两零，漕运屯粮银二百七十两零，余租银五百六十二两零，八年压征七年芦课银四百十四两零；暨九江府同知蠲剩三分之八年压征七年芦课银三百五十九两零，均著缓至同治九年秋后分作三年带征。

又德化县之泰临、通津、新民、德化、仁贵、白鹤、仙居、南昌等乡民屯田地被水成灾六分，应征八年下忙地丁银六百八十八两零，南九二卫屯丁、存留屯粮等银五百六十九两零，漕运屯粮银一千七百七十一两零，余租银三千六百四十七两零，均著蠲免十分之一，蠲剩九分地丁银六百十九两零，屯丁、存留屯粮等银五百十二两零，漕运屯粮银一千五百九十四两零，余租银三千二百八十三两零，均著缓至同治九年秋后分作两年带征。

又万载县之六区所属二十一都一、二、三等图泸家洲、张源坳、麻田，二十二都二、三、四等图之罗陂头、黄洲、藏溪，二十三都一、二等图之湖溪、顺江、皂山，二十四都二图之高村、船埠、潭烟竹，二十一都四图、二十二都一图之小水、卢家洲，二十三都三、四、五等图之岐源、严田、富山，二十四都三图之黎源、西坑、高村、上坪等处被水一则民田四十顷五十三亩零，未完地粮银三百十六两零，并二十一二三四等都一、二、三、四、五等图之前后左右中等所屯田被水，未完屯粮丁银一百三十八两零，漕运屯粮银五十八两零，余租银二百八十五两。

同金溪县之十二都下二图奎源村；十三都一图、上二图、左三图、上四图、下四图；十四都二图杨洲村、杨洲高村、上村、屯右竹街村、外山村、礼山村、富塘村、蓝西村、赤桥村、邹坊村、藕塘村、溪边村；二十四都下一图一甲、七甲、八甲、十甲、又十甲、外甲，下二图，下三图，下四图二甲、三甲、四甲、五甲、六甲、七甲、九甲、十甲，图尾外甲；二十六都上东曹村、杨家州村、上三图各村、上三图又三甲；二十七都上一图，上二图，本图外甲，下一图又外甲，下二图外甲，三图一、六甲、外甲，附三图、四图外甲；三十一都一图四甲，下坊黄村外十甲，项山寺东常住九甲，丁坊于村二图三甲、四甲、六甲、七甲、八甲、九甲；三十二都下二图一甲、二甲、五甲、六甲、九甲、十甲，正四图各甲外甲，中四图十排等处，被水田亩未完地粮银七百九十八两零，漕米三百七十五石零。

南丰县之一都、二都、三都、五都、六都、八都、九都、十三都、十七都、十八都、二十都、二十二都、二十三都、二十四都、二十五都、二十六都、三十一都、三十二都、三十三都、三十四都、三十六都、三十七都等处，被水田地、山塘共一千九百十二顷八十一亩零，未完地粮银二千三百七十七两零，漕米一千一百二十八石零，均著缓至同治九年秋后一并带征。

又南昌、新建二县同治三、四、五、六、七等年各原缓三、四、五、六、七等年地丁、漕米及元年各原缓元年并十一年地丁、漕米；南昌县六年原缓二年及十年地丁、漕米；新建县二年原缓二年地丁、漕米；丰城县元年原缓元年地丁、漕米；峡江县七年原缓七年地丁、漕米；莲花厅七年原缓七年地丁、漕米、屯粮、余租，又六年原缓六年地丁，除完纳外，其余未完同原缓漕米、屯粮丁、余租，又三、四、五等年原缓三、四、五等年地丁，均除带征完纳外，其余未完同各原缓漕米、屯粮、余租，又元、二两年原缓元、二两年地丁、漕米、屯粮丁、余租；东乡县四年原缓四年地丁、漕米；鄱阳县三、五、七等年原缓三、五、七等年地丁、漕米、屯粮丁、余租；乐平县七年原缓七年漕米，除完纳外，其余同原缓地丁；德化县七年原缓七年地丁、屯粮丁、余租、芦课；瑞昌县四、六两年原缓四、六两年地丁、屯粮、余租；湖口县六、七两年原缓六、七两年地丁、屯粮、余租，又四、五两年原缓四、五两年地丁，均除带征完纳外，其余同各原缓屯粮、余租，又元、三两年原缓元、三两年地丁、屯粮、余租；彭泽县四、五、六、七等年原缓四、五、六、七等年地丁、屯粮丁、余租、芦课，又三年原缓三年地丁、屯粮丁、余租，均著递缓至同治九、十两年秋后带征。

又进贤县、清江县七年各原缓七年地丁、漕米；峡江县六年原缓六年地丁、漕米；莲花厅元年原缓十、十一两年地丁、漕米、屯粮丁、余租；安福县七年原缓七年地丁、漕米、屯粮丁、余租；永新县六年原缓六年地丁，除完纳外，其余同原缓漕米、屯粮、余租；鄱阳县二年原缓十、十一及元年地丁、漕米；建昌县并安义县之寄庄建昌县七年各原缓七年地丁、漕米；德化县五年原缓五年地丁、屯粮丁、余租、芦课；德安县四、五、七等年原缓四、五、七年地丁、屯粮丁；瑞昌县五年原缓五年地丁、屯粮、余租；九江府同知七年原缓七年压征六年芦课，均著递缓至同治十、十一两年秋后带征。

又进贤县、清江县六年各原缓六年地丁、漕米；新淦、新喻、余干三县七年各原缓七年地丁、漕米；峡江县五年原缓五年地丁、漕米；安福县六年原缓六年地丁、漕米、屯丁屯粮、余租；永新县五年原缓五年地丁、漕米、屯粮、余租；建昌县并安义县寄庄建昌县六年各原缓六年地丁、漕米;德化县四年原缓四年地丁、屯粮、余租、芦课;德安县元年原缓十一年地丁,除完纳外,其余未完同十年原缓地丁、屯粮丁;彭泽县四年原缓十、十一年及元年各地丁、屯粮丁、余租;九江府同知四年原缓四年压征三年芦课,均著递缓至同治十一、十二两年秋后带征。

又进贤县、清江县五年各原缓五年地丁、漕米,峡江县三年原缓三年地丁、漕米,安福县五年原缓五年地丁、漕米、屯丁屯粮、余租,永新县四年原缓四年地丁、漕米、屯粮丁、余租,建昌县并安义县寄庄建昌县五年各原缓五年地丁、漕米,德化县三年原缓三年地丁、屯粮、余租、芦课,九江府同知四年原缓三年压征二年芦课,均著递缓至同治十二、十三两年秋后带征。

又进贤县四年原缓四年地丁、漕米,清江县三年原缓三年地丁、漕米,新淦、新喻、余干三县六年各原缓六年地丁、漕米,安福县四年原缓四年地丁、漕米、屯粮、余租,建昌县并安义县寄庄建昌县二、三、四等年各原缓二、三、四年地丁、漕米,德化县二年原缓二年地丁、屯粮、余租、芦课,九江府同知四年原缓二年压征元年芦课,均著递缓至同治十三、十四两年秋后带征。

又进贤县三年原缓三年地丁、漕米,清江县二年原缓二年及十一年地丁、漕米,安福县三年原缓三年地丁、漕米、屯粮、余租,建昌县并安义县之寄庄建昌县元年各原缓元年地丁、漕米,德化县元年原缓元年地丁、屯粮、余租、芦课,九江同知元年原缓元年压征十一年芦课,均著递缓至同治十四、十五两年秋后带征。

又进贤县二年原缓二年地丁、漕米;清江县元年原缓元年地丁、漕米,又二年原缓十年地丁;新淦、新喻、余干三县五年各原缓五年地丁、漕米;安福县二年原缓二年地丁、漕米、屯粮、余租;建昌县元年原缓十一年地丁、漕米;安义县寄庄建昌县元年原缓十一年漕米;德化县二年原缓十年地丁、屯粮丁、余租、芦课;九江同知元年原缓十一年压征十年芦课,均著递缓至同治十五、十六两年秋后带征。

又进贤县元年、安福县元年各原缓元年地丁、漕米,建昌县并安义县寄庄建昌县元年各原缓十年地丁、漕米,德化县二年原缓十一年屯粮丁、余租、芦课,均著递缓至同治十六、十七两年秋后带征。

又进贤县元年原缓十一年地丁、漕米,新淦县四年并余干县四年各原缓四年地丁、漕米,新喻县二年原缓二年地丁、漕米,安福县元年原缓十一年地丁,除完纳外,其余未完同原缓十一年漕米,均著递缓至同治十七、十八两年秋后带征。又进贤县五年原缓十年地丁,除完纳外,其余同原缓漕米;安福县元年原缓十年地丁、漕米,均著递缓至同治十八、十九两年秋后带征。又新淦、余干二县三年各原缓三年地丁、漕米,新喻县元年原缓元年地丁、漕米,均著递缓至同治十九、二十两年秋后带征。又新淦县二年、余干县二年各原缓二年地丁、漕米,新喻县元年原缓十一年地丁、漕米,均著递缓至同治二十一、二十二两年秋后带征。又新淦县元年原缓元年地丁、漕米,余干县元年原缓十一年地丁、漕米,均著递缓至同治二十三、二十四两年秋后带征。又余干县元年原缓十年地丁、漕米,著递缓至同治二十五、二十六两年秋后带征。

又金溪县三年原缓十年地丁、漕米，地丁脚耗、本折物料、随漕、兵加及十一年地丁、漕米、本折物料、随漕、兵折、兵加，乐平县二年原缓十年地丁、漕米，均著递缓至同治九年秋后一并带征。又金溪县三年原缓元、二两年各地丁、漕米、地丁脚耗、本折物料、随漕、兵折、兵加，并五年原缓三年地丁、漕米、地丁脚耗、本折物料、随漕、兵折、兵加；广昌县三年原缓十年地丁、屯粮、余租、兵加；乐平县二年原缓十一年地丁、漕米，均著递缓至同治十年秋后一并带征。又广昌县三年原缓十一年地丁、屯粮、余租、兵加，著递缓至同治十一年秋后一并带征。又南丰县三年原缓元年地丁等银、漕米、商税、渔课、兵加，广昌县五年原缓元年地丁、兵加、屯粮、余租，均著递缓至同治十二年秋后一并带征。又南丰县三年原缓二年地丁，除完纳外，其余未完同原缓二年漕米、商税、渔课、兵加；广昌县五年原缓二年地丁、兵加、屯粮、余租，均著递缓至同治十三年秋后一并带征，以纾民力。

该抚即刊刻誊黄，遍行晓谕，务使实惠均沾，毋任吏胥舞弊，用副朝廷轸念民艰至意。余著照所议办理。该部知道。钦此。

67　同治九年二月初五日，内阁奉上谕：本年轮应查阅江苏、安徽、江西、山东、河南五省营伍之期。江苏著即派马新贻，安徽即派英翰，江西即派刘坤一，山东即派丁宝桢，河南即派李鹤年，逐一查阅，认真简校。如有训练不精，军实不齐者，即将废弛之将弁，据实参奏，毋得视为具文。钦此。

96　军机大臣字寄盛京、吉林、黑龙江、福州、成都各将军，直隶、两江、湖广、陕甘、四川、两广、闽浙、云贵、江苏、安徽、江西、浙江、福建、湖北、湖南、河南、山东、山西、陕西、广东、广西、云南、贵州各督抚，天津三口通商大臣。同治九年二月二十日，奉上谕：总理各国事务衙门奏，法国使臣藉兵要挟，渐不可长，请饬各省遇有外国案件持平速结并请饬地方官于传教事件，先事防维，列入考成，及请饬江苏、福建迅办英国未结各案各折片。览奏均悉。上年法国使臣罗淑亚因四川等省教案未结，自行出京，携带兵船赴安徽、江西等省，不过数月，各案俱结。该使臣现在回京颇鸣得意，是其轻视中国官吏已可概见。传教各案牵涉民人，即系地方官分内应办之事，乃积习相沿，因循推诿，日久不结，致令该国使臣藉兵要挟，此风何可渐长。倘各国闻而效尤，后患伊于何底。且恐奸民乘机簸弄，更形掣肘。而中国官吏办事泄沓之风，亦足贻诮外洋。著各该将军、督抚、通商大臣等严饬所属，遇有中外交涉事件，即认真查办，持平迅结，毋得仍前延宕，致外人得以藉口。况现在英国使臣威妥玛抄录上海新闻纸，以罗淑亚催办各省积案有效为词，则各国未结各案岂可听其迁延。著文煜、英桂、卞宝第、马新贻、丁日昌将台湾贩运樟脑等案克日办结，毋贻该国使臣口实。嗣后各该省遇有交涉案件，并著各该将军、督抚饬属勒限完结，以弭后患。至传教一事流弊固多，而地方有司如能先事图维，经权互用，未尝不可杜其干预。著各该将军、督抚、大臣等密饬地方官，遵照前次总理衙门通行成案，悉心体察，预为经理。倘能办理妥协，即准其与催科抚字一例考成，以冀挽回积习，用弭衅端。原折片单共四件，均著抄给阅看。将此由五百里各谕令知之。钦此。遵旨寄信前来。（抄交总理衙门）

105 同知衔·江西鄱阳县知县陈志培，旨：著以同知、直隶州知州回任候升。

115 军机大臣字寄两江总督马，署湖广总督·浙江巡抚李，江苏巡抚丁，江西巡抚刘，湖北巡抚郭。同治九年三月初三日，奉上谕：曾璧光奏，运售铅斤济用，请免厘税等语。黔省办理军务及举行乡试筹款维艰，现在提拨铅斤，运赴各省售银济用。著马新贻、李瀚章、丁日昌、刘坤一、郭柏荫查明，遇有黔省运售铅斤经过关卡均著免纳厘税，并饬各关卡毋得阻滞留难，俾资济用。将此各谕令知之。钦此。遵旨寄信前来。

178 同治九年四月初十日，内阁奉上谕：江西九江府知府员缺，著邵子彝补授。钦此。

179 查：九江府系冲繁难要缺。谨奏。

209 江西尽先补用同知·直隶州知州·现任庐陵县知县彭芝，(御印)旨：著回任，以同知、直隶州知州遇缺尽先补用。

243 军机九年五月十七日，内阁奉上谕：鸿胪寺少卿张绪楷奏，天时亢旱，请饬各省大吏力除积弊，以迓和甘一折。本年近畿雨泽愆期，天气亢旱。深宫循省，焦虑时深。各省大吏亦当仰体朝廷兢惕之心，勤修民事，以消沴戾而迓祥和。即如征收钱粮，本有例限，乃地方官每藉口军饷紧急，先期催征。遇有水旱之灾，民力愈形拮据。著各直省督抚申明旧例，务令仍按上下两忙征收，不得违例预征，以纾民困。近因军务未平，各省厘金分别裁减，酌留大宗以济军饷，原属不得已之举。若各州县私设厘卡，藉端渔利，实属大干法纪。著各该督抚将停止厘卡处所明白晓示，以杜朦混。其有地方劣绅假公济私，把持公事，勒捐科派等弊，并著严行查禁，毋任扰害闾阎。至各省京控案件，有经年累月未经奏结者，牵累多人，羁禁无辜，情尤可悯。各该督抚务当破除情面，认真整顿，将未结各案速为审结，不得意存消弭，日久拖延。将此通谕知之。钦此。

297 军机大臣密寄两江总督马，署湖广总督·浙江巡抚李，江苏巡抚丁，安徽巡抚英，江西巡抚刘，湖北巡抚郭，湖南巡抚刘，长江水师提督黄。同治九年六月十四日，奉上谕：据宋晋奏，江南设立长江水师，原以控扼海口，巡逻江面。近闻水师远逊于前，营制渐形疏懈。并有不法水勇假巡逻为抢劫江面，盗案屡出，行旅戒严，地方官不敢捕拿，恐日久肆行，转致贻害，请饬彭玉麟前往整理等语。长江水师紧要，岂容日久懈生。现在各海口岸及沿江地方尤不可稍弛防范，使宵小从而生心。著马新贻、李瀚章、丁日昌、英翰、刘坤一、郭柏荫、刘崐按照曾国藩所定章程，会同黄翼升，时加整顿，务使士卒骁壮，号令严明。并一面檄饬各该地方官，遇有水勇抢劫案件，即行捕拿究办，不准互相容隐，扰害商民。黄翼升系专辖水师之员，责无旁贷。所有长江应办事宜，务须与沿江各督抚和衷商榷，恪守成规。其营弁兵勇尤当随时稽查，更番训练，必得声威联络，远近慑服，方为不负委任。至水师创立规制系彭玉麟与曾国藩等筹画而成。该侍郎计已病痊，刘崐接奉此旨后，即著催令该侍郎迅速起程，前赴江南等省，会同马新贻等实心整理，力除废弛情形，以资控制。将此由五百里各密谕知之。钦此。遵旨寄信前来。

314　同治九年六月二十二日，内阁奉上谕：江西学政徐郙奏，教职化导有方，恳予奖励等语。国子监助教衔·候选知县·万载县教谕蒋芳，植品端方；赣县训导萧九成，训课精勤。蒋芳著赏加五品衔，萧九成著赏加国子监助教衔，以示鼓励。该部知道。钦此。

320　同治九年六月二十四日，奉旨：这所参疏防监犯越狱之管狱官，江西萍乡县典史孟奎英，著即革职，交刘坤一提同刑禁人等，严讯有无松刑贿纵情弊，按律定拟具奏。并著勒限将逸犯古寅仔、邬石古、赖辛仔、陈发盛严缉务获。倘限满无获，即行从严参办。余著照所议办理。该部知道。钦此。

323　军机大臣密寄两江总督马，闽浙总督·兼署福建巡抚英，两广总督瑞，署湖广总督·浙江巡抚李，江苏巡抚丁，安徽巡抚英，江西巡抚刘，山东巡抚丁，湖北巡抚郭，湖南巡抚刘，广东巡抚李，长江水师提督黄，传谕署浙江巡抚·布政使杨昌濬。同治九年六月二十五日，奉上谕：前因天津民教启衅，谕令曾国藩前往查办。兹据曾国藩奏称，业经查明大概情形，现拟妥为办结等语。惟近日各省民教仇杀之案，不一而足。洋人动以兵船恐吓，讹索多方。虽兵端不必自我而开，然暗中防维，实属刻不容缓之举。万一事有决裂，断不能任其肆意猖獗，不思未雨绸缪。现在各省沿江、沿海口岸设立防兵，能否真实可靠。著马新贻、英桂、瑞麟、李瀚章、丁日昌、英翰、刘坤一、丁宝桢、郭柏荫、刘崐、李福泰、黄翼升、杨昌濬严饬各该处带兵各员，随时训练，实力整顿。该督抚等务宜悉心办理，不可徒托空言，以期有备无患。并将现在办理情形详细具奏。将此由六百里密谕马新贻、英桂、瑞麟、李瀚章、丁日昌、英翰、刘坤一、丁宝桢、郭柏荫、刘崐、李福泰、黄翼升并传谕杨昌濬知之。钦此。遵旨寄信前来。（抄交总理衙门）

324　同治九年六月二十五日，内阁奉上谕：曾国藩、崇厚奏，查明天津滋事大概情形一折。据称，研讯教民迷拐人口一节，王三虽经供认授药于武兰珍，然尚时供时翻，亦无教堂主使确据。仁慈堂查出男女一百五十余名口，均称其家送至堂中豢养，并无被拐情事。至挖眼剖心一条，经曾国藩于抵津时亲加推问，百姓无能指实，询之天津城内、外，亦无遗失幼孩控告之案。此等情形如湖南、江西、扬州、天门及直省之大名、广平，皆有檄文、揭帖，纷传不一。厥后各处结案，总未将檄文、揭帖之虚实剖辨明白。津民平日熟闻各处檄文、揭帖之言，已信为实。而又因外国堂门终年扃闭。教堂仁慈堂皆有地窑，为去潮湿置煤炭之用。治病者被留不出，并收留无依人口及疾病将死之人等情，蓄疑莫解。本年四五月间，适有拐匪用药迷人之事，牵涉教堂。该民人见领事官丰大业对官放枪，遂致万口哗噪，同时并举。其实挖眼剖心，戕害民生之说，多属虚诬，毫无实据等语。此案递谕曾国藩会同崇厚，持平办理。现据该督等奏称，此事均系谣传。津人致疑之由，昭然共见。外省地方遇有此等谣言，群疑亦可消释。至匪徒迷拐幼孩人口，例禁本严,惟恐日久玩法。著刑部于此等凶犯到案时,即议以加等治罪。嗣后各直省地方,如拿有迷拐人口匪徒,亦著照刑部所议从重处治,以儆凶残。京师为首善之区,尤宜搜查匪类,并著步军统领衙门随时缉访,遇有此等匪徒,即行拿交刑部,加等治罪。钦此。(抄交总理衙门)

326 本日召见,奉旨:所有曾国藩奏请,宣示洋人查无迷拐情形,并请将天津府知府张光藻、天津县知县刘杰革职,交部治罪。明发谕旨二道。并命曾国藩迅速持平办结,勿任洋人肆意要求。一面固结津郡人心,并如何调兵,密为筹防,以备不虞。并命沿江、沿海各督抚一体防备,迅速覆奏。寄谕二道。臣等遵旨与本日召见之惇亲王、醇郡王、伯彦讷谟祜、景寿暨大学士、弘德殿、总理各国事务衙门行走之大臣等,一并公同商酌,缮写呈览。是否有当,伏候圣裁。谨奏。

368 军机大臣字寄福州将军,直隶、两江、湖广、闽浙、两广、四川、江苏、安徽、江西、福建、浙江、湖北、湖南、山东、山西、河南、广东各督抚,传谕粤海关监督。同治九年七月初五日,奉上谕:户部奏请,饬催各省赶解京饷一折。上年十一月间,经户部奏拨本年京饷银七百万两,限五月前解到一半,年终解清。兹据该部查明,截至六月底止,除山西地丁银一百万两内,划解俄国赔款三万八千七百两,本省暂准缓解十二万两,采办李鸿章军营米麦及归绥军饷十五万两,解到二十五万两;安徽地丁二十万两内,本省截留十五万两;四川盐厘津贴三十万两内,划拨黔饷五万两,起程十二万两;长芦盐课二十五万两内,划拨练饷、局栈租等银三万七千两,解到十万两;两浙盐课盐厘,河东加课羡余,广东盐课帑息,福建盐课,浙江厘金,粤海、闽海、浙海等处关税,报解均已过半。山东、河南、江西、浙江地丁,广东厘金,福建茶税,赣关税银亦据报解及半。至湖北等省地丁,两淮等处盐课,九江等处关税,或解不及半,或丝毫未解。京饷关系紧要,岂容任意延宕。除划拨截留、准缓解到及报解外,尚有山西地丁银四十四万一千三百两,山东地丁银十六万两,浙江地丁银十五万两,湖北地丁银十九万五千两,湖南地丁银三万两,河南地丁银五万两,安徽地丁银五万两,江西地丁银十万两,长芦盐课银十一万三千两,两淮盐课盐厘银三十二万两,两浙盐课盐厘银十五万两,河东加课羡余银五万两,广东盐课帑息银十二万两,山东盐课加价银十三万两,福建盐课银八万两,湖北盐厘银六万两,湖南盐厘银三万两,四川盐厘津贴银十三万两,福建茶税银十万两,粤海关税盈余银五万两,闽海关常洋两税银十五万两,九江关洋税银二十七万四千七百十五两零,浙海关常洋两税银十二万两,江海关洋税银二十万两,江汉关洋税银十七万两,天津关常洋两税银十一万一千五百四十五两零,赣关税银二万五千两,江西厘金五万两,江苏厘金五万两,浙江厘金二万两,广东厘金二万五千两,湖北厘金三万两。著各该将军、督抚、监督等即将前项应解银两,统于年内扫数解齐,毋得迟延干咎。另片奏请添拨京饷等语。部库需用甚繁,该部拟添拨山东地丁银十万两,河南地丁银十万两,荥工加价奏准解部归款银五万两,浙江厘捐银五万两,两淮盐厘银十四万两,广东盐课银二十万两,四川盐厘银六万两,按粮津贴银十万两,闽海关洋税银五万两,浙海关洋税银十五万两。并著各该将军、督抚,连本年原拨未解京饷一并于年内解齐,毋得稍涉推诿,致误要需。将此由五百里谕知福州将军,直隶、两江、湖广、闽浙、两广、四川、江苏、安徽、江西、福建、浙江、湖北、湖南、山东、山西、河南、广东各督抚,并传谕粤海关监督知之。钦此。遵旨寄信前来。(抄交户部)

394　军机大臣密寄两江总督马,闽浙总督 · 兼署福建巡抚英,两广总督瑞,署湖广总督 · 浙江巡抚李,江苏巡抚丁,安徽巡抚英,江西巡抚刘,山东巡抚丁,湖北巡抚郭,湖南巡抚刘,广东巡抚李,长江水师提督黄,传谕护理江苏巡抚 · 布政使张兆栋,署浙江巡抚 · 布政使杨昌濬。同治九年七月十三日,奉上谕:前因天津民教启衅,谕令沿江、沿海各督抚等于各口岸严密设防,谅该督抚等已遵旨筹办。津事尚无头绪,罗淑亚多方要求,虽据曾国藩等据理驳斥,该使臣桀骜性成,未能就我范围。现又由津至京,能否不至决裂,未可预定。此时惟有先筹防守,以杜洋人窥伺之心。著马新贻、英桂、瑞麟、李瀚章、丁日昌、英翰、刘坤一、丁宝桢、郭柏荫、刘琨、李福泰、黄翼升、张兆栋、杨昌濬于各该省通商口岸迅速筹防。万一洋人兵船驶至,务须设法堵御,勿任其乘虚肆扰,或至占踞口岸。如有疏虞,惟该督抚等是问。所有沿江、沿海水陆官兵,仍当懔遵前谕,力加整顿。并著将现办情形详晰具奏。将此由六百里密谕马新贻、英桂、瑞麟、李瀚章、丁日昌、英翰、刘坤一、丁宝桢、郭柏荫、刘琨、李福泰、黄翼升,并传谕张兆栋、杨昌濬知之。钦此。遵旨寄信前来。(抄交总理衙门)

450　同治九年七月二十八日,内阁奉上谕:刘坤一奏,工匠勾匪滋事,请将办理不善之官绅分别惩处一折。江西新昌县匪徒李世魁等,充当该县纸厂工匠,辄因减资停工,胆敢纠众,强抢厂户吴福家仓谷。并勾结教匪杨长受等,约期抢掠攻城。当经该县朱庆萼饬令局绅邹寿朋等,派勇捕拿,格杀匪徒十余人,并将李世魁杀毙。其听从抢劫之谢景发、张花亦经讯明正法。新昌县知县朱庆萼于此案初起时,即派团获犯究办,尚属迅速。惟未能先事禁止,究有不合。朱庆萼著即撤任开缺,以简缺改补。局绅邹寿朋等,捕获各犯并不送官讯究,辄即杀毙弃尸,虽系应死罪人,究属专擅。邹寿朋著革去贡生,训导刘国珍著革去武生,以示惩儆。余著照所议办理。该部知道。钦此。

451　臣等查本年届更换学政之期,谨将已满三年已办岁考之顺天、江苏、安徽、河南、陕甘、福建、浙江、江西、湖北、湖南、四川、广东、广西、云南、贵州十五省学政及未满三年办过岁考之山西学政,未满三年未办岁考之山东学政,分缮名单呈览,恭候钦定。俟发下后,臣等再拟写谕旨进呈,谨奏。

452　已满三年,已办岁考各学政名单:

顺天学政贺寿慈;

江苏学政童华;

安徽学政殷兆镛;

河南学政杨庆麟;

陕甘学政周兰；
福建学政邵亨豫；
浙江学政徐树铭；
江西学政徐郙；
湖北学政张之洞；
湖南学政温忠翰；
四川学政钟骏声；
广东学政胡瑞澜；
广西学政杨霁；
云南学政梁肇煌；
贵州学政廖坤培。

463　军机九年八月初一日，内阁奉上谕：本年值更换学政之期，除山东学政潘斯濂，甫经简放、毋庸更换外。顺天学政，著鲍源深去。江苏学政，著彭久余去。安徽学政，著景其濬去。山西学政，著龚承钧去。河南学政，著何金寿去。陕甘学政，著汪鸣銮去。福建学政，著黄体芳去。浙江学政，著丁绍周去。江西学政，著李文田去。湖北学政，著洪钧去。湖南学政，著廖寿恒去。四川学政，著夏子鐊去。广东学政，著何廷谦去。广西学政，著郭怀仁去。云南学政，著汪叙畴去。贵州学政，著刘青照去。奉天府府丞兼学政，著张沄乡调补。所遗鸿胪寺卿，即著任兆坚调补。钦此。

465　军机大臣密寄两江总督马。同治九年八月初二日，奉上谕：马新贻奏，筹防江苏省水陆大致情形一折。据称江宁扼东南形胜，为长江有事之所必争。万一洋船进犯，惟有设法御诸下游，勿令驶过焦山。若进逼金陵，则力扼下关，不令驶入内河。如登陆攻城，即于沿江扼要处所，分路设伏。安徽、江西、湖北各省，以镇江为入江第一门户，金陵又为上游诸省屏蔽，江皖以上戒严，莫如分兵下堵。上海为各国通商荟萃之区，不可稍涉疑忌。苏州虽切近上海，而自松江以达昆太，港汊纵横。已密嘱李朝斌将外海、内洋、太湖各师船，调集吴淞，以备缉海盗为名等语，所筹尚属周妥。天津之事，虽经总理各国事务王大臣与法使再三辩论，能否即弭衅端，尚难预定。江防仍应实力筹办，以壮声援。所有金陵上游沿江一带，布置情形与英翰日前所奏，大略相同。即著马新贻随时会商英翰，督饬在事将士择要驻扎，力扼上游。并一面咨商黄翼升，将分汛各师船归并本营，排泊操练，毋令畸零散布。上海口岸紧要，务饬上海道遇有中外交涉事件，加意笼络，迅速办理，不得以各国现尚安堵，稍掉轻心。吴淞江口及苏、松两府毗连，形势水陆要隘。既经李朝斌妥为布置，著即咨令该提督将各营师船勤加操演，严密巡防，俾苏垣与上海两处各有援应。仍密嘱张兆栋就近稽查，毋稍疏懈。上游诸省防守，并著咨商刘坤一、李瀚章悉心筹画。遇有警信，即可首尾衔接，毋为敌人所乘。此时江防筹备，惟当就苏省现有兵力斟酌分拨。倘有意外之虞，总以扼住焦山为防江第一要。著添募勇丁一层，自可临时筹度。该督素顾大局，务须处以镇静，弭患无形，慎勿先事张皇，致滋

口实。将此由五百里密谕知之。钦此。遵旨寄信前来。(抄交总理衙门)

470 军机大臣密寄江宁将军·暂署两江总督魁,湖广总督李,安徽巡抚英,江西巡抚刘,湖北巡抚郭,长江水师提督黄。同治九年八月初三日,奉上谕:本日魁玉驰奏,督臣被刺因伤出缺一折。已明降谕旨,将马新贻加恩优恤,并将李鸿章调补直隶总督。其两江总督即以曾国藩调补,未到以前令魁玉暂行兼署矣。凶犯张汶详,胆敢伺隙行刺,戕杀总督重臣,实属罪大恶极,必应研讯确情,从严惩办,以伸国法。著魁玉督饬司道各官,设法熬审,务将因何行刺缘由,及有无主使情事,一一审出,据实奏闻。现在津事未结,长江防范事宜最关紧要。(摘抄起)本日据英翰奏,江西扼要,以靖江、江阴之间为第一门户。其次则焦山两岸亦为险要。马新贻已邀黄翼升东下,面商机宜。并因下游兵船不敷分布,须合上游数省全力,方可备预万全等语。与昨日寄马新贻谕旨,适相吻合。魁玉现署督篆,责无旁贷。即著随时咨商李瀚章、英翰、刘坤一、郭柏荫同心协力,迅速妥筹。湖北、江西两省,何处可以助兵,何处可以助饷,想李瀚章、郭柏荫、刘坤一素顾大局,必能不分畛域,悉心区画也。黄翼升现在行抵何处,所有整顿水师筹办江防之处,著与各该督抚等严密图维,以资备御。(摘抄止)将此由五百里各密谕知之。钦此。遵旨寄信前来。(摘抄交总理衙门)

487 军机大臣密寄江西巡抚刘。同治九年八月初五日,奉上谕:刘坤一奏,筹议防务情形一折。据称,水师现经总兵丁义方勤加操练,陆师照马新贻练兵章程,及时整顿。并添募营勇,藉厚兵力等语。即著刘坤一认真办理,以备不虞。至所陈沿海各省于决裂时一律停其通商,封其行栈。一口有变,各口皆然,一国有变,各国皆然。该抚于夷务情形尚未深悉,洋人蛩駏相依,遇事必相联络。且此案误伤俄、英、比、意之人,各国均有连横之势。即使和局决裂,亦应分别办理,以解散其党与。若概予拒绝,转恐合而谋我,益难措手。现经总理各国事务衙门王大臣与法使再三辩论,尚不致遽行决裂。而江防仍应实力筹办,以壮声援。前有旨谕令两江总督将上游各省防守咨商刘坤一、李瀚章悉心筹画。遇有警信,即可首尾相应,免为敌人所乘。著刘坤一与各该督抚会筹布置,仍当不动声色,密为备御,不可稍涉张皇。将此由四百里密谕知之。钦此。遵旨寄信前来。(抄交总理衙门)

570 同治九年八月二十六日,内阁奉上谕:御史刘瑞祺奏,漕运骤难复旧,请由官备民船,挑浚河道试运。并江西、两湖等省酌留折征银两,于运河较近地方采粮,雇觅民船运通等语。著该部议奏。钦此。

594 同治九年九月初四日,奉旨:这所参疏防监犯反狱之管狱官·江西新建县典史杨榕,著即革职拿问,交刘坤一提同刑禁人等严讯有无松刑贿纵情弊,按律定拟具奏。有狱官·新建县知县承霈,著先行交部议处,并勒限将逸犯张志生严缉务获。倘限满无获,即行从严参办。余著照所议办理。该部知道。钦此。

664　保举花翎·留于江西归试用班先补用知府劳大篙,(御印)旨:著俟补缺后,以道员用。

679　军机大臣字寄盛京、吉林、黑龙江、成都、福州各将军,直隶、江苏、安徽、山东、山西、河南、陕西、甘肃、福建、浙江、江西、湖北、湖南、四川、广东、广西、云南、贵州各督抚,三口通商大臣、奉天府府尹。同治九年九月二十八日,奉上谕:前因天津民教启衅,叠谕沿江、沿海各省督抚严密设防。现在天津一案业已办理就绪,亦以时事多艰,不得不将就完案,以弥衅端,不可因此案完竣,即置防务于不问也。近来内外臣工往往遇事机危急,非不尽心竭力,以期共挽时艰,而泄沓成风,未事之先,于一切战守章程类皆纸上空谈,以致遇有缓急,毫不足恃。迨事过之后,则又因祸患已平,苟且因循,为目前偷安之计。事事有名无实,何时可冀自强耶。朝廷宵旰焦劳,隐忧弥切。著沿江沿海各省将军、督抚、大臣振刷精神,将战守机宜认真讲求,以备不虞。至各省武备废弛已极,绿营习气尤深。并著各将军、督抚、大臣破除情面,认真整顿,以期一兵得一兵之用。经此次训谕后,务当实事求是,严密设防,毋再视为具文。至各省民教交涉事件,亦应处处持平,不可专顾一面。若地方官操纵合宜,刚柔互济,自可消患未形。著各直省将军、督抚、府尹于所属州县地方官,务须选择有风骨而又通晓时务之员。遇教士非分之求,不得曲为迁就,遇条约应办之事亦当妥为抚绥,庶中外相信,不致再滋事端。将此各谕令知之。钦此。遵旨寄信前来。(抄交总理衙门)

698　军机大臣字寄盛京、直隶、江苏、安徽、江西、浙江、福建、湖北、湖南、河南、山东、山西、陕西、甘肃、四川、广东、广西、云南、贵州各将军、督抚。同治九年十月初三日,奉上谕:本年直隶广平等处被旱,大城等处被旱、被水,山东濮州被旱,业经各该省奏到,已加恩将新旧钱粮分别缓征。并直隶成安等县应否减免差徭,出借仓谷,谕令该督察看情形办理。其四川川东沿江各厅州县被水,复经谕令该督筹拨公项,优加抚恤。湖北宜昌等属川江水涨,民田、垸堤漫淹,谕令该督抚筹款赈抚。热河郡街两次被水,谕令该督等查明,加意抚恤。四川巴塘地震兼被火灾,亦经该督筹拨厘金等款,解往赈济。山东临清等处亢旱,临邑县二麦被旱、被风,经该抚查勘,酌量停征、缓征。湖南安乡等县被水甚重,经该抚提拨库款、厘金等银八万两,采办米谷赈抚,预筹接济。直隶永定河漫口,永清县田禾被淹,经该督筹拨银两妥为抚恤,小民谅可不至失所。惟念来春青黄不接之时,民力未免拮据。著传谕该督抚等体察情形,如有应行接济之处,即查明据实覆奏,务于封印以前奏到,候朕于新正降旨加恩。再安徽绩溪等县被雹,江西鄱阳等县低田被淹,清江县高田被旱,陕西西安等府属河水涨发,冲伤禾苗,湖南湘阴等州县河湖水涨,被灾甚重,直隶清苑等州县被旱,河间等县被水,浙江余杭等县被旱,义乌县被风,均经该督抚奏明,委员查勘,酌量抚恤,即著迅速办理。并将来春应否接济之处一并查明,于封印前奏到。此外各省被灾地方应行调剂抚恤之处,著该将军、督抚等一并查奏,候旨施恩。将此各谕令知之。钦此。遵旨寄信前来。

699　查本年直隶、山东，间有被灾地方，俱经随时加恩，将新旧钱粮分别缓征。其明春应否量为接济之处，臣等谨照向例，缮写询问该督抚等谕旨。俟覆奏到日，再行拟写新正加恩谕旨呈送。再直隶、安徽、江西、湖北、湖南、山东、陕西、四川、浙江被旱之区，该督抚等或已筹赈济，或奏明查勘，酌予抚恤。应否接济，现俱未经奏到。此外各省被灾地方，有无应行调剂抚恤之处，均应一并询问，令该将军、督抚等迅速查奏汇办。谨奏。

708　军机大臣字寄协办大学士·直隶总督·一等肃毅伯李，湖广总督李，湖北巡抚郭，江西巡抚刘，湖南巡抚刘。同治九年十月初六日，奉上谕：李鸿章奏，漕运剥船，不敷周转，请及时筹备一折。前因天津剥船不敷，曾国藩请由直隶分年排造九百支。经户部奏请，仍由江西、湖南、湖北等省排造，解赴直隶应用。当经降旨允准。兹据李鸿章奏称，来岁南漕抵津。若待江西等省剥船赶到，诚恐缓不济急，请先行发款赶办等语。漕粮为天庾正供，关系甚重。李鸿章预筹各节，自系实在情形。著户部先行拨借银十二万两，解赴直隶，交李鸿章收纳。该督接到此项银两，即责成天津道就地赶造剥船一百支。一面招商，由海道赴南购运木料到津，续造二百支，务于明岁漕前造齐，以备应用。此项拨借银两，著李瀚章、郭柏荫、刘坤一、刘崐于江西、湖北、湖南三省照数摊解户部归款。其余应造剥船六百支，并著李瀚章等饬令各该省承办各员，勒定限期，赶紧分造，务于明年夏初黄运水涨时解送直隶，勿得稍有迟误。将此由四百里各谕令知之。钦此。遵旨寄信前来。（抄交户部）

743　军机大臣密寄各直省将军、督抚。同治九年十月二十日，奉上谕：总理各国事务衙门奏请，饬各省大吏办理中外交涉事件加意慎密一折。中外交涉事宜非寻常日行事件可比。况事关重大，尤应慎之又慎，密益加密，庶不致为外国所传播，贻误事机。同治七年八月间，因曾国藩于密陈条约折件，未能慎密，致被洋人传钞。曾经谕令各直省将军、督抚格外慎密，诰诫谆谆，至为详切。乃本年因天津民教勾衅，令刘坤一暗中防维谕旨一道，竟为九江领事官抄录，经威妥玛照会总理衙门。此等紧要事件，刘坤一何以漫不经心，致有疏漏。其为养尊处优，事事假手于人已可概见。此件谕旨究由何处漏泄，著即彻底查明，严参惩办，不准稍有回护徇庇，致干重咎。嗣后南北洋通商大臣，暨各省将军、督抚等，遇有中外交涉事件，务当加意慎密，不得稍有疏虞。无论是何寄谕均需亲自拆阅。如再有漏泄机密，贻误大局者，一经讯明，即将漏泄之人按照军法从事并将疏于防范之大吏，严加惩处，决不宽贷。原折均著抄给阅看，将此各密谕知之。钦此。遵旨寄信前来。（抄交总理衙门）

744　军机大臣字寄江西巡抚刘。同治九年十月二十日，奉上谕：侍郎胡家玉奏，本年秋审册内，有江西东乡县绞犯王高照等一起。原揭声称该县钱粮照通省新章，每两收银一两五钱，除一正一耗外，以四钱提补捐款公费及办公之用，又随赋捐银一钱，以为修理坛庙等工之费。刁徒鲁鱼典等藉求减钱粮捐费为名，聚众哄闹。是江省军务虽平，额外之诛求未已，请饬该抚通饬所属征收地丁、钱粮，每银一两，遵例加收耗银一钱。所有另立名目，额外征收者，永远革除。并请札行各州县，开征时照例银钱并收，以苏民困各等语。著刘坤一斟酌情形，妥议具奏。原折著抄给阅看，将此谕令知之。钦此。遵旨寄信前来。

765 同治九年，江西省秋审常犯情实，郭绍球等十九起，人犯共二十五名，谨将勾到时所奉谕旨恭录于后。

一起斩犯郭绍球。

逞忿故杀，法无可宽，是以勾决。

一起绞犯舒黄矮仔。

听从图财，谋毙二命，虽未得财，业已下手杀人，法无可宽，是以勾决。

一起斩犯钟賫连。

赌匪逞忿，故杀二命，法无可宽，是以勾决。

一起绞犯吴怔傢。

因疯连毙一家二命，法无可宽，是以勾决。

一起斩犯罗复初。

奸匪逞忿，故杀奸妇，法无可宽，是以勾决。

一起斩犯萧沧镳。

挟恨谋毙病妇，图赖，法无可宽，是以勾决。

一起斩犯陈立涝。

挟恨谋毙逾七老妇，图诈，法无可宽，是以勾决。

一起斩犯张组茂。

听从图财谋命，虽未加功，业已得财，法无可宽，是以勾决。

一起斩犯陈存旺。

奸匪因奸听从奸妇谋毙纵奸本夫，法无可宽，是以勾决。

一起斩犯胡怀。

图财谋命，虽未得财，业已杀人，法无可宽，是以勾决。

一起绞犯王高照、王吉俚、吴象俚、宋双憘、张加详、俞响明。

听纠聚众，哄堂塞署，逞凶殴官，均在场附和喊闹，藐法难宽，是以俱勾决。

一起斩犯陈继采。

奸匪逞忿，故杀悔过拒绝奸妇，法无可宽，是以勾决。

一起斩犯余倡西。

挟仇放火烧船，致毙二命，该犯听从下手燃火，法无可宽，是以勾决。

一起斩犯何勤详。

负欠谋毙债主，法无可宽，是以勾决。

一起斩犯江帮周。

奸匪挟恨谋命,法无可宽,是以勾决。

一起斩犯刘明海。

逞忿故杀,复另伤其子,法无可宽,是以勾决。

一起斩犯温茫山。

致毙彼造一家三命,该犯共殴致毙一命,金刃致命伤重,法无可宽,是以勾决。

一起绞犯王登牔、王详观。

致毙彼造父子兄弟一家三命,该犯等共殴各毙一命,金刃致命伤重,均法无可宽,是以俱勾决。

一起绞犯谭冠。

听从发塚起骸索诈,复将其人之弟及雇工掳捉关禁,勒赎多赃,藐法难宽,是以勾决。

800　同治九年闰十月初八日,内阁奉上谕:御史邓庆麟奏,敬陈管见一折。除所奏尚简朴以维民风一条,业经叠降谕旨,谆谆诰戒外,至州县为亲民之官,必须久于其任,方能留心民瘼,兴利除弊。若纷纷更调展转趋避,吏治安有起色。著各直省督抚、府尹于实缺人员务当饬归本任,随时察看能否称职,分别举劾。其一切差委事宜,候补人员尽可派用,不得率调实缺人员,致旷职守,听断必期明远。两江总督曾国藩所定考课州县功过章程,甚有俾于吏治。著各直省仿照办理。保甲之法所以除暴安良,果能实力奉行,奸宄自无从匿迹。近来湖南湘潭等县,会匪滋事,皆由该地方官平时不能严密稽查所致。著各督抚、将军、府尹遵照定章,编查保甲。其遣散勇丁回籍后,如有不安本分,滋生事端者,务须严拿惩办,毋稍宽纵。奸胥蠹役最为闾阎之害,往往羁禁无辜,瘐毙囹圄,全在该地方官爱惜民命,不时查察。江苏巡抚丁日昌曾令州县悬挂粉牌,开载收押人犯,以杜滥押之弊,颇属简便可行。著各直省一律照办。其有书役勾串讼棍,扰害平民者,随时访拿惩治,以警刁风。现在各省地方百姓未尽复业,加以水旱为灾,当思休养生息之计。旧有常平仓、义仓有无亏短,亟宜查明,买补足额。各处荒地务须广为开垦。其陂堰坍塌之处,尤宜及时修筑。抽收厘捐,须严杜中饱,以利民生。以上各节,各该督抚当实心经理,不得奉行故事,致负朝廷勤求民隐之意。至帝王之学与儒生异,必以敬天爱民为本等语,所陈亦尚切要,原折著留览。钦此。

814　同治九年闰十月十三日,内阁奉上谕:御史吴凤藻奏,明儒吕坤所著《实政录》,最为吏治针砭。现江南、湖北、浙江等省均开书局,请饬刊刻等语。著该省督抚于刊刻经史之余,接刻吕氏《实政录》,广为流布,俾收实效而饬官方。钦此。

815　同治九年闰十月十三日,内阁奉上谕:本年各直省办理秋审人犯,经刑部由缓决改情实者,四川、直隶两省,均至七起之多。该督等并臬司于秋谳重犯,未能详审核议,均著交部查明,分别议处。嗣后各将军、府尹、督抚等务当督同所属,遵照定例,酌核案情,悉心究拟,固不可失之刻核,亦不可惑于救生不救死之说,故从轻减,总期执法持平,无枉无纵,用副明慎用刑至意。将此通谕知之。钦此。

816　本年秋审,各省由缓改实起数单:
四川省七起;
福建省二起;
奉天省一起;
吉林省二起;
陕西省二起;
湖南省二起;
江西省三起;
安徽省二起;
山东省四起;
山西省三起;
直隶省七起;
热河二起。

871　军机大臣字寄江西巡抚刘。同治九年十一月初十日,奉上谕:前因侍郎胡家玉奏,江西钱粮有额外征收,并随赋派捐等情,请饬照定例办理,当经谕令刘坤一斟酌具奏。兹据奏称,江省地丁、钱粮,从前名为遵例一正一耗,实则收钱不止二千四百文,收银不止一两五钱。军兴以后酌减,每地丁一两折收钱二千四百文,改为收银一两五钱,通省一律照办。至万安、东乡等县,自更定新章以后,征数均经递减。其按粮派捐一节,系因善后工程,必不可缓。前经部议,以一年为限,并非历久摊派。若徒博遵例之虚名,恐转蹈浮收之故辙等语。所奏自系实在情形。惟该省当兵燹之后,民间元气未复。该地方大吏亦当体念民艰,力除积弊。著刘坤一督饬所属各地方官,于明定征收确数之外,不准丝毫任意加增,以副朝廷轸念闾阎至意。将此谕令知之。钦此。遵旨寄信前来。(抄交户部)

872　军机大臣字寄江西巡抚刘。同治九年十一月初十日,奉上谕:有人奏,统带江西水师道员何应祺,久历戎行,屡著战绩。前署赣南道时,颂声翕然,实为有体有用之才。前江西督粮道段起,于咸丰年间募勇在江西剿贼,颇有战功。防守广信,转危为安,吏治兵事均能胜任等语。段起前在江西督粮道任内,恐其不能胜任,曾谕刘坤一查看。嗣据该抚奏称,该道告病开缺。究竟段起是否堪以录用及何应祺才略有无过人之处,著刘坤一详晰据实具奏。将此谕令知之。钦此。遵旨寄信前来。

889　军机大臣字寄各省直督抚,各路统兵大臣。同治九年十一月十六日,奉上谕:兵部奏请,饬各省督抚及各路统兵大臣依限咨报兵勇数目并请饬各省将兵丁数目按年题报各折片。同治元年十一月间,曾经谕令各省督抚及各路统兵大臣将存营出师各兵数,按限造报。并将军营征调兵勇名数及随时有无增减,限三个月咨报一次。兹据兵部奏称，各省兵勇数目，有始则按限咨报，继则并未依限造送；或有咨报一二次后又不续报；且有一次未报者。其兵丁数目，除湖北、四川两省依限题报外，其余仍未按限题报。叠经该部严催，总未遵照办理，实属任意玩延。著各省督抚、统兵大臣等奉到此旨后，除以前未经造报兵勇各数，无庸补报外，即将现在所部兵勇数目，仍按三个月咨报一次，以备稽核。倘再视为具文，即著兵部严参。至已造报各处，仍著依限报部，毋得先后参差，以昭核实。其各省兵丁数目，并著该督抚按年造册题报，不得再有耽延。至军兴以来，舍兵用勇本系权宜之计。而勇丁遣撤易滋事端，流弊日甚。若不将绿营及早整饬，致国家费千百万帑项养之于平日，不能用之于临时，身任封疆者问心何安。现在天津之案虽经了结，何可复事因循。况甘肃、滇黔各省军务未靖，我君臣卧薪尝胆，正宜力图自强，以期有备无患。著各直省督抚将所管各营设法整顿，限奉旨后六个月将如何汰弱募强，如何分日操练，及各省可得有精锐士卒若干之处，详晰奏闻。直隶、天津、江苏、上海及刘铭传军营均练习枪队、炮队，步伐尚为整齐，号令尚为严肃。其教演之法，著各该省自行咨取章程照办，总期实事求是，变疲弱为精强，不得空言粉饰，以致有名无实。年来各督抚曾有裁兵增饷及酌调额兵训练之奏，然为政不在多言，而在实力奉行。若以一奏塞责，日久又渐形废弛，甚非朝廷倚任疆臣之意也。将此各谕令知之。钦此。遵旨寄信前来。（抄交兵部）

908　军机大臣字寄总理各国事务衙门，盛京、江宁、杭州、福州、广州各将军，直隶、两江、闽浙、湖广、两广、江苏、安徽、江西、浙江、福建、山东、湖北、湖南、广东各督抚。同治九年十一月二十二日，奉上谕：前因天津民教启衅，叠于六月二十五、七月十三、八月初三等日谕令沿江、沿海各督抚严密设防。嗣因津案就绪，复于九月二十八日，谕令各该督抚等振刷精神，讲求战守。并于闰十月十八、十一月十六等日，寄谕各省疆臣整顿绿营，操练枪队、炮队。原因津案虽将就了结，非尝胆卧薪，力求振作，无以御外侮而杜隐忧。本日醇郡王奏请，饬办理夷务诸臣除徇夷之积习，举驱夷之大局等语。自办理中外交涉事务以来，时艰孔亟，本当惩前毖后，不可一息苟安。嗣后中外任事诸臣，遇有交涉事件，务当坚持定见，预伐敌谋，勿令一事稍涉畏怯，致长敌人气焰。至驱夷大局，目前虽未能遽见施行，亦当未雨绸缪，先机布置，为自强不息之计。著总理各国事务衙门王大臣及沿江、沿海各将军、督抚实力实心次第筹办，以整顿武备为第一要务。而整饬吏治、固结民心、宽筹饷需，尤与军事相表里。各该督抚等职任封圻，受恩极渥。当此时事艰难，务各激发天良，讲求实际，勿事因循，勿涉蒙蔽，尤当慎密图维，勿使有所泄漏。日后势需用兵，应如何确有把握之处，著各该将军、督抚详细熟筹具奏。至传教一事，易启衅端，尤当督饬地方官，持平妥办于弭患之中，隐寓保民之意，庶无事则中外相安，有事则同心御侮，有厚望焉。原折均著抄给阅看，将此各密谕知之。钦此。遵旨寄信前来。

914　军机大臣字寄福州将军，直隶、两江、湖广、闽浙、两广、四川、江苏、安徽、江西、福建、浙江、湖北、湖南、河南、山东、山西、广东各督抚，传谕粤海关监督。同治九年十一月二十五日,奉上谕:户部奏,预拨来年京饷一折。据称,历届京饷均于年前预拨。同治十年京饷拟在各省地丁、盐课、关税等款内指拨同治十年京饷拟在①各该省于来年分批起解等语。京饷关系紧要,现经该部就各省缓急情形,斟酌动拨,自应遵照奏定数目,源源报解,以济要需。著该将军、督抚、盐政、监督等务于来年开印后分批起解,限五月前解到一半,十二月初间全数解清,不准截留改拨,藉词延误。倘届限不到,即照奏定章程指名严参。原单均著抄给阅看。至本年未解京饷,前经该部节次奏咨飞催,现届年终,仍未如数解清。著各该督抚等迅速筹解,毋再迟延干咎。另片奏,内务府同治十年份应需经费,拟拨两浙盐课银五万两,两淮盐课银五万两,广东盐课银五万两,福建茶税银十万两,闽海关常税银十万两,太平关常税银十万两,九江关常税银十五万两,共银六十万两,请饬依限完解等语。著该将军、督抚、盐政、监督等各按拨定数目,务于来年开印后,陆续径解内务府。并将起程日期报部,限六月前解到一半,十二月初间扫数解清,不准稍有蒂欠。将此由五百里谕知福州将军、直隶、两江、湖广、闽浙、两广、四川、江苏、安徽、江西、福建、浙江、湖北、湖南、河南、山东、山西、广东各督抚并传谕粤海关监督知之。钦此。遵旨寄信前来。(抄交户部)

942　同治九年十二月初四日,内阁奉上谕:给事中夏献馨奏,已故安徽巡抚程楙采坟墓在江西新建县古木冈地方,突于本年闰十月十七日被匪徒乘夜发掘,并将骸骨焚烧抛弃,请饬究办等语。发掘坟墓,法所必惩。该匪徒胆敢将已故大员发塚毁尸,实属凶残已极。著刘坤一即饬地方官,将该匪徒等迅速拿获,从严惩办,不准一名漏网。钦此。

972　同治九年十二月十四日,内阁奉上谕:御史许廷桂奏请,整顿吏治一折。向来捐纳人员试用期满,劳绩人员到省一年,均由该督抚察看甄别,必须严定去留,方足以示劝惩。近来该督抚于各项人员,甄别时大率填注笼统考语,概予留用。虽有繁简之分,从无降斥之请,致定例皆属具文,殊非核实之道。嗣后著各直省督抚恪遵定例,于道府、州县等官到省时,无论捐纳、劳绩,认真察看。如果系为守兼优,堪膺民社之员,即出具切实考语,分别繁简,奏明补用。如才具未能胜任,即秉公参劾,或酌量改补、降补,毋稍姑容。其实缺正途人员,亦应随时考核,以肃官方。钦此。

975　军机大臣字寄闽浙总督英,福建巡抚王,浙江巡抚杨,江西巡抚刘。同治九年十二月十五日,奉上谕:英桂、王凯泰奏,捕获江省斋匪,现饬根究搜缉一折。福建崇安、浦城交界之黄柏山及铁厂山一带,聚有江西斋匪多人,希图起事。经各该营县拿获匪犯王马吉等八名,讯系听从匪首张夔理等纠邀入党。张夔理先在江省与朱葛亮等结拜弟兄,约期围攻浦城,勾结难民,入关滋事。因官军剿捕各散。朱葛亮等屯聚江西铅山县之十三都,捕拿未获。闽省现派弁勇,密赴江西,购捕匪首。著刘坤一严饬该地方

① 原文如此,疑"同治十年京饷拟在"为"银七百万两,请饬"。

官,查明首伙人数及朱葛亮、彭洪胜等实在踪迹,会同严密搜捕,毋令一名漏网。此次斋匪希图入闽滋事,虽经立时扑灭,逸匪远飏,犹恐伏莽潜藏,乘隙勾结。邵武各属均与江西毗连,崇安、浦城又与浙省连界,必须一体,认真盘查,毋任此拿彼窜。著英桂、王凯泰、杨昌濬、刘坤一各饬所属,查探匪踪,搜捕净尽,务绝根株。江西抚州一带,难民千百成群,由九江至湖坊,虽因闽省有兵堵截,未敢入关。此起难民究竟如何安插,已否遣散。英桂、王凯泰、刘坤一务当悉心会商,妥筹安置,毋稍大意。将此各谕令知之。钦此。遵旨寄信前来。

1034　臣等查:明新正应行加恩,各省除盛京、江苏、安徽、江西、浙江、福建、湖北、湖南、河南、陕西、四川、广东、广西经该将军、督抚具奏,毋庸接济;山西、贵州二省经该抚具奏,俟来春察看办理外,甘肃、云南二省尚未奏到。所有直隶、山东二省,业经该督抚奏到。臣等拟写谕旨二道,并拟定日期颁发。谨奏。

同治十年

10　同治十年正月十一日,内阁奉上谕:江西南昌府知府员缺紧要,著该抚于通省知府内拣员调补。所遗员缺,著朱澄澜补授。钦此。

11　同治十年正月十一日,内阁奉上谕:刘坤一奏,查明被灾各属应征新旧钱漕等款,请分别蠲缓一折。江西新建等州县上年被水、被旱,田禾受伤,闾阎情形困苦,若将新旧钱漕等项照常征收,民力实有未逮。加恩著照所请。所有新建县之仪凤乡四十二都一、二、三图,四十三都三图,四十四都一、二、三、四图,四十五都一、二、三、四图,四十六都一、二、三、四图,四十七都一、二、三图,十二都五图,十三都三图;从善乡四十八都一、二、三、四图,四十九都一、二图,五十都一、二图;昌邑乡五十一都一、二图;润泽圩五十二都一、二图;东官圩西乡五十三都一、二、三、四图,五十四都一、二、三、四、五图;东乡五十五都一、二、三、四、五图,五十六都一、二图,又八坊各甲,九坊三、七、十甲,十坊各甲,军都六图;桃花乡三十二都一、五图,三十三都一、三、四图,三十六都一、二图;伍谏乡三十四都一、二、三图,三十六都一、二、三、四、五图,三十七都三图,三十八都三图,三十九都一图,四十都一、二图,四十一都一、二、三、四、五图,四十二都一、二、三图等处,被淹各则官民田三千五百七十八顷九亩零,未完地粮银七千八百十二两零,漕米七千四百八十七石零。

同进贤县之下伍坂二十七都一、二、三、四、五等图,二十八都一、二、三、四等图,二十九都一、二、三、四等图,三十都一、二、三、四、五等图,三十一二都一、二、三、四等图;又各都滨临各湖一都一、二、三、四、五等图,五都一、二、三、四、五等图,六都一、二、三、四、五、六、七等图,七都一、二、三、四、五、六、七、军等图,上八都一、二、三、四、五、六、七、八、九、十等图,下八都一、二、三、四、五、六、七、八、九等图,九都二、三、四、五、六、七、八、九等图,十三四都六、七、八、九、十等图,十五都一、二、三、四、五、六、七、八、九等图,十六都一、二、三、四、五、六、七、八、九、十、十一、十二等图,十七都一、二、三、四、五、六、七、八、九等图,二十二都一、二、三、四、五、六、七、八、九、十、十一、十二等图,二十三都一、二、三、四、五、六、七、八、九、十、十一、十二等图,二十四五都一、二、三、四等图,二十六都一、二、三、四、五等图,三十三都一、二、三、四、五、六、七等图,三十四都一、二、三、四等图,六隅东、南、西、北、正、中等隅;又各都滨临抚河三十五都一、二、三、四、五、六等图,三十六都一、二、三、四、五、六等图,三十七都一、二、三、四、五、六等图,三十八都一、二、三、四、五图等处,共被淹各则田二千五百六十九顷八十八亩,未完地粮银七千五百六十六两零,漕米九千七百四十五石零。

清江县之东乡十都四、五图,十一都一、二、三、四、五图,十二都一、二、三、四、五图,十三都一、二、三、四、五图,十四都一、二、三、四、五图,十五都一、二、三、四、五图,十六都一、二、三、四、五图,十七都一、二、三图;南乡三都三、四、五图,四都一、二、三、四、五图,五都一、二、三、四图;西乡五都五图,六都一、二、三、四、五图,七都一、二、三、四、五图,二都一、二、三、四、五图,三都一、二图;北乡八都一、二、三、四、五图,九都一、二、三、四、五图,十都一、二、三图等处,被旱各则田共一千九百五十六顷六十六亩,未完地丁银八千八百两零,漕米六千七百十八石零。

新淦县之二都一、二、三、四、五、六图,四都一、二、三、四、五、六、七、八、九、十图,七都一、二、三、四图,五都二、三、四、五、六、七、八、九、十、十一、十二、十三图,三都一、二、三、四、五、六、七、八、九、十图,一都一、二、三、四、五、六、七图,六都一、二、三、四、五、六、七、八、九、十图等处,被旱各则田共一千五百三顷五十七亩零,未完地丁银一万二百六两零,漕米七千三百八石零。

新喻县之一、二、三、四、五坊,一都一、二、三图,二都一、二、三图,三都一、二、三图,四都一、二、三图,五都一、二、三图,六都一、二、三图,七都一、二、三图,八都一、二、三图,十都一、二图,十二都二图,十三都一、二、三图,十四都一、二、三图,十五都一、二、三图,十六都一、二、三图,十七都一、二、三图,十八都一、二、三图,十九都一、二、三图,二十都一图,正附功屯,公图,军图等处,被旱各则田地山塘共七千一百五十四顷十二亩零,应征地丁银三万二千七百五十二两零,漕米二万三千二百五十一石零,内缓征十分之二,银六千五百五十两零,米四千六百五十石零。

峡江县之附城一、二、三、四、五、六坊,东乡一都一、二图,二都一、二、三图,三都二、三、四图,四都一、二、三、四图,五都一、二图,六都一、二、三图,八都,九都;西乡一都二图,二都一、二图,三都二、三图,四都、六都、八都、九都一、二图,十都、十一都、十二都一图,十三都一、二图等处,被旱各则民田共三千一百九十顷五十亩零,未完地丁银五千八百十四两零,漕米二千二百四十一石零。

莲花厅之砻西乡一、二、四、五、六、七、十八九、二十等都,上西乡二十一二三四五七八九、三十等都等处,被旱各则田六百八十六顷六十三亩零,屯田五十一顷十二亩,未完地丁银四千三百二十两零,漕米一千四百二十七石零,漕运屯粮银五百五十三两零,余租银一千二百六十五两零。

安福县之东乡三都并五十三四五七九及六十、六十二三等都；南乡一都并三十五六七八及四十二四六七八九、五十、五十一二等都；西乡四、五、六、七都并十三及二十一等都；北乡二都并六十五六等都等处，被旱各则田地二千三十三顷四十五亩零，未完地丁银一万三千八十四两零，漕米七千三百五十石零。并东乡三都并五十三五八九等都；南乡三十五六并五十一二等都；西乡四、六、七都并十一二等都；北乡二都并六十六七等都，被旱屯田二十八顷二十六亩零，未完屯丁银八两零，漕运屯粮银三百八十五两零，余租银七百八十九两零。永新县之东乡六十三都并六十四五六七八九、七十一二等都；南乡五十三都并五十四五六七八九等都；西乡十一都并十二三四五六七八九及四十一二三四五、六十一等都；北乡一都并二、三、四、五、六、七、八、九、十及七十一、七十三等都等处，被淹、被旱各则民屯田地共一千八百三十六顷七十五亩零，未完地丁银一万九百九十四两零，漕米二千二百九十八石零，屯丁银二十七两零，存留屯粮银六十八两零，漕运屯粮银六百六十三两零，余租银二千一百八两零。

东乡县之二十八都上三图、下三图、军三图、缺三图、四图、七图，三十三都尾图之润溪，十八都上二图等处，被水各则民田共一百八十一顷二十一亩零，未完地丁银七百八十三两零，漕米三百十二石零。余干县之二都，三都，四都，五都，九都，二十七都，二十九都，三十都，三十一都，三十三都，三十四都，三十五都，三十六都等处，被淹各则民湖官溇田共二千五百五十三顷五十八亩零，未完地丁银九千二百五十九两零，漕米五千四百六十八石零。

乐平县之三都，五都，六都，九都，十都，十二都，十四都，十七都，十八都，二十都，二十一都，二十二都，三十都，三十一都，三十二都，三十三都，三十四都，三十五都等处，被旱各则田共一千三百五十六顷十八亩零，未完地丁银七千四十四两零，漕米五千五百七十四石零。

都昌县之一都，二都，三上都，三下都，四上都，四下都，五都，六上都，六下都，七都，八都，九都，十上都，十中都，十下都，十一都，十三上都，十三下都，十四上都，十四下都，十五都，十六都，十八都，十九都，二十三都，二十六上都，二十六下都，二十九都，三十都，三十一都，三十二都，三十三都，三十四都，三十五都，三十六都，三十七都，三十八都，四十一都，四十二都，四十三都，四十五八都，四十六七都，市一图，市二图，市三图，市四图，市五图，柴图，左镇等处，被淹各则田共五百六十八顷二十五亩零，未完地丁银一千七百五十六两零，漕米一千三百十六石零。

建昌县之永丰、凝远、丰安、德政、市镇、钓台等六乡，被水各则田地共三千三百十八顷十六亩零，未完地丁银九千七百两零，漕米四千七百五十八石零。同安义县寄庄建昌县各乡被水，未完地丁银二百七十九两零，漕米一百二十六石零。

德安县之黄湾堡、陈湾堡、固村堡、墩下堡、金鸡堡、附城堡、河东堡、后田堡、乌石堡、在市堡等处，各则民田被水，未完地丁银二千七百三十七两零，并南九二卫坐落陈湾、金鸡、附城、河东、后田、乌石、在市等堡屯田被水，未完屯丁银六十三两零，存留屯粮银四十九两零，漕运屯粮银一千五百三十二两零。

瑞昌县之安泰乡、周滩堡、九屯堡、青龙堡、暗林堡、巴山堡、安城堡、营桂堡、板林堡、东关堡、金岗堡、回龙堡、罗湖堡，今一乡之马头堡、乌塘堡、金蛇堡、接泥堡、高武堡，今二乡之封门堡、黄桥堡、河塘堡、武交堡、长流堡、牛山堡、连山堡、大林堡、西隆堡、北亭堡，甘露乡之禁坪堡、北巢堡等处被淹，各则民田地共四百二十九顷九十五亩零，未完地丁银二千二百六十六两零；并九江卫坐落安泰，并德化、赤松、南昌、仙居等乡屯田被水，未完屯粮丁银一百二十八两零，漕运屯粮银一千十五两零，余租银二千二百七十三两零。

湖口县之上乡十三都、十七都、二十都，中乡之二坊，下乡之四、六都等处被水；又上乡九都、十六都，中乡之八都、十二都，下乡之三都、五都等处被旱，共计上、中、下民田八百七十七顷二亩零，未完地丁银三千九百五十八两零。并十三都、十二都、五都，及编入德化县之仁贵乡、宿松县之孟家洲等处被水，屯田十七顷二十亩零，未完漕运屯粮银一百四十二两零，余租银三百四十四两零，同治九年压征八年芦课银三百六两零。

彭泽县之三十三都被水极重，应征地丁银六百八十二两零，内缓征十分之四，银二百七十二两零；并一坊、四都、五都、六都、七都等处被水次重，应征地丁银三千一百八十两零，内缓征十分之三，银九百五十四两零；并四都之下隅坂，七都之太平坂等处屯田被水次重，应征屯丁、存留屯粮、漕运屯粮、余租内缓征十分之三，屯丁银六十七两零，存留屯粮银七十二两零，漕运屯粮银一百十七两零，余租银四百七两零；又二坊、一都、二都、三都、八都、十五都、三十都等处被水稍轻，应征地丁银五千一百两零，内缓征十分之二，银一千二十两零；并三十都之定山二百户，八都之乌沙坂等处屯田被水稍轻，应征屯丁、存留屯粮、漕运屯粮、余租内缓征十分之二，屯丁银五十九两零，存留屯粮银六十四两零，漕运屯粮银一百十五两零，余租银三百六十七两零；又三十三都民欠同治九年压征八年芦课银一千九百二十二两零，均著缓至同治十年秋后分作两年带征，缓剩银米照常征解。

又万安县之永和乡十二都一、二图，十三都一、二、三、五图，十四都一、二、三图，十五都一图，十六都一、二图，十七都一、二、三图；诚信乡之四都一图，七都一、二、三、四图，八都一、二图，九都一、二、三图，十都一、二、三、四图；龙泉乡之二十三都一图，二十四都一图，二十五都一图，二十六都一图，二十七都一图等处被旱，各则民田地塘共三百六十八顷四十六亩零，未完地丁银一千三百七十一两零，漕米一千九十八石零，著缓至同治十年秋后一并带征。

又德化县之桑落、封一、封二三乡民屯、芦洲田地并密稀芦等项被水，成灾十分，应征同治九年下忙地丁银一千九百七十七两零，南九二卫屯丁银三十九两零，存留屯粮银二百一两零，漕运屯粮银七百五十五两零，余租银一千六百十七两零，九年压征八年芦课银一千八两零；并九江同知所辖南九二卫之桑落、赤松、封一、封二等乡芦洲被水，成灾十分，应征九年压征八年芦课银一千八十八两零，均著蠲免十分之七。又德化县之赤松乡民屯、芦洲田地并密稀芦等项被水，成灾八分，应征同治九年下忙地丁银四百六十五两零，九卫屯丁银十两零，存留屯粮银二十二两零，漕运屯粮银一百八十三两零，余租银三百七十四两零，九年压征八年芦课银三百三十两，均著蠲免十分之四，其蠲剩六分地丁银二百七十九两零，屯丁银六两零，存留屯粮银十三两零，漕运屯粮银一百十两零，余租银二百二十四两零，九年压征八年芦课银一百九十八两；并桑落等乡蠲剩三分之九年地丁银五百九十三两零，屯丁银十一两零，存留屯粮银六十两零，漕运屯粮银二百二十六两零，余租银四百八十五两零，九年压征八年芦课银三百二两零，汇同九江同知蠲剩三分之九年压征八年芦课银三百二十六两零，均著缓至同治十年秋后分作三年带征。

德化县之南昌、仙居、白鹤、仁贵、德化、泰临、通津、新民等乡，民屯田地被水，成灾六分，应征同治九年下忙地丁银一千二十七两零，南九二卫地丁银九十八两零，存留屯粮银三百九十二两零，漕运屯粮银一千七百九十七两零，余租银三千三百七十七两零，均著蠲免十分之一，蠲剩九分地丁银九百二十四两零，屯丁银八十八两零，存留屯粮银三百五十三两零，漕运屯粮银一千六百十七两零，余租银三千三十九两零，均著缓至同治十年秋后分作两年带征。

南昌县同治八年被水，原缓八年地丁、漕米；丰城县元年被水，原缓元年地丁、漕米；上高、新昌二县八年被水，各原缓八年地丁、漕米；安福县八年被旱，原缓八年地丁、漕米、屯粮丁、余租；东乡县四、八两年被水，各原缓四、八两年地丁、漕米；广昌县八年被水，原缓八年地丁；鄱阳县八年被水，原缓八年地丁、漕米、屯粮丁、余租；乐平县八年被水、被旱，原缓八年漕米，除完纳外，其余未完同原缓地丁，又七年被水，原缓七年地丁、漕米；都昌县八年被水，原缓八年地丁、漕米；德化县八年被水，原缓八年地丁、屯粮丁、余租、芦课；瑞昌县八年被水，原缓八年地丁、屯粮、余租；湖口县七、八两年被水，各原缓七、八两年地丁，均除带征完纳外，其余未完同各原缓屯粮、余租，又六年被水、被旱，原缓六年地丁，除完纳外，其余未完同原缓屯粮、余租，又五年被水、被旱，原缓五年地丁、屯粮、余租，又四年被水，原缓四年地丁、屯粮、余租，又元年、三年被水、被旱，各原缓元年、三年地丁、屯粮、余租；彭泽县八年被水，原缓八年地丁、屯粮丁、余租、芦课，又五、六、七等年被水、被旱，各原缓五、六、七等年地丁、屯粮丁、余租、芦课，又四年被水，原缓四年地丁、屯粮丁、余租、芦课，又三年被水、被旱，原缓三年地丁，除完纳外，其余未完同原缓屯粮丁、余租；均著递缓至同治十年、十一年秋后带征。

又南昌县七年被水、被虫，原缓七年地丁、漕米；新建、进贤、清江三县八年被水，各原缓八年地丁、漕米；峡江县七年被旱，原缓七年地丁、漕米；莲花厅八年被旱，原缓八年地丁、漕米、屯粮、余租；余干、建昌二县并安义县之寄庄建昌县八年被水，各原缓八年地丁、漕米；德化县七年被水、被旱，原缓七年地丁、屯粮丁、余租、芦课；德安县四、五、八等年被水，各原缓四、五、八等年地丁、屯粮丁；瑞昌县四、六两年被水，各原缓四、六两年地丁、屯粮、余租；九江府同知八年被水，原缓八年压征七年芦课；均著递缓至同治十一年、十二年秋后带征。

南昌县六年被水，原缓六年地丁、漕米；新建、进贤两县七年被水，并清江县七年被旱，各原缓七年地丁、漕米；新淦县八年被水，原缓八年漕米，除完纳外，其余未完同原缓地丁；新喻县八年被水，原缓八年地丁、漕米；峡江县六年被旱，原缓六年地丁、漕米；莲花厅七年被旱，原缓七年地丁，除完纳外，其余同原缓漕米、屯粮、余租；安福县七年被旱，鄱阳县七年被水，各原缓七年地丁、漕米、屯粮丁、余租；余干、建昌二县并安义县之寄庄建昌县，同治七年被水，各原缓七年地丁、漕米；德化县五年被水、被旱，原缓五年地丁、屯粮丁、余租、芦课；德安县七年被水，原缓七年地丁、屯粮丁，元年被水，原缓咸丰十年地丁，除完纳外，其余未完同原缓屯粮丁；瑞昌县五年被水，原缓五年地丁、屯粮、余租；彭泽县四年被水，原缓咸丰十年及同治元年各地丁、屯粮丁、余租及十一年地丁，除完纳外，其余未完同原缓屯粮丁、余租；九江府同知七年被水，原缓七年压征六年芦课；均著递缓至同治十二、十三两年秋后带征。

南昌县五年被水，原缓五年地丁、漕米；新建、进贤二县六年被水及清江县六年被水、被旱，各原缓六年地丁、漕米；峡江县五年被旱，原缓五年地丁、漕米；莲花厅六年被水、被旱，原缓六年地丁、漕米、屯粮、余租，均除带征完纳外，其余未完同原缓屯粮丁；安福县六年被旱，原缓六年地丁、漕米、屯粮丁、余租；余干县六年被水、被旱，原缓六年地丁、漕米；建昌县及安义县之寄庄建昌县六年被水，各原缓六年地丁、漕米；德化县四年被水，原缓四年地丁、屯粮、余租、芦课；九江府同知四年被水，原缓四年压征三年芦课；均著递缓至同治十三、十四两年秋后带征。

南昌县四年被水，原缓四年地丁、漕米；新建、进贤二县五年被水及清江五年被旱，各原缓五年地丁、漕米；新淦、新喻二县七年被旱，原缓七年地丁、漕米；峡江县三年被水，原缓三年地丁、漕米；莲花厅五年被旱，原缓五年地丁、漕米、屯粮、余租，均除完纳外，其余未完；同安福县五年被水及鄱阳县五年被水、被旱，各原缓五年地丁、漕米、屯粮丁、余租；建昌县并安义县之寄庄建昌县五年被水、被旱，各原缓五年地丁、漕米；德化县三年被旱，原缓三年地丁、屯粮、余租、芦课；九江府同知四年被水，原缓三年压征二年芦课；均著递缓至同治十四、十五两年秋后带征。

南昌县三年被水，原缓三年地丁、漕米；新建、进贤二县四年被水，各原缓四年地丁、漕米；清江县三年被水、被旱，原缓三年地丁、漕米；莲花厅四年被水、被旱，原缓四年漕米、屯粮、余租，均除完纳外，其余未完同原缓地丁，又三年被水、被旱，原缓三年地丁、漕米、屯粮、余租，均除完纳外，其余未完同原缓屯粮丁，又二年被旱，原缓二年余租，除完纳外，其余未完同原缓地丁、漕米、屯粮，又元年被旱，原缓元年漕米、屯粮、余租，均除完纳外，其余未完同原缓地丁、屯粮丁，又元年被旱，原缓十一年地丁、漕米、屯粮丁、余租并十年地丁，除完纳外，其余未完同原缓漕米、屯粮丁、余租；安福县四年被旱，原缓四年地丁、漕米、屯粮、余租；余干县五年被水、被旱，原缓五年地丁、漕米；建昌县并安义县之寄庄建昌县二、三、四等年被水，各原缓二、三、四等年地丁、漕米；德化县二年被水、被旱，原缓二年地丁、屯粮、余租、芦课；九江府同知四年被水，原缓二年压征元年芦课；均著递缓至同治十五、十六两年秋后带征。

南昌县六年被水，原缓二年地丁、漕米；新建县三年被水及进贤县三年被扰、被水、被旱，各原缓三年地丁、漕米；清江县二年被水、被旱，原缓二年及咸丰十一年各地丁、漕米；新淦、新喻二县六年被旱，各原缓六年地丁、漕米；安福、鄱阳二县三年被旱，各原缓三年地丁、漕米、屯粮丁、余租；建昌县并安义县之寄庄建昌县元年被水，各原缓元年地丁、漕米；德化县元年被水，原缓元年地丁、屯粮、余租、芦课；九江府同知元年被水，原缓元年压征咸丰十一年芦课；均著递缓至同治十六、十七两年秋后带征。

南昌县元年被水，原缓元年地丁、漕米；新建县二年被蛟、被水及进贤县二年被水、被旱，各原缓二年地丁、漕米；清江县元年被水，原缓元年地丁、漕米，又二年被水、被旱，原缓咸丰十年地丁；安福县二年被旱，原缓二年地丁、漕米、屯粮、余租；余干县四年被水，原缓四年地丁、漕米；建昌县元年被水，原缓咸丰十一年地丁、漕米；安义县之寄庄建昌县元年被水，原缓咸丰十一年漕米；德化县二年被水、被旱，原缓咸丰十年地丁，除完纳外，其余未完同原缓屯粮丁、芦课；九江府同知元年被水，原缓咸丰十一年压征十年芦课；均著递缓至同治十七、十八两年秋后带征。

南昌县元年被水，原缓咸丰十一年地丁、漕米；新建县元年被水，原缓元年地丁、漕米；进贤县元年被水，原缓元年地丁，除完纳外，其余未完同原缓漕米；新淦、新喻二县五年被旱，各原缓五年地丁、漕米；安福县元年被旱，原缓元年地丁、漕米；鄱阳县二年被扰，原缓咸丰十、十一及同治元年各地丁、漕米；建昌县并安义县之寄庄建昌县元年被水，各原缓咸丰十年地丁、漕米；德化县二年被水，原缓咸丰十一年屯粮丁、余租、芦课；均著递缓至同治十八、十九两年秋后带征。

南昌县六年被水，原缓咸丰十年地丁、漕米；新建、进贤二县元年被水及安福县元年被旱，各原缓咸丰十一年地丁、漕米；余干县三年被水，原缓三年地丁、漕米；均著递缓至同治十九、二十两年秋后带征。进贤县五年被水，原缓咸丰十年地丁，除完纳外，其余未完同原缓漕米；新淦县四年被旱，原缓四年地丁、漕米；新喻县二年被水、被旱，原缓二年地丁、漕米；安福县元年被旱，原缓咸丰十年地丁、漕米；均著递缓至同治二十、二十一两年秋后带征。余干县二年被水，原缓二年地丁、漕米，著递缓至同治二十一、二十二两年秋后带征。新淦县三年被水，原缓三年地丁、漕米；新喻县元年被水，原缓元年地丁、漕米；均著递缓至同治二十二、二十三两年秋后带征。余干县元年被水，原缓咸丰十一年地丁、漕米，著递缓至同治二十三、二十四两年秋后带征。新淦县二年被水、被旱，原缓二年地丁、漕米；新喻县元年被水，原缓咸丰十一年地丁、漕米；均著递缓至同治二十四、二十五两年秋后带征。余干县元年被水，原缓咸丰十年地丁、漕米，著递缓至同治二十五、二十六两年秋后带征。新淦县元年被水，原缓元年地丁、漕米，著递缓至同治二十六、二十七两年秋后带征。

湖口县四、七、八等年被水，原缓四、七、八等年压征三、六、七等年芦课，又元、三、五、六等年被水、被旱，原缓元、三、五、六等年压征咸丰十一及同治二、四、五等年芦课，均著递缓至同治十、十一、十二等三年秋后带征。乐平县二年闻警被旱，原缓咸丰十年地丁，除完纳外，其余未完同原缓漕米，著递缓至同治十年秋后一并带征。永新县八年被水、被旱，原缓八年地丁、漕米、屯粮丁、余租；广昌县三年被扰，原缓咸丰十年地丁等银，除完纳外，其余未完同原缓屯粮、余租、兵加；乐平县二年闻警被旱，原缓咸丰十一年地丁，除完纳外其余未完同原缓漕米，均著递缓至同治十一年秋后一并带征。永新县七年被水、被旱，原缓七年地丁、漕米、屯粮丁、余租，均除按限带征一半外，其余一半同广昌县三年被扰，原缓咸丰十一年地丁等银、屯粮、余租、兵加，均著递缓至同治十二年秋后一并带征。永新县六年被水、被旱，原缓六年地丁、漕米、屯粮、余租；广昌县五年被旱，原缓元年地丁等银，除完纳外，其余未完同原缓兵加、屯粮、余租，均著递缓至同治十三年秋后一并带征。永新县五年被水、被旱，原缓五年地丁、漕米、屯粮、余租；广昌县五年被旱，原缓二年地丁等银、兵加、屯粮、余租；均著递缓至同治十四年秋后一并带征。永新县四年被旱，原缓四年地丁、漕米、屯粮丁、余租，均著递缓至同治十五年秋后一并带征。永新县三年被旱，原缓三年地丁、漕米、屯粮丁、余租，著递缓至同治十六年秋后一并带征。永新县二年被水、被旱，原缓二年地丁、漕米、屯粮、余租，均除按限带征一半外，其余一半均著递缓至同治十七年秋后一并带征。永新县同治二年被水、被旱，原缓咸丰十年地丁、漕米、屯粮、余租，均除按限带征一半外，其余一半均著递缓至同治二十年秋后一并带征，以纾民力。

该抚即刊刻誊黄，遍行晓谕，务使实惠均沾，毋任吏胥舞弊，用副轸念灾区至意，余著照所议办理。该部知道。钦此。

33　军机十年正月二十五日，内阁奉上谕：御史吴镇奏，敬陈时政，以资治理一折。朝廷综理庶政，首戒因循。方今军务未平，民生未裕，深宫宵旰焦劳，时以逸预为戒。在廷臣工亦当振刷精神，上下交儆，庶几政事修明，不至渐就废弛。各学教官及书院主讲有整饬士习，培植人材之责，必须品学兼优，方足以资表率。著各直省督抚、学政随时察看，责令认真劝导，讲明正学，俾士子趋向既端，风俗自日臻醇厚。至捐纳及保举各员，叠经谕令各督抚随时甄别，诚恐视为具文，未能破除情面。著各直省督抚于属吏之贤否认真察核，尤当勤于接见，遇事讲求，不得仅以考试文字奉行故事。州县之胜任与否，惟在大吏之劝惩，循声卓著之员自应核实荐举。其有贪汙不职，罔恤民瘼，甚至激成事端，劣迹昭著者，必当分别从严参办，不得稍事姑容，以肃吏治。将此通谕知之。钦此。

82　军机大臣字寄福州将军・兼署闽浙总督文、闽浙总督英、福建巡抚王、江西巡抚刘。同治十年二月初八日，奉上谕：刘坤一奏，拿办闽省逃匪，现饬勒拿首犯等语。福建崇安、浦城交界之黄柏山下聚匪多人。经该处官兵拿获，供称首犯张燮俚、朱葛亮即周国良等聚集江西铅山之十三都地方，希图起事。刘坤一饬令知府蒋继洙等严密搜捕，拿获匪党裴教化一名，此外并无匪徒聚集。并经知府许应鑅于东乡境内拿获由闽逃回匪犯邱连俚等多名，惟张燮俚、周国良二犯现均在逃未获。并据各犯供称，平日在铅山县及福建崇安、浦城等县纸厂佣工，被诱结拜兄弟各情，亟须严拿惩办。著文煜、英桂、王凯泰、刘坤一各饬所属地方文武实力搜拿，务将张燮俚、周国良等犯悉数拿获究办，不准一名漏网。并责成该处纸槽厂户不得容留匪类，并严束工人，毋任煽惑，以靖地方而遏乱萌。将此各谕令知之。钦此。遵旨寄信前来。

205 同治十年辛未科会试:

满洲一百四十二卷,(御印)取中八名。

蒙古二十五卷,(御印)取中二名。

汉军八十七卷,(御印)取中五名。

直隶八百十八卷,(御印)取中二十四名。

奉天二十五卷,(御印)取中三名。

山东四百七十一卷,(御印)取中二十二名。

山西三百五十二卷,(御印)取中十一名。

河南四百四十五卷,(御印)取中十九名。

陕甘二百七十一卷,(御印)取中二十四名。

江苏五百三十六卷,(御印)取中二十六名。

安徽三百二卷,(御印)取中十八名。

浙江五百五十五卷,(御印)取中二十五名。

江西五百四十二卷,(御印)取中二十三名。

湖北二百七十八卷,(御印)取中十四名。

湖南二百六十九卷,(御印)取中十四名。

福建四百七十一卷,(御印)取中二十名。

台湾二十卷,(御印)取中二名。

广东五百十四卷,(御印)取中十六名。

广西二百三十一卷,(御印)取中十三名。

四川三百七十三卷,(御印)取中十五名。

云南一百七十九卷,(御印)取中十一名。

贵州二百四十二卷,(御印)取中十一名。

235 江西吉水县知县彭际盛,(御印)旨:著以同知、直隶州知州回任候升。

299 …………

第十一排:江西五员。

(御印)庶吉士李鸿逵江西人,年三十六岁。原任礼部右侍郎李道生之子。同治四年二甲进士,散馆二等二名。

(御印)庶吉士王邦玺江西人,年三十四岁。同治四年三甲进士,散馆二等十六名。

(御印)庶吉士谭承祖江西人,年三十六岁。同治(七)[四]年二甲进士,散馆二等三十名;

(御印)庶吉士甘杰江西人,年三十三岁。同治四年三甲进士,散馆二等三十八名;

(御印)庶吉士黄煦江西人,年四十岁。同治四年二甲进士,散馆二等四十名。

…………

311 同治十年五月初一日,内阁奉上谕:刘坤一奏请,将庸劣员弁分别降革勒休一折。江西九江镇标后营游击刘长培,性情疏懒,著开缺以都司降补。抚州营候补都司张传昭、候补千总易金洪、候补把总张夺标,不守营规,均著革退。随标饶州营鄱阳汛外委侯际雷、九江前营左哨外委蔡金魁,差操懈惰,均著即行革职。九江后营右哨外委陶鸿升,人材庸劣,著勒令休致,以示惩儆。余著照所议办理。该部知道。钦此。

320 …………

第一排:江西进士六名。

陈炳星(御印)江西人,年三十一岁,二甲十名进士。覆试三等十六名,朝考二等二十九名。

(御印)陈卿云江西人,年四十四岁,二甲三十三名进士。覆试二等十七名,朝考一等四十四名。

(御印)朱琛江西人,年二十六岁,二甲三十九名进士。覆试二等六十三名,朝考一等二十八名。

(御印)彭垚曦江西人,年二十六岁,二甲七十名进士。覆试三等十三名,朝考一等五十二名。

(御印)漆墉江西人,年三十岁,二甲八十名进士。覆试二等八名,朝考二等四名;

甘常俊(御印)江西人,年三十岁。二甲一百十名进士。覆试二等三十五名,朝考二等六十四名。

第二排:江西进士六名。

金桂馨(御印)江西人,年三十三岁,三甲三名进士。覆试二等二十一名,朝考二等八十名。

(御印)李长龄江西人,年二十八岁,三甲二十五名进士。覆试一等二十五名,朝考二等十六名。

刘镇(御印)江西人,年三十一岁,三甲二十六名进士。覆试二等九十名,朝考二等三十五名。

晏桀江西人,年三十岁,三甲四十四名进士。(御印)覆试三等五十九名,朝考三等一百名。

李宾江西人,年二十八岁,三甲四十九名进士。(御印)覆试二等六十四名,朝考三等九十名。

刘珏江西人,年二十九岁,三甲七十名进士。(御印)覆试三等八十六名,朝考三等一百三十九名。

第三排:江西进士六名。

赵惟鏻江西人,年四十八岁,三甲七十五名进士。(御印)覆试三等一百二十九名,朝考三等六十五名。

鲁宗颐(御印)江西人,年三十一岁,二甲八十八名进士。覆试二等一名,朝考二等三十六名。

罗大佑江西人,年二十三岁,三甲一百五名进士。(御印)覆试三等九十四名,朝考三等六十名。

尹起鸾江西人,年三十八岁,三甲一百十二名进士。(御印)覆试三等一百二十名,朝考三等九十六名。

陈焕文江西人,年三十九岁,三甲一百十五名进士。(御印)覆试三等一百三十名,朝考二等五十九名。

陈秉钧江西人,年三十六岁,三甲一百四十三名进士。(御印)覆试二等二十二名,朝考三等六十六名。

第四排:江西进士五名。

包鹏飞江西人,年三十岁,三甲一百四十六名进士。(御印)覆试三等八十名,朝考三等四十九名。

姚再薰江西人,年四十四岁,三甲一百七十八名进士。(御印)覆试二等一百十七名,朝考三等四十二名。

易均鼎江西人,年四十七岁,二甲一百八十四名进士。(御印)覆试三等五十六名,朝考三等一百三十一名。

李云来江西人,年十八岁,三甲一百九十三名进士。覆试三等九十七名,朝考三等三十八名。

胥寅亮江西人,年四十六岁。三甲一百九十四名进士。覆试三等一百十七名,朝考三等一百三十六名。

…………

御印钤在第一层者改为庶吉士,钤在第二层者分部学习,钤在第三层者以内阁中书用,钤在第四层者以知县即用,已经钤用御印之孙家穆及未经钤用御印之李暎、许奇嶲、梁璨、陈康祺各以本班即补外,方功渤分部学习,余均归班铨选。

385　军机大臣字寄协办大学士·直隶总督·一等肃毅伯李、江西巡抚刘。同治十年六月初五日,奉上谕:李鸿章奏,江西应造直隶剥船赶办不及,请仍暂由直隶代造一折。上年据该督奏称,漕运剥船不敷周转,当经降旨准由直隶代造三百只,以顾本年漕运。兹据李鸿章体察情形,直隶剥船叠因年久满料不敷应用,来岁新漕运津,旧船满料愈多,新船剥运不足,南省排造之船不能依限解直,恳将江西应造剥船三百只暂由直隶代造等语。所奏自系为慎重新漕起见,即著刘坤一查照直隶历届代造剥船价银,于该省解部漕折项下如数筹拨,迅速委员,限七、八月间解到直隶。此项漕折银两仍著刘坤一筹款解还部库以清款目。李鸿章于江西解到价银后,即行督饬天津道赶紧排造剥船三百只,务于明岁漕前造齐,毋误要需。嗣后,江西等省分年排造剥船,仍不得援为成案,以符定制。将此由四百里各谕令知之。钦此。遵旨寄信前来。(抄交户部)

451　礼部尚书臣宗室存诚等带领引见朝考一二等优生共六十二名。

北卷:

(御印)张祥会一等三名,河南;

(御印)黄汝香一等八名,山西;

(御印)杨燿山一等十三名,镶黄汉;

申肯堂一等十八名,河南;

(御印)范希廉一等二十一名,陕西;

(御印)沈步云一等二十四名,河南;

(御印)王濂一等二十六名,山东;

陈学彭一等二十八名,顺天;

(御印)王性存一等三十名,河南;

(御印)鹿学典二等五名,直隶;

(御印)刘振镛二等九名,奉天;
杨鼎昌二等十三名,陕西;
单廷鏊二等二十名,奉天;
徐九锡二等二十二名,山西;
王振录二等二十四名,直隶;
梁永泉二等二十九名,陕西;
张洪钧二等三十二名,山东。
南卷:
(御印)金廷栋一等一名,江苏;
(御印)王丕釐一等二名,湖北;
(御印)留书奎一等四名,福建;
(御印)陆润庠一等六名,江苏;
(御印)朱紫贵一等七名,福建;
(御印)吴承志一等九名,浙江;
(御印)旷超一一等十名,湖南;
(御印)徐联菜一等十二名,江苏;
(御印)邓嘉缜一等十四名,江苏;
李辅燿一等十六名,湖南;
(御印)朱樟一等十七名,江苏;
向万鑅一等十九名,湖南;
(御印)戴世文一等二十名,安徽;
潘庆澜一等二十二名,安徽;
李郁一等二十五名,湖南;
(御印)谢振霞一等二十七名,江西;
(御印)陈豪二等一名,浙江;
万立赓二等二名,江西;
(御印)徐多鈐二等四名,浙江;
(御印)毛昌善二等七名,江苏;
(御印)李经世二等八名,安徽;
钱溯耆二等十名,江苏;
(御印)黄源二等十一名,湖北;
周家禄二等十四名,江苏;
潘煌二等十六名,安徽;
熊子沂二等十七名,江西;
郑廷琛二等十九名,福建;
李钟俊二等二十一名,安徽;

徐道焜二等二十三名,江西;
谢力堂二等二十五名,江苏;
吴长恬二等二十七名,福建;
谈人格二等二十八名,江苏;
胡廷琛二等三十名,安徽;
程锦龢二等三十一名,安徽。
中卷:
(御印)张济煇一等五名,四川;
(御印)唐榕森一等十一名,广西;
(御印)洪寿山一等十五名,广东;
(御印)张学渠一等二十三五名,云南;
陈长锡一等二十九名,四川;
(御印)梁燿南二等三名,广东;
黄载元二等六名,四川;
(御印)刘玉璋二等十二名,四川;
(御印)李增荣二等十五名,广东;
李澜二年十八名,广西;
李钧二等二十六名,云南;
御印钤出者以知县用,余以教职用。

494　同治十年七月二十三日,内阁奉上谕:江西吉安府知府员缺,著特克绅布补授。钦此。

495　查:江西吉安府系冲繁疲难最要缺。谨奏。

502　同治十年七月二十五日,内阁奉上谕:刘坤一奏,神灵显应请饬加封号并颁给匾额一折。江西安义县龙神祠每遇亢旱之年,祷雨辄应,实能御灾捍患,有益民生。著礼部议加封号,并著南书房翰林恭书匾额一方,交刘坤一祗领,敬谨悬挂安义县龙神祠,以答神庥。钦此。

504　同治十年七月二十五日,内阁奉上谕:刘坤一奏,拿获首要匪犯请将出力人员奖叙一折。福建匪徒张燮俚、朱葛亮即周国良等聚集江西铅山县之十三都地方,拜会起事。刘坤一饬属严拿,经知县杨松兆缉获邱连俚、修三元即萧三元、艾添喜即艾车子、乐样发、修毛头即萧毛头等五名,讯明究办。首犯周国良亦经知县张廷珩派役拿获,知县李嘉瑞等复于景德镇各处拿获湖南哥老会首要各犯李桂麟即李仙芝、江添赐即江添四、查闰坎即查坎、傅兴福即傅焕魁、江先碧即江先璧等多名,正法办理,尚为迅速。仍著刘坤一严饬各属,勒限巡缉,务将逸犯张燮俚等拿获惩办。并著闽浙、湖南各督抚一体饬属严密查拿,尽绝根株。此次出力之知县杨松兆,著赏加运同衔;李嘉瑞著归本班尽先补用,并赏加运同衔;同知张慰祖、都司昭麟均著交部从优议叙;通判朱熙、举人陈鹏万、监生于莹均著赏给五品衔,以示鼓励。余著照所议办理。该部知道。钦此。

505 军机大臣字寄福州将军、直隶、两江、湖广、闽浙、两广、四川、江苏、安徽、江西、福建、浙江、湖北、湖南、山东、山西、河南、广东各督抚,传谕粤海关监督。同治十年七月二十五日,奉上谕:户部奏请,饬催各省赶解京饷一折。上年十一月间,经户部奏拨本年京饷银七百万两,限五月前解到一半,年终解清。兹据该部查明,截至七月初十日止,除天津关常洋两税银十五万两毋庸依定五月前初限,统令年底解齐。江西地丁、厘金,河东加课羡余,广东盐课帑息,粤海、闽海、江汉关税报解均已过半。山东、山西、安徽地丁,浙江地丁、厘金,福建、湖北、湖南盐课盐厘,江海关税亦据报解及半。至湖北等省地丁、厘金,两淮等处盐课,九江等处关税,或解不及半或丝毫未解。京饷关系紧要,岂容任意延宕。除缓解划拨解到外,尚有山西地丁银五十万两,山东地丁银十六万两,浙江地丁银十五万两,湖北地丁银十九万两,湖南地丁银三万两,河南地银十五万两,安徽地丁银十万两,江西地丁银十万两,长芦盐课银二十五万两,两淮盐课盐厘银二十七万两,两浙盐课盐厘银十五万两,河东加课羡余银五万两,广东盐课帑息银十二万两,山东盐课加价银十三万两,福建盐课银十万两,湖北盐厘银五万两,湖南盐厘银一万五千两,四川盐厘津贴银二十万两,福建茶税银十二万两,粤海关新增盈余银二万两,闽海关洋税银十六万两,九江关洋税银三十五万两,浙海关常洋两税银十六万两,江海关洋税银十五万两,江汉关洋税银十四万两,天津关常洋两税银十五万两,赣关税银五万两,江苏厘金五万两,浙江厘金二万五千两,广东厘金三万两,湖北厘金二万两,著各该将军、督抚、监督等即将前项应解银两统于年内扫数解齐,毋得迟延干咎。至山西京饷内地丁项下划拨库伦军饷十万两,除已据报解外,尚欠五万两。并著该抚赶紧解清,以资接济。另片奏请添拨京饷等语,部库需用甚繁,该部拟添拨山东地丁银十万两,河南地丁银五万两,萘工加价奏准解部归款银五万两,福建春拨实存地丁等银五万两、税厘银五万两,浙江厘捐银五万两,两淮盐厘银十万两,广东盐课银十万两,四川盐厘银五万两、按粮津贴银十万两,闽海关洋税银十五万两,浙海关洋税银十五万两,著各该将军、督抚连本年原拨未解京饷一并于年内解齐,毋得稍涉推诿,致误要需。将此由五百里谕知福州将军、直隶、两江、湖广、闽浙、两广、四川、江苏、安徽、江西、福建、浙江、湖北、湖南、山东、山西、河南、广东各督抚,并传谕粤海关监督知之。钦此。遵旨寄信前来。(抄交户部)

533 军机十年八月初五日,内阁奉上谕:兵部奏记名提镇副都统各员请饬查履历奏覆一折。前叠谕各省督抚、统兵大臣将曾经记名提镇副都统各员详造履历,咨送兵部。兹据奏称,各省各营未尽照章咨送,竟有简放实缺数年尚无籍贯可稽,殊属不成体制。著各直省督抚、统兵大臣严饬各营各地方官详细查明,保至提督、总兵、副都统者,现在军营若干员收标差委及缘事在籍者各若干员,无论曾否造送履历,统限此次奉旨后,兵部知照文到三月内逐项逐名先行开单奏覆,一面饬造履历送部。如有从前保奖之员,各省各营奏报单内均无其人,即著将该员保案先行开除,俟续经查明具奏后,再行列入,以严考核。另片奏,实任副将以下各员暨各项尽先人员,请饬一并造册送部等语。前经兵部请饬各省将实任各员开单咨部,迄今尚未造报员缺,是否虚悬,无从查悉。至尽先人员履历未经到部,不能序补。该部止能就履历已到各员分后先名次,于铨选次序殊有关碍,且亦易滋流弊。著各直省督抚严饬提镇,各将所属实任各官并署理之员及现在尚未请补各缺确查造册,汇齐送部,并将各项尽先人员履历严檄催齐送部注册,统限半年内查覆,不得再行延宕。各省实缺提督以下,嗣后仍著各就本标本营按季汇造履历总册报部,以符旧制。钦此。

573　办理军机处为咨行事,本日据贵抚咨称,江西现修省志将雍正八年以后历任巡抚等官履历咨查前来。查官册履历事隶吏部,贵抚业经咨行,应专候吏部查覆办理可也。须至咨者,右咨,江西巡抚刘。

626　辛未科会试武举取中数目:

八旗满洲蒙古,(御印)取中四名。

八旗汉军,(御印)取中三名。

奉天,(御印)取中一名。

直隶,(御印)取中十五名。

陕西,(御印)取中四名。

广东,(御印)取中十三名。

河南,(御印)取中七名。

山东,(御印)取中九名。

江苏,(御印)取中八名。

安徽,(御印)取中七名。

山西,(御印)取中六名。

湖北,(御印)取中四名。

湖南,(御印)取中四名。

四川,(御印)取中八名。

广西,(御印)取中二名。

福建,(御印)取中五名。

浙江,(御印)取中七名。

江西,(御印)取中八名。

云南,(御印)取中二名。

贵州,(御印)取中三名。

669　同治十年,江西省秋审常犯情实,张接椿等共十三起,人犯十五名,谨将勾到时所奉谕旨恭录于后。

一起斩犯张接椿。

奸匪逞忿故杀,法无可宽,是以勾决。

一起绞犯姚超群、姚萧腾、姚申教。

祖族争殴,致毙彼造四命,该犯等各下手刃毙一命,均法无可宽,是以俱勾决。

一起斩犯蔡雪蒽。

奸匪挟恨谋命,法无可宽,是以勾决。

一起斩犯张青挥。

奸匪拒捕,致毙本夫,淫凶难宽,是以勾决。

一起斩犯彭禾愳。

窃匪挟恨,谋毙窃匪,法无可宽,是以勾决。

一起斩犯江帮湶。

窃匪挟恨,谋毙幼孩灭口,法无可宽,是以勾决。

一起斩犯林四海。

奸匪逞凶,拒毙捕人,淫凶难宽,是以勾决。

一起斩犯王瑞发生。

奸匪逞忿,故杀悔过拒绝奸妇,淫凶难宽,是以勾决。

一起斩犯陈汰词。

逞忿故杀,法无可宽,是以勾决。

一起斩犯陈老二。

奸匪逞忿,故杀奸妇,淫凶难宽,是以勾决。

一起绞妇邱氏。

因奸致夫被杀,当场并不喊救,复任听奸夫埋尸灭迹,扶同隐匿不首,实属忘仇,法无可宽,是以勾决。

一起绞犯陈承爼。

虽系被父逼迫勉从,惟商谋毙命下手加功,法无可宽,是以勾决。

一起绞犯桂大诚。

互殴致毙三命,该犯刃毙妇女一命,致命穿透伤重,法无可宽,是以勾决。

698　军机大臣字寄盛京、直隶、江苏、安徽、江西、浙江、福建、湖北、湖南、河南、山东、山西、陕西、甘肃、四川、广东、广西、云南、贵州各将军、督抚。同治十年十月初三日,奉上谕:本年湖南晃州厅属被扰,业经该省奏到,已加恩将民欠钱粮概予豁免。直隶、天津等处雨水过多,河流漫溢,谕令该督等截留江浙漕米八万石,奉天粟米二万石备赈,并令在江苏、浙江各买米二万石,奉天采买杂粮以资搭放。复因被灾较重,又添给赈米三万石,赈银四万两,于附京黄村等处分设粥厂,派员经理。永定河决口成灾,亦经谕令户部借拨银十万两以工代赈。其山东郓城等处河水冲溢,业经该抚筹款抚恤,复谕令截留漕粮设厂放赈。濮州等处被淹,谕令将历年民欠税课及籽种银两分别豁免。河南河内等处沁河冲决,汜水县汜河漫淹,均经该抚量给赈抚,复谕令切实查恤。浙江杭州等处被风、被雹,谕令于受伤较重之处暂缓征收,小民谅可不至失所,惟念来春青黄不接之时,民力未免拮据。著传谕各该督抚等体察情形,如有应行接济之处,即查明据实覆奏,务于封印前奏到,候朕于新正降旨施恩。再直隶大城等处黄水未涸,江苏淮安等属被淹,浙江严州等处山田被旱,江西东乡等处被旱,进贤等处被水,山东滨河各州县被淹,山西省南各州县被涝,湖南湘阴、安乡等处江湖水溢,低田被淹,四川合州、广元等处被水被虫,均经该督抚奏明委员查勘,酌量抚恤。即著迅速办理,并将来春应否接济之处一并查明,于封印前奏到。此外各省有无被灾地方,应行调剂抚恤之处,著该将军、督抚等一并查奏,候旨施恩。将此谕令知之。钦此。遵旨寄信前来。

762　同治十年十月二十七日,内阁奉上谕:本年各直省办理秋审人犯,经刑部由缓决改情实者,山东省有五起之多。该抚并臬司于秋谳重犯未能详审核议,著交部查明分别议处,嗣后各将军、府尹、督抚等务当督同所属,遵照定例,酌核案情,悉心究拟,固不可失之刻核,亦不可惑于救生不救死之说,故从轻减,总期执法持平,无枉无纵,用副明慎用刑至意。将此通谕知之。钦此。

763　本年秋审各省由缓改实起数单:

广东省三起,四川省二起,福建省二起,奉天省二起,陕西省一起,湖南省三起,浙江省一起,江西省三起,安徽省二起,江苏省一起,河南省一起,山东省五起,山西省二起,直隶省四起。

780　军机大臣字寄各直省督抚。同治十年十一月初三日,奉上谕:为政首在得人。各省藩臬两司有用人理财察吏安民之责,果能用当其才,庶吏治民生可望日有起色。该藩臬等历练既久并可备异日封疆之选,关系甚为紧要。著各直省督抚于所属运司道府中随时留心察访,如有通达治体卓著循声堪胜两司之任者,出具切实考语,据实密保。并将该员等才具长短分析胪陈,以备国家因材器使。即非属吏而有贤能素著为该督抚所真知灼见者,亦不妨切实声叙。该督抚等受恩深重,务当仰体朝廷慎重旁求之意,秉公保奏,不得徇一己之爱憎,稍涉冒滥。至州县等官如有政绩卓异,堪胜道府之人,仍著懔遵迭次谕旨,据实保荐,用备简擢。将此各谕令知之。钦此。遵旨寄信前来。

796　同治十年十一月十一日,内阁奉上谕:刘坤一奏,拿获浙江严州滋事匪徒讯明办理,并请将在事出力人员奖叙一折。浙江严州滋事匪徒胡普香等潜回江西本籍藏匿,经刘坤一饬属严拿,各该地方官将斋匪教匪首要各犯捕获多名,悉置于法,尚属奋勉出力。候选知府南昌县知县汪世泽,著以知府留于江西尽先补用;署弋阳县知县俞致中,著赏给四品顶戴;贵溪县知县沈镕经,著交部从优议叙;署上饶县知县邢德裕、南昌府同知张师亮均著交部议叙,以示鼓励。其在逃之姚普金等,并著刘坤一咨照福建、浙江、四川、湖北、湖南各督抚严饬所属,认真访拿,务获究办,毋任漏网。钦此。

802　同治十年十一月十四日,内阁奉上谕:左宗棠奏,遵保办理甘捐出力人员,并将会办甘捐筹解协饷各员一并开单请奖一折。西征粮饷紧要,前经左宗棠奏准设局办理米捐,并派员前赴湖广等省设立分局劝办,均能办有成效。各省关督抚、司道、监督等筹解协饷,会办甘捐亦均能不分畛域,力济时艰,尚属著有微劳,自应量予奖励。前任闽浙总督英桂于任内奉拨关税协饷扫数全完,著交部从优议叙;福州将军兼署闽浙总督文煜、福建巡抚王凯泰、江西巡抚刘坤一筹解协饷并无积欠,均著交部议叙;所有单开之江西布政使文辉等应得奖叙,著该部议奏。单并发。钦此。

836　军机大臣字寄福州将军、直隶、两江、湖广、闽浙、两广、四川、江苏、安徽、江西、福建、浙江、湖北、湖南、河南、山东、山西、广东各督抚,传谕粤海关监督。同治十年十二月初二日,奉上谕:户部奏预拨来年京饷一折。据称历届京饷均于年前预拨,同治十一年京饷拟在各省地丁、盐课、关税等款内指拨银七百万两,请饬各该省于来年分批起解等语。京饷关系紧要,现经该部就各省缓急情形斟酌动拨,自应遵照奏定数目源源报解,以济要需。著该将军、督抚、盐政、监督等务于来年开印后分批起解,限五月前解到一半,十二月初间全数解清,不准截留改拨,藉词延误,倘届限不到,即照奏定章程指名严参。原单均著抄给阅看。至本年未解京饷,前经该部节次奏咨飞催,现届年终,仍未如数解清。著各该督抚等迅速筹解,毋再迟延干咎。另片奏,内务府同治十一年份应需经费拟拨两淮盐课银五万两,两浙盐课银五万两,广东盐课银五万两,福建茶税银十万两,闽海关常税银十万两,太平关常税银十万两,九江关常税银十五万两,共银六十万两,请饬依限完解等语。著该将军、督抚、盐政、监督等各按拨定数目务于来年开印后陆续径解内务府,先将起程日期报部,限六月前解到一半,十二月初间扫数解清,不准稍有蒂欠。将此由五百里谕知福州将军、直隶、两江、湖广、闽浙、两广、四川、江苏、安徽、江西、福建、浙江、湖北、湖南、河南、山东、山西、广东各督抚并传谕粤海关监督知之。钦此。遵旨寄信前来。(抄交户部)。

855　军机大臣字寄各直省督抚。同治十年十二月初八日,奉上谕:吏部左侍郎胡家玉奏,时局艰难,宜预筹挽救一折。军营勇丁随时招募,立营自应核实办理,方能兵归实用,饷不虚糜。若如所奏,各营勇数多不过七八成,少不及五六成,捏报虚额,冒支军粮,此等情弊,殊堪痛恨。当此经费支绌之时,岂可任令陋习相沿,漫无稽察?著各直省督抚于现有各营认真查核,务按实在数目归并立营。如查有营官以少报多情事,立即从严惩办,以儆效尤。此外,陕甘、贵州等省现有他省派往助剿之营,如有勇额不足情事,各该督抚访有确据,亦著随时奏闻。并著遵照兵部奏定章程每届三月将勇数造册报部,不得任意迟延,稍涉含混。其现无军务省份留防之勇为数尚属不少,岁糜帑项甚巨。该侍郎请将各省防勇陆续裁汰,多不过暂留七八千人,少或酌留三四千人,自为节饷起见。著各督抚体察情形奏明办理。至所称长江既添设水师分布讯地,而自瓜洲口上至汉阳镇一带沿江,尚有留防之淮扬水勇,未免重复;李朝斌所带之水勇尚在苏州等处屯扎,请一并裁撤等语。著曾国藩等妥筹办理,各省抽收厘金,因军饷孔急,未能概行停止。第恐局卡各员假公济私,额外需索,藉饷私囊,流弊不可胜言。著各督抚随时访察,有犯必惩,毋稍徇纵;其有可以裁减局卡之处,并著酌量情形分别办理。原折均著摘抄给阅看,将此各谕令知之。钦此。遵旨寄信前来。

884　同治十年十二月十八日,内阁奉上谕:杨昌濬奏,访获斋匪,讯明正法,请将出力人员奖励一折。斋匪周洪海即周国良,绰号朱葛亮;彭洪胜即彭教化子于同治五年至九年间先后纠约匪党,在江西石塘、福建黄柏山下等处滋事。本年三月复纠伙逃至浙江寿昌县地方,并攻扑严州府城。经杨昌濬督饬知县李宗郫等带领绅团将周洪海等擒获,正法办理,尚属奋勉。所有出力之龙游县知县李宗郫,著以同知尽先补用,并赏加知府衔,赏戴花翎。教谕项栋材,著以知县遇缺即选,监生范永清,著以县丞不论双单月选用。贡生钱宗顗、徐元杰、徐文沼均著以训导选用,以示鼓励。仍著该抚严饬各属,将逸匪毛德兴等密拿务获,毋任漏网。余著照所议办理。该部知道。钦此。

894　同治十年十二月十九日,内阁奉上谕:江西九江镇总兵员缺,著周惠堂补授。钦此。

896　同治十年十二月十九日,内阁奉上谕:刘坤一奏,总兵积劳病故,恳请赐恤予谥一折。记名提督 · 江西九江镇总兵黄开榜前在军营,转战湖北、湖南、江苏、安徽、山东、直隶等省,屡摧巨寇,叠克城池,战功卓著。抵任后整顿营务,躬亲校阅,亦复无间寒暑。兹因积劳日久,在任病故,殊堪悯惜。黄开榜,著交部从优议恤,并加恩予谥。钦此。

931　同治十年十二月二十八日,内阁奉上谕:刘坤一奏请,将拿获邻境匪犯出力各员分别奖励等语。福建匪首吴灏汉暨宁化县匪犯张锡龄先后逃入江西境内,均经各该地方官拿获解闽正法。在事出力各员尚属著有微劳,自应量予奖励。知县黄寿祺著以同知遇缺即补,并赏加运同衔,双全著赏加运同衔,知府蒋继洙著交部从优议叙,知县王连昌著交部议叙。该部知道。钦此。

933　军机十年十二月二十九日,内阁奉上谕:俊达著调补广东按察使,江西按察使著李文敏调补。钦此。

939　恭缴御印暨清汉折片共三十八封。

御印十一封:

户部二道二封;

礼部一道一封;

神机营一道一封;

奕榕四道一封;

德英二道一封;

崇实一百三十道一封;

左宗棠四百十九道一封；
英桂三十九道一封；
苏廷魁二十九道一封；
刘坤一十四道一封；
张廷岳二道一封；
批折二十七封：
都兴阿等一封；
都兴阿一封；
富明阿一封；
奕榕等一封；
德英等一封；
巴扬阿一封；
金顺一封；
荣全一封；
福济等一封；
奎昌等一封；
奎昌一封；
瑞联一封；
左宗棠等一封；
左宗棠一封；
英桂二封；
卞宝第一封；
恩麟等一封；
毓福一封；
景丰一封；
张廷岳一封；
文硕一封；
冯子材一封；
黄联开一封；
三都克多尔济一封。

941 臣等查：明新正应行加恩，各省除盛京、江苏、安徽、江西、浙江、福建、湖北、湖南、河南、山西、四川、广东经该将军、督抚具奏毋庸接济，陕西经该抚具奏，俟来春察看办理外，甘肃、广西、云南、贵州四省尚未奏到。所有直隶、山东二省业经该督抚奏到。臣等拟写旨二道，并拟定日期颁发。谨奏。

同治十一年

43　军机十一年正月二十九日，内阁奉上谕：刘坤一奏，查明各属被灾，请将新旧钱漕等款分别缓征一折。江西南昌等府属上年夏秋被旱被水，收成歉薄，若将新旧钱漕等款照常征收，民力实有未逮。加恩著照所请。所有南昌县之礼班三、四两都各六图，五都二、三、东三、五、八、九图，军都下一图，六都三、七、八图，七都一、二、五图，八都二、四、五、下六、七图，九都五、七、下九、十、十二、十六图，十都二、下三、四、六、八、九、十、十二图，十一都一、下一、西一、二、三、上三、中三、下三图，十二都二、四、五、六、八、九图，十三都一、二、四、五图，十四都二、三、四、六、七图，二都三、四、五、七、八图，十五都一、二、三、上三、中三、下三、四、下四、南四、五、六、七、八图，三社二图，进外四图，惠外二图，一社一图，二社五图，八社七图，十一社二图；乐班十六都二、三、四、五图，十七都一、中二、三、四、五、六图，十八都一、二、三、四、五图，十九都副一、运一、上三、下三、四、下四、北四、北下四、五、六、七、八、九、十图，二十都一、二、三、上四、下四、五图，二十一都南一、归一、归又一、南二、归二、又二、南三图，二十二都上一、下一、二、上三、东三、西三、四、五、六、七、八图，二十三都一、上一、又一、二、三、四、五、六、七、八、九、十并十三四五六八九及二十一等图，二十四都一、四、南八、北八、九、十、十二图；射班二十五都二、三、五、六、七、八、十图并十二三四图，二十六都一图至六图，二十七都一、二、三、四、五、北五、八、九、十、十一、十二图，二十八都三、四图，二十九都五、七、九、三十等图，三十都七图，三十一都二图、十四图，三十二都四图，三十四都二、四、五、九、十一等图，三十五都三、四、五、六、七、八、十、十一、十三等图；御班三十六都一图、十一图，三十七都一图，三十九并四十两都各十图，四十一都一、二、五图，四十三都一、三、五图，四十五都北一、南一、二、三、长一、二、三、四、五、六图，四十六都一图至七图、九图并十一二三四五图；书班四十七都上四、五、六、九图，四十八都南一、北一、长一、二、南二、三、北三、南四等图，四十九都一、二、三、四、五图，五十三都二图，军都五图；数班六十都兴一图、下二、南二、三、四、五、六、七图，六十一都一、二图，六十二都一、二、六、七图，六十三都一、四、五、六、七、九图，六十四都一、二、三、四图，六十五都一、二、三、四、五、七、八图，六十六都一、二、三、四、五、六、七、八、九、十图，七十三都六、九、十图，七十四都一、二、三图等处，被旱被水各则民田二千一百九十八顷七十七亩九分，未完地丁银七千二百四十一两零，漕米一万一千九百四十二石零。

同新建县之四十都一图，四十二三四五六七八九、五十及八、九等坊，又五十一二三四五六并十坊暨军都等处被水，又十二都、三十二三四都等处被旱，各则官民田共三千六百五十六顷九亩零，未完地丁银八千二百九两零，漕米七千九百七十七石零。

进贤县之下五坂二十七都一图至五图，二十八九两都各一、二、三、四图，三十都一、二、三、四、五图，三十一二都一、二、三、四图；又滨临各湖一、五两都各一、二、三、四、五图，六都一、二、三、四、五、六、七图，七都一、二、三、四、五、六、七、军等图，上八都一图至十图,下八都一图至九图,九都二图至九图,十都一图至十图并十一、十二图,十七都一图至九图,二十二三两都各一图至十图并十一、十二图,二十四五都一、二、三、四图,二十六都一、二、三、四、五图,三十三都一图至七图,三十四都一、二、三、四图,六隅东、南、西、北、正、中等隅;又滨临抚河三十五六七等都各一图至六图,三十八都一、二、三、四、五图等处,被水各则田二千五百二十顷十六亩,未完地丁银七千四百三十一两零,漕米九千五百七十一石零。

清江县之东乡十四五两都各一、二、三、四、五图,十七都一、二、三图;南乡三、四两都各一、二、三、四、五图,五都一、二、三、四图;西乡五都五图,六七两都各一、二、三、四、五图;北乡八、九两都各一、二、三、四、五图,十都一、二、三图等处,被淹各则田共一千二百七十二顷七十四亩,未完地丁银六千四十一两零,漕米四千四百八石零。

新淦县之二都一、三、四、六图,四都三、四、五、六、七图,七都二、三图,五都三、四、七、八、十一图,三都一、四、六、七、十图,一都一、三、四、五、七图,六都一、三、四、六、八、九、十图等处早稻被旱,七都一、二、三图,五都七、八、十、十一、十三图,三都七、八、九、十图,一都二、五、六、七图,六都一、三、五、六、九、十图等处晚稻被水,各则田亩未完地丁银一万二百十二两零,漕米七千三百八十四石零。

新喻县之一、二、三、四、五坊,一、二、三、四、五、六、七等都各一、二、三图,八都一、二图,九都一、二、三图,十都一、二图,十一都一、二、三图,十二都一、二图,十三都一、三图,十四都一、二图,十五都二、三图,十六、十七、十八、十九等都各一、二、三图,二十都一图,军图等处被旱,各则田地、山塘共七千一百五十二顷九十五亩零,应征地丁银三万二千七百六十一两零,漕米二万三千二百六十一石零,内著缓征十分之三,银九千八百二十八两零,米六千九百七十八石零。

峡江县之西乡五、六、七、八、九等都各一、二图,十都、十一都、十二都一、二图;东乡三、四两都各一、二、三、四图,五都一、二图,六都一、二、三图,八都等处被旱;又附城一、二、三、四、五、六坊,西乡西一都一、二图,二都一、二图,三都一、二、三图,四都、十三都一、二图;东乡一都一、二图,二都一、二、三图,七都、九都、十都、十一都等处被水,各则民田共三千八百二十顷八十二亩零,未完地丁银七千一百五两零,漕米二千七百六十石零。

莲花厅之砻西乡一、二、四、五、六、七、十八九、二十等都,上西乡二十一二三四五七八九、三十等都,被旱各则民田六百四十八顷九十六亩零,屯田四十九顷三十八亩,未完地丁银四千五百五十一两零,漕米一千五百九十九石零,漕运屯粮银六百四十九两零,余租银一千三百五两零。

安福县之东乡三都并五十四五六八及六十一二都,南乡一都并三十五六七八及四十一二四五七、五十二等都,西乡四、五、六、八、九并十二三五及二十一二等都,北乡二都并六十五六七八都等处,被旱各则田地一千四百八十十二顷十三亩零,未完地丁银九千六百四十二两零,漕米五千六百十九石零;并东乡三都并五十四及六十一等都,南乡一都并四十二及五十二等都,西乡四、八、九都并十二三及二十一都,北乡六十五七八等都,被旱屯田十九顷七十五亩零,未完屯丁银七两零,漕运屯粮银二百八十四两零,余租银五百三十五两零。

永新县之东乡六十三都并六十四五六七八九、七十一二等都,南乡五十三都并五十四六七八九都,西乡十一都至十九都及四十一二三四、六十一等都,北乡一都至十都及七十一、七十三等都,被淹被旱则民屯田地共一千七百二十顷四十三亩零,未完地丁银一万六百八十七两,漕米二千六百二十石零,屯丁银二十七两零,存留屯粮银五十四两零,漕运屯粮银四百四十一两零,余租银二千十一两零。

余干县之七、八两都并十八、十九、二十及二十一二三四五六七等都,被旱各则田共一千四百八十七顷四十八亩零,未完地丁银五千九百五十六两零,漕米三千五百一石零。乐平县之三、五、六、八、九、十都并十二、十四、十五、十七、十八、二十都,及二十一、二十二、三十都暨三十一、三十二、三十三、三十四、三十五等都,被旱田亩未完地丁银七千五百七十一两零,漕米五千九百五十八石零。

建昌县之永丰、凝远、丰安、德政、市镇、钧台等六乡被水各则田三千六百八十六顷七十六亩零,未完地丁银九千六百九十四两零,漕米四千七百四十八石零。同安义县寄庄建昌县之各乡被水未完地丁银二百七十六两零,漕米一百二十六石零。

德化县之楚城、甘泉、白鹤、仁贵、德化、通津等六乡被旱较重,南昌、仙居、泰临、新民等四乡被旱较轻,桑落、赤松、封一、封二等四乡堤外被水等处各则民屯、芦州田地并密稀芦等项未完地丁一千六百九十一两零,南九二卫屯粮丁银一百四十八两零,存留屯粮银三百三十一两零,漕运屯粮银一千八百两零,余租银三千七百八十一两零,同治十年压征九年芦课银八百六两零。

德安县之黄湾、陈湾、固村、墩下、金鸡、附城、河东、后田、在市、乌石等堡各则民田被水未完屯丁银二千五百六十四两零,并南九二卫坐落陈湾、金鸡、附城、河东、后田、乌石、在市等堡屯田被水,未完地丁银五十八两零,屯留屯粮银五十四两零,漕运屯粮银一千四百四十七两零。

瑞昌县安泰乡之周滩、九屯、青龙、暗林、巴山、安城、营桂、板林、东关、金岗、回龙、罗湖等堡,今一乡之马头、乌塘、金蛇、接泥、高武等堡,今二乡之封门、黄桥、河塘、武茭、长流、牛山、连山、大林、北亭、西隆等堡,甘露乡之禁坪、北巢两堡,王仙乡之永庆、马安、元湖、南湾、小园、官仓等堡,清二乡之水岭、仙姑、狮青山、赤岗等堡,被旱各则民田地共五百八十五顷四十七亩零,未完地丁银三千五十四两零;并九江卫坐落该县之安泰并德化县之赤松、南昌、仙居、朗山、渠田等乡,及南昌卫坐落该县之王仙、清溢两乡屯田被旱,未完漕运屯粮银一千五百五十九两零,余租银二千九百二两零。

湖口县之上乡九都、十六都,中乡八都、十二都,下乡三、五两都等处被旱;又上乡十三、十七、二十都,中乡二坊,下乡四、六都等处被水,共计上中下民田四百五十五顷六十七亩,未完地丁银三千五百七十六两零;并十二都、三都、五都等处被旱及编入德化县之仁贵乡、宿松县之孟家洲等处被水屯田十四顷七十六亩零,未完漕运屯粮银一百二十二两零,余租银三百十八两零,同治十年压征九年芦课银二百四十五两零。

彭泽县之七都、三十三都、四都、六都、九都、十二都、二十都及一、二坊等处被水被旱地方，应征地丁银六千七百三两零，内著缓征十分之二，银一千三百四十两零；并四都之下隅坂，二十都西三百户杨梓桥民佃，十二都之建德户古楼坂，七都之太平坂及九都等处被水被旱地方，应征屯丁、存留屯粮、漕运屯粮、余租内著缓征十分之二，屯丁银一百十八两零，存留屯粮银一百二十九两零，漕运屯粮银三百二十六两零，余租银八百六十七两零；又三十三都民欠同治十年压征九年芦课银一千九百二十二两零，内著缓征十分之四，银七百六十八两零，均著缓至同治十一年秋后分作两年带征，缓剩银米照常征解。

南昌县同治八年原缓八年地丁、漕米；丰城县元年原缓元年地丁、漕米；上高、新昌二县八年各原缓八年地丁、漕米；莲花厅九年原缓九年地丁、漕米、屯粮、余租；东乡县四、八、九年各原缓四、八、九年地丁、漕米；鄱阳县八年原缓八年地丁、漕米、屯粮丁、余租；乐平县九年原缓九年漕米，除完纳外，其余未完同原缓地丁，又八年原缓八年漕米，除完纳外，其余未完同原缓地丁，又七年原缓七年地丁、漕米；都昌县八、九两年各原缓八、九两年地丁、漕米；德化县九年原缓九年地丁、屯粮丁、余租、芦课；湖口县九年原缓九年地丁、屯粮、余租、芦课，又七、八两年各原缓七、八两年地丁，除完纳外，其余未完同各原缓屯粮、余租，又六年原缓六年地丁，除完纳外，其余未完同原缓屯粮、余租，又五年原缓五年地丁、屯粮、余租，又四年原缓四年地丁、屯粮、余租，又元、三两年各原缓元、三两年地丁、屯粮、余租；彭泽县八、九两年各原缓八、九两年地丁、屯粮丁、余租、芦课，又五、六、七等年各原缓五、六、七等年地丁、屯粮丁、余租、芦课，又四年原缓四年地丁、屯粮丁、余租、芦课，又三年原缓三年地丁、屯粮丁、余租，俱著递缓至同治十一、十二两年秋后带征。

南昌县七年原缓七年地丁、漕米；新建、进贤二县九年各原缓九年地丁、漕米；清江、峡江二县九年各原缓九年地丁、漕米；莲花厅八年原缓八年地丁、漕米、屯粮、余租；安福县九年原缓九年地丁、漕米、屯粮丁、余租；余干、建昌二县并安义县之寄庄建昌县九年各原缓九年地丁、漕米；德化县八年原缓八年地丁、屯粮丁、余租、芦课，又七年原缓七年地丁、屯粮丁、余租、芦课；德安县九年原缓九年地丁、屯粮丁；瑞昌县九年原缓地丁、屯粮丁、余租，又八年原缓八年地丁、屯粮、余租，均著递缓至同治十二、十三两年秋后带征。

南昌县六年原缓六年地丁、漕米；新建、进贤、清江三县八年各原缓八年地丁、漕米；新淦县九年原缓九年漕米，除完纳外，其余未完同原缓地丁；新喻县九年原缓九年地丁、漕米；峡江县七年原缓七年地丁、漕米；莲花厅七年原缓七年地丁、漕米、屯粮、余租；安福县八年原缓八年地丁、漕米、屯粮丁、余租；鄱阳县七年原缓七年地丁、漕米、屯粮丁、余租；建昌县并安义县之寄庄建昌县八年各原缓八年地丁、漕米；德安县八年原缓八年地丁、屯粮丁；瑞昌县四、五、六等年各原缓四、五、六等年地丁、屯粮、余租；彭泽县四年原缓咸丰十年、十一年并同治元年各地丁、屯粮丁、余租，均著递缓至同治十三、十四两年秋后带征。

南昌县五年原缓五年地丁、漕米，新建、进贤二县七年各原缓七年地丁、漕米，清江县七年原缓七年地丁、漕米，峡江县六年原缓六年地丁、漕米，莲花厅六年原缓六年地丁、漕米、屯粮丁、余租，安福县七年原缓七年地丁、漕米、屯粮丁、余租，建昌县并安义县之寄庄建昌县七年各原缓七年地丁、漕米，德化县五年原缓五年地丁、屯粮丁、余租、芦课，德安县七年原缓七年地丁、屯粮丁，均著递缓至同治十四、十五两年秋后带征。

南昌县四年原缓四年地丁、漕米；新建、进贤二县六年各原缓六年地丁、漕米；清江县六年原缓六年地丁、漕米；新淦县八年原缓八年漕米，除完纳外，其余未完同原缓地丁；新喻县八年原缓八年地丁、漕米；峡江县五年原缓五年地丁、漕米；莲花厅五年原缓五年地丁、漕米、屯粮、余租；安福县六年原缓六年漕米、屯粮丁、余租；鄱阳县五年原缓五年地丁、漕米、屯粮丁、余租；建昌县并安义县之寄庄建昌县六年各原缓六年地丁、漕米；德化县四年原缓四年地丁、屯粮、余租、芦课；德安县四、五两年各原缓四、五两年地丁、屯粮丁，均著递缓至同治十五、十六两年秋后带征。

南昌县三年原缓三年地丁、漕米；新建、进贤二县五年各原缓五年地丁、漕米；清江县五年原缓五年地丁、漕米；峡江县三年原缓三年地丁、漕米；莲花厅四年原缓四年地丁、漕米、屯粮、余租，又三年原缓三年地丁、漕米、屯粮、余租，又二年原缓二年地丁、漕米、屯粮、余租，又元年原缓咸丰十一年及同治元年各地丁、漕米、屯粮丁、余租，又元年原缓咸丰十年地丁、漕米、屯粮、余租；安福县五年原缓五年地丁、漕米、屯粮丁、余租；建昌县并安义县之寄庄建昌县五年各原缓五年地丁、漕米；德化县三年原缓三年地丁、屯粮、余租、芦课；德安县元年原缓咸丰十年地丁、屯粮丁；均著递缓至同治十六、十七两年秋后带征。

南昌县六年原缓二年地丁、漕米，新建、进贤二县四年各原缓四年地丁、漕米，清江县三年原缓三年地丁、漕米，新淦、新喻二县七年各原缓七年地丁、漕米，安福县四年原缓四年地丁、漕米、屯粮、余租，鄱阳县三年原缓三年地丁、漕米、屯粮丁、余租，建昌县并安义县之寄庄建昌二、三、四等年各原缓二、三、四等年地丁、漕米，德化县二年原缓二年地丁、屯粮、余租、芦课，均著递缓至同治十七、十八两年秋后带征。

南昌县元年原缓元年地丁、漕米；新建县三年原缓三年地丁、漕米；进贤县三年原缓三年地丁、漕米；清江县二年原缓咸丰十一年地丁、漕米及同治二年漕米，除完纳外，其余未完同原缓二年地丁；安福县三年原缓三年地丁、漕米、屯粮、余租；建昌县并安义县之寄庄建昌县元年各原缓元年地丁、漕米；德化县元年原缓元年地丁、屯粮、余租、芦课，均著递缓至同治十八、十九两年秋后带征。

南昌县元年原缓咸丰十一年地丁、漕米；新建县二年原缓二年地丁、漕米；进贤县二年原缓二年地丁、漕米；清江县元年原缓元年地丁、漕米，又二年原缓咸丰十年地丁；新淦、新喻二县六年各原缓六年地丁、漕米；安福县二年原缓二年地丁、漕米、屯粮、余租；鄱阳县二年原缓咸丰十年、十一年并同治元年各地丁、漕米；建昌县元年原缓咸丰十一年地丁、漕米，并安义县之寄庄建昌县元年原缓咸丰十一年漕米；德化县二年原缓咸丰十年地丁、屯粮丁、余租、芦课；均著递缓至同治十九、二十两年秋后带征。

南昌县六年原缓咸丰十年地丁、漕米,新建、进贤二县元年各原缓元年地丁、漕米,安福县元年原缓元年地丁、漕米,建昌县并安义县之寄庄建昌县元年各原缓咸丰十年地丁、漕米,德化县二年原缓咸丰十一年屯粮丁、余租、芦课,均著递缓至同治二十、二十一两年秋后带征。新建、进贤二县元年各原缓咸丰十一年地丁、漕米,新淦、新喻二县五年各原缓五年地丁、漕米,安福县元年原缓咸丰十一年地丁、漕米,均著递缓至同治二十一、二十二两年秋后带征。进贤县五年原缓咸丰十年地丁、漕米,安福县元年原缓咸丰十年地丁、漕米,均著递缓至同治二十二、二十三两年秋后带征。新淦县四年原缓四年地丁、漕米,新喻县二年原缓二年地丁、漕米,均著递缓至同治二十三、二十四两年秋后带征。新淦县三年原缓三年地丁、漕米,新喻县元年原缓元年地丁、漕米,均著递缓至同治二十五、二十六两年秋后带征。新淦县二年原缓二年地丁、漕米,新喻县元年原缓咸丰十一年地丁、漕米,均著递缓至同治二十七、二十八两年秋后带征。新淦县元年原缓元年地丁、漕米,著缓至同治二十九、三十两年秋后带征。

湖口县四、七、八等年各原缓四、七、八等年压征三、六、七等年芦课,又元、三、五、六等年各原缓元、三、五、六等年压征咸丰十一年及同治二、四、五等年芦课,均著递缓至同治十一、十二、十三等三年秋后带征。广昌县八年原缓八年地丁,乐平县二年原缓咸丰十年地丁、漕米,均著递缓至同治十一年秋后一并带征。永新县九年原缓九年地丁、漕米、屯粮丁、余租,广昌县三年原缓咸丰十年地丁、屯粮、余租、兵加,乐平县二年原缓咸丰十一年地丁、漕米,均著递缓至同治十二年秋后一并带征。永新县八年原缓八年地丁、漕米、屯粮丁、余租,广昌县三年原缓咸丰十一年地丁、屯粮、余租、兵加,均著递缓至同治十三年秋后一并带征。永新县七年原缓七年一半地丁、漕米、屯粮丁、余租,广昌县五年原缓元年地丁、屯粮、余租、兵加,均著递缓至同治十四年秋后一并带征。永新县六年原缓六年地丁、漕米,各除完纳外,其余未完同原缓屯粮、余租;广昌县五年原缓二年地丁、屯粮、余租、兵加,均著递缓至同治十五年秋后一并带征。永新县五年原缓五年地丁,除完纳外,其余未完同原缓漕米、屯粮、余租,均著递缓至同治十六年秋后一并带征。永新县四年原缓四年地丁,除完纳外,其余未完同原缓漕米、屯粮丁、余租,均著递缓至同治十七年秋后一并带征。永新县三年原缓三年漕米,除完纳外,其余未完同原缓地丁、屯粮丁、余租,均著递缓至同治十八年秋后一并带征。永新县二年原缓二年一半地丁、漕米、屯粮、余租,均著递缓至同治十九年秋后一并带征。永新县二年原缓咸丰十年一半地丁、漕米、屯粮、余租,均著递缓至同治二十二年秋后一并带征。

建昌县八年原借修堤钱七千六十串,著缓至同治十一年秋后带征。南昌县八年原借修堤钱,除缴还外,欠钱二万七千五百六十三串零,新建县八年原借修堤钱四万七千八百四十四串零,星子县八年原借修堤银四千两,建昌县八年原借修堤钱八千二百串,德化县八年原借修堤银一千二百两,德安县八年原借修堤银四千二十六两,均著递缓至同治十一年秋后分作两年带征。鄱阳县八年原借修堤钱一万三千三百五串零,余干县八年原借修堤银六千两,德化县八年原借修堤银三千二百五十三两零,瑞昌县八年原借修堤银一千五百两,均著递缓至同治十一年秋后分作三年带征。南昌县七年原借修堤银九千七百二十两，新建县原借修堤银二万八千八百两，德化县八年原借修堤银八千四百两零，均著递缓至同治十一年秋后分作五年带征，以纾民力。

该抚即刊刻誊黄，遍行晓谕，务使实惠均沾，毋任吏胥舞弊，用副朝廷轸念民艰至意。该部知道。钦此。

88　军机大臣字寄协办大学士 · 直隶总督 · 一等肃毅伯李、湖广总督李、湖北巡抚郭、江西巡抚刘、安徽巡抚英、山东巡抚丁、传谕江宁织造庆林、苏州织造德寿、杭州织造文治。同治十一年二月二十二日奉上谕：（抄起）李鸿章奏，传办缎绸等件，请改派各织造恭办一折。此次长芦奉派织办赏用色缎绸纱绉共计二万件。据李鸿章奏称，直隶向不产丝，长芦未设织局。又无谙练匠役可雇，急切难于齐备，援照成案，请改派江宁、苏州、杭州各织造分办等语。所奏尚系实情，即著照李鸿章所议办理。惟传办各物计二万件，何处能办若干，如何均匀分派，著李鸿章查照单开各件，酌量派定，分别咨明江宁、苏州、杭州各织造，照数承办，应需银两即由庆林、德寿、文治核实估计，知照李鸿章筹款协济。此次传办各项活计需费较多，直隶力难独任。著李瀚章、郭柏荫、刘坤一、英翰、丁宝桢无论何款，每省各迅拨银三万两分解各该织造应用。其不敷之数，著李鸿章尽力凑拨，准其作正开销。（抄止）庆林等得此有著之款，务当分投织办，陆续进呈，不得推诿耽延，致有贻误。将此由四百里谕知李鸿章、李瀚章、郭柏荫、刘坤一、英翰、丁宝桢，并传谕庆林、德寿、文治知之。钦此。遵旨寄信前来。（摘抄交户部）

98　同治十一年二月二十七日，内阁奉上谕：江西广饶九南道员缺，著毛鸿图补授。钦此。

100　查：江西广饶九南道系冲繁中缺，云南迤东道系冲繁难要缺。谨奏。

151　（御印）蒙发下本日折报，臣等公同商阅。张廷岳等奏请，将图车两盟轮班在库伦差委，赛札两盟仍归乌里雅苏台管辖折。拟写寄信谕旨：令金顺奎、昌志刚、多布沁札木楚与张廷岳、阿尔塔什达妥速筹商，据实覆奏。王文韶奏，酌减援军，积欠过巨，拟请借拨饷项折。拟写寄信谕旨：令何璟、恩锡、刘坤一各借拨银二十万两，俾资应用，其酌减援军各事宜，即令王文韶妥慎筹办。海绪奏，织办缎绸等项，请催拨款并展缓时日，动用存款折。拟写寄信谕旨：令何璟、恩锡督饬藩司指定款项迅速拨解。未到以前，准海绪于淮关存项内先行提款垫办，务于大婚典礼以前全数解到，不得再有迟逾。李鸿章奏，查明知州被参各款折。拟写明发谕旨：将宋彭寿交部照例议处。又奏，特参疏防斩犯越狱之管狱官折。拟写明发谕旨：将署安肃县典史顾耀革职拿问，提省审办。又奏，山海关襄办洋税，并经理营务出力各员开单请奖折。查上届系奉旨批准，此次拟仍恭缮批旨，照所请奖励。吴棠奏请，将重庆、松潘两总兵对调折。拟写明发谕旨：照准。汪叙畴奏，滇省赋敛太重片。拟请将原片暂存，遇有云南报便再行请旨办理。其余折片单分别拟批呈进。是否有当，伏候圣裁。（御印）谨奏。

200　军机大臣字寄户部、内务府、署两江总督·江苏巡抚何、安徽巡抚英、江西巡抚刘、传谕署江苏巡抚·布政使恩锡。同治十一年四月十三日，奉上谕：何璟、恩锡奏，传办缎绸等件，现在赶筹拨款并陈款项不敷情形一折。据称江苏省应办活计共有四单，需款几及二百万两之多。该省无从措手，自系实在情形。应如何宽予限期并酌量减成之处，著内务府酌议具奏。该署督等现已筹措银八十万两，以先办五成计之，亦尚不敷银二十万两。著英翰、刘坤一各筹拨银十万两迅解苏省，以资协济。并著何璟等即将各款匀拨解交，俾得赶紧织办，毋稍延误。另片奏苏省四单与长芦承办之件似系相仿，而估计银数多寡悬殊，请饬查核确估等语。长芦传办各件，前据李鸿章奏需费不下二十余万两，嗣据奏称接江宁、苏州织造咨函，核计工价需银五十余万两。所有苏省承办活计所估银数是否相符，著户部查核成案，再由该织造等核实确估，以重款项。将此谕知户部、内务府、何璟、英翰、刘坤一并传谕恩锡知之。钦此。遵旨寄信前来。

202　（御印）蒙发下本日折报，臣等公同商阅。何璟、恩锡奏，奉文传办缎绸等项，需款甚巨，请拨款协济并请宽予限期，酌量减成折。又奏，苏省传办之单，似与长芦相仿而估计银数多寡悬殊，请饬核实确估片。拟写寄信谕旨：令何璟、恩锡拨款赶办，令英翰、刘坤一各拨银十万两协济。其所请宽限减成，令内务府酌议具奏；所估银数，令户部查核成案，再由该织造核实确估。何璟奏，湖北民人冯式纯呈诉署天长县知县冯至沂投水自尽一案，应否特简大员审办，抑另行遴员会审片。拟写寄信谕旨：令何璟将此案亲提讯明具奏。另折一件拟批呈进，是否有当，伏候圣裁。（御印）谨奏。

222　军机大臣字寄署两江总督·江苏巡抚何、安徽巡抚英、传谕署江苏巡抚·布政使恩锡。同治十一年四月二十六日，奉上谕：前据何璟等奏，江苏奉办缎绸等件饷项不敷，请饬安徽、江西各拨银十万两解苏协济。当经降旨允准。兹据英翰奏称皖省情形万窘，若骤加拨款十万两，无处凑挪。皖南茶厘一款岁入三十余万两，自同治七年以后全行提归金陵，除每年提拨水师额饷十万两外，仅于八年皖省筹办提工提银四万两，此外均归金陵支发，请饬即于此项茶厘内拨银十万两等语。著何璟、恩锡即于江苏提用皖南茶厘款内拨银十万两应用，以抵安徽奉拨之款。将此谕知何璟、英翰，并传谕恩锡知之。钦此。遵旨寄信前来。（抄交户部）

249　（御印）蒙发下本日折报，臣等公同商阅。李瀚章、王文韶奏，援黔各军攻破贼巢，苗疆平定折，擒获逆首张臭迷应否解京片；曾璧光、周达武奏，下游官军会剿大股苗匪情形折。拟写寄信谕旨：令李瀚章、王文韶、曾璧光、周达武将善后事宜妥筹办理，逆首张臭迷即在湖南就地正法，无庸解京。并写明发谕旨宣示，李瀚章等折内请将席宝田等破格奖励。查席宝田本有云骑尉世职，此次拟请旨赏给骑都尉世职；龚继昌、唐本有、苏元春三员均拟请旨赏给云骑尉世职；李瀚章、王文韶、曾璧光、周达武并拟请旨交部从优议叙。如蒙俞允，均于明发谕旨内叙入，其余请奖各员及曾璧光等折内请恤各员一并照准。李瀚章等又奏请，以易佩绅署理贵东道片。本日本有寄信曾璧光谕旨：拟令查明贵东道李德莪现在有何别项差委,于此缺能否胜任,据实具奏。曾璧光又奏请,饬催江西协饷折。拟写寄信谕旨:令刘坤一迅速筹解。吴棠奏,遵保防剿秦陇回逆,并剿办贵州上游股匪出力人员开单请奖折。拟写明发谕旨:照准。其余折片单分别拟批呈进。是否有当,伏候圣裁。(御印)谨奏。

273　恭拟皇上大婚礼恩诏条款:

一、亲王福晋以下至奉恩将军妻室等俱加恩赐;

一、民公侯伯以下二品大臣以上命妇俱加恩赐;

一、各直省民欠钱粮由户部酌核奏请蠲免;

一、八旗绿营兵丁赏给一月钱粮;

一、文武会试中额,俟该部临期奏明人数,请旨酌量加广。文武乡试由该部分别大中小省份并满蒙汉字号奏请加额;

一、各直省儒学无论府州县卫俱于本年以正贡作恩贡,次贡作岁贡;

一、八旗、满洲、蒙古、汉军妇人年七十以上者,照例分别赏频;

一、内务府三旗妇人年七十以上者,照例分别赏赉;

一、各省老妇有孤贫残疾无人养赡者,该地方官加意抚恤,毋令失所;

一、除十恶及谋杀、故杀不赦外,犯法妇人尽予赦免。

274　恭拟上皇太后徽号恩诏条款:

一、在内亲王之福晋以下公之妻以上,著加恩赐;

一、外藩蒙古诸王之福晋以下公之妻以上,俱加恩赐;

一、民公侯伯以下二品大臣以上命妇,著加恩赐;

一、从前尚过公主、格格之额驸等,照伊等品级,著加恩赐;

一、从前恩诏后升职加衔补官者,悉照现在职衔给与封典;

一、在京文官四品以上武官三品以上,著各加一级;

一、在京王公文武官员任内,有降级罚俸住俸者,咸与开复。又在京官员现在议降议罚者,悉予豁免;

一、外藩蒙古王公以下台吉以上,有罚俸住俸者,咸与开复。其现在议罚者,悉予豁免;

一、除十恶不赦外犯法妇人尽行赦免;

一、太监等著赏给一月钱粮;

一、上三旗辛者库当差妇人,著酌议赏赐;

一、罚赎积谷原以备赈冬月严寒,众寡孤独贫民无以为生,著直省各督抚令有司务将积谷酌量赈济,毋令奸民假冒支领;

一、各处效力赎罪人员,向无定限,多致苦累,殊堪矜悯。著各该管官查系已满三年者,声明犯罪缘由,奏请酌量宽免。

360 同治十一年七月十六日，内阁奉上谕：彭玉麟、英翰、刘坤一奏，特参长江水师庸劣员弁，并请旨分别革惩一折。江西湖口中营前哨守备·两江补用副将黄振鳌，狎妓妄为，不能约束兵丁；署左哨把总·尽先都司龚永胜；尽先补用副将郭松盛；尽先补用都司廖发、姜绍庭，嗜好太深，操防怠惰，均著即行革职，不准留营。前哨把总参将沈其贵，声名甚劣，著即行革职。吴城营左哨都司·记名提督邓金楚、后哨守备·记名总兵尹坤山、右哨千总·记名总兵黄得胜、后哨千总·尽先副将谭宏亮，均有嗜好，邓金楚并登岸陆居，本应即予罢斥，姑念该员等从征多年，叠著劳绩，均著先行撤任察看，勒限改过。倘逾限不悛，即行严参惩办，邓金楚并著撤销勇号。吴城营右哨把总·记名总兵刘永胜、署后哨外委·尽先参将杨声凤，暴弃自甘，玩视防务；饶州营署左哨外委·尽先守备洪芝兰、署右哨外委·尽先参将李天贵，不守纪律，均著即行革职，不准留营。安庆营前哨守备·已升都司·尽先副将赵俊秀、前哨守备·记名总兵葛定有，均于捞取遭风船只物件，从中渔利，实属居心卑鄙，本应严惩，姑念该员等从征多年，著有劳绩，且巡防尚属认真，均著革去提督衔以观后效。左哨千总·尽先副将彭腾芳、中哨千总副将李西田、右哨千总·记名总兵万品文、中哨把总·尽先参将王南山、前哨把总·尽先参将吴长松、前哨外委千总萧光武，性耽安逸，怠惰江防，均著革职不准留营。署前哨千总·尽先都司刘福田，形同无赖，有玷官箴；右哨外委·尽先都司史芳兰不自检束，任性妄为，均著即行革职永不叙用。左哨把总都司汤友胜屡离汛守，肆行无忌；中哨外委都司李世富，嗜好既重，违例陆居，均著即行革职永不叙用，并不准改投别营效力。署华阳营游击·左哨都司·总兵李正和于该营前哨外委·尽先守备贺桂林强买民妇，不为究处，转加袒护，殊干军纪，本应严惩，姑念该员从征多年，著有劳绩，著即撤任，革去提督衔，总兵以副将降补，归部铨选，不准留营。贺桂林著即行革职永不叙用。华阳营左哨千总副将彭致和、左哨千总·记名总兵任启耀，不知自爱，均著即行革职，不准留营，以肃军律。余著照所议办理。该部知道。单并发。钦此。

402 同治十一年七月二十九日，奉旨：此案著交刘坤一督同臬司亲提人证卷宗，秉公严讯确情，按律定拟具奏。原告民人徐春福，该部照例解往备质。钦此。

439 同治十一年八月十一日，内阁奉上谕：江西督粮道员缺，著锡缜补授。钦此。

440 查：江西督粮道系冲繁难要缺。谨奏。

449 同治十一年八月十三日，内阁奉上谕：江西广饶九南道员缺，著沈保靖补授。钦此。

450 查：江西广饶九南道系冲繁中缺。谨奏。

459 同治十一年八月十九日，内阁奉上谕：前因长江水师地段绵长，恐该将弁等日久生懈，特命前兵部侍郎彭玉麟前往沿江各营周历察看，妥筹整顿。叠据该侍郎将庸劣不职各员分别参奏。是该将弁等怠惰废弛，积习已非一日。并称水师各营近亦沾染绿营习气，讲究酬应，应严禁摊扣名目等语。因思他省水师，并各直省陆营，此等情形断不能免。著通谕各督抚、提镇等将各该省营伍加意整理，严饬该将弁认真操防，力除各项陋习。倘查有庸劣不职及徒尚虚文者，即行随时参奏，不得稍事姑容。经此次训谕后，该督抚、提镇等务当破除情面，整肃营规，毋负朝廷谆谆诰诫至意。钦此。

460　同治十一年八月十九月，内阁奉上谕：彭玉麟奏，酌筹水师事宜，请旨遵行一折。长江水师控制数省，关系綦重。彭玉麟所陈四条，切中时弊，深堪嘉尚。提督一缺，管辖江面五千余里，非有智识闳远，天资忠亮，并秉性刚方，威克厥爱，及操守清廉，敬慎畏法者，难以胜任。著统兵大臣及各直省督抚随时留心，自现任候补提镇以至偏裨，其才识足任此缺者，即行密保，候旨简用。其各营弁勇，有才堪造就者，并著责成各镇将随时咨明提督及沿江各督抚，留心考察，次第擢用，不使有用之才，沉沦末秩，用备干城之选。军营以诚朴为先，水师初设，均能勤苦耐劳，所向有功，乃近来竟有修饰厨传讲究应酬等事。种种恶习，深堪痛恨。所有各营摊派名目，著永远禁革。倘有仍蹈故辙私立名目者，即照克扣军饷例治罪。该管督抚、提镇徇隐不参劾者，别经访闻，一并治罪，以肃军律。长江水师，经兵部议定，不得搀用另项水师人员，定章最严。近来该管提镇，有意见好滥收外来人员，一标至二百数十员之多。迨经彭玉麟查阅，且有并无其人者，营制纷杂，几不可问。著照该侍郎所拟提标只准酌留三四十员，各镇标只准酌留一二十员，此外概行遣撤。倘所留各员弁，有不安本分暨别有嗜好者，即随时参革，毋得稍存姑息。各员弁用竣后，不准再行滥收。如有缺出，专于长江水师兵勇中拔补。水师额兵出缺，即于本地招募，藉资得力。提督总兵本属平行，长江水师岂容歧异。即著遵照定制办理。遇有各总兵所属汛地员弁缺出，即由该管总兵拣员署理，咨明提督请补。如提督叙补非人，该管总兵亦即咨明更正，用资整顿而杜弊端。余均著照所议办理。另片奏，请停止水师肄习弓箭，以期专精一技等语。水师所用，本以使舵放炮为优劣，何得藉口演习弓箭，致开陆居之渐。著照所请，所有长江水师及江苏新改之外海内洋内河水师，均著专习枪炮，毋庸兼习弓箭。该提督随时操演及考拔，各缺亦著照旧章办理。经此次训谕后，该提镇及各该管督抚等务当随时访察，遇有前项情弊，即行从严参办，庶不至真才废弃，陋习日深，用副朝廷廑念东南整饬戎行至意。将此通谕知之。钦此。

480　军机大臣字寄各直省督抚。同治十一年八月二十九日，奉上谕：刘坤一奏，各省采办工程物料免完厘税，流弊日滋，请旨停止给照一折。据称近年来，各省兴办善后工程，及造船修堤，需用木植物料等项甚多。出外购办之员，因有免完厘捐印照，其跟丁船户纷纷夹带私货，乘机闯关，不候稽查，或借词津贴运费，抗不完纳厘税，并有不肖委员转为庇护，卡员亦或瞻徇情面，勉强放行，流弊日滋，请饬停止发给印照等语。各省抽收厘捐，本为接济军需。若如该抚所奏，是劣员藉运官物即可乘便营私，彼省所节物价无多，此省所失厘捐甚巨。似此情形，恐不独江西一省为然，各省亦在所难免。著各直省督抚严查此等情弊,即行禁止。嗣后除地方荒歉,委员采买米谷赈济,仍准免厘税外,其余无论何省何营采办一切物料,概不得发给免完厘税印照。该委员等经过各处关卡,均著照章完纳税厘,不准请免。各卡委员亦不得徇私放行,以杜流弊而裕饷源。将此各谕令知之。钦此。遵旨寄信前来。

552 军机大臣字寄盛京、直隶、江苏、安徽、江西、浙江、福建、湖北、湖南、河南、山东、山西、陕西、甘肃、四川、广东、广西、云南、贵州各将军、督抚。同治十一年十月初三日,奉上谕:本年湖南晃州、广西浔州、甘肃兰州等处因历年被贼滋扰,民气未复。山东东平等处被水、被雹,山西祁县被水,节经各该督抚奏到,已加恩将新旧钱粮分别豁免蠲缓。山西祁县并令该抚动碾仓谷,酌给一月口粮。四川成都等处雨水过多,收成歉薄,谕令该督于该省厘金项下拨银二十万两赈济。广东琼州各属被旱成灾,谕令该督等妥筹抚恤。直隶河间等处河流漫溢,谕令该督截留江北漕米十万五千余石,酌量赈抚。顺天、宛平等处大雨连绵,山水下注,亦经谕令由京仓添拨赈米二万石,户部拨银六万两分别散放。永定河决口成灾,复经谕令该督查明灾歉分数,速筹具奏。其顺天、文安等处积水未消,业经该督筹款赈抚。直隶沿河州县田庐淹没,复经该督拨款修筑河堤、城垣、桥道,以工代赈,并预提司库银十万两筹修要工,俾灾黎得以傭趁就食,小民谅可不至失所。惟念来春青黄不接之时,民力未免拮据。著传谕该督抚等体察情形,如有应行接济之处,即查明据实覆奏,务于封印以前奏到,候朕于新正降旨加恩。再,直隶献县等处积涝未消,广东南海等处被水,安徽安庆等处被淹,江西丰城等处被淹,湖南澧州等处被淹,浙江杭州等府属被旱、被水、被风、被虫,均经该督抚奏明,委员查勘救护抚恤。即著迅速办理。并将来春应否接济之处一并查明,于封印前奏到。此外各省有无被灾地方,应行调剂抚恤之处,著该将军、督抚等一并查奏,候旨施恩。将此各谕令知之。钦此。遵旨寄信前来。

553 查:本年湖南、广西、甘肃、山东、山西间有被灾地方,业经加恩,将民欠钱粮分别豁免蠲缓。其明春应否量为接济之处,臣等谨照向例,缮写询问该督抚等谕旨。俟覆奏到日,再行拟写新正加恩谕旨呈进。再,四川、直隶、广东、安徽、江西、湖南、浙江被水、被旱之处,该督抚等或已筹赈济,或奏明查勘,酌予抚恤。应否接济,现俱未经奏到。此外各省有无被灾地方,应行调剂抚恤之处,均应一并询问,令该将军、督抚等迅速查奏汇办。谨奏。

566 同治十一年十月初五日,内阁奏上谕:英翰奏,藩司积劳病故,请予优恤等语。安徽布政使吴坤修,前在湖南、湖北、江西、安徽等省带兵剿贼,著有劳绩。其在藩司任内,吏治亦能整饬。现因积劳病故,殊堪矜悯。著加恩照布政使例议恤。该部知道。钦此。

589 丁忧回旗,江西吉安府知府定祥,(御印)旨:照例用。

659　军机大臣字寄福州将军，直隶、两江、湖广、闽浙、两广、四川、江苏、安徽、江西、福建、浙江、湖北、湖南、河南、山东、山西、广东各督抚，传谕粤海关监督。同治十一年十一月十一日，奉上谕：户部奏，预拨来年京饷一折。据称历届京饷均于年前预拨，同治十二年京饷拟在各省地丁、盐课、关税等款内指拨银七百万两，请饬各该省于来年分批起解等语。京饷关系紧要，现经该部就各省缓急情形斟酌动拨，自应遵照奏定数目，源源报解，以济要需。著该将军、督抚、盐政、监督等，务于来年开印后分批起解，限五月前解到一半，十二月初间全数解清，不准截留改拨，藉词延误。倘届限不到，即照奏定章程，指名严参。原单均著抄给阅看。另片奏，本年用款甚巨，请饬将指拨续拨京饷并各海关应解四成洋税，及欠解漕折银两，迅速拨解等语。著各该督抚迅即筹解，统于十二月初间全数解齐，以应急需。其预拨来年京饷，务各提前赶拨，源源批解，毋稍延误。又片奏，内务府同治十二年份应需经费，拟拨两淮盐课银五万两，两浙盐课银五万两，广东盐课银五万两，福建茶税银十万两，闽海关常税银十万两，太平关常税银十万两，九江关常税银十五万两，共银六十万两，请饬依限完解等语。著该将军、督抚、盐政、监督等各按拨定数目，务于来年开印后陆续径解内务府，先将起程日期报部，限六月前解到一半，十二月初间扫数解清，不准稍有蒂欠。将此由五百里谕知福州将军，直隶、两江、湖广、闽浙、两广、四川、江苏、安徽、江西、福建、浙江、湖北、湖南、河南、山东、山西、广东各督抚，传谕粤海关监督。钦此。遵旨寄信前来。（抄交户部）

787　臣等查：明岁新正应行加恩，各省除盛京、江苏、安徽、江西、浙江、福建、湖北、湖南、河南、山西、四川、广东、广西经该将军、督抚具奏毋庸接济外，陕西、甘肃、云南、贵州四省尚未奏到，所有直隶、山东二省业经该督抚奏到。臣等拟写谕旨二道，并拟定日期颁发。谨奏。

同治十二年

32　同治十二年正月十九日，内阁奉上谕：刘坤一奏，查明各属被灾，请将新旧钱漕等款分别蠲缓、递缓一折。江西南昌等府属上年夏秋被水、被旱、被虫，收成歉薄，若将新旧钱粮等款照常征收，民力实有未逮，加恩著照所请。所有南昌县之一社一图，二社五图，三社、十一社各二图，十二社一、二图，惠外一、二图，进外三图，军都下一图，三、四都各六图，五都五、九图，六都一、三、七、八图，七都一、下三、五、六图，八都二、四、五、六、下六、七图，九都三、下九、十、十二、十三、下十六图，十都二、三、下三、四、六、七、十、十二图，十一都一、二、三、下三图，十二都二、三、四、六、七、下七图，十三、十六、十八等都各一图至五图，十四都一、下一、二、三、四、六图，十五都一图至八图，十七都一图至六图，十九都一图至十图，二十都二、三、四、五图，二十一都归又一、归二、归三、南一、南二、南三图，二十二都一图至八图，二十三都一图至十图并十一图至十六图、十八、十九、二十图暨二十一二图，二十四都一图至十图并十二、十三、十五、十六图，军都二图，二十五都一、九图、二图至八图、十图并十一二三四图，军都三图，二十六都一图至五图，二十七都一图至六图、北五、七、八、九、十、十一、十二图，二十八都二、三、四、下四、六、九、下九、十、十一、十二、十三、十四图，二十九都二、东二、西二、四、下五、六、七、八、九、东九、十一、十二图、三十图，三十都四、八、九、十一图，三十一都正五、七、北十、十二图，三十二都三图，三十三都二、四图，三十四都二图至八图、十一图，三十五都三、六、七、八、十、十一、十三图，三十六都十一图，三十九都六图，四十都十图，四十一都一、四、五图，四十五都南一、北一、南二、三、长一、二、三、四、五图，四十六都一图至七图、九图并十一二三四五图，四十七都一、二、三、四、五、兴五、六、八、九图，四十八都南一、二、三、四、北一、二、三、长一、二图，军都五图，四十九都一、三、四、六图，五十一都一、二、三、四图，五十二都四、五、七、八图等处被水被虫，各则民田三千八百七十五顷九十三亩零，未完地丁银一万三千五百三十八两零，漕米二万三千二百四十五石零。

同新建县之四十都一、二图，四十一都至五十都及六、七、八、九坊，又五十一二三四五六都并十坊暨军都又十二都、三十一二三四六七九都，并瑞河口以内至新塘黄白二湖等处地方被水，各则官民田四千一百二十八顷四十六亩零，未完地丁银八千九百四十三两零，漕米八千七百石零。

进贤县之下五坂二十七并三十都各一、二、三、四、五图，二十八九都并三十一二都各一、二、三、四图；又各都滨临各湖之一都、五都各一、二、三、四、五图，六都一图至七图，七都一图至七图、军图，上八都一图至十图，下八都一图至九图，九都二图至十图，十三四都六、七、八、九、十图，十五、十七都各一图至九图，十六都并二十二三都各一图至十二图，二十四五都并三十四都各一、二、三、四图，二十六都一图至五图，三十三都一图至七图，东、南、西、北、正、中等六隅；又滨临抚河之三十五六七都各一图至六图、三十八都一图至五图等处被水，各则田三千二百十五顷二十七亩，未完地丁银九千八百三十九两零，漕米一万二千六百七十三石零。清江县之东乡十都四、五图，十一二三四五六都各一图至五图，十七都一、二、三图；南乡三都三、四、五图，四都一图至五图，五都一、二、三、四图；西乡一、二、六、七都各一图至五图，三都一、二图，五都五图；北乡八、九都各一图至五图，十都一、二、三图等处被旱，各则田一千二百四十九顷六十七亩零，未完地丁银五千七百二十八两零，漕米四千三百五十六石零。

新淦县之七都一、二、三图，五都七、八、十、十一、十三图，三都七、八、九、十图，一都二、五、六、七图，六都一、三、五、六、九、十图等处早稻被水，各则田二百七顷十三亩零；二都一、三、四、六图，四都三、四、五、六、七图，七都二、三图，五都三、四、七、八、十一图，三都一、四、六、七、十图，一都一、三、四、五、七图，六都一、三、四、六、八、九、十图等处晚禾被旱，各则田七百四十一顷七十三亩零，未完地丁银六千二百三十两零，漕米四千五百五石零。

新喻县之一、二、三、四、五坊，一都至八都并十三、十六、十七、十八、十九都各一、二、三图，九都一图，十都、十二、十四都各一、二图，十一、十五都各二、三图，二十都一图，公图，军图等处被旱，各则田地山塘共七千一百五十六顷七十五亩零，应征地丁银三万二千七百七十两，漕米二万二千二百六十二石零，内著缓征十分中之一分九厘，银六千二百二十六两零，米四千四百十九石零。

莲花厅萶西乡一、二、四、六、八、十二五七八九都，上西乡二十二四五六七八九、三十、三十一都等处被旱，民田六百五十五顷四十二亩零，屯田四十八顷五十三亩，未完地丁银四千六百十一两零，漕米一千五百九十七石零，漕运屯粮银六百四十四两零，余租银一千二百七十二两零。

安福县之东乡三都并五十三四七八及六十、六十二都，南乡一都并三十五七九及四十一三五六九、五十一都，西乡四、五、七、九都并十一三四及二十一二都，北乡二都并六十四七九都等处被旱，各则田地一千五百九十二顷五十二亩零，未完地丁银九千九百三十一两零，漕米五千八百九石零；并东乡三都并五十七八及六十二都，南乡一都并三十五、四十三及五十一都，西乡四都并十三四及二十二都，北乡六十四七九都被旱，屯田二十一顷十二亩零，未完屯丁银八两零，漕运屯粮银二百九十八两零，余租银五百七十七两零。

永新县之东乡六十三都并六十四五六七八九、七十一二都，南乡五十三都并五十四五六七八九都，西乡十一都至十九都及四十一二三四、六十一都，北乡一都至十都及七十一、七十三都被淹被旱，各则民屯田地共一千八百三顷六十八亩零，未完地丁银一万一千一百七十七两零，漕米二千五百五十八石零，屯丁银二十七两零，存留屯粮六十四两零，漕运屯粮五百二十七两零，余租银二千六十五两零。

东乡县之二十八都上三、下三、军三图、缺三图、四图、七图，三十三都尾图之润溪等处被水，各则田一百四十九顷三十七亩零，未完地丁银六百四十四两零，漕米二百五十六石零。

鄱阳县之西北、东南、西南三乡被水各则田地未完地丁银六千二百二十两零，漕米三千一百二十四石零，并屯田坐落西北乡被水，未完屯丁银二十六两零，存留屯粮银一百四十六两零，漕运屯粮银八百十五两零，余租银九百九十九两零。

余干县之东、西、南、北四隅，二都至九都并二十六都至三十都及三十一都至三十六都等处被淹，各则民湖官湠田三千六百七十顷三十八亩零，未完地丁银一万三千五百五十二两零，漕米八千二百八十三石零。乐平县之三、五、六、九、十都并十二、十四、十五、十七、十八、二十都及二十一二都、三十都暨三十二三四五都等处被旱，田亩未完地丁银六千九百九十七两零，漕米三千五百六十四石零。

万年县之隔塘村一都一、二、三、四图，陶岭村东隅一图，雷华村二都三图，石头村十三都三、四图，白马村二都一、二图，三都一图，塘东村十二都三图，道港村、隔港村十三都二图，南隅二图，均湖村十二都四图，永丰村西隅一、二图，北隅一图，山背村十四都三图，燃湖村十一都四图，青塘村十三都一图、十四都二图，双蓝村十四都四图，余伯村十四都一图等处被淹，三则田地未完地丁银二千九十一两零，漕米一千三百十石零。

星子县之下七、上四、下四、下二、上三、下三、五、六等都党被水各则民田三百六十一顷四十四亩零，未完地丁银一千八百五十八两，并南九二卫屯田被水未完屯粮丁银十两零，余租银九百四十四两零。

都昌县之一、二都，三上、三下都，四上、四下都，五都，六上、六下都，七、八、九都，十上、十中、十下都，十一都，十三上下都，十四上下都，十五、十六、十八、十九都，二十三都，二十六上下都，二十九都，三十都，三十一都至三十八都，四十一二三都，四十五八都，四十六七都，市一、市二、市三、市四、市五图，柴图，左图等处被淹，各则田六百二顷六十九亩零，未完地丁银二千四十九两零，漕米一千三百九十一石零。

建昌县之永丰、凝远、丰安、德政、市镇、钓台等六乡被水，各则田地三千五百七十六顷四十四亩，未完地丁银一万四百六十一两零，漕米五千一百十五石零；同安义县寄庄建昌县各乡被水，未完地丁银二百九十八两零，漕米一百三十九石零。

德化县之南昌、仙居、白鹤、德化、仁贵、泰临、通津、新民等八乡被水，勘不成灾，各则民屯田地未完地丁银一千七十两零，南九二卫屯粮丁银五十三两零，存留屯粮银三百八十六两零，漕运屯粮一千五百七十七两零，余租银三千八百七十九两零。

德安县之黄湾、陈湾、固村、埆下、金鸡、附城、河东、后田、在市、乌石等堡各则民田被水，未完地丁银二千九百八十三两零；并南九二卫坐落陈湾、金鸡、附城、河东、后田、乌石、在市等堡屯田被水，未完屯丁银六十二两零，存留屯粮银五十九两零，漕运屯粮银一千六百五十四两零。

瑞昌县之安泰乡之周滩、九屯、青龙、九民等堡，东头坂安城、莹桂、板林、东关、巴山等堡，沙子坝，罗湖堡，今一乡之马头、乌塘、金蛇、接泥、高武等堡，今二乡之封门、黄桥、河塘、武茭、长流、牛山、连山、大林、北亭、西隆等堡，甘露乡之禁坪堡、北巢堡等处被水，各则民田地共四百八十三顷九十五亩零，未完地丁银二千五百十五两零；并九江卫坐落该县之安泰及德化县之赤松、南昌、仙居、朗山、渠田等乡并南昌卫坐落该县之王仙、清溢等乡屯田被水，未完漕运屯粮银一千四百七十七两零，余租银二千七百四十九两零。

湖口县之上乡十三、十七、二十都，中乡二坊、八都、十二都，下乡三都、四六都、五都等处被水，共计上中下民田四百三十二顷八十八亩，未完地丁银三千三百六十七两零；并三都、四六都、五都及编入德化县之仁贵乡、宿松县之孟家洲等处被水，屯田十四顷五十四亩零，未完漕运屯粮银一百二十两零，余租银三百十四两零，同治十一年压征十年芦课银三百六两零。

彭泽县之三十三都被水被旱极重，应征地丁银七百五十两零，同治十一年压征十年芦课银一千九百二十二两零，内著缓征十分之四，地丁银三百两零，芦课银七百六十八两零；并四、六、七、八、九都，十二都，二十都及一、二坊等处地方被水被旱较重，应征地丁银六千五百七十四两零，内著缓征十分之二，银一千三百十四两零；并四都之下隅坂、二十都之三百户杨梓桥民田、十二都之建德户古楼坂、七都之太平坂、八都之乌沙坂及九都等处地方被水旱较重，应征屯丁银六百九十七两零，存留屯粮银七百五十一两零，漕运屯粮银一千五百八十九两零，余租银四千三十四两零，内著缓征十分之二，屯丁银一百三十九两零，存留屯粮银一百五十两零，漕运屯粮银三百十七两零，余租银八百六两零，均著缓至同治十二年秋后分作两年带征，缓剩银米照常征解。

又德化县之桑落、封一、封二等三乡被水成灾十分，各则民屯、芦洲田地并密芦等处应征地丁银一千九百八两零，南九二卫屯粮丁银二十三两零，存留屯粮银一百七十六两零，漕运屯粮银六百八十四两零，余租银一千五百三十五两零，十一年压征十年芦课银一千八两零；并九江府同知所辖南九二卫芦洲被水成灾十分之上中下地五百八十顷七十一亩零，应征十一年压征十年芦课银一千一百九十八两零，均著蠲免十分之七。又德化县赤松乡被水成灾七分，各则民屯、芦洲田地并密稀芦等处，应征同治十一年地丁银四百四十一两零，九卫屯粮丁银五两零，存留屯粮银二十六两，漕运屯粮银一百八十四两，余租银三百七十二两零，十一年压征十年芦课银三百三十两，均著蠲免十分之四，其蠲剩六分地丁银二百六十四两零，屯粮丁银三两零，存留屯粮银十五两零，漕运屯粮银一百十两零，余租银二百二十三两零，十一年压征十年芦课银一百九十八两并桑落等乡蠲剩三分地丁银五百七十二两零，南九二卫屯粮丁银七两零，存留屯粮银五十二两零，漕运屯粮银二百五两零，余租银四百六十两零，十一年压征十年芦课银三百二两零，均著缓至同治十二年秋后分作三年带征；又九江府同知所辖南九二卫芦洲蠲剩三分，同治十一年压征十年芦课银三百五十九两零，著缓至同治十二年秋后分作两年带征；并民欠同治十年压征九年芦课银五百八十七两零，著缓至同治十三、十四两年秋后带征。

又南昌县同治十年被水被旱原缓十年地丁、漕米，又八年被水原缓八年地丁、漕米；丰城县元年被水原缓元年地丁、漕米；上高、新昌二县八年被水各原缓八年地丁、漕米；峡江县十年被水被旱原缓十年年地丁、漕米；莲花厅十年被旱原缓十年地丁、漕米、屯粮、余租；东乡县四、八、九年被水各原缓四、八、九年地丁、漕米；鄱阳县八年被水原缓八年地丁、漕米、屯粮丁、余租；乐平县十年被旱原缓十年漕米，除完纳外，其余未完同原缓地丁，又九年被旱原缓九年地丁、漕米，又八年被水被旱原缓八年地丁、漕米，又七年被水原缓七年地丁、漕米；都昌县八、九两年被水各原缓八、九两年地丁、漕米；德化县十年被水被旱原缓十年地丁、屯粮丁、余租、芦课，又九年被水原缓九年地丁、屯粮丁、余租、芦课；德安县十年被水原缓十年地丁、屯粮丁；湖口县十年被水原缓十年地丁，除完纳外，其余未完同原缓屯粮、余租、芦课，又九年被水被旱原缓九年地丁，除完纳外，其余未完同原缓屯粮、余租，又七、八两年被水各原缓七、八两年地丁、屯粮、余租，各除完纳外，其余未完地丁、屯粮、余租，又五、六两年被水被旱各原缓五、六两年地丁、屯粮、余租，各除完纳外，其余未完地丁、屯粮、余租，又四年被水原缓四年地丁全数完纳，并原缓余租，除完纳外，其余未完同原缓屯粮，又三年被水被旱原缓三年地丁、余租，各除完纳外，其余未完同原缓屯粮，又元年被水被旱原缓元年地丁，除完纳外，其余未完同原缓屯粮、余租；彭泽县十年被水被旱原缓十年地丁、屯粮丁、余租、芦课，又八、九两年被水各原缓八、九两年地丁、屯粮丁、余租、芦课，又五、六、七等年被水被旱各原缓五、六、七等年地丁、屯粮丁、余租、芦课，又四年被水原缓四年地丁、屯粮丁、余租、芦课，又三年被水被旱原缓三年地丁、屯粮丁、余租；俱著递缓至同治十二、十三两年秋后带征。

又南昌县七年被水伤虫原缓七年地丁、漕米；新建县十年被水、被旱原缓十年地丁、漕米；进贤、清江二县十年被水各原缓十年地丁、漕米；新淦县十年被水、被旱原缓漕米，除完纳外,其余未完同原缓地丁;莲花厅九年被旱原缓九年地丁、漕米、屯粮、余租;安福县十年被旱原缓十年地丁、漕米、屯粮丁、余租;余干县十年被旱原缓十年地丁、漕米;建昌县并安义县之寄庄建昌县十年被水各原缓十年地丁、漕米;德化县八年被水原缓八年地丁、屯粮丁、余租、芦课,又七年被水被旱原缓七年地丁、屯粮丁、余租、芦课;德安县九年被水原缓九年地丁、屯粮丁;瑞昌县十年被旱原缓十年地丁、屯粮、余租;俱著递缓至十三、十四两年秋后带征。

又南昌县六年被水原缓六年地丁、漕米;新建、进贤二县九年被水各原缓九年地丁、漕米;清江县九年被旱原缓九年地丁、漕米;新喻县十年被旱原缓十年地丁、漕米;峡江县九年被旱原缓九年地丁、漕米;莲花厅八年被旱原缓八年地丁、漕米、屯粮、余租;安福县九年被旱原缓九年地丁、漕米、屯粮丁、余租;鄱阳县七年被水原缓七年地丁、漕米、屯粮丁、余租;余干、建昌二县并安义县之寄庄建昌县九年被水各原缓九年地丁、漕米;德安县八年被水原缓八年地丁、屯粮丁;瑞昌县九年被水原缓九年地丁、屯粮丁、余租,又八年被水原缓八年地丁、屯粮、余租;彭泽县四年被水原缓咸丰十、十一两年及同治元年各地丁、屯粮丁、余租;九江府同知九年被水原缓九年压征八年芦课;俱著递缓至同治十四、五两年秋后带征。

又南昌县五年被水原缓五年地丁、漕米;新建、进贤、清江三县八年被水各原缓八年地丁、漕米;新淦县九年被旱原缓九年漕米,除完纳外,其余未完同原缓地丁;莲花厅七年被旱原缓七年地丁、漕米、屯粮、余租;安福县八年被旱原缓八年地丁、漕米、屯粮丁、余租;余干、建昌二县并安义之寄庄建昌县八年被水各原缓八年地丁、漕米;德安县七年被水原缓七年地丁、屯粮丁;瑞昌县四、五、六年被水各原缓四、五、六年地丁、屯粮、余租;九江府同知八年被水原缓八年压征七年芦课;均著递缓至同治十五、十六两年秋后带征。

又南昌县四年被水原缓四年地丁、漕米,新建、进贤二县七年被水各原缓七年地丁、漕米,清江县七年被旱原缓七年地丁、漕米,新喻县九年被旱原缓九年地丁、漕米,峡江县七年被旱原缓七年地丁、漕米,莲花厅六年被水被旱原缓六年地丁、漕米、屯粮丁、余租,安福县七年被旱原缓七年地丁、漕米、屯粮丁、余租,鄱阳县五年被水被旱原缓五年地丁、漕米、屯粮丁、余租,余干、建昌二县并安义县之寄庄建昌县七年被水各原缓七年地丁、漕米,德化县五年被水被旱原缓五年地丁、屯粮丁、余租、芦课,德安县四、五两年被水各原缓四、五两年地丁、屯粮丁,九江府同知七年被水原缓七年压征六年芦课,均著递缓至同治十六、十七两年秋后带征。

又南昌县三年被水原缓三年地丁、漕米,新建、进贤二县六年被水各原缓六年地丁、漕米,清江县六年被水被旱原缓六年地丁、漕米,新淦县八年被水原缓八年地丁、漕米,莲花厅五年被旱原缓五年地丁、漕米、屯粮、余租,安福县六年被旱原缓六年地丁、漕米、屯粮丁、余租,余干县六年被水、被旱原缓六年地丁、漕米,建昌县并安义县之寄庄建昌县六年被水各原缓六年地丁、漕米,德化县四年被水原缓四年地丁、屯粮、余租、芦课,德安县元年被水原缓咸丰十年地丁、屯粮丁,九江府同知四年被水原缓四年压征三年芦课，均著递缓至同治十七、十八两年秋后带征。

又南昌县六年被水原缓二年地丁、漕米；新建、进贤二县五年被水各原缓五年地丁、漕米；清江县五年被旱原缓五年地丁、漕米；新喻县八年被水原缓八年地丁、漕米；峡江县六年被旱原缓六年地丁、漕米；莲花厅三、四两年被水、被旱各原缓三、四两年地丁、漕米、屯粮、余租，又二年被旱原缓二年地丁、漕米、屯粮、余租，又元年被旱原缓元年以及咸丰十一年各地丁、漕米、屯粮丁、余租，又元年被旱原缓咸丰十年地丁、漕米、屯粮、余租；安福县五年被旱原缓五年地丁、漕米、屯粮丁、余租；鄱阳县三年被旱原缓三年地丁、漕米、屯粮丁、余租；余干、建昌二县并安义县之寄庄建昌县五年被水被旱各原缓五年地丁、漕米；德化县三年被旱原缓三年地丁、屯粮、余租、芦课；九江府同知四年被水原缓三年压征二年芦课；均著递缓至同治十八、九两年秋后带征。

又南昌县元年被水原缓元年地丁、漕米；新建、进贤二县四年被水各原缓四年地丁、漕米；清江县三年被水、被旱原缓三年地丁、漕米；新淦县七年被旱原缓七年地丁、漕米；安福县四年被旱原缓四年地丁、漕米、屯粮、余租；余干县四年被水原缓四年地丁、漕米；建昌县二、三、四年被水各原缓二、三、四年地丁、漕米；安义县之寄庄建昌县四年被水原缓三、四两年各地丁、漕米，又二年被水原缓二年地丁、漕米；德化县二年被水、被旱原缓二年地丁、屯粮、余租、芦课；九江府同知四年被水原缓二年压征元年芦课；均著递缓至同治十九、二十两年秋后带征。

又南昌县元年被水原缓咸丰十一年地丁、漕米，新建县三年被水原缓三年地丁、漕米，进贤县三年被扰、被水、被旱原缓三年地丁、漕米，清江县二年被水、被旱原缓咸丰十一年及同治二年各地丁、漕米，新喻县七年被旱原缓七年地丁、漕米，峡江县五年被旱原缓五年地丁、漕米，安福县三年被旱原缓三年地丁、漕米、屯粮、余租，鄱阳县三年被扰原缓咸丰十年、十一年并同治元年各地丁、漕米，余干县三年被水原缓三年地丁、漕米，建昌县并安义县之寄庄建昌县元年被水原缓元年地丁、漕米，德化县元年被水原缓元年地丁、屯粮、余租、芦课，九江府同知元年被水原缓元年压征咸丰十一年芦课，均著递缓至同治二十、二十一两年秋后带征。

又南昌县六年被水原缓咸丰十年地丁、漕米；新建县二年被蛟被水、进贤县二年被水被旱各原缓二年地丁、漕米；清江县元年被水原缓元年地丁、漕米，又二年被水被旱原缓咸丰十年地丁；新淦县六年被旱原缓六年地丁、漕米；安福县二年被旱原缓二年地丁、漕米、屯粮、余租；建昌县元年被水原缓咸丰十一年地丁、漕米；安义县寄庄建昌县元年被水原缓咸丰十一年漕米；德化县三年被水被旱原缓咸丰十年地丁、屯粮丁、余租、芦课，九江府同知元年被水原缓咸丰十一年压征十年芦课，均著递缓至同治二十一、二十二两年秋后带征。

又新建、进贤二县元年被水各原缓元年地丁、漕米，新喻县六年被旱原缓六年地丁、漕米，峡江县三年被水原缓三年地丁、漕米，安福县元年被旱原缓元年地丁、漕米，余干县二年被水原缓二年地丁、漕米，建昌县并安义县之寄庄建昌县元年被水各原缓咸丰十年地丁、漕米，德化县二年被旱原缓咸丰十一年屯粮丁、余租、芦课，均著递缓至同治二

十二、二十三两年秋后带征。

又新建、进贤二县元年被水各原缓咸丰十一年地丁、漕米，新淦县五年被旱原缓五年地丁、漕米，安福县元年被旱原缓咸丰十一年地丁、漕米，俱著递缓至同治二十三、二十四两年秋后带征。

又进贤县五年被水原缓咸丰十年地丁、漕米，新喻县五年被旱原缓五年地丁、漕米，安福县元年被旱原缓咸丰十年地丁、漕米，余干县元年被水原缓咸丰十一年地丁、漕米，俱著递缓至同治二十四、二十五两年秋后带征。新淦县四年被旱原缓四年地丁、漕米，著递缓至同治二十五、二十六两年秋后带征。又新喻县二年被水、被旱原缓二年地丁、漕米，余干县元年被水原缓咸丰十年地丁、漕米，俱著递缓至同治二十六、二十七两年秋后带征。又新淦县三年被水原缓三年地丁、漕米，著递缓至同治二十七、二十八两年秋后带征。又新喻县元年被水原缓元年地丁、漕米，著递缓至同治二十八、二十九两年秋后带征。又新淦县二年被水、被旱原缓二年地丁、漕米，著递缓至同治二十九、三十两年秋后带征。又新喻县元年被水原缓咸丰十一年地丁、漕米，著递缓至同治三十、三十一两年秋后带征。又新淦县元年被水原缓元年地丁、漕米，著递缓至同治三十一、三十二两年秋后带征。

又广昌县八年被水原缓八年地丁，乐平县二年闻警被旱原缓咸丰十年地丁、漕米，俱著递缓至同治十二年秋后一并带征。又永新县十年被水、被旱原缓十年地丁、漕米、屯粮、余租，广昌县三年被扰原缓咸丰十年地丁、屯粮、余租、兵加，乐平县二年闻警被旱原缓咸丰十一年地丁、漕米，俱著递缓至同治十三年秋后一并带征。又永新县九年被水、被旱原缓九年地丁、漕米、屯粮丁、余租，广昌县三年被扰原缓咸丰十一年地丁、屯粮、余租、兵加，俱著递缓至同治十四年秋后一并带征。又永新县八年被水、被旱原缓八年地丁，除完纳外，其余未完同原缓漕米、屯粮丁、余租；广昌县五年被旱原缓元年地丁、屯粮、余租、兵加；俱著递缓至同治十五年秋后一并带征。又永新县七年被水、被旱原缓七年一半地丁、漕米、屯粮丁、余租，广昌县五年被旱原缓二年地丁、屯粮丁、余租、兵加，俱著递缓至同治十六年秋后一并带征。又永新县六年被水、被旱原缓六年地丁、漕米、屯粮、余租，俱著递缓至同治十七年秋后一并带征。又永新县五年被水、被旱原缓五年地丁、漕米、屯粮、余租，俱著递缓至同治十八年秋后一并带征。又永新县四年被旱原缓四年地丁、漕米、屯粮丁、余租，俱著递缓至同治十九年秋后一并带征。又永新县三年被旱原缓三年地丁、漕米、屯粮丁、余租，均著递缓至同治二十年秋后一并带征。又永新县二年被水被旱原缓二年一半地丁、漕米、屯粮、余租，均著递缓至同治二十一年秋后一并带征。又永新县二年被旱原缓咸丰十年一半地丁、漕米、屯粮、余租，均著递缓至同治二十四年秋后一并带征。又湖口县八年被水原缓八年压征七年芦课，除完纳外，其余未完同七、九两年被水各原缓七、九两年压征六、八两年芦课，又五、六两年被水被旱各原缓五、六两年压征四、五两年芦课，各除完纳外，其余未完同四年被水被旱原缓四年压征三年芦课，亦除完纳外，其余未完并三年被水被旱原缓三年压征二年芦课，亦除完纳外，其余未完暨元年被水被旱原缓元年压征咸丰十一年芦课，均著递缓至同治十二、十三、十四等三年秋后带征。

又建昌县八年被水原借修堤钱文,著递缓至同治十二年秋后带征;又南昌、新建二县八年被水各原借修堤钱文,星子、德化、德安三县八年被水各原借修堤银两,均著递缓至同治十二年秋后分作两年带征;又鄱阳县八年被水原借修堤钱文,余干、德化、瑞昌三县八年被水各原借修堤钱银两,均著递缓至同治十二年秋后分作三年带征;又南昌、新建二县七年被水各原借修堤钱合银两,德化县八年被水原借修堤银两,均著递缓至同治十二年秋后分作五年带征;又建昌县八年被水原借修堤钱文,著递缓至同治十三年秋后分作两年带征,以纾民力。

该抚即刊刻誊黄,遍行晓谕,务使实惠均沾,毋任吏胥舞弊,用副朝廷轸念灾黎至意。余著照所议办理。该部知道。钦此。

34　同治十二年正月十九日,内阁奉上谕:太常寺少卿杨泗孙奏,病难速痊,恳请开缺一折。杨泗孙著准其开缺调理。钦此。

35　同治十二年正月十九日,内阁奉上谕:杨昌濬奏,特参庸劣不职各员一折。浙江淳安县知县白瑛才识庸阘,办事颟顸;候补县丞王绳濬居心巧诈,声名陋劣;候补县丞翟寿昌、试用从九品王超委办厘捐操守不洁,均著即行革职。候补通判胡秉璠貌似有才,不知检束,著以县丞降补。德清县知县詹仪桂性缓多病,难期振作;候补知县张兆基步履艰涩,年力就衰,均著勒令休致,以肃官常。余著照所议办理。该部知道。钦此。

36　军机大臣字寄闽浙总督兼署福州将军李,福建巡抚王,前江西巡抚沈。同治十二年正月二十日,奉上谕:李鹤年、王凯泰奏请,饬署任提督统领轮船等语。提督李成谋现在调补长江水师,提督轮船事务势难兼顾。李鹤年等以署提督罗大春在闽年久,熟悉情形,拟令该员接统。著即照所请。所有轮船统领应办事宜,即责成该署提督经理,务令随时校阅,俾臻娴熟。沈葆桢现已到工任事,亦当随时查察督饬,认真妥办,毋稍懈弛。将此各谕令知之。钦此。遵旨寄信前来。(抄交总理衙门)

71　同治十二年二月初一日,内阁奉上谕:御史吴鸿恩奏敬陈管见一折,所称修身亲贤、量才恤民、知言责实各条,不无可采。朕躬亲庶政,夙夜兢兢,不敢稍萌暇逸,尤赖在廷王大臣及各省督抚等共相赞助,庶几集思广益,民物乂安。至为政之要,首重得人,前经喻令各直省督抚各举所知,仍著悉心访察,如有贤能出众之员,即行随时保奏,用备任使。军兴以来,饷需支绌,抽收厘金原属朝廷万不得已之举。据奏办理厘局官绅往往假公济私,任意侵渔,殊堪痛恨。著各直省督抚严加查察,倘有前项情弊,即行严参惩办。并著户部将各直省每年收支厘金数目认真稽核,以杜弊端。现当言路广开之际,凡属臣工均当竭诚献纳。嗣后有言责诸臣,务于政治之得失,民生之疾苦剀切敷陈,用资采择。内而部院诸臣,外而封疆大吏,责任至重,尤当随时严饬属僚,矢慎矢勤,实事求是,不得粉饰因循,至负谆谆诰诫至意。钦此。

72　同治十二年二月初二日,内阁奉上谕:御史吴凤藻奏敬抒管见一折,所陈各条尚有堪备采择之处。守令为亲民之官,必久于其任,始能将地方利弊从容讲求,次第兴革。据奏近日吏治积习最坏者莫如调剂,以致守令等官视职守如传舍,急囊橐以营私。似此情形,何以副朝廷察吏安民之意?嗣后各直省督抚于所属各员,务当慎选贤能,以期吏治蒸蒸日上。如有循声卓著之员,务令久于其任,俾得尽心民事,毋得率行更调、贻误地方。科道职司谏纳,必须品端守洁之员方能胜任。嗣后各部院衙门保送满汉御史,务须慎加选择,不得但计资俸,循例保送,以重谏职。钦此。

164　…………

江西九江镇总兵程文炳(同治十二年七月二十七日奉旨:著来见)。

…………

382　军机大臣字寄江西巡抚刘。同治十二年四月二十五日,奉上谕:左都御史胡家玉奏,江西省额外加征地丁银两,请饬裁革一折。据称江西省钱粮定例征银一两,随征耗银一钱,今每两加征银四钱,显违定制,请饬永远裁革,不得再立捐款公费名目等语。各省地丁银粮均有定额,若如该左都御史所奏,是该省州县于正额之外违例加征,民间受害,何可胜言?亟应速为禁止。著刘坤一严饬所属州县等恪遵定例,不准丝毫浮收。如查有私立捐款公费名目额外加征者,即著严行参办。另片奏该省漕米一石折收银一两九钱,除解部款外,提充捐款公费及州县办公之用为数已多;复又分为三限,每限每石各加银三钱,全给州县办公,深恐虚报收数,徒饱私囊,弊端不少,请旨裁禁等语。著刘坤一一并查明,将应行裁革者速为禁止,并著严饬各州县认真办理,毋得稍有徇庇。原折片著抄给阅看。将此谕令知之。钦此。遵旨寄信前来。(五月十四日抄交户部)

486　军机大臣字寄四川总督吴、浙江巡抚杨、江西巡刘、贵州巡抚曾。同治十二年六月十四日,奉上谕:李鹤年、王凯泰奏,江浙欠解闽省协饷过多,请旨饬催一折。闽省各营兵饷向赖邻省协款济用。江西省自同治元年起至十二年止共积欠协闽兵饷银一百十四万八千余两,浙江省自咸丰五年起至同治十二年止除暂缓十六万两外,共积欠协闽兵饷银四十三万两,日久未解,闽省需饷甚亟,自应速筹解济,以应急需。著刘坤一、杨昌濬迅饬各该藩司,即将应协闽省款项源源报解,俾资应用,毋稍稽迟。另片奏闽省借拨善后黔饷,请饬四川迅解归款等语。福建借拨善后黔饷业经解足二十万之数,各省除解还外,四川尚欠银二万两,著吴棠迅将所欠银两速即解还闽省,以清款目。湖北省欠解银三万两,业由该省径解贵州。曾璧光于此项饷银解到时,即收作闽省协黔饷银,按数扣抵,以免轇轕。将此由五百里各谕令知之。钦此。遵旨寄信前来。(另抄交户部)

512　同治十二年六月二十三日,内阁奉(朱)上谕:江西九江镇总兵员缺,著程文炳补授。钦此。

513　查:江西九江镇总兵系陆路缺。谨奏。

520　同治十二年闰六月初二日,奉旨:此案著交刘坤一督同臬司亲提人证卷宗,秉公严讯确情,按律定拟具奏。抱告民人张勛铭,该部照例解往备质。钦此。

538　云南:
正考官昆冈;
副考官王文在。
贵州:
正考官许庚身;
副考官黄体芳。
广东:
正考官夏家镐;
副考官周冠。
广西:
正考官崔志道;
副考官陈毓秀。
福建:
正考官马恩溥;
副考官张英麟。
四川:
正考官钟宝华;
副考官张之洞。
湖南:
正考官陈骥;
副考官杨泰亨。
江西:
正考官乌拉喜崇阿;
副考官张道渊。
浙江:
正考官徐致祥;
副考官宝廷。
湖北:
正考官解煜;
副考官吴凤藻。
江南:闰六月二十三日发下添写江南陕甘考官。
正考官刘有铭;

副考官黄自元。

陕甘：

正考官吴宝恕；

副考官潘衍桐。

河南：七月初九日发下添写河南、山东、山西考官。

正考官郑嵩龄；

副考官王庆祺。

山东：

正考官杨庆麟；

副考官陈学棻。

山西：

正考官洪良品；

副考官范鸣龢。

628　同治十二年七月二十七日，内阁奉（朱）上谕：江西饶州府知府员缺，著薛允升补授。钦此。

629　查：江西饶州府系冲繁难要缺。谨奏。

630　臣等查本年届更换学政之期，谨将已满三年之奉天、江苏、江西、湖北、湖南、河南、山东、山西、四川、广东、广西十一省各学政，及未满三年办过岁考之顺天、福建、陕甘三省各学政，未满三年未办岁考及未经到任之安徽、浙江、云南、贵州四省各学政，分缮名单呈览，恭候钦定。俟发下后，臣等再拟写谕旨进呈颁发。谨奏。

631　已满三年各学政名单：

（朱）张绪楷，奉天府府丞兼学政张沄卿。

（朱）马恩溥，江苏学政彭久余。

（朱）许庚身，江西学政李文田。

（朱）王文在，湖北学政洪钧。

（朱）顾云臣，湖南学政廖寿恒。

（朱）费延厘，河南学政何金寿。

（朱）黄体芳，山东学政潘斯濂。

（朱）谢维藩，山西学政龚承钧。

（朱）张之洞，四川学政夏子鐊。

（朱）章鋆，广东学政何廷谦。

（朱）吴华年，广西学政郭怀仁。

648　同治十二年七月二十九日，内阁奉上谕：前因左都御史胡家玉奏，江西省钱粮违例加征，请饬裁革并不得立捐款公费名目等语。当谕令刘坤一严饬所属州县恪遵定例，不准丝毫浮收，如查有私立捐款公费名目额外加征，即著严行参办。嗣据刘坤一奏，据实直陈丁漕改章实在情形，请仍照新章办理，当经允准，仍谕令随时认真稽查，倘有丝毫浮收，即行从严参办。兹复据胡家玉奏，沥陈江西省违例加征各弊，请饬部核议等语。著户部按照该左都御史所陈各节及江西省现在情形，应如何办理始臻妥善之处，悉心酌核，妥议具奏。至所称请严饬各州县不得将上司之供应、道府之漕规节寿诸陋规巧立办公名目，取之于民等语，著该抚仍遵前旨，严饬所属，认真革除，以维政体而恤民生。钦此。

650　同治十二年八月初一日，内阁奉上谕：本年值更换学政之期，除安徽学政祁世长、浙江学政胡瑞澜、云南学政李端棻、贵州学政韦业祥毋庸更换外，顺天学政著钱宝廉去、江苏学政著马恩溥去、江西学政著许庚身去、福建学政著冯誉骥去、湖北学政著王文在去、湖南学政著顾云臣去、河南学政著费延去、山东学政著黄体芳去、山西学政谢维藩去、陕甘学政著吴大澂去、四川学政著张之洞去、广东学政著章鋆去、广西学政著吴华年去；奉天府府丞兼学政著张绪楷调补，所遗顺天府府丞即著张沄卿调补。以上各员有现出试差者，俱著各赴新任，不必来京请训。张绪楷著俟顺天乡试事务办理完竣，再行赴任。钦此。

665　军机大臣字寄大学士·直隶总督·一等肃毅伯李、大学士·两广总督瑞、兼管顺天府府尹万、顺天府尹彭、两江总督李、闽浙总督李、湖广总督李、江苏巡抚张、安徽巡抚英、浙江巡抚杨、江西巡抚刘、福建巡抚王、湖北巡抚郭、广东巡抚张。同治十二年八月初五日奉上谕：前因直隶永定河南岸决口，被灾地方甚众，谕令于东南各省厘金关税盐课项下合拨银三四十万以资赈济。兹据李鸿章奏称，七月十九日运河堤岸复冲刷数口，天津、河间、保定三府属邑被灾有极重者，亟应量筹抚恤并酌定各省应解数目，拟拨江苏江海关洋税银五万两，宁苏沪三局厘金各银一万两，江安粮道库节存漕项银二万两，共十万两；江西厘金银五万两，九江关常洋税银三万两，共八万两；湖北江汉关洋税银三万两，厘金银三万两，共六万两；浙江厘金银三万两，浙海关洋税银二万两，共五万两；福建税厘银五万两，广东盐课银五万两，安徽厘金银一万两，请饬迅速筹拨等语。今年畿辅地方民间被灾甚重，赈恤之款刻不容缓。著李宗羲、张树声、刘坤一、李瀚章、郭柏荫、杨昌濬、李鹤年、王凯泰、瑞麟、张兆栋、英翰各饬所属迅即照数通融筹拨，务于本年十月以前解到，俾资接济。李鸿章一面饬令司道无论何款设法筹垫，以应急需，并著万青藜、彭祖贤与李鸿章分饬经理官绅，认真稽察，核实办理，务使灾黎实惠均沾，毋令一夫失所。倘查有官绅等侵冒等弊，即著从严参办，毋稍宽纵。将此谕知万青藜、彭祖贤，并由五百里谕令李鸿章、瑞麟、李宗羲、李鹤年、李瀚章、张树声、英翰、杨昌濬、刘坤一、王凯泰、郭柏荫、张兆栋知之。钦此。遵旨寄信前来。（抄交户部）

823　军机大臣字寄盛京、直隶、江苏、安徽、江西、浙江、福建、湖北、湖南、河南、山东、山西、陕西、甘肃、四川、广东、广西、云南、贵州各将军、督抚。同治十二年十月初三日,奉上谕:本年湖北公安县被水,湖南永顺府属被水,山东青城县节年被水,陕西咸宁等县节年被灾,云南各属节年被扰,业经各该省奏到,已加恩将新旧钱粮分别蠲免、缓征,并谕令该督抚查看抚绥,妥筹赈恤。直隶顺义等州县被水,永定河南岸决口地方被灾甚广,谕令顺天府截留漕粮八万石,并由李鸿章于东南各省厘金等项拨银四十万两分别赈济。复据该督奏明挑浚霸州文安等处中亭河,修理深川城垣,以工代赈。江苏各属被旱,亦经该抚奏明,采买稻谷杂粮备粜,接济小民,谅可不至失所。惟念来春青黄不接之时,民力未免拮据,著传谕该督抚等体察情形,如有应行接济之处,即查明据实覆奏,务于封印以前奏到,候朕于新正降旨加恩。再,直隶文安等县积水未消,浙江杭州等属被旱,江西进贤等县被旱,鄱阳等县湖乡被淹、山乡被旱,彭泽县低田被淹,福建漳浦县被淹,山东黄水骤涨、民地被淹,陕西各属河涨,禾稼冲伤,湖南湘阴等州县低田被淹,四川成都等属江水泛涨,民田被淹,广东南海县被风,均经该督抚奏明,委员查勘,酌量抚恤。即著迅速办理,并将来春应否接济之处一并查明,于封印前奏到。此外,各省有无被灾地方应行调剂抚恤之处,著该将军、督抚等一并查奏,候旨施恩。将此各谕令知之。钦此。遵旨寄信前来。

824 查:本年直隶、湖北、湖南被水,江苏被旱,山东、陕西、云南节年被扰,业经加恩将民欠钱粮分别蠲缓,并随时谕令该督抚等筹款赈济,查勘抚恤。其明春应否量为接济之处,臣等谨照向例缮写询问该督抚等谕旨。俟覆奏到日,再行拟写新正加恩谕旨呈进。再,直隶、浙江、江西、福建、山东、陕西、湖南、四川、广东被水被旱之处,该督抚等或已筹赈济或奏明查勘,酌予抚恤,应否接济现俱未经奏到。此外,各省有无被灾地方应行调剂抚恤之处一并询问,令该将军、督抚等迅速查奏汇办。谨奏。

858 同治十二年十月十九日,内阁奉上谕:前据左都御史胡家玉奏,复陈江西省钱粮违例加征,请饬裁革,当交户部妥议具奏。兹据刘坤一奏称,胡家玉原奏诸多失实,该左都御史及其弟侄有田六七百亩,自咸丰初年至今二十余年银米丝毫未完,该抚接胡家玉干预原籍诸事之信不一而足,前于丁漕新章奏奉谕旨之后复贻书该抚等语,意存恫喝等。除江西征收丁漕章程业经户部议奏,降旨准行外,刘坤一所陈各节,著胡家玉明白回奏。钦此。

867 同治十二年十月二十二日,内阁奉上谕:前据刘坤一奏称左都御史胡家玉陈奏江西加征钱粮,语多失实并谓胡家玉及其弟侄田亩久未完粮兼有干预公事信函各节。当令胡家玉明白回奏。兹据奏称本籍祖遗湖田四五百亩,其父兄弟五人各分田不及百亩,历年未完银米均因灾歉缓征。刘坤一间或贻书询问地方公事,亦曾函答。此次丁漕改章,适江西藩司有书前来,据实答复,并函致刘坤一,实非意存恫喝等语。该抚此次所奏措词固多激切,惟胡家玉致书本籍地方官,虽为公事起见,殊属不合,著交部照例议处。所称地亩被淹缓征是否属实,历次往来信件是否该抚先行致函,均著刘坤一据实具奏。钦此。

875　军机大臣字寄直隶、两江、湖广、闽浙、两广、江苏、江西、浙江、福建、湖北、山东、山西、河南、广东各督抚。同治十二年十月二十六日,奉上谕:户部奏请饬催各省赶解京饷一折。本年京饷经户部奏拨并续拨银八百万两,限五月前解到一半,年终解清。兹据该部查明,截至十月初十日止,各省共欠解银二百六十七万余两,除湖南地丁银二万五千两、盐厘银一万五千两,四川盐厘津贴银十一万两,湖北江汉关洋税银五万两现经奏报解清,山东报解地丁银四万两、盐课银二万两外,尚有山西地丁银五十万两,山东地丁银十四万两,河南地丁银十万两,湖北地丁银十一万两,长芦盐课银二十五万两,两淮盐课盐厘银三十万两,河东加课银五万两,广东厘金银五万两、盐课银六万两,山东盐课加价银三万两,湖北盐厘银二万两,福建茶税银四万两,九江关洋税银三十二万三千余两,浙海关常洋两税银十六万两,江海关洋税银五万两,天津关常洋两税银十万九千余两,赣关税银五万两,江西厘金二万五千两,未据报解。京饷关系紧要,各该督抚等即将前项应解银两迅即照数依限解齐,毋得迟延干咎。河南应解荥工加价银五万两,前据钱鼎铭奏,因河工要需,暂行挪用,另筹补解,当经允准。仍著该抚将前项银两督饬赶紧筹解,以清要款。将此由五百里各谕令知之。钦此。(抄交户部)

890　同治十二年十一月初八日,内阁奉上谕:御史邓庆麟奏,京控发交案件承审不公,请提交刑部审办或派大员前往审理一折。国家设立都察院、步军统领衙门,准各直省民人呈诉冤抑,原所以通达下情,一经各该衙门具奏,无不立降谕旨,交各该督抚亲提研审,其关涉命案者并令督同臬司严行讯究。如该督抚等承审不公,仍准其赴各该衙门呈控。倘遇案情重大或地方官有贪婪不法情事,自当提交刑部或特派大员前往审办。或如该御史所奏直隶遵化州民人郝越、生员王晴川京控两案,俱系寻常案件,独不思总督为国家大员,自有承审之责,如纷纷提交刑部或钦派大员,尚复成何体制?该御史不达事理,率行陈奏,著毋庸议。所有遵化州民人郝越等京控各案,仍著李鸿章秉公研讯,按律惩办。嗣后各直省遇有京控案件,务当亲提人证卷宗,依限审结,毋枉毋纵,用副朕洞达民隐至意。钦此。

935　军机大臣字寄各直省督抚。同治十二年十一月二十四日,奉上谕:岑毓英奏,遵旨覆奏侍郎徐桐所陈安危大计,请将吏治、营伍、国用力图整饬。据称整顿吏治必先停捐,欲停捐必先足用,欲足用必先易勇为兵。按楚勇章程,各省如裁勇十万,每岁所省饷银即足抵补京外捐项。现时多以勇营留防,则绿营未能整顿可知。应将现在勇丁挑选精壮,充补绿营兵额,痛除积习,易弓箭为枪炮,勤加操练,余勇酌给欠饷,妥筹遣散,拟请由滇省先行办理等语,所陈不为无见。滇省既可首先举行,各省情形虽不相同,亦当力求整顿。应如何认真筹画,妥为布置之处,著各省督抚按照该抚所议各情,悉心酌度,次第经理,务使实有成效,毋得徒托空言。并将拟办情形先行详细具奏。原片均著抄给阅看。将此各谕令知之。钦此。遵旨寄信前来。

979 军机大臣字寄两江总督李、湖广总督李、漕运总督·署山东巡抚文、江西巡抚刘、湖北巡抚郭、湖南巡抚王。同治十二年十二月十一日,奉上谕:李宗羲、文彬奏,暂停堰盱石工,筹修惠济正闸,请饬湖北等省迅解协饷一折。清江以上之运口地方为里运河咽喉,该处旧设惠济、通济、福兴三闸,而惠济闸首先当冲,尤为吃重。该正闸久经废闭,自应亟筹兴修,以免疏失。该督等拟暂停堰盱石工,将同治十三年原拨湖北、湖南、江西修理石工银六万两先修惠济正闸,自系移缓就急之计。即著李瀚章、刘坤一、郭柏荫、王文韶将同治十三年应解协饷银两如数提前赶解,俾得克期兴工。郭柏荫并将本年未解银两先行拨解清款。如此外尚有不敷,即由李宗羲设法筹措。该督等务当督饬道厅各员核实妥办,不得稍有虚糜。将此由四百里各谕令知之。钦此。遵旨寄信前来。(抄交工、户部)

1043 军机十二年十二月二十二日,内阁奉上谕:刘坤一奏遵旨据实覆奏一折。据称查明胡家玉及其弟侄田亩历年应完钱粮,实有未曾被灾办缓仍未完纳者。丁漕改章一案,胡家玉曾贻该抚书信,并非该抚先行致函等语。胡家玉本籍田亩应完钱粮既未完纳,又将丁漕改章一事致书地方官,均属不合。降调左都御史胡家玉,著交部议处。钦此。

1054 同治十二年十二月二十七日,内阁奉上谕:前据江西巡抚刘坤一陈奏,降调左都御史胡家玉本籍田亩未完钱粮,并有先贻该抚书信情事,业将胡家玉交部议处。兹据给事中边宝泉奏称,胡家玉累次未完漕粮,刘坤一岂漫无觉察?何以事历多年,概置不问?胡家玉既有干预原籍诸事之信,何以不立时奏闻,迨胡家玉条陈江西丁漕改章互相牴牾,始行纠参,藉端报复,挟私攻讦等语。刘坤一于胡家玉本籍田亩未完漕粮当时并未奏参,接胡家玉信函后又不即行陈奏,亦属不合。刘坤一著交部议处。钦此。

1073 臣等查:明新正应行加恩,各省除盛京、江苏、安徽、江西、浙江、福建、湖北、湖南、河南、山西、四川、广东、广西、云南均经该将军、督抚具奏毋庸接济外,陕西、甘肃、贵州三省尚未奏到。所有直隶、山东二省业经该督抚奏到。臣等拟写谕旨二道,并拟定日期颁发。谨奏。同治十二年十二月三十日奉朱批:是。钦此。

同治十三年

8 军机大臣字寄大学士·两广总督瑞、闽浙总督·兼署福建巡抚李、湖广总督李、福建巡抚王、江西巡抚刘、湖北巡抚吴、湖南巡抚王、广东巡抚张。同治十三年正月初六日,奉上谕:刘坤一奏拿办谋逆匪犯等语。上年,江西安远、信丰二县交界之凉伞崠山内有土匪与外来匪徒勾结,图谋不轨。当经破获匪犯黄得幅等多名,并讯明杨忠良系总理江西红黄白三教,现复受封伪都督。其总头李利贞经白教头目赵得胜接在湖北襄阳县乡间,开有斋坛。湖南系刘中和、谭贯南等为主。闽广均有党与,约期八月举事。

业将该犯等讯明处斩,以昭炯戒。惟该逆逃逸尚多,且其羽翼甚众,亟应认真搜捕。著刘坤一饬属严密查拿,将逃犯张世传、欧阳魁等并此外匪党按名弋获,尽法处治。并著瑞麟、李鹤年、李瀚章、王凯泰、吴元炳、王文韶、张兆栋一体严缉,务绝根株,不得敷衍了事,贻患地方。原片著抄给瑞麟、李鹤年、李瀚章、王凯泰、吴元炳、王文韶、张兆栋阅看。将此由四百里各谕令知之。钦此。遵旨寄信前来。

9　同治十三年正月初六日,内阁奉上谕:刘坤一奏,查明各属被灾,请将新旧钱漕等款缓征一折。江西南昌等州县上年夏间被水,入秋以后又复被旱被虫,收成歉薄,若将新旧钱漕等款照常征收,民力实有未逮。加恩著照所请。所有南昌县之一社一图,二社五图,三社二图,十一社二图,军都下一图,惠外一、二图,进外三图,三都六图,四都六图,五都九图,六都一、三、五、七、八图,七都一图,八都五、下六图,九都十、十二、十六图,十都二、四、六、十、十二图,十二都二、三、四、六图,十三都一、三、五图,十四都一、四、六图,十五都一、二、三、六、七、八图,十六都四、五图,十七都一图,十八都一、三、五图,十九都五、十图,二十一都南一、南三图,二十二都一、六、八图,二十三都一、二、三、四、五、十五、十六、十九图,二十四都一、二、三、四、五、七、南八、九、十、十二、十三图,军都二图,二十五都一、九图,二、四、六、七、八、十、十二、十四图,二十六都二、三、五、六图,二十七都五、六、七、十、十一、十二图,二十八都九图、十三、十四图,二十九都东二、西二、四、五、七、九、三十、十二图,三十都一、四图,三十一都正五、又五、七、十、十二图,三十二都三图,三十三都二、四图,三十四都二、三、四、五、六、七、八、九、十、十一图,三十五都三、六、七、八、十、十一、十三图,三十六都十一图,三十七都三图,三十八都二、八图,三十九都六、十图,四十都十图,四十一都一、四、五图,四十五都长一、长二、长三、长四、长五、长六、南一、南二、南三、北一图,四十六都一、二、三、四、五、六、七、九、十一、十二、十三、十四、十五图,四十七都一、二、三、四、五、六、八、九图,四十八都一、二、三、四图,四十九都一、三、四、六图,五十一都一、二、三、四图,五十二都四、五、七、八图,军都五图,七十三都三、五、十图等处,被水、被旱、被虫各则民田三千五百八十三顷三十九亩二分,未完地丁银一万二千五百二十六两零,漕米二万一千四百九十三石零。

同新建县上下各乡被淹,各则官民田四千四百八十二顷三十三亩五分八厘,未完地丁银九千九百四十九两零,漕米九千四百十石零。进贤县之下五坂二十七都一、二、三、四、五图,二十八都一、二、三、四图,二十九都一、二、三、四图,三十都一、二、三、四、五图,三十一二都一、二、三、四图;又滨临各湖之六都一、二、三、四、五、六、七图,七都一、二、三、四、五、六、七、军图,上八都一、二、三、四、五、六、七、八、九、十图,下八都一、二、三、四、五、六、七、八、九图,九都二、三、四、五、六、七、八、九图,十三四都六、七、八、九、十图,十五都一、二、三、四、五、六、七、八、九图,十六都一、二、三、四、五、六、七、八、九、十、十一、十二图,十七都一、二、三、四、五、六、七、八、九图,二十二都一、二、三、四、五、六、七、八、九、十、十一、十二图,二十三都一、二、三、四、五、六、七、八、九、十、十一、十二图,二十四五都一、二、三、四图,二十六都一、二、三、四、五图,三十四都一、二、三、四图,六隅东、南、西、北、正、中等隅等处被淹；又居县西之三十三都一、二、三、四、五、六、七图，三十五都一、二、三、四、五、六图，三十六都一、二、三、四、五、六图，三十七都一、二、三、四、五、六图，三十八都一、二、三、四、五图；又居县东南之一都一、二、三、四、五、六、七图，二都一、二、三、四、五、又五、六图，三都一、二、三、四、五、六、七图，四都一、二、三、四、五、六图，五都一、二、三、四、五图，十都一、二、三、四、五、六、七、八、九、十图，十一都一、二、三、四、五、六、七图，十二都一、二、三、四、五、六、七、八、九、十图，十八都一、二、三、四、五、六图等处被旱伤虫，各则田二千六百八顷六十五亩，未完地丁银七千七百七两零，漕米九千九百二十六石零。

清江县之东乡十都四、五图，十一都一、二、三、四、五图，十二都一、二、三、四、五图，十三都一、二、三、四、五图，十四都一、二、三、四、五图，十五都一、二、三、四、五图，十六都一、二、三、四、五图，十七都一、二、三图；南乡三都三、四、五图，四都一、二、三、四、五图，五都一、二、三、四图；西乡一都一、二、三、四、五图，二都一、二、三、四、五图，三都一、二图，五都五图，六都一、二、三、四、五图，七都一、二、三、四、五图；北乡八都一、二、三、四、五图，九都一、二、三、四、五图，十都一、二、三图等处被旱，各则田一千六百六十二顷五十一亩，未完地丁银八千三百二两零，漕米五千八百十九石零。

新淦县之二都一、二、三、四、五、六图，四都一、二、三、四、五、六、七、八、九、十图，七都一、二、三、四图，五都一、二、三、四、五、六、七、八、九、十、十一、十二、十三图，三都一、二、三、四、五、六、七、八、九、十图，一都一、二、三、四、五、六、七图，六都一、二、三、四、五、六、七、八、九、十图等处被旱，各则田一千二百九十五顷七十六亩六厘，未完地丁银九千八十八两零，漕米六千五百七十二石零。

新喻县之一、二、三、四、五坊，一都二、三图，二都一、二图，三都一、二、三图，四都一、二、三图，五都一、二、三图，六都一、二、三图，七都一、二、三图，八都一、二、三图，九都一、二图，十都一图，十一都一、二、三图，十二都一、二图，十三都一、二、三图，十四都一、二图，十五都一、三图，十六都一、二、三图，十七都一、二、三图，十八都一、二、三图，十九都一、二、三图，二十都一图，公图，军图，正附功屯等处被旱，各则田地山塘共七千一百八十一顷二十二亩九分一厘，应征地丁银三万二千九百七两零，漕米二万三千三百六十八石零，内著缓征十分中之二分四厘，银七千八百九十七两零，米五千六百八石零。

峡江县之附城一、二、三、四、五、六坊，东乡一都一、二图，二都一、二、三图，三都一、二、三、四图，四都一、二、四图，五都一、二图，六都一、二、三图，七都，八都，九都，十都；西乡一都一、二图，二都一、二图，三都一、二、三图，四都，五都，六都，七都一、二图，八都，九都，十都，十二都一图，十三都一、二图等处被旱，各则田二千六百九十五顷四十九亩四分二厘，应征地丁、漕米内著缓征十分之二，银四千六百三十六两零，米二千二百八石零。

莲花厅之砻西乡一、三、五、七、九、十一三四六八九都，上西乡二十一三五六八九、三十、三十二都等处被旱，民田五百七十三顷三十九亩六分，屯田三十九顷八十二亩，未完地丁银四千两零，漕米一千六百八十七石零，漕运屯粮银五百三十三两零，余租银一千三十四零。

安福县之东乡三都并五十五七八及六十、六十二三等都，南乡一都并三十五六七九及四十一三四五、五十一二等都，西乡四、五、六、七、八、九并十一三四及二十一二等都，北乡二都并六十四五七九等都等处被旱，各则田地一千六百六十三顷七十四亩六分四厘，未完地丁银一万六百九十三两零，漕米六千二百四十七石零；并东乡三都并五十五八及六十三等都，南乡一都并三十六及五十二等都，西乡四都并十三四及二十二等都，北乡六十四五九等都等处被旱，屯田二十一顷四十四亩三分七厘，未完屯丁银八两零，漕运屯粮银三百一两零，余租银五百八十八两零。

永新县之东乡六十三都，并六十四五六七八九、七十一二等都，南乡五十三都，并五十四五六七八九等都，西乡十一都，并十二三四五六七八九及四十一二三四、六十一等都，北乡一都并二、三、四、五、六、七、八、九、十及七十一、七十三等都被淹、被旱，民屯田地共一千七百九十七顷七亩二分一厘，未完地丁银一万一千一百十六两零，漕米二千五百三十一石零，屯丁银二十七两零，存留屯粮银六十一两零，漕运屯粮银五百三十两零，余租银二千八十两。

金溪县之东北乡二、三、四都，北乡五、六都，南乡二十、二十一、二十二、二十三、二十九等都等处被旱，田地未完地丁银一千八百九十五两零，漕米二千三百石零。

东乡县之九都上一图、下一图、军三图、缺三图、四图，二十八都上三图、下三图、军三图、缺三图、四图、七图、八图、九图、缺九图、又九图，三十一都中一图、左一图、又一图、缺一图、二图、三图、四图、五图，三十二都又三庄，三十三都尾图等处被旱，各则田亩未完地丁银一千九百七十六两零，漕米一千二十石零。

余干县之东、西、南、北四隅，十八都、十九都、二十都、二十一都、二十二都、二十三都、二十四都、二十五都、二十六都、二十七都、二十八都、二十九都、三十六都等处被旱，各则田二千二百九十三顷九十七亩五分九厘，未完地丁银八千九百五十五两零，漕米六千二百四十二石零。

乐平县之三都、五都、六都、八都、九都、十都、十二都、十四都、十五都、十七都、十八都、二十都、二十一都、二十二都、三十都、三十一都、三十二都、三十三都、三十四都、三十五都等处被旱，田亩未完地丁银七千二百十二两零，漕米三千六百九十三石零。

建昌县之归义、新城、修智、升仙、甘泉、受安六乡被旱，永丰、凝远、丰安、德政、市镇、钓台六乡被水，各则田地山塘共三千五百八十一顷八十五亩二分二厘，未完地丁银九千九百八十两零，漕米四千九百五十一石零；同安义县寄庄建昌县各乡被水，未完地丁银二百九十九两零，漕米一百四十石零。

德化县之楚城、甘泉、白鹤、仙居、仁贵、德化、南昌、泰临、通津、新民等乡被旱，桑落、赤松、封一、封二等乡被水，各则民屯、芦洲田地并密稀芦等处，未完地丁银一千六百九十七两零，南九二卫屯粮丁银五十八两零，屯留屯粮银四百七两零，漕运屯粮银一千七百三十两零，余租银三千六百三十九两零，同治十二年压征十一年芦课银七百六十六两零。

瑞昌县之安泰乡之周滩堡、青龙堡、九屯堡、巴山堡、安城堡、营桂堡、东关堡、回龙堡，王仙乡之马安堡、小源堡、官仓堡、泰毕堡、新义堡、永庆堡、元湖堡，清二乡之大桥堡、赤冈堡、鹅眉堡、横港堡、乐山堡、小坳堡，洪一乡之双港约、朱湾约、现平约、欧阳约，洪二乡之八门约、张房约、水磨约、颜溪约等处被旱，各则民田地四百十一顷三十六亩四分五厘，未完地丁银二千一百七十六两零；并九江卫坐落该县之安泰及德化县之赤松、南昌、仙居、朗山、渠田等乡，并南昌卫坐落该县之王仙、清二等乡屯田被旱，未完漕运屯粮银一千三百三十两零，余租银二千四百七十四两零。

湖口县之上乡九都、十六都，中乡八都、十二都，下乡三都、五都等处被旱；上乡十三都、十七都、二十都，中都二坊，下乡四、六都等处被水，共计上中下民田四百五十五顷六十七亩，未完地丁银三千五百九十六两零；并十二都、三都、五都等处被旱，编入德化县之仁贵乡、宿松县之孟家洲等处被水，屯田十四顷七十六亩八分，未完漕运屯粮银一百二十二两零，余租银三百十八两零，同治十二年压征十一年芦课银二百四十五两零，均著缓至同治十三年秋后分作两年带征。

又丰城县之一坊一都一、二、三图，二都一、二、三、四图，三都一、二、三、四、五、六图，四都一、二、四图，五都一、三、四、五、六、七、八图，六都一、二、三、四、五图，七都一、二、三图，八都一、二、三图，九都一、二、三图，二坊十都一、二图，十一都一、二图，十二都一、二、三图，十三都一、三、四、五图，十四都一、二、三图，十五都一、二图，十六都一图，十七都一、二图，十八都一、二图，十九都一、二、三图，二十都一、二图，二十一都一、二图，二十二都一图，二十三都一、二图，二十四都一、二、三图，二十五都一、二、三、四图，三坊二十六都一图，二十七都一、二图，二十八都一、二、三图，二十九都一、二、三、四、五图，三十都一、二、三、四图，三十一都一、二、三、四图，三十二都一、二、三、四图，三十三都一图、又一图，三十四都一、二图，三十五都一、二图，三十六都一、二图，三十七都一图，三十八都一、二图，三十九都一图，四十都一、二、三图，四坊四十一都一、二图，四十二都一图，四十三都半图、二图，四十四都一、二图，四十五都一、二、三图，四十六都一、二图，四十七都一、二图，四十八都一图，四十九都一、二、三图、又三图，五十都一、二图，五十一都一、二、三、四图，五十二都一、二图，五十三都一、二、三图，五十四都一、二图，五十五都一、二、三、四图，五十六都一、二、三、四图，五坊五十七都一、二、三图，五十八都一、二图，五十九都一、二、三图，六十都一、二图，六十一都二、三图，六十二都一、二、三图，六十三都一、二、三、四、五、六、七、八、九图，六十四都一、二、三、四、五、六图，十五①都一、二、三、四图，六十六都一、二、三、四、五图，六坊六十七都一、二、三、四图，六十八都一、二、三、四、五、六图，六十九都一、二、三、四图，七十都一、二、三、五、六图，七十一都一、二、三、四图，七十二都一、二、三、四、五、六、七、九图，七十三都一、二、三、四、五、六、七、八图，七坊七十四都一、二、五、六、八、九图，七十五都一、三、四、五、六、七、八、九、十二图，七十六都一、二、三图，七十七都一、二、三、四、五、六图，七十八都一、三、

① “十五”疑为“六十五”。

四、五、六、七图，八坊七十九都二、三、五、六、七、八图，八十都一、二、三、四图，八十一都一、二、三、四、五、六、七、八图，八十二都一、二、三、四、五、六、七图，八十三都一、二、三、四、五、六、七、八、九、十图，九坊八十四都一、二、三、四、六、七、八、九、十图，八十五都一、三、五、六图，八十六都一、二、又二、三、四、五、六、七、八、九图，八十七都一、二、三、四、五、六、七、八图，八十八都一、二、三、四、五、六、七图，八十半都一图，一坊下一、二、三、四、五、六、七、八、九、十甲，二坊下一、二、三、四、五、六、七、八、九、十甲，三坊下一、二、三、四、五、六、七、八、九、十甲，四坊下一、二、三、四、五、六、七、八、九、十甲，五坊下一、二、三、四、五、六、七、八、九、十甲，六坊下一、二、三、四、五、六、七、八、九、十甲，七坊下一、二、三、四、五、六、七、八、九、十甲，八坊下一、二、三、四、五、六、七、八、九、十甲，九坊下一、二、三、四、五、六、七、八、九、十甲等处被虫、被旱，田地一万四千三百八十四顷七十八亩八分九厘，应征下忙地丁银三万四百五十三两零，漕米五万二千六百六十一石零，内著缓征十分之三，银九千一百三十六两零，米一万五千七百九十八石零，著缓至同治十三年秋后一并带征。

又南昌县原缓十一年地丁、漕米，又原缓十年地丁、漕米；南昌、上高、新昌三县各原缓八年地丁、漕米；莲花厅原缓十、十一两年地丁、漕米、屯粮、余租；东乡县原缓八、九、十一等年地丁、漕米；鄱阳县原缓十一年地丁、漕米、屯粮丁、余租；乐平县原缓十、十一两年漕米，各除完纳外，其余未完同原缓地丁，又原缓九年地丁、漕米，原缓八年地丁、漕米，原缓七年地丁、漕米；万年县原缓十一年地丁、漕米；星子县原缓十一年地屯粮丁、余租；都昌县原缓八、九、十一等年地丁、漕米；德化县原缓九年及十一年地丁、屯粮丁、余租、芦课，又原缓十年地丁、屯粮丁、余租、芦课；德安县原缓十一年地丁、屯粮丁；湖口县原缓十一年地丁，除完纳外，其余未完同原缓屯粮、余租、芦课，又原缓十年屯粮，除完纳外，其余未完同原缓地丁、余租，又原缓九年屯粮，除完纳外，其余未完同原缓地丁、余租，又原缓七、八两年地丁、屯粮、余租；彭泽县原缓七、十、十一等年地丁、屯粮丁、余租、芦课，又原缓八、九两年地丁、屯粮丁、余租、芦课，俱著递缓至同治十三、十四两年秋后带征。

又南昌县原缓七年地丁、漕米，新建、进贤二县各原缓十一年地丁、漕米，清江县原缓十一年地丁、漕米，峡江县原缓十年地丁、漕米，莲花厅原缓九年地丁、漕米、屯粮、余租，安福县原缓十一年地丁、漕米、屯粮丁、余租，鄱阳县原缓八年地丁、漕米、屯粮丁、余租，余干县原缓十一年地丁、漕米，建昌县并安义县之寄庄建昌县各原缓十一年地丁、漕米，德化县原缓八年地丁、屯粮丁、余租、芦课，德安县原缓十年地丁、屯粮丁，瑞昌县原缓十一年地丁、屯粮、余租，均著递缓至同治十四、十五两年秋后带征。

又新建县原缓十年地丁、漕米，进贤、清江二县各原缓十年地丁、漕米，新淦县原缓十一年地丁、漕米，新喻县原缓十一年地丁、漕米，莲花厅原缓八年地丁、漕米、屯粮、余租，安福县原缓十年地丁、漕米、屯粮丁、余租，鄱阳县原缓七年地丁、漕米、屯粮丁、余租，余干县原缓十年地丁、漕米，建昌县并安义县之寄庄建昌县各原缓十年地丁、漕米，德化县原缓七年地丁、屯粮丁、余租、芦课，德安县原缓九年地丁、屯粮丁，瑞昌县原缓十年地丁、屯粮、余租，均著递缓至同治十五、十六两年秋后带征。

又新建、进贤二县各原缓九年地丁、漕米；清江、峡江二县各原缓九年地丁、漕米；莲花厅原缓七年地丁、漕米、屯粮、余租；安福县原缓九年地丁、漕米、屯粮丁、余租；余干县原缓九年地丁、漕米；建昌县并安义县之寄庄建昌县各原缓九年地丁、漕米；德安县原缓八年地丁、屯粮丁；瑞昌县原缓九年地丁、屯粮丁、余租，又原缓八年地丁、屯粮、余租，均著递缓至同治十六、十七两年秋后带征。

又新建、进贤、清江三县各原缓八年地丁、漕米；新淦县原缓十年漕米，除完纳外，其余未完同原缓地丁；新喻县原缓十年地丁、漕米；安福县原缓八年地丁、漕米、屯粮丁、余租；余干县原缓八年地丁、漕米；建昌县并安义县之寄庄建昌县各原缓八年地丁、漕米；德安县原缓七年地丁、屯粮丁，均著递缓至同治十七、十八两年秋后带征。

又新建、进贤二县各原缓七年地丁、漕米，清江、峡江二县各原缓七年地丁、漕米，安福县原缓七年丁、漕米、屯粮丁、余租，余干县原缓七年地丁、漕米，建昌县并安义县之寄庄建昌县各原缓七年地丁、漕米，均著递缓至同治十八、十九两年秋后带征。新淦县原缓九年漕米，除完纳外，其余未完同原缓地丁；新喻县原缓九年地丁、漕米，均著递缓至同治十九、二十两年秋后带征。新淦县原缓八年漕米，除完纳外，其余未完同原缓地丁；新喻县原缓八年地丁、漕米，均著递缓至同治二十一、二十二两年秋后带征。新淦、新喻二县各原缓七年地丁、漕米，均著递缓至同治二十三、二十四两年秋后带征。

永新县原缓十一年地丁、漕米、屯粮丁、余租，均著递缓至同治十四年秋后一并带征。永新县原缓十年地丁、漕米、屯粮丁、余租，著递缓至同治十五年秋后一并带征。永新县原缓九年地丁、漕米、屯粮丁、余租，著递缓至同治十六年秋后一并带征。永新县原缓八年地丁、漕米、屯粮丁、余租，著递缓至同治十七年秋后一并带征。永新县原缓七年一半地丁、漕米、屯粮丁、余租，著递缓至同治十八年秋后一并带征。

湖口县原缓七、八、九、十等年压征六、七、八、九等年芦课，著递缓至同治十三、十四、十五等三年秋后带征。

建昌县原借修堤钱文，著递缓至同治十三年秋后带征。南昌、新建二县各原借修堤钱文，德安县原借修堤银两，均著递缓至同治十三年秋后分作两年带征。余干县原借修堤银两，著递缓至同治十三年秋后分作三年带征。南昌、新建二县各原借修堤钱合银两，均著递缓至同治十三年秋后分作五年带征。建昌县原借修堤钱文，著递缓至同治十五年秋后分作两年带征，以纾民力。余著照所议办理。

该抚即刊刻誊黄，遍行晓谕，务使实惠均沾，毋任吏胥舞弊，用副朕轸念民艰至意。该部知道。钦此。

83　军机十三年二月十四日，内阁奉上谕：御史张观准奏请禁止私设厘卡等语。各省设局抽收厘金，系属万不得已。借资民力，岂容私自添设？苛敛民财，亟应严行禁止。著各直省督抚于所属应设厘卡，严密稽察。倘有私设卡局情弊，即行从严参办。并著遴派廉正之员经理局务，核实报销，以杜浮冒。钦此。

92　同治十三年二月十八日,内阁奉上谕:本年轮应查阅山东、河南、江苏、安徽、江西五省营伍之期。山东著即派文彬、河南即派钱鼎铭、江苏即派李宗羲、安徽即派英翰、江西即派刘坤一,逐一查阅,认真简校。如有训练不精,军实不齐者,即将废弛之将弁据实参奏,毋得视为具文。钦此。

107　同治十三年二月二十三日,内阁奉上谕:本日,御史张观准条陈江西丁漕折内声称,本年正月间,刘坤一奏请缓征钱粮,未将被灾之都图村社明白开列等语。该御史所指究系何州何县之都图村社,刘坤一未经开列。著张观准明白回奏。钦此。

109　军机大臣字寄江西巡抚刘。同治十三年二月二十五日,奉上谕:前据御史张观准奏,江西丁漕弊端太多,请旨惩办。并据称,刘坤一奏请缓征钱粮,未将被灾之都图村社开列,降旨令该御史将所指究系何州何县明白回奏。兹据奏称,刘坤一折内请缓征新建县被淹各则官民田未完地丁、漕米,并未将都图村社明白开列等语。该御史所奏此次所改新章,仍属任意浮收,与部章不符。并该抚因何未将新建县都图村社开列之处,著刘坤一查明据实具奏。原折二件均著抄给阅看。将此谕令知之。钦此。遵旨寄信前来。

237　同治十三年四月十六日,内阁奉上谕:刘坤一奏,遵查缓征钱粮案内未开都图,据实覆陈并请将造册迟延之知县议处各一折。上年,江西新建县地方被灾歉收,该县知县于应开都图村社并不依限造报。虽据称因公迟延,究属咎有应得。前署江西新建县知县·现任浮梁县知县王维新,著交部照例议处。刘坤一于缓征钱粮案内应开都图,未能督催赶办。迨降旨查询,始据补行声明,亦有迟延之咎,著一并议处。该省征收丁漕新章,既与部章并无不符,仍著随时严查,毋任稍有浮冒,以杜弊端。钦此。

238　同治十三年四月十六日,奉旨:此案著交刘坤一督同臬司亲提人证、卷宗,秉公严讯确情,按律定拟具奏。抱告民人段怀峄,该部照例解往备质。钦此。

270　军机大臣字寄大学士·两广总督瑞、江西巡抚刘、浙江巡抚杨、广东巡抚张,传谕粤海关监督文铦。同治十三年四月二十五日,奉上谕:李鹤年奏,闽省兵饷向赖各省协济。现计江西省共欠解银一百十九万八千余两,浙江省共欠解银七十三万七千两,广东省共欠解银二十四万八千余两,请饬筹解等语。闽省库储支绌,需饷孔殷,各该省自应迅筹接济。著瑞麟、刘坤一、杨昌濬、张兆栋、文铦将欠解闽省兵饷军饷迅速筹拨,源源报解,毋再迟延。将此由四百里谕知瑞麟、刘坤一、杨昌濬、张兆栋,并传谕文铦知之。钦此。遵旨寄信前来。

285－286　同治十三年四月二十八日,辛未科散馆暨癸亥、乙丑、戊辰科补行散馆,庶吉士引见。奉旨:授为翰林者六十五员,以部属用者七员,以知县用者十七员。

…………

江西
○朱琛
○李长龄
○陈卿云
○顾树屏
江西
○鲁琪光
、陈瑜
△彭垚曦
、许振祥
…………

320 第一排
江西进士六名：
△赵惟善江西人。年三十六岁，二甲七十一名进士，覆试三等九十四名，朝考二等七十八名；
张明毅江西人。年二十二岁，二甲八十二名进士，覆试二等□□□名，朝考二等一百四十九名；
○程其珏江西人。年三十二名，二甲八十七名进士，覆试二等三十三名，朝考一等五十九名；
○滕经江西人。年□□岁，二甲九十三名进士，覆试一等二十三名，朝考四十二名；
△江南金江西人。年二十七岁，二甲一百名进士，覆试二等七十三名，朝考三等九十四名；
、曾道唯江西人。年四十一岁，二甲一百二十名进士，覆试二等六十八名，朝考二等四十九名。
第二排
江西进士六名：
△曾秀翘江西人。年三十四岁，二甲一百二十八名进士，覆试□等□名，朝考二等□□□八十八名；
(中)胡廷玉江西人。年二十八岁，二甲一百三十一名进士，覆试□等□□□名，朝考三等□□□四名；
△李之藩江西人。年二十二岁，三甲三名进士，覆试三等十八名，朝考二等六十三名；
、邓树声江西人。年四十一岁，三甲四十名进士，覆试三等七十三名，朝考三等四十二名；
△李时杰江西人。年二十六岁，三甲五十四名进士，覆试一等十六名，朝考二等六名；
○陈存懋江西人。年三十八岁，三甲六十一名进士，覆试一等四十四名，朝考一等十四名；
第三排
江西进士六名：
、赖焕辰江西人。年三十八岁，三甲七十三名进士，覆试二等一百□十八名，朝考三等一百二十名；
、尹丽枢江西人。年二十九岁，三甲七十七名进士，覆试二等一百三十一名朝考三等二百□□□名；

、刘檠江西人。年二十九岁，三甲八十一名进士，覆试二等二十二名，朝考三等八百三十六名；

○彭启瑞江西人。年三十九岁，三甲九十九名进士，覆试三等二百名，朝考一等七十四名；

、龙起涛江西人。年二十八岁，三甲一百十三名进士，覆试三等一百六十一名，朝考二等七十五名；

、谭为霖江西人。年三十二岁，三甲一百二十九名进士，覆试三等一百□□□名，朝考三等八十四名。

第四排

江西进士五名：

、傅观光江西人。年四十二岁，三甲一百三十三名进士，覆试□□□□七十一名，朝考□□□□九十五名；

、胡瀛生江西人。年四十四岁，三甲一百三十五名进士，覆试三等一百九七名，朝考三等七十五名；

、舒朝冕江西人。年三十九岁，三甲一百五十名进士，覆试三等一百二七名，朝考二等十六名；

、曾行崧江西人。年三十三岁，三甲一百七十名进士，覆试三等一百四十名，朝考二等四十七名；

邓襄宸江西人。年五十五岁，三甲一百八十六名进士，覆试三等八十六名，朝考三等一百二十一名。

…………

375　同治十三年五月二十六日，内阁奉上谕：江西吉南赣宁道文翼、福建延建邵道钟禄、广西盐法道刘楚英，均著开缺，送部引见。署福建盐法道陆心源，前在广东高廉道任内，本系开缺送部引见之员，著即开署缺，仍遵前旨，送部引见。钦此。

382　同治十三年五月二十八日，内阁奉(朱)上谕：江西吉南赣宁道员缺，著许应鑅补授。钦此。

383　查：江西吉南赣宁道系冲繁难要缺。谨奏。

386　同治十三年五月二十九日，内阁奉上谕：江西南昌府知府员缺紧要，著该抚于通省知府内拣员调补。所遗员缺，著海霈补授。钦此。

459　臣□□□□□□□□□□□□□□□□跪奏，臣等遵将各省拔贡覆试卷四百九本共同阅看，各就省份择其文理较优者七十三本列为一等，诗文清顺者一百四十五本列为二等，按省份黏签进呈，恭候钦定发下。臣等拆去弥封，另缮名单呈览后，交礼部张榜晓示，照依省份等第名次，分日带领引见。其余不取各卷即照例作为各省三等前列，与原定三等之卷一并填入榜内。谨奏。

461　…………

江西
一等五名：
张赓云
萧熙
李舜宾
陈家瑶
彭树声
二等九名：
罗漱芬
元淮
刘秉奎
卢师识
熊方煐
傅方晅
李绍邺
叶人龙
万梦槐
…………

505 覆试取入一、二等拔贡生引见排单：
…………
江西
一等五名：
○张赓云
○萧熙
○李舜宾
○陈家瑶
△彭树声
二等九名：
△罗漱芬
△元淮
△刘秉奎
△卢师识
△熊方煐
傅方晅
李绍邺

叶人龙
万梦槐
…………

619 军机大臣字寄各直省督抚。同治十三年八月初一日,奉上谕:有人奏胪陈时务利弊六条一折。所陈考核官吏,保全民命,甄别酷吏,振兴学校,整饬营伍各条。即著各直省督抚酌度情形,实力筹办,毋得视为具文。至海疆备御事宜,叠经谕令该督抚妥为布置。并著随时区画,严密设防,以期有备无患。至折内所称,现任台湾道府等官,资浅望轻,难资治理,并台湾道委员当堂击杀在籍副将林文明一事,请饬秉公讯奏等语。著闽浙总督、福建巡抚分别查明,据实具奏。原折均著抄给阅看。将此各谕令知之。钦此。遵旨寄信前来。

636 (朱)同治十三年八月初三日,内阁奉上谕:江西赣州府知府员缺紧要,著该抚于通省知府内拣员调补。所遗员缺,著曹秉濬补授。钦此。

646 同治十三年八月初五日,内阁奉上谕:江西督粮道员缺,著李衢亨补授。钦此。

647 查:江西督粮道系冲繁难要缺。谨奏。

667 同治十三年八月初十日,内阁奉上谕:御史吴鸿恩奏请饬清厘州县差役积弊等语。差役扰民,例禁綦严。若如该御史所奏,竟有勾匪分赃,唆讼索钱,州县护庇以避处分各情事,殊属大干法纪。著各直省督抚严饬各地方官,将蠹役认真革除。如有曲为护庇者,即著据实严参,以肃吏治。钦此。

700 军机大臣密寄钦差办理台湾等处海防兼理各国事务大臣·前江西巡抚沈、福州将军文、闽浙总督李、福建巡抚王、传谕福建布政使潘霨。同治十三年八月十九日,奉上谕:沈葆桢等奏续陈倭营动静,并筹防开路情形。刘坤一奏请饬道员黎兆棠,俟台湾事竣,即行来江各折片。日本兵船,久驻龟山。虽死亡相继,仍时有船接济炮械军粮。虽未遽启兵端,然日久相持,终非了局。现在淮军头起陆续盘抵凤山;罗大春所调泉勇一营,业抵苏澳、沪尾、鸡笼等口,亦拟调募兵勇扼扎,布置渐臻周密。自当随时联络,以壮声威。刺桐脚庄民有勾引倭兵往攻龟纹社之谣,亟应早为解散。沈葆桢等虽照会倭将西乡,令其阻止。惟彼族正在招诱村民,藉端生事,未必理谕可行。沈葆桢等惟当饬令王开俊,迅即传集该处民番令其解仇息事,毋任别滋事端。铁甲船购买未成,仍著沈葆桢等妥速筹办,以资得力。修筑炮台,势不容缓。著沈葆桢等迅速办理,毋失机宜。罗大春现招泉属壮丁千人,渐次开通番社。该处事务愈繁,需饷愈巨。著文煜、李鹤年、王凯泰设法筹措,源源接济,庶于招抚及办防两事不致掣肘。道员黎兆棠业已到台。该员应否留于福建差委之处,著文煜、李鹤年、王凯泰与沈葆桢等酌度具奏。将此由六百

里密谕沈葆桢、文煜、李鹤年、王凯泰，并传谕潘霨知之。钦此。遵旨寄信前来。（抄交总理衙门）

732　同治十三年八月二十五日，内阁奉上谕：前据御史袁承业奏请酌裁厘金，申禁罂粟。当经降旨交户部议奏。兹据该部奏称，请饬现办抽厘省份按照户部历年奏案体察办理，并请饬禁止栽种罂粟等语。同治八年十二年间，叠经户部具奏，令各督抚酌裁厘卡，严察局员，均有成案可循。所有现办抽厘省份，设立收捐局卡，或量为裁减，或核实归并。著各该省督抚查照户部奏案，随时体察情形，妥为办理。倘有不肖局员侵渔捐项，滋扰行商，即著严参惩办。至栽种罂粟，例禁綦严。据袁承业奏称，山西大同、汾州、代州尚知禁约，其余州县多未遵行等语。著山西巡抚分别饬属，确实勘明，即行剀切晓谕，严禁栽种。此等恶习，恐他省亦所不免，并著各直省督抚通饬所属，随时认真稽察，无论已种未种，一律严行申禁，仍不得任令胥役人等藉端索诈，扰累民生。余依议。钦此。

739　同治十三年八月二十六日，内阁奉上谕：延煦、毕道远奏请饬折漕之江西等省酌征本色，或筹款采买起运一折。著户部议奏。钦此。

788　军机大臣字寄两江总督·兼署江苏巡抚李、湖广总督·兼署湖北巡抚李、江苏巡抚吴、江西巡抚刘、浙江巡抚杨、河南巡抚钱、湖南巡抚王，传谕署漕运总督·江苏布政使恩锡。同治十三年九月十六日，奉上谕：前因延煦、毕道远奏请饬江西等省酌征本色，或筹款采买，当令户部议奏。兹据奏称，江广、河南现办折漕省份规运本色，实为当务之急等语。前据户部奏请令江西、湖北、湖南起运本色。业经降旨允准，著李宗羲、李瀚章、恩锡、刘坤一、王文韶查照该部前奏，将本年新漕酌办本色，迅筹起运，并将办理情形先行具奏，不得以事属为难，藉词推诿。其河南新漕，著钱鼎铭自同治十四年起，先事图维，务将漕粮征运本色，毋得再请折征，置京仓于不顾。至江浙等省征运新漕，著该督抚等力筹足额，加增起运，俾供支放。将此谕知李宗羲、李瀚章、吴元炳、刘坤一、杨昌濬、钱鼎铭、王文韶，并传谕恩锡知之。钦此。遵旨寄信前来。（抄交户部）

789　同治十三年九月十六日，奉旨：依议。钦此。户部折。

800　军机大臣字寄福州将军，直隶、两江、湖广、闽浙、两广、四川、江苏、安徽、江西、福建、浙江、湖北、湖南、河南、山东、山西、广东各督抚。同治十三年九月二十日，奉上谕：户部奏请旨严饬各省迅解京饷一折。部库应放各项要款，需用甚巨。各省欠解本年京饷，尚有三百七十八万余两之多。著该将军、督抚等督同司道、监督，各将欠解本年京饷，迅即照数报解，依限到京。已报起程各款，亦即催令赶紧解部，毋任沿途逗留。倘竟任意迟延，致误开放，即著户部指名严参。至历年积欠京饷，并著查照户部上年奏案，即行陆续补解。原折均著抄给阅看。将此由六百里各谕令知之。钦此。遵旨寄信前来。（抄交户部）

833　军机大臣密寄大学士·直隶总督·一等肃毅伯李、两江总督·兼署江苏巡抚李、钦差办理台湾等处海防兼理各国事务大臣·前江西巡抚沈、盛京将军都、闽浙总督李、湖广总督·兼署湖北巡抚李、两广总督英、暂署两广总督·广东巡抚张、漕运总督·署山东巡抚文、江苏巡抚吴、安徽巡抚裕、浙江巡抚杨、江西巡抚刘、福建巡抚王、湖南巡抚王。同治十三年九月二十七日,奉上谕:总理各国事务衙门奏,海防亟宜切筹,将紧要应办事宜撮叙数条,请饬详议一折。据奏,庚申之衅,创巨痛深。当时姑事羁縻,原期力图自强,以为御侮之计,乃至今并无自强之实。本年,日本兵踞台湾番社,虽叠经饬令各疆臣严密筹防,自问殊无把握。若再不切实筹备,后患不堪设想等语。沿江沿海各省防务,经总理各国事务王大臣并各该省将军、督抚等随事筹画,而备御究未可恃,亟应实力讲求,同心筹办,坚苦贞定,历久不懈,以纾目前当务之急,以裕国家久远之图。该王大臣所陈练兵简器、造船筹饷、用人持久各条,均系紧要机宜,著李鸿章、李宗羲、沈葆桢、都兴阿、李鹤年、李瀚章、英翰、张兆栋、文彬、吴元炳、裕禄、杨昌濬、刘坤一、王凯泰、王文韶详细筹议,将逐条切实办法限于一月内覆奏。此外,别有要计,亦即一并奏陈,总期广益集思,务臻有济,不得以空言塞责。原折单均著抄给阅看,将此由六百里各密谕知之。钦此。遵旨寄信前来。(抄交总理衙门)

865　同治十三年十月初四日,奉旨:朕本日殿试中式武举弓、刀、石内,弓力不符之顺天穆成虎,刀力不符之直隶刘廷钺、云南廖嘉元、江西饶鹤万、山东郝梦雄,石力不符之直隶周毓英、陕西张振国,均著罚停殿试一科;刀石不符之广东吕兆熊一名,著罚停殿试二科。所有原围监射、较射之大臣著交部议处,覆试之王大臣著交部察议。钦此。

867　军机大臣字寄盛京、直隶、江苏、安徽、江西、浙江、福建、湖北、湖南、河南、山东、山西、陕西、甘肃、四川、广东、广西、云南、贵州各将军、督抚。同治十三年十月初六日,奉上谕:本年安徽天长县被旱,河南虞城县被风被雹,陕西咸宁等县、甘肃各属、广西崇善等县因历年被扰,民气未复,节经各该督抚奏到,已加恩将新旧钱粮分别豁免蠲缓。浙江乐清等县被风,业经该抚筹款抚恤,复谕令确切查勘。河南夏邑等县被蝗,谕令该抚查明调剂。直隶潮白河漫口,沿河州县田庐被淹。经该督拨款修筑河堤,以工代赈。广东顺德等县被风被水,经该督抚筹银抚恤,小民谅可不至失所。惟念来春青黄不接之时,民力未免拮据。著传谕该督抚等体察情形,如有应行接济之处,即查明据实覆奏,务于封印以前奏到,候朕于新正降旨加恩。再直隶雄县等县被水,顺天文安县积水未消,江苏淮徐海一带被淹,江西新淦等县被旱,建昌等县低田被淹,进贤县低田被淹,湖南澧州等处洼地被淹,河南各属洼地被淹,山东各属间有被淹之处,均经该督抚奏明查勘,即著迅速办理。并将来春应否接济之处,一并查明,于封印前奏到。此外,各省有无被灾地方,应行调剂抚恤之处,著该将军、督抚等一并查奏,候旨施恩。将此各谕令知之。钦此。遵旨寄信前来。

868　查:本年安徽、河南、陕西、甘肃、广西被灾被扰地方,业经加恩将民欠钱粮分别豁免蠲缓。其浙江、河南被灾地方,亦经随时谕令该抚等抚恤查勘。直隶、广东被灾地方,并经该督抚奏明赈抚,其明春应否量为接济之处,臣等谨照向例,缮写询问该督抚等谕旨。俟覆奏到日,再行拟写新正加恩谕旨呈进。再直隶、江苏、江西、湖南、河南、山东被旱被水之处,该督抚等均已奏明,分别查勘,应否接济,现俱未经奏到。此外,各省有无被旱被灾地方,应行调剂抚恤之处一并询问,令该将军、督抚等迅速查奏汇办。谨奏。

878　一在京王公文武官员任内有降级罚俸住俸者,咸与开复。又在京官员现在议降议罚者,悉予豁免;

一在京文武官员现在议降议罚及以前有革职留任及降级罚俸之案,悉予豁免。

879　现有交部议处察议王大员:

和硕郑亲王庆至

兵部右侍郎侯恩龄

吏部右侍郎公崇绮

现有罚俸,并交部议处察议大员:

兵部左侍郎崇厚

署左侍郎殷兆镛

右侍郎夏同善

现有罚俸处分王贝子大员:

和硕怡亲王载敦

固山贝子绵勋

管理工部事务·大学士文祥

礼部尚书万青黎

兵部尚书沈桂芬

刑部尚书崇实

工部尚书李鸿藻

盛京户部侍郎志和

盛京礼部侍郎麟书

礼部右侍郎徐桐

兵部左侍郎胡瑞澜

刑部左侍郎恩承、黄钰

工部右侍郎宜振

仓场侍郎毕道远

内阁学士德椿

都察院左副都御史童华

通政使司通政使于凌辰

大理寺卿惠林
直隶总督李鸿章
陕甘总督左宗棠
湖广总督李瀚章
漕运总督文彬
福建巡抚王凯泰
广东巡抚张兆栋
河南巡抚钱鼎铭
山西巡抚鲍源深
安徽巡抚裕禄
湖南巡抚王文韶
江苏布政使恩锡
江宁布政使梅启照
河南布政使刘齐衔
浙江布政使卢定勋
陕西布政使谭钟麟
甘肃布政使崇保
四川布政使王德固
直隶布政使孙观
广东布政使俊达
福建布政使潘霨
广西布政使大格
湖南布政使涂宗瀛
山西布政使李庆翱
镶蓝旗汉军都统伯彦讷谟祜
正白旗蒙古都统载治
委散秩大臣公恩庆、侯施振
辅国将军载信
散秩大臣全佑
直隶提督傅振邦
江南提督李朝斌
浙江提督黄少春
长江水师提督李成谋
直隶奉宁镇总兵清安
直隶正定镇总兵谭胜达
山西太原镇总兵王臣孝

河南归德镇总兵徐鹓
福建汀州镇总兵关镇国
江南徐州镇总兵董凤高
山东登州镇总兵陈择辅
山东曹州镇总兵保德
广东阳江镇总兵卫佐邦
广东瑶州镇总兵黄廷彪
广东碣石镇总兵李扬升
直隶河间协副将恩崇
直隶通州协副将文林
直隶独石协副将额勒春
直隶开州协副将张桂芳
直隶山永协副将常远
山西蒲州协副将秀魁
山西潞安协副将和昌
山西杀虎口协副将洪亮
浙江杭州协副将林耀光
浙江嘉兴协副将侯定贵
浙江湖州协将郭启举
浙江台州协副将王天焱
四川马边协副将奎林
四川夔州协副将瑞玺
四川阜和协副将况文榜
陕西潼关协副将黄友得
河南荆子关协副将黄贵诚
福建延平协副将萧仪斌
江南太湖左营副将田名魁
江西袁州协副将朱云章
山东胶州协副将玉山
山东临清协副将全升高
山东沂州协副将孙文友
贵州定广协副将左启龙
广东赤溪协副将周凤山
广东三江协副将刘成元
广东肇庆协副将刁经明
广东广州城守营副将喀郎阿

湖北竹山协副将胡正盛
湖南乾州协副将穆克登布
湖南长沙协副将韩殿甲
湖南沅州协副将施鸿恩
头等侍卫寿昌
现有降级留任处分公大员：
衍圣公孔祥珂
船政大臣前任江西巡抚沈葆桢
云南布政使潘鼎新
广东高州镇总兵张得禄
长江水师荆州营副将任得胜
长江水师提标中军副将周国兴
现有降级留任并罚俸处分大员：
两广总督英翰
河东河道总督乔松年
浙江巡抚杨昌濬
湖北布政使林之望
现在革职留任处分大员：
工部尚书崇纶
镶黄旗汉军都统春佑
盛京将军都兴阿
户部右侍郎温葆深
工部左侍郎明善
盛京工部侍郎桂清
福建陆路提督罗大春
察哈尔副都统杜嘎尔
署察哈尔副都统奎昌
现有革职留任并罚俸处分大员：
户部尚书董恂
户部尚书、正红旗汉军都统载龄
现有革职留任、降级留任并罚俸处分大员：
宁夏将军穆图善
闽浙总督李鹤年
山东巡抚丁宝桢
广西巡抚刘长佑
现有革职留任、降级留任处分大员：

陕西固原提督雷正绾

现在革职留任降为三品顶戴并罚俸处分大员：

江西巡抚刘坤一

现在降级留任并罚俸处分大员：

江南提标中军副将周良材

江南江宁城守营副将李得胜

江西南昌城守营副将普承忠

现有摘去顶戴并革职留任处分大员：

署宁古塔副都统双寿

894　同治十三年十月十六日，内阁奉上谕：都察院奏，江西举人卢鼎智等遣抱，以该省南安府岁科合考人多废学，呈请仍复旧章，请饬部核议一折。著礼部议奏。钦此。

909　军机大臣字寄两江总督·兼署江苏巡抚李、漕运总督·署山东巡抚文、江苏巡抚吴、江西巡抚刘。同治十三年十月十八日，奉上谕：都兴阿等奏，奉省添练马队，余兵待饷孔殷，请饬催迅速拨解一折。前因都兴阿等奏，添练马队，请拨饷银。经户部奏准，由山东地丁项下拨银四万两，江西地丁项下拨银二万两，江苏厘金项下拨银四万两，江海关六成洋税项下拨银二万两。山东业经解到银一万两，江西筹拨银一万两尚未解到，其余各省均未报解。现在奉省办理操防，需饷甚殷，亟应速筹接济。著李宗羲、吴元炳、刘坤一、文彬各将奉拨银两如数筹备，迅速派员，解赴奉省，务于年前解到，以济急需。将此由四百里各谕令知之。钦此。遵旨寄信前来。

954　同治十三年十一月初一日，内阁奉上谕：刘坤一奏，特参交代亏短并赴藩司衙门喧闹之知县，请旨革职拿问一折。江西署临川县事·补用同知·直隶州知州李士棻在署临川县任内，亏短正杂款项至五千余两之多，并不赶紧清理，辄敢潜回省城，赴藩司衙门喧闹，实属胆大妄为，玩法已极。李士棻著即革职拿问，交刘坤一提同丁胥人等，严行讯究，按律惩办。余著照所议办理。该部知道。钦此。

1009　军机大臣字寄湖广总督李、四川总督吴、兼署两广总督·广东巡抚张、湖北巡抚翁、江西巡抚刘、浙江巡抚杨。同治十三年十一月十七日，奉上谕：丁宝桢奏，前因贵州筹办善后事宜，借拨山东银二十万两，由四川、广东、江西、湖北、浙江五省分还归款。现已拨解过贵州银十八万两，下余二万两，现筹措解。刻下山东筹办河工及抚恤等项，需款甚殷。而五省应还之款，丝毫未解，请旨饬催等语。此项银两原系由山东借拨之项，各省亟宜及早归还，以清款目。著李瀚章、翁同爵、吴棠、张兆栋、刘坤一、杨昌濬各饬该省藩司，将应解还黔省借拨山东银各四万两，迅速如数拨还山东，以应急需，毋稍延缓。将此由四百里各谕令知之。钦此。遵旨寄信前来。

1017　军机大臣字寄福州将军、直隶、两江、湖广、闽浙、两广、四川、江苏、安徽、江西、福建、浙江、湖北、湖南、河南、山东、山西、广东各督抚，传谕粤海关监督。同治十三年十一月二十日，奉上谕：户部奏预拨来年京饷一折。据称历届京饷均于年前预拨。同治十四年京饷拟在各省地丁、盐课、关税等项内指拨银七百万两，请饬各该省于来年分批起解等语。京饷关系紧要。现经该部就各省缓急情形，斟酌动拨，自应遵照奏定数目，源源报解，以济要需。著该督抚、将军、盐政、监督等务于来年开印后，分批起解，限五月前解到一半，十二月初间全数解清，不准截留改拨，藉词延误。倘届限不到，即照奏定章程，指名严参。原单著分别摘抄给阅看。另折奏，历年积欠京饷自上年奏催同治九、十、十一等年欠饷后，截至现在止，两淮盐课盐厘尚欠解九年京饷十六万两，十年京饷十二万两，十一年京饷十五万两；山西地丁尚欠解十年京饷二十万两，十一年京饷十万两；同治十二年京饷内，山西地丁欠解十五万两，两淮盐课盐厘欠解十五两，九江关洋税欠解五万一千余两，天津关常洋两税欠解十万九千余两。刻下部库异常支绌，若不催解陈欠京饷，则该部放款实有支应不及之虞，请饬赶紧补解等语。著各该省督抚督饬藩运两司、九江天津两关监督，各将前项欠解京饷迅速补解，均限十四年五月以前如数解清。倘敢饰词诿卸，仍前延欠，即著该部指名严参，其同治八年以前历年积欠京饷，并著查照户部上年奏案，陆续筹补，以清欠款。又片奏，内务府同治十四年份应需经费，拟拨两淮盐课银五万两，两浙盐课银五万两，广东盐课银五万两，福建茶税银十万两，闽海关常税银十万两，太平关常税银十万两，九江关常税银十五万两，共银六十万两，请饬依限完解等语。著该督抚、将军、盐政、监督等务于来年开印后，陆续径解内务府交纳，先将启程日期报部，仍限六月前解到一半，十二月初间扫数解清，不准稍有蒂欠。将此由五百里谕知福州将军，直隶、两江、湖广、闽浙、两广、四川、江苏、安徽、江西、福建、浙江、湖北、湖南、河南、山东、山西各省督抚，并传谕粤海关监督知之。钦此。遵旨寄信前来。（抄交户部）

1067　同治十三年十二月初五日，内阁奉上谕：李宗羲奏，病势日增，恳请开缺一折。李宗羲著准其开缺，安心调理。刘坤一著署理两江总督，江西巡抚著刘秉璋署理。钦此。

1101　同治十三年十二月初十日，内阁奉上谕：各省督抚、盐关向有呈进方物。现当哀痛之时，食处皆所不安。著通谕各省督抚、盐政、织造、关差等，一应贡献，概行停止，即食品亦不准呈进。俟三年之后，再候谕旨。钦此。

1112　同治十三年十二月十二日，内阁奉上谕：署两江总督刘坤一，著兼署办理通商事务大臣。钦此。（抄交总理衙门）

1115　军机大臣字寄前两江总督李、漕运总督文、河东河道总督乔、署两江总督·江西巡抚刘、江苏巡抚吴。同治十三年十二月十三日，奉上谕：御史陈彝奏淮扬等处被水情形一折。本年黄水挤清,下注江境,湖河相连,一望无际。被水地方小民荡析离居,殊深轸念。该御史所陈从前束清御黄等坝宜急加堵筑高,宝诸湖入运之水,以东岸闸坝为去路,现在应行开放,系为力图补救起见。即著李宗羲、文彬、乔松年、刘坤一、吴元炳悉心会商,迅速妥筹办理,毋令运河再有决口。前据李宗羲等奏请,以江宁府一半抵征钱文赈济灾黎。即著该督抚等督饬所属,核实经理,务使民沾实惠。倘地方官玩视民瘼,或有延搁侵蚀等弊,即著从严参办。如抵征一款,尚有不敷,并著设法接济,毋使一夫失所,用副朝廷体恤民艰至意。原折均著抄给阅看,将此各谕令知之。钦此。遵旨寄信前来。

1196 同治十三年十二月二十六日,内阁奉上谕:太常寺少卿周瑞清奏,故员夙著勋劳,请给予恤典一折。降调广东巡抚·前山西按察使蒋益澧,前在湖北、江西等省剿贼极为得力,移师广西,叠复坚城,荡平巨匪。迨统兵援浙,奋勇力战,所向有功。该故员转战数省,懋著勋勤。本年夏间,大行皇帝垂念前功,令其来京陛见,方将量加擢用,乃以力疾来京,遽尔溘逝,殊堪轸惜。蒋益澧著开复原官,照巡抚例赐恤。该故员生平政绩,并著宣付史馆立传。钦此。

1209 臣等查:明新正应行加恩,各省除盛京、江苏、安徽、江西、浙江、福建、湖北、湖南、河南、山西、四川、广东、广西,经该将军、督抚具奏毋庸接济外,陕西、甘肃、云南、贵州四省尚未奏到,所有直隶、山东二省,业经该督抚奏到。臣等拟写谕旨二道,并拟定日期颁发。谨奏。

光绪朝

光绪元年

94　光绪元年二月初二日，内阁奉上谕：刘坤一奏，查明被灾各属应征钱漕等款，请分别缓征一折。江西进贤等县厅地方，上年夏秋之间被淹、被旱，收成歉薄。若将应征新旧钱漕等项照常征收，民力实有未逮。加恩著照所请。所有进贤县之下五坂二十七都一图至五图，二十八九都各一、二、三、四图，三十都一图至五图，三十一二都一、二、三、四图；又滨临各湖之一都、五都各一图至五图，六都一图至七图，七都一、二、三、四、五、六、七、军图，上八都一图至十图，下八都一图至九图，九都一图至九图，十三四都六、七、八、九、十图，十五都一图至九图，十六都一图至十二图，十七都一图至九图，二十二三都各一图至十二图，二十四五都各一、二、三、四图，二十六都一图至五图，三十三都一图至七图，三十四都一、二、三、四图，六隅东、西、南、北、正、中等隅；又滨临抚河之三十五六七都各一图至六图，三十八都一图至五图等处，被淹各则田二千五十顷三十七亩，未完地丁银五千八百五两零，漕米七千四百七十七石零。

同新淦县之二都一、二图，四都一图至十图，七都一、二、三、四图，五都一图至十三图，三都二、三、五、十图，一都一、二、四、五、六、七图，六都三、四、六、七、八、九、十图等处，被旱各则田一千一百十六顷七十八亩一分，未完地丁银七千九百八十两零，漕米五千七百七十石零。

新喻县之一、二、三、四、五坊，一都一、二、三图，二都二、三图，三、四、五、六、七、八都各一、二、三图，十都一图，十一都一、二、三图，十二都一、二图，十三都一、三图，十四都一、二图，十五都三图，十六七八九都各一、二、三图，二十都一图、公图、军图、正附功屯等处，被旱各则田地山塘共七千一百二十六顷八十四亩六分零，应征地丁银三万二千七百六十三两零，漕米二万三千二百九十三石零，内著缓征十分中之二分二厘，银七千二百七两零，漕米五千一百二十四石零。

莲花厅之砻西乡一、二、四、六、八、十二五七八九都，上西乡二十二四五六七八九、三十、三十一都等处，被旱民田六百三十五顷十五亩三分，屯田四十六顷八十三亩，未完地丁银四千二百六十七两零，漕米一千七百八十五石零，漕运屯粮银六百二十八两零，余租银一千二百十五两零。

安福县之东乡三都并五十四五七八及六十、六十二三都;南乡一都并三十五六七八九及四十二三四五、五十一二都;西乡四、五、六、七、八、九并十一二三四及二十一二都;北乡二都并六十四五六七九都等处,被旱各则田地一千六百十二顷三亩六分零,未完地丁银一万四百三十八两零,漕米六千九十石零。并东乡都并五十五八及六十三都;南乡一都并三十五及五十二都;西乡四都并十二三四及二十二都;北乡六十四五九都等处,被旱屯田二十顷九十五亩四分零,未完屯丁银八两零,漕运屯粮银三百一两零,余租银五百六十七两零。

永新县之东乡六十三都并六十四五六七八九、七十一二都;南乡五十三都并五十四五六七八九都;西乡十一都并十二三四五六七八九及四十一二三四、六十一都;北乡一都并二十三四五六七八九十及七十一、七十三都等处,被旱民屯田地共一千七百七顷八十三亩四分零,未完地丁银一万五百六十两零,漕米二千四百四石零,屯丁银二十七两零,存留屯粮银五十六两零,漕运屯粮银五百三两零,余租银一千九百七十六两零。

余干县之东、西、南、北四隅,七、八都、十八九都、二十都、二十一二三四五六七八九都等处被旱,各则田一千三百九十九顷五十四亩六分,未完地丁银五千六百十一两零,漕米三千三百九石零。

乐平县之三、五、六、八、九都,十都,十二、十四、十五、十七、十八都,二十都,二十一二都,三十都,三十二三四五都等处,被旱田亩未完地丁银六千七百八十一两零,漕米三千四百七十一石零。

建昌县之归义、新城、修智、升仙、甘泉、受安等六乡被旱,永丰、凝远、丰安、德政、市镇、钓台等六乡被水,各则田地山塘二千五百八十六顷七十八亩零,未完地丁银六千五百四十八两零,漕米三千二百七十一石零。同□□□□□□被水,未完地丁银二百七十两零,漕米九十四石零。德化县之楚城、甘泉、白鹤、仙居、仁贵、德化、南昌、泰临、通津、甘贰、桑落、赤松、封一、封二等乡被旱,各则民屯、芦洲田地并密稀芦等处未完地丁银二千四十一两零,南九二卫屯粮丁银一百七十四两零,存留屯粮银三百八十五两零,漕运屯粮银二千七十六两零,余租银四千三百六十七两零,同治十三年压征十二年芦课银九百一十九两零。

德安县之黄湾、陈湾、固村、墩下、金鸡、河东、后田、附城、在市、乌石等堡等处,各则民田被水未完地丁银二千七百三十两零,并南九二卫坐落陈湾、金鸡、附城、河东、后田、乌石、在市等堡屯田被水,未完屯丁银六十一两零,存留屯粮银五十两零,漕运屯粮银一千六百五十三两零。

湖口县之上乡十三、十七、二十都,中乡二坊八都、十二都,下乡三都、四、六都、五都等处被水,共计上中下民田四百一十顷一亩一分,未完地丁银三十二百三十六两零,并三都、四六都、五都及编入德化县之仁贵乡、宿松县之孟家洲等处被水,屯田一十三顷二十九亩一分,未完漕运屯粮银一百九两零,余租银二百八十七两零,同治十三年压征十二年芦课银一百八十一两零。

彭泽县之三十三都,四、六、七、八、九都,十二都,二十都,二十五都及一、二坊等处被旱极重,应征地丁银五千一百一十四两零,内著缓征十分之三,银一千五百三十四两零;并四都之下隅坂、七都之太平坂、八都之乌沙坂、十二都之建德户古楼坂、二十五都之上潦洪、二十都之三百户杨梓桥民田及九都等处被旱较重,应征屯丁银六百六十二两零,存留存粮银七百三十一两零,漕运屯粮银一千四百九十九两零,余租银四千四百七十七两零,内著缓征十分之三,屯丁银一百九十八两零,存留屯粮银二百一十九两零,漕运屯粮银四百四十九两零,余租银一千三百四十三两零,同应征三十三都同治十三年压征十二年芦课银一千九百二十二两零,内著缓征十分之四,银七百六十八两零,均著缓至光绪元年秋后分作两年带征。

南昌县十二年被水、被旱、被虫,原缓十二年地丁、漕米;新建县十二年被水,原缓十二年地丁、漕米;丰城县十二年被旱被虫,原缓十二年地丁、漕米;上高、新昌二县八年被水,各原缓八年地丁、漕米;清江、峡江二县十二年被旱,各原缓十二年地丁、漕米;莲花厅十、十一、十二等年被旱,各原缓十、十一、十二等年地丁、漕米、屯粮、余租;鄱阳县十一年被水,原缓十一年地丁、漕米、屯粮丁、余租;乐平县九、十、十一、十二等年被旱,各原缓九、十、十一、十二等年漕米,各除完纳外,其余未完同各原缓地丁,又八年被水、被旱,原缓八年漕米,除完纳外,其余未完同原缓地丁,又七年被水,原缓七年漕米,除完纳外,其余未完同原缓地丁;都昌县八、九、十一等年被水,各原缓八、九、十一等年地丁、漕米;德化县十二年被水、被旱,原缓十二年地丁、屯粮丁、余租、芦课;德安县十一年被水,原缓十一年地丁、屯粮丁;湖口县十二年被水、被旱,原缓十二年地丁,除完纳外,其余未完同原缓屯粮、余租,又十、十一两年被水,各原缓十、十一两年地丁,各除完纳外,其余未完同各原缓屯粮、余租,又九年被水、被旱,原缓九年地丁,除完纳外,其余未完同原缓屯粮、余租,又七、八两年被水,各原缓七、八两年地丁,各除完纳外,其余未完同各原缓屯粮、余租;澎泽县十、十一两年被水、被旱,各原缓十、十一两年地丁、屯粮丁、余租、芦课,又八、九两年被水,各原缓八、九两年地丁、屯粮丁、余租、芦课,又七年被水、被旱,原缓七年地丁、屯粮丁、余租、芦课,均著递缓至光绪元、二两年秋后带征。

又南昌县十一年被水、被虫,原缓十一年地丁、漕米;新建县十一年被水,原缓十一年地丁、漕米;进贤县十二年被水、被旱,原缓十二年地丁、漕米;清江县十一年被旱,原缓十一年地丁、漕米;莲花厅九年被旱,原缓九年地丁、漕米、屯粮、余租;安福县十二年被旱,原缓十二年地丁、漕米、屯粮丁、余租;鄱阳县八年被水,原缓八年地丁、漕米、屯粮丁、余租;余干县十二年被旱,原缓十二年地丁、漕米;建昌县并安义县之寄庄建昌县十二年被水、被旱,各原缓十二年地丁、漕米;德化县十一年被水,原缓十一年地丁、屯粮丁、余租、芦课;德安县十年被水,原缓十年地丁、屯粮丁,均著递缓至光绪二、三两年秋后带征。

又南昌、新建二县十年被水、被旱,各原缓十年地丁、漕米;进贤县十一年被水,原缓十一年地丁、漕米;清江县十年被水,原缓十年地丁、漕米;新淦、新喻二县十二年被旱,各原缓十二年地丁、漕米;峡江县十年被水、被旱,原缓十年地丁、漕米;莲花厅八年被旱,原缓八年地丁、漕米、屯粮、余租;安福县十一年被旱,原缓十一年地丁、漕米、屯粮丁、余租;鄱阳县七年被水,原缓七年地丁、漕米、屯粮丁、余租;余干县十一年被水,原缓十一年地丁、漕米;建昌县并安义县之寄庄建昌县十一年被水,各原缓十一年地丁、漕米;德化县十年被水、被旱,原缓十年地丁、屯粮丁、余租、芦课;德安县九年被水,原缓九年地丁、屯粮丁,均著递缓至光绪三、四两年秋后带征。

又南昌县八年被水,原缓八年地丁、漕米;新建县九年被水,原缓九年地丁、漕米;进贤县十年被水,原缓十年地丁、漕米;清江县九年被旱,原缓九年地丁、漕米;莲花厅七年被旱、原缓七年地丁、漕米、屯粮、余租;安福县十年被旱,原缓十年地丁、漕米、屯粮丁、余租;余干县十年被旱,原缓十年地丁、漕米;建昌县并安义县之寄庄建昌县十年被水,各原缓十年地丁、漕米;德化县九年被水,原缓九年地丁、屯粮丁、余租、芦课;德安县八年被水,原缓八年地丁、屯粮丁,均著递缓至光绪四、五两年秋后带征。

又南昌县七年被水、被虫,原缓七年地丁、漕米;新建县八年被水,原缓八年地丁、漕米;进贤县九年被水,原缓九年地丁、漕米;清江县八年被水,原缓八年地丁、漕米;新淦县十一年被水、被旱,原缓十一年地丁、漕米;新喻县十一年被旱,原缓十一年地丁、漕米;峡江县九年被旱,原缓九年地丁、漕米;安福县九年被旱,原缓九年地丁、漕米、屯粮丁、余租;余干县九年被水,原缓九年地丁、漕米;建昌县并安义县之寄庄建昌县九年被水,各原缓九年地丁、漕米;德化县八年被水,原缓八年芦课,除完纳外,其余未完同原缓地丁、屯粮丁、余租;德安县七年被水,原缓七年地丁、屯粮丁,均著递缓至光绪五、六两年秋后带征。

又新建县七年被水,原缓七年地丁、漕米;进贤县八年被水,原缓八年地丁、漕米;清江县七年被旱,原缓七年地丁、漕米;安福县八年被旱,原缓八年地丁、漕米、屯粮丁、余租;余干县八年被水,原缓八年地丁、漕米;建昌县并安义县之寄庄建昌县八年被水,各原缓八年地丁、漕米;德化县七年被水、被旱,原缓七年地丁、屯粮丁、余租、芦课,均著递缓至光绪六、七两年秋后带征。

又进贤县七年被水,原缓七年地丁、漕米;新淦县十年被水、被旱,原缓十年漕米,除完纳外,其余未完同原缓地丁;新喻县十年被旱,原缓十年地丁、漕米;峡江县七年被旱,原缓七年地丁、漕米;安福县七年被旱,原缓七年地丁、漕米、屯粮丁、余租;余干县七年被水,原缓七年地丁、漕米;建昌县并安义县之寄庄建昌县七年被水,各原缓七年地丁、漕米,均著一并递缓至光绪七、八两年秋后带征。

又新淦县九年被旱,原缓九年漕米,除完纳外,其余未完同原缓地丁;新喻县九年被旱,原缓九年地丁、漕米,均著递缓至光绪九、十两年秋后带征。又新淦县八年被水,原缓八年漕米,除完纳外,其余未完同原缓地丁;新喻县八年被水,原缓八年地丁、漕米,均著一并递缓至光绪十一、十二两年秋后带征。又新淦、新喻二县七年被旱,各原缓七年地丁、漕米,均著递缓至光绪十三、十四两年秋后带征。

又永新县十二年被水、被旱,原缓十二年地丁,除完纳外,其余未完同原缓漕米、屯粮丁、余租,均著递缓至光绪二年秋后一并带征。又永新县十一年被水、被旱,原缓十一年地丁、漕米,各除完纳外,其余未完同原缓屯粮丁、余租,均著递缓至光绪三年秋后一并带征。又永新县十年被水、被旱，原缓十年地丁、漕米、屯粮丁、余租，均著递缓至光绪四年秋后一并带征。又永新县九年被水、被旱，原缓九年地丁、漕米、屯粮丁、余租，均著递缓至光绪五年秋后一并带征。又永新县八年被水、被旱，原缓八年地丁，除完纳外，其余未完同原缓漕米、屯粮丁、余租，均著递缓至光绪六年秋后一并带征。又永新县七年被水、被旱，原缓七年一半地丁、漕米、屯粮丁、余租，均著递缓至光绪七年秋后一并带征。

又湖口县十二年被水、被旱，原缓同治十二年压征十一年芦课，除完纳外，其余未完同八、九、十、十一等年被水，各原缓八、九、十、十一年压征七、八、九、十等年芦课，各除完纳外，其余未完，又七年被水，原缓七年压征六年芦课，均著递缓至光绪元、二、三等三年秋后带征。

又南昌、新建二县八年被水，各原借修堤钱文；德安县八年被水，原借修堤银两，均著一并递缓至光绪元年秋后分作两年带征。又建昌县八年被水，原借修堤钱文，著递缓至光绪元年秋后带征。又南昌、新建二县七年被水，各原借修堤钱合银两，均著递缓至光绪元年秋后分作五年带征。又建昌县八年被水，原借修堤钱文，著递缓至光绪四年秋后分作两年带征，以纾民力。余著照所议办理。

该抚即刊刻誊黄，遍行晓谕，务使实惠均沾，毋任吏胥舞弊，用副朝廷轸念民艰至意。该部知道。钦此。

197　军机大臣字寄大学士 · 直隶总督 · 一等肃毅伯李，署两江总督 · 江西巡抚刘，江苏巡抚吴，山东巡抚丁，河南巡抚钱。光绪元年三月十一日，奉上谕：丰绅等奏请饬催各省筹解欠饷，开单呈览一折。黑龙江官兵俸饷向由各省按年拨解，以资支放。历年以来，各省欠解甚多，直隶欠解银十八万二千五百两，江苏欠解银二万两，河南欠解银三十万两，山东欠解银四万两，合之各省前欠一百三十余万两，共有一百九十三万二千余两之多。现在黑龙江官兵俸饷支绌异常，亟应速行拨解，以资接济。著李鸿章、刘坤一、吴元炳、钱鼎铭、丁实桢嗣后将应解黑龙江本年饷银务于年终解齐。其积年所欠分别多寡，按年搭解三分之一，毋得视为具文，稍有迟误。原单均著抄给阅看，将此由四百里各谕令知之。钦此。遵旨寄信前来。（抄交户部）

198　军机大臣字寄四川总督吴，署两江总督 · 江西巡抚刘，浙江巡抚杨，山东巡抚丁，山西巡抚鲍，河南巡抚钱，传谕署江西巡抚 · 布政使刘秉璋。光绪元年三月十一日，奉上谕：额勒和布等奏请饬催各省积欠饷银，开单呈览一折。各省历年奉拨乌里雅苏台协饷，积欠甚巨。现在乌城饷项缺乏，历次欠发及借用各款无从筹措，需用甚急。著丁宝桢先行筹拨银八万两，鲍源深先行筹拨银六万两，钱鼎铭先行筹拨银十二万两解交额勒和布等，以资应用。其余欠解之款，仍著陆续起解，以清款目。至江西欠解乌城饷银三万两，浙江欠解二万两，两淮欠解五万两，四川欠解三万两，著吴棠、刘坤一、杨昌濬、刘秉璋迅即如数筹解，毋再延宕。原单著分别抄给阅看，将此由四百里谕知吴棠、刘坤一、杨昌濬、丁宝桢、鲍源深、钱鼎铭并传谕刘秉璋知之。钦此。遵旨寄信前来。

249　军机大臣字寄成都将军魁，湖广总督李，四川总督吴，署两江总督·江西巡抚刘，湖北巡抚翁。光绪元年四月初二日，奉上谕：总理各国事务衙门奏，四川夔关扣留外国货船索赔一案，请旨办理一折。英法两国使臣先后以四川官员并川省夔关扣留货船损坏货物，向总理各国事务衙门索取赔款。而吴棠咨报，该衙门则称准局员禀称货物全无损坏，乃该两国使臣据约索赔，哓哓不已。英国使臣威妥玛复拟到各处索偿，坐扣洋税作抵，法国使臣罗淑亚亦有汉关既推卸不办，夔局亦不接见，刻下无员派往夔州，若不在京中或汉口会商，只得令本国水师提督办理之语。外国货船往来内地，情弊甚多。现在美国即有奸商假冒名目，朦领税单之事。惟英法两国货船，既非确有情弊，可以执理与争。止因扣留查验为日已久，且未取有该船户并无损坏货物凭据，遂致彼族藉端诈索，恣逞狡谋。若不将此案迅速持平办结，难保不枝节横生，意图挟制。著魁玉、吴棠饬令夔关原扣此项船只之员，速将此案妥为办结，或径由现任之员持平核议，总期消患未萌，毋任迟延，致滋事端。刻下威妥玛前往上海等处，难保不令洋商少完税银，以为赔偿之计。罗淑亚亦称欲到汉口办理，设使稍涉迁延，彼更狡焉思逞。著刘坤一、李瀚章、翁同爵预为防范。如该国有藉端诈索之处，必须据理按约持平与议，勿稍堕其术中，致贻后患。原折均著抄给阅看，将此由五百里各谕令知之。钦此。遵旨寄信前来。（抄交总理衙门）

291　军机大臣字寄福州将军，各直省督抚，传谕粤海关监督。光绪元年四月十七日，奉上谕：（摘抄交户部起）现在部库款项支绌，叠据该部奏请饬催，各省关报解仍多延缓。在该将军、督抚、监督等办理地方事宜及拨解各处协饷，筹措原属不易。惟部中支发各款，亦关紧要。虽朝廷于一切需用无不力加撙节，而各旗营兵饷需款最巨，稍有不继，关系匪轻。著该将军等随时筹画，于本省及各省紧要饷项，既应妥为兼顾，而于应解京饷，务当源源接济，不得迟延短解，致有贻误。（止）各省财赋所入不外丁漕、盐课、厘金诸大端，得人而理，则涓滴归公，于国用既有裨益，而民间不致扰累。否则经理未得其宜，甚至侵渔中饱，流弊滋多。该督抚等当仰体朝廷宵旰焦劳之意，以整饬吏治为急，务于地方各官贤否，认真考察，分别劝惩，用示激励。各该员经征款项，务于交代之时严行稽核，毋任稍有亏挪情事。至闾阎疾苦，尤应加意体恤。著督饬所属，勤求民瘼，勿稍苛扰，该督抚等均受朝廷重寄，谅能实心妥办，用副委任也。将此谕知福州将军，各直省督抚并传谕海关监督知之。钦此。遵旨寄信前来。（摘抄交户部）

308　光绪元年四月二十四日，奉旨：此案著交刘秉璋督同臬司亲提人证卷宗，秉公严讯确情，按律定拟具奏。钦此。

309　军机大臣字寄福州将军，直隶、两江、湖广、闽浙、两广、四川、江苏、安徽、江西、福建、浙江、湖北、湖南、河南、山东、山西、广东各督抚，传谕粤海关监督。光绪元年四月二十五日，奉上谕：户部奏请饬催各省迅解京饷一折。本年京饷经户部奏拨并续拨银共八百万两。截至四月二十日止，仅解到银四十万两，起解银七十六万五千两，其余银六百八十三万五千两均未报解。现在部库存款无多,应发之款为数甚巨,设有贻误,关系实非浅鲜。著该将军、督抚、监督等将本年应解京饷,赶紧依限报解。倘竟任意宕延,致误部库开放。即著户部指名严参。其历年欠解京饷,并著查照该部叠次奏案,分别补解。原单著分别摘抄给与阅看。将此由五百里谕知福州将军,直隶、两江、湖广、闽浙、两广、四川、江苏、安徽、江西、福建、浙江、湖北、湖南、河南、山东、山西、广东各督抚,并传谕粤海关监督知之。钦此。遵旨寄信前来。(抄交户部)

314　军机大臣密寄大学士 · 直隶总督 · 一等肃毅伯李,钦差办理台湾等处海防 · 兼理各国事务大臣 · 两江总督沈,钦差大臣 · 大学士 · 陕甘总督 · 一等恪靖伯左,前兵部侍郎彭,钦差刑部尚书 · 署盛京将军 · 兼署盛京户部侍郎 · 兼管奉天府府尹崇,内阁学士 · 署奉天府府尹岐,盛京副都统清,吉林将军奕,副都统奕,黑龙江将军丰,副都统托,闽浙部督李,湖广总督李,四川总督吴,两广总督英,云贵总督刘,前陕甘总督杨,署两江总督 · 江西巡抚刘,江苏巡抚吴,安徽巡抚裕,山东巡抚丁,浙江巡抚杨,福建巡抚王,湖北巡抚翁,湖南巡抚王,广东巡抚张,广西巡抚刘,兼署云贵总督 · 云南巡抚岑,传谕署江西巡抚 · 布政使刘秉璋。光绪元年四月二十六日,奉上谕:(摘抄交户、工部,内务府)总理各国事务衙门奏,遵议筹办海防等事宜,分别开单呈览各折(摘一字)片。海防关系紧要,既为目前当务之急,又属国家久远之图。若筑室道谋,仅以空言了事,则因循废弛,何时见诸施行,亟宜未雨绸缪,以为自强之计。惟事属创始,必须通盘筹画,计出万全,方能有利无害。若始基不慎,过于铺张,既非切实办法,将兴利转以滋害,贻误曷可胜言计。惟有逐渐举行,持之以久,讲求实际,力戒虚糜,择其最要者,不动声色先行试办,实见成效,然后推广行之,次第认真布置,则经费可以周转,乃为持久之方。南北洋地面过宽,界连数省,必须分段督办,以专责成。(摘抄起)著派李鸿章督办北洋海防事宜,派沈葆桢督办南洋海防事宜。(止)所有分洋分任、练军设局及招致海岛华人诸议,统归该大臣等择要筹办。其如何巡历各海口,随宜布置,及提拨饷需整顿诸税之处,均著悉心经理。如应需帮办大员,即由李鸿章、沈葆桢保奏候旨简用。各该省督抚务当事事和衷共济,不得稍分畛域。陆军须归并训练,方能得力。著各该督抚各就地方形势,量更旧汛,合营并操,画一训练,限一年内办理就绪,奏请派员查阅。江防与海防表里,著彭玉麟、杨岳斌会同李成谋勤加操练,俟海防船炮购成,应择要添设兵轮船若干只,配兵练习。著与李鸿章、沈葆桢会商办理。云南、四川、广东、广西、福建各边境均有洋人窥伺,并著各该督抚整顿吏治、军政,留意交涉事件,以固边防,勿得轻启衅端,以致不可收拾。至铁甲船需费过巨,购买甚难。著李鸿章、沈葆桢酌度情形,如实利于用,即先购一两只,再行续办。(摘抄起)海防用度浩繁,如何提拨应用,即著户部、总理各国事务衙门妥议具奏,并著总管内务府大臣量入为出,裁汰浮费,户部、工部于应发款项,著详细酌核,力杜浮冒。各省公私各费,该督抚务当实力撙节,以裕国用。开采煤铁事宜,著照李鸿章、沈葆桢所请,先在磁州、台湾试办,派员妥为经理。即有需用外国人之处,亦当权自我操,勿任彼族挠越。出使各国及通晓洋务人才,著李鸿章、沈葆桢随时切实保奏。此外各督抚等如有所知,亦著据实保奏。余均著照所议办理。总理各国事务衙门折一件、片一件、单二件著抄给李鸿章、沈葆桢阅看,仍详细妥议具奏。此次议奏有关系西北及防范俄人事务,业由总理各国事务衙门抄寄左宗棠阅看。即著该大臣通盘筹画,以固塞防。西北水利事宜,并著该大臣会商谭钟麟相机筹办。东三省为根本重地,尤应加意整顿。著该将军、副都统、府尹切实筹画。醇亲王折两件,并丁宝桢、文彬片,著抄给该将军等阅看,迅速覆奏。沈葆桢已补授两江总督,海防紧要,自应迅速到任,以专责成。惟台湾开山抚番一切事宜,是否仍须该督亲为督率抑或奏派大员经理,并著沈葆桢酌度情形,速行具奏。将此由六百里密谕李鸿章、沈葆桢、左宗棠、彭玉麟、崇实、岐元、清凯、奕榕、奕艾、丰绅、托克湍、李鹤年、李瀚章、吴棠、英翰、刘岳昭、杨岳斌、刘坤一、吴元炳、裕禄、丁宝桢、杨昌濬、王凯泰、翁同爵、王文韶、张兆栋、刘长佑、岑毓英,并传谕刘秉璋知之。钦此。传旨寄信前来。(抄交总理衙门,摘抄交工、户部,内务府)

317　军机大臣字寄山东巡抚丁,江苏巡抚吴,传谕署江西巡抚·布政使刘秉璋。光绪元年四月二十六日,奉上谕:(摘抄交户部)崇实奏请饬催欠解银两,并(摘抄起)恳添筹拨款一折。(止)奉省挑选练兵饷项,经户部奏拨山东、江西地丁,及江苏厘金、江海关六成洋税各项下,共银十二万两。仅据山东、江西、江海关各解到银一万两,江苏报解银二万两,其余尚欠解银七万两。奉省练兵饷需,关系紧要。著丁宝桢、吴元炳、刘秉璋迅将欠解饷银扫数筹解,并(起)著户部添筹饷银十万两,即于附近省份或沿海地方指拨,以裕兵食。(止)将此由四百里谕知丁宝桢、吴元炳,并传谕刘秉璋知之。钦此。遵旨寄信前来。(摘抄交户部)

387　军机大臣字寄大学士·直隶总督·一等肃毅伯李,署两江总督·江西巡抚刘,山东巡抚丁,河南巡抚钱。光绪元年五月十八日,奉上谕:崇实奏请饬催各省欠解银两一折。奉省自同治十年起,各省共欠解历年专饷银三十万零九千余两。虽经叠咨奏催,仍未解到。再本年部拨协济奉省俸饷银十六万六千余两,迄今亦未报解。现在岁需、额领、杂支等款,均关紧要,万难迟误。著李鸿章、刘坤一、丁宝桢、钱鼎铭将各该省欠解奉省历年专饷,源源筹拨,毋再延缓。至本年部拨之款务于本年七月内解到一半,以资接济。原单著分别摘抄给阅看。将此由五百里各谕令知之。钦此。遵旨寄信前来。

409　光绪元年五月二十六日,奉旨:此案著交刘坤一、吴元炳督同臬司亲提人证卷宗,秉公严讯确情,按律定拟具奏。原告民人刘春季,该部照例解往备质。钦此。

451　军机大臣字寄署两江总督·江西巡抚刘,江苏巡抚吴。光绪元年六月初八日,奉上谕:李瀚章奏,赴滇查办事件,需员差委,湖北候补知府蒋铭勋熟悉洋务,前因丁忧回籍,请旨饬调等语。著刘坤一、吴元炳饬令该员搭坐轮船迅赴湖北,听候李瀚章差委,毋稍迟延。将此由四百里各谕令知之。钦此。遵旨寄信前来。(抄交吏部、总理衙

门)

483　军机大臣字寄钦差大臣 · 督办新疆军务 · 大学士 · 陕甘总督 · 一等恪靖伯左，署吉林将军 · 宁夏将军穆，署两江总督 · 江西巡抚刘。光绪元年六月十七日，奉上谕：(摘抄起)穆图善奏请，将旧部马队带赴吉林，江宁月饷请饬照前拨解，由上海运赴牛庄，调夏允升差委各折片。穆图善所部留扎泾州之马队五百名，前谕令该将军檄调来京，交神机营暂行管带。现在该将军前赴吉林署任，著准其将此项马队带往，以资防剿。江宁向有月协穆图善军营饷银一万两，著两江总督照前拨给，按月解至上海，交该将军所派委员经收，附搭轮船运赴牛庄，转解吉林应用。(摘抄止)道员夏允升所带步队，著左宗棠另行派员接统，饬令该员迅赴吉林听候差遣。该署将军所调西蒙克什克长顺并芬车等，暨神机营拨解洋枪，已照所请谕知各该衙门矣。将此谕知穆图善，并由四百里谕令左宗棠、刘坤一知之。钦此。遵旨寄信前来。(摘抄交神机营、户部)

549　军机大臣字寄福州将军，直隶、两江、湖广、闽浙、四川、两广、江苏、安徽、江西、浙江、福建、山东、山西、河南、湖北、湖南、广东各督抚，传谕粤海关监督。光绪元年七月初十日，奉上谕：户部奏请饬催各省关欠解京饷一折。本年京饷经户部奏拨并续拨银八百万两，均限五月前解到一半，年终一律解清。兹据该部查明截至六月十六日止，除已经解到报解起程划拨等款外，尚有山西地丁银七十五万两，山东地丁银十九万两，浙江地丁银十万两，湖北地丁银十七万两，湖南地丁银三万两，河南地丁银十五万两，安徽地丁银十万两，江西地丁银十万两，长芦盐课加价银三十万两，两淮盐课盐厘银三十五万两，两浙盐课盐厘银八万两，河东加课羡余银五万两，广东盐课帑息银十六万两，山东盐课加价银十三万两，福建盐课银五万两，湖北盐厘银六万两，湖南盐厘银三万两，四川盐厘津贴银二十二万两，福建茶税税厘银二十八万两，粤海关税盈余银七万两，闽海关洋税银二十八万两，九江关洋税银三十二万八千余两，浙海关常洋两税银二十六万两，江海关洋税银十八万五千余两，江汉关洋税银十四万两，天津关常洋两税银十三万五千余两，赣关税银五万两，江西厘金银二万两，江苏厘金银五万两，浙江厘金银五万两，广东厘金银五万两，湖北厘金银二万两，共未解银四百九十三万九千余两。京饷关系紧要，著各该将军、督抚、监督等即将前项应解银两，迅即照数拨解，统于年内扫数解齐。倘有迟延拖欠，致误要需，即著户部指名严参。其山西地丁，两淮盐课盐厘，九江、天津关税欠解同治九、十、十一、十二等四年京饷除划拨免解四十七万九千余两外，尚欠解银八十二万余两，又天津关欠解十三年京饷十万八千余两，两淮欠解十三年京饷十五万两，著统限于年内先解一半，其余一半限来年五月以前找解清楚，毋再仍前延欠。将此由五百里谕知福州将军、直隶、两江、湖广、闽浙、四川、两广、江苏、安徽、江西、浙江、福建、山东、山西、河南、湖北、湖南、广东、各督抚并传谕粤海关监督知之。钦此。遵旨寄信前来。(抄交户部)

581　光绪元年七月二十七日，内阁奉上谕：江西吉安府知府员缺，著钟珂补授。

钦此。

582 查:江西吉安府知府系冲繁疲难最要缺;河南汝宁府知府系冲繁难要缺。谨奏。

610 光绪元年八月初三日,内阁奉上谕:李文敏著补授江西布政使,江西按察使著任道镕补授。钦此。

625 光绪元年八月初五日,内阁奉上谕:江西南昌府知府员缺紧要,著该抚于通省知府内拣员调补,所遗员缺著孙凤翔补授。钦此。

768 光绪元年九月十一日,内阁奉上谕:总理各国事务衙门奏,申明各国条约,请饬各省遵照一折。洋人入内地游历,各国条约内均经载明,必须请有执照,盖用中国印信,经过地方随时呈验放行。倘有不法情事,亦载明就近交领事官办理。沿途只可拘禁,不可凌虐。如□□□有身家之人,概不许给与执照。条约本极明晰,地方官不难分别办理。近有英国翻译官马嘉理在云南边境被戕一案,其为何人戕害,业派李瀚章驰往查办。嗣后各省督抚务当通饬所属地方官,细核条约本意,遇有各国执持护照之人入境,必须照约妥为分别办理,以安中外而杜衅端。钦此。(抄交总理衙门)

774 军机大臣字寄仓场侍郎延、毕,署两江总督·两广总督刘,署湖广总督·湖北巡抚翁,江苏巡抚吴,安徽巡抚裕,江西巡抚刘,浙江巡抚杨,山东巡抚丁,湖南巡抚王,传谕署河南巡抚·布政使刘齐衔。光绪元年九月十三日,奉上谕:延煦、毕道远奏修廒经费,请酌提轻赍银两一折。延煦等筹修廒座,需款孔殷。著照所请,即于各省应解轻赍银两内提拨江苏提银五千两,浙江提银一万两,山东提银二千二百两,河南提银一千一百两,江安提银二千两,江西提银一万一千两,湖南提银一千四百两,湖北提银二千三百两。该督抚等即饬各该粮道,迅速筹措,务于来年起解轻赍银两时,附搭解通交纳,即在光绪三、四两年应解款内匀分扣还。著该侍郎等督饬各仓监督择日兴修,务须工坚料实,以期经久,毋稍草率。余著照所议办理。将此谕知延煦、毕道远、刘坤一、翁同爵、吴元炳、裕禄、刘秉璋、杨昌濬、丁宝桢、王文韶并传谕刘齐衔知之。钦此。遵旨寄信前来。(抄交户部)

823 光绪元年九月二十九日,内阁奉上谕:刘秉璋、李文敏奏恳请陛见各一折。刘秉璋著即来京陛见,江西巡抚著李文敏护理,李文敏俟刘秉璋回任后,再行来京陛见。钦此。

838 军机大臣字寄盛京、直隶、江苏、安徽、江西、浙江、福建、湖北、湖南、河南、山东、山西、陕西、甘肃、四川、广东、广西、云南、贵州各将军、督抚。光绪元年十月初三日,奉上谕:本年直隶安州等处积涝大注,各州县灾歉频仍;浙江钱清等场被灾;广西太平等府民气未复;江西进贤等县厅被淹被旱;江苏海州被淹;陕西咸宁等州县被灾;贵州兴义等处被扰；湖北省被兵最久，元气未复；节经各该督抚奏到，已加恩将民欠钱粮等项分别蠲减豁免缓徵。并谕令户部将各省民欠钱粮酌核奏请蠲免。山东济宁等州县上年被水，该抚业经筹款散放。山西太原及右玉等处粮价昂贵，已准该抚出借仓谷，并暂缓补还米石。广东顺德、番禺、广宁等处被风被水，安徽池州府属被水，均经各该抚随时抚恤，小民谅可不至失所。惟念来春青黄不接之时，民力未免拮据，著传谕该督抚等体察情形，如有应行接济之处，即查明据实覆奏，务于封印以前奏到，候朕于新正降旨加恩。再直隶文安等州县间有积水村庄，湖南澧州及浏阳等处被淹，浙江杭州等府属被淹，各属田禾被水受旱，甘肃皋兰等州县被雹，河南各属间有积水，江西南昌等处被淹被旱，山东各属间有被淹，江苏各属被淹被旱，该督抚等业经奏明分别查勘，即著迅速办理。并将来春应否接济之处，一并查明，于封印前奏到。此外各省有无被灾地方，应行调剂抚恤之处，著该将军、督抚等一并查奏，候旨施恩。将此各谕令知之。钦此。遵旨寄信前来。

852　军机大臣字寄福州将军，直隶、两江、湖广、闽浙、四川、两广、江苏、安徽、江西、浙江、福建、山东、山西、河南、湖北、广东各督抚，传谕粤海关监督。光绪元年十月初七日，奉上谕：户部奏请饬各省赶解京饷一折。本年京饷前经户部原拨续拨共银八百万两，统限年内解齐。兹据该部查明截至九月二十日止，除划拨解到报解起程等款外尚有山西地丁银五十万两，山东地丁银十四万两，湖北地丁银八万两，河南地丁银十万两，安徽地丁银十万两，江西地丁银十万两，长芦盐课加价银三十万两，两淮盐课盐厘银三十万两，河东加课羡余银五万两，广东盐课帑息银八万两，山东盐课加价银五万两，福建盐课银五万两，湖北盐厘银五万两，四川盐厘津贴银十万两，福建茶税税厘银十七万两，粤海关税盈余银二万两，闽海关洋税银七万两，九江关洋税银十八万六千余两，浙海关常洋两税银二十六万两，江海关洋税银十三万五千余两，江汉关洋税银三万两，天津关常洋两税银十三万五千余两，赣关税银五万两，江西厘金银二万两，江苏厘金银一万两，浙江厘金银二万五千两，广东厘金银二万五千两，共未解银三百十三万余两。京饷关系紧要。现在部库年内例放一切款项甚巨，需饷孔急。著各该将军、督抚、监督等即将前项欠解银两，迅速如数依限解京。其已报起程各款亦即赶催解部，毋任沿途逗遛。倘有诿卸拖欠，致误要需，即著户部指名严参。至各省关欠解同治十年起至十三年止四届京饷内，除划拨外，尚有山西地丁欠解十年京饷银一万两，十一年京饷银十万两，十二年京饷银十五万两；两淮盐课盐厘欠解十年京饷银十二万两，十一年京饷银十五万两，十二年京饷银十五万两，十三年京饷银十五万两；九江关洋税欠解十二年京饷银十万六百余两；天津关常洋两税欠解十三年京饷银十万八千余两；四届积欠共银一百三万八千余两。并著各该督抚等按照户部本年七月间奏案于年内先解一半，其余一半限来年五月以前解清，毋得藉词诿卸，致滋贻误。将此由五百里谕知福州将军，直隶、两江、湖广、闽浙、四川、两广、江苏、安徽、江西、浙江、福建、山东、山西、河南、湖北、广东各督抚并传谕粤海关监督知之。钦此。遵旨寄信前来。（抄交户部）

892 军机大臣字寄两江总督沈，署两江总督·两广总督刘，闽浙总督李，四川总督吴，云贵总督刘，署湖广总督·湖北巡抚翁，署云贵总督·云南巡抚岑，江苏巡抚吴，安徽巡抚裕，浙江巡抚杨，福建巡抚王，江西巡抚刘，陕西巡抚谭，湖南巡抚王，贵州巡抚黎，传谕护理江西巡抚·布政使李文敏。光绪元年十月十九日，奉上谕：刘坤一奏，匪党潜滋，请饬密查妥办等语。据称江苏匪徒内有安清道友、哥老会两大起。安清道友多在江北，所有劫杀重案及包贩私盐、掠赀妇女皆其伙党所为。哥老会蔓延湘鄂、浙闽、云贵、川陕、安徽、江西各省，而江苏为尤多。近来该匪等各立山名堂名，甚至分设伪官，制造伪印及旗帜等项，渐有萌动之势。刘坤一现饬总兵吴家榜查拿头目易文富等讯明情罪重轻，分别办理。该匪等党与甚众，散布各省地方，狼狈为奸，深虑酿成巨患。著该督抚等不动声色，密查妥办，侦拿首恶各匪，务期弋获，按律严惩，一面解散胁从，以安反侧，总期消患未萌，不得稍涉大意。哥匪多系前在军营将弁，其中甘为游荡者固多，迫于饥寒者亦复不少。并著各该省督抚宽为收标，仿照江西奏准章程，给予半俸，以示体恤。此事全在该督抚等操纵得宜，断不可意存姑息，养痈贻患，亦不可任令地方官搜查扰累，别滋流弊，务各妥慎办理，随时具奏。将此谕知沈葆桢、刘坤一、李鹤年、吴棠、刘岳昭、翁同爵、岑毓英、吴元炳、裕禄、杨昌濬、王凯泰、刘秉璋、谭钟麟、王文韶、黎培敬并传谕李文敏知之。钦此。遵旨寄信前来。

901 光绪元年十月二十一日，奉旨：此案著交刘秉璋督同臬司亲提人证、卷宗，秉公严讯确情，按律定拟具奏。原告民人郑达元，该部照例解往备质。钦此。

964 军机大臣字寄大学士·直隶总督·一等肃毅伯李，两江总督沈，两广总督刘，四川总督吴，兼署两广总督·广东巡抚张，江苏巡抚吴，安徽巡抚裕，江西巡抚刘，浙江巡抚杨，河南巡抚李，山东巡抚丁，传谕护理江西巡抚·布政使李文敏，署河南巡抚·布政使刘齐衔，粤海关监督文铦。光绪元年十一月初九日，奉上谕：户部奏续拨惠陵工程银两一折。据称光绪二年惠陵工程应需银两拟拨山东地丁银七万两，河南地丁银七万两，江西地丁银七万两，浙江地丁银七万两，江苏厘金银七万两，安徽厘金银七万两，广东厘金银七万两，两淮盐厘银七万两，四川盐厘津贴银七万两，粤海关六成洋税银七万两，镇江关六成洋税银五万两，天津关六成洋税银五万两，共银八十万两，请饬各省关照数拨解等语。工程要需，自应赶紧筹拨。著各该督抚、监督等按照户部指拨各款银两，限来年二月起，迅速派员分批陆续径解惠陵工程处交纳，并限来年十月以前如数解清，毋稍延误。嗣后每年应需银两仍著户部届时照案筹拨，统俟此项工程估需银两分年拨齐后，再行奏明停止。将此由五百里谕知李鸿章、沈葆桢、刘坤一、吴棠、张兆栋、吴元炳、裕禄、刘秉璋、杨昌濬、李庆翱、丁宝桢，并传谕李文敏、刘齐衔、文铦知之，钦此。遵旨寄信前来。（抄交户部）

965 军机大臣字寄福州将军，直隶、两江、湖广、闽浙、两广、四川、江苏、安徽、江西、福建、浙江、湖北、湖南、河南、山东、山西、广东各督抚，传谕粤海关监督。光绪元年十一月初九日，奉上谕：户部奏预拨来年京饷一折。据称历届京饷均于年前预拨，光绪二年京饷拟在各省地丁、监课、关税等款内指拨银七百万两，请饬各该省于来年分批起解等语。京饷关系紧要，现经该部就各省缓急情形斟酌动拨，自应遵照奏定数目，源源报解，以应要需。著该将军、督抚、盐政、监督等务于来年开印后分批起解，限五月前解到一半，十二月初开全数解清，不准截留改拨，藉词延误。倘届限不到，即照奏定章程指名严参。原单著分别摘抄给与阅看。另片奏内务府光绪二年应需经费拟拨两淮盐课银五万两，两浙盐课银五万两，广东盐课银五万两，福建茶税银十万两，闽海关常税银十万两，太平关常税银十万两，九江关常税银十五万两，共银六十万两，请饬依限完解等语。著该将军、督抚、盐政等务于来年开印后陆续径解内务府交纳，先将起程日期报部，仍限六月前解到一半，十二月初间扫数解清，不准稍有蒂欠。将此由五百里谕知福州将军，直隶、两江、湖广、闽浙、两广、四川、江苏、安徽、江西、福建、浙江、湖北、湖南、河南、山东、山西、广东各督抚，并传谕粤海关监督知之。钦此。遵旨寄信前来。（抄交户部）

1001　光绪元年十一月二十三日，内阁奉上谕：刘秉璋奏请催臬司赴任等语。江西按察使任道镕，业经请训，著即速赴江西，以重职守。该部知道。钦此。

1007　军机大臣字寄兼署湖广总督·湖北巡抚翁，江西巡抚刘，湖南巡抚王，传谕护理江西巡抚·布政使李文敏。光绪元年十一月二十六日，奉上谕：文彬奏请饬江西等省仍筹拨款等语。南河堰盱石工协款向由江西等省筹拨。户部前以湖北省本年买米起运，咨准停解，并令文彬声明江西、湖南拨款，能否停止。该漕督尚未覆奏，湖南已请停解。兹据文彬所称该工关系甚重，再修三、四年可一律巩固。若遽行停止，恐续塌日多，需款更巨，请旨仍饬筹解，亦系实在情形。著刘秉璋、李文敏将原拨南河协饷按年批解。其湖北、湖南漕项银两，著翁同爵、王文韶于筹运正供外，仍设法筹拨，以济要需。将此由四百里谕知翁同爵、刘秉璋、王文韶并传谕李文敏知之。钦此。遵旨寄信前来。（抄交工、户部）

1050　光绪元年十二月十三日，奉旨：此次查办文职废员，圈出之杨能格同四品以下圈出在京在籍之京外各员，著吏部查明，分别带领引见。钦此。

1051　谨将京外文职公罪革职降调废员，缮具清单恭呈御览。

…………

马修良，前江西题补义宁州知州。因署临川县任内欠解地丁，饬令就近拨交接济军饷，该员以库无存银为辞，禀请改拨，奏参革职，公罪。

王安敦，前江西候补知县。因纵容勇丁索饷滋闹，奏参革职提讯，嗣据讯明于各营兵丁不能设法约束，尚无纵勇滋闹情事，业经革职，充其治罪，公罪。

黄来晨，前江西泸溪县知县。因县城被匪闯入，虽由城缺兵单，究属防御不力，奏参革职，公罪。

王惠宝，前江西署清江县知县。因任内滨临大河，堤圩被冲，办理稽迟，以致民遭水患，奏参革职，公罪。

1052　京外文职私罪案情较轻废员，恭呈御览。

…………

王沐，前江西补用道。因罔顾军情缓急，所部勇丁沿途骚扰，该员并不弹压，实属谬妄玩误，革职发往军台效力赎罪。嗣因贼逼婺源，该革员孤军首当其冲，皖南转危为安，尚有微劳足录，免其发遣，私罪。

成昆山，前江西署南城县知县。因会算前官交代，既无亏短，不为接收，已属不合，犹复藉词来省，旷误职守，奏参革职，私罪。

1053　谨将京外文职私罪案情较重，缮具清单，恭呈御览。

…………

吴秉衡，前江西候补知府。因署饶州府任内于吴甲夹等挟仇放火，杀伤事主一案，督缉不力，照创降二级调用，该员并无级纪抵销，议以降二级调用，嗣因行迹贪污，心术狡险，甄别革职，私罪。

董敬宣，前江西建昌府知府。因任意需索，公事糊涂，甄别革职，私罪。

黄际昌，前江西候补直隶州知州，因性情巧滑，操守不谨，甄别革职，私罪。

王庆恩，前江西候补知州。因枪案疏于防范，其□□□觔封存南木，办理复极草率，又失察库书得赃，且任内另有私设船捐。因公科敛情事，奏参革职，私罪。

李恩铭，前江西候补通判。因办事任性，声名平常，甄别革职，私罪。

程乃文，前江西新淦县知县。因操守不谨，听断失平，甄别革职，私罪。

吴鸿庆，前江西署崇义县知县。因自便私图，不协舆情，甄别革职，私罪。

姚维进，前江西新昌县知县。因大节有亏，甄别革职，私罪。

李溥，前江西署星子县知县。因一味浮滑，毫无实济，甄别革职，私罪。

管纪勋，前江西补用知县。因派在广信府当差，日事游嬉，不致检束，以致物议沸腾，实属昏庸不职，奏参革职，私罪。

陈本濂，前江西候补知县。因派在广信府当差，日事游嬉，不知检束，以致物议沸腾，实属昏庸不职，奏参革职，私罪。

孙灏，前江西署余干县知县。因性情狡猾，难任地方，甄别革职，私罪。

余云慎，前江西候补知县。因官声平常，办事因循，甄别革职，私罪。

霍介舒，前江西武宁县知县。因听断乖谬，甄别革职，私罪。

徐德仪，前江西安远县知县。因居心贪鄙，声名狼藉，甄别革职，私罪。

丁锡和，前江西星子县知县。因同治五年大计，以才具平庸，公事疲玩，照罢软例革职，私罪。

张启，前江西奉和县知县。因补行同治元年大计，以公事疲顽，舆情不惬，照罢软例革职，私罪。

潘□新，前江西署浮梁县知县。因声名平常，甄别革职，私罪。

…………

1054 谨将京外文职休致，永不叙用废员，缮具清单，恭呈御览。

…………

徐文藻，前江西试用道。因办事颟頇，甄别勒令休致，私罪。

…………

何栻，前江西署吉安府知府。因疏放自喜，不协舆情，甄别勒令休致，私罪。

唐廷铨，前江西南安府同治①。因不通文理，甄别勒令休致，私罪。

…………

谢得环，前江西补用知州。因精力颓废，甄别勒令休致，私罪。

…………

黄模，前江西樟树镇通判。因性情疏缓，不能约束丁差，实难胜任，勒令休致，私罪。

吴世亨，前江西南昌府通判。因文理不甚通晓，未使稍事姑容，甄别勒令休致，私罪。

李文汉，前江西樟树镇通判。因蠕懦无能，任听书役勾结地方土棍，唆讼生事，牵累无辜，实属庸劣不职，勒令休致，私罪。

崔矩，前江西德兴县知县。因年力就衰，审理案件疲玩颟顸，难胜民社之任，甄别勒令休致，私罪。

叶永湙，前江西代理弋阳县知县。因年力就衰，审理案件废玩颟顸，难胜民社之任，甄别勒令休致，私罪。

沈曦，前江西署崇仁县知县。因庸劣不职，甄别勒令休致，私罪。

宋际盛，前江西试用知县。因久病未痊，精力衰颓，难期振作，未便令其恋栈，勒令休致，私罪。

宋学濂，前江西弋阳县知县。先因通饬丁漕章程颁发示谕，并未张贴，奏参，暂行革职。又因甄别案内，精力颓惰，难期振作，勒令休致，私罪。

吴朝宗，前江西庐陵县知县。因年力衰颓，难期振作，甄别勒令休致，私罪。

郭宸，前江西崇义县知县。因肆意钻营，甄别勒令休致，私罪。

冯林焱，前江西试用知县。因性情贪鄙，甄别勒令休致，私罪。

俞潘，前江西委用知县。因耄年昏聩，难期振作，甄别勒令休致，私罪。

吴炳辉，前江西候补知县。因不谙文理，甄别勒令休致，私罪。

陈鸿基，前江西上高县知县。因不谙文理，甄别勒令休致，私罪。

胡鸿亮，前江西补用知县。因精力颓废，甄别勒令休致，私罪。

陈大文，前江西试用知县。因不通文理，甄别勒令休致，私罪。嗣因冲锋冒险保奏，给予知县虚衔顶带。

---

① 光绪《广州府志》卷55《选举表》："唐廷铨，咸丰南安、九江同知，蓝翎。"知唐廷铨有任职南安府同知的经历，"同治"当为"同知"之误。

戴荣桂，前江西候补知县。因不谙文理，甄别勒令休致，私罪。

吴光业，前江西试用知县。因不通文理，甄别勒令休致，私罪。

袁树炳，前江西试用知县。因不通文理，甄别勒令休致，私罪。

狄已礽，前江西龙泉县知县。因任内所辖等处，土匪滋事，并不亲往查拿，并于国制期内在署演剧，奏参革职，永不叙用，私罪。

敬永纶，前江西试用县丞捐升知县。因以本地绅士奉委代理西宁府经历，并不禀请回避，实属有意朦混，奏参革职，永不叙用，私罪。

…………

1092　光绪元年十二月十八日，内阁奉上谕：御史张道渊奏，各省命盗重案，请饬各该道细心覆审等语。道员职任监司，审理案件原属分内之事，著各该督抚严饬各该道于所属命盗重案，细心覆审，不得仅以过堂了事，致有枉纵。钦此。

1093　光绪元年十二月十八日，内阁奉上谕：御史张道渊奏请饬各省办理开垦事宜等语。据称各省军务肃清，荒田所在多有其招垦者，每因书差需索，以致户民不敢承领，其已垦之处，并有书役及刁生劣监通同作弊，捏报短征勒索私派，甚至有开垦多年，不令升科等情，亟宜认真整顿，著各省督抚饬令各府、厅、州、县查明未经开垦之地，广为招徕，酌给籽种，其已经开垦者，无论何地，实力稽查，如有尚未报明者，酌量田地，准其照例升科，倘有书差勒指包庇，及藉端滋扰等弊，即著严行惩办。钦此。

1101　军机大臣字寄两江总督沈，四川总督李，两广总督刘，闽浙总督李，兼署湖广总督·湖北巡抚翁，兼署云贵总督·云南巡抚岑，江苏巡抚吴，安徽巡抚裕，江西巡抚刘，浙江巡抚杨，福建巡抚丁，陕西巡抚谭，湖南巡抚王，贵州巡抚黎，传谕暂护四川总督·布政使文格，护理江西巡抚·布政使李文敏。光绪元年十二月二十日，奉上谕：前据刘坤一奏，哥老会匪蔓延湘鄂、浙闽、云贵、川陕、安徽、江西各省，而江苏为尤多，该匪半系前在军营将弁，其中迫于饥寒者不少，请饬宽为收标，给予半俸以示体恤。当经谕令沈葆桢等办理。兹据李瀚章奏称，匪徒设立会名，全在大吏督饬地方官设法严拿，有犯必惩，至虑其为匪，遂谋所以赡恤之，不特度支难继，甚且良莠不分，请饬毋庸另立章程等语。著沈葆桢、李鹤年、翁同爵、岑毓英、吴元炳、裕禄、刘秉璋、杨昌濬、丁日昌、谭钟麟、王文韶、黎培敬、文格、李文敏体察情形，悉心妥议，奏明办理。原折著抄给阅看，将此谕知沈葆桢、李瀚章、刘坤一、李鹤年、翁同爵、岑毓英、吴元炳、裕禄、刘秉璋、杨昌濬、丁日昌、谭钟麟、王文韶、黎培敬并传谕文格、李文敏知之。钦此。遵旨寄信前来。

1134　光绪元年十二月二十六日，内阁奉上谕：给事中黄槐森奏敬陈管见，请兴利除弊一折。各省州县交代，本应遵照定章核算完缴，乃上司意存见好，逾限不即奏参，或责令新任垫还，或另委他缺调济，殊不足以示惩儆，著各该督抚破除情面，将各州县交代勒限清厘追缴。逾限未完，即行照例参办，毋许稍涉瞻徇。厘税各局委员过多，既耗公费更滋弊端，著各该督抚、监督体察情形，将各局酌量裁并，并将局中冗员随时裁汰，以杜虚縻。讼狱关系民命，尤当加意矜恤。著各该督抚严饬属员，遇有词讼案件，迅速秉公讯结，毋得迟延，并严禁吏役需索，私刑逼勒等弊，俾免冤抑。各州县催征钱粮，不得纵容差役妄拿平民，肆意勒索，致滋扰累。至厘卡税厂设立巡丁巡船，原所以防走漏，何得将庶民货物中途截拿，故意留难，冀饱私囊，如有前项情弊，即著严行惩办，毋稍宽纵。钦此。

光绪二年

4　光绪二年正月初六日，内阁奉上谕：御史吴鸿恩奏请饬举行宣讲一折。宣讲《圣谕广训》，巨典昭重，自应认真举办。乃近来各地方官往往视为具文，实属不成事体。著顺天府五城实力奉行，并著各直省督抚、学政督饬地方暨教职各官随时宣讲，毋得有名无实。另片奏请饬学政严密关防等语。科场舞弊，例禁綦严。若如该御史所奏抢冒顶替等弊，仍所不免。并有教职与承差勾通作弊情事，殊堪痛恨。著各直省学政随时稽查，如有前项情弊，即著严行究办，以端士习而肃官方。钦此。

19　军机大臣字寄江西巡抚刘、传谕护理江西巡抚 · 布政使李文敏。光绪元年正月十三日，奉上谕：内务府奏，光绪元年份内务府经费，经户部奏拨九江关常税银十五万两。除陆续解过外，尚欠银六万两，并摊缴参价及带完陈欠银一万两，至今未据报解，请旨饬催等语。内务府经费关系紧要，岂容任意延宕。著刘秉璋、李文敏严饬九江关监督迅将上年欠交银两星速筹拨，务于二月内解交，以济要需。其本年应解之款，并著依限解清，毋任再有蒂欠。将此由四百里谕知刘秉璋并传谕李文敏知之。钦此。遵旨寄信前来。(抄交内务府)

20　光绪二年正月十五日，内阁奉上谕：刘秉璋奏，查明各属被水、被旱、被虫，应征新旧钱漕等款请分别缓征一折。江西光绪元年夏秋间，南昌等府属早稻被淹，晚禾被旱，并被虫伤，或颗粒无收，或收成歉薄，若将应征钱漕等款照常征收，民力实有未逮。加恩著照所请。所有南昌县之一社一图，三社二图，军都下一图，十一社二图，十二社一图，进外三图，三、四都各六图，五都五、九图，六都七图，七都一、五图，八都二、四、五、六、下六、七图，十都六图，十一都一、二、下三图，十二都二、三、六、下七图，十三都一图至五图，十四都一、下一、二、三、四、六图，十五都一图至八图，十六、十八都各一图至五图，十七都一图至六图，十九都一图至十图，二十都二、四、五图，二十一都归又一图、归三、南一、二、三图，二十二都一图至八图，二十三都一图至十六图、十八图至二十二图，二十四都一图至十图、十二图至十六图、军都二图，二十五都一、九图、二图至八图、十图至十四图，二十六都一图至六图，二十七都一图至十二图、军都三图，二十八都二、三、四、六、九、十、十一、十二、十三、十四图，二十九都二、四、三、十、下五、六、七、八、九、十二图，三十都一、四、十图，三十一都正五、七、北十、十二图，三十二都三图，三十三都二、四图，三十四都二、三、四、六、七、八、九、十、十一图，三十五都三、六、七、八、十、十一、十三图,三十六都十二图,三十九都六图,四十都十图,四十五都长一、二、三、四、五、六、南一二三、西南二、北一图,四十六都一图至七图、九图、十一图至十五图,四十七都四、北五、兴五、南五、六、九图,四十八都南一、北一、二、三、长二、南二、三、四图,四十九都一、三、四、六图,五十一都一、二、三、四图、军都五图等处,各则民田三千六百十三顷八十三亩零,未完地丁银一万二千六百十四两零,漕米二万一千六百五十五石零。

同新建县之六都五、六、七图,七都二、六、七图,十二都五图,二十一都二、三、四、五图,二十二都一、二、三、四图,二十四都一图,二十五都二图,三十二都一、五图,三十三都一、四图,三十四都一、二、三图,三十六都一、二、四、五图,三十七都三图,三十九都一图,四十都一、二图,四十一都一图至五图,四十二都一、二、三图,四十三都一、二图,四十四、四十五、四十六、四十八各都各一、二、三、四图,四十七都一、二、三图,四十九、五十、五十一、五十二各都各一、二图,五十三都一、二、三、四图,五十四、五十五各都各一图至五图,五十六都一、二图,军都六图,七、八、九、十等坊等处,各则官民田共四千四百八十二顷三十三亩零,未完地丁银九千九百五两零,漕米九千四百一十石零。

进贤县之下五坂二十七都、三十都各一图至五图,二十八都、二十九都各一、二、三、四图,三十一二都一、二、三、四图;又滨临河湖之一都、五都各一图至五图,六都一图至七图,七都一图至七图、军图,上八都一图至十图,下八都一图至九图,九都二图至十图,十三四都六、七、八、九、十图,十五都一图至九图,十六都一图至十二图,十七都一图至九图,二十二都、二十三都各一图至十二图,二十四五都一、二、三、四图,二十六都一图至五图,三十三都一图至七图,三十四都一、二、三、四图,三十五、三十六、三十七各都各一图至六图,三十八都一图至五图,六隅东、西、南、北、正、中隅等处,各则四三千六十九顷一十亩,未完地丁银九千三百四十九两零,漕米一万二千四十一石零。

新喻县之一、二、三、四、五坊,一都、三都、十三都各一、三图,二都、四都、五都、六都、七都、八都、十一都、十六都、十七都、十八都、十九都各一、二、三图,十二都、十四都各一、二图,十五都二、三图,二十都一图,公图,军图,正附功屯等处,各则田地山塘共七千七十九顷四十六亩零,应征地丁、漕米内著缓征十分中之二分二厘,银七千一百六十五两零,米五千九十五石零。

莲花厅之砻西乡一、二、三、五、六、七、八、十、十二五六七八九等都,上西乡二十二三四五六七八九、三十、三十一等都等处,民田六百八十四顷七十九亩零,屯田五十顷二十一亩,未完地丁银四千六百三十一两零,漕米一千六百九十八石零,漕运屯粮银六百七十四两零,余租银一千三百十二两零。

安福县之东乡三都并五十五七八及六十、六十二三等都,南乡一都并三十五六七九及四十一三四五、五十一二等都,西乡四、五、六、七、八、九都并十一三四及二十一二等都,北乡二都并六十四五七九等都等处,各则田地一千六百六十二顷四十五亩零,未完地丁银一万六百九十两零,漕米六千二百四十七石零。并东乡三都并五十五八及六十三等都,南乡一都并三十六及五十三等都,西乡四都并十三四及二十二等都,北乡六十四五九等都等处,屯田二十一顷四十四亩零,未完屯丁银八两零,漕运屯粮银三百一两零，余租银五百八十八两零。

永新县之东乡六十三都并六十四五六七八九及七十一二等都，南乡五十三都及五十四五六七八九等都，西乡十一都并十二三四五六七八九及四十一二三四、六十一等都，北乡一都并二、三、四、五、六、七、八、九、十及七十一、七十三等都等处，民屯田地共一千六百二十二顷四十四亩零，未完地丁银一万三十二两零，漕米二千二百八十四石零，屯丁银二十七两零，存留屯粮银五十二两零，漕运屯粮银四百七十八两零，余租银一千八百七十八两零。

东乡县之二十八都上三图、下三图、军三图、缺三图、四图、七图，三十三都尾图，四都一图，五都上二图，六都二图、下三图，十八都上二图，十九都上三图等处，各则民田二百五十二顷十二亩零，未完地丁银一千九两零，漕米四百四十石零。

鄱阳县之附城各乡隅及西、北、东、南等乡之北乡四图，东隅一、三图，南隅五图，西隅一、二、五图，北隅一、五图，永平关五、六图，东北关一三图、后一二图，一都一图，三、四都一图至十图、十一、十七、十九、二十、二十一图，四都二、九图，六都一、二图，七都一、三图，八都四、六、十、十一图，九都一图，十都二、三、四图，十一都二、三、四、五图，十二都一、二图，辛十三都、崇十三都各一二图、十四图，十七都各一、二图，四十八都二、四图，五十都四图，五十一都四图至十图，五十二都二图至十图，五十三都一、四、五图，五十四都四、五、六图，五十七都一图，五十八都一、二、三、五、六、七图，五十九都二图至八图，六十四都二、四图，六十五都一、二、三图，六十六都一、二、三、四图，六十七都一图，六十八都四图各甲村等处，各则田地共六千五十二顷三十三亩，未完地丁银一万二千七百五十一两零，漕米六千九百九十九石零；并屯田坐落西北乡未完屯丁银二十六两零，存留屯粮银一百四十六两零，漕运屯粮银八百一十五两零，余租银九百九十九两零。

余干县之东、南、西、北四隅，二、三、四、五、六、七、八、九都，二十六、二十七、二十八、二十九、三十都，三十一、三十二、三十三、三十四、三十五、三十六都等处，各则田三千六百五十三顷三十九亩零，未完地丁银一万三千四百一两零，漕米八千二百四十石零。

乐平县之三、五、六、八、九、十都，十二、十四、十五、十七、十八、二十都，二十一、二十二、三十都，三十二、三十三、三十四、三十五都等处田亩，未完地丁银七千二百十二两零，漕米三千六百九十三石零。

万年县之西、北两乡隅塘村一都一、二、三、四图，陶岭村东隅一图，雷华村二都三图，石头村十三都三、四图，白马村二都一二图、三都一图，塘东村十二都三图，道港隔港村十三都二图，南隅二图，均湖村十二都四图，永丰村西隅一、二图，北隅一图，山背村十四都三图，燃湖村十一都四图，青溏村十三都一图、十四都二图，双蓝村四图，余柏村一图等处，三则田地共九百四十三顷二十一亩零，未完地丁银二千二百七十七两零，漕米一千四百三十五石零。

星子县之下七、下四、下二、下三、上三、上四、五、六等都，党上八、栖杨上八、二、三、五、六等都，各则民田三百十二顷二十二亩零，未完地丁银一千六百三十九两零；同南九二卫屯田未完屯粮丁银七两零,余租银八百四十两零。

都昌县之一、二都,三上下都,四上下都,五都,六上下都,七、八、九都,十上中下都,十一都,十三上下都,十四上下都,十五、十六、十八、十九都,二十三都,二十六上下都,二十九、三十都,三十一、三十二、三十三、三十四、三十五、三十六、三十七、三十八都,四十一、四十二、四十三都,四十五八都,四十六七都,市一、市二、市三、市四、五图、柴图、左镇等处,各则田五百四十顷四十一亩零,未完地丁银一千八百三十六两零,漕米一千二百四十五石零。

建昌县之归义、新城、修智、升仙、甘泉、受安等六乡,永丰、凝远、丰安、德政、市镇、钓台等六乡,各则田地四千三十二顷九十四亩零,未完地丁银一万一千二百九十二两零,漕米五千六百六十二石零。同安义县寄庄建昌县各乡,未完地丁银三百四十五两零,漕米一百五十七石零。

德化县白鹤、甘泉、楚城、仙居、仁贵、德化、南昌、通津、泰临、新民、桑落、赤松、封一、封二等乡,各则民屯、芦洲田地并密稀芦等项,未完地丁银二千七百十七两零,南九二卫屯粮丁银二百三十二两零,存留屯粮银五百十三两零,漕运屯粮银二千七百六十九两零,余租银五千八百二十三两零,光绪元年压征同治十三年芦课银一千二百二十六两零。

德安县之黄湾、陈湾、固村、墩下、金鸡、附城、神干、河东、后田、在市、乌石等堡等处,各则民田未完地丁银三千四百十三两零,并南九二卫坐落陈湾、金鸡、附城、河东、后田、乌石、在市等堡屯田未完屯粮丁银五十二两零,存留屯粮银五十四两零,漕运屯粮银一千九百七十一两零。

瑞昌县安泰乡之东关、固滩、青龙、九屯、巴山、荣桂、罗湖、安城、九屯、暗林、金岗、雨坛、龙源等堡,今一乡之蛇接、泥高、五马头等堡,今二乡之武茭、荷塘、封门、黄硚、牛山、连山、北亭、大林等堡,甘露乡之禁坪、双城、南阳、罗城、秦城等堡等乡,各则民田地六百八十九顷九十五亩零,未完地丁银三千一百八十一两零,并九江卫坐落该县之安泰及德化县之赤松、南昌、仙居、朗山、渠田等乡屯田,未完漕运屯粮银一千九十五两零,余租银二千一百六十四两零。

湖口县之上乡十三、十七、二十都,中乡二坊八都,下乡四六都、七都等处,上乡九都、十六都,中乡一坊、十二都,下乡三都、五都等处,共计上中下民田四百五十一顷十二亩,未完地丁银三千五百六十两零,并十二都、三都、五都等处编入德化县之仁贵乡、宿松县之孟家洲等处,共计屯田十四顷六十二亩,未完漕运屯粮银一百二十两零,余租银三百十五两零。

彭泽之四、六、八、九都,十二都,二十都,二十五都,三十三下都等处,应征未完地丁内,著缓征十分之五,银二千三百七十八两零。并四都之下隅坂,八都之乌沙坂,十二都之建德户古楼坂,二十五都之上潦洪,二十都之三百户杨梓桥民佃及九都等处,应征未完南九二卫屯余等款,同应额征光绪元年压征同治十三年芦课,内均著缓征十分之五,屯丁银二百九十八两零,存留屯粮银三百五十两零,漕运屯粮银四百七十三两零,余租银一千六百四十四两零,光绪元年压征同治十三年芦课银九百六十一两零。暨一、二、三、五、七都,十三、十五都,三十都,三十三上都,及一坊、二坊等处,应征未完地丁,内著缓征十分之三,银一千八百九十八两零。同三十都之上定山、下定山二百户,七都之太平坂等处,应征屯余等款,内著缓征十分之三,屯丁银九十八两零,存留屯粮银九十三两零,漕运屯粮银二百三十六两零,余租银六百七十一两零。

九江府同知衙门所辖南九二卫芦洲坐落桑落、赤松、封一、封二等乡,并密稀芦等项未完光绪元年压征同治十三年芦课银五百十六两零,均著缓至光绪二年秋后分作两年带征。湖口县芦洲未完光绪元年压征同治十三年芦课银一百九十九两零,著缓至光绪二年秋后分作三年带征。

新建县原缓十二年地丁、漕米;丰城县原缓十二年地丁、漕米;清江、峡江二县各原缓十二年地丁、漕米;新淦县原缓十三年地丁、漕米;莲花厅原缓十一、十二、十三等年各地丁、漕米、漕运屯粮、余租;东乡县原缓十一、十二两年丁漕,均除带征一半外,其余未完一半地丁、漕米;鄱阳县原缓十一年漕运屯粮、余租,均除完纳外,其余未完同原缓十一年地丁、漕米、屯丁、存留屯粮;乐平县原缓十一年地丁、漕米,十二、十三两年漕米,均除完纳外,其余未完同原缓十二、十三两年地丁;万年县原缓十一年丁漕,除带征一半外,其余未完一半地丁、漕米;星子县原缓十一年地丁、屯粮丁、余租;都昌县原缓十一年地丁、漕米;德化县原缓十二年存留屯粮,除完纳外,其余未完同原缓十二年地丁、屯粮丁、漕运屯粮、余租、芦课,又原缓十三年地丁、屯粮丁、漕运屯粮、余租、芦课;德安县原缓十三年地丁、屯粮丁、漕运屯粮;湖口县原缓十一、十二、十三等年地丁,均除完纳外,其余未完同各原缓漕运屯粮、余租,均著递缓至光绪二、三两年秋后带征。

南昌县原缓十二年地丁、漕米;新建县原缓十一年地丁、漕米;进贤县原缓十三年地丁、漕米;清江县原缓十一年地丁、漕米;安福县原缓十三年地丁、漕米、屯丁、漕运屯粮、余租;余干县原缓十三年地丁、漕米;建昌县并安义县之寄庄建昌县各原缓十三年地丁、漕米;德化县原缓十一年存留屯粮,除完纳外,其余未完同原缓十一年地丁、漕运屯粮、余租、芦课;德安县原缓十一年地丁、屯粮丁、漕运屯粮;瑞昌县原缓十二年地丁、屯余,均除带征一半外,其余未完一半地丁、漕运屯粮、余租;彭泽县原缓十一、十三两年各地丁、屯粮丁、漕运屯粮、余租、芦课,均著递缓至光绪三、四两年秋后带征。

南昌县原缓十一年地丁、漕米,进贤县原缓十二年地丁、漕米,新淦县原缓十二年地丁、漕米,新喻县原缓十三年地丁、漕米,安福县原缓十二年地丁、漕米、屯丁、漕运屯粮、余租,余干县原缓十二年地丁、漕米,建昌县并安义县之寄庄建昌县各原缓十二年地丁、漕米,瑞昌县原缓十一年地丁、漕运屯粮、余租,均著递缓至光绪四、五两年秋后带征。

进贤县原缓十一年地丁、漕米,安福县原缓十一年地丁、漕米、屯丁、漕运屯粮、余租,余干县原缓十一年地丁、漕米,建昌县并安义县之寄庄建昌县各原缓十一年地丁、漕米,均著递缓至光绪五、六两年秋后带征。

新淦县原缓十一年地丁、漕米,新喻县原缓十二年地丁、漕米,均著递缓至光绪六、七两年秋后带征。新喻县原缓十一年地丁、漕米,著递缓至光绪八、九两年秋后带征。

永新县原缓十三年地丁、漕米、屯粮丁、漕运屯粮、余租,均著递缓至光绪二年秋后一并带征。永新县原缓十二年地丁,除完纳外,其余未完同原缓十二年漕米、屯粮丁、漕运屯粮、余租,均著递缓至光绪三年秋后一并带征。永新县缓十一年地丁,除完纳外,其余未完同原缓十一年漕米、屯粮丁、漕运屯粮、余租,均著递缓至光绪四年秋后一并带征。

湖口县原缓同治十一年压征十年芦课,除完纳外,其余未完同十二、十三两年压征十一、十二两年各芦课银两,均著递缓至光绪二、三、四等年秋后带征。

鄱阳县同治八年原借修筑圩隄钱款,除初、二两限归入豁免案内办理外,实未完三限钱文,著递缓至光绪二年秋后带征,以纾民力。余著照所议办理。

该抚即刊刻誊黄,遍行晓谕,务使实惠均沾,毋任吏胥舞弊,用副朝廷轸念灾区至意。该部知道。钦此。

244 军机大臣字寄各直省督抚。光绪二年三月二十二日,奉上谕:御史李嘉乐奏,各省劝捐抽厘积弊中饱,请饬查禁一折。据称各省捐局委员往往欠解正项,辄以局用,赔垫及汇收未齐为词。其各省厘局于经过货物斗秤,稍有不符,指为夹带欺隐,数倍议罚,多入私橐等语。劝捐抽厘,本朝廷不得已之计。现在需用浩繁,未能骤议停撤,岂容不肖官吏任意中饱,重困民力。著各直省督抚于所属捐局厘卡认真清查,欠解者严加勒追,私罚者力为裁革,以杜弊端而纾民困。另片奏,米麦抽厘,商贩每多观望,请饬减免等语。所有米麦厘金能否概免抽收,抑或渐次递减之处,并著各直省督抚体察情形,奏明办理。将此各谕令知之。钦此。遵旨寄信前来。

257 光绪二年丙子恩科会试:

(朱)满洲一百四十一卷,○拟取中九名。

蒙古三十卷,○拟取中三名。

汉军七十五卷,○拟取中六名。

直隶七百三十四卷,○拟取中二十五名。

奉天二十五卷,○拟取中四名。

山东三百五十五卷,○拟取中二十三名。

山西二百四十卷,○拟取中十二名。

河南三百六卷,○拟取中十九名。

陕西一百五十九卷,○拟取中十五名。

甘肃九十五卷,○拟取中九名。

江苏四百三十八卷,○拟取中二十六名。

安徽二百四十一卷,○拟取中十八名。

浙江四百四十八卷,○拟取中二十五名。

江西三百四十三卷,○拟取中二十三名。

湖北二百四十四卷,○拟取中十五名。

湖南一百九十七卷,○拟取中十五名。
四川二百三十三卷,○拟取中十五名。
福建三百五十九卷,○拟取中二十名。
台湾十九卷,○拟取中二名。
广东三百七十六卷,○拟取中十六名。
广西一百四十七卷,○拟取中十三名。
云南一百七十四卷,○拟取中十四名。
贵州一百六十四卷,○拟取中十二名。

313　光绪二年四月十四日,内阁奉上谕:江西建昌府知府员缺,著奎绶补授。钦此。

314　查:江西建昌府系繁疲难要缺。谨奏。

338　光绪二年四月十八日,内阁奉上谕:刘秉璋奏恳请开缺终养一折。刘秉璋之母胡氏年逾八旬,兼患目疾,侍奉需人。览其所奏,情词恳切,原应俯如所请,以遂孝思。惟江西地方紧要,刘秉璋向来实心任事,于吏治民风颇能整顿,朝廷倚畀方殷。且该抚尚有兄弟二人可资奉养,正当及时图报,用副委任。刘秉璋著毋庸开缺。钦此。

355　交都察院。本日军机大臣面奉谕旨:都察院奏,江西举人廖连城呈递海防策图一折。著该衙门咨行李鸿章查核是否可行,酌量办理。钦此。所有该举人呈递策一件,图一件,应由贵衙门抄录,咨行查照可也。此交。四月二十三日。

371－372　查此次新进士朝考,据翰林院开送阅卷大臣衔名,理合进呈,伏候钦点,于二十九日清晨发下,传集各员听候宣旨。再查上届阅卷,钦奉派出十二人。谨奏。
大学士宝鋆;
协办大学士沈桂芬;
(朱)○吏部尚书毛昶熙;
○户部尚书董恂;
○礼部尚书万青藜;
刑部尚书桑春荣;
工部尚书魁龄;
○李鸿藻;
都察院左都御史景廉
○贺寿慈;
吏部左侍郎彭又余;
○右侍郎崇绮;
徐桐;

○户部左侍郎殷兆镛；
○礼部左侍郎黄倬；
右侍郎宗室绵宜
潘祖荫；
○兵部左侍郎乌拉喜崇阿
夏同善；
刑部左侍郎绍祺
○袁保恒；
工部左侍郎何廷谦；
右侍郎宜振；
理藩院右侍郎宗室麟书；
内阁学士铁祺
○龚自闳
周寿昌；
都察院左副都御史惠泉
宗室奎润
唐壬森
○童华。

373 …………
江西二员：
○庶吉士滕经江西人。年二十一岁。同治十三年二甲进士，散馆二等三十名。
庶吉士程其珏江西人。年三十三岁。○同治十三年二甲进士，散馆二等二十七名。
…………

374 臣跪奏，蒙发下试卷三百二十一本，臣等公同校阅，除一甲三名，谨拟一等八十八名，二等一百九名，三等一百一十九名，四等二名，黏贴黄籤进呈，恭候钦定后，拆阅弥封，开列名单呈阅，内有二等第一百九名一卷，夹有空白诗片一纸，合并陈明。谨奏。

407 …………
第八排：
江西进士六名。
陶福同○江西人。年三十八岁。二甲六名进士。覆试二等一百名，朝考三等七名。
周祯○江西人。年二十八岁。二甲五十二名进士。覆试三等六十二名，朝考二等十八名。
○况桂馨江西人。年三十二岁。二甲七十四名进士。覆试二等十一名，朝考一等十八名。
张志龙江西人。年三十岁。二甲九十二名进士。○覆试□等十□名，朝考二等一百六名。

徐桂辛〇江西人。年二十八岁。二甲一百十七名进士。覆试□等六名，朝考二等二十一名。

〇魏起鹏江西人。年三十四岁。二甲一百十九进士。覆试二等一百二十名，朝考一等五十四名。

第九排

江西进士六名：

李持柏江西人。年三十四岁。二甲一百二十名进士。〇覆试三等八十八名，朝考二等三十□名。

蔡宝善江西人。年三十八岁。二甲一百二十四名进士。〇覆试二等十五名，朝考二等五十三名。

聂兴礼江西人。年三十二岁。二甲一百四十九名进士。〇覆试三等三十名，朝考二等十四名。

黄秉均〇江西人。年三十岁。二甲一百四十六名进士。〇覆试三等三十名，朝考二等十四名。

〇曾长治江西人。年三十三岁。三甲四名进士。覆试二等五十七名，朝考一等七十九名。工部候补主事。

〇陶搢绶江西人。年三十岁。三甲十九名进士。覆试二等十一名，朝考□等七十四名。

第十排

江西进士六名：

郑子龄江西人。年四十岁。三甲二十六名进士。〇覆试等七十名，朝考三等九十一名。

廖燻江西人。年三十八岁。三甲三十六名进士。〇覆试三等九十三名，朝考三等一百四名。

欧炳麟江西人。年三十九岁。三甲六十五名进士。〇覆试王等一百三名，朝考三等九十九名。

涂官俊江西人。年三十八岁。三甲六十九名进士。覆试二等二十五名，朝考四等二名。

廖廷珍江西人。年三十四岁。三甲七十五名进士。〇覆试三等十八名，朝考三等三十二名。

张振期江西人。年三十五岁。三甲一百七十七名进士。覆试三等十一名，朝考三等一百十二名。

…………

朱圈第一层者改为庶吉士，圈第二层者分部学习，圈第三层者以内阁中书用，圈第四层者以知县即用。已经圈出之郑思赞、陈南、陈嘉谟、周景曾各以本班即用，郭汝材俟学习报满以郎中即补。未经圈出者，均归班铨选。

452　光绪二年闰五月初一日，奉旨：这所参疏防监犯越狱之管狱官·江西建昌县典史张锡元，著即革职拿问，交刘秉璋提问刑禁人等严讯有无贿纵等弊，按律定拟具奏。有狱官·署建昌县知县黄维翰未能先事预防，著先行交部议处，仍勒限将逃犯熊明翥严缉务获。倘限满无获，即行参办。余著照所议办理。该部知道。钦此。

518　江西瑞州府知府黄廷金，(朱)〇旨：著在任以道员候补。

523　军机大臣字寄福州将军，直隶、两江、湖广、闽浙、四川、两广、江苏、安徽、江西、浙江、福建、山东、山西、河南、湖北、湖南、广东各督抚，传谕粤海关监督。光绪二年五月二十五日，奉上谕：户部奏请饬催各省关欠解京饷一折。本年京饷经户部奏拨并续拨银八百万两,均限五月前解到一半,年终一律解清。兹据该部查明,截至闰五月初十日止,除已经解到报解起程外,尚有山西地丁银六十万两,山东地丁银二十万两,浙江地丁银十五万两,湖北地丁银二十万两,湖南地丁银九万五千两,河南地丁银十五万两,安徽地丁银十万两,江西地丁银十万两,长芦盐课加价银三十万两,两淮盐课盐厘银四十万两,两浙盐课盐厘银十万两,河东加课羡余银十万两,广东盐课帑息银十四万两,山东盐课加价银十一万两,福建盐课银十万两,湖北盐厘银七万两,湖南盐厘银三万两,四川盐厘津贴银二十三万两,福建税厘银十万两,粤海关洋税盈余银二十二万两,闽海关洋税银三十三万两,九江关洋税银二十万两,浙海关常洋两税银三十二万两,江海关洋税银二十万两,江汉关洋税银十八万两,天津关常税银四万两,东海关洋税银二万五千两,镇江关洋税银五万两,赣关税银六万两,江西厘金银三万两,江苏厘金银三万两,浙江厘金银八万两,广东厘金银九万两,湖北厘金银五万两;又粤海等关四成六成洋税内,每年拨还洋商银应拨抵闽省茶税京饷银除已解及报解外,粤海关尚欠解银一万八千两,东海关尚欠解银一万五千两,九江关应解银二万四千两,江海、浙海、镇江、津海四关各应解银二万两,江汉关应解银一万六千两,山海关应解银一万二千两,统共未解银五百三十四万五千两。著该将军、各督抚、监督等即将前项未解银两赶紧依限提前解部,统于年内扫数解齐。倘敢诿卸拖欠,致误要需,即著户部指名严参。其现在解不及半及丝毫未解等处,经此次严催后,仍不完解。并著户部酌核情形随时奏参。将此由五百里谕知福州将军,直隶、两江、湖广、闽浙、四川、两广、江苏、安徽、江西、浙江、福建、山东、山西、河南、湖北、湖南、广东各督抚,并传谕粤海关监督知之。钦此。遵旨寄信前来。(抄交户部)

528 军机大臣字寄两广总督刘、浙江巡抚杨、江西巡抚刘、广东巡抚张、传谕护理江西巡抚·布政使李文敏。光绪二年六月初一日,奉上谕:(摘抄交户部起)文煜等奏请饬催各省积欠协饷一折。闽省库藏支绌,现在骤遭水患,拯救抚恤需用甚繁,亟应力筹接济。著刘坤一、张兆栋于积欠闽饷银二十四万余两内酌解五成银十二万两,杨昌濬于积欠闽饷银四十三万两内酌解四成银十六万两,刘秉璋、李文敏于积欠闽饷一百三十余万两内酌解尾数银三十万两。该督抚等督饬各藩司迅速筹措,务于本年六月间如数解清,以济急需。(摘抄止)沿江沿海防务关系紧要,陆路战兵实以辅海防之不足。前已有旨谕令刘坤一等力加整顿,并著杨昌濬、刘秉璋、李文敏实力整顿,通饬各营汛勤加训练,统领尤贵得人,技艺务臻纯熟,总期一兵得一兵之用,能战能守,缓急可恃,庶不至有名无实,徒糜饷需。将此由五百里谕知刘坤一、杨昌濬、刘秉璋、张兆栋,并传谕李文敏知之。钦此。遵旨寄信前来。(摘抄交户部)

557 光绪二年六月初十日,内阁奉上谕:李文敏奏被水地方分别抚恤一折。本年五月间江西南丰县猝被水灾,冲坍城墙二十余丈,官署民房倒塌甚多,人口损伤不少,小民荡析离局,情殊可悯。著该抚迅速筹拨钱米,妥为抚恤,毋令失所。南昌、新建二县城厢同时被水,田庐亦多淹没。所有各属被灾户口并著酌量赈抚,其坍卸圩堤即行筹款兴修,以工代赈。此外丰城、临川等县被水情形,即著查明具奏。钦此。

577　军机大臣字寄福州将军·兼署闽浙总督文,两江总督沈,两广总督刘,云贵总督刘,兼署湖广总督·湖北巡抚翁,护理四川总督·云南巡抚文,浙江巡抚杨,江苏巡抚吴,江西巡抚刘,广东巡抚张,湖南巡抚王,山东巡抚丁,福建巡抚丁,传谕护理江西巡抚·布政使李文敏,署云南巡抚·布政使潘鼎新。光绪二年六月十九日,奉上谕:刘长佑奏滇省支绌情形,请仍准设局劝捐一折。据称滇省自军务肃清以后,奏明将各省捐局停止。原冀各省欠解协饷源源接济,藉可供支。今各省新欠一半滇饷,自同治十三年正月起,四川欠饷六十五万余两,解过银七万两;浙江欠饷七十一万余两,拨过银三万余两;江西欠解银二十六万余两,解拨过银二十八万余两;江苏欠解十万余两,解拨过银六万余两;广东欠解十一万余两,解拨过银八万余两;湖南欠解七万余两,拨过银四万余两;湖北欠解二十九万余两,解拨过银十一万余两;共欠解银二百二十二万余两。三、四年间,仅得六十八万余两。又乙亥年奉拨常年兵饷,浙江二十万两,福建五万两,东海关五万两,分厘未解。丙子年常年兵饷,浙江二十万两及丁丑年春饷二十万两,仅汇解银四万两。其余江西、广东各五万两,均分厘未解。现在腾越等处,匪徒滋事,亟须派队剿办,势难停兵待饷,请仍准设局开捐等语。滇省饷项支绌,自系实在情形。所有四川等省欠解滇饷及常年兵饷,著文煜、沈葆桢、刘坤一、翁同爵、文格、杨昌濬、吴元炳、刘秉璋、张兆栋、王文韶、丁宝桢、丁日昌、李文毓督饬藩司迅筹拨解,以资接济,毋再延缓。刘长佑所请派员分赴各省,设局劝捐。即著照所拟,准其收捐,道府州县四项援照甘肃捐米成案核办。并著户部发给实官执照二三千张,以备应用,仍以三年为限,即行停止。将此由五百里谕知文煜、沈葆桢、刘坤一、刘长佑、翁同爵、文格、杨昌濬、吴元炳、刘秉璋、张兆栋、王文韶、丁宝桢、丁日昌并传谕李文敏、潘鼎新知之。钦此。遵旨寄信前来。(抄交户部)

628　光绪二年七月十六日,内阁奉上谕:刘秉璋奏请将才不称职各员分别惩办一折。江西武宁县知县姚大元办事草率,声名平常,著即革职。崇仁县知县许兆楠,性情疲玩,遇事因循;泸溪县知县崔慕澜,才短识滞,展布毫无;星子县知县蓝煦,办事迂拘,乖僻自用;均著以府经历县丞降补。吉水县知县彭际盛性近疏略,才与缺违,著开缺,以无字简缺酌补。弋阳县知县谭洛勋,才欠开展,人地不甚相宜,著即开缺,遇有相当中简缺出,酌量补用,以肃官方。余著照所议办理。该部知道。钦此。

634　军机大臣字寄福州将军·兼署闽浙总督文、两广总督刘、浙江巡抚杨、福建巡抚丁、广东巡抚张、江西巡抚刘。光绪二年七月十八日,奉上谕:御史林拱枢奏,本年夏间,福建省城既遭水患,又被火灾,兼以六月间飓风大作,田禾受伤,灾祲叠见,捐赈俱穷,请饬该督抚挪款济用,并饬浙江等省迅解协饷等语。览奏殊深廑系。前因闽省被水,已谕令文煜等妥为抚恤。该御史所称被风及遭回禄情形,尚未据文煜等奏到。小民荡析离居,实堪矜悯。著该署督等迅即详查具奏,一面筹款招商,购米赈抚,严饬该地方官认真办理。闽省筹办赈济,需款孔亟。所有浙江、广东、江西旧欠闽省协饷,并著刘坤一、杨昌濬、张兆栋、刘秉璋督饬藩司迅速提解,以应急需。原折均著抄给阅看。将此由五百里各谕令知之。钦此。遵旨寄信前来。

655　军机大臣字寄两江总督沈、两广总督刘、四川总督李、云贵总督刘、兼署湖广总督·湖北巡抚翁、护理四川总督·云南巡抚文、江苏巡抚吴、江西巡抚刘、浙江巡抚杨、湖南巡抚王、广东巡抚张、传谕署云南巡抚·布政使潘鼎新。光绪二年七月二十五日,奉上谕:前据刘长佑等奏,滇省军饷支绌,请饬部议拨。当交户部速议具奏。兹据奏称,浙江等省欠解滇饷,积成巨款,拟按各省积欠之多寡,定每月协拨之数目,请自本年九月为始,浙江、四川每月各提银一万三千两,湖北每月提银六千两,江苏、广东、湖南、江西每月各提银二千两,作为协滇新饷等语。云南办理剿匪事宜,需饷孔亟。著沈葆桢、刘坤一、李瀚章、翁同爵、文格、吴元炳、刘秉璋、杨昌濬、王文韶、张兆栋严饬各藩司查照此次指拨数目,按月协解,俾济要需。倘有仍前延欠,即由滇省督抚照贻误军饷例,指名奏参。其常年例拨兵饷仍著各归各款,扫数拨解,并将每月批解日期,先行报部备查。该部以刘长佑等现拟召募客勇,恐协饷仍致不敷。本省勇营更虑无款匀给,请饬该督抚妥慎筹办。即著刘长佑、潘鼎新体察情形,酌度办理。其所请饬将该省每月实需饷银若干,先期咨报。嗣后按年造册报部核销,均著照所议行。将此由五百里谕知沈葆桢、刘坤一、李瀚章、刘长佑、翁同爵、文格、吴元炳、刘秉璋、杨昌濬、王文韶、张兆栋并传谕潘鼎新知之。钦此。遵旨寄信前来。(抄交户部)

662　光绪二年七月二十五日,奉旨:此案著交刘秉璋亲提人证卷宗,秉公研讯确情,按律定拟具奏。原告民人冯明德,该部照例解往备质。钦此。

665　臣等查:本年届更换学政之期,谨将已满三年之顺天、安徽、江西、浙江、福建、湖北、湖南、河南、山东、山西、陕西、四川、贵州十三省各学政及未满三年办过岁考之江苏省学政,未满三年未办岁考及未经到任之奉天、甘肃、广东、广西、云南五省各学政,分缮名单呈览,恭候钦定。俟发下后,臣等再拟写谕旨进呈颁发。谨奏。

678　光绪二年七月二十八日,奉旨:此案著交刘秉璋督同臬司亲提人证卷宗,秉公严讯确情,按律定拟具奏。原告民人周黄宗,该部照例解往备质。钦此。

690　光绪二年八月初一日,内阁奉上谕:本年值更换学政之期,除甘肃学政许应骙先期简放,云南学政李岷琛甫经简放,江苏学政林天龄、广东学政吴宝恕、广西学政欧阳保极、奉天府府丞募学政杨书香毋庸更换外,顺天学政著何廷谦去,安徽学政著杨鸿吉去,江西学政著吴仁杰去,浙江学政著黄倬去,福建学政著孙诒经去,湖北学政著梁耀枢去,湖南学政著朱逌然去,河南学政著瞿鸿机去,山东学政著钮玉庚去,山西学政著朱福基去,陕西学政著陈翼去,四川学政著谭宗浚去,贵州学政著张登瀛去。钦此。

732 光绪二年八月初八日,内阁奉上谕:鲍源深奏请饬各省捐备仓谷以济荒歉等语。足民之政,积谷为先。国家设立常平仓,原以备赈济之用。第坚守在官,于民究有未便。鲍源深拟仿照江南从前设立丰备仓之法,劝民遵办。其向有社仓者加意整顿,其未立社仓者赶紧捐储。事成报官,地方官不得问其出入,以杜扰累。所筹尚为周妥,著各直省督抚体察情形,饬属一体办理,务使户有盖藏,以备荒歉。将此通谕知之。钦此。

733 光绪二年八月初八日,内阁奉上谕:鲍源深奏请严禁罂粟,明定考成一折。栽种罂粟,例禁綦严。乃近来私种之风,各省所在多有,于民食大有妨碍。地方官查禁不力,视为故常,甚且有收费弛禁,藉以营私者。种种流弊,不可胜言。著各直省督抚严饬所属认真查禁,倘再仍前积玩,即行查明参奏。并著该部申明旧例,通行各省,俾小民知所儆畏。并明定地方官查禁考成,出力者如何示奖,不力者如何示罚,收费者如何议罪,以杜弊端而裕民食。将此通谕知之。钦此。

745 军机大臣字寄两江总督沈、兼署湖广总督·湖北巡抚翁、江苏巡抚吴、安徽巡抚裕、浙江巡抚杨、江西巡抚刘。光绪二年八月十四日,奉上谕:沈葆桢奏,匪徒传习邪术,现筹查办情形一折。据称安徽、江苏等处均有纸人剪辫等事,叠经获犯讯供正法。而此风仍复未熄,以致讹言四起,民情惊扰,并有牵涉教堂等语。此种邪术乃内地奸人所为,殆即白莲教之流,竟敢到处肆其鬼蜮,摇惑人心,恐至酿成事端。且该匪等一经获案,往往诡托天主教,以图幸免,尤易启中外之衅。著沈葆桢、吴元炳、裕禄严饬各该地方官认真盘查,获犯严惩,毋任匪踪溷迹。并晓谕居民,不得捕风捉影,擅害无辜。其有牵涉教堂之事,尤须妥为剖晰,毋致因疑生事。近闻湖北、浙江、江西等省均有邪术纷扰之事,著翁同爵、杨昌濬、刘秉璋一体饬属实力查拿,从严惩办。一面绥辑闾阎,以消隐患。将此由五百里各谕令知之。钦此。遵旨寄信前来。(抄交总理衙门)

757 军机大臣字寄江苏巡抚刘。光绪二年八月十九日,奉上谕:给事中夏献馨奏,江西被水灾区,民食不敷,宜通商贩一折。本年夏间,江西省江水盛涨,各属田庐被淹,粮价昂贵,必须有外来商贩,藉资接济。著刘秉璋督饬所属地方各官,体察情形,设法招徕,将米粮厘金暂行停收,酌定章程,遍行晓谕。一面知照各该省厘局,遇有运往江西米粮,即速查验放行,一律暂免厘金,以裕民食。将此谕令知之。钦此。遵旨寄信前来。(抄交户部)

762 军机大臣字寄福州将军·兼署闽浙总督文、两江总督沈、两广总督刘、四川总督李、兼署湖广总督·湖北巡抚翁、护理四川总督·云南巡抚文、江苏巡抚吴、安徽巡抚裕、江西巡抚刘、福建巡抚丁、湖南巡抚王、广东巡抚张、贵州巡抚黎。光绪二年八月二十三日,奉上谕:前据裕禄、沈葆桢先后奏报,匪徒剪取辫发,拿获惩办,并讯出福建等处均有匪党。叠经谕令各该督抚认真查办。兹复据刘秉璋奏江西都昌等县均有邪术,剪取人发鸡毛，拿获匪徒方普志等，讯明或入姚门教，或入天水教，或入哥老会，均学习邪术符咒。并供出九龙山匪首张龙虎，九华山匪首僧普清，潜谋为逆，安徽、湖北、湖南、广东等省均有匪党勾结等语。匪徒传习邪术，蔓延数省，摇惑人心，谋为不轨，亟应上紧查办，预遏乱萌。著文煜、沈葆桢、刘坤一、翁同爵、吴元炳、裕禄、刘秉璋、丁日昌、王文韶、张兆栋督饬所属，严查保甲，实力搜拿，毋任奸宄溷迹。前据裕禄奏称九龙山在漳州府；吴元炳又奏九龙山在广东地方，究竟九龙山及九华山在何县地界，著文煜、丁日昌、刘坤一、张兆栋、刘秉璋查明具奏。该两处既有匪首潜匿，尤应严密访拿，务获惩办，歼厥渠魁，余党自易解散。其镇远府之梅子山黄岩洞匪徒及巫山教头陈洸余，著李瀚章、文格、黎培敬懔遵前旨，密速查拿，毋任漏网。将此由四百里各谕令知之。钦此。遵旨寄信前来。

763　军机大臣字寄江西巡抚刘。光绪二年八月二十三日，奉上谕：刘秉璋奏，宁都州等处被水情形等语。江西宁都、兴国二州县本年六月间雨水过多，溪河泛溢，田庐均被淹没，居民多有淹毙。又南丰等县因六月间晴少雨多，河水又复泛涨，小民荡析离居，深堪矜悯。著刘秉璋饬令委员暨该地方官确切查勘，妥为抚恤，毋任失所，用副轸年灾黎至意。余著照所议办理，将此谕令知之。钦此。遵旨寄信前来。

775　光绪二年八月二十八日，内阁奉上谕：给事中胡毓筠奏，邪教贻害地方，请饬各省拿办，并京师地面应一体稽查，奸民牵涉教堂，应由地方官查明办理各折。前据沈葆桢等奏称，江苏等省现有邪教纸人剪辫情事。叠经谕令各该省督抚饬令地方官查拿惩办。此等匪徒扰及数省，贻害匪轻，亟宜随时稽查，认真拿办，绥靖闾阎，著各该督抚饬属出示晓谕，务令居民各安本业，毋信讹言。遇有邪匪，即行缚送到官，讯明尽法惩治。匪徒行踪诡秘，往往假托教堂，地方官仍应照例办理，勿为所愚。京师五方杂处，倘稽查不力，亦恐匪党潜踪。并著步军统领衙门、顺天府五城妥定章程，督饬地面官协力梭巡，一体拿办，以杜奸宄而靖地方。钦此。

778　军机大臣字寄大学士・直隶总督・一等肃毅伯李、两江总督沈、两广总督・兼管粤海关监督刘、四川总督李、护理四川总督・云南巡抚文、江苏巡抚吴、安徽巡抚裕、江西巡抚刘、浙江巡抚杨、河南巡抚李、广东巡抚张。光绪二年九月初二日，奉上谕：各省关应拨光绪二年惠陵工程银八十万两。除山东全行解清外，江苏尚欠解银二万五千两，浙江欠解银三万两，广东欠解银三万两，四川欠解银三万两，江西欠解银三万五千两，安徽欠解银三万五千两，两淮欠解银三万五千两，河南欠解银五万两，粤海关欠解银五万两，天津关欠解银三万两，镇江关应解银五万两，全未拨解。现在工程处备办物料等项，需款甚殷。著各该督抚、监督等将欠解银两迅即提款如数拨解。如有已经起解者，并著严催迅速解到，毋稍延缓。将此由四百里各谕令知之。钦此。遵旨寄信前来。

821　军机大臣字寄福州将军・兼署闽浙总督文、两江总督沈、江苏巡抚吴、安徽巡抚裕、江西巡抚刘、福建巡抚丁、浙江巡抚杨。光绪二年九月十五日，奉上谕：杨昌濬奏拿办湖州等处匪徒一折。本年八月间,浙江湖州荻港地方及临安、于潜交界之木公山一带,均有匪徒聚众,潜谋起事。经杨昌濬咨令提督黄少春,并派提督成东昂等分赴各处严拿,当即捕获贼匪多名正法。惟浙西各属与苏皖两省处处毗连,水陆纷歧,藏奸最易。刻下江西等省均有邪术匪徒,乘机煽乱。虽各省叠有拿获,而党与甚众,亟宜协力搜剿,以遏乱萌。前据裕禄奏,匪徒均听令于福建漳州府之九龙山。此次湖州等处在逃匪犯尚多,且据获匪供称均以九龙山大头目为主,其余则九华山亦有匪党,并称苏州齐门外之敕满地方,藏匿伙党不少,必须速行剿办,以杜蔓延。杨昌濬现在分饬该省地方文武,联络绅团,清查户口,严行保甲,即著认真办理。一面饬令派出官军实力搜查,务将首要各犯悉数擒拿,以期净绝根株,毋使窜逃为患。并著文煜、沈葆桢、吴元炳、裕禄、刘秉璋、丁日昌饬令各该地方文武,一体严密查拿,务获惩办,毋得稍分畛域。将此由五百里各谕令知之。钦此。谨旨寄信前来。

825 丙子科会试武举取中数目:

八旗满洲蒙古,(朱)○取中四名。

八旗汉军,○取中三名。

奉天,○取中一名。

直隶,○取中十六名。

陕甘,○取中五名。

广东,○取中十一名。

河南,○取中七名。

山东,○取中四名。

江苏,○取中四名。

安徽,○取中七名。

山西,○取中六名。

湖北,○取中四名。

湖南,○取中四名。

四川,○取中八名。

广西,○取中二名。

福建,○取中五名。

浙江,○取中五名。

江西,○取中五名。

云南,○取中四名。

贵州,○取中二名。

852 军机大臣字寄湖广总督李,兼署湖广总督·湖北巡抚翁,湖南巡抚王,直隶、江苏、安徽、江西、浙江、福建、河南、山东、山西、陕西、甘肃、四川、广东、广西、云南、贵州各督抚。光绪二年九月二十六日,奉上谕:刘典奏,湖南赌风日炽,各属斋匪复萌,请饬查办一折。据称湖南近来赌风日炽，多系在籍文武大僚充当局首。良家子弟入局赌博，荡产破家。又该省斋匪所在多有，尤恐乘机窃发，请饬分别查办等语。著李瀚章、翁同爵、王文韶将赌局一律禁止，认真查办。倘敢仍蹈前辙，并著从严治罪。至斋匪蛊惑人心，尤为地方之害，恐不独湖南为然。著李鸿章、翁同爵、王文韶实力查拿，毋任滋生事端。并著各直省督抚饬属一体严缉，以遏乱萌。又据御史吴鸿恩奏，邪教横行，有纸人翦辫等事，请举行保甲等语。著各直省督抚分饬所属，稽查保甲，以缉奸宄，务当认真举办，毋得视为具文。刘典原折均著抄给阅看。将此各谕令知之。钦此。遵旨寄信前来。

866　军机大臣字寄盛京、直隶、江苏、安徽、江西、浙江、福建、湖北、湖南、河南、山东、山西、陕西、甘肃、四川、广东、广西、云南、贵州各将军、督抚。光绪二年十月初三日，奉上谕：本年陕西咸宁等处被灾，山东长山等处被旱，业经各该省奏到，加恩将新旧钱粮分别蠲缓。直隶各属被旱，谕令将积欠粮租等项全行豁免，于附京卢沟桥、礼贤镇等处添设粥厂，并由户部拨银十万两，由该督筹款采买江苏等处米石，复截留山东等省粟米，采办奉天杂粮，以资赈济。山东各属被旱，谕令采买奉天、江南米麦接济，复经该抚劝捐银米，办理赈抚，并修理濮州城堤，以工代赈。福建福州等处被水，谕令动放仓谷，采办米石，妥为赈恤。江西南丰等处被水，谕令招商运米，查勘抚恤并兴修圩堤，以工代赈。浙江杭州等处被风被水，江苏海州等处、河南河北各属被旱，谕令该督抚等加意抚绥。福建台湾各属被风被水，业经该督抚等酌量赈抚，小民谅可不至失所。惟念来春青黄不接之时，民力未免拮据。著传谕各该督抚等察看情形，如有应行接济之处，即查明据实覆奏，务于封印以前奏到，候朕于新正降旨施恩。再，浙江海宁等处被风被水，湖南澧州等处被水，广东南海等处围基冲决，田禾被淹，均经该督抚等委员查勘，即著迅速办理。并将来春应否接济之处，一并查明，于封印前奏到。此外各省有无被灾地方，应行调剂抚恤之处，著该将军、督抚等一并查奏，候朕施恩。将此各谕令知之。钦此。遵旨寄信前来。

867　查：本年陕西、山东被灾被旱地方，业经加恩将新旧钱粮分别蠲缓。直隶、山东、福建、江西、浙江、江苏、河南被灾各处，业经谕令该督抚等加意抚绥。其明春应否量为接济之处，臣等谨照向例缮写询问该督抚等谕旨。俟覆奏到日，再行拟写新正加恩谕旨呈进。再浙江海宁等处，暨湖南、广东被风被水被淹，该督抚等均已奏明分别查勘，应否接济，现俱未经奏到。此外各省有无被灾地方，应行调剂抚恤之处一并询问，令该将军、督抚等迅速查奏汇办。谨奏。

889　军机大臣字寄直隶、两江、湖广、闽浙、四川各总督，两广总督·兼管粤海关监督，江苏、江西、浙江、福建、山东、山西、河南、湖北、湖南、广东各巡抚。光绪二年十月十六日，奉上谕：户部奏，两淮等处积欠京饷，逾限未解，请旨议处，并饬各省关迅解本年京饷一折。前据户部奏，查明山西、两淮、九江关、天津关欠解京饷，请勒限三个月解部。

兹据奏称截至九月底止，除九江关解到光绪元年京饷银四万二千余两，山西欠解同治十年、十二年京饷银十六万两已据奏明分作三年补解外，其两淮积欠同治十一、十二、十三年并光绪元年京饷银四十五万两，九江关欠解同治十二年京饷银十万六百余两，天津关欠解光绪元年洋税京饷银十万两，均未报解，实属延玩。两淮盐政盐运使、九江关监督、天津关道均著先行交部议处，仍限年内补解清款，以济要需。至本年京饷，原拨续拨共银八百万两。截至九月底止，除划抵解到报解起程等款外，尚有山西地丁银五十万两，山东地丁银十五万两，浙江地丁银十万两，湖北地丁银十万两，湖南地丁银四万五千两，河南地丁银十万两，长芦盐课加价银三十万两，两淮盐课盐厘银三十万两，两浙盐课盐厘银一万两，河东加课羡余银五万两，广东盐课帑息银七万两，山东盐课加价银三万两，福建盐课银五万两，湖北盐厘银三万两，湖南盐厘银一万五千两，四川盐厘津贴银十二万两，福建税厘银十万两，粤海关洋税盈余银十八万两，浙海关常洋两税银二十万两，江海关洋税银十万两，江汉关洋税银六万两，天津关常税银二万两，东海关洋税银二万五千两，镇江关洋税银五万两，赣关税银六万两，江西厘金银三万两，浙江厘金银二万两，广东厘金银七万两。又原拨福建茶税京饷欠解银十七万六千两就近拨还筹办海防洋商借款，其应解京饷由粤海等九关四成六成洋税内每年应还洋商银十七万六千两，改解部库。现查粤海、九江、山海三关各欠解银一万二千两，江海关欠解银一万两，浙海、镇江两关各欠解银二万两，江汉关欠解银一万六千两，东海关欠解银一万五千两。现在部库应放各款为数甚巨，需饷孔急。著该督抚、监督等各将未解京饷，迅即照数依限解京。已报起程各款亦即迅催解部，毋任沿途逗留。倘有诿卸延欠，致误开放。即著该部指名严参。将此由五百里各谕令知之。钦此。遵旨寄信前来。（抄交户部）

896　光绪二年十月十七日，内阁奉上谕：延煦、毕道远奏，全漕告竣，请将办运出力员弁奖励一折。本年江苏、浙江、江西、湖北海运暨山东河运漕粮，奉天牛庄等米豆，先后抵通。经延煦、毕道远督率坐粮厅等验收完竣，办理均无贻误。延煦、毕道远著交部议叙，所保出力各员，著该部议奏。单三件并发。钦此。

897　光绪二年十月十七日，奉旨：此案著交刘秉璋督同臬司亲提人证卷宗，秉公严讯确情，按律定拟具奏。抱告民人方思元，该部照例解往备质。钦此。

945　光绪二年十月三十日，内阁奉上谕：江西督粮道员缺，著段起补授。钦此。

946　查：江西督粮道系冲繁难要缺。谨奏。

948　军机大臣字寄福州将军，直隶、两江、湖广、闽浙、四川各总督，两广总督·兼管粤海关监督，江苏、安徽、江西、福建、浙江、湖北、湖南、河南、山东、山西、广东各巡抚。光绪二年十一月初二日，奉上谕：户部奏预拨来年京饷一折。据称历届京饷均于年前预拨。光绪三年京饷拟在各省地丁、盐课、关税等款内指拨银七百万两，请饬各该省于来年分批起解等语。京饷关系紧要，现经该部就各省缓急情形，斟酌动拨，自应遵照奏定数目,源源报解,以应要需。著该将军、督抚、监督等务于来年开印后分批起解,限五月前解到一半,十二月初间全数解清,不准截留改拨,藉词延误。倘届限不到,即照奏定章程指名严参。原单著分别摘抄给与阅看。另片奏光绪三年,内务府经费拟拨两淮盐课银五万两,两浙盐课银五万两,广东盐课银五万两,湖北盐厘银五万两,福建茶税银五万两,闽海关常税银十万两,太平关常税银十万两,九江关常税银十五万两,共银六十万两,请饬依限完解等语。著该将军、督抚等务于来年开印后,陆续径解内务府交纳,先将起程日期报部,仍限六月前解到一半,十二月初间扫数解清,不准稍有蒂欠。将此由五百里各谕令知之。钦此。遵旨寄信前来。(抄交户部)

999　光绪二年十一月十九日,内阁奉上谕:御史张道渊奏,灾区免征钱粮,积弊多端,请饬查办一折。据称各省蠲缓钱粮,该地方官于被灾之区,往往以轻报重,以少报多,甚至预征在先,捏称荒歉,或将免征之款,减价折收或将缓征之项蒙蔽催交。其余弊端不一而足,亟应认真厘剔等语。蠲缓粮租,原以轸恤灾黎。若如所奏情形,殊属不成事体。著各该省督抚随时访查。如遇灾歉地方,务即查明分数轻重,核实奏办。一经奉旨蠲缓,即饬刊刻誊黄,遍行晓谕,不准任意稽延。倘查有前项情弊,即行从严参办,毋稍姑容。将此通谕知之。钦此。

1006　光绪二年十一月二十一日奉旨:此案著交刘秉璋亲提人证卷宗,秉公研讯确情,按律定拟具奏。原告职员符懋功,该部照例解往备质。钦此。

1015　军机大臣字寄大学士·直隶总督·一等肃毅伯李、两江总督沈、两广总督·兼管粤海关监督刘、护理四川总督·山东巡抚文、江苏巡抚吴、安徽巡抚裕、江西巡抚刘、浙江巡抚杨、河南巡抚李、湖南巡抚王、广东巡抚张、传谕署山东巡抚·布政使李元华。光绪二年十一月二十六日,奉上谕:户部奏预拨惠陵工程银两一折。据称光绪三年惠陵工程应需银两拟拨山东地丁银七万两,河南地丁银七万两,江西地丁银七万两,浙江地丁银七万两、厘金银四万两,安徽厘金银七万两,江苏厘金银十二万两,广东厘金银十二万两,湖南厘金银四万两,两淮盐厘银七万两;又欠解同治十三年盐课盐厘京饷项下提银七万两,四川盐厘津贴银七万两,粤海关六成洋税银七万两,天津关六成洋税银五万两;又欠解光绪元年洋税京饷项下提银四万两,镇江关六成洋税银三万两,江海关六成洋税银五万两,太平关常税银四万两,九江关欠解同治十二年洋税京饷项下提银四万两,共银一百二十万两,请饬各省关照数拨解等语。工程要需自应赶紧筹拨。著各该督抚、监督等按照户部指拨各款银两,限来年二月起迅速派员分批陆续径解惠陵工程处交纳,并限来年十月以前如数解清,毋稍延误。将此由五百里谕知李鸿章、沈葆桢、刘坤一、文格、吴元炳、裕禄、刘秉璋、杨昌濬、李庆翱、王文韶、张兆栋并传谕李元华知之。钦此。遵旨寄信前来。(抄交户部)

1025　光绪二年十一月二十七日,内阁奉上谕:御史李桂林奏请革除各省关差织造衙门总办名目一折。京外官员所用家丁人等,本不准干预公事。若如该御史所奏,各省关差织造衙门往往任用家丁数人,名为总办公事,悉假其手,招摇把持,百弊丛生,殊属不成事体,亟宜严行禁止,以清积弊。著各省督抚确切查明,如有前项情弊,即著从严查禁。各该监督、织造等不准设立总办家人名目,倘有家丁人等再敢干预把持,克扣侵冒者,该督抚即饬地方官严拿惩办,毋稍轻纵。钦此。

1073　军机大臣密寄大学士·直隶总督·一等肃毅伯李、两江总督沈、署盛京将军·兼管奉天府府尹·兵部左侍郎崇、福州将军·兼署闽浙总督文、闽浙总督何、湖广总督李、两广总督刘、兼署湖广总督·湖北巡抚翁、江苏巡抚吴、安徽巡抚裕、江西巡抚刘、浙江巡抚杨、福建巡抚丁、湖南巡抚王、广东巡抚张、传谕署理山东巡抚·布政使李元华。光绪二年十二月十八日,奉上谕:沿江沿海防务关系紧要。前据总理各国事务衙门奏遵议筹办事宜。当经降旨派李鸿章督办北洋海防事宜,沈葆桢督办南洋海防事宜,所有练兵拨饷等事统归该大臣等经理。并谕令各该省督抚各就地方形势,量更营制,训练陆军,俾成劲旅。中外交涉事件,端绪纷繁,彼族狡诈性成,往往藉端生事,必须切实筹防,确有把握。然后操纵自我,不致临事棘手。朝廷宵旰焦劳,时时以思患预防为念。该大臣、将军、督抚务当振作精神,为未雨绸缪之计。李鸿章等自接奉谕旨后,筹办至今计已一年有余。现在办理情形若何,著随时奏闻,以慰廑系。当此时事多艰,该大臣等其各懔遵前旨,力图自强,将应办事宜认真经画,毋得有名无实,致缓急仍不足恃。至整饬吏治,固结民心,均与防务相表里。地方一切事宜尤应实力整顿。州县中如有庸劣不职,玩视民瘼者,即著从严参办,毋稍姑容,果使牧令得人,闾阎安辑,自可收众志成城之效也。将此由四百里密谕李鸿章、沈葆桢、崇厚、文煜、何璟、李瀚章、刘坤一、翁同爵、吴元炳、裕禄、刘秉璋、杨昌濬、丁日昌、王文韶、张兆栋并传谕李元华知之。钦此。遵旨寄信前来。(抄交总理衙门)

1075　光绪二年十二月十八日,内阁奉上谕:国家深仁厚泽,浃洽寰区,宵旰焦劳,勤求民瘼。凡遇水旱偏灾,一经督抚奏报,无不立沛恩施,冀纾民力。各直省自遭寇乱,户口凋残,元气未能尽复。民生疾苦,深宫时切隐忧。本年直隶、山东、河南、江苏、安徽等省亢旱为灾,江西、福建、浙江等省复遭水患,饥民颠沛流离,尤堪矜悯。各该地方官宜如何仰体朝廷德意,竭力抚绥。惟循良之吏尽心民事者,固不乏人。而不肖州县假公济私,罔恤民艰者,亦所不免,甚至骫法营私,违例苛派,或匿灾不报,民隐未能上达;或蠲缓钱粮,蒙混征收,小民不能均沾实惠。种种情形,殊堪痛恨。著各该将军、督抚、府尹破除情面,认真查察。如有前项情弊,立即严参惩办,务使闾阎共沐恩膏,得安生业,用副轸念民依至意。至民教同为朝廷赤子,初无歧视。著各该将军、督抚、府尹饬令各属,遇有争讼案件,务当持平讯办,但分曲直,不分民教,早为了结,毋得稍执偏见,日久稽延,转致两相拖累。将此通谕知之。钦此。

1087　谨将京外私罪获咎情节较重,降革及加倍半不准捐复降捐废员缮清单,恭呈预览。

计开：

…………

李桓，前江西布政使。因闻升任督粮道周汝筠署南康县任内苛政病民，密令后任南康县知县石昌猷详查禀覆，固是正办。惟于石昌猷覆禀周汝筠得受典商赃银等款，概置不问，辄将不应立决之忤逆一款，草率定案并函令石昌猷于禀请正法之案，删去奉某札谕等字句，不必具禀总督等语。措置未能正大，实属不合。同治三年八月二十三日具奏，照不应重私罪例降三级调用，私罪。

周汝筠，前江西升任督粮道。因署南康县知县任内偏信小人，勒捐滥罚，殃及无辜，罪有应得。惟该员前次办团剿贼，保障江西南路，曾著功绩。同治三年八月初七日从宽拔去花翎，革去历保道员、知府等官，以知县降补。私罪。

柳渊，前江西瑞州府知府。因不自检束，难资表率。同治八年十一月初一日甄别开缺，以同知仍留江西补用，私罪。

窦鸿甄，前江西义宁州知州。因才欠开展，人地不宜。同治八年十月初一日甄别开缺，以知县改补，私罪。

蔡恕德，前江西雩都县知县。因性尚虚华，不耐劳苦，系举人出身，文理尚优。同治元年三月二十二日甄别，以教谕归部铨选，私罪。

章恩霖，前江西湖口县知县。因性情疏放，难期稳实，系举人出身，文理尚优。同治元年三月二十二日甄别，以教谕归部铨选，私罪。

陈鸣谦，前江西南城县知县。因同治七年大计，以才识迂拘，难胜治邑，照才力不及例降二级调用，私罪。

蓝向葵，前江西即用知县。因听断平常，难胜民社，惟文理尚优。同治八年十一月初一日甄别，以教职候选，私罪。

韩润，前江西宜春县知县。因同治十年大计，以性情躁率，物议沸腾，照浮躁例，降三级调用，私罪。

…………

江西近代重要历史文献丛编

上谕档

JIANGXI JINDAI
ZHONGYAO LISHIWENXIAN CONGBIAN
SHANGYUDANG

下册

江西人民出版社
Jiangxi People's Publishing House
全国百佳出版社

光绪三年

7　光绪三年正月初四，内阁奉上谕：文格奏委员运解木植赴京，缮单呈览，请饬沿途照料一折。天坛望灯杆木植，现经文格委员采办齐全，已派原办委员巫山县武震押运，并添委试用通判庄思恒帮同运解，于上年十二月十三日自嘉定起程，沿江由江苏上海县出口，航海赴津。著两湖、两江、江西、安徽、江苏、山东、直隶各省督抚督饬沿途地方官妥为照料接护。其运抵上海时，应用何项海船装运出洋，并著两江总督、江苏巡抚饬令上海道察看情形，妥筹办理。运费或有不敷，一并先为筹垫咨明四川归还。委员武震、庄思恒如沿途保护得宜，武震著俟差竣时，由该部带领引见，并将庄思恒酌给议叙，以示鼓励。该部知道。单并发。钦此。

48　光绪三年正月二十日，内阁奉上谕：刘秉璋奏，查明上年江西各属被水、被旱，恳准缓征递缓钱漕等款一折。江西南昌等州县，上年夏间大雨兼旬，山水骤发，江湖泛涨，田地致多被淹。至七八月间，雨泽又复愆期，高阜收成亦形歉薄。若将应征钱漕等款照常征收，民力实有未逮。加恩著照所请。所有南昌县之惠外一图邓姓、二图张姓，进外三图万姓，一社一图，二社五图李姓，三社二图，六社四图郭姓，十一社二图万姓，十三社二图李姓，军都一图，二都三、四、五、七、八图，三都一、二、六、七图，四都六、七图，五都二、东三、西三、五、八、下九图，六都一、三、七、八图，七都一、二、三、五、六图，八都二、四、五、六、下六、七图，九都五、六、七、九、十、十六图，十都一图至十二图，十一都一、下一、二、三、中三、下三、五图，十二都二图至七图及下七、八、九图，十三都一图至五图，十四都一、又一、二、三、四、下四、五、六、七图，十五都一、二、上三、中三、下三、北四、南四、下四、五、下五、六、七、八图，十六都一图至五图，十七都一图至六图，十八都一图至五图，十九都正一、副一、运一、二、三、南四、北四、下四、五、六、七、八、九、十图，二十都一图至五图，二十一都归一、归又一、归二、归三、南一、南二、又二、南三图，二十二都上一、下一、二、上三、东三、西三、四、五、六、七、八图，二十三都上一、下一、又一图至十六图及十八图至二十二图，二十四都一图至七图及南八、北八、九、十、十二、十三、十五、十六图，军都二、三图，二十五都一图至十四图，二十六都一图至六图，二十七都一、二、三、四、五、北五、七、八、西八、九、十、十一、十二图，二十八都一、二、三、四、六、八、九、十、十一、十二、十三图，二十九都一图至十二图，三十都一图至十一图，三十一都二、下二、五、七、八、九、十二、十四图，三十二都一、三、四图，三十三都二、四图，三十四都二、三、八、九图，三十五都三、五、六、七、八、十、十一、十三图，三十六都四、五、八图，四十都十图，四十一都二图，四十二都七图，四十三都一、三、四、六图，四十四都四图，四十五都南一、北一、南二、南三、长一、长二、长三、长四、长五、长六图，四十六都一、二、三、四、五、六、七、九、十一、十二、十三、十四、十五图，四十七都一、二、三、四、五、六、八、九图，四十八都南一、北一、长一、南二、北二、长二、南三、北三、长三四、南四图，四十九都

一、二、三、四、五、六图，五十都一、三图，五十一都一、二、三、四图，五十二都一图至八图，五十三都一图至六图，五十五都一图，五十六都一图至六图，五十七都二图至六图，军都五图，六十都一、二、南二图至七图，六十一都一、二、三图，六十二都一、三、四、五、七图，六十三都一、四、五、六、七、九、十图，六十四都一、二、三、四图，六十五都一图至八图，六十六都一图至十图，七十三都三、五、六、九、十图，七十四都一、二、三图，军都六图等处，被水各则民田四千六百二十六顷十亩零，未完地丁银一万五千九百十三两零，漕米二万七千五百六十九石零。

同新建县之一都一、二、三图，二都一图，六都五、六、七图，七都六、七图，十二都五图，二十一都二、三、四、五图，二十二都一、二、三、四图，二十三都五图，二十四都一、二、三图，二十五都一、二、三、五图，二十七都一图至五图及七、八图，二十八都一图至六图，二十九都一图至五图，三十一都六、七、八图，三十二都一、五图，三十三都一、三、四图，三十四都一、二、三图，三十六都一图至五图，三十七都三图，三十九都一图，四十都一、二图，四十一都一图至五图，四十二都一、二、三图，四十三都一、二图，四十四都一、二、三、四图，四十五都一、二、三、四图，四十六都一、二、三、四图，四十七都一、二、三图，四十八都一、二、三、四图，四十九都一、二图，五十都一、二图，五十一都一、二图，五十二都一、二图，五十三都一、二、三、四图，五十四都一图至五图，五十五都一图至五图，五十六都一、二图，军都六图，六、七、八、九、十等坊等处，被水各则官民田五千七十四顷八十一亩零，未完地丁银一万一千三百四十六两零，漕米一万九百九十三石零。

丰城县之一坊一都一、二、三图，二都一、二、三、四图，三都一图至六图，四都一、二、四图，五都一、三、四、五、六、七、八图，六都一图至五图，七都一、二、三图，八都一、二、三图，九都一、二、三图；二坊十都一、二图；三坊二十九都一、二、三、四、五图，三十都一、二、三、四图，三十一都一、二、三、四图，三十二都一、二、三、四图，四十都三图；四坊四十一都一、二图，五十四都二图，五十五都三、四图，五十六都一、二、三、四图；五坊五十七都一、二、三图，五十八都一、二图，五十九都一、二、三图，六十都一、二图，六十一都二、三图，六十二都一、二、三图，六十三都一图至九图，六十四都一图至五图，六十五都一、二、三、四图，六十六都一图至五图；六坊六十七都一、二、三、四图，六十八都一图至六图，六十九都一、二、三、四图，七十都一、二、三、五、六图，七十一都一、二、三、四图，七十二都一、二、三、六、七、九图，七十三都一图至八图；七坊七十四都一、二、五、六、八、九图，七十五都一、三、四、五、六、七、八、九、十二图，七十六都一、二、三图，七十七都一、二、六图七、十两甲，七十八都三、四、五、六图；八坊七十九都二、三、五图二、三、九甲，慧灯寺六、七、八图，八十都一、二、三、四图，八十一都四、八图，八十三都八、九、十图；九坊八十六都二图、又二图，八十七都五、六、七、八图，八十八都一、二、三、四、五、六、七图，八十半都一图一、三、五、七、九甲；一坊下二甲、三、六、十甲；二坊下一甲、二甲、上二甲、六、八甲外，另叔柱、仲柱、九、十甲；三坊下一甲、另二甲、四、五甲；四坊下一甲、二、九、十甲、另十甲、外十甲、议十甲；五坊下一甲、四、七、八甲；六坊下一甲、三、四甲、外四甲、五、六、八、十甲；七坊下一甲、二、三甲、维中、维大、维西、四、五、八、九、十甲、十另甲、十军甲;八坊下一甲、二、八、十甲;九坊下四甲、五、六、七、九、十甲等处,被淹中下湖田地七千四十三顷六十七亩零,未完地丁银九千九百五十八两零,漕米一万七千五十九石零。

进贤县之下五阪二十七都一图至五图,二十八都一、二、三、四图,二十九都一、二、三、四图,三十都一图至五图,三十一二都一、二、三、四图;又滨临河湖之一都一、三、四、五、六图,五都一、二、三、四、五图,六都一图至七图,七都一图至七图及军图,上八都一图至十图,下八都一图至九图,九都二图至十图,十都一、二、三、六、七、八、九、十图,十三四都各六、七、八、九图,十五都一图至九图,十六都一图至十二图,十七都一、二、三、四、五、七、九图,二十二都一图至十二图,二十三都一图至十二图,二十四五都一、二、三、四图,二十六都一图至五图,三十三都一、二、四、五、六、七图,三十四都一、二、三、四图,六隅东、西、南、北、正、中隅;又滨临抚信两河之三十五都一图、上六图,三十七都一图至六图,三十八都一、二、三、四图等处,被淹各则田三千三百四十三项六十一亩零,未完地丁银一万二百三十六两零,漕米一万三千一百八十四石零。

清江县之东北乡十都四、五图,十一都一图至五图,十二都一图至五图,十三都一图至五图,十四都一图至五图;东乡十五都一图至五图,十六都一图至五图,十七都一、二、三图;南乡三都三、四、五图,四都一图至五图,五都一、二、三、四图;西乡一都一图至五图,二都一图至五图,三都一、二图,五都五图,六、七都各一图至五图;北乡八都一图至五图,九都一图至五图,十都一、二、三图等处,被淹各则田三千一百七十五顷三十六亩,未完地丁银一万四千六百十五两零,漕米一万八百八十三石零。

新淦县之七都一、二、三图,五都七、八、十、十一、十二、十三图,三都六、十图,一都一、三、四、五、六、七图,六都一图至十图等处,被淹各则田一千六百七十七顷九十三亩零,未完地丁银一万四百三十五两零,漕米七千五百四十六石零。

新喻县被水最重之一坊至五坊一、二、三、四、五、六、七、八都各一、二、三图,十六都二、三图,十七都一、二、三图,十八都一、二、三图,十九都一、二、三图,二十都一图、军图等处,应征地丁漕米内著缓征十分之四,银九千七百六十两零,米六千四十九石零;被水次重之九都一、二、三图,十都一图,十一都一、二、三图,十二都一、二图,十三都一、三图,十四都一、二图,十五都二、三图、公图、正附功屯等处,应征地丁漕米内著缓征十分之三,银三千二百九十七两零,米二千四十三石零;及被水较轻之十都二图,十三都二图,十四都三图,十五都一图,十六都一图等处,应征地丁、漕米内著缓征十分中之二分二厘,银八百十七两零,米五百三石零。

峡江县之东一都一、二图,二都一、二、三图,三都一、二、三图,西一都二图,二都一图,三都二、三图,四都四、九甲,六都八甲,附城一、二、三、四、五、六坊;西十三都二图,东五都一图,七都一图,八都等处,被水各则田亩未完地丁银八千七百九十三两零,漕米四千一百八十九石零。

莲花厅之砻西乡一、三、四、六、七、九、十、十二三五六七八、二十等都,上西乡二十一四六八九、三十、三十二等都等处,被旱民田五百十二顷三十八亩零,屯田三十一顷二十四亩，未完地丁银三千五百八十六两零，漕米一千五百三十七石零，漕运屯粮银四百二十两零，余租银八百九两零。

庐陵县之坊廓乡六十九行、六十九、七十、七十一二等都，儒林乡永一、永二、第五、六、七、九、十、十一、七十四等都，永福乡十七八九等都，儒行乡四十四都，纯化乡七十五都等处，被淹民田一千五百九十七顷六十二亩零，又屯田五顷三十八亩零，未完地丁银七千二百七十三两零，漕米五千九百四十七石零，存留屯粮银三十五两零，漕运屯粮银二十一两零，余租银一百十一两零。

吉水县之仁寿乡东坊一图至七图、军图、僧图、官图、尾图；南坊一、二图、军图、尾图；西坊一、二、三图、军图、官图、尾图；北坊一、二、三图、军图、僧图、尾图，一都一、二、三、四图、僧图、尾图，二都一图至六图、军图、僧图、尾图，三都一图至六图、军图、僧图、尾图，五都一图至八图、军图、僧图、尾图，六都一图至七图、僧图、尾图，七都一图至八图、军图、僧图、尾图，八都一图至九图、军图、僧图、尾图，九都一图至八图、军图、尾图；折桂乡二十都一图至七图、军图、僧图、尾图，二十一都一图至七图、军图、僧图、尾图，二十二都一图至八图、军图、僧图、尾图，二十三都一图至七图、军图、僧图、尾图，二十四都一图至五图、军图、僧图、尾图，二十五都一图至八图、军图、僧图、尾图，二十六都一图至六图、军图、僧图、尾图，二十七都一图至九图、军图、僧图、尾图，二十八都一图至十图、军图、僧图、尾图，二十九都一、二、三、四图、尾图，三十都一图至七图、道图、尾图，三十一都一图至十图、僧图、尾图，三十二都一图至五图、尾图，三十三都一图至五图、尾图，三十四都一图至七图、道图、尾图；文昌乡三十五都一图至六图、僧图、尾图，三十六都一图至五图、尾图，三十七都一图至七图、僧图、尾图，三十八都一、二、三、四图、尾图，三十九都一图至七图、僧图、尾图，四十都一图至五图、尾图，四十一都一图至五图、僧图、道图、尾图，四十二都一图至七图、僧图、尾图，四十三都一图至九图、僧图、尾图，四十四都一图至九图、军图、僧图、尾图，四十六都一图至五图、僧图、客图、尾图，四十七都一图至八图、军图、僧图、尾图；中鹄乡四十八都一图至九图、僧图、尾图，四十九都一图至十图、军图、僧图、尾图，五十一都一图至九图、军图、僧图、尾图，五十二都一图至五图、军图、道图、尾图，五十三都一图至五图、军图、僧图、尾图，五十四都一图至九图、军图、僧图、尾图；同水乡五十六都一图至九图、军图、僧图、尾图，五十七都一图至五图、军图、尾图，五十八都一图至八图、军图、僧图、尾图，六十都一图至五图、僧图、尾图，六十一都一图至十图、军图、僧图、尾图，六十二都一图至六图、军图、僧图、尾图等处，被淹各则田地三百六十五顷五十二亩零，应征地丁、漕米内著缓征十分之四，银一万三千七百五十八两零，米八千七百七十九石零。

永丰县之东坊车田，南坊欧溪，西坊龙上、田心、枫树下，北坊庙前、庙背，一都花园、滁溪、湖头，三都双溪、坦源、枫江，五都坪上、窑上、郭富、麻江，六都舍溪、蹄洲、将军村、陌田，七都遇源山、溪头、江口、车头，八都松江、洋洲、坝口、南坝、枫溪、坪头，九都青山，十都冷溪，十七都阆田，十八都大吴、古湖塘，十九都戴家□、罗浒铺、沙墓背，二十都塘边、水南、背皂溪、鹭溪，二十一都营前，二十三都华田、桐毕，二十四都梅南、江桧，二十六都磨刀坑，二十七都古寺，二十八都水西，二十九都藤田，三十都温坊、严坊，三十四都层山，三十八都沙溪，三十九都百庵，四十都上固墟、东郊，四十二都潭头墟，四十三都银田、樟树埠，五十一都南坑，五十二都荳坑等处，被淹各则田地共四千四百五十八顷三十二亩零，应征地丁漕米内著缓征十分之三，银七千七十八两零，米三千四百十六石零。

泰和县之东乡一都一、二、七、八、九、十图，二都七、八图，三都一、二图；南乡五都一、五、六、七、八、十图；西乡七都三图至十图；北乡六都一、二图等处，被淹各则田一千四百九十顷十八亩零，未完地丁银八千九百四两零，漕米六千一百十一石零。

万安县之永和乡一都二、三图，二都一、二图，十二都四图，十七都二、三图，十八都一、二、三图，二十八都四、五图，在城一、二图；诚信乡八都二、三、四、五图，九都一图至五图，十都一、二图；龙泉乡二十一都四、五图，二十四都三、四、五图，二十五都一、二图，三十一都三、四、五图，三十二都一图至五图，三十三都一、二、三图等处，被淹田亩未完地丁银六千三百七十三两零，漕米三千九百四十二石零。

安福县之东乡三都并五十五七八及六十、六十二三等都；南乡一都并三十五六七九及四十一三四五、五十一二等都；西乡四、五、六、七、八、九并十一、十三四及二十三等都；北乡二都并六十四五七九等都等处，被旱各则田一千六百六十四顷八十六亩零，未完地丁银一万七百二两零，漕米六千二百五十三石零。并东乡三都并五十五八及六十三等都；南乡一都并三十六及五十二等都；西乡四都并十三四及二十二等都；北乡六十四五九等都等处，被旱屯田二十一顷四十四亩零，未完屯丁银八两零，漕运屯粮银三百一两零，余租银五百八十八两零。

永新县之东乡六十三都并六十五六九及七十一二等都；南乡五十四五六七八九等都；西乡十一都并十三四五六七八及四十一二三四、六十一等都；北乡一都并二、三、四、五、六、九、十及七十一、七十三等都等处，被水民屯田地共一千六百四十二顷六十八亩零，未完地丁银一万一百五十七两零，漕米二千三百三石零，屯丁银十五两零，存留屯粮银六十五两零，漕运屯粮银四百八十四两零，余租银一千九百一两零。

临川县之二、三、四、五、六、八、十、十一、十四、十五、三十九、四十、四十一二三四五六七八九、五十、五十一二四、七十四五、八十五七等都，被淹各则田地五千六百二十顷九十八亩零，应征地丁、漕米内著缓征十分之三，银六千二百五十九两零，米三千三百三十九石零。

金溪县之南乡二十四、二十六、三十二等都等处，被水各则田地未完地丁银六百九十两零，漕米五百六十九石零。

东乡县之二十八都上三图、下三图、军三图、缺三图、四图、七图，十八都下左一图，二十六都下一图、下右二图，二十七都下左一图，三十三都尾图等处，被水各则民田二百四十五顷七亩零，未完地丁银九百二十二两零，漕米四百二十一石零。

南丰县之一、三、五、六、九、十三、十六七八、四十一二三四五、五十三四等都等处，被水田地山塘共八百八十六顷十二亩零，未完地丁银四千二十一两零，漕米一千九百二十一石零。

鄱阳县之附城各乡隅及西、北、东、南等乡之北乡四图，东隅一图，南隅五、六图，西隅一、二、五图，北隅五图，永平关六图、后一图、后二图，一都一图，三、四都一、二、三、四、八、九、十、十一、十七、十九、二十、二十一图，四都二、九图，六都一、二图，七都一、三图，八都四、六、十、十一图，九都一图，十都二、三、四图，十一都二、三、四、五图，十二都一、二图，辛十三都一、二图，崇十三都一、二图，十四都一、二图，十七都一、二图，五十都四图，五十一都六图，五十二都一、二、三、四、六、九、十图，五十三都四、五图，五十七都一图，五十八图一、二、三、五、六图，五十九都二、三、四、五、六、八图，六十四都二、四图，六十五都一、二、三图，六十六都一、二、三、四图，六十七都一图，六十八都四图各甲各村等处，被水各则田地共八千二百三顷三亩零，未完地丁银一万五千三百十三两零，漕米七千五百五十九石零，并屯田坐落西北乡全行被水，未完屯丁银二十六两零，存留屯粮银一百四十六两零，漕运屯粮银八百十五两零，余租银九百九十九两零。

余干县之东、南、西、北四隅，二、三、四、五、六、七、八、九都，二十六七八九、三十都，三十一二三四五六都等处，被淹各则田四千一百四十五顷三十六亩零，未完地丁银一万五千二十两零，漕米八千九百五十八石零。

乐平县之三、五、六、八、九、十、十二、十四、十五、十七、十八、二十、二十一、二十二、三十、三十二、三十三、三十四、三十五等都等处，被旱田亩未完地丁银六千七百八十一两零，漕米三千四百七十一石零。

万年县之西北两乡隔塘村一都一、二、三、四图；陶岭村东隅一图；雷华村二都三图，东隅二图；石头村十三都三、四图；白马村二都一、二图，三都一图；塘东村十二都三图；道港隔港村十三都二图，南隅二图；均湖村十二都四图；永丰村西隅一、二图，北隅一图；山背村十四都三图；燃湖村十一都四图；青塘村十三都一图，十四都二图；双蓝村十四都四图；余柏村十四都一图等处，被淹三则田六百九十五顷三十二亩零，三则地二百五十八顷十二亩零，未完地丁银二千三百十两零，漕米一千四百五十七石零。

星子县之下七、下四、上四、下二、上下三、五、六、下八之东西两岸并南村等都党，被淹各则民田四百十四顷八十四亩零，未完地丁银二千一百六十两零。并南九二卫屯田被水未完屯丁银九两零，漕运屯粮银六百八十三两零，余租银一千五十四两零。

都昌县之一二都、三上都、三下都、四上都、四下都、五都、六上都、六下都、七都、八都、九都、十上都、十中都、十下都、十一都、十三上都、十三下都、十四上都、十四下都、十五都、十六都、十八都、十九都、二十三都、二十六上都、二十六下都、二十九都、三十都、三十一二三四五六七八都、四十一二三及四十五八并四十六七都、市一二三四五图、七图、左镇等处，被淹二三则田共一千五百三十二顷五十七亩零，未完地丁银五千一百三十三两零，漕米三千五百三十三石零。

建昌县之永丰、凝远、丰安、德政、市镇、钓台、升仙、甘泉、受安、归义、新城、修智等乡，被淹各则田地五千五百五十三顷十三亩零，未完地丁银一万七千六百四十三两零，漕米八千七百三十七石零。同安义县寄庄建昌县各乡被水未完地丁银三百四十九两零，漕米一百五十七石零。

德化县之桑落、赤松、封廓、南昌等乡，各则民屯田地被水较重，未完地丁银九百六十七两零，南九二卫屯粮丁银一百三十一两零，存留屯粮银二百七十两零，漕运屯粮银一千三百九十七两零，余租银二千九百六十四两零。并白鹤、仙居、德化、仁贵、泰临、通津、新民、甘泉、楚城等乡各则民屯田地、芦洲并密稀芦等项被水，收成减色，未完地丁银一千六百七十七两零，南九二卫屯粮丁银一百十两零，存留屯粮银二百五十九两，漕运屯粮银一千四百四十两零，余租银三千十一两零，光绪二年压征元年芦课银一千二百三十二两零。

德安县之黄湾、陈湾、固村、墩下、金溪、附城、河东、后田、乌石、在市、神于、墩上等堡等处，各则民田被水未完地丁银三千七百二十七两零。并南九二卫坐落陈湾、金溪、附城、河东、后田、乌石、在市等堡屯田被水，未完屯丁银五十六两零，存留屯粮银五十二两零，漕运屯粮银一千八百三十八两零。

瑞昌县之安泰乡之青龙、九屯、周滩、东关、巴山、莹桂、西关、安城、暗林、九民、回龙等堡；今一乡之金蛇、接泥、高伍、马头等堡；今二乡之武菱、封门、荷塘、黄硚、牛山、连山、长流、大林等堡；甘露乡之禁坪、乌塘、西龙、北巢等堡等处，被水各则田地共六百五十五顷四十五亩零，未完地丁银三千二十一两零。并九卫坐落该县之安泰乡及德化之赤松、南昌、仙居、朗山、渠田等乡屯田被水，未完漕运屯粮银一千四十两零，余租银二千五十六两零。

湖口县之上乡十三、十七、二十都，中乡二坊、八都、十二都，下乡三都、四六都、五都等处，被淹各则民田四百十顷一亩零，未完地丁银三千二百三十六两零。并三都、四六都、五都及编入德化县之仁贵乡，宿松县之孟家洲等处被淹屯田四十三顷二十九亩零，未完漕运屯粮银一百九两零，余租银二百八十七两零。

彭泽县之七都、下三十三都等处被水最重，应征地丁内著缓征十分之四，银三百二十五两零。并七都之太平阪等处被水最重，应征九卫屯余芦课等款内著缓征十分之四，屯丁银一两零，存留屯粮银一两零，漕运屯粮银七十三两零，余租银一百四十五零，光绪二年压征元年芦课银七百六十九两零。同四、六、八都、三十都、上三十三都等处被水稍轻，应征地丁内著缓征十分之二，银六百六十三两零。及四都之下隅阪，八都之乌沙阪，三十都之上定山下定山二百户等处被水稍轻，应征南九二卫屯余等款内著缓征十分之二，屯丁银七十八两零，存留屯粮银一百四两零，漕运屯粮银一百五十一两零，余租银四百六十六两零。九江府同知所辖南九二卫芦州坐落桑落、赤松、封一、封二等乡，并密稀芦等项被水，未完光绪二年压征元年芦课银六百四十五两零。

宁都州之清泰乡一都一、二、三图，二都一、二图，三都一、二、三图，四都一图，五都一图至七图，六都一、二、三图，七都一、二、三图，八都一、二图，九都一、二图；怀德乡二十一都一、二图，二十二都一、二、三、四图，二十三都一、二图，二十四都一、二图，二十五都一、二、三、四、五、六、七、八图，二十六都一、二图，二十七都一、二、三、四图，二十八都一、二、三、四、五图，二十九都一、二、三、四图；太平乡十、十一、十二都各一图，十三都一、二图，十四都一图，十五都一、二、三图，十六、十七都各一、二图，十八都一图，十九都一图，二十都一、二、三图；安福乡三十都一、二、三、四图，三十二都一、二图；仁义乡三十一、三十三都各一、二、三、四图，三十四五六都各一、二图，三十七都一图，三十八都一、二图，三十九都一、二、三图，四十都一图，四十一都一、二图，四十二都一、二、三图，四十三都一图，四十四都一、二、三图，四十五都一、二、三、四图，四十六都一图，四十七八都各一、二图，四十九都一图，五十都一、二、三图，五十一都一图，五十二都一、二图，五十五都一、二、三图；平阳乡五十三都一、二图，五十四都一图，五十六都一图，五十七都一图，五十八都一图，五十九都一图，六十都一图，六十一都一、二图等处，被水各则田二千五百七十四顷一亩零，未完地丁银七千八百两零，改折抵兑漕米一千五百九十四石零，均著缓至本年秋后分作两年带征。

兴国县之依锦乡之天源堡，莲花山、庐公山等二村古龙岗、保桐，林经、上经、下经等三村黄塘堡，江头、上江口、杉村等三村营前堡，中洲、东村、中田等三村；宝城乡之龙江头堡，长信、阳村、严埠、镬口等四村城岗堡，小获、回龙、石浒等三村；大足乡之南堡；桑坑村桐溪堡；儒林乡之桐林堡，龙沙、燕山、澄水等三村；清德乡之上社堡、塘石堡等处，被水各则田共六百五十二顷九十四亩零，应征地丁内缓征十分之三，银一千三百三两零，著缓至本年秋后带征。

湖口县芦洲被水，未完光绪二年压征元年芦课银一百八十一两零，著缓至本年秋后分作三年带征。

新建县原缓光绪元年及同治十二年地丁、漕米；峡江县原缓同治十二年地丁、漕米；莲花厅原缓光绪元年及同治十一、十二、十三年地丁、漕米、漕运屯粮、余租；安福县原缓光绪元年地丁、漕米、屯丁、漕运屯粮、余租；东乡县原缓光绪元年地丁、漕米及原缓同治十一、十二两年丁漕，均除带征一半外，其余未完一半地丁、漕米；乐平县原缓光绪元年及同治十一、十二、十三等年漕米，各除完纳外，其未完同各原缓地丁；万年县原缓光绪元年地丁、漕米，及原缓同治十一年丁漕，除带征一半外，其未完一半地丁、漕米；星子县原缓光绪元年地丁、余租，各除完纳外，其未完及原缓屯丁，又原缓同治十一年地丁、余租，各除完纳外，其未完同原缓屯丁；都昌县原缓光绪元年及同治十一年地丁、漕米；德化县原缓光绪元年漕运屯粮、余租、芦课，各除完纳外，其未完同各原缓地丁、屯粮丁；瑞昌县原缓光绪元年地丁、漕运屯粮、余租；湖口县原缓光绪元年及同治十一、十二、十三等年地丁，各除完纳外，其未完同各原缓漕运屯粮、余租；彭泽县原缓光绪元年地丁、屯粮丁、漕运屯粮、余租、芦课，均著递缓至光绪三、四两年秋后带征。

南昌县原缓光绪元年地丁、漕米；新建县原缓同治十一年地丁、漕米；进贤县原缓光绪元年地丁，除完纳外，其余未完同原缓漕米；清江县原缓同治十二年地丁、漕米；余干县原缓光绪元年地丁、漕米；建昌县并安义县之寄庄建昌县各原缓光绪元年地丁、漕米；德化县原缓同治十三年漕运屯粮、余租、芦课，各除完纳外，其余未完同各原缓地丁、屯粮丁；德安县原缓光绪元年地丁、屯粮丁、漕运屯粮；瑞昌县原缓同治十二年各款，除带征一半外，其余未完一半地丁、漕运屯粮、余租；九江府同知所辖南九二卫原缓光绪元年压征同治十三年芦课，均著递缓至光绪四、五两年秋后带征。

南昌县、丰城县各原缓同治十二年地丁、漕米;进贤县原缓同治十三年地丁、漕米;清江县原缓同治十一年地丁、漕米;新淦县原缓同治十三年地丁、漕米;新喻县原缓光绪元年地丁、漕米;安福县原缓同治十三年地丁、漕米、屯丁、漕运屯粮、余租;鄱阳县原缓光绪元年漕运屯粮、余租,各除完纳外,其余未完同各原缓地丁、漕米、屯粮丁;余干县原缓同治十三年地丁、漕米;建昌县并安义县之寄庄建昌县各原缓同治十三年地丁、漕米;德化县原缓同治十二年漕运、屯粮、芦课,各除完纳外,其余未完同各原缓地丁、屯粮丁、余租;德安县原缓同治十三年地丁、屯粮丁、漕运屯粮;瑞昌县原缓同治十一年地丁、漕运屯粮、余租,均著递缓至光绪五、六两年秋后带征。

南昌县原缓同治十一年地丁、漕米;进贤县原缓同治十二年地丁、漕米;安福县原缓同治十二年地丁、漕米、屯丁、漕运屯粮、余租;余干县原缓同治十二年地丁、漕米;建昌县并安义县寄庄建昌县各原缓同治十二年地丁、漕米;德化县原缓同治十一年漕运屯粮、余租,除完纳外,其余未完同各原缓地丁、屯粮丁、芦课;德安县原缓同治十一年地丁、屯粮丁、漕运屯粮,均著递缓至光绪六、七两年秋后带征。

进贤县原缓同治十一年地丁、漕米;新淦县原缓同治十二年地丁、漕米;新喻县原缓同治十三年地丁、漕米;安福县原缓同治十一年地丁、漕米、屯丁、漕运屯粮、余租;鄱阳县原缓同治十一年漕运屯粮、余租,各除完纳外,其余未完同各原缓地丁、漕米、屯粮丁;余干县原缓同治十一年地丁、漕米;建昌县并安义县之寄庄建昌县各原缓同治十一年地丁、漕米,均著递缓至光绪七、八两年秋后带征。

新淦县原缓同治十一年地丁、漕米,新喻县原缓同治十二年地丁、漕米,均著递缓至光绪九、十两年秋后带征。

新喻县原缓同治十一年地丁、漕米,著递缓至光绪十一、十二两年秋后带征。

永新县原缓光绪元年及同治十三年地丁,各除完纳外,其余未完同各原缓漕米、屯粮丁、漕运屯粮、余租,均著递缓至本年秋后一并带征。永新县原缓同治十二年地丁、漕米、屯粮丁、漕运屯粮、余租,均著递缓至光绪四年秋后一并带征。永新县原缓同治十一年地丁、漕米、屯粮丁、漕运屯粮、余租,著递缓至光绪五年秋后一并带征。

湖口县原缓光绪元年压征同治十三年及十二、十三年压征十一、十二年芦课,原缓同治十一年压征十年芦课,除完纳外,其余未完芦课,均著递缓至光绪三、四、五等年秋后带征,以纾民力。余著照所议办理。

该抚即刊刻誊黄,遍行晓谕,务使实惠均沾,毋任吏胥舞弊,用副轸念灾区至意。该部知道。钦此。

52 光绪三年正月二十二日,内阁奉上谕:江西饶州府知府员缺,著恒裕补授。钦此。

53 查:江西饶州府知府系冲繁难要缺。谨奏。

66 光绪三年二月初三日,内阁奉上谕:御史嵩林奏敬陈管见一折。所陈垦荒田、禁械斗、慎举劾、整营规各条，均经叠谕内外臣工实力奉行，扫除积弊，无如日久生懈，往往视为具文。东南各省招垦荒田，大半有名无实。该省督抚务宜督率各该地方官随时查察，出示招垦，酌给牛具籽种，照例定年份升科。如查有勒索苛派等情，即著严行惩办。闽粤、江西等省，民性多悍，械斗成风。该督抚尤宜随时化导，遇有此等案件，饬令该地方官密速查办，秉公讯结，以息争端。州县为亲民之官，得人则治。各省大吏，当随事详加考查，秉公举劾，用示劝惩，不得仅以虚辞具奏，以昭核实。营规亟宜整顿，现在各省留防勇营尚多，难保无缺额糜饷情事。著各省督抚力除浮冒，认真训练，以期营伍整肃，绥靖地方。钦此。

69　军机大臣字寄大学士·直隶总督·一等肃毅伯李，福州将军·兼署闽浙总督文，闽浙总督何，江西巡抚刘，安徽巡抚裕，前山西巡抚鲍，河南巡抚李，福建巡抚丁，传谕署山东巡抚·布政使李元华。光绪三年二月初四日，奉上谕：夏同善奏请筹恤流民一折。据称去年直隶、山东、山西、河南、安徽、江西、福建各省，水旱为灾，饥民逃亡甚多。各邻省官绅筹款赈济，次第资送还籍。惟此项饥民，虽获生还，苦无生计，请饬筹恤等语。著各该省督抚预饬各州县，遇有逃亡饥民归来者，务须加意抚恤或量给口粮，或酌借耕本，体察各地方情形，悉心筹画，实力举行，用副朝廷轸念民瘼至意。将此谕知李鸿章、文煜、何璟、刘秉璋、裕禄、鲍源深、李庆翱、丁日昌，并传谕李元华知之。钦此。遵旨寄信前来。

75　光绪三年二月初六日，内阁奉上谕：沈保桢奏特参庸劣不职各员，请分别办理一折。安徽铜陵县知县邢世铭，小才用事，操守平常；江西丰城县知县项珂，性耽豪侈，玩视民瘼；江苏候补知县阎枢，轻浮喜事，声名平常；陆宁发办理厘卡，甚滋物议；余秉钺，素行佻达，难以临民；两淮候补盐大使钱福熙，性情乖谬，办事颟顸；江苏上海县县丞周光先，嗜好孔多，声名甚劣，均著即行革职。江苏松江府知府杨永杰，身体软弱，办事模棱，著以通判选用。安徽候补直隶州知州赵元善，矜躁自喜，不洽舆情，著以州判选用。江苏江都县知县谭祖庆，公事模糊，难膺民社，著以县丞选用。安徽候补同知直隶州知州胡志章，年老志昏，罔恤民困；两淮候补盐知事陈大年，年力就衰，公事废弛，均著勒令休致，以肃吏治。余著照所议办理。该部知道。钦此。

128　光绪三年二月二十三日，内阁奉上谕：刘秉璋奏甄别才不称职各员，请分别撤任改教勒休一折。江西永新县知县萧玉春，万载县知县杜绍斌，人地均不相宜，著即撤任。遇有相当缺出，酌量补用。万年县知县李植，年力渐衰，难期胜任，著开缺以教职铨选。试用知县徐道昌，老病昏庸；候补知县钱坦，心地糊涂，均著勒令休致，以肃吏治。余著照所议办理。该部知道。钦此。

141　光绪三年二月二十五日，内阁奉上谕：给事中郭从矩奏，京控发审案件，请饬明定章程一折。据称近来京控案件，往往有滥列多名，意存倾陷，并有顶替包揽教唆等弊。此等刁风断不可长。嗣后各省督抚于京控发回案件呈内牵连之人务须详慎，分别提讯,不得滥及无辜,致滋拖累。其在京各衙门收呈后,照例解回者,应如何将原告、抱告年貌供招查讯确实之处,著该部明定章程,以杜弊端。至京控发交各省之案,该督抚等往往仍交原问官审讯,该员意存回护,辄照原审拟结,致多冤抑。嗣后该督抚等于京控各案不得仍交原问官覆审。倘承审之员,有意瞻徇,即行从严参办,以重刑谳。钦此。

185 军机大臣字寄兼署福州将军·闽浙总督何,两广总督刘,福建巡抚丁,江西巡抚刘,广东巡抚张。光绪三年三月初十日,奉上谕:据御史李嘉乐奏称,邪匪蔓延日甚,风闻匪首潜伏闽粤、江西交界地方。该处万山丛杂,匪首负嵎其中,且湖北获犯供称系洪秀全余党,以邪术惑民,为死灰复燃之计,请饬密查会办等语。前据文煜、丁日昌奏,查明延平府属之九龙山及漳州府属之华封岭古名九龙山并无邪匪匿伏。惟该匪行踪诡秘,必有潜匿之处。闽粤、江西交界,地广山多,易于藏奸。该御史所奏未必无因。若不预绝根株,恐滋后患。著何璟、刘坤一、丁日昌、刘秉璋、张兆栋密派干员前往该处详细访查。如果有匪党啸聚形迹,即行设法会合捕拿,以遏乱萌。原折著抄给阅看。将此各谕令知之。钦此。遵旨寄信前来。

236 光绪三年丁丑科会试:

(朱)满洲一百四十四卷,○拟取中八名。

蒙古四十一卷,○拟取中三名。

汉军一百卷,○拟取中六名。

直隶七百九十五卷,○拟取中二十四名。

奉天二十八卷,○拟取中三名。

山东三百五十六卷,○拟取中二十一名。

山西二百九十二卷,○拟取中十名。

河南二百九十九卷,○拟取中十七名。

陕西一百七十三卷,○拟取中十五名。

甘肃一百八卷,○拟取中九名。

江苏五百十三卷,○拟取中二十六名。

安徽三百卷,○拟取中十八名。

浙江五百五十六卷,○拟取中二十五名。

江西四百八十三卷,○拟取中二十二名。

湖北二百八十三卷,○拟取中十四名。

湖南二百三十八卷,○拟取中十四名。

四川三百二十一卷,○拟取中十四名。

福建三百九十一卷,○拟取中二十名。

台湾二十二卷,○拟取中二名。

广东四百八十一卷,○拟取中十六名。

广西二百二卷,○拟取中十三名。

云南二百二十九卷,○拟取中十二名。

贵州二百二十六卷,○拟取中十一名。

249　军机大臣字寄盛京将军、吉林将军、黑龙江将军、兼管顺天府尹、顺天府府尹、奉天府府尹、各直省督抚。光绪三年四月初二日,奉上谕:郭嵩焘等奏,鸦片烟为害中国,拟请设法禁止一折。官员、士子、兵丁等吸食鸦片烟,例禁綦严,近来视为具文,吸食日众,为害愈深。该侍郎等请以三年为期,设法禁止。著各该将军、府尹、各直省督抚斟酌情形,妥筹具奏。其各省驻防旗营官兵,著该督抚会同该将军酌度办理。原折均著抄给阅看。将此各谕令知之。钦此。遵旨寄信前来。抄交总理衙门。

333　交吏部、内阁、翰林院。本日军机大臣面奉谕旨:新进士著于五月初七日起至初十日止分作四日带领引见。钦此。相应传知贵衙门,一体钦遵可也。此交。四月二十八日。

334　…………

江西六员:

○庶吉士陈存懋江西人,年四十一岁。同治十三年三甲进士,散馆一等十九名。

○庶吉士况桂馨江西人,年三十三岁。光绪二年二甲进士,散馆二等三十五名。

庶吉士曾长治江西人,年三十四岁。○光绪二年三甲进士,散馆二等五十五名。

庶吉士魏起鹏江西人,年三十五岁。○光绪二年二甲进士,散馆三等一名。

庶吉士彭启瑞江西人,年四十二岁。○同治十三年三甲进士,散馆三等三名。

庶吉士陶措绶江西人,年三十一岁。○光绪二年三甲进士,散馆三等七名。

…………

358　军机大臣字寄各直省将军、督抚、顺天府府尹、奉天府府尹。光绪三年五月初七日,奉上谕:总理各国事务衙门奏请饬各省讲求条约一折。中外交涉事件,关系大局,全在坚持条约,庶不至措置乖方。前经总理各国事务衙门咨行各省,将条约刊刻发给各地方官详细检阅。惟恐条约虽经颁发,该地方官平时不能详阅,临事仍无准则。著各该将军、督抚、府尹再行严饬所属,务将条约详研熟识,融会贯通,以期深明窾要,遇事办理妥协。并著于考试各官及接见属员随时询问,观其辨难,试其才识,分别举劾,俾知劝惩。原折均著抄给阅看。将此各谕令知之。钦此。遵旨寄信前来。(抄交总理衙门)

365　…………

第一排

江西进士七名:

○江澍畇江西人,年三十二岁。二甲二十三名进士。覆试一等三十三名,朝考一等十四名。

〇徐道焜江西人,年二十五岁。二甲二十五名进士。覆试二等七十四名,朝考一等二十九名。

〇谢希铨江西人,年三十四岁。二甲二十六名进士。覆试三等一百三十五名,朝考一等三十一名。

胡宗澄〇江西人,年三十六岁。二甲五十四名进十。覆试一等四十五名,朝考三等五十三名。

〇朱益濬江西人,年二十六岁。二甲五十九名进士。覆试一等二名,朝考一等十七名。

〇胡湘林江西人,年十九岁。二甲六十一名进士。丙子覆试二等二名,朝考一等二十二名。

甘焘〇江西人,年三十三岁。二甲七十二名进士。覆试二等六十六名,朝考三等九十七名。

第二排

江西进士六名:

〇潘彬江西人,年三十岁。二甲七十八名进士。丙子覆试二等四十名,朝考一等五十九名。

郭庆棠〇江西人,年三十四岁。二四一百四名进士。覆试三等八十九名,朝考二等八十五名。

涂翔凤〇江西人,年三十岁。三甲二十二名进士。覆试二等九十四名,朝考二等四名。

饶世缨江西人,年三十七岁。三甲二十八名进士。〇覆试二等六十二名,朝考二等一百十六名。

郑文思江西人,年三十七岁。三甲三十一名进士。〇覆试二等一百十名,朝考二等四十六名。

匡心湛〇江西人,年三十五岁。三甲四十六名进士。覆试二等一百十六名,朝考二等五十七名。

第三排

江西进士六名:

陈福谦〇江西人,年二十五岁。三甲七十七名进士。覆试三等五十七名,朝考三等一百三十二名。

陈世求〇江西人,年二十二岁。三甲八十二名进士。丙子覆试二等四十七名,朝考二等四十八名。

闵荷生〇江西人,年二十六岁。丙子三甲九十名进士。丙子覆试二等一百二名,朝考二等八十六名。

邓衍意江西人,年三十五岁。三甲一百三名进士。〇覆试三等一十九名,朝考三等□□名。

程钟江西人,年三十八岁。三甲一百五名进士。〇覆试二等□□名,朝考二等□□名。

谢配鹏江西人,年四十一岁。三甲一百十三名进士。覆试□等□□名,朝考□等□□名。

第四排

江西进士六名:

胡成均江西人,年四十岁。三甲一百三十名进士。〇覆试三等七十八名,朝考二等八十二名。

吴炳江西人,年三十六岁。三甲一百四十二名进士。〇覆试二等一百一名,朝考三等一百六名。

张煦春江西人,年四十岁。三甲一百五十七进士。〇覆试三等一进四十四名,朝考三等六十七名。

刘贞江西人,年二十八岁。〇三甲一百五十八名进士。覆试三等一百十七名,朝考三等七十七名。

宋立球江西人，年三十四岁。〇三甲一百五十九名进士。覆试三等七十名，朝考三等一百二名。

陶家驹江西人，年三十岁。三甲一百八十名进士。覆试三等一百十九名，朝考三等一百十七名。刑部候补郎中。

…………

朱圈第一层者改为庶吉士，圈第二层者分部学习，圈第三层者以内阁中书用，圈第四层者以知县即用。未圈各员除陈浚畴、陶家驹、秦霖熙、谢配鹏、庄鼎元、林步青、卜叶宾、何子鎏各以本班补用及未经引见之蔡毓铨、蔡汝麟、荣桂、覃梦榕外，余均归班铨选。

366　光绪三年五月初十日，内阁奉上谕：沈葆桢奏请调补道员以资治理一折。段起著准其调补江南徐州道，所遗江西督粮道员缺，著吴世熊调补。钦此。

449　光绪三年六月二十二日，内阁奉上谕：御史沈鋐奏，各省灾歉叠见，请饬内外臣工勤求治理一折。本年江苏、安徽蝗蝻为患，叠经谕令沈葆桢等督饬搜捕。福建、广东均被水灾，山西亢旱尤甚，亦经谕令该督抚妥筹抚恤。兹据该御史奏称，湖南、广西亦遭水患；陕甘亦复苦旱；东、豫、畿辅并有飞蝗；苏浙地方猝遇大风，有塌倒房屋、损坏船只之事。览奏实深廑系，朝廷轸念民依，每遇四方水旱偏灾，宵旰焦劳，时深修省。际此灾祲叠见，内外臣工自应共矢公忠，力图补救。各直省督抚身膺疆寄，于吏治民生，尤应力戒因循，认真整顿，闾阎疾苦务当曲为体恤，属吏欺蒙，必须随时惩办，庶几上理日臻，自足以迓和甘而消沴戾。其现在被灾各省轻重情形若何，并如何筹办之处，著该督抚据实具奏，以慰廑念。钦此。

454　军机大臣字寄福州将军，直隶、两江、湖广、闽浙、四川、两广、江苏、安徽、江西、浙江、福建、山东、山西、河南、湖北、湖南、广东各督抚，传谕粤海关监督。光绪三年六月二十五日，奉上谕：户部奏请饬催各省关欠解京饷一折。本年京饷经户部奏拨并续拨银八百万两，均限五月前解到一半，年终一律解清。兹据该部查明，截至六月初十日止，除截留及奏准缓解并解到报解起程等款外，尚有山西地丁六十五万两，山东地丁二十一万两，浙江地丁十五万两，湖北地丁二十万两，湖南地丁十二万两，河南地丁十五万两，安徽地丁十万两，江西地丁十万两，长芦盐课加价三十万两，两浙盐课盐厘十一万两，两淮盐课盐厘三十五万两，河东加课羡余五万两，广东盐课帑息二十一万两，山东盐课加价十三万两，福建盐课十万两，湖北盐厘六万两，湖南盐厘四万两，四川盐厘津贴三十万两，福建税厘十万两，粤海关税盈余十一万两，闽海关洋税三十二万两，九江关洋税二十万两，浙海关常洋两税二十二万两，江海关洋税二十万两，江汉关洋税二十一万两，天津关常税四万两，东海关洋税五万两，镇江关洋税三万两，赣关税银六万两，扬州关常税三万两，芜湖关常税三万两，江西厘金三万两，江苏厘金六万两，浙江厘金八万两，广东厘金十一万两，湖北厘金四万两；又粤海等关四成六成洋税内每年拨还洋商银应拨抵闽省茶税京饷银，除已解到外，粤海关尚欠解一万八千两，闽省并九江关各应解二万四千两,江海、浙海、镇江、天津、东海五关各应解二万两,江汉关应解一万六千两,山海关应解一万二千两,共欠解银十九万四千两,统共未解银五百四十四万四千两。著该将军、各督抚、监督等即将前项未解银两,赶紧依限提前解部,统于年内扫数解齐。倘敢诿卸拖欠,致误要需,即著户部指名严参。其现在解不及半及丝毫未解等处,经此次严催后,仍不完解,并著户部酌核情形,随时奏参。将此由五百里谕知福州将军,直隶、两江、湖广、闽浙、四川、两广、江苏、安徽、江西、浙江、福建、山东、山西、河南、湖北、湖南、广东各督抚,并传谕粤海关监督知之。钦此。遵旨寄信前来。

465 礼部尚书臣宗室灵桂等带领引见朝考一、二等优生共四十六名。

第一排

北卷:

○辛元炳,一等第四名。直隶优生。年二十六岁。

○郝振麟,一等第六名。直隶优生。年二十四岁。

○孟庆荣,一等第八名。直隶优生。年二十五岁。

○耿嶲梅,一等第十名。山西优生。年三十八岁。

○毕春熙,一等第十一名。奉天优生。年三十四岁。

○李德炳,一等第十三名。河南优生。年二十七岁。

第二排

北卷:

○达 诚,一等第十五名。正黄旗汉军优生。年二十六岁。

○丁秉乾,一等第十七名。甘肃优生。年二十四岁。

○刘贤宝,一等第十八名。山东优生。年三十三岁。

赵世德,一等第二十一名。直隶优生。年三十三岁。

姚 堃,一等第二十二名。直隶优生。年三十五岁。

第三排

北卷:

柴廷琦,二等第三名。山东优生。年二十九岁。

王广年,二等第四名。陕西优生。年二十七岁。

毛 颖,二等第十一名。奉天优生。年三十三岁。

陈景蕃,二等第十五名。奉天优生。年二十八岁。

张锡龄,二等第十六名。河南优生。年三十二岁。

曹书田,二等第十七名。河南优生。年三十九岁。

第四排

南卷:

○尹铭绾,一等第一名。湖南优生。年二十岁。

○秦绶章,一等第二名。江苏优生。年二十六岁。

○徐敦仁,一等第三名。江苏优生。年四十五岁。
○杨同槱,一等第五名。江苏优生。年二十五岁。
○徐树锷,一等第七名。湖南优生。年二十九岁。
第五排
南卷:
○左 斌,一等第九名。湖南优生。年三十岁。
○盛元均,一等第十二名。浙江优生。年三十五岁。
○林如玉,一等第十六名。福建优生。年二十六岁。
○陈 增,一等第十九名。江西优生。年三十五岁。
李廷桢,一等第二十名。江苏优生。年二十三岁。
第六排
南卷:
程步龞,二等第一名。安徽优生。年二十四岁。
赵时禾,二等第二名。江苏优生。年二十五岁。
周锡恩,二等第六名。湖北优生。年二十七岁。
李廷铨,二等第七名。浙江优生。年三十六岁。
吴省铭,二等第八名。安徽优生。年三十九岁。
殴阳炳昭,二等第十二名。江西优生。年三十九岁。
第七排
南卷:
李经邦,二等第十四名。安徽优生。年二十四岁。
周为金,二等第十八名。江西优生。年三十三岁。
钱儒猷,二等第十九名。湖北优生。年二十三岁。
田服兰,二等第二十二名。湖北优生。年二十九岁。
林庆祺,二等第二十三名。福建优生。年二十六岁。
王步蟾,二等第二十四名。福建优生。年二十七岁。
第八排
中卷:
○陈自强,一等第十四名。广东优生。年四十岁。
第九排
中卷:
○罗惇㬊,二等第五名。广东优生。年二十三岁。
○蒋良术,二等第九名。广西优生。年二十二岁。
杨桦芳,二等第十名。广东优生。年三十九岁。
廖师闽,二等第十三名。贵州优生。年三十三岁。
蔡伯陶,二等第二十名。四川优生。年三十一岁。

张问惺,二等第二十一名。四川优生。年二十八岁。

朱笔圈出者以知县用,余以教职用。

543　光绪三年七月二十六日,内阁奉上谕:刘秉璋奏,特参亏短交代银两各员,请分别革职勒追查抄一折。江西知县彭际盛等在各该署任本任内,亏短交代银两,延不完解。已故知县柏春等在各该署任本任内,亏短交代银两,各该家属坑延不缴,均属胆玩。前署永丰县知县彭际盛,前上高县知县赵惟熙,前署建昌县知县邱文光,前代理都昌县知县王家棣,均著暂行革职,勒限一个月按数完缴。倘仍前延宕,即著从严参办。已故之前南丰县知县柏春,前代理新喻县知县吴曾泰,前代理信丰县事·赣县县丞吴福康,前代理崇义县事·候补丞冯宝山,前永新县知县记瑞云,前永丰县知县王建中,前署宜黄县知县夏燮,前署彭泽县知县陈文庆,均著即行革职。与前代理瑞昌县已故另案参革知县陈汝桢一并饬提各该家属同经手丁胥人等严讯追办,各该故员寓所资财严密抄封,并著各该督抚、府尹将各该故员原籍家产尽数查封备抵。该部知道。钦此。

592　光绪三年八月初八日,内阁奉上谕:吏部奏道员对调与例未符一折。前据沈葆桢奏请以道员段起与吴世熊对调,系为因地择人起见。段超著仍准其调补江南徐州道,所遗江西督粮道员缺,著仍以吴世熊调补。嗣后不得援以为例。钦此。

631　…………

光绪三年办理同治十三年江西省服制情实一起,人犯一名,谨将勾到时所奉谕旨,恭录于后。

一起斩犯罗茌恒。

与大功兄罗受恒有祖遗公山,向听合族葬坟。该犯将故母万氏尸棺安葬公山。与罗受恒家坟冢相距丈余,并无伤碍。罗受恒因兄患病,疑该犯母坟有碍其家坟冢,令该犯移葬他处。该犯分辩,各散。嗣该犯与罗受恒撞,与罗受恒提及前情,逼令该犯迁葬,该犯不允。罗受恒用锄刨开万氏坟冢,露出棺盖。该犯拉劝,罗受恒不理,复举锄将棺盖掘损。该犯情急救护,用刀吓戳,适伤其左腰眼,划伤左臂膊倒地,移时殒命。死者掘损伊母棺盖,戳由救护情切,尚非无故逞凶,干犯情稍可原,是以未勾。

光绪三年办理同治十三年、光绪元年并二年江西省秋审常犯情实,吴长受等共十起,人犯二十二名,谨将勾到时所奉谕旨,恭录于后。

一起斩犯吴长受。

挟恨谋命,复毁尸灭迹。法无可宽,是以勾决。

一起斩犯邹家典。

奸匪拒捕,致毙本夫。淫凶难宽,是以勾决。

一起绞犯胡俭仂、胡辣离、胡賚仂、胡克萌、胡葆仂、胡某仂、胡孔义、胡许小、胡萌经。

听纠械斗,致毙彼造四十八命。该犯等各下手致毙一命。均法无可宽,是以俱勾决。

一起绞犯姜□包、姜械波、姜源长、姜狗仔、姜其吉。

两造互殴,致死彼造二十余命。该犯等各下手致毙一命。均法无可宽,是以俱勾决。

一起斩犯李淦远。

逞忿故杀。法无可宽,是以勾决。

一起斩犯全受西。

逞忿故杀。法无可宽,是以勾决。

一起斩犯杜惟篙。

火器杀人。法无可宽,是以勾决。

一起斩犯林茬池。

挟嫌谋命图赖。法无可宽,是以勾决。

一起斩犯杨家茬。

抢夺谋毙事主,业因犯父代首,免其立决。法难再宽,是以勾决。

一起斩犯钟四仔。

因奸听从奸妇谋毙纵奸本夫。淫光难宽,是以勾决。

680　军机大臣字寄大学士·直隶总督·一等肃毅伯李,湖广总督·兼署湖北巡抚李,江西巡抚刘,河南巡抚李。光绪三年九月初四日,奉上谕:李鸿章奏,奉拨晋豫两省赈粮,请变通办理一折。据称本届江安漕粮八万数千石,业经仓场侍郎将奉拨晋赈四万石,饬原船督押回津,其余已全数进仓。若再行拨出,转多糜费,拟请在于光绪四年江西应办漕米八万石内,提办三万石,湖北应办漕米三万石内,提办二万石,全数拨运山西。即将山西原截之江安漕粮四万石,先行拨运河南,以期水陆转运,均得其便等语。所筹变通办理,甚合机宜。即著李瀚章、刘秉璋各照应行提办来年漕米之数,速将购价运脚银两即行发交道员朱其昂等赶紧领办。李鸿章即预饬该员等一面领银,一面设法垫款购米,务于封河以前刻期运津,俾免贻误。所有山西原截之江安漕粮四万石,该督即饬丁寿昌等妥为经理,由水路运至河南道口交卸。并著李庆翱迅派大员驰赴道口,设局接收转运,以期妥速。山西被灾甚重,待赈尤殷。此次原截江安漕粮,业经改拨。所有晋粮购运事宜,李鸿章务当饬令丁寿昌、黎兆棠等迅速筹办,陆续转运,毋稍迟误。将此由五百里各谕令知之。钦此。遵旨寄信前来。(抄交户部)

729　丁丑科会试武举取中数目:

八旗满州蒙古,(朱)○取中四名。

八旗汉军,○取中三名。

奉天,○取中一名。

直隶,○取中十六名。

陕甘,○取中五名。

广东,○取中十四名。
河南,○取中八名。
山东,○取中十名。
江苏,○取中七名。
安徽,○取中八名。
山西,○取中六名。
湖北,○取中五名。
湖南,○取中四名。
四川,○取中八名。
广西,○取中三名。
福建,○取中六名。
浙江,○取中七名。
江西,○取中八名。
云南,○取中五名
贵州,○取中四名。

794 军机大臣字寄盛京、直隶、江苏、安徽、江西、浙江、福建、湖北、湖南、河南、山东、山西、陕西、甘肃、四川、广东、广西、云南、贵州各将军、督抚。光绪三年十月初三日,奉上谕:本年陕西蒲城等处被旱,福建闽县等处被水,江苏上元等处被虫被旱兼因兵燹之后,田亩抛荒,山东阳信等处被旱被风被雹,业经各该省奏到,已加恩将新旧钱粮漕米分别减免缓徵。山西全省被旱,特由户部拨银二十万两,谕令李鸿章于海防经费项下拨银八万两,将天津练饷制钱发商生息一款易银十万两拨给提办来年江西、湖北漕粮五万石,运赴该省,预拨山东本年冬漕八万石,并准截留京饷二十万两,以资赈济。河南被旱,特令李鸿章于海防经费项下拨银十二万两,截留本届江安漕粮四万石,预拨山东本年冬漕八万石,并准截留京饷银十万两,漕折银四万七千余两办赈,暨准该抚所请,分别加赈抚恤。并谕令河南、山西各该抚查明被旱灾区,奏请蠲缓钱粮。安徽六安等处被蝗,该抚已筹银米平粜。云南东川等府属被旱,经该督抚酌拨银两赈恤。直隶保定等处被旱,经该督购粮赈济。江苏被蝗各属,经该督抚筹款收买蝻子,藉资工赈,小民谅可不至失所。惟念来春青黄不接之时,民力未免拮据。著传谕该督抚等体察情形,如有应行接济之处,即查明据实覆奏,务于封印以前奏到,候朕于新正降旨加恩。江西靖安被水,丰城等处低田被淹,鄱阳被旱,广东清远等处被水,甘肃皋兰等处被雹,迪化等处被旱被虫,浙江余杭等处田禾被淹,富阳等处田禾被风被水,湖南浏阳等处低田被淹,福建台湾北路被风,江苏沿江沿河低田被淹,山东各属田禾间因被旱受伤,安徽各属间被水旱虫灾,均经该督抚等委员查勘,即著迅速办理。并将来春应否接济之处,一并查明,于封印前奏到。此外各省有无被灾地方,应行调剂抚恤之处,著该将军、督抚等一并查奏,候旨施恩。将此各谕令知之。钦此。遵旨寄信前来。

795　查:本年陕西、福建、江苏、山东被灾地方,业经加恩将新旧钱粮漕米分别减免缓征。其山西、河南被灾地方,亦经随时加恩拨给银米赈抚。河南、山西等省并经谕令各该抚查明灾区,奏请蠲缓钱粮。安徽、云南、直隶、江苏被灾地方,均经该督抚奏明赈抚。其明春应否量为接济之处,臣等谨照向例,缮写询问该督抚等谕旨。俟覆奏到日,再行拟写新正加恩谕旨呈进。再江西、广东、甘肃、浙江、湖南、福建、江苏、山东、安徽被水被旱被雹被虫被风之处,该督抚等均已奏明分别查勘,应否接济,现俱未经奏到。此外各省有无被灾地方,应行调剂抚恤之处,一并询问,令该将军、督抚等迅速查奏汇办。谨奏。

819　军机大臣字寄两江总督沈、江西巡抚刘。光绪三年十月十五日,奉上谕:沈葆桢奏,江苏饷源日竭,请饬江西协济一折。江苏关税厘金等款入不敷出,自系实在情形,亟应酌筹协济。著刘秉璋自明年正月起,每月协济江苏库平银一万两,俾资周转。即由沈葆桢归入军需项下,汇总抵拨,以清款目。将此各谕令知之。钦此。遵旨寄信前来。(抄交户部)

826　光绪三年十月十七日,内阁奉上谕:桂清、毕道远奏,全漕告竣,请将办运出力员弁奖励一折。本年山东河运,江苏、浙江、江西、湖北海运漕粮,奉天牛庄等米豆,暨江北各起漕船,先后抵通。经桂清、毕道远督率坐粮厅等验收完竣,办理均无贻误。桂清、毕道远均著交部议叙,所保出力各员,著该部议奏。单三件并发。钦此。

847　军机大臣字寄直隶、两江、湖广、四川、两广各总督,闽浙总督兼署福州将军,江苏、安徽、江西、浙江、福建、山东、山西、河南、湖北、湖南、广东各巡抚,传谕粤海关监督。光绪三年十月二十日,奉上谕:户部奏请饬各省赶解京饷一折。本年京饷,前经户部原拨续拨共银八百万两,统限年内解齐。兹据该部查明,截至九月底止,除截留暂留解到报解启程等款外,尚有山西地丁银五十万两,山东地丁银十二万两,湖北地丁银七万五千两,湖南地丁银四万两,河南地丁银五万两,安徽地丁银十万两,长芦盐课加价银三十万两,两淮盐课盐厘银三十万两,河东加课羡余银五万两,广东盐课帑息银六万两,山东盐课加价银五万两,福建盐课银五万两,湖北盐厘银一万两,四川盐厘津贴银七万两,福建税厘银十万两,粤海关洋税盈余银六万两,闽海关洋税银十五万两,浙海关常洋两税银二十万两,江海关洋税银十万两,江汉关洋税银八万两,天津关常税银四万两,东海关洋税银二万五千两,镇江关洋税银三万两,赣关常税银六万两,扬州关常税银二万两,芜湖关常税银三万两,江西厘金银三万两,江苏厘金银二万五千两,浙江厘金银二万五千两,广东厘金银四万两,湖北厘金银二万两。又原拨福建茶税京饷欠解银十七万六千两就近拨还筹办海防洋商借款,其应解京饷即由粤海等九关四成六成洋税内每年应还洋商银十七万六千两改解部库。现查浙海、天津、东海三关各欠解银二万两,江汉关欠解银一万六千两,镇江关欠解银一万六千三百余两,江海关欠解银一万五千两,粤海、九江两关各欠解银一万二千两,山海关欠解银六千两,共未解银二百九十四万七千三百余两。现在部库应放各款为数甚巨,需饷孔亟。著该将军、督抚、监督等各将未解京饷迅即照数依限解京。已报启程各款,亦即赶催解部,毋任沿途逗留。倘敢诿卸拖欠,致误要需,即著户部指名严参。至历年积欠京饷,除山西、福建办理赈济,准其展限外,所有两淮积欠银三十七万两,天津关积欠银六万两,镇江关积欠银四万两,浙海关积欠抵解闽省京饷银五千两,著各该督抚等赶紧筹拨补解,毋稍玩延。将此由五百里谕知直隶、两江、湖广、四川、两广各总督,闽浙总督·兼署福州将军,江苏、安徽、江西、浙江、福建、山东、山西、河南、湖北、湖南、广东各巡抚并传谕粤海关监督知之。钦此。遵旨寄信前来。(另抄交户部)

882　军机大臣字寄直隶、两江、湖广、四川、两广各总督,兼署福州将军,江苏、安徽、江西、湖南、河南、山东、山西、广东各巡抚,关监督。光绪三年十一月初一日,奉上谕:户部奏预拨来年京饷一折。据称历届京饷均于年前预拨。光绪四年京饷拟在各省地丁、盐课、关税等款内指拨银七百万两,请饬各该省于来年分批起解等语。京饷关系紧要,现经该部就各省缓急情形,斟酌动拨,自应遵照奏定数目,源源报解,以应要需。著该将军、督抚、监督等务于来年开印后分批起解,限五月前解到一半,十二月初间全数解清,不准截留改拨,藉词延误。倘届限不到,即照奏定章程,指名严参。原单著分别摘抄给与阅看。另片奏,光绪四年内务府经费,拟拨两淮盐课银十五万两,两浙盐课银五万两,广东盐课银五万两,湖北盐厘银五万两,福建茶税银五万两,闽海关常税银十万两,九江关常税银十五万两,共银六十万两,请饬依限完解等语。著该将军、督抚等务于来年开印后陆续径解内务府交纳,先将起程日期报部,仍限六月前解到一半,十二月间扫数解清,不准稍有蒂欠。将此由五百里谕知直隶、两江、湖广、四川、两广各总督,闽浙总督兼署福州将军,江苏、安徽、江西、福建、浙江、湖北、湖南、河南、山东、山西、广东各巡抚并传谕粤海关监督知之。钦此。遵旨寄信前来。(抄交户部)

913　光绪三年十一月初六日,内阁奉上谕:御史邓庆麟奏请饬讲求吏治一折。本年各省被灾地方甚多,小民困苦颠连,实堪恻悯,全在地方官勤求民瘼,除暴安良。著各该督抚、府尹严饬所属州县于民间疾苦,随时实心访求。凡吏胥衙役之有害于民者,立即查明,严行惩办,以期民心日固,吏治蒸蒸日上。另片奏,吉林地方玩视命案,滥索厂规,及丁役私行查税,请饬严禁各等语。著吉林将军饬令各该厅遇有命案,随报随验,不准任意迟延。相验时,并不准多带随从人役,致滋纷扰。所有厂规名目,即著永远革除。税务本有定章,岂容格外需索,著吉林将军暨各省督抚严密稽查,于收税处所,剀切晓谕,务须照章收纳,毋任丁胥、巡役藉端舞弊。钦此。

959　军机大臣字寄两江总督沈、湖广总督·兼署湖北巡抚李、四川总督丁、两广总督刘、前工部右侍郎阎、江苏巡抚吴、安徽巡抚裕、江西巡抚刘、浙江巡抚梅、山东巡抚文、山西巡抚·一等威毅伯曾、湖北巡抚邵、湖南巡抚王、广东巡抚张、河南巡抚·前广西巡抚涂、广西巡抚杨、传谕署湖南巡抚·布政使崇福。光绪三年十一月十九日,奉上谕:(摘抄起)阎敬铭、曾国荃奏,遵筹转运漕粮平粜经费并筹办速运东漕一折。该侍郎等以奉拨江广、山东漕米及由招商局承办平粜之粮运费甚巨,请于现办晋省赈捐之江苏等省关税厘金项下借拨银两,即在捐款内扣还等语。该省运粮办赈,需用紧要,著照所请,即由江苏借拨银六万两,安徽借拨银五万两,江西借拨银六万两,浙江借拨银六万两,湖北借拨银六万两,湖南借拨银六万两,四川借拨银六万两,广东借拨银六万两,广西借拨银三万两。该督抚即竭力筹拨,分批径解晋省。俟赈捐收有成数,即行如数扣还,倘捐款不敷,仍由晋省所收厘金项下自己卯年起分年筹还归款。阎敬铭等现派道员王定安前往山东商办接运漕粮事宜。所有此次拨运东漕八万两随漕轻赍等项银两,著文格饬该粮道一并照数拨交,俾资运费。至阎敬铭前请于借拨山东银六十万两内,分拨河东运城银三十万两,为该侍郎购粮平粜之用。嗣据文格奏,未能如数筹借。经该抚拨银十万两,是前借之三十万两已属未能凑拨。续据李鸿章奏请饬支格宽筹晋省赈粮运费,已有旨,照所请行。著该抚仍遵前旨,设法添借,以济要需。(摘抄止)前据御史张观准奏,东三省遣撤官兵,往往私带征防处所幼丁回旗,请饬该将军查明出给路照,遣令回籍,并饬各省督抚令各该州县于此项难民到籍后妥为安插,缴照日不准吏役需索等语。已谕令各该将军查办并著各该督抚饬地方官于该人丁回籍时,妥为办理。将此由四百里谕知沈葆桢、李瀚章、丁宝桢、刘坤一、阎敬铭、吴元炳、裕禄、刘秉璋、梅启照、文格、曾国荃、邵亨豫、王文韶、张兆栋、涂宗瀛、杨重雅,并传谕崇福知之。钦此。遵旨寄信前来。(摘抄交户部)

962 军机大臣字寄大学士 · 直隶总督 · 一等肃毅伯李,两江总督沈,兼署福州将军 · 闽浙总督何,湖广总督 · 兼署湖北巡抚李,四川总督丁,两广总督刘,江苏巡抚吴,安徽巡抚裕,江西巡抚刘,浙江巡抚梅,湖北巡抚邵,湖南巡抚王,山东巡抚文,广东巡抚张,传谕署福建巡抚 · 山西布政使葆亨,署湖南巡抚 · 布政使崇福,粤海关监督俊启。光绪三年十一月二十日,奉上谕:户部奏预拨惠陵工程银两一折。据称光绪四年惠陵工程应需银两,拟拨山东地丁银九万五千两,江西地丁银七万两、厘金银二万五千两,浙江地丁银七万两、厘金银六万五千两,安徽地丁银五万两、厘金银七万两,江苏厘金银十七万两,广东厘金银十七万两,湖南厘金银五万五千两,湖北厘金银二万五千两,福建税厘银三万两,四川盐厘津贴银九万五千两,粤海关六成洋税银十二万两,江海关六成洋税银十四万两,九江关六成洋税银八万两,太平关常税银六万两,江汉关六成洋税银五万两,镇江关六成洋税银三万两,天津关六成洋税银五万两,洋税积欠京饷项下提银四万两,两淮盐厘银七万两,盐课盐厘积欠京饷项下提银十七万两,共银一百八十万两,请饬各省关照数拨解等语。工程要需,自应赶紧筹拨,著各该督抚、监督等按照户部指拨各款银两,限来年二月起,迅速派员,分拨陆续径解惠陵工程处交纳,并限来年八月以前,如数解清,毋稍延缓。余著照该部所议办理。将此由五百里谕知李鸿章、沈葆桢、何璟、李瀚章、丁宝桢、刘坤一、吴元炳、裕禄、刘秉璋、梅启照、邵亨豫、王文韶、文格、张兆栋并传谕葆亨、崇福、俊启知之。钦此。遵旨寄信前来。(抄交户部)

989　光绪三年十一月二十五日,内阁奉上谕:何璟、葆亨奏总兵积劳病故,恳请优恤一折。已故广西右江镇总兵麦龙韬自咸丰年间投效军营,从征广东、广西、福建、浙江、江西、陕西、甘肃等省,身经数十战;光绪二年,复至台湾助理抚番事务,力穷险要,备历艰辛。旋因感受瘴气,在营病故,殊堪轸惜!麦龙韬,著交部照军营立功后病故例从优议恤,以彰忠荩。钦此。

1011　光绪三年十二月初三日,内阁奉上谕:刘秉璋奏,已故知县政绩卓著,死事最烈,请旨宣付史馆并吁恳赐谥一折。已故江西鄱阳县知县沈衍庆、署鄱阳县事·乐平县知县李仁元前于咸丰三年七月,同在鄱阳县御贼阵亡,业经奉旨优恤建祠。兹据奏称,该故员等治行称最,遗爱在民,力守县城,死事惨烈。该县绅民呈请奏恳恩施等语。著照所请,将该故员等事实宣付国史馆,编入循吏列传,以彰忠荩而顺舆情。至应否予谥之处,著礼部议奏。钦此。

1091　光绪三年十二月二十五日,内阁奉上谕:刘秉璋奏知县难膺民社,请旨降补等语。江西候补知县郑寿衡,心地糊涂,乖僻自用,难膺民社之任。著降为府经历、县丞归部铨选。该部知道。钦此。

1093　光绪三年十二月二十五日,内阁奉上谕:御史张道渊奏,开捐各省弊端甚多,请饬严禁等语。各省开局捐输,本系一时权宜之计。若如该御史所陈,各省多以执照分交属员,压派乡村,甚至数十户认捐一职,数百户报捐一官,执照则以有势力者出名刁生恶监把持作弊,名为零捐,病民甚重,亟应严行禁止,以杜弊端。著各省督抚于设捐处所实力稽查。除有力之户,劝令捐输,余概不准以执照分派各属,按户零捐。如有绅耆把持,与官吏通同作弊,即行严参惩办,毋稍徇隐。钦此。

1103　军机大臣字寄江西巡抚刘。光绪三年十二月二十八日,奉上谕:前据文彬奏请,借拨山东粮道库款银两为江北勇营饷需。嗣因文格奏库款匮乏,无力匀解。当经谕令文彬另行筹拨。兹据奏称,前请借拨山东粮道库款银三万五千两,拟改由江西粮道库存项下,无论何款照数借拨等语。即著刘秉璋饬令粮道克日如数筹解,藉资接济。俟各省筹解江北欠饷到后,即由文彬照数归还,以清款目。将此谕令知之。钦此。遵旨寄信前来。

1114　臣等查:明新正应行加恩,各省除盛京、江苏、安徽、江西、浙江、福建、湖北、湖南、陕西、四川、广东、广西、云南、贵州经该将军、督抚具奏,毋庸接济,河南、山西二省应酌量抚恤外,甘肃尚未奏到。所有直隶、山东二省业经该督抚奏到,臣等拟写谕旨二道,并拟定日期颁发。谨奏。

光绪四年

19　军机大臣字寄两江总督沈。光绪四年正月十二日,奉上谕:江西广饶九南道沈保靖、署江苏苏松太道刘瑞芬、存记海关道·候选知府郑藻如、苏松太道冯竣光,假期现亦届满,著沈葆桢将各该员先后送部引见,并饬该员等迅速乘坐轮船赴京。将此谕令知之。钦此。遵旨寄信前来。(抄交吏部)

20　军机大臣字寄江西巡抚刘。光绪四年正月十二日,奉上谕:(摘抄起)御史欧阳云奏请将江西省洒入钱漕内之节寿陋规严饬革除一折。据称江西地丁漕折征收数目,前据刘坤一具奏照曾国藩原定钱数加增,借办公名目,将节寿陋规洒派钱漕之内,请旨禁革等语。钱漕均属正供,自应查照定额征收,不得稍涉浮滥。著刘秉璋将该省地丁漕折仍照曾国藩原定钱数征收。其续请加增之数,即行永远革除。(止)并确查各州县如有私送上司节寿陋规情事,随时奏参惩办。原折著抄给阅看。本日有旨谕令南洋大臣沈葆桢将江西广饶九南道沈保靖等送部引见,著该抚饬令沈保靖即行交卸起程,由轮船来京,毋稍迟延。将此谕令知之。钦此。遵旨寄信前来。(正月二十日摘抄交户部)

31　光绪四年正月十八日,内阁奉上谕:刘秉璋奏,查明上年江西各属被水被旱,恳准缓征递缓钱漕等款一折。江西南昌等厅州县上年夏间被旱,高阜田禾受伤。至七八月间,大雨兼旬,山水陡发,低田又复被淹,收成歉薄。若将应征钱漕等款照常征收,民力实有未逮。加恩著照所请。所有南昌县之二都三、四、五、七、八图,三都六图,四都六图,六都七图,十三都三、四、五图,十都五图,十五都三、八图,十六都四、五图,十九都上三、下三图,二十都五图,二十都上四图,二十一都南一图,二十二都一、六、八图,二十三都三、四、五图,二十五都二十二图,二十七都七图,四十都十图,四十三都一图,四十四都二、四图,四十五都南一、北一、南二、南三、长一、长二、长三、长四、长五、长六图,四十六都一、二、三、四、五、七、九、十一、十二、十四、十五图,四十七都一、二、三、四、五、六、八、正九图,四十八都长一、南一、北一、长二、北二、北三、南四图,四十九都一、二、三、六图,五十都一图,五十一都一、二、三、四图,五十二都四、五、七、八图,五十三都三图,六十都二、南二、五、七图,六十一都一、二、三图,六十二都二图,六十三都四、五、六、七、九、十图,六十四都一、二、三图,六十五都一、四、五、六、七图,六十六都一、二、四、五、六、七、八、十图,七十三都三、五、六、九、十图,七十四都一、二、三图,军都六图等处,被水各则民田三千九百五十顷八十九亩九分,未完地丁银一万三千七百十五两零,漕米二万三千六百八十一石零。

同新建县之一都一、二、三图,四都一、二图,五都一、二、三、四、五、六、七图,六都二、三、四、五、六、七图,七都五、六、七图,二十一都一、二、三、四、五图,二十二都一、二、三、五、六图,二十四都一、二图,二十五都一、二、三、四、五图,二十七都一、二、四、五、七、八图,二十八都一、二、三、四、五、六图,二十九都二图,三十一都六、八图,三十二都一图,三十四都二、三、四图,三十六都一、二图等处,被水各则官民田二千五百四十四顷三十九亩七分,未完地丁银五千四百九十九两零,漕米五千三百石零。

进贤县之下五坂二十七都一、二、三、四、五图,二十八都一、二、三、四图,二十九都一、二、三、四图,三十都一、二、三、四、五图,三十一二都一、二、三、四图;又滨临河湖之一都一、二、三、四、五、六图，五都一、二、三、四、五图，六都一、二、三、四、五、六、七图，七都一、二、三、四、五、六、七、军图，上八都一、二、三、四、五、六、七、八、九、十图，下八都一、二、三、四、五、六、七、八、九图，九都二、三、四、五、六、七、八、九、十图，十都一、二、三、六、七、八、九、十图，十三四都六、七、八、九、十图，十五都一、二、三、四、五、六、七、八、九图，十六都一、二、三、四、五、六、七、八、九、十、十一、十二图，十七都一、二、三、四、五、六、七、八、九图，二十二都一、二、三、四、五、六、七、八、九、十、十一、十二图，二十三都一、二、三、四、五、六、七、八、九、十、十一、十二图，二十四五都一、二、三、四图，二十六都一、二、三、四、五图，三十三都一、二、三、四、五、六、七图，三十四都一、二、三、四图，三十五都一、二、三、四、五、六图，三十六都一、二、三、四、五、六图，三十七都一、二、三、四、五、六图，三十八都一、二、三、四、五图，六隅东、西、南、北、正、中隅等处，被水各则田二千三百十八顷九十七亩，未完地丁银六千七百七两零，漕米八千六百三十八石零。

清江县之东北乡十都四图；东乡十三都一、二、三、四图，十四都一、二、三、四、五图，十五都一、二、三、四、五图，十七都一、三图；南乡三都三、四、五图，四都一、二、三、四、五图，五都一、二、三图；西乡三都一、二图；北乡九都一、二、三、四、五图，十都一、二、三图等处，被水各则田二千八百六顷八十三亩，未完地丁银一万三千六百八十六两零，漕米九千五百二十二石零。

新淦县之七都一、二、三图，五都十一、十二、十三图，三都十图，一都一、三、四、五、六、七图，六都一、二、三、四、五、六、七、八、九、十图等处，被水各则田一千一百六十九顷八十四亩八分一厘，未完地丁银六千八百九十一两零，漕米四千九百八十三石零。

新喻县被水较轻之一、二、三、四、五坊，八都三图，十二都二图，十三都三图，十四都一、二图，十五都三图等处，应征地丁漕米著缓征十分之二，银一千六十四两零，米六百六十五石零。被水次重之一都一、二、三图，二都一、二、三图，三都一、二、三图，七都二图，十六都一图，军图，正附功屯等处，应征地丁漕米著缓征十分中之二分八厘，银二千三百七两零，米一千四百四十三石零。被水最重之四都一、二、三图，五都一、二、三图，六都一、二、三图，七都一、三图，八都一、二图，十六都二、三图，十七都一、二、三图，十八都一、二、三图，十九都一、二、三图，二十都一图等处，应征地丁漕米著缓征十分中之三分八厘，银六千三百九十二两零，米三千九百九十八石零。

莲花厅之砻西乡二、四、五、六、七、八、十、十一四五六七九、二十等都，上西乡二十一二三五六七九、三十一等都等处，被旱民田四百九十八顷十四亩，屯田三十三顷六十二亩，未完地丁银三千二百七十五两零，漕米一千三百二十三石零，漕运屯粮银四百五十四两零，余租银八百六十七两零。

安福县之东乡三都并五十三四五七及六十、六十二三等都；南乡一都并三十五六七八九及四十一二三四五九等都；西乡四、五、六、七、八、九、十、十一、十二、十五及二十一二等都；北乡二都并六十四五六八九等都等处，被旱各则民田一千六百八十一顷五十六亩九分六厘，未完地丁银一万七百八十八两零，漕米六千三百三石零。并东乡五十三四七及六十三等都，南乡一都并三十七及四十四五九等都，西乡四都并十一、十二及二十一等都，北乡六十四五八等都等处，被旱屯田二十一顷六十八亩五分八厘，未完漕运屯粮银三百十三两零，余租银五百九十四两零。

永新县之东乡六十三都并六十四五六七八九及七十一二等都；南乡五十三都并五十四五六七八九等都；西乡十一并十二、十三四五六七八九及四十一二三四暨六十一等都；北乡一都并二、三、四、五、六、七、八、九、十及七十一、七十三等都等处，被旱民屯田地一千六百四十三顷十三亩三分五厘，未完地丁银一万一百六十两零，漕米二千三百三石零，屯丁银十五两零，存留屯粮银六十五两零，漕运屯粮银四百八十四两零，余租银一千九百一两零。

东乡县之二十八都上三图、下三图、军三图、缺三图、四图，十八都下左一图、下右二图，二十六都下一图、下又二图，二十七都下左一图，三十三都尾图等处，被水各则民田一百五十一顷二十一亩九分九厘，未完地丁银六百五十六两零，漕米二百六十一石零。

余干县之二、三、四、五、二十七、三十一、三十三、三十四、三十五、三十六等都，被水各则田一千七百八十顷六十亩五分，未完地丁银六千九百二十七两零，漕米四千四百八十四石零。

乐平县之三都、五都、六都、八都、九都、十都、十二都、十四都、十五都、十七都、十八都、二十都、二十一都、二十二都、三十都、三十二都、三十三都、三十四都、三十五都等处，被旱田一千三百八十四顷二十七亩九分，未完地丁银六千七百八十一两零，漕米三千四百七十一石零。

建昌县之永丰、凝远、丰安、德政、市镇、钓台等乡被水各则田地三千三百十八面十六亩五分八厘，未完地丁银九千六百九十九两零，漕米四千七百五十八石零。同安义县寄庄建昌县各乡被水，未完地丁银二百七十六两零，漕米一百二十六石零。

德化县之白鹤、甘泉、楚城、仙居、仁贵、德化、南昌、通津、泰临、新民等乡各则民屯田地被旱，未完地丁银九百九十六两零，南九二卫屯粮丁银五十八两零，存留屯粮银一百五十四两零，漕运屯粮银九百三两零，余租银一千八百七十八两零。并桑落、赤松、封一、封二等乡各则民屯田地、芦洲并密稀芦等项被水，未完地丁银一千五十四两零，南九二卫屯粮丁银一百五十两零，存留屯粮银三百三两零，漕运屯粮银一千五百五十八两零，余租银三千三百七两零，光绪三年压征二年芦课银一千一百六十五两零。

德安县之黄湾堡、陈湾堡、固村堡、墩下堡、金鸡堡、附城堡、神于堡、河东堡、后田堡、在市堡、乌石堡、墩上堡等处各则民田被水，未完地丁银三千六百十三两零。并南九二卫坐落陈湾、金鸡、附城、河东、河西、后田、乌石、在市等堡，屯田被水未完屯丁银五十二两零，存留屯粮银五十一两零，漕运屯粮银一千八百八十三两零。

湖口县之上乡十三都、十七都、二十都，中乡二坊、八都、十二都，下乡三都、四六都、五都等处，被水各则民田三百六十九顷九亩九分，未完地丁银二千七十二两零。并三都、四六都、五都及编入德化县之仁贵乡，宿松县之孟家洲等处，被水屯田十一顷九亩六分二厘，未完漕运屯粮银九十五两零，余租银二百三十四两零。九江府同知所辖南九二卫芦洲坐落赤松、封一、封二、桑落等乡，并密稀芦等项被水，未完光绪三年压征二年芦课银三百八十七两零,均著缓至光绪四年秋后分作两年带征。又湖口县芦洲被水,未完光绪三年压征二年芦课银一百八十三两零,著缓至光绪四年秋后分作三年带征。

又南昌、丰城、吉水、南丰等县光绪二年被水,各原缓二年地丁、漕米;新建县光绪元、二两年并同治十二年被水,各原缓本年地丁、漕米;峡江县光绪二年被水,同治十二年被旱,各原缓本年地丁、漕米;莲花厅光绪元、二两年并同治十一、十二、十三等年被旱,各原缓本年地丁、漕米、漕运屯粮、余租,除完纳外,其余未完丁漕屯余;同庐陵县光绪二年被水,原缓二年地丁、漕米、存留屯粮、漕运屯粮、余租;安福县二年被旱,原缓二年地丁、漕米、屯丁、漕运屯粮、余租;东乡县光绪元、二两年被水,原缓元、二两年地丁、漕米,并同治十一年被水,十二年被旱,各原缓二限一半本年地丁、漕米;鄱阳县二年被水,原缓二年漕运屯粮、余租,除完纳外,其余未完同原缓地丁、漕米、屯粮丁、存留屯粮;乐平县光绪元、二两年并同治十一、十二、十三等年被旱,各原缓本年漕米,除完纳外,其余未完米同各原缓地丁;万年县光绪元、二两年被水,原缓元、二两年地丁、漕米,并同治十一年被水,原缓十一年二限一半地丁、漕米;都昌县光绪元、二两年并同治十一年被水,各原缓本年地丁、漕米;德化县二年被水,原缓二年漕运屯粮、余租,二年压征元年芦课,除完纳外,其余未完同原缓地丁、屯粮丁、存留屯粮;湖口县光绪元年被水、被旱,二年并同治十一年被水,各原缓本年地丁,除完纳外,其余未完同各原缓漕运屯粮、余租并同治十二年被水、被旱,原缓十二年地丁、余租,除完纳外,其余未完同原缓漕运屯粮,及十三年被水,原缓十三年地丁、漕运屯粮、余租;彭泽县光绪二年被水,元年及同治十一年被水、被旱,十三年被旱各原缓本年地丁、屯粮丁、存留屯粮、漕运屯粮、余租、压征芦课,均著递缓至光绪四、五两年秋后带征。

湖口县光绪元、二两年及同治十一、十二、十三等年被水,原缓压征光绪元年及同治十、十一、十二、十三等年芦课,均著递缓至光绪四、五、六等三年秋后带征。

南昌县光绪元年被水、被旱、被虫,原缓元年地丁、漕米;新建县同治十一年被水,原缓十一年地丁、漕米;进贤、清江、余干、建昌等县并安义寄庄建昌县均光绪二年被水,各原缓二年地丁、漕米;安福县光绪元年被旱,原缓元年地丁、漕米、屯丁、漕运屯粮、余租;德化县元年被水、被旱,原缓元年地丁、屯粮丁、存留屯粮、漕运屯粮、余租、压征芦课;德安县二年被水,原缓二年地丁、屯粮丁、存留屯粮、漕运屯粮;并九江府同知所辖南九二卫光绪二年被水,原缓二年压征元年芦课,均著递缓至光绪五、六两年秋缓带征。

南昌县同治十二年被水、被旱、被虫,原缓十二年地丁、漕米;丰城县十二年被旱、被虫,清江县十二年被旱,各原缓十二年地丁、漕米;进贤县光绪元年被水,原缓元年地丁、漕米;新淦、新喻二县均光绪二年被水,各原缓二年地丁、漕米;鄱阳县光绪元年被水,原缓元年漕运屯粮、余租,除完纳外,其余未完同原缓地丁、漕米、屯粮丁、存留屯粮;余干、建昌二县并安义寄庄建昌县光绪元年被水,各原缓元年地丁、漕米;德化县同治十三年被旱,原缓十三年地丁、屯粮丁、存留屯粮、漕运屯粮、余租、压征十二年芦课;德安县光绪元年被水、被旱,原缓元年地丁、屯粮丁、存留屯粮、漕运屯粮;九江府同知所辖南九二卫光绪元年被水,原缓元年压征同治十三年芦课,除完纳外,其余未完芦课,均著递缓至光绪六、七两年秋后带征。

南昌县同治十一年被水、被虫，清江县十一年被旱，各原缓十一年地丁、漕米；进贤县十三年被水，余干县十三年被旱，建昌县并安义寄庄建昌县十三年被水、被旱，各原缓十三年地丁、漕米；安福县十三年被旱，原缓十三年地丁、漕米、屯丁、漕运屯粮、余租；德化县十二年被水、被旱，原缓十二年地丁、屯粮丁、存留屯粮、漕运屯粮、余租、压征芦课；德安县十三年被水，原缓十三年地丁、屯粮丁、存留屯粮、漕运屯粮，均著递缓至光绪七、八两年秋后带征。

进贤、建昌二县并安义寄庄建昌县同治十二年被水、被旱，余干县十二年被旱，各原缓十二年地丁、漕米；新淦县十三年被旱，原缓十三年地丁、漕米；新喻县光绪元年被旱，原缓元年地丁、漕米；安福县十二年被旱，原缓十二年地丁、漕米、屯丁、漕运屯粮、余租；鄱阳县十一年被水，原缓十一年地丁、漕米、屯丁、存留屯粮、漕运屯粮、余租；德化县十一年被水，原缓十一年地丁、存留屯粮、漕运屯粮、余租、压征芦课；德安县十一年被水，原缓十一年地丁、屯粮丁、存留屯粮、漕运屯粮，均著递缓至光绪八、九两年秋后带征。

进贤、余干、建昌三县并安义寄庄建昌县均十一年被水，各原缓十一年地丁、漕米；安福县十一年被旱，原缓十一年地丁、漕米、屯丁、漕运屯粮、余租，均著递缓至光绪九、十两年秋后带征。

新淦县十二年被旱，原缓十二年地丁、漕米；新喻县十三年被旱，原缓十三年地丁、漕米，均著递缓至光绪十、十一两年秋后带征。新淦县十一年被水、被旱，原缓十一年地丁、漕米；新喻县十二年被旱，原缓十二年地丁、漕米，均著递缓至光绪十二、十三两年秋后带征。新喻县十一年被旱，原缓十一年地丁、漕米，著递缓至光绪十四、十五两年秋后带征。

永新县光绪二年被水，元年及同治十三年被旱，各原缓本年地丁、漕米、屯丁、存留屯粮、漕运屯粮、余租；宁都州光绪二年被水，原缓二年初限一半地丁、漕米，除带征三分外，其余未完七分银米，著递缓至光绪四年秋后一并带征。永新县同治十二年被水、被旱，原缓十二年地丁、漕米、屯丁、存留屯粮、漕运屯粮、余租；宁都州光绪二年被水，原缓二年二限一半地丁、漕米，著递缓至光绪五年秋后一并带征。永新县同治十一年被水、被旱，原缓十一年地丁、漕米、屯丁、存留屯粮、漕运屯粮、余租，著递缓至光绪六年秋后一并带征。

南昌、新建、丰城、清江等四县光绪二年被水，各原借修隄银两，均著缓至四、五两年秋后催收还款，以纾民力。余著照所议办理。

该抚即刊刻誊黄，遍行晓谕，务使实惠均沾，毋任吏胥舞弊，用副轸念灾区至意。该部知道。钦此。

56　光绪四年正月二十九日，内阁奉上谕：御史胡延夔奏，各省审办案件玩延成习，请饬稽察整顿一折。各省审办案件自应迅速审结。近来地方官积习未除，任意迟延，往往拖累无辜，殊属不成事体。著各直省督抚严饬所属各州县，于承审命盗重案及自理词讼依限迅结，并责成该管道府认真督催稽察，按月详报。倘查有藉故耽延及任令吏胥需索情弊，即行据实详参。其各省谳局承审案件并著勒限完结，以清庶狱。钦此。

71　光绪四年二月初四日，内阁奉上谕：阎敬铭、曾国荃奏申明栽种罂粟旧禁一折。民间栽种罂粟大妨农食，屡经严行禁止，无如积习相沿，每贪利而忘害。如山西省地半硗瘠，产量本不见多。又不按亩力耕，私栽罂粟。民间既少存粮，一遇荒歉，尽成饿莩。该省此次惨罹旱灾，创巨痛深。当知变计，嗣后务须尽力农作，期于谷产充盈，凶荒有备。阎敬铭、曾国荃现已出示晓谕，所有栽种罂粟者，责成族长、甲长押令拔除，改种五谷。如花户人等不遵，禀官究治，知情拘隐者罪之。州县官吏私征罂粟亩税，立予参撤各节，均著照所议行。并著各省按照此次章程一体严行查禁，庶几兴利除害，闾阎共乐丰登，毋再蹈从前覆辙。将此通谕知之。钦此。

88　光绪四年二月初七日，内阁奉上谕：浙江布政使著任道镕补授，国英著调补江西按察使，广东按察使著成孚补授。钦此。

106　光绪四年二月初十日，内阁奉上谕：给事中马相如奏请饬督抚考核州县一折。各省被灾之区全赖地方官于应办荒政事宜尽心经理，方能实惠及民。著各该省督抚将被灾地方州县官认真考核，如有勤求民瘼，于一切备荒救荒之政实办举行者，准其随时保奏。倘查有怠惰废弛之员，亦即据实严参，以示惩劝而恤民生。钦此。

117　光绪四年二月十七日，内阁奉上谕：本年轮应查阅山东、河南、江苏、安徽、江西五省营伍之期。山东著即派文格，河南即派李鹤年，江苏即派沈葆桢，安徽即派裕禄，江西即派刘秉璋逐一查阅，认真简校。如有训练不精，军实不齐者，即将废弛之将弁据实参奏，毋得视为具文。钦此。

132　光绪四年二月十九日，内阁奏上谕：给事中崔穆之奏各省仓谷请饬整顿一折。各直省常平等仓存储谷石以备歉岁之用，原系良法美意。近来地方各官并不认真经理，甚至侵蚀亏短，仓座亦倾圮失修，以致一遇灾荒，民食立虞匮乏，自应妥筹整顿，以资预备。著各省督抚、府尹严饬所属地方官即将常平仓谷陆续买补，务期足额。社仓、义仓所以济官仓之不足，并著劝谕绅民次第兴举。其现被灾歉及现办采运各省随时体察情形，再行办理。至各属仓座有应行整理者，均著饬令迅速修复。仓存谷石，该督抚、府尹务当严加稽核，力祛积弊。地方官如能经理得宜，著有成效，准其奏请奖励。倘查有仍前忘玩及侵蚀亏短等弊，即行据实严参惩办，以重民食。钦此。

133　光绪四年二月十九日，内阁奉上谕：给事中崔穆之奏请饬督抚责成道府考察州县等语。各省道府统属州县见闻较近，考察易周。倘道府各官瞻徇情面，袒护属员，以致贤否混淆，于吏治殊有关系。著各直省督抚责成该管道府将所属州县优劣认真考察，随时呈报，分别劝惩。如考察不公，是非失实，并将该道府一并参处，以肃官方。

钦此。

134 光绪四年二月十九日，内阁奉上谕：给事中崔穆之奏，各省地方蠹役为害，请饬严禁等语。近来各地方胥役往往假公济私，漫无儆惧。如粮差催征或勒令富户包完，多方需索；刑差传案或勒索票费并擅立班房，私动刑拷；至官差过境，民间有摊派夫马之处；又或讹诈卖放甚且捕役通贼唆令诬扳良民，株连拖累。种种扰害，殊堪痛恨。著各直省督抚严切查禁，倘有蠹役扰累闾阎，即按律从重治罪。如地方官徇隐包庇，一经查出，即著指名严参，以除积蠹而安民生。钦此。

152 光绪四年二月二十五日，内阁奉上谕：御史唐树楠奏请严申禁令一折。各直省办理保甲，设立塘汛捕役，所以安民弭盗，意美法良。若如该御史所称州县烟册、门牌、户口每多遗漏，清查时官不亲临，任听书役串同地保科费敛钱。驻塘员弁并不值宿，以致汛兵无所约束，地方奸宄肆意游行，蠹捕恃有并盗销案之法，并不上紧踹缉，甚至得赃卖放。印捕各官徇隐姑容各情弊，实属不成事体。著各直省督抚、提镇分别严饬各属，按照保甲章程，将户口开明，令保甲长随时详报，仍派员抽查，示以惩劝。并严饬各营弁督率塘兵昼夜梭巡，遇有行踪诡秘者，立即拿送。该管官考其勤惰，如有劫案隐匿不报，即分别革惩议处。各州县答差缉捕，于限内获盗过丰，地方官量加赏给，限满无获及作奸犯科者，即将捕役分别严行治罪。州县官扶同徇隐，务予严参。至京城地面并著步军统领、顺天府五城御史懔遵迭次谕旨实力办理，毋稍宽纵。钦此。

180 军机大臣字寄江西巡抚刘。光绪四年二月三十日，奉上谕：翰林院代递检讨王邦玺奏请禁民间溺女一折。据称民间生女，或因抚养维艰，或因风俗浮靡，难于遣嫁，往往有溺毙情事。此风各省皆有，江西尤甚。该省向有救溺女六文会章程，行之多年，全活不少。无如地方官奉行不力，致良法未能遍行，请饬责成州县劝办等语。民间溺女本干例禁，若如所奏各情亟应设法拯救。著刘秉璋查照该检讨所递章程，因地制宜，量为变通，责成所属州县实力劝办，仍随时督催访察，不得视为具文。一面晓谕居民嫁娶务从简俭，以清其源。并著咨行各直省督抚一体查照办理。原折暨章程均著抄给阅看。将此谕令知之。钦此。遵旨寄信前来。

227 军机大臣字寄两江总督沈、暂署两江总督·江苏巡抚吴、江西巡抚刘。光绪四年三月初十日，奉上谕：有人奏，江南、江西所筑炮台，多未合宜。监工皆候补人员，并无历练出色之才等语。沿江修筑炮台，不惜动用帑金，为未雨绸缪之计。该督抚等自应相度地方形势，扼要兴工，期于巩固适用，何得草率从事，漫不关心。若如所奏情形，择地不能周密，基址未臻牢固，所筑炮门窄狭，施放不灵，炮位亦不全备。种种弊端所在皆有。又不慎选得力可靠之人监视，工作率以候补无能之员滥竽充数，虚糜饷需，如此布置，安望其有备无患耶。若竟徒托空言，无裨实用，必将该督抚从重治罪。著沈葆桢、吴元炳、刘秉璋即行据实覆奏，不准稍有粉饰。将此各谕令知之。遵旨寄信前来。

265　光绪四年三月十五日，内阁奉上谕：御史曹秉哲奏，南省雨水过多，请思患预防等语。水旱偏灾，何时蔑有，全在封疆大吏平日悉心筹画，先事预防，方可有备无患。据曹秉哲所称江苏、浙江、江西、福建、广东等省或冻雪之后继以霪霖，或苦雨兼旬，几无晴日。耕播既致愆期，籽种复多朽腐等情，深恐岁或不登，民虞艰食。著各该督抚体察地方情形，预为区画，应如何稽查仓储，筹款补足之处，务当督饬属员妥为办理，毋得徒托空言，有名无实。将来如办有成效，在事人员即由该督抚等量予奖励，并将办理章程及存储银米实数，随时具奏。钦此。

266　光绪四年三月十五日，内阁奉上谕：御史张观准奏请整顿吏治以苏民困一折。近来各省吏治泄沓成风，叠经谕令各督抚澄叙官方，旌别淑慝。刻下南北数省水旱频仍，凶荒叠见，民生困苦。朝廷寝馈难安，全赖各直省大吏体已饥已溺之心，整躬率属，课吏安民，以培元气。若如该御史所称，匿灾不报，仓廪空虚，朘削诛求，侵吞赈款。种种弊端，殊堪痛恨。著各省督抚懔遵叠次谕旨，振刷精神，随时甄别属员，遇有贪劣不职及任听吏胥人等蒙混作弊者，即行从严参劾。倘扶同徇隐，一经察出，或被人参奏，必将该督抚重治其罪。如有尽心民事、循声卓著之员，并著优加奖励，以昭激劝。求治必赖贤良，人才难得。现在如有才能出众，清正端方之士，著中外大臣秉公保荐，以备录用。钦此。

307　光绪四年三月二十五日，内阁奉上谕：前据御史欧阳云奏请将江西省洒入钱漕内之节寿陋规严饬裁革。当谕令刘秉璋查明革除。兹据奏称江西丁漕同治元年，经原任两江总督曾国藩奏明厘定收数，豁免摊捐，禁革陋规，酌定捐款公费，以为正本清源之计。同治十二年，前任江西巡抚刘坤一因银价昂贵，遵照部议，酌定钱数，并非洒派节寿陋规。迄今年久，官民相安。若遽改定章，舍明示限制而不遵，恐从前诸弊由此复起，必至重困闾阎等语。该省现在征收丁漕既系官民相安，自不宜徒事纷更，转滋流弊。著照所请，将江西地丁漕折仍照同治十二年奏定钱数征收。至节寿等项陋规，著该抚随时严查，认真禁革。倘有私送私受情事，或经征丁漕于定章外有丝毫浮收者，即行从严参办，不得稍涉徇隐。该部知道。钦此。

308　光绪四年三月二十五日，奉旨：这所参疏防监犯越狱之管狱官·江西安福县典史王秉彝，著即革职拿问，交刘秉璋提同刑禁人等严讯有无松刑贿纵情弊，按律定拟具奏。有狱官·署安福县知县石寿祺，未能先事预防，著交部议处，仍仍勒限严缉逃犯李信堂务获，倘限满无获，即著照例参办，余著照所议办理。钦此。

370　军机大臣字寄两江总督沈、闽浙总督何、湖广总督李、两广总督刘、四川总督丁、暂署两江总督·江苏巡抚吴、前工部右侍郎阎、安徽巡抚裕、江西巡抚刘、浙江巡抚梅、湖北巡抚·调任湖南巡抚邵、山东巡抚文、山西巡抚·一等威毅伯曾、广东巡抚张、署福建巡抚·候补三品京堂吴、传谕署福建巡抚·山西布政使葆亨、署湖北巡抚·

布政使潘霨、暂署湖南巡抚 · 布政使崇福、暂护江苏巡抚 · 布政使勒方锜。光绪四年四月十一日,奉上谕:前因山西、河南被灾甚重,谕令江苏等省每省协济山西、河南银各数万两,俾资赈需。兹据阎敬铭、曾国荃奏,办理赈务,万分窘迫,请于各该省指定确实数目,协济晋省银六十万两等语。现在山西尚未得有透雨,饥民待赈,为日甚长,亟应速筹接济。著即由江苏、安徽、江西、浙江、福建、湖北、湖南、山东、四川、广东各筹拨银六万两,克期解赴山西,以应急需。晋民被灾之惨,朝廷实深矜悯。所有应行加赈事宜,著阎敬铭、曾国荃悉心会商,认真经理,毋令失所。阎敬铭等原折著抄给各该省督抚阅看。将此由五百里谕知沈葆桢、何璟、李瀚章、刘坤一、丁宝桢、吴元炳、阎敬铭、裕禄、刘秉璋、梅启照、邵亨豫、文格、曾国荃、张兆栋、吴赞诚并传谕葆亨、潘霨、崇福、勒方锜知之。钦此。遵旨寄信前来。(抄交户部)

388　光绪四年四月十七日,奉旨:此案著交刘秉璋督同臬司亲提人证卷宗,秉公严讯确情,按律定拟具奏。原告民人陈仕林,该部照例解往备质。钦此。

389　光绪四年四月十七日,奉旨:此案著交刘秉璋督同臬司亲提人证卷宗,秉公严讯确情,按律定拟具奏。原告民人陈育珍,该部照倒解往备质。钦此。

394　军机大臣字寄福州将军,直隶、两江、闽浙、湖广、四川、两广各总督,江苏、安徽、江西、福建、浙江、湖北、湖南、山东、山西、广东各巡抚,传谕粤海关监督。光绪四年四月二十日,奉上谕:户部奏请饬各省关迅解京饷一折。本年京饷户部原拨续拨共银八百万两,均限五月前解到一半,十二月初间全数解清。兹据奏称截至四月十六日止,库存正项银只有八十七万六千余两,核计放款尚不敷一月之用,各省关应解京饷报解寥寥,请旨严催等语。现在部库支绌,应放各款关系紧要,该将军、督抚、监督等自应体念时艰,将京饷迅速起解,何得稍事迟延。除山西、河南两省被灾甚重,地丁银两业经展缓拨解外,所有各省关地丁等项及河东盐课应解本年京饷,著该将军、督抚、监督等均即依限如数报解。倘敢诿卸拖延,致误开放,即著户部指名严参。该部即分晰开单迅咨各省关,钦遵办理。将此由五百里谕知福州将军,直隶、两江、闽浙、湖广、四川、两广各总督,江苏、安徽、江西、福建、浙江、湖北、湖南、山东、山西、广东各巡抚,并传谕粤海关监督知之。钦此。遵旨寄信前来。(抄交户部)

432　军机大臣字寄两江总督沈、闽浙总督何、湖广总督李、两广总督刘、四川总督丁、暂署两江总督 · 江苏巡抚吴、江西巡抚刘、浙江巡抚梅、湖南巡抚邵、山东巡抚文、广东巡抚张、署福建巡抚 · 候补三品京堂吴、传谕署福建巡抚 · 山西布政使葆亨、署湖北巡抚 · 布政使潘霨、暂署湖南巡抚 · 布政使崇福、暂护江苏巡抚 · 布政使勒方锜。光绪四年五月初一日,奉上谕:黎培敬奏,黔省饷项奇绌,请饬各省赶解协饷一折。据称各省应协黔饷,前经部议原拨湖北、山东、福建、江苏、浙江每月各协银二万两,湖南、广东、九江关、东海关每月各协银一万两,江西改拨银一万八千两,四川月拨银二万八千两,广东、浙江、江西又各添协银一万两。自本年正月起至三月止,仅收四川协饷二万两,浙江协饷二万两,江西协饷一万两,不敷一月之用,吁恳催解等语。贵州军务虽已肃清,而增复营额,裁撤防勇,办理善后,一切需款孔殷,亟应赶紧接济。著各该督抚迅将应协黔饷设法筹措,克期起解。一面将起解银数日期随时奏报,并著各该督抚不得以捐抵协,俾免牵混。将此由五百里谕知沈葆桢、何璟、李瀚章、刘坤一、丁宝桢、吴元炳、刘秉璋、梅启照、邵亨豫、文格、张兆栋、吴赞诚并传谕葆亨、潘霨、崇福、勒方锜知之。钦此。遵旨寄信前来。(抄交户部)

460 军机大臣字寄各直省督抚。光绪四年五月初五日,奉上谕:翰林院编修吴观礼应诏陈言折内,请防患未然一条。据称哥老会桀黠而众,其所谓冒顶总冒顶者往来湘潭、汉口以诱游惰,出入各路军营以结凶顽,潜伺水路要隘以要劫将士之归途。故将士多愿入会以为护符等语。哥老会散在各省,大率弁勇居多。其伏处乡里并未为匪者,自不可遽事搜查,致形扰累。其纠约党类,行劫商旅,甚至恶迹昭著者,亟应随时严拿惩办,以遏乱萌。著各直省督抚严饬地方官整顿捕务,有犯必获,毋稍懈弛。各省防营并著督饬统兵将领整饬营规,务使游勇奸匪无从溷迹。至所称专购冒顶,有缚献者给予优赏。但得逆迹即勿稽诛,胁从但缴号布,概许自赎。营官撤退,弁勇勿革各节,均著悉心酌度,妥为办理。该编修所陈激之则生变,听之则贻害,尚属实在情形。该督抚等务当不动声色,操纵得宜,以期销患未萌,不得稍存大意。原折著摘抄给与阅看。将此各谕令知之。钦此。遵旨寄信前来。

467 交吏部。本日军机大臣面奉谕旨:江西广饶九南道沈保靖,江苏苏松太道刘瑞芬,均著回任。存记海关道·选用知府郑藻如,著仍回江苏当差。钦此。相应知照贵部,转饬钦遵可也。此交。五月初八日。

561 军机大臣字寄礼部。光绪四年六月初五日,奉上谕:刘秉璋奏,本年四月间,有朝鲜国商民文字用、朴奎恒二名,前赴江西省城售卖高丽参,现委员伴送赴京等语。朝鲜国商人例应在中江地方交易。此次据文字用等供系随同本国贡使至京,何以复往安徽、江西等处卖参。著礼部催提该商民到京,详细查讯。是否边民冒充外国商人,藉以渔利,抑实系朝鲜贡使随人私行出外贸易,并应如何查照定例,申明禁约之处,一并奏明办理。将此谕令知之。钦此。遵旨寄信前来。

575 军机大臣字寄两广总督刘、云贵总督刘、四川总督丁、江西巡抚刘、浙江巡抚梅、河南巡抚涂、广东巡抚张、广西巡抚杨、传谕署云南巡抚·布政使杜瑞联、粤海关监督俊启。光绪四年六月十二日,奉上谕:户部奏,各省关续拨滇省铜本银两,请旨饬催并请饬云南运解京铜各折片。各省关续拨滇省铜本银两,自光绪三年六月间,经户部奏准后,迄今已及一年。除湖南应解之二万两业经报解外,广西尚欠解银一万两,粤海关欠解银六万两,又旧拨案内欠解银二万两,江西欠解银十九万两,此外浙江、四川、广东、河南,及太平关均未报解。现在滇省采办京铜,需款甚殷,各省关亟应迅速筹拨,岂容任意延宕。著各该督抚、监督等将欠解铜本银两赶紧筹解,限于本年年内扫数解清,仍先将批解起程日期报部查核,倘再延不报解,或解不足数,贻误要需,即由户部将该藩司等指名严参。京师鼓铸钱文,急需运解铜斤,以资应用。著刘长佑、杜瑞联督率所属将前次欠解之铜陆续起运,扫数解京,毋稍延误。其续拨铜本银两并著遵照提拨奏案,源源采办,按期起解,不准擅行挪用,故意稽迟。将此由四百里谕知刘坤一、刘长佑、丁宝桢、刘秉璋、梅启照、涂宗瀛、张兆栋、杨重雅并传谕杜瑞联、俊启知之。钦此。遵旨寄信前来。(抄交户部)

586 军机大臣字寄两江总督沈、湖广总督李、四川总督丁、两广总督刘、云贵总督刘、江苏巡抚吴、浙江巡抚梅、江西巡抚刘、广东巡抚张、河南巡抚涂、湖南巡抚邵、广西巡抚杨、传谕署湖北巡抚·布政使潘霨、署湖南巡抚·布政使崇福、署云南巡抚·布政使杜瑞联、粤海关监督俊启。光绪四年六月十五日,奉上谕:(摘抄起)刘长佑等奏,滇省协饷铜本,各省关批解日绌,请饬速解一折。滇省新常饷项,各省关欠解甚多。光绪二年七月间,酌提浙江等七省协济新饷,并严谕各该督抚按月解济。乃据奏自光绪二年起,至本年三月止,除江西长解银四万两外,其浙江等六省共欠解银三十三万八千余两。滇省兴办诸务,待饷孔殷。著沈葆桢、李瀚章、丁宝桢、刘坤一、吴元炳、梅启照、张兆栋、邵亨豫、潘霨、崇福严饬各藩司查明欠解数目,迅速筹解,毋再延缓,致干参处。至滇省常年兵饷欠解甚巨。著户部查照刘长佑等咨开各数,分晰严催。采办京铜,需款尤急。著各该督抚、监督遵照本月十二日谕旨,赶紧筹解,务于本年年内扫数解清。所有奉拨解滇款项,务须迅速筹画,各清各款,毋稍牵混。刘长佑、杜瑞联亦当分别应用,不得再行挪动。(止)前据御史张观准奏,东三省遣撤官兵,往往私带征防处所幼丁回旗,请饬该将军查明,出给路照,遣令回籍。并饬各省督抚令各该州县,于此项幼丁到籍后,妥为安插,缴照日不准吏役索费等语。已谕令各该将军查办。著刘长佑、杜瑞联饬令地方官于该幼丁回籍时,妥为办理。将此由五百里谕知沈葆桢、李瀚章、丁宝桢、刘坤一、刘长佑、吴元炳、梅启照、刘秉璋、张兆栋、涂宗瀛、邵亨豫、杨重雅并传谕潘霨、崇福、杜瑞联、俊启知之。钦此。遵旨寄信前来。(摘抄交户部)

622 军机大臣字寄福州将军,直隶、两江、湖广、闽浙、四川、两广、江苏、安徽、江西、浙江、福建、山东、山西、河南、湖北、湖南、广东各督抚,传谕粤海关监督。光绪四年六月二十五日,奉上谕:本年四月间据户部奏,各省关应解京饷报解寥寥,当谕令该将军等依限报解。兹据该部奏称,查明截至六月初十日止,除划拨铜价暨各处解到报解起程外,尚有山东地丁银二十九万两,浙江地丁银十五万两,湖北地丁银十七万两,湖南地丁银十二万两,安徽地丁银十二万两,江西地丁银十万两,长芦盐课加价银三十万两,两淮盐课盐厘银二十八万两,两浙盐课盐厘银十一万两,河东加课羡余银十五万两,广东盐课帑息银二十四万两,山东盐课加价银十三万两,福建盐课银十万两,湖北盐厘银五万两,湖南盐厘银三万两,四川盐厘津贴银三十二万两,福建税厘银十万两,粤海关洋税盈余银十一万两,闽海关洋税银三十六万两,九江关洋税银二十二万八千余两,浙海关常洋两税银二千①万两,江海关洋税银二十三万九千余两,江汉关洋税银十二万两,太平关常税银八万两,天津关常税银四万两,东海关洋税银五万两,镇江关洋税银三万两,赣关常税银六万两,扬州关常税银三万两,芜湖关常税银一万五千两,凤阳关常税银一万五千两,夔关税银五万两,江西厘金银四万两,江苏厘金银八万两,浙江厘金银九万两,广东厘金银十二万两,湖北厘金银五万两;又粤海等关四成六成洋税内每年拨还洋商银应拨抵闽省茶税京饷银两,粤海关欠解银一万八千两,闽省并九江关各应解银二万四千两,江海、浙海、镇江、天津、东海五关各应解银二万两,江海关应解银一万六千两,山海关应解银一万二千两;并议准缓俟下忙开征再解之山西地丁银六十万两,河南地丁银二十万两,共未解银五百七十六万二千余两。著该将军、各督抚、监督等即将前项未解银两赶紧依限提前解部,统于年内扫数解齐。倘敢诿卸拖欠,致误要需,即著户部指名严参。其现在解不及半,及丝毫未解等处,经此次严催后,仍不完解,并著户部酌核情形,随时奏参。将此由五百里谕知福州将军、直隶、两江、湖广、闽浙、四川、两广、江苏、安徽、江西、浙江、福建、山东、山西、河南、湖北、湖南、广东各督抚并传谕粤海关监督知之。钦此。遵旨寄信前来。(抄交户部)

632　光绪四年七月初三日,内阁奉上谕:詹事府左庶子黄体芳奏,各省陋规有妨吏治,请饬分别裁定一折。外省各项陋规,本干禁例。据称近年司道知府多有收受节寿等规情事,以致瞻徇情面,于吏治民生大有关系等语。各省司道知府均有考察属员之责,自应整躬率属,以肃官方。若如所奏,陋习相沿,殊属不成事体,著该督抚严饬所属将各项陋规悉行裁革,务令地方官吏咸知洁己奉公,以期吏治日有起色。倘有仍蹈前辙者,即著随时奏参惩办。其所请酌定臬司道府公费,饬令各省咨取江西、福建、安徽章程,仿照办理等语。著该督抚体察各该省情形,悉心筹议具奏。至摊捐各款并著力加裁汰,即将如何裁减之处奏明立案,以昭核实。钦此。

664　光绪四年七月二十二日,内阁奉上谕:江西巡抚刘秉璋奏恳请开缺养亲一折。刘秉璋著准其开缺。钦此。

666　光绪四年七月二十三日,内阁奉上谕:江西巡抚著李文敏补授;彭祖贤,著补授江西布政使。钦此。

690　军机大臣字寄大学士·直隶总督·一等肃毅伯李、两江总督沈、湖广总督李、四川总督丁、两广总督刘、山东巡抚文、前江西巡抚刘、江西巡抚李、浙江巡抚梅、安徽巡抚裕、江苏巡抚吴、广东巡抚张、湖北巡抚潘、湖南巡抚邵、传谕粤海关监督俊启。光绪四年七月二十八日,奉上谕:惠陵工程经费,节经户部分年指拨。现计全功估定经费尚欠银一百万两,刻下要工克期告成,需款孔亟。若照案指作光绪五年份应拨银两,恐有延误,著户部将所欠估需银一百万两提前指拨有著之款,限令各省关务于本年年内

① “千”,疑为“十”。

赶紧解齐，以重要工。至各省关应解光绪四年份工程银一百八十万两，除福建全数解清外，山东欠解银七万五千两，江西欠解银四万七千五百两，浙江欠解银七万五千两，安徽欠解银十二万两，江苏欠解银十六万两，广东欠解银十三万两，湖南欠解银四万五千两，湖北欠解银二万五千两，四川欠解银六万五千两，粤海关欠解银九万两，江海关欠解银五万两，九江关欠解银四万两，太平关欠解银六万两，江汉关欠解银三万两，两淮欠解银十四万两，天津关欠解银六万两，镇江关欠解银三万两。现在工程吃紧，亟需款项。著各该督抚、监督等迅将欠解银两务于八月前扫数解齐，毋稍延玩。此项银两未到以前，著户部、总理各国事务衙门各先行借拨银十万两。俟各省关解到，即行酌量拨还，以清款目。将此由五百里谕知李鸿章、沈葆桢、李瀚章、丁宝桢、刘坤一、文格、刘秉璋、李文敏、梅启照、裕禄、吴元炳、张兆栋、潘霨、邵亨豫并传谕俊启知之。钦此。遵旨寄信前来。（抄交户部、工程处、总理衙门）

694　光绪四年八月初一日，内阁奉上谕：御史李廷萧奏，近来各省州县往往因诛求百姓不遂所欲，辄诬指为抗拒，率请派营弹压，武弁志在邀功，妄加剿洗；又有带兵武员遇有迹涉可疑及仇隙之人，指为叛逆，擅用刑诛，流弊滋多，请饬严禁等语。各省留驻营勇原以备豫不虞，藉资征调，若如所奏各节，转致贻害乡民，殊堪痛恨。嗣后各直省督抚不得轻派营勇，致滋扰累，并严禁武员专擅杀戮。如所属员弁有贼虐无辜者，即照专擅诬杀律惩治。倘不认真查察，或纵容徇隐，定将该督抚分别惩处，以肃营制而靖地方。钦此。

695　光绪四年八月初一日，内阁奉上谕：御史李廷萧奏请饬禁宰耕牛等语。耕牛可助农力，民食攸资。近来小民私自屠宰，殊干例禁。著各省督抚饬令地方官严行申禁，如有吏胥贿纵需索等弊，即行从严惩办。钦此。

705　军机大臣字寄大学士·直隶总督·一等肃毅伯李、两江总督沈、江苏巡抚吴、安徽巡抚裕、前江西巡抚刘、江西巡抚李、浙江巡抚梅、湖南巡抚邵。光绪四年八月初八日，奉上谕：前因惠陵工程克期告成，谕令户部将欠估经费银一百万两提前指拨。兹据奏称指拨江西地丁银五万两、厘金银六万两，浙江地丁银五万两、厘金银六万两，湖南地丁银八万两、厘金银八万两，江苏厘金银五万两，安徽厘金银十万两，九江关常税银十万两，浙海关六成洋税银十万两，江海关六成洋税银十万两，两淮盐厘银十五万两，天津关洋税积欠京饷项下提银二万两。著李鸿章、沈葆桢、吴元炳、裕禄、刘秉璋、李文敏、梅启照、邵亨豫严饬藩运各司暨监督等迅将指拨各款银两赶紧筹解，派员径赴工程处交纳，统限于本年年内如数解齐，以重要工，毋稍延误。将此由五百里各谕令知之。钦此。遵旨寄信前来。（抄交户部、工程处）

711　光绪四年八月初九日，内阁奉上谕：御史董儁翰奏请饬各省督抚整顿吏治等语。各省呈控案件亟应迅速审结，以清庶狱。近来各州县遇有命盗重案，不能消弭，即故意留难。其寻常词讼，辄置不理，以致小民含冤莫伸。至征收钱漕、厘金等项自有定章,岂容苛派需索,乃各州县于征收钱漕,往往额外诛求,藉端苛派。其尤甚者,厘卡委员于民间携带食物等项,百端需索,饱其私囊。种种弊端,殊堪痛恨。著各直省督抚实力整顿,于属员之贤否,随时认真查察。如有前项情弊,即著严参惩办。各该督抚司道等均有稽查属员之责,倘敢瞻徇隐匿,并不据实纠参,定将该督抚等一并惩处。将此通谕知之。钦此。

733 光绪四年八月十六日,内阁奉上谕:御史傅大章奏各省吏治因循,请饬认真甄别一折。各省试用人员向例一年期满,由各该督抚分别奏留补用,原期详加考察,以定去留,近来往往视为具文。凡试用期满之员,概请留省补用,殊非澄叙官方之意。嗣后各省督抚于捐纳保举人员到省,务当破除情面,悉心考察,于一年试用期满后,认真甄别,不得一味姑容,概请留省补用。其实缺正途暨业经留省及毋庸试用各员,仍当随时严行查核,如有贪劣不职者,即行奏明参处,毋稍徇隐。钦此。

754 军机大臣字寄理藩院,察哈尔都统穆、副都统奎,前江西巡抚刘,江西巡抚李,山东巡抚文。光绪四年八月二十三日,奉上谕:穆图善等奏军台差务尚繁,请仍照案添雇驼马一折。现在新疆底定,嘉峪关驿路畅通,西路各城差使已改由驿路行走。现据穆图善等奏称乌库科等处防兵尚未遣撤,运送饷需,一切均由察哈尔所属台站供应。且布鲁图帮台之察克达哈布苏尔嘎驼马雇觅不易,该处台站费用,仍难规复旧章。即著照所请,所有察哈尔每月应发各台津贴等项银两,仍准照前开放。如有紧急要差,由该都统等派员驰往布鲁图各台发价添雇驼马,俾资应用。一俟乌库科三处防兵遣竣,布鲁图帮台驼马到台,即著穆图善、奎昌体察情形,奏明停放,以节糜费。该城军需支绌,著刘秉璋、李文敏、文格迅将应解察哈尔衙门军需银两,克期拨解,以应急需。至布鲁图帮台之察克达哈布苏尔嘎驼马,何以屡经严催,抗不应付,著理藩院严催乌兰察布盟长迅将所属各旗应出帮台驼马备齐,速赴各台,俾资协济,毋得仍前玩忽,致误要差。将此谕知理藩院,并由四百里谕令穆图善、奎昌、刘秉璋、李文敏、文格知之。钦此。遵旨寄信前来。(抄交户部)

800 光绪四年九月十一日,内阁奉上谕:御史周开铭奏,东南数省被水,请饬预筹拯救一折。本年江西、福建、广东、湖北、湖南等省雨水过多,被淹地方甚众。江西饶州,湖北安陆、荆州,湖南常德等处,被灾尤重。荒歉已形,明岁青黄不接之时,甚属可虑,亟宜预为筹画,防患未萌。著各该省督抚确查所属州县被灾情形,预筹拯救之策。所有疏导水势,安辑流亡,筹办赈济,勘报蠲缓各事宜,均著悉心体查,妥为办理,以期有备无患。另片奏各省哥老会、天地会等匪甚多,深恐灾民被其煽惑,请饬查拿等语。著各省督抚于被灾地方抚恤饥民,毋令失所,并严饬各属清查保甲,密拿会匪,用副朝廷除暴安良,廑求民瘼至意。钦此。

856 军机大臣字寄盛京、直隶、江苏、安徽、江西、浙江、福建、湖北、湖南、河南、山东、山西、陕西、甘肃、四川、广东、广西、云南、贵州各将军、督抚。光绪四年四月初三日，奉上谕：本年直隶、山西、河南、陕西被灾，福建侯官县被水，山东德州等处被旱、被风、被雹，节经各该省奏到，将新旧钱粮分别蠲免缓征。并因山西、河南赈务孔急，特令户部拨银二十万两，截留南漕十六万石，江苏等省各协银数万两，并令内务府拨银数万两，又拨给山西东漕十二万石；接续办赈，由户部拨银二十万两，以充运费，拨江苏漕米十二万石，江北漕米四万石，交李鸿章分拨直隶灾区。暨准户部所请，将直隶平粜余米、海运浙江漕粮拨济河南赈需，划拨银两，备灾民籽种等项，给与安阳等县贫民口粮，赏给直隶等省资遣饥民银两。并谕令江西、福建、广东、湖北、湖南各督抚确查被水地方，预筹拯救。福建、广东等省被风、被水，经该督抚等查勘抚恤；陕西蓝田等处被水、被雹，该抚分别调剂；安徽婺源被水，该抚拨银抚绥；河南武陟县沁河漫口，田庐被淹，该抚设法疏消，力筹拯恤，小民谅可不至失所。惟念来春青黄不接之时，民力未免拮据，著传谕该督抚等体察情形，如有应行接济之处，即查明据实覆奏，务于封印以前奏到，候朕于新正降旨加恩。浙江湖州等处缺雨，安徽安庆等府被水，广西永福等处被水，山东、甘肃间有被水、被旱、被雹之处，江苏低田被淹，间有蝗孑，均经该督抚等委员查勘，即著迅速办理，并将来春应否接济之处，一并查明，于封印前奏到。此外各省有无被灾地方，应行调剂抚恤之处，著该将军、督抚等一并查奏，候旨施恩。将此各谕令知之。钦此。遵旨寄信前来。

857　查：本年直隶、山西、河南、陕西、福建、山东被灾地方，业经加恩将新旧钱粮分别蠲免缓征，并因直隶、山西、河南赈务孔亟，复经随时加恩拨给银米赈抚。其江西、福建、广东、湖北、湖南、陕西、安徽、河南被风、被水、被雹地方，均经谕令各该督抚确查抚恤。其明春应否量为接济之处，臣等谨照向例，缮写询问该督抚等谕旨。俟覆奏到日，再行拟写新正加恩谕旨呈进。再浙江、安徽、广西、山东、甘肃、江苏缺雨、被水、被旱、被虫、被雹之处，该督抚等均已奏明查勘，应否接济，现俱来经奏到。此外各省有无被灾地方，应行调剂抚恤之处，一并询问，令该将军、督抚等迅速查奏汇办。谨奏。

859　光绪四年十月初三日，内阁奉上谕：谭钟麟奏外省官员采运米粮助赈，请旨奖励一折。上年陕西亢旱成灾，粮缺价昂，经谭钟麟商令湘南、湖北暨甘肃、宁夏各官绅代为采买粮石，分道解运，均能源源接济，全活灾黎甚多，尚属著有微劳，自应量予奖励。江西补用道朱昌琳著赏加按察使衔，湖南候补道王加敏、署宁夏镇总兵冯南斌，均著交部从优议叙。副将周有全著以总兵记名简放，知府徐韦佩著赏加道衔。余著照所议办理。该部知道。钦此。

868　光绪四年十月初六日，内阁奉上谕：江西吉南赣宁道员缺，著将继洙补授。钦此。

869　查：江西吉南赣宁道系冲繁难要缺。谨奏。

872　光绪四年十月初七日，内阁奉上谕：江西南昌府知府员缺紧要，著该抚于通省知府内拣员调补。所遗员缺,著斌鉴补授。钦此。

912　军机大臣字寄福州将军,直隶、两江、湖广、闽浙、四川、两广、江苏、安徽、江西、浙江、福建、山东、山西、河南、湖北、湖南、广东各督抚,传谕粤海关监督。光绪四年十月二十日,奉上谕:户部奏请饬各省赶解京饷一折。本年京饷前经户部原拨续拨共银八百万两,统限年内解齐。兹据该部查明,截至九月底止,除缓解划拨并解到报解启程等款外,尚有山东地丁二十一万两,湖北地丁八万两,湖南地丁六万两,河南地丁二十万两,安徽地丁十二万两,江西地丁十万两,长芦盐课并荥工加价二十一万二千九百余两,两淮盐课盐厘二十一万两,河东加课羡余十五万两,广东盐课帑息八万两,山东盐课加价七万两,福建盐课五万两,湖北盐厘二万两,湖南盐厘二万两,四川盐厘津贴十万两,福建税厘六万两,粤海关洋税盈余六万两,闽海关洋税五万两,九江关洋税十四万七千余两,浙海关常洋两税二十万两,江海关洋税八万九千九百余两,太平关常税三万两,东海关洋税二万五千两,镇江关洋税二万两,赣关常税六万两,扬州关常税一万两,芜湖关常税一万五千两,凤阳关常税一万五千两,夔关税银二万两,江西厘金四万两,江苏厘金六万两,浙江厘金五万两,广东厘金六万两,湖北厘金三万两;又原拨福建茶税欠解银十七万六千两就近拨还筹办海防洋商借款,其应解京饷即由粤海等九关四成六成洋税内每年应还洋商银十七万六千两改解部库。现在浙海、天津、东海三关各欠解二万两,粤海、九江两关各欠解一万二千两,江海关欠解一万两,山海关欠解六千两,镇江关欠解五千七百余两,共未解银二百八十三万余两。年内部库应放各款,为数甚巨,需饷孔亟,著该将军、督抚等各将欠解京饷迅即照数依限提前解京。已报起程各款亦即赶催解部,毋任沿途逗留。倘敢诿卸拖欠,致误要需,即著户部指名严参。将此由五百里谕知福州将军,直隶、两江、湖广、闽浙、四川、两广、江苏、安徽、江西、浙江、福建、山东、山西、河南、湖北、湖南、广东各督抚,并传谕粤海关监督知之。钦此。遵旨寄信前来。(抄交户部)

937　光绪四年十月二十四日,内阁奉上谕:御史段福昌奏访闻江西殉难各员,请饬议恤等语。江西都昌县从九品衔查维新、崇仁县训导段淩云、候选训导万方安或力战捐躯,或被执遇害,均堪悯恻。该御史籍隶江西,见闻较确。所有殉难之查维新等,均著交部议恤。钦此。

966　…………

光绪四年江西省常犯情实,张亚三等十三起,人犯共三十四名,谨将勾到时所奉谕旨恭录于后。

一起斩犯张亚三。

逞忿故杀。法无可宽,是以勾决。

一起斩犯戴妹妹。

火器杀人,复另伤二人。法无可宽,是以勾决。

一起斩犯汪弥眼仂即汪秋松。

窃盗拒捕,刃毙捕人。法无可宽,是以勾决。

一起绞犯刘慍初。

奸匪因奸听从谋命,下手加功。淫凶难宽,是以勾决。

一起绞犯彭谱庭、余浙江老、曹六指。

听从聚众,持械逼勒,罢市抗官拒捕,该犯等均在场助势。藐法难宽,是以俱勾决。

一起斩犯丁莲葆。

奸匪因奸谋毙纵奸本夫。淫凶难宽,是以勾决。

一起斩犯鄂帼淋。

逞忿故杀。法无可宽,是以勾决。

一起绞犯张添书、张鄱杨老、张椿何、张启五、张粹符、张得受、张册仔、张经助、张旺秋、张序呈、张粹炳、张洤幅。听纠致毙彼造二十余命,该犯等各下手致毙一命。法无可宽,是以俱勾决。

一起斩犯涂先浪。

逞忿故杀。法无可宽,是以勾决。

一起绞犯黄秀源。

连毙应抵二命。法无可宽,是以勾决。

一起绞犯许泳牌祷、许帼祷、许愈借即泳倡、许盟立、许欲海、许泳梅、许承汶、许泳滀即滀小、许维腾。

听纠致毙彼造二十余命,该犯等各下手致毙一命。法无可宽,是以俱勾决。一起绞犯段汶租。共殴致毙一家四命,该犯下手致毙一命。法无可宽,是以勾决。

一起绞犯胡复哼。

雇工奸家长期亲,致令羞愧自尽。名分攸关,是以勾决。

…………

967 军机大臣字寄福州将军,直隶、两江、湖广、闽浙、两广、四川、江苏、安徽、江西、福建、浙江、湖北、湖南、河南、山东、山西、广东各督抚,传谕粤海关监督。光绪四年十一月初一日,奉上谕:户部奏预拨来年京饷一折。据称历届京饷均于年前预拨,光绪五年京饷拟在各省地丁、盐课、关税等款内指拨银七百万两,请饬各该省于来年分批起解等语。京饷关系紧要,现经该部就各省缓急情形,酌量动拨,自应遵照定章数目,源源报解,以应要需。著该将军、督抚、监督等务于来年开印后分批起解,限五月前解到一半,十二月初间全数解清,不准截留改拨,藉词延误。倘届限不到,即照奏定章程指名严参。原单著分别摘抄给与阅看。至山西省应解本年京饷并三年以前欠解京饷,业经因灾展缓期限,来年京饷若仍指拨地丁银两,诚恐力难筹解,著照所请暂行停拨,仍著该抚督饬藩司一俟来年上忙开征,即将光绪四年以前欠解京饷陆续补解,毋稍延缓。另片奏,光绪五年内务府经费拟拨两淮盐课银十五万两,两浙盐课银五万两,广东盐课银五万两,湖北盐厘银五万两,福建茶税银五万两,闽海关常税银十万两,九江关常税银十五万两,共银六十万两,请饬依限完解等语。著该将军、督抚等务于来年开印后,陆续径解内务府交纳,先将起程日期报部,仍限六月前解到一半,十二月初间扫数解清,不准稍有蒂欠。将此由五百里谕知福州将军,直隶、两江、湖广、闽浙、两广、四川、江苏、安徽、江西、福建、浙江、湖北、湖南、河南、山东、山西、广东各督抚,并传谕粤海关监督知之。钦此。遵旨寄信前来。(抄交户部)

991　光绪四年十一月初八日,奉旨:这所参疏防监犯越狱之管狱官·江西署乐平县典史·候补典史潘葆溶,著即革职拿问,交李文敏提同刑禁人等严讯有无松刑贿纵情弊,按律惩办。有狱官·署乐平县知县贺宏勋,据报先期公出,有无捏饰情事,著即确查办理,仍勒限将逸犯胡绵炎等严缉务获究办。该部知道。钦此。

1007　光绪四年十一月十二日,奉旨:此案著交李文敏督同臬司亲提人证卷宗,秉公严讯确情,按律定拟具奏。抱告民人邓雪祥,该部照例解往备质。钦此。

1040　军机大臣字寄两江总督沈、湖广总督李、两广总督刘、四川总督丁、江苏巡抚吴、安徽巡抚裕、江西巡抚李、浙江巡抚梅、山东巡抚文、湖北巡抚潘、湖南巡抚邵、广东巡抚张。光绪四年十一月二十三日,奉上谕:阎敬铭、曾国荃奏筹备东漕运费,请饬各省协济一折。据称晋省奉拨山东漕米十二万石,分运晋南灾区赈济,约需运费在百万两以外,无从筹措,请饬江苏、安徽、江西、浙江、山东等五省各拨银六万两,湖北、湖南、广东、四川等四省各拨银五万两,俾资周转等语。晋省赈粮转运,异常劳费,该省款项拮据,亦属实情,著照所请,即由沈葆桢、李瀚章、刘坤一、丁宝桢、吴元炳、裕禄、李文敏、梅启照、文格、潘霨、邵亨豫、张兆栋如数筹拨,于年内批解赴晋,以济赈需。将此由四百里各谕令知之。钦此。遵旨寄信前来。

1044　光绪四年十一月二十四日,内阁奉上谕:为治之道,首在讲求吏治,乂安民生,而武备修明,尤为经国要务。封疆大吏受朝廷特简之恩,畀以重寄,宜如何整躬率属,共济时艰,以副委任。近闻各直省督抚实事求是者,固不乏人,而因循怠玩怙过饰非者,亦正不少。且有偏袒同乡及护庇年世交谊情事,用舍不公而欲属僚畏服,吏肃民怀,其可得耶?又闻带兵将弁往往虚报名粮,冒销军火,私肥囊橐,日用豪奢。此弊不除,其何以使将士一心,缓急足恃。著通谕各该督抚等痛自循省,有则改之,无则加勉。凡地方利弊,民生休戚,总当虚心咨访,因时制宜。用人则一秉大公,毋稍偏徇。属员中之贤声卓著,名实相符者,固应保荐;其贪庸废弛者,亦应立予参劾,不得瞻顾情面,曲事姑容,庶几大法小廉吏治日有起色。至各营武员,查有前项情弊,即行从严参办,以肃军律而饬戎行。经此次训诫后,倘敢不知振作,积习相沿,一经朝廷访闻,或被参得实,必当执法严惩,决不宽贷。正朝廷以正百官,出治之原,尤宜严肃,前已叠降谕旨,责成军机大臣实心匡弼,勿避嫌怨,并令各部院大臣勤求治理,力戒因循,仍著懔遵前旨,同心任事,宏济艰难,不得日久懈生,又蹈玩愒故习。钦此。

1105　光绪四年十二月十四日,内阁奉上谕:前因军务未平,用款不继,不得已开捐纳职,藉济饷需。乃近来中外捐纳各员,其为守兼优、才具可用者,固不乏人,而滥竽充数,甚至有玷官箴者,实属不少。至各局办理捐输,原不无实事求是,有裨国计之处。而行之日久,捐赀之影射,捐生之取巧及委员等种种弊窦,不一而足。于澄清吏治之道,既多窒碍,于饷需亦多有名无实,自应及时停止,以肃政体。著户部及各省督抚通盘筹画,务将京捐局及各省捐局每年入项若干,详细查明,将此项作何支用之处,设法筹款相抵,一面奏明停止捐输,毋得藉词款项难筹,有意延宕。钦此。

1209　臣等查明新正应行加恩,各省除盛京、江苏、安徽、江西、浙江、福建、湖北、湖南、河南、山西、陕西、甘肃、四川、广东、广西、云南、贵州经该将军、督抚具奏,毋庸接济外,所有直隶、山东二省业经该督抚奏到,臣等拟写谕旨二道,并拟定日期颁发。谨奏。

光绪五年

18　军机大臣字寄湖广总督李、安徽巡抚裕、江西巡抚李、湖北巡抚潘、湖南巡抚邵、河南巡抚涂。光绪五年正月十八日,奉上谕:户部奏请饬催折漕省份欠解银两一折。湖北等省自改办折漕以来,除解部及拨用各款外,积欠甚多。安徽自光绪元年起至三年止,欠解银七十七万余两。江西自同治五年起至光绪三年止,欠解银一百二十八万余两。湖北自咸丰七年起至光绪元年止,欠解银二十八万余两,二年、三年已解银二十六万五千两,余银未解。湖南自咸丰三年起至光绪元年止,欠解银六十一万三千二百余两,二年、三年已解银三十三万二千余两,余银未解。河南自同治六年起至光绪元年止,欠解银一百二十余万两,二年已解银二十万两,余银未解,三年全数未解。现在部库支绌,各省应解漕折银两,亟应照数报解,岂容任意积欠。著各该督抚饬属查明,各将该办折征以来征收银两解部若干,动用若干,未解若干,详细开单,报部查核。所欠漕折即行陆续分批清解,毋稍延缓。其光绪四年漕折即著查照折征数目,按限起解,不得再行挪用延欠。嗣后折漕省份仍应设法征运本色,规复旧章,如仍有展办折征者,务将银两照限解部,年清年款,以应要需。将此由四百里各谕令知之。钦此。遵旨寄信前来。(抄交户部)

29　光绪五年正月二十一日,内阁奉上谕:江西按察使国英奏病难速痊,请开缺调理一折。国英著准其开缺,江西按察使著沈葆靖补授。钦此。

30　光绪五年正月二十一日,内阁奉上谕:户部奏遵旨停止捐输一折。肃清仕途,自以停止捐纳实职官阶为要。该部业将京捐局银捐等项及各项实官并常例未载条款、火器营章程均行停止。即著有捐省份各督抚将筹饷事例条款概行停止,以昭画一,并一面迅速设法筹款,一面将捐务赶紧清厘造册报部。所有照根空照,分别截清数目,咨部缴纳,统限于本年五月悉数截止。该督抚等自能仰体朝廷澄清吏治之意,不致轻听局员,率请展限,希图廷宕。余依议。单并发。另片奏请饬将支用捐款开单报部等语。捐项均关国帑,自应详晰报部,著各督抚各将办捐以来所收捐款入于何年何月何项册内,无论已未奏销,均逐款详查开单报部。其收受捐款省份,并著一律咨报,以凭查核。钦此。

32　光绪五年正月二十二日,内阁奉上谕:江西广饶九南道员缺,著文惠补授。钦此。

33　查:江西广饶九南道系冲繁中缺。谨奏。

40　光绪五年正月二十三日,内阁奉上谕:李文敏奏,查明上年江西各属被水、被旱,请将新旧钱漕等款分别蠲缓递缓及展缓缴还堤费一折。江西南昌等府厅属上年夏间田亩被淹,入秋以来,又复被旱,或收成歉薄,或颗粒无收,若将应征新旧钱漕等款并原借修堤银两照常征缴,民力未免拮据。加恩著照所请。所有南昌县之一社一图,三社二图,进外三图,军都下一图,八都四、七、下六图,七都一图,十都六图,十二都七图,十三都一、二、三、四、五图,十四都一、二、三、四、五、六、七图,十五都一、二、中下三、四、五、六、七、八图,十六都一、二、三、四、五图,十七都一、二、三、四、五、六图,十八都一、二、三、四、五图,十九都一、二、三、四、五、六、七、八、九、十图,二十都四、五图,二十一都南一、南二、南三图,二十二都一、二、三、四、五、六、七、八图,二十三都一、二、三、四、五、六、七、八、九、十、十一、十二、十三、十四、十五、十六、十八、十九、二十、二十一、二十二图,军都二图,二十四都一、二、三、四、五、六、七、八、九、十、十二、十三、十五、十六图,二十五都一、九、二、四、五、六、七、八、十、十一、十二、十三、十四图,二十七都一、二、三、四、五、六、七、八、九、十、十一、十二图,二十八都一、二、三、四、五、六、八、九、十、十一、十三、十四图,二十九都一、二、四、五、六、七、八、九、十一、十二、三十图,三十三都四图,三十四都六图,三十五都三、六、八、十一、十三图,四十五都长一、南一、北一、二、南二图,长三、南三、长四、长六、七、十四图,四十六都一、二、三、四、五、六、七、九、十一、十二、十三、十四、十五图,四十八都长一、北一、长二、南二、北二、北三、南四图等处,被水各则民田三千七百九十五顷三亩,未完地丁银一万三千一百七十一两零,漕米二万二千七百五十三石零。

同新建县之一都一、二、三图,四十一都一、二、三、四、五图,四十二都一、二、三图,四十三都一、二图,四十四都一、二、三、四图,四十五都一、二、三、四图,四十六都一、二、三、四图,四十七都一、二、三图,四十八都一、二、三、四图,四十九都一、二图,五十都一、二图,五十一都一、二图,五十二都一、二图,五十三都一、二、三、四图,五十四都一、二、三、四、五图,五十五都一、二、三、四、五图,五十六都一、二图,九、十两坊等处,被淹各则官民田三千三百四十六顷六十九亩四分,未完地丁银七千二百九十五两零,漕米七千二百六十五石零。

进贤县之下五坂二十七都一、二、三、四、五图，二十八都一、二、三、四图，二十九都一、二、三、四图，三十都一、二、三、四、五图，三十一二都一、二、三、四图，一都一、二、三、四、五、六图，五都一、二、三、四、五图，六都一、二、三、四、五、六、七图，七都一、二、三、四、五、六、七、军图，上八都一、二、三、四、五、六、七、八、九、十图，下八都一、二、三、四、五、六、七、八、九图，九都一、二、三、四、五、六、七、八、九、十图，十都一、二、三、六、七、八、九、十图，十三四都六、七、八、九、十图，十五都一、二、三、四、五、六、七、八、九图，十六都一、二、三、四、五、六、七、八、九、十、十一、十二图，十七都一、二、三、四、五、六、七、八、九图，二十二都一、二、三、四、五、六、七、八、九、十、十一、十二图，二十三都一、二、三、四、五、六、七、八、九、十、十一、十二图，二十四五都一、二、三、四图，二十六图一、二、三、四、五图，三十三都一、二、三、四、五、六、七图，三十四都一、二、三、四图，三十五都一、二、三、四、五、六图，三十六都一、二、三、四、五、六图，三十七都一、二、三、四、五、六图，三十八都一、二、三、四、五图，六隅东、西、南、北、正、中隅等处，被淹各则田三千四百五十一顷九亩五分，未完地丁银一万四百六十五两零，漕米一万三千四百七十九石零。

新淦县之二都一、二、三、四、五、六图，四都一、二、三、四、五、六、七、八、九、十图，七都一、二、三图，五都七、八、十、十一、十二、十三图，三都二、三、五、十图，一都三、四、五、七图，六都三、四、六、七、八、九、十图等处，被旱各则田一千二十三顷一亩三分零，未完地丁银六千八百九十二两零，漕米四千九百八十三石零。

新喻县被水较轻之一、二、三、四、五坊，八都三图，十三都三图，十四都一、二图，十五都三图，正附功屯等处，应征地丁、漕米内著缓征十分之二，银一千六十六两零，米六百六十七石零。被水次重之一都一、二、三图，二都一、二、三图，三都一、二、三图，六都二、三图，七都二图，十六都一图，公图，军图等处，应征地丁、漕米内著缓征十分中之二分八厘，银二千四百八十一两零，米一千五百八十七石零。被水最重之四都一、二、三图，五都一、二、三图，六都一图，七都一、三图，八都一、二图，十六都二、三图，十七都一、二、三图，十八都一、二、三图，十九都一、二、三图，二十都一图等处，应征地丁、漕米内著缓征十分中之三分八厘，银六千一百八十七两零，米三千八百一十五石零。

莲花厅之砻西乡二、四、五、六、七、八、九、十二四五六七八九、二十等都，上西乡二十二三四五六七九、三十、三十一等都，被旱民田四百九十四顷，屯田三十三顷二十七亩八分，未完地丁银三千二百六十五两零，漕米一千三百五十六石零，漕运屯粮银四百四十九两零，余租银八百五十八两零。

安福县之东乡三都并五十三四五七及六十、六十二三等都；南乡一都并三十五六七八九及四十一二三四五九等都；西乡四、五、六、七、八、九、十并十一、十二、十五及二十一二等都；北乡二都并六十四五六八九等都等处，被水、被旱各则田地一千六百九十顷六十五亩七分零，未完地丁银一万八百八十二两零，漕米六千三百四十石零。并东乡五十三四及六十三等都，南乡一都并三十七及四十四五九等都，西乡四都并十一二及二十等都，北乡六十四五八等都等处，被水、被旱屯田二十二顷三十五亩五分零，未完漕运屯粮银三百三十两零，余租银六百五两零。

永新县之东乡六十三五六九及七十一二等都，南乡五十四五六七八九等都，西乡十一二三四五六七八九及四十一二三四暨六十一等都，北乡二、三、四、五、六、七、八、九、十及七十一三等都等处，被水、被旱民屯田地一千六百三十顷四十二亩零，未完地丁银一万一百九两零，漕米二千二百九十二石零，屯丁银十五两零，存留屯粮银六十五两零，漕运屯粮银四百八十二两零，余租银一千八百九十二两零。

东乡县之十八都下左一图、下右二图、上二图，二十六都下又一图、下又二图，二十七都下左一图，二十八都上三图、下三图、军三图、缺三图、四图、七图，三十三都尾图等处，被水各则民田一百八十三顷九十四亩零，未完地丁银八百十四两零，漕米三百二十五石零。

鄱阳县之东隅一图，南隅五、六图，西隅一、二图，北隅一、五图，永平关六图，东北关一、三图，后一、二图，一都一图，三四都一、二、三、四、五、六、七、八、九、十、十一、十七、十九、二十、二十二图，四都二、九图，六都一、二图，七都一、三图，八都四、六、十、十一图，九都一图，十都三、四图，十一都二、三、四、五图，十二都一、二图，辛一二图，崇一二图，十四都一、二图，十七都一、二图，四十八都二、四图，五十都四图，五十一都四、五、六、七、八、九、十图，五十二都一、二、三、四、五、六、七、八、九、十图，五十三都一、四、五图，五十四都五、六图，五十七都一图，五十八都一、二、三、六、七图，五十九都二、三、四、五、六、八图，六十四都二、四图，六十五都一、二、三图，六十六都一、二、三、四图，六十七都一图，北乡四图被水较重之各甲、各村，各则田地未完地丁银一万五千九百二十二两零，漕米七千八百六十二石零，并西北乡被水屯田未完屯粮丁银二十六两零，存留屯粮银一百四十六两零，漕运屯粮银八百十五两零，余银九百九十九两零。

余干县之东、西、南、北、四隅，二、三、四、五、六、七、八、九都，二十七八九、三十都，三十一二三四五六等都等处，被淹各则田四千一百五十九顷六十七亩零，未完地丁银一万五千三百十六两零，漕米九千三百八十五石零。

乐平县之一都、五都、六都、八都、十四都、十六、十七都、十九、二十都、三十都、三十一、三十二、三十三、三十四、三十五、三十七都、四十都、四十四都等处，被水未完地丁银七千二百十二两零，漕米三千六百九十三石零，并三都、九都、十都、十二都、十五都、十八都、二十一、二十二都等处，被旱未完地丁银三千三百九十两零，漕米一千七百三十五石零。

安仁县之附城在都一、三、四、五图及南乡、西乡，并东南北隅等乡之一都一、二图，二都一、二图，三都一、二、三图，八都一、二、三、四图，九都一图，十都一、三图，十一都三图，十五都一、二、三图，二十都一、二图，二十一都一、二、三、四图，二十二都二图，二十四都一、二、三、四图被水较重之各甲各村，各则田地未完地丁银二千七十两零，漕米一千九十一石零。

万年县西、北两乡之隔塘村一都一、二、三、四图；陶岭村东隅一图；雷华村二都三图，东隅二图；石头村十三都三、四图；白马村二都一、二图，三都一图；塘东村十二都三图；道港隔港村十三都二图，南隅二图；均湖村十二都四图；永丰村西隅一、二图，北隅一图;山背村十四都三图;燃湖村十一都四图;青塘村十三都一图,十四都二图;双蓝村十四都四图;余柏村十四都一图等处,被淹三则田地一千三十七顷七十四亩六分零。同东、南两乡之陈营村八都四图,九都一图;南溪桐源村七都一、二图;珠坊村十一都一图;仙雩村十都三图,八都三图;严田村十都四图;大安村西隅二图,五都二图;苏塘村东隅一图;夏院村南关甲,南隅一、二图;烧硚村四都一图;永和村十二都二图,东隅一图;江营村四都二图;月山村四都三图;程源夹罗村四都四图;长田奎田村五都一图;旗山村三都一图,虞坊;合田村,三都二图,四都二图;躲林村三都三图南关甲,十一都一图西关甲,一都三图,南隅二图;曹文村北隅二图等处,水冲沙塞各则田地十顷二十九亩九分零,未完地丁银二千五百九十三两零,漕米一千六百四十九石零。

星子县之下七、上四、下四、下二、上三、下三、五、六、下八等都党被淹各则民田四百二十九顷十亩二分,未完地丁银二千二百三十七两零,并南九二卫被淹屯田八十三顷十八亩九分零,未完屯丁银十一两零,余租银一千一百四两零。

都昌县之一都、二都、三上都、三下都、四上都、四下都、五都、六上都、六下都、七、八、九都、十上都、十中都、十下都、十一都、十三上都、十三下都、十四上都、十四下都、十五、十六都、十八、十九都、二十三都、二十六上都、二十六下都、二十九、三十都、三十一、三十二、三十三、三十四、三十五、三十六、三十七、三十八都、四十一、四十二、四十三都、四十五八都、四十六七都、市一、市二、市三、市四、市五图,柴图,左镇等处,被淹各则田一千五百五十七顷九十五亩七分零,未完地丁银五千二百十两零,漕米三千五百八十九石零。

建昌县之永丰、凝远、丰安、德政、市镇、钓台、归义、新城、修智、升仙、甘泉等乡,被水各则田地五千五百九十顷四十五亩七分零,未完地丁银一万七千四百二两零,漕米八千五百六十三石零。同安义县寄庄建昌县各乡被水未完地丁银三百三十八两零,漕米一百五十四石零。

德化县之桑落、封一、封二、赤松四乡被水成灾,各则民田地应征地丁内,著蠲免十分之七,银一千三百三十六两零,蠲剩三分,银五百七十二两零。并南九二卫及桑落、封廓二洲屯田洲地芦课并密稀芦等项,被水成灾,应征屯余芦课各款内,著蠲免十分之七,屯粮丁银九十八两零,存留屯粮银一百九十三两零,漕运屯粮银八百八十二两零,余租银一千九百三十七两零,光绪四年压征三年芦课银七百五两零,蠲剩三分屯粮丁银四十二两零,存留屯粮银八十三两零,漕运屯粮银三百七十八两零,余租银八百三十两零,光绪四年压征三年芦课银三百二两零。同南昌、仙居、白鹤、仁贵、德化、泰临、通津、新民等乡及南九二卫各则民屯田地被水,勘不成灾,未完地丁银一千七十两零,屯粮丁银五十三两零,存留屯粮银三百八十六两零,漕运屯粮银一千五百七十七两零,余租银三千八百七十九两零。

德安县之黄湾堡、陈湾堡、固村堡、墩下堡、金鸡堡、附城堡、神于堡、河东堡、后田堡、在市堡、乌石堡、墩上堡等处,各则民田被水未完地丁银三千六百二十两零。同南九二卫坐落陈湾、金鸡、附城、河东、后田、乌石、在市等堡屯田,被水未完屯丁银五十四两零，存留屯粮银五十三两零，漕运屯粮银一千八百七十三两零。

瑞昌县之安秦乡之周滩堡、九屯堡、青龙堡、安城堡、营桂堡、暗林堡、巴山堡、回龙堡、罗湖堡、板林堡、东关堡、金冈堡；今一乡之马头堡、接泥堡、高武堡、吴塘堡、金蛇堡；今二乡之封门堡、黄桥堡、河塘堡、牛山堡、连山堡、武交堡、长流堡、大林堡、西隆堡、北亭堡；甘露乡之禁坪堡、北巢堡等处，被淹各则民田地五百八十七顷八十二亩一分，未完地丁银二千九百三十五两零。同九江卫坐落本县之安泰乡，并德化之赤松、南昌、仙居等乡，被淹屯田地一百六十四顷八十三亩八分，未完漕运屯粮银一千一百二十四两零，余租银二千一百四十一两零。

湖口县之上乡十三都、十四五都、十六都、十七都、二十都，中乡一二坊、八都、十二都，下乡二图①、三都、四六都、五都等处，被水各则民田四百五十一顷十二亩，未完地丁银三千五百六十两零，同三都、四六都、五都及编入德化县之仁贵乡、宿松县之孟家洲等处，被水屯田十四顷六十二亩，未完漕运屯粮银一百二十二两零，余租银三百十五两零。

彭泽县之四都、七都、下三十三都等处被水较重，应征地丁内著缓征十分之五，银七百四十七两零。又四都之下隅坂，七都之太平坂，应征屯余等款内，著缓征十分之五，漕运屯粮银二百十六两零，屯丁银九十一两零，存留屯粮银九十六两零，余租银六百二十四两零。同五六都应征地丁内，著缓征十分之三，银三百二十七两零，并一二三都、十五都、三十都、上三十三都，及一、二坊等处，应征地丁内著缓征十分之二，银九百二十六两零。又三十都之上定山下定山二百户等处，应征屯余等款内著缓征十分之二，漕运屯粮银一百一两零，屯丁银四十一两零，存留屯粮银四十四两零，余租银二百八十二两零，并缓征光绪四年压征三年芦课银一千九百二十三两零。九江府同知所辖南九二卫芦洲坐落桑落、赤松、封一、封二等乡，被水成灾各则地五百八十七顷五十四亩六分，应征光绪四年压征三年芦课内著蠲免十分之七，银八百四十一两零，蠲剩三分，除已完外，尚欠银一百九十九两零，均著缓至光绪五年秋后分作两年带征。

又安义县之安乡二图五甲田坐依乡最低之处，及依乡一、四、八图各甲，即青湖洲以下街里、六溪埠等处，被淹最苦，应征地丁、漕米内，著缓征十分之六，银二百八十一两零，漕米一百六十七石零。控下依乡低洼各图甲，被淹稍轻，应征地丁、漕米内，著缓征十分之三，银四百六十五两零，漕米三百二十六石零，均著缓至光绪五年秋后带征。湖口县芦洲被水，未完光绪四年压征三年芦课银六百四两零，著缓至光绪五年秋后分作三年带征。

南昌县光绪二、三两年被水，原缓各本年地丁、漕米；新建县同治十二年及光绪元、二、三等年被水，原缓各本年地丁、漕米；丰城县二年被水，清江县三年被水，各原缓本年地丁、漕米；庐陵县光绪二年被水，原缓本年地丁、漕米、存留屯粮、漕运屯粮、余租；吉水县光绪二年被水，原缓本年地丁、漕米；安福县光绪三年被旱，原缓本年地丁、漕米、漕运屯粮、余租；东乡县同治十一及光绪元、二、三等年被水，同治十二年被旱，原缓各本年地

① “图”，疑为“都”。

丁、漕米；南丰县光绪二年被水，原缓本年地丁、漕米；乐平县同治十一、十二、十三及光绪元、二等年被旱，原缓各本年漕米，均除完纳外，其余未完同原缓各本年地丁，又光绪三年被旱，原缓本年地丁、漕米；万年县同治十一年被水，原缓二限一半地丁、漕米，同光绪元、二两年被水，原缓各本年地丁、漕米；星子县同治十一年及光绪二年被水，原缓各本年地丁、余租，均除完纳外，其余未完同原缓各本年屯丁，光绪元年被水、被旱，原缓本年地丁、余租，均除完纳外，其余未完同原缓本年屯丁；都昌县同治十一及光绪元、二等年被水，原缓各本年地丁、漕米；德化县光绪二年被水，原缓本年漕运屯粮、余租、压征元年芦课，均除完纳外，其余未完同原缓本年地丁、屯粮丁、存留屯粮，同光绪三年被水、被旱，原缓本年地丁、屯粮丁、存留屯粮、漕运屯粮、余租、压征二年芦课；湖口县同治十一、十三及光绪二、三等年被水，并同治十二年及光绪元年被水、被旱，原缓各本年地丁，均除完纳外，其余未完同原缓各本年漕运屯粮、余租；彭泽县同治十一年及光绪元年被水、被旱，同治三十年被旱，光绪二年被水，原缓各本年地丁、屯粮丁、存留屯粮、漕运屯粮、余租及压征同治十、十二、十三等年并光绪元年芦课，均著递缓至光绪五、六两年秋后带征。

南昌县光绪元年被水、被旱，新建县同治十一年被水，进贤县光绪三年被水，清江县光绪三年被水，各原缓本年地丁、漕米；莲花厅同治十一年及光绪元年被旱，原缓各本年地丁、漕米、漕运屯粮、余租，均除完纳外，其余未完并同治十二、十三两年被旱，原缓各本年漕米、漕运屯粮、余租，均除完纳外，其余未完同原缓各本年地丁，光绪二年被旱，原缓本年地丁、漕米，均除完纳外，其余未完同原缓本年漕运屯粮、余租，光绪三年被旱，原缓本年地丁、漕米、漕运屯粮、余租；安福县光绪二年被旱，原缓本年地丁、漕米、屯丁、漕运屯粮、余租；余干、建昌二县并安义寄庄建昌县，均光绪三年被水，各原缓本年地丁、漕米；德化县光绪元年被水、被旱，原缓地丁、屯粮丁、存留屯粮、漕运屯粮、余租、压征同治十三年芦课；德安县光绪三年被水，原缓本年地丁、屯丁、存留屯粮、漕运屯粮；瑞昌县光绪二年被水，原缓本年二限一半地丁、漕运屯粮、余租；九江府同知所辖南九二卫光绪三年被水，原缓本年压征二年芦课，均著递缓至光绪六、七两年秋后带征。

又南昌县同治十二年被水、被旱、被虫，丰城县同治十二年被旱、被虫，进贤县光绪二年被水，清江县同治十二年被旱，新淦、新喻二县均光绪三年被水，各原缓本年地丁、漕米；安福县光绪元年被旱，原缓本年地丁、漕米、屯丁、漕运屯粮、余租；鄱阳县光绪二年被水，原缓本年地丁、漕米、屯粮丁、存留屯粮、漕运屯粮、余租；余干、建昌二县并安义寄庄建昌县均光绪二年被水，各原缓本年地丁、漕米；德化县同治十三年被旱，原缓本年地丁、屯粮丁、存留屯粮、漕运屯粮、余租、压征十二年芦课；德安县光绪二年被水，原缓本年地丁、屯粮丁、存留屯粮、漕运屯粮；瑞昌县光绪元年被水、被旱，原缓本年地丁、漕运屯粮、余租；九江府同知所辖南九二卫光绪二年被水，原缓本年压征元年芦课，除完纳外，其余未完芦课，均著递缓至光绪七、八两年秋后带征。

又南昌县同治十一年被水被虫，进贤、余干、建昌三县并安义县寄庄建昌县均光绪元年被水，清江县同治十一年被旱，各原缓本年地丁、漕米；德化县同治十二年被水、被旱,原缓本年地丁、屯粮丁、存留屯粮、漕运屯粮、余租、压征十一年芦课;德安县光绪元年被水、被旱,原缓本年地丁、屯粮丁、存留屯粮、漕运屯粮;瑞昌县同治十二年被旱,原缓本年二限一半地丁、漕运屯粮、余租;九江府同知所辖南九二卫光绪元年被水,原缓压征同治十三年芦课,除完纳外,其余未完芦课,均著递缓至光绪八、九两年秋后带征。

又进贤县同治十三年被水,新淦、新喻二县均光绪二年被水,原缓各该本年地丁、漕米;安福县同治十三年被旱,原缓本年地丁、漕米、屯丁、漕运屯粮、余租;鄱阳县光绪元年被水,原缓本年地丁、漕米、屯粮丁、存留屯粮、漕运屯粮、余租;余干县同治十三年被旱,建昌县同治十三年被水、被旱,安义寄庄建昌县同治十三年被水,各原缓本年地丁、漕米;德化县同治十一年被水,原缓本年地丁、存留屯粮、漕运屯粮、余租、压征十年芦课;德安县同治十三年被水,原缓本年地丁、屯粮丁、存留屯粮、漕运屯粮、漕运屯粮①;瑞昌县同治十一年被水,原缓本年地丁、漕运屯粮、余租,均著递缓至光绪九、十两年秋后带征。

进贤县同治十二年被水、被旱,原缓本年地丁、漕米;安福县同治十二年被旱,原缓本年地丁、漕米、屯丁、漕运屯粮、余租;余干县同治十二年被旱,建昌县同治十二年被水、被旱,安义县寄庄建昌县同治十二年被水,各原缓本年地丁、漕米;德安县同治十一年被水,原缓本年地丁、屯粮丁、存留屯粮、漕运屯粮,均著递缓至光绪十、十一两年秋后带征。

进贤县同治十一年被水,新淦县同治十三年被旱,新喻县光绪元年被旱,各原缓本年地丁、漕米;安福县同治十一年被旱,原缓本年地丁、漕米、屯丁、漕运屯粮、余租;鄱阳县同治十一年被水,原缓本年地丁、漕米、屯粮丁、存留屯粮、漕运屯粮、余租;余干、建昌二县并安义寄庄建昌县均同治十一年被水,各原缓本年地丁、漕米,均著递缓至光绪十一、十二两年秋后带征。

新淦县同治十二年被旱,新喻县同治十三年被旱,各原缓本年地丁、漕米,均著递缓至光绪十三、十四两年秋后带征。新淦县同治十一年被水、被旱,新喻县同治十二年被旱,各原缓本年地丁、漕米,均著递缓至光绪十五、十六两年秋后带征。新喻县同治十一年被旱,原缓本年地丁、漕米,著递缓至光绪十七、十八两年秋后带征。

峡江县同治十二年被旱,及光绪二年被水,原缓各本年初限一半地丁、漕米,均著递缓至光绪五年秋后带征。

永新县同治十三年及光绪元、三两年被旱,并光绪二年被水,原缓各本年地丁、漕米、屯粮丁、存留屯粮、漕运屯粮、余租,均著递缓至光绪五年秋后一并带征。永新县同治十二年被水、被旱,原缓本年地丁、漕米、屯粮丁、存留屯粮、漕运屯粮、余租,均著递缓至光绪六年秋后一并带征。永新县同治十一年被水、被旱,原缓地丁、漕米、屯粮丁、存留屯粮、漕运屯粮、余租,均著递缓至光绪七年秋后一并带征。

湖口县同治十一、十二、十三及光绪元、二、三等年被水,原缓各本年压征同治十、

① “漕运屯粮”,疑重复。

十一、十二、十三及光绪元、二等年芦课，均著递缓至光绪五、六、七等三年秋后带征。

南昌县光绪二年被水，原借修堤银两，除西、南、中三乡借款仍令依限完缴外，其余东、北两乡原借堤费，并新建、丰城、余干等县光绪二年被水，各原借修堤银两，均著展缓至光绪五、六两年秋后催缴还款，以纾民力。余著照所议办理，该抚即刊刻誊黄，遍行晓谕，务使实惠均沾，毋任吏胥舞弊，用副轸念民艰至意。该部知道。钦此。

127　光绪五年二月初九日，内阁奉上谕：御史黄元善奏敬陈管见一折。所陈裁减各局，剔除厘务弊端各条，不无可采。各省向来只有发审清查各局，嗣因办理军务，设局渐增。现在军务告竣，各局尚未裁撤，开销经费殊多浮滥，著该督抚等体察情形，即将各局裁减归并以节糜费。办理厘务各员自应力求核实，妥为经理。若如所奏，厘局讹索留难及浮冒支销等情，实属不成事体，著该督抚等懔遵前旨，裁革陋规，并将厘务弊端严查整顿，遴派妥员办理，将该委员衔名随时报部。倘有办理不善，暨营私舞弊之员，即分别严行参办。另片奏请饬各省以养民为务，荒田则设法招徕开垦，厘税则勿因捐输停止，额外抽加等语。现在各省民间元气未复，亟宜加意培养，该督抚等务当督率属员，勤求民瘼，凡闾阎利病，应兴应革之处，次第讲求，认真妥办，用副朝廷轸念民依至意。钦此。

154　光绪五年二月十二日，内阁奉上谕：御史郑溥元奏请禁私销私铸等语。私销私铸本干例禁，近来各省奸商往往销毁钱文，制造器皿，并敢串通吏役，开炉私铸，实属不成事体。著各直省督抚饬令各州县，严行申禁，毋得视为具文。钦此。

156　军机大臣字寄户部、江西巡抚李、山东巡抚文。光绪五年二月十三日，奉上谕：穆图善等奏请饬部筹拨银两并请饬催各省欠饷一折。西北各城应运军火等项，现在大半仍由军台行走该处应付一切，需款孔殷，自系实情。穆图善等所请饬部先行筹拨银六万两之处，著户部议奏。察哈尔差务繁重，待饷迫切，所有江西、山东各欠解银一万两，亟应赶紧解清。即著李文敏、文格迅速如数批解，俾资接济。将此谕知户部，并由四百里谕令李文敏、文格知之。钦此。遵旨寄信前来。

167　光绪五年二月十六日，内阁奉上谕：御史段福昌奏访闻江西阵亡殉难绅民妇女，开单恳请旌恤，并准建祠一折。江西鄱阳、都昌等县前被粤匪窜扰，该绅民等或御贼捐躯，或从容就义，均堪悯恻。该御史籍隶江西，见闻较确。所有单开之民人江大法等，武生张楷等，均著交部查明。除业经得有恤典外，余俱照所请分别旌恤，并准其自行捐资建祠，以彰忠节。该部知道。单并发。钦此。

238　光绪五年三月初二日，内阁奉上谕：前据御史黄元善奏，各省设局经费浮滥，当降旨谕令各该督抚裁减归并。兹据御史戈靖奏，直省各局不惟经费虚糜，亦且保举多滥等语。著各该督抚懔遵前旨，体察情形，迅将各局裁并，以节糜费。所有承办局务各员，并不准援照军务保案请奖，致滋冒滥。至各省捐局委员，亦不得率行滥保。

钦此。

258　光绪五年三月初九日，内阁奉上谕：前据督察院奏，江西试用从九品龚榕敬陈管见十二条，据呈代奏一折。详加披阅，所陈取真才中之变通文武两试，汰冗兵中之移扎提督、罢撤塘汛，裕财用中之裁恩养恤赏及宗室廪稍，加征丁钱，暂除烟禁并铸银饼一条，或变更成法，或有伤政体，均属窒碍难行。其请广漕储，停外捐，省则例，减差役，核外官，业已随时见诸施行，著毋庸置议。惟请疏水利以固淮扬，关系漕运事宜，著各该督抚体察情形，酌议具奏。又请增京廉一节，能否办理，著该部议奏。至求人材以达远情一条，及各条内有关边防等事者，著交该衙门详细查阅，用备采择。钦此。（抄交总理衙门）

290　军机大臣字寄福州将军，直隶、闽浙、两广、四川、江西、福建、浙江、湖南、山东、广东各督抚，传谕粤海关监督。光绪五年三月十七日，奉上谕：户部奏请续拨京饷等语。近来库款支绌，叠经户部续请添拨京饷。此次该部酌量各省情形，拟拨山东地丁银十万两，湖南地丁银五万两，长芦蒙工加价银五万两，福建税厘银十万两，浙江厘金银五万两，广东盐课银五万两、厘金银七万两，四川盐厘银五万两、按粮津贴银七万两，闽海关洋税银十五万两，浙海关洋税银八万两，赣关常税银三万两，九江关洋税银十万两，粤海关洋税银五万两，共银一百万两。著该将军、督抚、监督等连本年原拨未解京饷，于五月前解到一半，十二月初间全数解齐。各该将军、督抚等务当顾全大局，依限提前完解，以供开放。倘藉词诿卸，率请划抵截留，贻误要需，即著户部指名严参。将此由五百里谕知福州将军，直隶、闽浙、两广、四川、江西、福建、浙江、湖南、山东、广东各督抚，并传谕粤海关监督知之。钦此。遵旨寄信前来。（抄交户部）

360　军机大臣字寄江西巡抚李。光绪五年闰三月初十日奉上谕：沈葆桢奏，光绪三年十月间，江西以南洋海防经费银三万两改拨台湾，经闽省移作该省协闽兵饷，咨由江西另行筹还，南洋此款尚未据补解。现在江苏饷需支绌，按期应还洋款，甚为紧要，请饬迅解前项银两暨本年新饷等语。著李文敏即将欠解南洋银三万两迅速补解。其本年新饷已据拨解银二万两，此外应解银两，并著源源筹拨，俾济要需。将此由四百里谕令知之。钦此。遵旨寄信前来。（抄交户部）

439　光绪五年四月初四，内阁奉上谕：沈葆桢奏已故大员转战各省保障功多，恳恩准建专祠一折。前帮办陕甘军务·通政使司·通政使刘典于同治二、三年间转战安徽、江西、福建等省，奋力剿贼，所向有功，地方赖以保全。加恩著照所请，即由安徽、江西、福建各督抚于各该省建立刘典专祠，以彰功绩。钦此。

529　光绪五年五月初八日，内阁奉上谕：周恒祺奏耆绅重遇鹿鸣，恳与筵宴一折。道衔·前署江西瑞州府知府王嘉麟早年登第，由知县荐保知府，旋因养亲回籍。现在年届八袠，乡举再逢，洵属艺林盛事。著加恩赏加按察使衔，准其重赴鹿鸣筵宴，以惠耆年。钦此。

553　光绪五年五月十七日，内阁奉上谕：吏治以固结民心为本，兵事以整顿营伍为先。近闻各直省牧令中每有恣意虐民情事，而佐杂各员为尤，甚以致民不聊生，流为匪类。又闻东南各省水陆提镇中竟有贿卖弁缺者，将弁得缺后，克扣兵粮，窃匪纵赌，其小康之户至以贿赂挂名兵籍，冀免书差讹诈。有兵之名，无兵之实。此等文武各员，相习成风，吏治兵事安望日有起色。言念及此，殊堪痛恨。嗣后著各督抚留心查察，破除情面。凡有此不肖之员，立即严行参劾，务令从前恶习湔除净尽，以苏民田而肃营规。将此通谕知之。钦此。

571　光绪五年五月二十四日，内阁奉上谕：李文敏奏甄别庸劣不职各员，请旨分别办理一折。江西补用知府王家宾行为狡诈，心地糊涂；试用通判蔡敏春性情巧滑，物议沸腾；萍乡县知县方鉞性躭曲蘖，断狱荒唐；前署上饶县事候补知县杨葆宸治狱草率，声名平常；试用县丞傅保康行同无赖，有玷官箴；万安县武索司巡检余继煦行类痰迷，擅离职守，均著即行革职。上犹县知县晏温识短才庸，难其振作；湖口县知县殷礼局度狭隘，办事颟顸，均著以府经历县丞降补。雩都县知县陈翔墀信任家丁，不洽舆论，惟文理尚优，著以教职铨选。方钺、晏温、殷礼、陈翔墀前在各任内交代均未结报。如查有亏短情事，即行从严参追。余著照所议办理。该部知道。钦此。

622　军机大臣字寄福州将军，直隶、两江、闽浙、湖广、四川、两广各总督，江苏、安徽、江西、福建、浙江、山东、山西、河南、湖北、湖南、广东各巡抚，传谕粤海关监督。光绪五年六月初十日，奉上谕：本年四月间，据户部奏各省关应解京饷，报解寥寥，请旨严催。当经依议允行。兹复据该部奏称查明截至五月底止，各省关尚欠解银五百四十五万八千余两，请饬严催等语。现在部库支绌，应放各款俱关紧要，该将军、督抚、监督等自应体念时艰，迅速报解，何得任意延宕，致误要需。所有各省关欠解本年京饷，著该将军、督抚、监督等各按照单开数目，赶紧报解，统于年内扫数解齐。倘敢诿御拖欠，即著户部指名严参。其现在解不及半及丝毫未解各处，经此次严催后，仍不完解，并著户部酌核情形，随时奏参。原单均著摘抄给阅看。将此由五百里谕知福州将军，直隶、两江、闽浙、湖广、四川、两广各总督，江苏、安徽、江西、福建、浙江、山东、山西、河南、湖北、湖南、广东各巡抚，并传谕粤海关监督知之。钦此。遵旨寄信前来。（抄交户部）

662　交礼部。本日军机大臣面奉谕旨：御史段福昌奏，江西安福县生员王本澍之妻彭氏克尽妇道，因夫故守节，并割股医治母病，母殁绝粒以殉，请旨旌表等语。王彭氏著准其旌表。礼部知道。钦此。相应传知贵部，钦遵可也。计粘抄片一件。六月十九日。

750　光绪五年七月二十二日，内阁奉上谕：李文敏奏革员亏短交代银两，请旨拿问监追查抄一折。江西已革玉山县知县黄寿祺，前在任内交代短交正杂各款，并有应行补交谷价等项；已故暂革景德镇同知张慰祖，前在署赣县知县任内，交代短交正杂各款及常平仓谷，在景德镇同知、兴国县各任内并有亏短捐输及交代银两，屡经严催，久未完解，实属任意抗玩。黄寿祺著即拿问，并提集张慰祖家属及各该经手丁胥人等，讯明是侵是挪，分别监追，按律惩办。各该员寓所资财即著严密查抄，并由李文敏移咨湖北、江苏各巡抚，将各该员原籍家产一并查封备抵，以重库款。该部知道。钦此。

751 光绪五年七月二十三日，内阁奉上谕：江西广饶九南道员缺，著洪绪补授。钦此。

752 查：江西广饶九南道系冲繁中缺。谨奏。

773 臣等查：本年届更换学政之期，谨将已满三年江西、浙江、福建、湖北、湖南、山东、山西、甘肃、四川、广东、广西、云南、贵州十三省各学政，及未满三年，办过岁考之奉天学政，未满三年未办岁考并尚未到任之顺天、江苏、安徽、河南、陕西五省各学政，分缮名单呈览，恭候钦定。俟发下后，臣等再拟写谕旨进呈颁发。谨奏。

774 已满三年各学政名单：
江西学政吴仁杰；
浙江学政黄倬；
福建学政孙诒经；
湖北学政梁耀枢；
湖南学政朱逌然；
山东学政钮玉庚；
山西学政朱福基；
甘肃学政许应骙；
四川学政谭宗浚；
广东学政吴宝恕；
广西学政欧阳保极；
云南学政李岷琛；
贵州学政张登瀛。

782 光绪五年七月二十七日，内阁奉上谕：御史文鐍奏请裁撤各省交代清讼等局，以杜弊端一折。据称近来各直省设立交代清讼等局，往往以军功捐纳之道府派充督办，而局内派司、主稿、候补、丞倅、牧令等官，则半系幕友改捐人员。上司藉为调济之差属员恃为钻营之路，一切公事任意压阁，馈遗请托，流弊滋多，请饬概行裁撤等语。各省设立清理交代词讼各局，原为慎重公事起见，势难概行裁撤。惟如该御史所奏，任用私人，夤缘公事等情，殊属不成事体，恐他局亦所不免，均应严行查禁。著各督抚严饬藩臬两司，认真整顿，无论何局，如有阘冗不职之员，及有前项情事，即行据实严参，毋得瞻徇迁就,致滋流弊。钦此。

794　光绪五年八月初一日,内阁奉上谕:本年值更换学政之期,除安徽学政孙毓汶甫经到任,陕西学政樊恭煦甫经简放,顺天学政徐致祥、江苏学政夏同善、河南学政廖寿恒毋庸更换外,江西学政著汪鸣銮去,浙江学政著张沄卿去,福建学政著昆冈去,湖北学政著臧济臣去,湖南学政著陶方琦去,山东学政著戴鸿慈去,山西学政著黄玉堂去,甘肃学政著郑衍熙去,四川学政著陈懋侯去,广东学政著冯尔昌去,广西学政著秦澍春去,云南学政著卢崟去,贵州学政著林国柱去,奉天府府丞兼学政著潘斯濂调补。所遗顺天府府丞,即著王家璧调补。以上各员有现出试差者,即著赴新任,毋庸来京请训。潘斯濂俟顺天乡试事务办理完竣再行赴任。钦此。

830　光绪五年八月初八日,内阁奉上谕:前因时事多艰,需才孔亟,迭经谕令各直省督抚随时保荐人才,以备录用。现在所举各员量材授任者,颇不乏人。第恐闻见难周,尚未尽登荐剡,频年讲求吏治,经武整军。各该省文武历练既深,必多堪备任使者。著各直省大吏加意饬求,秉公保奏,候旨简用。抽收厘金原因饷项支绌,万不得已之计,倘各省委员奉行不善,苛细搜求,殊非朝廷用意之所在。著各该省督抚认真查核,其零星货物概行宽免,设卡过密之处,亦宜量为裁撤,务期有齐饷需,而民力不至竭蹶,方为尽善,总之全在委员得人。各督抚尤当慎重选择,毋稍迁就,致累民生。州县摊捐各款,原难尽裁,但为数太多,其廉洁自持者,办公动多掣肘,其贪劣之员,转得有所藉口,弊实滋多。各督抚亦当随时清查,酌量裁减匀济,以昭核实。巡检、典吏官职较卑,非无洁己奉公之人,而假公济私、侵渔百姓实所不免,著各省大吏严行查察,如有贪婪不职者,立即参办,毋稍姑容。将此通谕知之。钦此。

972　光绪五年,江西省秋审服制情实,江承禾等四起,人犯四名,谨将勾到时所奉谕旨恭录于后。

一起斩犯汪承禾。

与小功服伯汪时通同居素睦。汪时通将草堆放伊父汪时游窗下,汪时游恐怕火烛,令其移开。不允,向斥。汪时通揪住汪时游胸衣,推送仰踢倒地,乘势骑坐身上,用拳殴伤。该犯瞥见拉劝,汪时通不理,擒住汪时游咽喉拳殴。该犯见汪时游面色紫胀,虑被致死,情急救护,用刀向汪时通吓戳,适伤其上唇吻倒地,越九日殒命。戳由救父情切,尚非无故逞凶,干犯稍有可原,是以未勾。

一起斩犯万老九即賫云。

与大功服兄万城基同居素睦。该犯之父万显庭因住屋出路不便,另开一门,由该族公地出入。万城基向阻,经族众处令万显庭出钱捐修屋后公路,各散。嗣万城基路遇万显庭催修公路,万显庭斥骂,万城基回詈。万显庭夺获鱼叉,连戳伤其左臂。万城基脚踢万显庭,连戳伤其左腿,划伤左肋、左手腕、右手指。万城基扭住万显庭胸衣欲殴,该犯拉劝,万显庭喝令殴打,该犯用刀戳伤其左血盆连肩甲,万城基松手向该犯扑殴,该犯戳伤其右后肋。万城基夺刀,该犯戳伤其左腋胑,划伤左胳膊。万城基扑拢拼命,该犯用刀吓戳,适伤其胸膛,划伤肚腹倒地,移时殒命。父子共殴致毙大功服兄,业因伊父曾经喝令,免其立决,法难再宽,是以勾决。

一起斩犯汪登罄。

因大功服兄汪登幅砍取该犯树枝,修整枪柄,经该犯查知向讨,汪登幅斥骂,该犯欲将枪柄取回,汪登幅持枪向殴,该犯跑走滑跌倒地。汪登幅用枪柄殴打,该犯接住枪柄求饶,汪登幅用力夺回,因势猛致枪尖自戳伤脐肚倒地,移时殒命。伤由夺枪自戳,尚非有心,干犯稍有可原,是以未勾。

一起绞犯裘大富。

侍母张氏,素无违忤。嗣张氏令伊煮饭,该犯正在劈柴,答俟劈完再煮。张氏斥骂违拗,拾柴殴打。该犯跑走,张氏追赶,绊跌倒地。该犯转回,同邻人将张氏扶送回家。张氏哭称生子不听教训,不如早死。该犯煮备晚饭,张氏不食。经人劝慰进房睡宿,各散。张氏气忿莫释,潜取毒鼠莽草吃食,旋即毒发呕吐。该犯听闻,喊人用药,灌救无效,逾时殒命。违犯教令,致母自尽,尚无触忤重情,稍有可原,是以未勾。

光绪五年江西省秋审常犯情实,徐维篪等十五起,人犯二十三名,谨将勾到时所奉谕旨恭录于后。

一起斩犯徐维篪。

火器杀人。法无可宽,是以勾决。

一起斩犯周洸生。

奸匪因奸谋毙幼女。淫凶难宽,是以勾决。

一起斩犯僧觉谅。

僧人因奸谋毙纵奸本夫。淫凶难宽,是以勾决。

一起绞犯万挥绿。

刃伤要害奇重。法无可宽,是以勾决。

一起斩犯刘业椿。

奸匪拒捕,致毙捕人。淫凶难宽,是以勾决。

一起斩犯陈湗花。

逞忿故杀。法无可宽,是以勾决。

一起斩犯邓先发。

图财谋命,虽未得财,业已杀人。法无可宽,是以为决。

一起斩犯陈于铎。

挟恨谋命。法无可宽,是以为决。

一起斩犯刘柏愭、刘得辰。

互殴致毙彼造六命,该犯等各毙一命。法无可宽,是以俱勾决。

一起斩犯王芬瀊。

逞忿故杀。法无可宽,是以勾决。

一起绞斩犯陈汶漳、陈伏愳。

陈汶漳忿故杀，陈伏愳听纠，共殴致毙六命，该犯致毙一命。法无可宽，是以俱勾决。

一起斩犯刘宜美。

捏奸污蔑，致良妇自尽，情殊险恶。法无可宽，是以勾决。

一起斩犯傅万亿。

奸匪逞忿故杀。淫凶难宽，是以勾决。

一起绞犯王夜步然、王沅荏、王茂柳。

祖族互斗，致毙彼造十四命，该犯等各毙一命。法无可宽，是以俱勾决。

一起绞犯张有水、张得荽、张渐挺、张详淋、张青沅。

两造互殴致毙多命，该犯等各下手致毙一命。法无可宽，是以俱勾决。

…………

976　光绪五年九月二十四日，内阁奉上谕：李文敏奏知县亏短交代银两，延不完缴，请旨拿问监追查抄一折。已革江西上高县知县赵惟熙，前在任内短交正杂各款银五千九百八十一两零，仅据完解银二百两，其余银两延不赶解，实属巧滑疲玩，著即拿问监追，并将该员寓所资财严密查抄，一面由李文敏移咨四川总督，将该员原籍家产查封备抵，并提集丁胥人等讯明，是侵是挪，按律惩办。该部知道。钦此。

1007　军机大臣字寄盛京、直隶、江苏、安徽、江西、浙江、福建、湖北、湖南、河南、山东、山西、陕西、甘肃、四川、广东、广西、云南、贵州各将军、督抚。光绪五年十月初三日，奉上谕：本年直隶、山西、河南被灾，山东平度州等处被水，节经各该省奏到，将新旧钱粮分别蠲免缓征。并因直隶文安等州县积水无麦，拨给江苏、浙江本届漕米各四万石。安州等处被水，拨给江北漕粮六万石，又以前截漕粮不敷，复拨湖北新漕三万石，藉资赈恤。山西赈粮不敷，拨出山东漕米八万石并轻赍等银三万数千两，豆子二千七百余石，又因赈抚善后无款，部库拨银二十万两，又拨山东等省地丁等银三十万两，以济要需。江苏清江等处被风，陕西、甘肃、潼关、阶州等处地震，山东济南石圩被冲，广东三水等县被水，四川南坪等处地震，云南邓川州等处盐井被冲，均经该督抚等查勘抚恤，小民谅可不至失所。惟念来春青黄不接之时，民力未免拮据。著传谕该督抚等体察情形，如有应行接济之处，即查明据实覆奏，务于封印以前奏到，候朕于新正降旨加恩。直隶、山西春夏缺雨，江苏阳湖县被雹，浙江杭州等府各属被旱、被虫、被雹、被风，江西安福等县、安徽安庆等属、湖南湘阴等处、湖北各属、浙江绍兴等处低田被淹，江苏、安徽、河南、山西、陕西、甘肃等省间有蝗蝻萌生，均经该督抚等委员查勘，即著迅速办理，并将来春应否接济之处，一并查明，于封印前奏到。此外各省有无被灾地方应行调剂抚恤之处，著该将军、督抚一并查奏，候旨施恩。将此各谕令知之。钦此。遵旨寄信前来。

1008　查：本年直隶、山西、河南、山东被灾地方，业经加恩将新旧钱粮分别蠲免缓征,并因直隶、山西赈款不敷,复经随时加恩拨给银米粮赈抚。其江苏、陕西、甘肃、四川、山东、广东、云南被风被水地震地方,均经各该督抚查勘抚恤,其明春应否量为接济之处,臣等谨照向例,缮写询问该督抚等谕旨,俟覆奏到日,再行拟写新正加恩谕旨呈进。再直隶、山西、江苏、江西、安徽、湖南、湖北、浙江、河南、陕西、甘肃被旱、被水、被风、被雹、被虫之处,该督抚等均已奏明查勘,应否接济,现俱未经奏到。此外各省有无被灾地方,应行调剂抚恤之处,一并询问,令该将军、督抚等迅速查奏汇办。谨奏。

1047 军机大臣字寄福州将军,直隶、两江、闽浙、湖广、两广、四川各总督,江苏、安徽、江西、福建、浙江、山东、山西、河南、湖北、湖南、广东各巡抚,传谕粤海关监督。光绪五年十月十九日,奉上谕:户部奏部库需款浩繁,各省关欠解京饷,请旨严催一折。各省关欠解本年京饷,统限年内解齐,叠经严催,截至九月底止,除已经解到及报解起程外,尚欠解银二百九十一万余两。现在部库支绌,年内应放各款关系紧要,亟须各省关全数解到,以应急需,岂容任意延宕。著该将军、督抚、监督等各按照单开欠解数目,依限扫数解京。其已报起程各款,亦即赶催解部,毋任在途逗留。倘敢诿卸拖欠,贻误要需,即著户部指名严参。原单均著摘抄给阅看,将此由五百里谕知福州将军,直隶、两江、闽浙、湖广、两广、四川各总督,江苏、安徽、江西、福建、浙江、山东、山西、河南、湖北、湖南、广东各巡抚,传谕粤海关监督知之。钦此,遵旨寄信前来。(抄交户部)

1095 军机大臣字寄福州将军,直隶、两江、湖广、闽浙、两广、四川、江苏、安徽、江西、福建、浙江、湖北、湖南、河南、山东、山西、广东各督抚,传谕粤海关监督。光绪五年十一月初六日,奉上谕:户部奏预拨来年京饷一折。据称历届京饷均于年前预拨,光绪六年京饷拟在各省地丁、盐课、关税等款内,指拨银七百万两,请饬各该省于来年分批超解等语。京饷关系紧要,现经该部就各省情形,酌量动拨,自应遵照奏定数目,源源报解,以应要需。著该将军、督抚、监督等务于来年开印后,分批起解,限五月前解到一半,十二月初间全数解清,不准截留改拨,藉词延误。倘届限不到,即照奏定章程,指名严参。原单著分别摘抄给与阅看。至山西省本年京饷业经该部奏明停拨,历年欠解京饷亦因灾展缓期限,来年京饷若仍指拨地丁银两,诚恐力难筹解,著照所请暂行停拨,仍著该督抚饬藩司即将光绪四年以前欠解京饷赶紧筹拨陆续补解,毋再迟延。另片奏光绪六年内务府经费拟拨两淮盐课银十五万两、两浙盐课银五万两、广东盐课银五万两、湖北盐厘银五万两、福建茶税银五万两、闽海关常税银十万两、九江关常税银十五万两,共银六十万两,请饬依限完解等语。著该将军、督抚等务于来年开印后,陆续径解内务府交纳,先将起程日期报部,仍限六月前解到一半,十二月初间扫数解清,不准稍有蒂欠。将此由五百里谕知福州将军,直隶、两江、湖广、闽浙、两广、四川、江苏、安徽、江西、福建、浙江、湖北、湖南、河南、山东、山西、广东各督抚,并传谕粤海关监督知之。钦此。遵旨寄信前来。(抄交户部)

1107 光绪五年十一月初八日,内阁奉上谕:御史章乃畬奏仕途太杂,请饬中外大臣严加甄别一折。现在部院司员以及外省道府以下，各官仕途拥挤，难保无庸劣之员滥竽充数，自应严加甄别，以冀逐渐澄清。所有部员学习三年期满，著该堂官认真考试，严定去留，毋稍迁就。至各直省试用人员，著该将军、督抚懔遵本年十月十六日谕旨，切实考核，不得视为具文。钦此。

1128　光绪五年十一月十五日，内阁奉上谕：继格、毕道远奏全漕告竣，请将在事出力员弁奖励，并请将前保各员改奖各折片。本年江苏、浙江、江西、湖北海运暨江北河运漕粮，奉天额运米豆，先后抵通。经继格、毕道远督率坐粮厅等验收完竣，办理均无贻误。继格、毕道远均著交部议叙，所保出力及改奖各员，著该部议奏。单三件、片二件并发。钦此。

1188　光绪五年十一月二十九日奉旨：这所参疏防监犯越狱之管狱官江西进贤县典史张景熙，著即革职拿问，交李文敏提同刑禁人等讯明有无松刑贿纵情弊，按律惩办。有狱官进贤县知县黄海仪，著先行交部议处，仍勒限将逸犯傅万亿严缉务获，倘限满无获，即行从严参办。余著照所议办理。钦此。

1204　光绪五年十二月初五日，内阁奉上谕：吴光炳奏请将已故督臣政绩宣付史馆，并请建专祠一折。已故两江总督沈葆桢自咸丰五年出守九江，调署广信，当粤逆鸱张之际，婴城固守，力战解围，嗣补授吉南赣宁道，帮办江西团练事务。同治元年，奉命巡抚江西。该故员膺两朝特达之知，力图报称，维时粤逆并力窥伺江西，沈葆桢相机堵剿，连战皆捷，保全实多。厥后综理船政，殚心竭虑，创立规模。其巡视台湾，于抚番开山各事，尤为不辞劳瘁，弭患无影。迨总督两江，实心实力整顿吏治，保惠民生，与巡抚江西时，先后一辙，实属功绩昭彰，著将该故督政绩宣付史馆立传，并准其在江南省城及立功各省份建专祠，以昭忠荩。钦此。

1222　军机大臣字寄山东巡抚周、陕西巡抚 · 一等威毅伯曾、河南巡抚涂、江西巡抚李、安徽巡抚裕。光绪五年十二月十三日，奉上谕：春福等奏请饬催各省欠饷开单呈览一折。据称乌城月饷同治十二年间经户部议由山东、山西、河南拨解，嗣因鲁、豫二省被灾过重，光绪四年改由江西、安徽二省拨解应用。目下除山西所欠经费外，各省钱解月饷银至九十余万两之多，现拟变通办理。除山西一省仅能专顾经费，欠饷应从缓议外，所有山东等省欠解银两拟定成数，请饬迅速拨解等语。乌城防务紧要，需饷甚殷，著周恒祺、涂宗瀛、李文敏、裕禄按照定拟各数，山东每年于欠饷内拨解银四五万两，江西、安徽每年于欠饷内各拨解银二万两，河南每年于欠饷内拨解银一二万两，毋得再有蒂欠，致误要需。将此由五百里各谕令知之。钦此。遵旨寄信前来。（另抄交户部）

1234　光绪五年十二月十六日，内阁奉上谕：给事中刘曾奏各省厘局弊端不一，请饬严禁等语。抽厘助饷本属不得已之举，若如该给事中所奏，近日各省差事以厘局为最优，官场中竟有署一年州县不如当一年厘局差之语，侵蚀朘削，在所不免。著各直省督抚随时稽查，力杜中饱，其厘局之有名无实者，并著酌度裁减，以恤商民。钦此。

1280 臣等查：明新正应行加恩，各省除盛京、江苏、安徽、江西、浙江、福建、湖北、湖南、河南、陕西、甘肃、四川、广东、广西、云南、贵州经该将军、督抚具奏，毋庸接济外，山西尚未奏到，所有直隶、山东二省，业经该督抚奏到，臣等拟写谕旨二道，并拟定日期颁发。谨奏。

光绪六年

10 光绪六年正月初七日，内阁奉上谕：李文敏奏，查明上年江西被水被旱，恳请缓征递缓及展缓钱漕等款一折。江西南昌等府属上年夏间大雨，江河泛涨，早稻被淹；至六七月间，连旬亢旱，高阜田禾受伤；七月中旬，复大雨如注，低田又被淹浸，收成歉薄。若将应征钱漕等款照常征收，民力实有未逮。加恩著照所请。所有进贤县之下五坂二十七都一、二、三、四、五图，二十八都一、二、三、四图，二十九都一、二、三、四图，三十都一、二、三、四、五图，三十一二都一、二、三、四图，一都一、二、三、四、五图，五都一、二、三、四、五图，六都一、二、三、四、五、六、七图，七都一、二、三、四、五、六、七、军图，上八都一、二、三、四、五、六、七、八、九图，下八都一、二、三、四、五、六、七、八、九图，九都二、三、四、五、六、七、八、九图，十都三、六、七、八、九图，十三四都六、七、八、九、十图，十五都一、二、三、四、五、六、七、八图，十六都一、二、三、四、五、六、七、八、九、十、十一图，十七都一、二、三、四、五、六、七、八、九图，二十二都二、三、四、五、六、七、八、九、十、十一、十二图，二十三都一、二、三、四、五、六、七、八、九、十、十一图，二十四五都一、二、三、四图，二十六都一、二、三、四、五图，三十三都一、二、四、五、六、七图，三十四都一、二、三、四图，三十五都一、二、三、四、五图，三十六都一、二、三、四、五图，三十七都三、四、五图，三十八都一、二、三图，六隅东、西、南、北、正、中隅等处，共被淹各则田二千一百七十一顷十亩，未完地丁银六千二百四两零，漕米七千九百九十石零。

同新淦县之二都一、二、三、四、五、六图，四都一、二、三、四、五、六、七、八、九、十图，七都一、二、三图，五都七、八、十、十一、十二、十三图，三都二、三、五、十图，一都三、四、五、七图，六都三、四、六、七、八、九、十图等处，被水、被旱各则田一千二十顷十一亩零，未完地丁银六千八百九十四两零，漕米四千九百八十五石零。

新喻县被水、被旱较轻之九都一、二图，十一都一、二、三图，十四都三图，十五都一图，正附功屯图等处，应征地丁、漕米内，著缓征十分中之三分二厘，银一千五百九两零，米九百三十一石零；被水、被旱较重之一都一、三图，二都二、三图，三都一、三图，七都二图，八都三图，十都一图，十二都一、二图，十三都一、二图，十五都三图，十六都一图、公图、军图等处，应征地丁、漕米内，著缓征十分中之三分六厘，银三千七百二十一两零，米二千二百八十石零；被水、被旱最重之四都一、二、三图，五都一、二、三图，六都一、二、三图，七都一、三图，八都一、二图，十三都三图，十四都一、二图，十六都二、三图，十七都

一、二、三图，十八都一、二、三图，十九都一、二、三图，二十都一图等处，应征地丁、漕米内，著缓征十分中之三分八厘，银六千四百七十六两零，米四千三十三石零。

峡江县之附城一、二、三、四、五、六坊，东乡一都一、二图，二都一、二、三图，三都一、二、三、四图，四都一、二、三、四图，五都一、二图，六都一、二、三图，七都、八都、九都、十都、十一都一图；西乡一都一、二图，二都一、二图，三都一、二、三图，四都一图，五都一、二图，六都一图，七都一、二图，八都、九都、十都、十一都、十二都一、二图，十三都一、二图等处，被旱各则田二千七百五十二顷四十六亩零，未完地丁银四千七百三十四两零，漕米二千二百五十五石零。

莲花厅之砻西乡一、三、四、六、七、九、十、十一二三五六七九、二十等都，上西乡二十一二四六七八九、三十、三十二等都，被旱民田五百六顷三十八亩零，屯田三十四顷九十八亩，未完地丁银三千二百五十四两零，漕米一千三百八十四石零，漕运屯粮银四百七十一两零，余租银九百二两零。

永丰县之东、西、南、北四坊，一、二、三、四、五、六、八、十、十二、十四、十五、十六、十七、十八、十九、二十、二十一、二十二、二十三、二十四、二十五、二十六、二十七、二十九、三十、三十一、三十四等都，被旱各则田三千五百四十五顷四十七亩零，应征地丁、漕米内，著缓征十分之三，银五千七百八十二两零，米二千八百九石零。

安福县之东乡三都并五十三四五七及六十、六十二三等都，南乡一都并三十五六七八九及四十一二三四五六九等都，西乡四、五、六、七、八、九、十并十一、十二、十五及二十一二等都，北乡二都并六十四五六八九等都，被旱各则民田一千六百八十五顷六十一亩零，未完地丁银一万八百五十五两零，漕米六千三百二十五石零。同东乡五十三四及六十三等都，南乡一都并三十七及四十四五九等都，西乡四都并十一二及二十等都，北乡六十四五八等都，被旱屯田二十三顷三十七亩零，未完漕运屯粮银三百四十五两零，余租银六百三十三两零。

永新县之东乡六十三五六九及七十一二等都，南乡五十四五六七八九等都，西乡十一三四五六七八及四十一二三四暨六十一等都，北乡一、三、四、五、六、七、八、九、十及七十一三等都，被水民屯田地一千六百三十顷三十八亩零，未完地丁银一万九十五两零，漕米二千二百八十九石零，屯丁银十五两零，存留屯粮银六十四两零，漕运屯粮银四百八十一两零，余租银一千八百八十九两零。

余干县之二、三、四、五、九都，二十九、三十三四五六等都，被水各则田一千七百十一顷四十八亩，未完地丁银六千七百四十四两零，漕米四千四百二十四石零。

乐平县之三都、五都、六都、八都、九都、十都、十二都、十四都、十五都、十七都、十八都、二十都、二十一都、二十二都、三十都、三十二都、三十三都、三十四都、三十五都等处田亩被旱，未完地丁银六千七百八十一两零，漕米三千四百七十一石零。

建昌县之归义、新城、修智、升仙、甘泉、受安等乡被旱，永丰、凝远、丰安、德政、市镇、钓台等乡被水，各则田地三千五百八十三顷九十一亩零，未完地丁银九千九百八十三两零，漕米四千九百七十六石零。同安义县之寄庄建昌县各乡被水，未完地丁银二百九十九两零,漕米一百四十一石零。

德化县之桑落、赤松、封一、封二、楚城、甘泉、南昌、仁贵、仙居、白鹤、德化、通津、泰临、新民等乡被水、被旱,民田地五百九十三顷十二亩零,未完地丁银一千八百二十三两零;同南九二卫屯田地、芦洲并密稀芦等项被水、被旱,未完屯粮丁银七十二两零,存留屯粮银五百四十三两零,漕运屯粮银二千一百五两零,余租银四千四百七十六两零,五年压征四年芦课银三百三十两。

德安县之黄湾堡、陈湾堡、固村堡、墩下堡、金鸡堡、附城堡、河东堡、后田堡、乌石堡、在市堡、神于堡等处,各则民田被水未完地丁银三千五百二十九两零;同南九二卫坐落陈湾、金鸡、附城、河东、河西、后田、乌石、在市等堡屯田被水,未完屯丁银五十六两零,存留屯粮银五十二两零,漕运屯粮银一千八百三十八两零。

湖口县之上乡十三都、十七都、二十都,中乡二坊、下乡四六都等处被水,上乡九都、十六都,中乡八都、十二都,下乡三都、五都等处被旱,各则民田八百七十七顷二亩零,未完地丁银三千九百五十八两零;同三都、四六都、五都及编入德化县之仁贵乡、宿松县之孟家洲等处,被水屯田十七顷二十亩零,未完漕运屯粮银一百四十二两零,余租银三百四十四两零。

彭泽县之一都、四都、六都、下三十三都、一坊、二坊、二都、三都、五都、七都、八都、九都、十二都、十三都、十五都、二十都、二十五都、三十都、上三十三都等处,被水、被旱民田地未完丁银二千一百三十八两零;同四都之下隅坂,七都之太平坂,八都之乌沙坂,九都、十二都之古楼坂建德户,二十都之三百户杨梓桥民佃,二十五都之上潦洪,三十都之定山二百户等处被水、被旱,屯田未完屯粮丁银一百九十八两零,存留屯粮银二百二十二两零,漕运屯粮银三百五十五两零,余租银一千一百五十七两零,五年压征四年芦课银五百七十七两零;九江府同知所辖南九二卫芦洲坐落桑落、赤松、封一、封二等乡被水、被旱并密稀芦等项,各则地五百八十七顷五十四亩零,未完五年压征四年芦课银四百八十两零,均著缓至光绪六年秋后分作两年带征。又湖口县芦洲被水,未完光绪五年压征四年芦课银二百八十四两零,著缓至光绪六年秋后分作三年带征。

又南昌县光绪二、三、四年被水,原缓各本年地丁、漕米;新建县同治十二年并光绪元、二、三、四年被水,原缓各本年地丁、漕米;丰城县光绪二年被水,清江县光绪三年被水,各原缓本年地丁、漕米;峡江县同治十二年被旱、光绪二年被水,原缓各本年地丁、漕米;庐陵县光绪二年被水,原缓本年地丁、漕米,存留屯粮、漕运屯粮、余租;吉水、南丰二县光绪二年被水,各原缓本年地丁、漕米;乐平县同治十一、十二、十三及光绪元、二、三、四等年被旱,原缓各本年漕米,均除完纳外,其余未完同原缓各本年地丁;安仁县光绪四年被水,原缓本年地丁、漕米;万年县同治十一年被水,原缓二限一半本年地丁、漕米,及光绪元、二、四等年被水,原缓各年地丁、漕米;星子县同治十一年并光绪元、二两年被水,各原缓二限一半地丁、屯丁、余租,光绪四年被水,原缓地丁、余租,均除完纳外,其余未完同原缓屯丁;都昌县同治十一及光绪元、二、四等年被水原缓各年地丁、漕米;德化县光绪三年被水、被旱,原缓压征二年芦课,除完纳外,其余未完同原缓本年地丁、屯粮丁、存留屯粮、漕运屯粮、余租，光绪四年被水，原缓本年漕运屯粮、余租，均除完纳外，其余未完同原缓本年地丁、屯粮丁、存留屯粮、压征三年芦课；瑞昌县光绪四年被水，原缓本年地丁、漕运屯粮、余租，均除完纳外，其余未完地丁、屯余；湖口县同治十一、十三，光绪二、三、四等年被水，并同治十二年及光绪元年被水、被旱，原缓各本年地丁并三年余租，均除完纳外，其余未完同原缓各本年漕运屯粮、余租；彭泽县同治十一年及光绪元年被水、被旱，同治十三年被旱，光绪二、四两年被水，原缓各本年地丁、屯粮丁、存留屯粮、漕运屯粮、余租及压征同治十、十二、十三等年并光绪元年、三年芦课，均著递缓至光绪六、七两年秋后带征。

又南昌县光绪元年被水、被旱、被虫，新建县同治十一年被水，进贤县光绪四年被水，清江县光绪二年被水，各原缓本年地丁、漕米；莲花厅同治十一、十二、十三等年并光绪元年、三年被旱，原缓各本年地丁、漕米、漕运屯粮、余租，光绪二年被旱，原缓本年地丁、漕米，均除完纳外，其余未完同原缓本年漕运屯粮、余租，光绪四年被旱，原缓地丁，除完纳外，其余未完同原缓本年漕米、漕运屯粮、余租；安福县光绪三年被旱，四年被水、被旱，各原缓本年地丁、漕米、漕运屯粮、余租；鄱阳县光绪四年被水，原缓本年漕运屯粮、余租，均除完纳外，其余未完同原缓本年地丁、漕米、屯粮丁、存留屯粮；余干、建昌二县并安义县寄庄建昌县均光绪四年被水，各原缓本年地丁、漕米；德化县光绪二年被水，原缓本年地丁、屯粮丁、存留屯粮、漕运屯粮、余租、压征元年芦课；德安县光绪四年被水，原缓本年地丁、屯粮丁、存留屯粮、漕运屯粮；瑞昌县光绪二年被水，原缓二限一半地丁、漕运屯粮、余租；九江府同知所辖芦洲光绪四年被水，原缓本年压征三年芦课，均著递缓至光绪七、八两年秋后带征。

又南昌县同治十二年被水、被旱、被虫，丰城县同治十二年被旱、被虫，进贤县光绪三年被水，清江县同治十二年被旱，新淦县光绪四年被旱，新喻县光绪四年被水，各原缓本年地丁、漕米；安福县光绪二年被旱，原缓本年地丁、漕米、屯丁、漕运屯粮、余租；余干、建昌二县并安义县寄庄建昌县，均光绪三年被水，各原缓本年地丁、漕米；德化县光绪元年被水、被旱，原缓本年地丁、屯粮丁、存留屯粮、漕运屯粮、余租及压征十三年芦课；德安县光绪三年被水，原缓本年地丁、屯丁、存留屯粮、漕运屯粮；瑞昌县光绪元年被水、被旱，原缓二限一半本年地丁、漕运屯粮、余租；九江府同知所辖芦洲光绪三年被水，原缓本年压征二年芦课，均著递缓至光绪八、九两年秋后带征。

又南昌县同治十一年被水被虫，原缓本年漕米，除完纳外，其余未完同原缓本年地丁；进贤、余干、建昌三县并安义县寄庄建昌县均光绪二年被水，清江县同治十一年被旱，各原缓本年地丁、漕米；安福县光绪元年被旱，原缓本年地丁、漕米、屯丁、漕运屯粮、余租，鄱阳县光绪二年被水，原缓本年地丁、漕米、屯丁、存留屯粮、漕运屯粮、余租；德化县同治十三年被旱，原缓本年地丁、屯粮丁、存留屯粮、漕运屯粮、余租、压征十二年芦课；德安县光绪二年被水，原缓本年地丁、屯粮丁、存留屯粮、漕运屯粮；瑞昌县同治十二年被旱，原缓二限一半本年地丁、漕运屯粮、余租；九江府同知所辖芦洲光绪二年被水，原缓本年压征元年芦课，除完纳外，其余未完芦课，均著递缓至光绪九、十两年秋后带征。

又进贤县光绪元年被水，原缓本年地丁，除完纳外，其余未完同原缓本年漕米；新淦、新喻二县均光绪三年被水，余干、建昌二县并安义县寄庄建昌县均光绪元年被水，各原缓本年地丁、漕米；德化县同治十二年被水、被旱，原缓本年地丁、屯粮丁、存留屯粮、漕运屯粮、余租、压征十一年芦课；德安县光绪元年被水、被旱，原缓本年地丁、屯粮丁、存留屯粮、漕运屯粮；瑞昌县同治十一年被水，原缓本年地丁、漕运屯粮、余租；九江府同知府所辖芦洲光绪元年被水，原缓本年压征同治十三年芦课，除完纳外，其余未完芦课，均著递缓至光绪十、十一两年秋后带征。

又进贤县同治十三年被水、余干县同治十三年被旱、建昌县并安义县寄庄建昌县同治十三年被水、被旱，各原缓本年地丁、漕米；安福县同治十三年被旱，原缓本年地丁、漕米、屯丁、漕运屯粮、余租；鄱阳县光绪元年被水，原缓本年地丁、漕米、屯粮丁、存留屯粮、漕运屯粮、余租；德化县同治十一年被水，原缓本年地丁、存留屯粮、漕运屯粮、余租、压征十年芦课；德安县同治十三年被水，原缓本年地丁、屯粮丁、存留屯粮、漕运屯粮，均著递缓至光绪十一、十二两年秋后带征。

又进贤县同治十二年被水、被旱，新淦、新喻二县均光绪二年被水，各原缓本年地丁、漕米；安福县同治十二年被旱，原缓本年地丁、漕米、屯丁、漕运屯粮、余租；余干县同治十二年被旱，建昌县同治十二年被水、被旱，安义县寄庄建昌县同治十二年被水，各原缓本年地丁、漕米；德安县同治十一年被水，原缓本年地丁、屯粮丁、存留屯粮、漕运屯粮，均著递缓至光绪十二、十三两年秋后带征。

又进贤、余干、建昌三县并安义县寄庄建昌县同治十一年被水，各原缓本年地丁、漕米；安福县同治十一年被旱，原缓本年地丁、漕米、屯丁、屯粮、余租；鄱阳县同治十一年被水，原缓本年地丁、漕米、屯粮丁、存留屯粮、漕运屯粮、余租，均著递缓至光绪十三、十四两年秋后带征。

又新淦县同治十三年被旱、新喻县光绪元年被旱，各原缓本年地丁、漕米，均著递缓至光绪十四、十五两年秋后带征；又新淦县同治十二年被旱，新喻县同治十三年被旱，各原缓本年地丁、漕米，均著递缓至光绪十六、十七两年秋后带征；又新淦县同治十一年被水、被旱，新喻县同治十二年被旱，各原缓本年地丁、漕米，均著递缓至光绪十八、十九两年秋后带征；又新喻县同治十一年被旱，原缓本年地丁、漕米，著递缓至光绪二十、二十一两年秋后带征。

又永新县同治十三年被旱，原缓本年地丁，除完纳外，其余未完同原缓本年漕米、屯丁、存留屯粮、漕运屯粮、余租，并光绪元年三年被旱、二年被水、四年被水、被旱，原缓各本年地丁、漕米、屯粮丁、存留屯粮、漕运屯粮、余租，均著递缓至光绪六年秋后一并带征；又永新县同治十二年被水、被旱，原缓本年地丁，除完纳外，其余未完同原缓本年漕米、屯粮丁、存留屯粮、漕运屯粮、余租，均著递缓至光绪七年秋后一并带征；又永新县同治十一年被水、被旱，原缓本年地丁，除完纳外，其余未完同原缓本年漕米、屯粮丁、存留屯粮、漕运屯粮、余租，均著递缓至光绪八年秋后一并带征。

又湖口县同治十一、十二、十三及光绪元、二、三、四等年被水，原缓各本年压征同治十、十一、十二、十三并光绪元年、二、三等年芦课，均著递缓至光绪六、七、八等三年秋后带征。

又南昌县光绪二年被水，原借修堤银两；并新建、丰城二县光绪二年被水，南昌、新建、鄱阳、余干、星子、建昌、德安等县光绪四年被水，各原借修堤银两；德化县光绪四年被水，原借修堤银两，除完缴外，其余未缴银两，均著展缓至光绪六、七两年秋后催缴还款。又余干、德安二县光绪二年被水，各原借修堤银两，均著展缓至光绪七、八两年秋后催缴还款，以纾民力。

该抚即刊刻誊黄，遍行晓谕，务使实惠均沾，毋任吏胥舞弊，用副轸念民艰至意。该部知道。钦此。

16　军机大臣字寄安徽巡抚裕。光绪六年正月十一日，奉上谕：前江西巡抚刘秉璋、前云南巡抚潘鼎新，著裕禄传旨，均令其来京陛见。刘秉璋前因告养回籍，现在时事艰难，该前抚向来办事实心，朝廷正资任使，奉旨后，著即行起程，勿稍拘泥。将此谕令知之。钦此。遵旨寄信前来。

43　光绪六年正月二十一日，内阁奉上谕：前因时事多艰，需才孔亟，迭经谕令各直省督抚保荐人才，以备任使，惟恐奇材异能之士，伏处尚多。该督抚等闻见难周，尚未尽登荐剡，必须周咨博访，以广搜罗。著大学士、六部、九卿、各直省将军、督抚，暨曾任统兵大臣彭玉麟、杨岳斌加意访求。其有器识闳远、通达治体、为守兼优、长于吏事，以及才略过人，足任将帅；骁勇善战，足备偏裨；熟悉中外交涉事宜，通晓各国语言文字，善制船械，精通算学，足供器使并谙练水师事宜者，无论文武两途，已仕未仕，均著各举所知，出具切实考语，秉公保荐，不得徒采虚名，滥竽充数，亦不得以无人可保，一奏塞责，庶几人材辈出，缓急可资，以副朝廷延揽人才至意。将此通谕知之。钦此。

58　光绪六年正月二十五日，内阁奉上谕：户部奏筹备饷需一折。国家岁入岁出，自有常经。军兴以来，供亿浩繁，以致京师及各省库储均形支绌。事平之后，帑藏仍未裕如，皆因本有之财源不能规复，可缓之用款未尽减裁。既无以备缓急之需，亦非慎重度支之意。如该部所称严催各省垦荒一条，果能认真查办，行之数年，何尝不可渐复旧额。其捐收两淮票本一条，既与改票初章不相刺谬，且亦不至病商。至通核关税及整饬厘金各条，均属目前要务，必应严定章程，核实办理。州县经征钱粮，丝毫皆关国帑，岂容任意亏短，该部所请严查州县交代及严核各项奏销各条，系为裕饷源，除积弊起见。其专提减成养廉银两及催提减平银两各条，或循名核实，或申明旧章，均可次第施行。若停止不急工程暨核实颜料缎疋两库折价等条，亦系撙节帑项之道，均著照所议办理。总之，有治法须有治人，任事诸臣果肯实力实心，行之以渐，持之以果，自可著有成效。若徒敷衍从事，则虽有良法美意，不过视同具文，仍于治理无补。此次户部所筹各节，除停工程、核折价，应由该部筹办外，其余皆疆臣之责。各该督抚平日受国厚恩，当此时事多艰,岂可懈弛因循,不知振作。著于奉至此旨后,督率藩运各司并各该关监督等,振刷精神,悉心经画,各尽其职所当为,勿避嫌怨,勿涉瞻徇,勿畏艰难,勿任粉饰,总期于国计民生两有裨益,方为不负委任。仍将如何办理情形,赶紧妥筹定议,限两个月据实覆奏,不准稍有延宕。至各省物力民情,并著各就地方近日情形,通盘酌度,如有可筹之款,可兴之利,无损于民而有益于国者,各抒所见,一并奏闻,以备采择。钦此。

60 光绪六年正月二十六日,内阁奉上谕:江西布政使著边宝泉补授,沈应奎著补授陕西按察使。钦此。

109 军机大臣字寄两江总督刘、湖广总督·兼署湖北巡抚李、署四川总督丁、闽浙总督何、两广总督张、署两江总督·江苏巡抚吴、兼署两广总督·广东巡抚裕、湖北巡抚彭、山东巡抚周、福建巡抚勒、江西巡抚李、湖南巡抚李,传谕护理·江苏巡抚布政使谭钧培。光绪六年二月十五日,奉上谕:前据岑毓英奏通筹该省每年核实饷需暨先请划拨的饷各节。当经部议,各省关于协黔月饷内减成拨解,并于积欠协饷内提银六十万两,先行赶解。兹据岑毓英奏称,截至去年年底止,共收各省关报解已到未到银五十七万余两,不及三分之二,至的饷六十万两并未另解,请饬赶紧筹解等语。该省地方瘠苦,需饷孔亟,著刘坤一、李瀚章、丁宝桢、何璟、张树声、吴元炳、裕宽、彭祖贤、周恒祺、勒方锜、李文敏、李明墀、谭钧培迅将减成协黔月饷并指拨的饷,查照五年十月奉旨之日起,分别补解清款。嗣后自六年正月为始,按月如数报解,毋稍延欠。所称福建、江苏两省力如未逮,应否改拨之处,著户部酌度办理。将此由四百里谕知刘坤一、李瀚章、丁宝桢、何璟、张树声、吴元炳、裕宽、彭祖贤、周恒祺、勒方锜、李文敏、李明墀,并传谕谭钧培知之。钦此。遵旨寄信前来。(抄交户部)

111 光绪六年二月十六日,内阁奉上谕:江西学政著洪钧去。钦此。

118 军机大臣字寄山东巡抚周。光绪六年二月十八日,奉上谕:都察院代奏江西试用道判赵清韶敬陈管见一折。据称山东济南府淄川县向有矿井。咸丰五年间,曾经商人在部呈请开矿,旋即停止,现在尚可开办。又登州府栖霞县有荒田数十万亩,未经开垦,有负地利等语。该员所奏各节是否可行,著周恒祺查明具奏。原折著抄给阅看。将此谕令知之。钦此。遵旨寄信前来。

207 光绪六年三月初九日,内阁奉上谕:前江西九江镇总兵程文炳,著发往江南,交刘坤一差遣委用。钦此。

228 军机大臣字寄福州将军,直隶、两江、闽浙、湖广、两广、四川、江苏、安徽、江西、福建、湖北、湖南、山东、广东各督抚。光绪六年三月十八日,奉上谕:户部奏请续拨京饷等语。近年来,库款支绌,叠经户部续请添拨京饷。此次该部酌量各省情形,拟拨山东地丁银五万两,湖南地丁银五万两,江西地丁银三万两,福建税厘银十万两,两淮盐厘银四万两，长芦萘工加价银五万两，广东盐课银五万两、厘金银七万两，江苏厘金银十万两，安徽厘金银五万两，湖北盐厘银五万两，四川津贴银三万两、盐厘银八万两，闽海关洋税银五万两，九江关常税银十万两，江海关洋税银七万两，赣关常税银三万两，共银一百万两，著该将军、督抚各将所拨饷银，连本年原拨未解京饷，均于五月前解到一半，十二月初间如数解齐。各该将军、督抚务须顾全大局，依限提前完解，倘藉词诿卸，率请划抵截留，贻误要需，即著该部指名严参。将此由五百里各谕令知之。钦此。遵旨寄信前来。（抄交户部）

229　军机大臣字寄江西巡抚李、安徽巡抚裕。光绪六年三月十八日，奉上谕：清安等奏请饬催迅解饷需一折。前因科布多防务紧要，需饷甚殷，经户部议由江西、安徽按年各拨银九千两，以资应用。兹据奏称，现仅据江西报解银四千五百两，安徽尚无报解信息，请旨饬催等语。著李文敏、裕禄迅将应解科城军饷，自上年奉文之日起，按年如数筹拨，务须年清年款，毋稍拖欠。其上年江西欠解银四千五百两，安徽应解银九千两，并著赶紧扫数拨解，以应急需。将此由五百里各谕令知之。钦此。遵旨寄信前来。

245　光绪六年三月二十三日，内阁奉上谕：江西广信府知府员缺，著董兆奎补授。钦此。

246　查：江西广信府知府系冲繁疲难最要缺。谨奏。

254　光绪六年庚辰科会试：

满洲一百八十卷，〇拟取中八名。

蒙古四十卷，〇拟取中三名。

汉军一百五卷，〇拟取中六名。

直隶七百九十五卷，〇拟取中二十四名。

奉天三十一卷，〇拟取中三名。

山东四百二十七卷，〇拟取中二十一名。

山西三百十卷，〇拟取中十名。

河南三百七十一卷，〇拟取中十七名。

陕西二百十五卷，〇拟取中十五名。

甘肃一百七卷，〇拟取中九名。

江苏六百十六卷，〇拟取中二十六名。

安徽三百十卷，〇拟取中十八名。

浙江六百二十卷，〇拟取中二十五名。

江西五百四十七卷，〇拟取中二十二名。

湖北三百六卷，〇拟取中十四名。

湖南二百五十四卷，〇拟取中十四名。

四川四百六卷，〇拟取中十四名。

福建四百七十七卷,○拟取中二十名。
台湾二十二卷,○拟取中二名。
广东五百五十五卷,○拟取中十六名。
广西二百五十三卷,○拟取中十三名。
云南二百七十三卷,○拟取中十二名。
贵州二百三十七卷,○拟取中十一名。

267　军机大臣字寄江西巡抚李。光绪六年三月二十九日,奉上谕:有人奏江西都昌县漕粮地丁之外,另有加征名目,又衙蠹舞弊,遇案诈索钱文,留难重案不验。每有候验因风致毙者,相验时,随带多人,多方勒索,官知之而不问。犯证到案,管押班房,任意刑拷。典史靳继善非刑致毙民人利远谋一命,复勒索同案别犯钱文,贿和利远谋家属了事等语。所奏如果属实,殊属大干法纪,著李文敏按照所陈各节,确切查明,据实参奏。原折著抄给阅看。将此谕令知之。钦此。遵旨寄信前来。

352　光绪六年四月二十八日,内阁奉上谕:李鸿章奏,提督因病出缺,请旨予谥建祠,宣付史馆一折。直隶提督郭松林前随曾国荃、李鸿章出师江西、江苏、浙江、福建等省,克复城池,歼除群丑;旋因李鸿章督剿捻逆,该提督战无不捷,东西捻股赖以肃清,实属忠勇性成,功绩懋著。迨授任湖北提督,亦能整顿营伍。此次调任直隶,方资镇摄,遽闻溘逝,悯惜殊深。郭松林著照提督例赐恤,加恩予谥,并将事迹宣付史馆立传。其湖南原籍,江苏、福建、山东立功省份,准其建立专祠。灵柩回籍时,地方官妥为照料。伊子郭人济、郭人鸿、郭人彦,俟及岁时,带领引见,以彰忠绩。该衙门知道。钦此。

356　…………
第六排
江西五员:
○庶吉士胡湘林江西人,年二十二岁。光绪三年二甲进士,散馆一等五名。
○庶吉士江澍昀江西人,年三十五岁。光绪三年二甲进士,散馆一等二十七名。
庶吉士潘彬江西人,年三十三岁。○光绪三年二甲进士,散馆二等二十名。
庶吉士朱益濬江西人,年二十九岁。○光绪三年二甲进士,散馆二等二十一名。
庶吉士徐道焜○江西人,年二十八岁。光绪三年二甲进士,散馆二等二十七名。
…………

385　光绪六年五月初七日,翰林院带领引见。
江西进士:
○彭士芳年二十三岁,二甲八名进士。覆试一等四十四名,朝考一等四十五名。
○刘焕年三十岁,二甲二十八名进士。覆试一等五十九名,朝考二等一名。
○郭赓平年三十九岁,二甲三十三名进士。覆试二等八名,朝考二等九十九名。
○吴成熙年二十八岁,二甲五十五名进士。覆试一等九名,朝考一等四名。

熊尔梅○年三十八岁，二甲一百六名进士。覆试二等一十五名，朝考二等一百九名。
黄英采○年二十八岁，二甲一百十六名进士。覆试二等十五名，朝考二等四十三名。
徐鉴铭○年三十二岁，二甲一百十八名进士。覆试二等八十一名，朝考二等一百三名。
○连培基年二十九岁，三甲十三名进士。覆试二等二十四名，朝考一等二十三名。
熊尔卓年四十二岁，三甲十六名进士。○覆试三等九十五名，朝考二等四十五名。
吴士俊年四十六岁，三甲三十八名进士。○覆试二等八十八名，朝考二等一百十九名。
聂济时○年三十二岁，三甲五十八名进士。覆试二等四十四名，朝考一等一百十二名。
万立钧○年三十七岁，三甲七十三名进士。覆试一等五十五名，朝考二等九十六名。
黄禧祖年三十八岁，三甲八十七名进士。○覆试二等七十七名，朝考三等二十五名。
王家宾年四十九岁，三甲九十四名进士。○覆试三等二十五名，朝考二等九名。
范金镛○年三十岁，三甲一百十八名进士。覆试三等八名，朝考二等二十四名。
黄成采年二十五岁，三甲一百二十五名进士。○覆试二等四十六名，朝考三等二十七名。
程兰阶年二十二岁，○三甲一百二十七名进士。覆试二等三十四名。朝考三等四十一名。
唐步云年三十岁，三甲一百五十名进士。○覆试三等七十二名，朝考三等七十五名。
胡郁年四十三岁，三甲一百七十五名进士。○丁丑覆试三等九十六名，朝考三等四十八名。
邹用中年四十二岁，三甲一百八十一名进士。○覆试三等九名，朝考三等一百十六名。
…………

朱圈第一层者，改为庶吉士。圈第二层者，分部学习。圈第三层者，以内阁中书用。圈第四层者，以知县即用。未圈各员，除李慈铭、蔡枚功、王效、孙汝梅、徐宝谦、薛浚、何晋德、邓嘉纯、谢廷泽、俞麟振，各以原班补用，余均归部铨选。

405　军机大臣字寄江西巡抚李。光绪六年五月十九日，奉上谕：御史傅大章奏，民船遭风，请饬酌疏港口，俾资停泊一折。据称江西大姑塘为九江分关，其地滨临鄱湖，船只停泊，遇有风浪，易于覆溺。本年二月初八日，该处所泊船只遭风，溺毙多人。姑塘本有支港可容舟楫。每年夏秋涨发，民船泊入其中，向无损失，冬春水涸，船难驶入，必须湾泊大湖之侧，无致失事。若将港口淤垫之处，量为疏浚，俾民船得以进泊，关税便于完纳，民命亦可保全等语。该御史所奏能否照办，著李文敏体察情形，酌议具奏。此次被淹人口，如有因公殒命之员，即著查明请恤。原折著抄给阅看。将此谕令知之。钦此。遵旨寄信前来。

435　军机大臣字寄顺天府、大学士·直隶总督·一等肃毅伯李、两江总督刘、湖广总督李、署两江总督·江苏巡抚吴、安徽巡抚裕、江西巡抚李、浙江巡抚谭、山东巡抚周、山西巡抚·一等威毅伯曾、河南巡抚涂、湖北巡抚彭、湖南巡抚李，传谕护理江苏巡抚·布政使谭钧培。光绪六年六月初七日，奉上谕：现在慈禧端佑康颐昭豫庄诚皇太后圣躬欠安，已逾数月。叠经太医院进方调理，尚未大安。外省讲求岐黄脉理精细者，谅不乏人，著该府尹、督抚等详细延访，如有真知其人医理可靠者，无论官绅士民，即派员伴送来京。由内务府大臣率同太医院堂官详加察看，奏明请旨。其江苏等省咨送之人，即乘坐轮船来京，以期迅速。将此谕知顺天府，并由五百里谕令李鸿章、刘坤一、李瀚章、吴元炳、裕禄、李文敏、谭钟麟、周恒祺、曾国荃、涂宗瀛、彭祖贤、李明墀，传谕谭钧培知之。钦此。遵旨寄信前来。（抄交内务府）

440　军机大臣字寄福州将军，直隶、两江、闽浙、湖广、四川、两广各总督，江苏、安徽、江西、福建、浙江、山东、河南、湖北、湖南、广东各巡抚，传谕粤海关监督。光绪六年六月初十日，奉上谕：户部奏请旨催解京饷，分别已解未解银数开单呈览一折。本年京饷，户部原拨续拨共银八百万两。除河东加课羡余银两经该抚奏准免解外，长芦盐课加价银三十万两，津海关常税银四万两、洋税应抵解闽省京饷银二万两，该督请划抵部库应发购船经费银三十万两，即著照户部所议，将津海关应解之项全行划拨，并于长芦盐课加价银内划拨二十四万两，其余六万两仍令报解。截至本年五月止，各省关计共欠解银五百七万两。现在部库支绌，应放各款均关紧要。所有应解京饷，该省关自应迅速报解，何得任意延宕，致误要需。即著该将军、督抚、监督等各查照欠解数目，赶紧陆续解部，统于年内扫数解齐。倘敢诿卸拖欠，即由户部指名奏参。其现在解不及半，及丝毫未解各处，经此次严催后，倘仍不完解，并著该部随时严参。原单著分别摘抄给与阅看。将此由五百里谕知福州将军，直隶、两江、闽浙、湖广、四川、两广各总督，江苏、安徽、江西、福建、浙江、山东、河南、湖北、湖南、广东各巡抚，并传谕粤海关监督知之。钦此。遵旨寄信前来。（抄交户部）

455　光绪六年六月十六日，奉旨：吏部给事中员缺，著和宝补授。江西道监察御史员缺，著洪良品补授。江南道监察御史员缺，著孙纪云补授。廖修明著仍以知府选用。钦此。吏部引见排单。

458　军机大臣字寄江西巡抚李。光绪六年六月十七日，奉上谕：通政使司参议胡家玉奏江西河道淤浅，请饬动款疏浚一折。据称江西十三郡一州之水，汇于鄱阳湖，统归湖口入江，出路本不甚宽。近年滨湖十数县，田亩浸成泽国，有种无收，拟将东西河淤浅处所次第疏通，俾夏潦畅行，不至壅滞为患，并胪陈六条，以备采择等语。著李文敏酌度情形，妥筹办理。原折著抄给阅看。将此谕令知之。钦此。遵旨寄信前来。

460　交礼部。本日军机大臣面奉谕旨：通政使司参议胡家玉奏请将骂贼殉难之生员议恤等语。江西新建县廪生熊琳暨其弟附生熊瑞，于咸丰十一年间骂贼捐躯，情殊可悯，均著交部议恤。钦此。相应传知贵部，钦遵办理可也。此交。计黏抄片一纸。六月十七日。

472　光绪六年六月二十日，内阁奉上谕：江西抚州府知府员缺，著陈振瀛补授。钦此。

473　查：江西抚州府知府系繁疲难要缺。谨奏。

519 军机大臣字寄两江总督刘、湖广总督李、闽浙总督何、两广总督张、署四川总督丁、江苏巡抚吴、江西巡抚李、浙江巡抚谭、福建巡抚勒、山东巡抚周、湖北巡抚彭、湖南巡抚李、广东巡抚裕、广西巡抚庆。光绪六年七月十五日，奉上谕：岑毓英奏请饬催各省欠饷一折。据称该省协饷自光绪六年正月起至六月底止，收过四川月饷五万六千两，又春季部拨京款银三万一千五百两，春季抵捐协饷银一万两，湖北月饷银一万两，湖南月饷银一万二千两，江苏旧欠的饷银五万两，又月饷银一万一千两，江西协饷银三万八千两，浙江协饷银四万两，广东月饷银一万六千两，山东暨九江关本年尚未报解，福建则从未解到，共收银二十七万四千五百两，而常年兵饷仍未解分厘，请旨饬催等语。黔省用度艰窘，协款既已减成，各该省所拨饷银自当竭力解济。著刘坤一、李瀚章、何璟、张树声、吴元炳、李文敏、谭钟麟、勒方锜、周恒祺、彭祖贤、李明墀、裕宽迅将所欠黔省减成月饷，并指拨的饷，一律补解清款。四川既可照数筹济，并著丁宝桢迅速解交。以后各省仍按月如数解黔。其江西、浙江、四川、广西、两淮各省关奉拨黔省常年兵饷，并著丁宝桢等赶紧补解，毋再延宕。将此由五百里各谕令知之。钦此。遵旨寄信前来。（抄交户部）

594 光绪六年八月初八日，内阁奉上谕：御史李暎奏各省奉查案件，耽延滋弊，请饬勒限半年奏结一折。各省督抚遇有奏参属员之案，奉旨饬查，自应迅速办结。若如所奏，瞻顾情面，徇庇属员，往往故意迟延，巧为开释，殊属有负委任。嗣后此等案件，该督抚务当迅速办理，奏明结案，毋得稍涉迟延，致滋弊窦。将此通谕知之。钦此。

598 军机大臣字寄江西巡抚李。光绪六年八月初十日，奉上谕：有人奏特参贪鄙昏纵之知县，请饬查办一折。知县为亲民之官，宜如何洁己守法。兹据所参江西安福县知县张鹏翥各款，种种荒谬，不可枚举。如果属实，大为地方之害。著李文敏即将该员参款，及前代理知县陶璪创收差役陋规，又典史梁致溱收纳盗贼钱文，充当马快各节，一并确切查明，据实参奏，不得稍有徇隐。原折著抄给阅看。将此谕令知之。钦此。遵旨寄信前来。

622 军机大臣字寄两江总督刘、湖广总督李、闽浙总督何、两广总督张、署四川总督丁、江苏巡抚吴、浙江巡抚谭、江西巡抚李、福建巡抚勒、湖北巡抚彭、湖南巡抚李、广东巡抚裕、山东巡抚周。光绪六年八月二十日，奉上谕：刘长佑等奏，各省关欠饷甚巨，请旨饬催一折。据称各省关应解滇省新饷，自光绪二年九月起至六年六月止，四川欠解银二十四万五千两；又自光绪五年冬季起，至六年夏季止，欠解盐务项下抵捐银二万一千二百余两，浙江欠解银三十七万七千两，湖北欠解银二十四万六千两，湖南欠解银三万零九百余两，广东欠解银二万六千两，江苏欠解银二万六千两，共欠解银九十七万二千一百余两。至各省关乙亥年至辛巳等年常年兵饷，东海关欠解银三万两，湖南欠解银十三万六千两，浙江欠解九十四万两，福建欠解银三万两，广东欠解银十九万七千两；其江西奉拨之十万两，福建划拨之八万两，湖北奉拨之十五万两，江苏奉拨之五万两，全未报解，共欠银一百七十一万三千两。光绪六年正月起到六月止，仅解银六万九千余两，请饬赶解等语。滇省用度支绌，亟须各省关源源协济。著各该督抚赶筹大批饷银，解往该省，以应要需。将此由五百里各谕令知之。钦此。遵旨寄信前来。

634　本日，江西巡抚李文敏咨送《江西通志》一部，恭呈御览。谨奏。

679　庚辰科会试武举取中数目：
（朱）八旗满洲蒙古，〇取中四名；
八旗汉军，〇取中三名；
奉天，〇取中一名；
直隶，〇取中十六名；
陕甘，〇取中五名；
广东，〇取中十四名；
河南，〇取中八名；
山东，〇取中十名；
江苏，〇取中八名；
安徽，〇取中八名；
山西，〇取中六名；
湖北，〇取中四名；
湖南，〇取中四名；
四川，〇取中七名；
广西，〇取中三名；
福建，〇取中八名；
浙江，〇取中五名；
江西，〇取中七名；
云南，〇取中五名；
贵州，〇取中二名。

712　光绪六年，江西省秋审服制情实，汪承禾等四起，人犯四名，内除旧事服制情实，汪承禾等二起，人犯二名，业于上年免勾时开列榜示外，谨将新事服制情实，颜添赦等二起，人犯二名勾到时所奉谕旨，恭录于后。

一起斩犯颜添赦。

与大功兄颜添护山地毗连。颜添护向该犯买山。该犯不允，口角各散。嗣该犯与颜添护会遇，颜添护提及前事，斥骂薄，该犯分辩。颜添护扭住该犯胸衣，掌批左腮颊，并拾斧用背向殴。该犯争扎不脱，情急用手格斧，不期格回势猛，适伤颜添护偏右，倒地，移时殒命。伤由被殴抵格，尚非有心。干犯情稍可原，是以未勾。

一起斩犯张步沄。

与小功叔张萌休有祖遗会田，两家轮管，收租办祭，余钱均分。该犯轮管会事，应分张萌休钱文未付。嗣张萌休路经该犯门前，向该犯之母谢氏催索会钱。谢氏央缓，不允，被骂，回詈。谢氏揪殴，张萌休用手乂住咽喉，推抵墙壁，拔刀欲殴。该犯闻闹趋视，将刀夺落，拉劝。张萌休不肯松放，用拳向谢氏乱殴。该犯见谢氏被乂，面色紫胀，不能出声，恐被致死。情急拾刀吓砍，适伤其左手腕，松手倒地。越二十五日，殒命。伤由救母情切，尚非无故逞凶，干犯情稍可原，是以未勾。

光绪六年，江西省秋审常犯情实，邵忠仔等八起，人犯二十二名，谨将勾到时所奉谕旨，恭录于后。

一起绞犯马闹头、邵忠仔、马狮仔。

两造互殴，致毙四十余命。该犯等各下手致毙一命。均法无可宽，是以俱勾决。

一起绞犯吴有来、吴沨大肚、吴菖火、吴菖桂、吴菖银、吴抚仂、吴菖起。

听从械斗，致毙彼造三十余名。该犯等各下手致毙一命。均法无可宽，是以俱勾决。

一起斩犯汪化仂、姜朦眼仂，绞犯汪反手仂、汪受仂，绞犯汪大乌仂、汪猪牯精、汪鸣憘。

两造互殴，毙多命。该犯等各下手致毙一命。均法无可宽，是以俱勾决。

一起斩犯管玶实。

逞忿故杀。法无可宽，是以勾决。

一起斩犯黄怔沅，即黄怔毛儿。

奸匪故杀奸匪。法无可宽，是以勾决。

一起斩犯汪憬谋。

奸匪拒毙本夫。法无可宽，是以勾决。

一起斩犯黎东袠。

逞忿故杀。法无可宽，是以勾决。

一起绞犯傅牙仂。

致毙一家三命。该犯下手致毙一命，金刃穿透伤重。法无可宽。是以勾决。

…………

752　军机大臣字寄盛京、直隶、江苏、安徽、江西、浙江、福建、湖北、湖南、河南、山东、山西、陕西、甘肃、四川、广东、广西、云南、贵州各将军、督抚。光绪六年十月初三日，奉上谕：本年河南洛阳等县被风被雹，各村庄麦禾受伤。经该抚奏到，业已降旨加恩将本年应完钱粮缓至秋后察看办理。并因直隶安州等州县洼区积水，春麦难种，特赏给江苏、浙江漕米十万石，藉资散赈。陕西临潼等州县被雹被水，浙江宣平等处被雹，广东南海等县、安徽宿松等县被水，江苏江都、甘泉二县被风，湖南石门县被水，四川资阳等县被雹被水，均经该督抚等查勘抚恤，小民谅可不致失所。惟念来春青黄不接之时，民力未免拮据。著传谕该督抚等体察情形，如有应行接济之处，即查明据实覆奏，务于封印以前奏到,候朕于新正降旨加恩。江西安福等县被旱被水,浙江金华各属田禾间有被淹,湖北武昌各属被水,江苏盐城等县蝻子萌生,淮安各属间有飞蝗并高阜田地被旱,山东新城等县被旱,安徽、河南各属间被水旱,均经该督抚等委员查勘,即著迅速办理,并将来春应否接济之处,一并查明,于封印前奏到。此外,各省有无被灾地方,应行调剂抚恤之处,著该将军、督抚等一并查奏,候旨施恩。将此各谕令知之。钦此。遵旨寄信前来。

753　查本年河南被灾地方,业经加恩将应征钱粮分别缓征。并因直隶洼区积水,春麦难种,复经加恩,赏给漕米散赈。其陕西、浙江、广东、安徽、江苏、湖南、四川被雹被水、被风地方,均经各该督抚查勘抚恤,其明春应否量为接济之处,臣等谨照向例,缮写询问该督抚等谕旨,俟覆奏到日,再行拟写新正加恩谕旨呈进。再江西、浙江、湖北、江苏、山东、安徽、河南被旱被水被蝗之处,该督抚等均已奏明查勘,应否接济,现俱未经奏到。此外,各省有无被灾地方,应行调剂抚恤之处,一并询问,令该将军、督抚等迅速查奏汇办。谨奏。

788　军机大臣字寄福州将军,直隶、两江、湖广、闽浙、两广各总督,江苏、安徽、江西、福建、浙江、湖北、湖南、河南、山东、广东各巡抚,传谕粤海关监督。光绪六年十月十七日,奉上谕:户部奏部库需款浩繁,各省关欠解京饷,请旨严催一折。各省关欠解本年京饷,统限年内解齐,迭经严催,截至九月底止,除划拨免解及解到报解起程外,尚欠解银二百十三万余两。现在部库支绌,年内应放各款关系紧要,亟须各省关全数解到,以应急需,岂容任意延宕。著该将军、督抚、监督等,各按照单开欠解数目,依限扫数解京。其已报起程各款,亦即赶催解部,毋任在途逗留。倘敢诿卸拖欠,贻误要需,著户部指名严参。原单均著摘抄给阅看。将此由五百里谕知福州将军,直隶、两江、湖广、闽浙、两广各总督,江苏、安徽、江西、福建、浙江、湖北、湖南、河南、山东、广东各巡抚,并传谕粤海关监督知之。钦此。遵旨寄信前来。(抄交户部)

853　军机大臣字寄福州将军,直隶、两江、湖广、闽浙、两广、四川、江苏、安徽、江西、福建、浙江、湖北、湖南、河南、山东、山西、广东各督抚,传谕粤海关监督。光绪六年十一月初四日奉上谕:户部奏预拨来年京饷一折。据称历届京饷均于年前预拨,光绪七年京饷,拟在各省地丁、盐课、关税等款内,指拨银七百万两,请饬各该省于来年分批起解等语。京饷关系紧要,现经该部就各省情形,酌量动拨,自应遵照奏定数目,源源报解,以应要需。著该将军、督抚、监督等,务于来年开印后,分批起解。限五月前解到一半,十二月初间全数解清,不准截留改拨,藉词延误。倘届限不到,即照奏定章程,指名严参。原单著分别摘抄给与阅看。另片奏,光绪七年内务府经费拟拨两淮盐课银十五万两,两浙盐课银五万两,广东盐课银五万两,湖北盐厘银五万两,福建茶税银五万两,闽海关常税银十万两,九江关常税银十五万两,共银六十万两,请饬依限完解等语。著该将军、督抚等务于来年开印后,陆续径解内务府交纳,先将起程日期报部。仍限六月前解到一半，十二月初间扫数解清，不准稍有蒂欠。将此由五百里谕知福州将军，直隶、两江、湖广、闽浙、两广、四川、江苏、安徽、江西、福建、浙江、湖北、湖南、河南、山东、山西、广东各督抚，并传谕粤海关监督知之。钦此。遵旨寄信前来。（抄交户部）

896　本年秋审各省由缓改实起数单：云南省一起、贵州省一起、广东省二起、四川省五起、奉天省四起、陕西省三起、湖北省一起、湖南省三起、浙江省一起、江西省一起、安徽省二起、江苏省一起、河南省一起、直隶省四起、热河一起。

956　军机大臣字寄两江总督刘、湖广总督李、江苏巡抚吴、湖北巡抚彭、浙江巡抚谭、山东巡抚周、河南巡抚涂、江西巡抚李、安徽巡抚裕。光绪六年十一月二十七日奉上谕：杜嘎尔等奏乌城边防紧要，请饬催各省欠款一折。据称，乌城军饷自光绪五年五月奏准酌拨欠款，山东解过银四万二千两，尚欠银十八万二千两；河南还过伊犁借款银二万两，尚欠银二十八万五千两；江西解过银四千两，尚欠银六万五千二百九十二两；安徽省分厘未解。又光绪四年，乌科两城岁需经费，经部议，由安徽、江苏、湖北、浙江四省在于厘金项下，各拨银一万两。至今三年之久，并未报解。目前，需饷孔急，请旨严催拨济等语。乌里雅苏台现在办理边防，亟须各省筹解饷项，以济要需。著各该督抚查照欠解数目，督饬藩司，陆续筹解。其有员弁守催者，即著发交该城领饷之员，赶紧运回应用，毋稍延缓。将此由四百里各谕令知之。钦此。遵旨寄信前来。（抄交户部）

1064　光绪六年十二月二十四日，内阁奉上谕：前因给事中彭世昌奏参江西安福县知县张鹏翥贪鄙昏纵各款，及前代理知县陶琛创收陋规等情，当经谕令李文敏确切查明具奏。兹据奏称，张鹏翥虽无营私贪婪劣迹，惟所办事件，种种荒谬。署安福县事、准调庐陵县知县张鹏翥，著即行革职。安福县县丞陶琛代理县事，于家丁得受陋规，漫无觉察，亦属庸懦无能，著一并革职。余著照所议办理。该部知道。钦此。

1065　光绪六年十二月二十五日，内阁奉上谕：李文敏奏查明被灾各属地方，请缓征钱漕等款一折。江西南昌等府属，本年夏间，大雨时行，江湖泛涨，低田被淹。入秋以后，雨泽稀少，高田又多受旱，并有被虫之处，收成均形歉薄。若将钱漕等款照常征收，民力实有未逮。加恩著照所请。所有南昌县之一社一图，惠外二图，三都六图，四都六图，五都五、九图，六都七图，七都一、下三、五、六图，八都五图，九都三、下九、十、十二、十三、下十六图，十都二、三、下三、四、六、七、十、十二图，十一都一、二、三、下三图，十二都二、三、四、六、七、下七图，十三都二、四、五图，十四都又一、三、六图，十五都七、八、下四图，十六都一、二、三、四、五图，十七都一、二、三、四、五、六图，十八都一、二、三、四、五图，十九都上三、下三图，二十都上四、五图，二十一都南三、又二图，二十二都一、二、三、四、五、六、七、八图，二十三都一、二、三、四、五、六、七、八、九、十、十一、十二、十三、十四、十五、十六、十八、十九、二十、二十一、二十二图，二十四都一、二、三、四、五、六、七、八、九、十、十二、十三、十五、十六图，二十五都一、二、三、四、五、六、七、八、九、

十、十一、十二、十三、十四图，二十六都一、二、三、四、五图，二十七都五、七、十二、北五图，二十八都二、三、四、下四、六、九、下九、十、十一、十二、十三、十四图，二十九都东二、东九、西二、下五、二、四、六、七、八、九、十、十一、十二、三十图，三十都四、八、九、十一图，三十一都正五、七、北十、十二图，三十二都三图，三十三都二、四图，三十四都二、三、四、五、六、七、八、十一图，三十五都三、六、七、八、十、十一、十三图，三十六都十一图，三十九都六图，四十都十图，四十一都一、四、五图，四十五都南一二三、北一、长一、二、三、四、五、六图，四十六都一、二、三、四、五、六、七、九、十一、十二、十三、十四、十五图，四十七都一、二、三、四、五、六、八、正九图，四十八都一、二、三图，四十九都一、六图，五十都一、三图，五十一都一、二、三、四图，五十二都四、五、七、八图，五十三都一、二、三图，五十五都下四图，五十七都二、三、四、五、六图，六十都兴一、下二、南二、三、四、五、六、七图，六十一都一、二、三、四图，六十二都一、二、六、七图，六十三都一、三、四、五、七、十图，六十四都一、二、三、四图，六十五都一、二、三、四、五、七图，六十六都一、二、三、五、六、七、八、九、十图等处，共被水、被虫各则田三千七百八十二顷七亩零，未完地丁银一万三千一百五十一两零，漕米二万二千六百七十八石零。

同新建县之一都一、二、三图，二都一图，二十一都二、三、四、五图，三十六都一、二图，四十一都一、二、三图，四十二都一、二图，四十三都一、二图，四十四都一、二图，四十六都一、二、三、四图，四十七都一、二、三图，四十八都二、又二、三图，四十九都二图，五十都一、又一、二图，五十一都一、二图，五十二都一、二图，五十三都一、四图，五十四都四、五图，五十五都一、二、三、五图，五十六都一图，十坊等处，共被水各则民田三千三百三十五顷四十四亩零，未完地丁银七千二百三十三两零，漕米七千二百四十石零。

进贤县之下五坂二十七都一、二、三、四、五图，二十八都一、二、三、四图，二十九都一、二、三、四图，三十都一、二、三、四、五图，三十一二都一、二、三、四图，一都一、二、三、四、五图，五都一、二、三、四、五图，六都一、二、三、四、五、六、七图，七都一、二、三、四、五、六、七、军图，上八都一、二、三、四、五、六、七、八、九图，下八都一、二、三、四、五、六、七、八、九图，九都二、三、四、五、六、七、八、九图，十都三、六、七、八、九图，十三四都六、七、八、九、十图，十五都一、二、三、四、五、六、七、八图，十六都一、二、三、四、五、六、七、八、九、十、十一图，十七都一、二、三、四、五、六、七、八、九图，二十二都二、三、四、五、六、七、八、九、十、十一、十二图，二十三都一、二、三、四、五、六、七、八、九、十、十一图，二十四五都一、二、三、四图，二十六都一、二、三、四、五图，三十三都一、二、四、五、六、七图，三十四都一、二、三、四图，六隅东、西、南、北、正、中等坊，三十五都一、二、三、四、五图，三十六都一、二、三、四、五图，三十七都三、四、五图，三十八都一、二、三图等处，共被水各则田二千三百五顷四十七亩，未完地丁银六千六百六十八两零，漕米八千五百八十五石零。

新淦县之二都一、二、三、四、五、六图，四都一、二、三、四、五、六、七、八、九、十图，七都一、二、三图，五都七、八、十、十一、十二、十三图，三都二、三、五、十图，一都三、四、五、七图，六都三、四、六、七、八、九、十图等处，共被旱各则田一千十八顷三十七亩零，未完地丁银六千八百九十四两零，漕米四千九百八十五石零。

新喻县被水、被旱较轻之一、二、三、四、五、六坊，八都三图，十二都二图，十三都三图，十四都一、二图，十五都三图，正附功屯图等处，应征地丁、漕米内著缓征十分中之三分二厘，银一千七百二两零，米一千六十五石零；又被水、被旱次重之一都一、二、三图，二都一、二、三图，三都一、二、三图，七都二图，十六都一图，公图、军图等处，应征地丁、漕米内著缓征十分中之三分六厘，银二十九百六十七两零，米一千八百五十六石零；又被水、被旱最重之四都一、二、三图，五都一、二、三图，六都一、二、三图，七都一、三、图，八都一、二图，十六都二、三、图，十七都一、二、三图，十八都一、二、三图，十九都一、二、三图，二十都一图等处，应征地丁、漕米内著缓征十分中之三分八厘，银六千三百九十二两零，米三千九百九十八石零。

莲花厅之砻西乡二、四、五、七、八、十、十二三四六七八、二十等都，上西乡二十二三五六七九、三十、三十一等都，被旱民田四百九十一顷五十一亩零，屯田三十五顷九十七亩，未完地丁银三千二百二十七两零，漕米一千三百九十九石零，漕运屯粮银四百八十五两零，余租银九百二十八两零。

泰和县之东乡一都一、二、七、八、九、十图，二都七、八图，三都一、二图；南乡五都一、五、六、七、八、十图；西乡七都三、四、五、六、七、八、九、十图；北乡六都一、二图等处，共被水民田一千一百九十二顷十四亩零，未完地丁银七千一百二十三两零，漕米四千八百八十八石零。

万安县之永和乡在城一、二、三图，一都一、二图，二都一、二图，十一都一、二图，十八都一图，十九都一图，二十八都一、二图；诚信乡八都一图，九都一、二、三图，十都五图；龙泉乡二十三都一图，二十四都一图，二十五都一图，三十都一图等处，共被水民田九百顷四十六亩零，未完地丁银五千一百十七两零，漕米二千九百十石零。

安福县之东乡三都并五十三四五六及六十、六十二三等都，南乡一都并三十六七八九及四十、四十一二三四五九等都，西乡四、五、七、八、九、十并十一、十二、十五、二十一二等都，北乡二都并六十四五六七八等都，被旱各则民田地一千六百八十二顷六十七亩零，未完地丁银一万八百四十两零，漕米六千三百十七石零；同东乡五十三四并六十三等都，南乡一都并三十七及四十四五九等都，西乡四、五、八并十二、十五等都，北乡六十四五八等都，被旱屯田二十三顷三十四亩零，未完漕运屯粮银三百四十五两零，余租银六百三十二两零。

永新县之东乡六十三四五六及七十一二等都，南乡五十四六七八九等都，西乡十一二三四五六八九及四十一二三四暨六十一等都，北乡一、二、三、四、五、六、七、八、九、十及七十一三等都，被水、被旱民屯田地一千六百十四顷八亩零，未完地丁银九千九百九十四两零，漕米二千二百六十六石零，屯丁银十五两零，存留屯粮银六十四两零，漕运屯粮银四百七十六两零，余租银一千八百七十两零。

余干县之三、四、九都，二十八、二十九、三十三、三十四、三十五、三十六都等处，被淹各则田一千五百九十一顷六十二亩零，未完地丁银六千一百三十一两零，漕米三千九百三十七石零。

乐平县之三、五、六、八、九、十都，十二、十四、十五、十七、十八、二十都，二十一、二十二、三十都，三十二、三十三、三十四、三十五都等处，被旱田一千四百七十三顷，未完地丁银七千二百十二两零，漕米三千六百九十三石零。

建昌县之归义、新城、修智、升仙、甘泉、受安等乡被旱，永丰、凝远、丰安、德政、市镇、钧台等乡被水，各则田地、山塘三千五百三十二顷十亩零，未完地丁银八千八百五十七两零，漕米四千二百六十九石零；同安义县之寄庄建昌县各乡，被水未完地丁银二百七十八两零，漕米一百四十一石零。

德化县之桑落、封一、封二、赤松、南昌、仙居、白鹤、仁贵、德化、泰临、通津、新民等乡，被水民田地五百二十六顷二十七亩零，未完地丁银一千六百四十二两零；同南九二卫屯田暨芦洲田地至密稀芦等项，被水未完屯丁银六十五两零，存留屯粮银四百八十九两零，漕运屯粮银一千八百九十四两零，余租银四千一百四十八两零，光绪六年压征五年芦课银三百三两零。

德安县之黄湾、陈湾、固村、墩下、金鸡、附城、神于、河东、后田、在市、乌石、墩上等堡，各则民田被水未完地丁银三千六百五十九两零；同南九二卫坐落陈湾、金鸡、附城、河东、河西、后田、乌石、在市等堡屯田，被水未完屯丁银五十四两零，存留屯粮银五十七两零，漕运屯粮银一千八百八十七两零。

湖口县之上乡十三都、十七都、二十都，中乡二坊、八都、十二都，下乡三都、四六都、五都等处，被水各则民田三百六十九顷九亩零，未完地丁银二千七十二两零；同三都、四六都、五都及编入德化县之仁贵乡、宿松县之孟家洲等处，被水屯田十四顷六十二亩，未完漕运屯粮银一百二十二两零，余租银三百十五两零。

彭泽县之一都、四都、六都、下三十三都、一坊、二坊、二都、三都、五都、七都、八都、十五都、三十都、上三十三都等处，被水各则民田地未完地丁银一千九百十六两零；同四都之下隅坂、七都之太平坂、八都之乌沙坂、三十都之定山二百户等处，被水屯田未完屯粮丁银一百三十五两零，存留屯粮银一百五十两零，漕运屯粮银三百二十三两零，余租银九百三十七两零，光绪六年压征五年芦课银五百七十七两零；九江府同知所辖南九二卫芦洲坐落桑落、赤松、封一、封二等乡，被水并密稀芦等项上中下地五百八十六顷九十二亩零，未完光绪六年压征五年芦课银四百八十二两零，均著缓至光绪七年秋后，分作两年带征。

又湖口县所辖芦洲被水，未完光绪六年压征五年芦课银二百七十两零，著缓至光绪七年秋后分作三年带征。

又南昌县光绪二、三、四等年被水，原缓各本年地丁、漕米；新建县同治十二年及光绪元、二、三、四等年被水，原缓各本年地丁、漕米；丰城、吉水、南丰三县光绪二年被水，原缓各本年地丁、漕米；清江县光绪三年被水，峡江县同治十二年、光绪五年被旱及二年被水，原缓各本年地丁、漕米；庐陵县光绪二年被水，原缓本年地丁、漕米、存留屯粮、漕运屯粮、余租；永丰县光绪五年被旱，原缓本年地丁、漕米；乐平县同治十一、十二、十三等年及光绪元、二、三、五等年被旱，及四年被水、被旱，原缓各本年地丁、漕米；安仁县光绪四年被水，原缓本年地丁、漕米；万年县同治十一年被水，原缓本年二限一半地丁、漕米，并光绪元、二、四等年被水，原缓各本年地丁、漕米；星子县同治十一年及光绪二年被水、并元年被水、被旱，原缓各本年二限一半地丁、屯丁、余租，暨四年被水，原缓地丁、余租，各除完纳外，其余未完同原缓屯丁；都昌县同治十一年及光绪元、二、四等年被水，原缓各本年地丁、漕米；德化县光绪三年被水、被旱，原缓三年压征二年芦课，除完纳外，其余未完同原缓本年地丁、屯粮丁、存留屯粮、漕运屯粮、余租，并光绪四年被水，原缓本年漕运屯粮、余租，各除完纳外，其余未完同原缓地丁、屯粮丁、存留屯粮、四年压征三年芦课，又光绪五年被水、被旱，原缓本年地丁、屯粮丁、存留屯粮、漕运屯粮、余租、五年压征四年芦课；瑞昌县光绪四年被水，原缓本年地丁、漕运屯粮、余租，均除完纳外，其余未完银两；湖口县同治十一十三两年被水、十二年被水、被旱，并光绪二年被水，原缓各本年地丁、漕运屯粮、余租，并光绪三年被水，原缓本年地丁、余租，各除完纳外，其余未完同原缓漕运屯粮，又光绪元、五两年被水、被旱，四年被水，原缓各本年地丁，均除完纳外，其余未完同原缓漕运屯粮、余租；彭泽县同治十一年被水、被旱，十三年被旱及光绪九年被水、被旱，二四两年被水，五年被水、被旱，原缓各本年地丁、屯粮丁、存留屯粮、漕运屯粮、余租及同治十一年十三两年、光绪元二四五等年压征，同治十、十二、十三等年并光绪元、三、四等年芦课，均著递缓至光绪七、八两年秋后带征。

又南昌县光绪元年被水、被旱、被虫，原缓本年地丁、漕米；新建县同治十一年被水，原缓本年地丁、漕米；进贤、余干、建昌等县并安义县之寄庄建昌县光绪五年被水，原缓各本年地丁、漕米；清江县光绪二年被水，原缓本年地丁、漕米；莲花厅同治十一年并光绪元年被旱，原缓各本年地丁、漕米、漕运屯粮、余租，均除完纳外，其余未完并同治十二、十三两年被旱，原缓各本年漕米、漕运屯粮、余租，均除完纳外，其余未完同原缓各本年地丁，又光绪二年被旱，原缓本年地丁、漕米，各除完纳外，其余未完同原缓漕运屯粮、余租，并光绪三年被旱，原缓本年地丁、漕米、漕运屯粮、余租及光绪四、五两年被旱，原缓各本年地丁，均除完纳外，其余未完同原缓漕米、漕运屯粮、余租；安福县光绪五年被旱，原缓本年地丁、漕米、漕运屯粮、余租；德化县光绪二年被水，原缓本年地丁、屯粮丁、存留屯粮、漕运屯粮、余租，二年压征元年芦课；德安县光绪五年被水，原缓本年地丁、屯粮丁、存留屯粮、漕运屯粮；瑞昌县光绪二年被水，原缓本年各二限一半地丁、漕运屯粮、余租；九江府同知所辖芦洲光绪五年被水、被旱，原缓五年压征四年芦课，均著递缓至光绪八、九两年秋后带征。

又南昌县同治十二年被水、被旱、被虫，丰城县同治十二年被旱、被虫，清江县同治十二年被旱，原缓各本年地丁、漕米；进贤、余干、建昌等县并安义县之寄庄建昌县光绪四年被水，原缓各本年地丁、漕米；新淦、新喻二县光绪五年被水、被旱，原缓各本年地丁、漕米；安福县光绪四年被水、被旱，原缓本年地丁、漕米、漕运屯粮、余租；德化县光绪元年被水、被旱，原缓本年地丁、屯粮丁、存留屯粮、漕运屯粮、余租，元年压征同治十三年芦课；德安县光绪四年被水，原缓本年地丁、屯粮丁、存留屯粮、漕运屯粮；又瑞昌县光绪元年被水、被旱,原缓本年二限一半地丁、漕运屯粮、余租;又九江府同知所辖芦洲光绪四年被水,原缓四年压征三年芦课,均著递缓至光绪九、十两年秋后带征。

又南昌县同治十一年被水、被虫,清江县同治十一年被旱,原缓各本年地丁、漕米;进贤、余干、建昌等县并安义县之寄庄建昌县光绪三年被水,原缓各本年地丁、漕米;安福县光绪三年被旱,原缓本年地丁、漕米、漕运屯粮、余租;德化县同治十三年被旱,原缓本年地丁、屯粮丁、存留屯粮、漕运屯粮、余租、十三年压征十二年芦课;德安县光绪三年被水,原缓本年地丁、屯粮丁、存留屯粮、漕运屯粮;瑞昌县同治十二年被旱,原缓本年二限一半地丁、漕运屯粮、余租;九江府同知所辖芦洲光绪三年被水,原缓三年压征二年芦课,均著递缓至光绪十、十一两年秋后带征。

又进贤、余干、建昌等县并安义县之寄庄建昌县光绪二年被水,原缓各本年地丁、漕米;新淦县光绪四年被旱、新喻县光绪四年被水,原缓各年地丁、漕米;安福县光绪二年被旱,原缓本年地丁、漕米、屯丁、漕运屯粮、余租;德化县同治十二年被水、被旱,原缓本年地丁、屯粮丁、存留屯粮、漕运屯粮、余租、十二年压征十一年芦课;德安县光绪二年被水,原缓本年地丁、屯粮丁、存留屯粮、漕运屯粮;瑞昌县同治十一年被水,原缓本年地丁、漕运屯粮、余租;九江府同知所辖芦洲光绪二年被水,原缓二年压征元年芦课,均著递缓至光绪十一、十二两年秋后带征。

又进贤县光绪元年被水,原缓本年地丁,除完纳外,其余未完同原缓漕米;安福县光绪元年被旱,原缓本年地丁、漕米、屯丁、漕运屯粮、余租;余干、建昌二县并安义县之寄庄建昌县光绪元年被水,原缓各本年地丁、漕米;德化县同治十一年被水,原缓本年地丁、存留屯粮、漕运屯粮、余租、十一年压征十年芦课;德安县光绪元年被水、被旱,原缓本年地丁、屯粮丁、存留屯粮、漕运屯粮;九江府同治所辖芦洲光绪元年被水,原缓元年压征同治十三年芦课,除完纳外,其余未完银两,均著递缓至光绪十二、十三两年秋后带征。

又进贤县同治十三年被水,原缓本年地丁、漕米;新淦、新喻二县光绪三年被水,原缓各本年地丁、漕米;安福县同治十三年被旱,原缓本年地丁、漕米、屯丁、漕运屯粮、余租;余干县同治十三年被旱,建昌县同治十三年被水、被旱,并安义县之寄庄建昌县同治十三年被水,原缓各本年地丁、漕米;德安县同治十三年被水,原缓本年地丁、屯粮丁、存留屯粮、漕运屯粮,均著递缓至光绪十三、十四两年秋后带征。

又进贤县同治十二年被水、被旱,原缓本年地丁、漕米;安福县同治十二年被旱,原缓本年地丁、漕米、屯丁、漕运屯粮、余租;余干县同治十二年被旱、建昌县同治十二年被水、被旱,并安义县之寄庄建昌县同治十二年被水,原缓各本年地丁、漕米;德安县同治十一年被水,原缓本年地丁、屯粮丁、存留屯粮、漕运屯粮,均著递至光绪十四、十五两年秋后带征。

又进贤、余干、建昌等县并安义县之寄庄建昌县同治十一年被水,原缓各本地丁、漕米;新淦、新喻二县光绪二年被水,原缓各本年地丁、漕米;安福县同治十一年被旱,原缓本年地丁、漕米、屯丁、漕运屯粮、余租,均著递缓至光绪十五、十六两年秋后带征。

又新淦县同治十三年被旱、新喻县光绪元年被旱，原缓各本年地丁、漕米，均著递缓至光绪十七、十八两年秋后带征。又新淦县同治十二年被旱、新喻县同治十三年被旱，原缓各本年地丁、漕米，均著递缓至光绪十九、二十两年秋后带征。

又新淦县同治十一年被水、被旱，新喻县同治十二年被旱，原缓各本年地丁、漕米，均著递缓至光绪二十一、二十二两年秋后带征。

又新喻县同治十一年被旱，原缓本年地丁、漕米，著递缓至光绪二十三、二十四两年秋后带征。

又永新县同治十三年并光绪元年被旱，原缓各本年地丁，均除完纳外，其余未完同各原缓漕米、屯丁、存留屯粮、漕运屯粮、余租；又光绪二年被水，三年被旱，四年被水、被旱，五年被水，原缓各本年地丁、漕米、屯丁、存留屯粮、漕运屯粮、余租，均著递缓至光绪七年秋后，一并带征。

又永新同治十二年被水、被旱，原缓本年地丁，除完纳外，其余未完同原缓漕米、屯丁、存留屯粮、漕运屯粮、余租，均著递缓至光绪八年秋后一并带征。

又永新县同治十一年被水、被旱，原缓本年地丁、漕米，各除完纳外，其余未完同原缓屯丁、存留屯粮、漕运屯粮、余租，均著递缓至光绪九年秋后，一并带征。

又湖口县同治十一、十二、十三等年并光绪元、二、三、五等年被水，原缓各本年压征同治十、十一、十二、十三等年并光绪元、二、四等年芦课，又光绪四年被水，原缓本年压征三年芦课，除完纳外，其余未完银两，均著递缓至光绪七、八、九三年秋后带征。

又南昌、新建二县光绪二、四两年被水，丰城县光绪二年被水，鄱阳、余干、星子、德化、德安等县光绪四年被水，各原借修堤银两，均著展缓至光绪七、八两年秋后催缴还款。又建昌县光绪四年被水，德安县光绪二年被水，各原借修堤银两，均著展缓至光绪八、九两年秋后催缴还款。又余干县光绪二年被水，原借修堤银两，著展缓至光绪九、十两年秋后催缴还款，以纾民力。

余著照所议办理。该抚刊刻誊黄，遍行晓谕，务使实惠均沾，毋任吏胥舞弊，用副轸念民艰至意。该部知道。钦此。

1082　臣等查：明新正应行加恩各省，除盛京、江苏、安徽、江西、浙江、福建、湖北、湖南、河南、山西、陕西、甘肃、四川、广东、广西、云南、贵州，经该将军、督抚具奏，毋庸接济外，所有直隶、山东二省，业经该督抚奏到，臣等拟写谕旨二道，并拟定日期颁发。谨奏。

光绪七年

26　光绪七年正月初十日，内阁奉上谕：翰林院侍读周德润奏，各省孝廉方正请饬秉公保荐等语。各省遵保孝廉方正，自应采访名实相副者登诸荐剡，若如所奏，竟有徇情滥举等弊，尚复成何事体。著各督抚加意访求，秉公保荐，用副朝廷敦崇实行至意。

如无实在可保之人,即不得滥竽充数,以杜倖进。将此通谕知之。钦此。

41 光绪七年正月十七日奉旨:这所参疏防监犯越狱之管狱官,江西安仁县典史吴荣椿即革职拿问,交李文敏提同刑禁人等严讯有无松刑贿纵情弊,按律惩办。有狱官安仁县知县钟烈,著先行交部议处,仍勒令将逸犯祝青良严缉务获,倘限满无获,即行从严参办。余照所议办理。该部知道。钦此。

51 光绪七年正月十九日,内阁奉上谕:给事中楼誉普奏,请旨严禁州县私设班馆等语。私设班馆有干例禁,据奏浙江仙居县班馆羁押多人,册报隐匿,胥役任意需索凌辱良民各情,如果属实,殊属贻累民生。著谭钟麟确切查明,照例惩办。此等情弊,恐各省亦所不免,并著各该督抚严饬所属,一体认真查禁,以安闾阎。钦此。

93 光绪七年二月十一日,内阁奉上谕:前据都察院代奏江西候补通判赵清韶敬陈管见一折。当经寄谕周恒祺查奏,兹复据都察院奏赵清韶再陈管见,并据录呈谕旨二道。前旨系属寄信,该员何从缮录,其另录一道竟系捏造,殊堪诧异。均应确切根究。赵清韶著先行革职,交部严讯具奏。钦此。

181 光绪七年三月十三日,内阁奉上谕:现遭大行慈安端裕康庆昭和庄敬皇太后大事,各直省将军、督抚、都统、副都统、提镇等均有职守,不必奏请来京叩谒梓宫。惟当实心办事,勉尽厥职,不在仪节虚文也。钦此。

183 现遭大行慈安端裕康庆昭和庄敬皇太后大事,臣等谨查照成案,拟写明发谕旨,令各直省将军、督抚、都统、副都统、提镇等不必前来京叩谒梓宫。并拟写明发谕旨,各省例贡方物,期年内暂行停止。又拟写明发谕旨,将周之桢、庄守和摘去顶戴。大行慈安端裕康庆昭和庄敬皇太后母家亲属,拟传旨令其穿缟素百日。是否有当,伏候圣裁。谨奏。光绪七年三月十三日奉旨:依议。钦此。

184 光绪七年三月十三日,内阁奉上谕:向来各督抚、将军、府尹及盐政、关差、织造等例贡方物,著期年内暂行停止。钦此。

201 光绪七年三月二十日,内阁奉上谕:李文敏奏革员之子抗不完缴,亏短交代银两,请革职勒进一折。前任江西玉山县知县黄寿祺、已故署宜黄县知县夏燮前因亏短历任交代正杂各款,均经革职监追查抄备抵,并提该革员及故员家属等究追。乃黄寿祺长子黄文枚、夏燮之子夏致坴銮均服官他省,抗不完缴,实属延玩。浙江海沙场盐大使黄文枚、江苏候补知县夏致坴均著暂行革职,即著谭钟麟、吴元炳委员将该革员黄文枚等解往江西,以凭勒追。余著照所议论办理。该部知道。钦此。

202 蒙发下折报,臣等公同商阅。李鸿章奏顺直灾区请拨鄂漕三万石散放折,拟缮明发特旨照拨。李文敏奏请将亏欠交代案内革员之子革职勒追折,拟缮明发谕旨,照所请办理。潘鼎新奏请叩谒梓宫折，拟缮批旨毋庸来京叩谒。其余折片单拟批呈进。是否有当，伏候圣裁。谨奏。光绪七年三月二十日奉旨：依议。钦此。

209　军机大臣字寄福州将军，直隶、两江、闽浙、湖广、两广、四川、江苏、安徽、江西、福建、湖北、湖南、山东、广东各督抚。光绪七年三月二十三日奉上谕：户部奏请绩拨京饷等语。近年库款支绌，叠经户部续请添拨京饷。此次该部酌量各省情形，拟拨山东地丁银五万两，湖南地丁银五万两，江西地丁银四万两，福建税厘银十万两，两淮盐课盐厘银四万两，长芦荥工加价银五万两，广东盐课银五万两、厘金银七万两，江苏厘金银十万两，安徽厘金银五万两，湖北盐厘银五万两，四川津贴银三万两、盐厘银八万两，闽海关洋税银五万两，九江关常税银十万两，江海关税银七万两，赣关常税银三万两，共银一百万两。著该将军、督抚各将所拨饷银连本年原拨未解京饷均于五月前解到一半，十二月初间如数解齐。各该将军、督抚务须顾全大局，依限提前完解。倘藉词诿卸，率请划抵截留，贻误要需，即著该部指名严参。将此由五百里各谕令知之。钦此。遵旨寄信前来。（抄交户部）

225　光绪七年四月初二日，内阁奉上谕：内阁学士宝廷奏请饬内外诸臣共殚血诚一折。方今时事多艰，全赖内外诸臣同心协力，维持匡辅。岂可不加振作，稍涉因循。恭亲王谊属懿亲，久资倚畀，军机大臣等同居枢要，务当竭虑殚精，任劳任怨，力矢公忠，以期无负委任。其有言责诸臣，于用人行政确有所见，尤应剀切指陈，不可稍存避忌。至各部院堂官及各省督抚受国厚恩，均膺重寄，于一切应办事件，总当加意讲求，认真整顿。庶几中外一心，艰难共济。于诸臣有厚望焉，将此通谕知之。钦此。

272　军机大臣字寄前兵部右侍郎彭。光绪七年四月十七日奉上谕：有人奏江西水师统领万重暄素善钻营，不理营务。乘坐绿呢大轿，所管船只八十余号，每船扣勇一名，月饷又皆减平发放，并借巡哨为名，收受各营规礼，及一切供应营官向各勇摊派。且复大开赌局，带勇各员无不入其局中，候补文员亦多赴局。又江西南赣镇总兵王永胜在任以来，惟以演剧饮酒、囤积贩运为事，且惯狎优伶并贪买民间女子入署，转为贩卖等语。武职大员有整顿营伍之责，宜如何洁己自爱、奉公守法。兹据所参各节，贪鄙纵佚，行同无赖，如果属实，大干军律，亟应严加惩办。著彭玉麟确切查明，据实参奏，毋稍徇隐。原折著抄给阅看。将此谕令知之。钦此。遵旨寄信前来。

305　军机大臣字寄安徽巡抚裕、江西巡抚李。光绪七年四月二十九日奉上谕：清安等奏防护台站蒙古官兵岁需饷银一万八千两。前经户部准奏，安徽、江西两省各拨银九千两，按年筹办。现届两年，仅据江西解到银九千两，安徽分厘未解等语。该处台站紧要，官兵需饷维殷。著裕禄、李文敏督饬藩司，迅速扫数筹拨，委员解交绥远城将军、察哈尔都统衙门，由清安等派员迎提。嗣后务当年清年款，不得稍有延宕，致误要需。将此由四百里各谕令知之。钦此。遵旨寄信前来。

308　蒙发下折报,臣等公同商阅。李鸿章奏营口原设练军,仍应责成山海关道统带,并请饬令富陞无庸会办海防各折片,拟写寄信李鸿章、岐元、富陞谕旨,营口原设练军仍照奏定章程归山海关道统带,以重口岸而一事权。现在俄约已定,防务稍松,所有练兵筹边事宜,责成岐元专办。李鸿章随时兼顾,富陞即毋庸会办。前副都统博崇武并令交卸带队事务,仍回本旗。清安等奏请催科城饷银片,拟写寄信谕旨令裕禄、李文敏督饬藩司迅速筹解。楼誉普奏畿南通衢河路,请禁止船头名目片,拟写明发谕旨,令李鸿章查明严禁;又奏请旌表孝行暨节烈妇女各折片,拟请旨照准,交与吏部,钦遵办理。其余折片单,分别拟批呈进,是否有当,伏候圣裁。谨奏。光绪七年四月二十九日奉旨:依议。钦此。

321　光绪七年五月初六日,内阁奉上谕:刑部奏各省命盗案件办理迟逾,酌拟稽查章程,请旨饬办一折。各省办理命盗案件,本有定限。其承审迟延者,分别议处,定例綦严。近来各州县往往藉端延宕,任意耽误,甚至捏词扣展,延隔数年,积压蒙混,弊端百出,殊非慎重刑章之道。自应汇总稽查,以期周密。著各直省督抚等自此次奉旨之日起,先将现在各州县详报未结命盗案件,造册咨部。嗣后命盗等案例应题咨之件,著于各州县通报之后,由该督抚等汇齐造册,按月报部一次,毋得视为具文。如查有迟逾等弊,该部立即严参,以警玩泄。钦此。

419　军机大臣字寄福州将军,直隶、两江、闽浙、湖广、四川、两广各总督,江苏、安徽、江西、福建、浙江、山东、山西、河南、湖北、湖南、广东各巡抚,传谕粤海关监督。光绪七年六月十四日奉上谕:户部奏请旨催解京饷,分别已解、未解银数开单呈览一折。本年京饷,户部原拨续拨共银八百万两,除划拨伊犁偿款二百万两外,截至本年五月止,各省关计共欠银三百三十六万五千两。现在部库支绌,应放各款均关紧要。所有应解京饷,该省关自应迅速报解,不得任意延宕,致误要需。即著该将军、督抚、监督等各查照欠解数目,赶紧陆续解部,统于年内扫数解齐。本年部库放项增出伊犁偿款二百万两,需饷尤殷,倘敢诿卸拖欠,即由户部指名严参。原单著分别摘抄给与阅看。将此由五百里谕知福州将军、直隶、两江、闽浙、湖广、四川、两广各总督,江苏、安徽、江西、福建、浙江、山东、山西、河南、湖北、湖南、广东各巡抚,并传谕粤海关监督知之。钦此。遵旨寄信前来。(抄交户部)

429　光绪七年六月十六日,内阁奉上谕:据内阁学士张之洞、詹事府右庶子周德润、御史洪良品先后因星变陈言,详加批阅所陈各条,不为无见。讼狱为民命所关,屡经谕令内外用刑衙门,清理庶狱,免致小民冤抑。乃各省积习相沿,于民间控诉案件日久积压,甚且任意刑求,拖累株连,在所不免,遂致京控之案,层见叠出。嗣后各该督抚等于京控命盗重案务当亲提秉公审讯,遇有冤抑,立予平反,不得概以怀疑误控等词一奏结案,以重民命。并著刑部将京控积案年限申明旧章,随时稽查,毋任日久生懈。钱粮系维正之供,岂容经征人员暗中侵挪。乃或上司意存见好,每遇属员亏空,转设法为之弥缝。至离任亏欠久悬，身后参追无著，国课因之日绌。关税、厘金出入尤多蒙混，不能涓滴归公，总由经手官绅营私取巧，百弊丛生，遂致利归中饱。嗣后该督抚、监督等务当洁己奉公，于钱粮、厘税款项认真经理，核实奏报，不得任意开销，稍有欺饰，以裕帑项。各省防军岁需饷项甚巨，著各督抚、统兵大臣将所部各营严行稽核，选派得力将弁管带，随时申明纪律，汰弱留强，俾成劲旅。倘有不加训练、不讲营规、虚报空额、吞蚀口粮诸弊，一经发觉，定即重惩。澄叙官方，察吏实为急务，各省督抚考察属员，率多虚应故事，不足以示劝惩。凡属员任内各有应办公务，该督抚平日当留心详查，认真考课，视其能否定功过，以为举劾。仍须详叙实迹具奏，用昭赏罚，不得仅托空言，至冗员过多。亟应照章甄别，将庸劣各员随时裁汰，毋任日久滥竽，并将参劾裁汰员数陆续咨明吏部查核。以上各节均须实力奉行，不得视为具文，一味粉饰因循，致负委任。总之时事多艰，全在中外大臣共矢公忠，实心任事，破除成见，以期宏济艰难。朝廷进退大臣惟视其能否尽职，以为考核，其各时加惕厉，庶几恩眷长承也。星象示警，我君臣惟有交相儆戒，恐惧修省，尽人事以格天心。至用人行政，时有阙失，凡有言责诸臣，尤当直言无隐，藉资采择，用裨治理，实有厚望焉。钦此。

431　蒙发下梅启照等封奏各件，臣等公同商阅。梅启照奏门禁废弛，请严定章程片，张之洞奏修政弭灾折内请整饬禁卫一条。查门禁理应严肃，前于光绪四年六月会议章程奏明遵办并叠次奉旨谆谆告诫，拟缮写明发谕旨，饬令该管大臣等督饬官兵遵照章程实力稽查，不准稍涉懈弛。如敢虚应故事，阳奉阴违，设有疏失，必惟该管大臣是问。周德润奏请清理讼狱，严禁苛收，裁汰冗员各条；洪良品奏请饬令督抚亲提命劫大案并钱粮、关税、厘金严加稽核，及考课之政要实办理各条；张之洞奏请求武备一条，均有可采。拟写明发谕旨，一道饬令中外大臣认真筹办，仍当破除成见，遇事和衷商榷，实心经画，以期共济时艰。是否有当，伏候圣裁。谨奏。光绪七年六月十六日奉旨：依议。钦此。

433　光绪七年六月十七日，内阁奉上谕：前据御史李士彬奏特参总兵万重暄、王永胜贪劣各款。当经谕令彭玉麟查办。兹据该侍郎查明具奏，江西水师统领记名总兵万重暄虽无扣勇减饷之事，所参收受节寿陋规，亦无实据。惟出门乘轿所至，盛饰厨传供帐，并有开局聚赌情事。江西南赣镇总兵王永胜狎优饮酒，时令民间女子入署作工，虽非收买贩鬻而不知远嫌，以致物议沸腾。已革知县章澍声名狼籍，与王永胜往来酬酢，聚饮观剧，营务因以废弛。江苏候补道朱麟成、江西候补知府潘骏群、候补知县杨春泽、陈长吉、张铭、李文同、已革知县柯荣、试用通判顾长龄、管带江西内河水师营官记名总兵萧福均有入局聚赌之事。万重暄、王永胜、萧福均著革职，永不叙用。朱麟成、潘骏群、杨春泽、陈长吉、张铭、李文同、顾长龄著一并革职。章澍、柯荣均著勒令回籍，以儆官邪。两江总督刘坤一、江西巡抚李文敏于所属各员种种劣迹漫无觉察，均著交部议处。前叠经降旨，谕令各省督抚整顿吏治营伍，如果不避嫌怨，认真考察，何至所属各员有此藐法妄为之事。各该督抚嗣后务当破除情面，严加访察，如有此等劣员，即行据实参办,毋得稍涉徇隐,自干咎戾。钦此。

435　蒙发下折报,臣等公同商阅。彭玉麟奏查明武员被参各款,请将总兵董重暄等分别惩治折,拟缮明发谕旨,照所请办理。该督抚于所属文武不职,失于觉察,拟请旨将刘坤一、李文敏交部议处,并通谕各直省督抚一并考察属员,以肃官方。荣毓等奏防御参后藉疯逞刁折,拟缮明发谕旨,将防御多福革职,交刑部治罪。崇绮奏保荐知府裕长片,拟请旨留中。又崇绮折一件,拟批呈进。是否有当,伏候圣裁。谨奏。光绪七年六月十七日奉旨:依议。钦此。

437　光绪七年六月十九日,内阁奉上谕:李文敏奏特参庸劣各员一并革职等语。江西候补知县汪嘉猷行为荒谬,不顾声名;前署崇义县事、试用知县严兆麒办事粗率,声名平常;前署大庾县事、候补知县周尚文才识平庸,颇滋物议;瑞昌县知县林中钰不学无术,听断乖方;临江府经历屠均才具浅陋,率意妄为;署萍乡县芦溪司巡检、候补典史孟杰兴行止卑鄙,声名恶劣,均著革职,以肃官方。余著照所议办理。该部知道。钦此。

438　蒙下折件,臣等公同商阅。李文敏奏参劾庸劣各员片,拟写明发谕旨,将知县汪嘉猷等一并革职,其余折片单拟批呈进。是否有当,伏候圣裁。谨奏。光绪七年六月十九日奉旨:依议。钦此。

440　光绪七年六月二十日,内阁奉上谕:江西赣镇总兵员缺,著程文炳补授。钦此。

441　查:江西赣镇总兵仅陆路缺。谨奏。

457　光绪七年六月二十五日,内阁奉上谕:御史李暎奏,近来督抚于属员被参奉旨查办之件,往往避重就轻,化有为无,掩饰回护,积习相仿,请旨严申诫谕一折。各省吏治全在封疆大吏随时考察,认真整顿,遇有查办事件,尤应秉公确查,据实覆陈。若意存袒护,曲为弥缝,将官方何由整肃,民隐何由上达耶!该督抚等嗣后务当破除情面,力求核实,毋得稍有隐饰,自干咎戾。至臣工陈奏折件,理宜敬谨缮写,岂得草率从事。该御史折片内讹字甚多,殊非敬慎之道。李暎著传旨申饬。钦此。

478　光绪七年七月初三日,内阁奉上谕:前因江西候补通判赵清韶呈递条陈,缮录寄信谕旨并有捏造情事,当经降旨先行革职,交刑部严讯。兹据该部讯明具奏,此案已革江西候补通判赵清韶条陈开矿折内所录谕旨,经山东巡抚查获传抄人犯录供,咨送刑部。复经该部确切研讯,实系转相传抄。赵清韶并不知有捏造情节,惟未辨真伪,辄行冒昧呈奏,实属谬妄。赵清韶著照所拟从重发往军台效力赎罪。不准援减。余依议。钦此。

524　光绪七年七月十八日,内阁奉上谕:兵部奏请饬各省题报现年兵马数目一折。各省兵马数目例应于每年十月具题造册报部,该部于年终汇题,所以备考查而杜浮冒。现除浙江依限题报外,其余各省率多办理迟延,甚至积压年久,竟不造报,实属不成事体。该部以各省欠报年份甚多,若令以次递补,则到部之册所报并非本年,而本年之册,到部不知何日。请饬欠报各省即将现年数目造报,系为清理积牍起见。著各直省督抚自光绪七年起将本届兵马数目依年造报,勿逾例限。如再迟延,即著该部奏参,将该督抚及营员从严议处,以儆玩泄。至历年未报各案,并著分年带补。单并发。钦此。

525　蒙发折报,臣等公同商阅。李鸿章奏清苑县乌马庄龙神庙祷雨灵应,请颁匾额并入祀典片,又奏吴桥县关帝庙、城隍庙叠著灵应,请颁匾额片,均拟缮明发谕旨,交南书房翰林恭书匾额颁发。兵部奏请饬各省提报现年兵马数目折,拟缮明发谕旨,令各直省督抚自本年起按年造报,如再有迟延,由该部奏参。其余折片单,拟批呈进。是否有当,伏候圣裁。谨奏。光绪七年七月十八日奉旨:依议。钦此。

530　军机大臣字寄江西巡抚李。光绪七年七月二十日奉上谕:有人奏江西临江府属之樟树镇地方有候补知府江秀澜董司厘务,纵令丁役私勒炭厘,并有击毙车夫一事,商民罢市,几至激变等情。若如所奏,殊属不成事体。著李文敏按照所参各节,确切查明,据实参奏。并通饬各局委员严行约束丁役,毋得藉端滋扰。至所请将该省各厘卡体察情形裁减归并之处,著酌度办理。将此谕令知之。钦此。遵旨寄信前来。

568　军机大臣字寄江西巡抚李。光绪七年闰七月初二日奉上谕:有人奏江西湖口县厘卡总办、补用知府王之藩于一切厘务委之家丁,属员受其欺陵,司事巡丁助其虐焰。每遇客商往来,任意需索留难等语。若如所奏,实属有害商旅。著李文敏确切查明,如有前项情弊,即将王之藩差使撤去,严参惩办,另委廉干之员接管,以除积弊而整厘务。原片著抄给阅看。将此谕令知之。钦此。遵旨寄信前来。

571　光绪七年闰七月初二日,内阁奉上谕:给事中刘瑞祺奏各省抽厘设卡,请饬权衡出入,酌量撤留一折。各省抽收厘金,迭经谕令核实办理。若如该给事中所奏情形,实属无裨国计。著各该督抚将各厘卡出入数目悉心统核,酌量撤留,报部备查,不得以空言塞责。将此通谕知之。钦此。

573　蒙发下折报,臣等公同商阅。庆裕奏遵议加征洋药土烟税厘办法折,拟俟各省覆奏到齐,再行请旨办理。奕秋奏差满回京,亏短盈余银两,请减成赔缴折,拟写明发谕旨,交户部核议据奏。刘瑞祺奏各省厘卡宜分别留撤折,拟写明发谕旨,令各省督抚斟酌情形妥筹办理;又奏湖口县厘卡总办补用知府王之藩办理不善片,拟写寄信谕旨,令李文敏查明参撤;又奏芜湖关保户各色名目,请严行禁革片,拟写寄信谕旨,令裕禄饬该关道查明严禁;又奏请将阵亡殉难之廪生徐钟昊等议恤片,拟请旨传知吏部分别议恤。其余折片单拟批呈进,是否有当,伏候圣裁。谨奏。光绪七年闰七月初二日奉旨:依议。钦此。

613　军机大臣字寄福州将军穆，两江总督刘，湖广总督李，两广总督张，四川总督丁，署两江总督、前兵部右侍郎彭，江苏巡抚黎，浙江巡抚谭，江西巡抚李，湖北巡抚彭，湖南巡抚李、广东巡抚裕，传谕护理江苏巡抚、布政使谭钧培。光绪七年闰七月十六日奉上谕：户部奏遵拨银两，请饬迅解一折。据称现在恭修普祥峪定东陵神路营房等工，应行采买各项物料，需款甚亟。拟拨江苏厘金银五万两；湖南厘金银四万两；浙江厘金银二万两；江西厘金银二万两；广东厘金银二万两；两淮盐厘银五万两；四川盐厘银五万两；湖北盐厘银三万两；镇江关八十结实存洋税银五万两；闽海关六成洋税银四万两；江汉关六成洋税银三万两。著各该将军督抚饬令藩运各司、监督等赶紧筹拨，统限于本年九月内迅速派员迳解普祥峪定东陵工程处交纳，毋稍延误。并将起解日期先行报部。将此由四百里谕知穆图善、刘坤一、李瀚章、张树声、丁宝桢、彭玉麟、黎培敬、谭钟麟、李文敏、彭祖贤、李明墀、裕宽并传谕谭钧培知之。钦此。遵旨寄信前来。（抄交户部）

621　光绪七年闰七月二十日，内阁奉上谕：御史秦钟简奏命盗重案讳饰成风，请饬疆臣认真查办一折。据称广西各州县抢劫命案层见迭出，地方官任意消弭，详办者甚少，被抑者不知凡几，小民含冤莫诉，易滋事端等语。州县讳匿命盗案件，例禁綦严，若如该御史所奏，尚复成何事体。著庆裕实力整顿，严饬属员，痛除积习。此等情形他省恐亦不免，著各该督抚一律认真查察，遇有命盗案件，务令照例详办。倘有讳饰情弊，即行从严参处，以肃吏治而恤民隐。将此通谕知之。钦此。

688　光绪七年八月初九日，内阁奉上谕：给事中楼誉普奏敬陈管见一折。各省督抚、司道衙门应用幕友，自当慎选品行端方，明习吏事者，以资助理，若如所奏，竟有日久盘踞、聚赌招摇各情，甚至肆行贿赂，广通声气，于吏治大有关系。著各督抚严行查察，如有似此劣幕，立即驱逐，并严饬司道等一体访查。不准徇情迁就，致滋弊窦。至服官省份，置买田产，例禁綦严，并著各督抚认真查办，毋稍徇隐。其所请将同通州县各用本班及各省回避人员一体查办两条，著该部议奏。钦此。

725　军机大臣字寄两江总督刘，署两江总督、前兵部右侍郎彭，闽浙总督何，湖广总督李，两广总督张，四川总督丁，江苏巡抚黎，浙江巡抚谭，江西巡抚李，福建巡抚岑，湖北巡抚彭，湖南巡抚涂，前湖南巡抚李，山东巡抚任，广东巡抚裕，传谕护理江苏巡抚、布政使谭钧培。光绪七年八月二十二日奉上谕：刘长佑等奏各省关积欠饷项甚巨，请饬迅解一折。据称各省关奉拨协滇新饷，自光绪二年九月起至七年七月底止，四川欠解银三(千)[十]一万九千两，又欠解盐务项下按季提解抵捐银二万八千三百三十余两，浙江欠解银五十四万六千两，湖北欠解银三十二万二千五百八十余两，湖南欠解银四万六千九百余两，广东欠解银一万四千两，江苏欠解银三万二千五百两；又各省关奉拨乙亥及壬午等年常年兵饷，东海关欠解银三万两，湖南欠解银十八万两，浙江欠解银一百十四万两，福建欠解银二万两，广东欠解银十八万五千九百五十两，江西奉拨银十万两，湖北奉拨银二十万两，江苏奉拨银五万两，均全未报解等语。滇省地处边陲，素称瘠苦，常年全赖各省协济，况现在筹办善后各事宜，需用尤巨。乃自上年七月间，经该督等奏请饬催，谕令各省迅速筹解，迄今报解仍复寥寥，殊属不顾大局。该督等所陈收款短绌，一切度支无从挹注，均系实在情形，朝廷殊深悬系。著各省关迅将积欠新饷并川盐局抵捐协饷及常年兵饷赶紧筹拨巨款，务于年内解滇应用，以后仍源源接济，毋得再有延宕。将此由四百里谕知刘坤一、彭玉麟、何璟、李瀚章、张树声、丁宝桢、黎培敬、谭钟麟、李文敏、岑毓英、彭祖贤、涂宗瀛、李明墀、任道镕、裕宽，并传谕谭钧培知之。钦此。遵旨寄信前来。（九月二十一日抄交户部）

729　军机大臣字寄江西巡抚李。光绪七年八月二十三日奉上谕：李文敏奏广昌县徒犯胡歌三逃回余干县本籍，纠集党与，恃强抢掠，殴毙人命。地方营县率领兵勇往拿，旋散旋聚，现调总兵江宗良等带勇会拿等语。该徒犯胡歌三以已革举人犯案发配，辄敢潜逃回籍，纠众抢杀，横行无忌，实属不法已极。若不严拿惩办，必致酿成巨患。著李文敏督令派出各员将该犯胡歌三及为从各要犯上紧拿获，从重究办。此案既疏纵于前，不得再以逃匿无踪藉词延宕。将此谕令知之。钦此。遵旨寄信前来。

731　蒙发下折件，臣等公同商阅。李鸿章奏请豁免河间县黄辛庄等村民欠粮租屯来片，拟缮明发谕旨，照所请豁免。李文敏奏逃徒胡歌三纠众扰害，派勇拿办片，拟缮寄信谕旨，令李文敏将该犯胡歌三及为从要犯一并严拿务获，从重究办，毋任漏网。其余折片拟批呈进。是否有当，伏候圣裁。谨奏。光绪七年八月二十三日奉旨：依议。钦此。

741　光绪七年八月二十四日，内阁奉上谕：陕甘总督著谭钟麟补授，陈士杰著补授浙江巡抚，均著即赴新任，毋庸来京请训。陈士杰未到任以前，浙江巡抚著德馨护理。福建布政使著沈保靖补授。江西按察使著刚毅补授。钦此。

745　光绪七年八月二十四日，内阁奉上谕：李文敏奏甄别知县，请分别降补、另补，并将捐升知县先开底缺一折。江西吉水县知县程朴生才具尚可，声名平常，著以府经历县丞降补；奉新县知县王志勋才识拘谨，人地不宜；瑞金县知县梅雨田人尚安详，才难治剧，均著撤回另补。其所请将捐升知府之新昌县知县胡传钊先开底缺之处，著该部议奏。余著照所议办理。钦此。

766　光绪七年九月初一日，内阁奉上谕：御史箫韶奏，近闻直省各府昭忠祠致祭者甚少，甚至向地方绅士先索差费，然后往祭，请饬一律致祭等语。各省建立昭忠祠原以慰忠魂而作士气，若所奏各情，实属不成事体，著各直省督抚严饬各该地方官，照例于春秋二祭亲诣行礼，不得仍前怠玩，以重祀典。倘查有索费情事，即行据实奏参。钦此。

863　军机大臣字寄福州将军，直隶、两江、湖广、闽浙、两广、四川各总督，江苏、安徽、江西、福建、浙江、湖北、湖南、山东、山西、广东各巡抚，传谕粤海关监督。光绪七年九月二十六日奉上谕:户部奏请旨催解京饷一折。本年京饷原拨、续拨八百万两,统限年内解齐。截至八月底止,除划拨解到、报解起程等款外,尚欠解银一百四十万八千余两。现在部库支绌,本年在各省间应解京饷内划拨伊犁偿款等银,库款益形减少。年内应放各项,关系紧要,亟须各省关全数解到,以应要需,岂容任意延宕。著该将军、督抚、监督等各将欠解银两迅即照数依限提前解京,已报起程各款亦即速催解部,毋任在途逗留。倘有诿卸拖欠致误开放,即著户部指名严参。原单著分别摘抄给与阅看。将此由五百里谕知福州将军,直隶、两江、湖广、闽浙、两广、四川各总督,江苏、安徽、江西、福建、浙江、湖北、湖南、山东、山西、广东各巡抚。并传谕粤海关监督知之。钦此。遵旨寄信前来。(抄交户部)

864 军机大臣字寄两江、闽浙、湖广、两广、江苏、安徽、浙江、江西、山东、山西、湖北、湖南、广东各督抚,传谕粤海关监督。光绪七年九月二十六日奉上谕:户部总理各国事务衙门奏东北边防经费,各省报解迟延,请旨严催一折。据称各直省应解本年东北边防经费,截至九月止,除已解到解九十五万两,暨报解银二十三万两外,尚欠解银八十二万两。现在库存经费不敷周转,请旨严催等语。此项经费银两关系紧要,自应迅速筹解,以济要需。除河南及津海关业经户部议准暂行缓解外,其余各省关欠解银两,即著各该督抚监督源源报解,统限年内解清。倘再迟延,即著户部照贻误京饷例,指名严参。其浙海关欠解六年份经费银二万五千两,并著闽浙总督、浙江巡抚即饬该监督克期补解,毋再迟延。原单著分别摘抄给与阅看。将此由五百里谕知两江、闽浙、湖广、两广、江苏、安徽、浙江、江西、山东、山西、湖北、湖南、广东各督抚,并传谕粤海关监督知之。钦此。遵旨寄信前来。(抄交户部、总理衙门)

886 军机大臣字寄盛京、直隶、江苏、安徽、江西、浙江、福建、湖北、湖南、河南、山东、山西、陕西、甘肃、四川、广东、广西、云南、贵州各将军、督抚。光绪七年十月初三日奉上谕:本年直隶、浙江、河南、山西、陕西、广东、贵州被水、被雹、被旱、被风等处,节经各该省奏到,将新旧钱粮分别蠲免缓征。并因顺直各属灾区穷黎较多,拨给湖北漕米三万石藉资散赈。江苏泰州、盐城各属被风、被潮;江西泰和等县被水;浙江沿海各县被风、被潮;福建台湾、台北两府属被风、被水;湖南零陵县、澧州被水;山东昌邑等处被水;陕西乾州等州县被雹、被水、被虫;甘肃阶州等处地震,固原州等处被雹;四川盐源等县被水、被雹,省城及犍为各属暨雅安县被火,茂州等处被水;广东南海县等处被水,均经该督抚等查勘抚恤,小民谅可不至失所。惟念来春青黄不接之时,民力未免拮据。著传谕该督抚等体察情形,如有应行接济之处,即查明据实覆奏,务于封印以前奏到。候朕于新正,降旨加恩。江苏苏松等属被风;安徽安庆等属被水、被旱;江西德安等县被雹、被水;浙江新城等县被水、被风、被雹;福建光泽等县被水、被风;湖南安乡等县被水;河南郑州等州县被水;甘肃西宁等处被雹;云南镇沅等处被水、被雹,宣威等州县被水,均经该督抚等委员查勘,即著迅速办理,并将来春应否接济之处一并查明,于封印前奏到。此外各省有无被灾地方应行调剂抚恤之处,著将军、督抚等一并查奏,候旨施恩。将此各谕令知之。钦此。遵旨寄信前来。

887　查:本年直隶、浙江、河南、山西、陕西、广东、贵州被灾地方业经加恩,将新旧钱粮分别蠲免缓征。并因顺、直各属灾区穷黎较多,复经加恩拨给漕米散赈。其江苏、江西、浙江、福建、台湾、湖南、山东、陕西、甘肃、四川、广东被风、被潮、被水、被雹、被虫、地震、被火地方,均经各该督抚查勘抚恤。其明春应否量为接济之处,臣等谨照向例缮写询问该督抚等谕旨,俟覆奏到日,再行拟写新正加恩谕旨呈进。再江苏、安徽、江西、浙江、福建、湖南、河南、甘肃、云南被风、被水、被旱、被雹之处,该督抚等均已奏明查堪应否接济,现俱未经奏到。此外各省有无被灾地方应行调剂抚恤之处,一并询问,令该将军、督抚等迅速查奏汇办。谨奏。光绪七年十月初三日奉旨:依议。钦此。

951　光绪七年十月二十五日,内阁奉上谕:国子监司业王邦玺奏水灾情形甚重,请饬查勘办理一折。前据李文敏奏江西泰和、庐陵、吉水等县本年七月间被水情形,业经饬属妥为抚恤。兹据该司业奏称庐陵、吉水、泰和、永丰四县七月十八、十九连日大雨,山水暴发,冲没田庐,淹毙人口无算,灾区甚广,民间荡析离居,栖身无所,病毙者又复不少等语,览奏殊堪轸念。著李文敏督饬所属认真筹办抚恤,毋任一夫失所。仍将现办情形随时奏明,以慰廑系。并著将各该县被灾处所据实查勘,其应行分别蠲缓之处奏明办理,用副朝廷矜恤灾黎至意。钦此。

982　江西义宁州知州德海,旨(朱):著照例用。

987　军机大臣字寄福州将军,直隶、两江、湖广、闽浙、两广、四川、江苏、安徽、江西、福建、浙江、湖北、湖南、河南、山东、山西、广东各巡抚,传谕粤海关监督。光绪七年十一月初七日奉上谕:户部奏预拨来年京饷一折。据称历届京饷均系年前预拨,光绪八年京饷拟在地丁、盐课等款内指拨银七百万两,请饬各该省关于来年分批起解等语。京饷关系紧要,现经该部就各省关情形酌量动拨,自应遵照奏定数目源源报解,以应要需。著该将军、督抚、监督等务于来年开印后分批起解,限五月前解到一半,十二月初间扫数解清,不准截留改拨,藉词延误。倘届限不到,即著该部照奏定章程,指名严参。原单著分别摘抄给与阅看。另片奏光绪八年内务府经费拟拨两淮盐课银五万两,湖北盐厘银五万两,福建茶税银五万两,闽海关常税银十万两,九江关常税银十五万两,共银六十万两,请饬依限完解等语。著该将军、督抚等务于来年开印后陆续径解内务府交纳,先将起程日期报部,仍限六月前解到一半,十二月初间扫数解清,不准稍有蒂欠。将此由五百里谕知福州将军,直隶、两江、湖广、闽浙、两广、四川、江苏、安徽、江西、福建、浙江、湖北、湖南、河南、山东、山西、广东各督抚,并传谕粤海关监督知之。钦此。遵旨寄信前来。(抄交户部)

994　光绪七年十一月初九日,内阁奉上谕:兵部奏各省朋马驿站奏销久逾例限,开单请旨饬催一折。各省朋马驿站奏销竟有积压数年至数十年之久,前经该部于同治七年、光绪三年两次奏催，迄今仍未题报，实属迟延。即著各该省督抚自光绪七年起将朋马驿站奏销详细造册，依限题报。如再迟延，即由该部严参，以儆玩泄。其历年欠报各案并著各该督抚造具简明总册，分年带补并案题销。至积案多寡不同，各省情形亦异，其应如何题销之处。并著该督抚奏明办理。单二件并发。钦此。

996　蒙发下折报，臣等公同商阅。刘坤一奏遵议陈宝琛洋务条陈并筹议越南事宜，敬抒管见各一折，拟请旨留中。又奏已革同知李玉墀交结法人，专与越南为难片，拟写密寄谕旨，令张树声、裕宽、庆裕不动声色，设法诱致，免为外国所用。又奏革员讯供刁狡，请旨刑讯并将原审各员分别解任调省折，拟写明发谕旨，均照所请办理。兵部奏朋马驿站奏销逾限，请旨饬催折，拟写明发谕旨，饬令各该省详细造册，依限具题，如再迟延，即由该部照例严参。其余折片，拟批呈进。是否有当，伏候圣裁。谨奏。光绪七年十一月初九日奉旨：依议。钦此。

1005　光绪七年十一月初十日，内阁奉上谕：给事中张道渊奏已故大员请旨加恩应定年限等语。近来各省督抚奏请将已故大员事实宣付史馆建立专祠，朝廷览其所陈政绩，多予允行，以顺舆情而昭激劝。兹据该给事中所奏徇私溢美等弊，诚难保其必无，竹帛馨香皆属朝廷旷典，非可滥邀。嗣后各省督抚务当确切访查，必须实政在民、允乎公论者，方准奏请恩施，不得稍有虚饰，自干咎戾。至该给事中所请定限十年，逾限不得陈奏之处，著毋庸议。钦此。

1037　光绪七年十一月二十五日，内阁奉上谕：江西吉南赣宁道员缺，著文惠补授。钦此。

1038　查：江西吉南赣宁道系冲繁难要缺，谨奏。

1094　光绪七年十二月十一日，内阁奉上谕：李文敏奏查明各属灾区，吁恳分别缓征钱漕等款一折。江西南昌等府本年春间被雹，四五月间大雨时行，江湖泛涨，低田被淹，六月间雨泽稀少，高田受旱，七月间连日大雨，山水暴发，冲决田庐，收成均行歉薄。若将钱漕等款照常征收，民力未免拮据。加恩著照所请，所有南昌县之一社一图，惠外二图，三都六图，四都六图，五都五、八图，六都七图，八都下一图、五图，十都六图，十一都中下三图，十二都下六七图，十三都一、二、三、四、五图，十四都一、二、三、四、五、六、七图，十五都一、二、三、四、五、六、七、八图，十六都四、五图，十七都一、二、三、四、五、六图，十八都三、五图，十九都上三、下三图，二十都二、三、四、九图，二十一都一、二、三图，二十二都一、六、八图，二十三都三、四、五图，二十五都六、七、十、十四图，二十六都二、三图，二十七都一、三、四、五、六、七、九、十、十一、十二图，三十二都一图，三十六都二、四、五图，三十九都六图，四十都十图，四十一都一图，四十三都一、二、三、五、六图，四十四都一、二、三、四图，四十五都南一、北一、南二、南三、长一、长二、长三、长四、长五、长六图，四十六都一、二、三、四、五、六、七、九、十一、十二、十四、十五图，四十七都

一、二、三、四、五、六、八、义九图，四十八都长一、南一、北一、长二、北二、南三、北三、长三、南四图，四十九都一、二、三、四、六图，五十图一图，五十一都一、四图，五十二都四、五、七、八图，五十三都三图，五十四都二、六图，六十都二、南二、五、七图，六十一都一、二、三图，六十二都二图，六十三都一、三、四、五、六、七、九、十图，六十四都一、二、三图，六十五都一、四、五、六、七图，六十六都一、二、三、四、五、六、七、八、九、十图，七十三都三、五、六、九、十图，七十四都一、二、三图，军都六图等处，被水、被旱各则田三千九百五十顷八十九亩零，未完地丁银一万三千七百十五两零，漕米二万三千六百八十一石零。

新建县之一都一、二、三图，二都一图，四都一、二图，五都一、二、三图，二十一都二、三、四、五图，二十二都二、三、四、五、六图，二十三都四、五图，二十四都一、二、三图，二十五都二、三图，二十七都一、四、五、八图，二十八都三、四、五、六图，二十九都一、二图，三十一都六、七、八图，四十八都三图，五十一都一、二图，五十二都一、二图，五十四都三图，五十五都三、四、五图，五十六都一图，军都六图，军都江浩十坊等处，被水各则田三千四百七十九顷六十亩零，未免地丁银六千一百六十四两零，漕米六千二百三十六石零。

进贤县之下五坂二十七都一、二、三、四、五图，二十八都一、二、三、四图，二十九都一、二、三、四图，三十都一、二、三、四、五图，三十一二都一、二、三、四图，滨临河湖一都一、二、三、四、五图，五都一、二、三、四、五图，六都一、二、三、四、五、六、七图，七都一二、三、四、五、六、七、军图，上八都一、二、三、四、五、六、七、八、九图，下八都一、二、三、四、五、六、七、八、九图，九都二、三、四、五、六、七、八、九图，十都三、六、七、八、九图，十三四都六、七、八、九、十图，十五都一、二、三、四、五、六、七、八图，十六都一、二、三、四、五、六、七、八、九、十、十一图，十七都一、二、三、四、五、六、七、八、九图，二十二都二、三、四、五、六、七、八、九、十、十一、十二图，二十三都一、二、三、四、五、六、七、八、九、十、十一图，二十四五都一、二、三、四图，二十六都一、二、三、四、五图，三十三都一、二、三、四、五、六、七图，三十四都一、二、三、四图，三十五都一、二、三、四、五图，三十六都一、二、三、四、五图，三十七都三、四、五图，三十八都一、二、三图，六隅东、西、南、北、正、中隅等处，被水各则田二千一百八十六顷，未完地丁银六千二百四十五两零，漕米八十四十三石零。

新淦县之二都一、二、三、四、五、六图，四都一、二、三、四、五、六、七、八、九、十图，七都一、二、三图，五都七、八、十、十一、十二、十三图，三都二、三、五、十图，一都三、四、五、七图，六都三、四、六、七、八、九、十图等处，被水、被旱各则田一千二十六顷三十一亩，未完地丁银六千九百八十二两零，漕米五千五十石零。

新喻县被水、被旱被较轻之九都一、二图，十一都一、二、三图，十四都三图，十五都一图，正附功屯图等处应征地丁、漕米内，著缓征十分中之二分八厘，银一千三百二十两零，米八百十四石零。又被水、被旱较重之一都一、三图，二都二、三图，三都一、三图，七都二图，八都三图，十都一图，十二都一、二图，十三都一、二图，十五都三图，十六都一图，公图，军图等处应征地丁、漕米内，著缓征十分中之三分四厘，银三千五百十四两零，漕米二千一百五十四石零。又被水、被旱最重之四都一、二、三图，五都一、二、三图，六都一、二、三图，七都一、三图，八都一、二图，十三都三图，十四都一、二图，十六都二、三图，十七都一、二、三图，十八都一、二、三图，十九都一、二、三图，二十都一图等处应征地丁、漕米内，著缓征十分中之三分六厘，银六千一百三十五两零，米三千八百二十石零。

峡江县之附城一、四、五、六坊，东乡一都二图三、六、七、八甲，二都二图六甲、三图四甲；西乡一都二图二、五、七、八、九甲，二都一、二图，三都二、三图，四都一图一、四、九甲，十都一图，十三都二图七甲等处，被水各则田一千三百二十八顷三十三亩零，未完地丁银三千九百六十一两零，漕米一千八百八十七石零。

莲花厅之砻西乡一三四五六七八九、十二五六七八九、二十等都，上西乡二十一二三四五六七八九、三十、三十一等都，被旱民田五百二十七顷八十五亩，屯田三十八顷二十六亩，未完地丁银三千四百三十二两零，漕米一千六百二十一石零，漕运屯粮银五百十五两零，余租银九百八十九两零。

庐陵县之纯化乡七十五、七十六、七十七、七十八、七十九、八十、八十一、八十二等都，坊廊乡六十八、行六十九、行七十二等都，儒林乡永一、永二、第五、第七十一等都等处，被水民田一千六百九十九顷六十六亩零，屯田六顷二十八亩零，未完地丁银七千二百二十六两零，漕米六千三百二十七石零，存留屯粮银四十一两零，漕运屯粮银二十四两零，余租银一百二十九两零。

吉水县之四十二都阳山、夏朗、东城、西城、东堡、中堡、城北、大屋坊、田北、江边、南园；四十三都一、二、三、四、五、六、七、八、九图；四十四都一、二、三、四、五、六、七、八、九图；四十六都一、二、三、四、五图；四十八都一、二、三、四、五、六、七、八、九图；三十三都上堡、下固；三十五都桥南、历善、竹山、低坪、外固、枧头、金滩、西湖、大社埠；三十六都河口、白沙、塔前、水西、山下、龚坊、大塘、滕家坑；三十七都章湖、城上、戴坊、皂溪、大石埠；三十八都双潭、朋江、赤岸、木口、青山、荷山下；四十九都马埠、宋溪、岭下；五十都龙溪、林塘、界江、潦源、下岩、江头；五十一都下堡；五十二都萧坊、白沙湾、黄家边、西坑、大坪沼、江下村一五六图全甲；五十三都迴陂、大贤、龙田、董富、下三都、楂子岭、樟木坑；五十四都泥陂、葛山；三十九都白果、白桥、莲塘、下蟾岭；四十一都一、二、三、四、五图；四十五都枫树排；四十七都松林、源头、芳溪、施村、卢家边、勺埠；五十三都青圳头、上源、下源、炉下、官陂、枫塘、贯塘、西中、军图、南陇村头、雷公村、燕山；五十四都东堡、檀木、山水、南堡、西中、李家潭、柳背、下范坝、溪楂坑、东半都、下湖头、三图、八图、下村等处，被水田地一千十九顷十亩零，未完地丁银四千八百十五两零，漕米三千三百十五石零。

泰和县之东乡一都一、二、八、九图，二都七、八图，三都一、二、三图；南乡四都三、四、五、六、七、八、九图，五都一、五、六、七图；西乡七都三、四、五、六、七图；北乡六都一、二图等处，被水田一千五百十一顷五十八亩零，未完地丁银九千三十二两零，漕米六千一百九十八石零。

安福县之东乡三都并五十四五七八，及六十、六十二三等都；南乡一都并三十五六七八及四十、四十一二三四五九等都；西乡四、五、六、七、八、九并十一、十二、十五、及二十一、二十二等都；北乡二都并六十四五七八九等都，被旱各则民田地一千六百七十七顷九十亩零，未完地丁银一万八百十二两零，漕米六千三百一石零。汇同东乡五十四七八等都，南乡三十七及四十四五等都，西乡四、五、六、八、九都并十一、十二等都，北乡六十四五八等都，被旱屯田二十二顷八十五亩零，未完漕运屯粮银三百三十八两零，余租银六百十九两零。

永新县之东乡六十三四五六七八九及七十一二等都，南乡五十四五六七八九等都，西乡十一三四五六七八及四十一二三四暨六十一等都，北乡一、三、四、五、六、七、八、九、十及七十三等都，被旱民屯田地一千六百五顷九十亩零，未完地丁银九千九百四十四两零，漕米二千二百五十五石零，屯丁银十五两零，存留屯粮银六十四两零，漕运屯粮银四百七十四两零，余租银一千八百六十一两零。

余干县之二、三、四、五、六、九都，二十七、二十八、二十九、三十一、三十三、三十四、三十五、三十六都等处，被淹各则田一千七百九十二顷二十三亩零，未完地丁银六千八百五十八两零，漕米四千四百十三石零。

乐平县之三都、五都、六都、八都、九都、十都、十二都、十四都、十五都、十七都、十八都、二十都、二十一都、二十二都、三十都、三十二都、三十三都、三十四都、三十五都等处，被旱田一千四百二十九顷二十四亩零，未完地丁银六千九百九十七两零，漕米三千五百六十四石零。

星子县被水、被雹次重之一、二、三都并上下四、上八二五等都应征地丁内，著缓征十分之三，银五百五十八两零。又被水、被雹较重之上七、下七两都应征地丁内，著缓征十分之四，银二百三十八两零。又被雹最重之下八都应征地丁内，著缓征十分之五，银三百五十六两零。同南九二卫被水、被雹屯田未完屯丁银十三两零，余租银三百三两零。

建昌县之归义、新城、修智、昇仙、甘泉、受安六乡被旱，永丰、凝远、丰安、德政、市镇、钓台六乡被水各则田地、山塘三千五百八十三顷九十一亩零，未完地丁银九千九百八十三两零，漕米四千九百七十六石零。同安义县之寄庄建昌县各乡，被水未完地丁银二百九十九两零，漕米一百四十一石零。

德化县之桑落、赤松、封一、封二、楚城、甘泉、南昌、仁贵、仙居、白鹤、德化、通津、泰临等乡，被水、被旱民田地五百六十九顷三十九亩零，未完地丁银一千七百五十两零，同南、九二卫屯田及芦洲田地并密稀芦等项，被水、被旱未完屯粮丁银六十九两零，存留屯粮银五百二十一两零，漕运屯粮银二千二十一两零，余租银四千二百九十七两零，光绪七年压征六年芦课银三百十六两零。

德安县之黄湾、陈湾、固村、墩下、金鸡、附城、神于、河东、后田、在市、乌石、墩上等堡，被雹、被水各则民田三百五十二顷七十八亩零，未完地丁银二千七百四十五两零。同南、九二卫坐落陈湾、金鸡、附城、河东、后田、河西、乌石、在市等堡，被雹、被水屯田一百八十顷十五亩，未完屯丁银二百一两零，存留屯粮银二百三十五两零，漕运屯粮银一千三百二十三两零。

湖口县之上乡十三都、十七都、二十都;中乡二坊、八都、十二都;下乡三都,四、六都,五都等处,被水各则民田三百三十二顷十八亩零,未完地丁银一千八百六十四两零,汇同三都,四、六都,五都及编入德化县之仁贵乡、宿松县之孟家洲等处,被水屯田十三项十五亩零,未完漕运屯粮银一百十两零,余租银二百八十四两零。九江府同知所辖南、九二卫芦洲坐落桑落、赤松、封一、封二等乡,被水并密稀芦等项,上中下地五百八十六顷九十二亩零,未完光绪七年压征六年芦课银四百二十一两零,均著缓至光绪八年秋后分作两年带征。

又湖口县所辖芦洲被水未完光绪七年压征六年芦课银二百五十五两零,著缓至光绪八年秋后分作三年带征。又兴国县太平乡之覆笥山、崇贤、上堡、中堡、太平墟、高田塅、水口堡、衢背坊、仙人桥、塘江、防潘、屋坝、彭屋、塅石、角坊、顾溪堡、高坌坊、高多村;四隅及清德乡之石溪、殷富、花园、上宅、之岭、俚背、浯口、新村、厚塘、蒙溪、上甲、塘石堡、上社堡、仁田坊、文溪、杨乐、城渡堡、澄塘堡、心田、太公井;儒林乡燕山、恽院堡、桐林、水尾村、龙砂堡、严屋坝、古竹湖、大马、埠堡、谬屋、溪元、田土、稼鲤、鱼岭下、南门坪、方塘湾、集瑞坝、武溪;大足乡之上滩堡、内河家、坝村、头坝、南堡、榔东、田心、猫狸石;宝城乡大社、下黄、耆塅坝、尾衣、锦乡、福相里、杉围、都城下等处,被淹各则民田四百三十七顷十八亩零,未完地丁银二千七百二十八两零,著缓至光绪八年秋后带征。

又南昌县光绪六年被水、被虫,二、三、四等年被水,原缓各本年地丁、漕米;新建县同治十二年及光绪元、二、三、四、六等年被水,原缓各本年地丁、漕米;丰城县光绪二年被水,原缓本年地丁、漕米。清江县光绪三年被水,原缓本年地丁、漕米;峡江县同治十二年及光绪五年被旱,二年被水,原缓各本年地丁、漕米;永丰县光绪五年被旱,原缓各本年地丁、漕米;南丰县光绪二年被水,原缓本年地丁、漕米;鄱阳县光绪四年被水,原缓本年地丁、漕米、屯粮丁、存留屯粮、漕运屯粮、余租;乐平县同治十一、十二、十三及光绪元、二、三、五、六等年被旱,四年被水、被旱,原缓各本年地丁、漕米;安仁县光绪四年被水,原缓本地丁、漕米;万年县同治十一年被水,原缓本年二县一半地丁、漕米,又光绪元、二、四等年被水,原缓各本年地丁、漕米。星子县光绪四年被水,原缓本年余租,除完纳外,其余未完同原缓本年地丁、屯丁,又同治十一年及光绪二年被水、元年被水、被旱,原缓各本年二限一半地丁、屯丁、余租;都昌县同治十一年及光绪元、二、四等年被水,原缓各本年地丁、漕米;德化县光绪四、六两年被水,五年被水、被旱,原缓各本年地丁、屯粮丁、存留屯粮、漕运屯粮、余租,四、五、六年压征三、四、五年芦课,三年被水、被旱,原缓本年余租,除完纳外,其余未完同原缓本年地丁、屯粮丁、存留屯粮、漕运屯粮,三年压征二年芦课;瑞昌县光绪四年被水,原缓本年地丁、漕运屯粮、余租;湖口县同治十三年及光绪二、三、四、六等年被水,元、五两年被水、被旱,原缓各本年地丁,均除完纳外,其余未完同原缓各本年漕运、屯粮、余租,同治十一年被水、十二年被水、被旱,原缓各本年地丁、漕运屯粮、余租,均著递缓至光绪八、九两年秋后带征。

又南昌县光绪元年被水、被旱、被虫,原缓本年地丁、漕米;新建县同治十一年被水,原缓本年地丁、漕米；进贤县光绪六年被水，原缓本年地丁、漕米。清江县光绪二年被水，原缓本年地丁、漕米。莲花厅同治十一、十二、十三等年及光绪元、二、三等年被旱，原缓各本年地丁、漕米、漕运屯粮、余租，并光绪四、五、六等年被旱，原缓各本等地丁，均除完纳外，其余未完同原缓各本年漕米、漕运屯粮、余租；庐陵县光绪二年被水，原缓本年地丁、漕米、存留屯粮、漕运屯粮、余租；安福县光绪六年被旱，原缓本年地丁、漕米、漕运屯粮、余租。余干县光绪六年被水，原缓本年地丁、漕米。建昌县光绪六年被水、被旱，并安义县之寄庄建昌县六年被水，原缓各本年地丁、漕米；德化县光绪二年被水，原缓本年存留屯粮，除完纳外，其余未完同原缓本年地丁、屯粮丁、漕运屯粮、余租、二年压征元年芦课；德安县光绪六年被水，原缓本年地丁、屯丁、存留屯粮、漕运屯粮；瑞昌县光绪二年被水，原缓本年二限一半地丁、漕运屯粮、余租；九江府同知所辖芦洲光绪六年被水，原缓六年压征五年芦课，均著遞缓至光绪九、十两年秋缓带征。

又南昌县同治十二年被水、被旱、被虫，原缓本年地丁、漕米；丰城县同治十二年被旱、被虫，原缓缓本年地丁、漕米；清江县同治十二年被旱、被虫，原缓本年地丁、漕米；进贤县光绪五年被水，原缓本年地丁、漕米；清江县同治十二年被旱，原缓本年地丁、漕米；新淦县光绪六年被旱，原缓本年地丁、漕米；新喻县光绪六年被水、被旱，原缓本年地丁、漕米；吉水县光绪二年被水，原缓本年地丁、漕米；泰和县光绪六年被水，原缓本年地丁、漕米；安福县光绪五年被旱，原缓本年地丁、漕米、漕运屯粮、余租；鄱阳县光绪二年被水，原缓本年地丁、漕米、屯粮丁、存留屯粮、漕运屯粮、余租；余干县光绪五年被水，原缓本年地丁、漕米；建昌县并安义县之寄庄建昌县光绪五年被水，原缓各本年地丁、漕米；德化县光绪元年被水、被旱，原缓各本年地丁、屯粮丁、留存屯粮、漕运屯粮、余租、光绪元年压征同治十三年芦课；德安县光绪五年被水，原缓本年地丁、屯丁、存留屯粮、漕运屯粮；瑞昌县光绪元年被水、被旱，原缓本年二限一半地丁、漕运、屯粮、余租；九江府同知所辖芦州光绪五年被水、被旱，原缓五年压征四年芦课，递缓至光绪十、十一两年秋后带征。

又南昌县同治十一年被水、被虫，原缓本年地丁、漕米；进贤县光绪四年被水，原缓本年地丁、漕米；清江县同治十一年被旱，原缓本年地丁、漕米；安福县光绪四年被水、被旱，原缓本年地丁、漕米、漕运屯粮、余租；余干、建昌二县并安义县之寄庄建昌县光绪四年被水，原缓各本年地丁、漕米；德化县同治十三年被旱，原缓本年地丁、屯粮丁、存留屯粮、漕运屯粮、余租、十三年压征十二年芦课；德安县光绪四年被水，原缓本年地丁、屯丁、存留屯粮、漕运屯粮；瑞昌县同治十二年被旱，原缓本年二限一半地丁、漕运屯粮、余租；九江府同知所辖芦洲光绪四年被水，原缓四年压征三年芦课，均著递缓至光绪十一、十二两年秋后带征。

又进贤县光绪三年被水，原缓本年地丁、漕米；新淦、新喻二县光绪五年被水、被旱，原缓各本年地丁、漕米；安福县光绪三年被旱，原缓本年地丁、漕米、漕运屯粮、余租；鄱阳县光绪元年被水，原缓本年地丁、漕米、屯粮丁、存留屯粮、漕运屯粮、余租；余干、建昌二县并安义县之寄庄建昌县光绪三年被水，原缓各本年地丁、漕米；德化县同治十二年被水、被旱，原缓本年地丁、屯粮丁、存留屯粮、漕运屯粮、余租、十二年压征十一年芦课；德安县光绪三年被水，原缓本年地丁、屯丁、存留屯粮、漕运屯粮；瑞昌县同治十一年被水，原缓本年地丁、漕运屯粮、余租；九江府同知所辖庐州光绪三年被水，原缓三年压征二年芦课，均著递缓至光绪十二、十三两年秋后带征。

又进贤县光绪二年被水，原缓本年地丁、漕米；安福县光绪二年被旱，原缓本年地丁、漕米、屯丁、漕运屯粮、余租；余干、建昌二县并安义县之寄庄建昌县光绪二年被水，原缓各本年地丁、漕米；德化县同治十一年被水，原缓本年地丁、存留屯粮、漕运屯粮、余租、十一年压征十年芦课；德安县光绪二年被水，原缓本年地丁、屯丁、存留屯粮、漕运屯粮；九江府同知所辖芦洲光绪二年被水，原缓二年压征元年芦课，除完纳外，其余未完银两，均著递缓至光绪十三、十四两年秋后带征。

又进贤县光绪元年被水，原缓本年地丁、漕米；新淦县光绪四年被旱，新喻县光绪四年被水，原缓各本年地丁、漕米；安福县光绪元年被旱，原缓本年地丁、漕米屯丁、漕运屯粮、余租；鄱阳县同治十一年被水，原缓本年地丁、漕米、屯粮丁、存留屯粮、漕运屯粮、余租；余干、建昌二县并安义县之寄庄建昌县光绪元年被水，原缓本年地丁、漕米；德安县光绪元年被水、被旱，原缓本年地丁、屯丁、村留屯粮、漕运屯粮；九江府同知所辖芦洲光绪元年被水，原缓光绪元年压征同治十三年芦课，均著递缓至光绪十四、十五两年秋后带征。

又进贤县同治十三年被水，原缓本年地丁、漕米；安福县同治十三年被旱，原缓本年地丁、漕米、屯丁、漕运屯粮、余租；余干县同治十三年被旱，建昌县同治十三年被水、被旱，并安义县之寄庄建昌县同治十三年被水原缓各本年地丁、漕米；德安县同治十三年被水，原缓本年地丁、屯丁、存留屯粮、漕运屯粮，均著递缓至光绪十五、十六两年秋后带征。

又进贤县同治十二年被水、被旱，原缓本年地丁、漕米；新淦、新喻二县光绪三年被水，原缓各本年地丁、漕米；安福县同治十二年被旱，原缓本年地丁、漕米、屯丁、漕运屯粮、余租；余干县同治十二年被旱，建昌县同治十二年被水、被旱，并安义县之寄庄建昌县同治十二年被水，原缓各本年地丁、漕米；德安县同治十一年被水，原缓本年地丁、屯丁、存留屯粮、漕运屯粮，均著递缓至光绪十六、十七两年秋后带征。

又进贤县同治十一年被水，原缓本年地丁、漕米；安福县同治十一年被旱，原缓本年地丁、漕米、屯丁、漕运屯粮、余租；余干、建昌二县并安义县之寄庄建昌县同治十一年被水，原缓各本年地丁、漕米两项，均著递缓至光绪十七、十八两年秋后带征。

又新淦、新喻二县光绪二年被水，原缓各本年地丁、漕米，均著递缓至光绪十八、十九两年秋后带征。又新淦县同治十三年被旱，原缓本年地丁、漕米；新喻县光绪元年被旱，原缓本年地丁、漕米，均著递缓至光绪二十、二十一两年秋后带征。又新淦县同治十二年被旱，原缓本年地丁、漕米；新喻县同治十三年被旱，原缓本年地丁、漕米，均著递缓至光绪二十二、二十三两年秋后带征。又新淦县同治十一年被水、被旱，原缓本年地丁、漕米；新喻县同治十二年被旱，原缓本年地丁、漕米，均著递缓至光绪二十四、二十五两年秋后带征。又新喻县同治十一年被旱,原缓本年地丁、漕米,著递缓至光绪二十六、二十七两年秋后带征。又永新县同治十三年及光绪元、三等年被旱,二、五两年被水,四、六两年被水、被旱,原缓各本年地丁、漕米、屯丁、存留屯粮、漕运屯粮、余租,均著递缓至光绪八年秋后一并带征。又永新县同治十二年被水、被旱,原缓本年地丁、漕米屯丁、存留屯粮、漕运屯粮、余租,均著递缓至光绪九年秋后一并带征。又永新县同治十一年被水、被旱,原缓本年地丁、漕米、屯丁、存留屯粮、漕运屯粮、余租,均著递缓至光绪十年秋后一并带征。又湖口县同治十一、十二、十三等年,又光绪元、五、六等年被水,原缓各本年压征同治十、十一、十二、十三等年并光绪四、五两年芦课,又光绪二、三、四等年被水,原缓各本年压征元、二、三等年芦课,各除完纳外,其余未完银两,均著递缓至光绪八、九、十三年秋后带征。

又南昌、新建二县光绪二、四两年被水,丰城、新淦二县光绪二年被水,鄱阳、余干、星子、德化、德安等县光绪四年被水,各原借修堤银两,均著展缓至光绪八、九两年秋后催缴还款。又德安县光绪二年被水,原借修筑圩堤银两,著展缓至光绪九、十两年秋后催缴还款。余干县光绪二年被水、建昌县光绪四年被水,各原借修两,均著展缓至光绪十、十一两年秋后催缴还款,以纾民力。

余著照所议办理。该抚即刊刻誊黄,遍行晓谕,务使实惠均沾,毋任吏胥舞弊,用副轸念民艰至意。该部知道。钦此。

1100　光绪七年十二月十二日,内阁奉上谕:刑部奏各省军流徒人犯请仍复年终汇报旧例一折。各省军流徒人犯向系年终汇报,嗣经停止。现在查办减等,散漫无稽。各省未经造报者甚多,殊属迟延,且恐有遗漏情事,非所以溥仁施而昭周密。其有因案牵涉之犯,亦以辗转行查,办理需时。嗣后著各省督抚、将军、都统、府尹等仍照旧例将遣军流犯定地发配及到配安置。除专咨报部外,均于年终逐案摘叙事由,并声明何司案呈,造册汇报,徒罪人犯一体办理。该部即纂入例册遵行。并著各该省查照本年六月部定章程,迅即备录各犯案由,分别官常犯、准减不准减,造册声叙名口总数,赶紧题咨报部。具已报各省有应行补报之犯,亦著一体迅速造报,毋再稽延。钦此。

1102　蒙发下折报,臣等公同商阅。锡纶奏回贼余孽窜扰边境,派兵追缴情形折,拟缮批旨,督饬官军认真搜捕以安边围;其所陈金顺进军宜申明纪律一折,拟缮寄信谕旨,令金顺于进驻伊犁时务当约束部伍,严禁扰累,以定人心。又奏请拨铅药炮位折,拟缮寄信谕旨,令李鸿章酌量拨给。又奏陕西应解塔城饷银,请饬照旧拨解片,拟缮寄信谕旨,令冯誉骥将每年应解塔城饷银三万两如数筹拨。刑部奏各省军流徒人犯,拟仍复年终汇报旧例折,拟缮明发谕旨,令各直省督抚等遵照刑部奏定章程办理,毋再稽延。内务府奏遵查御史清漪奏库差年满不行呈报折,拟缮明发谕旨,令总管内务府大臣随时认真稽察,毋滋弊窦。其余折片单拟批呈进。是否有当,伏候圣裁。谨奏。光绪七年十二月十二日奉旨:依议。钦此。

1150 军机大臣字寄河南巡抚李、山东巡抚任、安徽巡抚裕、江西巡抚李。光绪七年十二月二十一日奉上谕:杜嘎尔等奏请饬催欠饷以济兵艰一折。据称,乌里雅苏台防军积欠饷项,自光绪四年户部议准催解后,虽各省陆续筹解,现尚欠发年关口分二十九个月。核计河南欠解银二十六万五千两,山东欠解银十三万三千两,安徽欠解银四万七千两,江西欠解银四万五千二百九十余两。拟请饬令河南于欠饷内先拨银六万两,山东于欠饷内先拨银五万两,安徽、江西于欠饷内各先筹拨一半,嗣后河南、山东每年各拨银三、四万两,江西、安徽每年各拨银一万两,以冀随时补放等语。乌城防军困苦,需饷甚殷,著李鹤年、任道镕、裕禄、李文敏督饬藩司,于应解欠饷内,各按所请数目设法先行筹解,以济要需。嗣后每年源源接济,毋令缺乏。将此各谕令知之。钦此。遵旨寄信前来。

1170 光绪七年十二月二十四日,内阁奉上谕:御史李郁华奏,各省厘金分卡请饬毋庸轻议裁并一折。抽厘济饷,原属权宜之计,若设卡过多,必致贻累闾阎。是以叠经降旨,令将分卡酌量裁并。诚以裁减一分,即宽一分民力,于筹饷之中仍寓恤民之意。乃该御史竟请毋庸裁并,至谓货物因厘增价,商本无亏,并贫民所用盐布无多,以为无累于民,殊属不谙政体,所请著毋庸议。至各省厘卡委员如有侵渔中饱及纵令丁役需索留难等弊,该督抚当随时据实参办,不得稍有徇纵。钦此。

1211 臣等查明新正应行加恩各省,除盛京、江苏、安徽、江西、浙江、福建、湖北、湖南、河南、陕西、山西、甘肃、四川、广东、广西、云南、贵州经该将军、督抚具奏,毋庸接济外,所有直隶、山东二省业经该督抚奏到,臣等拟写谕旨二道,并拟定日期颁发。谨奏。

光绪八年

22 光绪八年正月十六日,内阁奉上谕:御史邓承脩请饬查关税侵蚀以裕国用一折。前据户部奏,各省关税有余之处,除征解足额外,应令各就征收实在情形按年溢解,当谕令该督抚、监督等核实办理。兹据该御史奏称,关税侵蚀之弊日增月益,不可数计,甚至胥吏、仆役中饱巨万,殊属不成事体。现在时事艰难,饷需支绌,亟应事事力求核实,以裨国计。著管理关务之该督抚、监督等各就征收实在情形和盘托出,遵照部章,于正额盈余外按年溢解。朝廷意存宽大,亦不追其既往,经此次严谕饬查后,如再有掩饰回护情弊,别经发觉,惟该督抚、监督等是问。懔之!钦此。

31 光绪八年正月二十二日奉旨:这所参疏防监犯越狱之管狱官,已故江西瑞昌县典史陈庆荣,著即革职;有狱官署瑞昌县事、候补知县舒云彩,著先行交部照例议处,仍勒限将逸犯胡汉江、谭起严缉务获,倘限满无获,即行从严参办。该部知道。钦此。

32 蒙发下折报，臣等公同商阅。金顺、升泰奏预筹分界事宜，请添派大臣分任折，拟写寄信谕旨，令金顺、升泰商同奏派二员分往查堪；刘长佑等奏请暂留道员并调员差委片，拟写明发谕旨，沈寿榕准暂缓引见，陈席珍、李衍绶二员令吏部查明即饬赴云南差委，李衍绶准留云南补用；李文敏奏特参疏脱监犯各员折，拟写明发谕旨，已故典史陈庆荣革职，知县舒云彩交部议处。其余折片单，拟批进呈。是否有当，伏候圣裁。谨奏。光绪八年正月二十二日奉旨：依议。钦此。

55 军机大臣字寄江西巡抚李。光绪八年正月二十八日奉上谕：给事中彭世昌奏，上年七月间，江西庐陵县猝被水灾，迟至岁暮，尚未抚恤。查有同治八年应发阵亡绅勇恤银七千三百九十余两，前经冒领后追缴司库。此项银两除禀准建造周玉衡专祠外，可余银四五千两，请移作庐陵赈恤之用。其余泰和、吉水被灾地方，亦请筹办抚恤。并将各县被水田亩不能垦复者查明，分别蠲豁正赋等语。庐陵等县被水，曾于上年十月间降旨令李文敏筹办抚恤。该给事中所奏恤赏银两是否实系庐陵县难裔应领之项，著李文敏查明酌发该县，赶紧散赈。其余泰和各县应筹抚恤及各该县被水田亩应如何分别蠲赋，并著饬属确查办理，以恤民艰。将此谕令知之，钦此。遵旨寄信前来。

77 光绪八年二月初四，内阁奉上谕：本年轮应查阅山东、河南、江苏、安徽、江西五省营伍之期。山东即派任道镕，河南即派李鹤年，江苏即派左宗棠，安徽即派裕禄，江西即派李文敏逐一查阅，认真简校。如有训练不精、军实不齐者，即将废弛之将弁，据实参奏，毋得视为具文。钦此。

117 光绪八年二月十二日，内阁奉上谕：给事中孔宪谷奏督抚奏调隔省人员请饬禁止一折。各督抚奏调隔省人员，原为深知其才，藉资得力起见。若如所奏，恐启徇私夤缘之渐，流弊亦不可不防。嗣后各督抚于隔省人员，毋得藉端滥行奏调，以杜取巧。钦此。

129 光绪八年二月十六日，内阁奉上谕：太仆寺少卿钟佩贤奏督抚奏调京员，体制未协，并指调他省人员沿习成风，请饬禁止各折片，自系为严防流弊起见。嗣后各督抚不得再行奏调翰林部属等官，用符定制；至隔省人员业经申谕，不准滥行奏调，如果委用需人，原可遵照旧章奏请拣发，毋得纷纷指名奏调，以杜夤缘而肃政体。钦此。

133 蒙发下折报，臣等公同商阅。张树声等奏诱致革员李玉墀现已解回原籍折，拟写寄信谕旨，令李文敏即将该革员牢固监禁，免致出外滋事。兵部奏各省保列一二等武职，照例分别办理折等四件，拟请旨传依议。其余折片，拟批呈进。是否有当，伏候圣裁。谨奏。光绪八年二月十七日奉旨：依议。钦此。

149 光绪八年二月二十四日，内阁奉上谕：绍诚著来京另候补简用，山西布政使著方大湜补授，刚毅著调补直隶按察使，江西按察使著刘瑞芬补授。钦此。

205　光绪八年三月初八日,内阁奉上谕:章合才著调补江南淮扬镇总兵,所遗江西九江镇总兵员缺,即著朱淮森调补。钦此。

230　军机大臣字寄福州将军、直隶、两江、闽浙、湖广、两广、四川、江苏、安徽、江西、福建、湖北、湖南、山东、广东各督抚。光绪八年三月十七日奉上谕:户部奏请续拨京饷等语。近年库款支绌,叠经户部续请添拨京饷。此次该部酌量各省情形,拟拨山东地丁银五万两;湖南地丁银五万两;江西地丁银三万两;福建税厘银十万两;两淮盐厘银四万两;长芦荥工加价银五万两;广东盐课银五万两,厘金银七万两;江苏厘金银十万两;安徽厘金银五万两;湖北盐厘银五万两;四川津贴银三万两,盐厘银八万两;闽海关洋税银五万两;江海关洋税银七万两;九江关常税银十万两;赣关常税银三万两,共银一百万两。著该将军、督抚各将所拨饷银连本年原拨未解京饷均于五月前解到一半,十二月初间如数解齐。各该将军、督抚务当顾全大局,依限提前完解。倘藉词诿卸,率请划抵截留,贻误要需,即著该部指名严参,将此由五百里各谕令知之。钦此。遵旨寄信前来。(抄交户部)

419　军机大臣字寄署福建巡抚张。光绪八年五月二十九日奉上谕:有人奏,福建盐法道翁学本前官海防同知,以贪酷致激民变,拆毁衙署;及任盐道,出示禁止江西帮船运盐,致江西帮与南帮哄杀毙命数百;官运局任用私人,亏空甚巨,该员身在病中,何璟令其暂署臬篆,受事之日,拜印行香,蹉跌至再,请饬查参等语。所奏各节是否属实,张兆栋新莅该省,无所用其回护。即著该署抚确切查明,据实具奏,毋稍徇隐。原片著抄给阅看。将此谕令知之。钦此。遵旨寄信前来。

444　光绪八年六月初六日,内阁奉上谕:通政使司副使张绪楷奏酷吏非刑虐民,请饬严禁一折。各直省州县及问刑衙门审讯案件,不准善用非刑,例禁綦严。若如该副使所奏,近来各省风气多以武健苛刻为能,创立各种非刑,任意残虐,殊堪痛恨。著各省督抚督同臬司严谕各州县及问刑衙门,申明定例,一切非刑永远禁革,以重民命。钦此。

490　军机大臣字寄大学士·两江总督·二等恪靖侯左,闽浙总督何,湖广总督涂,署两广总督·一等威远伯曾,四川总督丁,兼署湖广总督、湖北巡抚彭,兼署两广总督、广东巡抚裕,江苏巡抚卫,浙江巡抚陈,江西巡抚李,湖南巡抚卞,署福建巡抚张。光绪八年六月十八日奉上谕:刘长祐等奏各省关欠饷甚巨,请饬速解一折。据称各省关奉拨协滇月饷,自光绪二年九月起至八年三月底止,湖北欠银三十七万五千四十余两;浙江欠解银六十六万三千两;四川欠解银三十八万六千两,又自光绪五年冬季起至八年春季止,欠解盐务项下按季提解银二万一千二百五十两;湖南欠解银五万六千九百十余两;江苏欠解银三万七千五百两;广东欠解银二万两。又各省关自乙亥年起十次奉拨常年兵饷除解过外,共尚欠解银二百二十余万两。滇省素称瘠苦,常年全赖各省协济。现在筹办边防及善后各事宜,需用甚急,乃各省报解寥寥,湖北、浙江两省欠数尤巨。该督等所陈收款短少,用度支绌,自系实在情形。著各省关迅将积欠月饷并川盐局抵捐银两及常年兵饷赶紧筹拨巨款解滇,以济急需,毋得再有延宕。将此由四百里各谕令知之。钦此。遵旨寄信前来。(抄交户部)

493 蒙发下折报,臣等公同商阅。左宗棠奏停派亲军赴鄂缉私暨阅伍回省因病奏报迟延各折,拟写寄左宗棠、涂宗瀛、丁宝桢、彭祖贤谕旨,此次停派各英赴鄂尚能顾全大局,部臣、疆臣均宜和衷商办,不可稍存成见,并询问该督患病情形,令其安心调摄;刘长祐等奏请催各省关迅解欠饷折,拟写寄信谕旨,令各省关迅速筹解;李鹤年奏特参庸劣不职各员折,拟写明发谕旨,将道员鞠成霈等照请分别降革撤休。其余折片单,拟批呈进。是否有当,伏候圣裁。谨奏。光绪八年六月十八日奉旨:依议。钦此。

498 军机大臣字寄福州将军,直隶、两江、闽浙、湖广、四川、两广各总督,江苏、安徽、江西、福建、浙江、山东、山西、河南、湖北、湖南、广东各巡抚,传谕粤海关监督。光绪八年六月二十日奉上谕:户部奏请旨催解京饷分别已解、未解银数,开单呈览一折。本年京饷,户部原拨、续拨共银八百万两,截至五月底止,各省关计共欠银五百三十四万七千余两。现在部库支绌,应放各款均关紧要。所有各省关欠解京饷,自应迅速报解,不得任意延宕,致误要需。著该将军、督抚、监督等各查照欠解数目,赶紧陆续解部,于年内扫数解齐。如敢诿卸拖欠,即由户部照章指名奏参。其解不及半暨丝毫未解等处,经此次严催后,倘仍不完解,即著户部随时严参。原单著分别摘抄给与阅看。将此由五百里谕知福州将军,直隶、两江、闽浙、湖广、四川、两广各总督,江苏、安徽、江西、福建、浙江、山东、山西、河南、湖北、湖南、广东各巡抚,并传谕粤海关监督知之,钦此。遵旨寄信前来。(抄交户部)

505 光绪八年六月二十二日,内阁奉上谕:李文敏奏江西玉山等县被水,分别抚恤一折。本年五月间,江西玉山、上饶、广丰、德兴、都昌、鄱阳、湖口、浮梁、德安、建昌等县山水暴发,冲决田产,淹毙人口甚多。并德化、彭泽、余干、乐平、进贤、铅山、弋阳、贵溪等县亦同时被水。览奏殊深悯恻,被灾较重各县业由各该府分筹赈济,即著李文敏督饬认真抚恤,毋任一夫失所,用副轸念灾黎至意。余著照所议办理。该部知道。钦此。

507 蒙发下折件,臣等公同商阅。李文敏奏江西玉山等县被水折,拟写明发谕旨,令李文敏妥筹抚恤;兵部奏遵议副都统德平阿处分折,拟请旨照部议降三级调用,恭候命下,遵缮明发谕旨;吏部题翰林院侍讲学士缺,开列请简本,拟暂留请旨。其余折片单,拟批呈进,是否有当,伏候圣裁,谨奏。光绪八年六月二十二日奉旨:依议。钦此。

585 光绪八年七月二十一日,内阁奉上谕:朕奉慈禧端佑康颐昭豫庄诚皇太后懿旨,两月以来,叠据各省奏报水灾,详加批阅,时切廑怀,因思安徽、浙江、江西被灾最重,漂没田庐,淹毙人口之处甚多,小民困苦情形尤为可悯。深宫焦念,寝馈难安。虽经各该抚筹款赈恤,诚恐力难遍及,未能普济灾黎。所有安徽、浙江、江西三省,著户部各拨银六万两以资赈济,即将本年中秋节应进宫内款项拨抵应用,无庸呈进,犹恐由部发往,缓不济急,即著由各该省应解京饷项下就近划扣,俾灾民得以早沾实惠。其余江苏、山东、湖北、四川、福建、陕西等省均被灾之处,即著各该省宽筹款项,妥为抚恤。钦此。各该督抚务当严饬所属,将所拨银两核实散放,毋任一夫失所,仰副皇太后节用推恩,勤恤民隐至意。钦此。

587 光绪八年七月二十一日,内阁奉上谕:江西督粮道员缺,著裕昆补授,钦此。

588 查:江西督粮道员缺系冲繁难要缺,谨奏。

599 军机大臣字寄福州将军,两江、闽浙、湖广、两广、四川、江苏、安徽、浙江、福建、江西、山东、山西、湖北、湖南、广东各督抚,传谕粤海关监督。光绪八年七月二十五日奉上谕:户部总理各国事务衙门奏东北边防经费各省报解迟延,请旨严催一折。据称各省关应解本年东北边防经费,截至七月止,除已解到银六十四万五千两,暨报解银十六万两外,尚欠解银一百十九万五千两,请旨严催等语。此项经费银两关系紧要,自应迅速筹解,以济要需。著各该将军、督抚、监督将欠解银两赶紧筹解,倘再迟延,即著户部照贻误京饷例指名严参。原单著分别摘抄给与阅看。将此由五百里谕知福州将军两江、闽浙、湖广、两广、四川、江苏、安徽、浙江、福建、江西、山东、山西、湖北、湖南、广东各督抚,并传谕粤海关监督知之。钦此。遵旨寄信前来。(抄交户部、总理衙门)

609 臣等查:本年届更换学政之期,谨将已满三年安徽、浙江、福建、湖北、河南、陕西、广东、广西、云南、贵州十省各学政;及未满三年办过岁考之顺天、江苏、江西、山西、四川五省各学政;未满三年,未办岁考之湖南、山东、甘肃、奉天四省各学政分缮名单,呈览恭候钦定,俟发下后臣等再拟写谕旨,进呈颁发。谨奏。

610 已满三年各学政名单:安徽学政孙毓汶;浙江学政张澐卿;福建学政崑冈;湖北学政臧济臣;河南学政廖寿恒;陕西学政樊恭煦;广东学政冯尔昌;广西学政秦澍春;云南学政卢崟;贵州学政林国柱。

611 未满三年、已办岁考各学政名单:顺天学政孙诒经(光绪七年四月十六日放);江苏学政黄体芳(光绪六年八月初七日放);江西学政洪钧(光绪六年二月十六日放);陕西学政王仁堪(光绪六年十二月二十七日放);四川学政朱逌然(光绪七年四月初八日放)。

612 未满三年、未办岁考各学政名单:湖南学政曹鸿勋(光绪七年九月十二日放);山东学政张百熙(光绪七年十月初六日放);甘肃学政陆廷黻(光绪八年三月初一日放);奉天府府丞兼学政朱以增(光绪七年十一月初十日放)。

613 考过试差,应行扣除人员名单:瞿鸿禨、张楷、黄照、刘传福、陆继煇、金寿松、涂廉锷、黄显瓒、廷杰。

616　军机大臣字寄江西巡抚李。光绪八年七月二十七日奉上谕:御史谭承祖奏江西河道淤塞,急宜乘便疏通一折。据称江西近年以来水患频,仍由于鄱阳湖不能消泄,支河间有壅阻,他如吉安、抚州各处,亦因河身淤浅,不能容水,以致常被水灾。该省现有水师营弁勇三千余人,正宜藉此兵力,设法挑挖等语。江西频年水患,皆因河道淤塞不能畅消所致,亟宜设法开通,以苏民困。应如何妥筹疏浚之处,著李文敏体察情形,酌度办理。另片奏景德镇现被水灾,请饬一体抚恤等语。著李文敏即将该处被灾户口详细查明,妥为抚恤,毋令一夫失所。原折片著抄给阅看。将此谕令知之。钦此。遵旨寄信前来。

618　蒙发下折件,臣等公同商阅。溥廉等奏司员不知远嫌,请严加议处折,拟缮批旨,令溥廉等讯明文荣投递名片,究竟有无请托偏袒情弊,再行奏明请旨;邵积诚奏时事多艰,敬陈管见折,拟请旨传该衙门知道;又奏请禁种罂粟片,拟请旨留中;张鸿远奏边防宜筹久远折,又奏俸满人员请限期送部引见片,均拟请旨留中;谭承祖奏江西河道淤塞,急宜疏通折,又奏景德镇被灾户口请一体赈济片,拟缮寄信谕旨,令李文敏将湖河淤浅处所设法疏通,以消水患,并将景德镇被灾户口量为赈济,毋任失所;又奏京师匪徒滋事,请饬访拿严惩片,拟缮明发谕旨,令步军统领衙门、顺天府五城一体严拿承办。其余折片,拟批呈进。是否有当,伏候圣裁。谨奏。光绪八年七月二十七日奉旨:依议。钦此。

621　光绪八年八月初一日,内阁奉上谕:本年值更换学政之期,除顺天学政孙诒经、江苏学政黄体芳、湖南学政黄鸿勋、山东学政张百熙、甘肃学政陆廷黻、四川学政朱逌然、奉天府府丞兼学政朱以增毋庸更换外,安徽学政著徐郙去、江西学政著陈宝琛去,浙江学政著祁世长去,福建学政著冯光遹去,湖北学政著高钊中去,河南学政著冯文蔚去,山西学政著吕凤岐去,陕西学政著慕荣幹去,广东学政著叶大焯去,广西学政著詹嗣贤去,云南学政著丁立幹去,贵州学政著孙宗锡去,以上各员有现出试差者,著即赴新任,毋庸来京请训。钦此。

637　光绪八年八月初四日,内阁奉上谕:刑部奏请饬各省认真办理秋审等语。各省办理秋审案件,自应详核情节,分别实缓,以期无枉无纵。叠经降旨,严行申饬,乃近来积习相沿,竟将金刃伤多且重及情凶近故、情同拘捕之案,亦复格外从宽,率行议缓。本年经该部由缓改实者,较往年尤多,无非狃于救生不救死之说,并为规避失入处分起见,殊非刑期无刑之道。嗣后各省将军、督抚等于秋审各案,定拟实缓,务须悉心酌核,认真办理,以持情法之平,用副朝廷明刑弼教至意。将此通谕知之。钦此。

638　蒙发下折件,臣等公同商阅。刑部奏各省定拟秋审案件,请饬认真办理片,拟缮明发谕旨,令各省将军、督抚嗣后务期宽严得中,毋稍轻纵。其余折片单,拟批呈进。是否有当，伏候圣裁。谨奏。光绪八年八月初四日奉旨：依议。钦此。

672　光绪八年本月十二日，内阁奉上谕：刑部奏秋审招册后尾请饬依限题报等语。办理秋审例限綦严，各省审定实缓后尾向定于五月中旬具题，乃本年有迟至六月及七月始行到部者，殊属延玩。著各省督抚嗣后审定后尾，按照例限题报，毋得迟延。倘再有逾限，即由该部参处以重刑章。钦此。

696　军机大臣字寄大学士·两江总督·二等恪靖侯左。光绪八年二十四日奉上谕：有人奏疆吏昏庸溺职，请旨查办一折。据称江西巡抚李文敏于候补道乔廷槐声名狼藉，不为参劾，转认为同乡，大加倚任。乔廷槐在赣州一带贩运木植，该抚亦有股分。候补知府王之藩办理厘局，前奉旨饬查。该抚意存袒护，掩饰覆奏。幕友高隆谳盘踞抚署，劣员多半交通。总兵江宗良以重金贿托，得派陆军统领。高隆谳之胞弟高隆谦捐指江西知县，屡获优差。其至戚知县孟庆云前在丰城任内亏空，该幕巧为填抵，并令知县王懋宝帮缴银两，方行接署。该抚素无干济之略，去岁移建仓廒，虚糜巨款，漕粮正额日亏，于伐蛟诸事、堤堰各工毫无准备，并两次价买民女为妾等语。著左宗棠确切查明，据实具奏。原折著抄给阅看。将此谕令知之。钦此。遵旨寄信前来。

753　光绪八年九月十一日，内阁奉上谕：御史梁俊奏军需善后用款请开单报销，免造细册一折。各省军需用款，前经奉旨，同治三年六月以前免其造册报销，自七月起仍一体造报。原以重库储而杜浮冒，惟历年既久，用款甚繁，军需正项及善后事宜名目尤多。若必造具细册，与例吻合，往往再三驳查，稽延时日，甚至迁就挪移，串通嘱托，百弊丛生。并有应行造报之案积欠未办，转不足以昭核实。所有光绪八年八月以前各省办理军需善后未经报销之案，著将收支款目总数分年分起开具简明清单，奏明存案，免其造册报销。各该督抚及统兵大臣务当激发天良，确切查核开报，不得因免造细册，藉端蒙混。经此次降旨后，如再有各部书吏招摇需索及各省局员冒开费用情弊，该督抚及统兵大臣等不即举发，别经查出，定当一并从严惩处。至嗣后军需善后应行造册之款，仍著查照定例随时赶紧报销，不准稍有延搁。钦此。

785　军机大臣字寄福州将军，北洋通商大臣，直隶、两江、湖广、闽浙、两广、四川各总督，江苏、安徽、江西、福建、浙江、湖北、湖南、河南、山东、山西、广东各巡抚，传谕粤海关监督。光绪八年九月十九日奉上谕：户部奏请旨催解京饷一折。本年京饷原拨、续拨共银八百万两，统限年内解齐。截至八月底止，除划抵、解到、报解起程等款外，尚欠解银三百二十八万九千余两。现在部库支绌，年内应放各项关系紧要，亟须各省关全数解到，以应要需，岂容任意延宕。著该将军、大臣、督抚、监督等各将欠解银两迅即照数依限提前解京，已报起程各款亦即赶催解部，毋任沿途逗留。倘敢诿卸拖欠致误开放，即著户部指名严参。原单著分别摘抄给与阅看。将此由五百里谕知福州将军，北洋通商大臣，直隶、两江、湖广、闽浙、两广、四川各总督，江苏、安徽、江西、福建、浙江、湖北、湖南、河南、山东、山西、广东各巡抚，并传谕粤海关监督知之。钦此。遵旨寄信前来。

（抄交户部）

811　…………

光绪八年江西省秋审服制情实童葆阮等四起，人犯四名，谨将勾到时所奉谕旨恭录于后。

一起斩犯童葆阮。

因小功服伯童佃苏代伊胞叔童贤淋赙钱完粮，割稻抵欠，童贤淋向索不允，彼此口角，该犯拦劝。童佃苏斥骂帮护，取刀问殴。该犯逃走，童佃苏追赶。该犯逃至巷内，巷口门闭，童佃苏赶上用刀向殴，该犯无路可走，接住刀柄，跪地求饶，童佃苏用力夺刀，该犯握柄不住，释手，不期童佃苏夺回势猛，致刀刃戳伤左肋倒地，越日殒命。伤由夺刀自戳，尚非有心。干犯情稍可原，是以未勾。

一起斩犯柯柏淮。

因胞叔柯际渭被伊父柯际瀛催完钱粮争闹，柯际渭将柯际瀛推靠墙边，用拳殴伤左额角，并用左手搭住喉咙。该犯走至拉劝，柯际渭扔不放手，举右拳向伊乱殴。该犯见父被搭气闭，情切救护，拾刀吓戳，适伤其肚腹倒地，逾时殒命。戳由救父情切，尚非无故逞凶。干犯情稍可原，是以未勾。

一起斩犯李上哼。

因小功服兄李万峰向伊索讨义渡租钱，该犯央缓。李万峰不允，并扭住伊胸衣，称欲剥衣作抵。该犯执住纽扣求缓，李万峰用力推搡。该犯仰跌倒地，李万峰带跌扑压身上，致该犯腰佩尖刀刀口上，误戳伤其脐肚，移时殒命。伤由带跌误戳，尚非有心。干犯情稍可原，是以未勾。

一起斩犯陈得株。

因胞伯陈导浩斥骂伊父陈导满放鸭践食田禾，将陈导满扭跌倒地，举刀砍戳。陈导满喊救。该犯赶至解劝，被陈导浩用刀将右胁戳伤，该犯将陈导满扶起，陈导浩复戳伤该犯左臂，该犯将刀夺弃走，陈导浩用左手搭住陈导满咽喉，举拳殴伤左眼胞。陈导满被搭气闭，该犯恳求不放，情切救护，拾刀吓戳，适伤其左胁倒地，逾时殒命。戳由救父情切，尚非无故逞凶。干犯情稍可原，是以未勾。

光绪八年江西秋审常犯情实詹司滔等十九起，人犯二十四名口，谨将勾到时所奉谕旨恭录于后。

一起绞犯詹司滔、詹司钰、詹司谱。

致毙彼造四命，该犯等各下手致毙一命，均法无可宽，是以俱勾决。

一起绞犯张莼发、张老有、张黄仂。

互殴致毙多命，该犯等各下手致毙一命，均法无可宽，是以俱勾决。

一起绞犯刘石苌仔、张氏。

听从奸妇，谋毙本夫，刘石苌仔贪贿张氏，因奸各下手加功，均法无可宽，是以俱勾决。

一起斩妇周氏。

谋杀夫功服弟,惟死者欺霜图产。其理甚曲,是以未勾。

一起斩犯王山。

犯罪拒捕,刃毙捕人。法无可宽,是以勾决。

一起斩犯司潮莨。

窃盗拒捕,刃毙事主。法无可宽,是以勾决。

一起斩犯李罡萌即李麟芳。

赌匪逞忿故杀。法无可宽,是以勾决。

一起斩犯胡千禾尚。

缓决斩犯,中途脱逃被获。藐法难宽,是以勾决。

一起绞犯钟茌燦。

致毙彼造夫妇一家二命,该犯致毙一命,金刃要害伤重。法无可宽,是以勾决。

一起斩犯梅溃常。

逞忿故杀。法无可宽,是以勾决。

一起绞犯赖云尚。

脚夫行窃得脏已逾五百两,为害行旅。法无可宽,是以勾决。

一起斩犯汤惟賫。

火器杀人。法无可宽,是以勾决。

一起绞犯徐年二仔。

盗窃拒杀事主,业因犯兄代首,免其斩罪。法难再宽,是以勾决。

一起斩妇廖氏。

挟恨谋命。法无可宽,是以勾决。

一起斩犯张三仔。

图财害命,伤人未死,业已得财。法无可宽,是以勾决。

一起绞犯祝青茛。

缓决绞犯越狱脱逃被获。藐法难宽,是以勾决。

一起绞犯万良梅。

致毙彼造三命,该犯致毙一命,金刃伤多。法无可宽,是以勾决。

一起绞犯蓝泗湘。

因细故纠同伊子惨杀期亲胞弟。残忍难宽,是以勾决。

一起绞犯钟惊七。

互殴致毙三命,该犯致毙一命,金刃要害伤重。法无可宽,是以勾决。

844 军机大臣字寄盛京、直隶、江苏、安徽、江西、浙江、福建、湖北、湖南、河南、山东、山西、陕西、甘肃、四川、广东、广西、云南、贵州各将军、督抚。光绪八年十月初三日奉上谕:本年直隶、浙江、山东、山西、陕西被水、被雹、被旱、被风等处,节经各该省奏到,将新旧钱粮分别蠲免缓徵。并因安徽、江西、浙江三省夏间猝发蛟水,被灾尤重,各拨给银六万两。山东历城等县被水,截留漕米三万石,藉资赈济。江苏常州等属被风、被潮;安徽潜山、婺源等县被水;江西玉山、德安等县被水;浙江金衢严暨杭嘉湖各属被水;福建台湾、台北两府属被风、被水;湖北罗田、沔阳等州县被水;湖南城步、澧州等处被水;山东历城、惠民等处被水;陕西绥德等州县被雹;甘肃皋兰等处被雹;四川叙永等州县被水,资州被火;云南路南州等处被风、被雹、被水,均经该督抚等查勘抚恤,小民谅可不至失所。惟念来春青黄不接之时,民力未免拮据。著传谕该督抚等体察情形,如有应行接济之处,即查明据实覆奏,务于封印以前奏到,候朕于新正降旨加恩。江西瑞昌等处被水、被旱;福建漳州等处被风、被水;湖北黄州府属被水;湖南安乡等州县被水;河南陕州等州县被水;甘肃西宁县属被水;广东丰顺等处被水、被风;贵州铜仁府属被水,均经该督抚等委员查勘,即著迅速办理,并将来春应否接济之处一并查明,于封印前奏到。此外各省有无被灾地方应行调剂抚恤之处,著该将军、督抚等一并查奏,候旨施恩。将此各谕令知之。钦此。遵旨寄信前来。

845　查本年直隶、浙江、山东、山西、陕西被灾地方,业经加恩将新旧钱粮分别蠲免缓征。并因安徽、江西、浙江三省夏间猝发蛟水,被灾尤重,复经加恩各拨给银六万两,山东被水各县截漕米三万石赈济,其江苏、安徽、江西、浙江、福建、湖北、湖南、山东、陕西、甘肃、四川、云南被风、被潮、被水、被火、被雹地方,均经各该督抚查勘抚恤,其明春应否量为接济之处,臣等谨照向例缮写询问该督抚等谕旨,俟覆奏到日,再行拟写新正加恩呈进。再,江西、福建、湖北、湖南、河南、甘肃、广东、贵州被水、被旱、被雹之处,该督抚等均已奏明查堪,应否接济,现俱未经奏到。此外各省有无被灾地方,应行调剂抚恤之处,一并询问。令该将军、督抚等迅速查奏汇办。谨奏。

895　光绪八年十月二十二日,内阁奉上谕:江西巡抚著潘霨补授。钦此。

900　光绪八年十月二十二日,内阁奉上谕:前据詹事府少詹事周德润奏参江西巡抚李文敏昏庸溺职,信用私人劣幕等款。当谕令左宗棠确查。兹据该督详细查明具奏。所参各节,或查无确据,或事属有因。李文敏精力就衰,受人蒙惑,著以原品休致。署江西盐法道候补道乔廷槐嗜利钻营,行同市侩;布政司经历杨震清谄附逢迎,有玷仕籍,著一并革职。抚署幕友高隆谳,著勒令回籍,不准逗遛。知县孟庆云、高隆谦,官声中平,尚无实在劣迹,均著停委察看。余著照所议办理。该部知道。钦此。

914　军机大臣字寄江西巡抚潘、前江西巡抚李。光绪八年十月二十七日奉上谕(摘抄交吏部、兵部起):李文敏奏会匪潜谋起事,先后获犯审办一折。哥老会匪首李光发等(止)胆敢造给旗印,分授伪职,辗转纠邀多人入会,勾结党与,约期(摘二字)在饶州府城及江西省城放火起事(摘二字),闻拿逃散,复至吴城纠邀渔船在樵舍放火,先后经各该地方文武拿获李光发等七犯正法,办理尚为迅速。其喻毛仔等暨卢水仂等各犯即著分别讯办,逸犯乐正龙等并著严饬各属购拿,务获究办。哥老会潜匿各郡,谋为不轨。该犯等所供入会人数已属不少,恐此外尚多伏匿。若不严密根究,设法查拿,何以销患未萌,绥靖地方。著潘霨到任后,严饬各地方文武认真访缉匪党究办,并广为开导愚顽,解散胁从,以期净绝根株。潘霨未到任以前,仍著李文敏督饬妥为办理,毋得因交卸在即,稍涉大意。此次(起)协拿出力各员,尚属奋勉,自应量予鼓励。千总张国铭、施得元均著以守备尽先升用,先换顶戴;主簿陆畴著交部从优议叙;知县贺宏勋,都司王德斌、池永源,同知王维新,知县刘瑞璋,把总黄全胜、杨寿仁、赵东亮均著交部议叙(止)。将此谕知潘霨,并由四百里谕令李文敏知之。钦此。遵旨寄信前来。(摘抄交吏部、兵部)

959 军机大臣字寄福州将军,北洋通商大臣,直隶、两江、湖广、闽浙、两广、四川、江苏、安徽、江西、福建、浙江、湖北、湖南、河南、山东、山西、广东各督抚,传谕粤海关监督。光绪八年十一月初八日奉上谕:户部奏预拨来年京饷一折。据称历届京饷均系年前预拨,光绪九年京饷拟在地丁、盐课等款内指拨银七百万两,请饬各该省关于来年分批起解等语。京饷关系紧要,现经该部就各省关情形,酌量动拨。自应遵照奏定数目,源源报解,以应要需。著该将军、大臣、督抚、监督等务于来年开印后分批起解,限五月前解到一半,十二月初间全数解清,不准裁留改拨,藉词延误。倘届限不到,即著该部照奏定章程指名严参。原单著分别摘抄给与阅看。另片奏光绪九年内务府经费,拟拨两淮盐课银十五万两;两浙盐课银五万两;广东盐课银五万两;湖北盐厘银五万两;福建茶税银五万两;闽海关常税银十万两;九江关常税银十五万两,共银六十万两,请饬依限完解等语。著该将军、督抚等务于来年开印后陆续径解内务府交纳,先将起程日期报部,仍限六月前解到一半,十二月初间扫数解清,不准稍有蒂欠。将此由五百里谕知福州将军,北洋通商大臣,直隶、两江、湖广、闽浙、两广、四川、江苏、安徽、江西、福建、浙江、湖北、湖南、河南、山东、山西、广东各督抚,并传谕粤海关监督知之。钦此。遵旨寄信前来。(抄交户部)

972 光绪七年秋审各省由缓改实起数:云南省一起;贵州省二起;四川省三起;福建省二起;奉天省六起;陕西省四起;湖广省五起;浙江省四起;江西省一起;江苏省一起;河南省五起;山东省四起;山西省一起;直隶省四起;热河四起。

光绪八年秋审各省由缓改实起数:云南省二起;广西省一起;四川省十三起;福建省二起;奉天省十起;陕西省二起;湖广省四起;浙江省二起;江西省三起;江苏省二起;河南省三起;山东省一起;山西省一起;直隶省十一起。

982 军机大臣字寄福州将军,北洋通商大臣,两江、湖广、闽浙、两广、四川、江苏、安徽、江西、福建、浙江、湖北、湖南、河南、山东、山西、广东各督抚,传谕粤海关监督。光绪八年十一月十六日奉上谕:户部、总理各国事务衙门奏照案筹拨东北边防经费一折。东北两路边防经费前经户部等衙门奏定,由各省关按年解部,以应要需。兹据该衙门查照原拨改拨成案,将光绪九年经费指拨山东地丁银十二万两;山西地丁银十万两;

浙江地丁银八万两；江西地丁银五万两；安徽地丁银十万两；江苏厘金银八万两；江西厘金银八万两；浙江厘金银八万两；安徽厘金银五万两；广东厘金银八万两；湖北厘金银八万两；湖南厘金银八万两；福建厘金银八万两；江海关六成洋税银十二万两；江汉关六成洋税银十二万两；粤海关六成洋税银十二万两；闽海关六成洋税银十万两；九江关六成洋税银八万两；四川盐厘银十五万两；两淮盐厘银十二万两；四川津贴银八万两；山东粮道库银五万两，共银二百万两，请饬各省关依限报解等语。此项经费银两关系紧要，亟应迅速筹解。著该将军、督抚、监督等按照应解银数分批解部。于来年五月前批解一半，年内全数解清，毋得稍有迟逾。又奏各省欠解边防经费，请旨严催等语。各省关欠解经费曾于本年七月间催令迅解，兹据奏称，截至十月十六日止，除江海、闽海两关六成洋税银两全数解清外，其余各省关欠解甚多，并有本年丝毫未解及欠解六七两年经费者。现在需款孔亟，岂容任意延宕。著该督抚、监督等按照单开数目赶紧筹解。倘再迟缓，即由户部照贻误京饷例指名严参。原单著分别摘抄给与阅看。至河南及津海、浙海两关欠解经费，前经户部议准暂行缓解，仍著该大臣等查照该部奏案，体察情形，酌量补解，以资应用。将此由五百里谕知福州将军，北洋通商大臣，两江、闽浙、湖广、两广、四川、江苏、安徽、江西、福建、浙江、湖北、湖南、河南、山东、山西、广东、各督抚，并传谕粤海关监督知之。钦此。遵旨寄信前来。（抄交户部）

985　蒙发下折报，臣等公同商阅。任道镕奏堵筑桃园决口合龙，酌保出力员弁折，又奏此次用款，请于事竣后开单奏咨立案，免其造册报销片，均拟请旨照准，其已革知府潘骏群所请奖励，令该部议奏；又奏按察使潘骏文请量予奖励片，拟请旨赏加头品顶戴。任道镕驻工筹办，督率有方，查照成案，拟请旨交部从优议叙，如蒙俞允，一并缮写明发谕旨；户部等衙门奏筹拨光绪九年份东北边防经费银两，又奏请催各省关欠解本年东北边防经费银两各折，拟缮寄信谕旨，令该将军、督抚、监督分别拨解；麟书等奏筹办云南报销一案，请将主事孙家穆等革职折；又奏请将主事龙继栋解任片，拟缮明发谕旨，将主事孙家穆革职审讯，知府潘英章革职严拿送部，主事龙继栋解任听候传质；吏部题翰林院侍讲学士缺，开列请简本，拟暂留请旨。其余折片单，拟批呈进。是否有当，伏候圣裁。谨奏。

光绪八年十一月十六日奉旨：依议。钦此。

1016　军机大臣字寄前大学士 · 署办理北洋通商事务大臣 · 一等肃毅伯李，大学士 · 两江总督 · 二等恪靖侯左，署直隶总督、两广总督张，闽浙总督何，江苏巡抚卫，安徽巡抚裕，江西巡抚潘，前江西巡抚李，署福建巡抚张，河南巡抚李，山东巡抚任，传谕淮安关监督英瑞。光绪八年十一月二十八日奉上谕：崇绮等奏奉天、吉林癸未年应需的饷，请饬部先行指拨，并请催各省欠饷一折。奉天、吉林癸未年的饷，除各该省应征各款抵充外，奉天尚需银二十六万两，吉林尚需银十一万九千三百两，打牲乌拉应需银三万五千二百七十两零。著户部照数指拨，并令各该省如数分晰批解，毋许延欠。其黑龙江应需饷银数目，俟该省奏报到日，由户部再行核拨。至各该省欠解东三省壬午年的饷，暨历年欠饷,著该大臣、督抚、监督按照单开赶紧筹措,务于来年扫数解清,以济要需。原单著分别摘抄给与阅看。将此由五百里谕知李鸿章、左宗棠、张树声、何璟、卫荣光、裕禄、潘霨、李文敏、张兆栋、李鹤年、任道镕,并传谕英瑞知之。钦此。遵旨寄信前来。(抄交户部)

1019　光绪八年十一月二十八日,内阁奉上谕:为治之道,首在任用得人。际兹时事多艰,需才孔亟,允宜博访周咨以备擢用。内而部院大臣,外而督抚大员,各有以人事君之义。平时见闻所及,如有器识闳远、才守兼优之员,素所深悉者,著各举所知,出具切实考语,秉公保荐,不得瞻徇情面及徒采虚声,滥登荐牍,用副朝廷延揽真才至意。钦此。

1020　光绪八年十一月二十八日,内阁奉上谕:御史邵绩诚奏敬陈管见一折。所陈奖廉吏,惩劣员,禁罚款,减差徭各条,系为整饬吏治,培养民生起见。朝廷澄叙官方,以廉为本,内外大小臣工必当洁清自矢,方可振作有为。各该督抚旌别属员,首惩贪墨,尤应拔擢廉吏,以资观感。至夤缘奔竞,最为恶习。此次山东桃园河工合龙案内,任道镕将已革江西候补知府潘骏群列保,前经降旨,令吏部议奏。兹据该御史参劾潘骏群保案,著即撤销,任道镕著交部议处。各省设卡抽厘,原属不得已之举,屡经申谕,不准扰累。若如该御史所奏,卖放故纵,复以偷漏议罚,朘削苛刻,商民何堪。著各直省督抚严禁局员,不准勒索罚款。如有前项情弊,立即严参惩办。各省差徭,其必须借资民力者,不得不照例饬派。若额外苛敛,百弊丛生,实为民生之害。近来直隶、山西两省业经该督抚设法裁减,他省亦应体察情形,核实办理,不得藉端苛派。以上各节,各该督抚务当实力奉行,认真整顿,毋得虚应故事,视诰诫为具文也。钦此。

1038　军机大臣字寄北洋通商大臣,直隶、两江、湖广、闽浙、陕甘、两广、四川、云贵、江苏、安徽、江西、浙江、福建、湖北、湖南、河南、山东、山西、陕西、广东、广西[各督]抚。光绪八年十二月初四日奉上谕:兵部奏请饬裁各省防勇,确核兵额,以节饷需一折。前因各省办理军务,于制兵之外添募勇丁,原属一时权宜之计。自军务平定以来,叠经谕令裁减。现在各省尚存防勇二十余万,岁需饷项为数甚巨。国家经制有常,度支竭蹷,不可不力图撙节。如该部所称,查明各该省制兵缺额数目,并将现存兵丁汰去老弱废疾,或再酌裁汛铺。其原缺与现裁兵额,悉择防勇之精壮者挑补,仿直隶章程作为练军。其余设法裁撤自系为节省饷需,补救时艰起见。著该大臣督抚等各就该省情形,悉心酌度,奏明办理。原折均著抄给阅看。将此各谕令知之。钦此。遵旨寄信前来。(二十一日抄交兵部)

1056　军机大臣字寄江西巡抚潘、前江西巡抚李。光绪八年十二月初八日奉上谕:有人奏江西抚州、建昌厘局旧设黄周口,忽于抚州城内添设一局。局员何焕章嗜利尤重,骚扰讹诈,每年罚款不下巨万。除额解银一千二百两外,余均分肥,并与幕友施建治交结贿讬,互相袒庇,请饬查办等语。著潘霨、李文敏确切查明。如果属实,即将增设之卡分别裁撤。除高隆譓前已有旨勒令回籍外,所参何焕章、施建治各款,著即查明,据实具奏。原片著抄给阅看。将此谕令知之。钦此。遵旨寄信前来。

1074 军机大臣字寄署两广总督·一等威毅伯曾,四川总督丁,山东巡抚、调任浙江巡抚任,浙江巡抚、调任山东巡抚陈,江西巡抚潘,前江西巡抚李,广东巡抚裕,广西巡抚倪,传谕粤海关监督崇光。光绪八年十二月十二日奉上谕:岑毓英等奏请饬催各省关欠解续拨铜本银两一折。据称四川欠解银二万一百五十五两零;广东欠解银八万一千二百八十二两零;太平关欠解银二万四千七百一两;粤海关欠解银五千六百七十六两零;浙江欠解银十五万二千八十九两零;江西欠解银六万四千五十两;广西欠解银一千一百十三两零,请饬迅解等语。铜运关系紧要,现当整顿厂务,需本甚殷。著各该督抚、监督等将欠解铜本及应解汇费赶紧筹解,以济要需。将此由四百里谕知曾国荃、丁宝桢、任道镕、陈士杰、潘霨、李文敏、裕宽、倪文蔚、并传谕崇光知之。钦此。遵旨寄信前来。(二十八日抄交户部)

1084 光绪八年十二月十三日,内阁奉上谕:给事中周鹤奏积案滋弊,请饬严立定限,并予迟延处分,暨详核各衙门例案,分别存销各折片。国家综揽庶政,内外相维。督抚部院大臣果能振刷精神,力戒玩愒,督饬所属遇有案件立即办理,不使稍有积压,诸弊自无由而生。乃近来玩泄成风,内外各衙门案件往往藉辞延阁,任意迟逾,以致积案累累,无凭稽核。竟视例定限期为具文,殊失朝廷勤求治理之意。嗣后著内外大臣办理一切案件,务当懔遵定限,如期清结,不准稍有稽迟。倘再蹈因循积习,致有积压,定将该大臣等及承办各员从严惩处。至各部院衙门例案繁多,每有歧异,易滋弊窦,著将现存稿件详加考核,分别存销,以昭画一。钦此。

1095 军机大臣字寄大学士·两江总督·二等恪靖侯左,湖广总督涂,江苏巡抚卫,江西巡抚潘,前江西巡抚李,湖北巡抚彭,传谕护理浙江巡抚、布政使德馨。光绪八年十二月六日奉上谕:有人奏外洋之吕宋票赌局,近日湖北、江西、浙江、江苏等省往往有不肖之徒,公然开设行栈,广糊招帖,领票传卖,从中射利,请饬严禁等语。所奏于风俗人心大有关系,即著各该督抚饬令地方官严行禁止,查拿惩办。原片均著抄给阅看。将此谕知左宗棠、涂宗瀛、卫荣光、潘霨、李文敏、彭祖贤,并传谕德馨知之。钦此。遵旨寄信前来。

1172 臣等查明新正应行加恩各省,除盛京、江苏、江西、浙江、福建、湖北、湖南、河南、山西、陕西、甘肃、四川、广东、广西、云南、贵州经该将军、督抚具奏,毋庸接济外,所有直隶、安徽、山东三省案经该督抚奏到,臣等拟写谕旨三道,并拟定日期颁发。谨奏。

光绪九年

35 光绪九年正月十六日,内阁奉上谕:记名提督王得胜,著补授江西南赣镇总兵。钦此。

36 查:江西南赣镇总兵系陆路缺。谨奏。

46 光绪九年正月十六日,内阁奉上谕:潘霨奏查明各属被灾,请将钱漕等款分别蠲缓一折。江西南昌等州县上年夏间低田被水,迨至秋间高田又复被旱,收成均形减色。若将应征钱漕照常征收,民力实有未逮。加恩著照所请,所有南昌县之一都二图,二社五图,五都三、八图,六都一、三、八图,七都一、二、三、五、六图,八都四图,九都九图,十都二图、十图,十一都二、三图,十二都四六、七、八、九图,十三都一、三、四、五图,十四都二、四图,十五都五、八图,十六都二、三、四、五图,十七都一、二、三、四、五、六图,十八都一、二、三、四、五图,十九都一、二、五、七、八图,南四、南玖图,北四、北玖图,二十都一、二、四图,二十一都归一、归二、南二、归三图,二十二都一、二、三、四、五、六、七图,二十三都一、三、四、五、六、七、八、九、十、十一、十二、十三、十八、十九、二十、二十一、二十二图,二十四都一、二、三、四、五、六、八、九、十、十二、十三、十五图,二十五都一、二、三、四、五、六、七、八、十、十一、十二、十三、十四图,二十六都一、二、三、四、五图,二十七都一、二、三、四、五、六、七、八、九、十、十一、十二图,二十八都一、二、三、九、十、十一图,二十九都一、四、五、六、七、八图,三十都二、三、五、六、七、八图,三十一都三、五、七、十图,三十二都一、三、四图,三十三都二、四、五、六图,三十四都一三四图、十一图,三十五都三、八、十、十一、十三图,四十五都长一、长二、长三、南一、南二图,四十六都一、二、三、十一、十二、十三、十五图,四十七都南五北五兴五图、九图,四十八都南一、南三、南四、北一、长一图,四十九都一、二、五、六图,五十都一、三图,五十一都一、二、三、四图,五十二都四、五、七、八图,五十三都一图,六十都一二四五七图、南二图,六十一都一、二图,六十三都一、五、七、十图,六十四都二图,六十五都四、五图,七十三都三、五、六、九、十图,七十四都一、二、三图,军都一、三、五、六图等处,被水、被旱各则民田四千五百二十四顷二十五亩零,未完地丁银一万五千六百四十七两零,漕米二万七千一百五十九石零。

同新建县之二十一都二、三、四、五图,二十二都二、三图,二十七都五图,二十八都五图,三十一都八图,三十四都一、二、三图,三十六都三、四图,四十一都一、二、三、四、五图,五谏四十二都一、二、三图,仪凤四十二都一、二、三图,四十三都一、二图,四十四都一、二、三、大三、四图,四十五都二图,四十六都一、二、三、四图,四十七都一、二、三图,四十八都一、二、又二、三、四图,四十九都一、二图,五十都一、又一、二图,五十一都一、二图,五十二都一、二图,军都六图,五十三都一、二、三、四都,五十四都一、二、三、四、五图,五十五都一、二、三、四、五图,五十六都一、二图,十坊等处,被淹各则官民田三千四百九十四顷九十九亩零,未完地丁银七千六百四十二两零,漕米七千六百六石零。

进贤县之下五坂二十七都一、二、三、四、五图,二十八都一、二、三、四图,二十九都一、二、三、四图,三十都一、二、三、四、五图,三十一二都一、二、三、四图,同被水次重之一都一、二、三、四、五、六图,五都一、二、三、四、五图,六都一、二、三、四、五、六、七图,七都一、二、三、四、五、六、七、军图，上八都一、二、三、四、五、六、七、八、九、十图，下八都一、二、三、四、五、六、七、八、九图，九都一、二、三、四、五、六、七、八、九、十图，十都一、二、三、六、七、八、九、十图，十三四都六、七、八、九、十图，十五都一、二、三、四、五、六、七、八、九、十图，十六都一、二、三、四、五、六、七、八、九、十、十一、十二图，十七都一、二、三、四、五、六、七、八、九图，二十二都一、二、三、四、五、六、七、八、九、十、十一、十二图，二十三都一、二、三、四、五、六、七、八、九、十、十一、十二图，二十四五都二、三、四图，二十六都一、二、三、四、五图，三十三都一、二、三、四、五、六、七图，三十四都一、二、三、四图，六隅东、西、南、北、正、中隅，并被水稍轻之三十五都一、二、三、四、五、六图，三十六都一、二、三、四、五、六图，三十七都一、二、三、四、五、六图，三十八都一、二、三、四、五图等处，被水各则田三千四百四十三顷二十五亩，未完地丁银一万二百四两零，漕米一万三千一百四十三石零。

新淦县之二都一、二、三、四、五、六图，四都一、二、三、四、五、六、八、九、十图，七都一、二、三图，五都四、五、六、七、八、九、十、十一、十二、十三图，三都二、三、四、五、六、七、八、九、十图，一都一、二、三、四、五、六、七图，六都一、二、三、四、五、六、七、八、九、十图等处，被旱各则田一千五百三十六顷四十亩，未完地丁银一万四百三十四两零，漕米七千五百四十五石零。

新喻县被旱较轻之一、二、三、四、五坊，八都三图，十二都二图，十三都三图，十四都一、二图，十五都三图，正附功屯图等处，应征地丁、漕米内，著缓征十分之三，银一千五百九十六两零，米九百九十八石零；被旱次重之一都一、二、三图，二都一、二、三图，三都一、二、三图，七都二图，十六都一图，公图，军图等处，应征地丁、漕米内，著缓征十分中之三分六厘，银二千九百六十七两零，米一千八百五十六石零；被旱最重之四都一、二、三图，五都一、二、三图，六都一、二、三图，七都一、三图，八都一、二图，十六都二、三图，十七都一、二、三图，十八都一、二、三图，十九都一、二、三图，二十都一图等处，应征地丁、漕米内，著缓征十分中之三分八厘，银六千三百九十二两零，米三千九百九十八石零。

峡江县之附城一、四、五、六坊，及东一都一、二图，二都一二图三、四、七、八、九、十甲，三图，三都一、二、三、四图，四都四图，五都一、二图，六都一、二、三图，七都；西一都二图，二都一、二图，三都二图，四都七图，九都一、二图，十都四、七、八甲，十一、十三都一图等处，被旱各则田二千四百五十九顷九十四亩零，未完地丁银五千五百二十八两零，漕米二千六百五十二石零。

莲花厅之砻西乡一、二、三、四、五、六、七、九、十、十一、十二、十五、十六、十七等都，上西乡二十一、二十二、二十三、二十四、二十五、二十六、二十七、二十八、二十九、三十等都，被旱民田五百六十四顷九十六亩零，屯田四十二顷三十六亩零，未完地丁银三千六百二十五两零，漕米一千九百十三石零，漕运屯粮银五百七十一两零，余租银一千九十四两零。

安福县之东乡三都并五十三、五十四、五十五、五十八及六十、六十二、六十三等都，南乡一都并三十五、三十六、三十七、三十八、三十九及四十一、四十二、四十三、四十四、四十五、四十九等都，西乡四、五、六、七、八、九、十并二十一、二十二等都，北乡二都并六十四、六十五、六十八、六十九等都，被旱各则田一千六百七十二顷九十五亩零，未完地丁银一万七百九十六两零，漕米六千二百九十九石零。并东乡五十四、五十七、五十八等都，南乡三十五、三十七及四十四、四十五等都，西乡四、五、六、七并十一、十二等都，北乡六十四、六十五、六十九等都，被旱屯田二十二顷六十三亩零，未完漕运屯粮银三百三十四两零，余租银六百十三两零。

永新县之东乡六十三四五六及七十一二等都，南乡五十四六七八九等都，西乡十一二三四五六及四十一二三四等都，北乡一、二、三、四、五、六、七、八、九、十及七十三等都，被旱民屯田地一千二百七十七顷三十九亩零，未完地丁银九千六百九十两零，漕米二千七百八十九石零，屯丁银十六两零，存留屯粮银六十五两零，漕运屯粮银五百三十两零，余租银一千八百九十八两零。

东乡县之二十八都四图，上三图，下三图，军三图，缺三图，七图，三十三都尾图一、五甲等处，被水各则田一百六十一顷四十五亩零，未完地丁银六百六十八两零，漕米二百六十四石零。上饶县之一都，二都，六十六、六十七、六十八、六十九都等处，被水各则田四百九顷七十六亩零，未完地丁银一千三百三十七两零，漕米七百六十一石零。

鄱阳县之东隅一图，南隅五、六图，西隅一、二、八图，北隅一、五图，永平关五图，东北关一图，一都四七图、后一二图，二都二图，三四都一、二、三、四、五、六、七、八、九、十、十一、十二、十五、十六、十七、十九、二十、二十一、二十二图，四都二、九图，六都一、二图，七都一、二、三图，八都一、二、三、四、六图，九都一图，十都二、三、四图，十二都一、二、三、四、五图，十二都一、二图，崇十三都一、二图，辛十三都一、二图，十四都一、二图，十五都一图，十六都一、二图，十七都一、二图，四十八都二、三、四图，五十都四图，五十一都二、四、五、六、七、八、九、十图，五十二都一、二、三、四、五、六、七、八、九、十图，五十三都一、二、三、四图，五十四都三、四、五、六图，五十五都一、五图，五十六都四图，五十七都一图，五十八都一、二、三、四、五、六、七图，五十九都二、三、四、五、六、七、八图，六十四都三、四图，六十五都一、二、三图，六十六都一、二、三、四图，六十七都一图，南乡二图，北乡四图各甲各村，被水各则民田一万三顷四十亩零；同西北两乡屯田被水未完地丁银一万八千五百八十三两零，漕米九千一百二十四石零，屯粮丁银二十六两零，存留屯粮银一百四十六两零，漕运屯粮银八百十五两零，余租银九百九十九两零。

余干县之东西南北四隅及二、三、四、五、六、七、八、九都，二十六、二十七、二十八、二十九、三十、三十一、三十二、三十三、三十四、三十五、三十六都等处，被淹各则田四千二百二十六顷九十七亩零，未完地丁银一万五千六百七十两零，漕米九千五百八十一石零。

乐平县之三都、五都、六都、八都、九都、十都、十二都、十四都、十五都、十六都、十七都、十九都、二十都、二十一都、三十一都、三十二都、三十三都、四十都、四十四都等处，被旱田一千七百三十顷三十四亩零，未完地丁银八千四百七十六两零，漕米四千三百三十八石零。

浮梁县之东乡福义、护口、丰田、尚西部、仁寿、兴义、新兴、锦义等都及龙源、义合、劝义、辛由、新正、四隅各图；西乡之兴里、益元、黄坛、居仁、星槎、上梅田、上下庐田等都及下梅田、下连、彭村、浯溪、渔步、上义等图；南乡之义合、常□、镇市、上下长源、辛安、历降、南村、安田等都及樵溪、湖田、长香、里仁、长山、辛合等图；北乡之大惟都及三里、佶口、侈溪、城门、引京、兴福、西里、杭溪、儒林、长宁、法京、长安、梓舟、腾凤等图，被水各民田地一千三百八十五顷七十二亩零，未完地丁银五千一百四十九两零，漕米三千六百四十三石零。

德兴县之东乡六、七、八、九、十、十一、十二等都，南乡十三、十四、十五、十六、十七、十八、十九、二十及念一、念二、上念三等都，北乡一、二、三、四、五及下念三等都，被水、被旱各则田地山二千五百三十八顷二十三亩零，未完地丁银七千三百十三两零，漕米四千九百二十六石零。

万年县之隔塘村一都一、二、三、四图；陶岭村东隅一图；雷华村二都三图，东隅二图；石头村十三都三、四图；白马村二都一、二图，三都一图，七都三图；塘东村十二都三图；道港、隔港村十三都二图，南隅二图；均湖村十二都四图；永丰村西隅一、二图，北隅一图；山背村十四都三图；燃湖村十一都四图；青塘村十三都一图，十四都二图；双蓝村十四都四图；余栢村十四都一图等处，被淹各则田地一千四十一顷三十六亩零，未完地丁银二千五百五十九两零，漕米一千六百二十四石零。

星子县之下七都，二、三、四都，一、五、六都，上七、下八等都，及东西南门各党，并河村党、栖杨党、青风党、伍里党、吴障党等处，被水各则民田四百十一顷七十九亩零，未完地丁银二千一百四十三两零，并南、九二卫，被水各则屯田七千九顷二亩零，未完屯粮丁银一百九十六两零，余租银一千四十九两零。

都昌县之一都，二都，三上都，三下都，四上都，四下都，五都，六上都，六下都，七、八、九都，十上都，十中都，十下都，十一、十二都，十三上都、十三下都，十四上都，十四下都，十五、十六、十七、十八、十九、二十都，二十一、二十三都，二十四上都，二十四下都，二十五上都，二十五下都，二十六上都，二十六下都，二十七、二十八、二十九、三十都，三十一、三十二、三十三、三十四、三十五、三十六、三十七、三十八都，四十一、四十二、四十三都，四十五八都，四十六七都，市一、市二、市三、市四、市五图，柴图，左镇等处，被淹田一千八百七十七顷七十二亩零，未完地丁银六千三十一两零，漕米四千三百九十七石零。

建昌之永丰、凝远、丰安、德政、市镇、钓台、归义、新城、修智、昇仙、甘泉、受安等乡，被淹各则田地五千六百三十七顷二十五亩零，未完地丁银一万七千八百二十七两零，漕米八千七百五十六石零。同安义县寄庄建昌县各乡被水未完地丁银三百九十八两零，漕米一百八十四石零。

德化县桑落、赤松、封一、封二等乡，被水成灾各则民田地四百二十顷十七亩零，并南、九二卫屯田及芦洲田地并密稀芦等项被水，应征民屯等款内，著蠲免十分之七，地丁银一千三百三十六两零,屯粮丁银九十八两零,存留屯粮银一百九十三两零,漕运屯粮银八百八十二两零,余租银一千九百三十七两零,光绪八年压征七年芦课银七百五两零,蠲剩三分地丁银五百七十二两零,屯粮丁银四十二两零,存留屯粮银八十二两零,漕运屯粮银三百七十八两零,余租银八百三十两零,光绪八年压征七年芦课银三百二两零。同南昌、仙居、白鹤、仁贵、德化、泰临、通津、新民等乡,被水次重未完地丁银一千七十两零,屯丁银六十一两零,存留屯粮银四百二十两零,漕运屯粮银一千八百十两零,余租银四千四百三十三两零。

德安县之黄湾、陈湾、固村、墩下、金鸡、附城、神于、河东、后田、在市、乌石、墩上等堡,被水各则民田三百五十二顷七十八亩零,未完地丁银二千六百五十七两零。同南、九二卫坐落陈湾、金鸡、附城、河东、后田、乌石、在市等堡屯田,被水未完屯丁银二百四两零,存留屯粮银二百三十九两零,漕运屯粮银一千三百四十五两零。

瑞昌县安泰乡之周滩、玖屯、玖民、青龙、安城、营桂、暗林、巴山、迴龙、罗湖、板林、东关、荆林等堡;今一乡之马头、接泥、高武、乌塘、金蛇等堡;今二乡之封门、黄桥、河塘、牛山、莲山、武茭、长流、大林、西隆、北亭等堡;甘露乡之禁坪、北巢等堡,共被淹各则民田地六百四顷九十亩零,未完地丁银二千九百十三两零。同九江卫坐落安泰、德化、赤松、南昌、仙居等乡屯田地,被淹一百六十四顷八十三亩两零,漕运屯粮银九百二十八两零,余租银一千八百四十四两零。

湖口县之上乡九都,十一、十三都,十四五都,十六、十七都,二十都二图,中乡八都,十二都,一坊,二坊一图;下乡三都,五都,四、六都、七都等处被水,各则民田一千二百顷六十二亩零,未完地丁银五千四百四十二两零。同三都,四、六都,五都及编入德化县之仁贵乡、宿松县之孟家洲等处,被水屯田二十三顷六十六亩零,未完漕运屯粮银一百九十八两零,余租银四百七十三两零。

彭泽县之七都,二十五都,下三十三都民田被水,同七都之太平坂,二十五都之上潦洪屯田被水,应征民屯各款内,著缓征十分之四,地丁银五百八十七两零,漕运屯粮银一百二十两零,存留屯粮银五十三两零,屯粮丁银四十九两零,余租银三百六十五两零,又应征光绪八年压征七年芦课内著缓征十分之六,银一千一百五十四两零。同二十都、三十都、上三十三都民田被水,并二十都之三百户民佃、杨子桥,三十都之上定山、下定山、二百户等处屯田被水,应征民屯等款内著缓征十分之三,地丁银六百二十六两零,漕运屯粮银二百七十六两零,存留屯粮银一百二十三两零,屯粮丁银一百十三两零,余租银七百五十二两零,并一、二、三、四、五、六、七、八、九都,十二、十三、十五都,及一、二坊等处民田被水,并四都之下隅坂,八都之乌沙坂,九都、十二都之建德户、古楼坂等处屯田被水,应征民屯等款内著缓征十分之二,地丁银一千五百两零,漕运屯粮银一百六十二两零,存留屯粮银七十二两零,屯粮丁银六十六两零,余租银四百四十九两零。九江府同知所辖南、九二卫芦洲坐落桑落、赤松、封一二等乡并密稀芦等项,被淹洲地五百八十六顷九十二亩零,未完光绪八年压征七年芦课银八百四十三两零,均著缓至光绪九年秋后分作两年带征。

又玉山县之十二、十七、十八、二十一、二十三、二十四、二十五、二十六、二十七、三十六、三十七、四十等都，被水民田八百十一顷五十七亩零，应征地丁、漕米内著缓征十分之四，银一百十八两零，米六百四十二石零，著缓至光绪九年秋后一并带征。

又湖口县芦洲被水，应征八年压征七年芦课内，著蠲免五分，银二百三十七两零，蠲剩五分，银二百三十七两零，著缓至光绪九年秋后分作三年带征。

南昌县光绪二、三、四年被水，六年被水、被虫，七年被水、被旱，原缓各本年地丁、漕米；新建县同治十二年及光绪元、二、三、四、六、七等年被水，原缓各本年地丁、漕米；丰城县光绪二年被水，原缓各本年地丁、漕米；清江县光绪三年被水，原缓各本年地丁、漕米；峡江县同治十二年及光绪五年被旱及二、七两年被水，原缓各本年地丁、漕米；庐陵县光绪七年被水，原缓本年地丁、漕米、存留屯粮、漕运屯粮、余租；吉水县光绪七年被水，原缓本年地丁、漕米。永丰县光绪五年被旱，原缓本年地丁、漕米；泰和县光绪七年被水，原缓本年地丁、漕米；南丰县光绪二年被水，原缓本年地丁、漕米；鄱阳县光绪四年被水，原缓本年地丁、漕米、屯粮丁、存留屯粮、漕运屯粮、余租；乐平县同治十一、十二、十三及光绪元、二、三、五、六、七等年被旱，四年被水、被旱，原缓各本年地丁、漕米；安仁县光绪四年被水，原缓本年地丁、漕米。万年县同治十一年被水，原缓本年二限一半地丁、漕米，光绪元、二、四等年被水，原缓各本年地丁、漕米；星子县同治十一年及光绪二年被水，元年被水、被旱，原缓各本年二限一半地丁、屯丁、余租，四年被水，七年被水、被雹，原缓各本年地丁、屯丁、余租；都昌县同治十一及光绪元、二、四等年被水，原缓各年地丁、漕米。德化县光绪三、五、七等年被水、被旱，四、六两年被水，原缓各本年地丁、屯粮丁、存留屯粮、漕运屯粮、余租、压征光绪二、三、五、六等年芦课；瑞昌县光绪四年被水，原缓本年地丁、漕运屯粮、余租，均除完纳外，其余未完同湖口县同治十一、十三及光绪二、三、四、六、七等年被水，同治十二及光绪元、五等年被水、被旱，原缓各本年地丁，均除完纳外，其余未完同原缓各本年漕运屯粮、余租；彭泽县同治十一及光绪元、五等年被水、被旱，同治十三年被旱，光绪二、四、六等年被水，原缓各本年二限一半地丁、屯粮丁、存留屯粮、漕运屯粮、余租、压征同治十、十二、十三及光绪元、三、四、五等年芦课，均著递缓至光绪九、十两年秋后带征。

南昌县光绪元年被水、被旱、被虫，原缓地丁、漕米；新建县同治十一年被水，原缓本年地丁、漕米；进贤县光绪七年被水，原缓本年地丁、漕米。清江县光绪二年被水，原缓本年地丁、漕米；莲花厅同治十一、十二、十三及光绪元、二、三、四、七等年被旱，原缓各本年地丁、漕米、漕运屯粮、余租；五年被旱，原缓本年漕运屯粮、余租，均除完纳外，其余未完同原缓地丁、漕米，六年被旱，原缓本年地丁，除完纳外，其余未完同原缓漕米、漕运屯粮、余租；庐陵县光绪二年被水，原缓本年地丁、漕米、存留屯粮、漕运屯粮、余租；安福县光绪七年被旱，原缓本年地丁、漕米、存留屯粮、漕运屯粮、余租；安福县光绪七年被旱，原缓本年地丁、漕米、漕运屯粮、余租；余干县光绪七年被水，建昌县七年被水、被旱，并安义县寄庄建昌县七年被水，各原缓本年地丁、漕米；德化县光绪三年被水，原缓本年地丁、屯粮丁、存留屯粮、漕运屯粮、余租、压征元年芦课；德安县光绪七年被水、被雹，原缓地丁、屯粮丁、存留屯粮、漕运屯粮；瑞昌县光绪二年被水，原缓二限一半地丁、漕运屯粮、余租；九江府同知所辖南、九二卫光绪七年被水，原缓本年压征六年芦课，均著递缓至光绪十、十一两年秋后带征。

又南昌县同治十二年被水、被旱、被虫，丰城县十二年被旱、被虫，各原缓本年地丁、漕米；进贤县光绪六年被水，原缓本年地丁、漕米；清江县同治十二年被旱，原缓本年地丁、漕米；新淦、新喻二县光绪七年被水、被旱，各原缓本年地丁、漕米；吉水县光绪二年被水，原缓本年地丁、漕米；泰和县光绪六年被水，原缓本年地丁、漕米；安福县光绪六年被旱，原缓本年地丁、漕米、漕运屯粮、余租；鄱阳县光绪二年被水，原缓本年地丁、漕米、屯粮丁、存留屯粮、漕运屯粮、余租；余干二县光绪六年被水，建昌县六年被水、被旱，并安义县寄庄建昌县六年被水，各原缓本年地丁、漕米；德化县光绪元年被水、被旱，原缓本年地丁、屯粮丁、存留屯粮、漕运屯粮、余租、压征同治十三年芦课；德安县光绪六年被水，原缓地丁、屯粮丁、存留屯粮、漕运屯粮；瑞昌县光绪元年被水、被旱，原缓本年二限一半地丁，除完纳外，其余未完同原缓漕运屯粮、余租；九江府同知所辖南、九二卫光绪六年被水，原缓本年压征五年芦课，均著递缓至光绪十一、十二两年秋后一并带征。

又南昌县同治十一年被水、被虫，原缓本年地丁、漕米；进贤县光绪五年被水，原缓本年地丁、漕米；清江县同治十一年被旱，原缓本年地丁、漕米；安福县光绪五年被旱，原缓本年地丁、漕米、漕运屯粮、余租；余干、建昌二县并安义寄庄建昌县光绪五年被水，各原缓本年地丁、漕米；德化县同治十三年被旱，原缓本年地丁、屯粮丁、存留屯粮、漕运屯粮、余租、压征十二年芦课；德安县光绪五年被水，原缓本年地丁、屯粮丁、存留屯粮、漕运屯粮；又瑞昌县同治十二年被旱，原缓本年二限一半地丁，除完纳外，其余未完同原缓漕运屯粮、余租；九江府同知所辖南、九二卫光绪五年被水、被旱，原缓本年压征四年芦课，均著递缓至光绪十二、十三两年秋后带征。

又进贤县光绪四年被水，原缓本年地丁、漕米；新淦县光绪六年被旱，新喻县六年被水、被旱，各原缓本年地丁、漕米；安福县光绪四年被水、被旱，原缓本年地丁、漕米、漕运屯粮、余租；鄱阳县光绪元年被水，原缓本年地丁、漕米、屯粮丁、存留屯粮，及漕运屯粮、余租；余干、建昌二县并安义寄庄建昌县光绪四年被水，各原缓本年地丁、漕米；德化县同治十二年被水、被旱，原缓本年地丁、屯粮丁、存留屯粮、漕运屯粮、余租、压征十一年芦课；德安县光绪四年被水，原缓本年地丁、屯粮丁、存留屯粮、漕运屯粮；瑞昌县同治十一年被水，原缓本年地丁、漕运屯粮、余租，均除完纳外，其余未完同九江府同知所辖南、九二卫光绪四年被水，原缓本年压征三年芦课，均著递缓至光绪十三、十四两年秋后带征。

又进贤县光绪三年被水，原缓本年地丁、漕米，安福县光绪三年被旱，原缓本年地丁、漕米、漕运屯粮、余租；余干、建昌二县并安义寄庄建昌县光绪三年被水，各原缓本年地丁、漕米；德化县同治十一年被水，原缓本年地丁、存留屯粮、漕运屯粮、余租、压征十年芦课；德安县光绪三年被水，原缓本年地丁、屯粮丁、存留屯粮、漕运屯粮；九江府同知所辖南、九二卫光绪三年被水，原缓本年压征二年芦课，均著递缓至光绪十四、十五两年秋后带征。

进贤县光绪二年被水，原缓本年地丁、漕米；新淦、新喻二县光绪五年被水、被旱，各原缓本年地丁、漕米；安福县光绪二年被旱，原缓本年地丁、漕米、屯定、漕运屯粮、余租；鄱阳县同治十一年被水，原缓本年地丁、漕米、屯粮丁、存留屯粮、漕运屯粮、余租；余干、建昌二县并安义县寄庄建昌县光绪二年被水，各原缓本年地丁、漕米；德安县光绪二年被水，原缓本年地丁、屯粮丁、存留屯粮、漕运屯粮；九江府同知所辖南、九二卫光绪二年被水，原缓本年压征元年芦课，均著递缓至光绪十五、十六两年秋后带征。

进贤县光绪元年被水，原缓本年地丁、漕米；安福县光绪二年被旱，原缓本年地丁、漕米、屯丁、漕运屯粮、余租；余干、建昌二县并安义寄庄建昌县光绪元年被水，各原缓本年地丁、漕米；德安县光绪元年被水、被旱，原缓本年地丁、屯粮丁、存留屯粮、漕运屯粮；九江府同知所辖南、九二卫光绪元年被水，原缓本年压征同治十三年芦课。均著递缓至光绪十六、十七两年秋后带征。

又进贤县同治十三年被水，原缓本年地丁、漕米；新淦县光绪四年被旱，新喻县四年被水，各原缓本年地丁、漕米；安福县同治十三年被旱，原缓本年地丁、漕米、屯丁、漕运屯粮、余租；余干县同治十三年被旱，建昌县十三年被水、被旱，并安义寄庄建昌县十三年被水，各原缓本年地丁、漕米；德安县同治十三年被水，原缓本年地丁、屯粮丁、存留屯粮、漕运屯粮，均著缓至光绪十七、十八两年秋后带征。

进贤县同治十二年被水、被旱，原缓本年地丁、漕米；安福县同治十二年被旱，原缓本年地丁、漕米、屯丁、漕运屯粮、余租；余干县同治十二年被旱，建昌县十二年被水、被旱，并安义寄庄建昌县十二年被水，各原缓本年地丁、漕米；德安县同治十一年被水，原缓本年地丁、屯粮丁、存留屯粮、漕运屯粮，均著递缓至光绪十八、十九两年秋后一并带征。

又进贤县同治十一年被水，原缓本年地丁、漕米；新淦、新喻二县光绪三年被水，各原缓本年地丁、漕米；安福县同治十一年被旱，原缓本年地丁、漕米、屯丁、漕运屯粮、余租；余干、建昌二县并安义寄庄建昌县同治十一年被水，各原缓本年地丁、漕米，均著递缓至光绪十九、二十两年秋后带征。

又新淦、新喻二县光绪二年被水，各原缓本年地丁、漕米，均著递缓至光绪二十一二十二两年秋后带征。又新淦县同治十三年被旱，原缓本年地丁、漕米，新喻县光绪元年被旱，原缓本年地丁、漕米，均著递缓至光绪二十三、二十四两年秋后带征。又新淦县同治十二年被旱，原缓本年地丁、漕米，新喻县同治十三年被旱，原缓本年地丁、漕米，均著递缓至光绪二十五、二十六两年秋后带征。又新淦县同治十一年被水、被旱，原缓本年地丁、漕米；新喻县同治十二年被旱，原缓本年地丁、漕米，均著递缓至光绪二十七、二十八两年秋后带征。又新喻县同治十一年被旱，原缓本年地丁、漕米，著递缓至光绪二十九、三十两年秋后带征。又永新县同治十三及光绪元、三、七等年被旱，之二、五两年被水，四、六两年被水、被旱，原缓各本年地丁、漕米、屯粮丁、存留屯粮、漕运屯粮、余租；兴国县光绪七年被水，原缓本年地丁，均著递缓至光绪九年秋后一并带征。又永新县同治十二年被水、被旱,原缓本年地丁、漕米、屯粮丁、存留屯粮、漕运屯粮、余租,均著递缓至光绪十年秋后一并带征。又永新县同治十一年被水、被旱,原缓本年地丁、漕米、屯粮丁、存留屯粮、漕运屯粮、余租,均著递缓至光绪十一年秋后一并带征。湖口县同治十一、十二、十三及光绪元、二、三、四、五等年被水,原缓本年压征同治十、十一、十二、十三及光绪元、二、四等年芦课,四、六、七等年被水,原缓各本年压征三、五、六等年芦课,各完纳外,其余未完,均著递缓至光绪九、十、十一等三年秋后带征。

又南昌、新建二县光绪二、四两年被水,丰城、新淦二县光绪二年被水,鄱阳、余干、星子、德化、德安等县光绪四年被水,各原借修堤银两,均著展缓至光绪九、十两年秋后催缴还款。又德安县光绪二年被水,原借修堤银两,著展缓至光绪十、十一两年秋后催缴还款。余干县光绪二年被水,原借修堤银两,著展缓至光绪十一、十二两年秋后催缴还款。又建昌县光绪四年被水,原借修堤银两,著展缓光绪十二、十三两年秋后催缴还款,以纾民力。

余著照所议办理。该抚即刊刻誊黄,遍行晓谕,务使实惠均沾,毋任吏胥舞弊,用副轸念民艰至意。该部知道。钦此。

50 光绪九年正月十八日,内阁奉上谕:御史梁俊奏敬陈管见一折。向来地方遇有灾歉,经各该省督抚奏请蠲缓钱粮,无不立沛恩施。原所以体恤民艰,免致失所。乃近来于蠲免钱粮年份,民间有先期输官者,迨次年开征,该地方官仍催令照旧完纳,不准流抵次年正赋,致小民输将尽归中饱,实属大干例禁。著户部嗣后遇有蠲免年份,即将同治三年所奉谕旨,于先行誊黄稿内全行恭录,俾灾黎周知定例,以杜重征。国家用人,务拔真才,迭经谕令内外大臣保荐,不得瞻徇情面,徒采虚声,必灼见真知,方准列入荐牍,朝廷庶收得人之效。嗣后如有所保非人,别经发觉,定将原保之员严加惩处。其各懔遵毋忽!钦此。

57 军机大臣字寄江西巡抚潘。光绪九年正月二十二日奉上谕:给事中刘瑞祺奏,江西厘卡委员因有比较之法,专顾考成,任意浮收,请饬裁禁等语。厘金收数,自有定章,岂容稍有浮勒,著潘霨严行禁止,嗣后厘卡差使务当遴委妥员接办,如查有勒索侵吞等弊,即行参处。至比较之法所以杜委员侵渔,原不必拘定成数,转滋弊端,应即裁除,并著该抚核实妥办。另片奏请饬整顿书院等语。江西白鹿洞书院建置之初,法良意美,据奏历年既久,田亩渐就湮芜,兼以吏役侵渔,岁入租息实不及半,以致书院日益颓弛,士子肄业寥寥,遗规几废。著潘霨督饬该地方官,将白鹿洞田租认真清查,勿任侵蚀,并于书院一切事宜设法整顿,以复旧章。将此谕令知之。钦此。遵旨寄信前来。

139 光绪九年二月十五日,内阁奉上谕:御史何桂芳奏各省酷吏滥用非刑,并幕友删改犯供,荐引徒党,请饬严禁各折片。地方命盗各案,全在承审官虚衷研鞫,不事刑求,方足以成信谳。刑部核议罪名,以各省解部招册为凭。若如该御史所奏,酷吏非刑逼供,种种残忍,其有情节可驳者,必经幕友删改送部,何以重民命而得确情。著各直省督抚严查属员中如有滥用非刑者,立即参办,毋稍宽纵。遇有提审要案,督同臬司亲讯明确,并严禁幕友删改犯供,务期情真罪当,以副朝廷明慎用刑之意。至上司幕友荐引徒党,广通声气,实属有干例禁,并著严行禁止,以挽积习。该部知道。钦此。

149　光绪九年二月十八日,内阁奉上谕:潘霨奏请裁免米谷厘金一折。米谷为民生日用之需,江西自兵燹以后,元气未复,上年被水成灾,闾阎生计维艰。该抚请将江西米谷厘金一项裁免,所奏甚是。即著该抚遍行晓谕,饬令卡员认真稽查,毋任吏胥仍前抽收,蒙混滋弊。至各项货厘,并著加意整顿,力杜侵渔中饱情事,以昭核实。该部知道。钦此。

150　蒙发下折报,臣等公同商阅。潘霨奏请裁免米谷厘金折,拟缮明发谕旨,将江西米谷厘金概行裁免,并令该抚整顿厘务,力杜中饱情弊。其余折片单拟批呈进。是否有当,伏候圣裁。谨奏。光绪九年二月十八日奉旨:依议。钦此。

166　光绪九年二月二十三日,内阁奉上谕:御史鲁琪光奏官价病民,请饬裁免一折。据称各省文武衙门逐日购物,类给官价,假手胥役,又复侵蚀克扣;其举行乡试等事,辄藉办差为名,责令各铺户供应等语。各衙门购买物件,应照市价给值,何得别立官价名目。至办公需用,均应按物付价,岂容藉端扰累。著各直省督抚通饬所属,革除陋习。嗣后如有仍蹈前辙者,随时惩办,以恤商民。钦此。

217　查:甘肃巩秦阶道系繁疲难要缺。谨奏。

274　军机大臣字寄福州将军,直隶、两江、闽浙、湖广、四川、江苏、安徽、江西、福建、湖北、湖南、山东各督抚。光绪九年三月二十一日奉上谕:户部奏请续拨京饷等语。近年库款支绌,叠经户部续请添拨京饷。此次该部酌量各省情形,拟拨山东地丁银五万两,湖南地丁银五万两,江西地丁银四万两,福建税厘银十万两,两淮盐厘银八万两,长芦荥工加价银五万两,江苏厘金银十二万两,安徽厘金银五万两,湖北盐厘银五万两,四川津贴银五万两、盐厘银十万两,闽海关洋税银五万两,江海关洋税银八万两,九江关常税银十万两,赣关常税银三万两,共银一百万两。著该将军、督抚各将所拨饷银连本年原拨未解京饷均于五月前解到一半,十二月初间如数解齐。各该将军、督抚务当顾全大局,依限提前完解。倘藉词诿卸,率请划抵截留,贻误要需,即著该部指名严参。将此由五百里各谕令知之。钦此。遵旨寄信前来。(抄交户部)

283　光绪九年癸未科会试:

(朱)满洲一百六十一卷,○拟取中八名。

蒙古四十三卷,○拟取中三名。

汉军九十一卷,○拟取中六名。

直隶七百八卷,○拟取中二十三名。

奉天三十卷,○拟取中三名。

山东三百七十五卷,○拟取中二十一名。

山西二百五十八卷,○拟取中十名。

河南三百十卷,○拟取中十六名。

陕西一百五十一卷,○拟取中十四名。

甘肃八十九卷,○拟取中九名。

江苏四百五十四卷,○拟取中二十五名。

安徽二百五十八卷,○拟取中十七名。

浙江四百八十二卷,○拟取中二十四名。

江西三百九十三卷,○拟取中二十一名。

湖北二百四十七卷,○拟取中十四名。

湖南二百十八卷,○拟取中十四名。

四川二百七十八卷,○拟取中十四名。

福建三百六十九卷,○拟取中二十名。

台湾十八卷,○拟取中二名。

广东四百九十八卷,○拟取中十六名。

广西一百六十卷,○拟取中十三名。

云南一百九十六卷,○拟取中十二名。

贵州一百五十七卷,○拟取中十一名。

340　光绪九年四月十四日,内阁奉上谕:御史陈启泰奏请整饬学校以端吏治之本一折。各省书院为培植人材而设,必须院长得人,方足以资模楷。若如所奏请托干求,流弊滋多,以致有名无实。嗣后书院院长均著由地方官绅自行延访品学兼优之人。各该上司概不准徇情压荐,以杜弊端。学政职司文教,士子风尚视为转移。膺是选者,必能束身砥行,振兴实学,方为无忝厥职。各省学政向由该省督抚于年终密陈考语。嗣后各该督抚,务当认真查察,出具切实考语具奏。倘有声名平常,不能称职之员,并不据实奏闻,一经发觉,定惟该督抚是问。至该御史所陈酌留学额,澄叙教官两条,著该部议奏。钦此。

341　蒙发下折报,臣等公同商阅。陈启泰奏请整饬学校折,拟缮明发谕旨,各省书院院长均由地方官绅延访品学兼优之人,各该上司不准压荐。各省学政,令该督抚随时查察,于年终出具切实考语具奏。如有声名平常之员,并不据实奏闻,一经发觉,定惟该督抚是问。至该御史所陈酌留学额,澄叙教官两条,令该部议奏。贺尔昌奏直隶盗风甚炽,请饬整顿捕务折;又奏参知县吴绳曾等各款片,拟缮寄信谕旨,令张树声将捕务认真整顿,并查明所参知县吴绳曾、知府胡清瑞各节,如果属实,即行参办。其余折片拟批呈进。是否有当,伏候圣裁。谨奏。光绪九年四月十四日奉旨:依议。钦此。

386　光绪九年四月二十八日，内阁奉上谕：此次散馆之修撰黄思永，编修余联沅、曹冶孙业经授职，二甲庶吉士黄绍箕、汪概、刘名誉、谢隽杭、陈与冏、丁立钧、志锐、蒋艮、周克宽、福楙、崔永安、张星炳、谢希铨、国炳、吴树棻、杨崇伊、盛炳纬、梁锦奎、叶大遒、安维峻、王懿荣、徐琪、戴彬元、王濂、陈景鎏、刘桂文、溥良、庞鸿书、柏锦林、李经世、吴同甲、王丕厘、梁鼎芬、刘沛然、张鼎华、萨廉、吕佩芬、赵曾重、褚成博、朱福诜、李佩铭、冯应荣、裴维侒俱著授为编修；三甲庶吉士蒋式芬、连培基、余熙春俱著授为检讨；武吉祥、郭曾炘、郭赓平、丁象震、吴保龄、杜庆元、陈应禧、黄俊熙、强鹏飞、汤绳和、汪致炳、王兰、何乃莹、濮子潼、崇宽、姜自驹、王颂蔚、于式枚、陆善格、钟灵、范德镕、左绍佐俱著以部属用；刘焕、石鸿韶、陈夔麟、沈士铼、胡锡祜、毛澄、柳芳、顾莲、周遂良、锡元、张世英、林元荄、余文蔚、袁鹏图俱著以知县即用；翻译庶吉士长麟著授为编修。钦此。

387　…………

江西四员：

〇庶吉士谢希铨江西人，年四十岁。光绪三年①二甲进士，散馆一等十四名。

〇庶吉士连培基江西人，年三十二岁。光绪六年三甲进士，散馆二等七名。

庶吉士郭赓平〇江西人，年四十二岁。光绪六年二甲进士，散馆二等十四名。

庶吉士刘焕江西人，年三十三岁。〇光绪六年二甲进士，散馆二等十七名。

…………

403－404－405－406－407　光绪九年五月初一初二初三初四日引见新进士，除一甲三名及以原官用六名外，朱笔圈用庶吉士七十八人，部属八十六人，中书十二人，即用知县一百二人，归班十九人。

……

第一排

江西进士六名：

〇熊亦奇江西人，年二十三岁。二甲七名进士，覆试一等三十四名，朝考二等二名。

饶昌麟〇江西人，年二十八岁。二甲三十五名进士，覆试一等四十六名，朝考三等六十五名。

〇华煇江西人，年二十四岁。二甲四十五名进士，覆试二等七十六名，朝考一等三十五名。

〇傅汝梅江西人，年三十七岁。二甲五十二名进士。覆试一等五十名，朝考二等十二名。

〇伍兆鳌江西人，年三十二岁。庚辰殿试二甲五十四名进士。庚辰覆试一等四十六名，朝考二等三十五名。

陶福祖〇江西人，年三十五岁。二甲六十六名进士，覆试二等九十三名，朝考二等二十五名。

第二排

江西进士六名：

陈日新〇江西人，年三十三岁。二甲七十二名进士，覆试三等二十二名，朝考一等二十七名。

---

① “三年”疑为“六年”之误。

〇刘昺变江西人,年三十六岁。二甲一百七名进士,覆试二等六十名,朝考一等四十九名。

汪如练〇江西人,年三十一岁。二甲一百十八名进士,覆试三等八十一名,朝考二等四十三名。

彭琨生〇江西人,年三十八岁。二甲一百二十名进士,覆试三等四十四名,朝考二等八十三名。

左运昌江西人,年二十四岁。〇三甲五名进士,覆试二等六十三名,朝考二等六十名。

陈增玉〇江西人,年三十二岁。三甲六名进士,覆试一等二十四名,朝考二等四十五名。

第三排

江西进士六名:

邓复初〇江西人,年三十九岁。三甲十七名进士,覆试二等一百十一名,朝考二等一百十名。

刘家谦江西人,年二十五岁。〇三甲三十名进士,覆试二等三名,朝考三等七十六名。

陈濬书江西人,年三十岁。三甲三十七名进士,覆试二等十二名,〇朝考三等九十二名。

任宗泰〇江西人,年二十六岁。三甲四十四名进士,覆试□等一名,朝考二等□百名。

鲁卫江西人,年四十五岁。三甲九十七名进士,〇覆试三等一百十四名,朝考三等二十一名。

樊学贤江西人,年二十七岁。三甲一百二十五名进士。〇覆试三等七十四名,朝考三等六十二名。

第四排

江西进士五名:

李翊焘江西人,年二十四岁。三甲一百三十名进士,〇覆试三等六十八名,朝考二等九十二名。

郑昌运江西人,年三十岁。三甲一百四十九名进士,〇庚辰覆试三等一百五名,朝考三等三名。

巢凤冈江西人,年三十岁,三甲一百五十一名进士,〇覆试三等一百二十九名,朝考三等一百十七名。

沈赞飏江西人,年三十岁。三甲一百五十四名进士,〇覆试三等六十名,朝考三等一百十六名。

柳思诚江西人,年三十九岁,三甲一百七十六名进士,〇覆试二等八十四名,朝考二等六名。

…………

472　军机大臣字寄大学士·两江总督·二等恪靖侯左,四川总督丁,前湖广总督涂,署湖广总督、湖南巡抚卞,江苏巡抚卫,安徽巡抚裕,江西巡抚潘,山东巡抚陈,湖北巡抚彭,传谕护理河南巡抚、布政使成孚。光绪九年五月二十五日奉上谕:(摘抄交吏、兵部起)涂宗瀛、彭祖贤奏续获教匪,审明惩办,请将出力员弁奖励,失察之地方各官请免议处各折片。湖北武汉地方,教匪潜谋起事,先后拿获多名正法。(止)讯据匪供,匪首王觉一在江苏、湖北、河南、四川等省收徒无数,名为传教,实则谋反,与其子王继太及刘至刚,在湖北纠邀伙党,约期起事,现均逃往四川等语。该匪首王觉一等,传习邪教,广收徒众,谋为不轨,往来数省,必须迅速弋获,以绝乱萌,断不能容任令漏网。著各该督抚督饬属员,将王觉一、王继太、刘至刚严密访拿,务获惩办。拿获后,准将出力员弁从优奏请奖励。其在逃匪目邓玉亭等,一并查拿,务绝根株。并著饬令地方官整顿保甲事宜,随时稽查防范,不得稍涉大意。(起)此次出力之知县罗缃等均著照所请奖励,失察之地方文武各官获匪惩办,功过尚足以相抵,均著免其查参议处(止)。将此由五百里谕知左宗棠、丁宝桢、涂宗瀛、卞宝第、卫荣光、裕禄、潘霨、陈士杰、彭祖贤，并传谕成孚知之。钦此。遵旨寄信前来。（摘抄交吏、兵部）

523　军机大臣字寄江西巡抚潘、江西学政陈，光绪九年六月十二日奉上谕：翰林院侍讲王邦玺奏，江西溺女之习，经前任学政督饬教官劝办救婴会，渐著成效，请饬现任学政接续办理；并各府州县向有育婴堂，请饬该抚筹款兴办等语。民间溺女实为恶习，自应设法劝禁。著潘霨、陈宝琛查照所奏各节，督饬属员认真办理，以挽积习而拯民命。原折均著抄给阅看。将此各谕令知之。钦此。遵旨寄信前来。

533　交户部。本日贵部奏请将山东备荒米石及奉天运东米粮裁免厘税，并请饬下各省督抚将应解备荒厘银按限委解各等语，军机大臣奉旨：著户部咨行各该省遵照办理。钦此。相应传知贵部钦遵可也。此交。六月十三日。

561　军机大臣字寄福州将军，直隶、两江、闽浙、湖广、四川、两广各总督，江苏、安徽、江西、福建、浙江、山东、山西、河南、湖北、湖南、广东各巡抚，传谕粤海关监督。光绪九年六月二十一日奉上谕：户部奏请旨催解京饷，分别已解、未解银数，开单呈览一折。本年京饷，户部原拨、续拨共银八百万两。截至五月底止，各省关计共欠银五百四十一万六千余两。现在部库支绌，应放各款，均关紧要。除山东现办赈务，前经谕令截留银十六万两外，所有各省关欠解京饷，自应迅速报解，不得任意宕延，致误要需。著该将军、督抚、监督等各查照欠解数目，赶紧陆续解部，统于年内扫数解齐。如敢诿卸拖欠，即由户部照章指名奏参。其解不及半暨丝毫未解等处，经此次严催后，倘仍不完解，即著户部随时严参。原单著分别摘抄给与阅看。将此由五百里谕知福州将军，直隶、两江、闽浙、湖广、四川、两广各总督，江苏、安徽、江西、福建、浙江、山东、山西、河南、湖北、湖南、广东各巡抚。并传谕粤海关监督知之。钦此。遵旨寄信前来。

625　军机大臣字寄福州将军，两江、闽浙、湖广、两广、四川、江苏、安徽、浙江、福建、江西、山东、山西、湖北、湖南、广东各督抚，传谕粤海关监督。光绪九年七月初十日奉上谕：户部、总理各国事务衙门奏东北边防经费，各省报解迟延，请旨严催一折。据称各省关应解东北边防经费，截至本年六月十五日止，除已解到银五十八万两暨报解银十三万两外，尚欠解银一百二十九万两，请旨严催等语。此项经费银两关系紧要，自应迅速筹解，以济要需。著各该将军、督抚、监督将欠解银两，赶紧筹解。倘再迟延，即著户部照贻误京饷例指名严参。原单著分别摘抄给与阅看。将此由五百里谕知福州将军，两江、闽浙、湖广、两广、四川、江苏、安徽、浙江、福建、江西、山东、山西、湖北、湖南、广东各督抚。并传谕粤海关监督知之。钦此。遵旨寄信前来。（另抄交户部）

730　军机大臣字寄河南巡抚鹿，山东巡抚陈，江西巡抚潘，安徽巡抚裕，传谕护理河南巡抚、布政使成孚。光绪九年八月初五日奉上谕：杜嘎尔等奏，各省欠解乌城军饷，截至本年四月，河南欠解银二十一万余两，山东欠解银七万两，江西欠解银三万余两,安徽欠解银四万余两。现在需饷甚殷,请饬河南省先筹银五六万两,山东省先筹银三四万两,由乌城派员请领以后,仍源源拨解。其江西、安徽两省所欠为数无多,并请饬扫数筹拨,由该两省派员解至察哈都统衙门交乌城运饷委员迅解等语。乌城防军待饷孔亟,著该抚等查照该将军等所奏,赶紧筹解,以济要需,毋再延缓。将此谕知鹿传霖、陈士杰、潘霨、裕禄,并传谕成孚知之。钦此。遵旨寄信前来。

739　军机大臣字寄户部、内务府、大学士·两江总督·二等恪靖侯左,江西巡抚潘。光绪九年八月初八日奉上谕:内务府奏请援案暂借部款一折。据称该衙门承应各项差务,现在节近中秋,应发款项,待用孔亟,请饬部暂挪原库平银十五万两,并饬催两淮、九江关将欠款解到拨还等语。著户部暂行照数借拨,于中秋节前札库开放,以济急需。所有两淮欠解该衙门光绪九年份盐课银十一万两,九江关欠解光绪八、九年份常税银十六万两,著左宗棠、潘霨转饬该运使、监督等赶紧解交该衙门。一俟解到,即将此次暂借之款如数拨还。当此库款支绌之时,嗣后内务府非有要需,不得辄请援案借拨,以重帑项而示限制。将此谕知户部、内务府,并谕令左宗棠、潘霨知之。钦此。遵旨寄信前来。

762　光绪九年八月十二日,内阁奉上谕:光禄寺少卿延茂奏敬抒管见一折。各直省问刑衙门承审案件,自应虚衷研鞫,以持情法之平。何得草率定拟,致有失入情事。若明知案情未确,或回护原审,或规避处分,以致冤及无辜,尤属不成事体。嗣后著各该督抚督同臬司于人命重案,悉心推勘,以期无枉无纵。其所请现办各案,如有失入情节,准其奏明更正,宽免处分之处著刑部议奏。至各省京控案件,自当赶紧讯结,岂容任意迟延,著该衙门认真稽核。如再有逾限不结者,即著随时参奏。钦此。

786　光绪九年八月二十日,内阁奉上谕:御史王麟祥奏,佐杂人员例不许准理词讼,自道光十九年奉旨严禁后,近年以来,仍有印官滥委佐杂擅受情事,请饬禁止等语。州县为亲民之官,自应亲理词讼,若如所奏各情,殊属有干例禁。著各直省督抚恭录道光十九年谕旨,严饬各州县勒石永禁,嗣后如有滥委擅受各弊,即著严行参奏。钦此。

794　光绪九年八月二十四日,内阁奉上谕:潘霨奏清查白鹿洞书院田租兼筹整顿事宜,并请颁匾额一折。江西南康府白鹿洞书院年久失修,现经该抚委员修理,并筹费增课,俾生徒肄业有资。著南书房翰林书写匾额一方,交该抚祗领悬挂,用示嘉惠士林至意。钦此。

795　光绪九年八月二十四日,内阁奉上谕:内阁学士周德润奏各省平反重案各官请饬循例保题等语。各直省遇有关系生死之案,全赖审转各官虚心研鞫,确得真情,方无屈抑失入者。既经随时严惩,平反者自应量予奖劝。嗣后各直省审转各官,如能平反大案,即著该督抚奏明送部引见,以重民命而示鼓励。钦此。

798　光绪九年八月二十五日,内阁奉上谕:御史谭承祖奏州县书差藉端肆扰,请饬严禁一折。据称江西吉安、赣州、建昌等府属征收钱粮,书差携带粮票赴乡催征,加索钱文。乡民家资稍厚者,勒令包完本姓及本村欠粮,多方吓诈。词讼案件,辄向两造需索,每遇命案,勒索相验经费,恣意扰累等语。书差藉端索诈,实为地方之害,著潘霨督饬所属查明惩办,严行禁止。此等情弊,他省恐亦不免,并著各该督抚一体认真查禁,以安闾阎。钦此。

811　军机大臣字寄江西巡抚潘。光绪九年八月三十日奉上谕:何璟等奏江西应协闽省兵饷,积欠甚多。截至光绪八年止,共欠银一百五十余万两,请饬筹还。倘未能全清,先按欠数提出一成,于本年十一月内解闽等语。现在闽省饷源支绌,需款甚殷,著潘霨即将欠饷迅速筹解,俾资应用。将此谕令知之。钦此,遵旨寄信前来。(九月二十三日抄交户部)

814　蒙发下折报,臣等公同商阅。总理各国事务衙门奏颁给巴西国领事等官文凭折;又奏前任江西督粮道裕昆请仍令在总理各国事务行门行走片,均拟请旨传,知道了。又奏察看江西训导晏联奎片,遵旨传,晏联奎著以知县在任选用。其余折片单,拟批呈进。是否有当,伏候圣裁。谨奏。光绪九年九月初一日奉旨:依议。钦此。

831　光绪九年九月初八日,内阁奉上谕:潘霨奏查明庸劣不职各员,请旨分别惩处一折。江西前署余干县事、候补知县李嘉瑞性情狡猾,听断糊涂;万年县石头司巡检胡镇行止不端,声名狼籍;长宁县新坪司巡检刘一钟纵差索扰,不守官箴,均著即行革职。前署上犹县事、候补通判恒斌年老昏庸,难期振作,著即勒令休致;德兴县知县戴良葵恇怯无能,难膺民社,文理尚优,著以教职铨选;泸溪县知县杜绍斌才具平庸,难期振作,著以府经历县丞降补。余著照所议办理。该部知道。钦此。

832　蒙发下折件,臣等公同商阅。潘霨奏特参庸劣不职各员折,拟缮明发谕旨,将知县李嘉瑞等照所请分别惩处。其余折片拟批呈进。是否有当,伏候圣裁。谨奏。光绪九年九月初八日,奉旨:依议。钦此。

870　军机大臣字寄江西巡抚潘。光绪九年九月十五日奉上谕:御史赵增荣奏,江西南昌、吉安、临江、瑞州、广信、饶州等府属,自六月至八月未得甘霖,稻苗尽槁,秋成绝望。灾民赴州县具呈,地方官置之不理,日事催科,民不聊生,请饬派员履勘赈济等语。著潘霨遴委妥员确切查明,分别灾区轻重,妥筹赈抚,毋使一夫失所,并将应行蠲缓钱漕之处,奏明办理。将此谕令知之。钦此。遵旨寄信前来。

880　癸未科会试武举取中数目:(朱)八旗满洲蒙古,○取中四名。八旗汉军,○取中三名。奉天,○取中一名。直隶,○取中十六名。陕甘,○取中五名。广东,○取中十四名。河南,○取中八名。山东,○取中十名。江苏,○取中六名。安徽,○取中七名。山西,〇取中六名。湖北,〇取中五名。湖南,〇取中五名。四川,〇取中八名。广西,〇取中三名。福建,〇取中九名。浙江,〇取中七名。江西,〇取中七名。云南,〇取中五名。贵州,〇取中二名。

900 光绪九年,江西省秋审服制情实共五起,人犯共五名,内除旧事服制情实童葆阮、柯柏溎、李尚哼、陈得株等四起,人犯四名,业于上年免勾时开列榜示外,谨将新事服制情实万绍遂一起,人犯一名勾到时所奉谕旨,恭录于后。

一起斩犯万绍遂。

因小功叔万洪新向伊父万亮惧催索欠谷,央缓不允,彼此骂詈。万洪新将万亮惧推倒,骑坐身上,用拳殴伤。万亮惧喊救,该犯听闻赶劝,万洪新不理,用手搭住万亮惧咽喉不放。该犯见父面色改变,情切救护,取木担吓殴,适伤万洪新顋门,松手倒地,越三日殒命。殴由救父情切,尚非无故逞凶。干犯情稍可原,是以未勾。

901 光绪九年江西省秋审常犯情实共十一起,人犯二十一名口,内除旧事常犯情实周氏一起,人犯一口业于上年免勾时开列榜示外,谨将新事常犯情实萧谷洸等十起人犯二十名勾到时所奉谕旨,恭录于后。

一起绞犯萧谷洸。

贪贿听从谋命,下手加功。法无可宽,是以勾决。

一起绞犯龚千价、邱秀谋。

均听从谋命,下手加功。法无可宽,是以俱勾决。

一起绞犯王漠恺、王七葆、王添沅、王汶良。

纠众械斗,致毙彼造多命,该犯等各下手致毙一命。均法无可宽,是以俱勾决。

一起斩犯蒋苗麻仔、蒋兆醢、蒋洪蒽;绞犯蒋有幅、蒋蒿怔。

纠众械斗,致毙彼道多命,蒋苗麻仔、蒋兆醢各逞仇故杀一命;蒋洪蒽火器致毙一命;蒋有幅、蒋蒿怔各下手致毙一命。均法无可宽,是以俱勾决。

一起斩犯钟瑞渲。

逞忿故杀。法无可宽,是以勾决。

一起斩犯张四牙。

因奸拒捕,刃毙本夫。淫凶难宽,是以勾决。

一起绞犯李易葆仂。

互殴致毙多命,该犯下手致毙一命。法无可宽,是以勾决。

一起绞犯吴旭蒿、吴毛蓑衣、吴旭渲。

纠众械斗,致毙彼造多命,该犯等各下手致毙一命。均法无可宽,是以俱勾决。

一起绞犯李辅增。

贪贿听从谋命,下手加功。法无可宽,是以勾决。

一起绞犯梁接仔。

强奸妇女已成。淫恶难宽，是以勾决。

912 军机大臣字寄福州将军，直隶、两江、湖广、闽浙、四川各总督，江苏、安徽、江西、福建、浙江、湖北、湖南、河南、山东、山西各巡抚。光绪九年九月二十五日奉上谕：户部奏请旨催解京饷一折。本年京饷原拨、续拨共银八百万两，统限年内解齐。截至九月止，除划拨截留、解到、报解起程等款外，尚欠解银二百五十万四千余两。现在部库支绌，年内应放各项，关系紧要，亟须各省关全数解到，以应要需，岂容任意延宕。著该将军督抚等各将欠解银两，迅即照数依限提前解京。已报起程各款亦即赶催解部，毋任沿途逗留。倘敢委卸拖欠，致误开放，即著户部指名严参。原单著分别摘抄给与阅看。将此由五百里谕令福州将军，直隶、两江、湖广、闽浙、四川各总督，江苏、安徽、江西、福建、浙江、湖北、湖南、河南、山东、山西各巡抚知之。钦此。遵旨寄信前来。（抄交户部）

935 军机大臣字寄江西巡抚潘。光绪九年十月初二日奉上谕：前据御史赵增荣奏江西被旱情形。当谕令潘霨查明赈抚，并将钱漕奏请蠲缓。兹据御史刘恩溥奏，该省旱灾秋收无望，该抚饬属征收积欠，勒令绅富代完，委员差役骚扰逼毙民命甚多，请饬缓征等语。闾阎被灾困苦，自应加意体恤，著潘霨迅即确查被灾情形，奏明办理，委员差役倘有骚扰毙命情事，即行分别参办。原片著抄给阅看，将此谕令知之。钦此。遵旨寄信前来。

939 军机大臣字寄盛京、直隶、江苏、安徽、江西、浙江、福建、湖北、湖南、河南、山东、山西、陕西、甘肃、四川、广东、广西、云南、贵州各将军、督抚。光绪九年十月初三日奉上谕：本年山东历城等处被灾甚重，热河围场被灾，收成歉薄，业经该抚等奏到，加恩将新旧钱粮分别蠲缓。并因顺天、直隶各属灾区小民困苦，截留江北漕米六万余石，添拨京仓米四万石，奉天粟米一万余石，先后拨部库银共十万两；近京定福庄等处，添设粥厂。湖北蛟水陡发，各属被灾，截留漕米三万石。山东历城等处水灾，截留京饷银十六万两，江北漕粮五万石，山东本年新漕五万石，藉资赈济。直隶承德等处被水，江苏常镇等属被水、被风、被潮，安徽凤阳等处被水，浙江嘉兴等属被水、被风、被雹，湖北监利等处被水，河南浚县等处被水，山西崞县被水，陕西鄜坪等处被水，甘肃皋兰等处被雹，四川新津等处被水、被雹、被火，均经该督抚等查勘抚恤，小民谅可不致失所。惟念来春青黄不接之时，民力未免拮据，著传谕该督抚等体察情形。如有应行接济之处，即查明据实覆奏，务于封印以前奏到，候朕于新正降旨加恩。直隶文安等处被水，江西进贤等处被水、被旱，浙江海宁等处被水、被风、被潮，湖北孝感等处被水，湖南监湘等处被水，河南汤阴等处被水，山西平定等处被水，陕西大荔等处被水、被雹，广东高要等处被风、被水，云南石屏等处被水，均经该督抚等委员查勘，即著迅速办理，并将来春应否接济之处，一并查明，于封印前奏到。此外各省有无被灾地方，应行调剂抚恤之处，著该将军督抚等一并查奏，候旨施恩。将此各谕令知之。钦此。遵旨寄信前来。

940 查：本年山东历城等处被灾甚重，热河围场被灾，收成歉薄，业经加恩，将新旧钱粮分别蠲缓。顺、直各属灾区小民困苦,叠经加恩拨给银米,近京各乡镇添设粥厂。湖北蛟水陡发,截留漕米;山东被水,截留京饷、漕米赈济。其直隶、江苏、安徽、浙江、湖北、河南、山西、陕西、甘肃、四川被水、被风、被潮、被火、被雹地方,均经各该督抚查勘抚恤。其明春应否量为接济之处,臣等谨照向例缮写询问该督抚等谕旨,俟覆奏到日再行拟写新正加恩谕旨呈进。再直隶、江西、浙江、湖北、湖南、河南、山西、陕西、广东、云南被水、被旱、被风、被潮、被雹之处,该督抚等均已奏明查勘,应否接济现俱未经奏到。此外各省有无被灾地方应行调剂抚恤之处,一并询问。令该将军督抚等迅速查奏汇办。谨奏。光绪九年十月初三日奉旨:依议。钦此。

978　军机大臣字寄大学士·两江总督·二等恪靖侯左,闽浙总督何,署湖广总督、湖南巡抚卞,两广总督张,四川总督丁,江苏巡抚卫,江西巡抚潘,浙江巡抚刘,福建巡抚张,湖北巡抚彭,署湖南巡抚潘,山东巡抚陈,前广东巡抚裕,广东巡抚倪。光绪九年十月十二日奉上谕:岑毓英等奏欠饷过多,请饬各省关迅速筹解一折。据称各省协滇饷银自光绪二年九月起,截至九年六月止,计欠解协滇新饷并新拨练饷银一百九十八万一千四百六十七两有奇;又各省关奉拨乙亥等年常年兵饷,除解过及划抵外,共欠解银二百四十四万四千九百五十两,内惟四川尚能源源接济,其余各省报解,均属寥寥。现在滇省库款万分支绌,请旨饬催等语。滇省素称瘠苦,全赖各省协济,现在筹办边防,需款尤属紧要,著各该督抚将欠解协饷并新拨练饷及常年兵饷,赶紧筹措巨款,陆续解滇,以济急需,毋得再有延宕。原折著摘抄给与阅看。将此由五百里各谕令知之。钦此。遵旨寄信前来。(抄交户部)

979　蒙发下折报,臣等公同商阅。岑毓英等奏请饬催各省关欠解饷银折,拟缮寄信谕旨,令各该督抚等迅速筹解。又奏法越现无战事及刘团防守山西一带折,拟缮批旨,令唐炯速赴前敌,相机调度,与刘团联络策应,力保北圻。其余折片单,拟批呈进。是否有当,伏候圣裁。谨奏。光绪九年十月十二日,奉旨:依议。钦此。

1002　军机大臣字寄安徽巡抚裕、江西巡抚潘、河南巡抚鹿、山东巡抚陈。光绪九年十月二十日奉上谕:前据杜嘎尔等奏,乌城军饷截至本年四月止,河南欠解银二十一万余两,山东欠解银七万两,江西欠解银三万余两,安徽欠解银四万余两,请饬河南先筹五、六万两,山东先筹银三、四万两,江西、安徽欠数无多,请饬扫数拨往,当经谕令各该省赶紧筹解。兹据杜嘎尔等奏称乌城防兵待饷孔急,请饬河南等省按照该将军前奏请拨饷数迅速拨解等语,乌城现在陆续遣散防兵,未撤以前月饷仍须支给,该城饷项支绌,自应赶紧筹解,以应要需。著裕禄、潘霨、鹿传霖、陈士杰饬令藩司无论如何为难,务于本年下忙照数筹拨,毋再延宕,以后仍著源源拨解,俾资应用。将此由四百里各谕令知之。钦此。遵旨寄信前来。

1009　军机大臣字寄前大学士·署直隶总督·一等肃毅伯李、大学士·两江总督·二等恪靖侯左、闽浙总督何、江苏巡抚卫、安徽巡抚裕、江西巡抚潘、福建巡抚张、山东巡抚陈、河南巡抚鹿,传谕淮安关监督恩林。光绪九年十月二十一日奉上谕:崇绮等奏请饬拨甲申年东三省的饷,并请催各省欠饷一折,东三省甲申年的饷奉天需银二十六万两,吉林需银十四万五千二百三十两,打牲马拉需银三万五千八百八十六两零,黑龙江需银二十一万九千九百三十五两零,即著户部照数指拨,并令各该省如数分晰批解,毋许延欠。至各省欠解东三省癸未年的饷暨历年欠饷,著各该督抚、监督按照单开数目赶紧筹措,务于年前解清,以济要需。原单著分别抄给阅看。将此由五百里谕知李鸿章、左宗棠、何璟、卫荣光、裕禄、潘霨、张兆栋、陈士杰、鹿传霖,并传谕恩林知之。钦此。遵旨寄信前来。(抄交户部)

1065　军机大臣,字寄福州将军,直隶、两江、湖广、闽浙、两广、四川、江苏、安徽、江西、福建、浙江、湖北、湖南、河南、山东、山西、广东各督抚,传谕粤海关监督。光绪九年十一月初五日奉上谕:户部奏预拨来年京饷一折,据称历届京饷均系年前预拨,光绪十年京饷拟在地丁、盐课等款内,指拨银七百万两,请饬各该省关于来年分批起解等语。京饷关系紧要,现经该部就各省关情形酌量动拨,自应遵照奏定数目,源源报解,以应要需。著该将军、督抚、监督等务于来年开印后分批起解,限五月前解到一半,十二月初间全数解清,不准截留改拨,借词延误。倘届限不到,即著该部照奏定章程指名严参。至四川省本年拨解滇饷银九万两,准其于明年应解京饷内划抵。原单著分别摘抄给与阅看。另片奏光绪十年内务府经费,拟拨两淮盐课银十五万两,两浙盐课银五万两,广东盐课银五万两,湖北盐厘银五万两,福建茶税银五万两,闽海关常税银十万两,九江关常税银十五万两,共银六十万两,请饬依限完解等语。著该将军、督抚等务于来年开印后陆续径解内务府交纳,先将起程日期报部,仍限六月前解到一半,十二月初间扫数解清,不准稍有蒂欠。将此由五百里谕知福州将军、直隶、两江、湖广、闽浙、两广、四川、江苏、安徽、江西、福建、浙江、湖北、湖南、河南、山东、山西、广东各督抚,并传谕粤海关监督知之。钦此。遵旨寄信前来。(抄交户部)

1066　蒙发下折报,臣等公同商阅。徐延旭奏恭谢天恩,并请饬倪文蔚多留数月折,又奏拟请暂缓出关折,拟缮寄信倪文蔚、徐延旭谕旨,现在广东防务紧要,裕宽既经开缺,需人接替,令倪文蔚俟张梦元到后即行赴任,令徐延旭迅速部署出关,联络刘团,相机调度;又奏请严防各海口片,拟请旨留中。唐炯奏驰赴新安防所起程日期折,拟请批旨,令其懔遵十月二十九日寄谕,即行回省,将应办事宜实力经理;又奏密陈筹备片,拟请旨留中。宝森奏请陛见折,拟请批旨,毋庸来见。户部奏预拨来年京饷折并单一件,又奏添拨内务府经费片,拟缮寄信谕旨,令该将军、督抚照数拨解,依限解京。正白旗满洲奏前领队大臣特尔庆阿病痊求赏差使折,谨遵旨缮写清字明发谕旨,赏给头等侍卫,仍在乾清门行走。吏部题通政使缺,开列请简本,拟暂留请旨。其余折片拟批呈进,是否有当,伏候圣裁。谨奏。光绪九年十一月初五日奉旨:依议。钦此。

1122　军机大臣字寄直隶、两江、闽浙、湖广、两广、四川、江苏、安徽、浙江、福建、江西、山东、湖北、湖南、河南、广东各督抚，传谕粤海关监督。光绪九年十一月十八日奉上谕：户部、总理各国事务衙门奏东北边防经费各省报解迟延，请旨严催一折，据称各省关应解东北边防经费截至本年十月止，除已解到部及报解截留共银一百三十六万两外，尚欠解银六十四万两，请旨严催等语。此项经费银两关系紧要，自应迅速筹解，以济要需，著各该督抚、监督将欠解银两赶紧筹解，倘再迟延，即著户部照贻误京饷例指名严参。原单著分别摘抄给与阅看。将此由五百里谕知直隶、两江、闽浙、湖广、两广、四川、江苏、安徽、浙江、福建、江西、山东、湖北、湖南、河南、广东各督抚，并传谕粤海关监督知之。钦此。遵旨寄信前来。（抄交户部）

1161　光绪九年十一月二十五日，内阁奉上谕：毕道远、周家楣奏遵查阜康银号、文煜存款一折。据称查核该号票根簿内有联号开列银四十六万两，第一号上注明文宅字样，除前江西布政使文辉呈请究追阜康银款十万两，称由文煜代为经手外，其余三十六万两，簿中只注文宅字样等语。著文煜明白回奏。钦此。

1171　军机大臣字寄大学士·两江总督·二等恪靖侯左。光绪九年十一月二十八日奉上谕：（摘抄起）现在阜康商号闭歇亏欠公项及各处存款为数甚巨，该号商江西候补道胡光墉著先行革职，即著左宗棠饬提该员严行追究，勒令将亏欠各处公私等款赶紧逐一清理，倘敢延不完缴，即行从重治罪。并闻胡光墉有典当二十余处，分设各省，买丝若干包，值银数百万两，存置浙省，著该督咨行各该省督抚查明办理。将此谕令知之。钦此。遵旨寄信前来。（摘抄交户部）

1242　蒙发下折报，臣等公同商阅。左宗棠奏布置海防并办理渔团情形折，拟缮批旨，令左宗棠随时酌度情形，将防务妥为筹办，其渔团事宜督饬属员核实经理，余依议；又奏闽省船政局制造巡海快船，任意玩延，张梦元有意讳饰，请旨申饬折，拟缮寄信谕旨，令何如璋查明参奏，并将船政实力整顿，以重要工；又奏酌拨军火并筹解王德榜军饷情形折，拟缮寄信谕旨，令张树声、裕宽、倪文蔚查明左宗棠所请由康国器开办捐输，是否可行，于饷需能否有济，据实具奏，并令左宗棠仍遵前旨将王德榜一军饷项妥筹解济，毋令缺乏；又奏请饬江西每月协解王德榜军饷折，拟折拟缮寄信谕旨，令潘霨按月筹解银二万两。卞宝第等奏被水各州县请蠲缓钱漕折二件，刘秉璋奏各属被灾及荒废田地请蠲缓钱粮折二件，希元奏宁古塔等处歉收请缓征银谷片并单一件，均拟缮写明发谕旨，照所请分别蠲免缓征。理藩院奏喀尔喀扎萨克亲王那彦图呈称赏给伊父达尔玛元狐搭护，请代恭缴折，查照达尔玛成案，拟请旨仍行赏穿，传知该衙门转传遵照。其余折片，拟批呈进，是否有当，伏候圣裁。谨奏。光绪九年十二月十四日奉旨：依议。钦此。

1259　军机大臣字寄江西巡抚潘。光绪九年十二月十九日奉上谕：翰林院侍读王邦玺奏江西旱灾甚广，请饬抚恤蠲缓等语，前据潘霨奏江省灾区业已勘办缓征，兹据该侍读奏请将被旱各府分别勘办，并请采买谷石或开仓平粜，以资接济，著潘霨体察情形，妥筹办理。原片著抄给阅看。将此谕令知之。钦此。遵旨寄信前来。

1303 臣等查明新正应行加恩各省，除盛京、江苏、安徽、江西、浙江、福建、湖北、湖南、河南、山西、陕西、甘肃、四川、广东、广西、云南、贵州经该将军、督抚具奏无庸接济外，所有直隶、山东二省业经该督抚奏到，臣等拟写谕旨二道，并拟定日期颁发。谨奏。

光绪十年

34 蒙发下折报，臣等公同商阅。徐延旭奏布置防军，严加扼守折，又奏请饬左宗棠筹解王德榜饷需片，拟缮寄信谕旨，令岑毓英、徐延旭分饬滇粤各军迅速进兵，稳慎筹办，激励刘团整顿进取，并令张树声饬方长华一军迅即赴防，以厚兵力；王德榜军饷已据左宗棠奏，每月由江西及两淮运司各筹解银二万两，并令康国器筹捐接济，谕令徐延旭知悉。又奏请饬湖北、湖南购拨军械片，拟缮寄信谕旨，令卞宝第等采购拨解，湖北藩司解饷出力，准照所请，交部从优议叙。又奏刘永福一军出力阵亡员弁，请分别奖恤片并单三件，拟请旨暂留，再行办理。卞宝第奏保举文武各员片，拟请旨存记，原片留中；其余折片拟批呈进。是否有当，伏候圣裁。谨奏。光绪十年正月十三日奉旨：依议。钦此。

56 光绪十年正月二十五日，内阁奉上谕：潘霨奏查明各属被灾，请将钱漕等款分别缓征一折。江西南昌等州县上年四五月间低田被水，六月以后高田又复被旱，收成均形歉薄。若将应征钱漕照常征收，民力实有未逮。加恩著照所请，所有南昌县之二都四图；三都六图；十五都八图；十六都一、二、三、四、五图；十七都上二图，三、五、六图；十八都一、三图；二十都五图；二十一都南一图，南又二图，南三图；二十二都下一图，二、四、六、七、八图；二十三都又一图，二、四、五、六、七、八、十、十一、十四、十五、十八图；二十四都三图，十二图，十三图；二十五都一、二、九图，十二图；二十七都四、五、六、七图，十一、十二图；三十九都六图；四十都十图；四十六都六图，十五图；四十七都一、二、三图，上四、下四图，南五、北五图，六、八图，正九、又九图；四十五都长一、四图；四十八都南一图，南二、四图，南三图，北一、二、三图，长一、二、三图；四十九都一、二、三、四、五、六图；五十一都一、二、三、四图；五十三都一、二、三、四、五、六图；五十四都二图；五十五都一、二及四图；五十六都正四图，五图，上六、下六图；五十九都六、八、九图，西一图；六十都一、二图，下二图，四、五图，兴一图，南二图，三图，七图；六十二都一、二、三、四、五、六、七、八图；六十三都一、二、三、四、五、六、七、八、九、十图；六十四都一、二、三、四图；六十五都一、二、三、四、五、六、七、八图等处，被旱各则民田二千五百七十一顷十五亩零，未完地丁银九千一百三十九两零，漕米一万三千六百九十七石零。

同新建县之一都一、二、三图，二都一图，三都一图，四都一、二图，二十一都三、四、五图，二十二都一、三、五、六图，二十三都五图，二十四都一、二、三图，二十五都一、二、三、四图，二十七都一、二、三、四、五、六图，三十二都六图，三十八都一、二、三图，三十九都一、二、三图，四十都一、又一、二图，四十二都一、二图，四十三都一、二图，四十四都一图,四十五都三图,四十八都一、又一、二、三、四图,四十九都一、二图,五十都又一图,五十一都一、二图,五十二都一、二图,五十三都四图,五十四都二、三、五图,五十五都一、二、三、四、五图,五十六都一、正、左、右、二图,军都六图,一、二、三、四、五、六、七、八、九、十坊等处,被水、被旱各则田四千十一顷三十八亩,未完地丁银七千三百两零,漕米七千六百三十六石零。

进贤县之下五坂二十七都一、二、三、四、五图,二十八都一、二、三、四图,二十九都一、二、三、四图,三十都一、二、三、四、五图,三十一二都一、二、三、四图;同滨临河湖之一都一、二、三、四、五、六图,五都一、二、三、四、五图,六都一、二、三、四、五、六、七图,七都一、二、三、四、五、六、七、军图,上八都一、二、三、四、五、六、七、八、九、十图,下八都一、二、三、四、五、六、七、八、九图,九都一、二、三、四、五、六、七、八、九、十图,十都一、二、五、六、七、八、九、十图,十三四都六、七、八、九、十图,十五都一、二、三、四、五、六、七、八、九、十图,十六都一、二、三、四、五、六、七、八、九、十、十一、十二图,十七都一、二、三、四、五、六、七、八、九图,二十二都一、二、三、四、五、六、七、八、九、十、十一、十二图,二十三都一、二、三、四、五、六、七、八、九、十、十一、十二图,二十四都一、二、三、四图,二十六都一、二、三、四、五图,三十三都一、二、三、四、五、六、七图,三十四都一、二、三、四图,三十五都一、二、三、四、五、六图,三十六都一、二、三、四、五、六图,三十七都一、二、三、四、五、六图,三十八都一、二、三、四、五图,六隅东、西、南、北、正、中隅等处被水,各则民田二千五百二十顷八十九亩;并三十三都一、二、三、四、五、六、七图,三十四都一、二、三、四图,三十五都一、二、三、四、五、又五、六、七图,三十六都一、二、三、四、五图,三十七都一、二、三、四、五、六图,三十八都一、二、三、四、五、六图,一都一、二、三、四、五、六、七图,二都一、二、三、四、五、又五、六图,三都一、二、三、四、五、六、七图,四都一、二、三、四、五、六军图,五都一、二、三、四、五图,十都一、二、三、四、五、六、七、八、九、十图,十一都一、二、三、四、五、六、七图,十二都上一二三四五图、下六七八九十图,十八都一、二、三、四、五、六图等处,被旱各则民田一千三百五十三顷六十七亩,共未完地丁银一万三百七十九两零,漕米一万三千三百六十八石零。

清江县之东乡十都四、五图,十一都一、二、三、四、五图,十二都一、二、三、四、五图,十三都一、二、三、四、五图,十六都一、二、三、四、五图,十七都一、二、三图;南乡三都三、四、五图,四都一、二、三、四、五图,五都一、二、三、四图;西乡一都一、二、三、四、五图,二都一、二、三、四、五图,三都一、二图,五都五图,六都一、二、三、四、五图,七都一、二、三、四、五图;北乡八都一、二、三、四、五图,九都一、二、三、四、五图,十都一、二、三图等处,被旱各则田一千九十五顷二十九亩零,未完地丁银四千九百七十九两零,漕米三千八百四十八石零。

新淦县之二都一、二、三、四、五、六图,四都一、二、三、四、五、六、七、八、九、十图,七都一、二、三图,五都七、八、十、十一、十二、十三图,三都二、三、五、十图,一都三、四、五、七图,六都三、四、六、七、八、九、十图等处,被旱各则田一千七十五顷五十二亩零,未完地丁银七千九百四十一两零,漕米五千七百四十二石零。

新喻县被水、被旱较轻之八都三图,九都一、二图,十一都二、三图,十四都二、三图,十五都一图,正附功屯图等处,应征地丁、漕米内著缓征十分中三分六厘,银一千八百六十四两零,米一千一百六十二石零。被水、被旱次重之一都一、二图,二都一、二图,三都一、二、三图,六都二图,七都一、二、三图,十都一图,十二都二图,十三都三图,十五都二图,十六都三图,公图,军图等处,应征地丁、漕米内著缓征十分中之四分二厘,银五千一百二十八两零,米三千二百七石零。被水、被旱之最重一都三图,二都三图,四都一、二、三图,五都一、二、三图,六都一、三图,八都一、二图,十六都一、二图,十七都一、二、三图,十八都一、二、三图,十九都一、二、三图,二十都一图等处,应征地丁、漕米内著缓征十分中之四分六厘,银六千三百三十一两零,漕米三千九百六十七石零。

峡江县被旱较重之附城一、二、三、四、五、六坊,及东一都一、二图,东二都一、二、三图,东三都一、三图,东五都一、二图,东六都三图,西二都一、二图,西三都一、二、三图,西七都一图,西九都一、二图,四十都等处,各则田地一千五百九十顷八十三亩零,应征地丁、漕米内著缓征十分之五,银六千五百四十九两零,米三千一百四十二石零。被旱稍轻之东三都二、四图,东四都一、二、三、四图,东六都一、二图,东七、东八、东九、东十、东十一都,西一都一、二图,西四都,西五都,西六都,西七都二图,西八都,西十一都,西十二都一、二图,西十三都一、二图等处,各则田地一千七百四十三顷九亩零,应征地丁、漕米内著缓征十分之四,银五千七百四十两零,米二千七百五十四石零。

莲花厅之砻西乡一、二、四、五、六、七、八、九、十一、十二、十五、十六、十七、十八、十九、二十等都,上西乡二十一、二十三、二十五、二十六、二十七、二十八、二十九、三十、三十一等都,被旱、被虫民田六百十七顷八十二亩,屯田四十三顷二十亩零,未完地丁银四千三十一两零,漕米一千九百四十五石零,漕运屯粮银五百八十二两零,余租银一千一百十五两零。

永丰县被旱较重之一、三、四、五都,十八、十九、二十、二十一、二十二、二十三、二十四等都,应缓地丁、漕米内著缓征十分中之三分五厘,银三千七百三两零,米一千四百六十三石零。被旱次重之西坊、北坊,二都、六都、十都,十一、十二、十三、十四、十六、十七、二十五、二十七、二十八等都,应征地丁、漕米内著缓征十分之三,银二千九百六十九两零,米一千一百六十六石零。被旱较轻之东坊,七、八、九都,十五都,二十六、二十九、三十都,三十一、三十三、三十四、三十五、三十六、三十七等都,应征地丁、漕米内著缓征十分中之二分五厘,银一千九百十八两零,米七百四十三石零。

安福县之东乡三都并五十、五十一二三四五六七八九及六十、六十一二三等都;南乡一都并三十五六七八九及四十、四十一二三四五六七八九等都;西乡四、五、六、七、八、九、十并十一二三四五六七八九及二十、二十一二等都;北乡二都并六十四五六七八九等都,被旱各则民田一千八百四十一顷八十八亩零,未完地丁银一万一千八百七十八两零,漕米六千九百三十九石零。并东乡五十一三四七八并六十三等都;南乡一都并三十七及四十四五八九等都;西乡四、五、六、八、九、十并十一二三四五六九及二十等都;北乡二都并六十四五八等都,被旱屯田二十三顷五十二亩零,未完漕运屯粮银三百四十八两零，余租银六百三十七两零。

永新县之东乡六十三、六十七、六十九、七十、七十一、七十二等都，南乡五十三、五十四、五十五、五十六、五十七、五十八、五十九等都，西乡十一、十二、十三、十四、十五、十七、十八、十九、四十、四十一、四十二、四十三、四十四、六十、六十一、六十二等都，北乡一、二、三、四、五、六、七、八、九、十、六十三、七十一、七十三等都，被旱民屯田一千二百九十七顷五十九亩零，未完地丁银一万八百七十六两零，漕米三千二百九十三石零，屯丁银十七两零，存留屯粮银六十八两零，漕运屯粮银五百五十六两零，余租银一千九百九十三两零。

东乡县之二十八都四图，上三图，下三图，军三图，缺三图，七图，三十三都尾图一五甲等处，被水各则田一百二十六顷十八亩零，未完地丁银五百二十六两零，漕米二百九石零。

都昌县之南隅五图五甲，西隅一图、六图四甲，北隅二五图、后四图，三四都二图七甲、六八九图，四都九图十甲，七都一图八十甲，七都三图十甲，八都十一图六甲，九都一图八甲，十都四图八甲，十一都二图一二甲、三图一四甲，十二都一图二甲，崇十三都一、二图，辛十三都一、二图，十四都一图三、四五十甲、二图五八甲，十五都一图，十七都一图，五十二都三、四、七、九图，五十六都四图，五十九都二图四甲、三图、四图一二三五六九甲、五图一四甲、六图十甲、八图一四甲，六十四都四图，六十五都一、二、三图，六十六都一、二、三、四图，六十七都一图一甲，六十八都一、三、五图，六十九都一、二图等处，被水较重各甲村各则民田四千九百七十二顷六十二亩零，同西北两乡屯田被水，未完地丁银九千九百八十五两零，漕米五千八百十七石零，屯丁银二十六两零，存留屯粮银一百四十六两零，漕运屯粮银八百十五两零，余租银九百九十九两零。

乐平县之三、五、六、八、九都，十、十二、十四、十五、十六、十七、十八、二十都，二十一、二十二、三十都，三十二、三十三、三十五都等处，被旱田一千六百四十六顷三亩零，未完地丁银八千五十九两零，漕米四千一百二十七石零。

建昌县之归义、新城、修智、昇仙、甘泉、受安、永丰、凝远、丰安、德政、市镇、钧台等乡，被水、被旱各则田地、山塘五千四百六十八顷六十七亩零，未完地丁银一万五千九百七十六两零，漕米七千八百三十五石零。同安义县寄庄建昌县各乡被水未完地丁银三百三十五两零，漕米一百五十石零。

德化县之桑落、封一、封二、赤松、白鹤、仙一、仙二等乡，被水各则民田二百四十六顷五十五亩。并南、九二卫坐落桑落、封廓、仙居、义瑞、西仁贵、赤松、白鹤等乡被水屯田二百九十九顷三十九亩，及密稀芦洲未完地丁银一千四百五十九两零，屯丁银六十二两零，存留屯粮银三百九十一两零，漕运屯粮银一千八百九十六两零，余租银三千八百八十九两零，九年压征八年芦课银三百六十七两零。

德安县之黄湾、陈湾、固村、墩下、金鸡、附城、神于、河东、后田、在市、乌石、墩上等堡，被水各则民田三百二十顷九十三亩零，未完地丁银二千二百九十二两零。同南、九二卫坐落陈湾、金鸡、附城、河东、河西、后田、乌石、在市等堡屯田被水，未完屯丁银六十一两零，存留屯粮银五十两零，漕运屯粮银一千六百五十三两零。

湖口县之上乡十四五都、十六都，中乡二坊、十三都，下乡一坊、五都等处，被水各则民田一百七十七顷三十四亩零，未完地丁银一千二百三十二两零。同三都及编入德化县之仁贵乡、宿松县之孟家洲等处，被水屯田十四顷三十六亩零，未完漕运屯粮银一百二十两零，余租银三百八两零。

宁都州之清泰乡一都一、二、三图，二都一、二图，三都一、二图，四都一图，五都一、二、三、四、五、六图，六都一、二图，七都一、二、三图，八都一图，九都一、二图；太平乡十都一图，十一都一图，十二都一图，十三都一、二图，十四都一图，十五都一、二、三图，十六七都一、二图，十八都一图，十九都一图，二十都一、二图；怀德乡二十一都一图，二十二都一、二、三、四图，二十三都一、二图，二十四都一、二图，二十五都一、二、三、四、五、六、七、八图，二十六都一、二图，二十七都一、二、三、四图，二十八都一、二、三、四、五图，二十九都一、二、三、四图；安福乡三十都、安善里、石塘里、三十二都、钦仁里、长乐里、会同里、桃枝里；仁义乡万斛里、松上里、松中里、松下里一二图云石图、常安里、蜀田团、仁义里、上团一二图、中团一二图、盛团里；平阳乡感惠里、五十三都、五十四都、五十六都、五十七都、五十八九都、六十都、六十一都、均丰里、新安里等处，被旱各则田三千五百五十五顷九十九亩零，未完地丁银一万三百二十五两零，改折抵兑漕米二千二百一石零。九江府同知所辖南、九二卫芦洲坐落桑落、赤松、封一、封二等乡并密稀芦等项，被淹洲地五百八十六顷九十二亩零，未完九年压征八年芦课银八百七两零，均著缓至光绪十年秋后分作两年带征。又湖口县芦洲被淹，未完九年压征八年芦课银一百七十两零，著缓至光绪十年秋后分作三年带征。

又南昌县光绪二、三、四等年被水，六年被水、被虫，七、八两年被水、被旱，原缓各本年地丁、漕米；新建县同治十二年及光绪元、二、三、四、六、七、八等年被水，原缓各本年地丁、漕米；又丰城县光绪二年被水，原缓本年地丁、漕米；又清江县光绪三年被水，原缓本年地丁、漕米；又峡江县同治十二年及光绪五、八等年被旱，二、七两年被水，原缓各本年地丁、漕米；庐陵县光绪七年被水，原缓本年地丁、漕米、存留屯粮、漕运屯粮、余租；吉水、泰和二县光绪七年被水，各原缓本年地丁、漕米；东乡县光绪八年被水，原缓本年地丁、漕米；南丰县光绪二年被水，原缓本年地丁、漕米；余干县光绪八年被水，原缓本年地丁、漕米；乐平县同治十一、十二、十三及光绪元、二、三、五、六、七、八等年被旱，四年被水、被旱，原缓各本年地丁、漕米；浮梁县光绪八年被水，原缓本年地丁、漕米，均除完纳外，其余未完同安仁县光绪四年被水，原缓本年地丁、漕米；德兴县光绪八年被水、被旱，原缓本年地丁、漕米；万年县同治十一年被水，原缓本年二限一半地丁、漕米，光绪元、二、四八等年被水，原缓各本年地丁、漕米；星子县同治十一年及光绪二年被水，元年被水、被旱，原缓各本年二限一半地丁、屯丁、余租，四年被水，七年被水、被雹，原缓各本年地丁、屯丁、余租；八年被水，原缓本年地丁、屯丁、余租，均除完纳外，其余未完同都昌县同治十一及光绪元、二、四、八等年被水，原缓各本年地丁、漕米；德化县光绪八年被水，原缓本年余租，除完纳外，其余未完同原缓本年地丁、屯粮丁、存留屯粮、漕运屯粮及压征七年芦课;瑞昌县光绪四年被水,原缓本年地丁、漕运屯粮、余租,八年被水,原缓本年地丁、漕运屯粮、余租,均除完纳外,其余未完同湖口县同治十一、十三及光绪二、三、四等年被水,同治十二年及光绪元年被水、被旱,原缓各本年地丁、漕运屯粮、余租;光绪五年被水、被旱,六、七、八等年被水,原缓各本年地丁,均除完纳外,其余未完同原缓各本年漕运屯粮、余租;彭泽县同治十一及光绪元、五等年被水、被旱,同治十三年被旱,光绪二、四、六等年被水,原缓各本年二限一半地丁、屯粮丁、存留屯粮、漕运屯粮、余租、压征同治十、十二、十三并光绪元、三、四、五等年芦课,光绪八年被水,原缓本年地丁、屯粮丁、存留屯粮、漕运屯粮、余租、压征七年芦课,均著递缓至光绪十、十一两年秋后带征。

又南昌县光绪元年被水、被旱、被虫,原缓本年地丁、漕米;新建县同治十一年被水,原缓本年地丁、漕米;进贤县光绪八年被水,原缓本年地丁、漕米;清江县光绪二年被水,原缓本年地丁、漕米;莲花厅同治十一十二十三及光绪元二、三、四、五、七、八等年被旱,原缓各本年地丁、漕米、漕运屯粮、余租,六年被旱,原缓本年地丁,除完纳外,其余未完同原缓漕米、漕运屯粮、余租;庐陵县光绪二年被水,原缓本年地丁、漕米、存留屯粮、漕运屯粮、余租;安福县光绪八年被旱,原缓本年地丁、漕米、漕运屯粮、余租;余干县光绪七年被水,原缓本年地丁、漕米;建昌县并安义县寄庄建昌县光绪八年被水,原缓本年地丁、漕米;德化县光绪七年被水、被旱,原缓本年余租,除完纳外,其余未完同原缓地丁、屯粮丁、存留屯粮、漕运屯粮、压征六年芦课;德安县光绪八年被水,原缓本年地丁、屯粮丁、存留屯粮、漕运屯粮;瑞昌县光绪二年被水,原缓本年二限一半地丁、漕运屯粮、余租;九江府同知所辖芦洲光绪八年被水,原缓本年压征七年芦课,均著递缓至光绪十一、十二两年秋后带征。

又南昌县同治十二年被水、被旱、被虫,原缓本年地丁、漕米;丰城县同治十二年被旱、被虫,原缓本年地丁,除完纳外,其余未完同原缓漕米;进贤县光绪七年被水,原缓本年地丁、漕米;清江县同治十二年被旱,原缓本年地丁、漕米;新淦、新喻二县光绪八年被旱,各原缓本年地丁、漕米;吉水县光绪二年被水,永丰县光绪五年被旱,各原缓本年地丁、漕米;安福县光绪七年被旱,原缓本年地丁、漕米、漕运屯粮、余租;鄱阳县光绪八年被水,原缓本年漕运屯粮、余租,均除完纳外,其余未完同原缓地丁、漕米、屯粮丁、存留屯粮;余干县光绪六年被水,原缓本年地丁、漕米;建昌县并安义县寄庄建昌县光绪七年被水、被旱,各原缓本年地丁、漕米;德化县光绪六年被水,原缓本年余租,除完纳外,其余未完同原缓地丁、屯粮丁、存留屯粮、漕运屯粮、压征五年芦课;德安县光绪七年被水、被雹,原缓本年地丁、屯粮丁、存留屯粮、漕运屯粮;瑞昌县光绪元年被水、被旱,原缓本年二限一半地丁、漕运屯粮、余租;九江府同知所辖芦洲光绪七年被水,原缓本年压征六年芦课,均著递缓至光绪十二、十三两年秋后带征。

又南昌县同治十一年被水、被虫,原缓本年地丁、漕米;进贤县光绪六年被水,原缓本年地丁、漕米;清江县同治十一年被旱,原缓本年地丁、漕米;安福县光绪六年被旱,原缓本年地丁、漕米、漕运屯粮、余租;余干县光绪五年被水,原缓本年地丁、漕米;建昌县并安义县寄庄建昌县光绪六年被水、被旱,各原缓本年地丁、漕米;德化县光绪五年被水、被旱，原缓本年余租，除完纳外，其余未完同原缓地丁、屯粮丁、存留屯粮、漕运屯粮、压征四年芦课；德安县光绪六年被水，原缓本年地丁、屯粮丁、存留屯[粮]、(运漕)[漕运]屯粮；瑞昌县同治十二年被旱，原缓本年二限一半地丁、漕运屯粮、余租；又九江府同知所辖芦洲光绪六年被水，原缓本年压征五年芦课，均著递缓至光绪十三、十四年秋后带征。

又进贤县光绪五年被水，原缓本年地丁、漕米；新淦、新喻二县光绪七年被水、被旱，各原缓本年地丁、漕米；安福县光绪五年被旱，原缓本年地丁、漕米、漕运屯粮、余租；鄱阳县光绪四年被水，原缓本年地丁、漕[米]、屯粮丁、存留屯粮、漕运屯粮、余租；余干县光绪四年被水，原缓本年地丁、漕米；建昌县并安义县寄庄建昌县光绪五年被水，各原缓本年地丁、漕米；德化县光绪四年被水，原缓本年地丁、屯粮丁、存留屯粮、漕运屯粮、余租、压征三年芦课；德安县光绪五年被水，原缓本年地丁、屯粮丁、存留屯粮、漕运；又瑞昌县同治十一年被水，原缓本年地丁、漕运屯粮、余租；九江府同知所辖芦洲光绪五年被水、被旱，原缓本年压征四年芦课，均著递缓至光绪十四、十五两年秋后带征。

又进贤县光绪四年被水，原缓本年地丁、漕米；安福县光绪四年被水、被旱，原缓本年地丁、漕米、漕运屯粮、余租；余干县光绪三年被水，原缓本年地丁、漕米；建昌县并安义县寄庄建昌县光绪四年被水，各原缓本年地丁、漕米；德化县光绪三年被水、被旱，原缓本年余租，除完纳外，其余未完同原缓地丁、屯粮丁、存留屯粮、漕运屯粮、压征二年芦课；德安县光绪四年被水，原缓本年地丁、屯粮丁、存留屯粮、漕运屯粮；九江府同知所辖之芦洲光绪四年被水，原缓本年压征三年芦课，均著递缓至光绪十五、十六两年秋后带征。

又进贤县光绪三年被水，原缓本年地丁、漕米；新淦县光绪六年被旱，原缓本年地丁、漕米；又新喻县光绪六年被水、被旱，原缓本年地丁、漕米；安福县光绪三年被旱，原缓本年地丁、漕[米]、漕运屯粮、余租；鄱阳县光绪二年被水，原缓本年地丁、漕米、屯粮丁、存留屯粮、漕运屯粮、余租；余干县光绪二年被水，原缓本年地丁、漕米；建昌县并安义县寄庄建昌县光绪三年被水，各原缓本年地丁、漕米；德化县光绪二年被水，原缓本年地丁、屯粮丁、存留屯粮、漕运屯粮、余租、压征元年芦课；德安县光绪三年被水，原缓本年地丁、屯粮丁、存留屯粮、漕运屯粮；九江府同知所辖芦洲光绪三年被水，原缓本年压征二年芦课，均著递缓至光绪十六、十七两年秋后带征。

又进贤县光绪二年被水，原缓本年地丁、漕米；安福县光绪二年被旱，原缓本年地丁、漕米、屯丁、漕运屯粮、余租；余干县光绪元年被水，原缓本年地丁、漕米；又建昌县并安义县寄庄建昌县光绪二年被水，各原缓本年地丁、漕米；德化县光绪元年被水、被旱，原缓本年地丁、屯粮丁、存留屯粮、漕运屯粮、余租、压征同治十三年芦课；德安县光绪二年被水，原缓本年地丁、屯粮丁、存留屯粮、漕运屯粮；九江府同知所辖之芦洲光绪二年被水，原缓本年压征元芦课，均著递缓至光绪十七、十八两年秋后带征。

又进贤县光绪元年被水，原缓本年地丁、漕米；新淦、新喻二县光绪五年被水、被旱，各原缓本年地丁、漕米；安福县光绪元年被旱，原缓本年地丁、漕米、屯丁、漕运屯粮、余租;鄱阳县光绪元年被水,原缓本年地丁、漕米、屯粮丁、存留屯粮、漕运屯粮、余租;余干县同治十三年被旱,原缓本年地丁、漕米;建昌县并安义县寄庄建昌县光绪元年被水、被旱,各原缓本年地丁、漕米;又德化县同治十三年被旱,原缓本年地丁、屯粮丁、存留屯粮、漕运屯粮、余租、压征十二年芦课;德安县光绪元年被水、被旱,原缓本年地丁、屯粮丁、存留屯粮、漕运屯粮;九江府同知所辖芦洲光绪元年被水,原缓本年压征同治十三年芦课,均著递缓至光绪十八、十九两年秋后带征。

又进贤县同治十三年被水,原缓本年地丁、漕米;安福县同治十三年被旱,原缓本年地丁、漕米、屯丁、漕运屯粮、余租;余干县同治十二年被旱,原缓本年地丁、漕米;建昌县并安义县寄庄建昌县同治十三年被水、被旱,各原缓本年地丁、漕米;德化县同治十二年被水、被旱,原缓本年地丁、屯粮丁、存留屯粮、漕运屯粮、余租、压征十一年芦课;德安县同治十三年被水,原缓本年地丁、屯粮丁、存留屯粮、漕运屯粮,均著递缓至光绪十九、二十两年秋后带征。

又进贤县同治十二年被水、被旱,原缓本年地丁、漕米;新淦县光绪四年被旱,新喻县四年被水,各原缓本年地丁、漕米;安福县同治十二年被旱,原缓本年地丁、漕米、屯丁、漕运屯粮、余租;鄱阳县同治十一年被水,原缓本年地丁、漕米、屯粮丁、存留屯粮、漕运屯粮、余租;余干县同治十一年被水,原缓本年地丁、漕米;建昌县并安义县寄庄建昌县同治十二年被水、被旱,各原缓本年地丁、漕米;德化县同治十一年被水,原缓本年地丁、存留屯粮、漕运屯粮、余租、压征十年芦课;德安县同治十一年被水,原缓本年地丁、屯粮丁、存留屯粮、漕运屯粮,均著递缓至光绪二十、二十一两年秋后带征。

又进贤县同治十一年被水,原缓本年地丁、漕米;安福县同治十一年被旱,原缓本年地丁、漕米、屯丁、漕运屯粮、余租;建昌县并安义县寄庄建昌县同治十一年被水,各原缓本年地丁、漕米,均著递缓至光绪二十一、二十二两年秋后带征。

又新淦、新喻二县光绪三年被水,各原缓本年地丁、漕米,著递缓至光绪二十二、二十三两年秋后带征。又新淦、新喻二县光绪二年被水,各原缓本年地丁、漕米,均著递缓至光绪二十四、二十五两年秋后带征。又新淦县同治十三年被旱,新喻县光绪元年被旱,各原缓本年地丁、漕米,均著递缓至光绪二十六、二十七两年秋后带征。又新淦县同治十二年被旱,新喻县同治十三年被旱,各原缓本年地丁、漕米,均著递缓至光绪二十八、二十九两年秋后带征。又新淦县同治十一年被水、被旱,原缓本年地丁、漕米。新喻县同治十二年被旱,原缓本年地丁、漕米,均著递缓至光绪三十、三十一两年秋后带征。又新喻县同治十一年被旱,原缓本年地丁、漕米,著递缓至光绪三十二、三十三两年秋后带征。

又永(清)[新]县同治十三年及光绪元、三、七、八等年被旱,二、五两年被水,四、六两年被水、被旱,原缓各本年地丁、漕米、屯粮丁、存留屯粮、漕运屯粮、余租;兴国县光绪七年被水,原缓本年地丁,均著递缓至光绪十年秋后一并带征。又永新县同治十二年被水、被旱,原缓本年地丁、漕米、屯粮丁、存留屯粮、漕运屯粮、余租,均著递缓至光绪十一年秋后一并带征。又永新县同治十一年被水、被旱,原缓本年地丁、漕米、屯粮丁、存留屯粮、漕运屯粮、余租,均著递缓至光绪十二年秋后一并带征。又湖口县同治十一、十二、十三及光绪元、二、三、四、五、六、七、八等年被水,原缓各本年压征同治十、十一、十二、十三及光绪元、二、三、四、五、六、七等年芦课,均著递缓至光绪十、十一、十二等三年秋后带征。

又南昌、新建二县光绪二、四两年被水,丰城、清江、新淦三县光绪二年被水,余干、星子、德化、德安等县光绪四年被水,各原借修堤银两,均著展缓至光绪十、十一两年秋后催缴还款。又鄱阳县光绪四年被水,德安县光绪二年被水,各原借修堤银两,均著展缓至光绪十一、十二两年秋后催缴还款。又余干县光绪二年被水,原借修堤银两,著展缓至光绪十二、十三两年秋后催缴还款。又建昌县光绪四年被水,原借修堤银两,著展缓至光绪十四、十五两年秋后催缴还款,以纾民力。余著照所议办理。

该抚即刊该誊黄,遍行晓谕,务使实惠均沾,毋任吏胥舞弊,用副轸念民艰至意。该部知道。钦此。

91　光绪十年二月十二日,内阁奉上谕:卞宝第奏郧西县廪生余琼芳身死一案。现调江西仵作检验尸骨,与原验不符,请另调仵作覆验等语。著刑部迅即拣派谙练仵作,前往湖北。由卞宝第督饬,详加检验,务期伤痕确实,以免枉纵。湖北郧西县知县谢翼清于尸子呈报不即往验,以致尸身发变,酿成开验之案。郧县知县彭世翰奉委相验,并不细心验视,原格填报伤毒,现验毫无痕迹,均属玩视人命,荒缪异常。谢翼清、彭世翰俱著先行革职,归案审办。该部知道。钦此。

130　军机大臣字寄户部、江西巡抚潘、浙江巡抚刘、署湖南巡抚潘、传谕护理湖南巡抚、布政使庞际云。光绪十年二月二十七日奉上谕:林肇元奏,奉文采办黑铅四十万斤,经部指拨湖南铅本银一万五千两,江西铅本银二万两,浙江铅本银五千两,业已筹垫工本,委员赴滇采买,先办黑铅二十万斤,现在厂价与部定价值大相悬殊,请饬部议并催解拨款等语。该省办运黑铅采买价值应否准照时价开支,著户部核议具奏。并著潘霨、刘秉璋、潘鼎新、庞际云将前拨铅本银两,赶紧如数解黔,以资采运。将此谕知户部。并谕知潘霨、刘秉璋、潘鼎新、庞际云知之。钦此。遵旨寄信前来。

137　光绪十年三月初四日,内阁奉上谕:江西建昌府知府员缺著崔国榜补授。钦此。

138　查:江西建昌府系繁疲难要缺。谨奏。

153　军机大臣字寄福州将军,直隶、两江、闽浙、湖广、四川、江苏、安徽、江西、福建、湖北、湖南、山东各督抚。光绪十年三月十二日奉上谕:户部奏请续拨京饷等语。近年库款支绌,叠经户部续请添拨京饷。此次该部酌量各省情形,拟拨山东地丁银五万两,湖南地丁银五万两,江西地丁银四万两,福建税厘银十万两,两淮盐课盐厘银八万两,长芦萘工加价银五万两,江苏厘金银十二万两。安徽厘金银五万两,湖北盐厘银五万两，四川津贴银五万两、盐厘银十万两，闽海关洋税银五万两，江海关洋税银八万两，九江关常税银十万两，赣关常税银三万两，共银一百万两。著该将军、督抚各将所拨饷银连本年原拨未解京饷，均于五月前解到一半，十二月初间如数解齐。各该将军、督抚务当顾全大局，依限提前完解。倘藉词诿卸，率请划抵截留，贻误要需，即著该部指名严参。将此由五百里各谕令知之。钦此。遵旨寄信前来。

203　军机大臣字寄福州将军穆，署两江总督·一等威毅伯曾，两广总督张，四川总督丁，云贵总督岑，署湖广总督、湖南巡抚卞，江苏巡抚卫、安徽巡抚裕、江西巡抚潘，浙江巡抚刘，湖北巡抚彭，广东巡抚倪，传谕署湖南巡抚布政使庞际云、粤海关监督崇光。光绪十年三月十八日奉上谕：户部奏遵旨筹拨要款一折。滇省边防紧要，需饷孔殷。经户部于本年应解京饷项下指拨江西地丁银十二万两、厘金银六万两，广东盐课银八万两，浙江地丁银十万两、厘金银四万两，粤海关洋税银十万两，太平关常税银十万两；又于应解边防经费项下，指拨江苏厘金银四万两，九江关洋税银三万两，安徽地丁银四万两、厘金银二万两，两淮盐厘银七万两；又另拨湖北厘金等银三万两，四川盐厘等银三万两，闽海关洋税等银三万两，湖南省厘金等银三万两，江海关洋税银三万两，江汉关洋税银三万两，镇江关洋税银二万两，共银一百万两。著穆图善等按照部拨各款，如数赶紧委解，以济要需。近年部库支绌，岑毓英办理防务，当知筹款维艰，务期归诸实用，不得虚糜。将此由五百里谕知穆图善、曾国荃、张树声、丁宝桢、岑毓英、卞宝第、卫荣光、裕禄、潘霨、刘秉璋、彭祖贤、倪文蔚、并传谕庞际云、崇光知之。钦此。遵旨寄信前来。

212　军机大臣字寄前大学士·署直隶总督·一等肃毅伯李，福州将军穆，署两江总督·一等威毅伯曾，两广总督张，署湖南总督、湖南巡抚卞，江苏巡抚卫，安徽巡抚裕，浙江巡抚刘，江西巡抚潘，山东巡抚陈，湖北巡抚彭，广东巡抚倪，传谕前粤海关监督崇光、粤海关监督海绪。光绪十年三月十九日奉上谕：御史陈锦税务一端，中饱太甚，即如湖北省江汉、新隄两关，岁收甚巨，解部甚少，以有用之公帑，饱无耻之私囊，请饬整顿确查等语。国家设关榷税，岂容官吏从中侵蚀。叠经谕令各该督抚等严查中饱，总未破除情面，实力奉行。据奏江汉、新堤两关，收解多寡悬殊。湖北一省如是，其余有关省份，均难保无侵渔情弊。当此库储支绌之时，亟应核实清查，以除积弊。该将军、督抚、监督均系朝廷特简之员，尤应激发天良，认真整顿。著各就关卡情形，确切稽查，将所有弊端，痛行革除。如能力杜中饱，多解赢余银两，朝廷亦不追究既往。经此次申谕之后，倘仍锢于积习，敷衍塞责，将来查出侵吞等弊，惟有执法严惩，决不姑容。懔之！将此谕知李鸿章、穆图善、曾国荃、张树声、卞宝第、卫荣光、裕禄、刘秉璋、潘霨、陈士杰、彭祖贤、倪文蔚、并传谕崇光、海绪知之。钦此。遵旨寄信前来。

236　光绪十年三月二十六日，内阁奉上谕：各省抽收厘金，叠经谕令该督抚等据实报部，力杜中饱。乃近来厘局委员往往徇情滥委，任用非人，以致贪婪侵蚀，百弊丛生,殊堪痛恨。当此库款支绌之时,自应涓滴归公,实征实解。若非认真稽查,将使亿万厘金半归私橐,实属不成事体。嗣后该督抚等务当激发天良,明查暗访,设法整顿。尤以择任委员为第一要义。并将各该省厘局征收数目,随时稽核,严杜弊端。该委员等如有侵渔及扰累情事,立即严参惩办。倘敢瞻徇情面,袒护属员,或被人参奏,或别经发觉,定将该督抚等严惩,决不宽贷。将此通谕知之。钦此。

237　光绪十年三月二十六日,内阁奉上谕:各省设立驿站,递送文件,原期迅速,而限行折报尤关紧要,乃各该省积留相沿,州县于支发款项克扣侵蚀,马匹、丁夫诸不足额,文报致多迟滞,实属不成事体。著各该督抚严查州县夫马,必期如额,随时督催稽查。遇有紧要文件,照章速递,不准稍迟,以肃邮政。如该管各官任意玩误,即著从严参办,不得稍涉徇隐。将此通谕知之。钦此。

241　军机大臣字寄署两江总督·一等威毅伯曾,闽浙总督何,署湖广总督、湖南巡抚卞,江苏巡抚卫,江西巡抚潘,浙江巡抚刘,福建巡抚张,湖北巡抚彭,山东巡抚陈。光绪十年三月二十八日奉上谕:户部奏此次山东办理河工,截留应解甘肃常年兵饷银八万两,请于浙江厘金项下,补解银三万两;江西厘金项下,补解银一万两;两淮两浙盐课盐厘项下,各补解银二万两。截留新疆月饷银八万两,请于江苏厘金项下,补解银二万两;福建、湖北厘金项下,各补解银三万两。截留西征月饷银四万两,请于江苏湖北厘金项下,各补解银二万两等语。山东河工关系紧要,不得不截留协饷,以济要需。而甘肃、新疆待用孔亟,必应设法拨补。著曾国荃、何璟、卞宝第、卫荣光、潘霨、刘秉璋、张兆栋、彭祖贤严饬藩运各司,按照该部指拨之项,迅速如数批解,勿稍延误。各该督抚等务当共体时艰,竭力筹措,毋得稍存诿卸,是为至要。至山东明年应解甘肃、新疆西征各协饷,仍著陈士杰照常筹解。将此由五百里各谕令知之。钦此。遵旨寄信前来。(抄交户部)

258　军机大臣字寄署两江总督·一等威毅伯曾、江西巡抚潘。光绪十年四月初五日奉上谕:江西赣州府知府斌鉴,著曾国荃、潘霨悉心察看,如竟不能胜任,即行据实参奏,毋稍迁就。将此各谕令知之。钦此。遵旨寄信前来。

294　光绪十年四月十五日,内阁奉上谕:江西学政著梁仲衡去。钦此。

324　光绪十年四月二十二日,内阁奉上谕:陈宝琛奏,按试江西上饶县武童步射之日,突有弋阳武生纠众毁门,推倒箭靶。当经该学政督饬员弁立将首犯汪镇波缉获,供认闹考不讳等语。各学应试生童宜如何恪守场规,各安本分,乃敢恃众闹考,希图挟制,此风断不可长,亟应从严惩办,以儆刁顽。著潘霨督同臬司即将此案确切研讯,按律定拟具奏。此等弊端,据奏不独上饶一县为然。嗣后著该学政督饬各该教官廪保随时严加约束,并著该抚饬属遇有生童藉端滋扰,即行严拿究办。钦此。

325 光绪十年四月十二日，内阁奉上谕：陈宝琛奏，请将笃行绅士量予奖励等语。据称江西在籍绅士同知衔即用知县郑维驹内行敦笃，人无闲言。主讲书院，学规整肃，严辨义利，教有成效，洵属可嘉。郑维驹著加恩赏给五品卿衔，以资观感。该部知道。钦此。

331 军机大臣字寄署两江总督·一等威毅伯曾，两广总督张，四川总督丁，署湖广总督、湖南巡抚卞，江苏巡抚卫，江西巡抚潘，浙江巡抚刘，湖北巡抚彭、广东巡抚倪，传谕前粤海关监督崇光，粤海关监督海绪。光绪十年四月二十三日奉上谕：户部奏遵旨筹拨饷需一折。据称潘鼎新现需军饷，拟于前拨云南饷银一百万内拨给银三十万两，即由原拨云南之江西地丁京饷内，匀拨银五万两；江西厘金京饷内，匀拨银三万两；广东盐课京饷内，匀拨银四万两；粤海关洋税京饷内，匀拨银四万两；浙江地丁京饷内，匀拨银四万两；四川盐厘等银内，匀拨银二万两，并湖北厘金等银三万两，江海关洋税银三万两，镇江关洋税银二万两等语。潘鼎新所需饷银，除苏元春等所带三千余人仍用湖南原饷外，其不敷银两，自应赶筹拨解，以应要需。著各该督抚、监督等按照该部指定数目，迅速拨给，毋稍迟误。至应解云南饷银及湖北等省月协广西饷银，并著户部咨催各该省速拨应用，勿任延欠。将此由五百里谕知曾国荃、张树声、丁宝桢、卞宝第、卫荣光、潘霨、刘秉璋、彭祖贤、倪文蔚并传谕崇光、海绪知之。钦此。遵旨寄信前来。（抄交户部）

390 军机大臣字寄钦差工部左侍郎孙、内阁学士乌。光绪十年五月十四日奉上谕：有人奏特参庸劣不职疆臣，请旨立予罢斥一折。据称江西巡抚潘霨庸阘浮夸，办事率多乖谬。上年八月，该抚违例令余干县主事邹颐包完钱粮，因完不足数，即行奏革。迨奉旨饬查，饰词覆奏。德兴县杨姓一族积欠丁漕，知县戴良葵勒令职员杨之望包完，致该职员被逼殒命。该抚听信该知县一面之词，含糊入告，辄坐死者以愁急自尽等情。该抚赴九江镇阅兵，沿途供应浩繁，至青山时，该抚家丁有吓跌抬夫落河身死之事。且广通贿赂，勒索赣关规费银两，请派大员查办等语。巡抚责任綦重，潘霨被参各款，如果属实，深恐贻误地方。著孙毓汶、乌拉布于查办湖北事件完竣后，即行先往江西，按照所参各节，确切查明，据实具奏，毋稍徇隐。原折著抄给阅看。俟江西事竣，再赴安徽查办。将此由五百里各谕令知之。钦此。遵旨寄信前来。

420 光绪十年五月十七日奉旨：这所参疏防监犯越狱之管狱官，江西上饶县典史章葆，著即革职拿问，交潘霨提同刑禁人等严审，按律拟办。有狱官上饶县知县胡鸿泽，著撤任，交部议处，仍留于该地方协同缉拿逃犯汪镇波，务获究办。倘限满无获，再行照例查参。余著照所议办理。该部知道。钦此。

540 光绪十年闰五月十二日，内阁奉上谕：前据御史程鼎芬奏，各省办理灾缓，应于勘报日起，照例停征；郑训承奏，蠲缓恩旨，地方官任意延搁，请严定誊黄限期各折片，先后交户部妥议具奏。兹据该部分析详议，严定章程五条，开单呈览。各直省遇有灾歉，一经该督抚奏请，无不立沛恩施，谕令刊刻誊黄，不准稍有延阁。其查勘灾缓，应于勘报之日，即行停征，定例亦极详明。朝廷体恤民艰，无微不至。乃各州县奉行不力，玩视民瘼，甚至讳饰捏报，藉端巧取。灾区虽已查明，并不照例停征，转致追呼愈迫。及奉到誊黄，匿不张贴，蒙混征收，侵吞肥己。以穷黎之脂膏，供贪吏之溪壑，罔上害民，莫此为甚。该管上司，或漫无觉察，或有心徇庇，以致恩膏阻遏，民困莫伸。种种弊端，实堪痛恨。现经户部申明定例，严定章程，所有勘灾详报出示停征各节，著各直省督抚严饬藩司，通行各属，遵照此次定章，实力办理。民间沾一分实惠，即为国家培一分元气。嗣后如再有违例启征，及延搁誊黄等弊，一经发觉，定将该州县从重治罪。各该管上司责有攸归，亦必严行惩处，不稍宽贷。将此通谕知之。钦此。

561　光绪十年闰五月二十日奉旨：这所参疏防越狱之管狱官，江西新喻县典史郑翼，著即革职拿问，交潘霨提同刑禁人等严审有无贿纵情弊，照例惩办；有狱官署新喻事、候补知县陈乃机，著先行交部议处，仍勒限缉拿逃犯詹集贤，务获究办。倘限满无获，再行照例查参。余著照所议办理。该部知道。钦此。

562　光绪十年闰五月二十日，内阁奉上谕：何璟奏武职大员积劳病故，请饬部从优议恤一折。前署福建陆路提督福宁镇总兵关镇国，勇往性成，转战两广、江西、闽浙等省，卓著战功。嗣简任总兵，署理提督，治军缉匪，不辞劳勚。前因积劳身故，殊堪悯恻。加恩著照军营立功后病故例，从优议恤。该部知道。钦此。

607　军机大臣字寄钦差工部左侍郎孙、工部左侍郎乌。光绪十年闰五月二十七日奉上谕：有人奏江西巡抚潘霨于查覆御史谭承祖所奏书差肆扰一折，胸存成见，故作翻案。其于筹办灾区覆陈折内，语多粉饰欺罔。信用知县高隆谦、孟庆云二员，凡调缺等事，皆孟庆云为之关说，得贿甚多，请派大员查办等语。前因有人参奏潘霨办事率多乖谬等情，当经谕令孙毓汶等查明具奏。兹复有人奏参，著孙毓汶、乌拉布于查明湖北事件完竣后，即行先往江西。按照所参各节，同前次奏参之案一并确查，据实具奏，毋稍徇隐。另片奏，广信府知府董兆奎办理上饶县育婴会，勒捐多金，除归公外，皆入私囊。平日审案，虐用非刑。伊侄在署，干预公事。又奉旨勒令回籍之劣幕高隆譓，闻仍盘踞省城广通声气各等语，并著该侍郎等确实查明，一并参办。原片三件，均著抄给阅看。将此由四百里各谕令知之。钦此。遵旨寄信前来。

614　军机大臣字寄福州将军，直隶、两江、闽浙、湖广、四川、两广各总督，江苏、安徽、江西、福建、浙江、山东、山西、河南、湖北、湖南、广东各巡抚，传谕粤海关监督。光绪十年闰五月二十八日奉上谕：户部奏请旨催解京饷，分别已解、未解银数开单呈览一折。本年京饷户部原拨续拨，共银八百万两。截至五月底止，各省关计共欠银五百十三万八千两。现在部库支绌，应放各款，均关紧要。所有各省关欠解京饷，自应迅速报解，不得任意宕延，致误要需。著该将军、督抚、监督等，各查照欠解数目，赶紧陆续解部，统于年内扫数解齐。如敢诿卸拖欠，即由户部照章指名奏参。其解不及半，暨丝毫未解等处，经此次严催后，倘仍不完解，即著户部随时严参。原单著分别摘抄，给与阅看。将此由五百里谕知福州将军，直隶、两江、闽浙、湖广、四川、两广各总督，江苏、安徽、江西、福建、浙江、山东、山西、河南、湖北、湖南、广东各巡抚，并传谕粤海关监督知之。钦此。遵旨寄信前来。（抄交户部）

630　光绪十年六月初二日，内阁奉上谕：内阁学士陈宝琛奏参江西宁都直隶州知州韩懿章，骫法殃民，上控京控，案牍累累；候补知府荣绶，招权纳贿，专善逢迎；九江府知府达春布，偏执昏庸，颟顸恇怯；吉安府知府钟珂，办理案件，不能持平，结怨酿患，请旨严查撤参等语。澄清吏治，首在严劾劣员。该学士在江西学政任内，采访众论，证以实事。所参韩懿章等各款，见闻确凿，必应从严惩处。韩懿章劣迹尤多，著即行革职。与荣绶、达春布、钟珂三员，均交潘霨按照所奏各节，分别查参。陈宝琛奏参片内声明韩懿章、荣绶二员，该抚未令赴任，亦未派差，是亦知其不堪任使，何以不即奏参，现经饬令查办，倘该抚稍有瞻徇回护，定即一并严惩。懔之！钦此。

631　光绪十年六月初二日，内阁奉上谕：潘霨奏，已故督臣沈葆桢之妻林氏乞援守城，保全阖郡，请附祀沈葆桢专祠，并抄录该氏书稿呈览一折。据称咸丰六年贼匪窜扰江西，时沈葆桢为广信府知府，赴乡筹饷。其妻林氏因郡城危急，作书乞援于已故总兵饶廷选，沈葆桢旋即回署与饶廷选同守郡城。该氏躬亲执爨，以犒将士，用是连战皆捷，郡城得全，实属深明大义。沈林氏著准其附祀沈葆桢广信府城专祠。该部知道。钦此。

643　光绪十年六月初六日，内阁奉上谕：侍郎许应骙奏遵保人才一折。前任江西南康府知府曹秉濬，著俟服阕后，交吏部带领引见；江苏候补道叶廷眷，著该督抚给咨送部引见；广东候补副将黄金福，著交张之洞差遣委用；记名提督赖长，著发往福建船政局交何如璋差遣委用。钦此。

644　光绪十年六月初七日，内阁奉上谕：御史郑嵩龄奏请严课州县，以清吏治一折。州县为亲民之官，宜如何尽心民事，洁己奉公。乃近来各省命盗案件，地方官并不虚心研鞫，以致叠酿巨案。各项匪徒滋事，又不能销患未萌，甚至骫法殃民，苛征肥己。积习相沿，实堪痛恨。亟应认真考察，以清吏治而重民生。著直省督抚于所属州县，随时课以实事，分别勤惰贪廉，秉公举劾。其候补人员，并著督饬藩司勤加考课，量材任使，不得瞻徇迁就，以期力挽颓风，日臻上理。钦此。

646　光绪十年六月初八日，内阁奉上谕：江西赣州府知府员缺紧要，著该抚于通省知府内拣员调补。所遗员缺，著玉春补授。钦此。

652　军机大臣字寄钦差工部左侍郎孙、工部左侍郎乌。光绪十年六月初十日奉上谕：前有人奏江西广信府知府董兆奎勒捐、酷刑等款，当经谕令孙毓汶、乌拉布查明参办。兹复有人奏参董兆奎性情暴戾，赃私狼藉，并胪列多款，请饬查办等语。著孙毓汶、乌拉布一并确查参办，毋稍徇隐。原片著抄给阅看。将此由四百里谕令知之。钦此。遵旨寄信前来。

698　军机大臣字寄两广总督张、闽浙总督何、福建巡抚张、江西巡抚潘、广东巡抚倪。光绪十年七月初三日奉上谕：彭玉麟、张树声、倪文蔚奏缕陈广东吏治、军政、民风积弊十条，请申谕疆臣逐一彻查兴革；彭玉麟奏谨就见闻所及，续陈六条各一折。广东政治窳敝已极，种种弊端，积习相沿，已非一日。该尚书等所陈各条，颇为详明剀切，亟应大加整顿，力与湔除。即著张之洞、倪文蔚破除情面，将所奏各项弊端，认真厘剔，饬吏、整军、治民诸政，实心实力，妥为筹办。总期风清弊绝，日臻上理，以立自强根本，用副朝廷委任至意。该督抚并当细心体察，切中肯綮，措置咸宜，俾有兴革之益，而无纷纭之扰。其教民宜别一条。莠民入教，为害地方。果能办理得宜，俾已入教者不敢肆其欺陵，未入教者，不敢轻试，有裨于世道人心者，实非浅鲜。惟创办伊始，宜臻妥善。著张之洞、倪文蔚悉心酌办，俟办有成效，再行推诸各省。盐务宜变一条，粤盐应否改行票运，或潮桥各埠先行试办。著该督详细筹画具奏，再饬该部议行。会匪宜清一条。据称广东会匪，有天地会三点会等名目。辗转煽惑，外连江西、福建，各处皆有头目等语。会匪伏莽甚多，必应分别捕拿解散，以免酿成巨患。著张之洞、倪文蔚饬属力行保甲，严拿头目，尽法惩治。并著何璟、张兆栋、潘霨通饬各属，一体查拿究办。原折二件，著分别抄给张之洞、倪文蔚阅看。将此各谕令知之。钦此。遵旨寄信前来。

714　光绪十年七月初六日，内阁奉上谕：潘霨奏江西浮梁等县被水，分别抚恤查办一折。本年六月间，江西浮梁县因连日大雨，河水陡涨，冲毁城垣、衙署、民房，淹毙人口。景德镇被水，漂流人口数千，民房、铺屋被冲者不下数千家。余干、鄱阳、乐平等县田亩亦多被淹。览奏实深悯恻。业经潘霨筹拨款项，动碾积谷，核实散放。仍著该抚饬属确查被灾户口，迅速拨款，妥为赈抚，务使实惠及民，毋任一夫失所，用副轸念灾黎至意。余者照所议办理。该部知道。钦此。

737　记名提督江西南赣镇总督兵王得胜；
记名提督河南河北镇总兵崔廷桂；
记名提督四川川北镇总兵陈济清；
记名提督蒋东才；
记名提督李承先；
记名总兵江西袁州协副将韩晋昌；
记名总兵刘鹤年；
升用总兵江苏淮扬镇中军游击田恩来；
尽先参将王文行。

740　光绪十年七月十四日，内阁奉上谕：翰林院侍读学士良贵奏遵旨保荐人才一折。江西督粮道嵩崑著交军机处存记。内翻书房章京继恩，直隶候补道卫杰，教习、拣选知县蒋世芳，均著吏部带领引见。钦此。

753　军机大臣字寄江西巡抚潘。光绪十年七月十七日奉上谕：翰林院侍读王邦玺奏，近闻福建延、建、邵等处土匪蠢动，该处与江西之广信、建昌等府毗连，路路可通，无营驻扎，倘该匪被剿窜入境内，恐难扑灭等语。福建土匪蠢动，毗连江西地方，亟应先事绸缪，妥为防范，免致蔓延。著潘霨迅速酌拨勇营，于毗连建宁、邵武地方择要驻扎。严饬派出营官勤加侦探，如有匪徒窜入，即行合力剿除，毋稍疏懈。将此由六百里谕令知之。钦此。遵旨寄信前来。

754　蒙发下折报，臣等公同商阅。庆裕奏携印赴防筹备战守折，拟请批旨，览奏均悉，即著督饬防军将战守事宜，实力备预。绍祺奏请饬查办白岔沟一带游民片，拟缮寄信谕旨，令李鸿章酌度办理。陈士杰奏遵添勇营折，拟请批旨，览奏已悉，著俟各营到齐，妥筹布置，勤加操练，以资备御。又奏遵办陆路团防片，拟请批旨，知道了，即著饬属认真办理，毋得有名无实。又奏烟台被水情形片，拟请批旨，览奏殊深轸念，著即饬属查明抚恤，毋任失所。王邦玺奏福建延建等处土匪蠢动，江西毗连地方，请拨勇营防范折，拟缮寄信谕旨，令潘霨拨营防范。绍祺奏搜获逆匪讯明正法折，又奏余匪剿净片；吴大澂奏覆陈参款折，又奏直陈言路流弊片；黄体芳奏战计已决，请戮奸旌义折；陈士杰奏胶州招营办团片，均拟暂留请旨。其余折片拟批呈进，是否有当，伏候圣裁。谨奏。光绪十年七月十七日奉旨：依议。钦此。

785　军机大臣字寄江西巡抚潘。光绪十年七月二十六日奉上谕：（摘抄交吏部起）御史程鼎芬奏东南水患多起于蛟，请查照古法，先事掘除（止），并抄录陈宏谋伐蛟说呈览一折（摘二字）。据称江西此次水患由于安徽祁门之出蛟，故大学士陈宏谋抚江西时，创办掘除蛟种之法，弭患无形，民称其便，请饬查照办理等语。蛟水冲决田庐，为害甚重，亟宜先事预防，实力搜除。著潘霨按照所奏各节，严饬州县认真讲求，为防患未然之计，毋得视为具文。原折单著抄给阅看。（起）所请严定州县考成，可否即照捕蝗处分等语，著吏部议奏（止）。将此谕令知之。钦此。遵旨寄信前来。

832　光绪十年八月初七日，内阁奉上谕：前据给事中秦钟简奏参江西巡抚潘霨庸劣不职，翰林院侍读王邦玺奏参潘霨覆奏粉饰，信用劣员各节，先后谕令孙毓汶、乌拉布驰往查办。兹据该侍郎等确切查明，分案具奏各折片，据称余干、德兴两案，邹颐所欠丁漕，系属己户，并非勒令包完。杨之望欠粮无措，愁急自尽，实非委员逼勒。九江阅兵，查无家丁吓跌抬夫落水之事。赣关拨解抚署公费，系道光年间奏定有案，该抚并未格外需索。其覆奏催漕办灾各折，并非粉饰欺罔。伊子潘志俊从未干预公事，交结属员。其余信任劣员，广通贿赂各节，亦均查无其事。即著毋庸置议。惟原奏杨姓欠粮之案声叙错误;新喻县滋事一案未将实在情形先行奏闻,系属疏漏。潘霨著交部议处,劣幕高隆謕虽据查明业经回籍,仍著该抚饬属随时查察,不准再行潜赴江西。钦此。

833　光绪十年八月初七日,内阁奉上谕:前因翰林院侍读王邦玺、给事中秦钟简先后奏参江西广信府知府董兆奎勒捐多金,虐用非刑,性情暴戾,赃私狼藉等款。叠经谕令孙毓汶、乌拉布确查参办。兹据该侍郎等查明覆奏,董兆奎被参各节,虽查无侵蚀捐款,藉端得贿等情,其平日办事亦尚认真,惟于商民犯罪,不论重轻,任意科罚。虽属充公起见,究属有违定例。至审理案犯,并不虚衷研鞫,擅用非刑,尤属有干例禁。董兆奎著交部严加议处,其失察之该管上司各官,著查取职名,交部照例分别议处。余著照所议办理。钦此。

853　光绪十年八月十一日,内阁奉上谕:翰林院侍读王邦玺奏缕陈丁漕利弊,请饬疆臣实力兴除一折。丁漕乃国家维正之供,凡我小民,践土食毛,孰不踊跃输将,及时完纳。乃各直省往往积欠频仍,致亏正赋,皆由地方官任用胥吏,苛索取盈,种种弊端,实堪痛恨。兹览该侍读所陈各条,于丁漕利弊,尚为详悉,亟宜认真整顿,期于国计民生,两有裨益。著各该督抚查照所奏,悉心体察,督率所属州县,将丁漕一切利弊实力讲求,务使赋课无亏,乡闾不扰,以裕度支而恤民困。钦此。

854　臣等覆查:王邦玺奏缕陈丁漕利弊折内,详及各省地丁,不独有漕省份有应办之事,应行饬令整顿,拟请缮写明发谕旨,通行各省遵照。是否有当,伏候圣裁。谨奏。光绪十年八月十一日奉旨:依议。钦此。

877　文职三品以上降革人员:

前都察院左都御史崇厚,因出使外洋,不候谕旨,擅自起解回京,革职拿问,交刑部治罪。嗣奉旨开释。

前户部尚书董恂,因已革户部员外郎福趾贿办报销,未经查出。曾将该员保列一等降二级调用。

前协办大学士吏部尚书李鸿藻,钦奉懿旨:李鸿藻内廷当差有年,只为囿于才识,遂致办事竭蹶。著降二级调用。钦此。

前兵部尚书景廉,钦奉懿旨:景廉只能循分供职,经济非其所长。著降二级调用。

前云贵总督刘长佑,因任听属员崔尊彝、潘英章,挪用公项,来京贿办报销,未能觉察,降三级调用。

前河东河道总督梅启照,因审办要案,于王澍汶冤抑不能平反,回护属员革职;又在浙江巡抚任内,于编修林国桂服满起复,先期给咨,降一级调用注册。

前总管内务府大臣茂林,因占用祈雨设坛官地建立坟茔革职,发往军台效力赎罪,嗣奉旨释回。

前户部左侍郎王文韶,因已革户部员外郎福趾贿办报销,未经查出,曾将该员保列一等,降二级调用。

前户部右侍郎长叙,因嫁女在忌辰期内,被参革职。

前盛京兵部侍郎宗室绵宜,因轻躁失仪,任意戏谑,实属有玷官箴,被参革职。

前礼部右侍郎宗室宝廷,因出福建试差归途买妾,任意妄为,革职。

前工部右侍郎薛焕,因奏参通政使王拯吸食鸦片,显系意存报复,降五级调用。

前云南巡抚贾洪诏,因简授云南巡抚,陈奏病难速痊,请开缺调理,饰词规避,奉旨革职。

前河南巡抚李庆翱,因地方灾伤不据实陈奏,降三级调用。

前云南巡抚杜瑞联,因任听属员崔尊彝、潘英章挪用公项,来京贿办报销,未能觉察,降三级调用。

前河南巡抚李鹤年,因审办要案,于王澍汶冤仰不能平反,回护属员,革职。

前陕西巡抚冯誉骥,因吏治、差徭、厘捐、垦荒,任用外人,粉饰废弛,以致属吏、家丁因缘为奸,弊端纷出,革职。

前贵州巡抚林肇元,因饷需奇绌,不能量入为出,革职。

前贵州布政使沈应奎,因在陕西按察使任内专事逢迎,浮侈骄倨,于奉委巡边时需索供应,扰累地方,奉旨革职。

前江西布政使李桓,因闻升任督粮道周汶筠署南康县任内苛政病民,密令后任知县详查,迨经禀覆,周汶筠得受典商赋银,概置不问,将不应立决之忤逆一案,草率定案,降三级调用。

前湖南布政使李榕,因任用优伶,不洽舆情,革职。

前山东布政使李元华,因堤工丈尺既不核实,复将银两任意挪移,革职。

前陕西布政使吴春焕,因听从伊父赁居民房,以教物议沸腾,革职。嗣因捐输粮两,赏给五品顶戴。

前山西布政使方大湜,因奉旨来京另候补用,行至天津,辄以患病请假回藉,降三级调用。嗣经大学士左宗棠保荐人才,奏奉谕旨:著交军机处存记。钦此。

前广东布政使姚觐元,因前在户部司员任内声名贪劣,革职。

前奉宸苑卿庆林,因占用祈雨设坛官地建立坟茔,革职,发往军台效力赎罪。嗣经期满释回。

前都察院左副都御史崇勋,因城坊公事,每唤司坊官到其私宅授意,多所干预,并永顺乾洋贷铺开张之日,亲往贺喜,实属有玷台班,奉旨革职。

前直隶按察使孙治,因贼匪滋事,带兵出省,一月有余未闻与贼接仗,革职。嗣调赴军营差委,赏给六品顶戴。

前四川按察使方濬颐,因性情优柔,习尚瞻徇,发审案件既多延搁,且有收受陋规情事,被参革职。

前河南按察使傅寿彤,因河南赈务办理不善,前署藩司任内倚任非人,降一级调用。

前山东按察使潘骏文,因其弟在工当差,不知避嫌,降三级调用。嗣奉上谕:交陈士杰差遣委用。

前河南按察使豫山，因盗犯王澍汶临刑呼冤一案，奉委覆审，未能力持平反，照问刑官刑逼妄供革职定案，降三级调用。嗣奉上谕：著发往山东交陈士杰差委。钦此。

前浙江按察使陈宝箴，因在河南河北道任内，奉委覆审盗犯王澍汶临刑呼冤一案，未规力持平反，原降三级调用，嗣调往湖南差遣委用。

前两淮盐运使洪汝奎，因督审江宁三牌楼命案草率行供，革职，发往东台，嗣经释回。

898　光绪十年八月二十二日，内阁奉上谕：前据内阁学士陈宝琛奏参江西知州韩懿章、知府荣绶、达春布、钟珂各劣款。当经降旨将韩懿章革职，与荣绶等三员均交潘霨查参。兹据潘霨奏称，遵将该员等被参各节查明据实覆陈。宁都州知州韩懿章虽无纵容子弟不法及与劣绅结婚情事，原参苞苴请托各款，亦无实据。惟年力渐衰，听信门丁、衙蠹，遂致事多骫法。韩懿章业经革职。所有京控及部驳各案，著潘霨即行审明定拟，并将该革员应议之处奏明请旨。候补知府荣绶虽无谄事上司、倾陷寅僚、招权纳贿、税银加平入己确据，惟久擅利权，声名甚劣。荣绶著即革职。九江府知府达春布所历各任尚无贻误，惟性情偏执，办事迂迟，不胜繁剧；吉安府知府钟珂，居官尚属谨慎，惟办理各案，未能持平，达春布、钟珂均著开缺另补。余著照所议办理。该部知道。钦此。

903　光绪十年八月二十五日，内阁奉上谕：江西广信府知府员缺，著额勒经额补授。吉安府知府员缺，著许道培补授。九江府知府员缺，著王应孚补授。钦此。

904　查：江西广信府知府、吉安府知府均系冲繁疲难最要缺，九江府知府系冲繁难要缺。谨奏。

918　军机大臣字寄江西巡抚潘、浙江巡抚刘，传谕署安徽巡抚、布政使卢士杰。光绪十年八月三十日奉上谕：杜嘎尔等奏，部拨乌科两城经费，安徽欠解银三万两，江西、浙江各欠解银二万两，请旨饬催等语。该两城放款支绌，需饷孔殷，著潘霨、刘秉璋、卢士杰饬令各该藩司将欠解乌科两城经费，照数赶紧筹拨，解往济用，以重兵食。将此由五百里谕知潘霨、刘秉璋，并传谕卢士杰知之。钦此。遵旨寄信前来。

970　光绪十年九月十七日，内阁奉上谕：江西巡抚潘霨，著来京另候简用。钦此。

971　光绪十年九月十七日，内阁奉上谕：江西巡抚著德馨补授，未到任以前，著刘瑞芬暂行护理。钦此。

976　光绪十年九月十八日奉上谕：有人奏陈宝琛参劾九江府知府达春布折内借南洋大局为名，其实听信私人。署德化县知县叶滋澜玩视民瘼，延误修堤，以便私图陈宝琛将达春布上列弹章。该守具禀函达并申请曾国荃与潘霨为之昭雪等语。著刘瑞芬确切查明，据实具奏，不得稍涉含混。钦此。军机大臣遵旨，传谕护理江西巡抚、布政使刘瑞芬。

1009 军机大臣字寄福州将军，直隶、两江、湖广、闽浙、四川、两广各总督，江苏、安徽、江西、福建、浙江、湖北、湖南、河南、山东、山西、广东各巡抚，传谕粤海关监督。光绪十年九月二十五日奉上谕：户部奏请旨催解京饷一折。本年京饷原拨续拨共银八百万两，统限年内解齐。截至八月止，除划拨、截留、解到、报解起程等款外，尚欠解银二百七十万九千余两。现在部库支绌，年内应放各项关系紧要，亟须各省关全数解到，以应要需，岂容任意延宕。著该将军、督抚、监督等各将欠解银两迅即照数依限提前解京。已报起程各款，亦即赶催解部，毋任沿途逗留。倘敢诿卸拖欠，致误开放，即著户部指名严参。原单著分别摘抄给与阅看。将此由五百里谕知福州将军，直隶、两江、湖广、闽浙、四川、两广各总督，江苏、安徽、江西、福建、浙江、湖北、湖南、河南、山东、山西、广东各巡抚，并传谕粤海关监督知之。钦此。遵旨寄信前来。（抄交户部）

1010 军机大臣字寄福州将军，两江、湖广、闽浙、四川各总督，江苏、湖南、湖北、福建、浙江、安徽、江西、河南、山东、山西各巡抚。光绪十年九月二十五日奉上谕：户部奏西征饷银各省关欠解甚巨，开单请旨饬催等语。本年西征军饷经该部指拨各省关，限于十月扫数解清。现已将届十月，报解不及三成，尚共欠银四百六十八万余两。似此任意宕延，尚复成何事体。西陲地方素称瘠苦，现值裁勇节饷，尤须多筹接济，以应急需。原知各省关或因协济海防饷需，或系海防省份，库款同一支绌。惟关外各营待饷孔亟，系属实情，自应宽筹速解，顾全大局。著该将军、督抚等严饬藩运各司，将西征军饷赶筹大批迅速解往，俾资应用。如能解足八成以上，照案奏请优奖。倘再任意延欠，即著指名奏参。原单著分别抄给阅看。将此由五百里谕令知之。钦此。遵旨寄信前来。（抄交户部）

1025 光绪十年九月二十八日，内阁奉上谕：已革江西广信府知府董兆奎前经潘霨保荐卓异，实属举非其人。前江西巡抚潘霨著交部议处。钦此。

1041 军机大臣字寄两江总督·一等威毅伯曾，帮办军务、闽浙总督杨，两广总督张，署湖广总督、湖南巡抚卞，江苏巡抚卫，山东巡抚陈，浙江巡抚刘、湖北巡抚彭，广东巡抚倪，传谕署湖南巡抚、布政使庞际云，护理江西巡抚、布政使刘瑞芬。光绪十年九月三十日奉上谕：李用清奏黔省饷需奇绌，请饬催各省迅解协款一折。据称各省协饷，本年正月至今，湖南仅解银三万六千两；江西仅解银二万两；山东仅解银四万二千两，内除截留修河工银二万两，实收银二万二千两；江苏仅解银一万二千七百五十两，并补解九年份饷银九千五百两；九江关仅解银一万二千两；广东仅解银一万六千两；淮运库代广西解过银二万两，共只收银十四万八千二百五十两。于部定核减六十万之数，尚不及三分之一。此外浙江、福建、湖北、东海关全未报解等语。黔省瘠苦异常，饷需无出，全赖协饷接济。现在各省筹办海防，明知饷需亦形支绌，惟所协该省月饷，为数匀属无多，筹解较易，各该督抚等自应设法拨解，以顾边陲。著曾国荃等即将本年未解黔省协饷，如数赶紧解清，毋稍延缓。将此由五百里谕知曾国荃、杨昌濬、张之洞、卞宝第、卫荣光、陈士杰、刘秉璋、彭祖贤、倪文蔚，并传谕庞际云、刘瑞芬知之。钦此。遵旨寄信前来。（抄交户部）

1059　光绪十年十月初二日，内阁奉上谕：吏部奏遵议处分一折。据称前江西巡抚潘霨于已革知府董兆奎前经保荐卓异，照革职公罪例，议以革职等语。潘霨著加恩改为革职留任。钦此。

1061　光绪十年十月初二日，内阁奉上谕：刘锦宗、谭钟麟奏遵保各省关及后路各台局筹解协饷各员，吁恳恩施，开单呈览一折。甘肃新疆戡定以来，举行善后事宜，协拨饷项较多，各省关历年筹解，力济边军，不分畛域，自应量予奖叙。四川总督丁宝桢、福州将军穆图善、两江总督曾国荃、前安徽巡抚裕禄、前江西巡抚潘霨、浙江巡抚刘秉璋、江苏巡抚卫荣光、前江西巡抚李文敏、山东巡抚陈士杰、署山西巡抚奎斌均著交部从优议叙；署湖广总督卞宝第、河东河道总督成李、湖北巡抚彭祖贤、河南巡抚鹿传霖、陕西巡抚边宝泉、署湖南巡抚庞际云、署安徽巡抚卢士杰均著赏加头品顶戴，其余单开出力各员所请奖叙著该部议奏，单二件并发。钦此。

1064　军机大臣字寄盛京、直隶、江苏、安徽、江西、浙江、福建、湖北、湖南、河南、山东、山西、陕西、甘肃、四川、广东、广西、云南、贵州各将军、督抚。光绪十年十月初三日奉上谕：本年直隶、浙江、湖北、陕西、甘肃、云南、贵州等处灾荒地亩，节经该省奏到，加恩将新旧钱粮分别蠲免缓征。并因顺、直各属灾区民情困苦，拨给江苏、浙江漕米各五万石。山东沿河州县，叠被水灾，截留本年新漕十万石，藉资赈济。奉天凤凰城被水，江苏青浦县被风，安徽祁门县被水，江西浮梁等县被水，福建台北、泉州两府属被风、被水，河南叶县等处被水，山东齐东等县被水、被风，四川简州等处被火、石泉等县被风、被雹，广东顺德县被风，均经该将军、督抚等查勘抚恤，小民谅可不至失所。惟念来春青黄不接之时，民力未免拮据。著传谕该将军、督抚等体察情形，如有应行接济之处。即查明据实覆奏，务于封印以前奏到，候朕于新正降旨加恩。安徽婺源等县被水、被旱，江西余干等县被水，福建台湾府属被风，湖南澧州等处被水，陕西长安等县被水，甘肃皋兰等县被水、被雹，广东南海等县被水，云南石屏等处被水、被雹，均经该督抚等委员查勘，即著迅速办理，并将来春应否接济之处，一并查明，于封印前奏到。此外各省有无被灾地方应行调剂抚恤之处，著该将军督抚等一并查奏，候旨施恩。将此各谕令知之。钦此。

1091　现有降级留任处分王、贝子、大员：礼亲王世铎、肃亲王隆懃、固山贝子毓橚、盛京户部侍郎启秀、成都将军岐元、左翼总兵容贵、右翼总兵文秀、绥远城将军克蒙额、福州将军穆图善、左翼前锋统领德福、正黄旗司鑰长·护军参领花尚阿、广东广州城守营副将喀郎阿；现有革职留任处分大员：内阁学士升泰、前江宁将军瑞聊；现有罚俸处分大员：大学士灵桂、刑部尚书锡珍、理藩院尚书崑冈、兵部左侍郎耀年、礼部右侍郎敬信、兵部右侍郎师曾、左都御史奎润、奉国将军溥仪、乌里雅苏台将军杜嘎尔、一等公惠鉴、伯盛启、三等子鄂礼、一等侯诚端、三等公文寿、奉恩镇国公溥廉、轻车都尉加一云骑尉锡镇、正黄旗满洲都统·固伦额驸公景寿、镶蓝旗汉军副都统·正红旗护军统领德铭;现有降俸处分大员:大学士额勒和布;现有降职处分大员:奉天府府尹裕长;现有降级留任并罚俸处分大员:兵部尚书乌拉喜崇阿;现有革职留任并罚俸处分大员:礼部尚书延煦、前乌里雅苏台将军公春福;现有降职并罚俸处分大员:江西巡抚德馨;现有降俸并罚俸处分大员:直隶布政使崧骏;现有降级仍留军营暂停开缺处分大员:塔尔巴哈台参赞大臣锡纶;现有降级留任并革职留任及罚俸处分大员:奉恩镇国公荣毓。

1113　光绪十年十月十四日,内阁奉上谕:潘霨奏遵旨保举人才一折。江西候补知府前署南昌府知府颜钟骥,著送部引见;南昌府知府贺良桢,南昌同知冷鼎亨,建昌县知县、署上饶县知县董沛,候补知县、署南城县知县赵之谦,临川县知县汪以诚,均著交军机处存记。钦此。

1118　光绪十年十月二十一日,内阁奉上谕:著派崇绮、廖寿恒驰驿前往江西查办事件。随带司员著一并驰驿。钦此。

1133　军机大臣字寄大学士·直隶总督·一等肃毅伯李、两江总督·一等威毅伯曾、闽浙总督杨、江苏巡抚卫、江西巡抚德、福建巡抚刘、山东巡抚陈、河南巡抚鹿,传谕署安徽巡抚、布政使卢士杰,护理江西巡抚、布政使刘瑞芬,淮安关监督恩林。光绪十年十月二十六日奉上谕:庆裕等奏请饬拨东三省来年的饷,并请催欠饷一折。东三省乙酉年的饷应拨奉天银二十六万两,吉林银十三万三千九百六十两,并打牲乌拉银三万一千八百十八两零,黑龙江银十八万六千二百六十七两零。即著户部照数指拨,并令各该省按期如数批解,毋许仍前延欠。并于报解之时,分晰奉天、吉林、打牲乌拉及黑龙江各款目,以免牵混。至直隶等省欠解东三省本年的饷,并历年欠饷,著李鸿章、曾国荃、杨昌濬、卫荣光、德馨、刘铭传、陈士杰、鹿传霖、卢士杰、刘瑞芬、恩林按照单开数目,赶紧筹措,务于年前扫数解清,以济要需。庆裕等原单著分别抄给阅看。将此由五百里谕知李鸿章、曾国荃、杨昌濬、卫荣光、德馨、刘铭传、陈士杰、鹿传霖,并传谕卢士杰、刘瑞芬、恩林知之。钦此。遵旨寄信前来。(抄交户部)

1141　光绪十年十月二十八日,内阁奉上谕:潘霨奏神灵显应,请颁匾额一折。江西清江县顺济龙王庙素著灵应,本年五月间,天时亢旱,农民望泽甚殷。经文武员弁虔诚祈祷,渥沛甘霖,年谷因之丰稔,实深寅感。著南书房翰林恭书匾额一方,交江西巡抚祗领,敬谨悬挂,以答神庥。钦此。

1143　蒙发下折报,臣等公同商阅。李鸿章奏请催垫放武毅军饷银折,拟缮寄信谕旨,令卞宝第等迅速拨还,并解月饷。丁宝桢等奏合操省标官兵技艺折,拟请批旨,知道了。查折内首行漏写形字,并拟请旨将丁宝桢等交部察议,恭候命下,遵即缮入。丁宝桢奏遵保人才折一件,片二件,拟请旨,将道员崧蕃等一并存记,恭候命下,遵缮明发谕旨。又奏大邑县匪徒全数歼除，出力员弁请奖折，既据奏称余匪全数歼除，地方一律安堵，拟请旨将刘功化等照所请奖励，恭候命下，遵缮批旨。潘霨奏神灵显，著请颁匾额折，拟缮明发谕旨，令南书房翰林书匾一方，交江西巡抚祗领。吏部题通政使司通政使一缺，开列请简本，拟暂留请旨。其余折片单，拟批呈进。再，李鸿章电报朝鲜情形，并呈道员陈树棠等禀词，拟缮寄信谕旨，令李鸿章、吴大澂会商，总以平定朝鲜内乱，我兵勿与日本开衅为要。丁汝昌乘轮往办，恐难悉协机，宜拟令吴大澂督率师船迅速先赴朝鲜，妥筹办理。是否有当，伏候圣裁。谨奏。光绪十年十月二十八日奉旨：依议。钦此。

1190　军机大臣字寄福州将军，直隶、两江、湖广、闽浙、两广、四川、江苏、安徽、江西、福建、浙江、湖北、湖南、河南、山东、山西、广东各督抚，传谕粤海关监督。光绪十年十一月十五日奉上谕：户部奏预拨来年京饷一折。据称历届京饷均系年前预拨。光绪十一年京饷拟在地丁、盐课等款内指拨银七百万两，请饬各该省关于来年分批起解等语。京饷关系紧要，现经该部就各省关情形，酌量动拨。自应遵照奏定数目，源源报解，以应要需。著该将军、督抚、监督等务于来年开印后分批起解，限五月前解到一半，十二月初间全数解清。不准截留改拨，藉词延误。倘届限不到，即著该部照奏定章程，指名严参。原单著分别摘抄给与阅看。另片奏光绪十一年内务府经费，拟拨两淮盐课银十五万两，两浙盐课银五万两，广东盐课银五万两，湖北盐厘银五万两，福建茶税银五万两，闽海关常税银十万两，九江关常税银十五万两，共银六十万两，请饬依限完解等语。著该将军、督抚等务于来年开印后，陆续径解内务府交纳。先将起程日期报部，仍限六月前解到一半，十二月初间扫数解清，不准稍有蒂欠。将此由五百里谕知福州将军，直隶、两江、湖广、闽浙、两广、四川、江苏、安徽、江西、福建、浙江、湖北、湖南、河南、山东、山西、广东各督抚，并传谕粤海关监督知之。钦此。遵旨寄信前来。（抄交户部）

1200　军机大臣字寄直隶、两江、闽浙、湖广、两广、四川、江苏、安徽、浙江、福建、江西、山东、湖北、湖南、河南、广东各督抚，传谕粤海关监督。光绪十年十一月十八日奉上谕：户部、总理各国事务衙门奏东北边防经费，各省报解迟延，请旨严催一折。据称各省关应解东北边防经费，截至本年十一月止，除已解到部及报解、截留共银一百四十五万两外，尚欠解银五十五万两，请旨严催等语。此项经费关系紧要，自应迅速筹解，以济急需。著各该督抚监督将欠解银两，赶紧筹解，倘再迟延，即著户部照贻误京饷例，指名严参。原单著分别摘抄给与阅看。将此由五百里谕知直隶、两江、闽浙、湖广、两广、四川、江苏、安徽、浙江、福建、江西、山东、湖北、湖南、河南、广东各督抚，并传谕粤海关监督知之。钦此。遵旨寄信前来。（抄交户部）

1279　谨将酌拟开源节流各事宜，缮具清单，恭呈慈鉴。钦此。

开源十二条。

一领票行盐，酌令捐输。查同治年间，前两江督臣曾国藩于两淮踵行票盐，修筑清水潭案内，令各票商按一票捐银四百两。光绪六年，户部奏令两淮票商以一年一运为断,每年每票除预缴正、杂课厘外,仍按年捐银一次,作为票本。分上中下三则,上则捐银一千两,中则捐银八百两,下则捐银六百两。合所销引数计算,每年约可收银五六十万两。嗣据署督臣吴元炳奏,以两淮票商等公捐银一百万两,请免年捐。奉旨允准,实收在案。今筹办海防,臣等拟请酌中办理。查淮南五百引为一票,每年约销四十万引上下;淮北每百引为一号,每年应销二十九万六千余引。兹酌定淮南每引捐银四钱,淮北每引捐银二钱,合两淮以七十万引计算,每年可捐银二十二三万两,为数无多,不致累商。如蒙俞允,臣部即飞咨该督,转饬运司盐道及督销局员,自接奉此次部文之日起,按引收捐,作为每年永远定额。并于应征课厘外,分别造报户部查核,勿任牵混。从前如有私行按票摊捐之款,此后一概革除,其余有盐务,各省应令各督抚体察情形,能否一律仿照办理,迅即妥议具奏,毋得迟延推诿。此项银两应专备部提部拨,不准挪移擅用。

一整顿鹾务。查各省盐务,例定按年请领部引,行盐纳课。道光中叶,两淮始改行票。自匪窜扰,各省创办抽厘济饷,两淮踵行票盐,两浙、福建节次亦奏行之。每票仍按引计算,但不赴部领引,两淮课厘并征,淮盐楚岸借销川盐,川鄂两省分抽厘银,两浙课厘并征,福建课耗厘三项并征。是名票商,虽未规复纲引,实与引商无异。此外各省引商票商,官运民运,办法或有不同。近年历经言官条奏加抽盐厘,户部均议令盐务各省实心整顿。九年御史桂霖条奏盐务,户部分别省份具清单奏令各省兴利除弊。本年左中允、崔国因条奏,又学士陈宝琛奏请普加盐厘。户部议令抽厘各省议章奏覆,仅据曾国荃奏请加抽川厘三文,卞宝第奏请加收川厘二文外再加一文,余皆久未入奏。今又奉旨筹饷,应再催令各省迅速妥筹定议,酌定二、三成之数,或照课额加收,或照原数加收,或照每盐一斤酌加制钱几文,克期奏明兴办,以济军食。仍将加收各数,分别咨报户部备考。虽其事其宜,原难强同。其要惟在严杜厘卡侵渔私贩偷漏而已。若各省能再将咸丰、同治年来抽厘办法一体查核,各寻绎其抽厘最旺之年,由何而得,抽厘不旺之年,由何而失,更将其日增月益,就款开除用项,实力破除情面,认真厘定,总期减少一分冗费,自可多济一分饷需。纵一二处实有未能加数再抽之盐厘,岂天下真无可设法整理之鹾政?如四川盐务,经督臣丁宝桢不避嫌怨,一洗积弊,岁入巨款。他省果能认真核实,必有增益。切勿观望宕延,空言搪塞,而于筹饷毫无实济。

一就出茶处所征收茶课。据总理衙门单开:光绪八、九等年出口茶数多至一万九千余万斤。查道光年间,英国所收茶税约计每百斤收税银五十两,而我之出口税仅纳银二两五钱,不及其十分之一。今拟设法整顿茶课,或照甘肃茶封之例,每五斤征银三钱,就园户征收,增课甚多,而洋人无所藉口;或照宁夏、延、榆、绥等处茶引每道征银三两九钱之例,于产茶处所,设局验茶,发给部颁茶照,每照百斤,共征银三两九钱,经过内地关卡,另纳厘税,验照盖戳放行,不准重复影射。所有茶照,按年预行赴部请领,原领执照一年之后作为废纸。如此征收,亦与洋商毫无窒碍。或于产茶处所验茶,发给部颁茶照,既完课三两九钱,再倍收银三两九钱,前后共收银七两八钱。将向之一切杂费,均予豁除。惟于各海关及边卡凡应纳洋税处,仍照向章完纳。若再内地行销贩运,无论经过何省何处厘卡关榷,均免其再完税厘,则改厘为课,改散成总,既便稽考,或免侵渔。惟囤户及贩商,若何稽查,可无走漏,应令各省督抚参酌定章,覆奏办理。

一推广洋药捐输。查广东省光绪初年筹备海防,由藩司招商黄近元包抽通省洋票捐银,每年认交洋银四十二万元,五年为满,每年递加二万元。嗣于光绪七年,经两广督臣奏准新商李玉衡自光绪六年接办,每年包抽洋银九十万元,仍五年为满。各省如能仿照广东办法,招商包抽,每沿海各省一百万两,不沿海各省以数十万两为率,约可得银数百万两。惟各省水陆情形不同,或有不能仿办,自应另筹办法。查通商善后条约内开洋药止准在口销卖,一经离口,即属中国货物,祗准华商运入内地,外国商人不得护送。其如何征税,听凭中国办理等语,是运入内地之洋药如何征税,按照条约,洋人原不能干预。今拟不分洋药、土药,发给华商行坐部票,按票捐银,以助军饷。其行票一项,应填写商人姓名籍贯,按年请领。每票定以十斤,每斤捐银二钱,经过关卡查验,另纳税厘。并由各关卡于部票内填注该商经过年月日,上盖印戳为凭,以杜重复影射,无票者将货充公,并行惩办。其行店坐票填写铺户姓名、字号、住址,无论赀本大小,按年令捐银二十四两,每年仍换票一次。如无票者,不准开铺售卖,并行惩治。惟洋药一离口岸,散漫难稽,且私带、私贩,如何防杜,应俟各省议覆定章,一律兴办。其未经离口之洋药,仍照条约办理,不在此例。

一推广沙田牙帖捐输。查光绪六年广东省筹办海防,奏称每沙田一亩,捐银二钱,是年该省拨过海防经费沙田捐输银二十余万两。沿江以海有沙田者,原不止广东一省,如江南、安徽、江西等省芦洲、沙田最多,系富绅、豪民踞为沃产。广东既有此项捐输,他省亦可照此仿办。应令有沙田省份,按广东办法酌量办理。又查同治二年六月间,准江南巡抚咨请劝商捐输牙帖,请由部颁发。经户部援照湖北、江西章程,奏明颁给部帖,并将条款十六则,随帖开列。查条款内开各行商人捐领新帖,系为报效军饷,其从前各衙门陋规,一概删除;酌定江苏上海地方,上等捐银五百两,二等捐银三百两,三等捐银一百五十两,下等捐银五十两;偏僻等地方,上等捐银二百两,二等捐银一百五十两,三等捐银一百两,下等捐银五十两,应令永为定额,以裕经费等因。窃维从前筹备军饷,江南既经请行,今尚间年赴部请领牙帖,此外惟湖北、陕西有牙帖捐款,他省有无似此举办,无从详考,拟令各省一体查明。生意较旺及偏僻地方,能否分别定则捐发牙帖,裁免陋规。各省即以万家计,截长补短,每家以百两计,或可得银百万两上下,于饷需不为无补。

一烟酒行店入赀给帖。查同治三年十二月十三日,两江督臣曾国藩奏称,江北粮台进款有统捐及花布行栈捐名目。窃以从前军需紧要,江南省曾办行栈铺捐,湖北巡抚胡林翼亦有抽收行店月厘办法。后以军务稍平,部议停止。现在军饷紧要,拟收行店银款,以济急需。惟查各项行店,若一概抽收,又恐物价腾昂。惟烟酒两行栈店最多,获利颇厚,若稍为抽收,究于民生日用,无大关系。然月厘铺税又似漫无限制,易滋中饱。不若仿照牙帖办法,颁给烟行酒行部帖,核其成本大小,明定科则,按年交纳课银一次。应由各省督抚查明,除资本微末铺户不计外,每省烟酒行店、大店各实有若干处所,某某字号,住址某处,核定课银数目,造册请帖,定限解款,以杜欺隐之弊。

一汇兑号商人资给帖。查农民力田，皆完纳丁漕，贩商当商，亦纳厘税。惟京外各处富商，分设汇兑票号，毫无交官之款。凭票罔利，坐拥厚赀。即以钱铺而论，查刑部定例，不准私自开设，不准私自出票，如违照例治罪，律有明条。乃近来票庄纷纷任意添设，全无限制，奸商设为骗局，始则扬厉铺张，继则侵蚀关闭，流弊滋多。上年胡光墉所开阜康及胡通裕票号，倒欠公私款项极多，尤为可恶。嗣后京外汇兑票号，应令请领部帖，以便稽查。拟参仿牙帖办法，如有汇兑票号，由地方官查明，实系殷实富商，责令各票号出具连环保结，申请承领部帖，方准汇兑绅民私款。每号每年应令纳帖课银六百两。各省于前一年八月以前造具简明清册，将商人姓名、籍贯及开设票号在何州县，互结商人姓名一并详细开注，派员赴部请领票帖，以杜隔省影射，务须先课后帖，不准(私)[丝]毫蒂欠。如无部帖，私自开设银号，即照私自开设钱铺例治罪。如地方官格外勒索，照赃私例责惩。

一划定各项减平减成。查嘉庆年间川楚军需一案，奏销弥补亏空，陕抚毕沅始创定减平之议。至道光二十三年户部奏定章程，各直省减平银两饬令按年解部，并造册送部查核。此项常例减平银两，每年应解部七十四万余两，近年各省支发勇饷等项，大半按湘平支发。就湘平一项而言，或每两扣平三分六厘三毫，或每两扣平四分九厘三毫，或每两扣平四分。款数参差，一收一支，最易弊混。他如各省之洋银折合纹银，银价折合钱价，并漫无定章，徒滋中饱。至各省减成支放各款，始于咸丰三年，光绪六年间曾经户部查核，即各官减成养廉一项应解部库者，每年亦有银九十余万两。奏令自光绪六年为始，半年批解部库一次，年清年款，不准截留。无如各省仍不遵案起解，应令各省嗣后除常例支销各款，照旧核扣六分平，仍行解部外，其非常例支销款项，如练饷、勇饷、薪水以及一切杂项均照湘平每两扣银四分之数，一律扣平支放。其扣除银款，另行存储，造册报部候拨，永不准再有牵混，擅自挪移。如有将扣平银数，仍行列入收款，作正开销，亦必另款详细声明。其折合洋银钱数亦宜明有定章。至各项减成银两亦应由各省一体查明，照章减扣，遵照奏案，赶紧解部。各省即于接到此次部文后，各将其通省应支兵饷、勇饷、协饷、京饷及一切放款，某项扣平，某项不扣平，扣平之项如何扣收数目，分款核定详细，全行开报一次。再由部汇齐，逐[款]查核，画一定章。

一严提交代征存未解银两并严定交代限期。查征收款项，例应随征随解。交代时，尤应查清结报。奈各省州县交代，每将前任短交之款，列作征存未解名目，彼此通同，将无作有，以致各省征存未解银两或数年，或数十年尚未解司，多者积至数十万两，少者亦有数万两之多。迭经户部行催，积牍累箧。无如各该上司一意瞻徇，深恐属员挟制，不敢随时作速严提，必俟亏空之员，或故或参，始行揭出。亏空库款，已同虚掷，查抄徒有空名。兹拟截至光绪十年十二月底止，令各直省督抚查明历年道府厅州县等官交代案内应解司道各库征存未解银两共有若干，案分年、分款、分任逐一开具详细清单，于光绪十一年四月内飞咨户部备案。一面通行各属赶紧批解，勒限于光绪十一年五月内一律解清。该督抚即于六月初旬详细开单奏报，某年某员某案征存未解银两，于某年月日解司讫，入于某年某册内造报列收；其未完及欠解各员，亦于六月初旬奏参革职，提省查办,照例治罪。若该省并不照此次奏定期限奏参,或率请展缓,希图延宕,即由户部按吏部则例所载程途日期扣算,将该督抚、藩司、盐粮道均照徇庇例严参,以昭炯戒。至光绪十一年正月起,各案交代应照道光年间安徽巡抚陶澍奏定章程。凡前后任交代,务将现存银两扫数批解,册内不准开列存库未解名目。嗣后该督抚、藩司如查出交代案内有征存未解银两,即照户部本年十二月初四日奏案参办,如不参奏,即照新章将该督抚、藩司等一并参处。再查各省交代,往往多年未结,并不将文册送部。或仅报初参,不报二参。即有征存未解一切亏空情弊,户部亦无由知。或偶送部,亦多逾二参定期。文内皆称交代已按限算清,因册结舛错,往返驳诘,致延月日,万牍一律,百端回护,牧令不足言,该管上司无事不代为弥缝,是诚何心。迨至积累数年,又以旧案、新案分办为词,粉饰延宕,无非不敢开罪属员之隐衷。嗣后若逾二参限期,该省若无文册送部,或送册而仍称舛错迟误者,户部照八月间奏定新章,核计程途日期,概照交代逾限未清例奏参,并将该管上司一并照徇庇例参奏议处。至州县升迁、补署日期,本年八月户部奏令自光绪十一年正月起兼咨户部,奈各省近来于交代一事,每甘认遗漏之愆,决不与部中以确查之据,事似微末,实为一切欺饰之本。此后交代文册,即依限到部。查无原报到任日期文牍者,仍将藩司严参降级,以挽颓风。数十年来财赋之亏,实由于此,未可以簿书期会,置诸不论。总之欲杜亏空,尤在该管道府州县随时亲查属库,必令有收即解,无可亏挪。户部本年八月奏案,各省尤当实力遵行。该上司更能核减摊捐,省却供应,宽州县之力,守例定之法,斯亏空可杜,库款可足矣。

一严催亏空应缴、应赔各款。查各案亏空应缴、应赔款项,例应严催,初不关筹饷办理,无如各省积习玩延,向不严追。虽著名富族贵家,竟敢结报家产尽绝,呈请免豁。目前筹饷急迫,则追缴宜严,若仍复空言搪塞,自应从严办结。拟将光绪十年以前亏赔各案,除已经户部奏定追赔关税一案仍照前奏办理外,余均仿照追赔关税办法。凡因公亏短,光绪九年以前核定有案,未经奏准豁免扣抵完结者,拟减免五成,赔缴五成。其事非因公情节较重各案,以光绪五年为断。光绪五年以后之案,仍全数追赔。一切应得处分罪名,均仍照定例办理,毋庸更议。其光绪五年以前核定之案,未经奉准豁免扣抵完结者,拟量免二成,赔缴八成,均限定自此次奉旨之日起,勒限一年缴清。其亏款赔完,或仍应究治罪名处分,或例应减免罪名处分之处,亦均仍照旧例办理。倘一年限满,仍延不清缴,以及虽完缴,尚不足此次所定应缴成数,均应由承追各衙门,于届限满之日,切实严参,再行分别核定监追查抄,治罪议处,办理完结。其实系人亡产绝,无可著追,以及查抄估抵后尚不足敷,均按照此次所定各应缴成数,核明其实短数目,照例著落摊赔分赔完案,以重公帑。其光绪九年以前尚未核结因公亏款,以及光绪九年以后因公亏款各案,均仍照一切旧例、旧章核办,不得入此次新章办理。相应请旨饬下,在京八旗都统及各省将军、督抚、府尹等一体迅速详查;一面将此项应照新章赔缴亏款人员衔名、成数,限期开具清单,摘具案由,限令于光绪十一年五月底一律奏咨送部;一面严催各该员依限按数清完,毋稍宕延。其不应入此次新章办理亏赔案件,亦各当认真分别查追,仍应遵照户部则例所载,一切赔项,其力能完缴者,无论本身、子嗣,所赔系属何款,但由户部行追,均应令其依限完交。无力完缴者,分别有官、无官,有官者,无论本身、子嗣,官职大小,但系现任,即不得滥行请免,定例严办。

一入官产业勒限变价解部。查入官房产例应认估招买,价银解部。如果无人认买,即奏交内务府查收取租。近来竟有十八九年未卖、未交之产。至入官地亩,例应勘报议租,无如地方官奉行不力,大约此项地租历年尽饱胥吏之橐。查户部簿记乾隆年间未结地亩现在尚复不少,拟由户部一面查催,一面行令各省将所有入官地亩房间,如系应原佃承种,或应原户承租,自应赶紧令其升科纳租,勿庸另议;若系应另行招佃议租者,即一律出示,按租定价招买。若原租无可查考,亦即比照四邻租数定价,招人承买,仍照例升科。至已据变价房产,即通查共有若干,勒限半年,变价扫数解部,亦可收存银款。

一酌提漕粮、漕规、盐务、盐规余款。查本年七月间,据署湖南巡抚庞际云奏称,该省有盐务缉私经费可以移作军需。复山东粮道每年奏销册内,有数十年应解部库扣存轻赍并裁减船只未解之款,积累至二三十万余两之多。除盐务余款,本年八月间已令各省将军、督抚酌度,如有似此经费,可以移缓就急者,奏明办理等因。应由各省钦遵办理外,至漕粮、漕规余款,除山东省应解未解一项即行催提外,其别省粮道仍有无余款应令解部,应由户部一面查明,一面令有漕各省迅速奏明办理,提充饷项。

节流十二条。

一裁减厘局经费。查各省厘局扣留经费,有扣五成、扣二成、扣一成不等。且有不入收数,先按每两扣收八分,更有并不开报经费,屡经查询,迄不咨覆。或不开报各局处所及应支细数,一笔开销银十数万两,或数十万两。又有既扣经费,更复以钱折银,再扣银折成数。种种任意开支,殊不画一。应令各省将厘局经费分别裁汰,将应支各款逐款开列,于四个月内报部,由部核定支数,一律照支,倘不依限据实报部,即行奏参。

一覆减各关经费。查各关留支经费有按八分留支者,有按五分留支者,有按一分零留支者,有并无一定留支分数者,殊不画一。应由户部督饬司员通查酌量,除关涉外洋经费,仍应照条约办理外,余均定以留支确数。其从前留支太多之关,即可查提归款备拨。且查各关解款,有既支补平、补水,又支倾镕火耗;既支汇费,又支水脚,亦应酌量更定,以免滥支。应令各省查明裁并奏覆,再由户部分别办理。

一核定各省局员额数银数。查本年六月间,据御史吴寿龄奏请裁撤各省各局等因,当经户部会同吏部议覆。查各省散置各局已报部者,于军需则有善后总局、善后分局、军需总局、报捐总局、筹防总局、防营支应总局、军装制办总局、制造药铅总局、收发军械火药局、防军支应局、查办销算局、军械转运局、练饷局、团防局、支发局、收放局、转运局、采运局、军需局、军械局、军火局、军装局、军器所等项名目;于洋务则有洋务局、机器局、机器制造局、电报局、电线局、轮船支应局、轮船操练局等项名目;于地方则有清查藩局、营田局、招垦局、官荒局、交代局、清源局、发审局、候审所、清讼局、课吏局、保甲局、收养幼孩公局、普济堂、广仁堂、铁绢局、桑绵局、戒烟局、刊刻刷印书局、采访所、采访忠节局、采访忠义局等项名目;其盐务则有各处盐局、运局、督销局;其厘卡除牙厘局,则有百货厘金局、洋药厘捐局,暨两项各处分局,更不胜枚举。其未经报部者,尚不知凡几。

且有事应责成司道府厅州县者，亦必另设一局，以为安置闲员地步。有地方之责者，反可置身事外。各局林立，限制毫无。究其实事，一无成效。该管上司不过见好属员，公款盈虚在所不计。种种消耗，何所底止。请旨饬下各直省将军、督抚、府尹等详议章程，减定局数员数，并各委员衔名，先行造册备文咨报。以后设局均须详酌其事，可相因而理者或总设一局，将各项应办事宜统归其中，慎派妥员，分股办事，以便稽查，易于得力，冗费藉可节省。溯查设局之始咸丰年间，各省未经收复地方，不能不设局办事，且为设局以破衙门官吏窠臼。奈故事相沿，各局亦复久成窠臼，大失本意。本年十一月，已令各省督抚将该省局卡裁并，酌定员数，核定薪水，破除情面，严定章程，实力整顿。并限令三个月，将办理情形及各局员数、银数，据实具奏，一面报部查核等因，已由户部行知各省办理。如不赶紧于三个月内报部，将来经部查照例案删驳，即著落滥行派委之上司全数赔补，并行参办。

一随营文武分别裁汰及酌定额数、银数。查近来各省勇营实为养赡闲冗之薮，偶移调一营，游勇随之，冗官随之，其知名者无论矣。如上年乌鲁木齐都统恭镗报销一案，该员仅统兵勇一千六百余名，差员竟有一百五十五员之多，几于十勇一官。一官耗十数勇之饷，彼带勇数千数万者，其分润闲官，又乌可以数计。若谓大军所莅事理烦剧，统领、营哨各有专责，必须襄办差员，方资清理。不知统领、营官各有公费，且督抚司道政治繁要，其分理佐治皆自延幕友，亦足有济。是各省随营文武员弁一项，不过为酬应亲友、调剂闲员而已。现在征调各军，除营数较少者所用文案、委员照章由公费内自行开支，不应另给薪水外，其统领营数多至十数者，应令仿照光绪九年户部行令河南省覆准办法，所有随营文武各员以当时奏调有案之员，酌留差遣，分报吏、兵两部，户部定准额数。如有增减，随时奏报。若无奏调案据之员，即行裁撤。嗣后各省均应将其此项随营委员，额定若干名，每月共支薪水不得逾若干两，赶紧报部核定。若延不报部立案，将来报部时查出，即照滥支滥应之例追赔参处。至内地各防营并无战事，应自光绪十一年正月始，仿照河南省遵照部议办法，无论统带营数多寡，概不准开报随员薪水，以杜滥支。

一酌减内地各省防军口粮。查军需则例内载绿营兵丁月支盐菜银仅止一两三钱，虽官至总兵，月支盐菜亦不过九两，惟出征加给盐菜，事竣照例住支；即内地剿办盗贼，尚不准妄照军需例办理，定例綦严。自同治八、九年来，各处防营并无战事，仍照打仗时支给口粮，游荡成习，人思充勇，农工弃业，劫盗横行，亦有由然。况督抚专驻省垣，防营分扎各处，弁勇额数率不过三四成，漫无查察。营官克扣，游客抽丰，节寿之厚，衣食之都，久已虚耗亿万。故勇营流弊有较绿营特甚者。现在部拨协饷各省辄称无款筹解，其平日糜饷之咎，实难辞责。查甘肃最为瘠区，新疆最为远地，督臣谭钟麟、抚臣刘锦棠尚能按土勇章程，每勇月饷不过银三两。其各省腹地防军无事坐食，可裁则裁，若不实能遽裁，不难参仿照支。抑或照绿营兵饷量加支给，若实系临敌出征，自宜厚其饷糈，以厉戎行。应由内地各督抚赶紧查办，报部核覆，一律办理。

一酌减内地防军长夫。查光绪七年户部会同兵、工二部，议覆都察院代奏教习王开运条陈裁减勇营各项人夫一折。经部议覆奏，令各省实力减裁。原以各省防军安坐无事并非出征之时,必须随同搬运辎重,可比在各省亦知长夫原无须此数,特多留夫数,为事后报销地步,故粮台久为利薮。本年二月间,据河南巡抚鹿传霖咨,将各营长夫裁减,每营只准用长夫一百名。现拟除边、海各军应用长夫仍各照定章办理外,至腹地各省防军,每营五百人,只准用长夫一百名,不及一营者,即按此数摊算。概令自光绪十一年正月始,一律照办,报部查核。其有向来不用长夫者,应照旧办理,毋得因此转行添设。

一防军有营房者不准再领帐棚折价。查王开运原奏又称,前敌行军不得不携带帐棚,以免野处露宿,且转战无定,易于损失,风雨之中,尤易朽败,不能不半年一换,周年一换。若驻守防军,必修营房以图久,何须帐棚,又何至随时更换。每营每年折换帐棚价银至六七百两之多,此不过徒多浮冒等语。经工部议覆,各省防军账房一项,如修筑营房之处,自不准重复开支。应由各统兵大臣及各督抚严行查核,加意撙节,毋得率请更换,致干参处。应令各省于四个月内,迅速议覆。

一核定内地各省兵勇饷数。查各省制兵皆有定额,会典所载各省旗、绿各营兵额共七十七万余人,而京师八旗禁旅十二万有奇尚不在内。果一兵得一兵之用,何须各省添募防勇。即使二兵实得一兵之用,亦当有可用之兵四十余万,则各省防勇岂不大可减裁。奈平时各视本省旧有绿营兵丁为无用,既不教练,又不减裁,饷既不足,又须酌发,一任其若存若亡。差遣缉捕,皆赖防勇,平时兵勇兼养,此万不能久支之势。稍有事变,并其向有防勇,动称分布不敷,不似临事非从新添募不可。果使临事必须添募,则无事之地,无事之日,正宜裁定营制,节存饷项,以备临时有事添募之需。拟请旨通饬内地未办防战各省,定限查核各将制兵空额,及老弱之兵认真裁汰,将实存数目、实支数目报部。并令各省各路防战勇营一体将现有勇营练军营数、人数、饷数详细普律奏定一次,由户部会同兵部参酌其现有旗绿制兵,酌定兵数、饷数立案,嗣后即可节存饷项,以为一劳永逸之谋。

一确估各项军饷按年指拨一次。查定例,各省官兵俸饷预为会计,每年冬将次年一岁应须造册咨部,由部照数拨给。须协济者于邻近省分拨,解拨册逾期到部,例应奏参。从前东南各省用兵,军事甚急,估拨军饷,久不举办。迨至承平以后,各省请拨旗绿各营兵饷,多不照实存数目请拨。或拨册未到,即比照二十余年旧案估拨,以致常年饷数,未能确实,然大致尚有可稽。至于各省防军本系自有收款,自有支款,向无预拨办法。虽各军皆有当初奏明应受协济省份,然协解收支多不先期报部,往往各省有应协出款一万,实解出款不过一千,且竟有丝毫不解。而部中每遇拨款,又不能不将各省应协款数算为实解款数,以致各省进款皆为空饷侵占,动辄拨无可拨。窃维理财之道,不过量入为出与夫核实预备二法。即如从前甘肃、新疆常饷,各路月饷,每年照部案查考,计各省应协饷数不下一千数百万两。今请确实改定,令其每年估拨一次,只用银四百八十万两即敷供应,立时腾出实饷数百万两,岂非明验。现拟仿照甘肃新饷办法,令各省将兵数、勇数核定报部后,即由部各确定以协解抵支饷数,普律照例另与从新详细拨定一次。嗣后每年均令其于冬季估拨兵饷时,除常年兵饷照实在应支数目照例请拨外,至各省练饷、勇饷应令分造估册,按实在应支数目一并请拨,则从前空饷之弊可除,而部中于各省用款盈虚,岁岁有可确查,为今日必须举行之事。

一停止不急工程。查光绪六年户部具奏,现在筹备饷需应查照光绪八年奏案,请将各衙门一切工程概行停止三年等因。光绪十年已满三年之期,而值海防筹饷紧要,若各衙门因停限已满,纷纷请修工程,则部库实属无款支应。兹拟援照前案,所有京城各省各衙门及地方一切工程,除自行筹办、不动正款者毋庸议外,其余兴修一切寻常工程应支库项者,概行停止三年。至坛庙陵寝各要工,关系重大,其实在万不可缓者,应责成勘估大臣详细查核,力求撙节,毋任稍有浮冒。

一各项欠发勒限清理,各项预支分别核办。查上年查算光绪七年一岁出入,通计各省列入销册补发旧欠用款,共有银四百余万两之多。各省预行支发下年用款,亦共有银三十五万余两之数。至各省常年兵饷额拨数多而实支数少,其余剩有款,每年皆称补还旧欠,尤属漫无可稽。今各省一岁收款若用以供一岁之出款,本不至甚形短绌,而每以补支旧欠及归还挪借、支除若干,则本岁必又开列新欠,另启新借,以为下年补还地步。似此年年套搭,终无了期,流弊无穷,亟宜更定。虽各省补还旧欠,必非全属弊端,然以平人居家譬之,若不将旧时债负一总截清,另图清理,则展转支持,必致如圣谕广训所谓日复一日,年复一年,债深累重,饥寒难免。臣等拟通饬各省,将本年以前无论何项欠款切实查清,截至光绪十年十二月底止,各实有若干,系属何年何月何项欠款,一一造具清册,统于光绪十一年五月报部,听候设法清理,分别停发。自光绪十一年起,概不准各省擅行补还,其预支款项亦应由各省将每年必须预发,如时宪书工料、次年春季兵饷等款,自应仍准照例预发。然皆须一一将款数预行报部立案,由部覆准,方准开支。不在报支立案准发之款数内者,不准各省擅行预支。如有擅行预支补发者,概不准开销,照挪移钱粮例奏参,并将擅行预支补发之款,著落赔补。

一另定各省起运存留。查定例,凡州县经征钱粮运解布政司候部拨用者,曰起运;凡州县经征钱粮扣留本地支给官俸、役食等项经费者,曰存留。各省起运、存留皆有额定数目,此项数目在康熙、乾隆、嘉庆年间屡经更定,现时额数仍嘉庆年间定额。查雍正年间以前各省留存之款,遇有荒歉,照额扣除荒缺。嗣于乾隆年间,改为由司库起运项下拨补。今各省存留用款,多系减成支发,而每岁征收地丁,仍系照全额存留。至其存留用剩之款,仍应解司另款作收。然起运候拨额内先将此数开除,故近来司库应行候拨之款较前为少。况拨补移解,轇轕参差,甚至有府州县存留、司存留,种种名目,骤看殊属难解。尤可异者,如陕西省地丁奏销册内每年存留之数皆与另案奏报收支折内存留之数,岁岁数目不符。且有将存留内应行解司之项并不解司,任意延宕。窃维此项存留数目,从前既屡经更定,应令各省按现在各属实支应留数目,通查奏明,更定一次。既免其留多用少,并免其留解参差,更免其名目太多,徒为含混;于起运候拨用款,一目了然,免致牵混不清,徒供中饱。

以上各条有各省即当一律照行者,有仍应分别奏覆议定照行者,且有此省可行而彼省实或不可行者,所赖各省督抚诸臣切实逐条悉心酌议,期于能行、必行,断不准视同通行文牍,废格不行,尤不准因一省一事难行,即其能行者亦全不筹议。经此次行令后,如或违限延宕,臣等惟当请旨严办,以挽因循积弊。合并声明。

1306　军机大臣字寄福州、伊犁各将军,两江、湖广、四川、两广各总督,江苏、江西、湖北、山东、山西、河南、陕西、广东各巡抚,传谕粤海关监督。光绪十年十二月十二日奉上谕:前据金顺奏饷项短绌,请仍由部垫发,当令户部速议具奏。兹据该部奏称,自办理边海各防以来,出款骤增至五六百万,津沽等处防军数十万人之饷皆取给于部库,已虑收不敷支,万难再垫伊犁军饷。而该处需饷孔殷,各省关欠解过多,开单请旨饬催等语。金顺军饷既据该部奏称万难垫发,自系现在实情。伊犁地处极边,防务关系尤要,各省关何得意存膜视。本年欠解甚巨,深虑贻误要需,著各该将军、督抚、监督等迅将应解欠解伊犁光绪十年份月饷,无论如何为难,赶紧报解至六成以上八成以下,以应急需,不得视为寻常可缓协饷,藉词延宕。倘敢再行玩误,即由该将军照贻误军饷例,指名严参。原单著分别抄给阅看。现在库款支绌万分,各营饷项必须格外撙节,方足以资周转。所有伊犁一切冗员冗费,著该将军大加裁减,免致虚糜。并将各营斟酌缓急,或照土勇支饷,或减成开支,或令屯田自给,以节饷需而济兵食。将此由五百里谕知福州、伊犁各将军,两江、湖广、四川、两广各总督,江苏、江西、湖北、山东、山西、河南、陕西、广东各巡抚,并传谕粤海关监督知之。钦此。遵旨寄信前来。(抄交户部)

1320　军机大臣字寄两江、湖广、四川、两广各总督,江苏、浙江、江西、湖北、湖南、山东、河南、广东各巡抚。光绪十年十二月十六日奉上谕:户部奏各省关积年欠解云南饷银,开单请旨饬催一折。云南防务紧要,需款甚急。节经该部指拨的饷,现截至本年十二月止,除福建一省奏明停解外,其余各省欠解甚多,亟应赶筹报解,以应要需。各该督抚等务当顾全大局,将历年欠解常饷、月饷等项赶紧筹解。其本年增拨防饷月饷,尤当竭力设法,迅将欠解银两如数解滇。倘延不报解,贻误军需,定惟该督抚是问。原单均著抄给阅看。将此由五百里各谕令知之。钦此,遵旨寄信前来。(抄交户部)

1333　军机大臣字寄户部,福州将军,两江、闽浙、四川各总督,江苏、安徽、江西、浙江、湖北、湖南、福建、山东、山西、河南各巡抚,传谕粤海关监督。光绪十年十二月十九日奉上谕:刘锦棠奏饷需涸竭,请旨严催赶解一折。前据户部奏,本年西征军饷,各省关欠解甚巨,当谕令该将军、督抚等迅解。刻下西征各军,待饷孔急,亟须迅筹拨解,以济要需。现著户部查开各省关已解、未解饷数清单。即著该将军、督抚等懔遵前旨,严饬藩运各司赶筹大批,迅速解往,务将本年应解西征八成新饷,按照户部单开扫数措解赴甘,毋稍延欠,致干咎戾。原单著分别抄给阅看。据刘锦棠奏称,金顺、锡纶两军需饷至急等语。金顺军饷,前据户部奏称万难垫发,请旨饬催,已谕各省关赶紧报解锡纶军饷,著户部查明专协省份,催令迅速筹拨,俾资应用。另片奏,各省关应解新疆工程银两,开单请饬迅解等语。著该将军、督抚等赶紧拨解,限明年春季内,扫数解清,不准藉词延宕。原单并著分别抄给阅看。现在关外各项饷需,关系极要。该将军、督抚等毋得稍存膜视,致误事机。将此谕知户部,并由五百里谕知福州将军,两江、闽浙、四川各总督，江苏、安徽、江西、浙江、湖北、湖南、福建、山东、山西、河南各巡抚，并传谕粤海关监督知之。钦此。遵旨寄信前来。

1376 臣等查明新正应行加恩各省，除盛京、江苏、安徽、江西、浙江、福建、湖北、湖南、河南、山西、陕西、甘肃、四川、广东、广西、云南、贵州经该将军、督抚具奏，无庸接济外，所有直隶、山东二省，业经该督抚奏到，臣等拟写谕旨二道，并拟定日期颁发。谨奏。

光绪十一年

68 光绪十一年二月十三日，内阁奉上谕：德馨奏查明各属被灾，请将新旧钱漕等款分别缓征、递缓一折。江西南昌等府属地方上年入夏以后，或被水淹浸，或雨泽愆期，收成均形歉薄。若将应征新旧钱漕等款照常征收，民力未免拮据。加恩著照所请。所有南昌县中乡三都六图一、二甲；北乡十三都四图二三四甲、五图一甲，十四都一图一、二、三、四甲，十五都四图三五六甲、八图一二三甲，十六都一图二甲、五图二三甲，十七都六图一二三甲，十八都一图一甲、五图三四六甲，十九都十图三、五、六、七、八甲，二十都三图一、二甲；东乡二十一都南一图一二甲、南二图二甲、又南二图一甲，二十二都下一图一二甲、四图一甲，二十三都又一图一二三甲、七图一三甲、八图二三甲，二十四都十二图一二甲，二十五都三图三四五六甲、五图一二三五甲、七图一二甲、八图一甲、十四图一甲，二十六都二图一二四五六甲、三图一二甲、四图一甲，二十七都二图一二甲、四图一甲、五图一二甲、七图二三甲、八图一甲、十一图一二甲、十二图一甲；西乡四十五都长一图三甲、长二图二三四甲、长三图一二三甲、长四图五六甲、长五图一三四甲、长六图三四五七甲、南一图一五六八九甲、南二图二三六七八甲，四十六都一图三甲、二图一二五甲、三图一甲、四图一二三四五六甲、五图二甲、七图二四五甲、十三图一二三六七甲、十四图一二三五甲、十五图五六七八九十甲，四十七都四图五甲、五图三四甲、六图一二三四五甲、八图一二五甲、九图二四甲，四十八都南一图一二三甲、南二图一二甲、南三图二三甲、南四图三甲、北一图一二三甲、北二图二甲、北三图二三甲、长一图一二甲、长二图一二三甲，四十九都一图二四甲、二图一二三甲、三图三六七甲、四图一二甲、六图一二三甲，六十三都七图一二甲，六十六都六图一二三甲等处，共被水各则民田二千一百六十九顷四十六亩零，应缓地丁银九千二百六十七两零，漕米一万一千八百三十九石零。

同新建县之南乡一都一图二三四五六七甲、二图一二三四五六七八甲、三图二三四五六七甲，二都一图一二三四五六甲，四都一图二三四五六七九十甲、二图三四五六七八九十甲，五都一图四五六七八九十甲、三图三四五七八九甲、五图三五七八九十甲、七图二三五六七八甲，六都三图一二三四五六七八九十甲；从善乡十二都五图一四六七十甲；忠孝乡二十一都二图一二三四五六七八九十甲、三图四五六七甲、四图四五六七九甲、五图一四五六七九十甲；北乡二十二都二图二三五六八甲、三图三四七八九十甲、四图四五六七八九十甲、五图二三四六七八甲、六图六七八九甲，二十三都四图二三五六七八甲、五图三四五六七甲，二十四都一图四五六七八九甲、二图二三四五六九甲、三图一二三四五六七八九十甲，二十五都二图一三五六七八九十甲、三图一二三四五七九十甲；善政乡二十七都一图三四五六七八九甲、四图二四五六七八九十甲、五图一二三四五六七八九十甲、八图二四六七八九甲；从善乡四十八都三图四五六七八十甲、四图三四五六八九十甲；昌邑乡五十一都一图一二三四六七八十甲、二图一三四五六七八十甲，五十二都一图二三四五六七八九甲、二图六七八九十甲；西乡五十三都一图一二三四五六七甲、二图四七八九十甲、三图二五六七八九十甲、四图七八九甲，五十四都二图一二三四五六七八九十甲，三图二三五六八九十甲；东乡五十五都一图三五六七九十甲、二图一二三五八十甲、三图二六七八九十甲、四图四五六七八九十甲、五图一二三四六八九十甲，五十六都一图四五六七八九十甲、二图七八九十甲，军都六图一二三四五六七八九十甲，十坊等处，共被水各则田二千五百四十四顷三十九亩零，应缓地丁银五千四百九十九两零，漕米五千三百石零。

进贤县北乡下五坂二十七都一图一二三四甲、二图一二三四五甲、三图三四五甲、四图二三四五甲、五图三六七八九甲，二十八都一图一二三四五甲、二图一二三甲、三图一二三四甲、四图一二三四五甲，二十九都一图一四五六七甲、二图三六七八九甲、三图六七八九十甲、四图一三六七八甲，三十都一图六七八九十甲、二图五七八九甲、三图一二三四五甲、四图一三四五六甲、五图一三六七八甲，三十一二都一图一二三四五甲、二图一二三四甲、三图三六七甲、四图一二三四甲等处，共上中下则田七百八十七顷七十三亩；又东北乡一都一图一二三四五甲、二图三六七八甲、三图一二三甲、四图一二三四甲，五图三四五六甲、六图五六七八甲，五都一图一二三四甲、二图一二三甲、三图三六七八甲、四图一三四五甲、五图二三四五甲，六都一图一二三四五甲、二图一二三四甲、三图一二三甲、四图三四五甲、五图一二三四甲、六图六七八九甲、七图四五六甲，七都一图一三四六甲、二图一二三四甲、三图二三四甲、四图一二三甲、五图六七八九甲、六图四五六甲、七图一二三四甲，军图五六七甲，上八都一图三六七八甲、二图四五六七甲、三图一二三四五甲、四图一二三四甲、五图二三四六甲、六图一二三四甲、七图二三四甲、八图六七八九十甲、九图一二三甲、十图二三四五甲，下八都一图一二三四甲、二图三四五甲、三图四六七八甲、四图二三六七甲、五图四五六七甲、六图三六七八甲、七图四五六甲、八图一二三甲、九图六七八九甲，九都一图一二三四五甲、二图三六七甲、三图二三四五甲、四图四六九十甲、五图六八九十甲、六图五七九十甲、七图一二五六七甲、八图三五六九甲、九图一二三四甲、十图三六九十甲，十都一图一二三四甲、二图二三又四甲、三图一二前二甲、六图六七八甲、七图三六九甲、八图四七十甲、九图二五八甲、十图一四七甲，十三四都六图六七九甲、七图五八十甲、八图四六八十甲、九图一二三甲、十图一二三四甲，十五都一图一二三四五甲、二图二三四甲、三图三六九甲、四图一二三四甲、五图二五六八甲、六图一二三四甲、七图五六七八甲、八图三六九十甲、九

图三六九十甲、十图一三四六甲，十六都一图一二三四甲、二图一三五六甲、三图六七九甲、四图五七九十甲、五图三六九十甲、六图四七八九甲、七图一三五八甲、八图一二三六甲、九图三六九十甲、十图三四五六甲、十一图一二三四五甲、十二图二四六九十甲，十七都一图六九十甲、二图二五八十甲、三图六七八九甲、四图一二三四甲、五图四六九十甲、六图五七九甲、七图一二三四甲、八图二五八甲、九图四六九十甲，二十二都一图四六九十甲、二图五六九十甲、三图一二三四甲、四图二五八九甲、五图三六九十甲、六图一三四六七甲、七图三五七八九甲、八图一二三四六甲、九图二五八九十甲、十图三五七甲、十一图一三四六甲、十二图四六九十甲，二十三都一图一二三四五甲、二图三六七八甲、三图四五六九甲、四图六九十甲、五图一二三四甲、六图七八九十甲、七图一二三四甲、八图三六九甲、九图一二三四五甲、十图三五六八甲、十一图一二三四甲、十二图二四五六九甲，二十四五都一图二三五六甲、二图一二三四甲、三图六七八十甲、四图三六七八甲，二十六都一图一二三四甲、二图一二三四甲、三图三四五甲、四图五六七甲、五图三六七八甲，三十三都一图一二三四五甲、二图三六七八甲、三图四六九十甲、四图五六九十甲、五图三四五六甲、六图一三四六甲、七图三六九十甲，三十四都一图二五八十甲、二图一四六七八甲、三图一四七九甲、四图三六九十甲、东隅一二三四甲、西隅二三四甲、南隅一二三甲、北隅三五六甲、正隅六七八甲、中隅四六七甲等处，共上中下则田一千三百六十三顷九十九亩；又西乡三十五都一图一二三四甲、二图一二三四甲、三图六七八甲、四图四五六七甲、五图一二三四甲、六图三六七甲，三十六都一图三六九十甲、二图一二三甲、三图二五八十甲、四图三六七八甲、五图一二三四甲、六图四五六七甲，三十七都一图二五六七甲、二图一二三四甲、三图一二三甲、四图一二三四甲、五图一二三甲、六图六七八甲，三十八都一图二七八甲、二图六七九甲、三图五六七八甲、四图六七八甲、五图五六七八甲等处，共上中下则田七十一顷十七亩，应缓地丁银五千七百八十九两零，漕米七千二百五石零。

新喻县之南乡登丰区一都一二图一、二、三、四、五、六、七、八、九、十等甲，二都一图一、二、三、四、五、六、七、八、九、十等甲；崇仁区三都二图一、二、三、四、五、六、七、八、九、十等甲；仁孝区十五都三图一二三四五六七八九十等甲、正附屯图一二三四五六七八九十等甲；北乡上乐区十三都一图一、二、三、四、五、六、七、八、九、十等甲，公图一、二、三、四、五、六、七、八、九、十等甲，其上则田八百二十五顷十九亩零，应征地丁、漕米内著缓征十分中之二分五厘，银一千一百七十三两零，米七百二十六石零。东乡登丰区二都二三图一、二、三、四、五、六、七、八、九、十等甲；正早区六都二图一、二、三、四、五、六、七、八、九、十等甲；正安区七都一二三图一、二、三、四、五、六、七、八、九、十等甲，八都三图一、二、三、四、五、六、七、八、九、十等甲；南乡登丰区一都三图一、二、三、四、五、七、八、九、十等甲，崇仁区三都一三图一、二、三、四、五、六、七、八、九、十等甲，仁孝区十五都二图一、二、三、四、五、六、七、八、九、十等甲，十六都一三图一、二、三、四、五、六、七、八、九、十等甲，军图一、二、三、四、五、六、七、八、九、十等甲；西乡上乐区十四都一二图一、二、三、四、五、六、七、八、九、十等甲；北乡升平区十二都二图一、二、三、四、五、六、

七、八、九、十等甲；上乐区十三都三图一、二、三、四、五、六、七、八、九、十等甲，共中则田二千二百五十七顷零，应征地丁、漕米内著缓征十分中之三分，银三千八百五十三两零，米二千三百八十五石零。东乡崇仁区四都一二三图一、二、三、四、五、六、七、八、九、十等甲；正早区五都一二三图一、二、三、四、五、六、七、八、九、十等甲，六都一三图一、二、三、四、五、六、七、八、九、十等甲；正安区八都一二图一、二、三、四、五、六、七、八、九、十等甲；仁孝区十六都二图一、二、三、四、五、六、七、八、九、十等甲；擢秀区十七都一二三图一、二、三、四、五、六、七、八、九、十等甲，十八都一二三图一、二、三、四、五、六、七、八、九、十等甲；清化区十九都一二三图一、二、三、四、五、六、七、八、九、十等甲，二十都一图一、二、三、四、五、六、七、八、九、十等甲，共下则田二千二百四十三顷二十亩零，应征地丁、漕米内著缓征十分中三分五厘，银四千一百二十四两零，米二千五百五十三石零。

峡江县之东三都三、四图，东四都一、四图，东五都二图，东六都三图一甲，西一都二图十甲，西二都一图十甲，西三都二图等处，各则田地七百五十二顷三十六亩零，应征地丁、漕米内著缓征十分之四，银二千八百十三两零，米一千三百四十一石零。附城一坊一、三、五、八甲，二坊三、四甲，东二都一图并三图三、九甲，东三都二图，东四都二图，东五都一图，西三都一、三图，西四都一图四、九甲等处，各则田地六百七十五顷四十一亩零，应征地丁、漕米内著缓征十分之三，银一千四百八十一两零，米七十二石零。附城三坊四甲，四坊八甲，五坊十甲，六坊三、五甲及东一都二图，东二都二图，东三都一图，东六都二图，东八都、九都、十都、十一都、西一都一图十甲，西二都二图十甲，西五都，西六都，西七都、西九都一、二图，西十二都等处，各则田地一千三百三十四顷二十三亩零，应征地丁、漕米内著缓征十分之二，银二千六十六两零，米一千四十六石零。

莲花厅之砻西乡一都一图一甲、元一甲、二甲、谦甲，二图中一甲、四甲、隆甲，三图一二甲、明一甲、六甲，四图二、三、五甲；二都一图三甲、同甲、七甲，二图一二甲、发甲、喜甲，三图一、三、四甲；三都一图四、五、六甲，二图一、二、六甲，三图二、三、九、十甲，四图一三甲、新三甲，元图一甲、二甲、中甲、五甲；四都一图一、二、三甲，二图一二甲、老甲、振甲，三图二九甲、升甲，四图一二甲、福甲、五甲，五图一七八甲；五都一图一、二、六甲，二图一、三、四、五甲，三图二甲、左甲、右甲、五甲、元甲，四图一、二、四甲，正图一二甲、财甲、中甲；六都一图一、二、三、五甲，二图二、七甲，三图一甲、崇甲、五六甲，四图一、二、三甲；七都一图一、四、五甲，二图二三甲、源甲，三图一、二、五、七甲；九都一图三甲、桂甲、花甲，二图一、二、九、十甲，三图二四甲、公甲、六甲；十都一图一、四、五、六甲，二图一、七、八甲，三图二、三、四甲，四图五六七甲、明甲；十二都一图一三甲、新甲，二图一、四、五、六甲，三图一、二、三甲，四图一甲、振甲、风甲、三甲；十三都一图一、三、七、八甲，二图一、二、三甲，三图二六甲、松甲，四图一甲、丙甲、三四甲；十四都一图一、二、七、九甲，二图五、六、十甲，三图二四甲、中四甲，四图一、三、四甲，正图一二甲、同甲、洪甲；十五都一图一甲、升甲、九十甲，二图一、二、四甲，三图二六七甲、光甲，五图一二甲、正甲；十六都一图一甲、太甲、林甲，二图一五甲、明甲、八甲，三图二三甲、元甲、六甲，四图一、三、五甲；十七都一图一、三、四甲，二图一甲、古甲、彭甲，三图二、四、七甲，四图一二甲、福甲、金甲；十九都一图二五六甲、安甲，二图一甲、盛甲、三甲，三图二、七、八、九甲，四图一甲、仁甲、三甲。上西乡二十二都一图一、二、三、五甲，二图一、五、六甲、秋甲，三图二、四、五甲，四图五甲、龙甲、八九甲；二十三都一图一、三、五甲，二图一、二、七甲，三图二三甲、文甲、六甲，四图一甲、朝甲、黎甲、三甲；二十四都一图二六甲、雨甲，二图一二甲、又二甲，三图一二甲、富甲，四图一、五、六、八甲；二十五都一图一、八、九、十甲，二图三、五、六甲，议图福甲、禄甲；二十七都一图一二甲、通甲，二图元甲、亨甲，三图一、二、三甲，四图仁、五、七、八甲，五图一、二、四甲；二十八都一图一二甲、正甲、三甲，二图六、七、八甲，三图一、二、三、四甲；二十九都一图二三甲、宗甲，三图一二五甲、又五甲，四图一二甲、振甲、义甲；三十都一图三、四、七甲，二图一、二、三、六甲，三图一二甲、彬甲；三十一都一图一、二、三甲，三图二甲、福甲；三十二都一图一甲、明甲、四甲，二图二甲、李甲，三图一二甲、东甲、元甲等处，共被旱民田五百九十二顷十八亩，屯田三十九顷九十六亩零，应缓地丁银三千八百六十八两零，漕米一千八百七十二石零，漕运屯粮银五百三十八两零，余租银一千三十二两零。

安福县之东乡三都一上图一、二、三、五甲，二图一、三、五、六、七、八、九、十甲，三图一、二、三、四、五、六、七、八、九、十甲，东三图一、二、三、四、五、六、七、八甲，三图裕后甲，四图一、二、三、四、五、六、七、八、九、十甲，又四图二、四、五、六甲，四图南六甲，五图一、二、三、四、五、六、七、八、九、十甲，六图一、二、三、四、五、六、七、八、九、十甲，七图一、二、三、四、五甲，七元图一、二、三、六、七、八、十甲，上八图一、二、三、四、五、六、七甲，十一图福履甲，十一图单甲，又附城东一、二、三、四、六、八甲，安泰福半图一、二、三、四、五甲，聚昌图一、二、三、四、五甲；五十二都二图三、六、七、八、九、十甲，四图四、六、七、九、十甲，秀四图单甲，五上图一、二、五甲，六图一、三、五甲，七图一、六、七、八甲，九图一、二、四、六、八、十甲，十图一甲、又一四七十甲，十图正单甲，十二图一甲，聚庆图一甲，上合图一、二甲；五十三都东三图一、四、六、七、十甲，古三图二、五、六甲，三图，副四图一、四、五、六、八、十甲，六图一、六甲，六聚图一、五、六、七甲，六绍图一、二、三、五甲，七图正一甲，十图一、二、七、十甲；五十四都一图三、五、七、八、十甲，二图一、二、三、四、五、六、九、十甲，三图一、二、三、四、五甲，五图一、二、三、五甲；五十五都一图一、二副、二、三、四、五副甲，一图单，二图一、七、八、八上、九、十甲，二上图一、三、五、六甲，二图承定甲，三图一上、一、二、三、四、五、六、七、七上、八、九甲，三瑞图一、二、三甲，三义图一、三、四、五甲，又三图一、二、三甲，四图一、二、三、五甲，六图一正、一、二、三、四、五、六、十甲，七图二上、二、又二、三、又三、五、九、十甲，七上图单甲，八图一、三、七、十甲，十图一、二、四甲，副图；五十六都一图一上、一、三、四、六、七、八、十、又十甲，一图又单，一下图单，二图并协一、上一、二、三、五、正五、六、七、八、十、又协甲，三图一、二、三、四、五、六、七、八、九、十甲，四图并四上图一、三、四甲，五图一、七、八、九、十甲，五图副甲，六图一、四、五、七、九甲，七图一、三、四、六、七、八、十甲，七图单甲，九、协九协图，九图一、二、四、五、六甲，九上图一、二、三、四、五、八甲，九图，九图副甲，九瑞图；五十七都一图一、二、三、四、五、六、七、八、十甲，二图一、二、三、四、五、六、八、九、十甲，三图，又三

图一、二、三、四、六、七、八、九、十甲，四图一、二、三、四、五甲，五图一、二、三、四、五、六、七、八、九、十甲，七图一、二、四、五、七、八甲，九图一、二、三甲，十一图一、三、四、五、七、八甲；五十八都一图一、二、三、四、五甲，二上图一、二、三、四、五、六甲，二下图六、七、八、九、十、十①甲，四图一、二、三、四、又四、五、六甲，五图一、二、二上、又二、三、四、四上并九、十甲，六图一、二、四、五、九甲，六图，副七图五、八、九、十甲，八图一、二、三、四、五、六、七、八、九、十甲，九图一、二、三甲，九上图一、二、六、八、十甲，十图一、二、三、四、六、七、七上、八、九、十甲，十一图一、二、三、四、五、六、八甲，世德图三、四、五、六、七、八、九、十甲，怡怡图一、二、三、四、五、七、八甲；五十九都一图一、二、三、四、五、六、七、八、九、十甲，二图副一、二、三、四、八、十甲，三图一、二、三、七、九、十甲，三图上一、二、五、八、十甲，四图一、三、六、八、十甲，四图，副五图一、二、四、六、八、九、十甲，七图一、三、五、六、八、九、十甲，八图一、二、三、四、五、六、七、八、九、十甲，八上图一、二、三、六、九、十甲，九图一、四、五、七、八、九、十甲；六十都二图一、三、四、六、八、九、十甲，又二图一、三、五、七、九、十甲，四图一、四、七、九甲，东四图一、三、五、七、九、十甲，五图一、三、五、七、八、九、十甲，六图一、二、三、七、八、九甲，八图一、三、五、六、八、九、十甲，十图一、三、六、七、八、九、十甲，十下图一、四、七、九甲，十一图协一、四、八、十甲，十一图单一、四、七甲；六十一都一图一、二、五、六、八、九、十甲，二图一、三、七、八、九、十甲，二上图一、四、七、八、九、十甲，三上图二、五、六、七、九甲，三下图一、三、五、七、八、九、十甲，四图一、三、四、七、九、十甲，五图一、三、五、六、七、八、十甲，七图二、四、七、八、十甲，七上图一、五、六、七甲，青紫图一、三、四、五、七甲；六十二都一图一、三、五、七、八、九甲，一上图一、五、六、八、九甲，二图一、三、四、五、七、八、十甲，二图单，三图一、二、三、四、六、七、八、十甲，四图一、三、四、六、七、八、九、十甲，五图四、五、七甲，六图一、二、三、四、五、七、八、九、十甲，又六图四、五、六、七、八甲，七图三、四、五、七、八、九甲，八图一、二、四、六、八甲，九图一、四、五、七甲，十图一、四、五、七甲，十四图一、四、七、八、十甲；六十三都一图一、三、五、六、七、九、十甲，一义图一、五、六甲，一图单甲，二图一、四、五、七、九甲，二上图二、三、四、五甲，又二图四、五、七甲，三图二、五、七、九甲，四图单三、五、六、七甲，五图一、三、五、七、八、九甲，六仁图二、五、七、八甲，六义图二、五、六甲，八图一、三、七、八甲，十图一、四、七、八甲，十图协一、三、五甲，十三图一、四、六甲，十五图一、三、四、六、七甲，广聚图一、三、五、七甲；南乡一都一图一、二、三、四、五、六、七、八、九、十甲，二图一、二、四、五、六、七、八、九、十甲，三图一、二、三、四、五、六、七、八、九甲，怡怡图一、三、五、六、七、九甲，又附城南一、三、四、六、七、八、九、十甲；三十五都一图一、二、三、四、五甲，三下图二、三、六、七、八、九、十甲，四图一、二、三、四、六、八、九、十甲，五图一、二、三、四、五、六、七、八、九、十甲，六上图一、二、三、四、五、六、八、九、十甲，六下图四、六、七、八、九、十甲，七图一、二、三、四、五甲，九图二、三、四、五甲，九图，副十图单；三十六都二图六、七、九、十甲，二图协甲，三图单，五图单，七图一、二、三、四、五、

① “十”疑衍。

六、七、八、九、十甲，八图一、三、四、五、六、七、八、九、十甲，八图，副九图六、七、八、九、十甲，十图一、二、三、四、五、六、七、八、九、十甲，十三图一、二、三、四、五甲，十四图单，全盛图一甲；三十七都一图一、二、四、五、六、七、八、九、十甲，二图六、七、八、九、十甲，三图一、二、三、四、五、六、七、八、九、十甲，四上图古甲，四下图五、六、七、八、九、十甲，六图一、三、四、六、九、十甲，七图一、二、三、四、五、七、八、九甲，八图一、四、六、七、八、九、十甲，九图单，十图单，至乐图，单图；三十八都二图一、二、三、四、五、七、九、十甲，二美图一、二、三、四甲，三图一、二、三、四、五、六、七甲，三义图一、二甲，四图一、二、三、四、五、六、八、九、十甲，六图一、二、三、四、五、六甲，六图单，七图仁寿甲，八图上单甲，光裕图；三十九都一图协甲，二图副甲，三图一、三、四、五、八、九甲；四十都一图一、二、三、四、五、六、七、八、十甲，二图一、二、三、四、七、十甲，四图一、二、三、四、五、六、七、八、九、十甲，四图，副五图六、七、八、九、十甲，五下图单甲，六图单甲，七图二、三、四、五七、八、九、十甲；四十一都一上图一、二、三、四、五甲，一下图六、七、八、九、十甲，二图一、二、三、四、五甲，三图一、二、三、四、五、六、七、八、十甲，四图一、二、三、四、五、六、七、八、九、十甲，副四图一、二、四、五甲，五图一、二、三、四、五、九、十甲，七图一、二、三、四、五、六、七、八、九、十甲；四十二都一图一、二、三、五、八、九、十甲，三图一、二、四、五、六、八、九甲，四图二、三、四、五、六、七、八、九、十甲，五图一、二、三、四、五、六、七、八、九、十甲，七图一、二、四、五、六、七、八、九、十甲，七图单，八图单，副上图单，协图单，瑞图一、二、五甲，义图一、二、四甲；四十三都一图一、四、六、八甲，二图一、二、三、四、七、十上甲，二图单，三图一、二、三、四、五、六甲，四图六、七、八、九、十甲，五图二、三、四、六、八、九、十甲，五半图一、四、五、六甲，七上图二、四、五甲，八图一、四、七、八、十甲，九图一、五、八、十甲，十图二、六、七、八、十甲，十上图二、四、五甲，十二图一、三、四、五、六甲，十三图单；四十四都一图一、二、三、五、七、九、十甲，三图一、三、四、五、六、十甲，五图一、二、三、四、五、六、七、九甲，六图一、二、四、十甲，七图一、五、六、八、十甲，七图，副八图一、三、四、六、八、十甲，九图一、四、六、十甲；四十五都一图一、二、三、四、五、六、七、八、九、十甲，三图六、崇六、七、八、十甲，五图六、八、十甲，五上图一、二、三、四、五、六甲，六图一、二、三、四、五、六、七、八、十甲，七图单，八图一、三、六、七、九甲，九图单甲；四十六都一图一、三、五、八、十甲，二上图一、二、五甲，二下图六、七、八、九、十甲，三图一、二、三、五、六、八、十甲，四图尾一、三、四、八、九尾甲，五图二、五、八、九甲，六图一、三、八、九甲，七图单，八图一、协一、一协三、协四甲；四十七都一图一、二、三、四、七、八、九、十甲，二图一、二、三、五、六、八、九、十甲，三图三、五、六、七、八、十甲，五图一、三、五、六、七、八、九甲，六图一、二、三、四、五、六、八、九、十甲，七上图一、三、四、五甲；四十八都一图一、二、四、五、六、八、九、十甲，二图单，三图一、二、三、四、五、六、七、九、十甲，四图，副四图，又副五图一、二、三、四、五、六、七、八、九、十甲，古六图一、二、四、六、七、八、九、十甲，军六图，七图一上、一、二、三、四、五、六、七、八、九、十、十上甲，八图二、三、四、六、七、八、十甲，九图一、二、三、四、五、六、七、八、九、九上、十甲，十图一、二、三、四、五、六、七、八、九、十甲，十上图一、二、二上、三、四、五、六、八、九甲，崇福图一、

二、三、四、五甲；四十九都一图一、二、三、四、五、六甲，三图一、二、三、四、五甲，四上图一、二、三、四、五、六、八、九、十甲，六图一、二、三、四、五、六、七甲，八图，副九图一、二、三、四、五、九甲，九上图一、二、三甲，福寿图一、三、五、六、七、九甲；五十都民一图一、二、三、四、五、六、七、八、九、十甲，二图二、三、四、五、六、七、八、九、十甲，三图二、三、民三、四甲，又三图一、五甲，四图一、又一、二、三、四、五、六、七、八、九、十甲，五图一、一上、三、四、五、六、六上、七、八、九、十甲，五图单，瑞五图一、二、三甲，六图一、二、三、四、五、六、七、八、十甲，六顺图，七图五、六、七、八、九、十甲，九图一、二、三、四、五、六、八、八上、九、十甲，十图一、二、四、五、六、七、八、九、十甲，十一图单甲，十二图一、二、四、五甲，十三图一、二、三、四、五、六、七、八甲，礼义图一、二、五、六、十甲；五十一都一图一、二、二上、三、又三、四、五、六、七、八、九甲，一图单，一上图一、二、三、五、六、七、九甲，二图一、二、三、四、五甲，二图又单、二图，副三图一、二、三、四、五、六、七、八、九、十甲，三图单，四图六、七、八、九、十甲，五图一、三上、四上、五、六、七、八、九、又九、十甲，七图四、五、六、又六、七、八、九、十甲，十四图单，十五图单甲；西乡四都一图一、三、四、五、六、七、八、九、十甲，二图一、二、三、四、五、六、八、九甲，三图五、六、八、九、十甲，四图一、二、三、四、五、六、七、九、十甲，正四图一、二、四、五、六甲，七图一、二、三、四、五、六、七、八、九、十甲，七图上副八，一上图一、二、三、五、六、七、八、十甲；又附城西一、四、五、六、七、八、九、十甲；五都一图一、二、三、四、五、六、七、八、九、十甲，二图一、二、三、四、五、七、八、九、十甲，三图一、二、三、四、五甲，四图三、四、五、九甲，五图一、二、三、四、五甲，六图单，十图单甲；六都一图一、二、三、四、五、六、七、八、九、十甲，一上图一、二、三、四、五甲，三下图一、二、四、五、六、七、八、九、十甲，三下图单，五图一、二、三、四、五、六、七、八、九、十甲，五图单，九图一、三、四、五、七、九甲，十一图一、三、四、十甲；七都一图一、二、四、五、六、七、八、十甲，二图一、二、三、四、五、六、七、八、九、十甲，二图单，二图又，副四图一、二、四、五、六、八甲；八都一图一、二、三、四、五、六甲，二图一、二、四甲，三图恺甲，八图单甲；九都一图二、四、五、七、八、十甲，一图，协一图怡盛甲，二图二、三、五、十甲，识仁图惜阴甲；十都二图一、二、三、四、五、六、七、九、十甲，三图一、二、六、七、十甲，十二图单；十一都二图一、二、三、四、五、六、八、九甲，三图一、二、三、四、五、六、八、九、十甲，四图一、二、三、四、五、六、七、八、九、十甲，五图六、七、八、九、十甲；十二都一下图二、三、六、七、八、十甲，二图一、二、八、十甲，二图又单，三上图一、二、三、四、五、十甲；十三都二图一、二、三、七甲，三图一、二、三、五、六、七、九、十甲，四上图一、四、六、七、八、九甲；十四都一图一、二、三、四、六、七、八、九甲，二上图一甲，三图一、六、七、八、九、十甲，三上图一、二、四、五、六甲，裕后图二、三甲；十五都一图单，一上图一、二、三、四、五、七、八甲，三图一、二、三、四、六、七、八、九、十甲，五图一、二、四、五、六、七、十甲，五图僧甲；十六都协一图一、三、四、五、六、八甲，三上图一、二、三、四、五、七甲，三下图六、七、八、九、十甲，十一图一、二、三、四甲；十七都二图一、二、三、四、五、六、七、八、九、十甲，三图一、二、三、四、五、七、八、九、十甲，四图一、二、三、四、六、八、九甲；十八都一图一、二、三、四、五、六、七、八、九、十甲，二图一、二、三、四、五、六、七、八、九、十甲，三上

图一、二、三、四、五甲，三下图六、七、八、九、十甲，四图一、二、三、四、五甲；十九都一图一、二、三、四、五、六甲，二图一、四、八、九甲；二十都一图一、二、三、四、五、七、八、九、十甲，一图单，二图一、二、三、四、五、六、七、九、十甲，三图一、二、三、四、五甲，五图一、二、三、四、五、六、七、八、九、十甲，八图一、二、六、九甲，长久图一、二、三、四、五甲；二十一都一图一、二、三、四、五、六、七、九、十甲，一图单，三图一、二甲，四图一、二、三、四、五、六、七、八、九、十甲，五图一、四、六、七甲，五图，副七图，副攸久图一、二、三、五、六甲；二十二都一图一、二、三、四、五、六、七、八、九、十甲，二图一、二、三、四、五、六、七、九、十甲，三图一、二、三、四、五、六甲，三上图，单四图一、二、三、四、五甲；北乡二都一图一、二、三、四、五、六、七、八、九、十甲，二图二、三、四、六、十甲，二图，副三图一、二、三、四、五、六、七、八、九、十甲，三上图一、二、三、四、五、六、七、八、十甲，三图，副四图一、三、四、五、六、七、八、九、十甲，北图一、二甲；又附城北一、二、四、六、七、八、九、十甲；六十四都一图一、三、四、七、八、九、十甲，二图一、五、七、八、九甲，四图一、二、三、五、六、七、八、九、十甲，四上图二、五、六、八、九甲，四图，副五图三、四、五、七甲，六图一、四、五、七、八、九、十甲，又六图一、三、六、七、八甲，九图一、五、六、七、九甲，九图，副十五图三、四、五、七甲，爵誉图二、四、五、七甲，协图三、四、五甲；六十五都一图一、二、四、五、六、七、八甲，二图一、二、三、四、五、六、七甲，三图一、二、三、四、五、六、七、八甲，四图一、二、三、四、五、六、七、八、九、十甲，五图一、二、三、四、五、六、七、八甲，六图一、三、四、五、六、七、八、九甲，七图一、二、三、四、五、七、八甲；六十六都一图一、二、三、四、五、六、七、八、九、十甲，二图一、二、三、四、五、六、七、八、九甲，二上图一、二、三、四、五、六、七、八、九、十甲，二下图一、二、三、四、五、六、七、八、九甲，三图一、二、三、四、五、六、七甲，又三图一、二、四、五、六、七、八甲，八图一、二、三、四、五、六、七、八、九、十甲，八图又副一、二、三、四、五、六七甲，余庆图一、二、三、四、五、七甲；六十七都一图一、二、三、四、五、六、八、九、十甲，二图一、二、三、五、六、七、八、九、十甲，三图一、二、三、四、六、七、八、九、十甲，三图，副三上图一、三、五、七、九甲，四图三、五、七、八甲，四图，副四图，瑞单五图一、三、四、五、七、八、九甲，六图一、四、五、七、八甲，七图一、三、四、六、七、九、十甲，十图一、三、四、七、八甲，十三图一、三、五、七、九甲；六十八都一图一、二、三、四、五、七、八、九、十甲，二图三、五、七、八、十甲，四图三、五、七、九、十甲，四图，副五图一、二、三、五、七、九、十甲，六图，副十图二、三、四、五、七、八、九、十甲，十三图二、四、五、七甲；六十九都一图一、二、四、七、九、十甲，一上图一、三、五、七、九甲，一下图二、三、五甲，二图一、三、五、九甲，二上图一、三、五、七甲，三图一、二、三、五、六、七、八、九甲，三上图三、四、七、九甲，又三图一、三、五、七、十甲，又四图三、五、六、八甲，五图一、二、三、四、五、七、九、十甲，六图一、二、三、四、五、六、八、九、十甲，六义图一、三、四、五、七、九、十甲，八图一、二、三、四、五、六、七、八、九、十甲，十一图一、三、五、七、十甲，十三图一、三、四、七、九甲，福寿图一、三、五、六、七甲，庆丰图一、二甲，洁己图一、二、三、四甲，受禄图，祯祥图，新瑞图等处，共被旱各则民田地一千八百一顷四十四亩零，应缓地丁银一万一千五百三十四两零，漕米六千七百三十八石零。并东乡五十七都二图，五十八都一三

图,六十三都一三图;南乡四十四都三图,四十五都四图,四十八都八图,四十九都一图,平桥图,五十一都八图;西乡四都一二四图,五都一、二图,六都一图,二上图一、二、三、四、五、六、十甲,二下图,八都一图,十都一图,十一都二图,十二都一、二、三、四图,十三都一图,十九都一图,二十都一图一二三甲、三图一二三甲;北乡六十四都一、二图,六十八都一图等处,被旱屯田二十三顷二十八亩零,应缓漕运屯粮银三百四十四两零,余租银六百三十两零。

永新县之东乡六十三都一图台上村二三甲,二图横江市村五六甲,日昌义,二图四甲;六十四都近一图山田上坪村七甲,头图陇里村九十甲,七星图山田村三四甲,乐从善图北岭村五七甲;六十五都三图菜下村一二甲,四图拿山黄田村九甲,十图大桥村五六甲;六十六都三图洲下坡村一甲,同给义图下(茵)洲上村二三甲,又四图严家村五甲,崇元礼图路下村四甲;七十都协一图石灰桥村五六甲,又三图樟枧村七八甲,长盛图长溪村四甲,大同图荷塘村三甲,协义图曲塘村七八甲;七十一都乐义图白土村一二甲,源二图山田村二三甲,正二图水西村九甲;七十二都信义图横江市村四五甲,仁义图横江市村二甲,安仁图汴田村四五甲;南乡五十四都一图水尾新塘村四五六甲,八图烟江村二三甲,十图店背村一二甲,尚义图白口村五六甲,南星图长富村三四甲;五十六都二图洲湖村一二甲,九图黄旗村四甲,十图黄旗村四五甲,庆二图下泮大东村三四甲;五十七都二图横石头村八九甲,洲尾图尾村四甲,福一图大山桥村二三甲;五十八都一图长富村五六甲,新下中五图清塘村十甲,才二图陂下村八九甲,忠义三图陂下村三四甲,协义图陂下村一二甲;五十九都二图涂庙村五七甲,忠善信图在中村一二甲,永兴图斜陂村二三甲,忠善图在中村六七甲,信义图楼下村四五甲,忠义图园中村三四甲,和顺图楼下村五六甲,和兴图楼下村一二甲,伏盛图江家坊村四五甲,义图江家坊村六七甲;西乡十一都一图黄江村二三甲,禾二图黄江村五六甲,仁图黄江村九甲;十二都一图台洲村二三甲,四图陈家屋村四五甲,六图楼元村三四甲,七图长元村一二甲,八图山上村七八甲,九图唐村三四甲,十图禾山村一二甲,下一图桥头村五六甲,下三图灌琉村三四甲,下四五图樟陂村七八甲,下六七图雷背村六七甲,仁八图雷背村三四甲;十三都仁图交文村一三甲,下一图交文村四五甲,下二图交文村一三甲,文三图枧田村四五甲,下七图库前村六七甲,集贤图库前村七八甲;十四都一图洋江村一二甲,明德图南城村三四甲,二图洋江里田村一二甲,尚三图九西村五六甲;十五都一图夏溪村八九甲,礼图夏溪村七八甲,仁图夏溪村四五甲,和乐达图汤岭村三甲,鼎溪三图汤岭村四五甲;十六都上三图沙市村五六甲,四图蓝木桥村三四甲;四十一都一图东路村二三甲,三图路江村四五甲,九图南塘村十甲,崇善安庆图大烟村九甲,尚原义图止背村四五甲;四十二都一图汶竹村三四甲,四图白车村五六甲,至乐源达图龙源村二三甲,积善庆图汶竹村七八甲,下一图落沟村四五甲,景山乐善图乐勾村五六甲;四十三都一图高坑村二三甲,三图高坑村五六甲,庆图东汉村三四甲,福乾图兰里村一二甲,九图兰里村四五甲;四十四都二图元头村五六甲,善庆图大塘村一二甲;北乡一都一图左望村一二甲,三图左望村三甲,同仁永正图木元村四五甲;二都九德三义图官溪村六甲,同昇三盛图茶元梅塘村五六甲,倡义三盛图官溪东岭背村二三甲，下四图下步雷边村八九甲，聚义永福图带元村四五甲，东庆图东岭村三四甲，永庆图带湖村四甲；三都四图中颇村四五甲，五图千古村六七甲，六图樟木桥村七八甲，七图樟木桥村七八甲，守义图樟木桥村五六甲，忠义图周富村一二甲，好善尚义图江下沙洲村三四甲；四都一图赖田村五六甲，二图赖田村七八甲，至善图炉里村一二甲，同仁图白竹大（平）村二三甲，兴仁图南阜村三四甲，五图丰元村五六甲，二图田南村二三甲；平五都至乐善图石溪村一二甲，九图洲上村五六甲，万盛发图市田村四五甲；禾五都二图前市村一二甲，崇善图前市村七八甲，福星图头上村二三甲；六都上益图风上村八九甲，正义图花元村四五甲，伏三图花元村六七甲，大丰图枫陂村二三甲，正三图土头村三四甲，新益图黄门坊村五六甲；七都一图蛇形村一三甲，二图研石村五六甲，三图研石村七八甲，四图桥头村九十甲，五图桥头村八九甲，六图石陂村三四甲，八图石陂村五六甲，十图新屋村一二甲，和礼好义图东原村三甲；八上都一图五团村五六甲，中和图窑前村七八甲；八下都仁图花陂村五六甲，两义图大山村五六甲；九都嘉谟图狮山村三四甲，义图山元村一二甲，信图江边村七八甲，伏信图田里村四五甲，万鉴图小王村二三甲，七政图席溪村四五甲，仁图新屋村三四甲，礼图溶里村八九甲；十都崇文图荒上村一二甲，旋图渊泉村五六甲，成图成都村七八甲，吉图台洲村七八甲；七十三都仁义图山前村九十甲，义二图板上村四五甲，义山图桥下村二三甲，顺义图高垅村四五甲等处，共被旱各则民田八百九十三顷四十一亩零，应缓地丁银七千一百九十四两零，漕米二千八十石零。并东乡六十四都头图陇里村一帮、近一图上坪村二帮，六十五都四图拿山村四帮，六十六都一图洲头村二帮、四图严家村三帮、同义图下团村四帮，七十二都安仁图汴田村七帮；南乡五十四都一图水尾村一帮，五十六都二图洲湖村五帮、近二图下泮田村三帮，五十九都永兴图斜陂村四帮；西乡十一都仁图黄江村二帮、村一图黄江村一帮，十二都八图山上村一帮、下仁八图雷背村二帮，十六都四图蓝木桥村一帮，四十一都一图东路村二帮，四十二都四图白车村七帮，四十三都庆图东溪村二帮，四十四都二图元头村六帮；北乡四都一图赖田村一帮，七都一图蛇形村二帮、十图新屋村四帮，八都一图五团村九帮，十都崇文图荒上村十帮等处，共被旱屯田四十四顷八十五亩零，应缓屯丁银十三两零，存留屯粮银五十四两零，漕运屯粮银四百四十两零，余租银一千五百七十五两零。

上饶县之南乡四十一都三、四、五、六、七、九、十甲，四十五都二、三、四、五、六、七、八、九、十、十一甲，四十六都一、二、三、四、五、六、七、八、九、十、十一甲，四十八都五甲、十十一甲，四十九都八甲，五十都一、二、三、四、五、七、八、九、十、十一甲，五十一都一图一、二、三、四、五、六、七、八、九、十、十一甲等处，被水各则田地八十九顷八十五亩零，应缓地丁银二百一十六两零，漕米一百七十八石零。

鄱阳县之东隅一图二甲刘家村、三甲洋埠村、六甲河风圩；南隅一图十甲乱石村，五图六甲北湖圩、八甲同兴圩、十甲畹子湖，六图三四两甲童子渡祝家湖、八甲画湖圩枫树沟；西隅一图九甲南港村、二图四甲白溪北湖新坽各圩，五图八甲吉潭村，七图八甲十甲陶杨村，八图一甲下步桥、八甲詹家村；北隅一图八甲画湖圩，二图十甲细港村；永平关四图一甲周家村、九甲马墩玲;东北关一图六甲角山东塘圩后山队;一图一、二、三、四、五、六、七、八、九、十甲,二图一、二、三、四、五、六、七、八、九、十甲,四图三甲天宝玲、新培、王家各圩,七甲乔木湾;一都六图五甲;三四都一图二三两甲蒲汀港、姚村湖,又六甲姚村湖,二图二三五九十甲姚家村、七甲唐家村,三图三四七八九十甲姚甲村,四图五甲铁炉下、八甲曹家村、九甲德源村、十甲桂湖圩边,五图四甲南湖圩、六甲算步村、十甲枫树湾,六图一甲洪家滩、七九两甲马湖村,七图一三甲南湖玲白马滩、二四五六七九十甲,八图二九甲孔目圩、五六八甲白马滩张家村楼下村、七甲马湖村,九图一二三四五六七九十甲、八甲问龙圩,十图一、二、三、四、五、六、七、八、九、十甲道汉圩,十一图一、二、四、六、七、八、九、十甲、五甲桂湖圩,十五图二、三、四、六甲问龙圩,十六图一、二、三、四、五、六、七、八、九、十甲仙坛村,十七图一二甲小渡村、三四五六七八九十甲,十八图一、二、三、四、五、六、七、八、九、十甲,十九图七甲河北高沙村,二十图七甲枫树沟,二十一图三甲河风岸;四都二图六甲严家村,九图十甲社坂村;六都一图一四六甲童子渡、乔麦湖;七都三图一、二、三、四、六、九、十甲童子渡;八都一图三甲,十一图三甲程圩、四甲新屋村、六甲练家圩东边村;九都一图一、二、四、九、十甲;十都二图四、五、六、七、八,十甲,四图一、二、三、四、五、六、七、八、九、十甲;十一都二图一二四甲西复兴圩,五图三甲余家村;十二都一图一二三九十甲崇复保艾等圩、四六甲玲口村元公村,二图四甲十甲潼家滩保艾圩崇;十三都一图一、二、三、四、五、六、七、八、九、十甲,二图一八甲黄家村、五十两甲港头村李家村;十四都一图一二甲段家江家村、三五六甲张家村上分村,二图一六甲、三八甲、五甲楼下村;十七都一图二、三、四、五、九、十甲,二图一、二、三、四、五、六、七、八、九甲;十八都三图五甲;二十都二图一甲朱家村;二十一都二图四甲四铺村;二十八都一图六甲;三十八都二图四、六、八、九、十甲;三十九都一图一三七八九十甲、四五六甲,三图一甲、二十两甲;四十都一图二、五、六、七、八甲,二图一二四五甲、七甲港南村,三图五、八甲,四图四、六、八甲;四十一都二图一、二、三、四、五、七、八、九、十甲利阳镇,三图二、四、五、六、八、九甲老屋场村;四十二都一图一八甲凤岗村、三五七十甲,二图一二四五六七八十甲沥浇村、吕蒙村、三坑村,三图一、三、四甲鳜鱼山,四图一、二、三、四、五、六、七、八、九、十甲沥浇村;四十三都二图二甲古田坑、五十两甲,三图一、七、九甲;四十四都一图一二四五甲凤岗河西、三六七八九甲,二图二、三、四、五、八甲牌楼村,三图六、七、九、十甲凤岗下首,五图七甲栋木渡;四十五都二图七甲杨家港;四十七都三图一、二、四、六、九甲;四十八都一图二、三、五、六甲头(蛇)村,二图一二三九十甲献玖湾、五六甲郑家村金家村,三图二、四、五甲姚家村,四图一、二、三、四、五、八、十甲;四十九都三图一四甲中洲村、二三七甲,四图一、二、三、四、五、六、七、八、九甲塘尾,五图一、二、三、四、五、六、七、八、九、十甲,六图一、三、五、六、七、八、十甲刘家街;五十都一图五甲大湾村,三图二、三、四、六、七、八、九甲湾山村,四图一甲凤岗河东、二三四五六八九甲,五图九甲栋木渡、二甲林家村,六图二甲湾山村、三、五、六、七、八甲;五十一都一图四、五、八甲,二图一、二、三、四、五、六、七、八、九、十甲鸳鸯玲,四图一、二、三、四、五、六、七、九、十甲湖家村,五图一、三、五、七、八、十甲河北城团圩,六图一十两甲寺前村桥头村、四五八九甲，七图一、三、四、七、八、九、十甲，八图一、二、三、四、五、七、九、十甲，九图二甲塘下村、七甲坑下村、一三十甲，十图一六甲；五十二都一图一、三、四、五、八、九甲三间村，二图一、二、三、四、五、六、七、八、九、十甲，三图一、二、四、五、六、七、八、九、十甲，四图一甲东朗圩、二四五七八九十甲，五图一、二、三、四、五、六、七、八、九、十甲赵家村，六图一、二、三、五、六、七、八、九、十甲，七图一、二、三、四、五、六、七、八、九甲，八图一、三、四、五、六、七、八、九、十甲吴家村钟家村，九图五、六、七甲，十图三、四、六、七、八甲；五十三都一图二、五、八、十甲，二图十甲，三图四、九甲，四图一、二、四、五、六、七、八、九、十、尾甲，五图一甲观塘湖；五十四都三图三、六、八甲，四图二、三、四、五、六、九甲，五图一、二、三、四、五、六、七、九、十甲，六图一、二、三、四、五、六、七、八、九、十甲；五十五都四图一、二、三、四、五、六、七、八、九、十甲，五图十甲裴家村，七图十甲义城村；五十六都二图九甲阴阳村，三图八甲神珊村，四图二甲细港村、九甲神珊村；五十七都一图一、三、五、七、八甲；五十八都一图一、七、八、九甲，二图六甲，三图一、二、三、八、九、十甲，四图一、二、三、四、五、六、七、八、九、十甲，五图一、二、三、四、五、六、七、八、十甲，六图四、六、九甲，七图一甲泗溪圩；五十九都三图三、四、五、六、七、十甲方家村，四图一、四、七、九、十甲宋家村，五图一、二、三、四、五、六、八、九、十甲，六图七甲程家村，七图三甲头陀湖，八图二、三、四、五、六、七、八、十甲；六十四都三图一、二、三、五、六、七、八、十甲，四图三、五、六、七、八、九甲；六十五都一图一、二、三、八、十甲乔木湾，二图一、二、五、六、九、十甲，三图一、二、三、五、七、八、九、十甲；六十六都一图一、二、三、四、五、六、七、八、十甲，二图一、二、三、四、五、六、七、八、九、十甲，三图一、三、五、六、七甲，四图一、二、三、四、五、六、七、八、九、十甲；六十七都一图一、二、三、四、五、六、七、八、九、十甲；南乡二图十甲；北乡四图十甲；十二都一图字号六甲等处，共被水各则田三千二百四十九顷六十五亩零，应缓地丁银八千二百九十五两零，漕米四千四十石零，并坐落西北乡屯田，除屯丁全完外，尚有应缓存留屯粮银一百四十六两零，漕运屯粮银八百十五两零，余租银九百九十九两零。

余干县之二都一图一、二、三、四、五、六、七、八、九、十甲彭湾等村，二图一、二、三、四、五、六、七、八、九、十甲小毛渡等村，三图一二、三、四、五、六、七、八、九、十甲徐家林等村；三都一图一、二、三、四、五、六、七、八、九、十甲乌泥等村，二图一、二、三、四、五、六、七、八、九、十甲周圩湾等村，三图一、二、三、四、五、六、七、八、九、十甲院前等村；四都一图一、二、三、四、五、六、七、八、九、十甲东湾等村，二图一、二、三、四、五、六、七、八、九、十甲(滥)头等村，三图一、二、三、四、五、六、七、八、九、十甲汤湾等村，四图一、二、三、四、五、六、七、八、九、十甲小路口等村；五都一图一、二、三、四、五、六、七、八、九、十甲港口等村，二图一、二、三、四、五、六、七、八、九、十甲舍头等村；七都一图一、二、三、四、五、六、七、八、九、十甲竹源等村；九都一图一、二、三、四、五、六、七、八、九、十甲枫塘等村，二图一、二、三、四、五、六、七、八、九、十甲港背等村，三图一、二、三、四、五、六、七、八、九、十甲博水等村，四图一、二、三、四、五、六、七、八、九、十甲湖上等村，五图一、二、三、四、五、六、七、八、九、十甲江头等村，六图一、二、三、四、五、六、七、八、九、十甲童埠等村，七图一、二、三、四、五、六、七、八、九、十甲（坟）墩等村，八图一、二、三、四、五、六、七、八、九、十甲下塅等村；二十六都七图一、二、三、四、五、六、七、八、九、十甲张家港等村；二十七都一图一、二、三、四、五、六、七、八、九、十甲睦和等村，二图一、二、三、四、五、六、七、八、九、十甲珠湖等村，三图一、二、三、四、五、六、七、八、九、十甲采桑等村，四图一、二、三、四、五、六、七、八、九、十甲青林等村；二十八都一图一、二、三、四、五、六、七、八、九、十甲后港等村，二图一、二、三、四、五、六、七、八、九、十甲山金等村，三图一、二、三、四、五、六、七、八、九、十甲西村等村，四图一、二、三、四、五、六、七、八、九、十甲龙津等村，五图一、二、三、四、五、六、七、八、九、十甲里塘等村，六图一、二、三、四、五、六、七、八、九、十甲南河等村，七图一、二、三、四、五、六、七、八、九、十甲前湾等村；二十九都一图一、二、三、四、五、六、七、八、九、十甲洲上等村，二图一、二、三、四、五、六、七、八、九、十甲柴里等村，三图一、二、三、四、五、六、七、八、九、十甲水埠等村，四图一、二、三、四、五、六、七、八、九、十甲东源等村，五图一、二、三、四、五、六、七、八、九、十甲桐源等村；三十都一图一、二、三、四、五、六、七、八、九、十甲大溪渡等村，二图一、二、三、四、五、六、七、八、九、十甲石里滩等村，三图一、二、三、四、五、六、七、八、九、十甲碧溪等村，四图一、二、三、四、五、六、七、八、九、十甲次山等村，五图一、二、三、四、五、六、七、八、九、十甲郭里咀等村，六图一、二、三、四、五、六、七、八、九、十甲楼下等村，七图一、二、三、四、五、六、七、八、九、十甲大瑞埠等村；三十一都一图一、二、三、四、五、六、七、八、九、十甲常湖等村，二图一、二、三、四、五、六、七、八、九、十甲西源等村，三图一、二、三、四、五、六、七、八、九、十甲榨下等村，四图一、二、三、四、五、六、七、八、九、十甲赤岗等村；三十二都一图一、二、三、四、五、六、七、八、九、十甲上午等村，二图一、二、三、四、五、六、七、八、九、十甲塔前等村，三图一、二、三、四、五、六、七、八、九、十甲山下等村，四图一、二、三、四、五、六、七、八、九、十甲庵前等村，五图一、二、三、四、五、六、七、八、九、十甲滥头等村，六图一、二、三、四、五、六、七、八、九、十甲南河等村，七图一二、三、四、五、六一八九十甲佐家桥等村，八图一、二、三、四、五、六、七、八、九、十甲汊口等村；三十三都一图一、二、三、四、五、六、七、八、九、十甲大湖塘等村，二图一、二、三、四、五、六、七、八、九、十甲南佐等村，三图一、二、三、四、五、六、七、八、九、十甲小口等村；三十四都一图一、二、三、四、五、六、七、八、九、十甲（湾）湖等村，二图一、二、三、四、五、六、七、八、九、十甲后岐等村，三图一、二、三、四、五、六、七、八、九、十甲竹山等村；三十五都一图一、二、三、四、五、六、七、八、九、十甲土坊等村，二图一、二、三、四、五、六、七、八、九、十甲梁山等村，三图一、二、三、四、五、六、七、八、九、十甲大塘等村，四图一、二、三、四、五、六、七、八、九、十甲后岩等村，五图一、二、三、四、五、六、七、八、九、十甲崇山等村；东、南、西、北四隅，沙湖等村，共被水各则田四千九百五十五顷四十一亩零，应缓地丁银七千一百二十八两零，漕米三千三百六十九石零。

乐平县之一都一图一甲横山等村，六图一甲瑶上等村，八图一甲王子安等村，九图一甲河头等村，十一图一甲中店等村，十七图二甲潭鸾等村；五都一图七甲族湖等村；二图三甲东村坂等村，四图七甲坑口等村，六图四甲墩上等村，七图八甲巴毛墩等村；六都一图一甲尖山等村,二图五甲程家墩等村,三图三甲桃园渡等村;八都一图五甲庄前等村,二图一甲泪滩等村,三图八甲潘村等村;十四都二图二甲洛口等村,六图二甲周家坞等村,七图七甲文路等村,十图七甲文田等村;十六都一图四甲南港等村,三图二甲戴村等村,四图四甲枫树等村;十七都一图七甲南岸等村,三图九甲刘方等村,四图一甲墨头等村;十九都一图三甲碧湾等村,二图一甲樟树里等村,三图二甲柿墩等村,四图四甲唔水等村;二十都四图三甲桐岗等村,五图五甲黄田炉等村,八图七甲濮家等村;三十都二图四甲里林等村,三图二甲马涧桥等村,四图一甲回田渡等村,八图二甲龙山嘴等村;三十一都二图三甲南洲等村,三图一甲墈上等村,四图八甲城礼等村,五图二甲翥山等村,六图一甲沈家岭等村,八图十甲天济等村;三十二都一图五甲三合源等村,二图一甲新屋场等村,三图一甲吊钟形等村,四图一甲鲍家等村;三十三都四图四甲峡山等村,六图一甲寡妇桥等村,八图五甲蒋湾等村,十图六甲虎堰等村;三十四都一图四甲茶园岗等村,二图五甲龙会洲等村,五图三甲魁堡等村,六图五甲滩上等村;三十五都五图二甲横源等村,七图八甲龙溪等村,十二图三甲虎山等村;三十七都一图二甲山下等村,三图四甲上葵天等村,九图二甲鹤塔等村;四十都一图六甲厚田等村,三图一甲流槎等村;四十四都一图三甲上堡等村,二图五甲张家墩等村,五图四甲古溪等村,六图五甲睦(乐)等村,共被水田二千一百八十九顷四十三亩零。汇同三都一图二甲大园等村,二图七甲龙珠等村,三图五甲上河等村,四图二甲彭家港等村,六图四甲田里等村;九都一图三甲杨家边等村,三图三甲乌头等村,三图一甲董坂等村,四图六甲九墩等村;十都三图二甲柏树等村,五图二甲藕田等村,六图四甲临港等村;十二都一图四甲殷家等村,二图三甲中堡等村,三图六甲埠头等村,五图四甲项家庄等村;十五都二图三甲七社等村,三图五甲炉丝步等村,五图九甲杨家坞等村,六图四甲隆亭等村;十八都一图七甲双桃等村,二图三甲南埠等村,三图一甲新屋前等村;二十一都二图四甲高桥等村,五图八甲秧坂等村,七图二甲界首等村;二十二都二图一甲横路等村;三图九甲白土等村,四图五甲黎桥等村,六图七甲纪纲等村,共被旱田四千二百二十九顷六十五亩零,应缓地丁银六千九百三十七两零,漕米三千六百五十石零。

浮梁县北乡法京都一图一、二、三、四、五、六、七、八、十甲,二图一、二、三、四、五、六、七、八、九、十甲,三图一、二、三、四、五、六、七、八、九、十甲;侈溪都一图一、二、三、四、五、六、七、八、九、十甲,二图一三、四、六、七、八九甲,倴口都一图一、二、三、四、五、六、七、八、九、十甲,二图一、二、三、四、五、六、七、八、九、十甲;长宁都一图一、二、三、四、五、六、七、八、九、十甲,二图一、二、三、四、五、六、七、八、九、十甲;城门都一图一、二、三、四、五、六、七、八、九、十甲,二图一、二、四、五、六、七、九、十甲,三图一、三、四、五、七、八、九、十甲;儒林都一图一、二、三、四、八、九、十甲;长安都一图一、二、三、四、五、六、七、八、九、十甲,二图一、二、三、四、五、六、七、八、九、十甲;梓舟都一图一、二、三、四、五、六、七、八、九、十甲;西乡星槎都一图一、二、三、四、五、六、七、八、九、十甲;鱼步都一图一、二、三、四、五、六、七、八、九、十甲,三图一、二、三、四、五、六、七、八、九、十甲;尚义都二图一、二、三、四、五、六、七、八、九、十甲;南乡里仁都一图一、二、三、四、五、

六、七、八、九、十甲，二图一、二、三、四、五、六、七、八、九、十甲，三图一、二、三、四、五、六、七、八、九、十甲，四图一、二、三、四、五、六、七、八、九、十甲，五图一、二、三、四、五、六、八、九、十甲；长香都一图一、二、三、四、五、六、七、八、九、十甲，二图一、二、三、四、五、六、七、八、九、十甲，三图一、二、三、四、五、六、七、八、九、十甲，四图一、二、三、五、六、七、八、九、十甲，五图一、二、三、四、五、六、七、八、九、十甲；镇市都一图一、二、三、四、五、六、七、八、九、十甲等处，共各则田地二千六百四十三顷二十七亩零，应征地丁银米内著缓征十分之六，银七千三百六十二两零，漕米四千七百二十石零。北乡杭溪都一图一、二、三、四、五、六、七、八、九、十甲，二图一、二、三、四、五、六、七、八、九、十甲；西里都一图一、二、三、四、五、六、七、八、九、十甲，二图一、二、三、四、五、六、七、八、九、十甲；大惟都一图一、二、三、四、五、六、七、八、九、十甲；三里都一图一、二、三、四、五、六、七、八、九、十甲，二图一、二、三、四、五、六、七、八、九、十甲；腾凤都一图一、二、三、四、五、六、七、八、九、十甲，二图一、二、三、四、五、六、七、八、九、十甲，三图一、二、三、四、五、六、七、八、九、十甲；长安都三图一、二、三、四、五、六、七、八、九、十甲；梓舟都二图一、二、三、四、五、六、七、八、九、十甲，三图一、二、三、四、五、六、七、八、九、十甲；儒林都二图三、四、五、六、七、八、十甲；引京都二图一、二、三、四、五、六、七、八、九、十甲；兴福都二图一二、三、四、五、六、七、八、十甲；西乡益源都一图一、二、三、四、五、六、七、八、九、十甲；涪溪都一图一、二、三、四、五、六、七、八、九、十甲，二图一、二、三、四、五、六、七、八、九、十甲；鱼步都二图一、二、三、四、五、六、七、八、九、十甲；尚义都三图一、二、三、四、五、六、七、八、九、十甲；南乡樵溪都一图一、二、三、四、五、六、七、八、九、十甲，二图一、二、三、四、五、六、七、八、九、十甲；湖田都一图一、二、三、四、五、六、七、八、九、十甲，二图一、二、三、四、五、六、七、八、九、十甲；东隅一图一、二、三、四、五、六、七、八、九、十甲，二图一、二、三、四、五、六、七、八、九、十甲，三图一、二、三、四、五、六、七、八、九、十甲；南隅一图一、二、三、四、五、六、七、八、九、十甲，二图一、二、三、四、五、六、七、八、九、十甲，三图一、二、三、四、五、六、七、八、九、十甲；西隅一图一、二、三、四、五、六、七、八、九、十甲，二图一、二、三、四、五、六、七、八、九、十甲，三图一、二、三、四、五、六、七、八、九、十甲；北隅一图一、二、三、四、五、六、七、八、九、十甲，二图一、二、三、四、五、六、七、八、九、十甲，三图一、二、三、四、五、六、七、八、九、十甲，四图一、二、三、四、五、六、七、八、九、十甲，五图一、二、三、四、五、六、七、八、九、十甲等处，共各则田地一千四百十二顷八亩零，应征地丁、漕米内著缓征十分之五，银三千二百十两零，漕米二千八十六石零。

万年县之北乡隔塘等村一都一图一甲、十甲，二图一甲，三图一二三四五六九十甲、尾甲，四图四、五、六甲；陶岭村东隅一图一八十甲、尾甲；西乡雷华村二都三图三六七八九十甲、尾甲；东隅二图二甲十甲；北乡石头村十三都三图一二三四五六七八九十甲、尾甲，四图一二三四五六七八九十甲、尾甲；西乡白马村二都一图一二六七九十甲、尾甲，二图二四五六七八九十甲、尾甲；三都一图四甲；七都三图尾甲；塘东村十二都三图三五九甲、尾甲；北乡道港、隔港村十三都二图一二四五六七八九十甲、尾甲；南隅二图七甲；

均湖村十二都四图三六八十甲、尾甲；永丰村西隅一图五甲尾甲；北隅一图一四甲；西隅二图一甲；山背村千四都三图一二三四五六七八九十甲、尾甲；十一都四图三九甲、尾甲；青塘村十三都一图一、二、三、四、五、六、七、八、九、十甲；燃湖村十四都二图一二三四五六七八九十甲、尾甲；双蓝村十四都四图一三六十甲、尾甲；余柏村十四都一图一二三四五六七八九十甲、尾甲等处，共被淹三则田地一千五十顷十八亩零，应缓地丁银二千五百八十四两零，漕米一千六百四十一石零。

星子县之上八都、下八都、上九都、下九都、上二都及清风党、黄洋党、河村党、城市党、一都、二都、三都等处，共被水各则民田二百五顷八十九亩零。汇同南、九二卫坐落上下八都、南茭党、上下九都、九一党并清风党、九三党、黄洋党、九二党、河村党、九七党、二都、南渚党等处，共被水各则屯田二十三顷五亩零，应缓地丁银一千六十一两零，屯粮丁银四十两零，余租银三百六两零。

建昌县之归义乡一图一、二、三、四、五、六、七、八、九、十甲，二图一、二、三、四、五、六、七、八、九、十甲，三图一、二、三、四、五、六、七、八、九、十甲，四图一、二、三、四、五、六、七、八、九、十甲，五图一、二、三、四、五、六、七、八、九、十甲；新城乡一图一、二、三、四、五、六、七、八、九、十甲，二图一、二、三、四、五、六、七、八、九、十甲，三图一、二、三、四、五、六、七、八、九、十甲，四图一、二、三、四、五、六、七、八、九、十甲，五图一、二、三、四、五、六、七、八、九、十甲，六图一、二、三、四、五、六、七、八、九、十甲，七图一、二、三、四、五、六、七、八、九、十甲，八图一、二、三、四、五、六、七、八、九、十甲；修智乡一图一、二、三、四、五、六、七、八、九、十甲，二图一、二、三、四、五、六、七、八、九、十甲，三图一、二、三、四、五、六、七、八、九、十甲，四图一、二、三、四、五、六、七、八、九、十甲；昇仙乡一图一、二、三、四、五、六、七、八、九、十甲，二图一、二、三、四、五、六、七、八、九、十甲，三图一、二、三、四、五、六、七、八、九、十甲，四图一、二、三、四、五、六、七、八、九、十甲，五图一、二、三、四、五、六、七、八、九、十甲；甘泉乡一图一、二、三、四、五、六、七、八、九、十甲，二图一、二、三、四、五、六、七、八、九、十甲，三图一、二、三、四、五、六、七、八、九、十甲，四图一、二、三、四、五、六、七、八、九、十甲，五图一、二、三、四、五、六、七、八、九、十甲，六图一、二、三、四、五、六、七、八、九、十甲；受安乡一图一、二、三、四、五、六、七、八、九、十甲，二图一、二、三、四、五、六、七、八、九、十甲，三图一、二、三、四、五、六、七、八、九、十甲，四图一、二、三、四、五、六、七、八、九、十甲，五图一、二、三、四、五、六、七、八、九、十甲，六图一、二、三、四、五、六、七、八、九、十甲；永丰乡一图一、二、三、四、五、六、七、八、九、十甲，二图一、二、三、四、五、六、七、八、九、十甲，三图一、二、三、四、五、六、七、八、九、十甲，四图一、二、三、四、五、六、七、八、九、十甲，五图一、二、三、四、五、六、七、八、九、十甲，六图一、二、三、四、五、六、七、八、九、十甲，七图一、二、三、四、五、六、七、八、九、十甲，八图一、二、三、四、五、六、七、八、九、十甲，九图一、二、三、四、五、六、七、八、九、十甲，十图一、二、三、四、五、六、七、八、九、十甲，十一图一、二、三、四、五、六、七、八、九、十甲，十二图一、二、三、四、五、六、七、八、九、十甲，十三图一、二、三、四、五、六、七、八、九、十甲，十四图一、二、三、四、五、六、七、八、九、十甲，十五六图一、二、三、四、五、六、七、八、九、十甲;凝远乡一图一、二、三、四、五、六、七、八、九、十甲,二图一、二、三、四、五、六、七、八、九、十甲,三图一、二、三、四、五、六、七、八、九、十甲,四图一、二、三、四、五、六、七、八、九、十甲,五图一、二、三、四、五、六、七、八、九、十甲,六图一、二、三、四、五、六、七、八、九、十甲,七图一、二、三、四、五、六、七、八、九、十甲,八图一、二、三、四、五、六、七、八、九、十甲;丰安乡上一图一、二、三、四、五、六、七、八、九、十甲,上二图一、二、三、四、五、六、七、八、九、十甲,下一图一、二、三、四、五、六、七、八、九、十甲,下二图一、二、三、四、五、六、七、八、九、十甲,三图一、二、三、四、五、六、七、八、九、十甲,四图一、二、三、四、五、六、七、八、九、十甲,五图一、二、三、四、五、六、七、八、九、十甲,六图一、二、三、四、五、六、七、八、九、十甲,十图一、二、三、四、五、六、七、八、九、十甲,十一图一、二、三、四、五、六、七、八、九、十甲,十二图一、二、三、四、五、六、七、八、九、十甲;德政乡一图一、二、三、四、五、六、七、八、九、十甲,二图一、二、三、四、五、六、七、八、九、十甲,三图一、二、三、四、五、六、七、八、九、十甲,四图一、二、三、四、五、六、七、八、九、十甲,五图一、二、三、四、五、六、七、八、九、十甲,六图一、二、三、四、五、六、七、八、九、十甲;市镇乡一图一、二、三、四、五、六、七、八、九、十甲,二图一、二、三、四、五、六、七、八、九、十甲,三图一、二、三、四、五、六、七、八、九、十甲,四图一、二、三、四、五、六、七、八、九、十甲;芦镇乡一、二、三、四、五、六、七、八、九、十甲;钧台乡一图一、二、三、四、五、六、七、八、九、十甲,二图一、二、三、四、五、六、七、八、九、十甲,三图一、二、三、四、五、六、七、八、九、十甲,四图一、二、三、四、五、六、七、八、九、十甲,五图一、二、三、四、五、六、七、八、九、十甲,六图一、二、三、四、五、六、七、八、九、十甲,七图一、二、三、四、五、六、七、八、九、十甲,八图一、二、三、四、五、六、七、八、九、十甲,九图一、二、三、四、五、六、七、八、九、十甲等处,共被水各则田地四千六百九十四顷十五亩零,应缓地丁银一万三千七百十三两零,漕米六千七百二十五石零。同安义县寄庄坐落建昌县之归义、新城、甘泉、受安、永丰、凝远、丰安、德政、市镇、芦镇、钧台等十一乡各图各甲内,共被水田地七十三顷六十九亩零,应缓地丁银二百八十八两零,漕米一百三十石零。

德化县之桑落乡劳家埂、詹家港;封一乡高埠寨、横港寨、南池寨;封二乡小池寨、套口寨、李家口寨;赤松乡八五团、白洲、城子镇、三班港口;白鹤乡石门寨、陶埠寨、洞中寨;德化乡谭家坂、石塘铺、桂家垅;仁贵乡峡石、游家岭、洪垅埂;楚城乡堤心堰、上寨、十方坂、蔡家垅、堰尾、荆林街;甘泉乡罗家塘、张家山、蓝桥等处,共各则民田三百十七顷六十三亩,应缓地丁银一千八百四十九两零。并南卫坐落桑落乡程家营、石埠头,封廓乡杨泗寨、新河,白鹤乡七里、黄土墈,仁贵乡洪珑埂、殷家社,楚城乡左泗土寨,甘泉乡团山百户及九卫坐落桑落乡李家营、金家坝、罗家渡,封廓乡杨泗寨、沙池寨,赤松乡八五团、白洲、城子镇、三班,白鹤乡太平寨、土局寨、扈家寨,仁贵乡广西寨、八里坡、余家榨,楚城乡排山珑、沈家港、荆林街,甘泉乡分水岭、马回岭、黄老门等处,共各则屯田二百七十三顷六亩,应缓屯丁银六十八两零,存留屯粮银四百三十一两零,漕运屯粮银二千十六两零,余租银四千二百四十六两零。暨坐落桑落乡柳蔡洲、桂家营、杨家洲,封一乡沙地寨、蒋家营,封二乡北关寨、套口寨、赤松乡、团洲、港口等处稀密芦洲,共四百八十七顷二十一亩,应缓十年压征九年芦课银六百二十一两零。

德安县之黄湾、陈湾、固村、墩下、金鸡、附城、神于、河东、后田、在市、乌石、墩上等堡,各则民田三百十四顷六十八亩零,应缓地丁银二千三百四十七两零。并南、九二卫坐落陈湾、金鸡、附城、河东、河西、后田、乌石、在市等堡,各则屯田一百八十顷十五亩,应缓屯丁银一百九十六两零,存留屯粮银一百三十一两零,漕运屯粮银一千三百五十二两零。九江府同知所辖南卫芦洲坐落桑落乡之大湾、三伯、桑盛、新生、永兴等洲,封一乡之封廓洲,又九卫芦洲坐落桑落乡之翁家、罗葛、东瓜、罗家渡、新生并罗家洲、毛溪埂、谭家营、韦家营、李家营、詹家营、汪家汊、汴湾、永兴、新生等洲,又赤松乡之项家、牛皮、小江埠、小江洲、田家林、小江洲、李梓等洲,封二乡之封廓洲等处,共上、中、下则地一百六十八顷九十九亩零,应缓十年压征九年芦课银四百五十九两零,均著缓至光绪十一年秋后分作两年带征。

又南昌县光绪六、七、八、九年原缓各本年地丁、漕米;新建县光绪六、七、八、九年原缓各本年地丁、漕米;清江县光绪九年原缓本年地丁、漕米;新淦县光绪九年原缓本年地丁、漕米;峡江县光绪七、八、九年原缓各本年地丁、漕米;莲花厅光绪六年原缓本年地丁,除完纳外,其余未完同原缓本年漕米、漕运屯粮、余租,七、八两年原缓各本年地丁、漕米、漕运屯粮、余租,九年原缓本年地丁、漕米,各除完纳外,其余未完同原缓本年漕运屯粮、余租;庐陵县光绪七年原缓本年地丁、漕米、存留屯粮、漕运屯粮、余租;吉水县光绪七年原缓本年地丁、漕米;永丰县光绪九年原缓本年地丁、漕米;泰和县光绪七件原缓本年地丁、漕米;东乡县光绪八、九两年原缓各本年地丁、漕米;余干县光绪八年原缓本年地丁、漕米;乐平县光绪六、七、八、九等年原缓各本年地丁、漕米;德兴县光绪八年原缓本年地丁、漕米;万年县光绪八年原缓本年地丁、漕米;星子县光绪七年、八年原缓各本年地丁、屯粮丁、余租;都昌县光绪八年原缓本年地丁、漕米;德化县光绪八年、九年原缓各本年地丁、屯粮丁、存留屯粮、漕运屯粮、余租、压征七、八两年芦课;瑞昌县光绪八年原缓本年地丁,除完纳外,其余未完同原缓本年漕运屯粮、余租;湖口县光绪六、七、八等年原缓各本年地丁,各除完纳外,其余未完,同原缓漕运屯粮、余租,九年原缓本年地丁、漕运屯粮、余租;彭泽县光绪六年原缓本年二限一半地丁、屯粮丁、存留屯粮、漕运屯粮、余租、压征五年芦课,八年原缓本年地丁、屯粮丁、存留屯粮、漕运屯粮、余租、压征七年芦课,均著递缓至光绪十一、十二两秋后带征。

又进贤县光绪九年原缓本年地丁、漕米;安福县光绪九年原缓本年地丁、漕米、漕运屯粮、余租;余干县光绪七年原缓本年地丁、漕米;建昌县并安义县寄庄建昌县光绪九年各原缓本年地丁、漕米;德化县光绪七年原缓本年地丁、屯粮丁、存留屯粮、漕运屯粮、余租,压征六年芦课;德安县光绪九年原缓本年地丁、屯粮丁、存留屯粮、漕运屯粮;九江府同知所辖芦洲光绪九年原缓本年压征八年芦课,均著递缓至光绪十二、十三两年秋后带征。

又进贤县光绪八年原缓本年地丁、漕米;新淦县光绪八年原缓本年地丁、漕米;新喻县光绪九年原缓本年地丁、漕米;安福县光绪八年原缓本年地丁、漕米、漕运屯粮、余租,并鄱阳县光绪九年原缓本年地丁、漕米、屯粮丁、存留屯粮、漕运屯粮、余租;余干县光绪六年原缓本年地丁、漕米;浮梁县光绪八年原缓本年地丁、漕米;建昌县并安义县寄庄建昌县光绪八年各原缓本年地丁、漕米;德化县光绪六年原缓本年地丁、屯粮丁、存留屯[粮]、漕运屯粮、余租、压征五年芦课;德安县光绪八年原缓本年地丁、屯粮丁、存留屯粮、漕运屯粮;九江府同知所辖芦洲光绪八年原缓本年压征七年芦课,均著递缓至光绪十三、十四两年秋后带征。

又进贤县光绪七年原缓本年地丁、漕米;安福县光绪七年原缓本年地丁、漕米、漕运屯粮、余租;建昌县光绪七年原缓本年地丁、漕米,并安义县寄庄建昌县光绪七年原缓本年地丁、漕米;德安县光绪七年原缓本年地丁、屯粮丁、存留屯粮、漕运屯粮;九江府同知所辖芦洲光绪七年原缓本年压征六年芦课,均著递缓至光绪十四、十五两年秋后带征。

又进贤县光绪六年原缓本年地丁、漕米;新淦县光绪七年原缓本年地丁、漕米;新喻县光绪八年原缓本年地丁、漕米;安福县光绪六年原缓本年地丁、漕米、漕运屯粮、余租;鄱阳县光绪八年原缓本年地丁、漕米、屯粮丁、存留屯粮、漕运屯粮、余租;建昌县光绪六年原缓本年地丁、漕米,并安义县寄庄建昌县光绪六年原缓本年地丁、漕米;德安县光绪六年原缓本年地丁、屯粮丁、存留屯粮、漕运屯粮;九江府同知所辖芦洲光绪六年原缓本年压征五年芦课,均著递缓至光绪十五、十六两年秋后带征。

又新淦县光绪六年原缓本年地丁、漕米;新喻县光绪七年原缓本年地丁、漕米,均著递缓至光绪十七、十八两年秋后带征。又新喻县光绪六年原缓本年地丁、漕米,均著递缓至光绪十九、二十两年秋后带征。又永新县光绪六、七、八、九年原缓各本年地丁、漕米、屯粮丁、存留屯粮、漕运屯粮、余租;兴国县光绪七年原缓本年地丁,均著递缓至光绪十一年秋后一并带征。又湖口县光绪六年原缓本年压征五年芦课,除完纳外,其余未完,同七年原缓本年压征六年芦课;八年原缓本年压征七年芦课,除完纳外,其余未完,同九年原缓本年压征八年芦课,均著递缓至光绪十一、十二、十三等三年秋后带征,以纾民力。余著所议办理。

该抚即刊刻誊黄,遍行晓谕,务使实惠均沾,毋任吏胥舞弊,用副轸念民艰至意。该部知道。钦此。

69　光绪十一年二月十三日,内阁奉上谕:左宗棠奏已故藩司战功卓著,恳予议恤,并请将事迹宣付史馆立传一折。前广西布政使康国器于咸丰年间带勇剿贼,叠在江西、浙江、福建等省著有战功,兹因伤发身故。著照军营积劳病故例议恤,并将该故员事迹宣付国史馆立传。该衙门知道。钦此。

118　光绪十一年三月初十日,内阁奉上谕:江西广饶九南道员缺,著李希莲补授。钦此。

119　查:江西广饶九南道系冲繁中缺。谨奏。

188　军机大臣字寄两江总督·一等威毅伯曾,四川总督丁,署湖广总督裕、署湖广总督、湖南巡抚卞，江苏巡抚卫，安徽巡抚吴，江西巡抚德，湖北巡抚彭，河南巡抚、调任陕西巡抚鹿，陕西巡抚、调任河南巡抚边，传谕署安徽巡抚、布政使卢士杰，署湖南巡抚、调任广东布政使庞际云，署山西巡抚、调任直隶布政使奎斌。光绪十一年四月初五日奉上谕：前据谭钟麟奏请饬各省迅解关外军饷，当谕令户部速议具奏。兹据该部奏称，本年甘肃、新疆军饷前经分省指拨，共银四百八十万两。截至三月底止，已据报解银一百万九千两，未解银三百七十九万一千两，分晰开单呈览。甘肃、新疆军饷关系紧要，各该省并不依限报解，欠数甚巨，殊属延玩。著各该督抚迅将本年应解甘肃、新疆军饷，遵照部定期限，扫数解清。如再延欠，即由该部分别奏参。原单均著抄给阅看。将此由五百里谕知曾国荃、丁宝桢、裕禄、卞宝第、卫荣光、吴元炳、德馨、彭祖贤、鹿传霖、边宝泉，并传谕卢士杰、庞际云、奎斌知之。钦此。遵旨寄信前来。

189　军机大臣字寄福州将军、直隶、两江、闽浙、湖广、四川、江苏、安徽、江西、福建、湖北、湖南、山东各督抚。光绪十一年四月初五日奉上谕：户部奏请续拨京饷等语。近年库款支绌，叠经户部续请添拨京饷。此次该部酌量各省情形，拟拨山东地丁银五万两，湖南地丁银五万两，江西地丁银四万两，福建税厘银十万两，两淮盐课盐厘银八万两，长芦荥工加价银五万两，江苏厘金银十二万两，安徽厘金银五万两，湖北盐厘银五万两，四川津贴银五万两，盐厘银十万两，闽海关洋税银五万两，江海关洋税银八万两，九江关常税银十万两，赣关常税银三万两，共银一百万两。著该将军、督抚各将所拨饷银连本年原拨未解京饷均于五月前解到一半，十二月初间如数解齐。各该将军、督抚务当顾全大局，依限提前完解。倘藉词诿卸，率请划抵截留，贻误要需，即著该部指名严参。将此由五百里各谕令知之。钦此。遵旨寄信前来。（抄交户部）

238　军机大臣字寄江西巡抚德。光绪十一年四月二十四日奉上谕：有人奏江西丁漕积欠甚多等语。丁漕系维正之供，闻该省除灾缓不计外，历年共短征银五百余万两。何竟积欠如此之多，其弊安在。著德馨破除情面，认真确查，据实具奏，不准稍有含糊。将此谕令知之。钦此。遵旨寄信前来。

270　军机大臣字寄各直省将军、督抚，传谕粤海关监督。光绪十一年五月初八日奉上谕：现在海防善后用项浩繁，必须通盘筹画，核实经理，方足以裕度支而纾国用。各该省关每年所入之款，究竟实有若干，其常年例需及现在添支防勇局卡饷需薪水各款，实在费用若干，此后常年可以裁减归并节省之款若干，著各该将军、督抚、监督等切实核计，逐款分晰开单。限于奉旨一月内，详细奏报，毋得稍涉含混，藉词延缓。将此由六百里谕知各直省将军、督抚，并传谕粤海关监督知之。钦此。遵旨寄信前来。（抄交户部）

325　军机大臣字寄大学士 · 直隶总督 · 一等肃毅伯李，两江总督一等威毅伯曾，江苏巡抚卫，河南巡抚、调任陕西巡抚鹿，山东巡抚陈，江西巡抚德，传谕护理河南巡抚、布政使孙凤翔，淮安关监督恩林。光绪十一年五月二十六日奉上谕：庆裕等奏请饬催各省欠饷,开单呈览一折。据称奉天本年的饷前经户部议拨山东地丁银十万两,两淮盐厘银八万两,淮安关常税银三万两,江苏厘金银二万两,江西厘金银一万两,直隶旗租银二万两,迄今仅据两淮解到银二万两,其余各省均未报解。至各省欠解历年饷银一百三十二万三千六百九十余两亦未拨解,请旨饬催等语。奉天支放各款,需饷甚殷,亟应迅速拨解,以资应用。著各该督抚监督等即将奉省本年的饷于六月内批解一半,十月内扫数解清,并将欠解历年专饷,分年搭解,以济要需。原单均著抄给阅看。将此由四百里谕知李鸿章、曾国荃、卫荣光、鹿传霖、陈士杰、德馨并传谕孙凤翔、恩林知之。钦此。遵旨寄信前来。(抄交户部)

347 军机大臣字寄两江总督·一等威毅伯曾、四川总督丁、云贵总督岑、署湖广总督裕、江苏巡抚卫、安徽巡抚吴、江西巡抚德、湖北巡抚彭、湖南巡抚卞、云南巡抚张,传谕署安徽巡抚、布政使卢士杰。光绪十一年六月初十日钦奉慈禧端佑康颐昭豫庄诚皇太后懿旨:醇亲王奕譞等奏遵议云南矿务,请饬查明矿厂现在产铜情形及需用铜本若干,据实具奏一折。云南应解京铜,自军务肃清以后,试行办运,经户部两次奏拨铜本银二百万两,该省仅解到铜五百余万斤。叠经谕令该督抚广为开采,认真筹办。刻下实泉、实源两局鼓铸需铜甚殷,亟宜整顿铜务,以期渐复旧额。著岑毓英、张凯嵩按照此次所奏各节逐一查明,据实迅速覆奏。总当竭力规画,庶几铜运日有起色,不得徒托空言。其经手承办官商人等并著随时严查。倘有营私舞弊情事,即行从严惩办。东南各省不乏产铜之区,并著曾国荃、丁宝桢、裕禄、卫荣光、吴元炳、德馨、彭祖贤、卞宝第、卢士杰,查明各该省如有可开之矿,即行奏明。一面筹拨资本招商试办,总期广为开采,源源运京,以重铜政。原折著抄给岑毓英、张凯嵩阅看。将此由五百里谕知曾国荃、丁宝桢、岑毓英、裕禄、卫荣光、吴元炳、德馨、彭祖贤、卞宝第、张凯嵩并传谕卢士杰知之。钦此。遵旨寄信前来。(抄交户、工部)

348 臣奕譞等谨奏为遵旨会同妥议具奏事。光绪十一年五月十八日,军机大臣钦奉慈禧端佑康颐昭豫庄诚皇太后懿旨:铜斤为鼓铸所关,现在云南矿务渐次扩充,采运尚未复额,应如何悉心筹画,详定章程,以期将来规复旧制。著军机大臣、户部、工部会同妥议具奏,醇亲王奕譞著一并与议。钦此。臣等窃维滇省出产铜斤,自乾隆以来,每年部拨铜本银一百万两,岁运京交户、工两局铜六百三十余万斤,又加办户局正耗铜二十二万斤。而本省之鼓铸资焉,各省之采买资焉,通商惠工,利至溥也。咸丰初年,滇省军务铜政停办几二十载。肃清之后,巡抚岑毓英、总督刘长佑先后复请款开采,经户部奏准于各省欠协滇饷内指拨铜本银二百万两,各省陆续解滇。仅江西、广东、浙江数省欠解银二十一万余两。然自光绪二年以来,仅据滇省解到铜五百万斤,已报未到铜五十万斤。近年历经钦奉谕旨,饬令该督抚广为开采,实事求是,并经户部迭次具奏,请旨饬下云南督抚妥筹办法,及时整顿。虽据岑毓英、张凯嵩先后奏陈整顿铜政并购买机器,招商集股各情形,岑毓英则谓一年必有起色,三年决著成效,张凯嵩则谓地不爱宝,有日新月异之机,究其实际批解京铜起数未能加增,司库借用铜本归还无日,广集商股巨款亦尚虚悬。若不认真办理，安能规复旧额。现在滇省防务已松，正宜及时规画。臣等公同商酌拟请旨饬下云贵总督岑毓英、云南巡抚张凯嵩，现在滇省铜矿能否丰旺，旧有各矿是否照常可采，新复各矿有无矿苗，就现在开采各厂核计，每年实可复铜若干，司库借用铜本银六十万两能否即日筹还，道员胡家桢等认招商股二百九十五万两曾否解齐商办，是否确有利息，知府卓维芳所购机器是否适用，逐一查明据实具奏，毋得仅以不难规复、渐有起色等空言陈覆。如果矿苗丰旺，商力厚集，可以多获铜斤，或竟能复额，确有把握，特限于官本之无出，亦令将需用铜本若干，每年可解京铜若干，详切奏明，请旨办理，或由户部筹拨巨款以资接济，总期实有起色可复旧额。至岑毓英前奏整顿铜政章程五条，均经户部覆准。其禁革经费一条，据称历来铜本则有减平，收铜则用大秤，刁难需索，展转折和，良善者歇业，狡黠者走私，以致额运日形棘手等语。此为官办之弊，户部议覆翰林院侍读龙湛霖整顿矿务折内声称，招商集股官绅或从中舞弊，将招集股银擅那妄动，私自经营，暗亏商本；或发存银号，冀得余利，一遇倒闭，巨款无著，此为商股之弊。际此整顿铜政，该督抚尤宜悉心体察，如有不肖官吏招摇勒索，舞弊营私，即为铜政之蠹，立即从严惩办，以重矿务。抑臣等更有请者，滇省整顿铜政，将来自可渐复旧章，惟运途遥远，势难克期而来。查户部本年五月间奏请饬令出使日本大臣徐承祖议购洋铜，按十足红板铜库平，每百斤运至天津，共需价脚银如在十五两以内，即先订购一百万斤，奉旨俞允。同治年间亦有由三口通商大臣及江苏省采买铜斤之案，东南各省不乏产铜之区可供采买者，拟请旨饬下各该省督抚妥定价值、运费，采买运京，与滇铜、洋铜参用，一俟滇铜复额，即行奏停，似与整顿矿务亦相辅而行之一法也。所有臣等会议缘由，是否有当，恭折具陈，伏乞皇太后圣鉴。再此折系户部主稿，合并声明。谨奏。光绪十一年六月初十日和硕醇亲王臣奕譞、和硕礼亲王臣世铎、户部尚书臣额勒和布、协办大学士·户部尚书臣阎敬铭、刑部尚书臣张之万、刑部右侍郎臣许庚身、工部左侍郎臣孙毓文、户部尚书臣崇绮、户部左侍郎臣嵩申、户部左侍郎臣孙诒经(学差)、署户部左侍郎通政使司通政使臣周家楣、户部右侍郎臣景善、户部右侍郎臣孙家鼎(假)、工部尚书臣宗室福锟、工部尚书臣翁同龢、工部左侍郎臣乌拉布、工部右侍郎臣清安(未到任)、署工部右侍郎臣宗室敬信、工部右侍郎臣徐用仪。

390　光绪十一年六月二十日，内阁奉上谕：曾国荃奏江南、安徽、江西三省被水筹办情形一折。据称本年南中雨水遇多，遂致江河漫溢。江南之上元等州县，安徽之六安等州县，江西之清江等州县，低区圩田隄埂俱有被淹冲决情事，业经分别疏消抚恤等语。前闻江苏多雨，曾经降旨垂询，兹览所奏各情，朝廷倍深廑系。即著该督抚饬属确查，务将赈抚事宜妥筹连办，总期实惠及民，毋任流离失所，用副轸念灾黎至意。余著照所议办理。该部知道。钦此。

409　光绪十一年六月二十四日，内阁奉上谕：朝廷孜孜求治，民生之休戚，图计之盈虚，吏治之得失，胥视封疆大吏为转移。各直省督抚身膺重寄，宜如何振刷精神，力求实效。近来认真办事者，尚不乏人，而相沿积习，总未能实力湔除，往往诏书时下，剀切严明,各该督抚辄以通行僚属为了事,并未确切考察,以致泽不下究,弊转业生,甚至特旨交查事件消弥延搁,比比皆是。绿营废弛已久,既多新招之勇,复养无用之兵,钱粮已属虚耗,况各省防营又多虚额,若非严加澄汰,何以训练精兵。度支出入全在综核精密,钱漕系维正之供,而(擅)灾蠲缓竟为成例。荒田正赋迄未复额,关税则视为利薮,但知牟利肥己,从不念及公家厘金一项,弊窦尤多。以国家不得已之举,视为调剂属员之事,中饱侵渔,牢不可破。各省制造繁兴,经费至巨,委员不得其人,冒销朦混,尤为一大漏卮。其余例外浮费,无非上亏国帑,下削民生,种种锢习,不可枚举。如果疆吏核实秉公,视国事如家事,任劳任怨,不倚不偏,何难足国裕民,日有起色。该督抚均系特简倚任之臣,其各激发天良,仰体宵旰焦劳之意,事事实心经理,必须破除情面,举劾公明,得人则治,尤属要图,勿视诰诫为具文,勿以陈奏为塞责。经此次切实训饬之,复如有仍蹈旧习,瞻顾因循,一经查出,轻则立予罢斥,重则分别治罪,决不姑容。总之用人行政,朝廷惟以实事为衡,各该督抚应将如何整顿之处,通盘筹画,缕析覆陈,毋得稍有敷衍弥缝,致干咎戾。勉之!懔之!钦此。

436 军机大臣字寄福州将军,直隶、两江、闽浙、湖广、两广、四川、江苏、浙江、安徽、江西、福建、湖北、湖南、广东、河南、山东各督抚,传谕粤海关监督。光绪十一年七月初八日奉上谕:户部总理各国事务衙门奏请催解东北边防经费一折。据称各省关本年应解东北边防经费,截止六月底止,除解到及报解起程外,尚欠解银一百七万两,请饬迅解并补解历年积欠银两等语。此项经费关系紧要,自应迅速筹解,以济要需。著该将军、督抚、监督将欠解银两赶紧筹解,倘再迟延,即著户部照贻误京饷例指名严参。原单著分别摘抄给与阅看。将此由五百里谕知福州将军,直隶、两江、闽浙、湖广、两广、四川、江苏、浙江、安徽、江西、福建、湖北、湖南、广东、河南、山东各督抚,并传谕粤海关监督知之。钦此。遵旨寄信前来。

441 光绪十一年七月初九日,内阁奉上谕:御史赵时熙奏各省参革人员往往恋踞省城,藉端讹索,捏词混控,请饬查明驱逐等语。著各省督抚查明参革人员,如有此等情事,即行勒令回籍,不准逗留。钦此。

458 军机大臣字寄福州将军,直隶、两江、湖广、闽浙、四川、两广各总督,江苏、安徽、江西、福建、浙江、湖北、湖南、河南、山东、山西、广东各巡抚,传谕粤海关监督。光绪十一年七月十六日奉上谕:户部奏请旨催解京饷一折。本年京饷原拨、续拨共银八百万两,截至五月底止,除划拨、截留、解到及报解起程外,尚欠解银五百七十四万四千余两。现在部库支绌,应放各款均关紧要,所有各省关欠解京饷,亟应全数报解,以应要需。著该将军、督抚、监督等各将欠解银两赶紧陆续提前解部,统于年内扫数解齐。倘敢诿卸拖欠,即由户部照章参奏。其解不及半及丝毫未解等处,经此次严催后,倘仍不完解,著户部随时指名严参。另片奏请催解近畿防饷等语,并著该将军、督抚、监督等各查照欠解数目,赶紧筹解,限十月内解清。倘仍前延欠,即著户部照贻误军饷例参奏。

原单二件均著分别摘抄给与阅看。将些由五百里谕知福州将军,直隶、两江、湖广、闽浙、四川、两广各总督,江苏、安徽、江西、福建、浙江、湖北、湖南、河南、山东、山西、广东各巡抚,并传谕粤海关监督知之。钦此。遵旨寄信前来。(抄交户部)

477　军机大臣字寄两江、湖广、四川各总督,江苏、江西、安徽、湖北、湖南、山西、陕西、河南各巡抚。光绪十一年七月二十三日奉上谕:本年各省应解甘肃、新疆军饷,前经户部指定银数,按期拨解。嗣因欠解甚多,复经该部叠次奏咨飞催,兹据将已解、未解数目开单呈览。甘肃、新疆军饷关系紧要,岂容似此迟误。现在各省欠解银两尚有二百六十余万,江西、湖北等省欠解最多,尤属不成事体。著各该督抚等按照单开数目,赶紧筹拨,扫数解清,毋再延宕。原单著抄给阅看。将此由五百里各谕令知之。钦此。遵旨寄信前来。(抄交户部)

490　臣等查:本年届更换学政之期,谨将已满三年顺天、江苏、安徽、福建、湖北、湖南、河南、山西、陕西、甘肃、广东、广西、云南、奉天十四省各学政,及未满三年,办过岁考之山东、四川、贵州三省各学政,未满三年未办岁考之江西、浙江二省各学政,分缮名单呈览,恭候钦定。俟发下后,臣等再拟写谕旨,进呈颁发。谨奏。

491　已满三年各学政名单:顺天学政孙诒经;江苏学政黄体芳;安徽学政徐郙;福建学政冯光遹;湖北学政高钊中;湖南学政曹鸿勋;河南学政冯文蔚;山西学政吕凤岐;陕西学政慕荣幹;甘肃学政陆廷黻;广东学政叶大焯;广西学政詹嗣贤;云南学政丁立幹;奉天府府丞兼学政朱以增。

492　未满三年已办岁考各学政名单:山东学政汪鸣銮(光绪九年四月二十八日放);四川学政邵积诚(光绪八年十二月二十七日放);贵州学政杨文莹(光绪九年八月二十五日放)。

493　未满三年未办岁考各学政名单:
江西学政梁仲衡,光绪十年四月十五日放。
浙江学政瞿鸿禨,光绪十一年五月十五日放。

509　光绪十一年八月初一日,内阁奉上谕:本年值更换学政之期,除浙江学政瞿鸿禨甫经到任,江西学政梁仲衡、贵州学政杨文莹毋庸更换外,顺天学政著许应骙去,江苏学政著王先谦去,安徽学政著贵恒去,福建学政著陈学棻去,湖北学政著张仁黼去,湖南学政著陆宝忠去,河南学政著华金寿去,山东学政著陆润庠去,山西学政著高燮曾去,陕西学政著林启去,甘肃学政著秦澍春去,四川学政著盛炳纬去,广东学政著胡瑞澜去,广西学政著李殿林去,云南学政著戴鸿慈去,奉天府府丞兼学政著杨颐调补,所遣顺天府府丞即著朱以增调补。以上各员有现出试差者,著即赴新任,毋庸来京请训。杨颐著俟顺天乡试事务办理完竣,再行赴任。钦此。

571 军机大臣字寄两江总督·一等威毅伯曾、两广总督张、四川总督丁、署湖广总督裕、浙江巡抚刘、江西巡抚德、湖北巡抚彭、湖南巡抚卞、广东巡抚倪、山东巡抚陈、云南巡抚张,传谕护理江苏巡抚、布政使谭钧培,护理河南巡抚、布政使孙凤翔。光绪十一年八月十八日奉上谕:户部奏遵议云南矿务,请饬催铜本欠饷一折。据称各省应解云南铜本、协饷,除解到及报解起程外,尚欠解铜本银二十一万三千余两,常年兵饷银二百九十九万三千六百余两,月饷银二百七十三万二千一百余两,增拨月饷银八十万五千三百两零,请饬迅解等语。前项银两积欠甚巨,现在云南办理矿务需款孔殷,著各该督抚将欠解铜本迅即扫数解清,应解常月等饷速筹巨款,源源接解,毋再延宕致误要需。张凯嵩即将各省解到欠饷划归挪用铜本,先尽此项采办,督饬各员核实经理,毋任虚糜,并将归还铜本数目及采办情形随时具奏。至该抚请添铜本一节,现在该省各厂开采每年究可增铜若干,尚未能确有定数,所请著暂毋庸议。原单著分别摘抄给与曾国荃等阅看。将此由四百里谕知曾国荃、张之洞、丁宝桢、裕禄、刘秉璋、德(罄)[馨]、彭祖贤、卞宝第、倪文蔚、陈士杰、张凯嵩,并传谕谭钧培、孙凤翔知之。钦此。遵旨寄信前来。(抄交户部)

593 军机大臣字寄各直省将军、督抚。光绪十一年八月二十二日钦奉慈禧端佑康颐昭豫庄诚皇太后懿旨:前据侍郎薛允升奏请饬裁减勇营,将中外各旗营加饷训练一折。当经谕令军机大臣会同户部妥议,并令醇亲王奕譞一并与议。兹据会议具奏,据称核计各省现年兵饷需银一千四五百万两,其养勇之费,每岁约需银三千四百余万两,加以京外旗兵又需额饷一千余万两,岁入之款约共应收银七八千万两,是竭天下十分之物力八分以养兵勇,断非经久之道。今欲酌加旗营饷需,即就在京各营应领饷项计之,现在支给银六百余万两,如议加复成数,约须增(钦)[款]三百万两,部库实难另筹。惟有将各省营勇裁减浮滥,每省每年各裁节银二三十万,分批解部以供加饷练兵之用。其各省设立善后各局,名目繁多,重见复出,尤应大加裁并等语。各省招募勇丁向多糜费,上年办理海防又复纷纷添募,现当军事粒定,本应认真裁减,汰弱存强。各疆吏往往因伏莽未除,留为弹压防守之用,甚至统带营官藉词肥已,均所难免。八旗向称劲旅,亟宜加饷精练,果能裁无用之营勇,为有益之要需,实属根本至计。著各直省将军、督抚破除成见,迅将各该省现有勇营切实核减,查照该部所指虚伍空额,老羸幼稚,杂费冗弁及无事长夫各节,逐一确查,认真裁汰,不得任听营哨各员弁饰词朦混。并将存留各营按日训练,无事常如有事,庶几缓急可恃。其裁勇所节之饷,从光绪十二年起每省每年可得若干,先行奏明专款存储,分批解部备用,不准以斟酌情形,无可裁撤等词一奏塞责。至各省纷纷设立各局,如军需则既有善后总局,又有善后分局,报销、筹防、支应、制办、军械、转运等局,地方事宜则有清查藩库、营田,招垦官荒、交代、清源,发审、候审、清讼、课吏、保甲、刊刻书籍、采访忠义等局,种种名目,滥支滥应,无非瞻徇情面,为位置开员地步。各防营奏调、咨调候补人员开支公费诸多冒滥,均堪痛恨,尤应一并大加裁汰,并著于本年十一月内定议迅速覆奏。当此时事艰难,饷需支绌,裕国必先理财,而耗财莫如冗滥,删一分浮费，即可多一分正用，各将军、督抚等务当通盘筹画，扫除积习，总以核实二字为主，毋稍观望推延。原折均著抄给阅看。至在京王公、文武百官俸银久经减成给发，自应一律加增以示体恤。统俟该将军、督抚等覆奏到日再行降旨。将此由五百里各谕令知之。钦此。遵旨寄信前来。（抄交户部）

594　和硕醇亲王臣奕譞等跪奏，为遵旨会奏事。光绪十一年七月二十三日，军机大臣钦奉慈禧端佑康颐昭豫庄诚皇太后懿旨：侍郎薛允升奏各省募勇太多，请饬裁减，并请将中外各旗营量加兵饷，认真训练一折，著军机大臣会同户部妥议具奏，醇亲王奕譞著一并与议。钦此。臣等遵查侍郎薛允升奏称今日要务莫急理财，耗财大端则在养兵。近年又加养勇，财耗尤甚。我朝绿营兵额共计五十八万四千有余，乾隆四十六年增添六万六千余名后，屡次仅裁去一万七八千名。咸丰初年始为招勇之计，嗣后各省视为成规，一有警防，舍招勇别无良策。虽经兵部屡次奏裁，各省均以办防为词，藉口不便，甚或托言盗风甚炽，伏莽堪虞，资勇弹压。即偶有一二省核减，而此减彼增。上年法人构衅，增添尤不一而足。统计勇数总不下三千余万，费饷不下二千余万。兵不可恃，易之以勇，勇乃日增而制兵仍旧，由兵饷外又加勇饷，是兵之耗财有定，勇之耗财转无定况。现在所招之勇与昔年迥不相同，已成弩末之形，与额兵相去无几。当国家全盛，添兵六万，谋国者尚虑难继划。财赋支绌之时，度支几何，何堪任令糜费。我朝武功之盛远迈前代，开扩削平，非恃绿营，大约八旗兵力居多，乃今渐染绿营气习，日益媮窳，积习相沿，已非一日。该管官未能时加训练，该旗兵遂相率致成委靡。自军兴以来，应得银米折成减放，糊口不及，岂能责以娴熟技勇。虽设立神机营挑选精壮学习技艺，未尝不为腹心干城之寄。然未挑准者浮于挑准，人既视为无用，伊亦甘以无用自居，八旗之兵遂成积弱，一经畿辅设防，辄纷纷征调外兵，当日所称劲旅，反置之可有可无之列，似非设立旗营本意。臣愚以为与具以有用金钱招致游勇，何如就旗兵饷项，量为加增。现在东三省业经练兵加饷，京旗及各省驻防旗营应一体照办。总之，兵与勇不可并存，兵与勇尤不容偏重。各督抚募勇为权宜之计。朝廷应以练旗兵为固本之图等语。臣等伏查我朝用兵旧制与前代不同，前代用兵，兵数多而饷数少。我朝用兵，兵数少而饷数多。远史不具论，以明代论之，明代平安南、援朝鲜，兵较数十万。我朝乾隆年间恢复安南两路，仅调兵一万八千。明代破播州、征丽川以兵二十余万。我朝雍正年间，平定云贵、苗疆土司仅调兵三万余人。至于康熙、雍正西师之役，乾隆准回之役，嘉庆川楚之役，用兵最久，从无调兵至十万者。岳钟琪破青海兵止七千，兆惠、富德平霍集占两路用兵，兵止三万。此载在列朝方略，可考而知。至于用饷之数，金川首尾五年用银七千万，川楚之役用银一万万，准回之役用银三千三百万，虽安南一役为日无多，然用银亦百万有奇。其兵数少者，盖皆调兵而不募兵。其饷数多者，前代用兵皆加诸赋税，本朝则全发帑藏，一无增取于民。自咸丰年来，各省舍兵不用而用勇，兵乃日归无用，岁仍糜额饷一千四五百万两。至今又养营勇，以户部登记册档可考者，核计约有五十四万余员名，一岁约需饷银三千四百余万两。是各省兵勇两项已不下百余万人，岁需饷项五千余万两，再加以京外旗兵三十余万人，岁又需额项银一千余万两。就现时赋税额入连例外征收之厘金、洋税等项合计，一岁约共应收银七八千万两，其中各项每年仍约有欠完银共六七百万两不等，是竭天下十分之物力八分以养兵勇。长此支销，断非经久之道也。侍郎薛允升奏各省募勇太多，请饬裁减，实为今时要图。并请将中外各旗营量加兵饷，认真训练，尤为国朝之本。计查各处驻防旗兵，其有随同各省绿营汇拨兵饷者，应支银两在汇拨时并未减少。惟在京八旗、绿步各营及在部库领饷之近畿各处驻防旗兵，所得饷项皆系减成支给。然从前旧制，此等部库应支兵饷在乾隆年间岁支十成银，共四百余万两。至嘉庆、道光年间，岁支十成，共六百万两上下。近来因八旗养育兵屡经加额，孤寡养赡，岁有增益。又兼军兴后，阵亡弁兵家口永食终身半饷者十倍，昔年保案多，各项候补官员支食原有俸饷者增逾旧(颇)[额]，且有新增设立之各营津贴、各营经费皆不在旧制之列。故现在部库关放八旗各项银款，除支给之察哈尔官兵、达里冈官兵、尚都达布逊诺尔官兵、热河额鲁特官兵、涿州良乡、密云、固安等处官兵饷项，暂勿庸核计外，其按月支给在京旗营饷银、马银、库银、米折银，经费、口分等银，总计一月须开放银两十三万至四十七万两不等，遇闰加给，较之从前旧制，每月开放八旗十成兵饷四十八万余两，论银数减少无多。查道光年前，各省岁入地丁、税课等银约共有五千余万两，各省岁出存留拨用银三千余万两，尚有存剩银二千万两，皆应于春秋报拨解部，并随时由户部指拨。而部库一年新款合计不过共用银一千数十万两，以入抵出，实有盈余。自咸丰三年因各省春秋报拨并无存款，户部始改为按年定数，指拨解部。近年各省岁应解户部京饷银只八百万两，此外虽仍有应解部之固本饷银、漕折银、加平减平银、杂款银及边防经费银、四成洋税银、常捐银款，然各省年年均有截留借动及解不足数，通计各项实解到部一年亦仅有银一千一二百万两。而部库近年应放之官饷、兵饷、米折、马银、库银，工程奏拨、内务府奏拨、内廷传用、神机营经费，部垫部放各处军饷、防饷，各衙门一切杂支，岁实需银一千四五百万两不等，已成入不敷出之势。全欲加增旗兵饷项，自应通盘筹画。除将因减成折放兵饷所加之各项办公津贴等银应行停止，再将驻扎京外各处旗兵赴部所领饷项暂缓议加，准将京中旗绿各营兵丁饷项、库银、经费、口分等款按照十成开放，一年约需用实银九百万两上下，现按减成折放一年，已支给实银六百余万两，始议加复成数，则一年仍次加放实银三百万两之谱。若议在于部库现存现入银两内开放，尤属出入不敷。近年虽经户部屡次奏令各省裁节用款及奏请加增洋药税厘，现尚未据各省将毕竟共能收集银两若干全行奏覆，纵将来能增收银款，然自上年起各案息借洋款本息为数已巨，增收洋药厘税一款，自应专留作归洋款之用。且云南、广西镇南、马白两关议屯常川防军，沿海议创水军皆须筹画经费，则各省所有裁节银款亦即应存为此等用需。臣等再四思维加饷训练京兵，惟有在于各省营勇中议令切实减裁浮滥，腾出银两，解京应用，尚可筹措。各省营勇用款之浮滥者，一则虚伍空额可裁，一则老羸幼稚可裁，一则无事长夫可裁，一则杂费冗弁可裁。近来各勇营积习不能尽如十余年前朴实果毅之风。且上年防战事起，各省多年所养旧勇不足，又纷纷招募新勇。此时事定，尤当收新勇、旧勇一并认真点验，留强汰弱，近归练勇初章，以期士皆可恃。臣等督饬司员通查档册，核明各省报部勇饷，按一年计算约共支销银三千四五百万两之多，应请旨通饬各省将军、督抚诸臣悉心酌议，认真详慎妥办。自光绪十二年起，每省每年各从所支勇营饷下，酌量地方情形，各裁节银二三十万两，分批解部，以供此项加饷训练京兵之用。况各省近来纷纷设立局所，如军需则既有善后总局，又有善后分局，又有报销、筹防、支应、制办、军械、转运等局；地方本各有专司，则又有清查、藩库、营田、招垦、官荒、交代、清源、发审、清讼、课吏、保甲、刊刷书籍、操防、忠义等局。重见复出，不可枚举，无非各为位置闲员地步，瞻徇情面，虚糜经费，无可稽查。至于各省近来防营奏调候补人员，任使开支公费尤为浮滥，应一并大加裁减，统于本年十一月内一体定议，迅速奏覆，不准推诿宕延。约计各省能裁出三百万两解京，即可敷用。一俟各省奏覆减定银款到部之后，再由臣等会同定议将如何加放兵饷训练之章程，奏明请旨遵行。户部于奏覆江苏省扩充机器局案内，已筹议欲练制兵，宜增额饷。是此议部臣等亦久经见，及特因今时用款支绌，故未敢率尔举行。既据侍郎薛允升陈请，前因臣等公同集议，意见相符。窃以为此议若行，则京兵可加饷，训练营勇亦可核实减定，似属良图。惟各省现在情形，未必不实有因盗风未靖，伏莽堪虞，防守弹压须用勇丁者。然臣等所拟不过令各省核营之冒滥，即足供京兵之教养，并非以截趾适履之计难各省以难行，且前所以沥陈列朝武功兵数饷数者，盖谓兵贵精而不贵多。若各省实能将制兵认真训练，拔尤选锋，汰冗去弱，修明营制，加并饷项，何尝不能舍勇用兵。今时兵之不可操，患在各将备分扎营汛，不能归并。今时勇之不易减，则在于各统带图拥丰厚，藉便浮销。统论全局旗、绿、勇营各兵，理无歧视，惟国家兵饷，各省本皆有定额，现在一年入款如此，出款如彼，除酌裁勇营浮滥外，实无良策可裕度支。臣等固非一旦骤令各省尽裁营勇，各省疆臣亦不得出之操切，致生事端。惟经此番奏议，各省务当核实饷项，认真勤操，为长久可恃之计，则勇营既皆可用兵，亦有资训练矣。所有臣等会议缘由，谨合词具陈，伏乞皇太后慈鉴。再，此折系户部主稿，合并陈明。谨奏请旨。光绪十一年八月二十二日，和硕醇亲王臣奕譞、军机大臣 · 和硕礼亲王臣世铎、军机大臣 · 大学士 · 管理户部事务臣额勒和布、军机大臣 · 协办大学士 · 户部尚书臣阎敬铭、军机大臣 · 刑部尚书臣张之万、军机大臣 · 刑部右侍郎臣许庚身、军机大臣 · 工部侍郎臣孙毓汶、户部尚书公臣崇绮、户部左侍郎臣嵩申、户部左侍郎兼署礼部左侍郎臣孙诒经、户部右侍郎臣景善、户部右侍郎兼署礼部右侍郎臣孙家鼎。

607　军机大臣字寄各直省将军、督抚。光绪十一年八月二十七日奉上谕：各省勇营糜费甚巨，已钦奉懿旨，令各将军、督抚汰弱留强，核实办理。惟向来撤勇一事，流弊滋多，不可不谋之于预。且此次撤勇固贵节省饷项，移作要需，尤在整饬营规，练成劲旅。各省勇营虚伍，已成通病。其始勇丁遇有事故，从缓募补，将截旷银两中饱，久之竟有初招时已短数成者。统领派员点验，则移东补西，以掩一时耳目，冒销克扣，百弊业生。此等情形朝廷早有所闻，姑不追咎既往。现当归并之始，必应严申禁令。倘仍有虚伍之弊，即以军法从事，并著将如何归并之处，先行切实陈明，不得稍涉含混。勇数既裁，营员自随之而减，如实有久经战阵之员，月给薪粮，作为额外留于该省差委，仍酌予限制。此亦储备将才之一策，全在各统领激发天良，秉公遴选；设又藉此肥已，或安置私人，或浮开公费，一经查出，立予重惩。至遣撤勇丁，如竟任其所之散而无稽，老弱流离可悯，骄悍生事堪虞，必须先事绸缪，详加规画。其无欠饷可领者，酌予川资，遴派妥员，分起分路，管带回籍，庶于约束之中寓体恤之意。以上数端，该将军、督抚均当悉心体会，认真经理。此外如尚有未尽事宜，各抒所见，奏明详旨。并将新招之勇与旧有之勇如何裁汰，如何整顿，实存现勇若干，节省饷银若干，明晰声叙。经此次训饬之后，其各痛戒瞻徇，破除积习，务使裁撤之营安静无事，存留之勇训练益精，方为不负委任。至各省绿营宜如何变计操演，或仿直隶练军章程，或照各该省原有抽练章程，一体举办，并著于撤勇时一并妥筹具奏。将此由五百里各谕令知之。钦此。遵旨寄信前来。

618　军机大臣字寄安徽巡抚吴、江西巡抚德、浙江巡抚刘，传谕署山西巡抚、调任直隶布政使奎斌，护理河南巡抚、布政使孙凤翔。光绪十一年九月初一日奉上谕：杜嘎尔等奏部拨乌科尔城支款，安徽、江西、浙江各欠解银二万两，又河南、江西欠解应拨军需各一万两，请旨饬催等语。该两城放款支绌，需饷孔殷，著吴元炳、德馨、刘秉璋、孙凤翔饬令各该藩司，将应解各款迅速筹拨，以济要需。另片奏本年春夏两季，山西应解乌科经费尚未解到，请饬拨解等语，著奎斌查照同治九年以前常例，先期筹拨，以符旧制。将此由四百里谕知吴元炳、德馨、刘秉璋，并传谕奎斌、孙凤翔知之。钦此。遵旨寄信前来。（抄交户部）

627　光绪十一年九月初四日，内阁奉上谕：江西南赣镇总兵员缺，著姚广武补授。钦此。

654　军机大臣字寄两江总督·一等威毅伯曾、署湖广总督裕、江苏巡抚卫、江西巡抚德、浙江巡抚刘、湖北巡抚彭，传谕护理江苏巡抚、布政使谭钧培，粤海关监督海绪。光绪十一年九月十一日奉上谕：金顺奏，前拨伊犁善后经费，浙江欠解银二万两，江西欠解银一万两，江苏欠解银九千两；至湖北原拨银三万两，粤海关原拨银三万两，均丝毫未解，现拟将欠发工匠各款，于各省关就近领给等语。伊犁应给工程银两，需款甚殷，著曾国荃等查照应解数目，如数筹出，交该将军催饷委员收领给发，毋再延欠。将此由五百里谕知曾国荃、裕禄、卫荣光、德馨、刘秉璋、彭祖贤，并传谕谭钧培、海绪知之。钦此。遵旨寄信前来。（十二年四月初七日抄交户部）

668　光绪十一年九月十七日，内阁奉上谕：前据崧骏奏江西、河南等省光绪九年份经征漕项及漕米节省耗羡未完分数各职名，当令该部议奏。兹据户部等衙门奏遵旨会议开单呈览一折，前因各省经征地丁盐漕钱粮未能依限全完，题本又多迟谕，经户部奏令各该督抚一面具题，一面先将未完一分以上各员名奏报，由部核定处分，以示惩儆。该经征人员宜如何奋勉从事，实力征收。乃此次单开河南省经征光绪九年漕米节省耗羡，初参未完分数各员内仍有未完五分以上，并有未完十分者，殊属不成事体。所有未完五分以上，陈留县知县李清龄；未完十分之署鄢陵县知县、候补知县孔繁洁，署兰仪县事、内黄县知县王季球，均著照部议革职。余依议。嗣后各督抚务当严饬经征各员将未完钱粮如期征收批解，毋任迟延滋弊，倘敢仍前玩泄，即著从严参办。其应奏未完分数各员，务必赶先奏报，勿事延宕，致同具文。该部知道。单并发。钦此，

691　军机大臣字寄盛京将军，直隶、两江、湖广、闽浙、两广各总督，江苏、浙江、台湾、江西、安徽、湖北、山东、广东各巡抚。光绪十一年九月二十二日奉上谕：御史殷如璋奏各省委员承办外洋枪炮子药等项，暗与洋商勾结，收买废弃之物，浮冒开销，侵吞巨款，虚糜钱粮等语。近来各省购买外洋军火，每多弊窦，虚糜巨饷，贻误军事，实堪痛恨。嗣后各将军、督抚等务当严加稽察，于购办到时，逐件点验。承办委员倘敢以不堪使用之物充数冒销，即著从严参办，并该令员赔缴原价，缴不足数，革职严追，不准稍涉回护。至各处修筑炮台，必应一律坚固，并著认真查勘，如有办理草率，即将承办之员从重惩处。原片均著抄给阅看。将此由四百里各谕令知之。钦此。遵旨寄信前来。

709　军机大臣字寄户部，两江、湖广、四川、两广、江苏、山东、河南、浙江、江西、湖北、湖南、广东各督抚。光绪十一年九月二十五日奉上谕：户部奏遵议岑毓英等奏请饬催欠饷一折。据称各省关欠解云南常年兵饷、月饷及增拨月饷，并四川官运局欠解边防练饷，暨四川欠解防饷，河南等省欠解边防新饷，为数甚巨，请旨饬催等语。云南现在遣撤勇营及办理一切事宜，需饷甚殷，各省关自应迅速筹解，以资应用。著各该督抚无论新款旧欠，务于年内各筹大批，赶紧解滇，毋再延宕。原单均著抄给阅看。余依议。将此谕知户部。并由五百里各谕令知之。钦此。遵旨寄信前来。

711　军机大臣字寄两江、湖广、四川、江苏、安徽、江西、湖北、湖南、河南、山西、陕西各省督抚。光绪十一年九月二十五日奉上谕：户部奉筹拨甘肃新饷一折。甘肃关内外各军饷银关系紧要，现经户部分别饷数，酌定章程，将光绪十二年新饷指拨山西省银八十四万两，河东道银五十二万两，河南省银六十一万两，陕西省银二十万两，湖北省银三十三万两，湖南省银十六万两，江苏省银十万两，两淮银二十万两，安徽省银二十万两，江西省银三十六万两，四川省银一百二十八万两，共银四百八十万两，请饬依限报解。著该督抚等严饬各该司道按照部拨数目于本年十二月底止赶解三成，至来年四月底止再解三成，其余四成统限九月底扫数解清。各该省如能依限完解，即由陕甘总督照案奏请优奖，倘仍前延欠，即著户部照例奏参。将此由五百里各谕令知之。钦此。遵旨寄信前来。（抄交户部）

740　军机大臣字寄盛京、直隶、两江、江苏、安徽、江西、浙江、福建、台湾、湖北、湖南、河南、山东、山西、陕西、甘肃、新疆、四川、广东、广西、云南、贵州各将军、督抚。光绪十一年十月初三日奉上谕：本年山西、陕西、山东、浙江等处灾荒地亩，节经该省奏到，加恩将新旧钱粮分别蠲免缓征。并因广东、广西各属被水成灾，民情困苦，钦奉懿旨拨给银各三万两。山东沿河各州县伏汛盛涨，灾区甚广，复奉懿旨拨给银五万两。其顺、直各属洼区被灾，拨给江苏漕米十万石，藉资赈济。奉天安东等县被水，江苏上元等县

被水，安徽桐城等县被水，江西清江等县被水，福建省城及福清等县被风，湖北咸宁等县被水、谷城等县被风，湖南镇箪等处被水，河南裕州等处被水，山东历城等县被水，山西汾阳等县被水，陕西长武等县被雹、长安等县被水，四川越嶲等处被火、被水，云南宾川等处被水，均经该将军督抚等查勘抚恤，小民谅可不至失所。惟念来春青黄不接之时，民力未免拮据。著传谕该将军督抚等体察情形，如有应行接济之处，即查明据实覆奏，务于封印以前奏到。候朕于新正降旨加恩。直隶热河朝阳县被旱，安徽安庆等处被水、被旱，江西鄱阳等县被水，莲花厅等处被旱，浙江杭嘉湖等属被水、被旱、被风、被虫，湖南益阳等县被水，山西阳曲等县被雹，甘肃皋兰等县被雹，均经该督抚等委员查勘，即著迅速办理，并将来春应否接济之处，一并查明，于封印前奏到。此外各省有无被灾地方，应行调剂抚恤之处，著将军督抚等一并查奏，候旨施恩。将此各谕令知之。钦此。遵旨寄信前来。

741 查本年山西、陕西、山东、浙江灾荒地亩，业经加恩将新旧钱粮分别蠲缓，并因广东、广西、山东被水成灾，民情困苦，叠经钦奉懿旨加恩拨给银两。顺、直各属灾区亦经拨给江苏漕米赈济，其奉天、江苏、安徽、江西、福建、湖北、湖南、河南、山东、山西、陕西、四川、云南被水、被风、被雹、被火地方，均经该将军督抚等查勘抚恤，明春应否量为接济之处，臣等谨照向章缮写询问该将军督抚等谕旨，俟覆奏到日，再行缮写新正加恩谕旨呈进。再直隶、热河、安徽、江西、浙江、湖南、山西、甘肃被旱被水、被风、被虫、被雹之处，该督抚等均已奏明查勘，应否接济，现俱未经奏到。此外各省有无被灾地方，应行调剂抚恤之处，一并询问，令该将军督抚等迅速查奏汇办。谨奏。

757 光绪十一年十月初六日，内阁奉上谕：江西布政使刘瑞芬，著开缺，以三品京堂候补，并赏给二品顶戴。钦此。

758 光绪十一年十月初六日，内阁奉上谕：张端卿著补授江西布政使，安徽按察使著阿克达春补授。钦此。

807 光绪十一年十月二十四日，内阁奉上谕：湖北巡抚著谭钧培补授。钦此。

808 直隶布政使奎斌蒙古镶白旗生员，光绪九年十二月补山西藩司，嗣调直隶。
(朱)○江苏布政使谭钧培贵州进士。光绪五年五月补。
江宁布政使梁肇煌广东进士。光绪五年十一月补。
安徽布政使卢士杰河南进士。光绪五年七月补江宁藩司，嗣调安徽。
山东布政使崇保满洲镶黄旗进士。同治八年四月补甘肃藩司，嗣调山东。
山西布政使高崇基直隶进士。光绪十一年二月补。
河南布政使孙凤翔山东进士。光绪九年十二月补。
陕西布政使叶伯英安徽贡生。光绪九年二月补。
甘肃布政使谭继洵湖南进士。光绪十年十月补。

甘肃新疆布政使魏光焘湖南人。光绪九年三月补甘肃藩司,嗣调新疆。
浙江布政使许应鑅广东进士。光绪十年九月补。
福建布政使张梦元直隶举人。光绪九年九月补广西藩司,嗣调福建。
江西布政使张端卿云南进士。光绪十一年十月补。
湖北布政使蒯德标安徽进士。光绪九年正月补。
湖南布政使松椿满洲镶黄旗人。光绪十一年九月补。
广东布政使沈镕经浙江进士。光绪十一年二月补云南藩司,嗣调广东。
广西布政使李秉衡奉天监生,光绪十一年六月补。
四川布政使易佩绅湖南举人。光绪八年十一月补山西藩司,嗣调四川。
云南布政使庞际云直隶进士。光绪七年八月补湖南藩司,嗣调云南。
贵州布政使曾纪凤湖南生员。光绪十一年六月补。

812 军机大臣字寄福州将军,直隶、两江、湖广、闽浙、四川、两广各总督,江苏、安徽、江西、福建、浙江、湖北、湖南、河南、山东、山西、广东各巡抚,传谕粤海关监督。光绪十一年十月二十五日奉上谕:户部奏请催解京饷一折。本年京饷原拨、续拨共银八百万两,截至九月底止,除划拨、截留、解到及报解起程外,尚欠解银二百六十六万九千余两。现在部库存项无多,一切放款为数甚巨,所有各省关欠解京饷,亟应全数报解,以应要需。著各该将军、督抚、监督等各将欠解银两赶紧陆续解部,统于年内扫数解齐。倘敢诿卸拖欠,即由户部指名严参。原单著分别摘抄给与阅看。将此由五百里谕知福州将军,直隶、两江、湖广、闽浙、四川、两广各总督,江苏、安徽、江西、福建、浙江、湖北、湖南、河南、山东、山西、广东各巡抚,并传谕粤海关监督知之。钦此。遵旨寄信前来。(抄交户部)

813 军机大臣字寄大学士·直隶总督·一等肃毅伯李、两江总督·一等威毅伯曾、闽浙总督兼署福建巡抚杨、江苏巡抚卫、安徽巡抚吴、江西巡抚德、山东巡抚陈、河南巡抚边,传谕护理河南巡抚、布政使孙凤翔、淮安关监督明勋。光绪十一年十月二十五日奉上谕:庆裕等奏请饬拨东三省来年的饷,并请催欠饷一折。东三省丙戌年的饷七十万两,内应拨奉天银二十六万两,吉林银十一万五百九十两,打牲乌拉银三万二千一百四十五两零,黑龙江银十八万一千九百三十五两零,著户部照数指拨,并令各该省督抚严饬各该司,按期如数批解,毋许延欠。并于报解之时分晰奉天、吉林、打牲乌拉、黑龙江各款目,以免牵混。至直隶等省欠解东三省本年的饷,暨历年欠饷,著李鸿章、曾国荃、杨昌濬、卫荣光、吴元炳、德馨、陈士杰、边宝泉、孙凤翔、明勋按照单开,赶紧筹措,务于年前扫数解清,以济要需。庆裕等原单著分别抄给阅看。将此由五百里谕知李鸿章、曾国荃、杨昌濬、卫荣光、吴元炳、德馨、陈士杰、边宝泉,并传谕孙凤翔、明勋知之。钦此。遵旨寄信前来。(抄交户部)

815 光绪十一年十月二十五日,内阁奉上谕:江西按察使,著瑞璋补授。钦此。

876　光绪十一年十一月十一日，内阁奉上谕：张端卿著调补安徽布政使，江西布政使著卢士杰调补。钦此。

897　光绪十一年十一月十八日，内阁奉上谕：刘秉璋奏保举人才一折，记名提督、借补江西抚标右营游击钱玉兴，著交军机处存记江西补用。直隶州知州、候补知县徐春荣，著该抚出具切实考语，送部带领引见。钦此。

906　军机大臣字寄直隶、两江、闽浙、湖广、两广、四川、江苏、安徽、浙江、福建、江西、山东、湖北、湖南、河南、广东各督抚，传谕粤海关监督。光绪十一年十一月二十日奉上谕：户部、总理各国事务衙门奏东北边防经费各省报解迟延，请旨严催一折。据称各省关应解东北边防经费，截至本年十月止，除各省截留及已解到部并已报起解外，尚欠解银六十四万两，请旨严催等语。此项经费关系紧要，自应迅速筹解，以济急需。著各该督抚、监督将欠解银两，赶紧筹解。倘再迟延，即著户部照贻误京饷例，指名严参。其历年欠解银两，并著赶筹解济。原单均著抄给阅看。将此由五百里谕知直隶、两江、闽浙、湖广、两广、四川、江苏、安徽、浙江、福建、江西、山东、湖北、湖南、河南、广东各督抚，并传谕粤海关监督知之。钦此。遵旨寄信前来。（抄交户部）

939　军机大臣字寄福州将军，直隶、两江、湖广、闽浙、两广、四川、江苏、安徽、江西、福建、浙江、湖北、湖南、河南、山东、山西、广东各督抚，传谕粤海关监督。光绪十一年十一月二十八日奉上谕：户部奏预拨来年京饷一折。历届京饷均系年前预拨，光绪十二年京饷，该部拟在地丁、盐课等款内指拨银七百万两，请饬各该省关于来年分批起解等语。京饷关系紧要，现经该部就各省关情形，酌量动拨，自应遵照奏定数目，源源报解，以应要需。著该将军、督抚、监督等务于来年开印后，分批起解。限五月前解到一半，十二月初间全数解清，不准截留改拨，藉词延误。倘届限不到，即著该部照奏定章程，指名严参。原单著分别摘抄给与阅看。另片奏光绪十二年内务府经费拟拨两淮盐课银十五万两，两浙盐课银五万两，广东盐课银五万两，湖北盐厘银五万两，福建茶税银五万两，闽海关常税银十万两，九江关常税银十五万两，共银六十万两，请饬依限完解等语。著该将军、督抚等务于来年开印后陆续径解内务府交纳，先将起程日期报部，仍限六月前解到一半，十二月初间扫数解清，不准稍有蒂欠。将此由五百里谕知福州将军，直隶、两江、湖广、闽浙、两广、四川、江苏、安徽、江西、福建、浙江、湖北、湖南、河南、山东、山西、广东各督抚，并传谕粤海关监督知之。钦此。遵旨寄信前来。（抄交户部）

1024　光绪十一年十二月十七日奉旨：德馨、谭钧培、魏光焘、叶伯英均著赏加头品顶戴。钦此。

1077　臣等查明新正应行加恩各省，除盛京、江苏、安徽、江西、浙江、福建、湖北、湖南、河南、山西、陕西、甘肃、四川、广东、广西、云南、贵州经该将军、督抚具奏，无庸接济外，所有直隶、山东二省业经该督抚奏到，臣等拟缮谕旨二道，并拟定日期颁发。

谨奏。

光绪十二年

19　光绪十二年正月初八日，内阁奉上谕：德馨奏特奏庸劣不职各员，请分别降革勒休一折。江西前署信丰县事、候补知县朱国光遇事因循，听断迟缓；铅山县知县张辅宸体弱才疏，难期奋勉，均著以府经历县丞降调，归部铨选。都昌县知县何庆朝精力衰惫，难期有为；安福县教谕章学湘、彭泽县教谕董之威，年力渐衰，不堪振作，均著勒令休致。大庾县知县胡丞弼才识昏庸，审断草率；进贤县梅庄司巡检贾钟璠举动荒谬，官声甚劣；大庾县小溪驿驿丞李含芳性情疲缓，驿递迟延，均著即行革职，以肃官常。余著照所议辩理。该部知道。钦此。

33　军机大臣字寄两江总督·一等威毅伯曾、两广总督张、署湖广总督兼署湖北巡抚裕、江苏巡抚卫、浙江巡抚刘、江西巡抚德、河南巡抚边、山东巡抚陈、广东巡抚倪。光绪十二年正月十九日奉上谕：户部奏遵议岑毓英奏滇省边防吃重，请严催协饷一折。各省欠解滇饷，前于上年十一月间，据户部会奏，请饬各该省于欠解新旧各饷内，筹解三分之一，限十二年六月底解半，十二月解清，当经降旨准行。现在滇省边防紧要，需饷较前尤殷，专待各省协济应用。著曾国荃、张之洞、裕禄、卫荣光、刘秉璋、德馨、边宝泉、陈士杰、倪文蔚查明各该省旧欠滇饷银数，按照该部前开清单，如数提前赶解三分之一，务于本年三月以前解半，六月底解清，以顾边防，毋稍延宕。将此由五百里各谕令知之。钦此。遵旨寄信前来。（抄交户部）

49　光绪十二年正月二十七日，内阁奉上谕：德馨奏查明各属被灾，请将新旧钱漕等款分别缓征、递缓一折。江西南昌等府属地方上年入夏以后，或被水淹浸，或雨泽愆期，收成均形歉薄。若将应征新旧钱漕等款照常征收，民力未免拮据。加恩著照所请。所有南昌县西乡四十五都长一图三甲、二图二三四甲、三图一二三甲、四图五六甲、五图一三四甲、六图三四五七甲、南一图一五六八九甲、二图二三六七八甲，四十六都一图三甲、二图一二五甲、三图一甲、四图一二三四五六甲、五图二甲、七图二四五甲、十三图一二三六七甲、十四图一二三五甲、十五图五六七八九十甲，四十七都四图五甲、五图三四甲、六图一二三四五甲、八图一二五甲、九图二四甲，四十八都南一图一二三甲、二图一二甲、三图二三甲、四图三甲、北一图一二三甲、二图二甲、三图二三甲、长一图一二甲、二图一二三甲，四十九都一图二四甲、二图一二三甲、三图三六七甲、四图一二甲、六图一二三甲，六十二都一图一甲、二图三甲、三图一二甲、四图二三甲、五图三四甲、七图一甲，六十三都四图一二甲、五图三四甲、六图一五甲、七图一二甲、九图一甲、十图九甲，六十四都一图一甲、二图三甲、三图一二甲、四图三四甲，六十五都一图五甲、四图二甲、五图一二甲、六图三甲、七图三四甲，六十六都六图一、二、三甲；北乡十三都四图二三四甲、五图一甲，十四都一图一、二、三、四甲，十五都四图三五六甲、八图一二三甲，十六都一图二甲、五图二三甲，十七都六图一、二、三甲，十九都十图三、五、六、七、八甲；东乡二十一都南一图一二甲、二图一二甲，二十二都下一图一二甲、四图一甲，二十三都又一图一二三甲、七图一三甲、八图二三甲，二十四都十二图一、二甲，二十五都三图三四五六甲、五图一二三五甲、七图一二甲、八图一甲、十四图一甲，二十六都二图一二四五六甲、三图一二甲、四图一甲，二十七都二图一二甲、四图一甲、五图一二甲、七图二三甲、八图一甲、十一图一二甲、十二图一甲；中乡三都六图一、二甲等处，共被水各则民田二千一百八十一顷六十九亩零，应缓地丁银九千一百八十两零，漕米一万一千九百十三石零。

同新建县之南乡一都二图二三五六八甲，二都一图一四七八九甲，五都一图四五七九十甲、三图三四六七八甲、四图一五六七九甲；忠孝乡二十一都，二都一三五八甲、三图四六七十甲、四图五六七九甲、五图四五六七九甲；北乡二十二都三图五六八十甲、五图一四六七八甲，二十三都五图一三六七九甲，二十四都一图二三四六七八甲，二十五都二图六七十甲；善政乡二十七都一图三四七甲、四图二四五六八九甲、五图一三四六七八甲、八图二三五七九甲；洪崖乡二十八都一图一五八甲、五图一二五六七甲；桃花乡三十二都一图三五七甲、五图二四六七八甲，三十四都一图一三五甲；伍谏乡三十六都四图二三六十甲、五图一三六七九甲，四十一都一图一甲至十甲、二图三四六七八九甲、三图一四五六七八甲、四图二五六七八九甲，四十二都一图一三五六九甲、二图二四六八九十甲、三图三四五六七八甲；仪凤乡四十三都一图二三五六八九甲，四十四都一图一二四六七十甲、二图一二三四五六七九甲、三图二三五六七八甲，四十五都二图二三四六九十甲、四图三四五七八九十甲，四十六都一图一三五八九甲、二图一四五六七八九十甲、三图二三五七八甲、四图三六七九甲，四十七都一图一二五八十甲、二图二四五八甲、三图一三六七甲；从善乡四十八都一图一甲至十甲、二图三四六七九甲、三图一二五七八甲，四十九都一图二三六七十甲、二图一四五六七甲，五十都一图二三六八九甲、二图一二三七十甲；昌邑乡五十一都一图一甲至十甲，五十二都一图二四五六八九甲、二图一三五七九十甲；西乡五十三都一图一五六八十甲、三图二三四六甲、四图三四五七九甲，五十四都一图四六八九甲、二图二三五甲、三图一四六七八甲、四图二三五六七甲、五图一二三五六十甲；东乡五十五都三图一二六七九十甲、五图二三四五七八九甲，五十六都一图三四五六八九甲、二图一五六七八甲；昌邑乡军都，六都二、三、六、七甲，九坊，十坊等处，共被水各则民田四千一百四十三顷十八亩零，应缓地丁银九千一两零，漕米八千八百九十一石零。

进贤县被水最重之下五坂二十七都一图一二三四甲、二图一二三四五甲、三图三四五甲、四图一二三四五甲、五图三六七八九甲，二十八都一图一二三四五甲、二图一二三甲、三图一二三四甲、四图一二三四五甲，二十九都一图一四五六七甲、二图三六七八九甲、三图六七八九十甲、四图一三六七八甲，三十都一图六七八九十甲、二图五七八九甲、三图一二三四五甲、四图一三四五六甲、五图一三六七八甲，三十一二都一图一二三四五甲、二图一二三四甲、三图三六七甲、四图一二三四甲等处；同被水次重之东北乡一都一图一二三四五甲、二图三六七八甲、三图一二三甲、四图一二三四甲、五图三四五六甲、六图五六七八甲，五都一图一二三四甲、二图一二三甲、三图三六七八甲、四图一三四五甲、五图二三四五甲，六都一图一二三四五甲、二图一二三四甲、三图一二三甲、四图三四五甲、五图一二三四甲、六图六七八九甲、七图四五六甲，七都一图一三四六甲、二图一二三四甲、三图二三四甲、四图一二三甲、五图六七八九甲、六图四五六甲、七图一二三四甲、军图五六七甲，上八都一图三六七八甲、二图四五六七甲、三图一二三四五甲、四图一二三四甲、五图二三六甲、六图一二三四甲、七图二三四甲、八图六七八九十甲、九图一二三甲、十图二三四五甲，下八都一图一二三四甲、二图三四五甲、三图四六七八甲、四图二三六七甲、五图四五六七甲、六图三六七八甲、七图四五六甲、八图一二三甲、九图六七八九甲，九都一图一二三四五甲、二图三六七甲、三图二三四五甲、四图四六九十甲、五图六八九十甲、六图五七九十甲、七图一二五六七甲、八图三五六九甲、九图一二三四甲、十图三六九十甲，十都一图一二三四甲、二图三六又四甲、三图一二前二甲、六图六七八甲、七图三六九甲、八图四七十甲、九图三五八甲、十图一四七甲，十三四都六图六七九甲、七图三八十甲、八图四六八十甲、九图一二三甲、十图一二三四甲，十五都一图一二三四五甲、二图二三四甲、三图三六九甲、四图一二三四甲、五图二五六八甲、六图一二三四甲、七图五六七八甲、八图三六九十甲、九图三六九十甲、十图一三四六甲，十六都一图一二三四甲、二图一三五六甲、三图六七九甲、四图五七九十甲、五图三六九十甲、六图四七八九甲、七图一三五八甲、八图一二三六甲、九图三六九十甲、十图三四五六甲、十一图一二三四五甲、十二图二四六九十甲，十七都一图六九十甲、二图二五八十甲、三图六七八九甲、四图一二三四甲、五图四六九十甲、六图五七九甲、七图一二三四甲、八图二五八甲、九图四六九十甲，二十二都一图四六九十甲、二图五六九十甲、三图一二三四甲、四图二五八九甲、五图三六九十甲、六图一三四六七甲、七图三五七八九甲、八图一二三四六甲、九图二五八九十甲、十图三五七甲、十一图一三四六甲、十二图四六九十甲，二十三都一图一二三四五甲、二图三六七八甲、三图四五六九甲、四图六九十甲、五图一二三四甲、六图七八九十甲、七图一二三四甲、八图三六九甲、九图一二三四五甲、十图三五六八甲、十一图一二三四甲、十三图二四五六九甲，二十四五都一图二三五六甲、二图一二三四甲、三图六七八十甲、四图三六七八甲，二十六都一图一二三四甲、二图一二三四甲、三图三四五甲、四图五六七甲、五图三六七八甲，三十三都一图一二三四五甲、二图三六七八甲、三图四六九十甲、四图五六九十甲、五图三四五六甲、六图一三四六甲、七图三六九十甲，三十四都一图二五八十甲、二图一四六七八甲、三图一四七九甲、四图三六九十甲、东隅一二三四甲、西隅二三四甲、南隅一二三甲、北隅三五六甲、正隅六七八甲、中隅四六七甲等处；并被水稍轻之西北乡三十五都一图一二三四甲、二图一二三四甲、三图六七八甲、四图四五六七甲、五图一二三四甲、六图三六七甲，三十六都一图三六九十甲、二图一二三甲、三图二五八十甲、四图三六七八甲、五图一二三四甲、六图四五六七甲，三十七都一图一五六七甲、二图一二三四甲、三图一二三甲、四图一二三四甲、五图一二三甲、六图六七八甲，三十八都一图二七八甲、二图六七九甲、三图五六七八甲、四图六七八甲、五图五六七八甲等处，共被水上中下三则田三千三百十三顷五十八亩，应缓地丁银一万二百六十七两零，漕米一万二千八百十石零。

清江县之东北乡十都四图一、二、三、四、五、六、七、八、九、十甲，五图一、二、三、四、五、六、七、八、九、十甲；东乡十一都一图一、二、三、四、五、六、七、八、九、十甲，二图一、二、三、四、五、六、七、八、九、十甲，三图一、二、三、四、五、六、七、八、九、十甲，三图一、二、三、四、五、六、七、八、九、十甲，四图一、二、三、四、五、六、七、八、九、十甲，五图一、二、三、四、五、六、七、八、九、十甲；十二都一图一、二、三、四、五、六、七、八、九、十甲，二图一、二、三、四、五、六、七、八、九、十甲，三图一、二、三、四、五、六、七、八、九、十甲，四图一、二、三、四、五、六、七、八、九、十甲，五图一、二、三、四、五、六、七、八、九、十甲；十三都一图一、二、三、四、五、六、七、八、九、十甲，二图一、二、三、四、五、六、七、八、九、十甲，三图一、二、三、四、五、六、七、八、九、十甲，四图一、二、三、四、五、六、七、八、九、十甲，五图一、二、三、四、五、六、七、八、九、十甲；十四都一图一、二、三、四、五、六、七、八、九、十甲，二图一、二、三、四、五、六、七、八、九、十甲，三图一、二、三、四、五、六、七、八、九、十甲，四图一、二、三、四、五、六、七、八、九、十甲，五图一、二、三、四、五、六、七、八、九、十甲；十五都一图一、二、三、四、五、六、七、八、九、十甲，二图一、二、三、四、五、六、七、八、九、十甲，三图一、二、三、四、五、六、七、八、九、十甲，四图一、二、三、四、五、六、七、八、九、十甲，五图一、二、三、四、五、六、七、八、九、十甲；十六都一图一、二、三、四、五、六、七、八、九、十甲，二图一、二、三、四、五、六、七、八、九、十甲，三图一、二、三、四、五、六、七、八、九、十甲，四图一、二、三、四、五、六、七、八、九、十甲，五图一、二、三、四、五、六、七、八、九、十甲；十七都一图一、二、三、四、五、六、七、八、九、十甲，二图一、二、三、四、五、六、七、八、九、十甲，三图一、二、三、四、五、六、七、八、九、十甲；南乡三都三图一、二、三、四、五、六、七、八、九、十甲，四图一、二、三、四、五、六、七、八、九、十甲，五图一、二、三、四、五、六、七、八、九、十甲；四都一图一、二、三、四、五、六、七、八、九、十甲，二图一、二、三、四、五、六、七、八、九、十甲，三图一、二、三、四、五、六、七、八、九、十甲，四图一、二、三、四、五、六、七、八、九、十甲，五图一、二、三、四、五、六、七、八、九、十甲；五都一图一、二、三、四、五、六、七、八、九、十甲，二图一、二、三、四、五、六、七、八、九、十甲，三图一、二、三、四、五、六、七、八、九、十甲，四图一、二、三、四、五、六、七、八、九、十甲；西乡一都一图一、二、三、四、五、六、七、八、九、十甲，二图一、二、三、四、五、六、七、八、九、十甲，三图一、二、三、四、五、六、七、八、九、十甲，四图一、二、三、四、五、六、七、八、九、十甲，五图一、二、三、四、五、六、七、八、九、十甲；二都一图一、二、三、四、五、六、七、八、九、十甲，二图一、二、三、四、五、六、七、八、九、十甲，三图一、二、三、四、五、六、七、八、九、十甲，四图一、二、三、四、五、六、七、八、九、十甲，五图一、二、三、四、五、六、七、八、九、十甲；三都一图一、二、三、四、五、六、七、八、九、十甲，二图一、二、三、四、五、六、七、八、九、十甲；五都五图一、二、三、四、五、六、七、八、九、十甲；六都一图一、二、三、四、五、六、七、八、九、十甲，二图一、二、三、四、五、六、七、八、九、十甲，三图一、二、三、四、五、六、七、八、九、十甲，四

图一、二、三、四、五、六、七、八、九、十甲，五图一、二、三、四、五、六、七、八、九、十甲；七都一图一、二、三、四、五、六、七、八、九、十甲，二图一、二、三、四、五、六、七、八、九、十甲，三图一、二、三、四、五、六、七、八、九、十甲，四图一、二、三、四、五、六、七、八、九、十甲，五图一、二、三、四、五、六、七、八、九、十甲；北乡八都一图一、二、三、四、五、六、七、八、九、十甲，二图一、二、三、四、五、六、七、八、九、十甲，三图一、二、三、四、五、六、七、八、九、十甲，四图一、二、三、四、五、六、七、八、九、十甲，五图一、二、三、四、五、六、七、八、九、十甲；九都一图一、二、三、四、五、六、七、八、九、十甲，二图一、二、三、四、五、六、七、八、九、十甲，三图一、二、三、四、五、六、七、八、九、十甲，四图一、二、三、四、五、六、七、八、九、十甲，五图一、二、三、四、五、六、七、八、九、十甲；十都一图一、二、三、四、五、六、七、八、九、十甲，二图一、二、三、四、五、六、七、八、九、十甲，三图一、二、三、四、五、六、七、八、九、十甲等处，共被水各则民田一千三百十八顷十八亩零，应缓地丁银六千三十五两零，漕米四千四百六十石零。

新淦县之一都三图一、二、五、七、十甲，四图一、二、三、四、五、六、七、八、九、十甲，五图一、二、三、四、五、七、九、十甲，七图一、二、三、四、六、八、九甲；五都七图一、二、四、七、八、九、十甲，八图一、二、三、五、七、八、九甲，十图二、五、六、八、十甲，十一图一、二、四、六、七、九、十甲，十二图一、三、六、八、九、十甲，十三图一、二、五、六、七、八、九、十甲；六都三图一、二、四、八、十甲，四图一、三、五、七、八、九甲，六图一、二、三、五、九、十甲，七图二、五、六、七、九甲，八图一、四、六、八、十甲，九图一、二、四、五、六、八、十甲，十图一、二、五、七、九、十甲；七都一图一、二、三、四、六、七甲，二图一、二、三、四、五、八、九、十甲，三图一、二、四、六、七、八、十甲；二都一图一、二、三、四、六、八、十甲，二图一、三、五、七、十甲，三图一、二、三、四、五、六、七、八、九、十甲，四图一、二、三、四、五、六、七、八、九、十甲，五图一、二、三、五、六、七、九、十甲，六图一、二、三、七、八、九、十甲；三都二图一、二、四、六、七、九、十甲，三图一、二、三、四、五、六、七、八、十甲，五图一、二、三、六、七、八、九、十甲，十图一、二、三、四、五、六、七、八、九、十甲；四都一图一、二、四、五、六、八、十甲，二图一、三、五、六、七、九、十甲，三图一、二、三、四、五、七、十甲，四图一、二、三、四、五、六、七、八、九、十甲，五图一、三、六、八、九、十甲，六图二、三、五、六、八、九甲，七图一、二、四、五、六、八、九、十甲，八图一、二、三、四、七、八、十甲，九图一、二、三、五、六、八、九甲，十图一、二、三、四、五、六、七、八、九、十甲等处，共被水、被旱各则民田六百七十八顷二十二亩零，应缓地丁银四千六百十六两零，漕米三千三百三十石零。

新喻县被水、被旱(交)[较]轻之城中一、二、三、四、五坊并东乡正安区八都三图一、二、三、四、五、六、七、八、九、十甲；南乡登丰区一都一图一、二、三、四、五、六、七、八、九、十甲，二图一、二、三、四、五、六、七、八、九、十甲；西乡上乐区十四都二图一、二、三、四、五、六、七、八、九、十甲；北乡上乐区公图一、二、三、四、五、六、七、八、九、十甲；昇松区九都一图一、二、三、四、五、六、七、八、九、十甲；昇平区十一都一图一、二、三、四、五、六、七、八、九、十甲，二图一、二、三、四、五、六、七、八、九、十甲，三图一、二、三、四、五、

六、七、八、九、十甲等处，共田一千一百四顷八十七亩零，应征地丁银漕米内著缓征十分中之一分五厘，银一千一百四十九两零，米七百十九石零。被水、被旱较重之东乡登丰区二都二图一、二、三、四、五、六、七、八、九、十甲，三图一、二、三、四、五、六、七、八、九、十甲；正早区六都二图一、二、三、四、五、六、七、八、十甲，三图一、二、三、四、五、六、七、八、九、十甲；正安区七都二图一、二、三、四、五、六、七、八、九、十甲；南乡登丰区一都三图一、二、三、四、五、六、七、八、九、十甲，二都一图一、二、三、四、五、六、七、八、九、十甲；崇仁区三都一图一、二、三、四、五、六、七、八、九、十甲，二图一、二、三、四、五、六、七、八、九、十甲，三图一、二、三、四、五、六、七、八、九、十甲；仁孝十五都二图一、二、三、四、五、六、七、八、九、十甲，三图一、二、三、四、五、六、七、八、九、十甲，十六都一图一、二、三、四、五、六、七、八、九、十甲；西乡上乐区十四都一图一、二、三、四、五、六、七、八、九、十甲；北乡昇平区十二都一图一、二、三、四、五、六、七、八、九、十甲，二图一、二、三、四、五、六、七、八、九、十甲；上乐区十三都二图一、二、三、四、五、六、七、八、九、十甲，三图一、二、三、四、五、六、七、八、九、十甲等处，共田地二千一百六十六顷七十六亩零，应征地丁、漕米内著缓征十分中之二分五厘，银三千二百三两零，米二千一石零。被水、被旱最重之东乡崇仁区四都一图一、二、三、四、五、六、七、八、九、十甲，二图一、二、三、四、五、六、七、八、九、十甲，三图一、二、三、四、五、六、七、八、九、十甲；正早区五都一图一、二、三、四、五、六、七、八、九、十甲，二图一、二、三、四、五、六、七、八、九、十甲，三图一、二、三、四、五、六、七、八、九、十甲，六都一图一、二、三、四、五、六、七、八、九、十甲；正安区七都一图一、二、三、四、五、六、七、八、九、十甲，三图一、二、三、四、五、六、七、八、九、十甲，八都一图一、二、三、四、五、六、七、八、九、十甲，二图一、二、三、四、五、六、七、八、九、十甲；仁孝区十六都二图一、二、三、四、五、六、七、八、九、十甲，三图一、二、三、四、五、六、七、八、九、十甲，并军图一、二、三、四、五、六、七、八、九、十甲，正附功屯；擢秀区十七都一图一、二、三、四、五、六、七、八、九、十甲，二图一、二、三、四、五、六、七、八、九、十甲，三图一、二、三、四、五、六、七、八、九、十甲，十八都一图一、二、三、四、五、六、七、八、九、十甲，二图一、二、三、四、五、六、七、八、九、十甲，三图一、二、三、四、五、六、七、八、九、十甲；清化区十九都一图一、二、三、四、五、六、七、八、九、十甲，二图一、二、三、四、五、六、七、八、九、十甲，三图一、二、三、四、五、六、七、八、九、十甲，二十都一图一、二、三、四、五、六、七、八、九、十甲等处，共田地二千四百八十顷十二亩零，应征地丁、漕米内著缓征十分中之四分六厘，银六千四百三十六两零，米四千二十七石零。

峡江县被水最重之西九都一图一、二、三、四、五、六、七、八、九甲，十图中保并义拾甲；西十二都二图一、三、五、七、九甲；西十三都一图一、二、三、五、六、八、九、十甲，二图三、四、五、六、八、十甲等处，各则田地五百二十六顷六十五亩零，应征地丁、漕米内著缓征十分之四，银一十九百六十九两零，米九百三十八石零。被水次重之西十都一、二、四、五、六、七、八、九、十甲，东一都一图，二都三、四、八甲，东二都三图，东三都三、四图等处，各则田地五百四十顷三十三亩零，应征地丁、漕米内著缓征十分之三，银一千一百八十四两零，米五百七十六石零。被水稍轻之附城一坊一、三、五、八甲；二坊三、四甲；

三坊四甲;四坊三、八甲;五坊十甲;六坊三、五甲;西一都一图四、七甲,二图一、二、三、五、六、七、八、九、十甲;西二都一图,二图一、二、三、五甲,三图;西三都一图,二图六义甲,三图一、四、七、八、十甲;西四都一二图,四图三、五、七、十甲;西五都一、二图;西六都一图八甲,二图;西七都一图三五六甲;西八都;西十一都一、五、六、七、八、九、十甲等处,各则田地一千九百三十四顷七十六(都)[亩]零,应征地丁、漕米内著缓征十分十二,银三千三百五两零,米一千六百七十四石零。

莲花厅之砻西乡一都一图一二三甲、谦甲,二图一甲、中一甲、隆甲,三图一、三、五、六、七甲;三都一图一二六甲、二图二四五六甲、三图一二九甲、元图一二甲、中甲、五七甲;四都一图一、三、四甲,二图一二三甲、老甲、振甲,四图一二三甲、福甲;五都一图二、三、六、八甲,二图一、四、五甲,四图二、三甲,正图一三甲、财甲、中甲、七甲;六都一图一、三、五、六甲,二图二、三、七甲,三图一二甲、崇甲;七都一图一、二、三、五甲,二图一二三甲、源甲,五图一、四甲;九都一图一三甲、柱甲,二图一、五、九、十甲,三图二四五甲、公甲;十一都一图一甲,二图一甲、新一甲,元图元甲、亨甲、贞甲;十二都一图一、二、三甲,二图四、五、六甲,三图一、三、四、五甲,十四都二图六、七、十甲,三图一二四甲、中四甲,正图一甲、同甲、洪甲;十五都一图升甲、九十甲,二图一、二、三甲,三图一二七甲、光甲,五图一二三甲、正甲;十六都一图一二甲、太甲、林甲,二图五甲、明甲、八甲,三图一二三甲、元甲;十七都一图一、二、三甲,二图一二甲、古甲、彭甲、西甲,三图二、三、四甲;二十都一图一二甲、又二甲,二图一甲、金甲、义甲、八甲,四图二三甲、兴甲;上西乡二十一都二图一、二、三甲,三图二、五、六、八、十甲,四图清甲、吉甲、庆甲、达甲,运图一、二甲;二十三都一图一、三、五、六甲,二图二、三、四甲,四图一二甲、朝甲、黎甲;二十四都一图一二甲、羽甲,二图一三甲、平甲,四图五、六、七、八甲;二十五都一图一、二、三、八、九、十甲,二一图一、二甲,议图一三甲、东甲、福甲;二十六都一图一甲、富甲、□一甲,二图一、二、四甲;二十七都一图一二甲、通甲、五甲,二图元甲、亨甲、四五甲,三图一、二、三甲,四图五、六、七、八甲;二十八都一图一二三甲、正甲、同甲,二图六、七、八甲;三十都一图一、三、四甲,二图一、二、三、四、六甲,三图一二甲、彬甲;三十一都一图一二三甲、文甲,二图一甲、威甲、茂甲、清甲等处,共被旱民田五百七十一顷二十七亩,屯田三十八顷三十六亩零,应缓地丁银三千六百七十七两零,糟米一千八百七十二石零,漕运粮银五百十七两零,余租银九百九十两零。

庐陵县之延福乡五十一都七图,五十二都四、五图,五十三都三图,五十四都七图,右坊二图,五十六都一三图,五十七都一图,十二、十六、二十图,五十八都三、五、六图,六十一都一、二图;儒林乡之永二都,五都五图,六都三图,七都四图、老四图,九都一、二、三图,十都老一图、一图、五图,七十四都一、五图;永福乡之十七都一、二、三、五、九、十图,一十三图;坊廓乡左隅一、五图,六十七都二图三、四、五、六、七、八、九、十甲,四十二都一图一二三五八九十甲、三图一二四五六八九甲、四图二三四五六七八九十甲、五图一二三四五六七八九十甲、七图一二四五六七八九十甲、七图单、八图单、副上图单、协图单、瑞图一二五甲、义图一二四甲,四十三都一图一四六八甲、二图一二三四七十上甲、二图单、三图一二三四五六甲、四图六七八九十甲、五图二三四六八九十甲、五半图一四五六七上图二四五甲、八图一四七八十甲、九图一五八十甲、十图二六七八十甲、十上图二四五甲、十二图一三四五六甲、十三图单，四十四都一图一二三五七九十甲、三图一三四五六十甲、五图一二三四五六七九甲、六图一二四十甲、七图一五六八十甲、七图、副八图一三四六八十甲、九图一四六十甲，四十五都一图一二三四五六七八九十甲，三图六崇六七八十甲、五图六八十甲、五上图一二三四五六甲、六图一二三四五六七八十甲、七图单、八图一三六九甲、九图单甲，四十六都一图一三五六一甲[①]、二上图一二五甲、二下图六七八九十甲、三图一二三五六八十甲、四图尾一三四八九尾甲、五图二五八九甲、六图一三八九甲、七图单、八图一协一协三协四甲，四十七都一图一二三四七八九十甲、二图一二三五六八九十甲、三图三五六七八十甲、五图一三五六七八九甲、六图一二三四五六七八九十甲、七上图一三四五甲，四十八都一图一二四五六八九十甲、二图单、三图一二三四五六七八九十甲、四图、副四图、又副五图一二三四五六七九十甲、古六图一二四六七八九十甲、军六图、七图一上一二三四五六七八九十上甲、八图二三四六七八十甲、九图一二三四五六七八九九上十甲、十图一二三四五六七八九十甲、十上图一二三上三四五六七八九甲、崇福图一二三四五甲，四十九都一图一二三四五六甲、三图一二三四五甲、四上图一二三五八九十甲、六图一二三四六七甲、八图、副九图一二三四五九甲、九上图一二三甲、福寿图一三五六七九甲，五十都民一图一二三四五六七八九十甲、二图二三四五六七八九十甲、三图二三民三四甲、又三图一五甲、四图一又一二三四五六七八九十甲、五图一一上三四五六六上七八九十甲、五图单、瑞五图一二三甲、六图一二三四五六七八十甲、六顺图、七图五六七八九十甲、九图一二三四五六八八上九十甲、十图一二四五六七八九十甲、十一图单、十二图一二四五甲、十三图一二三四五六七八甲、礼义图一二五六十甲，五十一都一图一二二上三又三四五六七八九甲、一图单、一上图一二三五六七九甲、二图一二三四五甲、二图又单、二图、副三图一二三四五六七八九十甲、三图单、四图六七八九十甲、五图一三上四上五六七八九又九十甲、七图四五六又六七八九十甲、十四图单、十五图单甲；西乡四都一图一三四五六七八九十甲、二图一二三四五六八九甲、三图五六八九十甲、四图一二三四五六七九十甲、正四图一二四五六甲、七图一二三四五六七八九十甲、七图上副、八一上图一二三五六七八十甲，又附城西一四五六七八九十甲，五都一图一二三四五六七八九十甲、二图一二三四五七八九十甲、三图一二三四五九甲、五图一二三四五甲、六图二五甲、六图单、十图单甲，六都一图一二三四五六七八九十甲、一上图一二三四五甲、三下图一二四五六七八九十甲、三下图单、五图一二三四五六七八九十甲、五图单、九图一三四五七九甲、十一图一三四十甲，七都一图一二四五六七八十甲、二图一二三四五六七八九十甲、二图单、二图又副、四图一二四五六八甲，八都一图一二三四五六甲、二图一二四甲、三图恺甲，八图单甲，九都一图二四五七八十甲、一图协、一图怡盛甲、二图二三五十甲、识仁图惜阴甲、三图一二三四五六甲，十都二图一二三四五六七九十甲、三图一二六七十甲、十二图单，十一都二图一二三四五六八九甲、三图一二三四五六八九十甲，四图一二三四五六七八九十甲、五图六七八九十甲，十二都一下图二三六七八十甲、二图一二八十甲、二图又单、三上图一二三四五十甲，十三都二图一二三七甲，三图一二三五六七九十甲，四上图一四六七八九甲，十四都一图一二三四六七八九甲、二上图一甲、三图一六七八九十甲、三上图一二四五六甲，裕后图二三甲，十五都一图单、一上图一二三四五六七八甲、三图一二三四六七八九十甲、五图一二四五六七十甲、五图僧甲，十六都协一二三四五六八甲、三上图一二三四五七甲、三下图六七八九十甲、十一图一图一二三甲，十七都二图一二三四五六七八九十甲、三图一二三四五七八九十甲、四图一二三四六七八九甲、十八都一图一二三四五六七八九十甲、二图一二三四五七八九十甲、三上图一二三四五甲、三下图六七八九十甲、四图一二三四五甲，十九都一图一二三四五六甲、二图一四八九甲，二十都一图一二三四五七八九十甲、一图单、二图一二三四五六七九十甲、三图一二三四五甲、五图一二三四五六七八九十甲、八图一二六九甲、长久图一二三四五甲，二十一都一图一二三四五七九十甲、一图单、三图一二甲、四图一二三四五七八九十甲、五图一四六七甲、五图副、七图副、攸久图一二三五六甲，二十二都一图一二三四五六七八九十甲、二图一二三四五六七八九十甲、三图一二三四五六甲、三上图单、四图一二三四五甲；北乡二都一图一二三四五六七八九十甲、二图二三四六十甲、二图副、三图一二三四五六七八九十甲、三上图一二三四五六七八十甲、三图副、四图一三四五六七八九十甲、北图一上甲，又附城北一二四六七八九十甲，六十四都一图一三四七八九十甲、二图一五七八九甲、四图一二三五六七八九十甲、四上图二五六八九甲、四图副、五图三四五七甲、六图一四五七八九十甲、又六图一三六七八甲、九图一五六七九甲、九图副、十五图三四五七甲、爵誉图二四五七甲、协图三四五甲，六十五都一图一二四五六七八甲、二图一二三四五六七甲、三图一二三四五六七八甲、四图一二三四五六七八九十甲、五图一二三四五六七八甲、六图一三四五六七八九甲、七图一二三四五七八甲，六十六都一图一二三四五六七八九十甲、二图一二三四五六七八九甲、二上图一二三四五六七八九十甲、二下图一二三四五六七八九甲、三图一二三四五六七甲、又三图一二四五六七八甲、八图一二三四五六七八九十甲、八图又副一二三四五六七甲、余庆图一二三四五七甲，六十七都一图一二三四五六八九十甲、二图一二三五六七八九十甲、三图一二三四六七八九十甲、三图副、三上图一三五七九甲、四图三五七八甲、四图副、四图瑞单、五图一三四五七八九甲、六图一四五七八甲、七图一三四六七九十甲、十图一三四七八甲、十三图一三五七九甲，六十八都一图一二三四五七九十甲、二图三五七八十甲、四图三五七九十甲、四图副、五图一二三五七九十甲、六图副、十图二三四五七八九十甲、十三图二四五七甲，六十九都一图一二四七九十甲、一上图一三五七九甲、一下图二三五甲、二图一二五九甲、二上图一三五七甲、三图一二三五六七八九甲、三上图三四七九甲、又三图一三五七十甲、又四图三五六八甲、五图一二三四五七九十甲、六图一二三四五六八九十甲、六义图一三四五七九十甲、八图一二三四五六七八九十甲、十一图一三五七十甲、十三图一三四七九甲、福寿图一三五六七甲、庆丰图一二甲、洁己图一二三四甲、受禄图、祯祥图、新瑞图等处，共被水、被旱各则民田一千八百十八顷六十五亩零，应缓地丁银一万一十六百三十六两零，糟米六千七百九十三石零。并东乡五十七都二图，五十八都一、三图，六十三都一、三图；南乡四十四都三图，四十五都四图，四十八都八图，四十九都一图、平桥图，五十一都；西乡西都一、二、四图，五都一、二图，六都一图、二上图一二三四五六十甲、二下图，八都一图，十都一图，十一都二图，十二都一、二、三、四图，十二都一图，十九都一图，二十都一图一、二、三甲、三图一、二、三甲；北乡六十四都一、二图，六十八都一图等处，被旱屯田二十三顷二十八亩零，应缓漕运屯粮银三百四十四两零，余租银六百三十两零。

永新县之东乡六十三都台上村一、二图一甲至十甲，大有图上五甲，易成图下五甲；福六十四都长源村一图一甲至十甲，三图上五甲，头图、七星图、从善图一甲至十甲；近六十四都上坪村一图一甲至十甲，二图下五甲，三图上五甲；六十五都菜下村一图上五甲，二、三、四图一甲至十甲，五、六图上五甲，七、八、九图下五甲，十图一甲至十甲，康图上五甲，安亲图下五甲；六十六都洲下坡村一图、四图一甲至十甲，二、三图上五甲，六图下五甲，仁、义、礼、智、信图一甲至十甲，同给图下五甲；七十都目晖桥村协一图、仁义二三图、大安、茂盛、伦常图一甲至十甲；七十一都白土村一、三图上五甲，二图、昌义图一甲至十甲，四图下五甲，文恭图上五甲；福七十二都横江市村一图下五甲，信义图一甲至十甲，仁善图上五甲；贤七十二都汴田村一二图、和义图上五甲，安仁图一甲至十甲等处，共被旱各则民田四百九十九顷五十亩，应征地丁糟米内著缓征十分之四，银一千八百二十八两零，米五百五十九石零。并南乡五十三都秋溪村叶义图上五甲，合义图下五甲，六图一甲至十甲，八图上五甲，吉星图下五甲；五十四都水尾村一、三、四、八图一甲至十甲，二图十五甲，九图上五甲，十图下五甲，尚义图一甲至十甲，南星图上五甲；五十五都横露村一、二图结公一甲至十甲，三、七图上五甲，九、五图下五甲，万年、能由、合盛、合义图上五甲，阳礼图下五甲；福五十六都黄棋村一图下五甲，二图、十图一甲至十甲，九图泉义图上五甲，兴文图下五甲；近五十六都平分村一图上五甲，二图一甲至十甲；丰五十七都横石头村一图、四五图上五甲，二图、洲尾图一甲至十甲，六图下五甲；福五十七都泰山桥村一、二图上五甲；五十八都长富村一二图、五凤新下图一甲至十甲；才五十八都陂下村一二三图、协义图一甲至十甲；五十九都涂岭村一二三四图、信义永兴伏盛三忠双和图一甲至十甲等处，共被旱各则民田四百十四顷四十亩，应征地丁糟米内著缓征十分之四，银一千六百二两零，米四百六十四石零。同西乡村十一都黄江村一图一甲至十甲，二、四图上五甲，六、七图下五甲；禾十一都一、三、四、六、八图上五甲，二、五、七图下五甲，仁义图一甲至十甲；上十二都台洲村一、二、三村上五甲，四、五图下五甲，六、七、八、九图一甲至十甲，十图下五甲；下十二都灌沆村头图上五甲，二、三、四、五、六、七、八、九图一甲至十甲；上十三都交文村四仁图上五甲；下十三都枧田村一、二、七图上五甲，三图一甲至十甲，四图下五甲，集贤图上五甲；十四都洋港村一、二、三图，明德图一甲至十甲，四、五图上五甲；上十五都夏溪村一图上五甲，仁义图一甲至十甲；下十五都汤岭村一、二图上五甲，和乐、汉鼎图一甲至十甲，桂山图上五甲；十六都沙市村三图下五甲，四图一甲至十甲；十七都厚田村上一图上五甲，二、四图下五甲，上洲、明伦、联科图上五甲，永正永全图、炳图一甲至十甲；十八都龙田村二图、仁义、崇贤、秀衣图上五甲，秀纯图下五甲，三七和礼乐善图一甲至十甲；十九都木江村一图一甲至十甲，二图、上协叶义图上五甲，康图下五甲；四十都鄱阳村一三六图、景图、神仙图下五甲，二四五图、进图、臣图上五甲，信达图一甲至十甲；四十一都东路村一三图、原尚图一甲至十甲，二、六、九图上五甲，四七图、崇安图下五甲；上四十二都汶竹村一四图一甲至十甲，二六图、源达图上五甲，至乐图、积善庆图下五甲；下四十二都落沟村一二图、景山图上五甲，乐善图下五甲；四十三都高坑村一二图，庆图、九图上五甲，三、四、七、八、十图下五甲，福乾图一甲至十甲；四十四都甑潭村一二图、善庆图下五甲，三图上五甲；六十都麻田村一二五村一本图，新义、贵和、忠恕图；十九都头图，二、四图；七十都五图等处，共被水各则民田一千三百九十三顷十二亩，应缓地丁银五千八百三两零，漕米五千一百十七石零。

万安县之永和都；一都一图一三四五六九甲、儒甲、分甲，二图一二三五七八九十甲、儒甲、分甲；二都左图儒、分甲，右图六七十甲、儒甲、分甲，二图四七八十甲、分甲；十一都一图八九甲，二图三四五六七甲、儒甲，四图一二六甲、儒甲、分甲；十二都一图五甲，二图儒甲、分甲；十三都三图一二四七八九十甲、儒甲，四图二三四五八甲、分甲；十四都二图九十甲、儒甲、分甲，三图一三四五七十甲、儒甲；十六都一图一二三四五六七八九十甲、儒甲、分甲，二图一二六七九甲；十七都一图五六七十甲、儒甲，二图一二三四甲、三四甲，三图一三七八九甲、分甲；十八都一图儒甲、分甲；十九都二图三四五六七十甲、分甲；二十都一图三八九十甲、儒甲，二图一二三四五六七八九十甲、儒甲、分甲；二十二都一图一五七八九十甲、儒甲；二十八都一图一二四十甲、儒甲；诚信事三都一图四五七八甲、儒甲、分甲；五都一图一二七八十甲、儒甲；六都一图九十甲、儒甲、尾甲；七都三图五九甲、分甲，四图一三七九十甲、分甲；八都一图四七八九十甲、衿甲、尾甲，二图二三八甲、衿甲、尾甲；九都一图五甲、儒甲，三图一二三四五甲、儒甲、分十甲，一图二三四五甲、分甲，二图衿甲、分甲，三图二十甲，四图一三五八十甲、衿甲、儒甲、分甲，五图四九甲、分甲；龙泉都；二十一都一图一二三四五六七八九十甲、儒甲、分甲，二图一三四六七八九十甲、儒甲、分甲；二十三都一图四五八九甲；二十四都一图二三五七九甲、儒甲；二十五都一图五九甲、分甲；二十七都一图一二甲、尾甲；二十九都一图二六甲、分甲；三十一都一图一四五六甲、儒甲；三十二都一图十甲、分甲；三十三都一图三四五九甲；军都一图一二三四五六七八九十甲、儒甲、分甲，二图一二三四五六七八九十甲、儒甲、分甲；福兴都图一三四五七八十都儒甲、分甲，僧图一二三四五六甲等处，共被水、被旱各则地一千四百七十九顷九十九亩零，应缓地丁银六千九百二十四两零，漕米四千三百八十石零。

安福县东乡三都一上图一、二、三、五甲，二图一、三、五、六、七、八、九、十甲，三图一、二、三、四、五、六、七、八、九、十甲，东三图一、二、三、四、五、六、七、八甲，三图裕后甲，四图一、二、三、四、五、六、八、九、十甲，又四图二、四、五、六甲，四图南六甲，五图一、二、三、四、五、六、七、八、九、十甲，六图一、二、三、四、五、六、七、八、九、十甲，七图一、

二、三、四、五甲，七元图一、二、三、六、七、八、十甲，上八图一、二、三、四、五、六、七甲，十一图福履甲，十一图单甲，又附城一、二、三、四、六、八甲，安泰福半图一、二、三、四、五、六甲，聚昌图一、二、三、四、五甲；五十二都二图三、六、七、八、九、十甲，四图四、六、七、九、十甲，秀四图单甲，五上图一、二、五甲，六图一、三、五甲，七图一、六、七、八甲，九图一、二、四、六、八、十甲，十图一、又一、四、七、十甲，十图正单甲，十二图一甲，聚庆图一甲，上合图一、二甲；五十三都东三图一、四、六、七、十甲，古三图二、五、六甲，三图，副四图一、四、五、六、八、十甲，六图一、六甲，六聚图一、五、六、七甲，六绍图一、二、三、五甲，七图正一甲，十图一、二、七、十甲；五十四都一图三、五、七、八、十甲，二图一、二、三、四、五、六、九、十甲，三图一、二、三、四、五甲，五图一、二、三、五甲；五十五都一图一、二副、二、三、四、五副甲，一图单，二图一、七、八、八上、九、十甲，二上图一、三、五、六甲，二图永定甲，三图一上、一、二、三、四、五、六、七、七上、八、九甲，三瑞图一、二、三甲，三义图一、三、四、五甲，又三图一、二、三甲，四图一、二、三甲，四图一、二、三、五甲，六图一正、一、二、三、四、五、六、十甲，七图二上、二、又二、三、又三、五、九、十甲，七上图单甲，八图一、三、七、十甲，十图一、二、四甲，副图；五十六都一图一上、一、三、四、六、七、八、十、又十甲，一图又单，一下图单，二图并协、一上、一、二、三、五、正五、六、七、八、十、又协甲，三图一、二、三、四、五、六、七、八、九、十甲，四图并四上图一、三、四甲，五图一、七、八、九、十甲，五图副甲，六图一、四、五、七、九甲，七图一、三、四、六、七、八、十甲，七图单甲，九协图，九图一、二、四、五、六甲，九上图一、二、三、四、五、八甲，九图单，九图副甲，九瑞图；五十七都一图一、二、三、四、五、六、七、八、十甲，二图一、二、三、四、五、六、八、九、十甲，三图，又三图一、二、三、四、六、七、八、九、十甲，四图一、二、三、四甲，五图一、二、三、四、五、六、七、八、九、十甲，七图一、二、四、五、七、八甲，九图一、二、三甲，十一图一、三、四、五、七、八甲；五十八都一图一、二、三、四、五甲，二上图一、二、三、四、五、六甲，二下图六、七、八、九、十甲，四图一、二、三、四、又四、五、六甲，五图一、二、二上、又二、三、四、四上并九、十甲，六图一、二、四、五、九甲，六图副，七图五、八、九、十甲，八图一、二、三、四、五、六、七、八、九、十甲，九图一、二、三甲，九上图一、二、六、八、十甲，十图一、二、三、四、六、七、七上、八、九、十甲，十一图一、二、三、四、五、六、八甲，世德图三、四、五、六、七、八、九、十甲，怡怡图一、二、三、五、七、八甲；五十九都一图一、二、三、四、五、六、七、八、九、十甲，二图副一、二、三、四、八、十甲，三图一、二、三、七、九、十甲，三图上一、二、五、八、十甲，四图一、三、六、八、十甲，四图副，五图一、二、四、六、八、九、十甲，七图一、三、五、六、八、九、十甲，八图一、二、三、四、五、六、七、八、九、十甲，八上图一、二、三、六、九、十甲，九图一、四、五、七、八、九、十甲；六十二都二图一、三、四、六、八、九、十甲，又二图一、三、五、七、九、十甲，四图一、四、七、九甲，东四图一、三、五、七、十甲，五图一、三、五、七、八、九、十甲，六图一、二、三、七、八、九甲，八图一、三、五、六、八、九、十甲，十图一、三、六、七、八、九、十甲，十下图一、四、七、九甲，十一图协一、四、八、十甲，十一图单一、四、七甲；六十一都一图一、二、五、六、八、九、十甲，二图一、三、七、八、九、十甲，二上图一、四、七、八、九、十甲，三上图二、五、六、七、九甲，三下图一、三、五、七、八、九、十甲，四图一、三、四、七、九、十甲，五图一、三、五、六、七、八、十甲，七图二、四、七、八、十甲，七上图一、五、六、七甲，青紫图一、三、四、五、七甲；六十二都一图一、三、五、七、八、九甲，一上图一、五、六、八、九甲，二图一、三、四、五、七、八、十甲，二图单，三图一、三、四、六、七、八、十甲，四图一、三、四、六、七、八、九、十甲，五图四、五、七甲，六图一、二、三、四、五、七、八、九、十甲，又六图四、五、六、七、八甲，七图三、四、五、七、八、九甲，八图一、二、四、六、八甲，九图一、四、五、七甲，十图一、四、五、七甲，十四图一、四、七、八、十甲；六十三都一图一、三、五、六、七、九、十甲，一义图一、五、六甲，一图单甲，二图一、四、五、七、九甲，二上图二、三、四、五甲，又二图四、五、七甲，三图二、五、七、九甲，四图单三、五、六、七甲，五图一、三、五、七、八、九甲，六仁图二、五、七、八甲，六义图二、五、六甲，八图一、三、七、八甲，十图一、四、七、八甲，十图协一、三、五甲，十三图一图六甲，十五图一、三、四、六、七甲，广聚图一、三、五、七甲；南乡一都一图一、二、三、四、五、六、七、八、九、十甲，二图一、二、四、五、六、七、八、九、十甲，三图一、二、三、四、五、六、七、八、九甲，怡怡图一、三、五、六、七、九甲，又附城南一、三、四、六、七、八、九、十甲，三十五都一图一、二、三、四、五甲，三下图二、三、六、七、八、九、十甲，四图一、二、三、四、六、八、九、十甲，五图一、二、三、四、五、六、七、八、九、十甲，六上图一、二、三、四、五、六、八、九、十甲，六下图四、六、七、八、九、十甲，七图一、二、三、四、五甲，九图二、三、四、五甲，九图，副十图单；三十六都二图六、七、九、十甲，二图协甲，三图单，五图单，七图一、二、三、四、五、六、七、八、九、十甲，八图一、三、四、五、六、七、八、九、十甲，八图，副九图六、七、八、九、十甲，十图一、二、三、四、五、六、七、八、九、十甲，十三图一、二、三、四、五甲，十四图单，全盛图一甲；三十七都一图一、二、四、五、六、七、八、九、十甲，二图六、七、八、九、十甲，三图一、二、三、四、五、六、七、九、十甲，四上图古甲，四下图五、六、七、八、九、十甲，六图一、三、四、六、九、十甲，七图一、二、三、四、五、七、八、九甲，八图一、四、六、七、八、九、十甲，九图单，十图单，至乐图单甲；三十八都二图一、二、三、四、五、七、九、十甲，二美图一、二、三、四甲，三图一、二、三、四、五、六、七甲，三义图一、二甲，四图一、二、三、四、五、六、八、九、十甲，六图一、二、三、四、五、六甲，六图单，七图仁寿甲，八图上单甲，光裕图；三十九都一图协甲，二图副甲，三图一、三、四、五、八、九甲；四十都一图一、二、三、四、五、六、七、八、十甲，二图一、二、三、四、七、十甲，四图一、二、三、四、五、六、七、八、九、十甲，四图，副五图六、七、八、九、十甲，五下图单甲，六图单甲，七图二、三、四、五、七、八、九、十甲；四十一都一上图一、二、三、四、五甲，一下图六、七、八、九、十甲，二图一、二、三、四、五甲，三图一、二、三、四、五、六、七、八、十甲，四图一、二、三、四、五、六、七、八、九、十甲，副四图一、二、四、五甲，五图一、二、三、四、五、九、十甲，七图一、二上、五甲，三图、正昌、忠信图下五甲；六十一都城都村一二图、使荷永成图上五甲，三图、罗五图下五甲；六十二都沙头洲村三图上五甲，仁图下五甲等处，共被旱各则民田九百七十二顷七十亩，应征地丁、漕米内著缓征十分之五，银四千四百二十九两零，米一千二百八十三石零。并北乡一都左望村一图上五甲，三图下五甲，五六四同图、五永四义图一甲至十甲；上二都官溪村一图下五甲，三义、倡义图上五甲，九德同昇图一甲至十甲；下二都小风塘村一二图、五永图一甲至十甲，三、七图上五甲，四五图、东庆图下五甲；三都中坡村四、五、六图上五甲，七图下五甲，众义图一甲至十甲；四都赖田村一图、仁义图一甲至十甲，二四五图下五甲，三图、善发图上五甲；五都石溪村三至图、福图一甲至十甲，八图上五甲，九图下五甲；禾五都前市村二图福星村上五甲，四图下五甲，崇善图一甲至十甲；六都风上村三益、新益图一甲至十甲，二、九图上五甲，三义图下五甲；七都蛇形村一图、十图一甲至十甲，二四七八图、和好图上五甲，三五九图、三丰图下五甲；八上都五团村一图一甲至十甲，二三图、中和大寺图上五甲；八下都花陂村一图和盛图下五甲，仁图一甲至十甲，二五图、忠清两美联珠图上五甲；九都狮山村一图，仁、义、礼、信图一甲至十甲，智图、万镒图上五甲，嘉谟、七政图下五甲；十都荒上村丰图、乾图、首图、怀清图下五甲，本图、旋图、成图、崇义图上五甲，福图、叶吉图一甲至十甲七；十三都仰山村仁义图一甲至十甲等处，被旱各则民田八百十六顷九十亩，应征地丁、漕米内著缓征十分之五，银三千六百九十四两零，米一千七十石零。同东乡福六十四都长源村，近六十四都上坪村，六十五都菜下村，六十六都洲下陂村，六十七都观音桥村，六十八都白堡村，六十四都高桥村，七十一都白土村，七十二都汴田村南乡，五十三都秋溪村，五十四都水尾村，五十五都横路村，五十六都黄棋村，近五十六都平分村，五十八都长富村，五十九都涂岭村；西乡封十一都黄江村，禾十一都、上十二都台洲村，下十二都灌沆村，上十三都交文村，下十三都视田村，十四都洋港村，十五都夏溪村，十六都沙市村，十七都厚田村，十八都龙田村，十九都木江村，四十都鄱阳村，四十一都东路村，上四十二都汶竹村，下四十二都落沟村，四十三都东溪村，四十四都元头村，六十一都城都村；北乡一都左望村，四都赖田村，六都风上村，七都蛇形村，上八都五团村，下八都花陂村，九都狮山村，十都荒上村等处，各军图一帮至十帮，共被旱屯田九十顷五亩零，应缓屯丁银十六两零，存留屯粮银六十五两零，漕运屯粮银五百三十两零，余租银一千八百九十八两零。

鄱阳县之东隅一图六十甲；南隅五、六、八图十甲，六图八甲；西隅一图九甲，七图十甲，八图一甲；北隅一图八甲，二图十甲，五图八甲；北乡四图十甲，后二图全甲，后四图三、八甲，永图四、一甲，三四都五、七图全甲；南湖圩六图全甲，八图全甲；孔目圩九图全甲；问龙圩十一图全甲；桂湖圩十六图；全问龙圩十七图全甲；北湖圩四都九图十甲；胡家圩七都一图一、三、五、六、七、八、十甲，三图三、六甲，八都十一图三、六甲；陈家圩十都三图五甲；班祝港十一都三、五图三八甲，十二都一图三六九十甲、二图二四六十甲，崇十三都一图一、二、三、四、五、六、七、八、九、十甲；保全圩二图一、三、四、五、十甲；卒十三都一图一、三、五、七、九甲，二图三、五、七、九甲；十四都一、二图全甲；五十都四图七甲；五十一都七八(甲)[图]全甲，九图二三七十甲；五十二都一图三、四、五、八甲，二图一、二、四、五、六、七、八、九、十甲，四图一、四、八、九、十甲，五、六图全甲，七图八甲，八图一、三、四、五、六、七、九、十甲，九图二甲至十甲，十图二、三、四、五、七、九、十甲；五十三都一图二甲；五十七都一图一、三、五、六、七、八甲；五十八都一图一、七、八、九甲，二图四、六、十甲，三图一、二、三、五、八、九、十甲，五图一、二、三、四、五、六、七、八、十甲，六图六、八、九甲，七图一、二、四、五、七、十甲；五十九都二图四、八甲，三、四、五图全甲,六图四、九甲,八图全甲;六十四都二图六甲,四图二、五、六、七、九、十甲;六十五都一图全甲,二图一、二、三、六、九甲,三图一、二、三、五、七、八、九、十甲;六十六都一、二、三图全甲,四图一、二、三、五、六、八、九甲等处,被淹各则田地二千三百二十四顷九十二亩零,应征地丁、漕米著缓十分之七。又东北关一图六、八甲;西隅二图全甲,南隅六图三、四、六、九甲,北隅一图七甲、三图八甲、永图七甲、永六图四六甲、后一图共十一甲;一都一图二甲;三四都一图二、六甲,二图二、三、五、七甲,三图三、四、五、七、八、九、十甲,四图一、二、四、五、八、九、十甲,十图一、二、三、四、五、六、八、十甲,十八图三、四、七、九甲;河风圩十九图一、二、四、六、七甲,二十图四甲、六七甲;画湖圩二十一图全甲;河风圩十五图二、四、六甲;四都二图六甲;六都一图一、四、六、七、八甲,二图二四九甲;七都一图四甲,二图八、九甲,三图一、二、四、九甲;八都一图三甲,四图全甲,六图一、四、五、十甲,十图三、八、十甲,十一图二、五、八、九、十甲;九都一图一、二、四、八、十甲;十都二图一、二、三、四、五、六、七、八、九、十甲,二图一、二、三、四、五、六、七、八、九、十甲,三图一、二、三、四、六、七、八、九、十甲,四图一、二、四、五、七、八甲;十一都二图一二三四六七八九十甲、又带字永字八甲,三图一、二、四、五、六、七、九、十甲,四图全甲,五图四甲;十二都一图一、二、四、七甲,二图一甲;十七都一图一、二、三、四、五、六、七、八、九、十甲,二图一、二、四、五、六、七、八、九甲;二十一都二图四甲;二十八都一图一、二、五、六甲,二图一、二、三、六、七、九、十甲;四十八都一图二、三、五甲,二图一、二、三、五、十甲,三图二、四、五甲,四图一、二、三、四、五、八、十甲;五十都一图六甲;五十一都一图四、八甲,二四五图全甲,六图一、四、五、八、九、十甲,十图一、六甲;五十二都三图一、二、五、七、八、十甲;五十三都一图五、八、十甲,三图四、九甲,五图一甲;五十四都三图三、六、八甲,四图二、三、四、五、六、九甲,五图全甲,六图一、二、三、四、五、六、八、九、十甲;五十六都四图二甲;五十八都四图一、二、四、五、六、八、九、十甲,七图三、八、九甲;五十九都二图下六、七、九、十甲,七图三十甲;六十四都三图全甲;六十六都四图四、七、十甲;六十七都一图一、二、九、十甲等处,共被淹各则民田二千八十顷七十九亩零,应征地丁、漕米著缓十分之三,总共应缓地丁银一万三百七十七两零,漕米五千五百十二石零。并坐落西北川屯田全行被水,应缓屯丁银十六两零,存留屯粮银一百四十六两零,漕运屯粮银八百十五两零,余租银九百九十九两零。

余干县之东隅一图一、二、六、七、八、九、十甲小溪等村;南隅一图一、二、三、四、五、六、七、八、九、十甲三塘等村,二图三、四、五、六、七、八、九、十甲柏树等村,三图一、二、三、四、五、六、七、八、九、十甲料家等村;西隅一图一、二、三、四、七、八、九、十甲严溪等村,二图一、二、三、四、六、七、九、十甲坂背等村,四图一、三、四、五、六、七、八、九、十甲上童等村,五图一、二、五、六、七、十甲坂上等村,六图三、五、六、七、八、九、十甲团湖等村;北隅一图二、四、七、八、十甲古埠村,二图一、二、三、四、五、六、七、九、十甲洲上等村,三图一、二、三、六、七、八、九、十甲毛溪等村;二都一图一、三、四、五、六、七、九、十甲彭湾等村,二图一、二、三、四、五、六、八、九、十甲小毛等村,三图一、二、三、四、五、六、七、八、九、十甲徐家村等村;三都一图一、二、三、四、五、六、七、八、九、十甲李专等村,二

图二、三、四、五、六、七、八、九、十甲鱼池等村，三图一、二、三、四、五、六、八、九、十甲院前等村；四都一图一、二、三、四、五、六、七、八、九、十甲东湾等村，二图一、二、三、四、五、六、七、八、九、十甲漑头等村，三图一甲白家等村，四图一、二、三、四、五、六、七、八、九、十甲小路等村；五都一图二、三、五、六、七、八、九、十甲港口等村，二图一、二、三、四、五、六、七、八、九、十甲后周等村，九都一图一、二、三、五、六、七、八、十甲奠下等村，二图二、三、四、五、六、七、八、九、十甲将前等村，三图一、二、三、四、五、六、七、八、九、十甲博水等村，四图一、二、三、四、五、六、七、八、九甲江头等村，五图一、二、三、四、七、八、九、十甲石窟等村，六图一、二、三、四、五、六、七、八、九、十甲马羊等村，七图一、二、三、四、五、六、七、八、九、十甲镶尾等村，八图一、二、三、四、五、六、七、八、九、十甲下段等村；二十四都四图五甲濠池等村；二十五都一图七甲靛溪村，二图四、七甲株树等村，十一图三甲塞上等村；二十六都二图六甲坑口村，三图四十七甲罗家桥等村，五图十甲杨木湾村；二十七都一图一、二、三、四、五、六、七、八、九、十甲睦和等村，二图一、二、三、四、五、六、七、八、九、十甲老头等村，三图一、二、三、四、五、六、七、八、九、十甲樜林等村，四图一、二、三、四、五、六、七、八、九、十甲青林等村；二十八都一图一、三、四、五、七、八、九、十甲万覃等村，三图一、二、三、四、五、六、七、八、九、十甲陈坪等村，二图一、二、三、四、五、六、七、八、九、十甲龙津等村，四图一、二、三、四、五、六、七、八、九、十甲神仙等村，五图一、二、三、四、五、七、八、九、十甲貊皮等村，六图四、五、六、九、十甲南河等村，七图一、二、三、四、五、六、七、八、九、十甲仙姑等村；二十九都一图一、六、九甲洲上等村，二图一、二、三、四、五、六、七、八、十甲内水等村，三图二、三、四、五、六、八、九甲水埠等村，四图一、二、三、四、五、六、七、八、九、十甲东源等村，五图二、四、五、六、八、九、十甲准塘等村；三十都一图一、二、三、四、五、六、七、八、九、十甲白竹等村，二图一、二、三、四、五、六、七、八、九、十甲石里滩等村，三图一、二、三、四、五、六、七、八、九、十甲排头等村，四图一、二、三、四、五、六、七、八、九、十甲河源等村，五图一、二、三、四、五、六、七、八、九、十甲郭里等村，六图一、二、三、四、五、六、七、八、九、十甲常湖等村，七图一甲大瑞埠等村；三十都一图一、二、三、四、五、六、七、八、九甲赤岸等村，二图一、二、三、四、五、六、七、八、九、十甲西源等村，三图一、二、三、四、五、六、七、八、九、十甲山塘等村，四图二、三、四、五、六、七、八、九、十甲赤岗等村；三十二都一图一、二、三、四、五、六、七、八、九、十甲朱湾等村，二图一、二、四、五、六、七、八、九、十甲塔前等村，三图一、二、三、四、五、六、七、八、九、十甲山下等村，四图一、二、三、四、五、六、七、八、九、十甲巷（蓭）前等村，五图一、二、三、四、五、六、七、八、九、十甲石子等村，六图一、二、三、四、五、六、七、八、九、十甲王江等村，七图一、二、三、四、五、六、七、八、九、十甲汉口等村，八图一甲西源村，三十三都一图一、二、三、四、五、六、七、八、九、十甲大湖等村，二图一、二、三、四、五、六、七、八、九、十甲新启等村，三图一、二、三、四、五、六、七、八、九、十甲小口等村；三十四都一图一、二、三、四、五、六、七、八、九、十甲石头口等村，二图一、二、三、四、五、六、七、八、九、十甲毫湖等村，三图一、二、三、四、五、六、七、八、九、十甲竹山邓村；三十五都一图一、二、三、四、五、六、七、八、九、十甲堵坊等村，二图一、二、三、四、五、六、七、八、

九、十甲梁山等村，三图一、二、三、四、五、六、七、八、九、十甲寺前等村，四图一、二、三、四、五、六、七、八、九、十甲松山等村，五图一、二、三、四、五、六、七、八、九、十甲崇山等村；三十六都一图一、二、三、四、五、六、七、八、九、十甲瑞洪等村，统共被水各则田四千四百五十二顷五十一亩零，应完地丁银八千七十四两零，漕米三千八百十五石零。

万年县之西乡隔塘等村一都一图一甲、十甲，二图一甲，三图一二三四五六九十甲、尾甲，四图四、五、六甲；北乡陶岭村东隅一图一八十甲、尾甲；西乡雷华村二都三图三六七八九十甲、尾甲，东隅二图二甲、十甲；北乡石头村十三都三图一二三四五六七八九十甲、尾甲，四图一二三四五六七八九十甲、尾甲；西乡白马村二都一图一二六七九十甲尾甲、二图二四五六七八九十甲尾甲，三都一图四甲，七都三图尾甲，塘东村十二都三图三五九甲、尾甲；北乡道港隔港村十三都二图一二四五六七八九十甲、尾甲，南隅二图七甲，均湖村十二都四图三六八十甲、尾甲，永丰村西隅一图五甲、尾甲，北隅一图一、四甲，西隅二图一甲，山背村十四都三图一二三四五六七八九十甲、尾甲，十一都四图三九甲、尾甲，青塘村十三都一图一二三四五六七八九十甲、尾甲，燃湖村十四都二图一二三四五六七八九十甲、尾甲，双蓝村十四都四图一三六十甲、尾甲，余柏村十四都一图一二三四五六七八九十甲、尾甲等处，共被淹三则田地一千六十二顷十九亩零，应缓地丁银二千六百十五两，漕米一千六百六十一石零。

星子县之黄洋党、河村党、清风党、五里党、上八都、下八都、上九都、下九都、上二都、楼阳党、吴障党、城市党、西村党、南村党、北村党、下二都、五都、六都、上三都、下三都、上四都、下四都、上七都、下七都等处，共被水各则民田四百十一顷七十九亩零。同坐落黄洋党、九二党、河村党、九七党、清风党、九三党、上八都南葵党、下八都南葵党、上九都九一党、下九都九一党、楼杨党、九六党，下二都南渚党、上七都南葵党、下七都南石党等处，共被水各则屯田四十六顷十亩零，应缓地丁银二千一百二十三两零，屯粮丁银八十两零，余租银六百十二两。

都昌县之一都一、二、三、四、五、六、七、八甲，二都一、二、三、四、五、六、七、八、九、十甲，三上都一、二、四、六、七、八、九、十甲，三下都一、三、四、五、六、七、九、十甲，四上都一、二、五、六、八甲，四下都二、四、五、六、八、九、十甲，五都一、二、三、四、六、七、九、十甲，六上都一、二、三、四、六、七、十甲，六下都一、二、三、四、五、六、七、八、九、十甲，七都一、二、三、四、五、六、七、八、九、十甲，八都一、二、三、四、五、六、七、八、九、十甲，九都一、二、三、四、六、七、八、十甲，十上都三、四、六、七甲，十中都一、三、七、八甲，十下都三、四、六、七、十甲，十一都一、五、六甲，十三上都三、六、九甲，十三下都六、十甲，十四上都一、二、三、四、五、六、七、八、九、十甲，十四下都一、二、三、四、五、六、七、八、九、十甲，十五都一、二、六、八、九甲，十六都三、四、五甲，十八都三、七甲，十九都一、五、六、九甲，二十三都二、三、七甲，二十六上都一、三、六、七甲，二十六下都一、二、三、五、六、七、八、十甲，二十九都一、二、三、四、五、六、七、九甲，三十都三、四、七、十甲，三十一都四、八、九甲，三十二都一、二、三、四、五、六、七、八、十甲，三十三都一、二、三、四、六、七、八、十甲，三十四都一、二、三、四、六、七、八、九甲，三十五都三、四、五、六、七、八、十甲，三十六都一、二、三、四、五、六、九、十甲，三十七都二、三、四、五、六、八、九、十甲，三十八都一、二、三、六、七、八、十甲，四十一都一、二、三、四、五、六、七、八、九、十甲，四十二都一、四、五、六、九、十甲，四十三都一、二、三、四、五、六、七、八、九、十甲，四十五八都一、二、三、四、五、六、七、九、十甲，四十六七都一、三、四、五、六、七、八、十甲，市一图一、二、三、五、六、七、八甲，市二图四、五、七、十甲，市三图一、三、四、八、九、十甲，市四图二、三、五、八、九甲，市五图一、二、三、五、六、七、八、十甲，紫图一、二、五、六、七、九甲，左图三、四、六、九甲等处，共被水各则田一千七百二十一顷九十九亩零，应缓地丁银五千三百二十二两零，米三千九百七十五石零。

建昌县归义乡一图一、二、三、四、五、六、七、八、九、十甲，二图一、二、三、四、五、六、七、八、九、十甲，三图一、二、三、四、五、六、七、八、九、十甲，四图一、二、三、四、五、六、七、八、九、十甲，五图一、二、三、四、五、六、七、八、九、十甲；新城乡一图一、二、三、四、五、六、七、八、九、十甲，二图一、二、三、四、五、六、七、八、九、十甲，三图一、二、三、四、五、六、七、八、九、十甲，四图一、二、三、四、五、六、七、八、九、十甲，五图一、二、三、四、五、六、七、八、九、十甲，六图一、二、三、四、五、六、七、八、九、十甲，七图一、二、三、四、五、六、七、八、九、十甲，八图一、二、三、四、五、六、七、八、九、十甲；智修乡一图一、二、三、四、五、六、七、八、九、十甲，二图一、二、三、四、五、六、七、八、九、十甲，三图一、二、三、四、五、六、七、八、九、十甲，四图一、二、三、四、五、六、七、八、九、十甲；昇仙乡一图一、二、三、四、五、六、七、八、九、十甲，二图一、二、三、四、五、六、七、八、九、十甲，三图一、二、三、四、五、六、七、八、九、十甲，四图一、二、三、四、五、六、七、八、九、十甲，五图一、二、三、四、五、六、七、八、九、十甲；甘泉乡一图一、二、三、四、五、六、七、八、九、十甲；二图一、二、三、四、五、六、七、八、九、十甲，三图一、二、三、四、五、六、七、八、九、十甲，四图一、二、三、四、五、六、七、八、九、十甲，五图一、二、三、四、五、六、七、八、九、十甲，六图一、二、三、四、五、六、七、八、九、十甲；受安乡一图一、二、三、四、五、六、七、八、九、十甲，二图一、二、三、四、五、六、七、八、九、十甲，三图一、二、三、四、五、六、七、八、九、十甲，四图一、二、三、四、五、六、七、八、九、十甲，五图一、二、三、四、五、六、七、八、九、十甲，六图一、二、三、四、五、六、七、八、九、十甲；永丰乡一图一、二、三、四、五、六、七、八、九、十甲，二图一、二、三、四、五、六、七、八、九、十甲，三图一、二、三、四、五、六、七、八、九、十甲，四图一、二、三、四、五、六、七、八、九、十甲，五图一、二、三、四、五、六、七、八、九、十甲，六图一、二、三、四、五、六、七、八、九、十甲，七图一、二、三、四、五、六、七、八、九、十甲，八图一、二、三、四、五、六、七、八、九、十甲，九图一、二、三、四、五、六、七、八、九、十甲，十图一、二、三、四、五、六、七、八、九、十甲，十一图一、二、三、四、五、六、七、八、九、十甲，十二图一、二、三、四、五、六、七、八、九、十甲，十三图一、二、三、四、五、六、七、八、九、十甲，十四图一、二、三、四、五、六、七、八、九、十甲，十五六图一、二、三、四、五、六、七、八、九、十甲；凝远乡一图一、二、三、四、五、六、七、八、九、十甲，二图一、二、三、四、五、六、七、八、九、十甲，三图一、二、三、四、五、六、七、八、九、十甲，四图一、二、三、四、五、六、七、八、九、十甲，五图一、二、三、四、五、六、七、八、九、十甲，六图一、二、三、四、五、六、七、八、

九、十甲，七图一、二、三、四、五、六、七、八、九、十甲，八图一、二、三、四、五、六、七、八、九、十甲；丰安乡上一图一、二、三、四、五、六、七、八、九、十甲，上二图一、二、三、四、五、六、七、八、九、十甲，下一图一、二、三、四、五、六、七、八、九、十甲，下二图一、二、三、四、五、六、七、八、九、十甲，三图一、二、三、四、五、六、七、八、九、十甲，四图一、二、三、四、五、六、七、八、九、十甲，五图一、二、三、四、五、六、七、八、九、十甲，六图一、二、三、四、五、六、七、八、九、十甲，十图一、二、三、四、五、六、七、八、九、十甲，十一图一、二、三、四、五、六、七、八、九、十甲，十二图一、二、三、四、五、六、七、八、九、十甲；德政乡一图一、二、三、四、五、六、七、八、九、十甲，二图一、二、三、四、五、六、七、八、九、十甲，三图一、二、三、四、五、六、七、八、九、十甲，四图一、二、三、四、五、六、七、八、九、十甲，五图一、二、三、四、五、六、七、八、九、十甲，六图一、二、三、四、五、六、七、八、九、十甲；市镇乡一图一、二、三、四、五、六、七、八、九、十甲，二图一、二、三、四、五、六、七、八、九、十甲，三图一、二、三、四、五、六、七、八、九、十甲，四图一、二、三、四、五、六、七、八、九、十甲；芦镇乡、即市乡五图一、二、三、四、五、六、七、八、九、十甲；钧台乡一图一、二、三、四、五、六、七、八、九、十甲，二图一、二、三、四、五、六、七、八、九、十甲，三图一、二、三、四、五、六、七、八、九、十甲，四图一、二、三、四、五、六、七、八、九、十甲，五图一、二、三、四、五、六、七、八、九、十甲，六图一、二、三、四、五、六、七、八、九、十甲，七图一、二、三、四、五、六、七、八、九、十甲，八图一、二、三、四、五、六、七、八、九、十甲，九图一、二、三、四、五、六、七、八、九、十甲等处，共被水各则田地五千四百七十六顷九十四亩零，应缓地丁银一万六千七百二十一两零，漕米八千二百十六石零。同安义县寄庄坐落建昌县之归义、新城、甘泉、受安、永丰、凝远、丰安、德政、芦镇、钧台等乡各图甲内，被水各则田地七十三顷六十九亩零，应缓地丁银三百三十八两零，漕米一百六十九石零。

德化县之桑落乡劳家硬、詹家港；封一乡横港寨、南池寨、高埠寨；封二乡套口寨、小池寨、李家口寨；赤松乡八五团，白洲、城子镇、三班港口；白鹤乡石门寨、陶埠寨、洞中寨；仙居乡清塘铺、王老门、城门湖；楚城乡堤心堰、蔡家堰尾；甘泉乡张家山、蓝桥坂等处，共被水各则民田三百四十顷六十四亩，应缓地丁银二千三十九两零。并南卫坐落桑落乡程家营、石埠头，封廊乡杨泗寨、新河，白鹤乡炉冲、七里，仙居乡义门、王家洲，楚城乡左泗、上寨，甘泉乡百户、团山；九卫坐落桑落乡罗家渡、李家营、金家坝，封廊乡杨泗寨、沙地寨，赤松乡八五团，白洲、城子镇、三班，白鹤乡太平寨、土局寨、尾家湾，甘泉乡分水岭、马回岭、黄老门，楚城乡排山陇、沈家港、荆林街等处，共被水屯田三百二十三顷十五亩，应缓屯粮丁银七十七两零，存留屯粮银四百六十九两零，漕运屯粮银二千八十四两零，余租银四千三百二十五两零。暨坐落桑落乡杨家州、柳蔡洲、桂家营，封一乡沙池寨、蒋家营，封二乡北关寨、套口寨，赤松乡团洲、港口等处，被水密稀芦洲共三百六十二顷五亩，应缓十一年压征十年芦课银六百三十八两零。

德安县之黄湾、陈湾、固村、墩下、金鸡、附城、神干、河东、后东田、在市、乌石、墩上等堡共被水各则民田三百六十二顷七十八亩零，应缓地丁银二千七百十一两零。并南、九二卫坐落陈湾、金鸡、附城、河东、河西、后田、乌石、在市等堡，被水屯田一百七十二顷十五亩，应缓屯丁银四十七两零，存留屯粮银三百四十六两零，漕运屯粮银一千三百九十五两。

瑞昌县之安泰乡周滩堡、九屯堡、九民堡、青龙堡、安城堡、营桂堡、晴林堡、巴堡、迴龙堡、罗湖堡、板林堡、东关堡、荆林堡，今一乡之乌塘堡、金蛇堡、接泥堡、高武堡、马头堡，今二乡之封门堡、黄桥堡、河塘堡、牛山堡、连山堡、武交堡、长流堡、大林堡、西隆堡、北亭堡，甘露乡之禁坪堡、北巢堡等处，共被水各则民田地五百八十八顷九十五亩零；同九江卫坐落安泰、德化、赤松、南昌、仙居等乡，被水屯田地一百六十四顷八十三亩零，应缓地丁银二千五百五十一两零，漕运屯粮银八百二十三两零，余租银一千六百十六两零。

湖口县之上乡十四五都九甲，十六都六甲，十七都杨家湾、寺前湾；中乡一坊、二坊，八都三甲，十三都六八甲；下乡四、六都一甲等处，共被水各则民田六百九十八顷八十九亩零，著缓十分之四地丁银一千八百九十九两零。同下乡四、六都及编入德化县之仁贵乡、宿松县之益家洲等处，被水屯田四十二顷三十八亩零，著缓十分之四，漕运屯粮银一百三十九两零，余租银三百四十二两零。

彭泽县之八都一甲交坂等村，七甲汪家坝等村，九甲燕窠等村；十二都四甲中坂等村，五甲颜家湾等村，六甲炉峰口等村，七甲竹林等村，十甲小山岭等村；十五都一甲杨家塘等村，六甲南门港等村，七甲沙凸等村，十甲项家山等村；二十都一甲八房方家等村，二甲投拜岭等村，三甲张家堰等村，四甲虎形山等村，五甲吉林冲等村，六甲龙池桥等[村]；三十三都六甲搁排洲等村，七甲新洲等村，八甲萧老洲等村，九甲魏家湫等村，十甲沙湾洲等村，一二坊夹山等村、虎头冲等村、凉亭等村、宋家堰等村；二都一甲茅屋等村，二甲下仓湾等村，五甲梅塘等村，四都三甲桃源等村，四甲牌楼等村，十甲七凤山等村，五都二甲芜里等村，四甲蟹子峡等村，五甲坂上等村；六都七甲瀼溪港等村，八甲南田坂等村，十甲港下林等村；七都一甲石壁山等村，二甲成眼洞等村，五甲太平关等村，六甲坂上里等村；九都一甲双图等村，二甲峰柯等村，六甲乔廷、曾家等村；三十都一甲破屋等村，二甲望夫山等村，三甲黄金盆等村，六甲八斗碓等村，七甲竹嶅等村，共被水民田地一千一百三十六顷七十九亩，应缓地丁银一千八百八十二两零。同四都梅林坂等村，管山等村，七凤山等村，白洋湖等村；七都下坂等村，太平关等村；八都熊家店等村，传家店等村，汪家坝等村，冷水涧等村，油店等村；九都柳树等村，腊岭等村，新田坂等村；十二都燕窠等村，丁家坂等村，桥头等村，古楼坂等村，崇岭寺村；二十都龙源桥等村，乌家冲等村，梅树等村；二十都上下彭等村，八房等村，坂上等村，林家港等村；三十都观音坝等村、王家湾等村、拓林等村、定山等村、王家湾等村、纱智等村、棠栗等村，共被水屯田七十八顷二十八亩零，应缓屯丁银一百六十六两零，存留屯粮银一百七十九两零，漕运屯粮银四百五两零，余租银一千一百六十九两零。并三十三都上洲泰字等号，芙蓉墩、盘子等洲；中洲李字等号，搁排粮等洲；下洲调字等号，萧老洲，沙湾等洲，共被水洲地九百十二顷十二亩零，应缓十一年压征十年芦课银五百七十七两零。九江府同知所辖南卫桑落乡之大湾、三伯、桑成、新生、永兴等洲；九卫桑落乡之翁家、罗葛、东瓜等洲，罗家渡、新生并罗家洲，毛溪埂、谭家营、韦家营、李家营、詹家营、汪家汉、洋湾、永兴、新生等洲；又赤松乡之项家、牛皮洲、小江津、小江洲、田家林、小江洲、李梓洲；南卫封一乡封廊洲；九卫封二乡封广洲等处，被水轻重不一，应征十一年压征十年芦课银八百五十一两零，著缓至光绪十二年秋后分作两年带征。又湖口县之梅家、大湾、牛湖、兴福、永和、谢张、秦张等洲，共被水洲地三百九十四顷五十二亩零，一征十一年压征十年芦课，著缓至十分之四，银二百一十六两零，缓至光绪十二年秋后分作三年带征。

又南昌县光绪六年被水、被虫，七、八年被水、被旱，九年被旱，十年被水，原缓各本年地丁、糟米；新建县光绪六、七、八年被水，九年被水、被旱，十年被水，原缓各本年地丁、漕米；又峡江县光绪七年被水，八九年被旱，十年被水、被旱，原缓各本年地丁、漕米；庐陵县光绪七年被水，原缓本年地丁、漕米、存留屯粮、漕运屯粮、余租；吉水县光绪七年被水，原缓本年地丁、漕米；永丰县光绪九年被旱，原缓本年地丁、漕米；泰和县光绪六、七年被水，原缓各本年地丁、漕米；东乡县光绪八九年被水原缓各本年地丁、漕米；余干县光绪八年、十年被水，原缓各本年地丁、漕米；乐平县光绪六、七、八、九、十年被旱，原缓各本年地丁、漕米；浮梁县光绪十年被水，原缓本年地丁、漕米；德兴县光绪八年被水、被旱，原缓本年地丁、漕米；万年县光绪八年、十年被水，原缓各本年地丁、漕米；星子县光绪七年被水、被雹，八年、十年被水，原缓各本年地丁、屯粮丁、余租；都昌县光绪八年被水，原缓本年地丁、漕米。德化县光绪八年被水，九十年被水、被旱，原缓各本年地丁、屯粮丁、存留屯粮、漕运屯粮、余租、压征七八九年芦课；瑞昌县光绪八年被水，原缓本年地丁、漕运屯粮、余租；湖口县光绪六、七、八、九年被水，原缓各本年地丁、漕运屯粮、余租；彭泽县光绪六年被水，原缓本年二限一半地丁、屯粮丁、存留屯粮、漕运屯粮、余租，压征五年芦课，八年被水，原缓本年地丁、屯粮丁、屯留屯粮、漕运屯粮、余租，压征七年芦课，著递缓至光绪十二、十三两年秋后带征。

又进贤县光绪十年被水，原缓本年地丁、漕米；清江县光绪九年被水，原缓本年地丁、漕米；莲花厅光绪六、七、八年被旱，九年被旱、被虫，十年被旱，原缓各本年地丁、漕米、漕运屯粮、余租；安福县光绪十年被旱，原缓本年地丁、漕米、漕运屯粮、余租；又余干县光绪七年被水，原缓本年地丁、漕米；建昌县并安义县寄庄建昌县光绪十年被水，各原缓本年地丁、漕米；德化县光绪七年被水、被旱，原缓本年地丁、屯粮丁、存留屯粮、余租、压征六年芦课；德安县光绪十年被水，原缓本年地丁、屯粮丁、存留屯粮、漕运屯粮；九江府同知所辖芦州光绪十年被水，原缓本年压征九年芦课，均递缓至光绪十三、十四两年秋后带征。

又进贤县光绪九年被水、被旱，原缓本年地丁、漕米；新(淦)[淦]县光绪九年被旱，原缓本年地丁、漕米；新喻县光绪十年被水、被旱，原缓本年地丁、漕米；安福县光绪九年被旱，原缓本年地丁、漕米、漕运屯粮、余租；鄱阳县光绪十年被水，原缓本年地丁、漕米、存留屯粮、漕运屯粮、余租；余干县光绪六年被水，原缓本年地丁、漕米；浮梁县光绪八年被水，原缓本年地丁、漕米；建昌县并安义县寄庄建昌县光绪九年被水，各原缓本年地丁、漕米；德化县光绪六年被水，原缓本年地丁、屯粮丁、存留屯粮、漕运屯粮、余租、压征五年芦课;德安县光绪九年被水,原缓本年地丁、屯粮丁、存留屯粮、漕运屯粮;九江府同知所辖芦洲光绪九年被水,原缓本年压征八年芦课,均著递缓至光绪十四、十五两年秋后带征。

又进贤县光绪八年被水,原缓本年地丁、漕米;安福县光绪八年被旱,原缓本年地丁、漕米、漕运屯粮、余租;建昌县并安义县寄庄建昌县光绪八年被水,各原缓本年地丁、漕米;德安县光绪八年被水,原缓本年地丁、屯粮丁、存留屯粮、漕运屯粮;九江府同知所辖芦洲光绪八年被水,原缓本年压征七年芦课,均著递缓至光绪十五、十六两年秋后带征。

又进贤县光绪七年被水,原缓本年地丁、漕米;新淦县光绪八年被旱,原缓本年地丁、漕米;新喻县光绪九年被水、被旱,原缓本年地丁、漕米;安福县光绪七年被旱,原缓本年地丁、漕米、漕运屯粮、余租;鄱阳县光绪九年被水,原缓本年地丁、漕米、屯粮丁、存留屯粮、漕运屯粮、余租;建昌县光绪七年被水、被旱,原缓本年地丁、漕米,并安义县寄庄建昌县光绪七年被水,原缓本年地丁、漕米;德安县光绪七年被水、被雹,原缓本年地丁、屯粮丁、存留屯粮、漕运屯粮;九江府同知所辖芦洲光绪七年被水,原缓本年压征六年芦课,均著递缓至光绪十六、十七两年秋后带征。

又进贤县光绪六年被水,原缓本年地丁、漕米;安福县光绪六年被水,原缓本年地丁、漕米、漕运屯粮、余租;建昌县光绪六年被水、被旱,原缓本年地丁、漕米,并安义县寄庄建昌县光绪六年被水,原缓本年地丁、漕米;德安县光绪六年被水,原缓本年地丁、屯粮丁、存留屯粮、漕运屯粮;九江府同知所辖芦洲光绪六年被水,原缓本年压征五年芦课,均著递缓至光绪十七、十八两年秋后带征。

又新淦县光绪七年被水、被旱,原缓本年地丁、漕米;新喻县光绪八年被旱,原缓本年地丁、漕米;鄱阳县光绪八年被水,原缓本年地丁、漕米、屯粮丁、存留屯粮、漕运屯粮、余租,均著递缓至光绪十八、十九两年秋后带征。

新淦县光绪六年被旱,原缓本年地丁、漕米,新喻县光绪七年被水、被旱,原缓本年地丁、漕米,均著递缓至光绪二十、二十一两年秋后带征。新喻县光绪六年被水、被旱,原缓本年地丁、漕米,著递缓至光绪二十二、二十三两年秋后带征。又永新县光绪六年被水、被旱,七、八、九、十年被旱,原缓各本年地丁、漕米、屯粮丁、存留屯粮、漕运屯粮、余租,并兴国县光绪七年被水,原缓本年地丁,均著递缓至光绪十二年秋后一并带征。又湖口县光绪六、七年被水,原缓各本年压征五、六年芦课,八年被水原缓本年压征七年芦课,除完纳外,其余未完同九年被水,原缓本年压征八年芦课,均著递缓至光绪十二、十三、十四等三年秋后带征,以纾民力。余著照所议办理。

该抚即刊刻誊黄,遍行晓喻,务使实惠均沾,毋任吏胥舞弊,用副轸念民艰至意。该部知道。钦此。

74　剿办粤匪历奉谕旨二十道:怀庆府解围,咸丰三年八月初四日。攻剿独流逆匪,咸丰三年十月十三日。克复临清州城,咸丰四年三月二十八日。克复岳州府城,咸丰四年七月二十三日。攻破田家镇贼巢,咸丰四年十月二十九日。肃清浔郡江面,咸丰四年十二月初二日。克复连镇,咸丰五年正月二十一日。攻克冯官屯,咸丰五年四月十八日。克复通城县城,咸丰五年九月二十五日。克复武昌省城,咸丰六年十一月二十八日。克复瑞州府城,咸丰七年八月初五日。攻破桐城等处贼垒,咸丰十年十一月二十五日。克复安庆省城,咸丰十一年八月二十五日。金陵雨花台解围,同治九年十一月初八日。攻克九洑州等处要隘,同治二年六月初五日。生擒逆首石达开等,同治二年六月十二日。克复苏州省城,同治二年十一月初四日。攻克杭州、余杭两城,同治三年三月十二日。克复江宁省城,同治三年六月二十九日。生擒幼逆洪福镇,同治一年十月十一日。

75　各省裁勇节饷清单:

盛京将军,十一月初十日奏到:每年节省银四万八千余两,另款存储。

吉林将军,十一月初九日奏到:拟于防军、练军两项内抽减人数,每年可节省银七万三千余两。惟原用饷项系由部库请领及由他省协济,向来不敷甚多。裁减后无可储解。

黑龙江将军,十月一十九日奏到:额兵无可裁减。

直隶总督,十月二十三日奏到:酌裁新募各营,每年节省银九十八万四千两。此项原饷本系由部拨给。请于光绪十一年十月以后即行停止。拟以三十万两为京旗加饷之用。其余六十八万四千两拟交海军衙门充饷。此系停领部饷并无另款存储。

两江总督,十月二十二日奏到:每年江宁认解部银十五万两,并令江苏认解部银十五万两。

安徽巡抚,十二月二十六日奏到:每年节省银一万六千四百余两,专储候拨。

江西巡抚,十一月二十日奏到:每年节省银二十余万两,惟厘金收数奇绌,协饷过多,能另款存储,委无把握。

福州将军、闽浙总督,正月十七日奏到:以入抵出,不敷甚多。现存勇营酌量裁并,仍无余款可拨。

浙江巡抚:防勇陆续裁撤,核计节饷虽每年约有五十余万两。惟前此所拨之饷设法腾挪,甚至短解京饷并非有著之款。现在勇营经减,仅有节省之名,并无存储之实。

湖广总督,十二月初九日奏到:每年节省银十二万七千二百余两,存储备拨。

湖南巡抚,十月十四日奏到:每年节省银十二万余两,专款存储解部。

四川总督,十一月初十日奏到:现存练勇碍难裁减,反覆筹商,无从樽节巨款。

陕甘总督,十二月二十五日奏到:兵勇饷数无可再减,甘肃向恃各省协饷,无从提银解部。

陕西巡抚,十一月二十二日奏到:每年节省银十万两,专款另储解部。

山东巡抚,十二月十五日奏到:每年节省二万七千余两,有闰之年节省银三万一千余两。听候部拨。

山西巡抚,十二月初七日奏到:每年节省银二十万两,分批解部。

河南巡抚,十二月初九日奏到:每年节省银十万二千八百两。据奏所解之款领作他用,已奉旨饬令解京。

广西巡抚,正月十五日奏到:拟裁防勇十营,每年约共省银二三十万两。可减各省协拨之饷,并无存款备拨。

云贵总督,十一月初七日奏到:筹议改勇为兵,每年可省银七十万两。滇省向恃协饷无可解部。

贵州巡抚,正月初七日奏到:黔省度支匮乏,勇营局差叠经裁减,无可再裁。现在兵饷欠数甚多,实无余款可拨。

广东省尚未奏到。

76 谨将各省覆奏约计出入各款数目,分晰开列于后,计开:

直隶省藩运关各库:收银四百五十万两,支银四百六十万两,计不敷银十万两。

淮军饷:收银二百余万两,支银二百二十余万两,计不敷银二十万两。

北洋海防经费:收银五六十万两,支银七十余万两,计不敷银十余万两。

热河:收银七千数百两,支银一万九千八百余两,计不敷银一万二千数百两。由藩库领回支放。

察哈尔:收银四万一千余两,支银一万四千余两,计余银二万六千余两。

山东藩库:收银二百七十余万两,支银二百六十余万两。此外尚有祭品举人旗扁宪书上解科场经费约需不过十万两。

运库:收银二十万余两,支银二十一万余两,计不敷银三千余两。

河南省:收银三百三十一万五千余两,支银三百七十八万五千余两,计不敷银四十六万九千余两。

粮盐道库:收银八万四千余两,支银八万六千余两。□□□□□□内除抵补山东隄工银四万,山口常年□□□□不□外,实支银四万□□□□□□。

山西省藩库:收银三百五十一万八千余两,支银三百二十二万九千两,计余银二十八万八千余两。尚有应有应天营务善后制造杂支等款无定数。

归绥道:收银二万三千余两,支银二万四千余两,计不敷银一千余两。

河东道:收银三十九万六千余两,支银五十五万四千余两,计不敷银十五万余两。

商捐海防:收银四万两,支银四万两。

陕西省:收银一百八十万六千余两,支银一百八十四万余两,计不敷银三万四千余两。

甘肃省:收银六十四万四千余两,支银一百七十一万四千余两。不足之数现奉部拨新饷如能解足,尚堪敷用。

安徽省藩库:收银一百万八千余两,支银一百十六万八千余两,计不敷银十六万余两。

江安粮道库:收银二十万八千余两,支银十九万余两,余银一万八千余两。惟每江北采买新漕米价,因各属漕折甫经开征,必须通融,□□□时有奉拨□出之款,尚恐不敷用转。

防军支应局:收银二十四万余两,支银五十五万余两,计不敷银三十一万余两。收钱五十万余千。并无开列支数。

厘局:收银二十九万余两,支银五十五万余两,计不敷二十六万余两。收钱五十五万余千,支钱三十三万余千,计余钱二十二万余千。

凤阳关:收银五万七千余两,支银五万七千余两。

芜湖关:收银十六万九千余两,支银十七万八千余两,计不敷银八千余。

江宁藩司:约收银七十八万八千九百余两,支银八十五万一千四百七十余两,计不敷银六万二千五百余两。

两淮运司:收银三百五十五万二千八百余两,收钱一百四十三万三千余千,支解银三百九十七万四千四百余两,支解钱一百四十三万三千余千,计不敷银四十二万二千余两。

江安粮道:收银四十二万一千八百余两,支银四十二万二千八百余两,以入抵出有绌无盈。

金陵厘捐总局:收存银四十七万九千八余两,支解银四十五万五千六百两,计存银二万四千一百六十余两。

苏省藩库:收银一百二十五万三千余两,支银一百四十一万四千余两,计不敷银十六万余两。

厘局:收银一百七十六万六千余两。以收抵放,约计两抵。此外尚有欠解奉拨各款银七八十万两。

镇江关:收银十九万七千余两,支银二十二万八千余两,计不敷银三万余两。

扬州关:收银五万四十余两,支银五万四千余两。

江海关:收银三百八十六万余两,支银四百三十五万余两,计不敷银四十九万余两。

淮安关:收银四万八千余两,支银五万余两,计不敷银一千余两。

江苏留防:收银二百七十四万九千两,收钱十一万二千余千,支银三百十四万八千余两,支钱二十一万余千,计不敷银三十九万九千余两,钱九万八千余千。系动准留京协各饷并借出伙经费。

江南筹防:收银二百十七万三千余两,支银二百一万三千余两,计余银十六万余两。

江西省司库:收银二百四十一万四千余两,支银二百七十四万余两,计不敷银三十二万六千余两。

粮库:收银九十二万三千余两,支银九十三万二千余两,计不敷九千余两。

九江关:收银一百十二万一千余两,支银一百十四万七千余两,计不敷银二万五千余两。

赣关:收银五万二千余两,支银六万九千余两,计不敷一万九千余两。

浙江省藩库:收银一百六七十万余两,支银二百三四十万两。此外尚有年无定数如织务工程云南铜本年项需银十余万两,计不敷银总在百万两左右。

厘捐:收银一百六七十万两,支银六十余万两。此外尚有无定拨款□□□防饷甘滇黔吉林淮军等饷。

运库:收银六十六万余两,支银七十一万余两,计不敷五万余两。

粮道库:收银四十八万二千余两,支银四十七万八千余两。如遇丰稔之年起运米数加增,以漕□漕仍有不敷。

浙海关:收银五万八千两左右,支银五万七千余两。如有不敷在于下届收款内提凑。

瓯海关:每结收银千余两,每年支银五千六百余两,征不敷支。

福建省司库:收银一百七十万余两,支银一百七十万余两。

税厘局:收银一百九十余万两,支银二百十数万两,计不敷银二千余万两。

盐道库:收银四十三万七千两左右,支银四十三万二千余两。如额解马价盘费书院经费□贫□薪工军等款遇闰加增所收仅敷所出。

闽海关:收银二百八九十万余两,支银六万九千余两。系本关经费其科支款未据开列。

台湾:奏请展限。

湖北省:收银四百四十五万六千余两,支银七百六十一万八千余两,计不敷银三百十六万二千余两,收钱三百十三万七千余串。未据开列支款。

湖南省:收银二百五十余万两,支银二百五十余万两,收钱五十余万串,支钱五十余万串。

广东省:奏请展限。

粤海关:收银二百三十三万九千余两,支银二百九十七万三千余两,计不敷银六十三万余两。

太平关:收银十三万余两,支银三万余两。系本关经费,其余支款未据开列。

广西省藩库:收银四十一万八千余两,支银三十九万九千余两,计余银一万九千余两。

军需:收银七十万两内外。又收部拨协饷无定数。支银一百八十七万余两。

盐税:收银七万五千余两,支银七万五千余两。

四川省:收银五百十三万余两,支银六百三十六万余两,计不敷银一百二十三万余两。

云南省:奏请展限。

贵州省:收银不满百万两,支银百万两以外,出入两不相敷。

奉天省:收银六十余万两,支银六十余万两,收钱三万六千串,支钱三万五千九百余串,收钱三万二千余千,支钱一万五千余千,计余钱一万七千余千。

吉林省:收银四十六万四千余两,支银九十万四千余两,计不敷银四十四万余两。由部库及各省协济。

黑龙江省:收银一万两,支银五十万余两,计不敷银四十九万余两。由部库及各省协济。收钱四十三万八千余吊,支钱四十三万八千余吊。

长江水师:收银五十一万两,支银五十一万两。

河东河道总督:收银二十九万数千两,支银二十九万数千两。

104　军机大臣字寄盛京将军兼管奉天府尹庆、两江总督·一等威毅伯曾、署湖广总督兼署湖北巡抚裕、江苏巡抚卫、安徽巡抚吴、江西巡抚德、湖南巡抚卞、河南巡抚边、陕西巡抚鹿、山东巡抚陈、山西巡抚刚。光绪十二年二月十四日奉上谕:上年八月间钦奉慈禧端佑康颐昭豫庄诚皇太后懿旨,通饬各直省裁勇节饷,专款解部备用。业据该将军、督抚等陆续奏到,各将裁勇情形,节省饷银数目,详晰覆奏。现在王公官员俸银暨旗禄各营饷银,均照旧制全数放给,需款颇巨。所有各该省奏明专款存储银两,除山西省业已报解外,著庆裕、曾国荃、裕禄、卫荣光、吴元炳、卞宝第、鹿传霖、陈士杰各就筹定备拨银两数目,即行解部,限于秋季全数解清,毋得迟缓,致误要需。至德馨所奏节省银二十余万两,因厘金收数短绌,能否另款存储,委无把握等语。既有节省银两,不得以厘金短收为词希圆卸责,仍著竭力筹解,议定确数,先行具奏。河南省前据孙凤翔奏称节省银十万二千八百两,留作他用,业经谕令照数解京,著边宝泉筹措起解。以上各该省应解银两均系加给俸饷,指定备放专款。该将军、督抚等务当力顾大局,如数筹解至部。拨京协各饷仍当随时解足,毋得顾此误彼,尤为至要。将此由四百里各谕令知之。钦此。遵旨寄信前来。

115　光绪十二年二月十五日,内阁奉上谕:本年轮应查阅山东、河南、江苏、安徽、江西五省营伍之期。山东即派陈士杰,河南即派边宝泉,江苏即派曾国荃,安徽即派吴元炳,江西即派德馨,逐一查阅,认真简校。如有训练不精,军实不齐者,即将废弛之将弁据实参奏,毋得视为具文。钦此。

252　军机大臣字寄两江总督·一等威毅伯曾、两广总督张、四川总督丁、署湖广总督裕、江苏巡抚卫、浙江巡抚刘、江西巡抚德、湖北巡抚谭、湖南巡抚卞、河南巡抚边、山东巡抚陈、广东巡抚倪。光绪十二年三月二十二日奉上谕:户部奏遵议岑毓英奏滇省待饷迫切,请催各省应解减成旧饷一折。各省欠解滇饷,前据户部会奏,请饬各该省于欠解新旧各饷内,筹解三分之一等因,叠经降旨准行。迄今日久,未据报解。现在滇省办理边防,裁勇运铜,均关紧要。各该省应解协饷,若再延不批解,必至贻误要需。著曾国荃、张之洞、裕禄、卫荣光、刘秉璋、德馨、谭钧培、边宝泉、陈士杰、倪文蔚各将应解滇省三分之一旧饷,按照户部前开清单,于接奉此旨后,速即筹解一半,其余统限六月底解清。并著丁宝桢、卞宝第各将应解滇省月饷,按月如数报解,毋许稍有延误。将此由五百里各谕令知之。钦此。遵旨寄信前来。(抄交户部)

259　光绪十二年丙戌科会试:满洲一百八十卷,拟取中八名。蒙古三十七卷,拟取中三名。汉军六十九卷,拟取中六名。直隶六百九十三卷,拟取中二十三名。奉天二十七卷,拟取中三名。山东三百五十三卷,拟取中二十一名。山西二百五十七卷,拟取中十名。河南二百九十五卷,拟取中十七名。陕西一百五十卷,拟取中十四名。甘肃一百一卷,拟取中九名。江苏四百五十二卷,拟取中二十五名。安徽二百四十二卷,拟取中十七名。浙江四百五十三卷，拟取中二十四名。江西三百九十二卷，拟取中二十一名。湖北二百四十一卷，拟取中十四名。湖南二百三十三卷，拟取中十四名。四川二百四十八卷，拟取中十三名。福建三百三十六卷，拟取中二十名。台湾二十二卷，拟取中二名。广东四百七十六卷，拟取中十六名。广西一百六十四卷，拟取中十三名。云南一百五十一卷，拟取中十二名。贵州一百五十九卷，拟取中十一名。

286　军机大臣字寄直隶、两江、闽浙、湖广、四川、江苏、安徽、江西、福建、湖北、湖南、山东、山西各省督抚。光绪十二年三月三十日奉上谕：户部奏请续拨京饷等语。近年部库放款浩繁，叠经奏请续拨京饷。此次该部体察各省情形，拟拨山东地丁银五万两，山西地丁银五万两，湖南地丁银五万两，江西地丁银四万两，福建税厘银十万两，两淮盐课盐厘银八万两，长芦荥工加价银五万两，江苏厘金银十二万两，安徽厘金银五万两，湖北盐厘银五万两，四川津贴银五万两、盐厘银十万两，江海关洋税银八万两，九江关常税银十万两，赣关常税银三万两，共银一百万两。著该督抚各将所拨饷银，连本年原拨未解京饷，均于五月前解到一半，十二月初间如数解齐。各该督抚务当顾全大局，依限提前完解，倘藉词诿卸，率请划抵截留，贻误要需，即著该部指名严参。将此由五百里各谕令知之。遵旨寄信前来。（抄交户部）

322　军机大臣字寄两江总督·一等威毅伯曾。光绪十二年四月十六日奉上谕：有人奏江西南昌县知县汪以诚甘酒嗜音，向来不理公事，因巡抚德馨性爱听戏，遂极力逢迎，由上海招一戏班来江，请饬查办等语。所奏是否属实，著曾国荃确切查明，据实具奏，毋稍徇隐。原折著摘抄给与阅看。将此谕令知之。钦此。遵旨寄信前来。

365　光绪十二年四月二十八日，内阁奉上谕：此次散馆之修撰陈冕，编修寿耆、管廷献业经授职，二甲庶吉士邵松年、张筠、华煇、丁仁长、陈名珍、曹福元、赵汝翰、朱祖谋、吴国镇、王培佑、曹（寯）瀛、汪凤藻、准良周、锡恩、柯逢时、黄福楙、李士鉁、陈同礼、胡景桂、陈荣昌、陈如岳、陈鼎、鲁鹏、严修、施纪云、王式文、黄桂清、赵尚辅、张亨嘉、骆景宙、马吉樟、王绍廉、志钧、刘昺燮、张顶、彭清藜、熙麟、李葆实、绵文俱授为编修三甲庶吉士；蒯光典、成福臻、王恩滐、雷在夏、康际清俱著授为检讨；李荫銮、李敬修、郑淑璋、孔昭乾、郑祖焕、李岳瑞、阎萃峰、沈潜、冯汝骙、彭鸿翊、何维栋、阎迺竹、郑炳麟、伍兆鳌、高祚昌、济澄瀓俱著以部属用；陈凤楼、宁本瑜、吴成熙、傅汝楷、高凌霄、李振鹏、俞成庆、施调赓、陈受颐、钱正圜、王乘燮、蔡世佐、陈后琨、周绍刘、梁鸿翥俱著以知县即用；翻译庶吉士清锐著授为编修；恩顺著授为检讨。钦此。

366　…………

第六排：

江西五员。

○庶吉士华煇江西人，年二十七岁。光绪九年二甲进士，散馆一等三名。

○庶吉士刘昺燮江西人，年三十九岁。光绪九年二甲进士，散馆二等十名。

庶吉士吴成熙江西人,年三十六岁。〇光绪六年二甲进士,散馆二等二十四名。

庶吉士傅汝梅江西人,国史馆协修。〇光绪九年二甲进士,散馆二等二十八名。

庶吉士伍兆鳖〇江西人,年三十五岁。光绪六年二甲进士,散馆二等三十四名。

…………

406　光绪五年十一月十四日,内阁奉上谕:两江总督沈葆桢秉性沈毅,练达老成,历受先朝恩遇,由翰林外任知府,洊擢封圻。前在江西巡抚任内,筹办军务,悉协机宜,嗣因歼除粤匪余孽,赏给一等轻车都尉世职,朕御极后,擢任两江总督,于地方利弊认真整顿,任事实心,不避劳怨。前因旧疾增剧,吁请开缺,当经赏假两月,方冀调理就痊,长资倚任,兹间溘逝,悼惜殊深,加恩追赠太子太保衔,入祀贤良祠,照总督例赐恤,任内一切处分,悉予开复,应得恤典该衙门察例具奏,灵柩回籍时沿途地方官妥为照料。伊子附贡生沈玮庆著赏给举人,准其一体会试,附生沈莹庆、沈毓庆均著以主事用,沈璘庆、沈瓒庆、沈瑶庆、沈(琬)庆均著俟服阕后由吏部带领引见,用示眷念荩臣至意。钦此。

408　光绪十二年五月初八日,内阁奉上谕:浙江巡抚著卫荣光调补,崧骏著补授江苏巡抚,漕运总督著卢士杰补授,李嘉乐著补授江西布政使。钦此。

409　直隶布政使松椿满洲镶蓝旗人。光绪十一年九月补湖南藩司,现调直隶。

江苏布政使易佩绅湖南举人。光绪八年十一月补山西藩司,嗣调四川,又调江苏。

江宁布政使梁肇煌广东进士。光绪五年十一月补。

安徽布政使张端卿云南进士。光绪十一年十月补江西藩司,复调安徽。

山东布政使崇保满洲镶黄旗进士。同治八年四月补甘肃藩司,嗣调山东。

山西布政使张煦甘肃进士。光绪十一年十一月补广东藩司,嗣调山西。

河南布政使孙凤翔山东进士。光绪九年十二月补。

陕西布政使叶伯英安徽贡士。光绪九年十二月补。

甘肃布政使谭继洵湖南进士。光绪十年十月补。

甘肃新疆布政使魏光焘湖南人。光绪九年三月补甘肃藩司,嗣调新疆。

浙江布政使许应鑅广东进士。光绪十年九月补。

福建布政使张梦元直隶举人。光绪九年九月补广西藩司,嗣调福建。

(朱)〇江西布政使卢士杰河南进士。光绪五年七月补江苏藩司,嗣调安徽,又调江西。

湖北布政使蒯德标安徽进士。光绪九年正月补。

湖南布政使孙翼谋福建进士。光绪十二年五月补。

广东布政使高崇基直隶进士。光绪十一年二月补山西藩司,嗣调广东。

广西布政使李秉衡奉天监生。光绪十一年六月补。

四川布政使王嵩龄河南人。光绪十一年十月补江苏藩司,嗣调四川。

云南布政使庞际云直隶进士。光绪七年八月补湖南藩司,嗣调云南。

贵州布政使曾纪凤湖南生员。光绪十一年六月补。

410　直隶按察使陶模浙江进士。光绪十一年九月补。

(朱)○江苏按察使李嘉乐河南进士。光绪十年九月补。

安徽按察使阿克达春满洲正白旗生员。光绪十一年十月补。

山东按察使成允正红旗监生。光绪十二年二月补。

山西按察使嵩崑满洲镶红旗监生。光绪十一年二月补。

河南按察使许振祎江西进士。光绪十一年八月补。

陕西按察使黄彭年贵州进士。光绪九年正月补湖北藩司,嗣调陕西。

甘肃按察使方汝翼直隶举人。光绪十二年正月补。

浙江按察使孙翼谋福建进士。光绪十年正月补。

福建按察使裴荫森江苏进士。光绪九年二月补。

江西按察使瑞璋满洲正红旗人。光绪十一年十月补。

湖北按察使温忠翰山西进士。光绪十一年十一月补湖北藩司,嗣调湖北。

湖南按察使崧蕃满洲正蓝旗举人。光绪十一年六月补。

广东按察使于荫霖奉天进士。光绪十一年二月补。

广西按察使庆爱满洲正蓝旗人。光绪十一年六月补。

四川按察使游智开湖南举人。光绪十一年三月补。

云南按察使史念祖江苏监生。光绪十年八月补。

贵州按察使李元度湖南举人。光绪十一年六月补。

368　交吏部、内阁、翰林院。本日军机大臣面奉谕旨:新进士著于五月初七日起至初十日止,分作四日带领引见。钦此。相应传知贵衙门一体钦遵可也。此交。四月二十八日。

421　光绪十二年五月初十日,内阁奉上谕:新科一甲进士三名赵以炯、邹福保、冯煦业经授职外,彭述、姜自驷、蔡金台、周爰诹、张星吉、姚丙然、陈昌绅、华学澜、吴庆坻、刘启襄、吴鸿甲、王荫槐、王荣商、于齐庆、冯芳泽、丁秉乾、张燮堂、连捷、杨士骧、孙锡第、宋伯鲁、王廷相、朱廷熙、凌彭平、葛振元、陈志喆、刘玉珂、徐嘉言、罗光烈、沈曾桐、周承光、陈遹声、李瑞棨、陆寿臣、宋滋兰、韩培森、柯劭忞、杨天霖、李焕尧、陈文 、李玮堂、徐世昌、盛沅、徐受廉、李子荣、刘学谦、余赞年、孙综源、鹿瀛理、高熙喆、孔宪教、高觐昌、仇继恒、江希曾、沈维善、丁良翰、马芳田、余朝绅、吴炳、尹殿飏、渠伦阁、徐敏中、阔普通武、林鉴中、贺沅、瑞洵、陈田、梅汝鼎、林仰崧、李子茂、张元奇、李文焕、郑仲和、邱为钰、邓士芬、茹宝书、屈光烛、陈时中、李树敏、何守谦、徐元瑞、唐则隧、傅彦瑞、逯蓉、高枫、党献寿、陈文然、江峰青、林福熙、刘愈、宋嘉、炳回、长廉、王葆琛、刘翰藻、张阜城、朱汝赓、华凤章、徐友麟、梁卓午、庞绍统、夏葆彝、刘兰馨、刘宪仁、任佑观、朱暄、李垚、杜友白、胡宝仁、张良暹、沈士林、韩宝球、史继泽、楚材、何文耀、张燮霖、汪懋琨、陈阆、杨增辉、左宜之、张尧淦、刘有光、史诚、李子春、马树芬、林履端、戴朝普、王源瀚、杨汝滨、黄兆岷、夏汝镛、郑仰虞、胡毓材、胡裔麟、王福钟、杜甡、范克承、李宗裕、何达聪、刘永清、闻捷、王人文、许益谦、蒋傅燮、杨澍、裴作则、董汝明、程搏、万白焯、刘榆生、唐树誉、王皋滕、尚诚、赵廷光、王玉山、宋万选、刘炳青、黄耀奎、黄济川、王秉籙、查文清、续曾、罗崇鼎、唐国珍、李蟠根、杨锦江、周德至、梁乃赓、黄运春、许源清、刘自然、赵新俱著交吏部掣签分发各省以知县即用；刑部即补郎中谢元麒著仍归原班补用；兵部候补郎中庆颐著以郎中即用；内阁候补中书李锡龄、赵臣翼均著仍以中书候补；国子监助教、候选堂主事松廷，国子监典簿麟瑞，大挑知县傅汉章均著各以原班用，余著归班铨选。钦此。

425　第一排，江西进士五名。

〇蔡金台江西人，年二十五岁。二甲三名进士，覆试一等十六名，朝考一等二十名。

〇陈志喆江西人，年三十二岁。二甲三十一名进士。覆试一等五十名，朝考一等四十三名。

〇徐嘉言江西人，年二十八岁。二甲三十三名进士。覆试一等六十一名，朝考二等十二名。

〇周承光江西人，年三十岁。二甲三十八名进士。覆试一等六十名，朝考一等七十九名。

刘孚京〇江西人，年三十岁。二甲七十九名进士。覆试一等四十一名，朝考二等四十五名。

第二排，江西进士五名。

江德宣〇江西人，年二十三岁。二甲八十七名进士，覆试一等六十九名，朝考二等十九名。

李翊煌〇江西人，年三十五岁。二甲一百二名进士，覆试三等九十三名，朝考三等五十五名。

〇梅汝鼎江西人，年二十七岁。二甲一百六名进士，覆试一等二十名，朝考一等三十四名。

杨祖兰〇江西人，年二十八岁。三甲二十四名进士，覆试三等三十六名，朝考一等四十六名。

黄祖直〇江西人，年二十八岁。三甲三十二名进士，覆试二等九十一名，朝考二等三十七名。

第三排，江西进士六名。

何联禧〇江西人，年二十九岁。三甲四十三名进士，覆试二等二十六名，朝考三等三十五名。

刘翰藻〇江西人，年四十岁。三甲六十五名进士，覆试三等二名，朝考三等一百五十名。

朱暄江西人，年三十二岁。三甲八十二名进士，〇覆试二等四十五名，朝考三等七十六名。

李子春江西人，年三十一岁。三甲百十名进士，〇覆试三等二十三名，朝考三等九十名。

黄兆岷江西人，年三十四岁。三甲一百十九名进士，〇覆试三等十九，朝考三等二十四名。

王福钟江西人，年三十八岁。癸未三甲一百三十五名进士，〇覆试三等一百十五名，朝考三等十八名。

第四排，江西进士三名。

熊拜昌江西人，年二十七岁。〇三甲一百二十七名进士，覆试二等三十八名，朝考三等三十二名。

程搏万江西人，年四十二岁。三甲一百四十一名进士，〇覆试三等六名，朝考三等二十一名。

刘榆生江西人，年四十岁。三甲一百四十三名进士，〇覆试三等一百二十六名，朝考三等六十六名。

黄绍曾江西人，年四十三岁。三甲一百六十五名进士，〇覆试一等三十五名，朝考一等六十一名。

〇黄运春江西人，年五十二岁。三甲一百七十二名进士，覆试三等八十七名，朝考三等七十一名。

聂佐虞江西人，年三十八岁。三甲一百八十二名进士，〇覆试三等二十四名，朝考二等三十三名。

…………

460　光绪十二年五月二十二日，内阁奉上谕：安徽巡抚著陈彝补授，未到任以前著张端卿暂行护理。钦此。

461　直隶布政使松椿满洲镶蓝黄人。光绪十一年九月补湖南藩司，现调直隶。

江苏布政使易佩绅湖南举人。光绪八年十一月补山西藩司，嗣调四川，又调江苏。

江宁布政使梁肇煌广东进士。光绪五年十一月补。

安徽布政使张端卿云南进士。光绪十一年十月补江西藩司，旋调安徽。

山东布政使崇保满洲镶黄旗进士。同治八年四月补甘肃藩司，嗣调山东。

山西布政使张煦甘肃进士。光绪十一年十一月补广东藩司，嗣调山西。

河南布政使孙凤翔山东进士。光绪九年十二月补。

陕西布政使叶伯英安徽贡士。光绪九年十二月补。

甘肃布政使谭继洵湖南进士。光绪十年十月补。

甘肃新疆布政使魏光焘湖南人。光绪九年三月补甘肃藩司，嗣调新疆。

浙江布政使许应鑅广东进士。光绪十年补。

福建布政使张梦元直隶举人。光绪九年九月补广西藩司，嗣调福建。

江西布政使李嘉乐河南进士。光绪十二年五月补。

湖北布政使蒯德标安徽进士。光绪九年正月补。

湖南布政使陈彝江苏进士。光绪十二年五月补。

广东布政使高崇基直隶进士。光绪十一年二月补山西藩司，嗣调广东。

广西布政使李秉衡奉天监生。光绪十一年六月补。

四川布政使王嵩龄河南人。光绪十一年十月补江苏藩司，旋调四川。

云南布政使庞际云直隶进士。光绪七年八月补湖南藩司，嗣调云南。

贵州布政使曾纪凤湖南生员。光绪十一年六月补。

468　军机大臣字寄直隶、两江、江苏、河南、山东、江西各省督抚，传谕淮安关监督。光绪十二年五月二十三日奉上谕：庆裕等奏请饬催各省欠饷，开单呈览一折。据称奉天本年的饷，前经户部议拨山东等省地丁、厘税等银，共二十六万两。迄今仅据山东解到银二万两，两淮报解银二万两，其余各省均未报解；至各省欠解历年饷银一百四十八万九千余两，亦未拨解，请旨饬催等语。奉天支放各款，需饷甚殷，亟应迅速拨解，以资应用。著各该督抚、监督等即将应解奉省本年的饷于六月内批解一半，十月内扫数解清,并将欠解历年专饷分年搭解,以济要需。原单均著抄给阅看。将此由四百里谕知直隶、两江、江苏、河南、山东、江西各督抚,并传谕淮安关监督知之。钦此。遵旨寄信前来。(抄交户部)

474　蒙发下折报,臣等公同商阅。谭钟麟奏十一年甘肃新饷江西欠解五十万,应由户部核议,其余各省扫数解清,请将藩运司道等奖励,开单呈览折,拟请批旨,令户部议奏。其余折片单拟批呈进,是否有当,伏侯圣裁。谨奏。光绪十二年五月二十四日奉旨:依议。钦此。

557　覆试钦取一二等拔贡生引见排单:

八旗:(朱)○徐承焜,一等一名。○庆元,一等二名。○商廷修,一等三名。△煜辉,二等一名。松桂,二等二名。荫昌,二等三名。文绰,二等四名。

奉天:○宫兆甲,一等一名。△张世麟,二等一名。解茂椿,二等二名。

直隶:○李清芬,一等一名。△陈寿昌,一等二名。○林景贤,一等三名。○侯维鹏,一等四名。△陈礽颐,一等五名。△韩景琦,一等六名。○戈炳琦,二等一名。○王曾礼,二等二名。○贾纶和,二等三名。○张润,二等四名。△李梦莲,二等五名。△吴文坦,二等六名。△孙凤藻,二等七名。○张履喆,二等八名。崔淋,二等九名。朱勋成,二等十名。孙绍宗,二等十一名。刘登瀛,二等十二名。姚维锦,二等十三名。兰维烜,二等十四名。李棠,二等十五名。杨蔚桢,二等十六名。

江苏:○陈浏,一等一名。○程佑孙,一等二名。○段书云,一等三名。△杜秉寅,一等四名。△袭世清,一等五名。△王虎卿,一等六名。○卢震,一等七名。△杨同颖,一等八名。○耿葆清,二等一名。○卞绪昌,二等二名。△刘其伟,二等三名。○张树蕡,二等四名。○雷补同,二等五名。李家瑞,二等六名。张应榖,二等七名。徐宗绩,二等八名。黄锦中,二等九名。姚锡光,二等十名。魏渤,二等十二名。

安徽:○周儒臣,一等一名。△陈吴萃,一等二名。○贾裕师,一等三名。○汪嘉棠,一等四名。△毕恩溥,一等五名。○江肇丰,二等一名。△吴增仅,二等二名。△夏慎大,二等三名。胡辑伊,二等四名。吴之纪,二等五名。孙点,二等六名

江西:○张文澜,一等一名。○祝维培,一等二名。○吴庭芝,一等三名。△尹兆麟,一等四名。△刘汉,一等五名。△罗柏龄,一等六名。△卢咸顼,二等一名。△欧阳柄荣,二等二名。△朱益藩,二等三名。△萧开启,二等四名。△段友颜,二等五名。赵世骏,二等六名。李华年,二等七名。汤大纲,二等八名。陈家华,二等九名。黄兰芳,二等十名。

浙江:○杨家驹,一等一名。○何奏箎,一等二名。△夏书绅,一等三名。△沈允章,一等四名。○葛嗣渶,一等五名。△倪锡庚,一等六名。△鲍增彦,一等七名。○姚炳熊,二等一名。△叶振达,二等二名。○郑在德,二等三名。○徐宗溥,二等四名。△顾芹,二等五名。○孙诒绩,二等六名。徐森,二等七名。高焕然,二等八名。陈方鉴,二等十名。沈锡龄,二等十一名。许福桢,二等十二名。叶意深,二等十三名。

福建:○郑锡光,一等一名。○张专棋,一等二名。△吴鸿宝,一等三名。△伍亮寅,一等四名。○刘成杰,一等五名。△陈廷炘,二等一名。△罗邦彦,二等二名。△周文桢,二等三名。林忠清,二等四名。周家琪,二等五名。吕澄,二等六名。

湖北:○袁玉锡,一等一名。△蒋楷,一等二名。△侯鉴涵,二等一名。△陈正源,二等二名。王镜清,二等三名。段士俊,二等四名。

四川:○甘大璋,一等一名。○曾鉴,一等二名。○周绍喧,一等三名。○黄秉湘,一等四名。△谢维喈,一等五名。△张奎汉,二等一名。△陈萱荫,二等二名。△谢霖,二等三名。△邬兆麟,二等四名。△赵之兰,二等五名。张家照,二等六名。任汝霖,二等七名。林书,二等八名。张肇文,二等九名。周国藩,二等十名。张惟诚,二等十一名。

广东:○梁旭,一等一名。○刘植卿,一等二名。○凌福添,一等三名。△周树棠,二等一名。△刘润钢,二等二名。△周易,二等三名。△陈庆荣,二等四名。陈增懿,二等五名。吴佐熙,二等六名。何作猷,二等七名。吕翰华,二等八名。

广西:○王炜,一等一名。△周之济,一等二名。○曹穗,一等三名。△李有琨,二等一名。△王安中,二等二名。△叶永祖,二等三名。秦度,二等四名。秦恩述,二等五名。王濬中,二等六名。

云南:○胡裕培,一等一名。○袭发举,一等二名。△李士珍,二等一名。△卜永春,二等二名。△宝居恒,二等三名。王锦心,二等四名。

贵州:○周锡光,一等一名。○夏同彝,一等二名。○董玉卿,二等一名。△谢汝钦,二等二名。△谢鉴礼,二等三名。△朱勋,二等四名。晋镛章,二等五名。曾宗泗,二等六名。周文澜,二等七名。

558 同治十三年覆试取入一二等拔贡生,引见奉旨点用人员:八旗一等二名,二等四名。用京官二名,一等。用知县二名,二等。奉天一等一名,二等二名。用京官一名,一等。用知县一名,二等。直隶一等五名,二等十四名。用京官五名,一等三名,二等二名。用知县七名,一等二名,二等五名。江苏一等七名,二等十名。用京官五名,一等。用知县六名,一等二名,二等四名。安徽一等五名,二等六名。用京官四名,一等。用知县四名,一等一名,二等三名。江西一等五名,二等九名。用京官四名,一等。用知县六名,一等一名,二等五名。

565 光绪十二年七月初六日,内阁奉上谕:江西督粮道员缺,著邓蓉镜补授。钦此。

566 查:江西督粮道系冲繁难要缺。谨奏。

567 军机大臣字寄各省直督抚。光绪十二年七月初七日,奉上谕:有人奏浙江省征收厘金积弊甚多,其利半归中饱,亟须整顿等语。抽厘助饷为朝廷不得已之举,岂容不肖局员罔利营私。此等弊端总由该管督抚不能破除情面,审择贤员,实力整顿,一听该员等以多报少，蒙混侵吞，致厘税日见亏短，殊深痛恨。一省如此，他省恐亦不免，著各直省督抚懔遵叠次谕旨，力矫积习，认真稽核。如查有委员舞弊情事，即行从严参办，毋稍姑容。将此各谕令知之。钦此。遵旨寄信前来。（抄交户部）

605　光绪十二年七月二十三日，内阁奉上谕：边宝泉奏藩司病仍未痊，恳请开缺一折，河南布政使孙凤翔著准其开缺。钦此。

607　军机大臣字寄福州将军，直隶、两江、湖广、闽浙、四川、两广各总督，江苏、安徽、江西、福建、浙江、湖北、湖南、河南、山东、山西、广东各巡抚，传谕粤海关监督。光绪十二年七月二十五日奉上谕：户部奏（摘三字交吏部）请旨催解京饷一折。本年京饷原拨、续拨共银八百万两，截至五月底止，除划拨、已解、报解过半并已解、报解启程及半外，尚欠解银五百五十三万四千两。现在部库支绌，应放各款均关紧要。所有各省关欠解京饷，亟应全数报解，以应要需。著该将军、督抚、监督等各将欠解银两赶紧陆续提前解部，统于年内扫数解齐。倘敢诿卸拖欠，即由户部照章参奏。其解不及半及丝毫未解等处，经此次严催后，倘仍不完解，著户部随时指名严参。原单著摘抄给与阅看。另片奏（起）上年各省应解近畿防饷及京饷欠解尚多，查明奏参等语。所有应行议处之该督抚、藩司、运司、关道等，著吏部查取职名，照例议处。（止）仍著直隶、广东、福建、浙江、江西各督抚督饬司道，迅将上年近畿防饷、京饷查明欠数，提前筹解，限年内扫数解清，倘仍延不筹解，即著户部指名严参。将此由五百里谕知各该将军、督抚，并传谕粤海关监督知之。钦此。遵旨寄信前来。（抄交戶部，摘抄交吏部）

608　军机大臣字寄福州将军，两江、闽浙、湖广、两广、江苏、安徽、江西、福建、浙江、湖北、广东各督抚，传谕粤海关监督。光绪十二年七月二十五日奉上谕户部奏：本年筹边军饷暨划拨雷正绾月饷银两，截至五月底止，仅据福州将军将闽海关六成洋税报解一半，其余俱解不及五成，且有丝毫未解者，开单请饬催解等语。本年筹边等饷极关紧要，著该将军、督抚、监督按照单开欠解银数，迅速提前筹款，分别报解，以资济用。如再延不清解，即著户部照案奏参。原单著抄给阅看。将此由五百里谕知各该将军、督抚，并传谕粤海关监督知之。钦此。遵旨寄信前来。（抄交户部）

617　军机大臣字寄福州将军，直隶、两江、闽浙、湖广、两广、四川、江苏、浙江、安徽、江西、福建、湖北、湖南、广东、河南、山东各督抚，传谕粤海关监督。光绪十二年七月二十七日奉上谕：户部、总理各国事务衙门奏请催解东北边防经费一折。据称各省关本年应解东北边防经费，截至七月十五日，除解到及报解起程外，尚欠解银一百二十五万两，请饬迅解并补解历年积欠银两等语。此项经费关系紧要，自应迅速筹解，以济要需。著该将军、督抚、监督将欠解银两赶紧筹解，倘再迟延即，著户部照贻误京饷例，指名严参。原单均著抄给阅看。将此由五百里谕知福州将军、直隶、两江、闽浙、湖广、两广、四川、江苏、浙江、安徽、江西、福建、湖北、湖南、广东、河南、山东各督抚，并传谕粤海关监督知之。钦此。遵旨寄信前来。（抄交户部）

647 军机大臣字寄两广总督张、广东巡抚谭、江西巡抚德、湖南巡抚卞,传谕护理广西巡抚、布政使李秉衡。光绪十二年八月十四日奉上谕:户部奏遵旨速议李秉衡电奏请拨协饷一折。据称广西省原有指拨广东、江西、湖南三省协饷三十六万两,请饬按月清解等语。广西各军远役关外,待饷孔亟,著张之洞、谭钧培将本年应解广西协饷十二万两,赶紧扫数解交该省。并著德馨、卞宝第各将原协月饷查明本年八月以前欠解若干,扫数清解。如无欠解,即将应解饷项,无论何款,提前赶解。该督抚等务各力顾大局,源源筹济,毋稍贻误。将此由五百里谕知张之洞、谭钧培、德馨、卞宝第,并传谕李秉衡知之。钦此。遵旨寄信前来。(抄交户部)

738 丙戌科会试武举取中数目:(朱)八旗满洲蒙古○取中四名;八旗汉军○取中三名;奉天○取中一名;直隶○取中十六名;陕甘○取中五名;广东○取中十四名;河南○取中九名;山东○取中九名;江苏○取中七名;安徽○取中八名;山西○取中七名;湖北○取中五名;湖南○取中四名;四川○取中七名;广西○取中三名;福建○取中八名;浙江○取中七名;江西○取中八名;云南○取中四名;贵州○取中三名。

765 …………

光绪十二年江西省秋审服制情实,何菁路等四起、人犯四名口,谨将勾到时所奉谕旨恭录于后。

一起斩犯何菁潞。

因期亲叔母邹氏见伊幼子,将其捡拾篾片抽乱,赶殴逃跑往向该犯,斥骂不知管教。该犯分辩,邹氏不依,扭住该犯胸衣拳殴。该犯求饶,邹氏仍不释放,并取木担向殴。该犯不脱身,情急用手拦格。不期将担格回致,伤其额颅左,松手倒地,越三日殒命。伤由被殴抵格,尚非有心干犯。情稍可原,是以未勾。

一起绞妇程氏。

因向夫刘星若索钱买布,被骂分辩,致相口角。经族邻刘荃山等前往劝息。刘星若诉说该氏不善持家,做人无味,不如早死干净,刘荃山等用言劝慰,各散。讵刘星若乘间吞服洋药,毒发呕吐,灌救无效,次日殒命。口角致夫自尽,尚无逼迫重情。情稍可原,是以未勾。

一起斩犯徐老八。

因向胞兄徐老七索钱买布,徐老七回覆,旋即外出。该犯私卖食谷买布做衣。徐老七回归查知斥责。该犯分辩,徐老七取刀用柄向伊殴打。该犯进屋躲避,徐老七追及,复向乱殴。该犯接住刀柄求饶,徐老七用力拉夺,该犯握柄不住,刀被夺脱。不期徐老七回夺势猛,致刀尖戳伤其肚腹倒地,移时殒命。伤由夺刀自戳,尚非有心干犯。情稍可原,是以未勾。

一起斩犯杨开沅。

因小功兄杨复沅承典伊家房园、田亩,嗣该犯将田卖与王钟奇管业,向杨复沅赎田。杨复沅欲令连房园取赎。该犯无力并赎,各散。杨复沅至该犯家闲坐,伊母林氏斥说杨复沅刁难，致相争闹。杨复沅将林氏扭住，拔刀戳伤右眼胞。该犯拢劝，杨复沅仍不释放。该犯情急救护，用脚踢伤其左胯。杨复沅用刀戳伤伊右额角，并将伊发辫扭住掀殴。该犯夺刀戳伤其脐肚，倒地，越十二日殒命。致毙小功兄，惟有救母情切，尚非无故逞凶干犯。稍可原，是以未勾。

光绪十二年江西省秋审常犯情实二十八起、人犯三十八名口内，除旧事常犯情实周氏一起、人犯一口业于九年免勾时间列榜示外，所有新事常犯情实饶锡润等二十七起、人犯三十七名口，谨将勾到时所奉谕旨恭录于后。

一起绞犯饶锡润。

丐匪强奸妇女已成。淫恶难宽，是以勾决。

一起绞犯刘佐平。

听从伙抢妇女未成，致毙本妇。法无可宽，是以勾决。

一起绞犯张结舌仔，即菁议。

听从图财害命，下手加功。虽未得财，业已杀人。法无可宽，是以勾决。

一起斩犯刘细毛。

逞忿故杀。法无可宽，是以勾决。

一起绞犯余贱葆。

互殴致毙多命，该犯下手致毙妇女一命。法无可宽，是以勾决。

一起绞犯夏萌篙。

互殴致毙多命，该犯下手致毙一命。法无可宽，是以勾决。

一起斩犯姜发。

逞忿故杀。法无可宽，是以勾决。

一起绞犯汤灦葵。

贪贿听从谋命，下手加功。法无可宽，是以勾决。

一起绞犯汪双荃，即汪双仔。

刃伤要害奇重，情凶近故。法无可宽，是以勾决。

一起斩犯邱葆仔。

逞忿故杀。法无可宽，是以勾决。

一起斩犯刘雅闾。

逞忿故杀。法无可宽，是以勾决。

一起斩犯管秉球。

逞忿故杀。法无可宽，是以勾决。

一起绞妇林氏。

长随之妻，憎嫌婢女，故杀其命，情殊凶残。法无可宽，是以勾决。

一起绞犯徐烈周、徐渼业即徐渼叶、徐牛不仔、徐渼友，

互殴致毙彼造四命，该犯等各下手致毙一命。均法无可宽，是以俱勾决。

一起绞犯谢(𡛳)葸。

贪贿听从谋命,下手加功。法无可宽,是以勾决。

一起斩犯杨普恒

窝窃匪徒,谋毙窃匪。法无可宽,是以勾决。

一起绞犯毛浚漳、毛成漳、戴汶详。

互殴致毙四命,该犯等各下手致毙一命。均法无可宽,是以俱勾决。

一起斩妇张氏。

挟恨谋命。法无可宽,是以勾决。

一起斩犯于憆牲。

听从图财,谋毙二命。虽未加功,业已得财。法无可宽,是以勾决。

一起斩犯郭加受。

因奸拒毙本夫。法无可宽,是以勾决。

一起绞犯邵万忆、邵万仔、邵敏慁、邵□莨。

互殴致毙彼造六命,该犯等各下手致毙一命。均法无可宽,是以俱勾决。

一起绞犯詹集贇。

绞犯越狱脱逃被获。藐法难宽,是以勾决。

一起斩妇熊氏、绞犯陈幅甚。

因奸谋毙夫胞弟妻,熊氏造意,陈幅甚听从加功。均法无可宽,是以俱勾决。

一起斩犯应老牙。

逞忿故杀妹夫。法无可宽,是以勾决。

一起绞犯程鸡蚪、程漳生。

听纠械斗,互毙多命,该犯等各下手致毙一命。均法无可宽,是以勾决。

一起斩犯李导连。

窃匪拘捕,刃毙事主。法无可宽,是以勾决。

一起绞犯郭淮,即郭鸟柳仔。

奸匪刃毙本夫无服亲属,情同拘捕。法无可宽,是以勾决。

784　光绪十二年十月初二日,内阁奉上谕:德馨奏神灵显应,请加封号并颁匾额一折。江西瑞昌县城隍庙暨白龙潭龙神庙素著灵应。上年夏间亢旱,经该处官绅分诣虔祷,甘霖立霈,转歉为丰,实深寅感。著南书房翰林恭书匾额各一方,交德馨祗领,敬谨悬挂,以答神庥。至所请敕加封号之处,著礼部议奏。钦此。

790　军机大臣字寄盛京、直隶、两江、江苏、安徽、江西、浙江、福建、台湾、湖北、湖南、河南、山东、山西、陕西、甘肃、新疆、四川、广东、广西、云南、贵州各将军、督抚。光绪十二年十月初三日奉上谕:本年直隶、山西、陕西、湖南等处灾荒地亩,节经各该省奏到,已加恩将新旧钱粮分别蠲免缓征。并因顺天、直隶各属水灾,先后钦奉懿旨,拨给顺天银二万两,直隶银二万两,叠经谕令李鸿章等,截留江苏漕米五万二千八百余石,奉天粟米一万三千二百余石,截拨江北漕米五万石,提直隶藩库银十万两,分拨顺天、直隶。

复因奉天海城县等处水灾，钦奉懿旨，拨给银一万两。山东何王庄决口，章邱等县民埝大堤漫溢，拨给漕米十万石，藉资赈济。直隶热河被水，江西广信等府被水，浙江衢州等府被风、被雹、被水，福建省城及延平等府被水，河南淅川厅等处被水、被雹，山东寿张等处被水，山西太原等处被水、被雹，陕西临潼等县被雹、留坝等处被水，甘肃皋兰等处被雹，广西省城被火，云南邱北县地震、剥隘等处被火、腾越被水，均经该督抚等查勘抚恤，小民谅可不至失所。惟念来春青黄不接之时，民力未免拮据。著传谕该督抚等体察情形，如有应行接济之处，即查明据实覆奏，务于封印以前奏到，候朕于新正降旨加恩。再江苏萧县被风，安徽安庆等府被水，浙江嘉兴等属被风、被雹，湖南安乡等县、华容等县被水，河南南召县被水，陕西商州等处被水、被雹，武功县被水，甘肃兰州各属被水、被雹，广东广州等属被水，均经该督抚等委员查勘，即著迅速办理，并将来春应否接济之处，一并查明，于封印前奏到。此外各省有无被灾地方，应行调剂抚恤之处，著该将军、督抚等一并查奏，候旨施恩。将此各谕令知之。钦此。遵旨寄信前来。

791 查本年直隶、山西、陕西、湖南灾荒地亩，业经加恩，将新旧钱粮分别蠲免缓征。并因顺天、直隶、奉天水灾甚广，钦奉懿旨拨给银两，顺天、直隶叠经加恩截拨漕米，直隶复提拨藩库银两；山东被水各县截留漕米赈济。其直隶、江西、浙江、福建、河南、山东、山西、陕西、甘肃、广西、云南被水、被风、被雹、被火地方，均经各该督抚查勘抚恤。其明春应否量为接济之处，臣等谨照向例缮写询问该督抚等谕旨，俟覆奏到再行拟写新正加恩谕旨呈进。再江苏、安徽、浙江、湖南、河南、陕西、甘肃、广东被水、被风、被雹之处，该督抚等均已奏明查勘，应否接济，现俱未经奏到；此外各省有无被灾地方，应行调剂抚恤之处，一并询问。令该将军督抚等迅速查奏汇办。谨奏。

814 军机大臣字寄安徽巡抚陈、江西巡抚德，传谕护理安徽、巡抚布政使阿克达春。光绪十二年十月十七日奉上谕：德馨奏江西解饷委员在安徽定远县张桥驿地方被劫，请旨惩辩一折。此案前经阿克达春具奏，请将署定远县知县张树建革职留任勒缉，并将委员舒云彩革职，已照所请行矣。兹据德馨奏称，此项饷银，合肥县知县孙葆田签差六名护送，仅到一名；梁园汛只有一名护送；马队哨官张景堂并未派兵守护等情。该员等于饷银过境时，并不多派兵役小心防护，以致疏虞，实属玩泄。即著阿克达春确切查明，据实参奏，并严饬勒拿赃犯，务获究办。德馨所奏光绪六年解饷委员何惟杰，亦行经该县张桥地方被匪劫饷等语。是该处捕务，废弛已久。嗣后京协各饷，不时经过，若不亟行整顿，何以重帑项而靖地方。该抚务当严饬该处文武县营，实力缉捕。遇有饷鞘过境，照例派拨兵丁夫役，认真守护。毋得短少，致滋贻误。将此谕知陈彝、德馨，并传谕阿克达春知之。钦此。遵旨寄信前来。

833 光绪十二年十月二十二日，内阁奉上谕：江西南昌府知府员缺紧要，著该抚于通省知府内拣员调补。所遗员缺著庄锡级补授。钦此。

860 军机大臣字寄大学士·直隶总督·一等肃毅伯李，署福州将军古，两江总督·一等威毅伯曾，闽浙总督兼署福建巡抚杨，江苏巡抚崧，安徽巡抚陈，江西巡抚德，山东巡抚张，河南巡抚边，传谕护理安徽巡抚、布政使阿克达春，淮安关监督明勋。光绪十二年十一月初二日奉上谕：庆裕等奏请饬拨东三省来年的饷，并请催欠饷一折，东三省丁亥年的饷应拨奉天银二十六万两，吉林银十一万七千八百零九两，打牲乌拉银三万六千零三十八两零，黑龙江银二十万零一千二百二十二两零，著户部照数指拨，令各该省督抚饬各该司按期如数批解，毋许延欠，并于报解之时分晰奉天、吉林、打牲乌拉、黑龙江各款日，以免牵混。至直隶等省欠解东三省本年的饷四十四万二千余两，暨历年欠饷二百五十八万余两，著李鸿章、古尼音布、曾国荃、杨昌濬、崧骏、陈彝、阿克达春、德馨、张曜、边宝泉、明勋按照单开数目赶紧筹措，务于年前扫数解清，以济要需，庆裕等原单均著抄给阅看。将此由五百里谕知李鸿章、古尼音布、曾国荃、杨昌濬、崧骏、陈彝、德馨、张曜、边宝泉，并传谕阿克达春、明勋知之。钦此。遵旨寄信前来。（抄交户部）

878　光绪十二年十一月初十日，内阁奉上谕：谭钧培著调补云南巡抚，即赴新任，毋庸来京请训，广东巡抚著吴大澂补授。钦此。

887　直隶布政使松椿满洲镶蓝旗人，光绪十二年九月补湖南藩司，嗣调直隶。
江苏布政使易佩绅湖南举人，光绪八年七月补陕西藩司，嗣调四川，又调江苏。
江宁布政使许振袆江西进士，光绪十二年六月补。
安徽布政使阿克达春满洲正白旗生员，光绪十二年八月补。
山东布政使崇保满洲镶黄旗进士，同治八年四月补甘肃藩司，嗣调山东。
山西布政使张煦甘肃进士，光绪十一年十一月补广东藩司，嗣调山西。
河南布政使刘瑞祺江西进士，光绪十二年七月补。
署陕西布政使李用清山西进士，光绪十二年七月补。
甘肃布政使谭继洵湖南进士，光绪十年十月补。
甘肃新疆布政使魏光焘湖南人，光绪九年三月补甘肃藩司，嗣调新疆。
浙江布政使许应鑅广东进士，光绪十年十月补。
福建布政使张梦元直隶举人，光绪九年九月补广西藩司，嗣调福建。
江西布政使李嘉乐河南进士，光绪十二年五月补。
湖北布政使蒯德标安徽进士，光绪九年正月补。
湖南布政使孙翼谋福建进士，光绪十二年五月补。
广东布政使高崇基直隶进士，光绪十一年二月补山西藩司，嗣调广东。
广西布政使李秉衡奉天监生，光绪十一年六月补。
四川布政使崧蕃满洲正蓝旗举人，光绪十二年九月补。
云南布政使于荫霖奉天进士，光绪十二年九月补。
贵州布政使曾纪凤湖南生员，光绪十一年六月补。

901　军机大臣字寄福州将军，直隶、两江、湖广、闽浙、四川、两广各总督，江苏、安徽、江西、福建、浙江、湖北、湖南、河南、山东、山西、广东各巡抚,传谕粤海关监督。光绪十二年十一月十五日奉上谕:户部奏请严饬各省关将欠解京饷迅速解清一折。据称本年京饷,原拨、续拨共银八百万两。自奏催后,截至九月底止,尚欠解银二百七十七万三千余两。又因加放俸饷,令粤海等关将应解抵闽京饷银二十万两,改解部库。截至九月底止,尚欠解银十三万六千余两等语。现在部库应放各款,需用孔亟,著各该将军、督抚、监督等各将欠解京饷及应解加放俸饷银两,赶紧依限扫数解清。倘再任意延宕,即著户部指名严参。原单著分别摘抄给与阅看。将此由五百里谕知各该将军、督抚,并传谕粤海关监督知之。钦此。遵旨寄信前来。(抄交户部)

936　本年秋审各省由缓改实起数单:

广东省一起;四川省五起;奉天省三起;陕西省一起;浙江省一起;江西省一起;安徽省一起;河南省一起;山东省五起;直隶省二起。

977　军机大臣字寄福州将军,直隶、两江、湖广、闽浙、两广、四川、江苏、安徽、江西、福建、浙江、湖北、湖南、河南、山东、山西、广东各督抚,传谕粤海关监督。光绪十二年二月初二日奉上谕:户部奏预拨来年京饷一折。历届京饷均系年前预拨,光绪十三年京饷,该部拟在地丁、盐课等款内指拨银七百万两,请饬各该省关于来年分批起解等语。京饷关系紧要,现经该部就各省关情形,酌量动拨。自应遵照奏定数目,源源报解,以应要需。著该将军、督抚、监督等,务于来年开印后,分批起解。限五月前解到一半,十二月初间全数解清。不准截留改拨,藉词延误。倘届限不到,即著该部照奏定章程,指名严参。原单著分别摘抄给与阅看。另片奏,光绪十三年内务府经费,拟拨两淮盐课银十二万两,两浙盐课银五万两,广东盐课银五万两,湖北盐厘银五万两,福建茶税银五万两,淮安关常税银三万两,闽海关常税银十万两,九江关常税银十五万两,共银六十万两,请饬依限完解等语。著该将军、督抚、监督等,务于来年开印后,陆续径解内务府交纳,先将起程日期报部。仍限六月前解到一半,十二月初闲扫数解清,不准稍有蒂欠。将此由五百里谕知福州将军、直隶、两江、湖广、闽浙、两广、四川、江苏、安徽、江西、福建、浙江、湖北、湖南、河南、山东、山西、广东各督抚,并传谕粤海关监督知之。钦此。遵旨寄信前来。(抄交户部)

990　军机大臣字寄直隶、两江、闽浙、湖广、两广、四川、江苏、安徽、浙江、福建、江西、湖北、湖南、河南、广东各督抚,传谕粤海关监督。光绪十二年十二月初五日奉上谕:户部、总理各国事务衙门奏东北边防经费,各省报解迟延,请旨严催一折。据称各省关应解东北边防经费,截至本年十一月止,除各省截留及已解到部并已报起解外,尚欠解银六十六万八千两,请旨严催等语。此项经费,关系紧要,自应迅速筹解,以济急需。著各该督抚、监督将欠解银两赶紧筹解,倘再迟延,即著户部照贻误京饷例,指名严参。其历年欠解银两,并著赶筹解济。原单均著抄给阅看。将此由五百里谕知直隶等省各督抚,并传谕粤海关监督知之。钦此。遵旨寄信前来。(抄交户部)

995　光绪十二年十二月初六日,内阁奉上谕:各省实缺人员到省后例应饬赴本任,乃近来各该督抚往往将特旨简放及由部选补各员奏请留省,或令暂署别缺,并不饬赴本任,殊属非是。实缺人员如到任后人地不宜,或别有劣迹,该督抚侭可随时参奏,何得因调剂本省人员,致特旨简放及部选之人转不得及时自效,殊非所以尊朝命而励人材。嗣后各直省督抚实缺人员到省后,即行饬赴新任,不准藉词留者,以符定制。钦此。

1012　军机大臣字寄安徽巡抚陈、浙江巡抚卫、江西巡抚德、山西巡抚刚。光绪十二年十二月初九日奉上谕:沙克都林札布等奏部拨乌科两城九、十两年经费,安徽省欠解银一万五千两,浙江、江西二省均分毫未解;至山西省节年积欠经费,迄未补解,请旨饬催等语。该两城放款支绌,需饷孔殷。著陈彝、卫荣光、德馨饬令各该藩司,将欠解各款赶紧筹解,不得再有迟延。并著刚毅将积欠该两城节年经费,设措筹拨,以济要需。将此由五百里各谕令知之。钦此。遵旨寄信前来。(抄交户部)

1013　蒙发下折报,臣等公同商阅。克都林札布等奏请催安徽等省欠解经费片,拟缮寄信谕旨,令安徽、江西、浙江并山西各巡抚赶筹解济。刚毅奏特举贤员折,拟请旨,将马丕瑶等存记,原折留中;吏部奏议处谭钟麟,议以罚俸九个月,可否抵销折,拟俟召见时请旨。其余折片单拟批呈进。是否有当,伏候圣裁。谨奏。光绪十二年十二月初九日奉旨:依议。钦此。

1046　查军机章京、刑部员外郎胡泰福奉旨补授江西道监察御史,所遗章京一缺,应以刑部候补主事冯锡仁充补,并添传记名在前之刑部额外主事吴鲁在额外行走。谨奏。光绪十二年十二月十五日奉旨:知道了。钦此。

1101　臣等查明新正应行加恩各省,除盛京、江苏、安徽、江西、浙江、湖北、湖南、河南、山西、陕西、甘肃、广东、广西、云南、贵州经该将军督抚具奏,无庸接济外,所有直隶、山东二省,业经该督抚奏到,臣等拟缮谕旨二道,并拟定日期颁发。谨奏。

光绪十三年

16　光绪十三年正月初八日,内阁奉上谕:德馨奏特参交代亏短各员一折。前署江西信丰县事、暂革降调府经历县丞朱国光,已革大庾县知县胡承弼,已故暂革都昌县知县何庆朝,前在各任内亏短正杂各款,为数甚巨,叠经严催,仍不完缴,实属玩延。朱国光、胡承弼著一并拿问,并提何庆朝家属及各该员任内经手丁胥人等,讯明是侵是挪,分别监追,按律惩办;一面饬查各该员寓所资财,严密查抄。并著该抚咨明两广总督,安徽、广东各巡抚,查封家产备抵,以重库款。该部知道。钦此。

90　光绪十三年二月初一日,内阁奉上谕:德馨奏,查明各属被灾,请将新旧钱漕等款分别缓征、递缓一折。江西南昌等府属地方,上年春夏以后,或被水淹浸,或雨泽愆期,收成均形歉薄。若将新旧钱漕等款照常征收,民力实有未[逮]。[加]恩著照所请,所有南昌县西乡四十五都长一图三甲、长二图二四甲、长三图一二甲、长四图五甲、长五图一四甲、长六图三七甲、南一图一六八甲、南二图二六甲、南三图七甲、北一图一二三甲,四十六都一图三甲、二图五甲、三图一甲、四图二五六甲、五图二甲、九图十甲七甲、十一图九甲、十二图六八甲、十三图一二六甲、十四图一二三五甲、十五图六九十甲,四十七都一图一二三甲、二图四五六甲、三图二四甲、四图五甲、五图三四甲、兴五图五七十甲、北五图四五六甲、六图一二三四五甲、八图一甲、九图二四甲、正玖图四六八甲、义玖图二三四甲,四十八都南一图一三甲、南二图二甲、南三图三甲、南四图三甲、北一图一三甲、北二图二甲、北三图八甲十甲、长三图七甲,四十九都一图一四甲、二图三甲、三图六甲、四图一甲、五图二甲、六图二甲,五十一都一图三六甲、二图一三甲、三图二八九甲、四图三四十甲,六十一都一图四六甲、二图一甲、三图十甲,六十二都一图□甲十甲、六十三都一图五甲、三图八甲、四图□□□甲、五图四甲、七图二甲、十图九甲,六十四都一图二甲、二图二甲、三图一甲、四图四甲,六十五都一图三甲、二图二甲、三图一甲、五图二甲、七图四甲、八图十甲,六十六都一图七甲、二图五甲、三图六甲、六图三甲;南乡五十都五图三甲,五十三都二图四甲,五十四都二图十甲,五十五都四图七甲,五十六都六图二甲,五十七都四图七甲,五十九都五图二甲、十图三甲、十一图七甲;西南乡六十都兴一图七甲、南二图三甲、上二图四甲、下二图五甲、七图九甲;东乡二十一都南二图二甲、二十三都上一图四甲、下一图二甲、二图六甲、三图四甲、八图三甲,二十四都三图六八甲、十五图三甲,二十五都三图三六甲、七图二甲、十四图一甲,二十六都二图二甲、六图八甲,二十七都一图十甲、二图一甲、三图五甲,中乡四十三都一图四甲、三图五六甲、四图八甲十甲、五图七九甲、六图四甲,四十四都一图一三甲、二图四五六甲、三图八甲十甲等处,各则民田二千二百七顷三十七亩零,应缓地丁银八千七百八十九两零,漕米一万一千六百四石零。

同新建县之仪凤乡四十二都一图一三五六九甲,四十二都二图一二四五七八十甲,四十二都三图一二三四五六七八甲,四十四都一图一二三四五八十甲、四十四都二图一二四六十甲,四十四都三图一三五六七八□,□□四都大三图一四六七八九十甲,四十四都□□一三五甲,四十五都又二图一二三四五甲,四十六都一图一二三四七八九十甲,四十六都二图一三六七九十甲,四十六都三图二三五六八九十甲,四十六都四图一二三四五八十甲,四十七都一图一二五八甲、四十七都二图一三五六七八九十甲,四十七都三图一三六七甲;从善乡四十八都一图一二三四五六七八九十甲,四十八都又一图一六甲,四十八都二图二六七八甲,四十八都三图一二五七八甲,四十八都四图二五七甲,四十九都一图二三六七十甲,四十九都二图一四五六七甲,五十都一图一五六七八十甲,五十都又一图二八甲,五十都二图一二三七十甲;昌邑乡五十一都一图一二三四五六七八九十甲,五十一都二图二四五六八甲,五十二都一图二三四五六七八九十甲,五十二都二图一二三五六七八九十甲,军都六图一三甲;西乡五十三都三图二三四六甲,五十三都四图三四五七九甲,五十四都二图一二三四五七八甲,五十四都三图一四六七甲,五十四都四图二三四五六七八甲,五十四都五图一二三六十甲,东乡五十五都一图一三五七九甲,五十五都二图一二三四七八甲,五十五都三图一二三四七八九甲,五十五都四图一二三四五六七甲,五十五都五图一三四六七八九十甲,五十六都一图一二五六八甲,五十六都二图一五七八甲,十坊等处,各则民田二千七百十二顷九十九亩零,应缓地丁银五(十)[千]六百九十二两零,漕米五千六百九十六石零。

进贤县北乡下五坂二十七都一图一二三四甲、二图一二三四五甲、三图三四五甲、四图一二三四五甲、五图三六七八九甲,二十八都一图一二三四五甲、二图一二三甲、三图一二三四甲、四图一二三四五甲,二十九都一图一四五六七甲、二图三六七八九甲、三图六七八九十甲、四图一三六七八甲,三十都一图六七八九十甲、二图五七八九甲、三图一二三四五甲、四图一三四五六甲、五图一三六七八甲,三十一二都一图一二三四五甲、二图一二三四甲、三图三六七甲、四图一二三四甲等处;同东北乡一都一图一二三四五甲、二图三六七八甲、三图一二三甲、四图一二三四甲、五图三四五六甲、六图五六七八甲,五都一图一二三四甲、二图一二三甲、三图三六七八甲、四图一三四五甲、五图二三四五甲,六都一图一二三四五甲、二图一二三四甲、三图一二三甲、四图三四五甲、五图一二三四甲、六图六七八九甲、七图四五六甲,七都一图一三四六甲、二图一二三四甲、三图二三四甲、四图一二三甲、五图六七八九甲、六图四五六甲、七图一二三四甲、军图五六七甲,上八都一图三六七八甲、二图四五六七甲、三图一二三四五甲、四图一二三四甲、五图二三四六甲、六图一二三四甲、七图二三四甲、八图六七八九十甲、九图一二三甲、十图二三四五甲,下八都一图一二三四甲、二图三四五甲、三图四六七八甲、四图二三六七甲、五图四五六七甲、六图三六七八甲、七图四五六甲、八图一二三甲、九图六七八九甲,九都一图一二三四五甲、二图一二六七甲、三图二三四五甲、四图四六九十甲、五图六八九十甲、六图五六九十甲、七图一二五六七甲、八图三五六九甲、九图一二三四甲、十图三六九十甲,十都一图一二三四甲、二图三六又四甲、三图一二前二甲、六图六七八甲、七图三六九甲、八图四七十甲、九图二五八甲、十图一四七甲,十三四都六图六七九甲、七图三八十甲、八图四六八十甲、九图一二三甲、十图一二三四甲,十五都一图一二三四五甲、二图二三四甲、三图三六九甲、四图一二三四甲、五图二五六八甲、六图一二三四甲、七图五六七八甲、八图三六九十甲、九图三六九十甲、十图一三四六甲,十六都一图一二三四甲、二图一三五六甲、三图六七九甲、四图五七九十甲、五图三六九十甲、六图四七八九甲、七图一三五八甲、八图一二三六甲、九图三六九十甲、十图三四五六甲、十一图一二三四五甲、十二图二四六九十甲,十七都一图六九十甲、二图二五八十甲、三图六七八九甲、四图一二三四甲、五图四六九十甲、六图五七九甲、七图一二三四甲、八图二五八甲、九图四六九十甲,二十二都一图四六九十甲、二图五六九十甲、三图一二三四甲、四图二五八九甲、五图三六九十甲、六图一三四六七甲、七图三五七八九甲、八图一二三四六甲、九图二五八九十甲、十图三五七甲、十一图一三四六甲、十二图四六九十甲、二十三都一图一二三四五甲、二图三六七八甲、三图四五六九甲、四图六九十甲、五图一二三四甲、六图七八九十甲、七图一二三四甲、八图三六九甲、九图一二三四五甲、十图三五六八甲、十一图一二三四甲、十二图二四五六九甲，二十四五都一图二三五六甲、二图一二三四甲、三图六七八十甲、四图三六七八甲，二十六都一图一二三四甲、二图一二三四甲、三图三四五甲、四图五六七甲、五图三六七八甲，三十三都一图一二三四五甲、二图三六七八甲、三图四六九十甲、四图五六九十甲、五图三四五六甲、六图一三四六甲、七图三六九十甲，三十四都一图二五八十甲、二图一四六七八甲、三图一四七九甲、四图三六九十甲、东隅一二三四甲、西隅二三四甲、南隅一二三甲、北隅三五六甲、正隅六七八甲、中隅四六七甲等处；并西北乡三十五都一图一二三四甲、二图一二三四甲、三图六七八甲、四图四五六七甲、五图一二三四甲、六图三六七甲，三十六都一图三六九十甲、二图一二三甲、三图二五八十甲、四图三六七八甲、五图一二三四甲、六图四五六七甲，三十七都一图二五六七甲、二图一二三四甲、三图一二三甲、四图一二三四甲、五图一二三甲、六图六七八甲，三十八都一图二七八甲、二图六七九甲、三图五六七八甲、四图六七八甲、五图五六七八甲等处，共田二千六百七顷七十四亩、应缓地丁银七千六百七十六两零，漕米九千五百八十三石零。

莲花厅之砻西乡一都一图一二三四甲谦甲、二图一甲中一甲隆甲、三图一三六七甲，二都一图一二三四甲、二图一二甲风甲、三图一二甲，四都一图一三四甲、二图二三甲老甲振甲、四图一二三甲福甲，五都一图一二三六八甲、二图一四五甲、四图二三四甲、正图一三甲财甲中甲七甲，六都一图一三五甲、二图二三四七甲、三图一二甲崇甲，七都一图一二三五甲、二图一二三甲源甲、五图一四甲，九都一图一三甲桂甲、二图一九十甲、三图二四五甲公甲，十都一图一二三甲、二图一二三四甲、三图一二甲、四图二六甲，十一都一图一甲、二图一甲新一甲、元图元甲亨甲贞甲，十三都一图一二三甲、二图四五六七甲、三图一三甲、四图一二四甲，十四都二图三四五七甲、三图一四甲中四甲、正图一甲同甲洪甲，十五都一图升甲九甲十甲、二图一二三甲、三图一二甲光甲、五图一二三甲正甲，十六都一图一二甲太甲林甲、二图四五甲明甲、三图一二三甲元甲，十八都庆图一二三甲、二图一五六七甲、三图一二甲，十九都一图一甲昌祥甲、二图一二三甲、三图一二三甲、四图一三甲贵甲；上西乡二十二都一图一二三甲、四图一三甲贵甲；上西乡二十二都一图一二三甲、二图一甲安甲四甲、三图一二甲、四图三四六甲，二十三都一图二三五六甲、二图二三四甲、四图一甲朝甲黎甲，二十四都一图一二甲羽甲、二图一三甲平甲、四图五六七八甲，二十五都一图一二三九十甲、二一图一二甲、议图一三甲东甲福甲，二十七都一图一二甲通甲、二图元甲亨甲四五甲、三图一二三甲、四图五六七八甲，二十八都一图一二甲正甲同甲、二图六七八甲，二十九都一图一二四甲、三图一二甲金甲、四图一三甲新三甲，三十都一图一三甲、二图一二三四六甲、三图一二甲彬甲，三十二都一图一二甲、二图一二三四甲、三图一四甲全四甲等处，共民田五百七十二顷九亩，屯田三十九顷十六亩零，应缓地丁银三千六百八十七两零，漕米一千八百二石零，漕运屯粮银五百二十八两零，余租银一千十一两零。

安福县之东乡三都一上图一二三五甲、二图一三五六七八九十甲、三图一甲至十甲、东三图一甲至八甲、三图裕后甲、四图一二三四五六八九十甲、又四图二四五六甲、四图南六甲、五图一甲至十甲、六图一甲至十甲、七图一甲至五甲、七元图一二三六七八十甲、上八图一甲至七甲、十一图福履甲、十一图单甲，又附城东一二三四六八甲、安泰福半图一甲至五甲、聚昌图一甲至五甲，五十二都二图三六七八九十甲、四图四六七九十甲、秀四图单甲、五上图一二五甲、六图一三五甲、七图一六七八甲、九图一二四六八十甲、十图一又一四七十甲、十图正单甲、十二图一甲、聚庆图一甲、上合图一二甲，五十三都东三图一四六七十甲、古三图二五六甲、三图副，四图一四五六八十甲、六图一六甲、六聚图一五六七甲、六绍图一二三五甲、七图正一甲、十图一二七十甲，五十四都一图三五七八十甲、二图一二三四五六九十甲、三图一甲至五甲、五图一二三五甲，五十五都一图一二副二三四五副甲、一图单、二图一七八八上九十甲、二上图一三五六甲、二图永定甲、三图一上一二三四五六七七上八九甲、三瑞图一二三甲、三义图一三四五甲、又三图一二三甲、四图一二三五甲、六图一正一二三四五六十甲、七图二上二又二三又三五九十甲、七上图单甲、八图一三七十甲、十图一二四甲、副图，五十六都一图一上一三四六七八十又十甲、一图又单、一下图单、二图并协一上一二三五正五六七八十又协甲、三图一甲至十甲、四图并四上图一三四甲、五图一七八九十甲、五图副甲、六图一四五七九甲、七图一三四六七八十甲、七图单甲、九协图、九图一二四五六甲、九上图一二三四五八甲、九图单、九图副甲、九瑞图，五十七都一图一二三四五六七八十甲、二图一二三四五六八九十甲、三图又三图一二三四六七八九十甲、四图一甲至五甲、五图一甲至十甲、七图一二四五七八甲、九图一二三甲、十一图一三四五七八甲，五十八都一图一甲至五甲、二上图一甲至六甲、二下图六七八九十十甲、四图一二三四又四五六甲、五图一二二上又二三四四上并九十甲、六图一二四五九甲、六图副、七图五八九十甲、八图一甲至十甲、九图一二三甲、九上图一二六八十甲、十图一二三四六七七上八九十甲、十一图一二三四五六八甲、世德图三甲至十甲、恰恰图一二三四五七八甲，五十九都一图一甲至十甲、二图副一二三四八十甲、三图一二三七九十甲、三图上一二五八十甲、四图一三六八十甲、四图副、五图一二四六八九十甲、七图一三五六八九十甲、八图一甲至十甲、八上图一二三六九十甲、九图一四五七八九十甲，六十都二图一三四六八九十甲、又二图一三五七九十甲、四图一四七九甲、东四图一三五七十甲、五图一三五七八九十甲、六图一二三七八九甲、八图一三五六八九十甲、十图一三六七八九十甲、十下图一四七九甲、十一图协一四八十甲、十一图单一四七甲，六十一都一图一二五六八九十甲、二图一三七八九十甲、二上图一四七八九十甲、三上图二五六七九甲、三下图一三五七八九十甲、四图一三四七九十甲、五图一三五六七八十甲、七图二四七八十甲、七上图一五六七甲、青紫图一三四五七甲，六十二都一图一三五七八九甲、一上图一五六八九甲、二图一三四五七八十甲、二图单、三图一二三四六七八十甲、四图一三四六七八九十甲、五图四五七甲、六图一二三四五七八九十甲、又六图四五六七八甲、七图三四五七八九甲、八图一二四六八甲、九图一四五七甲、十图一四五七甲、十四图一四七八十甲，六十三都一图一三五六七九十甲、一义图一五六甲、一图单甲、二图一四五七九甲、二上图二三四五甲、又二图四五七甲、三图二五七九甲、四图单三五六七甲、五图一三五七八九甲、陆仁图二五七八甲、陆义图二五六甲、八图一三七八甲、十图一四七八甲、十图协一三五甲、十三图一四六甲、十五图一三四六七甲、广聚图一二五七甲；南乡一都一图一甲至十甲、二图一二四五六七八九十甲、三图一甲至九甲、怡怡图一三五六七九甲、又附城南一三四六七八九十甲，三十五都一图一甲至五甲、三下图二三六七八九十甲、四图一二三四六八九十甲、五图一甲至十甲、六上图一二三四五六八九十甲、六下图四六七八九十甲、七图一甲至五甲、九图二三四五甲、九图副、十图单，三十六都二图六七九十甲、二图协甲、三图单、五图单、七图一甲至十甲、八图一三四五六七八九十甲、八图副、九图六七八九十甲、十图一甲至十甲、十三图一甲至五甲、十四图单、全盛图一甲，三十七都一图一二四五六七八九十甲、二图六七八九十甲、三图一二三四五六七九十甲、四上图古甲、四下图五六七八九十甲、六图一三四六九十甲、七图一二三四五七八九甲、八图一四六七八九十甲、九图单、十图单、至乐图单甲，三十八都二图一二三四五七九十甲、二美图一二三四甲、三图一甲至七甲、三义图一二甲、四图一二三四五六八九十甲、六图一二三四五六甲、六图甲七图仁寿甲、八图上单甲、光裕图，三十九都一图协甲、二图副甲、三图一三四五八九甲，四十都一图一二三四五六七八十甲、二图一二三四七十甲、四图一甲至十甲、四图副、五图六七八九十甲、五下图单、六图单甲、七图二三四五七八九十甲，四十一都一上图一二三四五甲、一下图六七八九十甲、二图一二三四五甲、三图一二三四五六七八十甲、四图一甲至十甲、副四图一二四五甲、五图一二三四五九十甲、七图一甲至十甲，四十二都一图一二三五八九十甲、三图一二四五六八九甲、四图二甲至十甲、五图一甲至十甲、七图一二四五六七八九十甲、七图单、八图单、副上图单、协图单、瑞图一二五甲、义图一二四甲，四十三都一图一四六八甲、二图一二三四七十上甲、二图单、三图一甲至六甲、四图六七八九十甲、五图二三四六八九十甲、五半图一四五六甲、七上图二四五甲、八图一四七八十甲、九图一五八十甲、十图二六七八十甲、十上图二四五甲、十二图一三四五六甲、十三图单，四十四都一图一二三五七九十甲、三图一三四五六十甲、五图一二三四五六七九甲、六图一二四十甲、七图一五六八十甲、七图副、八图一三四六八十甲、九图一四六十甲，四十五都一图一甲至十甲、三图六崇六七八十甲、五图六八十甲、五上图一甲至六甲、六图一二三四五六七八十甲、七图单、八图一三六七九甲、九图单甲，四十六都一图一三五八十甲、二上图一二五甲、二下图六七八九十甲、三图一二三五六八十甲、四图尾一三四八九尾甲、五图二五八九甲、六图一三八九甲、七图单、八图一协一协三协四甲，四十七都一图一二三四七八九十甲、二图一二三五六八九十甲、三图三五六七八十甲、五图一三五六七八九甲、六图一二三四五六八九十甲、七上图一三四五甲，四十八都一图一二四五六八九十甲、二图单、三图一二三四五六七九十甲、四图副、四图又副、五图一甲至十甲、古六图一二四六七八九十甲、军六图、七图一上一二三四五六七八九十上甲、八图二三四六七八十甲、九图一二三四五六七八九九上十甲、十图一甲至十甲、十上图一二三上三四五六八九甲、崇福图一二三四五甲，四十九都一图一甲至六甲、三图一二三四五甲、四上图一二三五八九十甲、六图一甲至七甲、八图副、九图一二三四五九甲、九上图一二三甲、福寿图一三五六七九甲，五十都民一图一甲至十甲、二图二三四五六七八九十甲、三图二三民三四甲、又三图一五甲、四图一又一甲至十甲、五图一一上三四五六六上七八九十甲、五图单、瑞五图一二三甲、六图一二三四五六七八十甲、六顺图、七图五甲至十甲、九图一二三四五六八八上九十甲、十图一二四五六七八九十甲、十一图单、十二图一二四五甲、十三图一甲至八甲、礼义图一二五六十甲,五十一都一图一二二上三又三甲至九甲、一图单、一上图一二三五六七九甲、二图一二三四五甲、二图又单、二图副、三图一甲至十甲、三图单、四图六七八九十甲、五图一三上四上五六七八九又九十甲、七图四五六又六七八九十甲、十四图单、十五图单甲;西乡四都一图一三五六七八九十甲、二图一二三四五六八九甲、三图五六八九十甲、四图一二三四五六七九十甲、正四图一二四五六甲、七图一甲至十甲、七图上副、八一上图一二三五六七八十甲、又附城西一四五六七八九十甲,五都一图一甲至十甲、二图一二三四五七八九十甲、三图一二三四五甲、四图三四五九甲、五图一二三四五甲、六图单、十图单甲,六都一图一甲至十甲、一上图一二三四五甲、三下图一二四五六七八九十甲、三下图单、五图一甲至十甲、五图单、九图一三四五七九甲、十一图一三四十甲,七都一图一二四五六七八十甲、二图一甲至十甲、二图单、二图又副、四图一二四五六八甲,八都一图一甲至六甲、二图一二四甲、三图恺甲、八图单甲,九都一图二四五七八十甲、一图、协一图怡盛甲、二图二三五十甲、识仁图惜阴甲,十都二图一二三四五六七九十甲、三图一二六七十甲、十二图单,十一都二图一二三四五六八九甲、三图一二三四五六八九十甲、四图一甲至十甲、五图六七八九十甲,十二都一下图二三六七八十甲、二图一二八十甲、二图又单、三上图一二三四五十甲,十三都二图一二三七甲、三图一二三五六七九十甲、四上图一四六七八九甲,十四都一图一二三四六七八九甲、二上图一甲、三图一六七八九十甲、三上图一二四五六甲、裕后图二三甲,十五都一图单、一上图一二三四五七八甲、三图一二三四六七八九十甲、五图一二四五六七十甲、五图僧甲,十六都协一图一三四五六八甲、三上图一二三四五七甲、三下图六七八九十甲、十一图一二三四甲,十七都二图一甲至十甲、三图一二三四五七八九十甲、四图一二三四六八九甲,十八都一图一甲至十甲、二图一甲至十甲、三上图一二三四五甲、三下图六七八九十甲、四图一二三四五甲,十九都一图一二三四五六甲、二图一四八九甲,二十都一图一二三四五七八九十甲、一图单、二图一二三四五六七九十甲、三图一二三四五甲、五图一甲至十甲、八图一二六九甲、长久图一二三四五甲,二十一都一图一二三四五六七九十甲、一图单、三图一二甲、四图一甲至十甲、五图一四六七甲、五图副、七图副、攸久图一二三五六甲,二十二都一图一甲至十甲、二图一二三四五六七九十甲、三图一甲至六甲、三上图单、四图一二三四五甲;北乡二都一图一甲至十甲、二图二三四六十甲、二图副、三图一甲至十甲、三上图一二三四五六七八十甲、三图副、四图一三四五六七八九十甲、北图一二甲、又附城北一二四六七八九十甲,六十四都一图一三四七八九十甲、二图一五七八九甲、四图一二三五六七八九十甲、四上图二五六八九甲、四图副、五图三四五七甲、六图一四五七八九十甲、又六图一三六七八甲、九图一五六七九甲、九图副、十五图三四五七甲、爵誉图二四五七甲、协图三四五甲,六十五都一图一二四五六七八甲、二图一甲至七甲、三图一甲至八甲、四图一甲至十甲、五图一甲至八甲、六图一三四五六七八九甲、七图一二三四五七八甲，六十六都一图一甲至十甲、二图一甲至九甲、二上图一甲至十甲、二下图一甲至九甲、三图一甲至七甲、又三图一二四五六七八甲、八图一甲至十甲、八图又副一甲至七甲、余庆图一二三四五七甲，六十七都一图一二三四五六八九十甲、二图一二三五六七八九十甲、三图一二三四六七八九十甲、三图副、三上图一三五七九甲、四图三五七八甲、四图副、四图瑞单、五图一三四五七八九甲、六图一四五七八甲、七图一三四六七九十甲、十图一三四七八甲、十三图一三五七九甲，六十八都一图一二三四五七八九十甲、二图三五七八十甲、四图三五七九十甲、四图副、五图一二三五七九十甲、六图副、十图二三四五七八九十甲、十三图二四五七甲，六十九都一图一二四七九十甲、一上图一三五七九甲、一下图二三五甲、二图一三五九甲、二上图一三五七甲、三图一二三五六七八九甲、三上图三四七九甲、又三图一三五七十甲、又四图三五六八甲、五图一二三四五七九十甲、六图一二三四五六八九十甲、六义图一三四五七九十甲、八图一甲至十甲、十一图一三五七十甲、三图一三四七九甲、福寿图一三五六七甲、庆丰图一二甲、洁己图一二三四甲、受禄图、祯祥图、新瑞图等处，各则民田地一千八百十七顷七十亩零，应缓地丁银一万一千六百三十九两零，漕米六千七百九十七石零。并东乡五十七都二图、五十八都一三图、六十三都一三图；南乡四十四都三图、四十五都四图、四十八都八图、四十九都一图平桥图、五十一都八图；西乡四都一二四图、五都一二图、六都一图二上图一二三四五六十甲二下图、八都一图、十都一图、十一都二图、十二都一二三四图、十三都一图、十九都一图、二十都一图一二三甲、三图一二三甲；北乡六十四都一二图、六十八都一图等处，屯田二十三顷二十六亩零，应缓漕运屯粮银三百四十四两零，余租银六百三十两零。

永新县西乡封十一都黄江等村一图一甲至十甲，二四图上五甲，六七图下五甲；禾十一都一、三、四、六、八图上五甲，二、五、七图下五甲，仁义图一甲至十甲；上十二都台洲等村一、二、三图上五甲，四、五图下五甲，六、七、八、九图一甲至十甲，十图下五甲；下十二都灌沉等村头图上五甲，二、三、四、五、六、七、八、九图一甲至十甲；上一十三都交文等村四仁图上五甲；下十三都枧田等村一、二、七图上五甲，三图一甲至十甲、四下五甲，集贤图上五甲；十四都洋港等村明德图、一二三图一甲至十甲，四、五图上五甲；上十五都夏溪等村一图上五甲，仁礼图一甲至十甲；下十五都汤岭等村一、二图上五甲，和乐、汉鼎等图一甲至十甲，桂山图上五甲；十六都沙市等村三图下五甲，四图一甲至十甲；十七都厚田等村上一图上五甲，二、四图下五甲，上洲、明伦、联科等图上五甲，永正图、炳图、允金图一甲至十甲；十八都龙田等村二图上五甲，三七、和礼、众善等图一甲至十甲，秀纯图下五甲，仁义、崇贤、秀衣等图上五甲；十九都木江等村一图一甲至十甲，二图、上协叶义等图、康图上五甲；四十都鄱阳等村一图下五甲，二三四五七图、进图、臣图上五甲，六图、景图、神仙图下五甲，信达图一甲至十甲；四十一都东路等村一、三图一甲至十甲，二、六、八、九图上五甲，四七图、崇安图下五甲，原尚图一甲至十甲；上四十二都汶竹等村一图一甲至十甲，二、六图上五甲，四图下五甲，至乐图下五甲，源达图上五甲、积善庆图下五甲;下四十二都落沟等村一、二图上五甲,景山图上五甲,乐善图下五甲;四十三都高坑等村一、二图上五甲、三、四图下五甲,庆图上五甲,福乾图一甲至十甲,七、八图下五甲,九、十图上五甲;四十四都甑潭等村一、二、三图下五甲,善庆图下五甲;六十都麻田等村一、二图上五甲,三、四图下五甲,五图上五甲,一本、新义、贵和、忠恕等图上五甲,正昌、忠信等图下五甲;六十一都城都等村一、二、三图上五甲,健荷、承成等图上五甲,罗王图下五甲;六十二都沙头洲等村二、三图上五甲,仁图下五甲等处,各则民田一千五十一顷二十亩应缓地丁、漕米内,缓征十分之五,银四千六百五十六两零,米一千三百四十九石零。并北乡一都左望等村一图上五甲,二、三图下五甲,五六图、四同图、四义图一甲至十甲,五永图上五甲;上二都官溪等村一图下五甲,三义、倡义等图上五甲,九德、同昇等图一甲至十甲;下二都小风塘等村一二三图、五永图一甲至十甲,四、五图下五甲,七图上五甲,东庆图下五甲;三都中坡等村四、五、六图上五甲,七图下五甲,重义图一甲至十甲;四都赖田等村一图、仁义图一甲至十甲,二、三、四、五、六图下五甲,善发图上五甲;平五都石豀等村三至图、福图一甲至十甲,八图上五甲,九图下五甲;禾五都前市等村二图、福星图上五甲,四图下五甲,崇善图一甲至十甲;六都风上等村三益、新益等图一甲至十甲,二九、三义等图上五甲;七都蛇形等村一、九、十等图一甲至十甲,二三七八、和好等图上五甲,三、四、五、丰等图下五甲;八上都五团等村一图一甲至十甲,二三、中和、大吉等图上五甲;八下都花陂等村一图、和盛图下五甲,仁图一甲至十甲,二五、忠清、西英、联珠等图上五甲;九都狮山等村一图、仁义礼智等图一甲至十甲,信图、万镒图上五甲,嘉谟、七政等图下五甲;十都荒上等村丰图、乾图、首图、怀清图下五甲,本图、旋图、成图、崇义图上五甲,福图、叶吉图一甲至十甲;七十三都仰山等村仁义图一甲至十甲等处,各则民田八百二十一顷六十亩,应征地丁、漕米内,缓征十分之五,银三千七百二十八两零,米一千八十石零。同东乡六十三都台上等村一图一甲至十甲,二图、大有图上五甲,昌盛图下五甲;福六十四都长源等村一三、从善等图上五甲,头图、七星图一甲至十甲;近六十四都上坪等村一图一甲至十甲,二图下五甲,三图上五甲;六十五都菜下等村一四五六七图、康图上五甲,二、三、十等图一甲至十甲,八九、安亲等图下五甲;六十六都洲下陂等村一四、仁义礼智信等图一甲至十甲,二、三图上五甲,六图、同结图下五甲;七十都日晖桥等村协一图、仁义、二三图、茂盛图一甲至十甲,大安图上五甲,伦常图下五甲;七十一都白土等村一图,文恭图上五甲,二三、昌义等图一甲至十甲,四图下五甲;福四都上坪村;六十五都菜下村;六十六都洲下陂村;六十七都观音桥村;六十八都白堡村;六十九都高桥村;七十一都白土村;七十二都汴田村;南乡五十三都秋溪村、五十四都水尾村、五十五都横路村、福五十六都黄祺村、近五十六都平分村、五十八都长富村、五十九都涂岭村;西乡封十一都黄江村、禾十一都、上十二都台洲村、下十二都灌沅村、上十三都交文村、下十三都枧田村、十四都洋港村、十五都夏溪村、十六都沙市村、十七都厚田村、十八都龙田、十九都木江村、四十都潘阳村、四十一都东路村、上四十二都汶竹村、下四十二都落沟村、四十三都东溪村、四十四都元头村、六十一都城都村;北乡一都左望村、四都赖田村、六都风上村、七都蛇形村、上八都五团村、下八都花陂村、九都狮山村、十都荒山村等处，各军图一帮至十帮，共屯田九十顷六十四亩零，应缓屯丁银十六两零，存留屯粮银六十五两零，漕运屯粮银五百三十两，余租银一千八百九十八两零。

上饶县之东乡二都一图一、二、四、五、九甲，二图一甲至十甲；西乡二十三都一、二、三、四、五、六、七、九、十甲，二十五都一、二、三、四、五、六、七、十、十一甲，二十六都一甲至十一甲，共一百六顷七十八亩零，应缓地丁银三百三十四两零，漕米一百石零。

余干县之东隅一图一、二、六、七、八、九、十甲小溪等村，二图三、六、七、十二(都)[甲]横江市等村，一图下五甲，信义图一甲至十甲，仁善图上五甲；贤七十二都汴田等村一二、和义等图上五甲，安仁图下五甲等处，各则民田四百七十七顷四十亩应征地丁、漕米内，著缓征十分之四，银一千五百七十二两零，米四百五十五石零；又南乡五十三都秋谿等村叶义图、八图上五甲，合义、吉星等图下五甲，六图一甲至十甲；五十四都水尾等村一图、尚义、南星等图上五甲，二、三、八、九、十等图下五甲，四、五图一甲至十甲；五十五都横露等村二、三、七、万年、能由、合盛、合义等图上五甲，九五、杨礼等图下五甲，一图、结公图一甲至十甲；福五十六都黄棋等村一图、兴文图下五甲，二图一甲至十甲，九十、泉义等图上五甲；近五十六都平分等村一图上五甲，二图一甲至十甲；丰五十七都横石头等村一、二图上五甲，四、五、六等图下五甲，州尾图一甲至十甲；福五十七都泰山桥等村一、二图上五甲；福五十八都长富等村一二图、五凤新下图一甲至十甲；才五十八都陂下等村一、三图上五甲，二图、协义图一甲至十甲；五十九都涂岭等村一、二、三、四、伏盛、三忠等图一甲至十甲，信义、双和等图上五甲，永兴图下五甲等处，各则民田三百九十九顷五十亩，应征地丁、漕米内，著缓征十分之四，银一千四百三两零，米四百六石零。同东乡福六十四都长源村、近六十九[都]十甲下源等村；南隅一图一、二、三、四、六、七、八、九、十甲三塘等村，二图三、四、五、六、七、九、十甲枯树等村，三图一甲至十甲料家等村；西隅一图一、二、三、四、七、八、九、十甲严溪等村，二图一甲至十甲清水等村，四图一、二、三、四、五、六、八、九、十甲上童等村，五图一、二、五、六、七、十甲坂头等村，六图一、二、三、四、五、六、八、九、十甲大瑞等村；北隅一图一、二、三、四、五、七、八、九、十甲崇山等村，二图一、二、三、四、五、七、八、九、十甲洲上等村，三图一、三、四、五、六、七、八、九、十甲毛溪等村；二都一图一、二、三、四、五、六、七、九、十甲东港等村，二图一甲至十甲小毛等村，三图一、二、三、四、五、七、八、九、十甲徐家林等村；三都一图一甲至十甲李子等村，二图二甲至十甲下岸等村，三图一、二、三、四、五、六、九、十甲院前等村；四都一图一甲至十甲东湾等村，二图一甲至十甲瀵头等村，三图一、二、三、四、五、六、七、八、十甲白家等村，四图一甲至十甲小路等村；五都一图一、二、四、五、六、七、八、九、十甲勉山等村，二图一甲至十甲后团等村；六都四图五甲神仙坂等村；九都一图一甲至十甲奠下等村，二图二甲至十甲史家等村，三图一甲至十甲博水等村；四图一、二、三、四、五、六、七、八、十甲江头等村，五图一二三四七八九十甲石窟等村，六图一、二、三、五、六、七、八、九、十甲马羊等村，七图一、二、四、五、六、八、九、十甲振尾等村，八图一甲至十甲下段等村；十八都七图一甲至十甲华山等村；十九都六图一、三、四、六、八、十甲黄埠等村；二十都三图一甲至十甲大溪渡等村；二十一都七图一甲至十甲土山等村；二十二都五图一甲至十甲坂头等村；二十三都二图二十两甲底田等村；二十四都四图五甲濠池等村；二十五都三图一甲至十甲靛溪等村；二十六都八图一、二、三、四、五、六、七、八、十甲坑口等村；二十七都一图一甲至十甲睦和等村，二图一甲至十甲老头等村，三图一甲至十甲遮胡等村，四图一甲至十甲青林等村；二十八都一图一甲至十甲陈坪等村，二图一甲至十甲万覃等村，三图一甲至十甲李湾等村，四图一、二、三、四、六、七、八、九、十甲龙津等村，五图一、二、三、五、七、八、九、十甲冠山等村，六图四甲至十甲南河等村，七图一甲至十甲前湾等村；二十九都一图一甲至十甲洲上等村，二图一甲至十甲内水等村，三图一甲至十甲水埠等村，四图一、二、三、四、五、六、七、九、十甲东源等村，五图一甲至十甲淮塘等村；三十都一图一甲至十甲白竹等村，二图一甲至十甲石里滩等村，三图一甲至十甲排头等村，四图一甲至十甲寺前等村，五图一甲至十甲郭里等村，六图一甲至十甲楼下等村，七图一、六、七、十甲小埠等村；三十一都一图一甲至十甲赤岸等村，二图一、二、三、四、五、六、七、九、十甲西源等村，三图一甲至十甲山塘等村，四图一甲至十甲尺江等村；三十二都一图一甲至十甲朱湾等村，二图一、二、四、六、七、八、九、十甲塔前等村，三图一甲至十甲山下等村，四图一甲至十甲菴前等村，五图一甲至十甲石子等村，六图一甲至十甲南河等村，七图一甲至十甲汉口等村，八图十甲西源等村；三十三都一图一甲至十甲大湖等村，二图一甲至十甲南左等村，三图一、二、三、四、五、六、七、八、十甲小口等村；三十四都一图一甲至十甲冷井等村，二图一甲至十甲毫湖等村，三图一甲至十甲竹山等村；三十五都一图一甲至十甲土坊等村，二图一甲至十甲梁山等村，三图一甲至十甲大塘等村，四图一甲至十甲松山等村，五图一甲至十甲崇山等村；三十六都一图一、二、三、五、六、七、八、九、十甲瑞洪等村，共各则民田五千二百八十二顷二十三亩零，应缓地丁银八千一百七十三两零，漕米三千八百八十五石零。

安仁县东乡八都一图七甲，三图八甲；南乡八都四图一七十甲，十都一图二甲，十一都一图九甲，二十一都二图六、七甲、二十四都拆甲；西乡六都一图九甲石港等村，应征地丁、漕米内缓征十分之八，银八十四两零，米三十三石零。同东乡八都一图九十、甲，十五都一图四、七、八、九甲；南乡八都二图五九甲、四图五甲，九都一图四甲，十一都三图七甲，二十一都二图二八甲官塘村军户毛姓，二十二都二图七十甲、四图六甲，二十四都一图五甲、二图一三甲、三图三八甲；西乡五都二图五九甲，七都二图四甲、三图七八甲彭坊等村，应征地丁、漕米内缓征十分之七，银一百三十两零，米四十六石零。并东乡十五都一图三六儒甲；南乡九都一图五八附甲，十都二图五甲、三图二四八十甲，十五都二图一二四五七八十甲、三图一三四七八九十甲，二十一都一图一三八九甲、二图四甲、三图二甲、四图二五七八甲，二十二都一图一九甲、二图二甲、三图三六九甲、五图五八十甲，二十三都一图三甲，二十四都一图八十甲、二图七九十儒甲、三图一二四七儒甲；西乡四都三图六甲，五都一图七甲，六都一图八甲，七都二图十甲、三图十甲，十七都四图四甲、在一图三甲及星滔字号各甲团湖等村，应征地丁、漕米内缓征十分之六，银九十二两零，米三十二石零，各则田地一百十三顷六十五亩零，共应缓地丁银三百七两零，漕米一百十一石零。

建昌县归义乡一、二、三、四、五图各一甲至十甲，新城乡一、二、三、四、五、六、七、八图各一甲至十甲，修智乡一、二、三、四图各一甲至十甲、昇仙乡一、二、三、四、五图各一甲至十甲，甘泉乡一、二、三、四、五、六图各一甲至十甲，受安乡一、二、三、四、五、六图各一甲至十甲，永丰乡一、二、三、四、五、六、七、八、九、十、十一、十二、十三、十四、十五、十六图各一甲至十甲，凝远乡一、二、三、四、五、六、七、八图各一甲至十甲，丰安乡上二图、下一二图、三四五六十十一十二图各一甲至十甲，德政乡一、二、三、四、五、六图各一甲至十甲，市镇乡一、二、三、四图各一甲至十甲，芦政乡一甲至十甲，钓台乡一、二、三、四、五、六、七、八、九图各一甲至十甲等处，各则田地四千四百四十二顷三十二亩零，应缓地丁银一万二千九百六十九两零，漕米六千三百二十一石零；同安义县寄庄坐落建昌县之归义、新城、甘泉、受安、永丰、宁远、丰安、德政、市镇、钓台等乡各图甲内，各则田地六十一顷四十八亩零，应缓地丁银二百九十一两零，漕米一百二十九石零。

德化县之封一乡南池寨、横港寨、高埠寨；封二乡小池寨、李家口寨、套口寨；桑落乡劳家港、詹家港；赤松乡团白洲、港口、城子镇、三班；仙居乡城门湖、青塘铺；楚城乡堤心堰、蔡家堰；甘泉乡蓝桥坂、张家山；白鹤乡洞中寨、陶埠寨；德化乡潭家坂、东城坂等处，各则民田三百二十九顷四十一亩，应缓地丁银二千十三两零。并南卫坐落封廓乡杨泗寨、新河；桑落乡程家营、桂家嘴；白鹤乡炉冲路西；仙居乡义门、王家洲；楚城乡左泗上寨；甘泉乡百户、团山及九卫坐落封廓乡杨泗寨、沙池寨；桑落乡罗家港、李家营；赤松乡八五团、白洲、城子镇、三班；白鹤乡土局寨、太平寨；甘泉乡分水岭、黄老门；楚城乡排出垅、沈家港、荆林街；德化乡湖湾、桂家垅等处，屯田三百二十顷九十八亩，应缓屯粮丁银七十二两零，存留屯粮银四百四十八两零，漕运屯粮银一千九百七十二两零，余租银四千九十三两零。同坐落桑落乡杨家洲、柳蔡洲、桂家营；封一乡河池寨、蒋家营；封二乡北关寨、套口寨；赤松乡团洲、港口等处稀密芦洲，共三百四十一顷四十二亩，应缓十二年压征十一年芦课银五百八十三两零。

德安县之附城、在市、墩下、河东、黄湾、固村、陈湾、金鸡、乌石、后田、神威、墩上等堡，各则民田二百七十四顷十七亩零，应缓地丁银二千一百四两零。并南、九二卫坐落陈湾、金鸡、附城、河东、河西、后田、乌石、在市等堡屯田一百四十顷十二亩，应缓屯丁银一百四十七两零，存留屯粮银一百六十九两零，漕运屯粮银一千一百二十三两零。

湖口县之上乡十四五都九甲，十六都六甲，十七都杨家塆；中乡一坊、二坊，八都三甲，十三都六、八甲；下乡四、六都一甲等处，各则田三百四十九顷四十四亩零，缓征十分之五，地丁银一千一百八十七两零。同下乡四、六都及编入德化县之仁赏乡、宿松县之孟家洲等处，屯田四十二顷三十八亩零，缓征十分之四漕运屯粮银一百三十九两零，余租银三百四十二两零。九江府同知所辖南卫桑落乡之大湾、三伯、桑盛、新生、永兴等洲；九卫桑落乡之翁家、罗葛、东瓜等洲，罗家渡、新生并罗家洲、毛溪埂、谭家营、韦家营、李家营、詹家营、汪家汊、洋湾、永兴、新生等洲；赤松乡之顷家、牛皮州、小江埠田家林、小江埠李梓洲；南卫封一乡封廓洲；九卫封二乡封廓洲等处，应缓十二年压征十一年芦课银四百七十二两零，均著缓至光绪十三年秋后分作两年带征。

湖口县之梅家、大湾、牛湖、兴福、永和、谢张、秦张等洲洲地三百九十四顷五十二亩零，应征十二年压征十一年芦课，著缓十分之四，银二百十六两零，著缓至光绪十三年秋后分作三年带征。

南昌县光绪六、七、八、九、十、十一年原缓本年地丁、漕米；新建县光绪六、七、八、九、十、十一年原缓各本年地丁、漕米；清江县光绪十一年并新淦、新喻二县光绪十一年原缓各本年地丁、漕米；峡江县光绪七八年、九十十一年原缓各本年地丁、漕米；庐陵县光绪七年原缓本年地丁、漕米、存留屯粮、漕运屯粮、余租、十一年原缓本年地丁、漕米；吉水县光绪七年原缓本年地丁、漕米；永丰县光绪九年原缓本年地丁、漕米；泰和县光绪六、七年原缓各本年地丁、漕米；东乡县光绪八、九年原缓各本年地丁、漕米；鄱阳县光绪十一年原缓本年地丁、漕米、屯粮丁、存留屯粮、漕运屯粮、余租；余干县光绪八、十、十一年原缓各本年地丁、漕米；乐平县光绪六、七、九、十年原缓各本年漕米，均除完纳外，其余未完同原缓各本年地丁，并八年原缓本年地丁、漕米；浮梁县光绪十年原缓本年地丁、漕米；德兴县八年原缓本年地丁、漕米；万年县光绪八十十一年原缓各本年地丁、漕米；星子县光绪七、八、十、十一年原缓各本年地丁、屯粮丁、余租；都昌县光绪八年、十一年原缓各本年地丁、漕米；德化县光绪八、九、十一年原缓各本年地丁、屯粮丁、存留屯粮、漕运屯粮、余租、压征七八九十年芦课；瑞昌县光绪八年原缓本年地丁、漕运屯粮、余租，十一年原缓本年地丁，除完纳外，其余未完同原缓本年漕运屯粮、余租；湖口县光绪六、七、八、九、十一年原缓各本年地丁，均除完纳外，其余未完同原缓各本年漕运屯粮、余租；彭泽县光绪六年原缓本年二限一半地丁、屯粮丁、存留屯粮、漕运屯粮、余租，八年十一年原缓各本年地丁、屯粮丁、存留屯粮、糟运屯粮、余租、压征五七十年芦课，均著递缓至光绪十三、十四两年秋后带征。

进贤县光绪十一年原缓本年地丁、漕米；莲花厅光绪六、七、八、九、十、十一年原缓各本年地丁、漕米、漕运屯粮、余租；安福县光绪十一年原缓本年地丁、漕米、漕运屯粮、余租，余干县光绪七年原缓本年地丁、漕米；建昌县光绪十一年原缓本年地丁、漕米，并安义县寄庄建昌县光绪十一年原缓本年地丁、漕米；德化县光绪七年原缓本年地丁、屯粮丁、存留屯粮、漕运屯粮、余租、压征六年芦课；德安县光绪十一年原缓本年地丁、屯粮丁、存留屯粮、漕运屯粮；九江府同知所辖芦洲光绪十一年原缓本年、压征十年芦课，均著递缓至光绪十四、十五两年秋后带征。

进贤县光绪十年原缓本年地丁、漕米；清江县光绪九年原缓本年地丁、漕米；新淦县光绪九年原缓本年地丁、漕米；新喻县光绪十年原缓本年地丁、漕米，安福县光绪十年原缓本年地丁、漕米、漕运屯粮、余租；鄱阳县光绪十年原缓本年地丁、漕米；安福县光绪十年原缓本年地丁、漕米、漕运屯粮、余租；鄱阳县光绪十年原缓本年地丁、漕米、存留屯粮、漕运屯粮、余租；余干县光绪六年原缓本年地丁、漕米；浮梁县光绪八年原缓本年地丁、漕米；(运)[建][1]昌县光绪十年原缓本年地丁、漕米，并安义县寄庄建昌县光绪十年原缓本年地丁、漕米；德化县光绪六年原缓本年地丁、屯粮丁、存留屯粮、漕运屯粮、余租、压征五年芦课；德安县光绪十年原缓本年地丁、屯粮丁、存留屯粮、漕运屯粮；九江府同知所辖之芦洲光绪十年原缓本年、压征九年芦课，均著递缓至光绪十五、十六两年秋后带征。

进贤县光绪九年原缓本年地丁、漕米；安福县光绪九年原缓本年地丁、漕米、漕运屯粮、余租；建昌县光绪九年原缓本年地丁、漕米，并安义县寄庄建昌县光绪九年原缓本年地丁、漕米；德安县光绪九年原缓本年地丁、屯粮丁、存留屯粮、漕运屯粮；九江府同知所辖芦洲光绪九年原缓本年、压征八年芦课，均著递缓至光绪十六、十七两年秋后带征。

进贤县光绪八年原缓本年地丁、漕米；新淦县光绪八年原缓本年地丁、漕米；新喻县光绪九年原缓本年地丁、漕米；安福县光绪八年原缓本年地丁、漕米、漕运屯粮、余租；鄱阳县光绪九年原缓本年地丁、漕米、屯粮丁、存留屯粮、漕运屯粮、余租；建昌县光绪八年原缓本年地丁、漕米，并安义县寄庄建昌县光绪八年原缓本年地丁、漕米；德安县光绪八年原缓本年地丁、屯粮丁、存留屯粮、漕运屯粮；九江府同知所辖芦洲光绪八年原缓本年、压征七年芦课，均著递缓至光绪十七、十八两年秋后带征。

进贤县光绪七年原缓本年地丁、漕米；安福县光绪七年原缓本年地丁、漕米、漕运屯粮、余租；建昌县光绪七年原缓本年地丁、漕米，并安义县寄庄建昌县光绪七年原缓本年地丁、漕米；德安县光绪七年原缓本年地丁、屯粮丁、存留屯粮、漕运屯粮；九江府同知所辖芦洲光绪七年原缓本年、压征六年芦课，均著递缓至光绪十八、十九两年秋后带征。

进贤县光绪六年原缓本年地丁、漕米；新淦县光绪七年原缓本年地丁、漕米；新喻县光绪八年原缓本年地丁、漕米；安福县光绪六年原缓本年地丁、漕米、漕运屯粮、余租；鄱阳县光绪八年原缓本年地丁、漕米、屯粮丁、存留屯粮、漕运屯粮、余租；建昌县光绪六年原缓本年地丁、漕米，并安义县寄庄建昌县光绪六年原缓本年地丁、漕米；德安县光绪六年原缓本年地丁、屯粮丁、存留屯粮、漕运屯粮；九江府同知所辖芦洲光绪六年原缓本年、压征五年芦课，均著递缓至光绪十九、二十两年秋后带征。

新淦县光绪六年原缓本年地丁、漕米；新喻县光绪七年原缓本年地丁、漕米，均著递缓至光绪二十一、二十二两年秋后带征。新喻县光绪六年原缓本年地丁、漕米，著递缓至光绪二十三、二十四两年秋后带征。永新县光绪六、七、八、九、十、十一年原缓各本年地丁、漕米、[屯]粮丁、存留屯粮、漕运屯粮、余租；兴国县光绪七年原缓本年地丁，均著递缓至光绪十三年秋后一并带征。湖口县光绪六、七、八、九、十一年原缓各本年压征五、六、七、八、十年芦课，著递缓至光绪十三、十四、十五三年秋后带征，以纾民力。余著照所议办理。

该抚即刊刻誊黄，遍行晓谕，务使实惠均沾，毋任吏胥舞弊，用副轸念民艰至意。该部知道。钦此。

173　光绪十三年二月十八日，内阁奉上谕：德馨奏吁恳陛见一折。德馨著来京陛见。江西巡抚著李嘉乐暂行护理。钦此。

420　军机大臣字寄直隶、两江、闽浙、湖广、四川、江苏、安徽、江西、湖北、湖南、山东、山西各督抚。光绪十三年四月初八日奉上谕:户部奏请续拨京饷等语。近年部库放款浩繁,叠经户部续请添拨京饷。此次该部体察各省情形,拟拨山东地丁银五万两,山西地丁银五万两,湖南地丁银五万两,江西地丁银四万两,福建税厘银十万两,两淮盐课盐厘银八万两,长芦荥工加价银五万两,江苏厘金银十二万两,安徽厘金银五万两,湖北盐厘银五万两,四川津贴银五万两、盐厘银十万两,江海关洋锐银八万两,九江关常税银十万两,赣关常税银一万两,芜湖关常税银一万两,洋税银一万两,共银一百万两。著该督抚各将所拨饷银连本年原拨未解京饷,均于五月前解到一半,十二月初间如数解齐。各该督抚务当顾全大局,依限提前完解。倘藉词诿卸,率请划抵截留,贻误要需,即著该部指名严参。将此由五百里各谕令知之。钦此。遵旨寄信前来。(抄交户部)

421 军机大臣字寄署福州将军古、大学士·直隶总督·一等肃毅伯李、两江总督·一等威毅伯曾、闽浙总督杨、两广总督张、四川总督刘、湖广总督裕、陕甘总督谭、山东巡抚张、山西巡抚刚、江苏巡抚崧、浙江巡抚卫、广东巡抚吴、湖南巡抚卞、湖北巡抚奎、安徽巡抚陈、河南巡抚边、甘肃新疆巡抚刘,传谕护理江西巡抚、布政使李嘉乐,粤海关监督增润。光绪十三年四月初八日奉上谕:户部奏速议西征欠饷,请于各省关应行解部款内指拨一折。览奏均悉,刘锦棠一军应发欠饷,前经户部议准,于浙江等省欠饷内分年拨解。时逾一年,仅据闽海关解银二万两。各该省任意玩延,实属不顾大局。该军远驻关外,为时愈久,欠饷愈多,前拟酌改营制,遣撤旧勇,非筹给大批的饷,不足以应急需。现据户部于各省关应行解部款内指拨银一百万两,著该将军督抚监督,迅速筹拨。务于五月底如数解至甘肃,转解刘锦棠应用;一面将起解日期专案奏报。此系本应解部有著之款,不准稍涉推诿迟延,致有贻误。倘逾期不解,即著户部指名奏参。谭钟麟、刘锦棠于此项拨款解到后,务当从速料理。尽此一百万两清厘该军欠饷,其余欠款,各该统领营官如何报捐之处,即行奏明办理。余照该部所议行。原单著抄给古尼音布等阅看。将此由五百里谕知古尼音布、李鸿章、曾国荃、杨昌濬、张之洞、刘秉璋、裕禄、谭钟麟、张曜、刚毅、崧骏、卫荣光、吴大澂、卞宝第、奎斌、陈彝、边宝泉、刘锦棠,并传谕李嘉乐、增润知之。钦此。遵旨寄信前来。(抄交户部)

472 光绪十三年四月二十日,内阁奉上谕:李嘉乐奏特参交代亏短各员,请旨拿问、监追、查抄,开单呈览一折。江西已革知县戴云汉等前在各本任署任内,亏短交代银两为数甚巨,叠经勒限严催,抗不完解,实属玩延。已革前署万年县知县戴云汉、前代理都昌县知县王家棣、前代理瑞金县知县叶滋熊、前署余干县知县孙灏、前署铅山县知县萧国瑞、前任义宁州知州窦鸿甄、前任安仁县知县钟烈、前署新喻县知县蒋焕云、前代理进贤县知县李文同,均著拿问。并提已革病故前任余干县知县蔡世馨、前署建昌县知县邱文光、前署永丰县知县彭际盛、前任丰城县知县项珂、前署建昌县知县蔡厚桢、前署永宁县知县柯荣、前署永丰县知县杨家善、前署瑞金县知县孙长庆、前署永丰县知县陈庚铨、前署安福县知县双贵、前署信丰县知县邵椿龄、前署瑞昌县知县周振锐、前署宜春县知县程培莹、前任宜春县知县韩润等,各家属及各该经手丁胥人等严讯是侵是挪,分别监追,按律惩办。并查明各该员任所寓所资财,严密抄封其各该员旗籍家产。即著镶蓝旗汉军都统,顺天府府尹,闽浙总督,浙江、安徽、湖北、湖南、河南、山东、广东、广西、云南各巡抚,一律查封备抵,以重库款。该部知道。单并发。钦此。

565 军机大臣字寄户部,两江总督.一等威毅伯曾,江苏巡抚崧,浙江巡抚卫,传谕护理江西巡抚、布政使李嘉乐。光绪十三年闰四月十四日,钦奉慈禧端佑康颐昭豫庄诚皇太后懿旨:醇亲王奕譞等奏部拨海军经费,解不足数,请旨饬催一折。海军为自强要政,现在创办伊始,全赖费用充裕。户部原拨十二年份该衙门经费内厘金一项,江苏欠解银十八万两、浙江欠解银八万两、江西欠解银十五万两,似此任意迁延,以致办事掣肘,殊属不顾大局。著曾国荃、崧骏、卫荣光、李嘉乐,迅将前欠银两赶紧筹解。并本年各省应解之项,务当于年内扫数解清,不准丝毫蒂欠。至福建、广东应拨海防经费,已归本省动用,沪尾、打狗二口已归台防,著户部另筹的款相抵,以符原拨四百万两之数。嗣后各省关拨解海军款项,若不年清年款,并著该部严定处分,指名奏参。果能全数清,即著酌核请奖。原折均著抄给阅看。将此谕知户部,并由五百里谕知曾国荃、崧骏、卫荣光,并传谕李嘉乐知之。钦此。遵旨寄信前来。

741 光绪十三年六月初十日,内阁奉上谕:都察院奏,江西义宁州民妇张黄氏遣抱以族凶张纪全等杀死伊子张汰和等三命,该州知州改谋为斗,朦混勒结等词,赴该衙门呈诉。此案业经江西巡抚审明具题,由该部会核题覆。兹据该氏所控各节与原题不符,是否捏词渎控,抑或另有别情,著李嘉乐督同臬司,亲提人证卷宗,秉公覆讯,据实具奏。抱告张坚修,该部照例解往备质。钦此。

770 军机大臣字寄兼署湖广总督、湖北巡抚奎,传谕护理江西巡抚、布政使李嘉乐。光绪十三年六月二十三日奉上谕:御史胡泰福奏,湖北本年自春徂夏,雨多晴少,江汉同时并涨,漂没田庐。现闻省城内水深数尺,请饬查明抚恤,蠲缓钱漕等语。著奎斌迅即查明被灾处所,妥筹抚恤。本年钱漕应如何分别蠲缓,奏明办理。至所称江西水势亦大,究竟情形若何,并著李嘉乐确查具奏。如有应行抚恤之处,饬属妥为筹办。倘各该省地方官有讳灾不报情事,即行据实严参。将此由四百里谕知奎斌,并传谕李嘉乐知之。钦此。遵旨寄信前来。

810 军机大臣字寄福州将军,直隶、两江、闽浙、湖广、两广、四川、江苏、浙江、安徽、江西、福建、湖北、湖南、广东、河南、山东、山西各督抚,传谕粤海关监督。光绪十三年七月初十日奉上谕:户部、总理各国事务衙门奏,请催解东北边防经费一折。据称,各省关应解东北边防经费,截至六月初十日止,除解到及报解起程外,尚欠解银一百三十四万二千两零,请饬迅解,并补解历年积欠银两等语。东北边防经费关系紧要,自应竭力筹解,以济要需。著该将军督抚监督将欠解银两赶紧筹解。倘再迟延,即著户部照贻误京饷例,指名严参。至四川省前准暂缓之二十万两,现据奏称,该督于未接部文之先,业已报解银七万两。目前部库需用甚巨,此项银两应令该督体察情形,如可腾挪,毋庸另行划缓等语。著刘秉璋迅筹覆奏。原单均著抄给阅看。将此由五百里谕知福州将军,直隶、两江、闽浙、湖广、两广、四川、江苏、浙江、安徽、江西、福建、湖北、湖南、广东、河南、山东、山西各督抚,并传谕粤海关监督知之。钦此。遵旨寄信前来。(抄交户部)

853 军机大臣字寄福州将军,直隶、两江、湖广、闽浙、四川、两广各总督,江苏、安徽、江西、福建、浙江、湖北、湖南、河南、山东、山西、广东各巡抚,传谕粤海关监督:光绪十三年七月二十一日奉上谕:户部奏(摘三字交吏部),请旨催解京饷一折。本年京饷原拨、续拨,共银八百万两。截至五月底止,除划拨、截留、解到及报解起程外,尚欠解银四百五十五万九千余两。现在部库支绌,应放各款均关紧要。所有各省关欠解京饷,亟应全数报解,以应要需。著该将军、督抚、监督等,各将欠解银两赶紧陆续提前解部,统于年内扫数解齐。倘敢诿卸拖欠,即由户部照章参奏。其解不及半及丝毫未解等处,经此次严催后,倘仍不完解,著户部随时指名严参。至划拨截留之款,并著将报解开支数目详晰报部,以凭核办。另片奏(起)十一、十二两年各省应解近畿防饷、筹边军饷及京饷欠解尚多,查明奏参等语,所有应行议处之浙江、福建各督抚、藩司,两浙、两淮各盐政运司,著吏部查取职名,照例议处。(止)仍著直隶、两江、广东、福建、浙江、江西各督抚,督饬司道,迅将十一、十二两年近畿防饷、筹边军饷及京饷查明欠数,提前筹解,限年内扫数解清。倘仍延不筹解,即著户部指名严参。原单二件均著摘抄给与阅看。将此由五百里谕知各该将军、督抚,并传谕粤海关监督知之。钦此。遵旨寄信前来。(抄交户部,摘抄交吏部)

854 军机大臣字寄福州将军,两江、闽浙、湖广、两广、江苏、安徽、江西、福建、浙江、湖北、广东各督抚,传谕粤海关监督。光绪十三年七月二十一日奉上谕:户部奏,本年筹边军饷,截至五月底止,除解到及划拨、截留、报解外,其余欠解银两,开单请饬催解等语。筹边军饷,关系紧要。著该将军、督抚、监督按照单开欠解银数,于十月前迅速解清,以济要需。如再延不清解,即著户部照案奏参。并著将划拨、截留之款分别报解开支,即行报部。至户部于六月间筹备大婚典礼要需,请在浙江等省关于未解银两内,划拨银三十六万三千两,著即如数备齐,听候提拨。原单均著摘抄给与阅看。将此由五百里谕知各该将军、督抚,并传谕粤海关监督知之。钦此。遵旨寄信前来。(抄交户部)

906 军机大臣字寄福州将军,两江、闽浙、湖广、四川、江苏、安徽、江西、湖北、湖南、河南、山西、陕西各督抚。光绪十三年八月初八日奉上谕:户部奏筹拨甘肃新饷一折。甘肃关内外各军饷银关系紧要,现经该部将光绪十四年新饷,指拨山西省银八十四万两、河东道银五十二万两、河南省银六十一万两、陕西省银二十万两、湖北省银三十三万两、湖南省银十六万两、江苏省银二十万两、两淮银二十万两、安徽省银二十万两、江西省银三十六万两、四川省银九十八万两、闽海关六成洋税银二十万两,共银四百八十万两,请饬依限报解。著该将军、督抚等,严饬各该司道,按照部拨数目,于本年十二月底止赶解三成,至来年四月底止再解三成,其余四成统限九月底止扫数解清。各该省如能依限完解,即由陕甘总督照案奏请奖叙。倘仍前延欠,即著户部照案奏参。将此由五百里各谕令知之。钦此。遵旨寄信前来。(抄交户部)

1098 …………

光绪十三年,江西省秋审常犯情实十二起、人犯共十四名口,内除旧事常犯情实周氏一起、人犯□□□业于八年免勾时开列榜示外,谨将新事常犯情实□□等十一起、人犯十三名勾到时所奉谕旨,恭录于后。

一起绞犯王淀业。

谋杀大功弟图诈。情殊残忍,是以勾决。

一起绞犯黄□七、黄彦行、黄挽□。

致毙彼造五命,内有兄弟一家二命,该犯等各下手致毙一命。均法无可宽,是以俱勾决。

一起斩犯邵方庭,即红头发。

火器杀人。法无可宽,是以勾决。

一起斩犯吕松。

逞忿故杀姊夫。法无可宽,是以勾决。

一起绞犯聂薪�。

连毙应抵二命。法无可宽,是以勾决。

一起斩犯胡荃薅。

火器致毙逾七族祖。法无可宽,是以勾决。

一起绞犯石舍俐。

贪贿,听从谋命,下手加功。法无可宽,是以勾决。

一起斩犯刘溃发。

抢夺拒捕,刃伤事主,情殊凶暴。法无可宽,是以勾决。

一起斩犯曹才遂。

窃盗临时,盗所拒捕,谋毙逾七族侄妇。业因亲属相盗,免其立决。法难再宽,是以勾决。

一起绞犯邝得光。

挟嫌听从谋命,下手加功。法无可宽,是以勾决。

一起绞犯曾照暹。

窃盗拒毙事主,为从帮殴刃伤,情殊凶暴。法无可宽,是以勾决。

…………

1159 军机大臣字寄盛京将军,直隶、两江、闽浙、湖广、四川、两广、陕甘、云贵各总督,江苏、安徽、江西、浙江、福建、台湾、湖北、湖南、河南、山东、山西、陕西、甘肃、新疆、广东、广西、云南、贵州各巡抚。光绪十三年十月初三日奉上谕:本年顺天、直隶各属洼区,积水未消,春麦未能播种,赏拨江苏海运漕米十万石,并由李鸿章在直隶藩库添提银八万两办理春赈;开州黄河漫溢,灌入山东濮州等处,准令张曜截留新漕五万石;湖北罗田、石首及沔阳等州县先后被水,准令奎斌截留冬漕三万石;顺天通州等处被水,赏拨京仓漕米五万石;河南郑州漫口,黄流夺溜南趋,被灾地方甚广,钦奉懿旨,发给内帑银十万两,并准倪文蔚截留银三十万两,复特谕曾国荃等,将十四年份江北及江苏应行河运京仓米石全数截留,俾资赈济。直隶永清等县、安徽怀宁太和等县、江西进贤、新城等县各被水;江西彭泽等县被水、被旱;浙江富阳等县、山东齐河县各被水;湖北汉口镇被火;湖南龙阳等县被水;河南南阳等县被风、被水,内乡等县被水,武陟县小杨庄被淹;四川安徽等县、陕西省城各被水;陕西长武、榆林等州县各被水、被雹,山阳县及洋县各被水;甘肃洮州等处被雹,平番等县被雹、被水,又洮州被水、被雪;甘肃新疆温宿等处被水;广西凌云县被风、被雹,龙州、融县等处被火;云南开化府等属被火,平彝县被水,建水县被雹,均经该督抚等查勘抚恤,小民谅可不至失所。惟念来春青黄不接之时,民力未免拮据。著传谕该督抚等体察情形,如有应行接济之处,即查明据实覆奏。务于封印以前奏到,候朕于新正降旨加恩。再直隶开州、安徽安庆等府,浙江仁和等州县,临安等县各被水;浙江长兴等州县被风、被旱;湖南澧州、临湘等州县、益阳县,河南滑县各被水;甘肃新疆拜城县被水、被雹,均经该督抚等委员查勘,即著迅速办理,并将来春应否接济之处,一并查明,于封印前奏到。此外各省有无被灾地方,应行调剂抚恤之处,著该将军、督抚等一并查奏,候旨施恩。将此各谕令知之。钦此。遵旨寄信前来。

1216 光绪十三年十月十六日,内阁奉上谕:江西九江府知府员缺著曹秉濬补授。钦此。

1217 查:云南迤东道系冲繁难要缺,江西九江府知府系冲繁难要缺。谨奏。

1280 军机大臣字寄大学士·直隶总督·一等肃毅伯李,两江总督·一等威毅伯曾,闽浙总督杨,江苏巡抚崧,安徽巡抚陈,江西巡抚德,山东巡抚张,河南巡抚倪,传谕淮安关监督世序。光绪十三年十月三十日奉上谕:庆裕等奏请饬拨东三省来年的饷,并请催欠饷一折。东三省戊子年的饷,应拨奉天银二十六万两、吉林银五万一千三百十二两零、打牲乌拉银三万五千四百七十六两零、黑龙江银十七万八千五百九十五两零,著户部照数指拨,令各该省督抚等如数筹解,毋许迟延。并于报解之时,分晰奉天、吉林、打牲乌拉、黑龙江各款目,以免牵混。至直隶等省欠解东三省本年的饷暨历年欠饷,著李鸿章、曾国荃、杨昌濬、崧骏、陈彝、德馨、张曜、倪文蔚、世序,按照单开数目,赶紧筹措。务于年前解清,以济要需。原单均著抄给阅看。将此由五百里谕知李鸿章、曾国荃、杨昌濬、崧骏、陈彝、德馨、张曜、倪文蔚,并传谕世序知之。钦此。遵旨寄信前来。(抄交户部)

1290 军机大臣字寄福州将军,直隶、两江、湖广、闽浙、两广、四川、江苏、安徽、江西、福建、浙江、湖北、湖南、河南、山东、山西、广东各督抚,传谕粤海关监督。光绪十三年十一月初四日奉上谕:户部奏预拨来年京饷一折。历届京饷均系年前预拨。光绪十四年京饷，该部拟在地丁、盐课等款内指拨银七百万两，并声明本年部库存款及应入各项，业已提拨、截留至一千二百余万两，核计年终部库存款，不过三百余万两。转瞬开春，应放俸饷为数甚巨，不敷周转，请饬设法提前赶解等语。京饷关系紧要，本年部库存款无多，待用尤亟。现经该部就各省关情形，酌量动拨，自应遵照奏定数目，源源报解，以应要需。著该将军、督抚、监督等，务于来年分批提前赶解。限五月前解到一半，十二月初间全数解清。不准截留改拨，藉词延误。倘届限不到，即著该部照奏定章程指名严参。原单著分别摘抄给与阅看。另片奏，光绪十四年内务府经费，拟拨两淮盐课银十二万两、两浙盐课银五万两、广东盐课银五万两、湖北盐厘银五万两、福建茶税银五万两、淮安关常税银三万两、闽海关常税银十万两、九江关常税银十五万两，共银六十万两，请饬依限完解等语。著该将军督抚监督等务于来年开印后，陆续径解内务府交纳，先将起程日期报部。仍限六月前解到一半，十二月初间扫数解清，不准稍有蒂欠。将此由五百里谕知福州将军，直隶、两江、湖广、闽浙、两广、四川、江苏、安徽、江西、福建、浙江、湖北、湖南、河南、山东、山西、广东各督抚，并传谕粤海关监督知之。钦此。遵旨寄信前来。（抄交户部）

1291　军机大臣字寄两江总督 · 一等威毅伯曾，湖广总督裕，闽浙总督杨，两广总督张，江苏巡抚崧，江西巡抚德，浙江巡抚卫，湖北巡抚奎，湖南巡抚卞，山东巡抚张，广东巡抚吴。光绪十三年十一月初四日奉上谕：潘霨奏请饬拨解欠饷一折。据称贵州协饷，湖南欠解银十一万二千两、湖北欠解银十五万八千两、江西欠解银四十二万两、江苏欠解银二十一万九千五百两、浙江欠解银十八万八千两、福建欠解银十八万八千两、广东欠解银八万两、山东欠解银十二万二千余两、东海关欠解银九万四千两；本年绿营季饷毫厘未发，练军薪饷等款积欠累累，库空如洗，情形急迫，请饬迅筹成数，或五六万两，或三四万两，于年前解到等语。贵州军饷专待各省解济，现在欠发甚巨，需款孔亟。著曾国荃、裕禄、杨昌濬、张之洞、崧骏、德馨、卫荣光、奎斌、卞宝第、张曜、吴大澂，饬令各该藩司关道，迅筹大批，赶紧拨解，以济急需，毋再迟延。将此由五百里各谕令知之。钦此。遵旨寄信前来。（抄交户部）

1309　本年秋审各省由缓改实起数：云南省二起、广东省一起、四川省一起、福建省一起、奉天省八起、湖广省三起、浙江省二起、江西省一起、安徽省一起、江苏省六起、山东省二起、直隶省一起、热河一起。

1391　军机大臣字寄直隶、两江、湖广、闽浙、浙江、福建、江苏、江西、湖北、河南各督抚，传谕粤海关监督。光绪十三年十一月二十五日奉上谕：户部、总理各国事务衙门奏各直省欠解历年东北边防经费，请旨严催一折。据称本年各省关应解东北边防经费，除扣留、截留、缓解外，其余银两前经划拨预省河工备用，其光绪六、七、八、九、十、十一、十二等年积欠银两，节经严催，迄未报解等语。此项经费关系紧要，本年部库划拨巨款尤觉空虚，亟待前项银两解到供用。著各该督抚、监督迅即查照户部单开欠解各数，分批筹解部库。倘再延欠，即著户部照贻误京饷例，指名严参。原单均著抄给阅看。将此由四百里谕知直隶等省各督抚，并传谕粤海关监督知之。钦此。遵旨寄信前来。（抄交户部、总理衙门）

1529　光绪十三年十二月二十四日，内阁奉上谕：礼部奏遵议休致江西巡抚李文敏捐田赡族，可否赏给匾额，请旨办理一折。李文敏克承先志，捐修宗祠、义庄，广置义田，并增书院膏火等费，养赡宗亲，嘉惠寒畯，古谊可风。著南书房翰林恭书匾额一方，赏给该前抚祇领，以示嘉奖。钦此。

1551　军机大臣字寄两江总督·一等威毅伯曾，闽浙总督杨，两广总督张，四川总督刘，江苏巡抚崧，安徽巡抚陈，江西巡抚德，浙江巡抚卫，山东巡抚张，广东巡抚吴。光绪十三年十二月二十七日奉上谕：李鹤年、倪文蔚奏查明各省关欠解部拨工款，请旨饬催一折。河南郑州大工，前经户部指拨各省关的款，兹据该署督等查明，截至十二月十五日止，除解到及已报解外，欠解银九十五万三千余两。郑工现已开办，事机紧要，需款孔亟。著曾国荃、杨昌濬、张之洞、刘秉璋、崧骏、陈彝、德馨、卫荣光、张曜、吴大澂查照单开欠解数目，迅速扫数起解，以济要需，毋稍延缓。原单著分别抄给阅看。将此由五百里各谕令知之。钦此。遵旨寄信前来。（另抄交户部）

1568　臣等查明新正应行加恩各省，除盛京、江苏、江西、浙江、福建、台湾、湖北、湖南、河南、陕西、甘肃、广东、广西、云南、贵州，经该将军督抚具奏、无庸接济外，所有直隶、山东、安徽三省，业经该督抚奏到。臣等拟缮谕旨三道，并拟定日期颁发。谨奏。

光绪十四年

27　光绪十四年正月十六日，内阁奉上谕：德馨奏神灵显应，请颁匾额，并加封号一折。江西省城崇祀许真君并龙神、风神，均著灵应。每遇地方水旱，经该官绅虔诚祈祷，无不旸雨应时，实深寅感。著南书房翰林恭书匾额各一方，交德馨祇领，饬属分诣敬谨悬挂，以答神庥。至所请饬加许真君封号之处，著礼部议奏。钦此。

28　光绪十四年正月十六日，内阁奉上谕：德馨奏甄别文武各员，据实纠参等语。江西袁州府同知韩筠居心巧诈，控案甚多；德化县通远驿驿丞吴庆馀违例擅受，滥差滋事；永丰县表湖司巡检彭翊办事竭蹶，才具平庸；补用副将刘芳棣情性乖张，罔知伦理，均著即行革职，以肃官方。余著照所议办理。该部知道。钦此。

37　军机大臣字寄陕甘总督谭、四川总督刘、江西巡抚德。光绪十四年正月二十日奉上谕：前据谭钟麟奏请催四川、江西欠饷，当谕令户部速议具奏。兹据该部奏称，甘肃新饷江西省欠解光绪十一年份四十九万八千余两，丁亥年应带解银九万八千余两，又有戊子年起每年带解银十万两；四川省欠解光绪十二年份三十三万二千余两，自丁亥年起每年应带解银十一万七百余两,前经奏准,饬令依限解清。上年江西仅带解银三万两,尚欠解六万八千余两,四川并未带解分毫等语,关外遣撤各军需饷孔亟,四川、江西欠解饷数甚巨,自应遵照部议分年带解,著刘秉璋、德馨严饬各该藩司将丁亥年应行带解甘肃新饷务于本年三月以前如数筹拨,并将戊子年应行带解之款一并提前照数解清,毋稍延宕,并著谭钟麟于前项饷银解到时按照各处应分数目划拨,以济要需。将此由五百里各谕令知之。钦此。遵旨寄信前来。(抄交户部)

53 光绪十四年正月二十三日,内阁奉上谕:德馨奏查明各属被灾,请将新旧钱漕等款,分别缓征、递缓一折。江西南昌等府属地方,上年入夏以后,或被水淹浸,或雨泽愆期,收成均形歉薄。若将新旧钱漕等款照常征收,民力实有未逮。加恩著照所请,所有南昌县东乡五都二图四甲、东三图三甲、西三图三甲、五图五甲、八图四甲、中九图八甲,又中九图八甲,七都五图五甲、八都兴二图二甲、正二图五甲、四图三甲、上六图四甲、下六图十甲、七图七甲,十一都中三图四甲、下三图四甲;北乡十三都一图一甲、二图三甲、三图四甲、四图二三甲、五图一甲,十四都一图二甲、二图三甲、上三图六甲、应三图四甲、四图五甲、五图三甲、六图七甲、七图八甲,十五都一图三甲、二图二甲、上三图一甲、中三图五甲、南四图三甲、北四图八甲、下四图五甲、上五图六甲、下五图九甲、六图七甲、七图九甲、八图八甲,十一社二图二甲,军都下一图四甲,十六都一图二甲、二图四甲、三图四甲、四图五甲、五图二甲,十七都一图一甲、上二图二甲、中二图三甲、下二图四甲、三图一甲、四图四甲、五图五甲、六图一甲;东乡十八都一图一甲、二图四甲、三图三甲、四图五甲、五图三四甲;北乡十九都运一图二甲、正一图一甲、副一图一甲、上三图三甲、下三图三甲、北四图四甲、北下四图四甲、五图六甲、六图七甲、七图七甲、八图一甲、九图二甲、十图三五甲,二十都一图一甲、二图四甲、上四图四甲、下四图四甲、五图六甲;东乡二十一都归一图二甲、归二图八甲、归三图三甲、南一图一二甲、南二图二甲、又二图一甲、南三图五甲,二十二都上一图一甲、下一图一甲、二图三甲、上三图五甲、东三图二甲、西三图五甲、四图三甲、五图二甲、六图六甲、七图五甲、八图七甲,二十三都又下上一图二三四甲、二图二甲、三图四甲、四图六甲、五图七甲、六图七甲、七图八甲、八图三甲、九图五甲、十图二甲、十一图六甲、十二图三甲、十三图七甲、十四图五甲、十五图五甲、十六图六甲、十八图八甲、十九图九甲、二十图十甲、二十一图二甲、二十二图三甲,二十四都一图一甲、二图三甲、三图三甲、四图五甲、五图六甲、六图七甲、七图六甲、南八图七甲、北八图五甲、九图四甲、十图三甲、十二图一二甲、十三图五甲、十五图六甲、十六图七甲,军都二图一甲、一社一图二甲、十三社一图一甲,二十五都一九图二甲、二图三甲、三图三六甲、四图五甲、五图五甲、六图七甲、七图八甲、八图一甲、十图五甲、十一图五甲、十二图四甲、十三图五甲、十四图一甲,二十六都上一图三甲、下一图二甲、下二图三甲、三图三甲、四图五甲、上五图五甲、下五图四甲、六图七甲,二十七都一图一甲、二图三甲、三图四甲、正四图五甲、南五图二甲、北五图五甲、六图七甲、上下七图六甲、东西八图八甲、九图十甲、十图一甲、十一图四甲、十二图三甲,二十八都上二

图三甲、下二图二甲、上下六图四五甲、上八图一甲、上十图二甲，二十九都三十图五甲、四图五甲、五图六甲、六图七甲、七图四甲、八图六甲、东九图七甲、西九图八甲、十二图三甲，三十都一图二甲、二五图一甲、又三图三甲、四图五甲、六图五甲、七图六甲、八九图一甲、十一图四甲，军都三图八甲，三十一都七图五甲、十图六甲、下十四图三甲，三十二都一图一甲、四图三甲，三十五都三图二甲、六图五甲、七图四甲、八图三甲、十图一甲、十三图六甲；中乡三十九都五图三甲、六图二甲，四十一都二图三甲，四十二都九图七甲；西乡四十五都长一图三甲、长二图二四甲、长三图一二甲、长四图五甲、长五图一四甲、长六图三四七甲，四十六都二图五甲、五图二甲、七图二甲、九图七甲十甲、十四图一二三甲、十五图五六八九甲，六十五都五图一二甲、八图十甲，六十六都一图七甲、二图五甲、三图六甲、六图三甲，进外三图一甲等处，共被水各则田三千一百四十三顷十四亩零，应缓地丁银一万一千八百八十三两零，漕米一万六千九十四石零。

同新建县之南乡五都一图一甲至十甲、七图一甲至五甲七九甲；忠孝乡二十一都一、二图各一甲至十甲，三图一甲至八甲、十甲，四图一甲至十甲，五图一甲至五甲八九甲；北乡二十二都二、三、五、六图各一甲至十甲；善政乡二十七都一、二、三、四、五、六、七、八图各一甲至十甲；洪崖乡二十八都一、二、三、四、五、六图各一甲至十甲，二十九都一二五图各一甲至十甲；桃花乡三十一都六图一甲至十甲、七图一甲三甲至十甲、八图一甲至十甲，三十二都五图一甲至十甲，三十四都一图一甲三甲至十甲、二图一二三七八九十甲、三图一四五六七九十甲，三十六都一图一二四五六七八甲、二图一甲至十甲；伍谏乡四十一都一图一甲至六甲八九十甲、二图一甲至七甲九十甲、三图一二三四甲十甲、四五图各一甲至十甲，四十二都一图一甲至十甲、二图一八九甲、三图一甲至十甲；仪凤乡四十二都一、二、三图各一甲至十甲，四十三都一图一甲至十甲、二图四六七十甲，四十四都一二三图各一甲至十甲、大三图四图各一甲至十甲，四十五都一图三五六八十甲、正二图、左二图、右二图一甲至六甲、三图一甲至十甲、四图一甲至八甲十甲，四十六都一、二、三、四图各一甲至十甲，四十七都一图一甲至八甲十甲、二三图各一甲至十甲；从善乡四十八都一图又一图一二三五六七八九十甲、二三图各一甲至十甲、四图一甲至九甲，四十九都一、二图各一甲至十甲，五十都一图又一图一甲至十甲、二图一甲三甲至十甲；昌邑乡五十一都一、二图各一甲至十甲，五十二都一图二甲至八甲、二图三甲至十甲，军都六图一三甲；西乡五十三都一图一甲至十甲、二图一甲至六甲八九十甲、三四图各一甲至十甲，五十四都一图一甲至十甲、二图一三四六七八九甲、三图一四六七甲、四图一甲至十甲、五图一三四五六七八十甲；东乡五十五都一、二、三、四、五图各一甲至十甲，五十六都一图一甲至十甲、正二图左右二图一甲至十甲，十坊一甲至五甲、七八十甲等处，共被水各则民田四千六百九十六顷十八亩零，应缓地丁银八千五百三十四两零，漕米九千九百六十八石零。

丰城县之一坊一都一、二、三图，二都一、二图，三都二、六图，四都一、二图，六都四、五图，八都一图；二坊十一都一、二图，十二都二图，十三都一、三图；三坊三十都一、二、三、四图，三十一都二图，三十二都一、二、三、四图；四坊五十六都一、二、三、四图；五坊五十七都一、二、三图，五十九都二、三图，六十三都一、三、七图，六十四都一、二、三、四、五图，六十五都一、二、三、四图，六十六都一、二、三、四、五图，六坊六十七都一、二、三、四图，六十八都二、三、四、五、六图，六十九都一图，七十一都一、二、三、四图，七坊七十四都一、二图，七十五都一三四六七八九图、十二图，七十六都一、二图；八坊七十九都二、三、五、六、七、八图，八十都一、二、三、四图，八十一都四、八图；九坊八十七都五、六、七、八图，八十八都一、二、三、四、五、六、七图，八十半都一图等处，共被旱各则田三千三百十七顷八十二亩零，应缓下忙三分地丁银五千二百二十五两零，漕米四千五百二十六石零。

进贤县北乡下五坂二十七都一图一甲至四甲、二图一甲至五甲、三图三四五甲、四图一甲至五甲、五图三甲六甲至九甲，二十八都一图一甲至五甲、二图一二三甲、三图一甲至四甲、四图一甲至五甲，二十九都一图一甲四甲至七甲、二图三甲六甲至九甲、三图六甲至十甲、四图一三六七八甲，三十三都一图六甲至十甲、二图五七八九甲、三图一甲至五甲、四图一甲三甲至六甲、五图一三六七八甲，三十一二都一图一甲至五甲、二图一甲至四甲、三图三六七甲、四图一甲至四甲等处；同东北乡一都一图一甲至五甲、二图三六七八甲、三图一二三甲、四图一甲至四甲、五图三甲至六甲、六图五甲至八甲，五都一图一甲至四甲、二图一二三甲、三图三六七八甲、四图一三四五甲、五图二甲至五甲，六都一图一甲至五甲、二图一甲至四甲、三图一二三甲、四图三四五甲、五图一甲至四甲、六图六甲至九甲、七图四五六甲，七都一图一三四六甲、二图一甲至四甲、三图二三四甲、四图一二三甲、五图六甲至九甲、六图四五六甲、七图一甲至四甲、军图五六七甲，上八都一图三六七八甲、二图四甲至七甲、三图一甲至五甲、四图一甲至四甲、五图二三四六甲、六图一甲至四甲、七图二三四甲、八图六甲至十甲、九图一二三甲、十图二甲至五甲，下八都一图一甲至四甲、二图三四五甲、三图四六七八甲、四图二三六七甲、五图四甲至七甲、六图三六七八甲、七图四五六甲、八图一二三甲、九图六甲至九甲，九都一图一甲至五甲、二图三六七甲、三图二甲至五甲、四图四六九十甲、五图六八九十甲、六图五六九十甲、七图一二五六七甲、八图三五六九甲、九图一甲至四甲、十图三六九十甲，十都一图一甲至四甲、二图三六又四甲、三图一二前二甲、六图六七八甲、七图三六九甲、八图四七十甲、九图二五八甲、十图一四七甲，十三四都六图六七九甲、七图三八十甲、八图四六八十甲、九图一二三甲、十图一甲至四甲，十五都一图一甲至五甲、二图二三四甲、三图三六九甲、四图一甲至四甲、五图二五六八甲、六图一甲至四甲、七图五甲至八甲、八图三六九十甲、九图三六九十甲、十图一三四六甲，十六都一图一甲至四甲、二图一三五六甲、三图六七九甲、四图五七九十甲、五图三六九十甲、六图四七八九甲、七图一三五八甲、八图一二三六甲、九图三六九十甲、十图三甲至六甲、十一图一甲至五甲、十二图二四六九十甲，十七都一图六九十甲、二图二五八十甲、三图六甲至九甲、四图一甲至四甲、五图四六九十甲、六图五六九甲、七图一甲至四甲、八图二五八甲、九图四六九十甲，二十二都一图四六九十甲、二图五六九十甲、三图一甲至四甲、四图二五八九甲、五图三六九十甲、六图一三四六七甲、七图三五七八九甲、八图一二三四六甲、九

图二五八九十甲、十图三五七甲、十一图一三四六甲、十二图四六九十甲，二十三都一图一甲至五甲、二图三六七八甲、三图四五六九甲、四图六九十甲、五图一甲至四甲、六图七甲至十甲、七图一甲至四甲、八图三六九甲、九图一甲至五甲、十图三五六八甲、十一图一甲至四甲、十二图二四五六九甲，二十四五都一图二三五六甲、二图一甲至四甲、三图六七八十甲、四图三六七八甲，二十六都一图一甲至四甲、二图一甲至四甲、三图三四五甲、四图五六七甲、五图三六七八甲，三十三都一图一甲至五甲、二图三六七八甲、三图四六九十甲、四图五六九十甲、五图三甲至六甲、六图一三四六甲、七图三六九十甲，三十四都一图二五八十甲、二图一四六七八甲、三图一四七九甲、四图三六九十甲、东隅一甲至四甲、西隅二三四甲、南隅一二三甲、北隅三五六甲、正隅六七八甲、中隅四六七甲等处；并西北、西南两乡三十五都一图一甲至四甲、二图一甲至四甲、三图六七八甲、四图四甲至七甲、五图一甲至四甲、六图三六七甲，三十六都一图三六九十甲、二图一二三甲、三图二五八十甲、四图三六七八、五图一甲至四甲、六图四甲至七甲，三十七都一图二五六七甲、二图一甲至四甲、三图一二三甲、四图一甲至四甲、五图一二三甲、六图六七八甲，三十八都一图二七八甲、二图六七九甲、三图五甲至八甲、四图六七八甲、五图五甲至八甲，二都一图一二三甲、二图二四七八甲、三图三甲至七甲、四图八九十甲、五图五六七甲、又五图一二三甲、六图七八九甲，三都一图七九十甲、二图二三四甲、三图四五六甲、四图二三四甲、五图五六七甲、六图八九甲、七图一甲至四甲，四都一图三四五甲、二图一三四甲、三图三四八甲、四图九十甲、五图五六七甲、六图二三四甲，十一都一图一二三甲、二图四五六甲、三图八九十甲、四图七八九甲、五图五七甲、六图三四五甲、七图二三四甲，十二都一图一三四甲、二图二五六甲、三图七九十甲、四图一甲至五甲、五图二三四甲、六图三四甲、七图八九十甲、八图一二四甲、九图八九甲、十图五六甲，十八都一图一三四甲、二图一二甲、三图六七十甲、四图二三五甲、五图六八甲、六图一二甲等处，共各则田三千四百五十八顷十八亩，应缓地丁银一万四百八十九两零，漕米一万三千九十一石零。

清江县之一都一图一甲至十甲尾甲、二图一甲至十甲、三四五图各一甲至十甲尾甲，二都一图至五图各一甲至十甲尾甲，三都一图至五图各一甲至十甲尾甲，四都一图至五图各一甲至十甲尾甲，五都一图至五图各一甲至十甲尾甲，六都一二图各一甲至十甲、三图一甲至十甲尾甲、四图一甲至十甲、五图一甲至十甲尾甲，七都一二图各一甲至十甲尾甲、三图一甲至十甲、四五图各一甲至十甲尾甲，八都一图至五图各一甲至十甲尾甲，九都一图至五图各一甲至十甲尾甲，十都一图至五图各一甲至十甲尾甲，十一都一图至五图各一甲至十甲尾甲，十二都一图至五图各一甲至十甲尾甲，十三都一图至五图各一甲至十甲尾甲，十四都一图至五图各一甲至十甲尾甲，十五都一图至五图各一甲至十甲尾甲，十六都一图至五图各一甲至十甲尾甲，十七都一二三图各一甲至十甲尾甲，城一二三四五坊镇一坊各一甲至十甲尾甲等处，共被旱各则民田八百九十八顷二十五亩零，应缓地丁银四千二百九十九两零，漕米三千一百三十一石零。

新淦县之东坊一图一甲至五甲，南坊一图五甲至十甲，西坊一图一甲至七甲，北坊一图一甲至十甲，一都一图一甲至十甲、三图五甲至十甲、四图一甲至十甲、五图一甲至七甲、六图一甲至十甲，二都四图一甲至十甲、六图一甲至十甲，三都一图一甲至九甲、三图四甲至十甲、四图五甲至八甲、六图一甲至十甲、十图一甲至十甲，四都一图一甲至十甲、二图三甲至十甲、三图一甲至十甲、四图一甲至十甲、五图一甲至七甲、六图四甲至十甲、七图一甲至十甲、八图一甲至十甲、九图一甲至十甲、十图一甲至九甲，五都二图二甲至九甲、三图四甲至十甲、四图一甲至十甲、五图一甲至六甲、七图二甲至九甲、八图一甲至九甲、九图一甲至十甲，六都五图一甲至十甲、六图二甲至九甲、七图一甲至十甲、八图一甲至九甲、九图一甲至十甲、十图一甲至十甲，七都一图二甲至七甲、二图一甲至十甲、三图一甲至八甲等处，共被旱各则民田五百五十八顷七十六亩，应缓地丁银三千九百八十八两零，漕米二千八百三十七石零。

峡江县附城一坊共十甲、二三坊各共十一甲、四五坊各共十甲、六坊共九甲；东乡一都一、二图各共十一甲，二都一图共六甲、三图共十一甲，三都一图共十二甲、二图共十一甲、三图共十二甲、四图共十甲，四都一、二图各共十一甲、三图共十甲、四图共九甲，东五都二图共十一甲；西乡一都二图共十一甲，二都一、二图各共十一甲，三都一图共六甲、二三图各共十一甲等处，共各则田地一千六百三十三顷五十五亩零，应征地丁、漕米内，缓征二分四厘，银三千二百七十八两零，米一千五百六十一石零。同东乡二都二图共十甲，五都一图共六甲，六都一图共二甲、二图共十一甲、三图共十甲，八都共十一甲；西乡一都一图共十一甲、四五六七八九十十一十二等都各共十一甲，十三都一、二图各共十一甲等处，共各则田地一千五百六十八顷十一亩零，应征地丁、漕米内，请缓征一分七厘，银二千二百十九两零，米一千五十七石零。并东乡七都共十一甲，九都共六甲、十都共十一甲，十一都共六甲等处，共各则田地一百六十一顷二十五亩零，应征地丁、漕米内，请缓征一分，银一百三十二两零，米六十一石零。

莲花厅之砻西乡一都一图一甲至四甲谦甲、二图一甲中一甲隆甲、三图一三六七甲，二都一图一甲至四甲、二图一二甲风甲、三图一二甲，四都一图三四甲、二图二三甲老甲振甲、四图一二三甲福甲，五都一图一二三甲六八甲、二图一四五甲、四图二三四甲、正图一三甲财甲中甲七甲，六都一图一三五甲、二图二三四七甲、三图一二甲崇甲，七都一图一二三五甲、二图一二三甲源甲、五图一四甲，九都一图一三甲桂甲、二图一九十甲、三图二四五甲公甲，十都一图一二三甲、二图一甲至四甲、三图一二甲、四图二六甲，十二都一图一二三甲、二图四五六甲、三图一三四五甲，十三都一图一二三甲、二图四甲至七甲、三图一三甲、四图一二四甲，十四都二图三甲至五甲七甲、三图一四甲中四甲、正图一甲同甲洪甲，十五都一图升甲九十甲、二图一二三甲、三图一二甲光甲、五图一二三甲正甲，十七都一图一二三甲、二图一二甲古甲彭甲西甲、三图二三四甲，十八都庆图一二三甲、二图一甲五甲至七甲、三图一二甲，十九都一图一甲昌甲祥甲、二图一二三甲、三图一二三甲、四图一三甲贵甲；上西乡二十二都一图一二三甲、二图一甲安甲四甲、三图一二甲、四图三四六甲，二十三都一图二三五六甲、二图二三四甲、四图一甲朝甲琴甲，二十四都一图一二甲羽甲、二图一三甲平甲、四图五甲至八甲，二十六都一图一甲富甲新一甲、二图一二四甲，二十七都一图一二甲通甲五甲、二图元甲亨甲四五甲、三图一二三甲、四图五甲至八甲，二十八都一图一二三甲正甲同甲、二图六七八甲，二十九都一图一二四甲、三图一二甲金甲、四图一三甲新三甲，三十都一图一三甲、二图一甲至四甲六甲、三图一二甲彬甲，三十一都一图一二三甲文甲、二图一甲盛甲茂甲清甲等处，共被旱民田五百十七顷五十八亩、屯田三十七顷五十六亩零，应缓地丁银三千三百三十三两零，漕米一千六百三十五石零，漕运屯粮银五百六两零，余租银九百七十两零。

安福县之东乡三都一上图一二三五甲、二图一三甲五甲至十甲、三图一甲至十甲、东三图一甲至八甲、三图裕后甲、四图一甲至六甲八九十甲、又四图二四五六甲、四图南六甲、五六图各一甲至十甲、七图一甲至五甲、七元图一二三六七八十甲、上八图一甲至七甲、十一图福履甲单甲、又附城东一二三四六八甲、安泰福平图一甲至五甲、聚昌图一甲至五甲，五十二都二图三甲六甲至十甲、四图四六七九十甲、秀四图单甲、五上图一二五甲、六图一三五甲、七图一六七八甲、九图一二四六八十甲、十图一又一四七十甲、十图正单甲、十二图一甲、聚庆图一甲、上合图一二甲，五十三都东三图一四六七十甲、古三图二五六甲、三图副、四图一四五六八十甲、六图一六甲、六聚图一五六七甲、六绍图一二三五甲、十图一二七十甲，五十四都一图三五七八十甲、二图一甲至六甲九甲、三图一甲至五甲、五图一二三五甲，五十五都一图一二副二三四五副甲、一图单、二图一七八八上九十甲、二上图一三五甲、二图永定甲、三图一甲至七甲七上八九甲、三瑞图一二三甲、三义图一三五甲、又三图一二三甲、四图一二三五甲、六图一甲正一甲至六甲十甲、七图二三又三五九十甲、八图一三七十甲、十图一二四甲，五十六都一图一上一三四六七八十又十甲、一图又单、一下图单、二图并协一上一二三五正五六七八十又协甲、三图一甲至十甲、四图并四上图一甲至四甲、五图一甲七甲至十甲、六图一四五七九甲、七图一三四六七八十甲、七图单甲、九协图一二四五六甲、九上图一甲至五甲八甲、九图单、九图副甲、九瑞图，五十七都一图一甲至八甲十甲、二图一甲至六甲八九十甲、三图、又三图一二三四甲六甲至十甲、四图一甲至五甲、五图一甲至十甲、七图一二四五七八甲、九图一二三甲、十一图一三四五七八甲，五十八都一图一甲至五甲、二上图一甲至六甲、二下图六甲至十甲、四图一二三四又四五六甲、五图一二二上又二三四四上并九十甲、六图一二三四九甲、六图副、七图五八九十甲、八图一甲至十甲、九图一二三甲、九上图一二六八十甲、十图一二三四六七七上八九十甲、十一图一甲至六甲八甲、世德图三甲至十甲，五十九都一图一甲至十甲、二图副一二三四八十甲、三图一二三七九十甲、三图上一二五八十甲、四图一三六八十甲、四图副、五图一二四六八九十甲、七图一三五六八九十甲、八图一甲至十甲、八上图一二三六九十甲、九图一四五七八九十甲，六十都二图一三四六八九十甲、又二图一三五七九十甲、四图一四七九甲、东四图一三五七十甲、五图一三五七八九十甲、六图一二三七八九甲、八图一三五六八九十甲、十图一三甲六甲至十甲、十下图一四七九甲、十一图协一四八十甲、十一图单一四七甲，六十一都一图一二五六八九十甲、二图一三七八九十甲、二上图一四七八九十甲、三上图二五六七九甲、三下图一三五七八九十甲、四图一三四七九十甲、五图一三五六七八十甲、七图二四七八十甲、七上图一五六七甲、青紫图一三四五七甲，六十二都一图一三五七八九甲、一上图一五六八九甲、二图一三四五七八十甲、二图单、三图一二三四六七八十甲、四图一三四甲六甲至十甲、五图四五七甲、六图一甲至五甲七甲至十甲、又六图四甲至八甲、七图三四五七八九甲、八图一二四六八甲、九图一四五七甲、十图一四五七甲、十四图一四七八十甲，六十三都一图一三五六七九十甲、一义图一五六甲、一图单甲、二图一四五七九甲、二上图二甲至五甲、又二图四五七甲、三图二五七九甲、四图单三五六七甲、五图一三五七八九甲、六仁图二五七八甲、陆义图二五六甲、八图一三七八甲、十图一四七八甲、十图协一三五甲、十三图一四六甲、十五图一三四六七甲、广聚图一三五七甲；南乡一都一图一甲至十甲、二图一二甲四甲至十甲、三图一甲至七甲九甲、怡怡图一三五六七九甲、又附城南一三四甲六甲至十甲，三十五都一图一甲至五甲、三下图二三甲六甲至十甲、四图一二三四六八九十甲、五图一甲至十甲、六上图一甲至六甲八九十甲、六下图四甲六甲至十甲、七图一甲至五甲、九图二甲至五甲、九图副十甲单，三十六都二图六七九十甲、二图协甲、三图单、五图单、七图一甲至十甲、八图一甲三甲至十甲、八图副九甲六甲至十甲、十图一甲至十甲、十三图一甲至五甲、十四图单、全盛图一甲，三十七都一图一二四五七八九十甲、二图六甲至十甲、三图一甲至四甲六七九十甲、四上图古甲、四下图五甲至十甲、六图一三四六九十甲、七图一甲至五甲七八九甲、八图一四甲六甲至十甲、九图单、十图单、至乐图单甲，三十八都二图一甲至五甲七九十甲、二美图一甲至四甲、三图一甲至七甲、三义图一二甲、四图一甲至六甲八九十甲、六图一甲至六甲、六图单、七图仁寿甲、八图上单甲、光裕图，三十九都一图协甲、二图副甲、三图一三四五八九甲，四十都一图一甲至八甲十甲、三图一二三四七十甲、四图一甲至十甲、四图副、五图六甲至十甲、五下图单甲、六图单甲、七图二三四五七八九十甲，四十一都一上图一甲至五甲、一下图六甲至十甲、二图一甲至五甲、三图一甲至八甲十甲、四图一甲至十甲、副四图一二四五甲、五图一甲至五甲九十甲、七图一甲至十甲，四十二都一图一二三五八九十甲、三图一二四五六八九甲、四图二甲至十甲、五图一甲至十甲、七图一二甲四甲至十甲、七图单、八图单、副上图单、协图单、瑞图一二五甲、义图一二四甲，四十三都一图一四六八甲、二图一二四七十上甲、二图单、三图一甲至六甲、四图六甲至十甲、五图二三四六八九十甲、五半图一四五六甲、七上图二四五甲、八图一四七八十甲、九图一五八十甲、十图二六七八十甲、十上图二四五甲、十二图一三四五六甲十三图单甲，四十四都一图一二三五七九十甲、三图一三四五六十甲、五图一甲至七甲九甲、六图一二四十甲、七图一五六八十甲、七图副、八图一三四六八十甲、九图一四六十甲，四十五都一图一甲至十甲、三图陆崇六七八十甲、五图六八十甲、五上图一甲至六甲、六图一甲至八甲十甲、七图单、八图一三六七九甲、九图单甲，四十六都一图一三五八十甲、二上图一二五甲、二下图六甲至十甲、三图一二三五六八十甲、四图尾一三四八九尾甲、五图二五八九甲、六图一三八九甲、七图单、八图一协一协三协四甲，四十七都一图一甲至四甲七甲至十甲、二图一二三五六八九十甲、三图三五六七八十甲、五图一三甲五甲至九甲、六图一甲至六甲八九十甲、七上图一三四五甲，四十八都一图一二四五六八九十甲、二图单、三图一甲至七甲九十甲、四图副、四图又副、五图一甲至十甲、古六图一二四甲六甲至十甲、军六图、七图一上一甲至十甲十上甲、八图二三四六七八十甲、九图一甲至九甲九上十甲、十图一甲至十甲、崇福图一甲至五甲，四十九都一图一甲至六甲、三图一甲至五甲、四上图一二三五八九十甲、六图一甲至七甲、八图副九图一甲至五甲九甲、九上图一二三甲、福寿图一三五六七九甲，五十都民一图一甲至十甲、二图二甲至十甲、三图二三民三四甲、又三图一五甲、四图一又一甲至十甲、五图一一上三四五六六上七八九十甲、五图单、瑞五图一二三甲、六图一甲至八甲十甲、六顺图、七图五甲至十甲、九图一甲至六甲八甲八上九十甲、十图一二甲四甲至十甲、十一图单、十二图一二四五甲、十三图一甲至八甲、礼义图一二五六十甲，五十一都一图一二二上三又三甲至九甲、一图单、一上图一二三五六七九甲、二图一甲至五甲、二图又单、二图副、三图一甲至十甲、三图单、四图六甲至十甲、五图一三上四上六七八九又九十甲、七图四五六又六甲至十甲、十四图单、十五图单甲；西乡四都一图一甲三甲至十甲、二图一甲至六甲八九甲、三图五六八九十甲、四图一甲至七甲九十甲、正四图一二四五六甲、七图一甲至十甲、七图上副八一上图一二三五六七八十甲、又附城西一甲四甲至十甲，五都一图一甲至十甲、二图一甲至五甲七甲至十甲、三图一甲至五甲、四图三四五九甲、五图一甲至五甲、六图二五甲、六图单甲、十图单甲，六都一图一甲至十甲、一上图一甲至五甲、三下图一二甲四甲至十甲、三下图单、五图一甲至十甲、五图单、九图一三四五七九甲、十一图一三四十甲，七都一图一二甲四甲至八甲十甲、二图一甲至十甲、二图单、二图又副、四图一二四五六八甲，八都一图一甲至六甲、二图一二四甲、三图恺甲、八图单甲，九都一图二四五七八十甲、一图、协一图怡盛甲、二图一三五十甲、识仁图惜阴甲、三图一甲至六甲，十都二图一甲至七甲九十甲、三图一二六七十甲、十二图单，十一都二图一甲至六甲八九甲、三图一甲至六甲八九十甲、四图一甲至十甲、五图六甲至十甲，十二都一下图二三六七八十甲、二图一二八十甲、二图又单、三上图一甲至五甲十甲，十三都二图一二三七甲、三图一二三五六七九十甲、四上图一四六七八九甲，十四都一图一甲至四甲六甲至九甲、二上图一甲、三图一甲六甲至十甲、三上图一二四五六甲、裕后图二三甲，十五都一图单、一上图一甲至五甲七八甲、三图一甲至四甲六甲至十甲、五图一二四五六七十甲、五图僧甲，十六都协一图一三四五六八甲、三上图一甲至五甲七甲、三下图六甲至十甲、十一图一甲至四甲，十七都二图一甲至十甲、三图一甲至五甲七甲至十甲、四图一二三四六八九甲，十八都一图一甲至十甲、二图一甲至十甲、三上图一甲至五甲、三下图六甲至十甲、四图一甲至五甲，十九都一图一甲至六甲、二图一四八九甲，二十都一图一甲至五甲七甲至十甲、一图单、二图一甲至七甲九十甲、三图一甲至五甲、五图一甲至十甲、八图一二六九甲、长久图一甲至五甲，二十一都一图一甲至七甲九十甲、一图单、三图一二甲、四图一甲至十甲、五图一四六七甲、五图副、七图副、攸久图一二三五六甲，二十二都一图一甲至十甲、二图一甲至七甲九十甲、三图一甲至六甲、三上图单、四图一甲至五甲；北乡二都一图一甲至十甲、二图二三四六十甲、二图副、三图一甲至十甲、三上图一甲至八甲十甲、三图副、四图一甲三甲至十甲、北图一上甲、又附城北一二四甲六甲至十甲，六十四都一图一三四七八九十甲、二图一五七八九甲、四图一二三甲五甲至十甲、四上图二五六八九甲、四图副、五图三四五七甲、六图一四五七八九十甲、又六图一三六七八甲、九图一五六七九甲、九图副、十五图三四五七甲、爵誉图二四五七甲、协图三四五甲，六十五都一图一二甲四甲至八甲、二图一甲至七甲、三图一甲至八甲、四图一甲至十甲、五图一甲至八甲、六图一甲三甲至九甲、七图一甲至五甲七八甲，六十六都一图一甲至十甲、二图一甲至九甲、二上图一甲至十甲、二下图一甲至九甲、三图一甲至七甲、又三图一二甲四甲至八甲、八图一甲至十甲、八图又副一甲至七甲、余庆图一甲至五甲七甲，六十七都一图一甲至六甲八九十甲、二图一二三甲五甲至十甲、三图一甲至四甲六甲至十甲、三上图一三五七九甲、四图三五七八甲、四图副、五图一三四五七八九甲、六图一四五七八甲、七图一三四六七九十甲、十图一三四七九甲、十三图一三五七九甲，六十八都一图一甲至五甲七甲至十甲、二图三五七八十甲、四图三五七九十甲、四图副、五图一二三五七九十甲、六图副、十图二三四五七八九十甲、十三图二四五七甲，六十九都一图一二四七九十甲、一上图一三五七九甲、一下图二三五甲、二图一三五九甲、二上图一三五七甲、三图一二三甲五甲至九甲、三上图三四七九甲、又三图一三五七十甲、又四图三五六八甲、五图一甲至五甲七九十甲、六图一甲至六甲八九十甲、陆义图一三四五七九十甲、八图一甲至十甲、十一图一三五七十甲、十三图一三四七九甲、福寿图一三五六七甲、庆丰图一二甲、洁己图一二三四甲、受禄图，贞祥图，新瑞图等处，共被水、被旱各则民田地一千八百五顷六十一亩零，应缓地丁银一万一千六百三十两零，漕米六千七百八十六石零。同东乡五十七都二图、五十八都一三图、六十三都一三图；南乡四十四都三图、四十五都四图、四十八都八图、四十九都一图平桥图，五十一都八图；西乡四都一二四图、五都一二图、六都一图二上图一甲至六甲十甲二下图，八都一图、十都一图、十一都二图、十二都一二三四图、十三都一图十九都一图二十都一图一二三甲、三图一二三甲；北乡六十四都一二图、六十八都图等处，被水、被旱屯田二十三顷二十七亩四分八厘，应缓漕运屯粮银三百四十四两零，余租银六百三十两零。

永新县之东乡六十三都台上等村一图一甲至十甲、二图、大有图上五甲、昌盛图下五甲，福六十四都长源等村一三图、从善图上五甲、头图、七星图一甲至十甲，近六十四都上坪等村一图一甲至十甲、二图下五甲、三图上五甲，六十五都菜下等村一四五六七图康图上五甲、二三图、十图一甲至十甲、八九图、安亲图下五甲，六十六都洲下陂等村一四图、仁义礼智信等图一甲至十甲、二三图上五甲、六图、同结图下五甲，六十九都归仁头图，七十都日晖桥等村大安仁义五常鸠兴等图、和图一甲至十甲，七十一都白土等村一图、文恭图上五甲、二三图、昌义图一甲至十甲、四图下五甲，福七十二都横江市等村一图下五甲、信义图一甲至十甲、仁善图上五甲，贤七十二都汴田等村一二图和义图上五甲、安仁图下五甲等处，被旱各则民田五百七十三顷，应征地丁、漕米内缓征十分之五，银一千九百五十五两零，米五百六十九石零。并南乡五十三都秋溪等村叶义图、八图上五甲、合义吉星两图下五甲、六图一甲至十甲，五十四都水尾等村一图、尚义南星两图上五甲、二三八九十图下五甲、四图一甲至十甲，五十五都横露等村一图、结公图一甲至十甲、二三七图、万年能由合盛阳礼合义等图上五甲、九五图下五甲，福五十六都黄棋等村一图、兴文图下五甲、二图一甲至十甲、九十图、泉义图上五甲，近五十六都平分等村一图上五甲、二图一甲至十甲，丰五十七都横石头等村一二图上五甲、四五六图下五甲、洲尾图一甲至十甲，福五十七都泰山桥等村一二图上五甲，福五十八都长富等村一二图、五凤新下图一甲至十甲，才五十八都陂下等村一三图上五甲、二图、协义图一甲至十甲，五十九都涂岭等村一二三图、伏盛三忠两图一甲至十甲、信义致和两图上五甲、永兴图下五甲等处，被旱各则民田四百七顷四十五亩，应征地丁、漕米内缓征十分之四，银一千二百二十六两零，米三百五十七石零。同西乡封十一都黄江等村一图一甲至十甲、二四图上五甲、六七图下五甲，禾十一都一三四六八等图上五甲、二五七图下五甲、仁义图一甲至十甲，上十二都台洲等村一二三图上五甲、四五十图下五甲、六七八九等图一甲至十甲，下十二都灌沆等村头图上五甲、二图至九图一甲至十甲，上十三都交文等村四仁图上五甲，下十三都枧田等村一二七图、集贤图上五甲、三图一甲至十甲、四图下五甲，十四都洋港等村一二三图、明德图一甲至十甲、四五图上五甲，上十五都夏溪等村一图上五甲、仁礼图一甲至十甲，下十五都汤岭等一二图、桂山图上五甲、和乐汉鼎两图一甲至十甲，十六都沙市等村五图下五甲、四图一甲至十甲，十七都厚田等村上一图、上洲明伦联科等图上五甲、二四图下五甲、永正允全两图、炳图一甲至十甲，十八都龙田等村二图、仁义崇贤秀衣等图上五甲、三七和礼众善等图一甲至十甲、秀纯图下五甲，十九都木江等村一图一甲至十甲、二图、上协叶义两图、康图上五甲，四十都潘阳等村一六图景图神仙图下五甲、二三四五七等图进图臣图上五甲、信达图一甲至十甲，四十一都东路等村一三图、原尚图一甲至十甲、二六八九等图上五甲、四七图、崇安图下五甲，上四十二都汶竹等村一图一甲至十甲、二六图、源达图上五甲、四图、玉乐图、积善庆图下五甲，下四十二都落沟等村一二图、景山图上五甲、乐善图下五甲，四十三都高坑等村一二九十等图、庆图上五甲、三四七八等图下五甲、福乾图一甲至十甲，四十四都甑潭等村一二三图、善庆图下五甲，六十都麻田等村一二五图、一本新义贵和忠恕等图上五甲、三四图、正昌忠信两图下五甲，六十一都成都等村一二三图、健荷承成两图上五甲、四维王图下五甲，六十二都沙头洲等村二三图上五甲、仁图下五甲等处，被旱各则民田九百六十九顷五十亩，应征地丁、漕米内著缓征十分之五，银三千七百三十五两零，米一千八十八石零。并北乡一都左望等村一图、五永图上五甲、二三图下五甲、五六图、四同图、四义图一甲至十甲，上二都官溪等村一图下五甲、三义倡义两图上五甲、九德同昇两图一甲至十甲，下二都小凤塘等村一二三图、五永图一甲至十甲、四五图、东庆图下五甲、七图下五甲，三都中陂等村四五六图上五甲、七图下五甲、众义图一甲至十甲，四都赖田等村一图、仁义图一甲至十甲、二三四五等图下五甲、善发图上五甲，平五都石溪等村三至图、福图一甲至十甲、八九图上五甲，禾五都前市等二图、福星图上五甲、四图下五甲、崇善图一甲至十甲，六都风上等村三益新益两图一甲至十甲、二九三义两图上五甲，七都蛇形等村一九十等图一甲至十甲、二三七八等图、和好图上五甲、四五图、三丰图下五甲，八上都五图等村一图一甲至十甲、二三图、中和大吉两图上五甲，八下都花陂等村一图和盛图下五甲、仁图一甲至十甲、二五图、忠清两美联珠等图上五甲，九都狮山等村一图、仁义礼智等图一甲至十甲、信图万鉴图上五甲、嘉谟七政两图下五甲，十都荒上等村丰图、乾图、首图、怀清图下五甲、本图、旋图、崇义图上五甲、福图、叶吉图一甲至十甲，六十二三两都，七十一上都一甲至十甲，七十二都汴田等村，七十三都乐义顺义上义思义由义等图、峻义图一甲至十甲等处，被旱各则民田九百八十二顷二十亩，应征地丁、漕米内，缓征十分之六，银四千四百二十八两零，米一千二百八十九石零。同东乡福六十四都长源等村、近六十四都上坪等村、六十五都菜下等村、六十六都洲下陂等村、六十七都观音桥等村、六十八都白堡等村、六十九都高桥等村、七十一都白土等村、七十二都汴田等村；南乡五十三都秋溪等村、五十四都水尾等村、五十五都横路等村、福五十六都黄棋等村、近五十六都平分等村、五十八都长富等村、五十九都涂岭等村；西乡封十一都黄江等村、禾十一都上十二都台洲等村、下十二都灌沆等村、上十三都交文等村、下十三都枧田等村、十四都洋港等村、十五都夏溪等村、十六都沙市等村、十七都厚田等村、十八都龙田等村、十九都木江等村、四十都潘阳等村、四十一都东路等村、上四十二都汶竹等村、下四十二都落沟等村、四十三都东溪等村、四十四都元头等村、六十一都城都等村；北乡一都左望等村、四都赖田等村、六都风上等村、七都蛇形等村、上八都五图等村、下八都花陂等村、九都狮山等村、十都荒山等村、各军图一帮至十帮等处，共被旱屯田九十顷五亩八分六厘，应缓屯丁银十六两零，存留屯粮银六十五两零，漕运屯粮银五百三十两零，余租银一千八百九十八两零。

鄱阳县之东隅一图三、六、十甲，二图四甲；南隅五图六、八、十甲，六图六、八甲；西隅一图九甲，二图四甲，五图八甲，七图十甲；北隅一图七、八甲，二图十甲，三图八甲，永二图一、二甲，四图一甲，六图四、六甲；东北关一图六八甲、三甲、六甲，后一图全甲，二图全甲，四图一、二、八甲；一都一图二甲，四图三甲；三四都一图二、三、六甲，二图一甲至五甲、八九十甲，又二图六、七甲，三图至十一图各全甲，十二图四甲，十四图二、三、六、七、八甲，十五图二、三、四、六甲，十六、十七图各全甲，十八图三、四、五、六甲，十九图全甲，二十图一、二、四、五、七、八甲，二十一图全甲；四都九图十甲；六都一图一、四、六、七、八甲，二图二、四、九甲；七都一图一、五、七、八甲，又一图四、七、十甲，二图九甲，三图一、二、三、四、六、九甲；八都一图三甲，三、四图各全甲，六图一、四、五、十甲，十图三、八、十甲，十一图全甲；九都一图一、二、四、八、十甲；十都二图全甲，三图一、五甲，又三图二三四甲，六甲至十甲，四图一、二、四、五、七、八甲；十一都二图一甲，又二图二三四甲、七甲至十甲，三图二、三、五、六、八甲，四图全甲，五图三、八甲，又五图四甲；十二都一图一甲至四甲，又一图字号六甲、六七九十甲，二图一、二、四、六、八、十甲，崇一图、二图各全甲，辛一图、二图各全甲；十四都一、二图各全甲；十七都一图一甲至七甲、九十甲，又一图一甲，二图一甲至九甲；二十一都二图四甲；四十八都二图一、二、三、五、十甲，三图二、四、五甲，四图一甲至五甲、八十甲；五十都四图七甲；五十一都二、四、五图各全甲，六图一、四、五、六、八、九十甲，七、八图各全甲，九图二、三、七、十甲，十图六甲；五十二都一图至十图各全甲；五十三都一图二、五、八、十甲，二图全甲，三图四、九甲，四图全甲，五图一甲；五十四都三图三、八甲，四图二、三、四、五、九甲，五、六图各全甲；五十六都四图二甲，五十七都一图一三甲、五甲至九甲；五十八都一图一、七、八、九甲，二图四、六、十甲，三、四、五图各全甲，六图四、六、八、九甲，七图全甲；五十九都二图四甲，又二图二、三、五、六、八、十甲，三图二甲至七甲、九甲，四、五、六图各全甲，七图三、十甲，八图二、三、五、六、七、十甲，又八图八甲；六十四都二图六甲，四图全甲；六十五都一、二、三图各全甲；六十六都一图至四图各全甲；六十七都一图一、三、五、九、十甲，一图三、四、六甲；北乡四图十甲等处，共被水各则民田地三千五百一顷四十六亩零，应缓地丁银八千四百七十二两零，漕米四千三百二十一石零，并坐落西北乡屯田全行被水，应缓屯粮丁银二十六两零，存留屯粮银一百四十六两零，漕运屯粮银八百十五两零，余租银九百九十九两零。

余干县之东隅一图一、二、六、八、九、十甲小溪等村，二图三九十甲湾里等村；南隅一图一、二、四、六、八、九、十甲三塘等村，二图三甲至七甲、九十甲南关等村，三图二甲至十甲缎子等村；西隅一图一甲至四甲、六甲至十甲严溪等村，二图一甲至十甲下童等村；西隅四图一甲至六甲、八九十甲上童等村；西隅五图一、二、五、七、十甲后街等村，六图一三五六八九十甲大湖等村；北隅一图三、八、九、十甲周家等村，二图一甲至五甲、七九十甲洲上等村，三图一三甲、五甲至十甲大毛等村；二都一图一甲至十甲东港等村，二图一甲至十甲上塅等村，三图一甲至五甲、七甲至十甲徐家等村；三都一图一甲至十甲陈家等村，二图一甲至十甲周圩等村，三图一甲至六甲、九十甲院前等村；四都一图一甲至十甲东湾等村，二图一甲至十甲瀇头等村，三图一甲至五甲、七八十甲白家等村，四图一甲至十甲小路等村；五都一图一二甲、四甲至十甲勉山等村，二图一二甲、四甲至十甲后周等村；六都一图二、三、五、六、九、十甲符河等村，四图一、四、五、六、七、九、十甲坂背等村；七都一图九甲毕溪等村；九都一图一甲至八甲、十甲奠下等村，二图二甲至十甲史家等村，三图一甲至十甲博水等村，四图一甲至十甲古埠等村，五图一二四甲、七甲至十甲石窟等村，六图一二三甲、五甲至十甲马羊等村，七图一二甲、四甲至十甲振尾等村，八图一甲至十甲下叚等村；二十六都八图二甲至五甲、七甲至十甲西岩等村；二十七都一图一甲至十甲漕塘等村，二图一甲至十甲青林等村，三图一甲至十甲柘屋等村，四图二甲至十甲壩湾等村；二十八都一图三五九十甲洲上等村，二图一甲至五甲、七甲至十甲尖山等村，三图一甲、三甲至七甲、九十甲在里等村，四图一、二、四、六、七、八、十甲龙津等村，五图三五甲、七甲至十甲垱头等村，六图四、六、九、十甲南河等村，七图二甲至八甲、十甲前湾等村；二十九都一图一甲至十甲金坑等村，二图一甲至十甲大坂等村，三图一甲至十甲西仓等村，四图一甲至七甲、九十甲胡下等村，五图一甲至十甲桐源等村；三十都一图一二三甲、五甲至八甲、十甲大毛等村，二图一甲至十甲大口等村，三图一甲至十甲排头等村，四图二、五、六、七、九、十甲高坑等村，五图二、三、五、七、八、九、十甲涂坊等村，六图一甲至五甲、七甲至十甲楼下等村，七图六、九、十甲小埠等村；三十一都一图一甲至十甲赤岸等村，二图一甲至七甲、十甲西源等村，三图一甲至十甲榨下等村，四图一甲至十甲尺江等[村][①]；三十二都一图一甲至十甲朱湾等村，二图一二四甲、六甲至十甲(搭)[塔][②]前等村，三图一甲至十甲排港等村，四图一甲至十甲西坪等村，五图一甲至十甲石子等村，六图一甲至十甲南河等村，七图一甲至十甲义口等村，八图十甲下西村；三十三都一图一甲至十甲大湖等村，二图一甲至十甲塘西等村，三图一甲至八甲十甲新溪等村；三十四都一图一甲至十甲亳湖等村，二图一甲至十甲上曹等村，三图一甲至十甲竹山等村；三十五都一图一甲至十甲土坊等村，二图一甲至十甲梁山等村，三图一甲至十甲大塘等村，四图一甲至十甲松山等村，五图一甲至十甲崇山等村；三十六都一图一二三甲、五甲至十甲神口等村，共被水各则民田四千一百二十八顷五十五亩零，应缓地丁银一万二千四百七十八两零，漕米五千九百十二石零。

万年县之北乡隔塘村一都一图四甲十甲尾甲，二图一甲，三图一甲至六甲、九十甲、尾甲，四图五六甲、尾甲；陶岭村东隅一都一八十甲、尾甲；西乡雷华村二都三图三六七八九十甲、尾甲，东隅二图二甲、十甲；北乡石头村十三都三图一甲至十甲、尾甲，四图一甲至十甲尾甲；西乡白马村二都一图一二五六七九十甲、尾甲，二图二甲四甲至十甲、尾甲；三都一图四甲；七都三图尾甲；塘东村十二都三图三五九甲、尾甲；北乡道港、隔港村十三都二图一二甲、四甲至十甲、尾甲，南隅二图七甲；均湖村十二都四图三六八十甲尾甲；永丰村西隅一图五甲尾甲；北隅一图一四甲；西隅二图一甲；山背村十四都三图一甲至十甲、尾甲，十一都四图三九甲、尾甲；青塘村十三都一图一甲至十甲、尾甲；燃湖村十四都□图一甲至十甲、尾甲；双蓝村十四都四图一三□□甲、尾甲；余柏村十四都一图一甲至十甲、尾甲等处，共被水各则田地一千六十七顷七十六亩零，应缓地丁银二千六百三十四两零，漕米一千六百七十五石零。

星子县之下七都、上二都、下二都、上三都、下三都、上四都、下四都、上七都、下八都、五都、六都及河村、清风、五里、栖阳、吴障、城市、南村、北村等党，共被水各则民田三百七十顷六十一亩零，应缓地丁银一千九百十一两零；同坐落下七都南石党，下二都南渚党，上七都南茭党，下八都南茭党、河村党、九七党、清风党、九三党、栖阳党、九六党、吴障党、九四党等处，共被水各则屯田四十一顷四十九亩零，应缓屯粮丁银七十二两零，余租银五百十一两零。

都昌县之一、二都各一甲至十甲，三上都、三下都各一甲至十甲，四上都二九甲，四下都一、二、三、五、六、八、十甲，五都二甲至十甲，六上都、六下都各一甲至十甲，七都一甲至四甲、六甲至十甲，八都一甲至十甲，九都一甲至六甲、八九十甲，十上都一甲至六甲、八九十甲，十中都一甲至四甲、六九十甲，十下都一甲至十甲，十一都一甲、四甲至八甲、十甲，十三上都二甲至五甲、十甲，十三下都二、三、五、六、十甲，十四上都二甲至十甲，十四下都一二甲四甲至十甲，十五都一、二、四、五、六、八、九、十甲，十六都三、六、九甲，十八都一、二、四、五、六、八、九、十甲，十九都一、六、八甲，二十三都二甲，二十五上都十甲，二十六上都一二三甲、七甲至十甲，二十六下都一、二、三、五、七、八、九甲，二十八都四甲，二十九都一二甲、四甲至十甲，三十都一、二、三、五、六、八、九、十甲，三十一都二、三、五、六、七、八、十甲，三十二、三都各一甲至十甲，三十四都一甲至六甲、八九十甲，三十五都一甲至十甲，三十六都一甲至八甲、十甲，三十七八都各一甲至十甲，四十一二都各一甲至十甲，四十三都一二甲、四甲至十甲，四十五八都一甲至五甲、七甲至十甲，四十六七都一甲至十甲，市一图一甲至十甲，市二图一甲至六甲、八九十甲，市三图二甲至八甲、十甲，市四、市五图各一甲至十甲，柴图一甲至十甲，左图一、二、四、六、八、九、十甲等处，共被水各则民田二千一百四十九顷十四亩零，应缓七分，地丁银五千七百四十四两零，漕米三千七百四十七石零。

建昌县之归义乡一、二、三、四、五图各一甲至十甲；新城乡一、二、三、四、五、六、七、八图各一甲至十甲；修智乡一、二、三、四图各一甲至十甲；昇仙乡一、二、三、四、五图各一甲至十甲；甘泉乡一、二、三、四、五、六图各一甲至十甲；受安乡一、二、三、四、五、六图各一甲至十甲；永丰乡一、二、三、四、五、六、七、八、九、十、十一、十二、十三、十四、十五、十六图各一甲至十甲；凝远乡一、二、三、四、五、六、七、八图各一甲至十甲；丰安乡上一二图、下一二图、三四五六十十一十二图各一甲至十甲；德政乡一、二、三、四、五、六图各一甲至十甲；市镇乡一、二、三、四图各一甲至十甲；芦镇乡图一甲至十甲；钓台乡一、二、三、四、五、六、七、八、九图各一甲至十甲等处，共被水、被旱各则田地五千三百七十七顷四亩四厘，应缓地丁银一万六千九百二十六两零，漕米八千四百八十八石零。并安义县寄庄坐落建昌县之归义、新城、甘泉、受安、永丰、凝远、丰安、德政、市镇、钓台等乡各图甲内，被水、被旱各则田地七十二顷九十五亩零，应缓地丁银三百四十二两零，漕米一百五十六石零。

德化县之桑落乡上伍、有司、禄劳、家埂、詹家港；赤松乡；上乡；下乡官牌夹、港口、八五、城子镇、三班；泰临乡城东、城西、城南、城北；通津乡附城、东西南北四隅；新民乡下矶湾；封廓乡封一、封二、高埠、横港、小池、套口、李家口、南池等寨，南昌乡黄司洞、下马淦、长岭；仙居乡夏家铺、王老门、城门湖、李家河；白鹤乡石门寨、沙河、太平宫、鹤问寨、黄土嘞、洞中寨、陶埠寨；德化乡石塘铺、谭家坂、东城坂、殷家坳；仁贵乡硖石、大姑塘、回峰矶、洪垅埂、刘家岭；甘泉乡蓝桥坂、王老门、南昌铺、罗家塘、张家山；楚城乡议所湾、堤心堰、拾方坂、荆林街、堰尾等处，共被水、被旱各则民田地二千五百四十六顷二十五亩零，应缓地丁银三千八百二十八两零。并南卫坐落桑落乡程家营、石埠头、桂家嘴、下伍、桑落、封廓杨泗寨、新河、封廓，南昌乡瑞昌，仙居乡王家洲、义门，白鹤乡黄土嘞、七里、炉冲，仁贵乡殷家社、仁贵、洪垅，甘泉乡百户、花田、公祖、路西、团山，楚城乡上寨、左泗；又九卫桑落乡李家营、金家坝、罗家渡，赤松乡八五团、白洲、城子镇、三班，封廓乡杨泗寨、沙地寨，白鹤乡太平寨、土局寨、扈家寨，德化乡湖湾、桂家垅，仁贵乡广西寨、八里坡、余家榨，甘泉乡分水岭、马回岭、黄老门等处，共被水、被旱各则屯田地一千二百四十顷二十二亩零，应缓屯丁银一百三十二两零，存留屯粮银九百六十五两零，漕运屯粮银三千七百九十五两零，余租银七千一百七十五两零。同桑落乡之桑落、牧鹅、林柳、蔡杨家等洲，桂家营；赤松乡之赤松、通津、仁贵、鸭蛋等洲、团洲；封一乡之封一洲、沙池寨、蒋家营；封二乡之封二洲、北关寨、套口寨等处，共被水、被旱洲地九百五十三顷八十四亩零，应缓十三年压征十二年芦课银一千三十二两零。

德安县之东南路水乡黄湾、陈湾、固村、墩下、金鸡、附城、河东、后田、乌石、神于、在市、墩上等堡；东北路山乡大垅、高塘、黄登、召龙、城上、仁胜、秦山、洞霄、青龙等堡；西北路山乡小路、峰林、聂桥、义勇、吴山、西源山、万乾港、溪源、王公、太平、塘山、安福、邹桥、杨坊、白水、杨梅、白杨、义门、源潭、尖山、云峰、中正、神武等堡；西南路山乡上木、下木、粟坑、上黄田、下黄田、河南、固守、南田、茶里、横山、博阳；南路永安等堡，共被水、被旱各则田地、山塘一千七百八十五顷七十七亩零，应缓地丁银六千七百五十六两零。并南、九二卫坐落附城、陈湾、乌石、在市、河东、固村等堡，并星子、德化、桑落、赤松、封廓、仁贵、甘泉等乡，被水各则屯田地九十七顷七十亩，应缓屯丁银九十四两零，存留屯粮银一百八两零，漕运屯粮银七百十四两零，余租银一千六十三两零。同南、九二卫坐落黄田、河南、神武、聂桥、义勇、中正、尖山、固守、小路、太平、粟坑、峰林、青龙、王公、吴山、西源、洞霄山、万乾港、溪源、南田、茶里、白杨、横山、邹桥、白水、源潭、义门、杨坊、安福、塘山等堡，并星子、德化、楚城、甘泉、白鹤等乡，被旱各则屯田、地塘四百七十五顷八十二亩零，应缓屯丁银一百七十八两零，存留屯粮银二百四两零，漕运屯粮银一千三百五十四两零，余租银二千一百九十六两零。

瑞昌县安泰乡之周滩、九屯、九民、青龙、安城、营桂、暗林、已山、迴龙、罗湖、板林、东关、荆林、金岗、两坛等堡，营桂北、营桂圻，今一乡之乌塘、金蛇、高武、马头等堡，今二乡之封门、黄硚、河塘、牛山、连山、武茭、长流、大林、西隆、北亭等堡，甘露乡之禁坪、北巢、界首、双城等堡，苍城下□堡，横坜下半堡、南阳堡、秦城堡等处，共被水、被旱各则民田地五百九十三顷十七亩零，应缓地丁银三千四百八十一两零；并九江卫坐落安泰、德化、赤松、南昌、仙居、朗山、渠田等乡，被水、被旱各则屯田地一百三十二顷六十一亩零，应缓漕运屯粮银一千一百五两零，余租银二千一百六十三两零。

湖口县之上乡九都一三甲、二图二八甲，十一都三、四甲，十三都四、八甲，十四、五都一七甲，十六都二、七甲，十七都二、六甲，二十都一、九甲；中乡一图二、五甲，八都四、九甲，一坊一、九甲，二坊一、二、九甲，十二都四、十甲；下乡三都八、十甲，四、六都一三五甲，五都二、三、五甲，七都二、四甲等处，被水各则田九百八十顷五亩零。同上乡九都一四九甲、二图二五甲，十一都一、二、十甲，十三都五、十甲，十六都二、三甲；中乡一图五、八甲，八都二、五甲，一坊一、九甲，二坊二、九甲；下乡四、六都三五甲，五都三、四、十甲，七都一、三、四甲等处，被旱各则田五百五顷三十五亩零，应缓征地丁银四千六百八十七两零。并下乡四、六都及编入德化县之仁贵乡、宿松县之孟家洲等处，共被水、被旱屯田四十二顷三十八亩零，应缓漕运屯粮银一百七十四两零，余租银四百二十八两零。

彭泽县之一都一甲茅店等村、二甲柏椿等村、三甲庄里等村、四甲将军庙等村、五甲土桥等村、六甲老屋等村、七甲阳南瑚等村、八甲大山等村、九甲董家塘等村、十甲南垅村，二都一甲第屋等村、二甲下庄湾等村、三甲卓里刘等村、四甲杀猪坞等村、五甲岭背等村、六甲程图里等村、七甲岭上等村、八甲程同里等村、九甲火冲等村、十甲蒋家边等村，三都一甲村里伍等村、二甲茅屋等村、三甲青山坝等村、四甲老屋柯等村、五甲老屋詹等村、六甲月池等村、七甲官厅等村、八甲老屋高等村、九甲五甲等村、十甲新屋毕等村，四都一甲墩上等村、二甲何家潭等村、三甲桃潭等村、四甲矿山等村、五甲台岭等村、六甲大株等村、七甲陡磡等村、八甲皂头等村、九甲毕家渡等村、十甲七凤山等村，五都一甲尖山等村、二甲上屋等村、三甲燕里等村、四甲塘墈等村、五甲坂上等村、六甲大塘角等村、七甲大坞等村、八甲把口等村、九甲新屋等村、十甲老屋等村，六都一甲岸上等村、二甲操家园等村、三甲曹冲等村、四甲澌村等村、五甲港下山等村、六甲小株等村、七甲堰塘等村、八甲方家庙等村、九甲瀼溪港等村、十甲港下等村，七都一甲石璧山等村、二甲大路柯家等村、三甲白林桥等村、四甲神眼洞等村、五甲早儿山等村、六甲坂上等村、七甲下坂等村、八甲太平坂等村、九甲筲箕港等村、十甲踏路墈等村，八都一甲高坂等村、二甲汪家坝等村、三甲燕窝等村、四甲冷水涧等村、五甲朱家坝等村、六甲妈妈砯等村、七甲长冲等村、八甲叹子岭等村、九甲老屋等村、十甲莲塘等村，九都一甲桑园等村、二甲岚岭等村、三甲女儿桥等村、四甲神霞等村、五甲蜂窝等村、六甲桥亭等村、七甲毛家滩等村、八甲梓树等村、九甲田里等村、十甲柳树等村，十二都一甲拾牛岭等村、二甲排上等村、三甲竹林等村、四甲郭家砯等村、五甲新屋等村、六甲严鱼湾等村、七甲黄荆砯等村、八甲炉峰等村、九甲老屋易等村、十甲小岭等村，十三都一甲老湾等村、二甲长岭等村、三甲栗树林等村、四甲火厂等村、五甲九房等村、六甲小屋等村、七甲徐家嘴等村、八甲三房等村、九甲匡时等村、十甲桃红山等村，十五都一甲新屋等村、二甲烂柴港等村、三甲饶家店等村、四甲杨家塘等村、五甲马家垅等村、六甲黄土岭等村、七甲梅家嘴等村、八甲神楼庙等村、九甲老屋艾等村、十甲项家山等村，二十都一甲方家店等村、二甲龙池桥等村、三甲上彭等村、四甲八房方等村、五甲老屋李等村、六甲法通寺等村、七甲下彭等村、八甲老屋江等村、九甲广东柯等村、十甲阳西桥等村，二十五都一甲庙前等村、二甲栗珑等村、三甲陈家山等村、四甲萧家等村、五甲大山等村、六甲尖山等村、七甲梧桐岭等村、八甲大鼓山等村、九甲土马山等村、十甲张家山等村，三十都一甲破屋等村、二甲牌楼等村、三甲黄金盘等村、四甲骆家岭等村、五甲堰上等村、六甲竹(岍)峇等村、七甲八斗墈等村、八甲刘相里等村、九甲石垅刘等村、十甲何百里等村，上三十三都一甲莲花坂等村、二甲高屋等村、三甲栗树时家等村、四甲井塘等村、五甲犁头(垮.王字旁)等村，下三十三都六甲搁牌洲等村、七甲新洲等村、八甲萧老洲等村、九甲魏家洑等村、十甲白沙洲等村，一二坊尖山黄姓等村、丁家嘴等村、枫门王姓等村、袁家山等村、凉亭等村、宋家堰等村、第屋宗姓等村，共被水、被旱民田地一千九百七顷七亩零，应缓地丁银四千六百七十九两零；同四都下隅坂白洋湖等村、梅林坂等村、七凤山等村，七都太平坂上坂等村、下坂等村，八都乌沙坂油店等村、上水垅等村，九都周家埠等村、新田坂等村、六房周等村，十二都古楼坂砯头等村、崇岭饶等村、建德户炉峰口等村、青山砯等村，二十都三百户水冲等村、椿树等村、黄土港等村、杨梓桥法通寺等村、龙眼桥等村、民佃方家店等村、唐家洲等村，二十五都上潦洪张家山等村、挑重山等村、栗垅等村，三十都定山(妙.竗)智等村、观音坝等村、陈家桥等村、二百户石涧桥等村、毛栗等村，共被水、被旱屯田地四百二十顷四十二亩零，应缓屯丁银二百八十一两零，存留屯粮银三百三两零，漕运屯粮银六百八十四两零，余租银一千八百八十四两零；并下三十三都六□殳、蒋家营、萧老王家营、魏家洑、沙湾、磨盘、接源、白沙、孙家、汪家墩、龙潭口等洲，共被水洲地九百十二顷十二亩零，应缓十三年压征十二年芦课银一千一百五十四两零。九江府同知所辖南卫桑落乡大湾、三伯、桑盛、新生、永兴等洲；九卫桑落乡翁家、罗葛、东瓜等洲，罗家渡、新生、罗家二洲，毛溪埂、谭家、韦家、李家、詹家等营，汪家、汉洋湾、永兴、新生等洲，赤松乡项家牛皮二洲、小江埠田家林、小江埠李梓洲；南卫封一乡封廓洲；九卫封二乡封廓洲等处，共各则地五百六十八顷九十九亩零，内被灾较重地亩应缓十三年压征十二年芦课银七百五十二两零，均著缓至光绪十四年秋后，分作两年带征。

武宁县安乐乡一都至八都各一递至十递，昇仁乡十都至十三都、十五都至十八都、二十都各一递至十递，上南乡三十九、四十一两都各一递至十递一二图，下南乡四十都、四十二都至四十四都各一递至十递，江阴乡四十五都至四十八都各一递至十递，长乐乡四十九都至五十四都各一递至十递，北乡二十三都至二十九都各一递至十递，顺义乡三十四都至三十八都各一递至十递，年丰乡三十都至三十三都各一递至十递，城市乡一、二、三图等处，共被旱各则田地四千八百九十三顷十七亩零，应缓十分之一地丁银一千二百二十八两零，漕米一千三百七十九石零，著缓至光绪十四年秋后带征。

湖口县梅家、大湾、牛湖、兴福、永和、谢张、秦张等洲，共被水洲地三百九十四顷五十二亩零，应缓十三年压征十二年芦课银二百七十一两零，著缓至光绪十四年秋后，分作三年带征。

南昌县光绪六、七、八、九、十、十一、十二年原缓各本年地丁、漕米；又新建县光绪六、七、八、十、十一、十二等年原缓各本年地丁、漕米；又新淦、新喻二县光绪十一年各原缓本年地丁、漕米；峡江县光绪七、八、九、十、十一年原缓各本年地丁、漕米；庐陵县光绪七年原缓本年地丁、漕米、存留屯粮、漕运屯粮、余租，十一年原缓本年地丁、漕米；吉水县光绪七年地丁，原缓本年地丁、漕米；永丰县光绪九年原缓本年地丁、漕米；泰和县光绪六七年原缓各本年地丁、漕米；东乡县光绪八、九年原缓各本年地丁、漕米；余干县光绪八、十、十一、十二年原缓各本年地丁、漕米；乐平县光绪六、七、九、十年原缓各本年漕米，均除完纳外，其余未完同原缓各本年地丁并八年原缓本年地丁、漕米；浮梁县光绪十年原缓本年地丁，除完纳外，其余未完同原缓本年漕米，又安仁县光绪十二年原缓本年地丁、漕米，德兴县光绪八年原缓本年地丁、漕米；万年县光绪八、十、十一年原缓各本年地丁、漕米；星子县光绪七、八、十、十一年原缓各本年地丁、屯粮丁、余租；都昌县光绪八、十一年原缓各本年地丁、漕米；德化县光绪八、九、十、十一、十二年原缓各本年地丁、屯粮丁、存留屯粮、漕运屯粮、余租、压征七八九十十一年芦课；德安县光绪十二年原缓本年地丁、屯粮丁、存留屯粮、漕运屯粮；瑞昌县光绪八、十一年原缓各本年地丁、漕运屯粮、余租；又湖口县光绪六、七、八、十一、十二年原缓各本年地丁，除完纳外，其余未完同原缓各本年漕运屯粮、余租并九年原缓本年地丁、漕运屯粮、余租；彭泽县光绪六年原缓本年二限一半地丁、屯粮丁、存留屯粮、漕运屯粮、余租，八、十一年原缓各本年地丁、屯粮丁、存留屯粮、漕运屯粮、余租、压征五七十年芦课，均著递缓至光绪十四、十五两年秋后带征。

又进贤县光绪十二年原缓本年地丁、漕米；清江县光绪十一年原缓本年地丁、漕米；莲花厅光绪六、七、八、九、十、十一、十二年原缓各本年地丁、漕米、漕运屯粮、余租；安福县光绪十二年原缓本年地丁、漕米、漕运屯粮、余租；鄱阳县光绪十一年原缓本年地丁、漕米、屯粮丁、存留屯粮、漕运屯粮、余租；余干县光绪七年原缓本年地丁、漕米；建昌县光绪十二年原缓本年地丁、漕米，并安义县寄庄建昌县光绪十二年原缓本年地丁、漕米；德化县光绪七年原缓本年地丁、屯粮丁、存留屯粮、漕运屯粮、余租、压征六年芦课；德安县光绪十一年原缓本年地丁、屯粮丁、存留屯粮、漕运屯粮；九江府同知所辖芦洲光绪十二年原缓本年压征十一年芦课，均著递缓至光绪十五、十六两年秋后带征。

又进贤县光绪十一年原缓本年地丁、漕米；清江县光绪九年原缓本年地丁、漕米；新淦县光绪九年原缓本年地丁、漕米；新喻县光绪十年原缓本年地丁、漕米；安福县光绪十一年原缓本年地丁、漕米、漕运屯粮、余租；余干县光绪六年原缓本年地丁、漕米；浮梁县光绪八年原缓本年地丁，除完纳外，其余未完同原缓本年漕米；建昌县光绪十一年原缓本年地丁、漕米，并安(善)[义]县寄庄建昌县光绪十一年原缓本年地丁、漕米；德化县光绪六年原缓本年地丁、屯粮丁、存留屯粮、漕运屯粮、余租、压征五年芦课；德安县光绪十年原缓本年地丁、屯粮丁、存留屯粮、漕运屯粮；九江府同知所辖芦洲光绪十一年原缓本年压征十年芦课，均著递缓至光绪十六、十七两年秋后带征。

又进贤县光绪十年原缓本年地丁、漕米；安福县光绪十年原缓本年地丁、漕米、漕运屯粮、余租；鄱[阳]县光绪十年原缓本年地丁、漕米、存留屯粮、漕运屯粮、余租；建昌县光绪十年原缓本年地丁、漕米，并安义县寄庄建昌县光绪十年原缓本年地丁、漕米；德安县光绪九年原缓本年地丁、屯粮丁、存留屯粮、漕运屯粮；九江府同知所辖芦洲光绪十年原缓本年压征九年芦课，均著递缓至光绪十七、十八两年秋后带征。

进贤县光绪九年原缓本年地丁、漕米；新淦县光绪八年原缓本年地丁、漕米；新喻县光绪九年原缓本年地丁、漕米；安福县光绪九年原缓本年地丁、漕米、漕运屯粮、余租；建昌县光绪九年原缓本年地丁、漕米，并安义县寄庄建昌县光绪九年原缓本年地丁、漕米；德安县光绪八年原缓本年地丁、屯粮丁、存留屯粮、漕运屯粮；九江府同知所辖芦洲光绪九年原缓本年压征八年芦课，均著递缓至光绪十八、十九年秋后带征。

又进贤县光绪八年原缓本年地丁、漕米；安福县光绪八年原缓本年地丁、漕米、漕运屯粮、余租；鄱阳县光绪九年原缓本年地丁、漕米、屯粮丁、存留屯粮、漕运屯粮、余租；建昌县光绪八年原缓本年地丁、漕米，并安义县寄庄建昌县光绪八年原缓本年地丁、漕米；德安县光绪七年原缓本年地丁、屯粮丁、存留屯粮、漕运屯粮；九江府同知所辖光绪八年原缓本年压征七年芦课，均著递至光绪十九、二十年秋后带征。

又进贤县光绪七年原缓本年地丁、漕米，[新]淦县光绪七年原缓本年地丁、漕米；新喻县光绪八年原缓本年地丁、漕米；安福县光绪七年原缓本年地丁、漕米、漕运屯粮、余租；建昌县光绪七年原缓本年地丁、漕米，并安义县寄庄建昌县光绪七年原缓本年地丁、漕米；德安县光绪六年原缓本年地丁、屯粮丁、存留屯粮、漕运屯粮；九江府同知所辖芦洲光绪七年原缓本年压征六年芦课，均著递缓光绪二十、二十一两年秋后带征。

又进贤县光绪六年原缓本年地丁、漕米；安福县光绪六年原缓本年地丁、漕米、漕运屯粮、余租；鄱阳县光绪八年原缓本年地丁、漕米、屯粮丁、存留屯粮、漕运屯粮、余租；建昌县光绪六年原缓本年地丁、漕米，并安义县寄庄建昌县光绪六年原缓本年地丁、漕米；九江府同知所辖芦洲光绪六年原缓本年压征五年芦课，均著递缓至光绪二十一、二十二两年秋后带征。

又新淦县光绪六年原缓本年地丁、漕米、新喻县光绪七年原缓本年地丁、漕米，均著递缓至光绪二十二、二十三两年秋后带征。新喻县光绪六年原缓本年地丁、漕米，著递缓至光绪二十四、二十五两年秋后带征。

永新县光绪六、七、八、九、十、十一、十二年原缓各本年地丁、漕米、屯粮丁、存留屯粮、漕运屯粮、余租；兴国县光绪七年原缓本年地丁，均著递缓至光绪十四年秋后一并带征。湖口县光绪六、七、八、九、十一、十二年原缓各本年压征五、六、七、八、九、十、十一年芦课，均著递缓至光绪十四、十五、十六等三年后带征，以纾民力。

余著照所议办理。该抚即刊刻誊黄，遍行晓谕，务使实惠均沾，毋任吏胥舞弊，用副轸念民艰至意。该部知道。钦此。

267　光绪十四年三月二十五日，内阁奉上谕：江西布政使李嘉乐，署陕西布政使李用清，均著来京，另候简用。钦此。

279　光绪十四年三月二十九日，内阁奉上谕：江西布政使著萧韶补授，陕西布政使著陶模补授。钦此。

280　光绪十四年三月二十九日，内阁奉上谕：直隶按察使著周馥补授，浙江按察使著王之春补授。钦此。

281　直隶布政使松椿，镶蓝旗人，光绪十一年九月补湖南藩司，嗣调直隶。

江苏布政使黄彭年，贵州进士　光绪十三年十一月补。

江宁布政使许振祎，江西进士　光绪十二年六月补。

安徽布政使阿克达春，满洲正白旗生员，光绪十二年八月补。

山东布政使崇保，满洲镀黄旗进士，同治八年四月补甘肃藩司，嗣调山东。

山西布政使张煦，甘肃进士，光绪十一年十一月补广东藩司，嗣调山西。

河南布政使刘瑞祺，江西进士，光绪十二年七月补。

甘肃布政使谭继洵，湖南进士，光绪十年十月补。

甘肃新疆布政使魏光焘，湖南人，光绪九年三月补甘肃藩司，嗣调新疆。

浙江布政使许应锳，广东进士，光绪十年十月补。

福建布政使张梦元，直隶举人，光绪九年九月补广西藩司，嗣调福建。

福建台湾布政使邵友濂，浙江举人，光绪十三年二月补。

湖北布政使蒯德标，安徽举人，光绪九年正月补。

湖南布政使孙翼谋,福建进士,光绪十二年五月补。
广东布政使高崇基,直隶进士,光绪十一年二月补山西藩司,嗣调广东。
广西布政使马丕瑶,河南进士,光绪十三年八月补。
四川布政使崧蕃,满洲正蓝旗举人,光绪十二年九月补。
云南布政使曾纪凤,湖南生员,光绪十一年六月补贵州藩司,嗣调云南。
贵州布政使史念祖,江苏监生,光绪十三年十月补。

282 (朱)○直隶按察使陶模,浙江进士,光绪十一年九月补。
江苏按察使张富年,浙江附贡生,光绪十二年五月补。
安徽按察使张岳年,浙江举人,光绪十二年八月补。
山东按察使福润,蒙古正红旗附生,光绪十二年八月补湖北臬司,嗣调山东。
山西按察使嵩崑,满洲镶红旗监生,光绪十一年二月补。
河南按察使贾致恩,山东监生,光绪十三年二月补。
陕西按察使曾鉌,满洲正白旗监生,光绪十三年十一月补。
甘肃按察使方汝翼,直隶举人,光绪十二年七月补。
浙江按察使萧韶,湖南举人,光绪十二年七月补。
福建按察使奎俊,满洲正白旗人,光绪十四年二月补。
江西按察使瑞璋,满洲正红旗人,光绪十一年十月补。
湖北按察使成允,正红旗监生,光绪十二年二月补山东臬司,嗣调湖北。
湖南按察使豫山,满洲正黄旗监生,光绪十二年九月补。
广东按察使王毓藻,湖北进士,光绪十二年九月补。
广西按察使张联桂,江苏附贡,光绪十二年十一月补。
四川按察使游智开,湖南举人,光绪十一年三月补。
云南按察使邓华熙,广东举人,光绪十三年十月补。
贵州按察使廖寿丰,江苏进士,光绪十三年九月补。

308 军机大臣字寄直隶、两江、闽浙、湖广、四川、江苏、安徽、江西、湖北、湖南、山东、山西各督抚。光绪十四年四月初六日奉上谕:户部奏请续拨京饷等语。近年部库放款浩繁,叠经户部续请,添拨京饷。此次该部体察各省情形,拟拨山东地丁银五万两、山西地丁银五万两、湖南地丁银五万两、江西地丁银四万两,福建税厘银十万两、两淮盐课盐厘银八万两、长芦荥工加价银五万两、江苏厘金银十二万两、安徽厘金银五万两、湖北盐厘银五万两,四川津贴银五万两、盐厘银十万两,江海关洋税银八万两、九江关常税银十万两、赣关常税银一万两、芜湖关常税银一万两、洋税银一万两,共银一百万两。著该督抚各将所拨饷银连本年原拨未解京饷,均于五月前解到一半,十二月初间如数解齐。各该督抚务当顾全大局,依限提前完解。倘藉词诿卸,率请划抵截留,贻误要需,即著该部指名奏参。将此由五里各谕令知之。钦此。遵旨寄信前来。(抄交户部)

457　军机大臣字寄直隶、两江、江苏、安徽、江西、河南、山东各督抚,传谕淮安、闽、粤海关各监督。光绪十四年五月二十日奉上谕:庆裕等奏请饬催本年的饷并历年欠饷,开单呈览一折。据称奉天本年的饷,前经户部议拨山东地丁银四万九千余两,两淮盐厘银八万两、盐课银三万两,江西厘金银一万两,安徽拨还芜湖关常税银五万两,粤海关洋药税作为补解近畿防银一万六千余两,均未报解,至各省历年欠饷为数甚巨,请饬催解等语。奉天支放各款,需饷甚殷,亟应迅速拨解,以资应用。著各该督抚、监督等,即将应解奉天本年的饷,于六月内批解一半,十月内扫数解清。并将欠解历年专饷分年搭解,以济要需。原单均著抄给阅看。将此由四百里谕知直隶、两江、江苏、安徽、江西、河南、山东各督抚,并传谕淮安、闽、粤海关各监督知之。钦此。遵旨寄信前来。

601　军机大臣字寄湖广总督裕,湖南巡抚、升任闽浙总督卞,安徽巡抚陈,江西巡抚德,湖北巡抚奎,湖南巡抚王。光绪十四年七月初四日奉上谕:有人奏各省茶庄多招妇女入厂拣茶,案情百出,请饬严禁等语。各省茶厂多藉女功,若如所奏,旅居露宿,奸徒引诱,每釀事端,于风俗人心,大有关系。著裕禄、卞宝第、陈彝、德馨、奎斌、王文韶,严饬所属,于各茶厂认真稽查弹压。倘有前项情弊,即著从严惩办。原片均著抄给阅看。将此各谕令知之。钦此。遵旨寄信前来。

619　光绪十四年七月初十日,内阁奉上谕:江西抚州府知府员缺著颜钟骥补授。钦此。

620　查:江西抚州府知府系繁疲难要缺。谨奏。

656　军机大臣字寄福州将军,直隶、两江、闽浙、湖广、两广、四川、江苏、浙江、安徽、江西、福建、湖北、湖南、广东、河南、山东、山西各督抚,传谕粤海关监督。光绪十四年七月十七日奉上谕:户部、总理各国事务衙门奏请催解东北边防经费一折。据称各省关本年应解东北边防经费,截至六月底止,除解到及报解起程外,尚欠解银一百三十万两零,请饬迅解,并补解历年积欠银两等语。此项经费关系紧要,自应迅速筹解,以济要需。著该将军、督抚、监督将欠解银两赶紧筹解,倘再迟延,即著户部照贻误京饷例,指名严参。原单均著抄给阅看。将此由五百里谕知福州将军,直隶、两江、闽浙、湖广、两广、四川、江苏、浙江、安徽、江西、福建、湖北、湖南、广东、河南、山东、山西各督抚,并传谕粤海关监督知之。钦此。遵旨寄信前来。(抄交户部)

675　军机大臣字寄福州将军,直隶、两江、湖广、闽浙、四川、两广各督抚,江苏、安徽、江西、福建、浙江、湖北、湖南、河南、山东、山西、广东各巡抚,传谕粤海关监督。光绪十四年七月二十五日奉上谕:户部奏(摘抄三字),请旨催解京饷一折。本年京饷原拨、续拨共银八百万两,截至五月底止,除截留、划拨、已解及报解起程外,尚欠解银五百十三万两零。现在部库支绌,应放各款均关紧要,所有各省关欠解京饷,亟应全数报解,以应要需。著该将军督抚监督等各将欠解银两赶紧陆续提前解部,统于年内扫数解齐。

倘敢诿卸拖欠,即由户部照章参奏。其解不及半及丝毫未解等处,经此次严催后,倘仍不完解,著户部随时指名严参。至划拨截留之款,并著将报解开支数目详细报部,以凭核办。另片奏,(摘抄起)十一、十二两年各省关应解京饷、筹边军饷等款,欠解尚多,查明奏参等语。所有应行议处之福建、浙江各省督抚、藩司,两淮盐政、运司,著吏部查取职名,照例议处(止)。仍著各省关迅将欠解、展缓、分年带解各款提前筹解,限年内扫数解清。倘仍延不筹解,并著户部指名严参。原单二件均著摘抄,给与阅看。将此由五百里谕知该将军督抚,并传谕粤海关监督知之。钦此。遵旨寄信前来。(抄交户部,摘抄交吏部。)

676　军机大臣字寄福州将军,两江、闽浙、湖广、两广、江苏、安徽、江西、福建、浙江、湖北、广东各督抚,传谕粤海关监督。光绪十四年七月二十五日奉上谕:户部奏,本年筹边军饷,截至五月底止,除截留、报解外,其余欠解尚多,开单请饬催解等语。筹边军饷,关系紧要,著该将军、督抚、监督等,按照单开欠解银数,于十月前迅速解清,以济要需。如再延不清解,即著户部照案奏参。原单均著抄给阅看。将此由五百里谕知各该将军、督抚,并传谕粤海关监督知之。钦此。遵旨寄信前来。(抄交户部)

687　臣等查本年届更换学政之期,谨将已满三年顺天、江苏、安徽、江西、浙江、福建、湖北、湖南、河南、山西、陕西、甘肃、广西、云南、贵州十五省各学政;及未满三年,办过岁考之山东、四川、广东三省各学政;未满三年、未办岁考之奉天学政,分缮名单呈览,恭候钦定。俟发下后,臣等再拟写谕旨,进呈颁发。谨奏。七月二十六日。

688　已满三年各学政名单:顺天学政许应骙、江苏学政王先谦、安徽学政贵恒、江西学政梁仲衡、浙江学政瞿鸿禨、福建学政陈学棻、湖北学政张仁黼、湖南学政陆宝忠、河南学政华金寿、山西学政高燮曾、陕西学政林启、甘肃学政秦澍春、广西学政李殿林、云南学政戴鸿慈、贵州学政杨文莹。

689　未满三年已办岁考各学政名单:山东学政梁燿枢(光绪十二年十二月十三日放)、四川学政高赓恩(光绪十三年四月初四日放)、广东学政汪鸣銮(光绪十二年五月二十一日放)。

690　未满三年、未办岁考,学政名单:奉天府府丞兼学政延茂(光绪十二年正月二十九日放)。

691　考过试差、应行扣除人员名单:赵赓麟。

701　光绪十四年八月初一日,内阁奉上谕:本年值更换学政之期,除奉天府府丞兼学政延茂毋庸更换外,顺天学政著周德润去,江苏学政著杨颐去,安徽学政著钱桂森去,江西学政著龙湛霖去,浙江学政著潘衍桐去,福建学政著乌拉布去,湖北学政著赵尚辅去,湖南学政著张亨嘉去,河南学政著陈琇莹去,山东学政著裕德去,山西学政著管廷鹗去，陕西学政著柯逢时去，甘肃学政著胡景桂去，四川学政著朱善祥去，广东学政著樊恭煦去，广西学政著黄煦去，云南学政著王丕厘去，贵州学政著陈荣昌去。以上各员有现出试差者，著即赴新任，毋庸来京请训。钦此。

702　顺天学政周德润、江苏学政杨颐、安徽学政钱桂森、江西学政龙湛霖、浙江学政潘衍桐、福建学政乌拉布、湖北学政赵尚辅、湖南学政张亨嘉、河南学政陈琇莹、山东学政裕德、山西学政管廷鹗、陕西学政柯逢时、甘肃学政胡景桂、四川学政朱善祥、广东学政樊恭煦、广西学政黄煦、云南学政王丕厘、贵州学政陈荣昌、奉天府府丞兼学政延茂。（空名单先期递上，本日朱笔填名发下。）

704　军机大臣面奉谕旨：此次简放学政各员著自本月十一日起分日递折谢恩，预备召见。如遇出宫行礼、拈香及外膳等日期，是日应行召见之员即改于次日预备，其余各员以次递推。钦此。八月初一日。

705　军机大臣面奉谕旨：此次简放学政各员著自本月十一日起分日递折谢恩，预备召见。如遇出宫行礼、拈香及外膳等日期，是日应行召见之员即改于次日预备，其余各员以次递推。钦此。相应传知贵衙门，迅即转传各员，按照单开日期递折谢恩，预备召见。此交。记黏单一件。八月初一日。

706　谨拟新放各省学政分日预备召见名单：
十一日，顺天学政周德润，江苏学政杨颐。
十二日，江西学政龙湛霖，浙江学政潘衍桐。
十三日，福建学政乌拉布，湖北学政赵尚辅。
十四日，湖南学政张亨嘉，河南学政陈琇莹。
十五日，山东学政裕德，山西学政管廷鹗。
十六日，陕西学政柯逢时，甘肃学政胡景桂。
十七日，四川学政朱善祥，广东学政樊恭煦。
十八日，广西学政黄煦，云南学政王丕厘，贵州学政陈荣昌。

846　军机大臣字寄福州将军，两江、湖广、四川、江苏、安徽、江西、湖北、湖南、河南、山西、陕西各督抚。光绪十四年八月二十八日奉上谕：户部奏筹拨甘肃新饷一折。甘肃关内外各军饷银，关系紧要。现经该部将光绪十五年新饷，指拨山西省银八十四万两、河东道银五十二万两、河南省银六十一万两、陕西省银二十万两、湖北省银三十三万两、湖南省银十六万两、江苏省银二十万两、两淮银二十万两、安徽省银二十万两、江西省银三十六万两、四川省银九十八万两、闽海关银二十万两，共银四百八十万两，请饬依限报解。著该将军、督抚等严饬各该司道，按照部拨数目，于本年十二月底止赶解三成，至来年四月底止再解三成，其余四成统限九月底止扫数解清。各该省如能依限完解，即由陕甘总督奏请奖叙；倘仍前延欠，即著户部照案奏参。将此由五百里各谕令知之。钦

此。遵旨寄信前来。(抄交户部)

937 …………

光绪十四年江西省秋审服制情实一起,人犯一名,谨将勾到时所奉谕旨恭录于后。

一起斩犯李幅有。

因小功兄李幅吉在伊家鱼塘挑水,该犯之父李达瑞同侄李幅高赴塘看鱼瞥见,因恐将水挑完,鱼不能养,上前阻止。李福吉不服斥骂,李幅高分辩,致相争闹。李幅吉用刀向砍,李幅高夺刀划伤其右乳,弃刀逃跑,李幅吉追赶,李达瑞拦劝,李幅吉斥护扭住李达瑞胸衣,推靠墙边,用手搭住咽喉,声言要将李达瑞搭死。该犯路过,毙见拉劝,李幅吉仍不释放,该犯见父被搭气闭,情切救护,拾刀戳伤其心坎,划伤左乳倒地,移时殒命。戳由救父情切,尚非无故逞凶干犯。情稍可原,是以未勾。

光绪十四年江西省秋审常犯情实共十起,人犯二十二名口,内除旧事常犯情实周氏一起一口,业于八年免勾时开列榜示外,谨将新事犯情实余秋懊即薅矮仔等九起二十一名勾到时所奉谕旨恭录于后。

一起斩犯余秋懊即□矮仔、朱蒂沅;绞犯余日溃、朱增僖(即有宽)。

致毙彼造五命,余秋懊即□矮仔、朱蒂沅各火器轰毙一命;余日溃、朱增僖(即有宽)各下手刃毙一命。均法无可宽,是以俱勾决。

一起绞犯□□□□□□□□□□□□□□。

致毙彼造二十余命,该犯等各下手致毙一命,情近械斗。均法无可宽,是以俱勾决。

一起斩犯朱茂仔。

因奸听从奸妇,谋毙纵奸本夫。淫凶难宽,是以勾决。

一起斩犯王滐得(即合莒)。

逞忿故杀。法无可宽,是以勾决。

一起斩犯邓萶淋。

挟嫌谋命图诈。法无可宽,是以勾决。

一起绞犯熊科青。

贪贿听从谋命,下手加功。法无可宽,是以勾决。

一起斩犯张生慲。

奸匪逞忿故杀,纵奸本夫。淫凶难宽,是以勾决。

一起绞犯陈随倌。

窃盗临时,盗所拒捕,致毙事主一家二命,内一命该犯帮殴刃伤,情殊凶暴。法无可宽,是以勾决。

一起绞犯刘占得。

致毙彼造三命,内有弟兄一家二命,该犯下手刃毙一命,情伤俱重。法无可宽,是以勾决。

…………

962　直隶布政使松椿，满洲镶蓝旗人，光绪十一年九月补湖南藩司，嗣调直隶。
江苏布政使黄彭年，贵州进士，光绪十三年十一月补。
江宁布政使许振祎，江西进士，光绪十二年六月补。
安徽布政使阿克达春，满洲正白旗生员，光绪十二年八月补。
山东布政使王毓藻，湖北进士，光绪十四年四月补。
山西布政使豫山，满洲正黄旗监生，光绪十八年七月补。
河南布政使刘瑞祺，江西进士，光绪十二年七月补。
陕西布政使陶模，浙江进士，光绪十四年三月补。
甘肃布政使谭继洵，湖南进士，光绪十年十月补。
甘肃新疆布政使魏光焘，湖南人，光绪九年三月补甘肃藩司，嗣调新疆。
浙江布政使许应𨰿，广东进士，光绪十年十月补。
福建布政使张梦元，直隶举人，光绪九年九月补广西藩司，嗣调福建。
福建台湾布政使邵友濂，浙江举人，光绪十三年一月补。
江西布政使萧韶，湖南举人，光绪十四年三月补。
湖北布政使蒯德标，安徽举人，光绪九年正月补。
湖南布政使孙翼谋，福建进士，光绪十二年五月补。
广东布政使高崇基，直隶进士，光绪十一年二月补山西藩司，嗣调广东。
广西布政使马丕瑶，河南进士，光绪十三年八月补。
四川布政使崧蕃，满洲正蓝旗举人，光绪十二年九月补。
云南布政使曾纪凤，湖南生员，光绪十一年六月补贵州藩司，嗣调云南。
贵州布政使史念祖，江苏监生，光绪十三年十月补。

982　光绪十四年十月初二日，内阁奉上谕：江西布政使著方汝翼补授，甘肃按察使著唐树楠补授。钦此。

983　直隶布政使松椿，满洲镶蓝旗人，光绪十一年九月补湖南藩司，嗣调直隶。
江苏布政使黄彭年，贵州进士，光绪十三年十一月补。
江宁布政使许振祎，江西进士，光绪十二年六月补。
安徽布政使阿克达春，满洲正白旗生员，光绪十二年八月补。
山东布政使王毓藻，湖北进士，光绪十四年四月补。
山西布政使豫山，满洲正黄旗监生，光绪十八年七月补。
河南布政使刘瑞祺，江西进士，光绪十二年七月补。
陕西布政使陶模，浙江进士，光绪十四年三月补。
甘肃布政使谭继洵，湖南进士，光绪十年十月补。
甘肃新疆布政使魏光焘，湖南人，光绪九年三月补甘肃藩司，嗣调新疆。
浙江布政使许应𨰿，广东进士，光绪十年十月补。
福建布政使张梦元，直隶举人，光绪九年九月补广西藩司，嗣调福建。

福建台湾布政使邵友濂,浙江举人,光绪十三年一月补。
江西布政使萧韶,湖南举人,光绪十四年三月补。
湖北布政使蒯德标,安徽举人,光绪九年正月补。
湖南布政使孙翼谋,福建进士,光绪十二年五月补。
广东布政使高崇基,直隶进士,光绪十一年二月补山西藩司,嗣调广东。
广西布政使马丕瑶,河南进士,光绪十三年八月补。
四川布政使崧蕃,满洲正蓝旗举人,光绪十二年九月补。
云南布政使曾纪凤,湖南生员,光绪十一年六月补贵州藩司,嗣调云南。
贵州布政使史念祖,江苏监生,光绪十三年十月补。

984 直隶按察使周馥,安徽监生,光绪十四年三月补。
江苏按察使陈钦铭,福建进士,光绪十四年八月补。
安徽按察使张岳年,浙江举人,光绪十二年八月补。
山东按察使福润,蒙古正红旗附生,光绪十二年八月补湖北臬司,嗣调山东。
山西按察使嵩崑,满洲镶红旗监生,光绪十一年二月补。
河南按察使贾致恩,山东监生,光绪十三年二月补。
陕西按察使裕祥,满洲镶白旗进士,光绪十四年九月补。
(朱)○甘肃按察使方汝翼,直隶举人,光绪十二年七月补。
浙江按察使廖寿丰,江苏进士,光绪十三年九月补贵州臬司,嗣调浙江。
福建按察使奎俊,满洲正白旗人,光绪十四年二月补。
江西按察使瑞璋,满洲正红旗人,光绪十一年十月补。
湖北按察使成允,正红旗监生,光绪十二年二月补山东臬司,嗣调湖北。
湖南按察使薛福成,江苏副贡生,光绪十四年九月补。
广东按察使王之春,湖南人,光绪十四年三月补浙江臬司,嗣调广东。
广西按察使张联桂,江苏附贡,光绪十二年十一月补。
四川按察使游智开,湖南举人,光绪十一年三月补。
云南按察使邓华熙,广东举人,光绪十三年十月补。
贵州按察使叶永元,广东附贡生,光绪十四年四月补。

994 军机大臣字寄盛京将军,直隶、两江、闽浙、湖广、四川、两广、陕甘、云贵各总督,江苏、安徽、江西、浙江、福建、台湾、湖北、湖南、河南、山东、山西、陕西、甘肃、新疆、广东、广西、云南、贵州各巡抚。光绪十四年十月初三日奉上谕:本年顺天、直隶各属洼区,积水未消,民情困苦,顺天赏拨京仓米三万石,直隶赏拨江苏海运漕米十万石,并由李鸿章在直隶藩库添提银五万两,办理春赈,顺天房山等处被水,加赏卢沟桥粥厂米石。江苏、安徽水旱为灾,特谕曾国荃等将本年江北河运米石及水脚运费等款一并截留,俾资赈济。顺天固安等县被水;奉天凤凰等厅州县被水;安徽颍州等府被水,安庆等府被旱、被水;江西瑞昌等厅县被水、被旱;福建连江等县被风;河南祥符等州县被水;山东临朐等县被水;陕西咸宁等县被水、被雹,盩厔等县被水,甘肃皋兰等厅州县被雹;广东惠州等府被水,四会等州县被水,肇庆等府被水;广西融县被火,武宣县被水,苍梧等州县被水,均经该将军、督抚等查勘抚恤,小民谅可不至失所。惟念来春青黄不接之时,民力未免拮据,著传谕该将军督抚等体察情形,如有应行接济之处,即查明据实复奏,务于封印以前奏到,候朕于新正降旨加恩。再江西丰城等县被水;浙江富阳等县被水,余杭等县被水、被旱,归安等县被风、被虫、被旱;湖南华容等县被水,安乡等州县被水、被旱;武陵县被旱;陕西醴泉等县被雹;甘肃新疆镇西厅属被旱、被鼠,均经该督抚等委员查勘,即著迅速办理,并将来春应否接济之处,一并查明,于封印前奏到。此外各省有无被灾地方,应行调剂抚恤之处,著该将军督抚等一并查奏,候旨施恩。将此各谕令知之。钦此。遵旨寄信前来。

995　查本年顺天、直隶各属灾区,叠经加恩赏拨京仓米石,直隶并拨江苏漕米,添提藩库银两,江苏、安徽亦经截留江北河运米石及水脚运费等款赈抚。其顺天、奉天、安徽、江西、福建、河南、山东、陕西、甘肃、广东、广西被水、被旱、被风、被雹、被火、之处均经各该督抚查勘抚恤。明春应否量为接济,臣等谨照向例,缮写询问该督抚等谕旨,俟覆奏到日再行缮写新正加恩谕旨呈进。再江西、浙江、湖南、陕西、甘肃、新疆被水、被旱、被虫、被雹、被鼠之处,该督抚等均已奏明查勘应否接济,现俱未经奏到。此外各省有无被灾地方应行调剂抚恤之处,一并询问该将军督抚等迅速查奏汇办。谨奏。光绪十四年十月初三日奉旨:依议。钦此。

1094　军机大臣字寄福州将军,直隶、两江、湖广、闽浙、四川、两广各督抚,江苏、安徽、江西、福建、浙江、湖北、湖南、山东、广东各巡抚,传谕粤海关监督。光绪十四年十月二十七日奉上谕:户部奏请催解京饷一折。本年京饷原拨续拨共银八百万两,截至九月底止,除划拨、截留、解到及报解起程外,尚欠解银二百五十二万两三千余两。现在部库存项无多,一切放款为数甚巨。所有各省关欠解京饷亟应全数报解,以应要需。著各该将军、督抚、监督等各将欠解银两迅即照数依限解部,统于年内扫数解齐。倘敢诿卸拖欠,即由户部指名严参。原单著分别摘抄给与阅看。将此由五百里谕知福州将军,直隶、两江、湖广、闽浙、四川、两广各总督,江苏、安徽、江西、福建、浙江、湖北、湖南、山东、广东各巡抚,并传谕粤海关监督知之。钦此。遵旨寄信前来。(抄交户部)

1133　军机大臣字寄大学士·直隶总督·一等肃毅伯李,两江总督·一等威毅伯曾,暂署福州将军、闽浙总督兼管福建巡抚卞,调任浙江巡抚、江苏巡抚崧,前安徽巡抚·候补三品京堂陈,江西巡抚德,山东巡抚张,河南巡抚倪,传谕淮安关监督效曾。光绪十四年十一月初五日奉上谕:庆裕等奏请饬拨东三省来年的饷并请催欠饷一折。东三省己丑年的饷,应拨奉天银二十六万两、吉林银七万九千二百两、打牲乌拉银三万三千六百八十两零,黑龙江银十七万七千一百九十二两零,著户部照数指拨,令各该省督抚等如数筹解,毋许迟延,并于报解之时,分晰奉天、吉林、打牲乌拉、黑龙江各款目,以免牵混。至直隶等省欠解东三省本年的饷暨历年欠饷,著李鸿章、曾国荃、卞宝第、崧骏、陈彝、德馨、张曜、倪文蔚、效曾,按照单开数目,赶紧筹措,务于年内解清,以济要需。原单均著抄给阅看。将此由五百里谕知李鸿章、曾国荃、卞宝第、崧骏、陈彝、德馨、张曜、倪文蔚,并传谕效曾知之。钦此。遵旨寄信前来。(抄交户部)

1188 本年秋审各省由缓改实起数单:四川省二起,福建省一起,奉天省四起,吉林省二起,甘肃省二起,湖南省六起,湖北省一起,浙江省四起,江西省一起,安徽省三起,江苏省三起,河南省三起,山东省六起,山西省三起,热河一起。

1224 军机大臣字寄福州将军,直隶、两江、湖广、闽浙、两广、四川、江苏、安徽、江西、浙江、湖北、湖南、河南、山东、山西、广东各督抚,传谕淮安关、粤海关各监督。光绪十四年十一月二十四日奉上谕:户部奏预拨来年京饷一折。历届京饷均系年前预拨。光绪十五年京饷,该部拟在地丁、盐课等款内指拨银七百万两,并声明本年部库之款提拨、截留为数甚巨,库储现在空虚,转瞬开春,应放俸饷各项更虞无从支持,请饬设法提前赶解等语。京饷关系紧要,本年部库存款无多,待用尤亟。现经该部就各省关情形酌量动拨,自应遵照奏定数目,源源报解,以应要需。著该将军、督抚、监督等,务于来年分批提前赶解。限五月前解到一半,十二月初间全数解清,不准截留改拨,藉词延误。倘届限不到,即著该部照奏定章程指名严参。原单著抄给阅看。另片奏,光绪十五年内务府经费拟拨两淮盐课银十二万两、两浙盐课银五万两、广东盐课银五万两、湖北盐厘银五万两、福建茶税银五万两、淮安关常税银三万两、闽海关常税银十万两、九江关常税银十五万两,共银六十万两,请饬依限完解等语。著该将军、督抚、监督等,务于来年开印后,陆续径解内务府交纳,先将起程日期报部。仍限六月前解到一半,十二月初间扫数解清,不准稍有蒂欠。将此由五百里谕知福州将军,直隶、两江、湖广、闽浙、两广、四川、江苏、安徽、江西、浙江、湖北、湖南、河南、山东、山西、广东各督抚,并传谕淮安关、粤海关各监督知之。钦此。遵旨寄信前来。(抄交户部)

1285 军机大臣字寄直隶、两江、湖广、闽浙、四川、两广、江苏、安徽、浙江、江西、湖北、湖南、山东、河南、广东各督抚,传谕粤海关监督。光绪十四年十二月初八日奉上谕:户部、总理各国事务衙门奏各直省欠解东北边防经费,请旨严催一折。据称本年各省关应解东北边防经费,除扣留、划抵及报解起程外,尚欠解银五十九万两,其光绪六、七、八、九、十、十一、十二、十三等年积欠银两,节经严催,迄未报解等语。此项经费关系紧要,本年因豫省河工拨款甚巨,部库尤觉空虚,亟待前项银两解到供用,著各该督抚、监督,迅即查照户部单开欠解各数,分批筹解部库。倘再延欠,即著户部照贻误京饷例,指名严参。原单均著抄给阅看。将此由四百里谕知直隶等省各督抚,并传谕粤海关监督知之。钦此。遵旨寄信前来。(抄交户部、总理衙门)

1424 现任前任大员名单。

现任文职大员:大学士·直隶总督李鸿章、两江总督曾国荃、陕甘总督杨昌濬、四川总督刘秉璋、云贵总督岑毓英、山东巡抚张曜、甘肃新疆巡抚刘锦棠、福建台湾巡抚刘铭传。

现任武职大员:正红旗汉军副都统尚昌懋、金州副都统连顺、吉林将军长顺、阿勒楚喀副都统富和、齐齐哈尔副都统托克湍、江宁将军丰绅、宁夏副都统常星阿、绥远城将军克蒙额、察哈尔都统托伦布、热河都统谦禧、伊犁将军色楞额、乌里雅苏台将军杜嘎尔、库伦办事大臣安德、西宁办事大臣萨凌阿、直隶提督李长乐、北洋海军提督丁汝昌、陕西提督雷正绾、甘肃提督周达武、长江水师提督李成谋、江南提督谭碧理、浙江提督欧阳利见、福建水师提督彭楚汉、福建陆路提督孙开华、广东水师提督方耀、广东陆路提督唐仁廉、广西提督苏元春、湖北提督程文炳、湖南提督冯南斌、四川提督宋庆、云南提督冯子材、贵州提督罗孝连,直隶大名镇总兵徐道奎、天津镇总兵罗荣光、通永镇总兵吴育仁、宣化镇总兵王可升、正定镇总兵叶志超,北洋海军左翼总兵林泰曾、右翼总兵刘步蟾,山东登州镇总兵章高元、兖州镇总兵田恩来、曹川镇总兵赵鸿举,山西太原镇总兵林成兴、大同镇总兵黄金志,河南南阳镇总兵刘盛休、河北镇总兵崔廷桂、归德镇总兵牛师韩,陕西延绥镇总兵庆连、陕安镇总兵姚文广、汉中镇总兵孙金彪,甘肃宁夏镇总兵卫汝贵、西宁镇总兵谭上连、河州镇总兵沈玉遂、肃州镇总兵李培荣、凉州镇总兵闪殿魁、巴里坤镇总兵徐占彪、伊犁镇总兵邓增,江南狼山镇总兵曹德庆、苏松镇总兵张景春、徐州镇总兵董凤高、福山镇总兵陈海鹏、淮扬镇总兵章合才,长江水师瓜州镇总兵吴家榜、湖口镇总兵丁义方、汉阳镇总兵高光效、岳州镇总兵张捷书,安徽寿春镇总兵任祖文、皖南镇总兵史宏祖,江西南赣镇总后姚广武、九江镇总兵朱淮森,浙江定海镇总兵杨岐珍、海门镇总兵彭大光、温州镇总兵周振邦、处州镇总兵刘元勋、衢州镇总兵喻俊明,福建汀州镇总兵李占椿、澎湖镇总兵吴宏洛、台湾镇总兵万国本、福宁镇总兵曹志忠、漳州镇总兵侯名贵、南澳镇总兵刘永福、建宁镇总兵苏得胜,广东北海镇总兵王孝祺、南韶镇总兵方友升、琼州镇总兵姜桂题、潮州镇总兵邓安邦、碣石镇总兵邓万林、高州镇总兵黄廷彪,广西左江镇总兵刘光裕、右江镇总兵张春发、柳庆镇总兵马盛治,湖北宜昌镇总兵罗搢绅、郧阳镇总兵龚继昌,湖南镇筸镇总兵周瑞龙、永州镇总兵韩晋昌、绥靖镇总兵钟开兰,四川重庆镇总兵田在田、建昌镇总兵刘士奇、松潘镇总兵夏毓秀、川北镇总兵邓荣升,云南开化镇总兵蔡标、鹤丽镇总兵吴永安、临元镇总兵何秀林、腾越镇总兵张松林、昭通镇总兵何雄辉、普洱镇总兵覃修纲,贵州安义镇总兵蒋宗汉、古州镇总兵丁槐、镇远镇总兵和耀曾、威宁镇总兵苏元瑞。

前任文职大员:兵部尚书彭玉麟、陕甘总督杨岳斌、陕甘总督谭钟麟、两江总督刘坤一、福建布政使王德榜。

前任武职大员:直隶正定镇总兵娄云庆、长江水师提督黄翼升、署浙江提督黄少春、安徽寿春镇总兵郭宝昌、江南提督李朝斌、山西大同镇总兵张树屏、正白旗蒙古副都统特尔庆阿。

1425　阵亡殉难文武大员名单:

阵亡大员：

贵州都匀协副将周学桂，咸丰十一年八月初三日奉旨：照提督例从优议恤，并于贵州及原籍地方建立专祠。

署山东曹州镇总兵沂州协副将郝上庠，咸丰十一年十一月十五日奉旨：照提督阵亡例议恤。

副都统舒明安，咸丰十一年十一月二十日奉旨：交部从优议恤。

前任京口副都统海全，同治元年三月二十七日奉旨：开复原官照都统阵亡例从优议恤。

记名总兵张胜禄，同治元年七月二十八日奉旨：张胜禄殊勋屡著，因伤殒命，照提督阵亡例赐恤。

贵州清江协副将吴秀，同治元年七月二十九日奉旨：照提督阵亡例从优议恤。

记名副都统德克登额，同治元年九月十五日奉旨：从优照都统阵亡例议恤。

侭先副将郭明鳌，同治元年十月二十日奉旨：追赠提督衔，照提督阵亡例议恤。

开复总兵林向荣，同治元年十二月二十一日奉旨：交部议恤。

乍(补)[浦]副都统杰纯，同治二年正月十三日奉旨：照都统例从优议恤，准其予谥。

总兵彭星占，同治二年正月十九日奉旨：照总兵立功后阵亡例从优赐恤。

记名总兵吴宏盛，同治二年二月三十日奉旨：交部从优议恤。

署云贵总督潘铎，同治二年三月二十七日奉旨：照总督阵亡例交部从优议恤。

乾清门头等侍卫、副都统衔卓明阿，同治二年四月初六日奉旨：照阵亡例交部从优议恤。

河北镇总兵余际昌，同治二年四月二十日奉旨：照提督阵亡例从优赐恤。

副将邬桂芳、胡俊友，以上二员，同治二年六月初五日奉旨：均著照总兵阵亡例从优议恤。

总兵朱希广，记名提督、陕西汉中镇总兵赵既发，以上二员，同治二年七月初二日奉旨：均著照提督阵亡例从优议恤。

正黄旗、侍卫班领头等侍卫益谦，同治二年七月十八日奉旨：照副都统阵亡例从优议恤。

记名总兵赖荣光，同治二年八月初二日奉旨：照总兵阵亡例从优议恤。

总兵贺兰桂、萧庆泗、何玉林、解洪德以上四员均于同治二年十月十三日奉旨：从优议恤。

总兵衔、侭先副将尹连陞，同治二年十一月初二日奉旨：照总兵阵亡例从优议恤。

护理汉中镇总兵、汉凤营游击陈天柱，同治二年十二月二十四日奉旨：照总兵例赐恤

总兵何安泰，同治三年三月初二日奉旨：照提督阵亡例从优议恤，并准于嘉兴府死事地方建立专祠。

江西南赣镇总兵程学启，同治三年三月二十九日奉旨：追赠太子太保衔，照提督阵亡例从优赐恤，加恩予谥，入祀昭忠祠，史馆立传，安庆、苏州、嘉兴各府建立专祠，赐祭一坛。

钦差大臣、西安将军多隆阿，同治三年四月二十日奉旨：追赠太子太保，照将军阵亡例从优赐恤，赏一等轻车都尉世职，入祀京师昭忠祠，立功省份建立专祠。

镶红旗、护军统领舒保，同治三年五月初八日奉旨：照都统阵亡例从优赐恤，并加恩予谥，入祀昭忠祠，于武昌等处建立专祠，战绩宣付史馆。

子爵、河南归德镇总兵李臣典，同治三年七月二十七日奉旨：照提督阵亡例从优议恤，并加恩予谥，吉安等处建立专祠，战绩宣会史馆。

正黄旗、汉军都统舒通额，头等侍卫隆春，头等侍卫奇克塔善，以上三员，同治三年八月十六日奉旨：交部从优议恤。

记名总兵、湖北提标参将石清吉，同治三年九月二十六日奉旨：照提督阵亡例议恤，入祀昭忠祠，并准于直隶等处建立专祠。

记名提督萧河清，同治三年十月二十一日奉旨：照提督阵亡例从优议恤，入祀湖南、湖北昭忠祠，并湖南等处建立专祠。

署福建陆路提督、福宁镇总兵林文察，同治三年十二月初五日奉旨：照提督例从优议恤。

记名提督孟宗福，同治三年十二月十五日奉旨：照提督阵亡例从优议恤。

头品顶戴·护军统领恒龄，都统衔、副都统苏伦保，以上二员，同治四年正月二十一日奉旨：交部从优议恤。

布政使衔、福建按察使张运兰，同治四年二月二十三日奉旨：照巡抚阵亡例议恤。

吐鲁番领队大臣、署巴里坤领队大臣色普诗新，同治四年三月十三日奉旨：照都统阵亡例交部从优议恤。

二等侍卫、古城领队大臣惠庆，同治四年四月初六日奉旨：照副都统阵亡例从优赐恤。

科尔沁博德勒噶台亲王僧格林沁，同治四年四月二十九日奉旨：照阵亡例，以亲王饰终典礼从优议恤。同日奉旨：配飨太庙。

内阁学士全顺，同治四年五月初三日奉旨：照尚书阵亡例从优议恤。

总兵何建鳌，同治四年五月初三日奉旨：照提督阵亡例从优议恤。

总兵丁长胜，同治四年闰五月十四日奉旨：照提督阵亡例议恤，并加恩予谥。

塔尔巴哈台参赞大臣锡霖，领队大臣博勒果素，以上二员均于同治四年六月初九日奉旨：照阵亡例赐恤。

杭州副都统关福，同治四年七月十三日奉旨：照例议恤。

塔尔巴哈台参赞大臣武隆额，同治五年五月十六日奉旨：照都统例赐恤。

已革广西右江镇总兵庆瑞，同治五年八月三十日奉旨：开复原官，照提督阵亡例从优议恤。

广西右江镇总兵张树珊,同治六年正月初七日奉旨:照提督阵亡例从优议恤,加恩予谥,庐州等处建立专祠。

广西右江镇总兵唐殿魁,同治六年二月十四日奉旨:照提督阵亡例从优议恤。

记名布政使、前福建汀漳龙道彭毓橘,同治六年三月初三日奉旨:照布政使阵亡例从优议恤,加恩予谥,湖南本籍及立功地方建祠,宣付史馆立传。

署贵州提督赵德光,同治六年八月十四日奉旨:照提督阵亡例从优议恤,并于死事地方及贵州省城暨郎岱厅原籍建祠。

总兵衔参将赵友胜,同治六年九月初一日奉旨:照总兵阵亡例从优议恤。

记名总兵彭文林,记名提督周保和,以上二员,同治六年十月初七日奉旨:均照提督阵亡例从优议恤。

副将周万祥、副将杨瑞庭,以上二员,同治六年十月三十日奉旨:均交部从优议恤。

记名提督、安徽寿春镇总兵李祥和,同治六年十月初七日奉旨:交部照提督阵亡例议恤,加恩予谥。

总兵黄祖淦,同治六年十二月初三日奉旨:照提督阵亡例从优议恤。

记名提督李佑厚,同治七年五月二十四日奉旨:照提督阵亡例从优议恤,并予谥。

记名提督胡良作,同治七年七月初十日奉旨:照提督阵亡例从优议恤,予谥建祠。

提督衔、总兵江忠珀,同治八年三月初二日奉旨:照提督阵亡例议恤,并加恩予谥,准于死事地方建祠。

甘肃提督高连陞,同治八年三月初七日奉旨:照阵亡例议恤,并加恩予谥,战绩宣付史馆立传,广西等处建祠。

记名副都统乌勒西布,同治八年三月十五日奉旨:照都统阵亡例从优议恤,并于宁夏府建祠,事绩宣付史馆,加恩予谥。

记名按察使黄润昌,布政使衔、道员邓子垣,记名提督刘长槐,以上三员,同治八年五月初九日奉旨:黄润昌照巡抚阵亡例从优议恤,邓子垣照布政使阵亡例从优议恤,刘长槐照提督阵亡例从优议恤,均加恩予谥宣付史馆,并于原籍及死事地方建祠。

总兵凌子龙、副将唐运珍、副将王得胜,以上三员同治八年五月初九日奉旨:均照总兵阵亡例从优议恤。

副将蒋安旺,同治八年五月初九日奉旨:照副将阵亡例从优议恤。

提督荣维善,同治八年六月十八日奉旨:照提督阵亡例从优议恤,并准予谥,于原籍暨死事各地方建祠,战功宣付史馆。

记名提督、浙江处州镇总兵马德顺,同治八年十月初七日奉旨:照提督阵亡例议恤。并加恩予谥,在河南洛阳原籍及甘肃西安堡建祠。

记名副都统、乌拉协领贵陞,同治八年十月二十七日奉旨:照都统阵亡例从优议恤,并于死事地方建祠。

记名提督易德麟,同治八年十一月初五日奉旨:照提督阵亡例议恤,并加恩予谥,准于原籍湖南湘乡县及甘肃灵州地方建祠。

头品顶戴 · 记名提督李就山，同治八年十二月初八日奉旨：照提督阵亡例议恤，并加恩予谥。

提督衔、记名总兵周本立，记名总兵易作义，副将温其林，以上三员，同治八年十二月初八日奉旨：照所保官阶议恤。

提督衔、前浙江衢州镇总兵简敬临，升用提督姚连陞，以上二员，同治八年十二月初八日奉旨：均照提督阵亡例议恤，并加恩予谥。

提督衔、记名总兵谭正明，补用总兵邓云高、副将秦龙瑞、副将罗荣贵，以上四员，同治八年十二月初八日奉旨：各照所保官阶议恤。

副将李其贵，同治八年十二月二十日奉旨：照本职从优议恤。

拟保总兵、副将徐效孟，同治八年十二月二十一日奉旨：照拟保官阶从优议恤。

广东陆路提督刘松山，同治九年二月初五日奉旨：予谥，入祀昭忠祠，立功地方建祠，战绩立传。

记名提督杨春辉，同治九年二月二十二日奉旨：建祠予谥。

记名提督张万美，同治九年十月二十六日奉旨：照提督阵亡例从优议恤，并予谥。

记名副都统委营总常在，同治十年十一月二十六日奉旨：照副都统阵亡例赐恤。

记名提督、甘肃凉州镇总兵傅先宗，同治十一年三月初二日奉旨：交部照提督阵亡例议恤。

记名提督、前广东高州镇总兵徐文秀，同治十一年三月初二日奉旨：交部照提督阵亡例议恤，并于死事地方建立专祠。

湖北候补道周康保，同治十二年闰六月初十日奉旨：著交部照二品文员阵亡例从优议恤，并加恩予谥，立传建祠。

拟保提督李大洪，总兵张太发，光绪二年十一月二十五日奉旨：均照提督阵亡例从优议恤，大洪并予谥。

提督王庆福，提督衔、总兵曾又得，光绪三年十月二十九日奉旨：交部各照官阶从优议恤。

总兵朱成其，光绪三年十一月二十一日奉旨：交部照官阶从优议恤。

乌鲁木齐提督业布冲额，光绪三年十二月二十一日奉旨：照阵亡例议恤。

库尔喀喇乌苏领队大臣文永，光绪五年六月初一日奉旨：交部从优议恤。

前库伦办事大臣萨凌阿、前额鲁特领队大臣托克托奈，以上二员，光绪五年六月十八日奉旨：分别优恤。

英吉沙尔领队大臣托克托布，光绪五年六月十九日奉旨：从优议恤。

陕西汉中镇总兵萧德扬，光绪六年正月初二日奉旨：开复原官，照提督阵亡例议恤。

提督刘思河，总兵黄喜光，记名总兵、副将胡阳春，副将武鸿来，以上四员光绪十一年二月十八日奉旨：从优议恤。

总兵孙得胜，光绪十一年五月十五日奉旨：从优议恤。

记名提督、贵州安义镇总兵陈嘉，光绪十一年九月初一日奉旨：照提督阵亡例赐恤，加恩予谥,并将事绩宣付国史馆立传。

记名提督、前广东高州镇总兵杨玉科,光绪十年二月十八日奉旨:从优议恤;十一年五月十五日奉旨:赐祭一坛,加恩予谥;十三年正月十九日奉旨:准于云南大理府城暨广西镇南关建祠。

记名提督朱焕明,光绪十四年十月十七日奉旨:照阵亡例从优议恤。

殉难大员:

杭州将军瑞昌,同治元年正月二十四日奉旨:照将军阵亡例从优赐恤。

浙江巡抚王有龄,同治元年正月二十四日奉旨:照巡抚例从优赐恤。

浙江提督饶廷选、浙江处州镇总兵文瑞、署漳州协副将继兴、广西提督张玉良,同治元年正月二十七日奉旨:交部从优议恤。

军机大臣、户部尚书、署陕甘总督沈兆霖(差次被水冲没),同治元年七月十九日奉旨:照尚书例赐恤,并查照一品官殁于王事例,声明请旨。

陕西巡抚邓尔恒(被戕),同治元年十二月十五日奉旨:照例议恤。

前都察院左副都御史张芾(被戕),同治元年八月奉旨:照侍郎例从优赐恤,陕西省城建立专祠。

浙江学政、刑部右侍郎张锡庚,同治二年四月初五日奉旨:照尚书例赐恤;初七日奉旨:加恩予谥。

湖州协副将鄂尔霍巴,同治二年四月初七日奉旨:照副将例从优议恤。

前任兵部左侍郎黄琮,同治二年七月二十四日奉旨:照侍郎例赐恤。

道员赵景贤,同治二年五月奉旨:照巡抚例赐恤,予谥建祠。

乌鲁木齐都统平瑞(全家殉难),同治三年十月十一日奉旨:照都统例从优议恤,并入祀京师昭忠祠。

巴燕岱领队大臣穆克登额,同治四年七月初四日奉旨:交部从优议恤。

署浙江黄岩镇总兵、补用副将刚安泰(巡洋遇害),同治五年正月十九日奉旨:照总兵例赐恤。

提督衔、湖南总兵黄毓馥(兵变被害),总兵衔、补用副将贺茂林(兵变被害),以上二员,同治八年四月初七日奉旨:照原阶原资议恤。

署浙江黄岩镇总兵陈绍(捕盗遇害),同治九年五月初三日奉旨:予谥建祠立传。

署云南顺云协副将楚雄、协副将魁昌,同治十二年闰六月初十日奉旨:交部从优议恤,并准于死事地方建立专祠。

前伊犁将军明绪、伊犁领队大臣崇熙、叶尔羌参赞大臣额腾额、巴彦岱领队大臣富勒敦泰、锡伯营领队大臣乌勒德春、绥定镇总兵沈玉桂,以上六员,光绪元年七月初一日奉旨:从优议恤。

1426 已故文武大员名单:

湖北巡抚胡林翼,咸丰十一年九月十七日奉旨:著追赠总督,照总督例赐恤,并加恩予谥,入祀贤良祠,并于湖北省及湖南原籍建立专祠。

署江宁将军、京口副都统巴栋阿,咸丰十一年十月十五日奉旨:著从优照将军例赐恤。

前漕运总督袁甲三,同治二年七月十七日奉旨:照漕运总督军营病故例从优赐恤。

前任安徽巡抚李续宜,同治二年十一月十七日奉旨:照总督军营病故例赐恤。

前署广西提督江忠义,同治二年十二月初五日奉旨:照总督例赐恤予谥。

察哈尔都统西凌阿,同治五年九月十九日奉旨:照都统例赐恤。

副都统、塔尔巴蛤台参赞大臣德兴阿,同治六年五月十五日奉旨:照都统军营病故例议恤。

察哈尔都统色尔固善,同治六年十月初五日奉旨:著照都统例赐恤。

协办大学士、四川总督骆秉章,同治六年十二月十八日奉旨:著照大学士例赐恤。

两江总督马新贻,同(江)[治]九年八月初三日奉旨:加太子少保衔,照总督例赐恤,入祀贤良祠。

大学士·一等果威伯官文,同治十年正月十二日奉旨:赠太保,照大学士例赐恤。

记名都统、前正黄旗汉军副都统温德勒克西,同治十年十二月十五日奉旨:照军营立功后病故例从优议恤,并加恩予谥,宣付国史馆立传。

记名提督、江西九江镇总兵黄开榜,同治十年十二月十九日奉旨:交部从优议恤,并加恩予谥。

大学士、两江总督曾国藩,同治十一年二月十二日奉旨:追赠太傅,照大学士例赐恤,加恩予谥文正,入祀京师昭忠祠、贤良祠,并湖南原籍、江宁省城建立专祠,生平事贵宣付史馆。

热河都统库克吉泰,同治十二年四月二十一日奉旨:照都统例赐恤,伊孙瑞文俟及岁时带领引见。

记名提督骆国忠,同治十二年六月十三日奉旨:著照提督立功后在营病故例议恤,并加恩予谥。

记名提督宇文秀,同治十二年九月二十八日奉旨:照提督立功后在营病故例从优议恤,予谥立传。

前任浙江提督郑魁士,同治十二年十一月二十二日奉旨:著交部议恤,并加恩予谥。

降调广东巡抚、前山西按察使蒋益澧,同治十三年十二月二十六日奉旨:开复原官,照巡抚例赐恤。

盛京将军都兴阿,光绪元年二月十一日奉旨:追赠太子太保衔,照将军例赐恤。

贵州巡抚曾璧光,光绪元年九月十三日奉旨:追赠太子太保衔,照总督例赐恤。

四川总督吴棠,光绪二年七月二十一日奉旨:照总督例赐恤。

荆州将军巴扬阿,光绪二年十月二十四日奉旨:照将军例赐恤。

乌鲁木齐都统英翰,光绪四年正月十二日奉旨:照都统军营病故例从优赐恤。

正白旗汉军副都统西蒙克西克,光绪四年三月十七日奉旨:照副都统例赐恤。

刑部左侍郎袁保恒(差次病故),光绪四年四月十三日奉旨:照侍郎例从优议恤。

前任都统奕山,光绪四年六月初二日奉旨:照例赐恤。

前署贵州巡抚韩超,光绪四年八月二十一日奉旨:加恩予谥,国史馆立传。

前帮办陕甘军务、通政使司通政使刘典,光绪五年正月十三日奉旨:照侍郎例赐恤,加恩予谥,宣付史馆立传。

两江总督沈葆桢,光绪五年十一月十四日奉旨:赠太子太保衔,入祀贤良祠,照总督例赐恤。

前镶黄旗蒙古都统明庆,光绪六年四月初四日奉旨:照都统例赐恤。

直隶提督郭松林,光绪六年四月二十八日奉旨:照提督例赐恤予谥。

前吉林将军富明阿,光绪八年十二月初四日奉旨:照将军例赐恤。

前任总兵陈国瑞,光绪九年七月初二日奉旨:加恩开复总兵原官,并将战绩宣付国史馆。

前任湖北提督傅振邦,光绪九年七月十一日奉旨:照提督例赐恤。

前任镶黄旗蒙古都统穆腾阿,光绪十年二月初十日奉旨:照都统例赐恤。

记名提督、陕西延绥镇总兵谭仁芳,光绪十年四月初九日奉旨:照提督军营病故例赐恤。

前云南提督胡中和,光绪十年四月十九日奉旨:照提督军营病故例赐恤,战绩宣付史馆。

广东水师提督吴长庆,光绪十年六月初五日奉旨:照提督军营病故例从优议恤。

记名提督、安徽皖南镇总兵潘鼎立,光绪十年七月初四日奉旨:照提督军营病故例从优议恤。

前两广总督张树声,光绪十年十月二十三日奉旨:照总督例赐恤。

署广东琼州镇总兵、前福建水师提督吴全美,光绪十一年正月三十日奉旨:照军营立功后病故例从优议恤。并将事迹宣付国史馆立传。

记名提督、甘肃宁夏镇总兵译拔萃,光绪十一年四月初九日奉旨:照提督立功后在营病故例从优议恤,并将战绩宣付国史馆立传。

记名提督、福建宁镇总兵张得胜,光绪十一年六月十五日奉旨:照提督军营立功后病故例从优议恤。

署湖南提督周盛传,光绪十一年七月初八日奉旨:照提督军营病故例从优议恤,战功事迹宣付国史馆立传,加恩予谥,立功省份建立专祠。

四川总督丁宝桢,光绪十二年五月初七日奉旨:照总督例赐恤。

安徽耽巡抚吴元炳,光绪十二年五月二十二日奉旨:照巡抚例赐恤。

伊犁将军金顺,光绪十二年七月初七日奉旨:照将军例赐恤。

前湖南提督鲍超,光绪十二年九月初十日奉旨:照提督军营病故例从优议恤。

前福建陆路提督唐定奎,光绪十三年四月初九日奉旨:照提督军营病故例从优议恤,加恩予谥,原籍及立功省份建祠,战功事迹宣付史馆立传。

前湖南提督周宽世，光绪十三年闰四月初九日奉旨：照军营立功后病故例议恤，战功事迹宣付史馆立传。

前任云贵总督刘长佑，光绪十三年八月十四日奉旨：照总督例赐恤。

记名布政使刘连捷，光绪十三年八月十九日奉旨：照布政使军营立功后病故例从优议恤，加恩予谥，原籍及立功省份建祠，战功事迹宣付国史馆立传。

福州将军穆图善，光绪十三年十月十六日奉旨：照将军军营病故例赐恤，加恩予谥。

福州将军善庆，光绪十四年四月二十八日奉旨：照将军例赐恤予谥。

湖南提督周盛波，光绪十四年十月十六日奉旨：照提督军营病例从优议恤。

1428　前充满洲军机章京：前福建延建邵道文吉、前广西按察使英祥、选用道崇缮、前浙江金衢严道英廉、前浙江温州府知府裕彰、理藩院主事塔克什布、盛京将军庆裕、前江西建昌府知府奎绶、贵州安顺府知府文海、礼部左侍郎续昌、奉天府府尹裕长、掌江西道监察御史本贵、内阁侍读学士三德、安徽徽州府知府春岫、江西建昌府知府玉春、浙江杭嘉湖道丰绅泰、奉天锦州府知府增林、候补五品京堂 · 礼部郎中桂斌、长芦盐运使额勒精额、浙江衢州府知府荣堃、前陕西按察使曾钚、山东兖州府知府穆特亨额、前直隶广平府知府佛尔恭额、俸满吉林分巡道丰伸泰、江苏苏州府知府魁元、直隶口北道吉顺。

前充汉军机章京：前湖南督粮道夏献云、前兵部右侍郎朱智、前浙江候补道靳邦庆、前江西吉南赣宁道蒋继洙、湖北汉黄德道江人镜、江苏江宁府知府李廷箫、前浙江杭州府知府龚家儁、工部左侍郎徐用仪、前四川叙州府知府史崧秀、前户部郎中叶衍兰、前兵部候补郎中金日修、前鸿胪寺少卿梁僧宝、安徽按察使张岳年、福建泉州府知府李耀奎、湖北黄州府知府李方豫、浙江严州府知府李士彬、四川潼川府知府魏邦翰、河南道监察御史余联沅、掌四川道监察御史庄予桢、河南怀庆府知府李芳柳、降调福建道监察御史黄兆柽、山西候补知府孙纪云、浙江宁绍台道吴引孙、掌江西道监察御史胡泰福、前长芦盐运使季邦桢、前吏部候补主事徐士佳。

1455　臣等查：明新正应行加恩各省，除盛京、江苏、安徽、江西、浙江、福建、台湾、湖北、湖南、山西、陕西、甘肃、广东、广西、云南、贵州，经该将军、督抚具奏，无庸接济外，所有直隶、山东二省，业经该督抚奏到。臣等拟缮谕旨二道，并拟定日期颁发。谨奏。

光绪十五年

9　直隶布政使松椿，满洲镶蓝旗人。光绪十一年九月补湖南藩司，嗣调直隶。

江苏布政使黄彭年，贵州进士。光绪十三年十一月补，现护理江苏巡抚。

江宁布政使许振祎，江西进士。光绪十二年六月补。

安徽布政使阿克达春，满洲正白旗生员。光绪十二年八月补。

山东布政使王毓藻,湖北进士。光绪十四年四月补。

山西布政使豫山,满洲正黄旗监生。光绪十四年九月补。

河南布政使刘瑞祺,江西进士。光绪十二年七月补。

陕西布政使陶模,浙江进士。光绪十四年三月补。

甘肃布政使谭继洵,湖南进士。光绪十年十月补。

甘肃新疆布政使魏光焘,湖南人。现护理甘肃新疆巡抚;光绪九年三月补甘肃藩司,嗣调新疆。

浙江布政使许应鑅,广东进士。光绪十年十月补。

福建布政使张梦元,直隶举人。光绪九年九月补广西藩司,嗣调福建。

福建台湾布政使邵友濂,浙江举人。光绪十三年一月补。

江西布政使方汝翼,直隶举人。光绪十四年十月补。

湖北布政使蒯德标,安徽举人。光绪九年正月补。

湖南布政使孙翼谋,福建进士。光绪十二年五月补。

广东布政使游智开,湖南举人。光绪十四年十月补。

广西布政使马丕瑶,河南进士。光绪十三年八月补。

四川布政使崧蕃,满洲正蓝旗举人。光绪十二年九月补。

云南布政使曾纪凤,湖南生员。光绪十一年六月补贵州藩司,嗣调云南。

贵州布政使史念祖,江苏监生。光绪十三年十月补。

43　光绪十五年正月十四日,内阁奉上谕:德馨奏查明各属被灾,请将新旧钱漕等款分别缓征、递缓一折。江西南昌等府属地方,上年入夏以后,或被水淹浸,或雨泽愆期,秋成均形歉薄。若将新旧钱漕等款照常征收,民力实有未逮。加恩著照所请,所有南昌县中乡六都七图一、四、七、八、九甲,十一都中三图二四六九十甲、下三图一三五六八九十甲;北乡十二都六图三五七九甲、上七图一四五八甲、下七图四六八九甲、八九图三六八九甲,十三都一图一四五甲、二图四六八十甲、三图一四七九甲、四图二五七九甲、五图一三五六九甲,十四都一图一二四六七九十甲、又一图二五七九甲、二图四六八十甲、上三图一四六八十甲、应三图一三五七八十甲、上四图一二四五六七九甲、中四图二五七九甲、下四图三五八十甲、五图一四五七九甲、六图一四七九十甲、七图二四六八九甲,十五都一图二五七甲、北四图一三五六八十甲、南四图一四六九甲、下四图二四六七九甲、上五图七十甲、中五图一八十甲、下五图一三五七九甲、六图二五七九甲、七图一五七九甲、八图二三五六八九十甲,十六都一图一四六八十甲、二图二五七九甲、三图一五七八甲、四图一三五七八十甲、五图二三五六七九十甲,十七都一图二四六九甲、上二图一四六八十甲、中二图一二四六七九甲、下二图二五七九十甲、三图一三六八十甲、四图二四六九甲、五图一三五七八十甲、六图二四六七八十甲,十九都上三图二五七九甲、下三图一三五七八九甲、又三图一四七十十甲①、南四图二四六八十甲、北四图一五七九甲、北下四图二六八九甲、五图一四六八甲、七图一三五七甲、九图六七十甲、十图四六八十甲；东乡十八都一图一三四六七九十甲、五图一四六八十甲，二十一都南一图一二四五六八九十甲、南二图二四六七九十甲、又二图二三五六七九十甲、南三图一四六九甲，二十二都下一图一二三五六八九甲、二图一三五八十甲、上三图三五七九甲、东三图一二四六八九十甲、西三图二四六八甲、四图一六七十甲、八图二三四六七九十甲，二十三都二图一二三四五七九十甲、三图一四六八甲、四图二五七九甲、五图一五七十甲、六图三六八九甲、七图二五七九甲、八图一三五七甲、九图一六八十甲、十二图五八十甲、十四图四六七九甲、十五图一四六八甲、十六图一三五七八十甲、十八图四六八十甲、十九图一五六七八十甲、二十图一四六八九甲、二十一图一六七十甲、二十二图四六八甲，二十四都一图一六七九甲、二图三五八甲、三图一三七十甲、四图二五八甲、五图一三六八十甲、六图二七九甲、七图四六八甲、南八图一四六八甲、北八图二五七九甲、九图六八十甲、十图一七九甲、十二图二四六八甲、十三图二五七十甲、十五图三八十甲、十六图一三七甲，二十五都一九图二四六八十甲、二图一三五七八九甲、三图二四五六九十甲、四图一三四六八九甲、五图三四六八九甲、六图一二四六七九十甲、七图一三五六八九十甲、八图二四五七八九甲、十图一二三四六八九十甲、十一图二三五六七九甲、十二图三四六七九甲、十三图一二五六八甲、十四图一三五七八甲，二十六都东一图二四九甲、西一图四六八甲、东二图一四七甲、西二图一三七八十甲、三图二四六八九十甲、四图一四六八十甲、东五图二四九甲、西五图一二四六八九甲、六图二五七甲，二十七都一图三四五六八甲、二图二四六八九十甲、三图一三六八甲、正四图一二四五七九十甲、又四图二三四五七八九十甲、南五图一三四五七八甲、北五图一二二四五七八九甲②、上七图二三五七八十甲、下七图一三四五六七九甲、六图一二四六七八九甲、东下八图三六七八九十甲、西八图二四六八九甲、九图一三五六九甲、十图一二四六八十甲、十一图五七八九甲、十二图一二四五六七八甲，二十八都上一图一四六八甲、下一图二三六八十甲、上二图三四六七甲、中二图二五七九甲、下二图一三八十甲、兴二图四五六八甲、上三图一四六七甲、中三图五七九甲、兴三图五六八九甲、下三图一五七甲、上四图一四八甲、下四图二六八甲、五图一三五七甲、上六图四六九甲、下六图五六十甲、上九图一五九甲、下九图六八十甲、上十图四六七甲、下十图一三五甲、上十一图二五七十甲、下十一图四五七九甲、十二图一五六七十甲、上十三图二四五七八甲、下十三图四五六八十甲；西乡四十五都长一图一四五六七八九十甲、长二图一二五七九甲、长三图一三四五六七九十甲、长四图二五甲、长五图一二六八九甲、长六图二四五七八十甲、南一图一三五八九甲、南二图三四六八九十甲、南三图一四五六八十甲、北一图一三五九甲，

---

① 此处两“十”字，衍一字。据《光绪朝朱批奏折》（中国第一历史档案馆编，中华书局1995年版，第66辑，第81页）德馨原奏为“又三图一四七十甲”，此衍字当为抄录时误写。

② 此处衍一“二”字，据《光绪朝朱批奏晢》德馨原奏为“北五图一二四五七八九甲”。

四十六都一图一二四五七九十甲、二图三四六七九十甲、三图一二五六七九十甲、四图一四五七八九甲、五图一二四五六八十甲、六图二四六七九甲、七图一三四五七八十甲、九图一二三四六七九十甲、十一图三五六七八十甲、十二图三五六七九十甲、十三图一二三四六八九甲、十四图一二三四五七八九甲、十五图一三四六七八九甲，四十七都一图四六七八九十甲、二图二四六七九甲、三图一三五六八十甲、上四图二四七九甲、下四图一五七十甲、南五图一三五六八甲、北五图二四六七九甲、六图一二五六八甲、八图一五七八十甲、正九图二四五七九甲、义九图三四六七十甲，四十八都南一图一三四七甲、南二图一四六八九甲、南三图二四五七十甲、南四图一四五七九十甲、北一图一三五六七九甲、北二图二四五六七九甲、北三图二五六八九十甲、长一图一五六八十甲、长二图三五六七九甲、长三图一四六八甲，四十九都一图四五七八十甲、二图二五七八九甲、三图一五六八九十甲、四图四六七九十甲、五图一二三五七八十甲、六图二四七八十甲，六十四都二图三五七八甲，六十五都一图四六七甲、四图一四六七九甲、五图二三五七九甲、七图一三六九甲、八图一六七十甲，六十六都一图一三五甲、二图四六七九甲、三图一四七八甲、四图三五六八十甲、五图二五七十甲、六图一四五八九甲、七图二四五七九甲；南乡五十三都一图二四六八甲、二图三五七九甲，六十都三图二四六八甲、四图三五八十甲、五图四六七九甲，六十三都四图一四五七甲、五图五七八十甲、六图三四六八甲、七图三四六七九甲、十图一五七八甲，一社一图一三五六八十甲、五图一二四五六八九十甲，十三社三图一、四、五、六、七、八、九、十甲，共被水各则田二千一百三十二顷二十四亩零，应缓地丁银八千六百五十三两零，漕米一万一千六十四石零。

同新建县之洪崖乡二十八都一、二图各一甲至十甲，五图一、二、三、四、六、七、八、九、十甲；桃花乡三十一都八图一甲至十甲；伍谏乡四十一都一图一甲至十甲，二图一、二、三、四、六、七、九、十甲，三图一、二、三、四、十甲，四图一甲至十甲，四十二都三图一甲至十甲；仪凤乡四十二都一、二、三图各一甲至十甲，四十三都一图一甲至五甲七八九十甲、二图四六七十甲，四十四都一二三图、大三图、四图各一甲至十甲，四十五都右二图一甲至五甲，四十六都一、二、三、四图各一甲至十甲，四十七都一、二、三图各一甲至十甲；从善乡四十八都一二三图各一甲至十甲、四图一甲至九甲，四十九都一、二图各一甲至十甲，五十都一图一甲至十甲、二图一甲三甲至十甲；昌邑乡五十一都一、二图各一甲至十甲，五十二都一图二甲至八甲、二图三甲五甲至十甲，军都六图三六甲；西乡五十三都三、四图各一甲至十甲，五十四都二图一三四六七八九甲、三图、四图一甲至十甲、五图一三四五六七八十甲；东乡五十五都一、二、三、四、五图各一甲至十甲，五十六都一、二图各一甲至十甲，十坊一、二、三、四、五、七、八、十甲，共被水各则田三千四百十顷六十亩零，应缓地丁银五千六百七十两零，漕米六千四百四十九石零。

进贤县被水最重之北乡下五坂、二十七都一图一甲至四甲、二图一甲至五甲图三四五甲、四图一甲至五甲、五图三甲六甲至九甲，二十八都一图一甲至五甲、二图一二三甲、三图一甲至四甲、四图一甲至五甲，二十九都一图一甲四甲至七甲、二图三甲六甲至九甲、三图六甲至十甲、四图一三六七八甲，三十都一图六甲至十甲、二图五七八九甲、三图一甲至五甲、四图一甲三甲至六甲、五图一三六七八甲，三十一二都一图一甲至五甲、二图一甲至四甲、三图三六七甲、四图一甲至四甲；同被水次重之东北乡一都一图一甲至五甲、二图三六七八甲、三图一二三甲、四图一甲至四甲、五图三甲至六甲、六图五甲至八甲，五都一图一甲至四甲、三图一二三甲、三图三六七八甲、四图一三四五甲、五图二甲至五甲，六都一图一甲至五甲、二图一甲至四甲、三图一二三甲、四图三四五甲、五图一甲至四甲、六图六甲至九甲、七图四五六甲，七都一图一三四六甲、二图一甲至四甲、三图二三四甲、四图一二三甲、五图六甲至九甲、六图四五六甲、七图一甲至四甲、军图五六七甲，上八都一图三六七八甲、二图四甲至七甲、三图一甲至五甲、四图一甲至四甲、五图二三四六甲、六图一甲至四甲、七图二三四甲、八图六甲至十甲、九图一二三甲、十图二甲至五甲，下八都一图一甲至四甲、二图三四五甲、三图四六七八甲、四图二三六七甲、五图四甲至七甲、六图三六七八甲、七图四五六甲、八图一二三甲、九图六甲至九甲，九都一图一甲至五甲、二图三六七甲、三图二甲至五甲、四图四六九十甲、五图六八九十甲、六图五六九十甲、七图一二五六七甲、八图三五六九甲、九图一甲至四甲、十图三六九十甲，十都一图一甲至四甲、二图三六又四甲、三图一二前二甲、六图六七八甲、七图三六九甲、八图四七十甲、九图二五八甲、十图一四七甲，十三四都六图六七九甲、七图三八十甲、八图四六八十甲、九图一二三甲、十图一甲至四甲，十五都一图一甲至五甲、二图二三四甲、三图三六九甲、四图一甲至四甲、五图二五六八甲、六图一甲至四甲、七图五甲至八甲、八图三六九十甲、九图三六九十甲、十图一三四六甲，十六都一图一甲至四甲、二图一三五六甲、三图六七九甲、四图五七九十甲、五图三六九十甲、六图四七八九甲、七图一二五八甲、八图一二三六甲、九图三六九十甲、十图三甲至六甲、十一图一甲至五甲、十二图二四六九十甲，十七都一图六九十甲、二图二五八十甲、三图六甲至九甲、四图一甲至四甲、五图四六九十甲、六图五七九甲、七图一甲至四甲、八图二五八甲、九图四六九十甲，二十二都一图四六九十甲、二图五六九十甲、三图一甲至四甲、四图二五八九甲、五图三六九十甲、六图一三四六七甲、七图三五七八九甲、八图一二三四六甲、九图二五八九十甲、十图三五七甲、十一图一三四六甲、十二图四六九十甲，二十三都一图一甲至五甲、二图三六七八甲、三图四五六九甲、四图六九十甲、五图一甲至四甲、六图七甲至十甲、七图一甲至四甲、八图三六九甲、九图一甲至五甲、十图三五六八甲、十一图一甲至四甲、十二图二四五六九甲，二十四五都一图二三五六甲、二图一甲至四甲、三图六七八十甲、四图三六七八甲，二十六都一图一甲至四甲、二图一甲至四甲、三图三四五甲、四图五六七甲、五图三六七八甲，三十三都一图一甲至五甲、二图三六七八甲、三图四六九十甲、四图五六九十甲、五图三甲至六甲、六图一三四六甲、七图三六九十甲，三十四都一图二五八十甲、二图一四六七八甲、三图一四七九甲、四图三六九十甲，东隅一甲至四甲，西隅二三四甲，南隅一二三甲，北隅三五六甲，正隅六七八甲，中隅四六七甲等处；并被水稍轻之西北乡三十五都一图一甲至四甲、二图一甲至四甲、三图六七八甲、四图四五六甲、五图一甲至四甲、六图三六七甲，三十六都一图三六九十甲、二图一二三甲、三图二五八十甲、四图三六七八甲、五图一甲至四甲、六图四甲至七甲，三十七都一图二五六七甲、二图一甲至四甲、三图一二三甲、四图一甲至四甲、五图一二三甲、六图六七八甲，三十八都一图二七八甲、二图六七九甲、三图五甲至八甲、四图六七八甲、五图五甲至八甲等处，共被水各则田二千五百七十七顷二十七亩，应缓地丁银七千五百三十两零，漕米九千四百石零。

莲花厅之砻西乡一都一土元一甲二甲通甲升甲、二图一二四甲、三图一二三甲振甲，二都一图一甲喜甲三甲、二图一二甲长甲同甲、三图二甲宗公村，三都一图一四甲舜田村、二图三六七甲、三图一二甲世昌甲、四图一三甲、元图一五六甲，四都一图一二三甲、二图二三甲老甲振甲、四图一二三甲，五都一图二三六八甲、二图一四五甲、四图二三四五甲、正图三甲财甲七甲，六都一图一三五甲、二图二三四七甲、三图一二甲崇甲，八都一图一二甲、二图三四五甲、三图一二三甲，九都一图二三甲桂甲、二图八九甲、三图一二四甲，十一都一图一二甲元甲、二图一三四甲、三图一二甲，十二都一图一二三甲、二图四五甲、三图三四五甲，十三都一图二三甲、二图四五六七甲、三图一二三甲、四图一二三四甲，十四都二图一三甲、正图一二四甲，十五都一图九十甲、二图一二三甲、三图二甲光甲、五图一二三甲正甲，十六都一图一三甲安甲、二图一甲福甲五一甲、三图一二三甲，十七都一图一二甲、二图三四甲、三图二三四甲，十九都一图一甲昌甲祥甲、二图一二三甲、三一图一二四甲、四图一二三甲贵甲；上西乡二十一都二图一三四甲、三图一二七八甲、四图一四甲中四甲九甲、运图一二甲，二十二都二图一二甲、三图一三四甲，二十三都一图一二三甲安甲、二图一二四甲、三图一二甲、四图三四五六甲朝甲，二十四都一图一二甲寮源村、二图一三甲平甲、三图一二三甲逢谢村、四图五六七甲，二十五都一图一二三四甲、二一图一二甲、议图三四五甲，二十七都一图一二五甲、二图元甲亨甲四五甲、三图一二三甲、四图六七八甲，二十八都一图一二三甲、正甲二图六七八甲，二十九都一图一二三四甲、三图一二甲、四图一三甲新三甲，三十都一图一二三甲、二图二三四六甲、三图一二甲彬甲，三十一都一图一二三甲、二图一二甲盛甲茂甲等处，共被旱民田五百六十五顷四十八亩，屯田三十八顷五十七亩零，应缓地丁银三千六百八十一两零，漕米一千八百十石零，漕运屯粮银五百十八两零，余租银九百九十八两零。

安福县之东乡三都一上图一二三五甲、二图一三五六七九十甲、三图一甲至十甲、东三图一二三四五七八甲、三图裕后甲、四图一甲至六甲八九十甲、又四图二四五六甲、四图南六甲、五六图各一甲至十甲、七图一甲至五甲、七元图一二三六七八甲、上八图一甲至七甲九甲、十一图福履甲单甲，又附城东一二三四六七八九甲、安泰福半图一甲至五甲、聚昌图一甲至五甲，五十二都二图六甲至十甲、四图四六七九十甲、秀四图单甲、五上图一甲至五甲、六图一三五甲、七图六七八甲、九图一二三四六八十甲、十图又一四七十甲、十图正单甲、十二图一甲、聚庆图一甲、上合图一二甲，五十三都东三图二四六七十甲、古三图四五六甲、三图副、四图四五六八十甲、六图一六八九甲、六聚图一五六七甲、六绍图一三四五甲、十图一二六七甲，五十四都一图二三五八十甲、二图一甲至六甲九甲、三图一二三五图一二三五甲，五十五都一图一二副二三四五副甲、一图单二图一七八八上九十甲、二上图一五甲、二图永定甲、三图一甲至七甲七上八九十甲、三瑞图一三甲、三义图一五甲又三图一二三甲、四图一二三五甲、六图一二四五六十甲、七图二三又三七八九十甲、八图一二四五六七十甲、十图二四甲，五十六都一图一上一三四六七八十又十甲、一图又单、一下图单、二图并协一上一二三五正五六七八十又协甲、三图一甲至十甲、四图并四上图一甲至四甲、五图一甲七甲至十甲、六图一四五七九甲、七图一三四六七八十甲、七图单甲、九协图一二四五六甲、九上图一甲至五甲八甲、九图单、九图副甲、九瑞图，五十七都一图一甲至八甲十甲、二图一甲至六甲八九十甲、三图又三图一二三四甲六甲至十甲、四图一甲至五甲、五图一甲至十甲、七图一二四五七八甲、九图一二三甲、十一图一三四五七八甲，五十八都一图一甲至五甲、二上图一甲至六甲、二下图六甲至十甲、四图一二三四又四五六甲、五图一二二上又二三四四上并九十甲、六图一二四五九甲、六图副、七图五八九十甲、八图一甲至十甲、九图一二三甲、九上图一二六八十甲十甲①、十图一二三四六七七上八九十甲、十一图一甲至六甲八甲、世德图三甲至十甲，五十九都一图一甲至十甲、二图副一五七甲、三图一二三七九十甲、三上图四图一六八十甲、四图副、五图一二五六八甲、七图一二三五六八九十甲、八图一甲至五六甲八甲、八上图一二三六九十甲、九图一三五六七八九甲，六十都二图一甲至六甲、又二图一二甲、四图一四五甲、东四图一三七九甲、五图一二四五八九十甲、六图一二三四七八甲、八图三四五六八九甲、十图一三六七八十甲、十下图、十一图协甲、十一图单甲，六十一都一图一二五六八九十甲、二图一二七八九十甲、二上图一四八九十甲、三上图一二五六十甲、三下图一三七八九十甲、四图二四六七九甲、五图一二三五六七十甲、七图二四五六甲、七上图一四五六甲、青紫图一二三四五七甲，六十二都一图一三七八九甲、一上图一四五六甲、二图一二三四五七甲、二图单、三图一二三四六七八甲、四图二三四六七八十甲、五图四七九甲、六图一二三四六八九十甲、又六图一四六七八甲、七图一二四五八甲、八图一二六甲、九图一八甲、十图一二甲、十四图一四七八十甲，六十三都一图一二三五六七九十甲、一义图一二五甲、一图单甲、二图五甲至十甲、二上图一二三四甲、又二图二五七甲、三图二三五七八甲、四图单甲、五图一二三五七八甲、六仁图一二五七甲、六义图二四五甲、八图一二三七八甲、十图一四八甲、十图协一二五甲、十三图二四五甲、十五图一三四五六甲、广聚图一二三五甲；南乡一都一图一甲三甲至十甲、二图一二甲四甲至十甲、三图一甲至七甲九甲、怡怡图一二三五六七九甲、又附城南一二三四甲六甲至十甲，三十五都一图一甲至五甲、三下图二三甲六甲至十甲、四图一二三四六八九十甲、五图一甲至十甲、六上图一甲至六甲八九十甲、六下图六甲至十甲、七图一甲至五甲、九图二甲至九甲、九图副、十图单，三十六都二图六七九十甲、二图协甲、三图单、五图单、七图一甲至十甲、八图一甲三甲至十甲、八图副、九图六甲至十甲、十图一甲至十甲、十三图一甲至五甲、十四图单、全盛图一甲，三十七都一图一二甲四甲至十甲、二图六甲至十甲、三图一三四五六七九十甲、四上图古甲、四下图六甲至十甲、六图一三四六九十甲、七图一甲至五甲七八十甲、八图一四甲六甲至十甲、九图单、十图

① “十甲”疑衍。

单、至乐图单甲，三十八都二图一甲至五甲七九十甲、二美图一甲至四甲、三图一甲至七甲、三义图一二甲、四图一甲至六甲八九十甲、六图一甲至六甲、六图单、七图仁寿甲、八图上单甲、光裕图，三十九都一图协甲、二图副甲、三图一三四五八九甲，四十都一图一甲至八甲十甲、二图二三四五七八十甲、四图一甲至十甲、四图副五图六甲至十甲、五下图单甲、六图单甲、七图二三四五七八九十甲，四十一都一上图一甲至五甲、一下图六甲至十甲、二图一甲至五甲、三图一甲至八甲十甲、四图一甲至十甲、副四图一二四五甲、五图一甲至五甲九十甲、七图一甲至十甲，四十二都一图一二三五八九十甲、三图一二四五六八九甲、四图二甲至十甲、五图二甲至十甲、七图一二甲四甲至十甲、七图单、八图单、副上图单、协图单、瑞图一二五甲、义图一二四甲，四十三都一图一二四五八甲、二图一二四七十上甲、二图单、三图一甲至五甲、四图六甲至十甲、五图二三四七八九十甲、五半图一二四五甲、七上图二四五甲、八图一四五七八十甲、九图一五八甲、十图二六七八十甲、十上图三四五甲、十二图一三四五六甲、十三图单，四十都一图一二三五七九十甲、三图一三四五六十甲、五图一甲至六甲九甲、六图一二三八甲、七图一五六八十甲、七图副、八图一三四六八十甲、九图一四五六十甲，四十五都一图一甲至十甲、三图六崇六七八十甲、五图六八十甲、五上图一甲至六甲、六图一甲至八甲、七图单、八图一三六七九甲、九图单甲，四十六都一图一三五八十甲、二上图一二六甲、二下图六甲至十甲、三图一二三五六八十甲、四图尾一三四八九尾甲、五图二五八九甲、六图一三八九甲、七图单、八图一协一协三协四甲，四十七都一图一甲至四甲七甲至十甲、二图一二三五六八九十甲、三图三五六七八十甲、五图一三甲五甲至九甲、六图一甲至六甲八九十甲、七上图一三四五甲，四十八都一图一二四五六八九甲、二图单、三图一二三五六七九十甲、四图副、四副又副、五图一甲至十甲、古六图一二四五七八十甲、军六图七图一上一甲至十甲、八图二三四六七八十甲、九图一甲至十甲、十图二甲四甲至十甲、崇福图一三四五甲，四十九都一图一甲至六甲、三图一甲至五甲、四上图一三四五六九十甲、六图一甲至七甲、八图副、九图一甲至五甲九甲、九上图一二三甲、福寿图一三六七九十甲，五十都民一图一甲至五甲七八九十甲、二图一二三四六七八九十甲、三图二三民三四甲、又三图一五甲、四图一甲至十甲、五图一三四五六六上七八九十甲、五图单、瑞五图一二三甲、六图一甲至十甲、六顺图、七图五甲至十甲、九图一甲至六甲八甲八上九十甲、十图一二甲四甲至十甲、十一图单、十二图一二四五甲、十三图二甲至八甲、礼义图一二五六十甲，五十一都一图一甲至九甲、一图单、一上图二三五六七八九甲、二图一甲至五甲九甲、二图又单、二图副、三图一甲至十甲、三图单、四图六甲至十甲、五图一三上四上五六七九又九十甲、七图四五六又六甲至十甲、十四图单、十五图单甲；西乡四都一图一甲至十甲、二图一甲至六甲八九甲、三图五六八九十甲、四图一甲至七甲九十甲、正四图一三四五六八甲、七图一甲至十甲、七图上副、八一上图一二三五六七八十甲、又附城西一二甲四甲至十甲，五都一图一甲至十甲、二图一二三五七八九十甲、三图一甲至五甲、四图三四五九甲、五图一甲至五甲、六图二三甲、六图单、十图单甲，六都一图二甲至十甲、一上图一甲至五甲、三下图一二甲四甲至十甲、三下图单、五图一甲至十甲、五图单、九图一四五七九十甲、十一图一三四七甲，七都一图一二甲四甲至八甲十甲、二图一甲至十甲、二图单、二图又例、四图一二四五六甲，八都一图一甲至六甲、二图一二四甲、三图恺甲、八图又单甲，九都一图二四五七八十甲、一图协一图怡盛甲、二图一二三五十甲、识二图、三图一二三四十甲，十都二图一甲至七甲九十甲、三图一二五六七十甲、十二图单甲，十一都二图一甲至六甲八九甲、三图一甲至六甲八九十甲、四图一甲至十甲、五图六甲至十甲，十二都一下图二三六七八十甲、二图一二七九十甲、二图又单、三上图一甲至五甲十甲，十三都二图一二三七甲、三图一二三五六十九十甲、四上图二四六七八九甲，十四都一图一甲至四甲六甲至九甲、二上图一甲、三图一甲六甲至十甲、三上图一二四五甲、裕后图二三甲，十五都一图单、一上图一甲至五甲七八甲、三图一甲至四甲六甲至十甲、五图一二四五六七八十甲、五图僧甲，十六都协一图一三四五六八甲、三上图一甲至五甲七甲、三下图六甲至九甲、十一图一甲至四甲，十七都二图一甲至十甲、三图一甲至五甲七甲至十甲、四图一二四八九甲，十八都一图一甲至十甲、二图一甲至十甲、三上图一甲至五甲、三下图六甲至十甲、四图一甲至五甲，十九都一图一甲至六甲、二图一四八九甲，二十都一图一甲至五甲七甲至十甲、一图单、二图一甲至七甲九十甲、三图一甲至五甲、五图一甲至十甲、八图一二六九甲、长久图一甲至五甲，二十一都一图一二甲四甲至十甲、一图单、三图一二甲、四图一甲至十甲、五图一四六七甲、五图副、七图副、攸久图一二三五六甲，二十二都一图一甲至十甲、二图一甲至六甲八九十甲、三图一甲至六甲、三上图单、四图一甲至五甲；北乡二都一图一甲至十甲、二图二三四六十甲、二图副、三图一甲至十甲、三上图一甲至八甲十甲、三图副、四图一甲三甲至十甲、北图一二甲、又附城北一二四甲六甲至十甲，六十四都一图一二三四六八甲、二图一四五七八九甲、四图一甲至七甲九十甲、四上图二四五六八九甲、四图副、五图三四五六九甲、六图一三四五七八九十甲、又六图一二三五七甲、九图一二五六甲、九图副、十五图三四五七九甲、爵誉图一二四五甲、协图一三五甲，六十五都一图一二三四七甲、二图一甲至七甲、三图一甲至五甲七八九甲、四图一甲至六甲八九十甲、五图一甲至四甲、六图一二三五六八九甲、七图一二四七八甲，六十六都一图一甲至十甲、二图一甲至九甲、二上图一甲至六甲九甲、二下图一甲四甲至九甲、三图一甲至七甲、又三图二四五七八甲、八图一甲至十甲、八图又副一甲至七甲、余庆图一甲至五甲，六十七都一图一甲至十甲、二图一二三甲五甲至十甲、三图一甲至四甲六八九十甲、三上图一三五七甲、四图一三四七八甲、四图副、五图一三四六七八九甲、六图一二四五七八甲、七图四六七八九十甲、十图一甲至五甲七八甲、十三图一三五甲，六十八都一图一甲五六甲八九十甲、二图一二三五七八甲、四图二三五七九十甲、四图副、五图一甲至五甲七十甲、六图副、十图一甲至五甲七八九十甲、十三图一甲至五甲，六十九都一图一甲、一上图一甲至五甲、一下图六七八甲、二图一二四七九十甲、二上图一三五甲、三图一二三五六七甲、三上图一三四五九甲、又三图一甲至五甲七甲、又四图三四五六甲、五图一甲至七甲九十甲、六图一二三四六八九十甲、六义图一三四五九十甲、八图一甲至十甲、十一图一三五七十甲、十三图一三四五七甲、福寿图一三九十甲、庆丰图一二四甲、洁己图一二三甲、受禄图、贞祥图、新瑞图共被水、被旱,各则民田地一千三百五十一顷八十六亩零,应缓地丁银八千六百八十四两零,漕米五十六十九石零。同东乡五十七都二图,五十八都一、三图,六十三都一、三图;南乡四十四都三图,四十五都四图,四十八都八图,四十九都一图、平桥图,五十一都八图;西乡四都一、二、四图,五都一、二图,六都一图、二上图一甲至六甲十甲、二下图,八都一图,十都一图,十一都二图,十二都一、二、三、四图,十三都一图,十九都一图,二十都一图一二三甲、三图一二三甲;北乡六十四都一、二图,六十八都一图,共被水、被旱屯田二十三顷二十八亩零,应缓漕运屯粮银三百四十四两零,余租银六百三十两零。

永新县之东乡六十三都台下等村一图一甲至十甲、二图上五甲、昌盛图下五甲;福六十四都长源等村一三图、从善图各上五甲,头图、七星图各一甲至十甲;近六十四都上坪等村一图一甲至十甲,三图上五甲;六十五都莱下等村一、四、五、六、七图各上五甲,二三图、十图各一甲至十甲,八九图、安亲图各下五甲;六十六都洲下陂等村一四图、仁义礼智信等图各一甲至十甲,二、三图上五甲;七十都日晖桥等村协一图、仁义、二三图、茂盛图各一甲至十甲,大安图、上五图、伦常图下五甲;七十一都白土等村一图上五甲、二三图、昌义图各一甲至十甲;福七十二都横江市等村信义图一甲至十甲,仁善图上五甲;贤七十二都汴田等村一、二图上五甲,安仁图下五甲,被旱各则民田三百三十顷八十二亩,应征地丁、漕米内,著缓征十分之四银一千八十八两零,米三百十五石零。并南乡五十三都秋溪等村叶义图上五甲,合义图下五甲,六图一甲至十甲;五十四都水尾等村一图、尚义图各上五甲,二三图下五甲、四五八九各一甲至十甲;五十五都横露等村一图、结公图各一甲至十甲,二三七图、万年、能由、合盛等图各上五甲,合义图下五甲;福五十六都黄棋等村二图一甲至十甲,九、十图上五甲,兴文图下五甲;近五十六都平分等村一图上五甲,二图一甲至十甲;丰五十七都横石头等村一、二图各上五甲,四、五图下五甲,洲尾图一甲至十甲;福五十七都泰山桥等村一、二图各上五甲;福五十八都长富等村一、二图、伍凤、新下图各一甲至十甲;才五十八都陂下等村一图上五甲,二、三图各一甲至十甲;五十九都涂岭等村一二三图,伏盛、三忠两图各一甲至十甲,信义、双和两图各上五甲,永兴图下五甲,被旱各则民田二百七十六顷八十五亩,应征地丁、漕米内,著缓征十分之四,银九百七十二两零,米二百八十一石零。同西乡封十一都黄江等村一图一甲至十甲,二、四图上五甲;禾十一都一、三、四、六图各上五甲,二、五、七图各下五甲,仁义图一甲至十甲;上十二都台洲等村一、二、三图各上五甲,四、五、九、十图各下五甲,六、七、八图各一甲至十甲;下十二都灌沆等村头图上五甲,二、三、四、五、六、七、八、九等图各一甲至十甲;上十三都交文等村四仁图上五甲;下十三都枧田等村丰图二七甲,集贤图各上五甲,三、四图一甲至十甲;十四都洋港等村一二三图、明德图各一甲至十甲;上十五都夏溪等村一图上五甲,仁礼图一甲至十甲;下十五都汤岭等村一、二图上五甲,和乐、汉鼎两图各一甲至十甲;十六都沙市等村四图一甲至十甲;十七都厚田等村一图、上洲图各上五甲,四图下五甲,联科、永正、允全等图、炳图各一甲至十甲;十八都龙田等村二图上五甲,三七图、和礼仁义众善等图各一甲至十甲;十九都木江等村一图一甲至十甲，二图、叶义图、康图各上五甲；四十都鄱阳等村一图、景图、神仙图各下五甲，二三四五六等[图]、信达图各一甲至十甲；四十一都东路等村一二三四等图、原尚图各一甲至十甲，崇安图下五甲；上四十二都汶竹等村一图一甲至十甲，二六图、源远图各上五甲，四图下五甲；下四十二都落沟等村一二图、景山图各上五甲，四十三都高坑等村一、二、九、十等图各上五甲，三、四图下五甲，福乾图一甲至十甲；四十四都甑潭等村一二三图、善庆图各下五甲；六十都麻田等村一、二、五图，一本、新义两图各上五甲，三四图、正昌图各下五甲，忠信图一甲至十甲；六十一都城都等村一图上五甲，二、三图一甲至十甲；六十二都沙头等村二、三图上五甲，仁图下五甲，被旱各则民田六百九十三顷四十九亩，应征地丁、漕米内，著缓征十分之五银三千三十九两零，米八百八十石。并北乡一都左望等村一图、五永图各上五甲，二、三图下五甲，五六图、四同图、四义图各一甲至十甲；上二都官溪等村一图下五甲，三义图上五甲，九德、同昇两图各一甲至十甲；下二都小风塘等村一、二、三图各一甲至十甲，四五图、五永图各下五甲，七图上五甲；三都中坡等村四、五、六图各上五甲，七图、众义图各一甲至十甲；四都赖田等村一图、仁义图各一甲至十甲，二、三、四、五等图各下五甲；平五都石溪等村三至图、福图各一甲至十甲，八图上五甲，九图下五甲；禾五都前市等村二图上五甲，四图下五甲，崇善图一甲至十甲；六都风上等村三益图一甲至十甲，二、九图，三义、新益两图各上五甲；七都蛇形等村一、二、三、九、十等图各一甲至十甲，四五图、三丰图各下五甲，七、八图上五甲；八上都五图等村一图一甲至十甲，中和、大吉两图上五甲；八下都花陂等村一图、和盛图各下五甲，仁图一甲至十甲，忠清、西美两图各上五甲；九都狮山等村一图、仁义裕信等图各一甲至十甲，嘉谟、七政两图各下五甲，万镒图上五甲；十都荒上等村丰图、乾图、首图、怀清图各下五甲，本图、成图各上五甲，福图，旋图，叶吉、崇义两图各一甲至十甲，被旱各则民田五百七十一顷六十二亩，应征地丁、漕米内，著缓征十分之五，银二千五百九十一两零，米七百五十石零。同东乡福六十四都长源等村、近六十四都上坪等村、六十五都莱下等村、六十六都洲下陂等村、六十七都观音桥等村、六十八都白堡等村、六十九都高桥等村、七十一都白土等村、七十二都汴田等村；南乡五十三都秋溪等村、五十四都水尾等村、五十五都横路等村、福五十六都黄棋等村、近五十六都平分等村、五十八都长富等村、五十九都涂岭等村；西乡封十一都黄江等村、禾十一都上十二都台洲等村、下十二都灌坑等村、上十三都交文等村、下十三都枧田等村、十四都洋港等村、十五都夏溪等村、十六都沙市等村、十七都厚田等村、十八都龙田等村、十九都水江等村、四十都潘阳等村、四十一都东路等村、上四十二都汶竹等村、下四十二都落沟等村、四十三都东溪等村、四十四都元头等村、六十一都城都等村；北乡一都左望等村、四都顿田等村、六都风上等村、七都蛇形等村、上八都五团等村、下八都花陂等村、九都狮山等村、十都荒山等村，各军图一帮至十帮，共被旱屯田九十顷四亩零，应缓屯丁银十三两零，存留屯粮银五十四两零，漕运屯粮银四百四十一两零，余租银一千五百八十一两零。

余干县之东隅一图一二甲六甲至十甲小溪等村、二图三六九十甲下源等村，南隅一图一甲至四甲六甲至十甲三塘等村、二图三甲至七甲九十甲磨里等村、三图一甲至十甲料家等村，西隅一图一甲至十甲严溪等村、二图一甲至十甲青水等村、四图一甲五六甲八九十甲上童等村、五图一二五六七十甲长江等村、六图一甲至六甲八九十甲冷井等村，北隅一图二三四甲七甲至十甲吴家等村、二图一甲至五甲七甲至十甲暗山等村、三图一三甲五甲至十甲毛溪等村，二都一图一甲至五甲七九十甲彭湾等村、二图一甲至十甲小毛等村、三图一甲至五甲七甲至十甲下白等村、三都一图一甲至十甲李子等村、二图一甲至十甲周圩等村、三图一甲至六甲九十甲石头口等村，四都一图一甲至十甲鱼池塘等村、二图一甲至十甲瀔头等村、三图一甲至八甲十甲汤湾等村、四图一甲至十甲小路口等村，五都一图一二甲四甲至十甲港口等村、二图一二甲四甲至十甲后周等村，七都一图九甲毕溪[等]村，九都一图一甲至八甲十甲奠下等村、二图二甲至十甲史埠等村、三图一甲至十甲后港等村、四图一甲至十甲上李等村、五图一二四甲七甲至十甲石窟等村、六图一二三甲五甲至十甲童埠等村、七图一二甲四甲至十甲振米等村、八图一甲至千甲下段等村，二十七都一图一甲至十甲睦和等村、二图一甲至十甲老头等村、三图一甲至十甲蔗湖等村、四图一甲至十甲坝湾等村，二十八都一图三五九十甲洲上等村、二图一甲至五甲七甲至十甲尖山等村、三图一二四六七八千甲在李等村、四图一二四六七八十甲龙津等村、五图三五甲七甲至十甲垱头等村、六图四六九十甲南河等村、七图二甲至八甲十甲前湾等村，二十九都一图一甲至十甲杨村等村、二图一甲至十甲大坂等村、三图一甲至十甲西苍等村、四图一甲至七甲九十甲湖下等村、五图一甲至十甲桐源等村，三十都一图一二三五六七八十甲大毛等村、二图一甲至十甲大口等村、三图一甲至十甲排头等村、四图二五六七九十甲白竹等村、五图二三五七八九十甲涂坊等村、六图一甲至五甲七甲至十甲楼下等村、七图六上十甲水埠等村，三十一都一图一甲至十甲赤岸等村、二图一甲至七甲十甲西源等村、三图一甲至十甲榨下等村、四图一甲至十甲尺江等村，三十二都一图一甲至十甲米湾等村、二图一二四甲六甲至十甲塔前等村、三图一甲至十甲排港等村、四图一甲至十甲庵前等村、五图一甲至十甲石子等村、六图一甲至十甲南河等村、七图一甲至十甲汉口等村、八图十甲下西村，三十三都一图一甲至十甲大湖等村、二图一甲至十甲润溪等村、三图一甲至八甲九甲小口等村，三十四都一图一甲至十甲毫湖等村、二图一甲至十甲上曹等村、三图一甲至十甲竹山等村，三十五都一图一甲至十甲土坊等村、二图一甲至十甲梁山等村、三图一甲至十甲大溏等村、四图一甲至十甲松山等村、五图一甲至十甲崇山等村、三十六都一图一二三甲五甲至十甲神口等村，共被水各则民田四千六百顷八十四亩零，应缓地丁银七千九百七十一两零，漕米三千七百六十八石零。

建昌县之归义乡一、二、三、四、五图各一甲至十甲，新城乡一、二、三、四、五、六、七、八图各一甲至十甲，修智乡一、二、三、四图各一甲至十甲、昇仙乡一、二、三、四、五图各一甲至十甲，甘泉乡一、二、三、四、五、六图各一甲至十甲，受安乡一、二、三、四、五、六图各一甲至十甲，永丰乡一、二、三、四、五、六、七、八、九、十、十一、十二、十三、十四、十五、十六图各一甲至十甲，凝远乡一、二、三、四、五、六、七、八图各一甲至十甲，丰安乡上一二图、下一二图、三四五六十十一十二图各一甲至十甲，德政乡一、二、三、四、五、六图各一甲至十甲,市镇乡一、二、三、四图各一甲至十甲,芦镇乡图一甲至十甲,钓台乡一、二、三、四、五、六、七、八、九图各一甲至十甲,共被水、被旱各则田地五千六百四十一顷二十八亩零,应缓地丁银九千八百十五两零,漕米四千六百五十一石零;并安义县寄庄坐落建昌县之归义、新城、甘泉、受安、永丰、凝远、丰安、德政、市镇、钓台等乡各图甲内,共被水、被旱各则田地七十三顷六十九亩零,应缓地丁银二百八十一两零,漕米一百二十一石零。

德化县之南昌乡戴家仙、长岭寨、清泉寨、小麦坦、张家湾、邓家埠、狮子口;仙居乡氓山下、夏家铺、马嘶河、五节桥、李家桥;桑落乡上五、劳家埂、官港、戢家河;赤松乡赤松园、永兴圩、洗心圩、官牌夹、八五、城子镇、团白洲;泰临乡城东、城西、城南、城北;通津乡附城、西南北三隅;新民乡下矶湾;封廓乡封一、封二、阿公围、小池、南池、李家套、杨泗、横港、高埠、沙池各寨;白鹤乡石门、沙河、太平、鹤问、洞中、陶埠等寨;楚城乡堤心堰、蔡家堰、十方坂、荆林街;甘泉乡甘一、甘二、蓝桥坂、王老门、南昌铺、罗家塘、张家山;仁贵乡仁一、仁二、硖石、大姑塘、迴峰矶、洪垅埂、刘家岭;德化乡石塘铺、谭家坂、东城坂、殷家坳,共被水、被旱各则民田地七百九十三顷四十三亩零,应缓地丁银二千二百六十一两零。同南卫南昌乡瑞昌,仙居乡王家洲、义门;桑落乡程家营、桂家嘴、石埠头、下五,封廓乡杨泗寨、新河,仁贵乡殷家社、洪垅,甘泉乡花田、路西、公祖、炉冲、百户、团山,白鹤乡黄土埫、七里、炉冲,楚城乡上塞、左泗、百户,并九卫桑落乡李家营、金家坝、罗家渡,赤松乡八五、团白洲,城子镇、三班,封廓乡沙地、湖滩、湖口、张家河、溲津,白鹤乡蛟滩坂、石门涧、彭塘湾、娄家湾、沙河,德化乡陆家河、十里铺、桂家垅、湖湾、夏家河,仁贵乡裴家湖、廖家塝、虞家河、朱桥坂、广西寨,甘泉乡蓝桥坂、王老门、金家桥、分水岭、马回岭,共被水、被旱各则屯田地五百九十六顷五十八亩零,应缓屯丁银八十二两零,存留屯粮银五百六十七两零,漕运屯粮银二千四百三十两零,余租银四千五百七十八两零。同桑落乡之桑落、牧鹅、林柳、蔡杨家等洲、桂家营,赤松乡之赤松、通津、仁贵、鸭蛋等洲、团洲,封一乡之封一洲、沙池寨、蒋家营,封二乡之封二洲、北关塞、套口寨,共被水各则洲地四百二十九顷九亩零,应缓(干)[十]四年压征十三年芦课银七百五十六两零。

德安县之黄湾、陈湾、固村、附城、金鸡、后田、乌石、墩上、在市、神威、河东、墩下等堡,共被水各则民田地二百九十顷四十三亩零,应缓地丁银二千七百二十二两零;并南九二卫坐落陈湾、附城、金鸡、后田、在市、河东等堡,共被水各则屯田地一百四十二顷二千九亩零,应缓屯丁银一百二十五两零,存留屯粮银一百四十四两,漕运屯粮银九百五十四两零,余租银一千七百十四两零。

瑞昌县安泰乡之周滩、九屯、九民、迴龙、荆林、青龙、安城、北亭、龙源等堡,归一乡之板林、洪山、油树、乌石、沙圳、小瀼、水陆、陡岗、桑林、常丰、泰山等堡,归二乡之营桂、石山、洪青、筋竹等堡,清一乡之八都、乐山、东山、璠蛳、大桥等堡,清二乡之仙姑、坎田、良田、石壁、清溢、横港等堡,洪下乡之石洋、高路、崇正、箬坑等堡,洪一乡之长坑、何约、大殿、王约、大阪、谈约、上下曹约、草塘、吴约等处,洪二乡之水磨、约港、北约等处,甘露乡之横立、罗城、双城、秦城、禁坪等堡，今一乡之南阳、河塘、大林等堡，今二乡之封门、北亭等堡，共被水各则民田地七百五十四顷二亩零，应缓地丁银三千七百一十四两零；并南、九二卫坐落内外甲，民纳、军纳、华林、高丰、石山，并德化、南昌、仙居、朗山、渠田、赤松等乡，共被水各则屯田地一百七十三顷二十一亩零，应缓漕运屯粮银一千一百二十一两零，余租银二千十三两零。

湖口县之上乡十三都四八甲，十四五都一、七甲，十六都二、七甲，十七都二、六甲、杨家塆、寺前塆；中乡一坊一、九甲，二坊一、二、九甲，八都四、九甲；下乡四六都一、三、五甲，共被水各则田三百五十四顷二十七亩零，应缓十分之五，地丁银一千三百三十三两零；同下乡之四六都及编入德化县之仁贵乡、宿松县之孟家洲等处，共被水屯田四十二顷三十八亩零，应缓十分之四，漕运屯粮银一百三十九两零，余租银三百四十二两零。九江府同知所辖南卫桑落乡大湾、三百、桑盛、新生、永兴等洲；九卫桑落乡翁家、罗葛、东瓜等洲，罗家渡，新生、罗家二洲，毛溪埂、谭家、韦家、李家、詹家等营，汪家汊汊洋湾、永新生等洲，赤松乡项家、牛皮二洲，小江津田家林、小江津李梓洲；南卫封一乡封廓洲；九卫封二乡封廓洲，共被水各则地五百六十八顷九十九亩零，内被灾较重地亩应缓十四年压征十三年芦课银四百七十二两零，均著缓至光绪十五年秋后，分作两年带征。又湖口县之梅家、大湾、牛湖、兴福、永和、谢张、秦张等洲，共被水洲地三百九十四顷五十二亩零，应缓十四年压征十三年十分之四芦课银二百十六两零，著缓至光绪十五年秋后，分作三年带征。

又南昌县光绪六、七、八、九、十、十一、十二、十三年原缓各本年地丁、漕米；新建县光绪六、七、八、九、十、十一、十二、十三年原缓各本年地丁、漕米；丰城、清江二县光绪十三年，新淦县光绪十一、十三年，新喻县光绪十一年，峡江县光绪七、八、九、十、十一、十三年，原缓各本年地丁、漕米；庐陵县光绪七年原缓本年地丁、漕米、存留屯粮、漕运屯粮、余租，十一年原缓本年地丁、漕米；吉水县光绪七年，永丰县光绪九年，泰和县光绪六、七年，东乡县光绪八、九年原缓各本年地丁、漕米；鄱阳县光绪十三年原缓本年地丁、漕米、屯粮丁、存留屯粮、漕运屯粮、余租；余干县光绪八、十、十一、十二、十三年原缓各本年地丁、漕米；浮梁县光绪十年原缓本年地丁，除完纳外，其余未完同原缓本年、漕米；安仁县光绪十二年，德兴县光绪八年，万年县光绪八、十、十一、十三年原缓各本年地丁、漕米；星子县光绪七、八、十、十一、十三年原缓各本年地丁、屯粮丁、余租；都昌县光绪八、十一、十三年原缓各本年地丁、漕米；德化县光绪八、九、十、十一、十二、十三年原缓各本年地丁、屯粮丁、存留屯粮、漕运屯粮、余租，压征七、八、九、十、十一、十二年芦课；瑞昌县光绪八年原缓本年地丁、漕运屯粮、余租，十一、十三年原缓各本年地丁，均除完纳外，其余未完同原缓各本年漕运屯粮、余租；湖口县光绪六、七、八、十一、十二、十三年原缓各本年地丁，均除完纳外，其余未完同原缓各本年漕运屯粮、余租，及九年原缓本年地丁、漕运屯粮、余租；彭泽县光绪六年原缓本年二限一半地丁、屯粮丁、存留屯粮、漕运屯粮、余租、压征五年芦课，八、十一、十三年原缓各本年地丁、屯粮丁、存留屯粮、漕运屯粮、余租、压征七十十二等年芦课，均著递缓至光绪十五、十六两年秋后带征。

进贤县光绪十三年原缓本年地丁、漕米；清江县光绪十一年原缓本年地丁、漕米；莲花厅光绪六、七、八、九、十、十一、十二、十三年原缓各本年地丁、漕米、漕运屯粮、余租；安福县光绪十三年原缓本年地丁、漕米、漕运屯粮、余租；余干县光绪七年原缓本年地丁、漕米；建昌县光绪十三年原缓本年地丁、漕米，并安义县寄庄建昌县光绪十三年原缓本年地丁、漕米；德化县光绪七年原缓本年地丁、屯粮丁、存留屯粮、漕运屯粮、余租、压征六年芦课；德安县光绪十三年原缓本年地丁、屯粮丁、存留屯粮、漕运屯粮、余租；九江府同知所辖芦洲光绪十三年原缓本年压征十二年芦课，均著递缓至光绪十六、十七两年秋后带征。

进贤县光绪十二年原缓本年地丁、漕米；清江县光绪九年原缓本年地丁、漕米；新淦县光绪九年原缓本年地丁、漕米；新喻县光绪十年原缓本年地丁、漕米，安福县光绪十二年原缓本年地丁、漕米、漕运屯粮、余租；鄱阳县光绪十一年原缓本年地丁、漕米、屯粮丁、存留屯粮、漕运屯粮、余租；余干县光绪六年原缓本年地丁、漕米；浮梁县光绪八年原缓本年地丁，除完纳外，其余未完同原缓本年漕米；建昌县光绪十二年原缓本年地丁、漕米，并安义县之寄庄建昌县光绪十二年原缓本年地丁、漕米；德化县光绪六年原缓本年地丁、屯粮丁、存留屯粮、漕运屯粮、余租、压征五年芦课；德安县光绪十二年原缓本年地丁、屯粮丁、存留屯粮、漕运屯粮；九江府同知所辖芦洲光绪十二年原缓本年压征十一年芦课，均著递缓至光绪十七、十八两年秋后带征。

进贤县光绪十一年原缓本年地丁、漕米；安福县光绪十一年原缓本年地丁、漕米、漕运屯粮、余租；建昌县光绪十一年原缓本年地丁、漕米，并安义县寄庄建昌县光绪十一年原缓本年地丁、漕米；德安县光绪十一年原缓本年地丁、屯粮丁、存留屯粮、漕运屯粮；九江府同知所辖芦洲光绪十一年原缓本年压征十年芦课，均著递缓至光绪十八、十九两年秋后带征。

进贤县光绪十年本年地丁、漕米；新淦县光绪八年原缓本年地丁、漕米；新喻县光绪九年原缓本年地丁、漕米；安福县光绪十年原缓本年地丁、漕米、漕运屯粮、余租；鄱阳县光绪十年原缓本年地丁、漕米、存留屯粮、漕运屯粮、余租；建昌县光绪十年原缓本年地丁、漕米，并安义县寄庄建昌县光绪十年原缓本年地丁、漕米；德安县光绪十年原缓本年地丁、屯粮丁、存留屯粮、漕运屯粮，九江府同知所辖芦洲光绪十年原缓本年压征九年芦课，均著递缓至光绪十九、二十两年秋后带征。

进贤县光绪九年原缓本年地丁、漕米，安福县光绪九年原缓本年地丁、漕米、漕运屯粮、余租，建昌县光绪九年原缓本年地丁、漕米，并安义县寄庄建昌县光绪九年原缓本年地丁、漕米，德安县光绪九年原缓本年地丁、屯粮丁、存留屯粮、漕运屯粮，九江府同知所辖芦洲光绪九年原缓本年压征八年芦课，均著递缓至光绪二十、二十一两年秋后带征。

进贤县光绪八年原缓本年地丁、漕米；新淦县光绪七年原缓本年地丁、漕米；新喻县光绪八年原缓本年地丁、漕米；安福县光绪八年原缓本年地丁、漕米、漕运屯粮、余租；鄱阳县光绪九年原缓本年地丁、漕米、屯粮丁、存留屯粮、漕运屯粮、余租；建昌县光绪八年原缓本年地丁、漕米，并安义县寄庄建昌县光绪八年原缓本年地丁、漕米；德安县光绪八年原缓本年地丁、屯粮丁、存留屯粮、漕运屯粮；九江府同知所辖芦洲光绪八年原缓本年压征七年芦课，均著递缓至光绪二十一、二十二两年秋后带征。

进贤县光绪七年原缓本年地丁、漕米、漕运屯粮、余租；建昌县光绪七年原缓本年地丁、漕米，并安义县寄庄建昌县光绪七年原缓本年地丁、漕米；德安县光绪七年原缓本年地丁、屯粮丁、存留屯粮、漕运屯粮；九江府同知所辖芦洲光绪七年原缓本年压征六年芦课，均著递缓至光绪二十二、二十三两年秋后带征。

进贤县光绪六年原缓本年地丁、漕米；新淦县光绪六年原缓本年地丁、漕米，新喻县光绪七年原缓本年地丁、漕米；安福县光绪六年原缓本年地丁、漕米、漕运屯粮、余租；鄱阳县光绪八年原缓本年地丁、漕米、屯粮丁、存留屯粮、漕运屯粮、余租；建昌县光绪六年原缓本年地丁、漕米，并安义县寄庄建昌县光绪六年原缓地丁、漕米；德安县光绪六年原缓本年地丁、屯粮丁、存留存粮、漕运屯粮；九江府同知所辖芦洲光绪六年原缓本年压征五年芦课，均著递缓至光绪二十三、二十四两年秋后带征。

新喻县光绪六年原缓本年地丁、漕米，著递缓至光绪二十五、二十六两年秋后带征。武宁县光绪十三年原缓本年地丁、漕米；永新县光绪六、七、八、九、十、十一、十二、十三年原缓各本年地丁、漕米、屯粮丁、存留屯粮、漕运屯粮、余租；兴国县光绪七年原缓本年地丁，除完纳外，其余未完地丁，均著递缓至光绪十五年秋后一并带征。湖口县光绪六、七、八、九、十、十一、十二、十三年原缓各本年压征五、六、七、八、十、十一、十二年芦课，均著递缓至光绪十五、十六、十七等三年秋后带征，以纾民力。

余著照所议办理。该抚即刻誊黄，遍行晓谕，务使实惠均沾，毋任吏胥舞弊，用副轸念民艰至意。该部知道。钦此。

45　军机大臣字寄盛京将军庆、暂署盛京将军定、两江总督·一等威毅伯曾、闽浙总督卞、湖广总督裕、两广总督兼署广东巡抚张、浙江巡抚崧、前安徽巡抚·候补三品京堂陈、江西巡抚德、福建台湾巡抚刘、湖北巡抚奎、湖南巡抚王，传谕暂护江苏巡抚、布政使黄彭年。光绪十五年正月十五日，钦奉慈禧端佑康颐昭豫庄诚皇太后懿旨：前据总理海军事务衙门奏，请由天津至通州接修铁路，当经降旨允准；嗣据御史余联沅等先后陈奏，请停办铁路，均谕令总理海军事务衙门会同军机大臣妥议具奏。兹据会商筹议，逐款胪陈，详加披阅，所陈各节辩驳精详，敷陈剀切。其于条陈各折内，似是而非之论，实能剖析无遗。惟事关创办，不厌求详。在廷诸臣，于海防机要，素未究心，语多隔膜。该将军、督抚等身膺疆寄，办理防务，利害躬亲，自必讲求有素。著庆裕、定安、曾国荃、卞宝第、裕禄、张之洞、崧骏、陈彝、德馨、刘铭传、奎斌、王文韶、黄彭年，按切时势，各抒所见，迅速覆奏，用备采择。会议折一件、余联沅折、屠仁守等折、洪良品等折、翁同龢等折、奎润等折、游百川折片、文治折各一件，徐会沣等折内一条，均著抄给阅看。将此由五百里谕知庆裕等，并传谕黄彭年知之。钦此。遵旨寄信前来。抄送醇邸。

352　军机大臣字寄两江总督一等威毅伯曾、湖广总督裕、闽浙总督卞、两广总督兼署广东巡抚张、四川总督刘，江西巡抚德、浙江巡抚崧、湖北巡抚奎、广西巡抚调补安徽巡抚沈、广西巡抚高、巡抚衔·督办云南矿务唐,传谕护理江苏巡抚、布政使黄彭年。光绪十五年三月二十日奉上谕:前据唐炯奏,云南矿务渐有起色,请拨铜本银一百万两,当谕令户部如数指拨。兹据该部详议覆奏,请于欠解项下,令江西解银十五万两、浙江解银二十七万两,共银四十二万两;江苏、湖北、福建、广东于加放俸饷项下各改解银十二万两,浙江改解银十万两,共银五十八万两,以上两项,已足一百万两之数。著各该督抚督饬藩司,于本年六月间解到一半,年底全数解清。云南铜本,关系紧要。江西、浙江前已任意拖欠,此次,如再延宕,即著该部将该二省藩司指名奏参。其余各省均不得诿卸迟延,致干参处。其同治十二年暨光绪三年两次部拨各省关铜本银二百万两及历年云南司库借用银两应行提还各款未还银四十余万两,江西、浙江、广东省并太平关,广西、四川等省尚未解清,著各该省关督抚、监督等,各将应还应解银两迅即解滇应用。至云南历年欠解铜斤,为数甚巨,唐炯督办矿务,责无旁贷,务当实力煎采,源源解运,不得仍前短欠,致糜巨款。本年煎获铜斤,即行提前起解,以资鼓铸。其贵州各铅厂,并著督饬尽力开采。现在已获铅斤若干,年内可解若干,迅速复奏。原折著抄给唐炯阅看。将此谕知曾国荃、裕禄、卞宝第、张之洞、刘秉璋、德馨、崧骏、奎斌、沈秉成、高崇基、唐炯,并传谕黄彭年知之。钦此。遵旨寄信前来。(抄交户部)

411　军机大臣字寄直隶、两江、闽浙、湖广、四川、江苏、安徽、江西、湖北、湖南、山东、山西各督抚。光绪十五年四月初六日奉上谕:户部奏请续拨京饷等语。近年部库放款浩繁,叠经户部续请,添拨京饷。此次该部体察各省情形,拟拨山东地丁银五万两,山西地丁银五万两,湖南地丁银五万两,江西地丁银四万两,福建税厘银十万两,两淮盐课盐厘银八万两、长芦荥工加价银五万两,江苏厘金银十二万两,安徽厘金银五万两,湖北盐厘银五万两,四川津贴银五万两、盐厘银十万两,江海关洋税银八万两,九江关常税银十万两,赣关常税银一万两,芜湖关常税银一万两、洋税银一万两,共银一百万两。著该督抚,各将所拨饷银连本年原拨未解京饷均于五月前解到一半,十二月初间如数解齐。各该督抚务当顾全大局,依限提前完解。倘藉词诿卸,率请划抵截留,贻误要需,即著该部指名奏参。将此由五百里各谕令知之。钦此。遵旨寄信前来。(抄交户部)

503　光绪十一年各省乡试正副考官。

江南:正考官太仆寺少卿冯尔昌;副考官翰林院编修戴彬元。

浙江:正考官都察院左副都御史白桓;副考官詹事府司经局洗马潘衍桐。

江西:正考官内阁学士廖寿恒;副考官掌陕西道监察御史王赓荣。

福建:正考官翰林院侍读学士陈学棻;副考官翰林院编修张鼎华。

湖南:正考官翰林院编修陈琇莹;副考官翰林院编修谢隽杭。

湖北:正考官詹事府少詹事承翰;副考官翰林院编修朱一新。

河南:正考官翰林院编修周龄;副考官掌河南道监察御史曾培祺。

山东:正考官都察院左副都御史英煦;副考官翰林翰编修白遇道。

山西:正考官翰林院编修林壬;副考官刑部员外郎胡泰福。

陕西:正考官翰林院编修黄群杰;副考官工部主事赵高熙。
甘肃:正考官鸿胪寺卿文治;副考官江南道监察御史唐椿森。
四川:正考官署都察院左副御史、大理寺卿沈源深;副考官翰林院编修黄绍箕。
广东:正考官内阁学士钱桂森;副考官翰林院编修周銮诒。
广西:正考官翰林院编修檀玑;副考官京畿道监察御史丁振铎。
云南:正考官翰林院编修朱喜祥;副考官翰林院编修庞玺。

504 光绪十一年各省学政:
顺天学政·吏部左侍郎许应骙;
江苏学政·国子监祭酒王先谦;
安徽学政·刑部右侍郎贵恒;
江西学政·翰林院侍讲学士梁仲衡;
浙江学政·翰林院侍讲学士瞿鸿禨;
福建学政·翰林院侍读学士陈学棻;
湖北学政·翰林院编修张仁黼;
湖南学政·翰林院编修陆宝忠;
湖[河]南学政·翰林院编修华金寿;
山东学政·翰林院侍读陆润庠;
山西学政·翰林院编修高燮曾;
陕西学政·翰林院编修林启;
甘肃学政·翰林院编修秦澍春;
四川学政·翰林院编修盛炳纬;
广东学政·太常寺卿胡瑞澜;
广西学政·翰林院编修李殿林;
云南学政·翰林院编修戴鸿慈;
贵州学政·翰林院编修杨文莹;
奉天府府丞兼学政杨颐。
光绪十四年各省学政:
顺天学政·刑部右侍郎周德润;
江苏学政·大理寺少卿杨颐;
安徽学政·内阁学士钱桂森;
江西学政·翰林院侍读学士龙湛霖;
浙江学政·翰林院侍读潘衍桐;
福建学政·工部左侍郎乌拉布;
湖北学政·翰林院编修赵尚辅;
湖南学政·翰林院编修张亨嘉;

河南学政 · 江南道监察御史陈琇莹;
山东学政 · 内阁学士裕德;
山西学政 · 翰林院编修管廷鹗;
陕西学政 · 翰林院编修柯逢时;
甘肃学政 · 翰林院编修胡景桂;
四川学政 · 翰林院编修朱善祥;
广东学政 · 翰林院侍讲樊恭煦;
广西学政 · 吏科给事中黄煦;
云南学政 · 翰林院编修王丕厘;
贵州学政 · 翰林院编修陈荣昌;
奉天府府丞兼学政延茂。

522　…………
江西五员
○庶吉士熊亦奇江西人,年二十九岁。光绪九年二甲进士,散馆一等四名。
○庶吉士蔡金台江西人,年二十八岁。光绪十二年二甲进士,散馆一等二十五名。
○庶吉士周承光江西人,年三十三岁。光绪十二年二甲进士,散馆一等三十一名。
庶吉士徐嘉言○江西人,年三十一岁。光绪十二年二甲进士,散馆二等十七名。
庶吉士梅汝鼎○江西人,年三十岁。光绪十二年二甲进士,散馆二等二十一名。

557　军机大臣字寄湖广总督裕、四川总督刘、浙江巡抚崧、江西巡抚德、湖北巡抚奎、湖南巡抚王。光绪十五年五月初八日,奉上谕:前据岑毓英等奏,云南饷需奇绌,请饬部限催各省,如数筹解一折。当令户部速议具奏。兹据奏称,滇省兵饷系计口授食之需。各省应解新旧饷银,截至本年三月止,湖南报解不及九成,江西、湖北、四川报解不及五成,浙江报解尚不及二成,实属任意玩延。著裕禄、刘秉璋、崧骏、德馨、奎斌、王文韶严饬各该藩司将欠解滇饷设法筹措,限于本年八月内筹解一半,十一月底扫数解清。云南办理边防饷需,极关紧要。经此次饬催后,各该督抚、藩司倘再延不筹解,即著户部指名严参。原折、单均著抄给阅看。将此由四百里各谕令知之。钦此。遵旨寄信前来。(抄交户部)。

577　第一排,一甲进士三名。
○李盛铎江西人,年三十一岁。一甲二名进士,覆试一等十七名。
…………

578　第一排
江西进士六名。
○饶士腾江西人,年四十一岁。二甲三名进士,覆试二等五十四名,朝考二等五十九名。
○熊方燧江西人,年三十六岁。二甲八名进士,覆试一等七十二名,朝考一等八十名。

〇欧阳熙江西人,年二十八岁。二甲五十名进士,覆试一等八名,朝考一等十五名。

毛庆蕃江西人,年四十四岁。二甲六十三名进士,覆试三等二十五名,朝考二等三十名,户部候补员外郎。

△赖绍廉江西人,年三十岁。二甲六十七名进士,覆试二等六十六名,朝考二等五十九名。

〇段友兰江西人,年三十五岁。二甲六十九名进士,覆试一等五十六名,朝考一等五十五名。

第二排

江西进士六名。

△万和锡江西人,年三十二岁。二甲一百十九名进士,覆试三等四十名,朝考三等六十二名。

丶韦绍曾江西人,年四十岁。三甲三名进士,覆试三等十九名,朝考二等三十九名。

丶朱寿慈江西人,年三十一岁。三甲十四名进士,覆试三等十名,朝考二等一百四名。

〇喻兆蕃江西人,年二十六岁。三甲三十九名进士,覆试二等五名,朝考一等四名。

△陈三立江西人,年三十四岁。三甲四十五名进士,覆试二等五十七名,朝考二等十三名。

△刘宝森江西人,年二十九岁。三甲五十一进士,覆试二等三十九名,朝考二等六十三名。

第三排

江西进士六名。

丶杨墉江西人,年三十八岁。三甲六十五名进士,覆试三等一百八名,朝考二等六十九名。

△连培型江西人,年三十三岁。三甲七十名进士,覆试一等三十二名,朝考三等十四名。

丶李柏龄江西人,年三十六岁。三甲一百三名进士,覆试三等八十五名,朝考三等三十四名。

△赵金寿江西人,年三十岁。三甲一百三十四名进士,覆试二等六十四名,朝考二等七十三名。

丶赵诣江西人,年三十岁。三甲一百四十四名进士,覆试三等一百十一名,朝考三等九十名。

丶魏志良江西人,年四十一岁。三甲一百五十名进士,覆试二等五十名,朝考三等七十五名。

764　军机大臣字寄江西巡抚德。光绪十五年七月十四日,奉上谕:有人奏江西厘卡太密,自赣州府至省城,设卡验票至十一处之多。临江之樟树镇、新建之吴城镇、铅山之河口镇皆设立上、中、下三卡,竭泽而渔,怨咨在道,请饬酌量裁撤等语。设卡抽厘,原属不得已之举,自应酌度地方情形,妥善办理。若如所奏,该省分卡太密,节节查验稽留,殊非体恤商民之道。著德馨按照所奏各节,确切查明,据实覆奏。原片著摘抄,给与阅看。将此谕令知之。钦此。遵旨寄信前来。

868　军机大臣字寄福州将军,直隶、两江、湖广、闽浙、四川、两广、江苏、安徽、浙江、江西、湖北、湖南、山东、河南、广东各督抚,传谕粤海关监督。光绪十五年八月十一日,奉上谕:户部、总理各国事务衙门奏,各直省欠解东北边防经费,请旨严催一折。据称本年各省关应解东北边防经费,除解到及报解起程外,尚欠解银一百二十三万五千两,其光绪六、七、八、九、十、十一、十二、十三、十四等年共积欠银一百四十二万九千余两,为数甚巨等语。此项经费系吉林、黑龙江、北洋各防营计口授食之需,关系紧要,何得任意延宕。著各该将军、督抚迅即查照户部单开欠解各数,分批筹解部库。倘再延欠,即著照贻误京饷例指名严参。原单均著抄给阅看。将此由四百里谕知福州将军、直隶等省各督抚,并传谕粤海关监督知之。钦此。遵旨寄信前来。(另抄交户部、总理衙门)。

882　光绪十五年八月十四日,内阁奉上谕:江西饶州府知府员缺,著倪恩龄补授。钦此。

883　查:江西饶州府知府系冲繁难要缺。谨奏。

891　军机大臣字寄福州将军,两江、闽浙、湖广、四川、江苏、安徽、江西、湖北、湖南、河南、山西、陕西各督抚。光绪十五年八月十九日,奉上谕:户部奏筹拨甘肃新饷一折。甘肃关内外各军饷银,关系紧要。现经该部将光绪十六年新饷指拨,山西省银八十四万两,河东道银五十二万两,河南省银六十一万两,陕西省银二十万两,湖北省银三十三万两,湖南省银十六万两,江苏省银二十万两,两淮银二十万两,安徽省银二十万两,江西省银三十六万两,四川省银九十八万两,闽海关银二十万两,共银四百八十万两,请饬依限报解。著该将军、督抚等严饬各该司道,按照部拨数目于本十二月底赶解三成,至来年四月底止再解三成,其余四成统限九月底止扫数解清。各该省如能依限完解,即由陕甘总督奏请奖叙。倘仍前延欠,即著户部照案奏参。将此由五百里各谕令知之。钦此。遵旨寄信前来。(抄交户部)。

1018　军机大臣字寄盛京将军,直隶、两江、闽浙、湖广、四川、两广、陕甘、云贵各总督,江苏、安徽、江西、浙江、福建、台湾、湖北、湖南、河南、山东、山西、陕西、甘肃、新疆、广东、广西、云南、贵州各巡抚。光绪十五年十月初三日,奉上谕:本年山东各属被灾,先经加恩赏拨南漕十万石;复钦奉懿旨,发给内帑银十万两,广为抚恤。并因滨河各州县堤埝漫溢,谕令张曜截留该省新漕十万石,预筹冬赈。嗣经该抚奏到章邱等处被灾情形,又将本年上忙钱粮分别缓征。四川涪、雅两江涨溢,居民被淹,特谕刘秉璋于捐输项下拨银五万两,藉资赈济。安徽霍邱等州县被淹;浙江温州等处被风、被水,严州等处被水;湖南武陵等州县被淹;河南周家口被火,河内等县被淹;山东莒州沂水县各被雹;四川石泉等州县被水,泸州被火;陕西咸宁等县被水、被雹,长安等县被水,鄜州被雹;甘肃阶州被水;广东嘉应州等处被水,新安县被风,均经该督抚等查勘抚恤,小民谅可不至失所。惟念来春青黄不接之时,民力未免拮据,著传谕该督抚等体察情形,如有应行接济之处,即查明据实覆奏,务于对印以前奏到,候朕于新正降旨加恩。再,安徽宿松等县被水;江西进贤等县被淹,新喻等县被旱;浙江杭州等府被水;湖南澧州等州县被淹;河南滑县被水;甘肃皋兰等州县被雹;云南昆阳等州县被水,石屏州被旱,均经该督抚等委员查勘,即著迅速办理,并将来春应否接济之处一并查明,于封印前奏到。此外各省有无被灾地方,应行调剂抚恤之处,著该将军、督抚等一并查奏,候旨施恩。将此各谕令知之。钦此。遵旨寄信前来。

1121 军机大臣字寄福州将军，直隶、两江、湖广、闽浙、四川、两广各总督，江苏、安徽、江西、福建、浙江、湖北、湖南、山东、广东各巡抚，传谕粤海关监督。光绪十五年十月三十日，奉上谕：户部奏请催解京饷一折。本年京饷原拨、续拨共银八百万两。截至九月底止，除划拨截留解到及报解起程外，尚欠解银二百二十二万三千余两。现在部库存项无多，一切放款为数甚巨。所有各省关欠解京饷，亟应依限报解，以应要需。著各该将军、督抚、监督等各将欠解银两迅即照数解部，统于年内扫数解齐。倘敢诿卸拖欠，即由户部指名严参。原单著抄给阅看。将此由五百里谕知福州将军，直隶、两江、湖广、闽浙、四川、两广各总督，江苏、安徽、江西、福建、浙江、湖北、湖南、山东、广东各巡抚，并传谕粤海关监督知之。钦此。遵旨寄信前来。（抄交户部）。

1142 军机大臣字寄户部，大学士·直隶总督·一等肃毅伯李、两江总督·一等威毅伯曾、闽浙总督·兼管福建巡抚卞、江苏巡抚刚、安徽巡抚沈、江西巡抚德、河南巡抚倪、湖北巡抚奎、山东巡抚张，传谕淮安关监督效曾。光绪十五年十一月初五日，奉上谕：定安等奏请饬拨东三省来年的饷，并请催欠饷一折。东三省庚寅年的饷应拨奉天银二十六万两，打牲乌拉银三万六千六百九十九两零，著户部照数指拨，令各该省督抚等如数筹解，毋许迟延，并于报解之时分晰奉天、打牲乌拉各款目，以免牵混。至所奏吉林、黑龙江的饷，请俟各该省咨报到日，径行核拨等语。著户部速议具奏。其直隶等省欠解东三省本年的饷暨历年欠饷，著李鸿章、曾国荃、卞宝第、刚毅、沈秉成、德馨、倪文蔚、奎斌、张曜、效曾按照单开数目，赶紧筹措，务于年内解清，以济要需。原单均著抄给阅看。将此谕知户部，并由五百里谕知李鸿章、曾国荃、卞宝第、刚毅、沈秉成、德馨、倪文蔚，奎斌、张曜，并传谕效曾知之。钦此。遵旨寄信前来。

1160 军机大臣字寄福州将军，直隶、两江、湖广、闽浙、两广、四川、江苏、安徽、江西、福建、浙江、湖北、湖南、河南、山东、山西、广东各督抚，传谕淮安关、粤海关监督。光绪十五年十一月初九日，奉上谕：户部奏预拨来年京饷一折。历届京饷均系年前预拨。光绪十六年京饷，该部拟在地丁、盐课等款内指拨银七百万两，请饬各该省关于来年分批起解等语。京饷关系紧要，现经该部就各省关情形酌量动拨，自应遵照奏定数目源源报解，以应要需。著该将军、督抚、监督等，务于接到部文后，分批赶解，限于来年五月前解到一半，十二月初间全数解清，不准截留改拨，藉词延误。倘届限不到，即著该部照奏定章程指名严参。原单均著抄给阅看。另片奏，光绪十六年内务府经费，拟拨两浙盐课银五万两，广东盐课银五万两，福建茶税银五万两，闽海关常税银十万两，洋税银五万两，江海关洋税银五万两，太平关常税银十万两，九江关常税银十五万两，共银六十万两，请饬依限完解等语。除闽海关常税银十万两应径解北洋外，其余指拨各款，著该将军、督抚、监督等，务于来年开印后陆续径解内务府交纳，先将起程日期报部，仍限六月前解到一半，十二月初间扫数解清，不准稍有蒂欠。将此由五百里谕知福州将军，直隶、两江、湖广、闽浙、两广、四川、江苏、安徽、江西、福建、浙江、湖北、湖南、河南、山东、山西、广东各督抚，并传谕淮安关、粤海关监督知之。钦此。遵旨寄信前来。（抄交户部)。

1161　军机大臣字寄江西巡抚德。光绪十五年十一月初九日,奉上谕:有人奏,江西赣州、南安、宁都各属地方,差役纵横,妄设督总名目,人数众多,持票下乡,骑马乘舆,俨如官府,所至之处,骚扰不堪。佐杂衙门,擅受民词,私设民壮,串通土棍,惟利是图等语。墨吏蠹差,扰害闾阎,大干法纪,著德馨严行查禁,据实覆奏,倘有前项弊端,即著从重惩办,毋稍姑容。原片著抄给阅看。将此谕令知之。钦此。遵旨寄信前来。

1244　军机大臣字寄直隶、两江、湖广、闽浙、四川、江苏、安徽、浙江、福建、江西、湖南、山东、河南各督抚,传谕粤海关监督。光绪十五年十一月二十九日,奉上谕:户部、总理各国事务衙门奏各直省欠解东北边防经费,请旨严催一折。据称本年各省关应解东北边防经费,除报解起程外,尚欠解银三十一万五千两,其光绪六年至十四年积欠银两,节经严催,迄未报解等语。此项经费关系紧要,著各该督抚、监督各将本年及历年欠解银两迅即查照户部单开各数,分别筹解部库。倘再延欠,即著户部照贻误京饷例指名严参。原单均著抄给阅看。将此由四百里谕知直隶等省各督抚,并传谕粤海关监督知之。钦此。遵旨寄信前来。(抄交户部、总理各国事务衙门)。

1245　军机大臣字寄福州将军,两江、湖广、闽浙、四川、两广、山东、山西、浙江、江西、安徽、江苏、湖北、湖南、福建、广东各督抚,传谕粤海关监督。光绪十五年十一月二十九日,奉上谕:户部、总理各国事务衙门奏预拨东北边防经费一折。据称光绪十六年东北边防经费照案指拨,山东地丁银十二万两,山西地丁银十万两,浙江地丁银八万两,江西地丁银五万两,安徽地丁银十万两,江苏厘金银八万两,江西厘金银八万两,浙江厘金银八万两,安徽厘金银五万两,湖北厘金银八万两,湖南厘金银八万两,福建厘金银八万两,广东厘金银八万两,江海关六成洋税银十万两,江汉关六成洋税银十万两,闽海关六成洋税银十万两,九江关六成洋税银八万两,粤海关六成洋税银十二万两,夔关常税银四万两,四川津贴银八万两,两淮盐厘银十二万两,四川盐厘银十五万两,山东粮道库银五万两,请饬依限报解等语。此项饷需最关紧要,著该将军、督抚、监督等按照指拨银数,于来年五月前批解一半,年内全数解清,毋稍迟逾。将此谕知福州将军,两江、湖广、闽浙、四川、两广、山东、山西、浙江、江西、安徽、江苏、湖北、湖南、福建、广东各督抚,并传谕粤海关监督知之。钦此。遵旨寄信前来。(抄交户部、总理各国事务衙门)。

光绪十六年

28　光绪十六年正月十一日,内阁奉上谕:吏部奏遵议处分一折。江西布政使方汝翼应得革任处分,浙江布政使许应鑅应得降一级调用处分,均著加恩改为降二级留任,仍著江西、浙江巡抚督饬各该藩司将欠解铜本银两,懔遵前旨,依限如数解清,毋再迟延干咎。钦此。

104－105－106　光绪十六年二月初十日，内阁奉上谕：江宁布政使著瑞璋补授。江西按察使著福裕补授。钦此。

直隶布政使裕长，满洲正白旗监生。光绪十五年七月补。

江苏布政使黄彭年，贵州进士。光绪十三年十一月补。

安徽布政使阿克达春，满洲正白旗生员。光绪十二年八月补。

山东布政使王毓藻，湖北进士。光绪十四年四月补。

山西布政使奎俊，满洲正白旗人。光绪十八年十月补。

河南布政使刘瑞祺，江西进士。光绪十二年七月补。

陕西布政使陶模，浙江进士。光绪十四年三月补。

甘肃布政使张岳年，浙江举人。光绪十五年十二月补。

甘肃新疆布政使魏光寿，湖南人。光绪九年三月补甘肃，嗣调新疆。

浙江布政使许应鑅，广东进士。光绪十年十月补。

福建布政使廖寿丰，江苏进士。光绪十六年正月补。

福建台湾布政使蒯德标，安徽举人。光绪九年正月补湖北藩司，嗣调福建台湾。

江西布政使方汝翼，直隶举人。光绪十四年十月补。

湖北布政使邓华熙，广东举人。光绪十五年六月补。

湖南布政使何枢，河南进士。原籍浙江。光绪十五年十二月补。

广东布政使游智开，湖南举人。光绪十四年十月补。

广西布政使张联桂，江苏附生。光绪十五年八月补。

四川布政使崧蕃，满洲镶蓝旗举人。光绪十二年九月补。

云南布政使史念祖，江苏监生。光绪十三年十月补贵州藩司，嗣调云南。

贵州布政使王德榜，湖南监生。光绪十五年十月补。

直隶按察使周馥，安徽监生。光绪十四年三月补。

江苏按察使刘树堂，云南监生。光绪十五年四月补。

安徽按察使嵩崑，满洲镶红旗监生。光绪十一年二月补山西臬司，嗣调安徽。

山东按察使福润，蒙古正红旗附生。光绪十二年八月补湖北臬司，嗣调山东。

山西按察使潘骏文，安徽廪贡生。光绪十五年十二月补。

河南按察使贾致恩，山东荫生。光绪十三年二月补。

陕西按察使唐树楠，湖南举人。光绪十四年十月补甘肃臬司，嗣调陕西。

甘肃按察使裕祥，满洲镶白旗进士。光绪十四年九月补陕西臬司，嗣调甘肃。

浙江按察使龚照瑗，安徽监生。光绪十八年正月补。

福建按察使徐文达，安徽人。光绪十五年十月补。

（朱）○江西按察使瑞璋，满洲正红旗人。光绪十一年十月补。

湖北按察使成允，正红旗监生。光绪十二年二月补山东臬司，嗣调湖北。

湖南按察使沈晋祥，浙江监生。光绪十五年四月补。

广东按察使王之春，湖南人。光绪十四年三月补浙江臬司，嗣调广东。

广西按察使秦焕，江苏进士。光绪十五年八月补。

四川按察使德寿，汉军镶黄旗翻译贡生。光绪十五年十二月补。

云南按察使岑毓宝，广西人。光绪十五年六月补。

贵州按察使田国俊，山西进士，光绪十五年三月补。

362　军机大臣字寄各直省将军、督抚。光绪十六年四月十一日，奉上谕：总理海军事务衙门奏，疆臣条奏要件请饬慎密一折。各省封疆大吏陈奏重要事件，未经明降谕旨交内阁发抄者，外间如有传播，应根究泄露之人，治以应得之罪，定制綦严。光绪十年四月曾经降旨严饬各大臣督抚等于几密之事不准稍有宣露，乃张之洞、刘铭传、黄彭年议覆铁路事宜三折，竟至刊登申报，一字不讹，深堪诧异。在朝廷顺时立政，为所当为，本未于交涉外洋之局别存成见，而辗转抄传，讹言纷起，西国新报谓我意存猜忌，俄人遂有促兴东悉毕尔铁路之举。似此怀疑挟忌，诚恐别生枝节，总由该督抚等漫不经心，一任幕友钞胥宣泄传播，殊非慎密之道。嗣后各省将军、督抚凡遇关系重要折件，务当倍加谨密，稿存内署，择令亲信之人缮写，不准照寻常公事行司发房。经此次申诫之后，倘再不知慎重，致漏消息，腾播各口新闻纸，即著总理海军事务衙门、总理各国事务衙门指名奏参，严行根究，绝不宽贷。将此由四百里各谕令知之。钦此。遵旨寄信前来。（抄交海军、总理衙门）

422　…………

第六排

江西六员：

○庶吉士方熊燧江西人，年三十四岁。光绪十五年二甲进士，散馆一等十三名。

○编修李盛铎江西人，年二十三岁。光绪十五年二甲进士，散馆一等二十二名。□□□□□

○庶吉士段友兰江西人，年三十四岁。光绪十五年二甲进士，散馆一等十一名。

○庶吉士饶士腾江西人，年三十二岁。光绪十五年二甲进士，散馆二等十一名。

○庶吉士欧阳熙江西人，年二十九岁。光绪十五年二甲进士，散馆六□□名。

庶吉士陈志喆江西人，年二十六岁。○光绪十五年二甲进士，散馆二等□□名。

…………

451　…………

第一排

一甲进士三名：

…………

文廷式江西人，年三十三岁。一甲二名进士，覆试一等一名。

第一排

江西进士七名：

○朱益藩江西人，年二十九岁。二甲九名进士，覆试一等二十四名，朝考一等四十二名。

〇谢佩贤江西人,年三十岁。二甲十名进士,覆试一等六十九名,朝考二等三十一名。

〇黄家杰江西人,年三十一岁。二甲五十名进士,覆试二等八十二名,朝考一等五十六名。

〇黄澍棻江西人,年二十八岁。二甲五十一名进士,覆试二等三十一名,朝考一等五十九名。

〇洪嘉兴江西人,年三十七岁。二甲五十三名进士,覆试一等四十一名,朝考一等二十三名。

〇赵惟熙江西人,年二十八岁。二甲六十五名进士,覆试一等九十二名,朝考一等九名。

吴锜〇江西人,年二十二岁。二甲八十一名进士,覆试二等七十二名,朝考二等三十六名。

第二排

江西进士七名:

沈搏青〇江西人,年三十四岁。二甲八十三名进士,覆试三等三十九名,朝考二等二十名。

周翔凤江西人,年二十四岁。〇三甲三十四名进士,覆试三等十一名,朝考二等九十二名。

舒信孚江西人,年四十一岁。三甲七十一名进士,〇覆试三等七十一名,朝考三等六十九名。

徐桂馨〇江西人,年四十四岁。三甲八十一名进士,覆试一等三十名,朝考二等九十四名。

邹炳文江西人,年四十二岁。三甲八十一名进士,〇覆试三等二十一名,朝考三等八十八名。

吕道象〇江西人,年二十八岁。三甲一百三名进士,覆试二等八十名,朝考二等十八名。

张祖祺江西人,年三十□岁。三甲一百九名进士,覆试三等一百二十一名,朝考三等二十一名,分发广西知府。

第三排

江西进士七名:

万有严江西人,年四十六岁。三甲一百十七名进士,覆试三等一百二十一名,朝考三等一百十五名。

樊景曾江西人,年二十六岁。〇三甲一百二十四名进士,覆试三等二十九名,朝考二等八十五名。

蔡镇江西人,年三十四岁。三甲一百二十五名进士,〇覆试三等一百九名,朝考三等五名。

刘兆暄江西人,年二十九岁。三甲一百三十一名进士,〇覆试二等九十八名,朝考二等九十五名。

颜肇鼎〇江西人,年三十一岁。三甲一百六十一名进士,覆试三等五十五名,朝考一等七十六名。

龙赓言江西人,年三十一岁。三甲一百七十四名进士,〇覆试三等四十名,朝考三等七十名。

蔡宝仁江西人,年五十二岁。三甲一百七十六名进士,□□覆试四等四名,朝考二等四十□名。刑部候补主事。

…………

朱圈第一层者除一甲三名外,改为庶吉士;圈第二层者,分部学习;圈第三层者,以内阁中书用;圈第四层者,以知县即用;未圈各员除陈宝瑨、蔡宝仁、张蔚增、刘锡光、吴丙湘、张祖祺、施鲁滨各以原官用,余均归班铨选。

610　礼部咨送参革文职祝嘏人员名单:

…………

○前江西候补知府荣绶,经内阁学士陈宝琛以久擅利权,声名甚劣,奏参革职。

…………

○前候选知府江西临川县知县汪以诚,经给事中刘恩溥奏参,嗣经曾国荃查覆,以民人被戏班殴伤,未能立时提讯,奏请革职。

…………

○前江西靖安县教谕曾燮尧,因大计列入不谨,部议革职。

…………

前江西庐陵县固江镇巡检王起朝,因办事谬妄,不洽舆情,奏参革职。

619　光绪十六年七月初五日,内阁奉上谕:江西吉南赣宁道员缺,著恒寿补授。钦此。

620　查:江西吉南赣宁道系冲繁难要缺。谨奏。

639　军机大臣字寄福州将军,直隶、两江、湖广、两广、闽浙、四川、浙江、福建、江苏、江西、山西、湖南、湖北、河南、安徽、广东各督抚,传谕粤海关监督。光绪十六年七月十三日,奉上谕:户部、总理各国事务衙门奏,各省关欠解东北边防经费,请旨严催一折。据称本年各省关应解东北边防经费,除解到及报解起程并划拨等项外,尚欠解银一百十七万五千两,请饬速解并补解历年积欠银两等语。此项经费关系边防要需,何得任意延欠?著该将军、督抚、监督按照单开本年未解及历年欠解银数,赶紧筹解。倘再迟延,即著户部照贻误京饷例指名严参。原单均著抄给阅看。将此由四百里谕知福州将军及各该督抚并传谕粤海关监督知之。钦此。遵旨寄信前来。(抄交户部)

737　军机大臣字寄福州将军,两江、闽浙、湖广、四川、江苏、安徽、江西、湖北、湖南、河南、山西、陕西各督抚。光绪十六年八月十五日,奉上谕:户部奏筹拨甘肃新饷并酌定分给各军饷数,开单呈览一折。甘肃关内外各军饷银,关系紧要,现经该部将光绪十七年新饷指拨山西省银八十四万两,河东道银五十二万两,河南省银六十一万两,陕西省银二十万两,湖北省银三十三万两,湖南省银十六万两,江苏省银二十万两,安徽省银二十万两,两淮银二十万两,江西省银三十六万两,四川省银九十八万两,闽海关银二十万两,共银四百八十万两,请饬依限报解。著该将军、督抚等严饬各该司道按照部拨数目,于本年十二月底止赶解三成,至来年四月底止再解三成,其余四成统限九月底止扫数解清。各该省如能依限完解,即由陕甘总督奏请奖叙。倘仍前延欠,即由户部照例奏参。其关内外各军应分新饷,即著户部按照单开数目行知陕甘总督等遵照办理。将此由五百里各谕令知之。钦此。遵旨寄信前来。(抄交户部)

865　军机大臣字寄盛京将军,直隶、两江、闽浙、湖广、四川、两广、陕甘、云贵各总督,江苏、安徽、江西、浙江、福建、台湾、湖北、湖南、河南、山东、山西、陕西、甘肃、新疆、广东、广西、云南、贵州各巡抚。光绪十六年十月初三日,奉上谕:本年顺天、直隶各属被水成灾,钦奉懿旨,发给内帑银五万两,以拯灾黎,并降旨拨给京仓米二十万石,部库银五万两,大钱五十万串,近京各乡镇添设粥厂。复准李鸿章所请,提拨直隶藩库等银六万两,截拨奉天粟米一万二千七百余石,江北漕米三万六千石,广为散放。并因山东濮州等处被水,谕令张曜截留新漕五万石,提拨粮道库银十万两,藉资赈济。吉林珲春、宁古塔被水,省城被火;安徽安庆等处被水,盱眙县被火;江西星子等县被水;福建省城及延平等处被水,霞浦等县被风;台湾台北等府属被风、被水;湖北施南等府被水;湖南巴陵等县被水;河南洛阳县被雹,淮宁等县被风;陕西商南等县被雹,商州等处被水;甘肃阶州等处被水;广西灵川等县被火,郁林州等属被水;云南安平、蒙化等处被水,均经该将军、督抚等查勘抚恤,小民谅可不至失所。惟念来春青黄不接之时,民力未免拮据。著传谕该将军、督抚等体察情形,如有应行接济之处,即查明据实覆奏,务于封印以前奏到,候朕于新正降旨加恩。再,安徽安庆等处被旱;江西瑞昌等处被水、被旱;浙江杭州等府属被风、被雹、被水、被旱;河南彰德等府属被水;甘肃西宁县地震,金县等处被雹,河州等处被雹、被水;广东南海等县被水;广西苍梧等处被水,均经该督抚等委员查勘,即著迅速办理,并将来春应否接济之处一并查明,于封印前奏到。此外各省有无被灾地方应行调剂抚恤之处,著该将军、督抚等一并查奏,候旨施恩。将此各谕令知之。钦此。遵旨寄信前来。

935　军机大臣字寄盛京、福州各将军,直隶、两江、湖广、闽浙、四川、两广漕运各总督,江苏、安徽、江西、福建、浙江、湖北、湖南、河南、山东、山西、广东、广西各巡抚,传谕粤海关、淮安关各监督。光绪十六年十月二十二日,奉上谕:户部奏请催解本年各项京饷一折。各省关应解本年京饷、筹边军饷、边防经费、西征洋款改为加放俸饷;旗兵加饷、抵闽京饷改为加放俸饷;京官津贴改为加复俸饷;备荒经费、固本京饷及积欠固本京饷共银一千五百八十万余两,截至九月二十日止,除划拨截留解到及报解起程外,尚欠解银五百六十六万一千七百余两。现在部库存项无多,放款甚巨,加以本年畿辅被水,支拨赈款及一切工程经费需用更繁。所有各省关欠解各项京饷,亟应依限报解,以应要需。著各该将军、督抚、监督等各将欠解银两迅即照数解部,统于年内扫数解齐。倘敢诿卸拖欠,即由户部指名严参。原单著抄给阅看。将此由五百里谕知盛京、福州各将军,直隶、两江、湖广、闽浙、四川、两广、漕运各总督,江苏、安徽、江西、福建、浙江、湖北、湖南、河南、山东、山西、广东、广西各巡抚,并传谕粤海关、淮安关各监督知之。钦此。遵旨寄信前来。(抄交户部)

973　军机大臣字寄户部、大学士·直隶总督·一等肃毅伯李、署两江总督·安徽巡抚沈、闽浙总督·兼管福建巡抚卞、江苏巡抚刚、江西巡抚德、河南巡抚裕、湖北巡抚谭、山东巡抚张,传谕护理安徽巡抚·布政使阿、淮安关监督世纲。光绪十六年十一月初七日,奉上谕:裕禄等奏请饬拨东三省来年的饷并请催欠饷一折。东三省辛卯年的饷应拨奉天银二十六万两,吉林银十一万八千两,打牲乌拉银三万七千四十九两零。著户部照数指拨,令各该省督抚等如数筹解,毋许迟延。并于报解之时分晰奉天、吉林、打牲乌拉各款目,以免牵混。至所奏黑龙江的饷,请俟该省咨报到日,径行核拨等语,著户部速议具奏。其直隶等省欠解东三省本年的饷暨历年欠饷,著李鸿章、沈秉成、卞宝第、刚毅、德馨、裕宽、谭继洵、张曜、阿克达春、世纲按照单开数目,赶紧筹措,务于年内归数解清,以济要需。原单均著抄给阅看。将此谕知户部并由四百里谕知李鸿章、沈秉成、卞宝第、刚毅、德馨、裕宽、谭继洵、张曜,并传谕阿克达春、世纲知之。钦此。遵旨寄信前来。

1015　军机大臣字寄福州将军,直隶、两江、湖广、闽浙、两广、四川、江苏、安徽、江西、福建、浙江、湖北、湖南、河南、山东、山西、广东各督抚,传谕粤海关、淮安关各监督。光绪十六年十一月十八日,奉上谕:户部奏预拨来年京饷一折。历届京饷均系年前预拨,光绪十七年京饷,该部拟在地丁、盐课等款内指拨银七百万两,请饬各该省关于来年分批起解等语。京饷关系紧要,现经该部就各省关情形,酌量指拨,自应遵照奏定数目,源源报解,以应要需。著该将军、督抚、监督等务于接到部文后分批赶解,限于来年五月前解到一半,十二月初间全数解清,不准截留改拨,藉词延误。倘届限不到,即著该部照奏定章程指名严参。原单均著抄给阅看。另片奏,光绪十七年内务府经费拟拨盐课、茶税等款,共银六十万两,请饬依限完解等语。除闽海关常税银十万两应径解北洋,并各省关应还部库垫放银二十万九千二百余两,应由指拨各款内匀解部库外,下余银二十九万七百余两,著该将军、督抚、监督等务于来年开印后,陆续径解内务府交纳,仍限六月前解到一半,十二月初间扫数解清,不准稍有蒂欠。原片单并著抄给阅看,将此由五百里谕知福州将军,直隶、两江、湖广、闽浙、两广、四川、江苏、安徽、江西、福建、浙江、湖北、湖南、河南、山东、山西、广东各督抚,并传谕粤海关、淮安关监督知之。钦此。遵旨寄信前来。(抄交户部)

1016　军机大臣字寄福州将军,两江、湖广、闽浙、两广各总督,江苏、安徽、江西、浙江、湖北、福建、广东各巡抚,传谕粤海关监督。光绪十六年十一月十八日,奉上谕:户部奏预拨筹边军饷一折。据称辛卯年筹边军饷,共指拨银二百万两,请饬依限报解等语。此项饷银关系紧要,著该将军、督抚、监督等按照指拨银数,于来年四月前解到一半,十月内全数解清,毋稍迟逾。余依议。原折单均著抄给阅看。将此由四百里谕知福州将军,两江、湖广、闽浙、两广,江苏、安徽、江西、浙江、湖北、福建、广东各督抚,并传谕粤海关监督知之。钦此。遵旨寄信前来。(抄交户部)

1156　光绪十六年十二月十九日,奉旨:这所参疏防监犯越狱之管狱官 · 江西临川县典史刘荣振,著即革职拿问,交德馨提同刑禁人等,严讯有无松刑贿纵情弊,按律惩办。有狱官 · 临川县知县刘瑞礽著先行交部议处,仍勒限将逸犯黄探春严缉,务获究办。余著照所议办理。该部知道。钦此。

1167　光绪十六年十二月二十二日,内阁奉上谕:德馨奏,查明各属被灾,请将新旧钱漕等款分别缓征、递缓,开单呈览一折。江西南昌等府属本年夏间雨水过多,江河涨溢，低田被淹，高区又因缺雨，收成均形歉薄，若将新旧钱漕等款照常征收，民力实有未逮。加恩著照所请。所有南昌县被水各处未完本年地丁银七千二百四两零，漕米八千九百五十三石零；新建县被水各处未完本年地丁银六千三百八十七两零，漕米六千四百九十四石零；进贤县被水各处未完本年地丁银一万五百八两零，漕米一万三千一百十石零；莲花厅被旱各处未完本年地丁银三千三百七十八两零，漕米一千六百五十石零，漕运屯粮银五百十七两零，余租银九百九十六两零；庐陵县被水、被旱各处未完本年地丁银六千六百九十九两零，漕米五千四百五十八石零，存留屯粮银四十二两零，漕运屯粮银三十两零，余租银一百四十二两零；万安县被旱各处未完本年地丁银四千六百二十三两零，漕米二千九百九十六石零；安福县被水、被旱各处未完本年地丁银一万五百七十二两零，漕米六千一百六十四石零，漕运屯粮银三百五十九两零，余租银六百八十二两零；永新县被旱各处未完本年地丁银一万八百八十一两零，漕米三千一百五十三石零，屯丁银十六两零，存留屯粮银六十五两零，漕运屯粮银五百三十两零，余租银一千八百九十八两零；建昌县被水、被旱各处未完本年地丁银一万二千九百五十七两零，漕米六千一百三十九石零；安义县寄庄建昌县各处被水、被旱未完本年地丁银三百七十一两零，漕米一百六十石零；德化县被水、被旱各处未完本年地丁银三千三十二两零，屯丁银九十九两零，存留屯粮银七百二十四两零，漕运屯粮银二千九百十九两零，余租银五千三百九十八两零，压征十五年芦课银八百十九两零；德安县被水各堡未完本年地丁银二千八百五两零，屯丁银一百二十五两零，存留屯粮银一百四十四两零，漕运屯粮银九百五十四两零，余租银一千七百十四两零；瑞昌县被水各处未完本年地丁银二千五百五十一两零，漕运屯粮银八百二十三两零，余租银一千六百十六两零；湖口县被水各处未完本年地丁银一千三百三十三两零，漕运屯粮银一百三十九两零，余租银三百四十二两零；彭泽县被水各洲未完本年压征十五年芦课银一千九百二十八两零；九江府同知所辖各洲被冰较重地方未完本年压征十五年芦课银四百七十一两零，均著缓至光绪十七年秋后分作两年带征。

湖口县被水各洲未完本年压征十五年芦课银二百三两零，著缓至光绪十七年秋后分作三年带征。

南昌、新建、永新、德化、湖口等县光绪十四、十五两年，峡江、永丰、德安、彭泽等县光绪十五年，余干、瑞昌二县光绪十四年被水、被旱，各原缓地丁等款银米，均著递缓至光绪十七、十八两年秋后带征。

进贤、莲花、安福、建昌并安义县寄庄建昌县光绪十五年，德安县光绪十四年被水、被旱，各原缓地丁等款银米，均著递缓至光绪十八、十九两年秋后带征。进贤、莲花、安福、建昌并安义县寄庄建昌县光绪十四年被水、被旱，各原缓地丁等款银米，均著递至光绪十九、二十两年秋后带征。

湖口县光绪十四、十五两年被水各原缓芦课，著递缓至光绪十七、十八、十九等三年秋后带征。九江府同知所辖芦洲光绪十五年被水原缓芦课除完纳外，尚欠银两著递缓至光绪十八年秋后带征；十四年被水，原缓芦课除完纳外，尚欠银两著递缓至光绪十九年秋后带征，以纾民力。该抚即刊刻誊黄，并将单内所开乡都图甲年款银米缓征、递缓各数目，详晰刊明，遍行晓谕，务使实惠均沾，毋任吏胥舞弊，用副轸念民艰至意。余著照所议办理。该部知道。单并发。钦此。

1224　臣等查：明新正应行加恩，各省除盛京、江苏、安徽、江西、浙江、福建、台湾、湖北、湖南、河南、山西、陕西、甘肃、广东、广西、云南、贵州经该将军、督抚具奏无庸接济外，所有直隶、山东二省，业经该督抚奏到。臣等拟缮谕旨二道，并拟定日期颁发。谨奏。

光绪十七年

117　军机大臣字寄江西巡抚德。光绪十七年二月二十二日，奉上谕：都察院奏，江西绅士、刑部主事饶昌麟等以田废粮存，吁恳轸恤等词，赴该衙门呈诉。据称，临川县田亩藉堤障卫，自堤被冲决后，近堤之田多被沙压，垦复者不及十分之二，而钱粮照常征纳，贻累难堪，请将田废粮存之户，据实补报，勘丈酌量豁免等语。著德馨饬属确切查勘，奏明办理。原折呈均著抄给阅看。将此谕令知之。钦此。遵旨寄信前来。

166　候选道江西南昌府知府崔国榜，（朱）〇旨：著在任以道员遇缺题奏。

167　候选道江西南昌府知府崔国榜，旨：著以道员用。

207　直隶布政使裕长，满洲正白旗监生，光绪十五年七月补。
江苏布政使邓华熙，广东举人，光绪十五年六月补湖北藩司，嗣调江苏。
江宁布政使瑞璋，满洲正红旗人，光绪十六年二月补。
安徽布政使阿克达春，满洲正白旗生员，光绪十二年八月补。
山东布政使福润，蒙古正红旗附生，光绪十六年三月补。
山西布政使奎俊，满洲正白旗人，光绪十五年十月补。
河南布政使廖寿丰，江苏进士，光绪十六年正月补福建藩司，嗣调河南。
陕西布政使张岳年，浙江举人，光绪十五年十二月补甘肃藩司，嗣调陕西。
甘肃布政使沈晋祥，浙江监生，光绪十七年二月补。
甘肃新疆布政使魏光焘，湖南人，光绪九年三月补甘肃藩司，嗣调甘肃新疆。
浙江布政使贾致恩，山东荫生，光绪十七年正月补。
福建布政使刘树堂，云南监生，光绪十六年闰二月补。
福建台湾布政使沈应奎，浙江人，光绪十六年六月补。
江西布政使方汝翼，直隶举人，光绪十四年十月补。
湖北布政使王之春，湖南人，光绪十六年十二月补。
湖南布政使何枢，河南进士，原籍浙江，光绪十六年十二月补。

广东布政使成允,正红旗监生,光绪十六年十月补。

广西布政使张联桂,江苏附生,光绪十五年八月补。

四川布政使崧蕃,满洲镶蓝旗举人,光绪十五年九月补。

云南布政使史念祖,江苏监生,光绪十五年十月补贵州臬司,嗣调云南。

贵州布政使王德榜,湖南监生,光绪十五年十月补。

208 直隶按察使周馥,安徽监生,光绪十四年三月补。

江苏按察使陈湜,湖南人,光绪十六年十月补。

安徽按察使嵩崑,满洲镶红旗监生,光绪十一年二月补山西臬司,嗣调安徽。

山东按察使松林,满洲镶黄旗监生,光绪十七年正月补。

山西按察使潘骏文,安徽原贡生,光绪十五年十二月补。

河南按察使长禄,满洲正红旗翻译举人,光绪十七年正月补。

陕西按察使唐树楠,湖南举人,光绪十四年十月补甘肃臬司,嗣调陕西。

甘肃按察使裕祥,满洲镶白旗进士,光绪十四年九月补陕西臬司,嗣调甘肃。

浙江按察使龚照瑗,安徽监生,光绪十六年正月补。

福建按察使张国正,汉军镶蓝旗荫生,光绪十六年二月补江苏臬司,嗣调福建。

江西按察使福裕,蒙古正红旗荫生,光绪十六年二月补。

湖北按察使陈宝箴,江西举人,光绪十六年十月补。

湖南按察使孙楫,山东进士,光绪十七年二月补。

广东按察使额勒精额,满洲镶红旗翻译进士,光绪十六年十二月补。

广西按察使汤聘珍,湖南监生,光绪十六年四月补。

四川按察使德寿,汉军镶黄旗翻译生员,光绪十五年十二月补。

云南按察使岑毓宝,广西人,光绪十五年六月补。

贵州按察使黄槐森,广东进士,光绪十六年四月补。

365 军机大臣字寄各直省将军、督抚。光绪十七年六月初六日,奉上谕:各省哥老会匪最为地方之害,叠经降旨查拿,并经各该督抚先后获案奏明惩办。惟此等匪徒行踪诡秘,往往与游勇、地痞暗相勾结,动辄纠集党与,乘机煽乱,甚至造谣惑众、潜谋不轨。近来江苏、安徽、湖北、江西等省屡有焚毁教堂之事,其拒捕逞凶、抢劫衙署等案更层见叠出,半由会匪从中主谋,游手之徒相率附和,以致愈聚愈多,动成巨案。犯事以后,四散逃逸。真犯十不获一,若不先事筹办,绝其根株,则涓涓不息,将成江河,后患何堪设想。著各直省将军、督抚严饬地方文武随时留心,实力查缉,如有访获会匪首犯,一面严行惩办,一面准将出力员弁照异常劳绩随案奏请优奖。但须查有确实证据,不得因希图保奖,妄拿无辜,致滋扰累。凡地方良民,有误买匪徒保家伪票,呈缴地方官者,免其治罪,其有向充会匪,自行投首,密报匪首姓名,因而拿获者,亦一律宥其既往,准予自新。该将军、督抚务即出示晓谕,俾众咸知,总期严惩首要,解散胁从,以除奸宄而安良善,慎毋养痈成患,贻害地方,是为至要。将此通谕知之。钦此。遵旨寄信前来。(抄

交兵部、吏部、总署）

401　光绪十七年六月二十四日，内阁奉上谕：江西南昌府知府员缺紧要，著该抚于通省知府内拣员调补。所遗员缺，著崇俊补授。钦此。

410　军机大臣字寄福州将军，直隶、两江、湖广、两广、闽浙、四川、浙江、福建、江苏、江西、湖南、山东、河南、安徽、广东各督抚，传谕粤海关监督。光绪十七年七月初三日，奉上谕：户部、总理各国事务衙门奏，各省关欠解东北边防经费，请旨严催一折。据称本年各省关应解东北边防经费，除解到及报解起程并划拨等项外，尚欠解银一百二十七万五千两，请饬速解并补解历年积欠银两等语。此项经费关系边防要需，何得任意延欠。著该将军、督抚、监督按照单开本年未解及历年欠解银数，赶紧筹解。倘再迟延，即著户部照贻误京饷例指名严参。原单均著抄给阅看。将此由四百里谕知福州将军及各该督抚，并传谕粤海关监督知之。钦此。遵旨寄信前来。

476　臣等查本年届更换学政之期，谨将已满三年之顺天、江苏、安徽、江西、浙江、湖北、湖南、山东、山西、陕西、甘肃、四川、广东、广西、贵州、奉天十六省各学政，及未满三年未办岁考之福建、河南、云南三省各学政，分缮名单呈览，恭候钦定。俟发下后，臣等再拟写谕旨进呈颁发。谨奏。

477　已满三年各学政名单：

顺天学政周德润；

江苏学政杨颐；

安徽学政钱桂森；

江西学政龙湛霖；

浙江学政潘衍桐；

湖北学政赵尚辅；

湖南学政张亨嘉；

山东学政裕德；

山西学政管廷鹗；

陕西学政柯逢时；

甘肃学政胡景桂；

四川学政朱善祥；

广东学政樊恭煦；

广西学政黄煦；

贵州学政陈荣昌；

奉天府府丞兼学政延茂。

489　顺天学政李文田；

江苏学政溥良；
安徽学政吴鲁；
江西学政盛炳纬；
浙江学政陈彝；
福建学政沈源深；
湖北学政孔祥霖；
湖南学政张预；
河南学政邵松年；
山东学政秦澍春；
山西学政王廷相；
陕西学政黎荣翰；
甘肃学政蔡金台；
四川学政瞿鸿禨；
广东学政徐琪；
广西学政赵以炯；
云南学政高钊中；
贵州学政叶在琦；
奉天府府丞兼学政张英麟。

583 军机大臣字寄福州将军，两江、闽浙、湖广、四川、江苏、安徽、江西、湖北、湖南、河南、山西、陕西各督抚。光绪十七年八月三十日，奉上谕：户部奏，筹拨甘肃新饷，开单呈览，并请饬催关内外各军将裁减实需饷数，迅速奏报一折。甘肃关内外各军饷银，关系紧要，现经该部将光绪十八年新饷，指拨山西省银八十四万两，河南省银六十一万两，河东道银五十二万两，陕西省银二十万两，湖北省银三十三万两，湖南省银十六万两，江苏省银二十万两，安徽省银二十万两，两淮银二十万两，江西省银三十六万两，四川省银九十八万两，闽海关银二十万两，共银四百八十万两，请饬依限报解。著该将军、督抚等严饬各该司道按照部拨数目，于本年十二月底止赶解三成，至来年四月底止再解三成，其余四成统限九月底止，扫数解清。各该省如能依限完解，即由陕甘总督奏请奖叙。倘仍前延欠，即由户部照例奏参。至各军裁减饷数，并著户部行知该督抚、将军、副都统切实估计，迅速报部。将此由四百里各谕令知之。钦此。遵旨寄信前来。（抄交户部）。

661 …………

光绪十七年江西省秋审服制情实张学津一起，人犯一名，谨将勾到时所奉谕旨恭录于后。

一起斩犯张学津。

因小功兄张萌椿向伊父张文煊借碓舂米，张文煊不允，致相骂詈，张萌椿用禾枪将文煊戳伤,张文煊夺,张萌椿弃枪,扭住张文煊胸衣,推跌倒地,扑压身上,用手叉搭咽喉,该犯走至解劝不开,见张文煊被搭气闭,面色改变,情急救护,拾枪吓戳,适伤张萌椿右臂,倒地移时殒命。戳由救父情急,尚非无故逞凶干犯,情稍可原,是以未勾。

光绪十七年江西省秋审常犯情实熊茫发等十二起,人犯十二名,谨将勾到时所奉谕旨恭录于后。

一起绞犯熊茫发。

贪贿听从谋命,下手加功,法无可宽,是以勾决。

一起斩犯黄来仔。

因奸听从谋毙本夫,淫凶难宽,是以勾决。

一起斩犯魏自憘。

听从聚众贩私,致毙巡役,帮同刃拒成伤,法无可宽,是以勾决。

一起斩犯郑碌儹。

窃盗护伙,拒毙事主,法无可宽,是以勾决。

一起斩犯余蕣。

革役假差吓诈,致毙无辜,法无可宽,是以勾决。

一起斩犯杨汏蕣。

奸匪,因奸谋毙纵奸本夫,淫凶难宽,是以勾决。

一起斩犯吕奇满。

图财害命,伤而未死,业已得财,法无可宽,是以勾决。

一起斩犯侯集俚。

火器杀人,法无可宽,是以勾决。

一起斩犯马达盅。

火器杀人,惟两造互殴,彼造致毙此造二十一命,其正凶或病故,或在逃,或逢恩酌缓,竟无一人抵偿。此造仅毙彼造一命,若以该犯实抵,衡情未为平允,是以未勾。

一起斩犯张才欢。

逞忿故杀,法无可宽,是以勾决。

一起斩犯陈抒一。

因奸听从谋毙纵奸本夫,淫凶难宽,是以勾决。

一起斩犯王荃炳。

火器杀人,法无可宽,是以勾决。

686 军机大臣字寄盛京将军,直隶、两江、闽浙、湖广、四川、两广、陕甘、云贵各总督,江苏、安徽、江西、浙江、福建、台湾、湖北、湖南、河南、山东、山西、陕西、甘肃、新疆、广东、广西、云南、贵州各巡抚。光绪十七年十月初三日,奉上谕:本年顺天、直隶各属洼区积水未消,民情困苦,谕令李鸿章截留本年江苏海运漕米十六万石分拨顺天、直隶办理春赈,并因甘肃阶文二州县民情拮据,动用厘金仓谷筹办赈抚。云南顺宁府属被火,鲁甸厅属被旱,将新旧钱粮分别豁免缓征。安徽寿州被火,江西丰城、新淦二县被风,清江县被风、被雹,均经该督抚等查勘抚恤,小民谅可不至失所,惟念来春青黄不接之时,民力未免拮据,著传谕该督抚等体察情形,如有应行接济之处,即查明据实覆奏,务于封印以前奏到,候朕于新正降旨加恩。再,安徽安庆等府被水、被旱,凤阳等府州被虫,江西永新、永丰二县被旱,浙江杭州等府被风、被水,台州府被旱,河南永城县被虫,山西介休、孝义二县地震,陕西兴安等府州被水、被雹,吴堡县被雹,榆林、绥德等府州被雹、被霜,甘肃泾州等州县被雹,甘肃新疆温宿州被冰、被雹,广东高要、高明二县被水,广西百色厅被风,临桂、苍梧二县被火,云南平彝县被水,石屏被旱,寻甸等州县被水,宣威等州县被水、被雹,均经该督抚等委员查勘,即著迅速办理,并将来春应否接济之处一并查明,于封印前奏到。此外各省有无被灾地方应行调剂之处,著该将军、督抚等一并查奏,候旨施恩。将此各谕令知之。钦此。遵旨寄信前来。

747　军机大臣字寄福州将军,直隶、两江、湖广、闽浙、四川、两广各总督,江苏、安徽、江西、浙江、湖北、湖南、河南、山东、山西、广东各巡抚,传谕粤海关、淮安关各监督。光绪十七年十月二十四日,奉上谕:户部奏请催解京饷一折,本年京饷原拨、续拨共银八百万两。截至九月底止,除划拨解到报解起程等款外,尚欠解银二百四十八万九千余两。现在部库存项无多,一切放款为数甚巨。所有各省关欠解京饷,亟应全数报解,以济要需。著各该将军、督抚、监督等各将欠解银两迅即照数依限解部,统于年内扫数解齐。倘敢诿卸拖欠,即由户部指名严参。原单著抄给阅看。将此由五百里谕知福州将军,直隶、两江、湖广、闽浙、四川、两广各总督,江苏、安徽、江西、浙江、湖北、湖南、河南、山东、山西、广东各巡抚,并传谕粤海关、淮安关各监督知之。钦此。遵旨寄信前来。(抄交户部)

768　军机大臣字寄户部、大学士·直隶总督·一等肃毅伯李、两江总督刘、闽浙总督·兼管福建巡抚卞、江苏巡抚刚、安徽巡抚沈、江西巡抚德、河南巡抚裕、湖北巡抚谭、山东巡抚福、传谕淮安关监督世纲。光绪十七年十一月初一日,奉上谕:裕禄等奏请饬拨东三省来年的饷,并请催欠饷一折。东三省壬辰年的饷,应拨奉天银二十六万两,吉林银十一万八千七百四十四两零,打牲乌拉银四万四千四百七十一两零,黑龙江银二十七万三千八百两,著户部照数指拨,令各该省督抚等如数筹解,毋许迟延,并于报解之时分晰奉天、吉林、打牲乌拉、黑龙江各款目,以免牵混。其各省欠解东三省本年的饷暨历年欠饷,著李鸿章、刘坤一、卞宝第、刚毅、沈秉成、德馨、裕宽、谭继洵、福润、世纲按照单开数目,赶紧筹措,务于年内扫数解清,以济要需。原单均著抄给阅看。将此谕知户部,并由五百里谕知李鸿章、刘坤一、卞宝第、刚毅、沈秉成、德馨、裕宽、谭继洵、福润暨传谕世纲知之。钦此。遵旨寄信前来。

853　军机大臣字寄户部。光绪十七年十一月初十日,奉上谕:崧蕃奏库需匮乏,协饷欠解太巨,请饬催解一折。据称,黔省协饷,近惟四川、广东、江苏、九江关等处,源源报解,余如山东、湖北、湖南等省每年解不及半。其江西、浙江、福建、东海关迄来拨解,积欠将及三百数十余万两。本省现在进剿苗匪,需饷孔亟,请饬部分催迅解,以济急需等语。本年六月贵州黎平府属苗寨滋事,防剿各营应发欠饷,自应迅筹散放,俾免贻误要需。著户部飞催应协黔饷各督抚,务将本年协饷迅即如数解清,仍将历年欠饷陆续筹解,以重边防。原折著抄给阅看。将此谕令知之。钦此。遵旨寄信前来。

867 军机大臣字寄福州将军,直隶、两江、湖广、闽浙、两广、四川、江苏、安徽、江西、浙江、湖北、湖南、河南、山东、山西、广东各督抚,传谕粤海关、淮安关监督。光绪十七年十一月十五日,奉上谕:户部奏预拨来年京饷一折。历届京饷,均系年前预拨。光绪十八年京饷,该部拟在地丁、盐课等款内指拨七百万两,请饬各该省关于来年分批起解等语。京饷关系紧要,现经该部就各省关情形,酌量指拨,自应遵照奏定数目,源源报解,以应要需。著该将军、督抚、监督等务于接到部文后,分批赶解,限于来年五月前解到一半,十二月初间全数解清。不准截留改拨,藉词延误。倘届限不到,即著该部照奏定章程指名严参。原单均著抄给阅看。另片奏,光绪十八年内务府经费,拟拨两浙盐课银五万两,广东盐课银五万两,福建茶税银五万两,闽海关常税银十万两、洋税银五万两,江海关洋税银五万两,太平关常税银十万两,九江关常税银十五万两,共银六十万两,请饬依限完解等语。除闽海关常税银十万两应径解北洋并各省关应还部库垫放银二十万九千二百余两,应由指拨各款内匀解部库外,下余银二十九万七百余两,著该将军、督抚、监督等务于来年开印后,陆续径解内务府交纳,仍限六月前解到一半,十二月初间扫数解清,不准稍有蒂欠。原片单并著抄给阅看。将此由五百里谕知福州将军,直隶、两江、湖广、闽浙、两广、四川、江苏、安徽、江西、浙江、湖北、湖南、河南、山东、山西、广东各督抚,暨传谕粤海关、淮安关监督知之。钦此。(抄交户部)

868 军机大臣字寄福州将军,两江、湖广、闽浙、两广、江苏、安徽、江西、浙江、湖北、广东各督抚,传谕粤海关监督。光绪十七年十一月十五日,奉上谕:户部奏预拨筹边军饷一折。据称壬辰年筹边军饷,共指拨银二百万两,请饬依限报解等语。此项饷银关系紧要,著该将军、督抚、监督等按照指拨银数,于来年四月前解到一半,十月内全数解清,毋稍迟逾。余依议。原折单均著抄给阅看。将此由四百里谕知福州将军,两江、湖广、闽浙、两广、江苏、安徽、江西、浙江、湖北、广东各督抚,并传谕粤海关监督知之。钦此。(抄交户部)

931 军机大臣字寄福州将军,直隶、两江、湖广、闽浙、四川、江苏、浙江、江西、湖北、湖南、河南、安徽、山东各督抚,传谕粤海关监督。光绪十七年十二月初一日,奉上谕:户部、总理各国事务衙门奏,各直省欠解东北边防经费,请旨严催一折。据称本年各省关应解东北边防经费,除扣留划抵及报解起程外,尚欠解银三十七万五千两。其光绪六、七、八、九、十、十一、十二、十三、十四、十五、十六等年积欠银两,节经严催,迄未报解等语。此项经费关系紧要,岂容稍有延宕。著各该将军、督抚、监督迅即查照户部单开欠解各数,分批筹解部库。倘再延欠,即著户部照贻误京饷例指名严参。原单均著抄给阅看。将此由四百里谕知福州将军,直隶等省各督抚,并传谕粤海关监督知之。钦此。遵旨寄信前来。(抄交户部、总署)

932　军机大臣字寄福州将军,两江、湖广、闽浙、四川、两广、山东、山西、浙江、江西、安徽、江苏、湖北、湖南、广东各督抚,传谕粤海关监督。光绪十七年十二月初一日,奉上谕:户部、总理各国事务衙门奏,预拨东北边防经费一折。据称,光绪十八年东北边防经费照案指拨山东地丁银十二万两,山西地丁银十万两,浙江地丁银八万两,江西地丁银五万两,安徽地丁银十万两,江苏厘金银八万两,江西厘金银八万两,浙江厘金银八万两,安徽厘金银五万两,湖北厘金银八万两,湖南厘金银八万两,福建厘金银八万两,广东厘金银八万[两]①,江海关六成洋税银十万两,江汉关六成洋税银十万两,闽海关六成洋税银十万两,九江关六成洋税银八万两,粤海关六成洋税银十二万两,夔关常税银三万两,赣关常税银一万两,四川津贴银八万两,两淮盐厘银十二万两,四川盐厘银十五万两,山东粮道库银五万两,请饬依限报解等语。此项饷需,最关紧要,著该将军、督抚、监督等按照指拨银数,于来年五月前批解一半,年内全数解清,毋稍迟逾。将此谕知福州将军,两江、湖广、闽浙、四川、两广、山东、山西、浙江、江西、安徽、江苏、湖北、湖南、广东各督抚并传谕粤海关监督知之。钦此。(抄交户部、总署)

1043　臣等查明新正应行加恩,各省除盛京、江苏、安徽、江西、浙江、福建、台湾、湖北、湖南、河南、山西、陕西、甘肃、甘肃新疆、四川、广西、云南、贵州经该将军、督抚具奏,无庸接济外,所有直隶、山东二省业经该督抚奏到。臣等拟缮谕旨二道,并拟定日期颁发。谨奏。光绪十七年十二月三十日,奉朱批:是。钦此。

光绪十八年

21　光绪十八年正月十九日,内阁奉上谕:德馨奏甄别属员等语。江西南昌府分防吴城镇水利同知王维新,办事尚称明练,惟两耳重听,难膺(烦)[繁]②剧。新建县典史方瑞麟、清江县典史耿守漳,年力均强,尚知奋勉,惟人地不甚相宜,均著开缺另补。都昌县教谕彭春生,两目失视,年力就衰,著以原品休致。南康县典史凌兆骏,办事疏忽,有辜职守;德化县典史董薇徵,滥差酿命,心地糊涂;都昌县周溪司巡检李兆馨,迹近招摇,舆论平常,均著即行革职,以肃官方。余著照所议办理。该部知道。钦此。

276　光绪十八年四月二十一日,内阁奉上谕:江西广饶九南道员缺,著诚勋补授。钦此。

---

① 据《清德宗实录》卷305,《清实录》第55册第1028页补。

② 据《清德宗实录》卷307,《清实录》第56册第7页改。

277　查:江西广饶九南道是冲繁中缺。谨奏。

297　…………

第六排

江西八员:

○庶吉士朱益藩江西人,年二十七岁。光绪十六年二甲进士,散馆一等一名。

○编修文廷式江西人,年三十七岁。光绪十六年一甲二名进士,散馆一等十名。

○庶吉士赵惟熙江西人,年三十岁。光绪十六年二甲进士,散馆二等四名。

○庶吉士黄绍曾江西人,年四十九岁。光绪十二年三甲进士,散馆二等十三名。

○庶吉士谢佩贤江西人,年三十二岁。光绪十六年二甲进士,散馆二等二十名。

庶吉士黄澍棻江西人,年三十岁。○光绪十六年二甲进士,散馆二等二十三名。

庶吉士黄家杰江西人,国史馆协修,年三十二岁。○光绪十六年二甲进士,散馆二等三十名。

庶吉士洪嘉兴○江西人,年二十九岁。光绪十六年二甲进士,散馆二等四十名。

…………

330　第一排

江西进士六名:

○饶士端江西人,年三十三岁。二甲二十七名进士,覆试二等四十一名,朝考二等十八名。

○吴家俊江西人,年三十二岁。二甲三十六名进士,覆试一等六十二名,朝考二等十四名。

○李豫江西人,年三十一岁。二甲四十八名进士,覆试三等一百十二名,朝考一等五十二名。

谢甘盘○江西人,年三十三岁。二甲六十八名进士,覆试三等八名,朝考一等四十二名。

○蓝钰江西人,年三十一岁。二甲七十名进士,覆试二等五十七名,朝考一等五十七名。

吴钫○江西人,年二十四岁。二甲七十一名进士,覆试三等十四名,朝考二等七十三名。

第二排

江西进士五名:

陈应辰○江西人,年三十八岁。二甲二十名进士,覆试二等三十名,朝考三等十八名。

○杜作航江西人,年四十三岁。二甲一百二十三名进士,覆试二等五十名,朝考一等二十四名。

章文绶江西人,年四十一岁。三甲二名进士,○覆试二等十四名,朝考二等六十名。

赵协华○江西人,年三十四岁。三甲六名进士,覆试二等□十名,朝考二等八十名。

文缉熙江西人,年四十岁。三甲二十九名进士,○覆试三等三十三名,朝考三等九十三名。

第三排

江西进士五名:

○陶福履江西人,年三十二岁。三甲五十一名进士,覆试一等五十六名,朝考二等二十三名。

温锡纯江西人,年三十五岁。三甲五十八名进士,○覆试三等一百一名,朝考二等一百一名。

吕曾○江西人,年三十八岁。三甲八十三名进士,覆试二等五十六名,朝考三等二十名。

陈存志江西人,年三十七岁。三甲八十三名进士,○覆试二等五十六名,朝考三等二十名。

黄鸿达江西人,年二十八岁。○三甲九十五名进士,覆试二等八十七名,朝考三等三十四名。

第四排

江西进士五名：

叶濬〇江西人，年四十三岁。三甲一百四名进士，覆试一等二十六名，朝考二等三十四名。

刘素存江西人，年四十六岁。三甲一百二十八名进士，覆试三等五十四名，朝考三等一百十三名。

王室藩江西人，年四十一岁。三甲一百三十二名进士，〇覆试二等十九名，朝考三等七十名。

朱云从江西人，年三十八岁。三甲六十三名进士，〇覆试二等五十名，朝考二等一百六名。

游三立江西人，年二十五岁。三甲一百八十名进士，覆试三等五十九名，朝考三等一百九名。

…………

430　军机大臣字寄福州将军，直隶、两江、湖广、闽浙、四川、两广、江苏、安徽、浙江、江西、湖北、湖南、山东、山西、河南、广东各督抚，传谕粤海关监督。光绪十八年闰六月初四日，奉上谕：户部、总理各国事务衙门奏，各省关欠解东北边防经费，请旨严催一折。据称本年各省关应解东北边防经费，除解到及报解起程外，尚欠解银一百三十四万五千两，请饬速解并补解应年积欠银两等语。此项经费关系边防要需，何得任意延欠？著该将军、督抚、监督按照单开本年未解及历年欠解银数，赶紧筹解。倘再迟延，即著户部照贻误京饷例指名严参。原单均著抄给阅看。将此由四百里谕知福州将军及各该督抚并传谕粤海关监督知之。钦此。遵旨寄信前来。（抄交户部）

513　光绪十八年七月十三日，内阁奉上谕：江西吉南赣宁道员缺，著周浩补授。钦此。

514　查：江西吉南赣宁道系冲繁难要缺。谨奏。

597　军机大臣字寄江西巡抚德、湖南巡抚吴。光绪十八年八月二十三日，奉上谕：德馨奏，江西萍乡县与湖南醴陵等县接壤，现据萍乡县知县顾家相禀报，访闻醴陵县于七月十三日夜间有会匪三百余人抢入县署，劫去狱囚，并有连劫店铺富户情事。该匪现于武功山之大安里作为巢穴，约于八月内起事。有谋袭萍乡之谣，请就地招勇二百名，以资防御，并请派拨勇营至县防堵等情，已调派副将杨乐宾、提督申道发各率所部驰往剿办等语。即著德馨饬令派出各营，会同地方文武，实力严防，勿令邻省匪徒闯入江境。此项会匪既有劫狱拒捕情事，张煦何以并未奏报？著吴大澂迅即拣派得力员弁，会同江西防营，严拿匪首，解散胁从，毋任蔓延。德馨原片著抄给吴大澂阅看。将此各谕令知之。钦此。遵旨寄信前来。

715　军机大臣字寄福州将军，两江、湖广、闽浙、两广各总督，江苏、安徽、江西、浙江、湖北、湖南、山东、山西、广东各巡抚，传谕粤海关、淮安关各监督。光绪十八年十月二十一日，奉上谕：户部奏请催解京饷一折。本年京饷原拨、续拨共银八百万两。截至九月底止，除划拨解到报解起程等款外，尚欠解银二百二十一万七十余两。现在部库存项无多,一切放款,为数甚巨。所有各省关欠解京饷,亟应全数报解,以济要需。著各该将军、督抚、监督等各将欠解银两迅即照数依限解部,统于年内扫数解齐。倘敢诿卸拖欠,即由户部指名严参。原单著抄给阅看。将此由五百里谕知福州将军,两江、湖广、闽浙、两广各总督,江苏、安徽、江西、浙江、湖北、湖南、山东、山西、广东各巡抚,并传谕粤海关、淮安关各监督知之。钦此。遵旨寄信前来。(抄交户部)

732　军机大臣字寄福州将军,两江、湖广、闽浙、两广、江苏、安徽、江西、浙江、湖北、广东各督抚,传谕粤海关监督。光绪十八年十月二十九日,奉上谕:户部奏预拨筹备饷需一折。据称癸巳年筹备饷需,共指拨银二百万两,请饬依限报解等语。此项饷银关系紧要,著该将军、督抚、监督等按照指拨银数,于来年四月前解到一半,十月内全数解清,毋稍迟逾。余依议。原折单均著抄给阅看,将此由四百里谕知福州将军,两江、湖广、闽浙、两广、江苏、安徽、江西、浙江、湖北、广东各督抚,并传谕粤海关监督知之。钦此。遵旨寄信前来。

733　军机大臣字寄福州将军,直隶、两江、湖广、闽浙、两广、四川、江苏、安徽、江西、浙江、湖北、湖南、河南、山东、山西、广东各督抚,传谕粤海关、淮安关各监督。光绪十八年十月二十九日,奉上谕:户部奏预拨来年京饷一折。历届京饷均系年前预拨,光绪十九年京饷,该部拟在地丁、盐课等款内指拨银七百万两,请饬各该省关于来年分批起解等语。京饷关系紧要。现经该部就各省关情形酌量指拨,自应遵照奏定数目,源源报解,以应要需。著该将军、督抚、监督等务于接到部文后,分批赶解,限于来年五月前解到一半,十二月初间全数解清,不准截留改拨,藉词延误。倘届限不到,即著该部照奏定章程,指名严参。原单均著抄给阅看。另片奏,光绪十九年内务府经费拟拨盐课、茶税等款,共银六十万两,请饬依限完解等语。除闽海关常税银十万两应径解北洋并各省关应遵部库垫放银二十万九千二百余两,应由指拨各款内匀解部库外,下余银二十九万七百余两,著该将军、督抚、监督等务于来年开印后陆续径解内务府交纳,仍限六月前解到一半,十二月初间扫数解清,不准稍有蒂欠。原片单并著抄给阅看。将此由五百里谕知福州将军,直隶、两江、湖广、闽浙、两广、四川、江苏、安徽、江西、浙江、湖北、湖南、河南、山东、山西、广东各督抚,并传谕粤海关、淮安关监督知之。钦此。遵旨寄信前来。

734　军机大臣字寄户部、大学士 · 直隶总督 · 一等肃毅伯李、两江总督刘、闽浙总督 · 兼管福建巡抚谭、江苏巡抚奎、安徽巡抚沈、江西巡抚德、河南巡抚裕、湖北巡抚谭、山东巡抚福、传谕淮安关监督常恩。光绪十八年十月二十九日,奉上谕:裕禄等奏请饬拨东三省来年的饷,并请催欠饷一折。东三省癸巳年的饷应拨奉天银二十六万两,吉林银十三万一千八百九十一两零,打牲乌拉银三万四千七百六十八两零,黑龙江银十九万两,著户部照数指拨,令各该省督抚等如数筹解,毋许迟延,并于报解之时分晰奉天、吉林、打牲乌拉、黑龙江各款目,以免牵混。其各省欠解东三省本年的饷暨历年欠饷,著李鸿章、刘坤一、谭钟麟、奎俊、沈秉成、德馨、裕宽、谭继洵、福润、常恩按照单开数目,赶紧筹措,务于年内扫数解清,以济要需。原单均著抄给阅看。将此谕知户部并由五百里谕知李鸿章、刘坤一、谭钟麟、奎俊、沈秉成、德馨、裕宽、谭继洵、福润暨传谕常恩知之。钦此。遵旨寄信前来。

741　军机大臣字寄两江总督刘、闽浙总督谭、湖广总督张、两广总督李、江苏巡抚奎、安徽巡抚沈、浙江巡抚崧、江西巡抚德、湖北巡抚谭、湖南巡抚吴、广东巡抚刚、广西巡抚张。光绪十八年十一月初六日,奉上谕:翰林院代奏编修陈鼎请严防各省会匪一折。各省会匪叠经降旨查拿,而根株未净,深虑蔓延,亟应销患未萌,妥筹办理。除原奏请酌派各州县银两备赈一节,殊非政体,著毋庸议外。其所称使州县官遍搜伏莽,总兵官巡阅境地,起用各军旧部熟悉地形之人,延揽天下将才各条,著刘坤一、谭钟麟、张之洞、李瀚章、奎俊、沈秉成、崧骏、德馨、谭继洵、吴大澂、刚毅、张联桂悉心详筹,奏明办理。原折均著抄给阅看。将此各谕令知之。钦此。遵旨寄信前来。

778　军机大臣字寄福州将军、直隶、两江、湖广、两广、闽浙、四川、山东、河南、江苏、安徽、江西、湖北、湖南、浙江各督抚,传谕粤海关监督。光绪十八年十一月二十三日,奉上谕:户部、总理各国事务衙门奏,各直省欠解东北边防经费,请旨严催一折。据称本年各省关应解东北边防经费,除扣留划抵及报解起程外,尚欠解银三十五万二千余两。其光绪六、七、八、九、十、十一、十二、十三、十四、十五、十六、十七等年积欠银两,节经严催,迄未报解等语。此项经费关系紧要,岂容稍有宕延。著各该将军、督抚、监督迅即查照该衙门单开欠解各数分批筹解部库。倘再延欠,即著户部照贻误京饷例指名严参。原单均著抄给阅看。将此由四百里谕知福州将军,直隶等省各督抚,并传谕粤海关监督知之。钦此。遵旨寄信前来。(抄交户部、总署)

779　军机大臣字寄福州将军,两江、湖广、闽浙、四川、两广、山东、山西、浙江、江西、安徽、江苏、湖北、湖南、广东各督抚,传谕粤海关监督。光绪十八年十一月二十三日,奉上谕:户部、总理各国事务衙门奏,预拨东北边防经费一折。据称,光绪十九年东北边防经费,照案指拨山东地丁银十二万两、山西地丁银十万两、浙江地丁银八万两、江西地丁银五万两、安徽地丁银十万两、江苏厘金银八万两、江西厘金银八万两、浙江厘金银八万两、安徽厘金银五万两、湖北厘金银八万两、湖南厘金银八万两、福建厘金银八万两、江海关六成洋税银十万两、江汉关六成洋税银十万两、夔关常税银三万两、赣关常税银一万两、闽海关六成洋税银十万两、九江关六成洋税银八万两、四川盐厘银十五万两、两淮盐厘银十二万两、四川津贴银八万两、山东粮道库银五万两、广东厘金银八万两、粤海关六成洋税银十二万两,请饬依限报解等语。此项饷需最关紧要,著该将军、督抚、监督等按照指拨银数,于来年五月前批解一半,年内全数解清,毋稍迟逾。将此谕知福州将军,两江、湖广、闽浙、四川、两广、山东、山西、浙江、江西、安徽、江苏、湖北、湖南、广东各督抚,并传谕粤海关监督知之。钦此。遵旨寄信前来。(抄交户部、总署)。

780　光绪十八年十一月二十三日,内阁奉上谕:户部奏,遵议杨昌濬奏请将解清甘肃新饷各员分别奖叙,开单呈览一折。甘肃新饷关系紧要。所有扫数批解各员,自应量加奖叙。河南巡抚裕宽著赏加头品顶戴。福州将军希元、两江总督刘坤一、湖广总督张之洞、四川总督刘秉璋、调任江苏巡抚前山西巡抚奎俊、安徽巡抚沈秉成、调任山西巡抚前湖南巡抚张煦、陕西巡抚鹿傅霖、江西巡抚德馨、湖北巡抚谭继洵、调任广东巡抚前江苏巡抚刚毅、新疆巡抚前陕西布政使陶模、河南布政使廖寿丰,均著交部从优议叙。陕西布政使张岳年、湖北署布政使·按察使陈宝箴均著赏给头品顶戴。湖北盐法道瞿廷韶,著俟升缺后赏给头品顶戴。湖南布政使何枢著赏给正一品封典,江苏布政使邓华熙著赏加随带二级。两淮盐运使江人镜著遇有应升之缺开列在前。安徽署布政使·按察使嵩崑著交部从优议叙。江西布政使方汝翼著赏给正一品封典。江西督粮道邓蓉镜、四川署布政使·按察使德寿、四川盐茶道延煜均著赏加随带二级,以示鼓励。至湖北布政使王之春等,著照部议,毋庸给予奖叙。余著照所议办理。该部知道。单二件颁发。钦此。

821　上谕:朕亲奉慈禧端佑康颐昭豫庄诚寿恭钦献皇太后懿旨:甲午年为予六旬寿辰,皇帝率天下臣民胪欢祝嘏,特派王大臣等举行庆典,具见诚敬之忱。予自归政以来,仰荷昊苍眷佑,列圣垂庥,用能膺受蕃厘,康强逢吉。兹以花甲初周,皇帝摅爱日之诚,洽敷天之庆,欢欣称祝。予若却而不受,转似近于矫情。惟念海宇虽已乂安,民气亟宜培养。每于皇帝侍膳问安之际,以去奢崇俭,爱育黎元谆谆训诫。皇帝当仰体此意,以国计民生为念,孜孜求治。俾四海咸臻乐利,物阜民康。养志承欢,孰大于是? 正不在备物将忱也。此次办理庆典,王大臣等于应行典礼查照旧章,请旨遵行外,其余一切用款,务当力求撙节,毋得稍滋糜费,以副予慎怀节俭、体念闾阎之意。中外诸臣,其各勤职守,共济时艰。内而王公、一二品文武大臣,外而将军、督抚、都统、副都统、提督、总兵,照例应进贡物缎疋,均著毋庸进献,以示体恤。本年特颁内帑赈济顺天、直隶贫民,嗣后著每年发银二万两,交顺天府府尹、直隶总督普给穷黎。甲午年,每省各赏银二万两,交奉天、吉林、黑龙江各将军,两江、陕甘、四川、闽浙、湖广、两广、云贵各总督,江苏、安徽、山东、山西、河南、陕西、甘肃、新疆、浙江、福建、台湾、江西、湖北、湖南、广东、广西、云南、贵州各巡抚核实散放,均由节省内帑项下给发,用示行庆施惠有加无已至意。钦此。朕钦奉懿训,祗切遵承。将此通谕知之。钦此。(黄面红里大片)。

916　臣等查:明新正应行加恩各省,除盛京、江苏、安徽、江西、浙江、福建、湖北、湖南、河南、山西、陕西、甘肃、新疆、广东、广西、云南、贵州经该将军、督抚具奏,无庸接济外,所有直隶、山东二省业经该督抚奏到,臣等拟请谕旨二道,并拟定日期颁发。谨奏。光绪十八年十二月三十日,奉朱批:是。钦此。

光绪十九年

59　光绪十九年二月初五日,内阁奉上谕:江西赣州府员缺紧要,著该抚于通省知府内拣员调补，所遗员缺著惠格补授。钦此。

61　光绪十九年二月初六日，内阁奉上谕：德馨奏任满吁恳陛见一折。德馨著来京陛见，江西巡抚著方汝翼暂行护理。钦此。

331　亲王、郡王、贝勒、贝子、公、将军，共银四万三千六百两；

宗人府、内阁、各部院、寺满汉文职各官，共银九万四千八百两；

侍卫处，銮仪卫。八旗满洲、蒙古、汉军前锋护军，圆明园、八旗、内务府三旗，健锐营、火器营绿步各营满汉武职各官，共银六万八千四百两；

公、侯、伯、子、男、轻车都尉、骑都尉、云骑尉、恩骑尉满汉袭荫各官，共银五万七千一百两。

以上，共报效陕西银二十六万三千九百两。

直隶省共银五万七千两；江宁省共银三万五千八百两；江苏省共银三万五千六百两；安徽省共银三万三千五百两；山东省共银五万六千一百两；山西省共银五万一千五百两；河南省共银五万八千四百两；陕西省共银二万九千三百两；甘肃省共银六万六千五百两；新疆省共银四万六千八百两；福建省共银四万五千两；台湾省共银一万三千四百两；浙江省共银四万三千三百两；江西省共银四万一千二百两；湖北省共银四万三千六百两；湖南省共银四万四千九百两；四川省共银六万一千八百两；广东省共银六万四千五百两；广西省共银三万一千七百两；云南省共银三万二千六百两；贵州省共银三万七千六百两；奉天省共银五千七百两；吉林省共银三千两；黑龙江省共银一千两；热河共银三千二百两。以上，共报效陕西银九十四万三千两。

统计京外各官，共报效陕西银一百二十万六千九百两。

364　道员用江西临江府知府王之藩，(朱)○旨：著仍交军机处存记。

402　军机大臣字寄福州将军，直隶、两江、湖广、闽浙、四川、两广、江苏、安徽、浙江、江西、湖北、湖南、山东、山西、河南、广东各督抚，传谕粤海关监督。光绪十九年七月初八日，奉上谕：户部、总理各国事务衙门奏，各省关欠解东北边防经费，请旨严催一折。据称，本年各省关应解东北边防经费，除解到及报解起程外，尚欠解银一百三十七万五千两，请饬速解并补解历年积欠银两等语。此项经费关系边防要需，何得任意延欠？著该将军、督抚、监督按照单开本年未解及历年欠解银数，赶紧筹解。倘再迟延，即著户部照贻误京饷例指名严参。原单均著抄给阅看。将此由四百里谕知福州将军及各该督抚，并传谕粤海关监督知之。钦此。遵旨寄信前来。(抄交户部)。

417　…………

江西巡抚德馨，头品顶戴、花翎；

江西九江镇总兵朱淮森，花翎、尚勇巴图鲁、记名提督。

…………

（黄面红里）

489　军机大臣字寄福州将军，两江、闽浙、湖广、四川、江苏、安徽、江西、湖北、湖南、河南、山西、陕西各督抚。光绪十九年八月十九日，奉上谕：户部奏，筹拨甘肃新饷，开单呈览，并请饬催关内外各军将裁减实需饷数迅速奏报一折。甘肃关内外各军饷银关系紧要，现经该部将光绪二十年新饷指拨山西省银八十四万两、河南省银六十一万两、河东道银五十二万两、陕西省银二十万两、湖北省银三十三万两、湖南省银十六万两、江苏省银二十万两、安徽省银二十万两、两淮银二十万两、江西省银三十六万两、四川省银九十八万两、闽海关银二十万两，共银四百八十万两，请饬依限报解。著该将军、督抚等严饬各该司道按照部拨数目，于本年十二月底止赶解三成，至来年四月底止再解三成，其余四成统限九月底止扫数解清。各该省如能依限完解，即由陕甘总督奏请奖叙。倘仍前延欠，即由户部照例奏参。至伊犁塔尔巴哈台各军饷数，甫经划定，究竟实需若干，能否裁减若干，并著户部行知该督抚、将军、副都统，切实估计，迅速报部。将此由四百里各谕令知之。钦此。遵旨寄信前来。（抄交户部）

598　光绪十九年，江西省秋审服制情实，胡得相等三起，人犯三名。内除旧事服制情实郭泳翘即郭闰淙一起一名业于十八年免勾时开列榜示外，谨将新事服制情实胡得相等二起人犯二名勾到时所奉谕旨，恭录于后。

一起斩犯胡得相。

与胞兄胡得装有祖遗公共祭田，向系胡得装经管。每年租谷，除完粮办祭外，余俱按房均分。嗣该犯携铁钯在田工作，胡得装走至。该犯将钯放在田塍上，与胡得装闲谈，并向借用稻谷，约在应分租内扣除。胡得装不允，该犯声称薄情。胡得装斥骂，并揪住伊胸衣，拳殴。该犯挣脱逃跑，胡得装追殴。不期行走匆忙，失跌倒地，被钯茕伤胸膛，移时殒命。伤由追殴跌茕，尚非有心。干犯情稍可原，是以未勾。

一起斩犯罗丁石仔。

因胞叔罗传义夜至伊门外栏内窃牛，该犯闻响，开门出捕。见一人牵牛出栏，黑暗中不辨面貌，向问，不应，该犯用禾枪戳伤其胸膛，喊痛倒地。该犯闻系罗传义声音，当即住手喊同伊祖母点灯认明，罗传义移时殒命。伤由疑贼误戳，尚非有心，干犯情稍可原，是以未勾。

光绪十九年，江西省秋审常犯情实，周怔发即乌俚博士等六起，人犯九名口。内除旧事常犯情实马莲盅一起一名业于十七年免勾时开列榜示外，谨将新事常犯情实周怔发即乌俚博士等五起人犯八名口勾到时所奉谕旨，恭录于后。

一起斩犯周怔发即乌俚博士。

逞忿故杀，法无可宽，是以勾决。

一起绞妇潘氏。

因奸听从谋毙买休之夫，下手加功，法无可宽，是以勾决。

一起斩犯刘四。

逞忿故杀幼孩,法无可宽,是以勾决。

一起绞犯汪怀芹。

窃盗拒捕,刃毙事主,法无可宽,是以勾决。

一起绞犯,吴荭米果、吴汰朱小、吴荃俦、吴幅右。

互殴,致毙被造多命,吴荭米果、吴汰朱小、吴荃俦、吴幅右各下手致毙一命,均法无可宽,是以俱勾决。

632 军机大臣字寄盛京将军,直隶、两江、闽浙、湖广、四川、两广、陕甘、云贵各总督,江苏、安徽、江西、浙江、福建、台湾、湖北、湖南、河南、山东、山西、陕西、甘肃、新疆、广东、广西、云南、贵州各巡抚。光绪十九年十月初三日,奉上谕:本年顺天、直隶各属骤被水灾,叠经赏拨银米,分设粥厂,办理急赈。嗣因灾区较广,拨给奉天粟米一万四千四百余石,江苏、江北漕米各五万石备赈。并因办理冬春赈抚,续拨河运漕米折价十万石,截留海运漕米八万石,分解顺天、直隶。应由复准李鸿章所请,动拨直隶藩库银十万两,广为散放,采育镇等处添设粥厂。准如孙家鼐等所请,加拨银米。又因湖南醴陵县等处被旱,由户部垫拨银三万两,发交吴大澂分别散给。山东沿河各属被水,谕令福润截留新漕六万石,以备冬赈。陕西延安等府属被旱,将上忙钱粮分别缓征。湖北公安县被水,陕西绥德、泾阳等州县被雹,咸宁等县被水,南郑、府谷等州县被水、被雹,甘肃渭源等州县被雹、被水,新疆奇台县被旱,库车等厅州县被水,广东廉州府属被水,广西宾州等州县被水,云南定远、文山、姚州、建水、安平等厅州县被水,均经该督抚等查勘抚恤,小民谅可不至失所。惟念来春青黄不接之时,民力未免拮据。著传谕该督抚等体察情形,如有应行接济之处,即查明据实覆奏,务于封印以前奏到,候朕于新正降旨加恩。再,安徽安庆等府属被水、被旱,江西德化、建昌等县被水,莲花、安福、永新等厅县被旱,贵溪县被风,湖南澧州、安乡等州县被水,茶陵、衡阳等州县被旱,甘肃靖远等县被雹,均经该督抚等委员查勘,即著迅速办理,并将来春应否接济之处,一并查明,于封印前奏到。此外,各省有无被灾地方,应行调剂抚恤之处,著该将军、督抚等一并查奏,候旨施恩。将此各谕令知之。钦此。遵旨寄信前来。

706 军机大臣字寄福州将军,直隶、两江、湖广、闽浙、两广、四川、江苏、安徽、江西、浙江、湖北、湖南、河南、山东、山西、河南、广东各督抚,传谕粤海关、淮安关各监督。光绪十九年十月二十七日,奉上谕:户部奏预拨来年京饷一折。历届京饷均系年前预拨。光绪二十年京饷,该部拟在地丁、盐课等款内指拨银七百万两,请饬各该省关于来年分批起解等语。京饷关系紧要。现经该部就各省关情形酌量指拨,自应遵照奏定数目,源源报解,以应要需。著该将军、督抚、监督等务于接到部文后,分批赶解,限于来年五月前解到一半,十二月初间全数解清,不准截留改拨,藉词延误。倘届限不到,即著该部照奏定章程指名严参。原单均著抄给阅看。另片奏,光绪二十年内务府经费,拟拨盐课、茶税等款共银六十万两,请饬依限完解等语。除闽海关常税银十万两应径解北洋,并各省关应还部库垫放银二十万九千二百余两应由指拨各款内匀解部库外,下余银二十九万七百余两，著该将军、督抚、监督等务于来年开印后，陆续径解内务府交纳，仍限六月前解到一半，十二月初间扫数解清，不准稍有蒂欠。原片单并著抄给阅看。将此由五百里谕知福州将军，直隶、两江、湖广、闽浙、两广、四川、江苏、安徽、江西、浙江、湖北、湖南、河南、山东、山西、广东各督抚，并传谕粤海关、淮安关各监督知之。钦此。遵旨寄信前来。（抄交户部）

707　军机大臣字寄福州将军，两江、湖广、闽浙、两广、江苏、安徽、江西、湖北、广东各督抚，传谕粤海关监督。光绪十九年十月二十七日，奉上谕：户部奏预拨筹备饷需一折。据称，甲午年筹备饷需，共指拨银二百万两，请饬依限报解等语。此项饷银关系紧要，著该将军、督抚、监督等按照指拨银数，于来年四月前解到一半，十月内全数解清，毋稍迟逾。余依议。原折单均著抄给阅看。将此由四百里谕知福州将军，两江、湖广、闽浙、两广、江苏、安徽、江西、浙江、湖北、广东各督抚，并传谕粤海关监督知之。钦此。遵旨寄信前来。（抄交户部）

708　军机大臣字寄福州将军，两江、湖广、闽浙、四川、两广、江苏、安徽、江西、浙江、湖北、湖南、河南、山东、山西、广东各督抚，传谕粤海关、淮安关各监督。光绪十九年十月二十七日，奉上谕：户部奏请催解京饷一折。本年京饷原拨、续拨共银八百万两，截至九月底止，除划拨、截留、解到、报解起程等款外，尚欠解银一百九十三万九千余两。现在部库存项无多，一切放款为数甚巨，所有各省关欠解京饷，亟应全数报解，以济要需。著各该将军、督抚、监督等各将欠解银两迅即照数依限提前解部，统于年内扫数解齐。倘敢诿卸拖欠，即由户部指名严参。原单著抄给阅看。将此由五百里谕知福州将军，两江、湖广、闽浙、四川、两广、江苏、安徽、江西、浙江、湖北、湖南、河南、山东、山西、广东各督抚，并传谕粤海关、淮安关各监督知之。钦此。遵旨寄信前来。（抄交户部）

709　军机大臣字寄户部、大学士 · 直隶总督 · 一等肃毅伯李、两江总督刘、闽浙总督 · 兼管福建巡抚谭、湖广总督 · 兼署湖北巡抚张、江苏巡抚奎、安徽巡抚沈、江西巡抚德、河南巡抚裕、山东巡抚福，传谕淮安关监督常恩。光绪十九年十月二十八日，奉上谕：裕禄等奏请饬拨东三省来年的饷，并请催欠饷一折。东三省甲午年的饷应拨奉天银二十六万两，吉林银十六万六千一百九两零，打牲乌拉银三万六千八百九十五两零，黑龙江银十七万九千八百两，著户部照数指拨。令各该省督抚等如数筹解，毋许迟延，并于报解之时，分晰奉天、吉林、打牲乌拉、黑龙江各款目，以免牵混。其各欠解东三省本年的饷暨历年欠饷，著李鸿章、刘坤一、谭钟麟、张之洞、奎俊、沈秉成、德馨、裕宽、福润、常恩按照单开数目，赶紧筹措，务于年内扫数解清，以济要需。原单均著抄给阅看。将此谕知户部，并由五百里谕知李鸿章、刘坤一、谭钟麟、张之洞、奎俊、沈秉成、德馨、裕宽、福润暨传谕常恩知之。钦此。遵旨寄信前来。

745　军机大臣字寄福州将军，两江、湖广、闽浙、四川、两广、山东、山西、浙江、江西、安徽、江苏、湖北、湖南、广东各督抚，传谕粤海关监督。光绪十九年十一月初五日，奉上谕:户部、总理各国事务衙门奏,预拨东北边防经费一折。据称,光绪二十年东北边防经费照案指拨山东地丁银十二万两、山西地丁银十万两、浙江地丁银八万两、江西地丁银五万两、安徽地丁银十万两、江苏厘金银八万两、江西厘金银八万两、浙江厘金银八两、安徽厘金银五万两、湖北厘金银八万两、湖南厘金银八万两、福建厘金银八万两、两江海关六成洋税银十万两、江汉关六成洋税银十万两、夔关常税银三万两、赣关常税银一万两、闽海关六成洋税银十万两、九江关六成洋税银八万两、四川盐厘银十五万两、两淮盐厘银十二万两、四川津贴银八万两、山东粮道库银五万两、广东厘金银八万两、粤海关六成洋税银十二万两,请饬依限报解等语。此项饷需最关紧要,著该将军、督抚、监督等按照指拨银数,于来年五月前批解一半,年内全数解清,毋稍迟逾。将此谕知福州将军,两江、湖广、闽浙、四川、两广、山东、山西、浙江、江西、安徽、江苏、湖北、湖南、广东各督抚,并传谕粤海关监督知之。钦此。遵旨寄信前来。

746　军机大臣字寄福州将军,直隶、两江、湖广、闽浙、四川、山东、河南、江苏、安徽、江西、湖北、湖南、浙江各督抚,传谕粤海关监督。光绪十九年十一月初五日,奉上谕:户部、总理各国事务衙门奏,各省关欠解东北边防经费,请旨严催一折。据称,本年各省关应解东北边防经费,除解到及报解起程外,尚欠解银五十万两。其光绪六、七、八、九、十、十一、十二、十三、十四、十五、十六、十七、十八等年积欠银两,节经严催,迄未报解等语。此项经费关系紧要,岂容稍有宕延。著各该将军、督抚、监督迅即查照该衙门单开欠解各数,分批筹解部库。倘再延欠,即著户部照贻误京饷例指名严参。原单均著抄给阅看。将此由四百里谕知福州将军、直隶等省各督抚,并传谕粤海关监督知之。钦此。遵旨寄信前来。

785－786－787　光绪十九年十一月十八日,内阁奉上谕:江西南赣镇总兵员缺,著何明亮补授。钦此。

查:江西南赣镇总兵系陆路缺。谨奏。

各省陆路总兵名单:

直隶大名镇总兵吴殿元,

天津镇总兵罗荣光,

通永镇总兵吴育仁,

宣化镇总兵王可升,

正定镇总兵徐邦道;

山东登州镇总兵章高元,

兖州镇总兵田恩来,

曹州镇总兵王连三;

山西太原镇总兵聂士成,

大同镇总兵程之伟;

河南南阳镇总兵崔廷桂,

河北镇总兵刘盛休,
归德镇总兵杨玉书;
陕西延绥镇总兵蒋云龙,
陕安镇总兵姚文广,
汉中镇总兵孙金彪,
河州镇总兵汤彦和;
甘肃西宁镇总兵邓增,
宁夏镇总兵卫汝贵,
肃州镇总兵李培荣,
凉州镇总兵张永清,
伊犁镇总兵张俊,
阿克苏镇总兵黄万鹏;
江南徐州镇总兵陈凤楼,
淮扬镇总兵潘万才;
安徽寿春镇总兵任祖文,
皖南镇总兵李占椿;
江西九江镇总兵朱淮森;
浙江处州镇总兵陈济清,
衢州镇总兵喻俊明;
福建汀州镇总兵宋德胜,
福宁镇总兵曹志忠,
漳州镇总兵侯名贵,
建宁镇总兵秦怀亮;
广东南韶连镇总兵方友升,
潮州镇总兵刘世俊;
广西左江镇总兵董履高,
右江镇总兵张春发,
柳庆镇总兵马盛治;
湖北宜昌镇总兵傅廷臣,
郧阳镇总兵何长清;
湖南镇筸镇总兵周瑞龙,
永州镇总兵贾起胜,
绥靖镇总兵陈海鹏;
四川重庆镇总兵钱玉兴,现在□□,
建昌镇总兵刘士奇,
松潘镇总兵陈金鳌,

川北镇总兵何乘鼇；
云南开化镇总兵蔡标，
鹤丽镇总兵岑有富，
临元镇总兵姜桂题，
腾越镇总兵张松林，
昭通镇总兵何雄辉；
贵州安义镇总兵蒋宗汉，
古州镇总兵丁槐，
镇远镇总兵和耀曾，
威宁镇总兵苏元瑞。

794 军机大臣字寄江西巡抚德。光绪十九年十一月二十一日，奉上谕：在籍翰林院编修饶士腾，现有应行查办事件，著先行解任。即由德馨派员迅速押送来京，听候质讯。将此谕令知之。钦此。遵旨寄信前来。

801 直隶布政使裕长满洲正白旗监生，光绪十五年七月补；
江苏布政使邓华熙广东举人，光绪十六年六月补湖北藩司，嗣调江苏；
江宁布政使瑞璋满洲正红旗人，光绪十六年二月补；
安徽布政使德寿汉军镶黄旗翻译生员，光绪十八年四月补；
山东布政使汤聘珍湖南监生，光绪十七年七月补；
山西布政使胡聘之湖北进士，光绪十七年十月补；
河南布政使廖寿丰江苏进士，光绪十六年正月补福建藩司，嗣调河南；
陕西布政使张岳年浙江举人，光绪十五年十二月补甘肃藩司，嗣调陕西；
甘肃布政使沈晋祥浙江监生，光绪十七年二月补；
甘肃新疆布政使饶应祺湖北举人，光绪十九年正月补；
浙江布政使刘树堂云南监生，光绪十六年闰二月补福建藩司，嗣调浙江；
福建布政使黄毓恩湖北进士，光绪十九年三月补；
福建台湾布政使唐景崧广西进士，光绪十七年十一月补；
江西布政使方汝翼直隶举人，光绪十四年十月补；
湖北布政使王之春湖南人，光绪十六年十二月补；
湖南布政使何枢河南进士，原籍浙江，光绪十五年十二月补；
广东布政使成允正红旗监生，光绪十六年十月补；
广西布政使黄槐森广东进士，光绪十八年二月补；
四川布政使王毓藻湖北进士，光绪十九年十月补；
云南布政使史念祖江苏监生，光绪十三年十月补贵州藩司，嗣调云南；
贵州布政使嵩崑满洲镶红旗监生，光绪十九年三月补。

808　光绪十九年十一月二十六日，内阁奉上谕：江西南昌府知府员缺紧要，著该抚于通省知府内拣员调补，所遗员缺著王鹏寿补授。钦此。

931　光绪十九年十二月十七日，内阁奉上谕：户部奏，遵议杨昌濬奏请将解清甘肃新饷各员分别奖叙，开单呈览一折。甘肃新饷关系紧要，所有扫数批解各员，自应量加奖叙。福州将军希元、两江总督刘坤一、湖广总督张之洞、四川总督刘秉璋、山西巡抚张煦、湖南巡抚吴大澂、湖北巡抚谭继洵、江西巡抚德馨、安徽巡抚沈秉成、江苏巡抚奎俊、河南巡抚裕宽、陕西巡抚鹿传霖，均著交部从优议叙。升任浙江巡抚前河南布政使廖寿丰、湖北布政使王之春、湖北盐法道瞿廷韶、湖南布政使何枢、前署安徽布政使嵩崑、江西布政使方汝翼，并著交部从优议叙。山西布政使胡聘之、署山西布政使·按察使张汝梅，均著赏给头品顶戴。署山西布政使冀宁道俞廉三、调任奉天东边道前山西河东道宜麟、两淮盐运使江人镜、江西督粮道邓蓉镜，均著俟升缺后，赏给头品顶戴。陕西布政使张岳年、江苏布政使邓华熙、前四川布政使龚照瑗，均著赏给三代正一品封典。前署四川布政使德寿、四川盐茶道延煜，均著赏加随带二级，以示鼓励。至署山西河东道宁武府知府吴鸿恩等，或官职较卑暂时权篆，或指拨并非本款，或无管库责任，著照部议，毋庸给予奖叙。嗣后筹解甘饷人员，务须核实请奖，不得以前项各员率行列保，以杜冒滥。该部知道。单二件并发。钦此。

1008　各省总兵衔名单

直隶：大名镇总兵吴殿元，
天津镇总兵罗荣光，
通永镇总兵吴育仁，
宣化镇总兵王可升，
正定镇总兵徐邦道；
山东：登州镇总兵章高元，
兖州镇总兵田恩来，
曹州镇总兵王连三；
山西：太原镇总兵聂士成，
大同镇总兵程之伟；
河南：南阳镇总兵崔廷桂，
归德镇总兵杨玉书；
陕西：延绥镇总兵蒋云龙，
陕安镇总兵姚文广，
汉中镇总兵孙金彪，
河州镇总兵汤彦和；
甘肃：西宁镇总兵邓增，
宁夏镇总兵卫汝贵，

肃州镇总兵李培荣，
凉州镇总兵张永清，
伊犁镇总兵张俊，
阿克苏镇总兵黄万鹏；
江南徐州:镇总兵陈凤楼，
淮扬镇总兵潘万才，
苏松镇总兵张景春，
福山镇总兵韩晋昌；
安徽:寿春镇总兵任祖文，
皖南镇总兵李占椿；
江西南赣镇总兵何明亮，
九江镇总兵朱淮森；
浙江:处州镇总兵陈济清，
衢州镇总兵喻俊明，
定海镇总兵陈永春，
海门镇总兵孙昌凯，
温州镇总兵张其光；
福建:汀州镇总兵宋德胜，
福宁镇总兵曹志忠，
漳州镇总兵侯名贵，
建宁镇总兵秦怀亮，
澎湖镇总兵周振邦，
台湾镇总兵万国本，
南澳镇总兵刘永福；
广东:潮州镇总兵刘世俊，
琼州镇总兵滕嗣林，
碣石镇总兵邓万林；
广西:左江镇总兵董履高；
湖北:宜昌镇总兵傅廷臣，
郧阳镇总兵何长清；
湖南:镇筸镇总兵周瑞龙，
永州镇总兵贾起胜，
绥靖镇总兵陈海鹏；
四川:重庆镇总兵钱玉兴，
建昌镇总兵刘士奇，
松潘镇总兵陈金鳌，

川北镇总兵何乘鳌；
云南：鹤丽镇总兵岑有富，
临元镇总兵姜桂题，
腾越镇总兵张松林；
贵州：镇远镇总兵和耀曾；
长江水师：湖南岳州镇总兵张捷书，
湖北汉阳镇总兵高光效，
江西湖口镇总兵柳金源，
江南瓜州镇总兵谢濬畲，
江南狼山镇总兵曹德庆；
北洋海军：左翼总兵林泰曾，
右翼总兵刘步蟾，
直隶马兰镇总兵文瑞，
泰宁镇总兵志元。

1024　臣等查：新正应行加恩，各省除盛京、江苏、安徽、江西、浙江、福建、台湾、湖北、湖南、河南、山西、陕西、甘肃、新疆、广东、广西、云南、贵州经该将军、督抚具奏无庸接济外，所有直隶、山东二省，业经该督抚奏到。臣等拟请谕旨二道，并拟定日期颁发。谨奏。

光绪二十年

24　光绪二十年正月初七日，内阁奉上谕：德馨奏，查明各属被灾，请将新旧钱漕分别缓征、递缓，开单呈览一折。江西南昌等府属本年夏秋之间雨水过多，江湖并涨，低田被淹，高区又因缺雨，收成均形歉薄。若将新旧钱漕等款照常征收，民力实有未逮。加恩著照所请。所有南昌县未完本年地丁银七千二百五十二两零，漕米九千六百六十六石零。新建县未完本年地丁银六千十两零，漕米五千九百四十石零。进贤县未完本年地丁银八千四百九十九两零，漕米一万六百十石零。莲花厅未完本年地丁银三千四百三十八两零，漕米一千七百十三石零，漕运屯粮银五百二十二两零，余租银一十四两零。庐陵县未完本年地丁银七千五百八十两零，漕米五千九百六十六石零，存留屯粮银五十一两零，漕运屯粮银三十两零，余租银一百五十八两零。永丰县未完本年地丁银一万四百七十两零，漕米四千二百五十三石零。泰和县未完本年地丁银八千七百四十六两零，漕米五(十)[千]八百六十七石零。安福县未完本年地丁银一万六百八十七两零，漕米六(十)[千]二百四十七石零，漕运屯粮银四百十一两零，余租银七百五十四两零。永新县未完本年地丁银一万二千六百七十两零，漕米三千六百七十一石零，屯丁银十六两零，存留屯粮银六十五两零，漕运屯粮银五百三十两零，余租银一千八百九十八两零。建昌县未完本年地丁银一万一千七百八十七两零,漕米五千四百八十七石零。安义县寄庄建昌县未完本年地丁银三百七两零,漕米一百三十八石零。德化县未完本年地丁银三千一百十三两零,屯丁银一百一两零,存留屯粮银七百四十六两零,漕运屯粮银二千九百六十八两零,余租银五千七百四十八两零,十九年压征十八年芦课银六百三十一两零。德安县未完本年地丁银二千六百二十一两零,屯丁银一百十八两零,存留屯粮银一百三十五两零,漕运屯粮银八百九十七两零,余租银一千六百五十六两零。九江府同知所辖南、九二卫芦洲,未完十九年压征十八年芦课银四百九十二两零,均著至本年秋后分作两年带征。

又南昌、新建、永新、德化等县光绪十四、十五、十六、十七、十八等年;清江、新淦二县十八年;峡江县十五、十八两年;庐陵县十六、十七、十八等年;万安县十六年;余干县十四年;德安县十五、十六、十七、十八等年;瑞昌县十四、十六两年;湖口县十四、十五、十六等年;彭泽县十五、十六两年,各原缓地丁等款银米,均著递缓至光绪二十、二十一两年秋后带征。

又进贤、莲花、永丰、安福、建昌并安义寄庄建昌等厅县原缓光绪十八年;德安县原缓十四年各地丁等款银米,均著递缓至光绪二十一、二十二两年秋后带征。又进贤、莲花、永丰、安福、建昌并安义县寄庄建昌等厅县光绪十七年各原缓地丁等款银米,均著递缓至光绪二十二、二十三两年秋后带征。又进贤、莲花、安福、建昌并安义县寄庄建昌等厅县光绪十六年;永丰县十五年,各原缓地丁等款银米,均著递缓至光绪二十三、二十四两年秋后带征。又进贤、莲花、安福、建昌并安义县寄庄建昌等厅县光绪十五年各原缓地丁等款银米,均著递缓至光绪二十四、二十五两年秋后带征。又进贤、莲花、安福、建昌并安义县之寄庄建昌等厅县光绪十四年各原缓地丁等款银米,均著递缓至光绪二十五、二十六两年秋后带征。

又湖口县光绪十四、十五、十六等年各原缓芦课,均著递缓至光绪二十、二十一、二十二等三年秋后带征。又九江府同知所辖芦洲,光绪十八年原缓芦课,著递缓至光绪二十一年;又十七年原缓芦课,著递缓至二十二年;又十六年原缓芦课,著递缓至二十三年;又十五年原缓芦课,著递缓至二十四年;又十四年原缓芦课,著递缓至二十五年各秋后带征,以纾民力。余著照所议办理。该抚即将单内所开乡图都甲被灾分数,应缓至何年带征银米各数目,详晰刊刻誊黄,遍行晓谕,务使实惠均沾,毋任吏胥舞弊,用副轸念民艰至意。该部知道。单并发。钦此。

88

…………

江西:

巡抚德馨;

南赣镇总兵何明亮;

九江镇总兵朱淮森;

湖口镇总兵柳金源;
○布政使方汝翼;
按察使福裕。
…………

114 江苏巡抚奎俊;
安徽巡抚沈秉成;
山东巡抚福润;
山西巡抚张煦;
河南巡抚裕宽;
陕西巡抚鹿传霖;
甘肃新疆巡抚陶模;
浙江巡抚廖寿丰,尚未到任;
福建台湾巡抚邵友濂;
江西巡抚德馨;
湖北巡抚谭继洵;
湖南巡抚吴大澂;
广东巡抚刚毅;
广西巡抚张联桂;
云南巡抚谭钧培;
贵州巡抚崧蕃。

139 直隶按察使周馥,安徽监生,光绪十四年三月补。
江苏按察使陈湜,湖南人,光绪十六年十月补。
安徽按察使员凤林,陕西进士,光绪十九年三月补。
山东按察使松林,满洲镶黄旗监生,光绪十七年正月补。
山西按察使张汝梅,河南人,光绪十七年六月补。
河南按察使长禄,汉州正红旗翻译举人,光绪十七年正月补。
甘肃按察使裕祥,满洲镶白旗进士,光绪十四年九月补陕西臬司,嗣调甘肃。
浙江按察使聂缉椝,湖南监生,光绪十九年十二月补。
福建按察使张国正,汉军镶蓝旗荫生,光绪十六年二月补江苏臬司,嗣调福建。
江西按察使福裕,蒙古正红旗荫生,光绪十六年二月补。
湖北按察使陈宝箴,江西举人,光绪十六年十月补。
湖南按察使王廉,河南进士,光绪十七年十月补。
广东按察使额勒精额,满洲镶红旗翻译进士,光绪十六年十二月补。
广西按察使胡燏棻,安徽进士,光绪十七年七月补。
四川按察使文光,满洲镶黄旗进士,光绪十八年四月补。

云南按察使岑毓宝，广西人，光绪十五年六月补。
贵州按察使唐树森，湖南廪贡，光绪十八年二月补。
（黄面红里）

175 各省陆路总兵名单：
直隶大名镇总兵吴殿元；
天津镇总兵罗荣光；
通永镇总兵吴育仁；
宣化镇总兵王可升；
正定镇总兵徐邦道；
山东登州镇总兵章高元，现改为署任；
兖州镇总兵田恩来；
曹州镇总兵王连三；
山西太原镇总兵聂士成；
大同镇总兵程之伟；
河南南阳镇总兵崔廷桂；
河北镇总兵刘盛休；
归德镇总兵杨玉书；
陕西延绥镇总兵蒋云龙；
陕安镇总兵姚文广；
汉中镇总兵孙金彪；
河州镇总兵汤彦和；
甘肃西宁镇总兵邓增；
宁夏镇总兵卫汝贵；
肃州镇总兵李培荣；
凉州镇总兵张永清；
伊犁镇总兵张俊；
阿克苏镇总兵黄万鹏；
江南徐州镇总兵陈凤楼；
淮扬镇总兵潘万才；
安徽寿春镇总兵任祖文；
皖南镇总兵李占椿；
江西南赣镇总兵何明亮；
九江镇总兵朱淮森；
浙江处州镇总兵陈济清；
衢州镇总兵喻俊明；

福建汀州镇总兵宋德胜；

福宁镇总兵曹志忠；

漳州镇总兵侯名贵；

建宁镇总兵秦怀亮；

广东南韶连镇总兵方友升；

潮州镇总兵刘世俊；

广西左江镇总兵董履高；

右江镇总兵张春发；

柳庆镇总兵马盛治；

湖北宜昌镇总兵傅廷臣；

郧阳镇总兵何长清；

湖南镇筸镇总兵周瑞龙；

永州镇总兵贾起胜；

绥靖镇总兵陈海鹏；

四川重庆镇总兵钱玉兴；

建昌镇总兵刘士奇；

松潘镇总兵陈金鳌；

川北镇总兵何乘鳖；

云南开化镇总兵蔡标；

鹤丽镇总兵岑有富；

临元镇总兵姜桂题；

腾越镇总兵张松林；

昭通镇总兵何雄辉；

贵州安义镇总兵蒋宗汉；

古州镇总兵丁槐；

镇远镇总兵和耀曾；

威宁镇总兵苏元瑞。

204－205　光绪二十年二月十三日，内阁奉上谕：李瀚章奏总兵因病恳准开缺一折。滕嗣林著准其开缺。广东琼州镇总兵著杨安典补授。钦此。

各省水师总兵名单：

江南苏松镇总兵张景春；

福山镇总兵韩晋昌；

浙江定海镇总兵陈永春；

海门镇总兵孙昌凯；

温州镇总兵张其光；

福建澎湖镇总兵周振邦；
台湾镇总兵万国本；
南澳镇总兵刘永福；
广东琼州镇总兵滕嗣林，告病开缺；
碣石镇总兵邓万林；
高州镇总兵左宝贵；
北海镇总兵王孝祺；
长江水师湖南岳州镇总兵张捷书；
湖北汉阳镇总兵高光效；
江西湖口镇总兵柳金源；
江南瓜州镇总兵谢濬畲；
江南狼山镇总兵曹德庆；
北洋海军左翼总兵林泰曾；
右翼总兵刘步蟾。

262－263 为知会事，所有发下赏给总兵徐邦道等如意等件，相应开具清单，由马递发，交贵督抚查收，即行转递。该总兵等祗领可也。为此知会。计黏抄单一件。二月二十五日。

江西：
九江镇总兵朱淮森，如意一柄，寿字一方。
湖口镇总兵柳金源，寿字一方，大卷八丝缎二疋。
南赣镇总兵何明亮，福字一方，小卷八丝缎二件。

340 军机大臣字寄闽浙总督谭、湖广总督兼署湖北巡抚张、云贵总督王，河南巡抚裕、江西巡抚德、湖南巡抚吴、广东巡抚刚、云南巡抚谭、巡抚衔督办云南矿务唐。光绪二十年三月十二日，奉上谕：户部奏遵拨铜本银两一折。云南铜本银两，鼓铸攸关，现经户部遵旨筹拨，由河南、江西、湖北、湖南、广东五省于二十、二十一两年应解部库旗兵加饷项下，每年各划拨银五万两。福建省于二十、二十一两年应解部库西征洋款改为加放俸饷项下，每年划拨银五万两。湖北、广东两省于二十、二十一两年应解部库西征洋款改为加放俸饷项下，每年各划拨银十万两。著谭钟麟、张之洞、裕宽、德馨、吴大澂、刚毅即饬各该藩司，务须分年迅速筹拨，不准稍有蒂欠。其云南军需借动铜本，尚欠银三十万两。著王文韶、谭钧培严饬藩司于收到各省协饷，迅速提还归款。公司借领底本银三十万两。著唐炯严饬该公司分年依限扣清。至户部四次指拨铜本银两，各省已解及划解共银三百万有零，与唐炯等所奏收到银二百九十六万零，数目不符。并著王文韶、谭钧培、唐炯查明报部，以凭核办。现在京局鼓铸，需铜孔殷，必须宽为筹备，俾资接济。此次所拨，皆系的款。唐炯务当认真筹办，加批运京，勿稍延误。将此各谕令知之。钦此。遵旨寄信前来。（抄交户部）

342　光绪二十年三月十三日，内阁奉上谕：德馨奏，会匪围攻永宁县城，当时击散，地方安静一折。本年正月间，湖南酃县会匪邓世恩等窜入江西龙泉大小井、土岭地方，纠集匪徒黄三祥等，聚党千人，攻扑永宁县城。当经该县知县会同营弁，分路兜击，阵斩匪首李亚四等多名，生擒邓世恩等六十四名，夺获旗帜枪炮等多件。该匪纷纷逃窜。复经各乡团勇截杀，又经永新州兵团将逃匪赵飞龙等拿获①。现在地方安静，办理尚为妥速。所有此次在事出力各员弁，著准其择尤酌保，毋许冒滥。仍著德馨饬令该地方文武，将余匪搜捕净尽，并著吴大澂于连界地方，督饬防军，一体严缉，毋任漏网。另片奏，广东南雄州匪首刘叫妹，伙党数百名，突至江西大庾县地方抢劫，经该处驻防勇丁剿捕，枪毙贼首三名，余匪受伤数名，退回粤境，提督申道发盘获匪探蒋观顺一名正法等语。此股匪徒，现在剿办情形若何，著李瀚章等据实覆奏。并饬该府县防营，认真巡缉，迅图扑灭。又片奏，拿获东乡、铅山县属会匪何甫喜、姚士林，解省讯明正法。所有在事出力之抚州府知府颜钟骥，著交部从优议叙；署南昌府事饶州府知府倪恩龄，著俟得道员后赏加二品衔；铅山县知县陈彝范，著以直隶州知州在任补用；试用府经历程祥藻、县丞周锡章、江苏试用府经历沈祖茂，均著俟补缺后以知县用；东乡县典史张禹川，著以县丞在任候补；总兵江宗良，著赏加提督衔；铅山营都司王经纶，著赏加游击衔；守备王高魁著以都司补用，以示鼓励。余著照所议办理。该部知道。钦此。

411　军机大臣字寄福州将军，直隶、两江、闽浙、湖广、四川、江苏、安徽、江西、湖北、湖南、山东、山西各督抚。光绪二十年三月二十八日，奉上谕：户部奏援案添拨京饷缮单呈览等语。京饷关系紧要，前经户部指拨本年京饷银七百万两，当经谕令各省关分批报解。现在部库放款浩繁，援案请添拨银一百万两，即著福州将军，直隶、两江、闽浙、湖广、四川、江苏、安徽、江西、湖北、湖南、山东、山西各督抚按照该部此次指拨数目，连原拨未解京饷，均于五月前解到一半，十二月初间如数解清。各该将军、督抚等务须依限提前完解，倘藉词诿卸，或率请划抵截留，以致贻误开放，即由户部指名严参。原单均著抄给阅看。将此由四百里各谕令知之。钦此。遵旨寄信前来。（抄交户部）

573　…………

江西三员：

○庶吉士李豫江西人，年三十三岁。光绪十八年二甲进士，散馆一等二十二名。

○庶吉士饶士端江西人，年三十五岁。光绪十八年二甲进士，散馆一等二十九名。

五品衔庶吉士喻兆蕃○江西人，年三十一岁。光绪十五年三甲进士，散馆二等二十三名。

…………

631　…………

① 清代有永新县而无永新州，核《清德宗实录》卷336，《清实录》第56册第317页，“永新州”为“永宁县”之误。

第一排

江西进士七名

〇吴庭芝江西人,年四十岁。二甲六名进士,覆试一等四十七名,朝考二等四十名,刑部候补主事。

胡绍苏〇江西人,年二十七岁。二甲九名进士,覆试□等五十八名,朝考二等四十九名。

〇饶芝祥江西人,年三十四岁。二甲十三名进士,覆试□等二十一名,朝考二等五名。

谭承元〇江西人,年二十九岁。二甲十九名进士,覆试二等十二名,朝考□等一百十八名。

〇刘廷琛江西人,年二十□岁。二甲二十名进士,覆试□等□名,朝考□等□名。

〇储英翰江西人,年三十岁。二甲二十七名进士,覆试□等二十五名,朝考二等三十五名。

〇裴汝钦江西人,年三十一岁。二甲三十八名进士,覆试□等四名,朝考□等十五名。

第二排

江西进士七名

傅运生〇江西人,年二十七岁。二甲八十七名进士,覆试□等□□名,朝考二等九十七名。

〇萧立炎江西人,年二十九岁。二甲一百名进士,覆试□等□名,朝考一等四十四名。

叶泰椿江西人,年二十三岁。〇二甲一百二十一名进士,覆试三等十二名,朝考三等二十六名。

赵从蕃〇江西人,年二十岁。三甲二十一名进士,覆试□等□□名,朝考二等二十一名。

万庆昌江西人,年三十五岁。三甲九十四名进士,〇覆试三等九十一名,朝考二等一百十六名。

涂翀凤〇江西人,年二十四岁。三甲一百十名进士,覆试三等五十八名,朝考三等四十名。

徐苞江西人,年三十九岁。〇三甲一百十二名进士,覆试三等二十四名,朝考二等七名。

第三排

江西进士七名

鄢坤江西人,年二十□岁。三甲一百十七名进士,〇覆试三等八名,朝考三等三十二名。

刘宝寿江西人,年二十八岁。三甲一百十九名进士,〇覆试三等九十四名,朝考三等六十六名。

王熙龄〇江西人,年二十八岁。三甲一百三十九名进士,覆试三等五名,朝考二等一百名。

邱士林江西人,年四十八岁。三甲一百五十二名进士,〇覆试三等八十七名,朝考三等一百十五名。

涂步衢江西人,年三十五岁。三甲一百五十九名进士,覆试二等十五名,朝考三等七十二名。

韩兆霖江西人,年三十二岁。〇三甲一百六十六名进士,覆试三等十六名,朝考三等一百六名。

郑崧生江西人,年三十七岁。三甲一百七十一名进士,覆试二等二十六名,朝考三等六十五名。

…………

691 光绪二十年五月二十四日,内阁奉上谕:江西抚州府知府员缺,著陈振瀛补授。钦此。

692　查:江西抚州府知府系繁疲难要缺。谨奏。

695　光绪二十年五月二十四日,内阁奉上谕:德馨奏校阅营伍情形,请将技艺生疏各员分别惩儆一折。江西建昌营期满云骑尉候补守备陈焕章,广西营期满云骑尉候补守备蔡树勋、云骑尉世职吴承恩,均著革退随营,仍留世职。建昌营候补把总曹占魁,著革退标营,以肃戎行。余著照所议办理。该部知道。钦此。

757　光绪十六年闰二月初二日,江苏巡抚刚毅奏,苏省各局无可裁汰。

闰二月初八日,漕运总督松椿奏,清淮局并无浮冗经费。

闰二月二十五日,江西巡抚德馨奏,归并各局裁减经费,单一件;护理陕西巡抚陶模奏,遵查现存各局经费,单一件。

三月初三日,河南巡抚倪文蔚奏,各局分别裁留,酌定经费。

三月初七日,两江总督曾国荃奏,裁并各局勉节经费,单一件。

三月十二日,广西巡抚马丕瑶奏,各局酌留裁并,单一件。

三月二十四日,直隶总督李鸿章奏,各局分别撤留,单一件。

三月二十五日,四川总督刘秉璋奏,各局难再裁减;安徽巡抚沈秉成奏,裁减局员节省银数。

三月二十六日,浙江巡抚崧骏奏,现存各局无可裁并。

四月初三日,山东巡抚张曜奏,各局应裁应留情形,单一件。

四月初五日,山西巡抚刘瑞祺奏,各局叠经裁并,现无冗滥,单一件。

四月初八日,闽浙总督卞宝第奏,现存各局,月需经费数目;黑龙江将军依克唐阿奏,黑龙江并未设立多局位置闲员;湖广总督张之洞等奏,现存各局未能遽议裁撤。

四月初九日,护理甘肃新疆巡抚魏光焘奏,新疆现留各台局,暂难裁并,单一件。

四月二十七日,两广总督李瀚章奏,核减电报局经费。

四月二十八日,两广总督李瀚章等奏,各局分别裁并,单一件。

四月二十九日,陕甘总督杨昌濬片奏,现存厘金、火药二局万难再减。

五月初八日,盛京将军裕禄奏,各局删减归并厘定支款数目,单一件。

七月十四日,湖南巡抚张煦奏,各局难再裁并。

八月初八日,贵州巡抚潘霨奏,查明现留各局酌定员数并月支银数,单一件。

八月十七日,吉林将军长顺等奏,分别裁撤营务处转运局,单一件。

八月二十一日,陕西巡抚鹿传霖片奏,西乡县茶镇厘卡请即裁撤。

十一月初二日,察哈尔都统奎斌等片奏,裁撤营务处停支薪水。

十七年正月初二日,云贵总督王文韶等奏,裁并各局节省经费,单一件。

四月初三日,福建台湾巡抚刘铭传奏,台湾现存各局骤难裁并。

801　光绪二十年六月二十一日,内阁奉上谕:江西按察使著何维楷补授。钦此。

816　军机大臣字寄福州将军，直隶、两江、湖广、闽浙、四川、两广各总督，江苏、安徽、江西、浙江、湖北、湖南、河南、山东、山西、广东各巡抚，传谕粤海关、淮安关各监督。光绪二十年七月初二日，奉上谕：户部奏请旨催解京饷一折。本年京饷原拨、续拨共银八百万两。截至五月底止，除划拨截留解到及报解起程外，尚欠银四百六十二万三千余两。现在部库支绌，应放各款均关紧要。所有各省关欠解京饷亟应全数报解，以应要需。著该将军、督抚、监督等各将欠解银两赶紧陆续提前解部，统于年内扫数解齐。倘敢诿卸拖欠，即由户部照章参奏。其解不及半及丝毫未解等处，经此次严催倘仍不完解，即著户部随时指名严参。原单著抄给阅看。将此由四百里谕知福州将军，直隶、两江、湖广、闽浙、四川、两广各总督，江苏、安徽、江西、浙江、湖北、湖南、河南、山东、山西、广东各巡抚，并传谕粤海关、淮安关监督知之。钦此。遵旨寄信前来。（抄交户部）

817　军机大臣字寄福州将军，直隶、两江、闽浙、两广各总督，江西、浙江各巡抚，传谕粤海关监督。光绪二十年七月初二日，奉上谕：（摘抄交吏部起）户部奏各省关欠解京饷等款，查明开单，分别奏参等语。各省关自光绪十一年起至十九年止欠解部库各年京饷、近畿防饷、筹边军饷、筹备饷需各款，共银四百万九千一百余两。现在部库艰窘情形，各省均当深悉，何得任意拖欠，置部库要款于不顾。所有应行议处之福州将军，江西、浙江、福建各督抚、藩司，两淮盐政、运司，东海、淮安各关监督，著交吏部查取职名，照例议处。（摘抄止）仍著福州将军，直隶、两江、闽浙、两广、江西、浙江各督抚督饬各省关迅将欠解展缓分年带解各款限于年内按照所欠应行补解之数报解清楚，俾济急需。倘再行迟延诿卸，著户部随时指名严参。原单著抄给阅看。将此由四百里谕知各该将军、督抚并传谕粤海关监督知之。钦此。遵旨寄信前来。（摘抄交吏部、抄交户部）

818　军机大臣字寄福州将军，两江、湖广、闽浙、两广各总督，江苏、安徽、江西、浙江、湖北、广东各巡抚，传谕粤海关监督。光绪二十年七月初二日，奉上谕：户部奏，各省关奉拨二十年份筹备饷需银两，除粤海关应解六成税银，业经照案全数截留，广东省及两浙运库应解银两报解均已及半外，江苏、福建两省应解银两，闽海、粤海、江海、江汉四关应解四成六成税银，均解不及半；江西、浙江、安徽三省应解银两均未报解；请旨饬催等语。各省关应解筹备饷需银两关系紧要，刻因军事需款尤急。著各该将军、督抚、监督等各将欠解银两迅速筹解，统于本年十月底扫数解清。倘仍延不完解，即著户部指名严参。原单著抄给阅看。将此由四百里谕知福州将军，两江、湖广、闽浙、两广各总督，江苏、安徽、江西、浙江、湖北、广东各巡抚并传谕粤海关监督知之。钦此。遵旨寄信前来。（抄交户部）

846　军机大臣字寄福州将军，直隶、两江、湖广、闽浙、四川、两广、江苏、安徽、浙江、江西、湖北、湖南、山东、山西、河南、广东各督抚，传谕粤海关监督。光绪二十年七月初十日，奉上谕：户部、总理各国事务衙门奏，各省关欠解东北边防经费，请旨严催一折。据称，本年各省关应解东北边防经费，除解到及报解起程外，尚欠解银一百二十九万两，请饬速解并补解历年积欠银两等语。此项经费关系边防要需,何得任意延欠。著该将军、督抚、监督按照单开本年未解及历年欠解银数,赶紧筹解。倘再迟延,即著户部照贻误京饷例指名严参。原单均著抄给阅看。将此由四百里谕知福州将军及各该督抚,并传谕粤海关监督知之。钦此。遵旨寄信前来。(抄交户部)

891 臣等查本年届更换学政之期,谨将已满三年之顺天、江苏、安徽、江西、湖北、湖南、河南、山西、陕西、甘肃、四川、广东、广西、云南、贵州、奉天十六省各学政,及未满三年办过岁考之福建学政,未满三年未办岁考之山东、浙江二省学政,分缮名名单呈览,恭候钦定。俟发下后,臣等再拟写谕旨进呈颁发。谨奏。

892 已满三年各学政名单:

顺天学政李文田;

江苏学政溥良;

安徽学政吴鲁;

江西学政盛炳纬;

湖北学政孔祥霖;

湖南学政张预;

河南学政邵松年;

山西学政王廷相;

陕西学政黎荣翰;

甘肃学政蔡金台;

四川学政瞿鸿机;

广东学政徐琪;

广西学政赵以炯;

云南学政高钊中;

贵州学政叶在琦;

奉天府府丞兼学政张英麟。

994 军机大臣字寄福州将军,两江、闽浙、湖广、四川、江苏、安徽、江西、湖北、湖南、河南、山西、陕西各督抚。光绪二十年八月二十三日,奉上谕:户部奏,筹拨甘肃新饷开单呈览,并请饬催伊犁将军将裁减实需饷数,迅速奏报一折。甘肃关内外各军饷银,关系紧要。现经该部将光绪二十一年新饷查照上届所拨银数,于各省关指拨请饬依限报解等语。著该将军、督抚等严饬各该司道按照单开数目于本年十二月底赶解三成,至来年四月止再解三成,其余四成统限九月底止扫数解清。各该省如能依限完解,即由陕甘总督奏请奖叙。倘有延欠,即由户部照例奏参。至伊犁将军所部饷银,究竟实需若干?能否裁减若干?并著户部行知该将军,切实估计,迅速报部。其二十二年应需饷项,著预行切实裁省,统于来年春间详估奏报,以便筹拨。原单均著抄给阅看。将此由四百里各谕令知之。钦此。遵旨寄信前来。

1109 派出来京祝嘏文武大员名单：
盛京礼部侍郎文兴，现在到京。
盛京副都统济禄，现在到京。
吉林副都统沙克都林札布，差。
直隶总督李鸿章，毋庸来京。
察哈尔副都统吉升阿，现在到京。
密云副都统国俊，现在到京。
直隶提督叶志超，毋庸来京。
江宁将军丰绅，现在到京。
漕运总督松椿，现在到京。
江宁布政使瑞璋，现在到京。
江苏按察使陈湜，毋庸来京。
安徽寿春镇总兵任祖文。
安徽布政使德寿。
青州副都统讷钦，现在到京。
山东按察使松林，现在到京。
绥远城将军克蒙额。
山西按察使张汝梅，现在到京。
河南巡抚裕宽，现在到京。
河北镇总兵刘盛休，毋庸来京。
西安将军荣禄，现在到京。
陕西布政使张岳年。
宁夏副都统苏噜岱，现在到京。
甘肃按察使裕祥，现在到京。
喀什噶尔提督董福祥，现在到京。
杭州将军吉和，现在到京。
浙江布政使赵舒翘，现在到京。
福建按察使张国正，现在到京。
江西布政使方汝翼，现在到京。
荆州将军祥亨，现在到京。
湖北提督吴凤柱，毋庸来京。
湖北布政使王之春，现在到京。
湖南布政使何枢，现在到京。
广州将军继格，现在到京。

广东巡抚刚毅，现在到京。
广西按察使胡燏棻，现在到京。
成都将军恭寿，现在到京。
四川松潘镇总兵陈金鳌。
云南布政使史念祖，现在到京。
贵州按察使唐树森，现在到京。
（黄面红里）

1156　各省巡抚名单：
江苏巡抚奎俊；
安徽巡抚福润；
山东巡抚李秉衡；
山西巡抚张煦；
河南巡抚裕宽；
陕西巡抚鹿传霖；
甘肃新疆巡抚陶模；
浙江巡抚廖寿丰；
福建台湾巡抚邵友濂；
江西巡抚德馨；
湖北巡抚谭继洵；
湖南巡抚吴大澂；
广东巡抚刚毅；
广西巡抚张联桂；
云南巡抚谭钧培；
贵州巡抚崧蕃；
（黄面红里）

1157　各省布政使名单：
直隶布政使裕长；
江苏布政使邓华熙，现护理漕运总督；
江宁布政使瑞璋；
安徽布政使德寿；
山东布政使汤聘珍；
山西布政使胡聘之；
河南布政使刘树堂，现护理河南巡抚；
陕西布政使张岳年；
甘肃布政使沈晋祥；

甘肃新疆布政使饶应祺；
浙江布政使赵舒翘；
福建布政使黄毓恩；
福建台湾布政使唐景崧，现署台湾巡抚；
江西布政使方汝翼；
湖北布政使王之春；
湖南布政使何枢；
广东布政使成允；
广西布政使黄槐森；
四川布政使王毓藻；
云南布政使史念祖；
贵州布政使嵩昆；
（黄面红里）

1158 各省按察使名单：
直隶按察使周馥；
江苏按察使陈湜；
安徽按察使员凤林，现护理安徽巡抚；
山东按察使松林；
山西按察使张汝梅；
河南按察使长禄；
陕西按察使曾鉌；
甘肃按察使裕祥；
浙江按察使聂缉椝；
福建按察使张国正；
江西按察使何维楷；
湖北按察使陈宝箴；
湖南按察使王廉，现护理湖南巡抚；
广东按察使额勒精额；
广西按察使胡燏棻；
四川按察使文光；
云南按察使岑毓宝；
贵州按察使唐树森；
（黄面红里）

1160 各省总兵名单：
直隶马兰镇总兵文瑞；

泰宁镇总兵志元；
大名镇总兵吴殿元；
天津镇总兵罗荣光；
通永镇总兵吴育仁；
宣化镇总兵王可升；
正定镇总兵徐邦道；
山东署登州镇总兵章高元；
兖州镇总兵田恩来；
曹州镇总兵王连三；
山西太原镇总兵聂士成；
大同镇总兵刘光才；
河南南阳镇总兵崔廷桂；
河北镇总兵刘盛休；
归德镇总兵杨玉书；
陕西延绥镇总兵蒋云龙；
陕安镇总兵姚文广；
汉中镇总兵孙金彪；
河州镇总兵汤彦和；
甘肃西宁镇总兵邓增；
宁夏镇总兵卫汝贵；
肃州镇总兵田在田；
凉州镇总兵张永清；
伊犁镇总兵张俊；
阿克苏镇总兵黄万鹏；
江南徐州镇总兵陈凤楼；
淮扬镇总兵潘万才；
安徽寿春镇总兵任祖文；
皖南镇总兵李占椿；
江西南赣镇总兵何明亮；
九江镇总兵朱淮森；
浙江处州镇总兵陈济清；
衢州镇总兵喻俊明；
福建汀州镇总兵宋德胜；
福宁镇总兵曹志忠；
漳州镇总兵侯名贵；
建宁镇总兵秦怀亮；

广东南韶连镇总兵黄金福；
潮州镇总兵刘世俊；
广西左江镇总兵董履高；
右江镇总兵张春发；
柳庆镇总兵马盛治；
湖北宜昌镇总兵傅廷臣；
郧阳镇总兵何长清；
湖南镇筸镇总兵周瑞龙；
永州镇总兵贾起胜；
绥靖镇总兵陈海鹏；
四川重庆镇总兵吕本元；
建昌镇总兵刘士奇；
松潘镇总兵陈金鳌；
川北镇总兵何乘鳌；
云南开化镇总兵蔡标；
鹤丽镇总兵岑有富；
临元镇总兵姜桂题；
腾越镇总兵张松林；
昭通镇总兵何雄辉；
贵州安义镇总兵蒋宗汉；
古州镇总兵丁槐；
镇远镇总兵和耀曾；
威宁镇总兵苏元瑞；
江南苏松镇水师总兵张景春；
福山镇水师总兵韩晋昌；
浙江定海镇水师总兵陈永春；
海门镇水师总兵孙昌凯；
温州镇水师总兵刘祥胜；
福建澎湖镇水师总兵周振邦；
台湾镇水师总兵万国本；
南澳镇水师总兵刘永福；
广东琼州镇水师总兵杨安典；
碣石镇水师总兵邓万林；
高州镇水师总兵余虎恩；
北海镇水师总兵王孝祺；
长江水师湖南岳州镇总兵张捷书；

湖北汉阳镇总兵高光效；
江西湖口镇总兵柳金源；
江南瓜州镇总兵谢濬畬；
江南狼山镇总兵曹德庆；
北洋海军左翼总兵林泰曾；
右翼总兵刘步蟾；
（黄面红里）

1190　军机大臣字寄盛京将军，直隶、两江、闽浙、湖广、四川、两广、陕甘、云贵各总督，江苏、安徽、江西、浙江、福建、台湾、湖北、湖南、河南、山东、山西、陕西、甘肃、新疆、广东、广西、云南、贵州各巡抚。光绪二十年十月初三日，奉上谕：本年顺天、直隶雨水过多，田禾被淹，拨给仓米三万石交孙家鼐等妥为散放，并谕令户部将顺天府解存捐款银十五万两即行发交。复准孙家鼐等所请，将拨归顺属之湖南漕折银两及各省应解备荒经费，饬令赶紧筹解，用备赈抚。河南濬县等处被水，令刘树堂发给各该县被灾村庄一月口粮，以资抚恤。江西瑞昌等县被水，湖南新化等州县被水、被兵，陕西鄜州等州县被雹，甘肃河州等州县被雹、被水，广东会同等县被风、被水，云南石屏等州县被水，石膏井被火，均经该督抚等查勘抚恤，小民谅可不致失所。惟念来春青黄不接之时，民力未免拮据。著传谕该督抚等体察情形，如有应行接济之处，即查明据实覆奏，务于封印以前奏到，候朕于新正降旨加恩。再，安徽安庆等府属被水、被旱，江西峡江县被水，福建漳州等府属被水，湖南澧州等州县被水，武冈州被兵，陕西临潼县被水，均经该督抚等委员查勘，即著迅速办理，并将来春应否接济之处一并查明，于封印前奏到。此外各省有无被灾地方，应行调剂抚恤之处，著该将军、督抚等一并查奏，候旨施恩。将此各谕令知之。钦此。遵旨寄信前来。

1191　查：本年顺天、直隶、河南间有被灾地方，俱经随时蒙恩，谕令赏拨银米筹款赈抚。其江西、湖南、陕西、甘肃、广东、云南被水、被兵、被雹、被风、被火之处，均经该督抚查勘抚恤。明春应否量为接济，臣等谨照向例缮写询问该将军、督抚等谕旨，俟覆奏到日再行拟写新正加恩谕旨呈进。再安徽、江西、福建、湖南、陕西被水、被旱、被兵之处，该督抚等均已奏明查勘，应否接济现俱未经奏到。此外各省有无被灾地方，应行调剂抚恤之处一并询问，令该将军、督抚等迅速查奏汇办。谨奏。

1212　军机大臣字寄福州将军，两江、两广、湖广、四川、闽浙各总督，山东、山西、浙江、湖北、湖南、河南、安徽、江西、江苏、广东各巡抚，传谕粤海关、淮安关各监督。光绪二十年十月十二日，奉上谕：户部奏军饷吃紧，请严催各省关欠解各款一折。本年原续拨京饷八百万两，边防经费二百万两，筹备饷需二百万两。现在各省关应解前项银两，统计所欠尚有三百余万两之多。部库例支各款已属不敷开放。又值军务孔亟，添兵购械，需款浩繁，必须各省关将欠解各饷扫数解清，方足以资周转。著各该将军、督抚、监督等各将欠解银两迅速筹解,以固根本而裕军储。将此由六百里谕知福州将军,两江、两广、湖广、四川、闽浙各总督,山东、山西、浙江、湖北、湖南、河南、安徽、江西、江苏、广东各巡抚,并传谕粤海关、淮安关各监督知之。钦此。遵旨寄信前来。

1282 军机大臣字寄户部,直隶、两江、闽浙、湖广、各总督,江苏、安徽、江西、湖北、河南、山东各巡抚,传谕淮安关监督。光绪二十年十月二十七日,奉上谕:裕禄等奏请饬拨东三省来年的饷,并请催欠饷一折。东三省乙未年的饷,应拨奉天银二十六万两,吉林银十五万一千四百五十两零,打牲乌拉银三万八千七百四十五两零,黑龙江银二十万零八千一百两,著户部照数指拨,令各该省督抚等如数筹解,毋许迟延,并于报解之时分晰奉天、吉林、打牲乌拉、黑龙江各款目,以免牵混。其各省欠解东三省本年的饷暨历年欠饷,著各该督抚、监督按照单开数目,赶紧筹措,务于年内扫数解清,以济要需。原单均著抄给阅看。将此谕知户部,并由五百里谕知直隶、两江、闽浙、湖广各总督,江苏、安徽、江西、湖北、河南、山东各巡抚,暨传谕淮安关监督知之。钦此。遵旨寄信前来。

1293 军机大臣字寄福州将军,两江、湖广、闽浙、两广、四川各总督,江苏、安徽、江西、浙江、湖北、湖南、河南、山东、山西、广东各巡抚,传谕粤海关、淮安关各监督。光绪二十年十月二十八日,奉上谕:户部奏请催解京饷一折。本年京饷原拨、续拨共银八百万两。截至九月底止,除划拨截留缓解解到报解起程等款外,尚欠解银一百八十一万九千两。现在部库存项无多,一切放款为数甚巨。所有各省关欠解京饷,亟应全数报解,以济要需。著各该将军、督抚、监督等各将欠解银两迅即照数依限解部,统于年内扫数解齐。倘敢诿卸拖欠,即由户部指名严参。原单著抄给阅看。将此由五百里谕知福州将军、两江、湖广、闽浙、两广、四川各总督,江苏、安徽、江西、浙江、湖北、湖南、河南、山东、山西、广东各巡抚,并传谕粤海关、淮安关各监督知之。钦此。遵旨寄信前来。

1294 军机大臣字寄福州将军,两江、湖广、闽浙、两广、江苏、安徽、江西、浙江、湖北、广东各督抚,传谕粤海关监督。光绪二十年十月二十八日,奉上谕:户部奏预拨筹备饷需一折。据称,乙未年筹备饷需共指拨银二百万两,请饬依限报解等语。此项饷银关系紧要。著该将军、督抚、监督等按照指拨银数,于来年四月前解到一半,十月内全数解清,毋稍迟逾。余依议。原折单均著抄给阅看。将此由四百里谕知福州将军,两江、湖广、闽浙、两广、江苏、安徽、江西、浙江、湖北、广东各督抚,并传粤海关监督知之。钦此。遵旨寄信前来。

1295 军机大臣字寄福州将军,直隶、两江、湖广、闽浙、两广、四川、江苏、安徽、江西、浙江、湖北、湖南、河南、山东、山西、广东各督抚,传谕粤海关、淮安关各监督。光绪二十年十月二十八日,奉上谕:户部奏预拨来年京饷一折。历届京饷均系年前预拨。光绪二十一年京饷,该部拟在地丁、盐课等款内指拨银七百万两,请饬各该省关于来年分批起解等语。京饷关系紧要。现经该部就各省关情形酌量指拨,自应遵照奏定数目源源报解,以应要需。著该将军、督抚、监督等务于接到部文后分批赶解,限于来年五月前解到一半,十二月初间全数解清,不准截留改拨,藉词延误。倘届限不到,即著该部照奏定章程指名严参。原单均著抄给阅看。另片奏,光绪二十一年内务府经费拟拨盐课、茶税等款共银六十万两,请饬依限完解等语。除闽海关常税银十万两应径解北洋,并各省关应还部库垫放银二十二万八千六百余两应由指拨各款内匀解部库外,下余银二十七万一千三百余两。著该将军、督抚、监督等务于来年开印后陆续径解内务府交纳,仍限六月前解到一半,十二月初间扫数解清。不准稍有蒂欠。原片单并著抄给阅看。将此由五百里谕知福州将军,直隶、两江、湖广、闽浙、两广、四川、江苏、安徽、江西、浙江、湖北、湖南、河南、山东、山西、广东各督抚,并传谕粤海关、淮安关各监督知之。钦此。遵旨寄信前来。

1299 光绪二十年十月二十九日,内阁奉上谕:江西饶州府知府员缺,著吴祖椿补授。钦此。

1300 查:江西饶州府知府系冲繁难要缺。谨奏。

1346 光绪二十年十一月初五日,内阁奉上谕:江西九江府知府员缺,著尹序长补授。钦此。

1347 查:江西九江府知府系冲繁难要缺,谨奏。

1410 军机大臣字寄福州将军,两江、湖广、闽浙、四川、两广、山东、山西、浙江、江西、安徽、江苏、湖北、湖南、广东各督抚,传谕粤海关监督。光绪二十年十一月二十日,奉上谕:户部、总理各国事务衙门奏,预拨东北边防经费一折。据称,光绪二十一年东北边防经费,照案指拨山东地丁银十二万两、山西地丁银十万两、浙江地丁银八万两、江西地丁银五万两、安徽地丁银十万两、江苏厘金银八万两、江西厘金银八万两、浙江厘金银八万两、安徽厘金银五万两、湖北厘金银八万两、湖南厘金银八万两、福建厘金银八万两、江海关六成洋税银十万两、江汉关六成洋税银十万两、夔关常税银四万两、闽海关六成洋税银十万两、九江关六成洋税银八万两、四川盐厘银十五万两、两淮盐厘银十二万两、四川津贴银八万两、山东粮道库银五万两、广东厘金银八万两、粤海关六成洋税银十二万两,请饬依限报解等语。此项饷需最关紧要,著该将军、督抚、监督等按照指拨银数,于来年五月前批解一半,年内全数解清,毋稍迟逾。将此谕知福州将军,两江、湖广、闽浙、四川、两广、山东、山西、浙江、江西、安徽、江苏、湖北、湖南、广东各督抚,并传谕粤海关监督知之。钦此。遵旨寄信前来。(抄交户部)

1411 军机大臣字寄福州将军,直隶、两江、湖广、两广、闽浙、四川、山东、山西、湖北、湖南、福建、浙江、江西、安徽、江苏、河南各督抚,传谕粤海关监督。光绪二十年十一月二十日,奉上谕:户部、总理各国事务衙门奏,各省关欠解东北边防经费请旨严催一折。据称,本年各省关应解东北边防经费,除解到及报解起程外,尚欠解银五十三万两,请饬速解并补解历年积欠银两等语。此项经费关系边防要需,何得任意延欠?著该将军、督抚、监督按照单开本年未解及历年欠解银数,赶紧筹解。倘再迟延,即著户部照贻误京饷例指名严参。原单均著抄给阅看。将此由四百里谕知福州将军及各该督抚,并传谕粤海关监督知之。钦此。遵旨寄信前来。(抄交户部)

1493－1494 光绪二十年十二月十三日,内阁奉上谕:江西按察使著翁曾桂补授。钦此。

直隶按察使周馥,安徽监生,光绪十四年三月补。

江苏按察使陈湜,湖南人,光绪十六年十月补。

安徽按察使员凤林,陕西进士,光绪十九年三月补。

山东按察使松林,满洲镶黄旗监生,光绪十七年正月补。

山西按察使张汝梅,河南人,光绪十七年六月补。

河南按察使长禄,满洲正红旗翻译举人光绪十七年正月补。

陕西按察使曾鉌,正白旗满洲人,光绪二十年正月补。

甘肃按察使裕祥,满洲镶白旗进士,光绪十四年九月补陕西臬司,嗣调甘肃。

浙江按察使聂缉椝,湖南监生,光绪十九年十二月补。

福建按察使张国正,汉军镶蓝旗荫生,光绪十六年二月补江苏臬司嗣调福建。

江西按察使何维楷,安徽举人,光绪二十年六月补现在病故。

湖北按察使龙锡庆,湖南举人,光绪二十年十月补。

湖南按察使王廉,河南进士,光绪十七年十月补。

广东按察使张人骏,直隶进士,光绪二十年十一月补。

广西按察使胡燏棻,安徽进士,光绪十七年七月补。

四川按察使文光,满洲镶黄旗进士,光绪十八年四月补。

云南按察使岑毓宝,广西人,光绪十五年六月补。

贵州按察使唐树森,湖南廪贡,光绪十八年二月补。

1517－1518－1519 光绪二十年十二月十八日,内阁奉上谕:江西九江镇总兵员缺,著宋朝儒补授。钦此。

查:江西九江镇总兵系陆路缺。谨奏。

各省陆路总兵名单:

直隶大名镇总兵吴殿元;

天津镇总兵罗荣光;

通永镇总兵吴育仁;

宣化镇总兵王可升;

正定镇总兵徐邦道;

山东登州镇总兵章高元,现改为署任;

兖州镇总兵田恩来；
曹州镇总兵王连三；
山西太原镇总兵马玉昆；
大同镇总兵刘光才；
河南南阳镇总兵崔廷桂；
河北镇总兵刘盛休；
归德镇总兵杨玉书；
陕西延绥镇总兵蒋云龙；
陕安镇总兵姚文广；
汉中镇总兵孙金彪；
河州镇总兵汤彦和；
甘肃西宁镇总兵邓增；
宁夏镇总兵牛师韩；
肃州镇总兵田在田；
凉州镇总兵张永清；
伊犁镇总兵张俊；
阿克苏镇总兵黄万鹏；
江南徐州镇总兵陈凤楼；
淮扬镇总兵潘万才；
安徽寿春镇总兵任祖文；
皖南镇总兵李占椿；
江西南赣镇总兵何明亮；
浙江处州镇总兵陈济清；
衢州镇总兵喻俊明；
福建汀州镇总兵宋德胜；
福宁镇总兵曹志忠；
漳州镇总兵侯名贵；
建宁镇总兵秦怀亮；
广东南韶连镇总兵黄金福；
潮州镇总兵刘世俊；
广西左江镇总兵董履高；
右江镇总兵张春发；
柳庆镇总兵马盛治；
湖北宜昌镇总兵傅廷臣；
郧阳镇总兵何长清；
湖南镇筸镇总兵周瑞龙；

永州镇总兵贾起胜；

绥靖镇总兵陈海鹏；

四川重庆镇总兵吕本元；

建昌镇总兵闪殿魁；

松潘镇总兵陈金鳌；

川北镇总兵何乘鳌；

云南开化镇总兵蔡标；

鹤丽镇总兵岑有富；

临元镇总兵李应举；

腾越镇总兵张松林；

昭通镇总兵何雄辉；

普洱镇总兵屈洪泰；

贵州安义镇总兵蒋宗汉；

古州镇总兵丁槐；

镇远镇总兵和耀曾；

威宁镇总兵苏元瑞。

光绪二十一年

1　光绪二十一年正月初一日上谕：德馨奏，查明各属被水、被旱，分别缓征递缓开单呈览一折。江西南年夏秋之间，雨水过多，江湖并涨，低田被淹，又因缺雨，收成均形歉薄。若将新旧钱漕等款，照常征收，民力实有未逮。加恩著照所请。所有南昌县未完本年地丁银六千五百二十六两零，漕米八千七百石零；新建县未完本年地丁银三千五百六十二两零，漕米三千七百二十八石零；进贤县未完本年地丁银八千二百八十二两零，漕米一万三百三十八石零；莲花厅未完本年地丁银三千四百四十两零，漕米一千七百十一石零，漕运屯粮银五百二十八两零，余租银一千十一两零；庐陵县未完本年地丁银四千六百五十九两零，漕米三千七百八石零，存留屯粮银四十四两零，漕运屯粮银二十六两零，余租银一百三十八两零；永丰县未完本年地丁银八千五十五两零，漕米三千二百六十九石零；安福县未完本年地丁银九千六百九十九两零，漕米五千六百四十五石零，漕运屯粮银三百五十六两零，余租银六百五十四两零；永新县未完本年地丁银一万一千三百七十七两零，漕米三千三百六石零，屯丁银十六两零，存留屯粮银六十五两零，漕运屯粮银五百二十五两零，余租银一千八百八十一两零；建昌县未完本年地丁银一万二十三两零，漕米四千四百三十六石零；安义县寄庄建昌县未完本年地丁银三百七两零，漕米一百三十八石零；德化县未完本年地丁银三千四百五十一两零，屯丁银一百九两零，存留屯粮银八百八十六两零，漕运屯粮银三千九十二两零，余租银六千一百二两零，二十年压征十九年芦课银六百五十四两零；德安县未完本年地丁银二千六百二十一两零，屯丁银一百十八两零，存留屯粮银一百三十五两零，漕运屯粮银八百九十七两零，余租银一千六百五十六两零；瑞昌县未完本年地丁银二千九百七十一两零，漕运屯粮银九百五十三两零，余租银一千七百十一两零；九江府同知所辖南九二卫芦洲被水，未完二十年压征十九年芦课银四百七十一两零，均著缓至光绪二十一年秋后分作两年带征。

又南昌新建、永新、德化等县光绪十四、十五、十六、十七、十八、十九等年，清江、新淦二县十八年，峡江县十五、十八两年，庐陵县十六、十七、十八、十九等年，泰和县十九年，万安县十六年，余干县十四年，德安县十五、十六、十七、十八、十九等年，瑞昌县十四、十六两年，彭泽县十五、十六两年，各原缓地丁等款银米。湖口县十四、十五、十六等年各原缓银两内，除完纳外，其余未完同原缓各款，均著递缓至光绪二十一、二十二两年秋后带征。

又进贤、莲花、永丰、安福、建昌并安义县寄庄建昌等厅县光绪十九年，德安县十四年，各原缓地丁等款银米，均著递缓至光绪二十二、二十三两年秋后带征。又进贤、莲花、永丰、安福、建昌并安义县寄庄建昌等厅县光绪十八年各原缓地丁等款银米，均著递缓至光绪二十三、二十四两年秋后带征。又进贤、莲花、永丰、安福、建昌并安义县寄庄建昌等厅县光绪十七年各原缓地丁等款银米，均著缓至光绪二十四、二十五两年秋后带征。又进贤、莲花、安福、建昌并安义县寄庄建昌等厅县光绪十六年，永丰县十五年，各原缓地丁等款银米，均著递缓至光绪二十五、二十六两年秋后带征。又进贤、莲花、安福、建昌并安义县寄庄建昌等厅县光绪十五年，各原缓地丁等款银米，均著递缓至光绪二十六、二十七两年秋后带征。又进贤、莲花、安福、建昌并安义县寄庄建昌等厅县光绪十四年，各原缓地丁等款银米，均著递缓至光绪二十七、二十八两年秋后带征。

又湖口县光绪十四、十五、十六等年各原缓压征芦课，均著递缓至光绪二十一、二十二、二十三等三年秋后带征。又九江府同知所辖芦洲光绪十九年原缓芦课，著递缓至光绪二十二年；又十八年原缓芦课，著递缓至二十三年；又十七年原缓芦课，著递缓至二十四年；又十六年原缓芦课，著递缓至二十五年；又十五年原缓芦课，著递缓至二十六年；又十四年原缓芦课，著递缓至二十七年各秋后带征，以纾民力。余著照所议办理。该抚即将单内所开乡都图甲被灾分数，应缓至何年带征银米各数目，详晰刊刻誊黄，遍行晓谕，务使实惠均沾，毋任吏胥舞弊，用副轸念民艰至意。该部知道。单并发。钦此。

37　光绪二十一年正月二十日，内阁奉上谕：德馨奏，特参庸劣不职各员一折。江西彭泽县知县刘先甲办案草率，才具平庸，著开缺，以府经历县丞降补；德安县典史钱宝瑗人地不宜，著开缺另补；金溪县学教谕刘邦彦私心太重，课士无方，新淦县学训导熊子沂居心险诈，干预公事，均著即行革职，以肃官方。余著照所议办理。该部知道。钦此。

38　光绪二十一年正月二十日，内阁奉上谕：德馨奏，特参营弁请分别开缺革职等语。江西文英营都司朱桂生才欠开展，人地不宜，著开缺，留于江西，遇有相当缺出，另行请补。刚字营差弁候补千总张得贵行为荒谬，不知检束，著即行革职，以肃营伍。

余著照所议办理。该部知道。钦此。

42　光绪二十一年正月二十二日,内阁奉上谕:德馨奏,续获匪目审明惩办,请将出力人员保奖等语。上年正月间围攻永宁案内匪月邱怀得潜匿龙泉县北乡,经该署县邓宣猷会同把总罗庆云分带兵役、团勇驰往掩捕,将该犯拿获审明正法。所有在事出力之调署龙泉县事·永丰县知县邓宣猷、龙泉把总罗庆云,即著德馨奏请奖励,其逸匪黄三祥等仍著饬属严拿务获究办。该部知道。钦此。

230　满洲:一百八十六卷;
蒙古:四十四卷;
汉军:七十一卷;
直隶:六百五十八卷;
奉天:二十四卷;
山东:三百二卷;
山西:二百五十二卷;
河南:二百七十一卷;
陕西:一百六十九卷;
甘肃:一百六卷;
江苏:二百十七卷;
安徽:一百四十四卷;
浙江:一百九十三卷;
江西:二百七十一卷;
湖北:二百十四卷;
湖南:二百二十二卷;
四川:三百二十一卷;
福建:一百九十四卷;
广东:三百八十二卷;
广西:一百五十三卷;
云南:一百五十七卷;
贵州:一百八十三卷。

303　军机大臣字寄江西巡抚德。光绪二十一年四月十六日,奉上谕:有人奏知县贪劣病民,请饬查办一折。据称江西宜黄县知县吴大惇、新淦县知县沈寿龙、都昌县知县朱盛猷、署德化县知县彭腾瑞,贪酷妄为,卑鄙无耻等款。著德馨按照所参各节,确切查明,据实具奏,毋稍徇隐。另片奏,署九江府同知盛富怀盗卖官地,阻塞水道,乡民怨忿等语。著德馨一并确查覆奏。原折片均著抄给阅看。将此谕令知之。钦此。遵旨寄信前来。

355 …………

江西四员：

〇庶吉士刘廷琛江西人。年二十三岁。光绪二十年二甲进士，散馆一等二十八名。

庶吉士储英翰江西人。年三十一岁。〇光绪二十年二甲进士，散馆二等三名。

庶吉士裴汝钦江西人。年三十二岁。〇光绪二十年二甲进士，散馆二等二十三名。

庶吉士吴家俊江西人。年三十九岁。〇光绪十八年二甲进士，散馆三等一名。

…………

418 ……

第三排

江西进士六名：

〇李瑞清江西人。年二十五岁。二甲十五名进士。甲午覆试二等九十七名，朝考一等十九名。

〇彭树华江西人。年三十四岁。二甲十八名进士。覆试一等三十名，朝考二等八名。

刘云衢〇江西人。年三十四岁。二甲二十名进士。覆试一等四十六名，朝考二等三十八名。

〇胡思敬江西人。年二十二岁。二甲二十一名进士。覆试一等四十名，朝考一等二十一名。

许受衡〇江西人。年三十四岁。二甲二十六名进士。覆试二等七十七名，朝考二等三名。

〇何华耕江西人。年三十三岁。二甲三十名进士。覆试二等二十三名，朝考一等十名。

第四排

江西进士六名：

〇廖基钰江西人。年三十四岁。二甲七十二名进士。覆试一等二十八名，朝考一等十二名。

〇万本端江西人。年四十五岁。二甲八十名进士。覆试二等一百名，朝考二等二十五名。

魏元旷〇江西人。年三十九岁。三甲六名进士。覆试二等六十九名，朝考二等五十六名。

黄维翰〇江西人。年二十六岁。三甲十二名进士。覆试三等八十五名，朝考二等二十五名。

旷子椿〇江西人。年三十二岁。三甲三十七名进士。覆试三等二十五名，朝考一等五十三名。

高崧生〇江西人。年四十岁。三甲四十名进士。覆试一等三十八名，朝考三等九十六名。

第五排

江西进士六名：

〇谢远涵江西人。年二十岁。甲午三甲五十五名进士。甲午覆试二等五十六名，朝考一等二十名。

凌洪才江西人。年三十三岁。三甲一百二十二名进士。〇覆试三等一百二十二名，朝考三等九十九名。

蓝镛江西人。年三十六岁。三甲一百二十三名进士。〇覆试三等五名，朝考三等六十四名。

高暄阳江西人。年三十七岁。三甲一百三十四名进士。〇甲午覆试三等一百五名，朝考三等三十四名。

陈永昌江西人。年二十七岁。三甲一百七十名进士。〇覆试三等二十七名，朝考三等八十八名。

张拱辰江西人。年三十六岁。三甲一百八十三名进士。覆试三等九十八名，朝考三等一百七名。

…………

428　光绪二十一年五月十三日,内阁奉上谕:德馨奏藩司病难速痊,吁请开缺,据情代奏一折。江西布政使方汝翼,著准其开缺,钦此。

429－431　光绪二十一年五月十三日,内阁奉上谕:江西布政使著魏光焘补授。钦此。

直隶布政使陈宝箴,江西举人。光绪二十年十月补。

江苏布政使邓华熙,广东举人,光绪十六年六月补湖北藩司,嗣调江苏。

江宁布政使瑞璋,满洲正红旗人。光绪十六年二月补。

安徽布政使王廉,河南进士。光绪二十年十二月补。

山东布政使张国正,汉军镶蓝旗荫生。光绪二十一年五月补。

山西布政使员凤林,陕西进士。光绪十九年三月补。

河南布政使额勒精额,满洲镶红旗翻译进士。光绪二十年十一月补。

陕西布政使张汝梅,河南人。光绪二十一年正月补。

甘肃布政使曾鉌,正白旗满洲人。光绪二十年十二月补。

甘肃新疆布政使饶应祺,湖北举人。光绪十九年正月补。

浙江布政使胡聘之,湖北进士。光绪十七年十月补山西藩司,嗣调浙江。

福建布政使黄毓恩,湖北进士。光绪十九年三月补。

江西布政使方汝翼,直隶举人。光绪十四年十月补。

湖北布政使王之春,湖南人。光绪十六年十二月补。

湖南布政使何枢,河南进士。原籍浙江。光绪十五年十二月补。

广东布政使成允,正红旗监生。光绪十六年十月补。

广西布政使黄槐森,广东进士。光绪十八年二月补。

四川布政使王毓藻,湖北进士。光绪十九年十月补。

云南布政使史念祖,江苏监生。光绪十三年十月补贵州藩司,嗣调云南。

贵州布政使嵩昆,满洲镶红旗监生。光绪十九年三月补。

453　光绪二十一年五月二十一日,内阁奉上谕:江西建昌府知府员缺,著何刚德补授。钦此。

454　查:江西建昌府知府系繁疲难要缺。谨奏。

608　军机大臣字寄福州将军、直隶、两江、湖广、闽浙、四川、两广、江苏、安徽、浙江、江西、湖北、湖南、山东、山西、河南、广东各督抚。传谕粤海关监督。光绪二十一年六月初四日,奉上谕:户部、总理各国事务衙门奏,各省关欠解东北边防经费,请旨严催一折。据称本年各省关应解东北边防经费,除截留解到及报解起程外,尚欠解银一百四十三万两,请饬速解并补解历年积欠银两等语。此项经费关系边防要需,何得任意延欠?著该将军、督抚、监督按照单开本年未解及历年欠解银数,赶紧筹解。倘再迟延,即著户部照贻误京饷例指名严参。原单均著抄给阅看,将此由四百里谕知福州将军及各该督抚并传谕粤海关监督知之。钦此。遵旨寄信前来。(抄交户部)

624　军机大臣字寄福州将军,直隶、两江、湖广、闽浙、四川、两广各总督,江苏、安徽、江西、浙江、湖北、湖南、河南、山东、山西、广东各巡抚,传谕粤海关、淮安关各监督。光绪二十一年六月初七日,奉上谕:户部奏请旨催解京饷一折。本年京饷原拨续拨共银八百万两,截至五月底止,除划拨截留解到及报解起程外,尚欠解银五百二十六万七千余两。现在部库支绌,应放各款均关紧要,所有各省关欠解京饷亟应全数报解,以应要需。著将军、督抚、监督等各将欠解银两赶紧陆续提前解部,统于年内归数解齐。倘敢诿卸拖欠,即由户部照章参奏。其解不及半及丝毫未解等处,经此次严催后,倘仍不完解,即著户部随时指名严参。原单均著抄给阅看。将此由四百里谕知福州将军,直隶、两江、湖广、闽浙、四川、两广各总督,江苏、安徽、江西、浙江、湖北、湖南、河南、山东、山西、广东各巡抚,并传谕粤海关、淮安关监督知之。钦此。遵旨寄信前来。(抄交户部)

625　军机大臣字寄福州将军,两江、湖广、闽浙、两广各总督,江苏、安徽、江西、浙江、湖北、广东各巡抚,传谕粤海关监督。光绪二十一年六月初七日,奉上谕:户部奏各省关奉拨二十一年份筹备饷需银两。除安徽、广东两省,两浙运库应解银两报解均已及半外,江苏、江西两省应解银两,粤海关、江海关、江汉关应解四六成税银均解不及半,福建、浙江两省应解银两,闽海关应解四成税银,粤海关应解六成税银均未报解,请旨饬催等语。各省关应解筹备饷需银两关系紧要,刻因需款孔急,著各该将军、督抚、监督等各将欠解银两迅速筹解,统于本年十月内如数解清。倘仍延不完解,即著户部指名严参。原单均著抄给阅看。将此由四百里谕知福州将军,两江、湖广、闽浙、两广各总督,江苏、安徽、江西、浙江、广东各巡抚并传谕粤海关监督知之。钦此。遵旨寄信前来。(抄交户部)

626　军机大臣字寄福州将军,直隶、两江、闽浙、两广各总督,江西、浙江、山东各巡抚,传谕粤海关、淮安关监督。光绪二十一年六月初七日,奉上谕:(摘抄交吏部起)户部奏,各省关欠解京饷等款,查明开单,分别奏参等语。各省关自光绪十一年起至二十年止欠解部库各年京饷、近畿防饷、筹边军饷、筹备饷需各款共银四百七十一万四千一百余两,现在部库艰窘情形,各省关均当深悉,何得任意拖欠,置部库要款于不顾。所有应行议处之福州将军,江西、浙江、福建各督抚、藩司,两淮盐政运司,福建盐道,粤海、东海、淮安各关监督,著吏部查取职名照例议处(摘抄止),仍著福州将军,直隶、两江、闽浙、两广、江西、浙江、山东各督抚饬各省关迅将欠解展缓分年带解各款,限于年内按照所欠应行补解之数报解清楚，俾济急需。倘再行迟延诿卸，即著户部随时严参。原单均著抄给阅看。将此由四百里谕知各该将军、督抚并传谕粤海关、淮安关监督知之。钦此。遵旨寄信前来。（抄交户部、摘抄交吏部）

696　光绪二十一年七月初三日，内阁奉上谕：德馨奏，知县擅自离省，请旨革职等语。江西赣县知县郑季春经德馨以难胜繁剧另行请补广昌县知县，乃该员于赣县开缺后，擅自离省，实属谬妄。广昌县知县郑季春著即行革职，以肃官常。余著照所议办理。该部知道。钦此。

741－742－743　光绪二十一年七月十二日，内阁奉上谕：江西布政使著陈湜补授。钦此。

直隶布政使陈宝箴，江西举人。光绪二十年十月补。

江苏布政使邓华熙，广东举人，光绪十六年六月补湖北藩司，嗣调江苏。

江宁布政使瑞璋，满洲正红旗人。光绪十六年二月补。

安徽布政使王廉，河南进士。光绪二十年十二月补。

山东布政使张国正，汉军镶蓝旗荫生。光绪二十一年五月补。

山西布政使员凤林，陕西进士。光绪二十一年三月补。

河南布政使额勒精额，满洲镶红旗翻译进士。光绪二十年十一月补。

陕西布政使张汝梅，河南人。光绪二十一年正月补。

甘肃布政使曾鉌，正白旗满洲人。光绪二十年十二月补。

甘肃新疆布政使饶应祺，湖北举人。光绪十九年正月补。

浙江布政使胡聘之，湖北进士。光绪十七年十月补山西藩司，嗣调浙江。

福建布政使黄毓恩，湖北进士。光绪十九年三月补。

湖北布政使王之春，湖南人。光绪十六年十二月补。

湖南布政使何枢，河南进士。原籍浙江。光绪十五年十二月补。

广东布政使成允，正红旗监生。光绪十六年十月补。

广西布政使黄槐森，广东进士。光绪十八年二月补。

四川布政使王毓藻，湖北进士。光绪十九年十月补。

云南布政使岑毓宝，广西人，光绪二十一年闰三月补贵州藩司，嗣调云南。

贵州布政使唐树森，湖南廪贡，光绪二十一年六月补。

直隶按察使朱靖旬，河南进士。光绪二十一年四月补。

（朱）○江苏按察使陈湜，湖南举人。光绪十六年十月补。

安徽按察使赵尔巽，汉军正蓝旗进士。光绪二十一年三月补。

山东按察使松寿，满洲正白旗荫生。光绪二十一年九月补。

山西按察使刘鼒，湖南监生。光绪二十一年正月补。

河南按察使长禄，满洲正红旗翻译举人。光绪十七年正月补。

陕西按察使李有棻，江西拔贡。光绪二十年十二月补。

甘肃按察使裕祥,满洲镶白旗进士。光绪十四年九月补陕西臬司,嗣调甘肃。

浙江按察使聂缉椝,湖南监生。光绪十九年十二月补。

福建按察使季邦桢,江苏进士。光绪二十一年五月补。

江西按察使翁曾桂,江苏举人。光绪二十年十二月补。

湖北按察使龙锡庆,湖南举人。光绪二十年十月补。

湖南按察使俞廉三,浙江人。光绪二十年十二月补。

广东按察使张人骏,直隶进士。光绪二十年十二月补。

广西按察使胡燏棻,安徽进士。光绪十七年七月补。

四川按察使文光,满洲镶黄旗进士。光绪十八年四月补。

云南按察使汤寿铭,湖南监生。光绪二十一年闰五月补。

贵州按察使邵积诚,福建进士。光绪二十一年六月补。

799－800－801　光绪二十一年七月二十四日,内阁奉上谕:德寿著调补江西巡抚,即赴新任,毋庸来京请训。湖南巡抚著陈宝箴补授。钦此。

江苏巡抚赵舒翘;

安徽巡抚福润;

山东巡抚李秉衡;

山西巡抚张煦;

河南巡抚刘树堂;

甘肃新疆巡抚陶模;

浙江巡抚廖寿丰;

江西巡抚德馨;

湖北巡抚谭继洵;

(朱)○湖南巡抚德寿;

广东巡抚马丕瑶;

广西巡抚史念祖;

云南巡抚魏光焘;

贵州巡抚嵩崑。

(朱)○直隶布政使陈宝箴,江西举人。光绪二十年十月补。

江苏布政使邓华熙,广东举人,光绪十六年六月补湖北藩司,嗣调江苏。

江宁布政使瑞璋,满洲正红旗人。光绪十六年二月补。

安徽布政使王廉,河南进士。光绪二十年十二月补。

山东布政使张国正,汉军镶蓝旗荫生。光绪二十一年五月补。

山西布政使员凤林,陕西进士。光绪二十年三月补。

河南布政使额勒精额,满洲镶红旗翻译进士。光绪二十年十一月补。

陕西布政使张汝梅,河南人。光绪二十一年正月补。

甘肃布政使曾鉌,正白旗满洲人。光绪二十年十二月补。

甘肃新疆布政使饶应祺,湖北举人。光绪十九年正月补。

○浙江布政使胡聘之,湖北进士。光绪十七年十月补山西藩司,嗣调浙江。

福建布政使黄毓恩,湖北进士。光绪十九年三月补。

江西布政使陈湜,湖南人。光绪二十一年七月补。

湖北布政使王之春,湖南人。光绪十六年十二月补。

湖南布政使何枢,河南进士。原籍浙江。光绪十五年十二月补。

广东布政使成允,正红旗监生。光绪十六年十月补。

广西布政使黄槐森,广东进士。光绪十八年二月补。

四川布政使王毓藻,湖北进士。光绪十九年十月补。

云南布政使岑毓宝,湖北进士。光绪二十一年闰五月补贵州藩司,嗣调云南。

贵州布政使唐树森,湖南廪贡。光绪二十一年六月补。

872　军机大臣字寄福州将军,两江、湖广、四川、江苏、安徽、江西、湖北、湖南、河南、山西、陕西各督抚。光绪二十一年八月十二日,奉上谕:户部奏,筹拨甘肃新饷,开单呈览一折。现在回匪滋事,甘肃关内外各军饷银尤关紧要,经该部将光绪二十二年新饷查照上届所拨银数于各省关指拨,请饬依限提前报解等语。著该将军、督抚等严饬各该司道按照单开数目于本年十二月底赶解三成,至来年四月止再解三成,其余四成统限九月底止扫数解清。各该省如能依限完解,即由陕甘总督奏请奖叙。倘有延欠,即由户部照例奏参。原单均著抄给阅看。将此由四百里各谕令知之。钦此。遵旨寄信前来。(抄交户部)

1136　军机大臣字寄江西巡抚德。光绪二十一年十月二十一日,奉上谕:有人奏,江西新淦县知县沈寿龙贪暴妄为、息借商款、勒派甚多、批解不实、复有因案索贿等情;大庾县知县刘光焕贪酷异常,盗劫重案不报不缉,反将事主责押诈赃,此外因案索贿,不一而足;莲花厅同知崔祺昏纵贪虐,信任官亲家丁,遇事讹诈,致有逼毙人命等重情;又前代理鄱阳县知县郑榜诏因交卸在即,私改案卷,得赃二三万金等语。著德寿按照所参各节,确切查明,据实具奏,毋稍徇隐。原片著抄给阅看,将此谕令知之。钦此。遵旨寄信前来。

1189　军机大臣字寄福州将军,直隶、两江、湖广、闽浙、两广、四川各总督,江苏、安徽、江西、浙江、湖北、湖南、山东、山西、广东各巡抚,传谕粤海关、淮安关各监督。光绪二十一年十月二十八日,奉上谕:户部奏请催解京饷一折。本年京饷原拨续拨共银八百万两,截至九月底止,除划拨截留解到报解起程等款外,尚欠解银二百十万一千余两。现在部库存项十分支绌,一切放款为数甚巨。所有各省关欠解京饷,亟应全数报解,以济要需。著各该将军、督抚、监督等各将欠解银两,迅即照数依限解部,统于年内扫数解齐。倘敢诿卸拖欠,即由户部指名严参。原单著抄给阅看,将此由五百里谕知福州将军,直隶、两江、湖广、闽浙、两广、四川各总督,江苏、安徽、江西、浙江、湖北、湖南、山东、山西、广东各巡抚,并传谕粤海关、淮安关各监督知之。钦此。遵旨寄信前来。

1190 军机大臣字寄福州将军,直隶、两江、湖广、闽浙、两广、四川、江苏、安徽、江西、浙江、湖北、湖南、河南、山东、山西、广东各督抚,传谕粤海关、淮安关各监督。光绪二十一年十月二十八日,奉上谕:户部奏,预拨来年京饷一折。历届京饷均系年前预拨。光绪二十二年京饷,该部拟在地丁、盐课等款内,指拨银七百万两,请饬各该省关于来年分批起解等语。京饷关系紧要,现经该部就各省关情形,酌量指拨,自应遵照奏定数目,源源报解,以应要需。著该将军、督抚、监督等务于接到部文后,分批赶解,限于来年五月前解到一半,十二月初间全数解清,不准截留改拨,藉词延误,倘届限不到,即著该部照奏定章程,指名严参。原单均著抄给阅看。另片奏,光绪二十二年内务府经费,拟拨盐课、茶税等款共银六十万两,请饬依限完解等语。除各省关应还部库垫放银二十一万二千二百九十余两应由指拨各款内匀解部库外,下余银三十八万七千七百余两,著该将军、督抚、监督等务于来年开印后,陆续径解内务府交纳,仍限六月前解到一半,十二月初间扫数解清,不准稍有蒂欠。原片单并著抄给阅看。将此由五百里谕知福州将军,直隶、两江、湖广、闽浙、两广、四川、江苏、安徽、江西、浙江、湖北、湖南、河南、山东、山西、广东各督抚,并传谕粤海关、淮安关各监督知之。钦此。遵旨寄信前来。

1191 军机大臣字寄福州将军,两江、湖广、闽浙、两广、江苏、安徽、江西、浙江、湖北、广东各督抚,传谕粤海关监督。光绪二十一年十月二十八日,奉上谕:户部奏,预拨筹备饷需一折。据称丙申年筹备饷需,共指拨银二百万两,请饬依限报解等语。此项饷银关系紧要,著该将军、督抚、监督等按照指拨银数,于来年四月前解到一半,十月内全数解清,毋稍迟逾。余依议。原折单均著抄给阅看。将此由四百里谕知福州将军,两江、湖广、闽浙、两广、江苏、安徽、江西、浙江、湖北、广东各督抚,并传谕粤海关监督知之。钦此。遵旨寄信前来。

1198 军机大臣字寄直隶、两江、湖广、两广、闽浙、四川、山东、山西、湖南、浙江、江西、安徽、江苏、河南、广东各督抚,传谕粤海关监督。光绪二十一年十一月初三日,奉上谕:户部、总理各国事务衙门奏,各省关欠解东北边防经费,请旨严催一折。据称本年各省关应解东北边防经费二百万两,除山东省截留银八万五千两外,实应解部银一百九十一万五千两。现据解到部库及报解起程共银一百三十九万五千两,尚欠解银五十二万两,请饬速解并补解历年积欠银两等语。此项经费关系边防要需,何得任意延欠?著该督抚、监督按照单开本年未解及历年欠解银数,赶紧筹解。倘再迟延,即著户部照贻误京饷例指名严参。原单均著抄给阅看。将此由四百里谕知各该督抚,并传谕粤海关监督知之。钦此。遵旨寄信前来。

1199 军机大臣字寄福州将军,两江、湖广、闽浙、四川、两广、山东、山西、浙江、江西、安徽、江苏、湖北、湖南、广东各督抚,传谕粤海关监督。光绪二十一年十一月初三日,奉上谕:户部、总理各国事务衙门奏,预拨东北边防经费一折。据称,光绪二十二年东北边防经费照案指拨山东地丁银十二万两,山西地丁银十万两,浙江地丁银八万两,江西地丁银五万两,安徽地丁银十万两,江苏厘金银八万两,江西厘金银八万两,浙江厘金银八万两,安徽厘金银五万两,湖北厘金银八万两,湖南厘金银八万两,福建厘金银八万两,江海关六成洋税银十万两,江汉关六成洋税银十万两,夔关常税银四万两,闽海关六成洋税银十万两,九江关六成洋税银八万两,四川盐厘银十五万两,两淮盐厘银十二万两,四川津贴银八万两,山东粮道库银五万两,广东厘金银八万两,粤海关六成洋税银十二万两,请饬依限报解等语。此项饷需最关紧要,著该将军、督抚、监督等按照指拨银数,于来年五月前批解一半,年内全数解清,毋稍迟逾。将此谕知福州将军,两江、湖广、闽浙、四川、两广、山东、山西、浙江、江西、安徽、江苏、湖北、湖南、广东各督抚,并传谕粤海关监督知之。钦此。遵旨寄信前来。

光绪二十二年

7 光绪二十二年正月初四日,内阁奉上谕:德寿奏,查明各属被水、被旱、被虫地亩,请将新旧钱漕分别缓征、递缓,开单呈览一折。江西南昌等府属上年夏间雨水过多,河湖盛涨,低田被淹,高区又因缺雨虫伤,收成均形歉薄。若将新旧钱漕等款照常征收,民力实有未逮。加恩著照所请。所有南昌县未完上年地丁银一万二千六百五十一两零,漕米一万五千九百石零;新建县未完上年地丁银九千八百六十四两零,漕米九千三百十八石零;进贤县未完上年地丁银一万五百六十五两零,漕米一万三千一百八十九石零;萍乡县未完上年地丁银一万二千七百四两零;清江县未完上年地丁银三千五百九十三两零,漕米二千六百石零;新淦县未完上年地丁银一万五千二百四十三两零,漕米一万九百一石零;峡江县未完上年地丁银八千四百四十三两零,漕米三千九百六十九石零;莲花厅未完上年地丁银三千四百八十两零,漕米一千七百三十八石零,漕运屯粮银五百三十三两零,余租银一千二十四两零;庐陵县未完上年地丁银五千三百五十九两零,漕米四千三百六十六石零,存留屯粮银四十六两零,漕运屯粮银二十七两零,余租银一百四十二两零;永丰县未完上年地丁银一万一千一百十两零,漕米四千五百十九石零;安福县未完上年地丁银一万八百五十五两零,漕米六千二百九十八石零,漕运屯粮银四百六十六两零,余租银八百五十四两零;永新县未完上年地丁银一万一千三百六十八两零,漕米三千三百三十五石零,屯丁银一十六两零,存留屯粮银六十五两零,漕运屯粮银五百二十六两零,余租银一千八百八十六两零;金溪县未完上年地丁银一千九十一两零,漕米六百十石零;余干县未完上年地丁银六千五百四十六两零,漕米三千二百二十一石零;建昌县未完上年地丁银一万二千七百三十七两零,漕米六千一百二十石零;同安义县之寄庄建昌县未完上年地丁银三百四十五两零,漕米一百四十八石零;德化县未完上年地丁银二千七百五十四两零,屯丁银八十三两零,存留屯粮银五百八十七两零,漕运屯粮银二千四百五十七两零,余租银四千五百四十五两零,光绪二十年芦课银六百五十五两零；德安县未完上年地丁银五千七十九两零，屯丁银一百四十五两零，存留屯粮银一百六十六两零，漕运屯粮银一千一百二两零，余租银二千六百三十六两零；瑞昌县未完上年地丁银二千三百四十九两零，漕运屯粮银七百三十一两零，余租银一千三百二十五两零；九江府同知所辖南、九二卫芦洲未完光绪二十一年压征二十年芦课银四百四十七两零，均著缓至光绪二十二年秋后分作两年带征。

丰城县未完上年地丁银四千三百十六两零，漕米七千四百六十一石零；宜春县未完上年地丁银三千九百十一两零，均著缓至光绪二十二年秋后带征。

南昌、新建、永新、德化等县光绪十四年至二十年及清江县十八年，峡江县十五、十八两年，庐陵县十六年至二十年，德安县十五年至二十年，瑞昌县十四、十六、二十等年，泰和县十九年，万安县十六年，彭泽县十五、十六两年，各原缓地丁等款银米，并湖口县十四五六等年，原缓银两除完纳外，其余未完同原缓各款，均著递缓至光绪二十二、二十三两年秋后带征。

又进贤、莲花、永丰、安福、建昌并安义县之寄庄建昌等厅县光绪二十年及新淦县十八年、怀安县十四年各原缓地丁等款银米，均著递缓至光绪二十三、二十四两年秋后带征。又进贤、莲花、永丰、安福、建昌并安义县之寄庄建昌等厅县光绪十九年及余干县十四年，各原缓地丁等款银米，均著递缓至光绪二十四、二十五两年秋后带征。又进贤、莲花、永丰、安福、建昌并安义县之寄庄建昌等厅县光绪十八年各原缓地丁等款银米，均著递缓至光绪二十五、二十六两年秋后带征。又进贤、莲花、永丰、安福、建昌并安义县之寄庄建昌等厅县光绪十七年各原缓地丁等款银米，均著递缓至光绪二十六、二十七两年秋后带征。又进贤、莲花、安福、建昌并安义县之寄庄建昌等厅县光绪十六年，永丰县十五年，各原缓地丁等款银米，均著递缓至光绪二十七、二十八两年秋后带征。又进贤、莲花、安福、建昌并安义县之寄庄建昌等厅县光绪十五年，各原缓地丁等款银米，均著递缓至光绪二十八、二十九两年秋后带征。又进贤、莲花、安福、建昌并安义县之寄庄建昌等厅县光绪十四年，各原缓地丁等款银米，均著缓至光绪二十九、三十两年秋后带征。

湖口县芦洲光绪十四五六等年各原缓压征芦课，著递缓至光绪二十二、二十三、二十四等年秋后带征。九江府同知所辖南九二卫芦洲，光绪二十年原缓压征芦课，著递缓至光绪二十三年；十九年原缓芦课，著递缓至光绪二十四年；十八年原缓芦课，著递缓至光绪二十五年；十七年原缓芦课，著递缓至光绪二十六年；十六年原缓芦课，著递缓至光绪二十七年；十五年原缓芦课，著递缓至光绪二十八年；十四年原缓芦课，著递缓至光绪二十九年，各秋后带征，以纾民力。余著照所议办理。该抚即将单内所开乡都图甲被灾分数应缓至何年带征银米各数目，详晰刊刻誊黄，遍行晓谕，务使实惠均沾，毋任吏胥舞弊，用副轸念民艰至意。该部知道。单并发。钦此。

25　光绪二十二年正月十二日，内阁奉上谕：德寿奏察看属员分别举劾各折片。江西广饶九南道诚勋，正躬率属，军民畏服；候补道缪德棻，老成练达，体用兼备；瑞州府知府江毓昌，洁己爱民，劝办蚕桑，已著成效；永宁县知县郑恭，才识明敏，勇于任事。前年该县土匪滋扰,办理尤为妥速。以上各员,据该抚声称,均能廉洁自爱,勤于政事,兴利革弊,有裨地方。即著传旨嘉奖,仍饬令该员等益加奋勉,用副朝廷勤求吏治至意。龙泉县知县任国铨,行检卑鄙,物议沸腾;铅山县知县陈彝范,夤缘贪酷,声名甚劣;新昌县知县周文潮,沉湎于酒,不谙吏治;靖安县知县姚景羲,钻营罔利,声名狼籍;九江后营守备杨玉清,煽惑营兵,逞忿滋闹,均著即行革职。义宁州知州连级,才难任剧,人地不宜;安仁县知县左秉钧,才具平庸,阅历尚浅,均著开缺另补。署九江镇标后营游击补用参将傅成龙,营务废弛,约束不严,著调省察看。余著照所议办理。该部知道。钦此。

104 军机大臣字寄直隶总督王、两江总督刘、闽浙总督边、江苏巡抚赵、江西巡抚德、浙江巡抚廖、山西巡抚胡,传谕护理陕西巡抚布政使张汝梅。光绪二十二年二月初九日,奉上谕:开矿为方今最要之图,叠经谕令各直省督抚等设法开办。兹据御史陈其璋奏,奥国博物院谓中国煤产以江西乐平、浙江江山等处为最,而莫多于山西。比利时议院谓中华金、银、铜、锡四金之矿,所在多有。外洋时事新编谓山西煤铁之矿,品居上上,多至十三万余英方里,见于西人称述者如此,其见诸臣工奏报者,如前两江总督沈葆桢覆陈洋务事宜疏内,谓福建古田等处产铁甚旺;前福建巡抚丁日昌海防条议内称磁州、平陆、大同、太原、米脂等处皆煤多而佳,镇江之东南山,煤铁五金,皆有可采。浙江之金华、福建之永定,皆有煤井各等语。览该御史所奏,或采自西欧各国纪闻,或考自从前疆臣奏疏,所指有矿处所,历历可数,断不至一无影响。著王文韶、刘坤一、边宝泉、赵舒翘、德寿、廖寿丰、胡聘之、张汝梅拣派熟悉矿务办事实心之员,按照所指各地名,逐一认真履勘,拟定办法据实具奏。至该御史另片所称官办不如商办,凡各省产矿之处,准由本地人民自行呈请开采,地方官专事监管弹压。其一切资本多寡,生计盈亏,官不与闻,俾商民无所疑沮等语。所奏亦颇中窾要,并著各该督抚酌度情形办理。又据翰林院侍读学士文廷式奏,各省开办矿务,疆臣任意迁延,或藉端阻挠,推原其故,皆由畏难等语。当此国用匮乏,非大兴矿务,别无开源良策,叠寄谕旨,业已剀切详明,各该督抚身膺重寄,与国家休戚相关,倘狃于故见,仍以空言搪塞,扪心自问,其何以仰对朝廷耶?将此由四百里谕知王文韶、刘坤一、边宝泉、赵舒翘、德寿、廖寿丰、胡聘之并传谕张汝梅知之。钦此。遵旨寄信前来。

305 光绪二十二年四月十二日,内阁奉上谕:江西按察使著松寿调补,毓贤著补授山东按察使。钦此。

522 光绪二十二年六月十二日,内阁奉上谕:王文韶奏,查明已故藩司战功卓著,恳恩优恤一折。已故江西布政使陈湜以书生从戎,于咸丰、同治年间随同曾国藩等转战江西、广西、安徽、江苏、山西等省,收复城隘甚多,克复安庆暨金陵省城,厥功尤伟。复随同左宗棠治军关陇,荡平金积堡,深资其力,历任地方,整顿一切,均有可观。上年简授江西布政使,正资倚任,遽以积劳溘逝,轸惜殊深。陈湜著加恩照布政使军营立功后在营病故例,从优议恤,并将战功事迹宣付国史馆立传,以彰劳勋。该衙门知道。

钦此。

533 军机大臣字寄福州将军,直隶、两江、湖广、闽浙、四川、两广、江苏、安徽、浙江、江西、湖北、湖南、山东、河南、广东各督抚,传谕粤海关监督。光绪二十二年六月十六日,奉上谕:户部、总理各国事务衙门奏,各省关欠解东北边防经费,请旨严催一折。据称本年各省关应解东北边防经费,除解到及报解起程外,尚欠解银一百二十万两,请饬速解并补解历年积欠银两等语。此项经费关系边防要需,何得任意延欠。著该将军、督抚、监督按照单开本年未解及历年欠解银数赶紧筹解。倘再迟延,著户部照贻误京饷例指名严参。原单均著抄给阅看。将此由四百里谕知福州将军及各该督抚并传谕粤海关监督知之。钦此。遵旨寄信前来。(抄交户部)

588 军机大臣字寄福州将军,直隶、两江、闽浙、两广各总督,江西、浙江、山东各巡抚,传谕粤海关、淮安关各监督。光绪二十二年七月初十日,奉上谕:(摘抄交吏部)户部奏,各省关欠解京饷等款,查明开单,分别奏参等语。各省关自光绪十一年起至二十一年止欠解部库各年京饷、近畿防饷、筹边军饷、筹备饷需各款共银四百九十五万一千余两,现在部库艰窘情形,各省关均当深悉,何得任意拖欠,置部库要款于不顾,所有应行议处之福州将军,闽浙、浙江各督抚藩司,两淮盐政运司,东海、淮安各关监督著交吏部查取职名照例议处(抄交吏部止),仍著福州将军,直隶、两江、闽浙、两广、江西、浙江、山东各督抚督饬各省关迅将欠解展缓分年带解各款限于年内按照所欠应行补解之数报解清楚,俾济急需。倘再行迟延诿卸,即著户部随时严参。原单均著抄给阅看。将此由四百里谕知各该将军、督抚并传谕粤海关、淮安关监督知之。钦此。遵旨寄信前来。(抄交户部、摘抄交吏部)

589 军机大臣字寄福州将军、直隶、两江、湖广、闽浙、四川、两广各总督,江苏、安徽、江西、浙江、湖北、湖南、河南、山东、山西、广东各巡抚,传谕粤海关、淮安关各监督。光绪二十二年七月初十日,奉上谕:户部奏请旨催解京饷一折。本年京饷原拨续拨共银八百万两,截至五月底止,除划拨解到及报解起程外,尚欠解银五百四十二万两。现在部库支绌,应放各款均关紧要。所有各省关欠解京饷,亟应全数报解,以应要需。著该将军、督抚、监督等各将欠解银两,赶紧陆续提前解部,统于年内扫数解齐。倘敢诿卸拖欠,即由户部照章参奏。其解不及半及丝毫未解等处,经此次严催后,倘仍不完解,即著户部随时指名严参。原单均著摘抄给阅看。将此由四百里谕知福州将军、直隶、两江、湖广、闽浙、四川、两广各总督,江苏、安徽、江西、浙江、湖北、湖南、河南、山东、山西、广东各巡抚,并传谕粤海关、淮安关各监督知之。钦此。遵旨寄信前来。(抄交户部)

590 军机大臣字寄福州将军,两江、湖广、闽浙、两广各总督,江苏、安徽,江西、浙江、湖北、广东各巡抚,传谕粤海关监督。光绪二十二年七月初十日,奉上谕:户部奏各省关奏拨二十二年份筹备饷需银两,除安徽省及两浙运库应解银两,闽海关应解四成税银报解均已及半外,江苏、浙江、福建、广东四省应解银两,粤海、江海、江汉三关应解四成六成税银均解不及半,江西省应解银两,粤海关六成税银均未报解,请旨饬催等语。各省关应解筹备饷需银两关系紧要,现在库款支绌,著各该省将军、督抚、监督等各将欠解银两迅速筹解,统于本年十月底扫数解清。倘仍延不完解,即著户部指名严参。原单均著抄给阅看。将此由四百里谕知福州将军,两江、湖广、闽浙、两广各总督,江苏、安徽、江西、浙江、湖北、广东各巡抚并传谕粤海关监督知之。钦此。遵旨寄信前来。(抄交户部)

676　光绪二十二年八月初五日,内阁奉上谕:德寿奏,特参凶暴素著之参将,以肃营伍一折。江西言安营参将金凤岐,肆意妄为,扰害地方,并有纵兵滋闹陵辱文员情事,实属行同无赖,必应从严惩办。金凤岐著即行革职,勒令回籍,交地方官严加管束,以为怙恶不悛者戒。余著照所议办理。该部知道。钦此。

687　军机大臣字寄两江总督刘、江西巡抚德。光绪二十二年八月初九日,奉上谕:有人奏,江西厘金中饱积弊太深,请饬查禁妥定章程一折。据称厘金中饱之弊,惟江西一省为最深。如比较不遵部章,局卡岁增縻费,擅立补数名目,朋分红钱余款,该省每岁厘金综计征银百余万两,而中饱之数几及其半,请饬查禁等语。厘金一事,为筹饷大宗,果能涓滴归公,征解必有起色。若如所奏种种弊端,利归中饱,上亏国帑,下累商民,殊堪痛恨。著刘坤一、德寿确切查明,将历年积弊一概革除,并妥定章程,据实具奏,毋稍徇隐。原折均著抄给阅看,将此各谕令知之。钦此。遵旨寄信前来。

688　军机大臣字寄两江总督刘、江西巡抚德。光绪二十二年八月初九日,奉上谕:有人奏,江西绅民招集公司在鄱阳湖行驶小轮船,各厘局特立苛例,百计为难。令该轮归船行经管,月缴行费数百金,搭客抽费三成。自省开抵九江,由关道调船沿江拦截停泊,俟道署家丁点名收费,方准登岸等语。内河行驶小轮所以振兴商务,收回利权。所过关局,何得任意刁难。著刘坤一、德寿确切查明,所奏如果属实,著即严行禁止,以安商旅而辟利源。原片均著抄给阅看。将此各谕令知之。钦此。遵旨寄信前来。

712　军机大臣字寄江西巡抚德。光绪二十二年八月二十三日,奉上谕:御史华辉奏,江西征收丁漕以钱代银,现在银贱钱贵,请饬核减钱数一折。据称江西地丁漕米征收向无定数,嗣因银贵钱贱,历经酌定地丁收钱二千四百文者,加为二千六百八十二文;漕折收钱三千文者,加为三千四百二十文。近年银价大减,地丁一两,余钱五百文有奇。漕米一石,余钱七百文有奇。请饬查照同治十二年户部奏案,暨山东近日新章,将丁漕两项收钱易银价值,详加考核,或仍归原定钱数征收,或将易银盈余钱数悉行裁减等语。著德寿体察情形,酌量办理。另片奏,民间呈报荒田,州县往往置之不理等语。著德寿严饬各州县认真清查,照例办理。原折片著抄给阅看,将此谕令知之。钦此。遵旨寄信前来。

744－745－746　光绪二十二年九月初三日,内阁奉上谕:江宁布政使著松寿补授；张绍华著补授江西按察使。钦此。

直隶布政使员凤林，陕西进士。光绪二十二年二月补山西藩司，嗣调直隶。

江苏布政使聂缉椝，湖南监生。光绪二十二年七月补。

署安徽布政使于荫霖，奉天进士。光绪二十一年七月署。

山东布政使张国正，汉军镶蓝旗荫生。光绪二十一年五月补。

山西布政使俞廉三，浙江监生。光绪二十二年六月补。

河南布政使额勒精额，满洲镶红旗翻译进士。光绪二十年十一月补。

陕西布政使张汝梅，河南人。光绪二十一年五月补。

甘肃布政使曾鉌，正白旗满洲人。光绪二十年十二月补。

甘肃新疆布政使饶应祺，湖北举人。现署新疆□□，光绪十九年正月补。

浙江布政使龙锡庆，湖南举人。光绪二十一年七月补。

福建布政使黄毓恩，湖北进士。光绪十九年三月补。

江西布政使翁曾桂，江苏监生。光绪二十二年四月补。

湖北布政使王之春，湖南人。光绪十六年十二月补。

湖南布政使何枢，河南进士。原籍浙江。光绪十五年十二月补。

广东布政使张人骏，直隶进士。光绪二十一年十二月补。

广西布政使游智开，湖南举人。光绪二十一年八月补。

四川布政使王毓藻，湖北进士。光绪十九年十月补。

云南布政使裕祥，满洲镶白旗进士。光绪二十一年九月补。

贵州布政使邵积诚，福建进士。光绪二十二年正月补。

直隶按察使季邦桢，江苏进士。光绪二十一年五月补福建臬司，嗣调直隶。

江苏按察使吴承潞，浙江进士。光绪二十一年七月补。

安徽按察使赵尔巽，汉军正蓝旗进士。光绪二十一年三月补。

山东按察使毓贤，满洲正黄旗监生。光绪二十二年四月补。

山西按察使刘鼒，湖南监生。光绪二十一年正月补。

河南按察使长禄，满洲正红旗翻译举人。光绪十七年正月补。

陕西按察使李有棻，江西拔贡。光绪二十年十二月补。

甘肃按察使丁体常，贵州附贡生。光绪二十一年九月补。

浙江按察使丁峻，江西人。光绪二十二年七月补。

福建按察使张曾扬，直隶进士。光绪二十一年十月补。

(朱)○江西按察使松寿，满洲正白旗监生。光绪二十一年闰五月补山东臬司，嗣调江西。

湖北按察使恽祖翼，江苏举人。光绪二十一年七月补。

湖南按察使桂中行，江西廪贡生。光绪二十一年十一月补广西臬司，嗣调湖南。

广东按察使魁元，满洲正红旗监生。光绪二十一年十二月补。

广西按察使蔡希邠，江西增贡生。光绪二十二年六月补。

四川按察使文光，满洲镶黄旗进士。光绪十八年四月补。

云南按察使汤寿铭，湖南监生。光绪二十一年闰五月补。

贵州按察使李希莲，山西进士。光绪二十二年二月补。

753 江西南昌府同知蔡世俊，○旨：著交部议叙。

825 …………

光绪二十二年，江西省秋审服制情实，顾莛知等二起，人犯二名，内除旧事服制情实李溃洲一起一名业于上年免勾时开列榜示外，谨将新事服制情实顾莛知一起一名勾到时所奉谕旨恭录于后。

一起斩犯顾莛知。

与小功兄顾树澧无嫌。该犯之父顾耀盛同族人顾金树共畜牛只。顾树澧往向借用，顾耀盛回覆，顾树澧负气走回。嗣顾树澧路过顾耀盛门首，看见牛只，忆及前嫌，欲将牛只戳毙泄忿，当即牵走。顾耀盛、顾金树瞥见拦夺，顾树澧用刀乱戳。顾金树夺刀戳伤其左腮颊，划伤心坎。顾树澧拾石，顾金树戳伤其脊背脑后，弃刀逃跑，顾树澧拾刀追赶。顾耀盛喝阻，被顾树澧用刀戳伤。顾耀盛扭住顾树澧胸衣夺刀，顾树澧弃刀，将顾耀盛推跌倒地，揿压身上。顾耀盛喊救，该犯闻闹赶出拉劝，顾树澧不理，用手搭住顾耀盛咽喉不放。该犯见顾耀盛面色改变，情急救护，拾刀吓戳，适伤其左腰眼倒地，移时殒命。死者以卑犯尊，戳由救父情切，尚非无故逞凶。干犯情稍可原，是以未勾。

光绪二十二年，江西省秋审常犯情实，钟茝椿等九起，人犯十名，谨将勾到时所奉谕旨恭录于后。

一起斩犯钟茝椿。

窃盗拒捕，刃毙事主。法无可宽，是以勾决。

一起斩犯刘蕊恾即髻头、绞犯方本里即缺仔。

挟恨谋命，刘蕊恾造意，方本里贪贿，听从加功。均法无可宽，是以俱勾决。

一起斩犯汪详发。

因奸谋命。淫凶难宽，是以勾决。

一起斩犯凌□胙。

逞忿故杀逾七老人。法无可宽，是以勾决。

一起绞犯朱瑛芮。

挟嫌听从谋命下手加功。法无可宽，是以勾决。

一起斩犯章用川。

逞忿故杀。法无可宽，是以勾决。

一起绞犯邵舜泼。

贪贿听从谋命下手加功。法无可宽，是以勾决。

一起斩犯曾篙进即老曾。

窃盗拒捕致毙事主。法无可宽,是以勾决。

一起斩犯尹黄牛。

窃盗拒捕,刃毙事主。法无可宽,是以勾决。

853　军机大臣寄盛京、吉林、黑龙江各将军,直隶、两江、闽浙、湖广、四川、两广、陕甘、云贵各总督,江苏、安徽、江西、浙江、湖北、湖南、河南、山东、山西、陕西、甘肃、新疆、广东、广西、云南、贵州各巡抚。光绪二十二年十月初三日,奉上谕:本年顺天、直隶雨水过多,田禾被淹。降旨饬催湖南漕折银两、各省应解备荒经费银两,接济赈需。并截留江苏河运漕米五万石、江北河运漕米五万石,谕令王文韶会同孙家鼐、胡燏棻饬属核实散放。奉天安东、盖平等处被水,先后准如依克唐阿所请,截留运通小米。又提拨湘军未领小米并各城存留省仓小米,共一千二百八十石。东边木税项下拨银二三万两赈恤灾区。吉林三姓、珲春等处被水,先后准令延茂等动拨伯都讷额存仓谷三千石,截留洋药捐输税银二万三百余两,酌拨赈济。甘肃循化、河狄等处被兵,准令陶模于库存十九、二十两年待支兵饷各提银五万两,制钱五万串,截留新海防捐银一年,俾作赈务之需。湖北各属被水,先后准令张之洞等筹拨应山县银一千两,罗田县银二千两、米五千石,麻城县银五千两,黄冈县银二千两,蕲水县银一千两,江陵、监利二县共银二千两,分别赈恤。另拨麻城、江陵二县米各三千石,黄冈县米二千石,蕲水县米一千石,减价平粜。湖南湘乡县被水,准令陈宝箴筹拨制钱五千串赈给。浙江德清县被风,准令廖寿丰动拨洋银三千元酌量抚恤。广东高州府属被风,准令谭钟麟等拨银九千两办理急赈。河南太康县麦苗因旱生虫,准令刘树堂筹拨银三千两核实散放,以示体恤。其安徽潜山等县、湖南醴陵县、山东章邱县、山西阳曲等厅州县、河南信阳等州县均被水,陕西榆林等州县被水、被雹,甘肃秦州等属被雹,新疆迪化、疏勒二属被蝗、被雹,广东广州、肇庆各属州县被风,均经该督抚等查勘抚恤,小民谅可不至失所。惟念来春青黄不接之时,民力未免拮据。著传谕该将军、督抚等体察情形,如有应行接济之处,即查明据实覆奏,务于封印以前奏到,俟朕于新正降旨加恩。再黑龙江呼兰等处及湖南巴陵、湖北荆门等州县,江西进贤县均被水,陕西安定县被雹,长安县被水,经该将军、督抚等委员查勘,即著迅速办理,并将来春应否接济之处,一并查明,于封印前奏到。此外各省有无被灾地方,应调剂抚恤之处。著该将军、督抚等一并查奏,候旨施恩。将此各谕令知之。钦此。遵旨寄信前来。

881　在任升用道前江西南昌府知府倪恩龄,(朱)○旨:著仍以知府用。

882　在任升用道前江西南昌府知府倪恩龄,旨:著以简缺知府用。

883　在任升用道前江西南昌府知府倪恩龄,旨:著以同知用。

940　军机大臣字寄福州将军,直隶、两江、湖广、闽浙、两广、四川各总督,江苏、安徽、江西、浙江、湖北、湖南、山东、山西、广东各巡抚,传谕粤海关、淮安关各监督。光绪二十二年十月二十日,奉上谕:户部奏请催解京饷一折。本年京饷,原拨续共银八百万两,截至九月底止,除划拨截留解到报解起程等款外,尚欠解银二百二十二万两。现在部库存项十分支绌,一切放款为数甚巨。所有各省关欠解京饷,亟应全数报解,以济要需。著各该将军、督抚、监督等各将欠解银两,迅即照数依限解部,统于年内扫数解齐。倘敢诿卸拖欠,即由户部指名严参。原单著抄给阅看。将此由五百里谕知福州将军,直隶、两江、湖广、闽浙、两广、四川各总督,江苏 安徽、江西、浙江、湖北、湖南、山东、山西、广东各巡抚,并传谕粤海关、淮安关各监督知之。钦此。遵旨寄信前来。(抄交户部)

941 军机大臣字寄福州将军,直隶、两江、湖广、闽浙、两广、四川、江苏、安徽、江西、浙江、湖北、湖南、河南、山东、山西、广东各督抚,传谕粤海关、淮安关各监督。光绪二十二年十月二十日,奉上谕:户部奏预拨来年京饷一折。历届京饷均系年前预拨。光绪二十三年京饷,该部拟在地丁、盐课等款内指拨银七百万两,请饬各该省关于来年分批起解等语。京饷关系紧要,现经该部就各省关情形酌量指拨,自应遵照奏定数目,源源报解,以应要需。著该将军、督抚、监督等务于接到部文后,分批赶解,限于来年五月前解到一半,十二月初间全数解清,不准截留改拨,藉词延误。倘届限不到,即著该部照奏定章程指名严参。原单均著抄给阅看。另片奏,光绪二十三年内务府经费,拟拨盐课、茶税等款,共银六十万两,请饬依限完解等语。除各省关应还部库垫放银二十一万二千二百九十余两应由指拨各款内匀解部库,北洋代借洋款尚短银五万两,由闽海关解赴北洋外,下余银三十三万七千七百余两,著该将军、督抚、监督等务于来年开印后,陆续径解内务府交纳,仍限六月前解到一半,十二月初间扫数解清,不准稍有蒂欠。原片单并著抄给阅看。将此由五百里谕知福州将军,直隶、两江、湖广、闽浙、两广、四川、江苏、安徽、江西、浙江、湖北、湖南、河南、山东、山西、广东各督抚,并传谕粤海关、淮安关各监督知之。钦此。遵旨寄信前来。(抄交户部)

942 军机大臣字寄福州将军、两江、湖广、闽浙、两广、江苏、安徽、江西、浙江、湖北、广东各督抚,传谕粤海关监督。光绪二十二年十月二十日,奉上谕:户部奏,预拨筹备饷需一折。据称丁酉年筹备饷需,共指拨银二百万两,请饬依限报解等语。此项饷银关系紧要,著该将军、督抚、监督等按照指拨银数,于来年四月前解到一半,十月内全数解清,毋稍迟逾。余依议。原折单均著抄给阅看。将此由四百里谕知福州将军,两江、湖广、闽浙、两广、江苏、安徽、江西、浙江、湖北、广东各督抚,并传谕粤海关监督知之。钦此。遵旨寄信前来。(抄交户部)

1016 光绪二十二年十一月初三日,奉上谕:江西广信府知府员缺,著查恩绥补授。钦此。

1017 查:江西广信府知府系冲繁疲难最要缺。谨奏。

1049　军机大臣字寄户部、直隶、两江、闽浙、湖广各总督，江苏、安徽、江西、湖北、河南、山东各巡抚，传谕淮安关监督。光绪二十二年十一月初十日，奉上谕：依克唐阿等奏请饬拨东三省来年的饷，并请催欠饷一折。东三省丁酉年的饷，应拨奉天银二十六万两、吉林银十二万五百四十三两零、打牲乌拉银四万三千四百七十四两零、黑龙江银九万八千三十一两零。除吉林、黑龙江有应抵各款由部核明扣除外，其余银两著户部照数指拨，令各该省督抚等如数筹解，毋许迟延，并于报解之时，分晰奉天、吉林、打牲乌拉、黑龙江各款目，以免牵混。其各省欠解东三省本年的饷暨历年欠饷，著各该督抚、监督按照单开数目，赶紧筹措，务于年内扫数解清，以济要需。原单均著抄给阅看。将此谕知户部，并由五百里谕知直隶、两江、闽浙、湖广各总督，江苏、安徽、江西、湖北、河南、山东各巡抚暨传谕淮安关监督知之。钦此。遵旨寄信前来。

1059　军机大臣字寄福州将军，两江、湖广、闽浙、四川、两广、山东、山西、浙江、江西、安徽、江苏、湖北、湖南、广东各督抚，传谕粤海关监督。光绪二十二年十一月十四日，奉上谕：户部、总理各国事务衙门奏，预拨东北边防经费一折。据称光绪二十三年东北边防经费照案指拨山东地丁银十二万两，山西地丁银十万两，浙江地丁银八万两，江西地丁银五万两，安徽地丁银十万两，江苏厘金银八万两，江西厘金银八万两，浙江厘金银八万两，安徽厘金银五万两，湖北厘金银八万两，湖南厘金银八万两，福建厘金银八万两，江海关六成洋税银十万两，江汉关六成洋税银十万两，夔关常税银四万两，闽海关六成洋税银十万两，湖北粮道库漕项银四万两，南漕米折银四万两，四川盐厘银十五万两，两淮盐厘银十二万两，四川津贴银八万两，山东粮道库银五万两，广东厘金银八万两，粤海关六成洋税银十二万两，请饬依限报解等语。此项饷需最关紧要。著该将军、督抚、监督等按照指拨银数，于来年五月前批解一半，年内全数解清，毋稍迟逾。将此谕知福州将军，两江、湖广、闽浙、四川、两广、山东、山西、浙江、江西、安徽、江苏、湖北、湖南、广东各督抚，并传谕粤海关监督知之。钦此。遵旨寄信前来。

1060　军机大臣字寄直隶、两江、湖广、闽浙、四川、山东、湖北、湖南、浙江、江西、安徽、江苏、河南各督抚，传谕粤海关监督。光绪二十二年十一月十四日，奉上谕：户部、总理各国事务衙门奏，各省关欠解东北边防经费，请旨严催一折。据称本年各省关应解东北边防经费二百万两，除山西、四川二省划拨银三十万两，九江关截留银四万两，实应解部银一百六十六万两，现据解到部库及报解起程共银一百零九万五千两，尚欠解银五十六万五千两，请饬速解并补解历年积欠银两等语。此项经费关系边防要需，何得任意延欠？著该督抚、监督按照单开本年未解及历年欠解银数赶紧筹解。倘再迟延，即著户部照贻误京饷例指名严参。原单均著抄给阅看。将此由四百里谕知各该督抚，并传谕粤海关监督知之。钦此。遵旨寄信前来。

1169　军机大臣字寄江西巡抚德、江西学政黄。光绪二十二年十二月初七日，奉上谕：御史华辉奏，胪陈江西科场积弊，请饬切实整顿一折。乡试为抡才大典，必须履除弊窦,方足以拔取真才。若如所奏,拜房枪代换卷改文等弊,实属不成事体。著德寿于明年举行乡试时,按照科场条例加意防察。倘有前项情弊,即著从严惩办。另片奏请严录遗取额等语。近来乡试录科取数渐宽,以致百弊丛生。著黄卓元于明年录科时,务当从严选取,俊秀一项,尤当认真考校,以杜侥进。原折片均著抄给阅看。将此各谕令知之。钦此。遵旨寄信前来。

光绪二十三年

3　光绪二十三年正月初三日,内阁奉上谕:德寿奏,查明各属被水被旱地亩,请将新旧钱漕分别缓征、递缓,开单呈览一折。江西南昌等府属,上年夏间大雨连朝,河湖盛涨,低田被淹,高阜之区又因缺雨,收成均形歉薄。若将新旧钱漕照常征收,民力实有未逮。加恩著照所请。所有新建县未完上年地丁银五千一百三十九两零,漕米五千九百四十七石零;进贤县未完上年地丁银六千八百六十九两零,漕米八千五百七十石零;新淦县未完上年地丁银一万二千三百九十六两零,漕米八千八百七十二石零;莲花厅未完上年地丁银三千八十六两零,漕米一千五百二十六石零,漕运屯粮银四百八十两零,余租银九百二十一两零;庐陵县未完上年地丁银四千八百七十二两零,漕米三千八百二十五石零,存留屯粮银五十五两零,漕运屯粮银三十二两零,余租银一百七十四两零;永丰县未完上年地丁银七千九百五十九两零,漕米三千二百八十石零;安福县未完上年地丁银九千二百三十六两零,漕米五千四百三石零,漕运屯粮银四百四十三两零,余租银八百十二两零;永新县未完上年地丁银一万八百三十二两零,漕米三千一百二十二石零,屯丁银十六两零,存留屯粮银六十五两零,漕运屯粮银五百三十两零,余租银一千八百九十九两零;建昌县未完上年地丁银一万一千一百七十二两零,漕米五千三百七十石零;同安义县之寄庄建昌县未完上年地丁银三百二十八两零,漕米一百四十四石零;德化县未完上年地丁银二千七百六十二两零,屯丁银八十九两零,存留屯粮银六百五十二两零,漕运屯粮银二千六百二十七两零,余租银四千八百五十八两零,光绪二十二年压征二十一年芦课银六百五十五两零;德安县未完上年地丁银二千七百二十六两零,屯丁银一百二十二两零,存留屯粮银一百四十一两零,漕运屯粮银九百三十三两零,余租银一千七百二十五两零;九江府同知所辖南、九二卫芦洲未完光绪二十二年压征二十一年芦课银四百五十八两零,均著缓至光绪二十三年秋后分作两年带征。

丰城县光绪二十一年原缓地丁银米,著递缓至光绪二十三年秋后带征。

南昌、新建、永新、德化等县光绪十四年至二十一年及清江县十八、二十一两年,新淦县二十一年,峡江县十五、十八、二十一等年,庐陵县十六年至二十一年,德安县十五年至二十一年,瑞昌县十四、十六、二十、二十一等年,泰和县十九年,万安县十六年,彭泽县十五、十六两年,余干县二十一年各原缓地丁等款银米,并湖口县十四、十五两年原缓银两除完纳外,其余未完同十六年原缓各款,均著递缓至光绪二十三、二十四两年秋后带征。

又进贤、莲花、永丰、安福、建昌并安义县之寄庄建昌等厅县光绪二十一年及新淦县十八年、德安县十四年各原缓地丁等款银米，均著递缓至光绪二十四、二十五两年秋后带征。又进贤、莲花、永丰、安福、建昌并安义县之寄庄建昌等厅县光绪二十年及余干县十四年各原缓地丁等款银米，均著递缓至光绪二十五、二十六两年秋后带征。又进贤、莲花、永丰、安福、建昌并安义县之寄庄建昌等厅县光绪十九年各原缓地丁等款银米，均著递缓至光绪二十六、二十七两年秋后带征。又进贤、莲花、永丰、安福、建昌并安义县之寄庄建昌等厅县光绪十八年各原缓地丁等款银米，均著递缓至光绪二十七、二十八两年秋后带征。又进贤、莲花、永丰、安福、建昌并安义县之寄庄建昌等厅县光绪十七年各原缓地丁等款银米，均著递缓至光绪二十八、二十九两年秋后带征。又进贤、莲花、安福、建昌并安义县之寄庄建昌等厅县光绪十六年及永丰县十五年各原缓地丁等款银米，均著递缓至光绪二十九、三十两年秋后带征。又进贤、莲花、安福、建昌并安义县之寄庄建昌等厅县光绪十五年各原缓地丁等款银米，均著递缓至光绪三十、三十一两年秋后带征。又进贤、莲花、安福、建昌并安义县之寄庄建昌等厅县光绪十四年各原缓地丁等款银米，均著递缓至光绪三十一、三十二两年秋后带征。

湖口县芦洲光绪十四五六等年各原缓压征芦课，著分别递缓至光绪二十三、二十四、二十五等年秋后带征。九江府同知所辖南、九二卫芦洲，光绪二十一年原缓压征芦课，著递缓至光绪二十四年；二十年原缓芦课，著递缓至光绪二十五年；十九年原缓芦课，著递缓至光绪二十六年；十八年原缓芦课，著递缓至光绪二十七年；十七年原缓芦课，著递缓至光绪二十八；十六年原缓芦课，著递缓至光绪二十九年；十五年原缓芦课，著递缓至光绪三十年；十四年原缓芦课，著递缓至光绪三十一年秋后带征，以纾民力。余著照所议办理。该抚即将单内所开乡都图甲、被灾分数、应缓至何年带征银米各数目，详晰刊刻誊黄，遍行晓谕，务使实惠均沾，毋任吏胥舞弊，用副轸念民艰至意。该部知道。单并发。钦此。

259　军机大臣字寄江西巡抚德。光绪二十三年四月初三日，奉上谕：有人奏州县门丁书差贪毒害民，江西尤甚，遇有讼案，差役贿买差票，需索乡民，设立种种名目，请饬查禁等语。丁役藉案需索，久干例禁。若如所奏各节，实为地方之害。著德寿通饬各属随时认真稽查，如有前项情弊，即行从严惩办，以警奸蠹而安民生。原片著抄给阅看。将此谕令知之。钦此。遵旨寄信前来。

261　本日御史周承光奏，各省刑名积弊，请整顿折。奉明发谕旨一道。又奏，江西各州县丁役藉案需索，请严禁片。奉寄信谕旨：令德寿严行查禁。谨将原折片恭呈慈览。谨奏。四月初三日。

325　军机大臣字寄各直省督抚、长江水师提督。光绪二十三年四月二十五日，奉上谕：督办军务王大臣等会奏，议复御史李擢英奏请酌裁长江水师暨各省勇营一折。长江水师分隶五省，兵数既重，口粮亦较绿营为优，当此裁兵节饷之际，自应严加裁汰，力杜虚糜。著两江总督、湖广总督会同长江水师提督，察看情形，按照该御史所奏裁去二分酌留一分之议，斟酌办理，限一月后，迅速覆奏。至各省兵勇，糜饷甚巨，前据户部奏请，业经谕令各直省督抚认真裁汰，并著合力通筹，赶紧办理，仍将所裁兵勇数目、日期，分晰具奏，毋稍延缓。原折均著抄给阅看。将此各谕令知之。钦此。遵旨寄信前来。二十五日寄直隶、两江、长江；次日寄两湖、湖北、两广、广东、江苏、江西、安徽、山东、山西、河南、陕西、四川。

433 光绪二十三年六月初四日，内阁奉上谕：江西九江府知府员缺，著延熙补授。钦此。

434 查：江西九江府知府系冲繁难要缺。谨奏。

435 光绪二十三年六月初四日，内阁奉上谕：陈宝箴奏，已故藩司战功卓著，吁恳恩施一折。已故江西布政使陈湜，随同曾国荃、左宗棠转战江西、广西等省，克复金陵，肃清关陇，勋绩最多。加恩著照所请，准其于原籍及立功省份建立专祠，以彰劳勋。该部知道。钦此。

515 光绪二十三年六月十三日，内阁奉上谕：御史徐道焜奏，江西水灾，赈济宜速一折。本年春夏之交，江西地方雨水过多，江湖并涨，以致各州县田庐被淹，灾区甚广，饥民众多。览奏殊深悯恻。著德寿迅速查明，妥筹赈济，毋任失所。钦此。

555 军机大臣字寄直隶、两江、闽浙、两广各总督，江西、浙江各巡抚，传谕粤海关、淮安关各监督。光绪二十三年七月初七日，奉上谕：（摘抄起）户部奏，各省关欠解京饷等款，查明开单，分别奏参等语。各省关自光绪十一年起至二十二年止，欠解部库各年京饷、近畿防饷、筹边军饷、筹备饷需各款，共银五百三十六万一千余两。现在部库艰窘情形，各省关均当深悉，何得任意拖欠，置部库要款于不顾。所有应行议处之闽浙、浙江各督抚、藩司，两淮盐政、运司，著交吏部查取职名照例议处（摘抄止）。仍著直隶、两江、闽浙、两广、江西、浙江各督抚督饬各省关，迅将欠解展缓分年带解各款，限于年内按照所欠应行补解之数，报解清楚，俾济急需。倘再行迟延委卸，即著户部随时严参。原单均著抄给阅看。将此由四百里谕知各督抚，并传谕粤海关、淮安关各监督知之。钦此。遵旨寄信前来。（摘抄交吏部）

556 军机大臣字寄福州将军，直隶、两江、湖广、闽浙、四川、两广各总督，江苏、安徽、江西、浙江、湖北、湖南、河南、山东、山西、广东各巡抚，传谕粤海关、淮安关各监督。光绪二十三年七月初七日，奉上谕：户部奏请旨催解京饷一折。本年京饷原拨续拨共银八百万两。截至五月底止，除划拨解到及报解起程外，尚欠解银四百八十七万五十余两。现在部库支绌，应放各款均关紧要。所有各省关欠解京饷，亟应全数报解，以应要需。著该将军、直抚、监督等各将欠解银两赶紧陆续提前解部，统于年内扫数解齐。

倘敢诿卸拖欠,即由户部照章参奏。其解不及半、丝毫未解等处,经此次严催后,倘仍不完解,即著户部随时指名严参。原单均著抄给阅看。将此由四百里谕知福州将军,直隶、两江、湖广、闽浙、四川、两广各总督,江苏、安徽、江西、浙江、湖北、湖南、河南、山东、山西、广东各巡抚,并传谕粤海关、淮安关各监督知之。钦此。遵旨寄信前来。

557　军机大臣字寄福州将军,两江、湖广、闽浙、两广各总督,江苏、安徽、江西、浙江、湖北、广东各巡抚,传谕粤海关监督。光绪二十三年七月初七日,奉上谕:户部奏,各省关奉拨二十三年份筹备饷需银两,除安徽、广东及两浙运库应解银两、闽海关应解四成税银报解均已及半外,江苏、浙江两省应解银两,粤海、江海、江汉三关应解四成六成税银,均解不及半,江西、福建两省应解银两、粤海关应解六成税银,均未报解,请旨饬催等语。各省关应解筹备饷需银两,关系紧要。现在库款支绌,著各该省将军、督抚、监督等各将欠解银两迅速筹解,统于本年十月底扫数解清。倘仍延不完解,即著户部指名严参。原单均著抄给阅看。将此由四百里谕知福州将军,两江、湖广、闽浙、两广各总督,江苏、安徽、浙江、江西、湖北、广东各巡抚,并传谕粤海关监督知之。钦此。遵旨寄信前来。

558　军机大臣字寄福州将军,两江、两广、湖广、闽浙、四川各总督,广东、山东、湖南、湖北、浙江、江西、安徽、江苏、山西各巡抚,传谕粤海关监督。光绪二十三年七月初七日,奉上谕:总理各国事务衙门、户部奏,各省关欠解东北边防经费,请旨严催一折。据称,本年各省关应解东北边防经费,除解到及报解起程外,尚欠解银一百二十三万两,请饬速解,并补解历年积欠银两等语。此项经费关系边防要需,何得任意延欠?著该将军、督抚、监督按照单开本年未解及历年欠解银数,赶紧筹解。倘再迟延,即著户部照贻误京饷例指名严参。原单均著抄给阅看。将此由四百里谕知福州将军及各该省督抚,并传谕粤海关监督知之。钦此。遵旨寄信前来。

589　军机大臣字寄福州将军,两江、湖广、四川、陕甘、江苏、安徽、江西、湖北、湖南、河南、陕西、新疆各督抚。光绪二十三年七月十五日,奉上谕:户部奏,筹拨甘肃新饷,并分摊关内外各军饷数一折。甘肃关内外各军饷需关系紧要。经该部将光绪二十四年新饷查照上届所拨银数,于各省关指拨,请饬依限提前报解等语。著该将军、督抚等严饬各该司道,按照单开数目,于本年十二月底赶解三成,至来年四月底止再解三成,其余四成统限九月底止扫数解清。各该省如能依限完解,即由陕甘总督奏请奖叙。倘有延欠,即由户部照例奏参。原单均著抄给阅看。至甘肃关内外各军饷数,业经该部核实分摊,即著陶模、饶应祺按照单开数目知照办理。其光绪二十五年应需饷项,并著陕甘督抚于明年春间先行详估奏报,以凭核办。另单一件抄给阅看。将此由四百里各谕令知之。钦此。遵旨寄信前来。

643　本年届更换学政之期,臣等查各省学政并无未满三年人员。谨将现任各学政员名及考过试差应行扣除人员,分别缮单呈览。谨奏。

644　现任各省学政名单：
顺天学政徐会澧；
江苏学政龙湛霖；
安徽学政李端遇；
江西学政黄卓元；
浙江学政徐致祥；
福建学政王锡蕃；
湖北学政庞鸿文；
湖南学政江标；
河南学政徐继孺；
山东学政华金寿；
山西学政钱骏祥；
陕西学政赵惟熙；
甘肃学政刘世安；
四川学政吴树棻；
广东学政恽彦彬；
广西学政冯金鉴；
云南学政姚文倬；
贵州学政严修；
奉天府府丞兼学政李培元。

659　(朱)奉天:李鸿逵；
顺天:张英麟；
江苏:瞿鸿禨；
安徽:徐致祥；
山东:姚丙然；
山西:刘廷琛；
河南:朱福诜；
陕西:叶尔恺；
甘肃:夏启瑜；
福建:戴鸿慈；
浙江:徐树铭；
(朱笔改)江西:李绂藻、吴树梅；
湖北:王同愈；
湖南:徐仁铸；
四川:吴庆坻；

广东:张百熙;
广西:刘元亮;
云南:张建勋;
贵州:傅增湑。

1001 军机大臣字寄福州将军,直隶、两江、湖广、闽浙、两广、四川各总督,江苏、安徽、江西、浙江、湖北、湖南、河南、山东、山西、广东各巡抚,传谕粤海关、淮安关各监督。光绪二十三年十月二十二日,奉上谕:户部奏请催解京饷一折。本年京饷,原拨续拨共银八百万两,截至九月底止,除划拨截留解到报解起程等款外,尚欠解银二百四十七万一千二百余两。现在部库存项十分支绌,一切放款为数甚巨。所有各省关欠解京饷亟应全数报解,以济要需。著各该将军、督抚、监督等各将欠解银两迅即照数依限解部,统于年内扫数解齐。倘敢诿卸拖欠,即由户部指名严参。原单著抄给阅看。将此由五百里谕知福州将军,直隶、两江、湖广、闽浙、两广、四川各总督,江苏、安徽、江西、浙江、湖北、湖南、河南、山东、山西、广东各巡抚,并传谕粤海关、淮安关各监督知之。钦此。遵旨寄信前来。

1002 军机大臣字寄福州将军,直隶、两江、湖广、闽浙、两广、四川、江苏、安徽、江西、浙江、湖北、湖南、河南、山东、山西、广东各督抚,传谕粤海关淮安关各监督。光绪二十三年十月二十三日,奉上谕:户部奏,预拨来年京饷一折。历届京饷均系年前预拨。光绪二十四年京饷,该部拟在地丁、盐课等款内指拨银七百万两,请饬各该省关于来年分批起解等语。京饷关系紧要,现经该部就各省关情形酌量指拨,自应遵照奏定数目源源报解,以应要需。著该将军、督抚、监督等务于接到部文后,分批赶解,限于来年五月前解到一半,十二月初间全数解清,不准截留改拨,藉词延误。倘届期不到,即著该部照奏定章程指名严参。原单著抄给阅看。另片奏,光绪二十四年内务府经费,拟拨盐课、茶税等款共银六十万两,请饬依限完解等语。除内务府应还部库垫放银四万六千六百余两应由指拨九江关常税款内匀解部库外,下余银五十五万三千三百余两,著该将军、督抚、监督等务于来年开印后,陆续径解内务府交纳,仍限六月前解到一半,十二月初间扫数解清,不准稍有蒂欠。原片、单并著抄给阅看。将此由五百里谕知福州将军,直隶、两江、湖广、闽浙、两广、四川、江苏、安徽、江西、浙江、湖北、湖南、河南、山东、山西、广东各督抚,并传谕粤海关、淮安关各监督知之。钦此。遵旨寄信前来。

1003 军机大臣字寄福州将军,两江、湖广、闽浙、两广、江苏、安徽、江西、浙江、湖北、广东各督抚,传谕粤海关监督。光绪二十三年十月二十三日,奉上谕:户部奏,预拨筹备饷需一折。据称,戊戌年筹备饷需共指拨银二百万两,请饬依限报解等语。此项饷银关系紧要。著该将军、督抚、监督等按照指拨银数,于来年四月前解到一半,十月内全数解清,毋稍迟逾。余依议。原折单均著抄给阅看。将此由四百里谕知福州将军,两江、湖广、闽浙、两广、江苏、安徽、江西、浙江、湖北、广东各督抚,并传谕粤海关监督知之。钦此。遵旨寄信前来。

1132 军机大臣字寄福州将军,两江、湖广、闽浙、四川、两广、山东、山西、浙江、江西、安徽、江苏、湖北、湖南、广东各督抚,传谕粤海关监督。光绪二十三年十一月二十六日,奉上谕:户部、总理各国事务衙门奏,预拨东北边防经费一折。据称,光绪二十四年东北边防经费照案指拨,山东地丁银十二万两、山西地丁银十万两、浙江地丁银八万两、江西地丁银五万两、安徽地丁银十万两、江苏厘金银八万两、江西厘金银八万两、浙江厘金银八万两、安徽厘金银五万两、湖北厘金银八万两、湖南厘金银八万两、福建厘金银八万两、江海关六成洋税银十万两、江汉关六成洋税银十万两、夔关常税银四万两、闽海关六成洋税银十万两、湖北粮道库漕项银四万两、南粮米折银四万两、四川盐厘银十五万两、两淮盐厘银十二万两、四川津贴银八万两、山东粮道库银五万两、广东厘金银八万两、粤海关六成洋税银十二万两,请饬依限报解等语。此项饷需最关紧要。著该将军、督抚、监督等按照指拨银数,于来年五月前批解一半,年内全数解清,毋稍迟逾。将此谕知福州将军,两江、湖广、闽浙、四川、两广、山东、山西、浙江、江西、安徽、江苏、湖北、湖南、广东各督抚,并传谕粤海关监督知之。钦此。遵旨寄信前来。

1133 军机大臣字寄直隶、两江、闽浙、四川、山东、浙江、江西、安徽、江苏、湖南、河南各督抚,传谕粤海关监督。光绪二十三年十一月二十六日,奉上谕:户部、总理各国事务衙门奏,各省关欠解东北边防经费,请旨严催一折。据称,本年各省关应解东北边防经费二百万两,现据解到部库及报解起程共银一百六十六万两,欠解银三十四万两,请饬速解,并补解历年积欠银两等语。此项经费关系边防要需,何得任意延欠?著该督抚、监督按照单开本年未解及历年欠解银数,赶紧筹解。倘再迟延,即著户部照贻误京饷例指名严参。余著照所议办理。原单著抄给阅看。将此由四百里谕知各该督抚,并传谕粤海关监督知之。钦此。遵旨寄信前来。

光绪二十四年

5 光绪二十四年正月初四日,内阁奉上谕:德寿奏,查明各属被水、被旱、被虫地亩,请将新旧钱漕分别缓征、递缓,开单呈览一折。江西南昌等府属,上年夏间大雨连朝,河湖盛涨,低田被淹,高阜之区又因缺雨,收成均形歉薄。若将新旧钱漕照常征收,民力实有未逮。加恩著照所请。所有南昌县未完上年地丁银一万七十六两零,漕米一万三千二百八十六石零;新建县未完上年地丁银一万五百八十一两零,漕米一万三百九石零;进贤县未完上年地丁银八千七百四十四两零,漕米一万九百十八石零;清江县未完上年地丁银五千二百三十三两零,漕米三千七百六十一石零;新淦县未完上年地丁银一万四千七百五十五两零,漕米一万五百六十三石零;峡江县未完上年地丁银八千三百九十四两零,漕米三千九百八十石零;莲花厅未完上年地丁银三千二百三两零,漕米一千七百四石零,漕运屯粮银四百八十八两零,余租银九百三十四两零;庐陵县未完上年地丁银九千九百七十二两零，漕米七千三百九十六石零，存留屯粮银八十一两零，漕运屯粮银四十七两零，余租银二百五十三两零；吉水县未完上年地丁银九千四百七十四两零，漕米七千一百五十二石零；永丰县未完上年地丁银一万二千五百五十两零，漕米五千九十九石零；泰和县未完上年地丁银八千九百四十两零，漕米五千四百三十九石零；万安县未完上年地丁银四千八百十五两零，漕米二千九百九十八石零；安福县未完上年地丁银一万一千三百五两零，漕米六千五百五十二石零，漕运屯粮银四百八十二两零，余租银八百八十三两零；永新县未完上年地丁银一万三千九百八十五两零，漕米三千八百四石零，屯丁银十七两零，存留屯粮银七十五两零，漕运屯粮银五百五十两零，余租银一千九百九十九两零；鄱阳县未完上年地丁银一万五千六十三两零，漕米八千六百九十二石零，屯丁银二十六两零，存留屯粮银一百四十六两零，漕运屯粮银八百十五两零，余租银九百九十九两零；余干县未完上年地丁银一万四千九百四十六两零，漕米六千九百三十九石零；万年县未完上年地丁银二千六百四两零，漕米一千六百五十四石零；星子县未完上年地丁银一千五百三十九两零，屯丁银六十二两零，余租银四百四十两零；都昌县未完上年地丁银六千七百四十二两零，漕米四千三百九十八石零；建昌县未完上年地丁银一万五千一百三两零，漕米六千六百九石零；同安义县之寄庄建昌县未完上年地丁银三百九十三两零，漕米一百七十九石零；德化县未完上年地丁银三千二百三十九两零，屯丁银九十九两零，存留屯粮银七百七十九两零，漕运屯粮银二千八百七十两零，余租银五千三百九十七两零，光绪二十三年压征二十二年芦课银六百四十三两零；德安县未完上年地丁银四千八百七十二两零，屯丁银一百六十九两零，存留屯粮银一百九十五两零，漕运屯粮银一千二百九十一两零，余租银二千六百五十两零；湖口县未完上年地丁银一千三百四十五两零，漕运屯粮银一百九十一两零，余租银四百六十八两零；彭泽县未完上年地丁银二千三百十三两零，屯丁银一百四十五两零，存留屯粮银一百五十六两零，漕运屯粮银三百五十二两零，余租银九百九十八两零，光绪二十三年压征二十二年芦课银一千九百二十七两零；九江府同知所辖南、九二卫芦洲未完光绪二十三年压征二十二年芦课银五百十六两零；均著缓至光绪二十四年秋后分作两年带征。

湖口县芦洲未完光绪二十三年压征二十二年芦课粮银一百九十一两零，著缓至光绪二十四年秋后分作三年带征。

丰城县光绪二十一年原缓地丁银米并金溪县二十一年原缓一半地丁银米，均著递缓至光绪二十四年秋后带征。

南昌县光绪十四年至二十一年及新建、永新、德化等县十四年至二十二年、清江县十八二十两年、新淦县二十二年、峡江县十五十八二十一等年、庐陵县十六年至二十二年、德安县十五年至二十二年、瑞昌县十四十六二十二十一等年、泰和县十九年、万安县十六年、湖口县十四十五十六等年、彭泽县十五十六两年各原缓地丁等款银米，均著递缓至光绪二十四、二十五两年秋后带征。

又进贤、莲花、安福、建昌并安义县之寄庄建昌等厅县光绪二十二年及新淦县十八二十一两年、余干县二十一年、德安县十四年各原缓地丁等款银米，均著递缓至光绪二

十五、二十六两年秋后带征。又进贤、莲花、安福、建昌并安义县之寄庄建昌等厅县光绪二十一年及余干县十四年各原缓地丁等款银米,均著递缓至光绪二十六、二十七两年秋后带征。又进贤、莲花、永丰、安福、建昌并安义县之寄庄建昌等厅县光绪二十年各原缓地丁等款银米,均著递缓至光绪二十七、二十八两年秋后带征。又进贤、莲花、永丰、安福、建昌并安义县之寄庄建昌等厅县光绪十九年各原缓地丁等款银米,均著递缓至光绪二十八、二十九两年秋后带征。又进贤、莲花、永丰、安福、建昌并安义县之寄庄建昌等厅县光绪十八年各原缓地丁等款银米,均著递缓至光绪二十九、三十两年秋后带征。又进贤、莲花、永丰、安福、建昌并安义县之寄庄建昌等厅县光绪十七年各原缓地丁等款银米,均著递缓至光绪三十、三十一两年秋后带征。又进贤、莲花、永丰、安福、建昌并安义县之寄庄建昌等厅县光绪十六年及永丰县十五年各原缓地丁等款银米,均著递缓至光绪三十一、三十二两年秋后带征。又进贤、莲花、安福、建昌并安义县之寄庄建昌等厅县光绪十五年各原缓地丁等款银米,均著递缓至光绪三十二、三十三两年秋后带征。又进贤、莲花、安福、建昌并安义县之寄庄建昌等厅县光绪十四年各原缓地丁等款银米,均著递缓至光绪三十三、三十四两年秋后带征。

又湖口县光绪十四五六等年芦洲各原缓压征芦课,著分别递缓至光绪二十四、二十五、二十六等年各秋后带征。又九江府同知所连辖南、九二卫芦洲,各年被水,光绪二十二年原缓压征芦课著递缓至光绪二十五年;又二十一年原缓芦课著递缓至二十六年;又二十年原缓芦课著递缓至二十七年;又十九年原缓芦课著递缓至二十八年;又十八年原缓芦课著递缓至二十九年;又十七年原缓芦课著递缓至三十年;又十六年原缓芦课著递缓至三十一年;又十五年原缓芦课著递缓至三十二年;又十四年原缓芦课著递缓至三十三年各秋后带征,以纾民力。余著照所议办理。该抚即将单内所开乡都图甲被灾分数、应缓至何年、带征银米各数目详细刊刻誊黄,遍行晓谕,务使实惠均沾,毋任吏胥舞弊,用副轸念民艰至意。该部知道。单并发。钦此。

31-32 光绪二十四年正月十四日,内阁奉上谕:明保著调补奉天奉锦山海道兼按察使衔。钦此。

各省满蒙道员名单:

奉天驿巡道志彭,满洲正蓝旗监生;

奉天东边道荣森;

吉林道联陞,满洲正黄旗监生;

直隶口北道觉罗钟培,镶黄旗监生;

直隶霸昌道恒寿,正黄旗满洲副贡;

直隶热河道湍多布,满洲正蓝旗荫生;

江苏常镇通海道长恒,正红旗满洲翻译生员;

山东督粮道桂春,满洲镶黄旗翻译举人;

山西冀宁道锡良,满洲正白旗进士;

山西雁平道恩霖,满洲镶红旗人;
山西归绥道文保,满洲镶蓝旗监生;
河南开归陈许道穆奇先;
陕西陕安道恩寿,满洲镶白旗进士;
(朱)○甘肃甘凉道明保,满洲镶黄旗监生;
甘肃西宁道联魁,满洲镶红旗贡生;
甘肃新疆伊塔道英林,满洲镶黄旗荫生;
福建汀漳龙道荣堃,镶蓝旗满洲翻译举人;
江西广饶九南道诚勋,满洲正红旗荫生;
江西盐法道春顺,吉林镶蓝旗满洲荫生;
湖南衡永郴桂道隆文,满洲镶黄旗人;
广东督粮道延祉,满洲镶蓝旗监生;
广东惠潮嘉道联元,满洲镶红旗进士;
广东南韶连道阿克敦,满洲镶蓝旗翻译生员;
广东高廉钦道吉顺,正蓝旗满洲人;
广西左江道瑞霖,满洲镶红旗监生;
四川成绵龙茂道长春,满洲镶白旗监生;
云南粮储道英奎,满洲镶蓝旗监生;
云南盐法道普津,满洲正白旗监生;
贵州贵西道桂霖,满洲正黄旗进士。

87 光绪二十四年二月初一日,内阁奉上谕:本年轮应查阅山东、河南、江苏、安徽、江西五省营伍之期,山东即派张汝梅,河南即派刘树堂,江苏即派奎俊,安徽即派邓华熙,江西即派德寿认真查阅。各省营伍关系紧要,岂容稍有废弛?近来防营积习如缺额扣饷等弊,迭经严行儆戒,不啻三令五申,各该督抚身膺重寄,务当仰体朝廷整饬武备之意,逐一简校。如有技艺生疏、老弱充数及军实不齐等事,即将该管将弁从严参办,毋得稍涉瞻徇,以肃戎行。钦此。

559 …………

江西七员:

○庶吉士万本端江西人。年四十八岁,光绪二十一年二甲进士。散馆一等十四名。
○庶吉士吴庭芝江西人。年四十四岁,光绪二十一年二甲进士。散馆一等一十四名。
○庶吉士谢远涵江西人。年二十三岁,光绪二十一年一甲进士。散馆一等二十二名。
○庶吉士饶芝祥江西人。年三十八岁,光绪二十一年二甲进士。散馆二等二名。
○庶吉士廖基钰江西人。年三十七岁,光绪二十一年二甲进士。散馆二等一名。
庶吉士萧立炎○江西人。年三十三岁,光绪二十一年二甲进士。散馆二等四名。
庶吉士胡思敬○江西人。年二十五岁,光绪二十一年二甲进士。散馆二等五名。

江西三员：

庶吉士陶福履○江西人。年三十八岁，光绪二十一年三甲进士。散馆二等九名。

庶吉士杜作航江西人。年四十九岁，光绪二十一年二甲进士。散馆二等十九名。○

庶吉士何莘耕江西人。年三十五岁，光绪二十一年二甲进士。散馆二等二十名。○

635 …………

江西进士七名：

○黄大埙江西人。年三十八岁，二甲二十名进士。覆试一等一十三名，朝考一等十六名。

○华焯江西人。年二十九岁，二甲二十九名进士。覆试一等三十七名，朝考二等十三名。

○易子猷江西人。年四十岁，二甲四十二名进士。覆试一等七十七名，朝考二等五十八名。

龙学泰江西人。年二十七岁，二甲七十五名进士。覆试一等五十名，朝考二等五十九名。内阁候补中书。

李华柏江西人。年十七岁，○二甲七十九名进士。覆试二等十名，朝考二等一百十一名。

杨增荦○江西人。年六十五岁，二甲八十一名进士。覆试一等十六名，朝考二等十六名。

○张履春江西人。年四十岁，二甲八十三名进士。覆试一等十六名，朝考一等四十七名。

江西进士七名：

赵恩纶江西人。年二十九岁，二甲一百七十名进士。○覆试二等一百十名，朝考三等七十一名。

聂谦吉○江西人。年二十八岁，二甲一百十一名进士。覆试三等一百十名，朝考一等七十一名。

张美王○江西人。年三十七岁，二甲一百十五名进士。覆试二等七十名，朝考二等十二名。

程式穀○江西人。年二十八岁，二甲一百二十名进士。覆试一等一十名，朝考二等二十一名。

饶士翘江西人。年四十八岁，二甲一百三十二名进士。○覆试二等九十二名，朝考三等八十五名。

蔡世信江西人。年四十八岁，三甲二名进士。○覆试二等十一名，朝考二等一十四名。

○邓曾镬江西人。年一十五岁，三甲十八名进士。覆试二等九十一名，朝考一等十二名。

江西进士六名：

刘景熙○江西人。年十九岁，三甲十九名进士。覆试三等十名，朝考一等九名。

郭显珠江西人。年三十八岁，三甲八十二名进士。○覆试三等一十五名，朝考三等八十六名。

陈其昌江西人。年四十三岁，三甲九十八名进士。覆试三等八名，朝考二等一百四十五名。

黄惠安江西人。年四十九岁，三甲一百三十名进士。○覆试三等一百五名，朝考二等七十五名。

陈兆坤江西人。年三十岁，三甲一百四十三名进士。覆试三等一百十二名，朝考三等五十四名。

熊光瓒江西人。年四十二岁，三甲一百五十六名进士。○覆试二等一百二名，朝考三等一百一十八名。

…………

680 光绪二十四年五月二十三日,内阁奉上谕:江西九江府知府,著孙毓骏补授。钦此。

681 查:江西九江府系冲繁难要缺。谨奏。

685 光绪二十四年五月二十四日,内阁奉上谕:四川总督著奎俊补授,德寿著调补江苏巡抚,江西巡抚著松寿补授。袁昶著补授江宁布政使。钦此。

701 彭五喜,江西饶州鄱阳县人,因族侄汇澜勾通千总陈元贵讹诈钱文,伊妻被逼缢死,含冤莫伸,为此情急来京叩阍。

761 谨查,现拟先立海军一军,须大、小船三十四号,除已有穹甲快船等十三只外,尚应添造马力八千二百匹之一等守口甲船一只、马力四千二百匹之二等守口甲船二只、二等鱼雷艇十八只,计共约需银六百七十万两上下。臣等谨拟裁沿海一带额设绿营师船,酌拨南北洋机器局经费,裁并各省冗局,各省厘金剔除中饱,统共每年约可提拨一百八十余万两。臣等谨就各省酌定数目缮单呈览,伏候命下,再拟寄信谕旨,饬下各省钦遵,如所指前款不敷提拨,拟令各省查照除应需各项正款外,各就本省再提余款如数拨足,以备造船之用,限四年告成。为此谨奏。(同单抄交户部)

762 直隶二十万两;
奉天五万两;
江苏二十五万两;
安徽五万两;
江西八万两;
福建十万两;
浙江八万两;
湖南十万两;
湖北十五万两;
河南五万两;
山东五万两;
山西五万两;
陕西五万两;
四川十万两;
甘肃五万两;
吉林五万两;
出使经费三十万两;
淮盐督销局十二万两。

792 光绪二十四年六月十四日，内阁奉上谕：刘坤一奏，特参衰庸乖谬之副将等官，请旨惩儆一折。安徽安庆协副将刘先文，年力就衰，难期振作，著勒令休致；江西袁州协副将李荣发，才识有限，不胜冲繁，著开缺另补；江西南赣镇中军右营游击熊得胜，任性妄为，几误大局，著即革职，永不叙用；江苏漕标盐城营游击陈金福，习气太重，约束不严，著以都司降补，以肃戎行。余著照所议办理。该部知道。钦此。

831 …………

江西

一等六名：

邹国玮

饶之麟

石云星

周锡藩

祝维坑

杨宗汉

二等十名：

汪鸿遇

滕 梅

董来江

杨忠嗣

汪凤翙

古天球

李家桢

邢大椿

邹令修

黄家騵

…………

866 同治十三年，覆试取入一二等拔贡生引见。奉旨点用人员。

八旗一等二名，二等四名。

用京官二名，一等；用知县二名，二等。

奉天一等一名，二等二名。

用京官一名，一等；用知县一名，二等。

直隶一等五名，二等十四名。

用京官五名，一等三名，二等二名；用知县七名，一等二名，二等五名。

江苏一等七名，二等十名。

用京官五名，一等；用知县六名，一等二名，二等四名。

安徽一等五名,二等六名。

用京官四名,一等;用知县四名,一等一名,二等三名。

江西一等五名,二等九名。

用京官四名,一等;用知县六名,一等一名,二等五名。

894 光绪二十四年七月初五日,内阁奉上谕:前江西巡抚德馨,著开复头品顶戴花翎,赏给布政使衔,会同翰林院编修贵铎办理奉天矿务。钦此。

924 军机大臣字寄福州将军,直隶、两江、湖广、闽浙、四川、两广各总督,江苏、安徽、江西、浙江、湖北、湖南、河南、山东、山西、广东各巡抚,传谕粤海关、淮安关各监督。光绪二十四年七月初九日,奉上谕:户部奏请旨催解京饷一折。本年京饷原拨续拨共银八百万两。截至五月底止,除划拨解到及报解起程外,尚欠解银四百八十一万两。现在部库支绌,应放各款均关紧要。所有各省关欠解京饷,亟应源源报解,以济要需。著该将军、督抚、监督等各将欠解银两赶紧陆续提前解部,统于年内扫数解齐。倘敢诿卸拖欠,即由户部照章奏参。其解不及半及丝毫未解等处,经此次严催后,倘仍不完解,即著户部随时指名严参。原单均著抄给阅看。将此由四百里谕知福州将军,直隶、两江、湖广、闽浙、四川、两广各总督,江苏、安徽、江西、浙江、湖北、湖南、河南、山东、山西、广东各巡抚,并传谕粤海关、淮安关各监督知之。钦此。遵旨寄信前来。(抄交户部)

925 军机大臣字寄福州将军,两江、湖广、闽浙、两广各总督,江苏、安徽、江西、浙江、湖北、广东各巡抚,传谕粤海关监督。光绪二十四年七月初九日,奉上谕:户部奏,各省关奉拨二十四年份筹备饷需银两,除两浙运库应解银两已解及半外,福建、广东两省应解银两,闽海、粤海、江海、江汉四关应解四六成税银,均解不及半,江苏、江西、安徽、浙江四省应解银两,粤海关应解六成税银,均未报解,请旨饬催等语。各省关应解筹备饷需银两,关系紧要。现在库款支绌。著各该省将军、督抚、监督等各将欠解银两迅速筹解,统于本年十月底扫数解清。倘仍延不完解,即著户部指名严参。原单均著抄给阅看。将此由四百里谕知福州将军,两江、湖广、闽浙、两广各总督,江苏、安徽、浙江、江西、湖北、广东各巡抚,并传谕粤海关监督知之。钦此。遵旨寄信前来。(抄交户部)

926 军机大臣字寄直隶、两江、闽浙、两广各总督,江西、浙江各巡抚,传谕粤海关、淮安关各监督。光绪二十四年七月初九日,奉上谕:(摘抄起)户部奏,各省关欠解京饷等款,查明开单,分别奏参等语。各省关自光绪十一年起至二十三年止欠解部库各军京饷、近畿防饷、筹办军饷、筹备饷需各款,共银六百万九千六百余两。现在部库艰窘情形,各省关均当深悉,何得任意拖欠,置部库要款于不顾。所有应行议处之闽浙、浙江各督抚、藩司,两淮盐政运司,粤海、淮安各关监督,著交吏部查取职名照例议处(摘抄吏部止)。仍著直隶、两江、闽浙、两广、江西、浙江各督抚督饬各省关,迅将欠解展缓分年带解各款限于年内按照所欠应行补解之数,报解清楚,俾济急需。倘再行迟延诿卸,即著户部随时严参(抄交户部止)。原单均著抄给阅看。将此由四百里谕知各督抚,并

传谕粤海关、淮安关各监督知之。钦此。遵旨寄信前来。(摘抄交吏、户部)

984　军机大臣字寄吉林将军,两江、闽浙、湖广、两广漕运各总督,江苏、安徽、江西、浙江、湖南、山东、山西、河南、陕西各巡抚。光绪二十四年七月十六日,奉上谕:户部奏,库款支绌,请饬催解加放俸饷、旗兵加饷,以资周转一折。据称,部库近来存款无多。本年新增出款,如大学堂开办常年经费、译书局开办常年经费、八旗添练兵丁武胜新队骁骑营护军营筹拨月饷,各项统计,不下百余万两。各省应解部库各款,多未按数解清,若复仍前延欠,库款何从支给。查有欠解最多之加放俸饷及旗兵加饷两款,尤为接济官兵急需,更难稍有延误,请饬催解等语。著该将军、督抚等按照单开欠解银两,赶紧筹解,限于年内全数解清,毋再延欠。至历年欠款,并著分年带解,以清积欠而顾要需。倘再仍前延玩,即著户部照贻误京饷例指名严参。原单均著抄给阅看。将此由五百里谕令吉林将军,两江、闽浙、湖广、两广漕运各总督,江苏、安徽、江西、浙江、湖南、山东、山西、河南、陕西各巡抚知之。钦此。遵旨寄信前来。(抄交户部)

1027　交吏部。本日贵部带领引见之江西候补道恽祖祁,奉旨:交军机处存记。钦此。相应传知贵部。钦遵可也。此交。七月十九日。

1048　内阁候补侍读杨锐;
刑部候补主事刘光第;
内阁候补中书林旭;
江西候补道恽祖祁;
江苏候补知府谭嗣同。

1313　军机大臣字寄各直省督抚。光绪二十四年八月初四日,奉上谕:有人奏,州县征收赋税,以钱易银,任意折算,请饬认真核减等语。州县经征钱漕,折价浮收,前经给事中庞鸿书奏请减收钱数,当交户部议准,谕饬各督抚核办。乃近来惟山东、江西两省尚有核减,其余仍多藉词搪塞,无非为州县留有余地步。近来每两银价均在一千一百文上下,而州县征收仍折价二千八九百至三四千文不等,浮收不止加倍,实属不成事体。各督抚身任封疆,当思纾一分民力,即养一分元气。自经此次诫谕后,务各严饬所属,按照现时银价大加核减,不准仍前浮滥,以苏民困而肃吏治。原片著抄给阅看。将此谕令知之。钦此。遵旨寄信前来。

1349　光绪二十四年八月初七日,内阁奉上谕:都察院奏代递已革参将金凤岐条陈一折。金凤岐前任江西吉安营参将,所犯各案情罪重大,经德寿查明奏参,系奉旨革职,勒令回籍,交地方官严加管束之人。兹复潜逃来京,实属胆玩。著即递回原籍,交该地方官严加管束,不准在京逗留。该衙门知道。钦此。

1415　各省学政名单:

奉天府府丞兼学政何乃莹；

顺天学政张英麟；

江苏学政瞿鸿禨；

安徽学政徐致祥；

山东学政姚丙然；

山西学政刘廷琛；

河南学政朱福诜；

陕西学政叶尔恺；

甘肃学政夏启瑜；

福建学政戴鸿慈；

浙江学政唐景崇；

江西学政李绂藻；

湖北学政王同愈；

四川学政吴庆坻；

广东学政张百熙；

广西学政刘元亮；

云南学政张建勋；

贵州学政傅增湝。

1437　军机大臣字寄户部，福州将军，两江、湖广、四川、陕甘、江苏、安徽、江西、湖南、河南、陕西、山西、新疆各督抚。光绪二十四年八月十九日，奉上谕：户部奏，筹拨甘肃新饷，并分摊关内外各军饷数一折。甘肃关内外各军饷需，关系紧要。经该部将光绪二十五年新饷查照上届所拨银数于各省关指拨，请饬依限提前报解等语。著该将军、督抚等严饬各该司道，按照单开数目，于本年十二月底止赶解三成，至来年四月底止再解三成，其余四成统限九月底止扫数解清。各该省如能依限完解，即由陕甘总督奏请奖叙。倘有延欠，即由户部照例奏参。原单均著抄给阅看。……钦此。遵旨寄信前来。

1515　军机大臣字寄福州将军，直隶、两江、湖广、闽浙、两广、四川各总督，江苏、安徽、江西、浙江、湖南、河南、山东、山西各巡抚，传谕粤海关、淮安关各监督。光绪二十四年八月二十七日，奉上谕：户部奏请催解部各款一折。现在部库存项十分支绌，一切放款为数甚巨。所有各省关欠解京饷、筹备饷需、东北边防经费、固本饷银、旗兵加饷、加放俸饷、加复俸饷、铁路经费、海军海防经费、新建陆军月饷、常年经费各款，亟应全数报解，以济要需。著各该将军、督抚、监督等各将欠解银两迅即照数依限解部，统于年内扫数解齐。倘敢诿卸拖欠，即由户部指名严参。原单均著抄给阅看。将此由五百里谕知福州将军，直隶、两江、湖广、闽浙、两广、四川各总督，江苏、安徽、江西、浙江、湖南、河南、山东、山西各巡抚，并传谕粤海关、淮安关各监督知之。钦此。遵旨寄信前来。

1558　吴金魁应发省份单：

河南（系该员原籍）、直隶、江苏、江西、浙江、福建、安徽、湖南、湖北、（朱）○山东、山西、陕西、甘肃、四川、广东、广西、云南、贵州。

1565　军机大臣字寄护理江西巡抚翁。光绪二十四年九月初四日，奉上谕：裁缺广东巡抚许振祎，现在请假回籍修墓，著翁曾桂传知该抚，假满毋庸来京陛见。将此谕令知之。钦此。遵旨寄信前来。

1730　军机大臣字寄沿江、沿海将军督抚。光绪二十四年九月二十九日，奉上谕：前经谕令各省办理团练保甲。其沿江、沿海一带，港汊纷歧，尤为奸宄出没之地，亟应兴办渔团保甲，以资联络。近年各省筹办海防亦曾议及此事，迄未认真办理。著沿海、沿江将军、督抚通饬所属，将渔团保甲章程各就地方情形一体妥筹举办，仍将如何办法先行具奏。将此各谕令知之。钦此。遵旨寄信前来。

1752　军机大臣字寄盛京、吉林、黑龙江各将军，直隶、两江、闽浙、湖广、四川、两广、陕甘、云贵各总督，江苏、安徽、江西、浙江、湖北、湖南、山东、山西、陕西、河南、新疆、广东、广西、云南、贵州各巡抚。光绪二十四年十月初三日，奉上谕：本年山东黄河漫溢，沿河各县州被灾甚重，钦奉懿旨，特颁内帑银二十万两，前由户部奏准划拨昭信股票银二十万两，复将该省运通漕米悉数截留，交张汝梅办理赈抚，并准开办赈捐，俾资接济。江苏淮安、徐州、海州等属被水成灾，准刘坤一等奏请拨给本年漕米八万石，尽数改折并令先行借拨司库银二三十万两，嗣由户部奏准拨解广东等省昭信股票银三十万两并准其接办赈捐，宽筹赈济，复令办理冬赈。安徽凤阳、颍州、泗州等属被灾，准邓华熙垫拨司库银十一万两并准开办赈捐，俾作赈抚之需。其江西德兴、清江等县被旱，奉和、新淦等县被水，湖北汉口镇被火，陕西宁羌州属被火，长安、洵阳等县被水，三水县属被雹，商州、略阳等州县被水、被雹，河南南阳等州县被水，山西霍州等属被水、被雹，代州地震，甘肃碾伯、宁州、大通各州县被旱、被水、被雹，新疆疏附等县地震，广东高州府属被风，广西全州被水，云南永善等州县被水、被雹，建水县被水，均经该督抚等查勘抚恤，小民谅可不至失所，惟念来春青黄不接之时，民力未免拮据，著传谕该督抚等体察情形，如有应行接济之处，即查明据实覆奏，务于封印以前奏到，俟朕于新正降旨加恩。再，直隶深州、玉田、宝坻、丰润等州县被水成灾，四川简州、资州等属水灾甚重，业经谕令该督等派员认真查勘，妥筹抚恤，即著迅速办理并将来春应否接济之处一并查明，于封印前奏到。此外各该省有无被灾地方应行调剂抚恤之处，著该将军、督抚等一并查奏，候旨施恩。将此各谕令知之。钦此。遵旨寄信前来。

1753　查：本年，山东、江苏、安徽被灾地方，俱经随时蒙恩，谕令赏拨银米筹款抚恤。其江西、湖北、陕西、河南、山西、甘肃、新疆、广东、广西、云南被水、被火、被雹之处，均经该督抚查勘抚恤。明春应否量为接济，臣等谨照向例，缮写询问该督抚等谕旨。俟覆奏到日,再行拟写新正加恩谕旨呈进。再直隶、四川被水之处,该督等均已奏明查勘,应否接济,俱未经奏到。此外,各省有无被灾地方,应否调剂抚恤之处,一并询问,令该将军、督抚等迅速查奏汇办。谨奏。

1784－1786　光绪二十四年十月初六日,内阁奉上谕:江西按察使,著恩寿补授。钦此。

直隶按察使周莲,贵州贡生,光绪二十四年八月补。

江苏按察使陆元鼎,浙江进士,光绪二十四年六月补。

安徽按察使联元,满洲镶红旗进士,光绪二十四年六月补。

(朱)○山东按察使景星,满洲镶白旗举人,光绪二十四年正月补山西臬司,嗣调山东。

山西按察使锡良,蒙古镶白旗人,光绪二十四年八月补。

河南按察使长禄,满洲正红旗翻译举人,光绪十七年正月补。

陕西按察使端方,满洲正白旗举人,光绪二十四年九月补。

甘肃按察使桂春,满洲正蓝旗翻译举人,光绪二十四年九月补。

福建按察使李兴锐,湖南附生,光绪二十三年二月补。

浙江按察使丁峻,江西人,光绪二十二年七月补。

江西按察使

湖北按察使瞿廷韶,顺天举人,光绪二十四年四月补。

湖南按察使蔡希邠,江西增贡生,光绪二十四年七月补。

广东按察使魁元,满洲正红旗监生,光绪二十一年十二月补。

广西按察使张廷燎,河南进士,光绪二十四年七月补。

四川按察使文光,满洲镶黄旗进士,光绪十八年四月补。

云南按察使邹馨兰,贵州附生,光绪二十四年七月补。

贵州按察使玉恒,蒙古正黄旗人,光绪二十三年九月补。

1809　军机大臣字寄福州将军,直隶、两江、闽浙、湖广、两广、四川各总督,江苏、安徽、江西、浙江、湖北、广东、河南、山东、山西、陕西各巡抚,传谕粤海关、淮安关各监督。光绪二十四年十月十六日,奉上谕:内务府奏,各省关欠解本年份经费各款,开单呈览,请旨严催一折。据称,本年份各省关应解常年经费及另筹各款欠解银两,为数甚巨,叠经电催,迄未清解等语。内务府应用各款,关系内廷要需,何得任意延欠?著各直省将军、督抚、监督等自接奉此旨之后,按照单开数目,限于十二月初间扫数解清。倘再迟延,即著该衙门照贻误京饷例指名严参。原单均著抄给阅看。将此由四百里谕知福州将军,直隶、两江、闽浙、湖广、两广、四川各总督,江苏、安徽、江西、浙江、湖北、广东、河南、山东、山西、陕西各巡抚,并传谕粤海关、淮安关各监督知之。钦此。遵旨寄信前来。(另抄交户部、内务府)

1833 军机大臣字寄两江、湖广、江苏、安徽、江西、浙江、湖北、湖南、山东、河南各督抚，漕运总督。光绪二十四年十月十八日，奉上谕：近闻各省米价日昂，京城市面亦异常翔贵。及细察各处，收成固有歉薄之区，丰收省份亦属不少，何以米贵若此？食为民天，不可不预为之计。向来征收漕粮省份，弊端百出，官吏浮收，劣绅包揽，甚至捏报灾荒，请蠲请缓，转致起运米数多不足额。嗣后，著各督抚通饬有漕州县衙所各员弁务将漕务种种积弊认真剔除，尤不准任意折色，致启侵蚀中饱之渐，总期按年全漕起运，不准稍有短少，以重仓储而裕民食。将此各谕令知之。钦此。遵旨寄信前来。

1839 军机大臣字寄福州将军，直隶、两江、湖广、闽浙、两广、四川、江苏、安徽、江西、浙江、湖北、湖南、山东、山西、河南、广东各督抚，传谕粤海关、淮安关各监督。光绪二十四年十月十九日，奉上谕：户部奏，预拨来年京饷一折。历届京饷均系年前预拨。光绪二十五年京饷，该部拟在地丁、监课等款内指拨银七百万两，请饬各该省关于来年分批起解等语。京饷关系紧要，现经该部就各省关情形酌量指拨，自应遵照奏定数目源源报解，以应要需。著该将军、督抚、监督等务于接到部文后，分批赶解，限于来年五月前解到一半，十二月初间全数解清，不准截留改拨，藉词延误。倘届期不到，即著该部照奏定章程指名严参。原单著抄给阅看。另片奏，光绪二十五年内务府经费，拟拨盐课、茶税等款共银六十万两，请饬依限完解等语。除内务府应还部库垫放银四万四千五百余两应由指拨九江关常税款内匀解部库外，下余银五十五万五千六百余两，著该将军、督抚、监督等务于来年开印后，陆续径解内务府交纳，仍限六月前解到一半，十二月初间扫数解清，不准稍有蒂欠。原片、单并著抄给阅看。将此由五百里谕知福州将军，直隶、两江、湖广、闽浙、两广、四川、江苏、安徽、江西、浙江、湖北、湖南、山东、山西、河南、广东各督抚，并传谕粤海关、淮安关各监督知之。钦此。遵旨寄信前来。(抄交户部)

1840 军机大臣字寄福州将军，两江、湖广、闽浙、两广、江苏、安徽、江西、浙江、湖北、广东各督抚，传谕粤海关监督。光绪二十四年十月十九日，奉上谕：户部奏，预拨筹备饷需一折。据称，己亥年筹备饷需，共指拨银二百万两，请饬依限报解等语。此项饷银，关系紧要。著该将军、督抚、监督等按照指拨银数，于来年四月前解到一半，十月内全数解清，毋稍迟逾。余依议。原折单均著抄给阅看。将此由四百里谕知福州将军，两江、湖广、闽浙、两广、江苏、安徽、江西、浙江、湖北、广东各省督抚，并传谕粤海关监督知之。钦此。遵旨寄信前来。(抄交户部)

1871 光绪二十四年十月二十四日，内阁奉上谕：江西布政使著张绍华调补，长禄著补授江宁布政使，河南按察使著延祉补授。钦此。

1872 光绪二十四年十月二十四日，内阁奉上谕：刘坤一奏，副贡潜谋不轨，获案讯供，请旨办理一折。江西广丰县副贡生杨恭宸，平素惯弄刀笔，武断横行，竟敢投书该处教堂，潜谋不轨。幸该堂教士深明大义，立将原函呈出。经刘坤一等于本年四月间饬拿到案,讯明悖逆情节。该贡生身列士林,甘心悖逆,实属丧心病狂,罪大恶极。杨恭宸著即行正法,以昭炯戒而靖人心。各国来华传教,意在劝人为善。此次该处教士刘在铎于杨恭宸密致信函首先举发,尤属实心为善,忠正可嘉。刘在铎著赏给三品顶戴,并给予二品封典,以示奖励。余著照所议办理。钦此。

1977 军机大臣字寄沿江、沿海、沿边各将军、督抚。光绪二十四年十一月十九日,奉上谕:前据总理各国事务衙门议复黄思永条陈,请各省广设口岸等语。当于本年六月间,谕令各将军、督抚悉心筹度推广口岸,详定章程,迅速具奏。现在各省多未奏到,著各将军、督抚从速妥筹办法,即行奏明办理。将此各谕令知之。钦此。遵旨寄信前来。

1978 军机大臣字寄各督抚。光绪二十四年十一月十九日,奉上谕:词讼为吏治最要之端。迭经谕令各督抚,将清讼事宜认真整顿。现在各省多有未经奏复者,著即将现办章程迅速具奏,毋得因循延宕,视同具文。将此各谕令知之。钦此。遵旨寄信前来。

2034 光绪二十四年十一月二十九日,内阁奉上谕:直隶津海关道著刘汝翼调补,李岷琛著调补江西督粮道。钦此。

2037 明保江西补用道贺元彬,(朱)○旨:著以道员发往江苏补用,仍交军机处存记。

2042 军机大臣字寄各直省督抚。光绪二十四年十二月初一日,奉上谕:有人奏,各省关道厘局中饱之款至巨,请饬认真监核等语。各省厘税屡经饬谕切实考核,严杜侵蚀。著各督抚将所管钞关厘卡妥定章程,派委廉干之员,于一切弊端认真厘剔,务使涓滴归公,不得稍有朦混。原折著摘抄给予阅看。将此各谕令知之。钦此。遵旨寄信前来。

2099 军机大臣字寄福州将军,两江、湖广、闽浙、四川、两广、山东、山西、浙江、江西、安徽、江苏、湖北、湖南、广东各督抚,传谕粤海关监督。光绪二十四年十二月十一日,奉上谕:户部、总理各国事务衙门奏,预拨东北边防经费一折。据称,光绪二十五年东北边防经费,照案指拨山东地丁银十二万两,山西地丁银十万两,浙江地丁银八万两,江西地丁银五万两,安徽地丁银十万两,江苏厘金银八万两,江西厘金银八万两,浙江厘金银八万两,安徽厘金银五万两,湖北厘金银八万两,湖南厘金银八万两,福建厘金银八万两,江海关六成洋税银十万两,江汉关六成洋税银十万两,夔关常税银四万两,闽海关六成洋税银十万两,湖北粮道库漕项银四万两,南粮米折银四万两,四川盐厘银十五万两,两淮盐厘银十二万两,四川津贴银八万两,山东粮道库银五万两,广东厘金银八万两,粤海关六成洋税银十二万两,请饬依限报解等语。此项饷需最关紧要,著该将军、督抚、监督等按照指拨银数，于来年五月前批解一半，年内全数解清，毋稍迟逾。将此由四百里谕知福州将军，两江、湖广、闽浙、四川、两广、山东、山西、浙江、江西、安徽、江苏、湖北、湖南、广东各督抚，并传谕粤海关监督知之。钦此。遵旨寄信前来。

2218 臣等查：新正应行加恩，各省除吉林、江苏、安徽、江西、浙江、福建、河南、山西、陕西、湖北、湖南、甘肃、四川、广东、广西、云南、贵州经该督抚具奏毋庸接济外，所有直隶、山东二省该督抚奏到，臣等拟请谕旨二道，并拟日期颁发。谨奏。

光绪二十五年

19 光绪二十五年正月初八日，内阁奉上谕：松寿奏，查明各属被水、被旱、被虫地亩，请将新旧钱漕分别缓征、递缓，开单呈览一折。江西南昌等府属，上年夏间大雨连朝，河湖盛涨，低田被淹。高阜之区又因缺雨，收成均形歉薄。若将新旧钱漕照常征收，民力实有未逮。加恩著照所请。所有新建县未完上年地丁银五千四百四十两零，漕米五千八百十四石零；进贤县未完上年地丁银六千六百七十二两零，漕米八千三百三十一石零；清江县未完上年地丁银五千二百四十七两零，漕米三千七百八十石零；新淦县未完上年地丁银一万四千二百八十一两零，漕米一万二百十五石零；峡江县未完上年地丁银七千二百八十九两零，漕米三千五百七十五石零；莲花厅未完上年地丁银二千九百二十一两零，漕米一千五百六十二石零，漕运屯粮银四百十五两零，余租银七百九十四两零；庐陵县未完上年地丁银七千四百三十七两零，漕米五千六百三十九石零，存留屯粮银四十六两零，漕运屯粮银二十七两零，余租银一百四十四两零；吉水县未完上年地丁银七千五百九十六两零，漕米五千七百二十二石零；永丰县未完上年地丁银一万三百九十九两零，漕米四千二百十八石零；泰和县未完上年地丁银七千四百三十六两零，漕米四千三百十九石零；万安县未完上年地丁银三千八百四十一两零，漕米二千三百九十六石零；安福县未完上年地丁银九千六百三十四两零，漕米五千六百六十石零，漕运屯粮银四百四十一两零，余租银八百九两零；永新县未完上年地丁银一万八百三十九两零，漕米三千二百十四石零，屯丁银十六两零，存留屯粮银六十五两零，漕运屯粮银五百二十七两零，余租银一千八百八十六两零；德兴县未完上年地丁银五千四百六十四两零，漕米三千二百七十七石零；星子县未完上年地丁银一千五百十九两零，屯丁银九十两零，余租银六百三十七两零；建昌县未完上年地丁银一万五千一百七十二两零，漕米六千六百四十九石零；同安义县之寄庄建昌县未完上年地丁银三百九十七两零，漕米一百七十九石零；德化县未完上年地丁银三千五百四十六两零，屯丁银八十九两零，存留屯粮银七百十两零，漕运屯粮银二千二百八十六两零，余租银四千八百八十九两零，光绪二十四年压征二十三年芦课银六百四十三两零；德安县未完上年地丁银五千八百七十四两零，屯丁银一百七十七两零，存留屯粮银二百三两零，漕运屯粮银一千三百四十四两零，余租银三千一百二十六两零；瑞昌县未完上年地丁银三千五百二十四两零，漕运屯粮银九百九十七两零，余租银一千九百八十七两零；湖口县未完上年地丁银三千一百四十五两零，漕运屯粮银一百二十五两零，余租银三百八两零；彭泽县未完上年地丁银八千三百二十五两零，屯丁银五百二两零，存留屯粮银五百四十二两零，漕运屯粮银一千二百二十二两零，余租银三千四百七两零；九江府同知所辖南九二卫芦洲未完光绪二十四年压征二十三年芦课银四百八十一两零；均著缓至光绪二十五年秋后分作两年带征。

丰城县光绪二十一年原缓地丁银米并金溪县二十一年原缓一半地丁银米，均著递缓至光绪二十五年秋后带征。

南昌县光绪十四年至二十一年并二十三年及新建、永新、德化等县十四年至二十三年，清江县十八、二十一、二十三等年，新淦县二十二三两年，峡江县十五、十八、二十一、二十三等年，芦陵县十六年至二十三年，德安县十五年至二十三年，瑞昌县十四、十六、二十、二十一等年，湖口县十四五六等年并二十三年，彭泽县十五、十六两年并二十三年，万安县十六年并二十三年，吉水、鄱阳、余干、万年、星子、都昌等县二十三年，各原缓地丁等款银米，均著递缓至光绪二十五、二十六两年秋后带征。

又进贤、莲花、永丰、泰和、安福、建昌并安义县之寄庄建昌等厅县光绪二十三年及新淦县十八、二十一两年，余干县二十一年，德安县十四年各原缓地丁等款银米，均著递缓至光绪二十六年、二十七两年秋后带征。又进贤、莲花、永丰、安福、建昌并安义县之寄庄建昌等厅县光绪二十二年及泰和县十九年，余干县十四年各原缓地丁等款银米，著递缓至光绪二十七、二十八两年秋后带征。又进贤、莲花、永丰、安福、建昌并安义县之寄庄建昌等厅县二十一年各原缓地丁等款银米，均著递缓至光绪二十八、二十九两年秋后带征。又进贤、莲花、永丰、安福、建昌并安义县之寄庄建昌等厅县光绪二十年各原缓地丁等款银米，均著递缓至光绪二十九、三十两年秋后带征。又进贤、莲花、永丰、安福、建昌并安义县之寄庄建昌等厅县光绪十九年各原缓地丁等款银米，均著递缓至光绪三十、三十一两年秋后带征。又进贤、莲花、永丰、安福、建昌并安义县之寄庄建昌等厅县光绪十八年各原缓地丁等款银米，均著递缓至光绪三十一、三十二两年秋后带征。又进贤、莲花、永丰、安福、建昌并安义县之寄庄建昌等厅县光绪十七年各原缓地丁等款银米，均著递缓至光绪三十二、三十三两年秋后带征。又进贤、莲花、安福、建昌并安义县之寄庄建昌等厅县光绪十六年及永丰县十五年各原缓地丁等款银米，均著递缓至光绪三十三、三十四两年秋后带征。又进贤、莲花、安福、建昌并安义县之寄庄建昌等厅县十五年各原缓地丁等款银米，均著递缓至光绪三十四、三十五两年秋后带征。又进贤、莲花、安福、建昌并安义县之寄庄建昌等厅县十四年各原缓地丁等款银米，均著递缓至光绪三十五、三十六两年秋后带征。

又湖口县光绪十四五六等年并二十三年芦洲各原缓压征芦课，著分别递缓至光绪二十五、二十六、二十七等年各秋后带征。又九江府同知所辖南、九二卫芦洲，光绪二十三年原缓压征芦课，著递缓至光绪二十六年；又二十二年原缓芦课，著递缓至光绪二十七年；又二十一年原缓芦课，著递缓至光绪二十八年；又二十年原缓芦课，著递缓至光绪二十九年；又十九年原缓芦课，著递缓至光绪三十年；又十八年原缓芦课，著递缓至光绪三十一年；又十七年原缓芦课，著递缓至光绪三十二年；又十六年原缓芦课，著递缓至光绪三十三年；又十五年原缓芦课，著递缓至光绪三十四年；又十四年原缓芦课，著递缓至光绪三十五年各秋后分别带征，以纾民力。余著照所议办理。该抚即将单内所开乡都图甲、被灾分数、应缓至何年、带征银米各数目，详晰刊刻誊黄，遍行晓谕，务使实惠均沾，毋任吏胥舞弊，用副轸念民艰至意。该部知道。单并发。钦此。

20　军机大臣面奉谕旨：江西东乡县知县戚扬、浙江候补知县关钟衡，著吏部行知各该省巡抚，给咨送部引见。钦此。

21　交吏部。军机大臣面奉谕旨：江西东乡县知县戚扬、浙江候补知县关钟衡，著吏部行知各该省巡抚，给咨送部引见。钦此。相应传知贵部，钦遵办理可也。此交。正月初八日。

82　军机大臣字寄江西巡抚松、湖南巡抚俞。光绪二十五年正月二十五日，奉上谕：有人奏，湖南举人皮锡瑞品行卑污，学术乖谬。前主讲江西经训书院，自号经师，倡为邪说，去年该举人回湖南，主讲南学会，与梁启超、熊希龄等宣演平权、民主之说，明目张胆，侮乱经常，自知不容于乡，仍潜投江西，钻营讲席等语。举人皮锡瑞离经畔道，于康有为之学心悦诚服，若令流毒江西、湖南两省，必至贻害无穷。著松寿严饬地方各员，确查该举人现在江西何处，迅速驱逐回籍。到籍后，即由俞廉三饬令地方官严加管束，毋任滋生事端。原片均著抄给阅[看]。将此各谕令知之。钦此。遵旨寄信前来。

117　军机大臣字寄盛京、福州各将军，直隶、两江、湖广、四川、两广、闽浙、云贵各总督，山东、山西、浙江、江西、江苏、安徽、湖北、湖南、广东、广西、云南各巡抚，传谕粤海关监督。光绪二十五年二月初二日，奉上谕：户部奏，边防经费不敷应用，酌量添拨一折。据称，东三省边防经费每年二百万两，以入抵出，并无余存。现在东北边防日益吃重，亟须筹饷添兵，拟请每年添拨银五十万两，俾资周转。查通商各关征收洋税及洋药税厘项下，向有开支倾镕折耗一款，按每百两给银一两二钱。各关监督俸廉之外，另有办公经费。拟将此项减半开支，自本年起，准按百两留支六钱，余银六钱如数提出，积有成数，解部交纳，计每年约可提银十余万两。此外不敷银四十万两，即照原拨边防经费二百万两之数加拨五分之一，仍由原拨各省关自本年起分批解部等语。东北边防紧要，原拨经费不敷应用，自应酌量添拨，以为添练兵勇，加增饷项之需。著各将军、督抚、监督照单开指拨数目，将应解之款统限于年内扫数解清，毋稍延欠。倘解不足额，由该部照贻误京饷例分别奏参。原单均著抄给阅看。将此谕知盛京、福州各将军，直隶、两江、湖广、四川、两广、闽浙、云贵各总督，山东、山西、浙江、江西、江苏、安徽、湖北、湖南、广东、广西、云南各巡抚，并传谕粤海关监督知之。钦此。遵旨寄信前来。（抄交户部）

230　军机大臣字寄江西巡抚松、浙江巡抚刘。光绪二十五年三月初一日，奉上谕:裕禄奏,部拨北洋海防经费,请旨饬催报解一折。据称,前由户部指拨光绪二十四年份北洋海防经费内,江西省厘金银二十万两仅解到十万两,浙江省厘金银四十万两仅解到十五万两,其浙海关应解四成一半税银仅由杭州新关拨抵银四万两,亦未解到等语。北洋海防,关系紧要,现在需款甚亟。著松寿、刘树堂按照部拨数目,饬令藩司暨关监督赶紧筹解,毋任稽延。原折均著抄给阅看。将此各谕令知之。钦此。遵旨寄信前来。

581 军机大臣字寄沿江各督抚。光绪二十五年五月十六日,奉上谕:刚毅奏,长江防务紧要,水师兵单,不敷分布,请饬沿江五省督抚不分畛域,节节设防,以期首尾相应等语。长江江面辽阔,港汊纷歧,现值多事之秋,亟宜加意严防,以杜窥伺。著刘坤一、张之洞、德寿、邓华熙、松寿、于荫霖、俞廉三会同妥商,各派得力将领扼要驻扎,严密设防。该督抚等务当不分畛域,联络一气,庶几缓急可恃,仍将筹商布置情形先行具奏。将此由四百里各谕令知之。钦此。遵旨寄信前来。

600 军机大臣字寄江西巡抚松。光绪二十五年五月二十日,奉上谕:翰林院侍读朱益藩奏,江西水灾极重,请饬迅筹赈抚一折。据称,近接电报,江西自赣州至九江千余里,江水暴涨,庐舍人民多被漂没,现值青黄不接之际,困苦情形实堪悯恻等语。著松寿迅速查明灾情轻重,据实覆奏,一面分别妥筹赈抚,以恤民困。原折著抄给阅看。将此谕令知之。钦此。遵旨寄信前来。

659 交吏部。军机大臣面奉谕旨:本日引见之山西永济县知县胡延,著于初四日;江西东乡县知县戚扬,著于初五日;即选道李征庸,著于初六;直隶候补道缪彝,著于初七日;直隶候补知府李荫梧,著于初八日;河南镇平县知县徐寿兹,著于初九日,预备召见。钦此。相应传知贵部,转传各该员。钦遵可也。此交。六月初二日。

666 江西东乡县知县戚扬,旨:著在任以直隶州知州尽先补用,仍交军机处存记。

678 光绪二十五年六月初五日,内阁奉上谕:本日召见之江西东乡县知县戚扬,著在任以直隶州知州尽先即补,仍交军机处存记。钦此。

698 军机大臣字寄江西巡抚松。光绪二十五年六月初十日,奉上谕:本日召见江西候补知府杨毓瀛,奏对尚属详明,著松寿于该员到省后留心察看,如果才具可用,即著量材委任,俾资历练。将此谕令知之。钦此。遵旨寄信前来。

744 军机大臣字寄福州将军,直隶、两江、湖广、闽浙、四川、两广各总督,江苏、安徽、江西、浙江、湖北、湖南、河南、山东、山西、广东各抚巡,传谕粤海关、淮安关各监督。光绪二十五年六月二十一日,奉上谕:户部奏请旨催解京饷一折。本年京饷原拨续拨共银八百万两,截至五月底止,除划拨解到及报解起程外,尚欠解银五百八十六万五千两,现在用款浩繁,所有各省关欠解京饷,亟应源源报解,以济要需。著该将军、督抚、监督等各将欠解银两赶紧陆续提前解部，统于年内扫数解齐。倘敢诿卸拖欠，即由户部照章奏参。其解不及半及丝毫未解等处，经此次严催后，倘仍不完解，即著户部随时指名严参。原单均著抄给阅看。将此由四百里谕知福州将军，直隶、两江、湖广、闽浙、四川、两广各总督，江苏、安徽、江西、浙江、湖北、湖南、河南、山东、广东各巡抚，并传谕粤海关、淮安关各监督知之。钦此。遵旨寄信前来。

745　军机大臣字寄直隶、两江、闽浙、两广各总督，江苏、江西、浙江各巡抚，传谕粤海关、淮安关各监督。光绪二十五年六月二十一日，奉上谕：户部奏，各省关欠解京饷等款查明开单，分别奏参等语。各省关自光绪十一年起至二十四年止欠解部库各年京饷、近畿防饷、筹边军饷、筹备饷需各款，共银六百六十万三千九百余两。现在部库艰窘情形，各省关均当深悉，何得任意拖欠，置部库要款于不顾。所有应行议处之闽浙、江苏、浙江各督抚、藩司，两淮盐政运司，粤海、淮安各关监督，著交吏部查取职名，照例议处。仍著直隶、两江、闽浙、两广、江西、江苏、浙江各督抚督饬各省关迅将欠解展缓各款限于年内按照所欠应行补解之数报解清楚，俾济急需。倘再迟延诿卸，即著户部随时严参。原单均著抄给阅看。将此由四百里谕知各督抚，并传谕粤海关、淮安关各监督知之。钦此。遵旨寄信前来。

746　军机大臣字寄福州将军，两江、湖广、闽浙、两广各总督，江苏、安徽、江西、浙江、湖北、广东各巡抚，传谕粤海关监督。光绪二十五年六月二十一日，奉上谕：户部奏，各省关奉拨二十四年份筹备饷需银两，除江海关应解六成洋税银已解过半，安徽省及两浙运库应解银两已解及半外，福建、广东两省及闽海、粤海、江汉三关应解四六成税银均解不及半，江苏、江西、浙江三省均未据报解，请旨饬催等语。各省关应解筹备饷需银两，关系紧要，现在库款异常支绌，著各该省将军、督抚、监督等各将欠解银两迅速筹解，统于本年十月底扫数解清。倘仍延不完解，即著户部指名严参。原单均著抄给阅看。将此由四百里谕知福州将军，两江、湖广、闽浙、两广各总督，江苏、安徽、江西、浙江、湖北、广东各巡抚，并传谕粤海关监督知之。钦此。遵旨寄信前来。（摘抄交户部）

773　军机大臣字寄江西巡抚松。光绪二十五年七月初四日，奉上谕：有人奏，江西厘金卡多弊深，亟宜整顿归并一折。据称，江西厘金之弊，一在设卡太多，一在兼行小票，正卡之外，又有分卡，多处名为查验，实则婪索加抽，另给小票，谓之红钱，亏帑病民，莫此为甚，请饬归并裁撤等语。前因各省厘金积弊太深，叠经谕令认真整顿，江西地大物博，为水陆交汇之区，诚能剔除中饱，杜绝弊端，不惟有益饷需，亦可藉纾商力。著松寿按照所指各节遴委妥员，确切查明。其分设之卡应行裁撤者，即予裁撤，或酌量归并，并严禁小票红钱名目，一律给予三联印票，毋任委员、司巡人等藉端弊混，仍将办理情形具奏。原折著抄给阅看。将此谕令知之。钦此。遵旨寄信前来。

788　军机大臣字寄福州将军，两江、两广、湖广、闽浙、四川各总督，广东、山东、湖南、湖北、浙江、江西、安徽、江苏、山西各巡抚，传谕粤海关监督。光绪二十五年七月初七日,奉上谕:总理各国事务衙门、户部奏,各省关欠解东北边防经费,请旨饬催一折。据称,本年各省关应解东北边防经费,除解到及报解起程外,尚欠解银一百八十三万四千两,请饬速解,并补解历年积欠银两等语。此项经费关系边防要需,何得任意延欠?著该将军、督抚、监督按照单升本年未解及历年欠解银数,赶紧筹解。倘再延迟,即著户部照贻误京饷例指名严参。原单均著抄给阅看。将此由四百里谕知福州将军及各该省督抚,并传谕粤海关监督知之。钦此。遵旨寄信前来。

880　军机大臣字寄江西巡抚松。光绪二十五年七月二十六日,奉上谕:有人奏,江西漕粮加价,请展限期并禁粮差垫纳,以苏民困一折。据称,江西漕粮向系九月开征,按月为限,逾限照章加价。该省晚稻必至十月成熟,九月尚无米谷可售,民间无钱完纳漕米。粮差垫纳,勒索数倍,小民不堪鱼肉,请饬变通旧章,展限一月等语。著松寿督同粮道体察情形,妥定章程,奏明办理。其粮差垫纳勒索情弊,即行一体严禁,以恤民隐。原折著抄给阅看。将此谕令知之。钦此。遵旨寄信前来。

883　军机大臣字寄江西巡抚松,传谕江西按察使陈泽霖。光绪二十五年七月二十七日,奉上谕:江西地方上连湘鄂,东接皖吴,为长江扼要之地。且南赣等属毗连粤境,近年时有会匪出没,该省防练各营共有若干,近来分布扼扎是否足资得力,臬司陈泽霖于营伍训练事宜尚能谙习,即著将江西全省营务责成该臬司认真经理,切实讲求,应如何分派驻扎,勤加操练,随时禀商松寿,妥筹办理。该抚仍不得以经理有人,稍存推诿。将此谕知松寿,并传谕陈泽霖知之。钦此。遵旨寄信前来。

1146　光绪二十五年十月初一日,内阁奉上谕:松寿奏,特参庸劣不职各员,请旨分别惩处一折。江西万载县知县麻瑶,听信劣书在外招摇,以致众怨沸腾;候补知县周应熙,委办厘卡,信用匪人,怨声满路;崇义县铅厂司巡检蔡洵,纵丁扰民;上饶县八房司巡检潘潮,卑鄙贪诈;浮梁县景德司巡检樊琳,纵役酿案;萍乡县安乐司巡检费士炎,擅受私押;大庾县赤石司巡检程良骏,行为浮躁。著一并革职本任。新淦县知县陈兆棻,性情疏放,政事废弛,著以府经历、县丞降补。彭泽县知县黄嘉尔,性耽安逸,不洽舆情,惟文理尚优,著以教职铨选。龙泉县知县何品玉,近患风痰,难期整顿;吉水县阜田司巡检刘肇唐,年力就衰,均著勒令休致。宜春县知县徐维屏,听断轻率,尚欠历练,著开缺另补,以肃吏治。余著照所议办理。该部知道。钦此。

1151　查:本年江南、安徽、河南、山东各省办理春赈。浙江、江西被灾地方,俱经随时准令筹款抚恤。其广东、陕西、新疆、云南被水、被旱、被雹之处,均经该督抚查勘抚恤。明春应否量为接济,臣等谨照向例,缮写询问该督抚等谕旨。俟覆奏到日,再行拟写新正加恩谕旨呈进。再,湖南、陕西、甘肃被水、被旱、被雹、被霜之处,该督抚等均已奏明查勘,应否接济,未经奏到。此外各省有无被灾地方,应否调剂抚恤之处,一并询问,令该将军、督抚等迅速查奏汇办。谨奏。

1207 军机大臣字寄北洋大臣裕、南洋大臣刘、湖广总督张、闽浙总督许、两广总督谭、江苏巡抚鹿、安徽巡抚邓、江西巡抚松、浙江巡抚刘、湖北巡抚于、广东巡抚德。光绪二十五年十月十八日,奉上谕:现因意大利兵船在沿海一带不时窥伺,曾经传谕叶祖珪预行布置,妥筹万全,朝廷不为遥制。惟是各省沿江、沿海炮台,与兵轮相为表里,必须先事联络一气,始免临时紊乱之虞。兵轮通语、日用旗号、夜用灯号、各式旗灯,具有成书可考。闻南洋各台,于此事不甚谙晓,必致呼应不灵。各国兵轮,大约相似。北洋所购新船各炮台,亦未经认识,万一辨别不真,为害非细。至炮台攻船之法,必须将炮表度数、船行速率推算定准,各省炮台恐未能悉精此艺。且建有炮台地方,岸上各要隘固应严密扼堵,又须紧防抄袭后路。以上各节皆系吃紧关键,必有制胜之将,熟练之兵,炮台兵轮互相犄角,纵不能出洋攻敌,守口尚属有余。现在,吴淞、镇江、长门三处暨沿江一带炮台,统领为谁,是否得力,守台兵数各若干,著该督抚先行具奏。此次,叶祖珪率船南下,并著南洋、闽浙等省督抚接见该统带,面商一切机宜。即令会同各炮台统将,周察形势,讲求布置,总期事出万全,不准稍存畛域之见,致误事机。其各该省应如何先事预防之处,朝廷仍不为遥制。将此谕知各该督抚,并由北洋大臣传谕叶祖珪知之。钦此。遵旨寄信前来。

1230 光绪二十五年十月二十日,内阁奉上谕:御史万本敦奏,江西乡试积弊太深,请饬严立章程一折。乡试为宾兴大典。科场条例,立法綦严。若如所奏,江西近年以来,传递枪替,弊端百出,甚至场前则拜房以通声气,榜后则换卷以为弥缝,内外勾通,成何事体?著松寿妥定章程,严加整顿,务期破除情面,弊绝风清,用副朝廷慎重抡才至意。钦此。

1261 军机大臣字寄福州将军,直隶、两江、湖广、闽浙、两广、四川各总督,江苏、安徽、江西、浙江、湖北、湖南、山东、山西、河南、广东各巡抚,传谕粤海关、淮安关各监督。光绪二十五年十月二十五日,奉上谕:户部奏,预拨来年京饷一折。历届京饷均系年前预拨。光绪二十六年京饷,该部拟在地丁、盐课等款内指拨银七百万两,请饬各该省关于来年分批起解等语。京饷关系紧要。现经该部就各省关情形酌量指拨,自应遵照奏定数目源源报解,以应要需。著该将军、督抚、监督等务于接到部文后,分批赶解,限于来年五月前解到一半,十二月初间全数解清,不准截留改拨,藉词延误。倘届期不到,即著该部照奏定章程指名严参。原单著抄给阅看。另片奏,光绪二十六年份内务府经费,拟拨监课、茶税等款共银六十万两,请饬依限完解等语。除内务府应还部库垫放银四万四千三百余两应由指拨九江关常税款内匀解部库外,下余银五十五万五千六百余两,著该将军、督抚、监督等务于来年开印后,陆续径解内务府交纳,仍限六月前解到一半,十二月初间扫数解清,不准稍有蒂欠。原单均著抄给阅看。将此由五百里谕知福州将军,直隶、两江、湖广、闽浙、两广、四川各总督,江苏、安徽、江西、浙江、湖北、湖南、山东、山西、河南、广东各巡抚,并传谕粤海关、淮安关各监督知之。钦此。遵旨寄信前来。

1262 军机大臣字寄福州将军，直隶、两江、湖广、闽浙、两广、四川各总督，江苏、安徽、江西、浙江、湖北、湖南、山东、山西、广东各巡抚，传谕粤海关、淮安关各监督。光绪二十五年十月二十五日，奉上谕：户部奏请催解京饷一折。本年京饷原拨续拨共银八百万两。截至九月底止，除划拨截留解到及报解起程外，尚欠解银二百七十七万九千两。现在部库支绌，应放各款均关紧要，所有各省关欠解京饷，亟应源源报解，以济要需。著该将军、督抚、监督等各将欠解银两赶紧陆续提前解部，统于年内扫数解齐。倘敢诿卸拖欠，即由户部指名严参。原单均著抄给阅看。将此由四百里谕知福州将军，直隶、两江、湖广、闽浙、两广、四川各总督，江苏、安徽、江西、浙江、湖北、湖南、山东、山西、广东各巡抚，并传谕粤海关、淮安关各监督知之。钦此。遵旨寄信前来。

1263 军机大臣字寄福州将军，两江、湖广、闽浙、两广各总督，江苏、江西、浙江、湖北、广东各巡抚，传谕粤海关监督。光绪二十五年十月二十五日，奉上谕：户部奏，预拨筹备饷需一折。据称，光绪二十六年筹备饷需，共指拨银二百万两，请饬依限报解等语。此项饷银关系紧要。著该将军、督抚、监督等按照指拨银数于来年四月前解到一半，十月内全数解清，毋稍迟逾。余依议。原单著抄给阅看。将此由四百里谕知福州将军，两江、湖广、闽浙、两广各总督，江苏、安徽、江西、浙江、湖北、广东各巡抚，并传谕粤海关监督知之钦此。遵旨寄信前来。

1264 军机大臣字寄福州将军，两江、湖广、闽浙、两广各总督，江苏、安徽、浙江、江西、湖北、广东各巡抚，传谕粤海关监督。光绪二十五年十月二十五日，奉上谕：户部奏，各省关奉拨二十五年份筹备饷需银两，除两浙运库、江海关应解银两均已解清，暨各省已经解到报解等款不计外，其余未解银两，请旨饬催等语。各省关应解筹备饷需，关系紧要，现在库款支绌，著各将军、督抚、监督等各将欠解银两迅速筹解，倘仍不完解，即著户部指名严参。原单均著抄给阅看。将此由四百里谕知福州将军，两江、湖广、闽浙、两广各总督，江苏、安徽、浙江、江西、湖北、广东各巡抚，并传谕粤海关监督知之。钦此。遵旨寄信前来。

1355 军机大臣字寄福州将军，两江、湖广、闽浙、四川、两广、云贵、山东、山西、浙江、江西、安徽、江苏、湖北、湖南、广东、广西、云南各督抚，传谕粤海关监督。光绪二十五年十一月十九日，奉上谕：户部、总理各国事务衙门奏，预拨东北边防经费，照案指拨山东地丁银十二万两，加拨银二万四千两，山西地丁银十万两，加拨银二万两，浙江地丁银八万两，加拨银一万六千两，江西地丁银五万两，加拨银一万两，安徽地丁银十万两，加拨银二万两，江苏厘金银八万两，加拨银一万六千两，江西厘金银八万两，加拨银一万六千两，浙江厘金银八万两，加拨银一万六千两，安徽厘金银五万两，加拨银一万两，湖北厘金银八万两，加拨银一万六千两，湖南厘金银八万两，加拨银一万六千两，福建厘金银八万两，加拨银一万六千两，江海关六成洋税银十万两，加拨银二万两，江汉关六成洋税银十万两，加拨银二万两，夔关常税银四万两，加拨银八千两，闽海关六成洋税银十万两，加拨银二万两，湖北粮道库漕项银四万两，加拨银八千两，南粮米折银四万两，加拨银八千两，四川盐厘银十五万两，加拨银三万两，两淮盐厘银十二万两，加拨银二万四千两，四川津贴银八万两，加拨银一万六千两，山东粮道库银五万两，加拨银一万两，广东厘金银八万两，加拨银一万六千两，粤海关六成洋税银十二万两，加拨银二万四千两，各关开支倾镕折耗减半节存银十万两，共银二百五十万两，请饬依限报解等语。此项饷需最关紧要，著该将军、督抚、监督等按照指拨银数，于来年五月前批解一半，年内全数解清，毋稍迟逾。将此由四百里谕知各该将军、督抚，并传谕粤海关监督知之。钦此。遵旨寄信前来。

光绪二十六年

35　光绪二十六年正月十二日，内阁奉上谕：松寿奏，查明各属被水、被旱、被虫、被风地亩，请将新旧钱漕分别缓征递缓开单呈览一折。江西南昌等府属上年夏间大雨连朝，河湖盛涨，低田被淹，高阜之区又因缺雨，收成均形歉薄。若将新旧钱漕照常征收，民力实有未逮。加恩著照所请。所有南昌县未完上年地丁银一万三千三百九十七两零，漕米一万六千五百八石零；新建县未完上年地丁银一万二千三百四十五两零，漕米一万二千一百八十一石零；进贤县未完上年地丁银七千六百九十五两零，漕米九千六百八石零；清江县未完上年地丁银六千三百九十两零，漕米四千五百六十九石零；新淦县未完上年地丁银一万七千三百四十一两零，漕米一万二千四百一十四石零；峡江县未完上年地丁银九千九百五十三两零，漕米四千九百三十六石零；莲花厅未完上年地丁银三千二百九两零，漕米一千七百六石零，漕运屯粮银四百八十九两零，余租银九百三十五两零；庐陵县未完上年地丁银一万七千八十三两零，漕米一万九百石零，存留屯粮银九十三两零，漕运屯粮银五十五两零，余租银二百九十一两零；吉水县未完上年地丁银一万九千一百六十六两零，漕米一万二千六百六十一石零；永丰县未完上年地丁银一万四千七百六十三两零，漕米五千九百九十六石零；泰和县未完上年地丁银一万四千七百六十二两零，漕米九千一百二十三石零；万安县未完上年地丁银五千二百六十六两零，漕米三千一百二十九石零；安福县未完上年地丁银一万三千九百一十五两零，漕米八千三十八石零，漕运屯粮银五百八十两零，余租银一千六十三两零；永新县未完上年地丁银一万三千四百五十二两零，漕米三千七百二石零，屯丁银十七两零，存留屯粮银七十四两零，漕运屯粮银五百四十一两零，余租银一千九百三十五两零；星子县未完上年地丁银一千三百九十一两零，屯丁银六十二两零，余租银四百三十八两零；建昌县未完上年地丁银一万五千三百五十五两零，漕米六千八百九十八石零；同安义县之寄庄建昌县未完上年地丁银四百三十四两零，漕米一百九十四石零；德化县未完上年地丁银三千七百六两零，屯丁银九十两零，存留屯粮银七百十五两零，漕运屯粮银二千三百四两零，余租银四千六百七十六两零，上年压征二十四年芦课银六百三十四两零；德安县未完上年地丁银四千四百六十五两零，屯丁银一百六十四两零，存留屯粮银一百八十九两零，漕运屯粮银一千二百四十九两零，余租银二千六百三十六两零；湖口县未完上年地丁银一千四百七十五两零，漕运屯粮银六十二两零，余租银一百五十四两零；九江府同知所辖南、九二卫芦洲未完上年压征二十四年芦课银四百四十七两零，均著缓至本年秋后分作两年带征，其各厅、州、县从前原缓银米，均著准其分别年限递缓带征，以纾民力。余著照所议办理。该抚即将单内所开乡都图甲、被灾分数、应缓至何年、带征银米各数目，详晰刊刻誊黄，遍行晓谕，务使实惠均沾，毋任吏胥舞弊，用副轸念民艰至意。该部知道。单并发。钦此。

234　军机大臣面奉谕旨：江西吉南赣宁道周浩奏筹议练兵事宜一折，著摘抄给与荣禄阅看。钦此。

235　交大学士荣、军机大臣面奉谕旨：江西吉南赣宁道周浩奏筹议练兵事宜一折，著摘抄给与荣禄阅看。钦此。相应传知贵大学士钦遵可也。此交。计黏抄折一件。三月初五日。

309　军机大臣字寄南北洋大臣，两广、湖广、四川、闽浙各总督，江苏、安徽、江西、浙江、山东、湖北、湖南、广东、广西各巡抚，大理寺少卿盛，江苏布政使聂。光绪二十六年三月二十六日，奉上谕：户部、总理各国事务衙门奏，遵议盛宣怀等复陈增税事宜各折片。洋税为国家岁入大宗，前因饷项支绌，特派盛宣怀、聂缉椝会同赫德将加税事宜查照条约筹议办理。该京卿等所拟将进出口货物照时价另行核估，暨外国烟酒等物分别纳税，均属有利无害。现在修约届期，即著盛宣怀、聂缉椝会同赫德，照会各国公使，将此次修改税则缘由声明大旨，即就以上两端先行开议，以免延误。至该京卿等所议厘税并征，系专指洋货而言，与土货厘金尚无关涉，此事利害出入关系甚大，如果确有把握，则每年可增千百余万之进款，于大局实有裨益，亦不宜诿延观望，致失事机。所有洋货加税免厘一事，著南北洋大臣，两广、湖广、四川、闽浙各总督，江苏、安徽、江西、浙江、山东、湖北、湖南、广东、广西各巡抚查照盛宣怀等及户部、总理各国事务衙门各原折，参以本省情形，按之中外时势，如何可有利而无害，如何可利重而害轻，勿持两端，勿执成见，务即妥为筹定，限于一个月内迅速覆奏，听候谕旨遵行。盛宣怀等折单及户部、总理各国事务衙门折片，著分别抄给阅看。将此由四百里谕知各督抚，并谕令盛宣怀、聂缉椝知之。钦此。遵旨寄信前来。

595　办理军机处为札行事。本日奉有谕旨一道，照录咨行该藩司，接到后即刻分电两广总督李鸿章、钦差大臣李秉衡、两江总督刘坤一、湖广总督张之洞、江苏巡抚鹿传霖、安徽巡抚王之春、江西巡抚松寿、湖北巡抚于荫霖、湖南巡抚俞廉三，该藩司迅速办理可也。此札。右札。直隶布政使廷杰。光绪二十六年五月二十九日。

691　军机大臣字寄两江、江苏、安徽、江西、湖广、湖北、湖南、两广、广东、广西、闽浙、浙江、山东、山西、河南、陕西各督抚。光绪二十六年六月初九日，奉上谕：御史陈璧奏,战局既开,宜速筹粮食一折。著刘坤一于清江浦一带设立转运总局,委派前福建兴泉永道恽祖祁督办,将各处粮食妥筹采买。由内地水陆分运到京,以资接济,所需脚费,准其作正开销。山东、山西、陕西、河南等省,并著各该抚派员设局采运。东南各省,其应行运京军火器械,并著随时妥速起运。应如何设立分局之处,即著该督抚督同派出各员妥为办理,毋稍延误。如恽祖祁未回江苏,其清江总局著刘坤一遴委廉干之员,赶紧趱办。至所请沿江、沿海贩米出洋及粤省准贩上米五十万石出洋,亟应一并禁止之处,著沿江、沿海各督抚及广东巡抚德寿,一体严禁,毋稍宽纵。将此由六百里各谕令知之。钦此。遵旨寄信前来。□寄□邸,渝旨均子十一日□□□。

792　军机大臣字寄广东陆路提督张,传谕江西按察使陈。光绪二十六年六月十九日,奉上谕:前有旨饬令张春发、陈泽霖驰赴保定与廷雍会商。今事机紧迫,该二员即勿庸前赴保定,即著兼程北上,以顾京师门户,是为至要。将此由六百里加紧谕知张春发并传知陈泽霖知之。钦此。遵旨寄信前来。

816　军机大臣字寄江西巡抚松。光绪二十六年六月二十一日,奉上谕:江西吉南赣宁道周浩现已简放直隶按察使,著松寿传谕该臬司立刻星驰北上,毋稍延缓。该抚昨日电请亲自带兵北上。松寿著毋庸前来,仍饬令所派王德怀四营星夜兼程前进。将此由六百里喻令知之。钦此。遵旨寄信前来。

944　军机大臣字寄户部,两江、四川、湖广、两广、闽浙各总督,山东、河南、山西、陕西、安徽、湖北、福建、江西、浙江、湖南、江苏、广东各巡抚。光绪二十六年七月初五日,奉上谕:户部奏,遵议直隶布政使廷雍奏军务需款浩繁,请饬协济一折。自天津夷氛不靖,添募营勇及调集各路防剿之师,一切军需待用孔殷,而郡城失守,司关道局各处库款荡然无存,不能不赖各省协拨,以济急需。著照该部所议,山东、河南、山西、陕西、安徽、湖北、福建各筹银十万两,江西、浙江各筹银二十万两,四川筹银二十五万两,湖南筹银五万两,江苏、广东各筹银三十万两,该督抚等接奉此旨,务当于本省司道关局各库无论何款移缓就急,按照指拨银数赶紧分批解交直隶保定府布政使衙门兑收,不准稍涉迟延,致有贻误。将此由六百里加紧各谕令知之。钦此。遵旨寄信前来。

948　光绪二十六年七月初五日,内阁奉上谕:江西按察使陈泽霖,著加恩赏给二品顶戴。钦此。

980　军机大臣字寄两江总督刘、湖广总督张。光绪二十六年七月初九日,奉上谕:袁世凯奏,前据江西臬司陈泽霖呈请借拨军火,并据李秉衡咨开需用数目,当经饬局核拨。东省局存军火无多,殊难源源接济等语。现在北上各军云集畿辅,待用军火甚亟,东省无可协济,若不另行筹拨,必致有误戎机。著刘坤一、张之洞督饬各该省机器局,将各项铜帽铅丸星夜加工赶造,务须宽为预备,听候拨用,毋稍延误。将此由六百里各谕令知之。钦此。遵旨寄信前来。

984　军机大臣字寄仓场侍郎长刘。光绪二十六年七月初九日,奉上谕:江西按察使陈泽霖现需军粮,著长萃、刘恩溥发给米二千石以应急需。此项米石将来仍由陈泽霖折价归还。将此谕令知之。钦此。遵旨寄信前来。

1167　军机大臣字寄两江总督刘、闽浙总督许、安徽巡抚王、江西巡抚松、浙江巡抚刘、护理江苏巡抚聂、福建陆路提督程。光绪二十六年八月十二日,奉上谕:刘坤一等奏,商派大员率队扈跸一折。程文炳著即统领吴隆海等各军驰赴潼关外秦豫连界地方,酌度情形,扼要驻扎。吴隆海等统归节制,所有沿江、沿海防务,仍著各该督抚严密筹备,勿稍张惶,以安民心。将此由六百里各谕令知之。钦此。遵旨寄信前来。□寄□邸,谕旨均子十一月□□□。

1205　光绪二十六年八月十九日,内阁奉上谕:景星著补授江西巡抚,河南布政使著延祉补授,钟培著补授河南按察使,所遗直隶口北道员缺,著灵椿补授。钦此。

1214　光绪二十六年八月二十一日,内阁奉上谕:江西按察使著余联沅补授,所遗江苏苏松太道员缺,著程仪洛补授。钦此。

1427　本年曾放考官人员名单:

江苏○吏部左侍郎李殿林,随扈,山西人;
詹事府詹事李昭炜,安徽人;
通政使司通政使李荫銮,直隶人;
鸿胪寺少卿裴维侒,随扈,河南人。
湖南○翰林院侍读宗室载昌,镶黄旗人。
福建○侍讲檀玑,安徽人;
吴同甲,江苏人。
四川○詹事府右中允吴都生,江苏人。
江西○翰林院编修吴士鉴,随扈,浙江人,原籍安徽;
李传元江苏人　请假回籍;
修撰刘福姚,广西人。
云南○编修田智枚,随扈,山东人;
冯恩昆,浙江人;
夏孙桐,江苏人;
伍铨萃,广东人。
甘肃○吴纬炳,浙江人。
河南○林开墓,随扈,福建人。
山西○刘嘉琛,直隶人。

1682　军机大臣字寄江西巡抚李,传谕护理江西巡抚·布政使张。光绪二十六年十一月初一日,奉上谕:本年自五六月以来,各省人心浮动,教案迭出,而江西为尤甚。李兴锐尚未到任,张绍华责无旁贷,务将各处教案迅速持平了结,免贻口实。现在时事阽危,万不可再酿衅端,致大局益难收拾。李兴锐到任后,遇有交涉事件,务当审时度势,悉心筹画,万勿稍涉疏忽,以致办理棘手,是为至要。将此由五百里谕知李兴锐,并传谕张绍华知之。钦此。遵旨寄信前来。

1710　光绪二十六年十一月十三日,内阁奉上谕:江西赣州府知府员缺,著连文冲补授。钦此。

1723　办理军机处为咨行事,本处章京李荫銮简放浙江学政,连文冲简放江西赣州府知府。所遗贵衙门兼行章京二缺,现派刑部郎中郭之全、工部郎中甘大璋充补。相应咨行贵衙门查照可也。须至咨者。右咨。总理各国事务衙门。十一月十六日。

1724　查军机章京连文冲蒙恩简放江西赣州府知府,所遗章京一缺,应以额外行走之礼部候补员外郎欧阳熙充补。谨奏。光绪二十六年十一月二十七日,奉旨:知道了。钦此。

1750　军机大臣字寄福州将军,直隶、两江、湖广、闽浙、四川、两广各总督,江苏、浙江、江西、安徽、山东、山西、河南、湖北、湖南、广东各巡抚,传谕粤海关、淮安关各监督。光绪二十六年十一月二十七日,奉上谕:户部奏,预拨来年京饷一折。京饷关系紧要,本年事变以后,库款益形支绌,来年京饷,该部仍照向年原数指拨,各将军、督抚必当设法提前源源报解,以应要需。所有各省关应解光绪二十七年京饷银七百万两,务于来年五月以前解到一半,十二月初间全数解清,不准截留改拨,藉词延误。倘届期不到,即由该部查照奏定章程指名严参。另片奏,预拨来年内务府经费银六十万两等语,此项银两均关紧要,各将军、督抚、监督等务于来年六月以前解到一半,十二月初间扫数解清,不得稍有蒂欠。单二件均著钞给阅看。将此由五百里谕知福州将军,直隶、两江、湖广、闽浙、四川、两广各总督,江苏、浙江、江西、安徽、山东、山西、河南、湖北、湖南、广东各巡抚,并传谕粤海关、淮安关各监督知之。钦此。遵旨寄信前来。

1762　军机大臣字寄福州将军,两江、湖广、四川各总督,江苏、安徽、江西、湖北、湖南、山西、河南、陕西各巡抚。光绪二十六年十二月初三日,奉上谕:户部奏,预拨甘肃新饷一折。甘肃、新疆关内外应需饷项关系紧要,该部指拨光绪二十七年各省关协济银四百八十万两,统限于来年四月底解足六成,其余四成限于九月底扫数解清,不准稍有蒂欠。各省筹饷之藩运司道,如能依限解清,即由陕甘总督奏请奖叙。倘任意延欠,即著该部照例奏参,以重饷需。余著照所议办理。原单均著抄给阅看。将此由五百里谕令福州将军,两江、湖广、四川各总督,江苏、安徽、江西、湖北、湖南、山西、河南、陕西各巡抚知之。钦此。遵旨寄信前来。

光绪二十七年

139 光绪二十七年三月初一日,内阁奉上谕:李兴锐奏,特参办理教案不善之地方官,请分别惩处一折。江西署建昌府试用知府崔湘、代理南城县试用通判翁宝仁轻听谣传,搇查教堂军火,以致刁民滋事,酿成焚毁教堂之案;南丰县知县邓宣猷,不能弹压莠民,以致教堂焚拆,且于民教控诉词讼,匿不禀报;庐陵县知县冯兰森,于匪徒焚毁教堂,抢劫教民,不能防范,商议赔款,又多迟误;安仁县知县刘泰龢,并未出示晓护教堂,弹压弁兵,辄复调回自卫,以致猝酿焚抢重案;署鄱阳县试用知县应衷,前代理德化县任内迭出焚抢之案,迨署鄱阳县,办理教案,未能持平,均著即行革职。丰城县知县汤鼎烜、高安县知县何敬钊、赣县知县彭继昆,于民教控案多匿延不报;署吉安府候补知府何师吕、代理丰城县大挑知县周景祁,查办教案,多所诿卸;泸溪县知县王慎猷,于民教滋事,弹压不力,均著撤任,摘去顶戴,停委一年,另行察看,仍责成留缉。余著照所议办理。该部知道。钦此。

203 军机大臣字寄两江总督刘、湖广总督张、四川总督奎、闽浙总督许、湖南巡抚俞、江西巡抚李、山东巡抚袁,传谕署理浙江巡抚余。光绪二十七年三月二十六日,奉上谕:张百熙奏,停办乡试有碍大局,请照旧举行,以定人心一折。本年恩正并科,乡试原应一体举行,展缓本非得已。著刘坤一、张之洞、奎俊、许应騤、俞廉三、李兴锐、袁世凯、余联沅各就地方实在情形,再行详细体察,迅速电复。原折均著抄给阅看。将此由六百里各谕令知之。钦此。遵旨寄信前来。

257 刘坤一电复江南乡试请展缓举行;

张之洞电复湖北乡试请展缓举行;

奎俊电复四川乡试请展缓举行;

俞廉三电复湖南乡试请展缓举行;

袁世凯电复山东乡试请展缓举行;

余联沅电复浙江乡试请展缓举行;

李兴锐电复江西地方现虽安静,惟邻境各省乡试已请展缓,似宜一律办理,应否展缓,请旨遵行。

347 光绪二十七年五月十七日,内阁奉上谕:李兴锐奏,考察属吏分别举劾一折。江西东乡县知县戚扬,署鄱阳县候补知县李相,署贵溪县、宜春县知县张誉,既据该抚胪陈政迹均有可观,即著传旨嘉奖。代理抚州府试用知府李嘉宾,昏愦糊涂,声名恶劣;署宁都直隶州知州·候补知府林介弼,遇事勒索,物议沸腾;试用通判张传鼐,卑污苟且,遇事招摇;撤任雩都县知县刘仑德,生事扰民,声名甚劣;都昌县知县胡钦,官声平常,操守难信;署南康县即用知县朱绍文,心术狡诈,办事取巧;代理安福县知县布政使理问王鹏翼,颇招物议;按察司知事蒋星焕,不守官箴,均著即行革职。即用知县吴宝镕,才具平庸,难膺民社,惟文理尚优,著以教职归部铨选。余著照所议办理。该部知道。钦此。

405 军机大臣字寄庆亲王奕、大学士李。光绪二十七年六月十二日,奉上谕:李兴锐电奏,南昌县属茌港地方天主、耶稣两教民因细故起衅斗殴,致毙福音堂耶稣教民多名,现在办理情形,并新淦县地方亦有两教斗案,尚无伤毙人命等语。此案乃两教互斗,并非民教相仇,业经该抚饬拿凶犯究办。著奕劻、李鸿章将实在情形,告知法、美两国公使,持平办理。现在各处从教之人日多,该教民又各分门户,寻仇启衅,动滋事端,甚至不服地方官弹压,不可不妥筹良法,以杜后患。并著该王大臣照会各公使饬令该教士等,嗣后务须慎选良善教民,方可传教,万勿贪多广纳,纵容匪类,自坏教规。其未设教堂处,尤不可率派华人转相传教,有败教士声名。所有入教华民,并应随时开单知照地方官,以备稽核,遇事由官审理。该教士不得率行干预,任情袒庇,庶可免临时投教滋事诸弊。原电著抄给阅看。将此谕令知之。钦此。遵旨寄信前来。

415 光绪二十七年六月十八日,内阁钦奉慈禧端佑康颐昭豫庄诚寿恭钦献崇熙皇太后懿旨:翰林院侍讲学士朱益藩等奏,沥陈江西水灾情形,请饬迅筹赈济一折。据称,江西赣州、吉安、抚州、饶州等府,自本年五月初间,大雨旬余,江流暴涨,堤圩坍塌甚多,省河水长至二丈有余,义宁等州县城内水深丈余,庐舍、人民、禾稼、牲畜漂流不计其数,请饬迅速赈济等语。江西此次猝遭水患,民间盖藏本少,早稻又未收获,悉被淹没,灾区较广。昨据李兴锐驰奏,率属捐廉赈恤,仍恐不能周转。深宫轸念灾黎,殊深悯恻。著颁发内帑银五万两,交李兴锐核实散给,并著察看情形,多方筹赈,迅速接济,毋任一夫失所。钦此。

616 光绪二十七年九月初九日,内阁奉上谕:江西广饶九南道员缺,著瑞澂补授。钦此。

617 光绪二十七年九月初十日,内阁奉上谕:甘肃西宁镇总兵,著张行志调补,刘万胜著调补江西九江镇总兵。钦此。

619 光绪二十七年九月十二日,内阁奉上谕:江西布政使,著柯逢时调补,张绍华著调补湖南布政使。钦此。

690 各省迎銮委员名单:

盛京候补道双纶;

协领连中;

吉林候补道谢汝钦;

协领富荫;

直隶候补道孙传栻(兼解贡);
山东督粮道达斌(兼解贡);
江苏候补道李光瑜(兼解贡);
安徽安庐滁和道毓秀;
候补知县徐景镛(解贡);
邓瑜(解贡);
江西南昌府知府江毓昌(兼解贡);
浙江候补道许贞幹;
湖北安襄郧荆道朱其煊;
湖北候补道徐家幹(解贡);
湖南长沙府知府颜钟骥;
杭州协领溥第苏。

722　光绪二十七年十月二十一日,内阁奉上谕:吉林遇缺即补道谢汝钦,著交军机处存记;江西南昌府知府江毓昌、湖南长沙府知府颜钟骥,均著交军机处存记,仍注册回任候升。钦此。

723　吉林遇缺即补道谢汝钦,旨:著交军机处存记;江西南昌府知府江毓昌,旨:著交军机处存记,仍注册回任候升;湖南长沙府知府颜钟骥,旨:著交军机处存记,仍注册回任候升。

879　光绪二十七年十二月初五日,内阁奉上谕:江西赣州府知府员缺紧要,著该督抚于通省知府内拣员调补。所遗员缺,著林开章补授。钦此。

903　查:本处章京林开章,现已简放江西赣州府遗缺知府。所遗之缺,应以额外行走之刑部候补员外郎何葆麟充补。谨奏。光绪二十七年十二月初十日奉旨:知道了。钦此。

982　办理军机处为咨行事,本处章京户部郎中林开章,现已简放江西赣州遗缺府知府,所遗贵部兼行章京一缺,现派候补五品京堂王彦威充补,相应咨行贵部,查照可也。须至咨者。十二月二十五日。

光绪二十八年

18　光绪二十八年正月初七日,内阁奉上谕:李兴锐奏,特参贪劣不职文武各员请旨分别斥革一折。江西试用同知郑榜诏,贪黩成性,物议纷腾;丁忧补用通判何家谟,巧于钻营,声名恶劣;大挑试用知县林丙,寡廉鲜耻,有玷官箴;新海防遇缺先补用知县余官濬,性情贪鄙,举动乖谬;试用县丞颜其寿,嗜利忘义,卑鄙无耻;试用巡检王履安,办事操切，任性妄为；试用典史曹龙，行止浮躁，捏事邀功；赣州城守营都司蒋本荣，遇事生风，行为胆大，均著即行革职。另片奏，捐升道员候选直隶州知州朱家骏即朱继厚在江西藩署充当幕友，把持公事，舞弊营私，著一并斥革。并将该员捐升道员之案，即行撤销，以肃官方。该部知道。钦此。

25　光绪二十八年正月十一日，内阁奉上谕：李兴锐奏，查明上年江西被灾各属，恳恩分别蠲缓新旧钱漕等项，开单呈览一折。江西南昌等府所属各厅州县上年五六月间被水、被旱、被风，虽情形轻重不同，收成均甚歉薄。若将应征新旧钱漕等项照常征收，民力实有未逮。加恩著照所请。所有勘实被灾之义宁等厅州县，并九江府同知所辖之南、九二卫及安义之寄庄建昌，又勘未成灾民困未苏之丰城等厅州县，均著将应征新旧钱漕、芦课，分别蠲免、缓征、递缓，以纾民力。该抚即按照原单所开各厅州县村庄顷亩分数，应蠲应缓银两米石各数，刊刻誊黄，遍行晓谕，务使实惠均沾，毋任吏胥舞弊，用副朝廷轸念民艰至意。该部知道。单并发。钦此。

134　光绪二十八年二月初三日，内阁奉上谕：本年轮应查阅山东、河南、江苏、安徽、江西五省营伍之期，山东即派张人骏、河南即派锡良、江苏即派恩寿、安徽即派聂缉槼、江西即派李兴锐，将通省制兵防营，逐一查阅。制兵积习尤深，昨已有旨饬令各督抚将兵制饷章速为厘定，现当整顿军制，尤应认真训练。倘有技艺生疏，空名缺额、老弱充数及军实不齐等事，即将该管将弁从严参办，毋得稍涉瞻徇，用副朝廷整军经武、实事求是之至意。钦此。

209　军机大臣字寄直隶、两江、湖广、闽浙、两广各总督，山东、山西、河南、江苏、江西、浙江、湖北、湖南、广东各巡抚。光绪二十八年二月十九日，奉上谕：京师为天下根本，畿辅为京师屏障，现值门户洞开，强邻逼处，兵燹甫靖，伏莽犹繁，筹饷练兵，视他省为尤急。直隶本系缺额省份，所有淮练各军以及海防水师，一切饷需，向受协于各省，近年实解二三成，以北洋各军四万余众计口授食，不敷甚巨。万一饥军哗溃，大局何堪设想。昨据袁世凯具奏，直隶协饷短绌情形，当饬户部妥为筹议。兹据奏核定协饷款目，除分别酌缓外，应饬协拨各省，共实解每年三百十八万，不得再有短欠等语。偿款增巨，固知各省财力支绌。然京师根本，关系尤重，各该督抚受恩深重，务当兼顾统筹，力任其难，共维大局。著自本年始即照户部核定单开各款，筹解足数，不准稍有短欠。如再延欠不清，以致贻误，即将各该督抚、藩司一并交部分别议处。将此由四百里各谕令知之。钦此。遵旨寄信前来。（抄交户部）

213　军机大臣面奉谕旨：户部奏，解清甘肃新饷之督抚司道开单请旨奖叙一折。单开之陕西巡抚升允等，均著交部从优议叙；前江西巡抚松寿等，均著照原请给奖。钦此。（抄交户部）

501　江西候补知县捐升广东道员恽学基，朱〇旨：著交部从优议叙。

567　军机大臣字寄江西巡抚李。光绪二十八年五月十八日奉上谕:有人奏,署江西赣州镇总兵申道发,贪残猥鄙,欺罔冒功,并有纵容子弟朦混列保,克扣军饷情事等语。著李兴锐按照所指各节,确切查明,据实参奏,毋稍徇纵。原片著抄给阅看。将此谕令知之。钦此。遵旨寄信前来。

580　光绪二十八年五月二十日,内阁奉上谕:江西按察使,著陈庆滋补授。钦此。

832　军机大臣字寄福州将军,直隶、两江、湖广、闽浙、四川、两广各总督,江苏、安徽、江西、浙江、湖北、湖南、河南、山东、山西、广东各巡抚,传谕粤海关、淮安关各监督。光绪二十八年七月十九日,奉上谕:户部奏催解京饷一折。本年京饷原拨续拨共银八百万两,截至五月底止,除划拨及已解报解起程外,共欠解银五百六十七万五千两。现在用款浩繁,所有各省关欠解京饷,亟应源源报解,以济要需。著该将军、督抚、监督等各将欠解银两,赶紧陆续提前解部,统于年内扫数解齐。如有诿卸拖欠,即由户部照章奏参。其解不及半及尚未报解等处,经此次严催后,倘仍不完解,即著户部随时指名严参。原单均著抄给阅看。将此由四百里谕知福州将军,直隶、两江、湖广、闽浙、四川、两广各总督,江苏、安徽、江西、浙江、湖北、湖南、河南、山东、山西、广东各巡抚,并传谕粤海关、淮安关各监督知之。钦此。遵旨寄信前来。(抄交户部)

833　军机大臣字寄福州将军,两江、湖广、闽浙、两广各总督,江苏、浙江、江西、安徽、广东、湖北各巡抚,传谕粤海关监督。光绪二十八年七月十九日,奉上谕:户部奏,各省关奉拨二十八年份筹备饷需二百万两,除两浙运库应解银两、江海关应解六成税银均已报解及半外,江西、广东二省应解银两,粤海关应解四六成税银,均解不及半;江苏、浙江、安徽、福建四省应解银两,闽海关应解四成税银,江汉关应解四六成税银,均未报解;请旨饬催等语。各省关应解筹备饷需银两,关系紧要。现在库款异常支绌,著各该省将军、督抚、监督等各将欠解银两迅速筹解,统于本年十月底扫数解清。倘逾限延不解清,即著户部指名严参。原单均著抄给阅看。将此由四百里谕令福州将军,两江、湖广、闽浙、两广各总督,江苏、浙江、江西、安徽、广东、湖北各巡抚,并传谕粤海关监督知之。钦此。遵旨寄信前来。(抄交户部)

834　军机大臣字寄福州将军,直隶、两江、闽浙、四川、湖广、两广、云贵各总督,山东、山西、浙江、江西、安徽、江苏、湖北、湖南、广东、河南、云南、广西各巡抚,传谕粤海关监督。光绪二十八年七月十九日,奉上谕:外务部、户外奏,各省关欠解东北边防经费,请旨严催一折。据称本年各省关应解东北边防经费,除解到及报解起程外,尚欠解银一百四十五万两,请饬速解,并补解历年积欠银两等语。此项经费关系边防要需,何得任意延欠?著该将军、督抚、监督按照单开本年未解及历年欠解银数,赶紧筹解。倘再迟延,即著户部照贻误京饷例指名严参。原单均著抄给阅看。将此由四百里谕知福

州将军及各该省督抚，并传谕粤海关监督知之。钦此。遵旨寄信前来。（抄交户部）

1054 …………

光绪二十八年，江西省秋审服制情实，陈柽勇等二起，人犯二名，谨将勾到时所奉谕旨，恭录于后。

一起斩犯陈柽勇。

与胞兄陈柽列素睦。该犯因向二胞兄之妻刘氏索讨欠钱，央缓不允，致相骂詈。刘氏取刀向戳，该犯夺刀过手。刘氏扭住伊发辫揪殴，该犯情急用力抵格，刘氏闪避。适陈柽列闻闹，从刘氏身后拢劝，该犯收手不及，致误戳伤其左肋倒地，越二日殒命。伤由误中，死出不虞，尚非有心，干犯情稍可原，是以未勾。

一起斩犯洪漳挞。

因胞伯洪汶积令伊赴园摘菜，该犯未经听闻。洪汶积疑系贪懒，当向斥骂，该犯分辩，洪汶积取铁锄向殴。该犯接住锄头求饶，洪汶积执柄拉夺。不期洪汶积用力势猛，拉脱锄柄，致自行戳伤右肋倒地，越四日殒命。伤由夺锄自戳，尚非有心，干犯情稍可原，是以未勾。

光绪二十八年，江西省秋审，除二十六、二十七两年常犯情实缪迷仔等六起，人犯六名另开榜示外，所有新事常犯情实黎来□等六起，人犯六名，谨将勾到时所奉谕旨，恭录于后。

一起斩犯黎来□。

奸匪因奸听从奸妇谋杀本夫，淫凶难宽，是以勾决。

一起斩妇张氏。

奸妇挟恨谋毙奸匪，淫凶难宽，是以勾决。

一起斩犯李荃蔚。

逞忿故杀，法无可宽，是以勾决。

一起斩犯龙倌受。

窃盗拒捕，刃毙事主。法无可宽，是以勾决。

一起斩犯姜荃皮仔。

火器杀人，系因伊父被死者殴伤倒地，情切救护，用枪抵格所致。情尚可原，是以未勾。

一起绞犯廖有挥。

手乂要害伤重情凶近故，是以勾决。

1092 军机大臣字寄直隶、两江、闽浙、湖广、四川、两广、陕甘、云贵各总督，江苏、安徽、江西、浙江、湖北、湖南、山东、山西、陕西、河南、新疆、广东、广西、云南、贵州各巡抚。光绪二十八年十月初三日，奉上谕：本年四川南充等州县，灾区甚广，钦奉慈禧端佑康颐昭豫庄诚寿恭钦献崇熙皇太后懿旨，拨银三十万两，交该督核实赈济，并准将新旧捐输酌量减免，复因冬赈春抚，为日方长，非有巨款，不足以资接济。准开办减成赈捐，俾资急用。又谕令将义赈余款十二万两尽数拨解该省，开办冬赈，以惠穷黎。直隶、天津地方，久受兵灾，准袁世凯奏将光绪二十六年下忙起至本年上忙止，同节年民欠地丁钱粮，各项旗租旗产钱粮、广恩库租、海防经费、河道钱粮屯谷等项，并差徭一律豁免。广宗、巨鹿两县被旱、被扰，准将本年上忙应征钱粮、差徭一律缓至来年麦后启征，以纾民力。江苏、安徽、江西等省沿江一带上年水灾甚重，先后谕令江苏减运本届漕米十万石，复准借拨漕米十五万石，减价平粜。又准聂缉椝奏，于陕西义赈款内宽筹酌拨，协济安徽春赈。又于义赈款内，谕令匀拨江西，以济工赈，并准展办赈捐一年。浙江省上年灾歉，亦准留拨本年起运漕米十万石，办理平粜。广西柳州府属水灾，已谕令户部于广东应解京饷内拨银二万两，迅解该省，作为赈济之用，并准开办赈捐。其广东广肇两府，福建福州等属均被水灾，已分别谕令开办展办赈捐。陕西西安等属灾后情形，钦奉懿旨垂念，准将被灾处所应征本年上下忙钱粮，统免二分，小民谅可不至失所。惟念来春青黄不接之时，民力未免拮据，著传谕该督抚等体察情形，如有应行接济之处，即查明据实覆奏，务于封印以前奏到，俟新正降旨加恩。再，浙江兰溪县被雹，山西太原等属被旱，云南南宁县被雹、腾越厅被水，贵州镇远等县被水，甘肃巩昌、凉州等府，新疆镇西厅属亦均被雹，业经谕令该督抚等妥筹抚恤，即著迅速办理，并将来春应否接济之处，一并查明，于封印前奏到。此外各该省有无被灾地方，应行调剂抚恤之处，著该督抚等一并查奏，候旨施恩，将此各谕令知之。钦此。遵旨寄信前来。本日缮正复见而带工，卷历已缮正，堂谕不更。

1165　军机大臣字寄福州将军，直隶、两江、湖广、闽浙、两广、四川各总督，江苏、安徽、江西、浙江、湖北、湖南、山东、山西、河南、广东、广西各巡抚，传谕粤海关、淮安关各监督。光绪二十八年十一月初三日，奉上谕：户部奏，预拨来年京饷一折。历届京饷均系年前预拨。光绪二十九年京饷，该部拟在地丁、盐课等款内指拨银七百万两，请饬各该省关于来年分批起解等语。京饷关系紧要，现经该部就各省关情形酌量指拨，自应遵照奏定数目，源源报解。著该将军、督抚、监督等务于接到部文后，分批赶解，限于来年五月前解到一半，十二月初间全数解清，不准截留改拨，藉词延误。倘届期不到，即著该部照奏定章程指名严参。原单著抄给阅看。另片奏，光绪二十九年份内务府经费，拟拨盐课、茶税等款共银六十万两，请饬依限完解等语。除内务府应还部库垫放银二万三千五百余两应由指拨太平关常税款内匀解部库外，下余银五十七万六千四百余两，著该将军、督抚、监督等务于来年开印后，陆续径解内务府交纳，仍限六月前解到一半，十二月初间扫数解清，不准稍有蒂欠。原单著抄给阅看，将此由四百里谕知福州将军，直隶、两江、湖广、闽浙、两广、四川各总督，江苏、安徽、江西、浙江、湖北、湖南、山东、山西、河南、广东、广西各巡抚，并传谕粤海关、淮安关各监督知之。钦此。遵旨寄信前来。（抄交户部）

1166　军机大臣字寄福州将军，两江、湖广、闽浙、两广、江苏、安徽、江西、浙江、湖北、广东各督抚，传谕粤海关监督。光绪二十八年十一月初三日，奉上谕：户部奏，预拨筹备饷需一折。据称,癸卯年筹备饷需,共指拨银二百万两,请饬依限报解等语。此项饷银关系紧要,著该将军、督抚、监督等按照指拨银数,于来年四月前解到一半,十月内全数解清,毋稍迟逾。余依议原单均著抄给阅看。将此由四百里谕知福州将军,两江、湖广、闽浙、两广、江苏、安徽、江西、浙江、湖北、广东各督抚,并传谕粤海关监督知之。钦此。遵旨寄信前来。(抄交户部)

1203 军机大臣字寄两江、湖广各总督,江苏、安徽、江西、湖北、湖南各巡抚。光绪二十八年十一月初十日,奉上谕:长江上下游历年涨出滩地甚多,屡次有人陈奏,均称若将此项地亩,经理得宜,岁可增出田赋不少。著各该督抚派委妥员,会同地方官,核实清厘,将涨出地亩,凡系民间私垦者,令其报官完粮。其无主者,则令限期报官,招佃耕种。该督抚当饬令印委各员,认真办理,毋令吏胥从中舞弊,并将查勘情形,先行据实覆奏。将此各谕令知之。钦此。遵旨寄信前来。

1207 光绪二十八年十一月十三日,内阁奉上谕:练兵之道,最忌纷岐,曾经叠次降旨饬各省督抚整顿兵制,期归一律。乃近来各省奏报仍多空言搪塞,绝少切实办法,殊难望有成效。查北洋湖北训练新军,颇具规模,自应逐渐推广。所有河南、山东、山西各省速即选派将弁头目,赴北洋学习操练。江苏、安徽、江西、湖南各省选派将弁头目,赴湖北学习操练。俟练成后,即发回各原省,令其管带新兵,认真训练,以资得力而期画一。每年由北洋、湖北请旨简派大员,分往校阅,按其优劣,严加甄别,用副朝廷整饬武备、实事求是之至意。其详细章程及应派将弁数目,著袁世凯、张之洞妥议会奏,请旨遵行。钦此。

1261 军机大臣字寄各省将军、督抚、监督。光绪二十八年十一月三十日,奉上谕:户部、外务部奏,预拨东北边防经费,照案指拨山东地丁银十二万两,加拨二万四千两;山西地丁银十万两,加拨二万两;浙江地丁银(五)[八]万两,加拨一万六千两;江西地丁银五万两,加拨一万两;安徽地丁银十万两,加拨二万两;江苏厘金银八万两,加拨一万六千两;浙江厘金银八万两,加拨一万六千两;安徽厘金银五万两,加拨一万两;湖南厘金银八万两,加拨一万六千两;湖北厘金银八万两,加拨一万六千两;福建厘金银八万两,加拨一万六千两;江海关洋税十万两,加拨二万两;江汉关洋税十万两,加拨二万两;湖北南粮米折银四万两,加拨八千两;闽海关洋税十万两,加拨二万两;湖北粮道库存漕项银四万两,加拨八千两;四川盐厘银十五万两,加拨三万两;两淮盐厘银十二万两,加拨二万四千两;四川津贴银八万两,加拨一万六千两;山东粮道库存银五万两,加拨一万两;广东厘金银八万两,加拨一万六千两;粤海关洋税银十二万两,加拨二万四千两;各关开支倾镕折耗银共十万两,共银二百五十万两,请饬将原拨银二百万两,依限解部,其加拨银五十万两,改解江海关道,以抵新案赔款等语。此项饷需最关紧要。著该将军、督抚、监督等按照指拨银数,于来年五月前批解一半,年内全数解清,毋稍迟逾。将此由四百里谕知各该将军、督抚,并传谕粤海关监督知之。钦此。遵旨寄信前来。

光绪二十九年

47　光绪二十九年正月二十一日,内阁奉上谕:江西广信府知府员缺,著沈曾植补授。钦此。

48　江西广信府知府员缺,请旨简放。

60　光绪二十九年正月二十五日,内阁奉上谕:柯逢时奏,查明上年江西被灾各属,分别缓征、递缓新旧钱漕等项,开单呈览一折。江西南昌等府所属各厅州县,上年夏秋之交被水、被旱、被虫、被风,情形轻重不同,收成均甚歉薄。若将应征新旧钱漕等项照常征收,民力实有未逮。加恩著照所请。所有勘实被灾之南昌等厅州县并九江府同知所辖之南、九二卫及安义之寄庄建昌,又勘未成灾民困未苏之丰城等县,均著将应征新旧钱漕、芦课、屯余分别缓征、递缓,以纾民力。该护抚即按照原单所开各厅州县村庄顷亩分数暨应缓银两米石各数,刊刻誊黄,遍行晓谕,务使实惠均沾,毋任吏胥舞弊,用副朝廷轸念民艰至意。该部知道。单并发。钦此。

309　光绪二十九年三月二十三日,奉旨:此次会试各省驻防满洲取中六名,蒙古取中三名,汉军取中二名,直隶取中二十四名,奉天取中三名,山东取中二十一名,山西取中十名,河南取中十七名,陕西取中十三名,甘肃取中九名,江苏取中二十四名,安徽取中十六名,浙江取中二十三名,江西取中二十二名,湖北取中十四名,湖南取中十三名,四川取中十四名,福建取中二十名,广东取中十六名,广西取中十三名,云南取中十二名,贵州取中十一名。钦此。

312　驻防满洲六十四卷,拟中六名;
蒙古二十一卷,拟中三名;
汉军十三卷,拟中二名。
直隶四百六十八卷,拟中二十四名。
奉天三十七卷,拟中三名。
山东三百四十卷,拟中二十一名。
山西二百二十四卷,拟中十名。
河南四百三十八卷,拟中十七名。
陕西一百八十一卷,拟中十三名。
甘肃一百三十一卷,拟中九名。
江苏三百八十五卷,拟中二十四名。
安徽二百十卷,拟中十六名。
浙江三百二十四卷,拟中二十三名。

江西四百二十四卷,拟中二十二名。

湖北二百六十八卷,拟中十四名。

湖南二百三十九卷,拟中十三名。

四川三百三十一卷,拟中十四名。

福建三百四十七卷,拟中二十名。

广东三百五十二卷,拟中十六名。

广西一百四十三卷,拟中十三名。

云南一百七十一卷,拟中十二名。

贵州一百五十三卷,拟中十一名。

413 …………

江西五员:

〇庶吉士张履春江西人。年四十五岁。光绪二十四年二甲进士,散馆一等二名。

〇黄人墉江西人。年四十三岁。光绪二十四年二甲进士,散馆一等二十四名。

〇蓝钰江西人。年四十二岁。光绪十八年二甲进士,散馆二等九名。

易子猷江西人。年四十五岁。〇光绪二十四年二甲进士,散馆二等十六名。

邓曾获江西人。年四十岁。光绪二十四年三甲进士,散馆二等三十三名。〇

…………

567 军机大臣字寄护理江西巡抚布政使柯。光绪二十九年闰五月初四日,奉上谕:有人奏,江西兴国县知县陈宏燮,年少庸懦,任听刑幕指使,命盗重案,含糊审断,请旨饬查等语。著柯逢时按照所参各节,确切查明具奏,毋稍徇隐。原片著抄给阅看。将此谕令知之。钦此。遵旨寄信前来。

595 …………

江西进士八名:

〇刘凤起江西人。年三十四岁。二甲二十二名进士。覆试一等三十四名,朝考一等二十四名。

〇胡藻江西人。年二十六岁。二甲四十三名进士。覆试一等四十六名,朝考二等十七名。

李泽兰〇江西人。年三十七岁。二甲七十一名进士。覆试一等十二名,朝考二等六十三名。

徐士瀛〇江西人。年二十八岁。二甲一百名进士。覆试一等三十八名,朝考二等五十六名。

杜述琮〇江西人。年三十一岁。二甲一百一名进士。覆试一等五十五名,朝考二等一百十名。

黄锡朋〇江西人。年三十五岁。二甲一百八名进士。覆试三等七十二名,朝考二等九十二名。

沈泽生〇江西人。年二十九岁。二甲一百十七名进士。覆试三等四十名,朝考二等八十一名。

萧丙炎江西人。年三十四岁。二甲一百二十六名进士。覆试二等五十四名,朝考二等一百八名,内阁候补中书。

江西进士七名:

魏元戴〇江西人。年三十四岁。二甲一百三十六名进士。覆试一等六十六名,朝考二等八十

五名。

杨绳藻○江西人。年二十八岁。三甲二名进士。覆试一等七十三名,朝考二等五十九名。

○吴璆江西人。年三十九岁。三甲七名进士。覆试一等五名,朝考一等五十五名。

宋功迪江西人。年三十一岁。三甲十一名进士。戊戌覆试三等五十名,朝考三等五名。○

胡献琳江西人。年三十三岁。三甲十五名进士。覆试三等五十二名,朝考二等一百二十名。○

陈中孚江西人。年三十岁。三甲十九名进士。覆试二等八名,朝考三等一百七名。○

李盛銮江西人。年四十岁。三甲二十三名进士。覆试二等四十二名,朝考二等六十七名。○

江西进士七名:

鲁藩○江西人。年四十八岁。三甲三十八名进士。覆试一等八十一名,朝考二等三十一名。

万篪江西人。年四十一岁。三甲五十三名进士。覆试二等三十九名,朝考三等八十五名。○

程起凤江西人。年四十三岁。三甲五十六名进士。覆试三等四十三名,朝考三等五十八名。○

谢慕韩江西人。年四十岁。三甲七十一名进士。覆试二等一百五名,朝考三等九十四名。○

刘道春江西人。年二十九岁。三甲八十一名进士。覆试三等三十七名,朝考二等四十三名。○

张德渊江西人。年二十八岁。三甲九十三名进士。戊戌覆试三等一百九名,朝考三等八十七名,候选知府。○

王益霖江西人。年四十五岁。三甲一百五十八名进士。覆试三等二十三名,朝考三等六十八名。○

…………

604　光绪二十九年闰五月十三日,内阁奉上谕:江西巡抚著夏旹署理。钦此。

611　光绪二十九年闰五月十四日,内阁奉上谕:江西布政使著李岷琛补授,宝棻著补授湖北按察使。钦此。

613　光绪二十九年闰五月十四日,内阁奉上谕:江西吉南赣宁道员缺,著江毓昌补授。钦此。

617　光绪二十九年闰五月十五日,内阁奉上谕:江西督粮道员缺,著锡恩补授。钦此。

618　光绪二十九年闰五月十五日,内阁奉上谕:江西南昌府知府员缺紧要,著该督抚于通省知府内拣员调补,所遗员缺著关以镛补授。钦此。

619　江西督粮道、江西南昌府遗缺知府员缺,请旨简放。

749　交吏部。军机大臣面奉谕旨:本日引见之明保分省补用道彭英甲、在任候补道·江西赣州府知府查恩绥、候选知府苏秉彝,著于二十二、二十三、二十四日预备召见。钦此。相应传知贵衙门,钦遵转传可也。此交。六月二十日。

762　光绪二十九年六月二十三日,内阁奉上谕:本日召见之在任即补道·江西赣州府知府查恩绥,著在任以道员即补,仍交军机处存记。钦此。

765　礼部尚书世续等带领引见朝考一、二等优生共三十六名。

…………

南卷:

…………

周尔璧,二等第三名,江西优生,年三十一岁。

熊元鋆,二等第五名,江西优生,年二十六岁。

南卷

宋育德,二等第六名,江西优生,年二十四岁。

叶先圻,二等第九名,江西优生,年二十三岁。

李盛镆,二等第十三名,江西优生,年三十五岁。

黄榜,二等第十六名,江西优生,年三十一岁。

…………

朱笔圈出者以知县用,不圈者以教职用。

786　交吏部。军机大臣面奉谕旨:本日引见之明保江西补用道丁乃扬,著于本月初七日预备召见。钦此。相应传知贵部转传该员,钦遵可也。此交。七月初四日。

796　光绪二十九年七月初七日,内阁奉上谕:本日召见之江西补用道丁乃扬,著仍以道员发往广西补用,并交军机处存记。钦此。

878　光绪二十九年八月初一日,内阁奉上谕:本年值更换学政之期。除顺天、甘肃、福建、广东、广西、云南、奉天毋庸更换外,江苏学政著唐景崇去,安徽学政著寿耆去,山东学政著载昌去,山西学政著宝熙去,河南学政著王埒去,陕西学政著朱益藩去,浙江学政著陈兆文去,江西学政著黄均隆去,湖北学政著李家驹去,湖南学政著吴庆坻去,四川学政著郑沅去,贵州学政著朱福诜去。以上各员有现经出差者,著即赴新任,毋庸来京请训。钦此。

879　各省学政:

(朱)○顺天

唐景荣,江苏。

寿耆,安徽。

载昌,山东。

宝熙,山西。
王埒,河南。
朱益藩,陕西。
○甘肃
○福建
陈北文,浙江。
黄均隆,江西。
李家驹,湖北。
吴庆坻,湖南。
郑沅,四川。
○广东
○广西
○云南
朱福诜,贵州。
○奉天

1139　军机大臣字寄各省将军、督抚。光绪二十九年十月初三日,奉上谕:本年直隶、吉林、山东、广东、广西、甘肃、新疆、江苏、陕西、湖北、浙江、云南、江西曾报偏灾,朝廷轸恤为怀,议赈议蠲,已饬各该将军、督抚等妥筹抚恤,小民谅可不至失所。惟念来春青黄不接之时,民力未免拮据。著传谕该将军、督抚等体察情形,如有应行接济之处,即著查明据实覆奏,封印以前奏到,候朕于新正降旨加恩。此外各该省有无被灾地方,应行调剂之处,著该将军、督抚等一体查明具奏。钦此。遵旨寄信前来。

1172　军机大臣字寄福州将军,直隶、两江、湖广、闽浙、两广、四川各总督,江苏、安徽、江西、浙江、湖北、湖南、山东、山西、河南、广东各巡抚,传谕粤海关、淮安关各监督。光绪二十九年十月十六日,奉上谕:户部奏,预拨来年京饷一折。历届京饷均系年前预拨,光绪三十年京饷,该部拟在地丁、盐课等款内指拨银七百万两,请饬各该省关于来年分批起解等语。京饷关系紧要,现经该部就各省关情形,酌量指拨,自应遵照奏定数目,源源报解。著该将军、督抚、监督等务于接到部文后分批起解,限于来年五月前解到一半,十二月初间全数解清,不准截留改拨,藉词延误。倘届期不到,即著该部照奏定章程指名严参。原单著抄给阅看。另片奏,光绪三十年份内务府经费拟拨盐课、茶税等款共银六十万两,请饬依限完解等语。除内务府应还部库垫放银四万四千一百余两应由指拨太平关常税款内匀解部库外,下余银五十五万五千八百余两,著该将军、督抚、监督等务于来年开印后陆续径解内务府交纳,仍限六月前解到一半,十二月初间扫数解清,不准稍有蒂欠。原单著抄给阅看。将此由四百里谕知福州将军,直隶、两江、湖广、闽浙、两广、四川各总督,江苏、安徽、江西、浙江、湖北、湖南、山东、山西、河南、广东各巡抚,并传谕粤海关、淮安关各监督知之。钦此。遵旨寄信前来。

1179　光绪二十九年十月十七日，内阁奉上谕：江西学政吴士鉴奏，呈进前峡江县训导李有棠所著《辽金二史纪事本末》一书。据称，考订完密，请量予嘉奖等语。著发交南书房阅看后再行请旨。钦此。

1191　光绪二十九年十月二十三日，内阁奉上谕：署江西巡抚夏旹奏请整顿军政一折。据称，江西内河水师积弊甚深，如孱弱充数、短雇应名、擅离炮船、上岸滋事，久已习为故常。而每遇更换营官，哨弁均须垫支顶脚银两，营弁既输巨资，即索偿于空额及接手之员，历习相沿，营务万难起色。现拟更定营制，遇有各项情弊，随时撤参，并严禁顶脚名目等语。此等积弊，恐他省皆所不免。营务废弛至此，言之实堪痛恨。著各省将军、督抚一体严查禁革，切实整顿，如再敢阳奉阴违，即行从严参办，必予按法重惩，总期力除锢习，饷不虚糜，兵归实用，以副朝廷绥靖地方之至意。钦此。

1192　光绪二十九年十月二十三日，内阁奉上谕：前据江西学政吴士鉴奏进前江西峡江县训导李有棠所著《辽金二史纪事本末》一书，发交南书房阅看。兹据奏称，该员排纂成书，用力甚勤等语。李有棠著赏给内阁中书衔，以示嘉奖。钦此。

1195　光绪二十九年十月二十四日，内阁奉上谕：江西建昌府知府员缺，著李士瓒补授。钦此。

1196　江西建昌府知府员缺，请旨简放。

1234　军机大臣字寄各省督抚。光绪二十九年十一月初六日，奉上谕：现在国步艰虞，百废待举，而库储一空如洗，无米何能为炊，如不设法经营，将大局日危，上下交困，后患何堪设想。查近年来银价低落，各省不甚悬殊。其向以制钱折征丁漕，各州县浮收甚多，而应征之房田、契税报解者什不及一。各州县身拥厚赀，坐视国家独为其难，稍具天良，当必有愁然不安者。在各督抚每以保全优缺优差，留为调剂地步，不肯实力清厘，而不知国势阽危，大小臣工奚能常享安乐。该督抚等受恩深重，又何忍因见好属吏，致负朝廷。著自光绪三十年始，责成各督抚将所属优缺优差浮收款目，彻底确查，酌提归公。并将房田税契，切实整顿，岁增之款，各按省份派定额数，源源报解。除新疆、甘肃、贵州及东三省地方瘠苦，免其筹解外，江苏、广东两省每年应各派三十五万两，直隶、四川两省每年各三十万两，山东省每年二十五万两，河南、江西、浙江、湖北、湖南各省每年各二十万两，安徽省每年十五万两，山西、陕西、广西、云南、福建各省每年各十万两。以上计十六省通共每年派定三百二十万两。如该省地方情形实有为难，准其在本省各项原有中饱陋规内酌量筹补，必须筹足定额为度，不得稍有短欠。至各州县无名之费，不肖者相率逢迎馈送，贤者亦不免酬应办差。斗靡夸奢、泰侈无度，不但虚耗物力，抑且败坏官箴。当此创巨痛深之时，宜励尝胆卧薪之志，该督抚等务当整躬率属，痛予禁除，其所节省，当亦不少。如此认真厘剔，何患巨款难筹。倘仍玩惕因循，习常蹈故，致指定额款，解不足数，定惟该督抚等是问。将此通谕知之。钦此。遵旨寄信前来。

1235　军机大臣字寄盛京、吉林将军,各省督抚。光绪二十九年十一月初六日,奉上谕:百度之兴,端资经费,现值帑藏大绌,理财筹款尤为救时急务。前经户部通行各省整顿烟酒税,以济要需。乃报解之无多,实由稽征之不力。据直隶总督袁世凯奏称,直隶抽收烟酒两税,计岁入银八十余万两。以直隶彫敝之区,犹能集此巨款,足见该督公忠体国,实心任事,殊堪嘉尚。即著抄录直隶现办章程,咨送各省,责成该将军、督抚等一体仿行。并量其省份之繁简,派定税额之多寡。直隶一省应仍照现收之数,每年仍派八十万两;奉天省每年应派八十万两;江苏、广东、四川各省每年应各派五十万两;山西省每年应派四十万两;山东、江西、湖北、浙江、福建各省每年应各派三十万两;河南、安徽、湖南、陕西、吉林各省每年应各派二十万两;甘肃、新疆、广西、云南各省每年应各派十万两;贵州省每年应派六万两。通计以上二十一行省,每年派定税额共六百四十六万两,殊于国计有裨,仍于民生无损。良以烟酒两项,徒供嗜好之用,并非生计所必需。虽多取之而不为虐,且可以寓禁于征,东西洋各国于此两项,皆榷税特重,意亦为此。经此次派定税额之后,各该将军、督抚务即遴选妥实明干委员,实力奉行,认真稽征,并明定赏罚。如有收数及额或逾额者,准其将尤为出力人员量予优奖,以资激劝。倘收不足额,亦即分别究惩督征不力并惟该将军、督抚是问。其直隶经征出力之员,即著该督择尤请奖,以示朝廷有劳必录之至意。各该将军、督抚等毋得视为具文也。除奉天、吉林、广西暂行缓办外,将此通谕知之。钦此。遵旨寄信前来。

1441　光绪二十九年十二月二十八日,内阁奉上谕:夏旹奏,考察属员分别举劾一折。江西署按察使 · 候补道汪瑞闿、广饶九南道瑞澂、吉南赣宁道江毓昌、试用道沈铭照、南昌府知府沈曾植、特用知府陆长佑、临川县知县戚扬、进贤县知县陈庆绶、萍乡县知县彭继昆、候补知县黄秉湘、大挑知县周景祁,均著传旨嘉奖。会昌县知县马文兆,怠于听讼,驭下不严;前署德兴县知县拔贡知县张鸣珂,听断疏虞,酿成命案;南康县知县周祖庚,衰庸废事,积案累累;安仁县知县王浡,任用劣绅,藉捐苛扰;前署万年县知县 · 大挑知县孙如瑸,纵容丁役,审案糊涂;前署永宁县知县 · 大挑知县李镜铭,纵丁索扰,罔恤民艰;前代理寿宁州知州试用知县翟凤仪①,性情贪鄙,声名平常;宁都直隶州知州绪成,钻营苟且,心地糊涂;定南厅同知恩彦,不勤听断、积案甚多;饶州府同知陈履贞,驭下太宽,颇滋物议;代理赣县知县试用同知胡上襄,家教不严,致滋物议;前署广丰县知县 · 大挑知县陈廷业,巧于欺朦,官声甚劣;准补建昌县知县梁继泰,办理捐卡,擅离职守;试用知县吴锦蓉,抽税苛细怨黩繁兴;试用直隶州州判胡宗衡,抽税营私,不遗小物;崇仁县教谕贺骧,不守官箴;庐陵县县丞陈廷宪,年力就衰;德化县典史王文蔚,违例擅受;宜春县典史朱锡元,疲玩不堪;署兴安县典史 · 候补府照磨傅长龄,任性多事;统领续备左军补用副将刘先文,年迈无能,玩视营务;左军后营管带补用游击蒋春发,性好冶游,纪律废弛,均著即行革职。上犹县知县黄传羲,精力不足,驭下太宽;署瑞昌县

① 原档为“寿宁州”,据《清德宗实录》卷525,《清实录》第58册第951页,“寿宁州”为“义宁州”之误。

知县候补知县姬慎思,才欠开展,精力亦差;均著以教职归部铨选。署万安县知县候补知县胡逊之,体弱多病,难膺民社,著以府经历降补。调补南昌县知县郑恭,听断偏执,难胜繁要,著开缺另补。余著照所议办理。该部知道。钦此。

光绪三十年

38 光绪三十年正月二十日,内阁奉上谕:江西广信府知府员缺,著何汝翰补授。钦此。

39 江西广信府知府员缺,请旨简放。

245 光绪三十年四月初八日,内阁奉上谕:江西抚州府知府员缺,著王乃征补授。钦此。

246 江西抚州府知府员缺,请旨简放。

374 军机大臣字寄直隶、两江、陕甘、四川、闽浙、湖广、两广、云贵各总督,江苏、安徽、山东、山西、河南、陕西、甘肃、新疆、浙江、江西、湖北、湖南、广东、云南各巡抚。光绪三十年五月二十八日,奉上谕:朕钦奉慈禧端佑康颐昭豫庄诚寿恭钦献崇熙皇太后懿旨,自日俄开衅,中国势处两难,将来两国战事定后,一切因应,必多棘手。现在各省空虚,西北边防尤关紧要,近畿一带,非有数支劲旅,难期巩固。朝廷思维再四,上年特设练兵处,整齐军制,以资筹画。因袁世凯近在天津,当令其会同办理,以期联络。惟军制以整齐为要,练兵尤以筹饷为先。数月以来,叠经谕令各直省通力合作,现虽陆续奏到。除安徽每年认解十万,其余各省虽有报解,不无敷衍之处,一切积弊,多未认真剔除。现在宵旰焦劳,难安寝馈,叠经降旨却进献,裁冗员,岂宫廷服御之用可减,外省浮靡之费独不可节乎?岂内府奉御之官可裁,局所浮滥之员独不可去乎?总由各督抚未能深悉朝廷用意所在,狃于积习,不免瞻徇情面,仍蹈因循。若谓以近畿练兵,无关各省休戚,意存膜视,该督抚身为大臣,谅亦不敢出此。兹特将此次练兵关系之重,密为宣示。各督抚膺兹重寄,素矢公忠,务须审大局之安危,知事机之紧迫,不分畛域,共济艰难,以身作则,崇俭去奢,为属吏倡率,各就本省财力,实心筹措。外销之款,核实腾挪,中饱之数,从严厘剔,并归并局所,裁汰冗员,清提陋规,力除糜费,以资挹注,每年匀出的款若干,以为练兵之用。不得仅据属吏之详报,任听局员之把持,多留优缺优差,为调剂属员地步。现在时艰日棘,除宽筹的款,迅练劲兵,实无救急之策。至筹款之法,各省不同,尤以不扰民生,不伤元气为第一要义。事关重要,不得稍有漏泄,并将筹办情形,限于一月内具奏。经此密切晓谕之后,倘竟视为具文,仍前敷衍,一奏塞责,恐该督抚难当此重咎也。将此密谕知之。钦此。遵旨寄信前来。

420 …………

江西进士十名:

熊坤○江西人。年□十四岁。二甲十六名进士。覆试一等十九名,朝考二等四十一名。

○宋育德江西人。年二十五岁。二甲十七名进士。覆试二等十四名,朝考一等四十二名。

○郭寿清江西人。年□十九岁。二甲二十九名进士。覆试一等十八名,朝考一等□□名。

○叶先圻江西人。年一十四岁。二甲三十六名进士。覆试一等□□名,朝考一等十一名。

张世畸○江西人。年□十八岁。二甲八十七名进士。覆试□等十名,朝考二等十八名。

单志贤江西人。年□□岁。二甲九十九名进士。○覆试一等五十九名,朝考二等二十一名。

阎祖训○江西人。年二十岁。二甲一百名进士。覆试二等四十六名,朝考一等七十一名。

○许叶笏江西人。年十九岁。二甲一百十四名进士。覆试二等六十一名,朝考一等五十名。

宋名璋○江西人。年□十二岁。二甲一百十六名进士。覆试二等二十一名,朝考二等九十二名。

○舒伟俊江西人。年一十三岁。三甲二十一名进士。覆试三等十七名,朝考一等四十四名。

江西进士十名:

欧阳绍祁○江西人。年二十六岁。三甲二十七名进士。覆试一等六十九名,朝考二等二十三名。

聂传曾江西人。年三十六岁。三甲二十九名进士。○覆试三等二十九名,朝考二等二十九名。

○雷恒江西人。年三十七岁。三甲四十六名进士。覆试三等九十二名,朝考一等二十六名。

周观涛江西人。年二十八岁。三甲三十四名进士。○覆试三等二十九名,朝考三等六十一名。

黄为基江西人。年二十一岁。三甲八十名进士。○覆试三等八十一名,朝考二等一百十七名。

叶湘江西人。年二十三岁。三甲九十名进士。○覆试二等五十四名,朝考三等三十一名。

李臣淑江西人。年三十二岁。三甲九十四名进士。○覆试三等九十八名,朝考三等八十三名。

陈迪吉江西人。年五十六岁。三甲九十九名进士。○覆试三等八十四名,朝考三等一百一名。

饶孟任○江西人。年二十二岁。三甲一百十七名进士。覆试一等五十八名,朝考三等二十名。

李凝江西人。年四十一岁。三甲一百十九名进士。○覆试二等一百六名,朝考三等九十八名。

…………

422　军机大臣字寄署江西巡抚夏。光绪三十年六月初九日,奉上谕:已革道员郭人漳,前在陕西当差,声名甚劣,降旨革职。现经夏旹委带江西常备中军,殊属不合。著该署抚即行撤换,不准逗留。营务关系紧要,该署抚务当破除情面,遴委贤员接统,以期得力而资整顿,毋稍瞻徇。钦此。遵旨寄信前来。

446　军机大臣字寄直隶、两江、陕甘、四川、闽浙、湖广、两广、云贵各总督,江苏、安徽、山东、山西、河南、陕西、甘肃、新疆、浙江、江西、湖北、湖南、广东、云南各巡抚。光绪三十年六月二十一日,奉上谕:朕钦奉慈禧端佑康颐昭豫庄诚寿恭钦献崇熙皇太后懿旨,前因时事方殷,需款孔急,曾经密谕各督抚切实筹办。昨赵尔巽来京召见,连日垂询,布置东三省事宜,该抚亦以外交兵备财政为入手要著。此事为全球各国所注意,实我中国大局安危所关,即使事机俱顺,非得数枝劲旅,大宗的款极力经营,不足以厚声势而保权利，况强邻交逼，事变难知，更恐有出于意料之外者。朝廷先事图维，焦思倍切，各省疆臣均受国家心膂之寄，自应同心协力，共济艰危。其筹画东三省一切，有何深谋至计，著该督抚各抒所见，具折密陈，以备采择。至现在库藏空虚，内外同一支绌，然事势迫切，练兵筹饷实刻不容缓之时，无论如何为难，总当先顾根本。著各省通力合作，联为一气，应如何移缓就急腾挪接济之处，著仍遵前旨一并速筹具奏。钦此。遵旨寄信前来。

512 光绪三十年七月十八日，内阁奉上谕：夏旹片奏，参劾不职各员等语。江西分宜县知县施联元，少年纨绔，难膺民社；前署德兴县候补知县陈公度，办事粗卤，违例滥刑；安福县帮催丁漕委员·候补知县刘信孚，纵容丁役，怨黩繁兴；前办官银钱号候补知县张仁荃，账目含混，物议滋多；德化县小池口巡检郎锡恩，擅受酿命；万年县典史张从龙，藉案索扰，均著即行革职。弋阳县知县吴庆杨目疾已久，著即开缺。余著照所议办理。该部知道。钦此。

755 前江西抚州府知府陈振瀛，
旨：著以知府用。
旨：著以简缺知府用。
旨：著以同知用。
〇朱旨：著以原品休致。

785 军机大臣字寄财政处，户部，两江、湖广、闽浙、两广各总督，江苏、江西、安徽、湖南、广东、广西各巡抚。光绪三十年十一月初十日，奉上谕：铁良奏拟请派员抽收土膏统捐，以裕度支一折。据称，湖北、湖南合力于宜昌设立总局，抽收土膏税捐，继又并江西、安徽两省合办，较各省分办之时溢收甚巨，已著成效。两广、苏、闽亦系云、贵、川土行销之地，若合八省为一收数，必更可观。收捐章程，悉照宜昌现行办法，凡纳总捐后，运售各省者，如非落地销售，概不重征。此项收款，均照二十九年收数，作为各省定额，由宜局合收分解溢收之数，另款存储候拨等语。土药税捐统归一处抽收，既为商民省累，又于进款加增。著财政处、户部即行切实举办。其统捐收数，除按各省定额仍照旧拨给应用外，其余溢收之数，均著另储候解，专作练兵经费的款，不得挪移，至此项统捐，应如何遴派妥员通筹办法，期于推行尽利之处，并著财政处、户部会商各该省督抚从速详定章程，奏明办理。原折均著抄给阅看。将此各谕令知之。钦此。遵旨寄信前来。

861 光绪三十年十二月初五日，内阁奉上谕：江西巡抚著胡廷幹补授，杨士骧著署理山东巡抚。钦此。

光绪三十一年

146 光绪三十一年三月初五日，内阁奉上谕：江西南赣镇总兵何明亮，著即开缺,蒋云龙著调补南赣镇总兵;浙江处州镇总兵员缺,著邱开浩补授。钦此。

156 保举武职单:
协领刘绍基;
前江西抚标中军参将鲍庄,光绪三十一年四月二十日周洛查覆已收;
前黑龙江布特哈正红旗佐领德海;
候补副将杜荣秀;
前云南永昌协副将刘锐恒;
补用参将吴杰;
补用都司廖天佑;
前贵州遵义协副将马柱;
候补副将罗志珂;
前河标中军副将郭达森;
候补副将谢荣新;
前四川叙马营都司翁焕章;
塔尔巴哈台屯防副将谷振杰。

270 光绪三十一年四月二十日,内阁奉上谕:江西按察使陈庆滋,著开缺另候简用;四川川北镇总兵初发祥,著开缺;奉天驿巡道王颐勋,广西左江道严震,浙江温州府知府王琛,河南河南府知府端谨,广东雷州府知府陈武纯,广西梧州府知府冯应龙,广西南宁府知府潘江,均著开缺,送部引见。钦此。

272 光绪三十一年四月二十一日,内阁奉上谕:江西按察使,著余肇康调补;山东按察使,著连甲补授。钦此。

318 交商部。本日贵部奏,江西绅士筹筑本省铁路,公拟章程,开单呈览折。又奏请给关防片。均奉旨:依议。钦此。相应传知贵部钦遵可也。此交。五月十二日。

344 光绪三十一年五月二十四日,内阁奉上谕:本日召见之道员用江西补用知府曹树藩,著交军机处存记。钦此。

622 光绪三十一年九月初二日,内阁奉上谕:江西饶州府知府员缺,著张检补授。钦此。

623 江西饶州府知府员缺,请旨简放。

863 交练兵处。本日贵处奏,江西应解练兵经费,请饬仍照原派数目,按期报解折。又奏,核覆陆元鼎奏,编练新军,分别募遣折。又奏,议覆林绍年奏,裁减绿营弁兵片。又奏,核覆刘永庆奏,酌调防营训练,暨另添卫队两哨折。均奉旨:依议。钦此。相应传知贵处查照办理可也。此交。十一月二十日。

942　光绪三十一年十二月十四日,内阁奉上谕:胡廷幹奏甄别属员一折。江西广饶九南道调补江苏苏松泰道瑞澂,吉南赣宁道江毓昌,候补道傅春官、吴庆焘,南昌府知府沈曾植,署南昌府事临江府知府徐嘉禾,萍乡县知县彭继昆,崇义县知县周仁寿,万载县知县张之锐,鄱阳县知县陈庆绶,均著传旨嘉奖。会昌县知县刘炳辉,才庸识闇,措置乖方;前署安义县事候补知县吴传荣,相验粗心,讳谋为斗;大挑知县林炽垣,奉委招摇,居心贪鄙;候补直隶州州判祝廷熙,假公济私,征多报少;进贤县县丞杨增德,老髦贪污,擅受殃民;试用县丞潘沅,棍徒聚赌,置若罔闻;胡葆昌,违章苛罚,禀撤有案;候补县丞蔡济良,诡诈居心,借端渔利;小池口巡检秦文炳,办事颟顸,罔知检束;金溪县教谕翁桂馨,品行卑污,士林不齿,均著一并革职。州判祝廷熙、知县林炽垣、县丞杨增德、蔡济良情节较重,均著永不叙用。署新昌县事上犹县知县汪培,性耽曲蘖,政拙措施;候补知县吴尹昌,驭下不严,致酿人命,均著以府经历县丞降补。候补知县廖思光,识浅才疏,办公竭蹶,著以教职归部铨选。宜黄县知县李克鑅,恃才傲物,措置失宜;大庾县知县周宝琦,迂缓性成,难胜边要;安义县知县文廉,听断才疏,事多丛脞,均著闲缺另补。建昌府教授漆均元,年力就衰,著即休致。余著照所议办理。该部知道。钦此。

975　(朱)○张履春,年四十一岁,江西南丰人,光绪二十四年进士,改庶吉士。二十九年四月散馆授职编修,六月充国史馆协修官,三十年十二月补纂修官,三十一年五月充编书处纂修官。

光绪三十二年

44　光绪三十二年正月十九日,内阁奉上谕:胡廷幹奏,查明上年江西被灾各属,分别缓征、递缓新旧钱漕等项,开单呈览一折。江西南昌等府所属各厅州县,上年夏秋之交被水、被旱情形轻重不同,收成均甚歉薄。若将应征新旧钱漕等项照常征收,民力实有未逮。加恩著照所请。所有勘实被灾新建等厅州县,并九江府同知所辖之南、九二卫,及勘未成灾、民困未苏之南昌等县并安义寄庄建昌等县,均著将应征新旧钱漕、芦课、屯余分别缓征、递缓,以纾民力。该抚即按照原单所开各厅州县村庄项亩分数暨应缓银两米石各数,刊刻誊黄,遍行晓谕,务使实惠均沾,毋任吏胥舞弊,用副朝廷轸念民艰至意。该部知道。单并发。钦此。

60　江苏巡抚陆元鼎、安徽巡抚诚勋、署山东巡抚杨士骧、山西巡抚张人骏、河南巡抚陈夔龙、陕西巡抚曹鸿勋、甘肃新疆巡抚联魁,尚未到任;浙江巡抚张曾扬、江西巡抚胡廷幹、湖南巡抚庞鸿书、广西巡抚林绍年,尚未到任;署贵州巡抚岑春蓂,尚未到任。

215　军机大臣字寄户部,盛京将军,福州将军,直隶、两江、陕甘、四川、湖广、两广、云贵各总督，江苏、安徽、山东、山西、浙江、江西、湖南、广西各巡抚。光绪三十二年二月三十日，奉上谕：户部奏，各关洋税、常税奏报迟延，请饬按结开单，先行报部各折片。海关洋税为入款大宗，专费拨付要需关系尤重，岂容丝毫牵混。前经户部奏准，饬令按结奏报，并将未经奏报各案分结分款并案具报。兹据奏称，各关仍复迟延推宕，未能一律办清，实属不成事体。嗣后著该将军、督抚责成各关道等遵照限期按结具报。结期满后三个月内，一面详报督抚，一面将收支数目开列清单，迳行报部稽核。如逾限不报，即将该关道等按照所定处分指名严参。至各关征收常税，例应按限奏销，并著责成委管关务之道员委员遵照此次奏定章程，于关期满后即先行缮单报部，并将从前未销各案予限一律办结。如违亦即严参。各该督抚综理一省财政，并著随时认真严核督饬遵办，以清积弊而裕饷源。余著照所议办理。钦此。遵旨寄信前来。

278　光绪三十二年三月二十二日，内阁奉上谕：江西南昌教案，前经外务部奏派直隶津海关道梁敦彦前往确查。昨召见该员，详询此案情形，据奏各节与胡廷幹电称情形既多不符，即该抚等叠次来电，亦复前后歧异，实属颟顸贻误。胡廷幹著先行撤任。布政使周浩已有旨查办，按察使余肇康于重要刑案未能立即讯验，著先行交部议处。此案仍著外务部悉心妥办。钦此。

279　光绪三十二年三月二十二日，内阁奉上谕：江西巡抚著吴重憙署理，迅即驰赴署任。胡廷幹，著俟吴重憙到任后，再行交卸。钦此。

357　光绪三十二年四月二十日，内阁奉上谕：学部奏请简放提学使司提学使一折。奉天提学使著张鹤龄补授，吉林提学使著吴鲁署理，黑龙江提学使著张建勋补授，直隶提学使著卢靖署理，江宁提学使著陈伯陶署理，江苏提学使著周树模署理，安徽提学使著沈曾植署理，山东提学使著连甲补授，山西提学使著宗室锡嘏补授，河南提学使著孔祥霖署理，陕西提学使著刘廷琛署理，甘肃提学使著陈曾佑署理，新疆提学使著杜彤署理，福建提学使著姚文倬补授，浙江提学使著支恒荣补授，江西提学使著汪诒书署理，湖北提学使著黄绍箕补授，湖南提学使著吴庆坻署理，四川提学使著方昶署理，广东提学使著于式枚补授，广西提学使著李翰芬署理，云南提学使著叶尔恺署理，贵州提学使著陈荣昌署理。所有编检、御史署理者，均著开缺，以道员用。余著照所议办理。钦此。

367　光绪三十二年四月二十一日，内阁奉上谕：江西南昌府知府员缺紧要，著该署抚于通省知府内拣员调补。所遗员缺，著于齐庆补授。钦此。

368　福建兴泉永道遗缺，江西南昌府知府遗缺，请旨简放。

432　军机大臣字寄署江西巡抚吴。光绪三十二年闰四月十九日，奉上谕：有人奏，江西临川县南乡腾桥一带有会匪窜入，知县黄锡光纵匪殃民等语。著吴重憙严饬派出员弁迅速剿办,毋任滋蔓。并将黄锡光被参情节,确切查明,据实具奏。原片著抄给阅看。将此谕令知之。钦此。遵旨寄信前来。

454　交吏部。军机大臣面奉谕旨:江西南昌府遗缺知府于齐庆,著于二十九日预备召见。钦此。相应传知贵部钦遵转传可也。此交。闰四月二十八日。

494　光绪三十二年五月十四日,内阁奉上谕:前据御史黄昌年奏参,江西藩司周浩执法徇私各款。当经谕令张之洞确查。兹据查明覆奏,该藩司贪污纵恣,把持省权,专任私人,贻误大局,著即行革职。至开办铜元,购办机器,诸多不实不尽。及官银号款项,并未移还,著吴重憙再行彻底严查,照数追缴,以重公款。江西补用知府崔湘,钻营谬妄,生事害民;永新县知县张善铎,贪污卑贱、小人之尤,均著革职,永不叙用。江苏补用直隶州知州吴沄,贪诈恶劣,公款不清;试用知县黄锡光,营谋署缺,不知廉耻;指分江苏知州徐履泰,鄙俗迎合,多招物议;江西候补知县张学勤,历充优差,损公肥私;试用道陈际清,险恶招摇,行同无赖,均著即行革职。江西候补道缪德棻,滥厕要差,衰耄无能,著勒令回籍。候补知府王祖荫,巧滑专擅、难资表率,著以州同降补。知县王祖彝,品行卑污,败坏风气;丁忧知县崔宝瑛,行径猥鄙,指摘交加;知县朱士元,倚势招摇,声名极劣;试用巡检董鸿,品行污下,衣冠败类,均著即行革职。幕友华枚生著查明有无职衔,即行斥革,并递解回籍,交地方官严加管束。华玉堂、冯心畲、冯履卿、冯冕均著一并驱逐,不准逗遛。江西司事金朝正,著拿获交地方官严加管束。家丁熊滨著拿获,解回原籍,监禁一年,限满仍严加管束,不准出外生事。余著照所议办理。该部知道。钦此。

499　光绪三十二年五月十五日,内阁奉上谕:江西布政使著沈瑜庆补授。钦此。

510　军机大臣字寄署江西巡抚吴。光绪三十二年五月二十三日,奉上谕:有人奏,江西萍乡县知县彭继昆等有围攻学堂,杀伤学生情事,请饬查办等语。著吴重憙按照所指各节,确切查明,据实具奏,毋稍徇隐。原片著抄给阅看。钦此。遵旨寄信前来。

542　光绪三十二年六月十四日,内阁奉上谕:江西巡抚著吴重憙补授。钦此。

697　军机大臣字寄江西巡抚吴。光绪三十二年八月初十日,奉上谕:有人奏,江西庐陵县本年五月民变之案,办理未能平允等语。著吴重憙确切查明,据实具奏,毋稍徇隐。原片著抄给阅看。钦此。遵旨寄信前来。

737　光绪三十二年八月二十三日,内阁奉上谕:江西广信府知府员缺,著关榕祚补授。钦此。

738　江西广信府知府员缺,请旨简放。

765　光绪三十二年八月三十日,内阁奉上谕:江西广饶九南道员缺著文炳调补。钦此。

766　江西广饶九南道员缺,请旨简放。

1009　光绪三十二年十一月初二日,内阁奉上谕:江西巡抚著瑞良补授,迅赴新任。钦此。

1049　军机大臣字寄升任江西巡抚吴、江西巡抚瑞。光绪三十二年十一月十三日,奉上谕:有人奏,江西会党甚多,伏莽遍地,深恐来机煽动等语。著吴重憙、瑞良随时防范,严密查拿,毋令养癰贻患。原片均著抄给阅看。钦此。遵旨寄信前来。

1081　交农工商部。本日贵部奏,江西省垣设立商务总会,请发给关防折。奉旨:依议。钦此。又奏,开用改铸印信片。奉旨:知道了。钦此。相应传知贵部,钦遵可也。此交。十一月十八日。

1174　军机大臣字寄两江总督端、湖广总督张、江西巡抚瑞、湖南巡抚岑。光绪三十二年十二月十四日,奉上谕:翰林院侍讲吴士鉴奏,江西义宁州萍乡县邻近湘省,辖境太宽,请析疆分治一折。著端方、张之洞、瑞良、岑春蓂体察情形,会同妥议具奏。原折均著抄给阅看。钦此。遵旨寄信前来 。

1177　光绪三十二年十二月十五日,内阁奉上谕:吴重憙奏,参贪劣不职各员一折。江西卸署临江府知府·候补知府任贵震,不顾名誉,舆论嚣然;新昌县知县马肇修,玩视要案,藉病延诿;南康县知县钟祖彤,纵容丁役,严饬不遵;署上犹县知县候补知县余登云,舆情不洽,声名平常;定南厅训导邱焕然,干预词讼,不守本分;临川县东馆司巡检李世龄,不惜声名,屡被讦控;试用库大使嵇承榕,需索差费,加倍要求,均著即行革职。余著照所议办理。该部知道。钦此。

光绪三十三年

17　光绪三十三年正月初十日,内阁奉上谕:瑞良奏,查明上年江西被灾各属分别缓征递缓新旧钱漕等项,开单呈览一折。江西南昌等府各属上年春夏间雨水过多,入秋以后又患干旱,被灾情形轻重不同,收成均甚歉薄。若将应征新旧钱漕等项照常征收,民力实有未逮。加恩著照所请。所有勘实被灾新建等厅县并九江府同知所辖之南、九二卫,及勘未成灾、民困未苏之南昌等县并安义寄庄建昌等县均著将应征新旧钱漕、芦课、屯余分别缓征递缓,以纾民力。该抚即按照原单所开各厅县村庄顷亩分数暨应缓银两米石各数,刊刻誊黄,遍行晓谕,务使实惠均沾,毋令吏胥舞弊,用副朝廷轸念民艰至意。该部知道。单并发。钦此。

400　光绪三十三年五月十六日,奉旨:此次考试各省保送举贡,宗室取中三名、满洲取中十名、蒙古取中五名、汉军取中七名、直隶取中二十七名、奉天取中五名、山东取中二十五名、山西取中十三名、河南取中十八名、陕西取中十五名、甘肃取中十名、江苏取中二十八名、安徽取中十八名、浙江取中二十八名、江西取中二十五名、湖北取中十六名、湖南取中十六名、四川取中十七名、福建取中二十五名、广东取中十八名、广西取中十四名、云南取中十四名、云贵取中十四名。钦此。

401 恭拟取中各省举贡名数单：

宗室拟取中三名；

满洲拟取中十名；

蒙古拟取中五名；

汉军拟取中七名；

直隶拟取中二十七名；

奉天拟取中五名；

山东拟取中二十五名；

山西拟取中十三名；

河南拟取中十八名；

陕西拟取中十五名；

甘肃拟取中十名；

江苏拟取中二十八名；

安徽拟取中十八名；

浙江拟取中二十八名；

江西拟取中二十五名；

湖北拟取中十六名；

湖南拟取中十六名；

四川拟取中十七名；

福建拟取中二十五名；

广东拟取中十八名；

广西拟取中十四名；

云南拟取中十四名；

贵州拟取中十四名。

408 光绪三十三年五月二十日，内阁奉上谕：瑞良奏，考查属员分别举劾一折。江西吉南赣宁道江毓昌、抚州府知府王乃澂、饶州府知府张检、前署宁都州知州仓尔桢、宁都州州判黄懋典、九江府同知严家炽、鄱阳县知县陈庆绶、前署萍乡县万载县知县张之锐、宜春县知县阮保泰、前署乐安县知县汪都良，均著传旨嘉奖。金溪县知县王易，罔民嗜利，物议沸腾；南丰县知县周仁寿，萎靡不振、办理粗率；前署奉新县知县马振仪，性耽安逸，心地糊涂；高安县知县唐显谟，信任左右，事多废弛；临川县典史宋家琳，颇招物议，被控有案；署南城县新丰司巡检林正春，性情巧滑，心术难信；代理南城县典史陈树滋,事理欠明,短于才识;萍乡县安乐司巡检程焳,纵蠹苛索,致滋民怨;署金溪县典史陈廷芳,声名平常,均著即行革职。广昌县训导胡钟杰,视听龙钟,著即休致。余著照所议办理。钦此。

471　军机大臣字寄直隶、两江、闽浙、湖广、两广各总督,江苏、安徽、山东、浙江、江西、湖南各巡抚。光绪三十三年六月十一日,奉上谕:昨已有旨饬端方等会商巡缉长江章程。现值人心不靖,隐患宜防。应如何布置,以期有备无患之处。著沿江、沿海各督抚体察情形,妥筹办理。钦此。遵旨寄信前来。

512　光绪三十三年六月二十一日,礼部带领各省覆试举人验看人员。

…………

江西十七名:

贺赞元年二十七岁,永新县举人,一等第三名。

邱有光年三十七岁,金溪县举人,一等第二十八名。

祝尔宏年三十四岁,铅山县举人,一等第四十名。

彭士华年三十八岁,临川县举人,一等第五十三名。

刘纯仁年二十六岁,新昌县举人,一等第七十四名。

高超年三十四岁,彭泽县举人,二等第二十二名。

黎呈铨年二十八岁,南康县举人,二等第三十五名。

吴定川年二十六岁,萍乡县举人,二等第四十一名。

张锡年年三十九岁,武宁县举人,二等第四十八名。

邱璧年二十九岁,宁都州举人,二等第五十三名。

万方俨年三十三岁,南昌县举人,二等第六十二名。

彭蠡滨年三十五岁,鄱阳县举人,二等第八十七名。

刘九穗年三十五岁,萍乡县举人,二等第一百八名。

陈鸿宝年三十八岁,泰和县举人,三等第十四名。

欧阳增勋年四十一岁,萍乡县举人,三等第二十七名。

余国琛年三十七岁,都昌县举人,三等第四十九名。

李燮元年三十六岁,赣县举人,三等第一百三十名。

…………

700　军机大臣字寄陆军部,直隶、两江、湖广各总督,江苏、安徽、山东、江西、湖南各巡抚,云南提督。光绪三十三年八月十二日,奉上谕:现在长江一带地方盗贼充斥,会党繁多,亟宜严加防范,免致滋生事端。著云南提督夏辛酉迅即统带所部,酌量添募营队,前往沿江一带扼要屯扎,专作为长江游击之师。并会商沿江各督抚筹办江防事宜。无论何处小有蠢动,一闻警报,该提督即带得力营队迅赴事机,立即扑灭,勿任蔓延。平时仍须加意巡防,毋稍松懈。沿江各督抚等尤当协力维持,认真筹画,以期销患未萌,共保治安。将此各谕令知之。钦此。遵旨寄信前来。

739 光绪三十三年八月二十三日,内阁奉上谕:江西建昌府知府员缺,著朱有基补授。钦此。

740 江西建昌府知府员缺,请旨简放。

742 光绪三十三年八月二十六日,内阁奉上谕:江西按察使,著瑞澂补授。钦此。

798 军机大臣字寄两江、湖广各总督,江苏、安徽、江西、湖南各巡抚。光绪三十三年九月初八日,奉上谕:护理湖广总督李岷琛奏,筹议湖北巡缉江防章程一折。著各该督抚体察情形,妥速□□,认真办理。原折著抄给阅看。钦此。遵旨寄信前来。

890 军机大臣字寄江西巡抚瑞。光绪三十三年十月初二日,奉上谕:有人奏,江西地瘠民贫,请仍照旧征收丁漕一折。著瑞良查核办理。原折著抄给阅看。钦此。遵旨寄信前来。

1122 军机大臣字寄江西巡抚瑞。光绪三十三年十二月初三日,奉上谕:都察院奏,江西民人汪起法等以徇纵枉法等词呈控,据情代奏一折。著瑞良督饬缉获要犯,严行讯办,以肃法纪。原折著抄给阅看。钦此。遵旨寄信前来。(抄交都察院)

1226 军机大臣字寄两江总督瑞、湖广总督赵、江苏巡抚陈、安徽巡抚冯、湖南巡抚岑、暂护江西巡抚沈、长江水师提督程、云南提督夏。光绪三十三年十二月二十九日,奉上谕:冯煦奏遵议长江防务等语。著端方、赵尔巽、陈启泰、冯煦、岑春蓂、沈瑜庆、程文炳、夏辛酉会同妥商办理。原片著分别抄给阅看。将此各谕令知之。钦此。遵旨寄信前来。

光绪三十四年

26 光绪三十四年正月十一日,内阁奉上谕:瑞良奏,查明上年江西被灾各属分别缓征、递缓新旧钱漕等项,开单呈览一折。江西南昌等府各属上年春夏之交,雨水过多,五六月间又患亢旱,被灾情形轻重不同,收成均甚歉薄。若将应征新旧钱漕等项照常征收,民力实有未逮。加恩著照所请。所有勘实被灾新建等县并九江府同知所辖之南、九二卫,及勘未成灾民困未苏之南昌等厅县并安义寄庄建昌等县,均著将应征新旧钱漕、芦课、屯余分别缓征、递缓,以纾民力。该抚即按照原单所开各厅县村庄顷亩分数暨应缓银两米石各数,刊刻誊黄,遍行晓谕,务使实惠均沾,毋令吏胥舞弊,用副朝廷轸念民艰至意。该部知道。单并发。钦此。

139　光绪三十四年二月十二日,内阁奉上谕:湖南按察使著陆钟琦调补,陈夔麟著调补江西按察使。钦此。

173　军机大臣字寄两江总督端。光绪三十四年二月二十六日,奉上谕:有人奏,江西布政使沈瑜庆,结党营私,劣迹昭著,据实纠参一折。著端方按照所参各款,确切查明,据实具奏,毋稍徇隐。原折著抄给阅看。钦此。遵旨寄信前来。

181　光绪三十四年二月二十九日,内阁奉上谕:瑞良奏亲病未痊,吁请开缺一折。江西巡抚瑞良,著准其开缺,留京当差。钦此。

182　光绪三十四年三月初一日,内阁奉上谕:江西巡抚著冯汝骙调补,柯逢时著补授浙江巡抚,均著迅赴新任,毋庸来京请训。钦此。

215　光绪三十四年三月初八日,内阁奉上谕:江西南赣镇总兵员缺,著邱俊凤补授。钦此。

216　光绪三十四年三月初八日,内阁奉上谕:江西南赣镇总兵蒋云龙,著即开缺。钦此。

236　光绪三十四年三月十三日,内阁奉上谕:端方等奏查办江西南康赣县教案,业经议结一折。所有纵容匪徒闹教之已革署南康县知县杨寅揆,著永不叙用,并不准投效他省,别请奖叙。其防范不严之赣州府知府关榕祚、赣县知县张学培、南安府知府裕隆、署崇义县知县张超,著一并交部议处。余著照所议办理。该部知道。钦此。

241　光绪三十四年三月十五日,内阁奉上谕:江毓昌著调补湖南辰永沅靖道,江西吉南赣宁道员缺,著俞明颐调补。钦此。

308　光绪三十四年四月初四日,内阁奉上谕:江西吉安府知府员缺,著武玉润补授。钦此。

662　军机大臣字寄江西巡抚冯。光绪三十四年七月二十五日,奉上谕:有人奏,地方官违例擅用非刑,请予罢斥,并饬将德化县民罗德铤案秉公办理一折。著冯汝骙按照所参各节,认真查办,毋稍瞻徇。原折著抄给阅看。钦此。遵旨寄信前来。

780　光绪三十四年九月初四日,内阁奉上谕:江西布政使沈瑜庆,著开缺另候简用,刘春霖著补授江西布政使。钦此。

1145　钤章。军机大臣字寄江西巡抚冯。光绪三十四年十二月初三日,奉上谕:有人奏江西丁漕抑使银圆,请饬查究等语。著冯汝骙切实查明,毋稍徇隐。原片著抄给阅看。钦此。遵旨寄信前来。军机大臣署名:臣奕、臣世、臣张、臣鹿、臣袁。

1232　京外各衙门保存人才员名单

…………

江西补用道曹树藩，拟请仍以道员记名简放

…………

在任候补道江西抚州府知府王乃征，拟请以道员记名简放

…………

1262　钤章。光绪三十四年十二月二十一日，内阁奉上谕：冯汝骙奏，查明江西被灾各属，分别缓征递缓新旧钱漕等项，开单呈览一折。江西南昌等府各属本年春夏间雨水过多，入秋以后又复亢旱，被灾情形轻重不同，收成均甚歉薄。若将应征新旧钱漕等项照常征收，民力实有未逮。加恩著照所请。所有勘实被灾新建等厅县并九江府同知所辖之南、九二卫，及勘未成灾、民困未苏之南昌等县，并安义寄庄建昌等县均著将应征新旧钱漕、芦课、屯余分别缓征、递缓，以纾民力。该抚即按照原单所开各厅县村庄顷亩分数暨应缓银两米石各数，刊刻誊黄，遍行晓谕，务使实惠均沾，毋任吏胥舞弊，用副朝廷轸念民艰至意。该部知道。单并发。钦此。军机大臣署名：臣奕、臣世、臣张、臣鹿、臣那。

1332　钤章。光绪三十四年十二月三十日，内阁奉上谕：江西饶州府知府员缺，著王祖同补授。钦此。军机大臣署名：臣奕、臣世、臣张、臣鹿、臣那。

1334　钤章。光绪三十四年十二月三十日，内阁奉上谕：冯汝骙奏，查明戒烟不力各员，据实明参一折。据称，江西抚州府通判宋维英、武宁县典史徐家骏，访查明确，嗜好甚深；试用通判濮维巧为掩饰；候补直隶州知州胡国香，试用知县周衍祜，试用按司狱姚德峻，试用府经历黄毓琇，试用县丞王邦瑞、葛璠、夏仁澍、程世纶，补用府照磨黄尧章，兴国县衣锦司巡检张堉，传验不到，有意规避；试用知县王瑞同补用府经历范而韩，候补从九张葆和，不服检查，肆言无忌，著一并革职。试用同知戴鸿逵，另补知县周宝琦，试用县丞严天骥，试用巡检熊瑞征，精神颓败，难期振作，均著以原品休致。余著照所议办理。该衙门知道。钦此。军机大臣署名：臣奕、臣世、臣张、臣鹿、臣那。

宣统朝

宣统元年

156　钤章。军机大臣钦奉谕旨:陆军部奏,核议江西南赣剿匪奖案,声明定章请旨一折。著照二十年史部定章,文武分计各以十员为限。钦此。军机大臣署名:臣奕、臣世、臣张、臣鹿、臣那(假)。六月十六日。

162　钤章。宣统元年二月十七日,内阁奉上谕:安徽皖南镇总兵吴继培、甘肃河州镇总兵罗平安均著开缺。四川按察使和尔赓额著开缺另候简用。福建兴泉永道刘庆汾、吉林依兰府知府王嘉禾、江西瑞州府知府吴祖椿、云南楚雄府知府尹肇熙、贵州思南府知府余云焕均著开缺送部引见裁缺。江西督粮道锡恩著送部引见。钦此。军机大臣署名:臣奕、臣世、臣张、臣鹿、臣那(假)。

196　钤章。军机大臣钦奉谕旨:都察院代递广东京官礼部簿正沈宗畴等以已革江西试用知府黎廷辅等被参冤抑,恳恩开复原官衔翎呈一件。著照所请。该部知道。钦此。军机大臣署名:臣奕、臣世、臣张、臣鹿、臣那(假)。二月二十三日

254　钤章。宣统元年闰二月初八日,内阁奉上谕:荣庆等奏,查验续经报到荐举各员,分别加考开单呈览一折。所有开复原衔前湖南候补道金还著查验大臣荣庆等带领引见。前署江西提学使汪诒书、调补江西吉南赣宁道俞明颐、存记海关道留直补用道李德顺、升用道广西平乐府知府徐宗荫,著自本月初十日起按照名次先后每日二员呈递膳牌,伺候召见。如是日未经召见,仍于次日预备。钦此。军机大臣署名:臣奕、臣世、臣张、臣鹿、臣那(假)。

272　保荐人才员名单:

前署江西提学使汪诒书,拟请旨交军机处存记。

调补江西吉南赣宁道俞明颐,拟请旨著以应升之缺交军机处存记。

存记海关道留直补用道李德顺,拟请旨著仍以海关道记名简放。

升用道广西平乐府知府徐宗荫,拟请旨著在任以道员记名简放。

开复原衔前湖南候补道金还，拟请旨著以知府补用。

补用直隶州知州前河南候补知县陈文藻，拟请旨著以直隶州知州仍发往河南遇缺即补。

273 钤章。宣统元年闰二月十二日，内阁奉上谕：续经报到保荐人才经派荣庆等查验询问，兹已一律召见引见完竣。所有开单之前署江西提学使汪贻书，著交军机处存记。调补江西吉南赣宁道俞明颐，著以应升之缺交军机处存记。存记海关道留直补用道李德顺，著仍以海关道记名简放。升用道广西平乐府知府徐宗荫，著在任以道员记名简放。开复原衔前湖南候补道金还，著以知府补用补行。引见之补用直隶州知州前河南候补知县陈文藻，著以直隶州知州仍发往河南遇缺即补。钦此。军机大臣署名：臣奕、臣世、臣张、臣鹿（假）、臣那（假）。

331 钤章。宣统元年闰二月二十五日，内阁奉上谕：江西九江府知府员缺，著璞良补授。钦此。军机大臣署名：臣奕、臣世（假）、臣张、臣鹿、臣那（假）。

332 江西九江府知府员缺，请旨简放。

368 钤章。军机大臣字寄两江总督端、江西巡抚冯。宣统元年三月初三日，奉上谕：有人奏，江西州县征收丁漕往复折扣，抑勒病民一折。著端方、冯汝骙按照所陈各节体察情形，妥筹具奏。原折著抄给阅看。钦此。遵旨寄信前来。军机大臣署名：臣奕、臣世、臣张、臣鹿（差）、臣那（假）。钤章署名原件交两江总督。

451 钤章。军机大臣钦奉谕旨：邮传部奏，勘查江西安徽铁路路线股资大概情形一折。知道了。钦此。军机大臣署名：臣奕、臣世、臣张、臣鹿、臣那（假）。三月十九日。

642 钤章。宣统元年五月初七日，内阁奉上谕：江西抚州府知府员缺，著李馨国补授。钦此。军机大臣署名：臣奕、臣世、臣张、臣鹿、臣那。

643 江西抚州府知府员缺，请旨简放。

692 钤章。宣统元年五月二十一日，内阁奉上谕：江苏巡抚陈启泰由翰林补授御史，外任府道，洊擢封圻，植品端严，政声卓著，前因患病赏假俾资调理。兹闻溘逝，轸惜殊深。加恩著照巡抚例赐恤，任内一切处分悉予开复，应得恤典，该衙门察例具奏。灵柩回籍时，著沿途地方官妥为照料。伊子江西试用同知陈继鹭，著以知府仍留原省补用，用示笃念荩臣至意。钦此。军机大臣署名：臣奕、臣世、臣张、臣鹿、臣那（差）。

760 钤章。宣统元年六月二十四日，内阁奉上谕：江西南昌府知府员缺紧要，著该督抚于通省知府内拣员调补。所遗员缺，著锡麟补授。钦此。军机大臣署名：臣奕、臣世、臣张（假）、臣鹿、臣那（差）。

795　谨将文职私罪降革情节较轻人员开具简明事由，缮具清册，计开：

…………

降补江西永新县县丞前河南试用通判潘淮沂，经河南巡抚倪文蔚于甄别案内以该员举止轻率、专事钻营奏参。光绪十五年正月十四日，奉上谕：著以府经历县丞降补。铁此。

已革江西莲花厅同知崔祺，经翰林院侍读学士文廷式奏参，嗣经江西巡抚德寿查明，覆奏该员信任亲友，遇事讹索。光绪二十二年正月二十六日，奉上谕：著即行革职。钦此。

已革江西试用通判张传鼐，经江西巡抚李兴锐于举劾案内以该员卑污苟且，遇事招摇，奏参。光绪二十七年五月十七日，奉上谕：著即行革职。钦此。

已革江西德安县知县贺辉玉，经江西巡抚李兴锐于大计案内以该员性情粗鄙，罔恤民艰，注考经部，照不谨例议以革职。光绪二十八年三月二十日，奉旨：依议。钦此。

已革江西南康县知县钟祖彤，经江西巡抚吴重憙于甄别案内以该员纵容丁役，严饬不遵奏参。光绪三十二年十二月十五日，奉上谕：著即行革职。钦此。

797　谨将续查降补降调革职分别公罪、私罪及勒令休致、永不叙用各废员开具简明事由，开列于后，计开：

…………

署江西袁州营都司胡经魁，因公事玩误，声名甚劣。光绪二十三年三月经江西巡抚德寿奏参革职，现委办南昌东乡集益农务局。

848　钤章。宣统元年七月二十三日，内阁奉上谕：江西按察使，著陶大均补授。钦此。军机大臣署名：臣奕、臣世、臣张（假）、臣鹿、臣那。

851　署外务部左丞陶大均现已简放江西按察使。所遗外务部左丞，请派员署理。

1117　钤章。宣统元年十月十六日，内阁奉上谕：署江西提学使林开謩，著开去提学使署缺，以道员发往南洋，交张人骏差遣委用。钦此。军机大臣署名：臣奕、臣世、臣鹿、臣那、臣戴。

1135　钤章。宣统元年十月十八日，内阁奉上谕：江西提学使汤寿潜奏，沥述下情，恳请收回成命一折。览奏具见孝思，惟江西学务重要，该员学问素优，正资整顿，且就近迎养亦属甚便，著仍遵前旨赴任，勿庸固辞。钦此。军机大臣署名：臣奕、臣世、臣鹿、臣那、臣戴。

1241　钤章。宣统元年十一月二十一日，内阁奉上谕：江西吉安府知府员缺，著夏启瑜补授。钦此。军机大臣署名：臣奕（假）、臣世、臣鹿、臣那、臣戴。

1333　钤章。宣统元年十二月十五日，内阁奉上谕：前据御史江春霖奏参疆臣素相朋比肆为谩欺一折。当经谕令张人骏确查。兹据查明覆奏，江西巡抚冯汝骙谨饬和平，所参烟瘾甚重，卖缺徇私各节，均无实迹可指。至其用人间有未当，已将各员分别参撤，毋庸再议。惟该抚于提回公费及委用丁忧人员沈铭照二事，虽有文牍可稽，或前任曾经派委，与私行提取滥加委任者有别，但均未奏报，难辞疏忽之咎。冯汝骙著交部议处。候补知县何慧曾承办供张任子私用，浮开溢数，希图冒领，迹近侵欺，著即行革职。余著照所议办理。该部知道。钦此。军机大臣署名：臣奕、臣世、臣鹿、臣那、臣戴。

1347　钤章。宣统元年十二月十八日，内阁奉上谕：冯汝骙奏，特参文武不职各员，请分别惩处一折。江西广信府河口镇同知鲍祖祥，偏听妄控，扰累无辜；泰和县知县陈善垣，声名甚劣，难膺民社；候补知县张炳华，办理玉山税卡，纵容巡丁苛扰商贾；试用知县夏显斌，居心险诈，专务钻营；试用知县邱锡渊，前代理德化县办事轻浮，不谙政体；试用知县胡会昌，前办义宁州官银分号司事舞弊，故为徇纵；武宁县训导熊舒长，交结劣绅，唆讼多事；广丰县县丞成富春习为巧诈；玉山县典史祝襄，擅受民词；洋口司巡检黄兆棠，被控有据；湖坊司巡检曹国英，纵庇地保；署小池司巡检刘炳南，丁役用事；吉水县典史柏长青，行为谬妄；补用直隶州知州朱上清，前带巡防营纪律废弛，缺旷亦多；升用都司葛屏藩，前带巡防营不守正规，营务败坏；南康营都司刘鸿章，任性放荡，不守营规；羊角营都司米生富，纵兵扰民，不知约束；横冈营都司林祖武，收受赌规，纪律懈弛；丰城汛把总李仕焕，民怨甚深；新城汛把总涂英兰，任性妄为，著一并革职。试用知府杨德鋆，前办赣州官银分号，迂懦无能，耗损公款，尚无营私肥己情事，著以同知降补。龙泉县知县陈瑞鼎，书吏招摇，不能约束，著开缺另补。试用知县徐李泰，办理乐平税卡，短收甚巨，著摘去顶戴，勒限赔缴。署泸溪县试用知县朱兆麟、署峡江县试用知县钱之隧，财政报册逾限，均著交部议处。余著照所议办理。该部知道。钦此。军机大臣署名：臣奕、臣世、臣鹿、臣那、臣戴。

1352　钤章。宣统元年十二月十九日，内阁奉上谕：冯汝骙奏查明江西被灾各属，分别缓征递缓新旧钱漕等项，开单呈览一折。江西南昌等府各属本年入夏以来，雨水过多，山溪暴发，河湖并涨，沿河禾苗多被淹浸。又因晴霁日久，天气亢旸，晚禾杂粮渐形黄萎，收成均甚歉薄，若将应征新旧钱漕等项照常征收，民力实有未逮。加恩著照所请。所有勘实被灾之新建等厅县并九江府同知所辖之南九二卫，均著将应征新旧钱漕芦课屯余分别缓征递缓，以纾民力。该抚即按照原单所开各厅县村庄顷亩分数暨应缓银两米石各数，刊刻誊黄，遍行晓谕，务使实惠均沾，毋任吏胥舞弊，用副朝廷轸念民艰至意。该部知道。单并发。钦此。军机大臣署名：臣奕、臣世、臣鹿、臣那、臣戴。

1362　钤章。宣统元年十二月二十日，内阁奉上谕：吏部奏，遵议江西巡抚冯汝骙处分一折。冯汝骙应得降二级留任处分，著不准抵销。安徽巡抚朱家宝查办此案于冯汝骙应奏不奏一节漏未声明，殊属不合。朱家宝著交部议处。钦此。军机大臣署名：

臣奕、臣世、臣鹿、臣那、臣戴。

宣统二年

34　钤章。宣统二年正月十八日，内阁奉上谕：汤寿潜奏，父老且衰，势难就养，恳请开缺一折。江西提学使汤寿潜，著准其开缺。钦此。军机大臣署名：臣奕、臣世、臣鹿、臣那。

43　钤章。宣统二年正月十九日，内阁奉上谕：江西提学使，著王同愈补授。钦此。军机大臣署名：臣奕、臣世、臣鹿、臣那、臣吴。

288　钤章。宣统二年四月十四日奉旨：此次考试各省保送举贡宗室取中二名，满洲取中十三名，蒙古取中四名，汉军取中五名，直隶取中三十二名，奉天取中四名，山东取中二十六名，山西取中十二名，河南取中十六名，陕西取中十一名，甘肃取中七名，江苏取中二十名，安徽取中十四名，浙江取中二十二名，江西取中二十一名，湖北取中十五名，湖南取中十二名，四川取中十四名，福建取中二十二名，广东取中十五名，广西取中十二名，云南取中十名，贵州取中十一名。钦此。军机大臣署名：臣奕、臣世、臣鹿假、臣那、臣吴。

289　恭拟取中全省举贡名数单：

宗室拟取中二名，

满洲拟取中十三名，

蒙古拟取中四名，

汉军拟取中五名，

直隶拟取中三十二名，

奉天拟取中四名，

山东拟取中二十六名，

山西拟取中十二名，

河南拟取中十六名，

陕西拟取中十一名，

甘肃拟取中七名，

江苏拟取中二十名，

安徽拟取中十四名，

浙江拟取中二十二名，

江西拟取中二十一名，

湖北拟取中十五名，

湖南拟取中十二名，

四川拟取中十四名，
福建拟取中二十二名，
广东拟取中十五名，
广西拟取中十二名，
云南拟取中十名，
贵州拟取中十一名。

400 …………
江西十四名：
张棣年二十□岁。系江西□□县举人。覆试□等第十四名。
刘登瀛年二十五岁。系江西□□县举人。覆试□等第□□名。
宋焕奎年二十九岁。系江西□□县举人。覆试□等第□□名。
夏敬恺年三十九岁。系江西□□县举人。覆试□等第五十名。
詹联芳年二十五岁。系江西□□县举人。覆试一等第□□名。
王盛春年二十三岁。系江西□□县举人。覆试□等第七十九名。
贺长治年三十岁。系江西□□县举人。覆试□等第□□名。
涂树霖年三十岁。系江西□□县举人。覆试□等第□□名。
王□□年□□岁。系江西□□县举人。覆试□等第□□名。
李正谊年二十九岁。系江西□□县举人。覆试二等第二十□名。
丁永晖年二十三岁。系江西□□县举人。覆试二等第□□名。
□罗富年四十六岁。系江西□□县举人。覆试□等第□□名。
涂树藩年二十九岁。系江西□□县举人。覆试□等第□□名。
吴孝展年二十□岁。系江西□□县举人。覆试二等第□□名。
…………

405
宣统二年五月十二日礼部带领各□□□□□见。
…………
江西七名：
黄衍袁年三十六岁。系江西上猷县拔贡生。覆试一等第十一名。
熊胜年二十九岁。系江西新建县副贡生。覆试一等第五十三名。
黄鹏年三十一岁。系江西新昌县优贡生。覆试二等第二名。
李政准年三十三岁。系江西永新县贡生。覆试二等第五十七名。
汤之光年四十五岁。系江西永新县岁举人。覆试二等第七十一名。
段经□年二十二岁。系江西□□县优贡生。覆试三等第一十二名。
王绍曾年二十九岁。系江西奉新县岁贡生。覆试三等第七十九名。
…………

477　铃章。宣统二年六月十二日,内阁奉上谕:江西赣州府知府员缺紧要,著该抚于通省知府内拣员调补。所遗员缺,著杨熊详补授。钦此。军机大臣署名:臣奕、臣世、臣鹿(假)、臣那、臣吴。

478　吏部咨报江西赣州府知府许祐身捐请离任,赣州府遗缺知府员缺,请旨简放。

492　(钤章)宣统二年六月十八日,内阁奉上谕:冯汝骙奏,考察属员贤否,分别举劾一折。江西饶州府知府王祖同、南安府同知请调广信府同知明良、署萍乡县泸溪县知县杨焜、代理万载县补用知州金沛田、署赣县补用知县汪都良、准补义宁州知州许凤藻,既据该抚胪陈政绩,均著传旨嘉奖。广信府通判晏蔚琦,玩视功令,颟顸糊涂;龙南县知县沈锡绶,权落家丁,操守不谨;署清江县知县叶培椿,信任官亲家丁,事皆懈弛;试用知县张宣中,行止不谨,有玷官箴;安远县板石司巡检袁锡璋,擅行签差,酿案私和;署大庾县赤石司巡检余荫桐,办事敷衍;鄱阳县典史姚树藩,疏懒无能;余干县典史徐锡麟,嗜赌玩公,均著即行革职。德安县知县柴正衡,要案延不解勘,监毙多名,著开缺撤省,听候查办。署浮梁县星子县知县刘仁寿,禁赌不力,著摘去顶戴,撤省察看。又片奏,禁烟不力之署宁都州补用知县王树森,于该州私种烟苗,未能禁拔。迨委员莅勘,又不上紧严办,著即行革职。署永新县试用知县盛时赓,先事未能劝禁,临时铲拔,几酿聚众抗拒之案,著摘去顶戴,撤省察看。卸署玉山县试用知县王庆大,禁拔烟苗不严,产土较多,著摘去顶戴,停委三年。莲花厅同知俞锡祉,虽已拔禁,惟产苗较多,著撤任摘去顶戴。又片奏,陆军混成协马队第一营管带副军校江澄清,品行不端、操守难信,应发马乾含混,倒马甚多;二标步队第一营管带·县丞职衔宣象离,敷衍颟顸,纪律懈弛;二标步队第二营后队队官协军校刘声震,嗜赌偷安,操课懈弛;九江城守营守备刘国栋,任性妄为,均著一并革职,江澄清并著驱逐回籍,交地方官严加管束,不准投效各省军营。该部知道。钦此。军机大臣署名:臣奕、臣世、臣鹿假、臣那、臣吴。

523　奏蒙发下八旗、奉天、吉林、黑龙江、直隶、江苏、安徽、浙江、山东、山西、河南、江西等省拔贡覆试卷四百八十九本。臣等公同校阅,谨拟一等一百四名,二等一百六十九名,黏贴黄签进呈恭候钦定。俟发下后再行拆阅弥封,另缮名单呈览。谨奏。

534　…………

江西

一等十四名:张占鳌、褚明柄、戴秉清、张星照、李平章、易之门、黄鸿图、吴爱棠、赵惟仁、王之培、彭鑫、王壬庚、徐邦俊、欧阳番。

二等十九名:辛赞猷、熊赓和、程日暄、彭祖寿、罗灿奎、杨士髻、黄衍裳、邓伟、蔡吉士、易振芬、廖彬、刘文明、朱钦、赖行恕、曾树柯、吴鸿钧、程荫谷、高光复。

…………

571　宣统二年七月十一日，礼部带领八旗、奉天、吉林、黑龙江、直隶、江苏、安徽、江西等省覆试一二等拔贡引见人员共一百五十八名。

…………

江西三十三名：张占鳌、褚明柄、戴秉清、张星照、李平章、易之门、黄鸿图、吴爱棠、赵惟仁、王之培、彭蠡、王壬庚、徐邦俊、欧阳番、辛赞猷、熊赓和、程日暄、彭祖寿、罗灿奎、杨士髫、黄衍裳、邓伟、蔡吉士、易振芬、廖彬、刘文明、朱钦、赖行恕、曾树柯、吴鸿钧、李政□、程荫谷、高光复。

597　拔贡录用比较单

…………

江西

上届一等六名，二等十名；以小京官用五名，以知县用五名。

此次一等十四名，二等十九名；拟以小京官用十名，以知县用十名。

…………

629　钤章。宣统二年七月二十三日，内阁奉上谕：江西提法使著文炳补授。钦此。军机大臣署名：臣奕、臣毓、臣那、臣徐。

641　钤章。宣统二年七月二十四日，内阁奉上谕：江西广饶九南道员缺，著保恒补授。钦此。军机大臣署名：臣奕、臣毓、臣那、臣徐。

967　宣统二年江西省秋审服制情实，张火担咀即张火仔一起，人犯一名，谨将勾到时所奉谕旨恭录于后。

一起绞犯张火担咀即张火仔。

与胞兄张金担咀素睦。张金担咀素不服正，屡窃家中衣物变卖，经其父张兴隆训责不悛。嗣张金担咀又将被拿窃去，张兴隆追问斥骂，张金担咀顶撞，张兴隆用木棍向责，张金担咀取刀格落木棍，将张兴隆推跌倒地，骑压身上。张兴隆喊救，该犯瞥见，恐张兴隆受伤，情急救护，赶拢夺刀，不期刀尖向内，致误伤其左血盆，倒地，移时殒命。死者罪犯应死伤由救父误戳，尚非有心，干犯情稍可原，是以未勾。

968　宣统二年江西省秋审常犯情实，梁四陇即梁四老等四起，人犯四名，谨将勾到时所奉谕旨恭录于后。

一起绞犯梁四陇即梁四老。

窃匪挟恨谋毙，窃匪脱逃，五年后就获，免其立决之罪。法难再宽，是以勾决。

一起绞犯陈晓萌。

逞忿故杀，法无可宽，是以勾决。

一起绞犯郑叔蚁。

图财害命，伤而未死，业已得财。法无可宽，是以勾决。

一起故犯王蟮笙。

因奸听从奸妇谋毙本夫,淫凶难宽,是以勾决。

1302　钤章。宣统二年十二月二十五日,内阁奉上谕:冯汝骙奏,查明江西被灾各属,分别缓征、递缓新旧钱漕等项,开单呈览一折。江西南昌等府各属本年入夏以来,雨水过多,山溪爆发,河湖并涨,沿河禾苗多被淹浸,又因晴霁日久,天气亢阳,高阜秋稼渐形黄萎,收成均甚歉薄。若将应征新旧钱漕等项照常征收,民力实有未逮。加恩著照所请。所有勘实被灾之新建等厅县并九江府同知所辖之南、九二卫均著将应征新旧递缓,以纾民力。该抚即按照单开各厅县村庄顷亩分数暨应缓银粮米石各数,刊刻誊黄,遍行晓谕,务使实惠均沾,毋任吏胥舞弊,用副朝廷轸念民艰至意。该部知道。单并发。钦此。军机大臣署名:臣奕、臣毓、臣那、臣徐。

1313　钤章。宣统二年十二月二十六日,内阁奉上谕:冯汝骙奏,考察属员贤否,据实举劾一折。江西吉南赣宁道俞明颐、南昌府知府武玉润、署南安府知府陈光裕、试用知府金士彦、署定南厅同知吴春鑅、署庐陵县知县临川县知县易顺豫、署泸溪县知县欧阳保福、署德兴县知县余永濬、补用知县黄绶、萍乡县芦溪司巡检刘荫福,既据该抚胪陈政绩,均著传旨嘉奖。试用知府程逵,办理官银分号,假公济私,不知自爱;前署德化县补用知州华桐,办事操切,致酿命案;前署瑞金县补用知县詹光斗,藉案需索,不知大体;候补直隶州州判梁镜寰,视学南赣,婪索规费;安福县教谕赵汝明,品行不端;署上高县丞朱继昌,办理禁烟,不知核实;兴国县典史陈肇麟,嗜利无耻;临川县典史杨金选,捕务废弛;崇仁县凤冈司巡检袁惟晒,不知检束;贵溪县上清司巡检王颂彬,庸懦无能;署南城县新丰司巡检蔡纯,操守不谨;补用巡检向楷,玩视警务;湖口炮台台官候选县丞陈刚,不守营规,均著即行革职。补用县丞梅宝琦、禁烟调验,搜获夹带;试用□□蒋聿修调验规避;均著革职,永不叙用。永宁县知县胡嘉铨,精神不振;前署会昌县知县吉水县知县张肇基,办事迂缓,均著开缺另补。余著照所议办理。该部知道。钦此。军机大臣署名:臣奕、臣毓、臣那、臣徐。

宣统三年

241　钤章。宣统三年四月初二日,内阁奉上谕:江西提法使著张学华补授。钦此。军机大臣署名:臣奕、臣毓、臣那、臣徐。

242　钤章。宣统三年四月初二日,内阁奉上谕:冯汝骙奏,江西提法使文炳假期届满,病尚未痊,呈请开缺一折。文炳,著准其开缺。钦此。军机大臣署名:臣奕、臣毓、臣那、臣徐。

252　钤章。宣统三年四月初七日,内阁奉上谕:奉天劝业道著萧应椿调补,赵鸿猷著调补安徽劝业道,奉天兴凤道著俞明颐调补,赵臣翼著调补江西吉南赣宁道。钦此。军机大臣署名:臣奕、臣毓、臣那、臣徐。

388　钤章。宣统三年五月十一日,内阁奉上谕:江西吉安府知府员缺,著恒廉补授。钦此。臣奕、臣那、臣徐。

562　钤章。钦奉谕旨:本日引见之明保江西试用知县汪都良,著发回原省,以知县尽先即补。钦此。臣奕、臣那、臣徐。六月二十六日。

563　明保江西试用知县汪都良,旨:著发回原省,以知县尽先即补。

1115　钤章。宣统三年十月十五日,内阁奉上谕:江西巡抚冯汝骙忠勤敏练,学问优长。由翰林改官部属,供职枢垣。外任府道,洊陟监司,擢膺疆寄,宣力有年,克勤厥职。兹以江西省城失陷,从容就义,大节凛然,殊堪轸惜。著加恩予谥,照总督阵亡例从优赐恤。任内一切处分,悉予开复。应得恤典,该衙门查例具奏。灵柩回籍时,沿途地方官妥为照料。伊子二品荫生冯迈,著以郎中补用;监生冯遵,著以主事补用,以励臣节而慰忠魂。钦此。臣袁。

1116　据已故江西巡抚冯汝骙之子二品荫生冯迈等呈称,伊父死事情形,并密赍江西巡抚关防来京恭缴,呈请代奏等语。除关防饬印铸局暂行收存外,谨拟恩旨一道,同原呈一件进呈御览。该故抚捐躯就义,实属忠烈可风。其子嗣二品荫生冯迈拟请以郎中用,监生冯遵,拟请以主事用,以励臣节。是否有当,谨奏。十月十五日。

1192　奉旨:内阁奏,遵拟已故闽浙总督松寿,已故江西巡抚冯汝骙谥号。松寿,著予谥"忠节",冯汝骙,著予谥"忠愍"。钦此。宣统三年十月二十八日,盖用御宝。内阁总理大臣臣袁。

1478　奉旨:内阁请简江西九江镇总兵员缺,白宝山著补授江西九江镇总兵。钦此。宣统三年十二月二十日。盖用御宝。内阁总理大臣臣袁。

后 记

地方历史文献资料，是研究地方历史与文化的基础。近年来，一方面各种历史文献浩如烟海，大型历史文献资料以及数据库层出不穷；另一方面，一些地方性历史文献资料又相对分散，研究者为爬梳这些资料往往需要花费大量的时间和精力。就江西近现代历史文献资料而言，虽然改革开放以来经过几代学人的共同努力，挖掘、整理、出版了不少专题性、地域性的地方文献资料，如《江西近代贸易史资料》、《江西近代工矿史资料选编》、《〈清实录〉江西资料汇编》、《中央革命根据地历史资料文库》等，有力促进了江西历史与文化的研究。但总体上看，江西地方历史文献资料的整理工作与其丰富的历史文献资源还不大相称，仍有大量的历史文献资料尤其是近现代文献资料散见于其它各类资料中。为推动、加强江西近现代历史与文化的研究，2013 年江西省社会科学院成立了以党组书记姜玮、院长梁勇为顾问，以副院长毛智勇为主持人的“近现代江西重要历史文献资料选编”课题组，拟整理出版近代以来江西省地方政府产生的重要史料和中央政府产生的有关江西地方的文献资料。这本《江西近代重要历史文献丛编 · 上谕档》即是其中之一。

本书是从中国第一历史档案馆编辑、广西师范大学出版社出版的《上谕档》影印本中辑录出来的。参加本书编辑整理的人员有王涛、刘佳佳、刘芝华、徐敏、樊宾、吴晓荣、庞振宇、易凤林、李建华、姜庆刚、张超。全书由毛智勇统筹，汤水清统稿、改定。由于水平有限，错漏之处在所难免，诚望广大读者批评指正。

本书的出版得到江西省财政厅、江西人民出版社的大力支持与帮助。在此表示衷心的感谢。

编者

2016 年 9 月 11 日

图书在版编目(CIP)数据

江西近代重要历史文献丛编 ：上谕档 / 毛智勇，汤水清主编．—南昌：江西人民出版社，2016.12
ISBN 978-7-210-09013-7

Ⅰ．①江… Ⅱ．①毛… ②汤… Ⅲ．①江西-地方史-史料-近代②诏令-汇编-中国-清后期 Ⅳ．①K295.6 ②K252.065

中国版本图书馆 CIP 数据核字(2016)第 307238 号

江西近代重要历史文献丛编 ：上谕档
毛智勇　汤水清　主编
策划组稿：游道勤
责任编辑：陈才艳
书籍设计：同异文化传媒
出版：江西人民出版社
发行：各地新华书店
地址：江西省南昌市三经路 47 号附 1 号
编辑部电话：0791-86898115
发行部电话：0791-86898815
邮编：330006
网址：www.jxpph.com
E-mail：jxpph@tom.com
2016 年 12 月第 1 版　2016 年 12 月第 1 次印刷
开本：787mm×1092mm　1/16
印张：57.75
字数：1200 千字
ISBN 978-7-210-09013-7
定价：298.00 元
承印厂：长沙超峰印刷有限公司
赣版权登字：—01—2017—191